Wissenschaftliche Untersuchungen
zum Neuen Testament · 2. Reihe

Begründet von Joachim Jeremias und Otto Michel
Herausgegeben von
Martin Hengel und Otfried Hofius

59

Lehren und Ermahnen

Zur Geschichte des christlichen Wortgottesdienstes in den ersten drei Jahrhunderten

von

Jorg Christian Salzmann

J. C. B. Mohr (Paul Siebeck) Tübingen

Die Deutsche Bibliothek – CIP-Einheitsaufnahme

Salzmann, Jorg Christian:
Lehren und Ermahnen: zur Geschichte des christlichen Wortgottesdienstes in den
ersten drei Jahrhunderten / von Jorg Christian Salzmann.
– Tübingen: Mohr, 1994
  (Wissenschaftliche Untersuchungen zum Neuen Testament: Reihe 2; 59)
  ISBN 3-16-145971-7
NE: Wissenschaftliche Untersuchungen zum Neuen Testament / 02

© 1994 J. C. B. Mohr (Paul Siebeck) Tübingen.

Das Buch wurde von Druck Partner Rübelmann GmbH in Hemsbach auf säurefreies Werk-
druckpapier der Papierfabrik Niefern gedruckt und gebunden.

ISSN 0340-9570

DANKSAGUNG

Das vorliegende Buch ist die überarbeitete Fassung meiner Tübinger Dissertation von 1990. Angeregt und mit viel gutem Rat begleitet hat diese Arbeit Herr Prof. Dr. Martin Hengel, dem ich zu tiefem Dank verpflichtet bin. Ebenso möchte ich Herrn Prof. Dr. Ekkehard Mühlenberg danken, als dessen Mitarbeiter in der Patristik ich einen Großteil dieser Arbeit verfassen konnte. Ihm verdanke ich manchen Hinweis und weiterführende Kritik; er hat mir viel Freiheit für diese Arbeit gelassen und sie stets mit Interesse begleitet.

Stellvertretend für die verschiedenen Bibliotheken, in denen ich arbeiten konnte, sei hier den Mitarbeitern der Niedersächsischen Staats- und Universitätsbibliothek in Göttingen mein Dank ausgesprochen. Für tatkräftige Hilfe beim Maschinenlesen des Schreibmaschinenmanuskripts danke ich Frau Brigitte Rosebrock vom Rechenzentrum der Gesamthochschule Kassel, für die freundliche Beratung beim Satz und die Betreuung des Buches den Mitarbeitern des Verlages Mohr (Siebeck) in Tübingen, für sorgfältiges und sachkundiges Korrekturlesen Frau OStD i. R. Erna Kölbel.

Schließlich gilt mein Dank den Herausgebern der „Wissenschaftlichen Untersuchungen zum Neuen Testament" für die Aufnahme dieser Arbeit in ihre Reihe.

Ich widme das Buch meiner lieben Frau, die seine Entstehung von den Anfängen an miterlebt und mitdurchlitten hat.

Kassel, Erntedanktag 1993   J.C.S.

INHALTSVERZEICHNIS

Danksagung III
Abkürzungen IX

Vorbemerkung 1
I. Einführung
   1. Zur Forschungsgeschichte 3
   2. Zur Aufgabenstellung 22
   3. Zur Methode 23

II. Die Quellen und ihre Aussagen
   1. Neues Testament
      a) Apostelgeschichte des Lukas
         aa) Act 2,42-47 32
         bb) Act 20,7-12 38
         cc) Die Gemeindepredigt in der Apostelgeschichte 42
      b) Erster Korintherbrief 11 und 14
         aa) Die Kapitel 11 und 14 innerhalb des Briefes 50
         bb) Die Form der Mahlfeier in Korinth 55
         cc) Erster Korintherbrief 14 59
         dd) Die Elemente des Wortgottesdienstes nach 1Kor 14 67
         ee) Zur Gestalt des Wortgottesdienstes in Korinth 72
      c) Weitere Nachrichten in den Paulusbriefen 77
      d) Kolosserbrief 3,16-17 82
      e) Epheserbrief 5,18-19 89
      f) Pastoralbriefe
         aa) Erster Timotheusbrief 95
         bb) Zweiter Timotheusbrief 100
         cc) Titusbrief 103
      g) Erster Petrusbrief 105
      h) Hebräerbrief 108
      i) Offenbarung des Johannes 113
      j) Bemerkungen zu den Evangelien 121
      k) Zusammenfassung 131

2. Plinius der Jüngere, ep. X,96 133

3. Apostolische Väter
   a) *Erster Clemensbrief* 149
   b) *Didache* 161
   c) *Barnabasbrief* 174
   d) *Ignatius von Antiochien* 181
   e) *Polykarp von Smyrna* 197
   f) *Hirte des Hermas* 205
   g) *Zweiter Clemensbrief* 219
   h) *Zusammenfassung* 232

4. Justinus Martyr
   a) *Kontext: Justins Apologie* 235
   b) *Zur Textstruktur von Apol I,61-67* 237
   c) *Interpretation von Apol I,67,3-5a*
      aa) Die Zeit des Gottesdienstes 241
      bb) Der Ort des Gottesdienstes 242
      cc) Die gottesdienstliche Gemeinde 243
      dd) Die Bezeichnung des Gottesdienstes 245
      ee) Elemente des Gottesdienstes
          Lesung 246
          Predigt 249
          Gebet 253
          Lied 255
   d) *Zusammenfassung* 256

5. Melito von Sardes 258

6. Frühe Märtyrerakten und apokryphe Apostelakten 271
   a) *Märtyrerakten*
      aa) Martyrium des Ptolemäus und Lucius 272
      bb) Martyrium des Justin und seiner Genossen 273
      cc) Martyrium des Polykarp von Smyrna 275
      dd) Martyrium der Perpetua und Felicitas 277
      ee) Weitere Notizen aus Märtyrerakten 279
   b) *Apokryphe Apostelakten*
      aa) Andreasakten 281
      bb) Johannesakten 284
      cc) Petrusakten 289
      dd) Paulusakten 292
      ee) Thomasakten 298
   c) *Zusammenfassung* 304

7. Pseudoklementinen 306

8. Zum Gottesdienst gnostischer Gruppen 318

9. Clemens von Alexandrien
  a) *Das literarische Werk des Clemens und der*
    Gottesdienst 328
  b) *Texte des Clemens zum Gottesdienst*
    aa) Paid III,79,3-82,1 332
    bb) Strom VI,113,3 339
    cc) Strom VII,49 343
  c) *Einzelne Äußerungen des Clemens zum Gottesdienst* 345
  d) *Abschließende Überlegungen zum Wortgottesdienst*
    bei Clemens 350

10. Syrische Didaskalie 353

11. Hippolyt von Rom
  a) *Zum Sonntagsgottesdienst in der „Apostolischen*
    Tradition" des Hippolyt 367
  b) *Predigten des Hippolyt* 381

12. Tertullian
  a) *De anima 9* 387
  b) *Apologeticum 39* 391
  c) *Arkandisziplin* 396
  d) *Eucharistiefeier* 399
  e) *Die Gottesdienste* 404
  f) *Die Gestalt des Wortgottesdienstes*
    aa) Der Raum 407
    bb) Die Gemeinde 408
    cc) Die Elemente des Wortgottesdienstes 415
      Schriftlesung 416
      Psalmengesang 418
      Predigt 420
      Gemeindegebet 424
  g) *Zum Stellenwert des Wortgottesdienstes* 427
  h) *Zusammenfassung* 428

13. Ausblicke
  a) *Origenes* 430
  b) *Cyprian* 438
  c) *Zur weiteren Entwicklung* 445

III. Bemerkungen zum frühen Synagogengottesdienst 450
  a) *Tempel, Synagogen, Sekten* 451
  b) *Der Gottesdienst am Sabbatmorgen* 453
  c) *Die Grundelemente des Synagogengottesdienstes* 455
  d) *Die Gemeinde des Synagogengottesdienstes* 458

IV. Zusammenfassung: Zur Geschichte des christlichen
    Wortgottesdienstes in den ersten drei Jahrhunderten
  1. Zur Struktur der Gottesdienste 460
  2. Gemeindepredigt und Schriftauslegung 473
  3. Die Predigt im Gottesdienst 477

Literaturverzeichnis 480
Register
  1. Stellen
      A. Bibel 509
      B. Patristische Literatur 513
      C. Jüdische Schriften 517
      D. Heidnische Schriftsteller 518
  2. Griechische Wörter 519
  3. Lateinische Wörter 524
  4. Personen und Sachen 527

Abkürzungen

Die Abkürzungen richten sich nach dem IATG^2 (S.M. Schwertner, Internationales Abkürzungsverzeichnis für Theologie und Grenzgebiete, Berlin/New York ^{2}1992). Weitere Abkürzungen:

ALCS	Ancienne Littérature Canonique Syrique
AltU	Der altsprachliche Unterricht
CHLS	The Cambridge Handbook of Liturgical Study
CwP	Calwer Paperback
PMB	Publications du Musée Belge. Revue de philologie classique
SchP	Schocken Paperback
SWGS	Schriften der Wissenschaftlichen Gesellschaft in Strassburg
SWKGR	Sammlung wissenschaftlicher Kommentare zu griechischen und römischen Schriftstellern
VHSUB	Veröffentlichungen aus der Hamburger Staats- und Universitäts-Bibliothek
VJR	Volksschriften über die jüdische Religion

Vorbemerkung

Als „Wortgottesdienst" soll in dieser Arbeit der Einfachheit halber der Wortteil des christlichen Sonntagsgottesdienstes bezeichnet werden. Im Laufe der Untersuchung wird dabei die Frage zu klären sein, ob es im ersten christlichen Jahrhundert und darüber hinaus auch eigenständige Wortgottesdienste ohne Feier des Herrenmahls gegeben hat.

Während Untersuchungen über Taufe und Eucharistie in großer Zahl vorliegen, fehlt es an einem Überblick über die Geschichte des christlichen Wortgottesdienstes (im eben genannten Sinne) von den Anfängen bis zum Beginn der schriftlichen Fixierung von Meßliturgien im Vierten Jahrhundert. Eine solche Darstellung soll hier anhand der Quellen in verantworteter Interpretation versucht werden. Ich hoffe, zwischen nötiger Ausführlichkeit und gebotener Knappheit ein Maß gefunden zu haben, das dem Leser einen Überblick und doch zugleich auch ein Nachvollziehen der Einzelbeobachtungen und ihrer Interpretation ermöglicht.

Trotz der Konzentration auf den Wortgottesdienst ist es notwendig, auch nach den eucharistischen Gottesdiensten zu fragen. Ebenso müssen andere Gottesdienstformen, etwa Gebetsgottesdienste, mit ins Blickfeld gerückt werden.

Schließlich sei noch bemerkt, daß die Beschäftigung mit dem Wortgottesdienst keinesfalls Ausdruck einer Geringschätzung der Sakramente sein muß, sondern vielmehr notwendiges Pendant zu ihrer besonderen Wertschätzung ist.

I. Einführung

1. Zur Forschungsgeschichte

Den „Wortgottesdienst der ältesten Christen" hat erst W. Bauer zum gesonderten Thema gemacht[1]. Doch schon lange vor ihm war der Gottesdienst der ersten Christen und der ältesten Kirche Gegenstand der Forschung, wobei jedoch bis weit ins 19. Jahrhundert der Wortgottesdienst als Einheit für sich entweder gar nicht[2] oder aber erst unter dem Stichwort „Katechumenenmesse"[3] und damit als Teil der Messe behandelt wurde.

---

[1] W. BAUER, Der Wortgottesdienst der ältesten Christen, Tübingen 1930 (SGV 148). Der Begriff Wortgottesdienst taucht als Bezeichnung für eine Gottesdienstart der frühen Christen schon bei P. DREWS auf (Untersuchungen zur Didache, ZNW 5 (1904) 53-79, S. 78f.; ferner DERS., „Gottesdienst: II. Geschichte des christlichen Gottesdienstes", RGG[1], Bd. 2 (1910) Sp. 1569-1581); dann bei R. KNOPF, Das nachapostolische Zeitalter, Tübingen 1905, 227 - Knopf spricht aber in Übereinstimmung mit der Forschung vor ihm in Anlehnung an altchristlichen Sprachgebrauch (συνέλευσις etc.) meist von Wortversammlungen. Vgl. auch J.H. SRAWLEY, The Early History of the Liturgy, Cambridge 1913, p. 18: „service of the word"; für die neuere Zeit abwägend W. NAGEL, Geschichte des christlichen Wortgottesdienstes, Berlin 1962, 13 (²1970, S. 17).

[2] In der Regel zählen die einschlägigen Werke - Kirchengeschichten, Geschichten der Einrichtungen der Kirche (politia ecclesiastica o. ä.) bzw. „Archäologien" (antiquitates ecclesiasticae) und auch Gottesdienstgeschichten (de ritibus) - gottesdienstliche Elemente auf und weisen ihr Auftreten an einem mehr oder minder breiten Quellenspektrum nach, um daraus dann den Gottesdienst der ältesten Kirche zusammenzusetzen, wie er ihrer Meinung nach stattfand. So gehen schon die MAGDEBURGER ZENTURIEN vor; an deren Beschreibung der Gemeindepredigten im Ersten Jahrhundert schließt unmittelbar an: „Administrarunt & usurparunt coenam Domini, ut apparet ex ..." (vol I, cent. I pars II col 495).

[3] So z. B. W. BÖHMER, Die christlich-kirchliche Alterthumswissenschaft, Bd. 2, Breslau 1889. Besonders die römisch-katholische Forschung war an einem „apostolischen" Einheitsgottesdienst der ersten Jahrhunderte interessiert; das zeigt sich noch in dem Werk von F. PROBST, Liturgie der drei ersten christlichen Jahrhunderte, Tübingen 1870: „... die vorliegende Schrift sollte die Überzeugung befestigen, von den Tagen der Apostel bis zum Nicänum sei die Entwicklung eine sehr unbedeutende gewesen." (S. 16) - Ein ähnliches Interesse wird man auch noch E. DEKKERS, L'église ancienne a-t-elle connu la messe du soir?, in: *Miscellanea liturgica in honorem L. Cuniberti Mohlberg*, vol I, Rom 1948 (BEL 22), 231-257, unterstellen dürfen, wenn er die in seinem Titel gestellte Frage verneint und die Eucharistie immer schon morgens gefeiert wissen will. - Von den frühen Werken, welche den Wortgottesdienst unter dem Begriff Katechumenenmesse abhandeln, sei hier nur genannt: W. CAVE, Primitive Christianity, London ⁴1682; außerdem J. HILDEBRAND, Rituale Eucharistiae Veteris Ecclesiae, Helmstedt 1712.

Dabei hätte, so sollte man meinen, schon das apologetische Interesse der schweizerischen und der ihr benachbarten oberdeutschen sowie der nordwestdeutschen Reformation es nahegelegt, sich in besonderer Weise dem „Predigtgottesdienst" auch und gerade der ältesten Kirche zu widmen. Hätte man doch hier mit dem Nachweis von reinen Wortgottesdiensten eine Begründung dafür finden können, daß man das Abendmahl keineswegs wöchentlich, sondern nur gelegentlich feierte[4]. Doch waren etwa die vier Gemeindeabendmahlsfeiern jährlich, wie Zwingli sie vorschlägt, ja schon wesentlich mehr als das vorgeschriebene Mindestmaß der jährlichen Kommunion zu Ostern auf Seiten der Altgläubigen. Und da er wie auch andere Schweizer Reformatoren für die Grundstruktur des sonntäglichen Gottesdienstes die vertraute Form des mittelalterlichen Prädikantengottesdienstes übernahm[5], gab es offenbar trotz der lutherischen Betonung des Altarsakramentes keinen Legitimationszwang für diese besondere Gottesdienstform[6].

---

[4] Z. B. in Zürich 1525: viermal im Jahr (H. ZWINGLI, Action oder Bruch des nachtmals, gedächtnuß oder danksagung Christi, wie sy uf ostern zu Zürich angehebt wirt im jar, als man zalt MDXXV, in: DERS., Werke, hrsg. von M. Schuler und J. Schulthei, II,2, Zürich 1832, S. 234); Württemberg 1536: sechsmal im Jahr, bei Bedarf öfter (RICHTER I, 267); aber: Württemberg 1553: wenigstens einmal im Monat, nach Möglichkeit jedoch öfter (RICHTER II, 137); Hohenlohe 1558: „aufs allerwenigste alle monat ainmal" (EKO, Württemberg I, 126); Straßburg 1534: im Münster wöchentlich, sonst einmal im Monat (M. BUCER, Opera omnia I,5, hrsg. v. R. Stupperich, Gütersloh 1978, S. 32f.); Emden 1557: monatlich einmal (EKO, Niedersachsen II,1, 492 Anm. 48); Ostfriesland 1565: jeden zweiten Monat, aber auch anders, je nach dem Urteil der Ältesten (EKO, Niedersachsen II,1, S. 614).
[5] H. WALDENMAIER, Die Entstehung der evangelischen Gottesdienstordnungen Süddeutschlands im Zeitalter der Reformation, Leipzig 1916 (SVRG 125/6), S. 21; E. WEISMANN, Der Predigtgottesdienst und die verwandten Formen, in: *Leiturgia* III, Kassel 1956, 1-97, S. 16ff.; anders J. BAUER, Einige Bemerkungen über die ältesten Züricher Liturgien, *MGKK* 17 (1912) 116-124. 152-161. 178-187, nach dessen Meinung dem südwestdeutschen Predigtgottesdienst die deutschen Teile der mittelalterlichen Messe zugrundeliegen (S. 152 u. S. 119).
[6] Allenfalls R. HOSPINIAN mag später hier einen Mangel empfunden haben; doch dürfte die Stellungnahme in seiner Historia Sacramentaria (mir lag die 2. Auflage, Genf 1681, vor) sich am ehesten auf Auseinandersetzungen im reformierten Lager selbst beziehen, da er keine Opponenten angibt. Für ihn ist entscheidend, daß es keine Vorschrift über die Termine der Abendmahlsfeiern geben dürfe (pars I, p. 43) und daß alle Gemeindeglieder kommunizieren (pars I, p. 33 und passim). Über die Häufigkeit der Kommunion führt er dann Folgendes aus: „Nec malo consilio haec solennis communio, olim instituta fuit, sed ut hac publica profeßione declararent, se esse membra verae Ecclesiae ... Hic vero creberrimus Coenae Dominicae usus, & quotidiana ejusdem celebratio, mox pristinum fervorem populi Christiani extinxit ..." (pars I, p. 45). Zu häufiger Sakramentsgebrauch also hätte von dessen eigentlichem Sinn weg und zu Mißbräuchen geführt; die Feier des Sakraments an hohen Festtagen hingegen sei ein geeigneter Brauch, um den wahren Sinn des Sakraments zur Geltung kommen zu lassen: die Kommunion aller zum

So kam es, daß in der Schweiz erst Calvin das Beispiel der Alten Kirche für die Frage nach der Häufigkeit der Abendmahlsfeier heranzog; doch setzte er sich nun gerade für häufigere Sakramentsfeiern ein und führte für solchen Brauch altkirchliche Belege an[7].

Interessanterweise war es dann ein Katholik der Gegenreformation - auch er betonte übrigens, daß ein häufigerer Sakramentsgebrauch „ex institutione Apostolica ... commendatum" sei[8] - , nämlich Caesar Baronius, der feststellte, es habe neben der Eucharistiefeier noch eine andere Versammlungsform der Gemeinde gegeben. Diese Art des Gottesdienstes - Baronius fand sie in 1Kor 14 beschrieben - sei durch Paulus nach dem Vorbild der jüdischen Synagoge in die Christenheit eingeführt worden; aus ihr habe sich später die Matutin entwickelt[9]. Doch blieb dieser Ansatz, so weit ich sehe, folgenlos, und erst spätere Vergleiche zwischen jüdischer und christlicher Liturgie führten wieder zu ähnlichen Ergebnissen[10].

Schon in den Magdeburger Zenturien aber wurden für jedes Jahrhundert neben anderen Punkten auch die „Riten der Kirche" behandelt[11]. Für das Erste Jahrhundert konstatieren die Verfasser dabei einen Gemeindegottesdienst, in dem neben Gebet und Gesang sowohl Schriftlesung und Predigt als auch die Feier des Herrenmahls und gelegentlich Taufen ihren Platz hatten[12]. Dabei werden Lesung und Predigt, obwohl immer als Teile dieses Gesamtgottesdienstes gesehen, ausdrücklich auf den Brauch der Synagoge zurückgeführt[13].

Im weiteren Verlauf der Geschichte stellen die Magdeburger Zenturien dann - getreu ihrer Gesamtkonzeption von der Kirchengeschichte[14] - einen allmählichen Wandel und Verfall der ursprünglichen einfachen Riten fest, wobei jedoch hier wie im Bereich der

---

Bekenntnis der Einheit in Christus (pars I, p. 44s.). Hospinian führt also auch nicht den Wortgottesdienst der ältesten Christen als Beleg für seine Ansicht an.

[7] V. a. gegen die katholische Tradition. Inst. IV,17,44-46 (1559; *CR* 30, 1046-1048); so schon 1539: Inst. XII (*CR* 29, 1018-1020; hier unter der Zählung Inst. XVIII,42.44), erweitert 1543: Inst. XVIII,42-43 (ebda.). Vgl. für die lutherische Seite z. B. M. CHEMNITZ, Examen Concilii Tridentini, Pars II Locus IV Sectio X „De Eucharistiae Frequentatione".

[8] C. BARONIUS, Annales Ecclesiastici, vol I, Rom 1588, p. 474.

[9] A. a. O., p. 476.

[10] Dazu s. u. über die Arbeiten des 19. und 20. Jahrhunderts, insbesondere TH. KLIEFOTH; ähnlich G. DELLING, Der Gottesdienst im Neuen Testament, Göttingen 1952, 133.

[11] Für jedes Jahrhundert gibt es einen Abschnitt „De ceremoniis seu ritibus Ecclesiae"; darunter dann einen „De congressibus publicis".

[12] Ecclesiastica Historia, vol I, Cent. I lib. II, col 494f.

[13] A. a. O. col 494.

[14] Vgl. H. SCHEIBLE, Die Entstehung der Magdeburger Zenturien, Gütersloh 1966 (SVRG 183), 19f.

Lehre das ursprüngliche Richtige sich, jedenfalls teilweise, auch immer wieder durchsetzte[15]. Das Interesse der Zenturien gilt dabei, was den Gottesdienst angeht, der Sakramentsfeier und dort vornehmlich den Anfängen der Meßopferlehre[16]; aber auch die allmähliche Herausbildung der Ämterhierarchie wird behandelt[17]; und Feststellungen wie die, daß auch im dritten Jahrhundert das Gemeindegebet „in lingua nota" gehalten wurde, dürfen natürlich nicht fehlen[18].

In den Darstellungen der Folgezeit, die sachlich kaum über die Magdeburger Zenturien und Baronius hinausgehen[19], lassen sich oft die unterschiedlichen und bisweilen einander widerstreitenden Vorurteile bei der Beschreibung der ersten christlichen Gottesdienste mit Händen greifen: da wurde katholischerseits - z. T. bis ins 19. Jahrhundert hinein - mehr oder weniger naiv die eigene Messe schon in frühester Zeit wiedergefunden[20], wobei es vorkommen konnte, daß die Predigt gar nicht erst behandelt wurde[21]. Ein Autor bemühte sich zu

---

[15] „SVperiori libro simplicium & verarum ceremoniarum, quae in nouo Testamento institutae sunt, forma descripta est. In hoc uero & sequentibus ostendum nobis est, quomodo ceremoniae illae uel manserint, uel paulatim coeperint mutari & augeri, ac quibus in locis id magis aut minus sit factum. Id enim scire & observare, ad hoc prodest, ut inter ueram et hypocriticam ecclesiam iudicium certum fieri possit. Vera enim Ecclesia, ut doctrinam puram retinet, ita etiam simplicitatem ceremoniarum seruet. nouit enim, humanis traditionibus frustra Deum coli, iisque synceram religionem corrumpi." (vol I, Cent. II, col 109).

[16] Passim.

[17] Z. B.: „Deinde ex decreto Clementis apparet, in templo distincta fuisse loca, ubi presbyteri et sancti steterint. uetat enim, laicos presbyterium ingredi, dum sacerdotes missas celebrant ..." (vol I, Cent. II, col 109).

[18] Vol I, Cent. III, col 122; vgl. schon Cent. I lib II, col 494 - dort unter Verweis auf 1Kor 14 (Zungenreden muß übersetzt werden, damit es der οἰκοδομή der Gemeinde dient).

[19] Auch im Aufbau sehr ähnlich wie die Zenturien: J.A. SCHMID, Compendium Historiae Ecclesiasticae, Helmstedt 1701; J.L. MOSHEIM, Institutiones Historicae Ecclesiasticae Novi Testamenti, Frankfurt und Leipzig 1726. Mosheims epochemachende Methode, sein Versuch, die Wandlungen der Kirche nach ihren Ursachen zu erklären, schlägt sich in seiner Behandlung der „Riten" der Kirche, soweit sie uns hier interessiert, nicht sonderlich nieder.

[20] G. ALBASPINUS (AUBESPINE), De Veteris Ecclesiae Ritibus, Paris 1624; J.B. CASALIUS, De Veteris Sacris Christianorum Ritibus, Rom 1647; E. MARTEN, Tractatus de antiqua ecclesiae disciplina in divinis celebrandis officiis, Lyon 1706; J. MARZOHL und J. SCHNELLER, Liturgia sacra, vol I-IV, Luzern 1834-1840 (hier wird in den Quellen Mangelndes mit dem Hinweis auf die Arkandisziplin ergänzt - z. B. II,147). - Wesentlich kritischer schon 50 Jahre vorher der Katholik A. KRAZER, De Apostolicis nec non Antiquis Ecclesiae Occidentalibus Liturgiis, Augsburg 1786. Doch auch bei dem moderneren F. PROBST, Liturgie der drei ersten christlichen Jahrhunderte, Tübingen 1870, ist die angegebene Tendenz noch feststellbar; vgl. den ersten Satz dieses Werkes: „Von den ersten Tagen ihres Entstehens an feierte die christliche Gemeinde einen eigenen Gottesdienst, dessen Hauptbestandteil das Brodbrechen bildete." (S. 1) - Vgl. auch Fußnote 3.

[21] E. MARTEN, op. cit. (s. Fußn. 20).

zeigen, daß die Eucharistie nur frühmorgens gefeiert wurde, abends dagegen lediglich Agapen ohne Eucharistiefeier stattfanden, womit er belegen konnte, daß das Altarsakrament auf nüchternen Magen zu genießen sei[22]. Oder es gab bei den Anglikanern den Nachweis, daß
man schon in neutestamentlicher Zeit ohne bis in den Wortlaut hinein
festgelegte Gottesdienstformen, also ohne eine „liturgy" nach dem Verständnis der anglikanischen Verfasser, nicht auskam[23]. Eine anony-
me calvinistische Schrift bemühte sich, die Entstehung sämtlicher ka-
tholischer Kirchengebräuche auf nachbiblische Zeiten zu datieren und
damit als sekundär zu erweisen[24]. Und der „radikale" Pietist Gottfried Arnold entdeckte mit neuem Eifer die biblische Einfachheit auch
der Gottesdienste der ersten Christen, welche noch nicht durch allerlei
Zwänge der Form und Künstlichkeit eingeengt gewesen seien[25]. In
der Aufklärung dann wußte man die Tugend und Moral der Christen
im Ersten Jahrhundert, aber auch ihre einzigartige Weite und Offen-
heit in Lehre und Praxis (samt Gottesdienst) zu rühmen[26].

Doch gab es auch echte Neuansätze. Zu nennen ist da einmal der
Versuch C. Vitringas, den gesamten christlichen Gottesdienst auf jüdisches Erbe zurückzuführen[27]. Er nahm damit zum Teil Gedanken
von Hugo Grotius auf[28], baute sie aber als erster in einen großan-
gelegten Entwurf ein. Auch hier ist das besondere Interesse des Verfassers nicht zu verkennen: es geht ihm um den Nachweis, daß die
Anfänge des christlichen Gottesdienstes ganz einfach und rational

---

[22] G. ALBASPINUS, a. a. O., p. 136.
[23] T. COMBER, A Scholastical History of the Primitive and General Use of
Liturgies in The Christian Church, London 1690; ähnlich: J. BINGHAM, The Antiquities of the Christian Church (1708-1722), Book XIII: General observations relating to
Divine Worship in the antient Church.
[24] Traité des anciennes ceremonies: ou histoire, Contenant leur Naissance &
Accroissement, leur Entrée en l'Eglise, & per quels degrez elles ont passé iusques à
la superstition, hrsg. von Ionas PORREE (Pseudonym), mehrfach aufgelegt; ich benutzte die Auflage Charenton 1662 (1. Auflage: Amsterdam 1647?).
[25] G. ARNOLD, Die Erste Liebe. Das ist: Wahre Abbildung der Ersten Christen Nach Ihrem Lebendigen Glauben und Heiligen Leben ... als in einer nützlichen Kirchen-Historie Treulich und unpartheyisch entworffen ..., Altona 1722.
[26] Zur Tugend s. W. CAVE, Primitive Christianity, London, 4. Aufl. 1682;
zur „Toleranz" s. E. GIBBON, The History of the Decline and Fall of the Roman
Empire, vol I, London ²1776, p. 461: „... during that period, the disciples of the
Messiah were indulged in a freer latitude both of faith and practice, than has ever
been allowed in succeeding ages."
[27] C. VITRINGA, De Synagoga Vetere libri tres: quibus tum De Nominibus,
Structura, Origine, Praefectis, Ministris, & Sacris Synagogarum, agitur; tum praecipue Formam Regiminis & Ministerii Earum in Ecclesiam Christianam translatam esse, demonstratur ..., Franeker 1696.
[28] Grotius hatte sich wiederholt in exegetischen Werken zur Abhängigkeit
der christlichen Kirche von der Synagoge geäußert; angeführt von Vitringa auf
p. 15s.; vgl. auch p. 468ss.

waren, so daß der urchristliche Gottesdienst zum getreuen Abbild des reformierten gerät[29]; dabei fällt denn auch die Behandlung der Eucharistiefeier fast völlig einer blinden Kritik zum Opfer[30]. Vitringas Buch wirkte noch lange nach, wenngleich vor allem in dem Bemühen, seine so einseitig vorgetragene Grundthese abzuschwächen und zu relativieren[31].

Eine weitere Neuerung, die wir erwähnen müssen, ist die gesonderte Behandlung der Liturgiegeschichte außerhalb des Rahmens der allgemeinen Kirchengeschichte: man schrieb über die „antiquitates" des Christentums und interessierte sich damit besonders für alle diejenigen Gegenstände, die wir heute unter dem Begriff Liturgik (im weitesten Sinne) fassen[32]. Mit dem ersten wirklich umfassenden Werk dieser Art hatte J. Bingham durchschlagenden Erfolg; zehnbändig ließ er in den Jahren 1708 bis 1722 „The Antiquities of the Christian Church" erscheinen, welche schon bald wiederaufgelegt und außerdem in

---

[29] „nihil in iis quicquam insit, quod Rationem offendat", a. a. O., p. 2.

[30] In der Einführung geht Vitringa noch auf das Abendmahl ein („quod suam Communionem, quam per unam fidem cum eodem habent Domino, sacris quibusdam symbolis obsignent" – p. 2) und behauptet auch hier eine Abhängigkeit von der Synagoge; in der Durchführung dann aber sucht man vergebens nach einer Behandlung der Eucharistie, will man nicht einen Satz über das Gebet auf sie beziehen: quod „in omni precatione & gratiarum actione hominis Christiani sit oblatio sacrificii Christi" (p. 63). Die Opferterminologie sei allerdings der alten Kirche vom jüdischen Tempel überkommen (p. 10s.); doch sind alle diese Ansätze bezeichnenderweise bei Vitringa nicht ausgeführt. – Mit ähnlichem Interesse wie Vitringa, das Wesen des heutigen Reformierten Gottesdienstes im Neuen Testament begründet zu finden, aber unter Betonung des Neueinsatzes beim christlichen Gottesdienst, schreibt in unserer Zeit F. MUL, Van synagoge tot nieuwtestamentische eredienst, Enschede o. J. (1979?).

[31] Z. B. setzt sich J.L. MOSHEIM (der im übrigen das Buch Vitringas oft benutzt) kritisch mit Vitringa auseinander (Institiones Historiae Christianae Maiores, Saeculum Primum, Helmstedt 1739, p. 168ss. = Saec. I pars II, § IX); ebenso noch im 19. Jahrhundert TH. HARNACK, Der christliche Gemeindegottesdienst im apostolischen und altkatholischen Zeitalter, Erlangen 1854, S. 117ff.; und selbst am Anfang des 20. Jahrhunderts rekurriert F.E. WARREN, The Liturgical Ritual of the Ante-Nicene Church, London ²1912, explizit auf Vitringa, indem er dessen These dahingehend modifiziert, daß die Christen selektiv Elemente des Synagogengottesdienstes übernommen hätten (pp. 201ff.).

[32] Ein frühes Beispiel ist B. REBELIUS ARGENTORATUS, Antiquitates ecclesiasticae in tribus prioribus post nativitatem Christi seculis evangelicae, 1669; ferner J. NICOLAI, Selectae quaedam antiquitates ecclesiasticae, Tübingen 1705; auch das Werk VITRINGAs, De Synagoga Vetere (s. Fußn. 27), ist nach Art der Antiquitates gegliedert. Frühere Werke De ritibus sind in der Regel nicht ganz so breit angelegt wie die „antiquitates", können aber als deren Vorläufer betrachtet werden; z. B. B. CASALIUS, De Veteribus Sacris Christianorum Ritibus, Rom 1647 (auch in einem Sammelband desselben Autors: De Profanis et Sacris Veteribus Ritibus (Rom 1644-1646), dort datiert 1645; Casalius beschreibt dort neben dem christlichen auch das ägyptische und römische Kultleben – vgl. dazu die Bemerkung bei Bingham im Vorwort der Antiquitates (s. Fußn. 33), er wolle nach dem Muster der „antiquitates" der Griechen usw. die „antiquitates" der Christen schreiben).

Deutschland ins Lateinische übersetzt und viel benutzt wurden[33]. Freilich trägt auch Bingham zum Thema Wortgottesdienst trotz der großen Fülle von Material, das er verarbeitet, nichts eigentlich Neues bei. Zwar versucht er, eine Entwicklung von anfangs täglichen zu später nur sonntäglichen Gottesdiensten nachzuzeichnen, bis man dann auch an Stationsfastentagen zur Messe zusammengekommen sei[34], aber grundsätzlich bleibt es doch immer ein und derselbe Gottesdienst mit Eucharistiefeier, zusammengesetzt aus verschiedenen, zum Teil jüdischen, zum Teil christlichen liturgischen Stücken, den Bingham beschreibt[35].

Auch bei Bingham lassen sich bestimmte in die Auseinandersetzungen seiner Kirche und Zeit um das gottesdienstliche Leben gehörende Sonderinteressen teilweise deutlich ablesen, welche den Blick auf die Quellen streckenweise trübten[36]. Doch war sein Werk insgesamt richtungsweisend und ist lange Zeit hindurch ein Standardwerk geblieben[37].

Ganz allgemein ist ferner als ein wichtiger Schritt auf die moderne Liturgiewissenschaft hin die immer umfassendere Erforschung und Bereitstellung der Quellen für den wissenschaftlichen Gebrauch zu nennen. So erschien z. B. in der Mitte des 18. Jahrhunderts die monumentale Sammlung von J.A. Assemani, Codex liturgicus Ecclesiae universalis in XV libros distributus, welche noch 1902 nachzudrucken sich lohnte[38].

Es entspricht dieser Quellenlage und dem neu erwachenden protestantischen Interesse an der Liturgie[39], daß in der ersten Hälfte des

---

[33] Mir lag die zweite Auflage seiner „opera" vor, welche zu drei Vierteln aus den „Antiquitates" bestehen: The Works of the Learned J. Bingham, 2 vols, London 1726. Die lateinische Übersetzung erschien 1724-1729 in Halle: Origines sive Antiquitates Ecclesiasticae (10 voll). Zur Wirkungsgeschichte s. Fußn. 37.

[34] Book XIII Chap. IX: Of the Times of their Religious Assemblies, and the several Parts of Divine Service performed in them. (a. a. O., vol I, p. 636ff.).

[35] A. a. O., vol I, p. 591f.; ferner Books XIV (über die Katechumenenmesse) und XV (über die Messe der Gläubigen).

[36] Z. B. am Gebet zum trinitarischen Gott (vol I, p. 562ff.) oder an der festen liturgischen Form schon in apostolischer Zeit: „... the Use of well-chosen and well-appointed Forms, are no ways disagreeable to Apostolical Practice ..." (vol I, p. 592).

[37] Noch im Lehrbuch der Liturgik von G. RIETSCHEL, Bd I, Berlin 1900, sind Binghams antiquitates eins von drei zur Liturgik allgemein aufgeführten Werken (S. 16). Für das 19. Jahrhundert s. beispielsweise W. BÖHMER, Die christlich-kirchliche Alterthumswissenschaft, Bd II, Vorwort: Böhmer wirft Augusti (s. Fußn. 42) vor, stillschweigend seitenweise aus Bingham abgeschrieben zu haben.

[38] 13 Bde, Rom 1749-1766 (nicht vollendet); Nachdruck Paris / Leipzig 1902.

[39] Dies Interesse hatte sich vor allem an der neuen preußischen Agende von 1817/30 entzündet; teilweise explizite Verweise hierauf finden sich in den Vorworten der nachfolgend genannten Werke.

Neunzehnten Jahrhunderts einige mehrbändige Liturgiegeschichten erschienen, welche in enzyklopädischer Breite und mit ausführlicher Quellendiskussion das gesamte ihnen vorliegende Material aufarbeiteten. Deutlicher als bisher ist nun auch der Wille zur Epocheneinteilung und Darstellung einer Entwicklung mit deren Hilfe zu spüren. So betont C. Schöne in seinen „Geschichtsforschungen über die kirchlichen Gebräuche und Einrichtungen der Christen"[40]: „Bei der Untersuchung über die Entstehung der Kirchengebräuche muß überhaupt ganz vorzüglich auf den Unterschied der Juden- und der Heiden-Christen Rücksicht genommen werden"[41]. Im Blick auf die Frage nach dem Wortteil des Gottesdienstes ist davon jedoch nicht viel zu entdecken. Schöne geht wie J.C.W. Augusti, welcher seine „Denkwürdigkeiten aus der christlichen Archäologie" in zwölf Bänden erscheinen ließ[42], davon aus, daß die Eucharistiefeier zunächst mit der abendlichen Agape verbunden war und später erst von ihr getrennt auf den Morgen gelegt wurde[43]. Beide erkennen auch im ersten Teil des von Justin geschilderten Sonntagsgottesdienstes den Einfluß der Synagoge[44]; doch fehlt bei beiden die ausdrückliche Feststellung, es habe spezielle Wortversammlungen der ersten Christen gegeben. Offensichtlich war auch für Schöne und Augusti der Wortgottesdienst als solcher nicht von besonders großem Interesse[45], obwohl Augusti deutlicher etwa als Schöne viele Elemente der christlichen Gottesdienste auf jüdischen Gebrauch zurückführte[46].

Schon K. Hase aber stellte dann in seiner immer wieder neu aufgelegten „Kirchengeschichte"[47] die Anfänge des christlichen Gottesdienstes so dar, daß im Ersten Jahrhundert die von der Synagoge herkommende Wortversammlung getrennt von den Agapefeiern mit Eucharistie existierte[48]. Erst danach habe „jede feierliche

---

[40] Bde I-III, Berlin 1819-1822.

[41] Bd I, S. 66.

[42] Denkwürdigkeiten aus der christlichen Archäologie; mit beständiger Rücksicht auf die gegenwärtigen Bedürfnisse der christlichen Kirche, Leipzig 1817-1831.

[43] SCHÖNE, a. a. O., Bd I, 65 (Judenchristen feiern das Abendmahl jährlich nur einmal); 96 (Plinius); 100ff. (Justin); AUGUSTI, a. a. O., Bd IV, 34 (vgl. auch Bd VIII, 80).

[44] SCHÖNE, a. a. O., Bd I, 100ff.; AUGUSTI, a. a. O., Bd IV, 163: „In dem Berichte von den am Sonntage vorgenommenen Vorlesungen aus der h. Schrift erkennt man leicht die alte Synagogen-Einrichtung."

[45] Sie behandeln jedoch ausführlich seine einzelnen Elemente.

[46] Tägliche Versammlungen zum Gebete: Bd IV, 131; Lesung: Bd IV, 163; Bd VI, 75ff.; Predigt: Bd VI, 260f. - Das Werk von W. BÖHMER, Die christlich-kirchliche Alterthumswissenschaft, 2 Bde, Breslau 1836-1839, stammt aus der gleichen Zeit, ist aber nicht so ausführlich wie Schöne und Augusti, ohne deutliche zeitliche Konturen in der Darstellung und für unsere Arbeit von geringem Interesse.

[47] Mir lag als Frühestes die 4. Auflage, Leipzig 1841, vor.

Versammlung ... mit dem Abendmahle" geschlossen, während nur noch selten und ohne Eucharistie abendliche Agapen stattgefunden hätten[49].

Auch auf römisch-katholischer Seite war man in dieser Zeit nicht müßig; so behandelte A.J. Binterim in sieben Bänden „Die vorzüglichsten Denkwürdigkeiten der Christ-Katholischen Kirche aus den ersten, mittlern und letzten Zeiten"[50]. Hier wird schon im Titel die Bemühung um eine Epocheneinteilung deutlich; und auch darin war Binterim auf der Höhe seiner Zeit, daß er die angeblich „apostolischen" Liturgien für unecht hielt. Er ging davon aus, daß es vor dem vierten Jahrhundert keine schriftliche fixierten Liturgien gab, wobei vor allem die „Nebentheile der Liturgie"[51] überhaupt nicht festgelegt worden seien. Die Nebenteile bestehen aus Schriftlesung, Unterricht und Lob- und Danksagungsgebeten[52]. Binterim wollte offenhalten, daß es für die Hauptteile des Gottesdienstes eine mündlich fixierte Tradition gab; dazu relativierte er z. B. den Quellenwert des Justinberichts als nicht ausführlich genug. Damit war einerseits der katholischen Meinung, die Gottesdiensttradition leite sich aus frühester Zeit her[53], Genüge getan, andererseits konnte Binterim sich ohne viel Diskussion über die früheste Zeit sogleich den ausführlichen, späteren Quellen zur Liturgie zuwenden.

Mit dem Fortschreiten der historischen Arbeit im 19. Jahrhundert wurden die Weichen für die moderne Forschung gestellt. Unter Einbeziehung des Neuen Testaments stellte man auch die Frühzeit immer differenzierter dar; und deutlicher als bisher fragte man nun auch für die Entstehung des Christentums nach der Religionsgeschichte und versuchte, eine erklärbare Entwicklung der christlichen Religion nachzuzeichnen.

Für die Darstellung der Anfänge des christlichen Gottesdienstes lassen sich dabei zwei Grundpositionen in Beziehung auf den

---

[48] 4. Auflage, S. 36; deutlicher die 11. Auflage (Leipzig 1886): „Die Versammlung des Wortes früh und öffentlich, das heilige Mahl in der Stille des Abends." (S. 46) Hier ist der Einfluß von Th. Harnack (s. u.) unverkennbar.

[49] 4. Aufl. S. 66.

[50] „... Mit besonderer Rücksichtnahme auf die Disciplin der katholischen Kirche in Deutschland.", Mainz 1825-1841.

[51] Bd IV,2, S. 127.

[52] L. c. - Bezeichnenderweise fehlt in dieser Aufzählung die Predigt, die B. wohl einfach zur Schriftlesung dazurechnet oder aber unter den Unterricht mitfaßt; im übrigen bemerkt er gelegentlich (unter Verweis auf Dionysius Areopagita), daß man „nie die Reden als einen wesentlichen Theil der eucharistischen Liturgie" ansah (Bd IV,3, S. 340 Fußn. 1).

[53] Vgl. Fußn. 20; ähnlich auch für den anglikanischen Bereich: C.C.J. BUNSEN, Hippolytus and his Age, vol II, London 1854.

Wortgottesdienst erkennen, welche im Grunde bis heute noch neben-
einanderstehen. Strittig ist zwischen diesen beiden vor allem die Frage,
ob man im Christentum anfangs Wort- und Sakramentsfeier getrennt
voneinander oder immer als Einheit gehalten hat.

Diejenige Auffassung, welche von zwei ursprünglich getrennten
Gottesdiensten ausgeht, ist dabei offener für die Annahme, es habe
prägende Einwirkungen des jüdischen und auch heidnischer Kulte auf
die christlichen Gottesdienste gegeben, während die andere Seite von
der Herrenmahlsfeier her mehr das spezifisch Christliche in der Entwicklung des christlichen Gottesdienstes betont.

So ist es kein Zufall, daß Th. Kliefoth in dem Bemühen, die Vorgeschichte des lutherischen Gottesdienstes darzustellen, diese letzt-
genannte Position bezieht[54]. Zwar verweist er nicht wie seine katholischen Vorgänger auf die Arkandisziplin, um dann späte Verhältnisse in frühe Quellen hineinzuinterpretieren[55], aber auch er beginnt
seine Darstellung mit einem Verweis auf die Dürftigkeit der frühen
Quellen zum Gottesdienst[56]. So will er aus der heiligen Schrift zunächst die Prinzipien des christlichen Gottesdienstes erheben und nicht
seine Gestalt[57]. Auf diese Weise gewinnt Kliefoth ein in seiner Systematik beeindruckendes Vorverständnis für die Quelleninterpretation:
für ihn ist das Zentrum des Gottesdienstes das Opfer, und der christliche Opferbegriff führt zu einer Dreiteilung des Gottesdienstes: die
Zueignung des Opfers Christi durch die Verkündigung des Wortes
(Lehrakt); das darauf antwortende Dankopfer der Gemeinde in Gebet
und Gabendarbringung (Opferakt); und schließlich der Sakramentsemp-
fang, welcher sich nur organisch der Gabendarbringung anschließen kann, wiederum eine Zueignung des Opfers Christi (Abendmahls-
akt)[58]. Aufgrund dieses Vorverständnisses kann Kliefoth die Quellen
nur so interpretieren, daß zum christlichen Gottesdienst wesensmäßig

---

[54] TH. KLIEFOTH, Die ursprüngliche Gottesdienstordnung in der deutschen
Kirche lutherischen Bekenntnisses, Bde 1-5, Schwerin [2]1858-1861 (= DERS., Liturgi-
sche Abhandlungen Bde 4-8). In der ersten Auflage setzte Kliefoth noch mit der
Reformation ein; nun holt er weiter aus.

[55] So v. a. in dem Werk von J. MARZOHL und J. SCHNELLER, Liturgia
Sacra; vgl. Fußn. 20.

[56] Urspr. Gottesdienstordnung I, 4-5.

[57] „Aber allerdings giebt das neue Testament die Thatsachen und Grundbe-
griffe, auf welcher aller christliche Gemeindegottesdienst sich auferbauen muß, und
damit die constituirenden Elemente desselben her." - A. a. O., Bd I, 4-5.

[58] Urspr. Gottesdienstordnung I, 205ff.; die drei Begriffe für die
Gottesdienstteile in Bd I, S. 265. Vgl. hierzu allerdings schon den Vortrag von H.
ALBEKEN, Der Gottesdienst der alten Kirche, Berlin 1853: A. sieht ebenfalls den
Gottesdienst in drei Teilen, nämlich „Erbauung, Anbetung (oder im Sprachgebrauch
der alten Kirche selbst: Opfer) und Communion." (S. 7).

die Eucharistie dazugehört; sein Vorbild sei entsprechend nicht die
Synagoge, sondern (in einem geistigen Sinne) der jüdische Tempelkult
gewesen[59]. Daneben habe es jedoch in der Woche Lehrversammlungen
gegeben, und schon bei Plinius finde man Ansätze zur Sonntagsmette[60].

Im übrigen ist die Entwicklung nach der Darstellung Kliefoths wie
folgt verlaufen: Zu den Gottesdiensten am Sonntagabend mit den genannten drei Teilen, ein Sättigungsmahl eingeschlossen, seien anfangs
eigentlich nur getaufte Christen zugelassen gewesen; daneben habe es,
wohl täglich, missionarische Lehrversammlungen einfachster Form gegeben, die nur der Unterweisung dienten. Diese Lehrversammlungen
hätten zunächst noch im Tempel zu Jerusalem stattgefunden. Nach
dem Rückzug der Christen aus dem Tempel habe es weiterhin Lehrversammlungen gegeben; mit dem jüdischen Heiligtum als Gottesdienstort sei aber der einzige nennenswerte Unterschied zwischen ju-
den- und heidenchristlichen Gottesdiensten weggefallen, da man nicht
zwei verschiedene christliche Gottesdienste nebeneinander in Jerusalem
annehmen könne[61].

Später sei an die Stelle der Lehrversammlungen die Einrichtung des
Katechumenats getreten; allmählich habe man dann auch wenigstens
die reiferen Katechumenen zum Verkündigungsteil des Gottesdienstes
zugelassen. Hierdurch sei die „ursprüngliche und wesensmäßige
Dreitheiligkeit des Gottesdienstes in eine Zweitheiligkeit" übergegangen[62]. Dies ist aus Kliefoths Sicht - abgesehen von der späteren
Einführung des Meßopfers und der damit verbundenen Definition des
kirchlichen Amtes[63] - die einzige wirklich eingreifende Veränderung der Struktur des christlichen Gottesdienstes während der ersten
drei Jahrhunderte; ein markanter äußerlicher Wandel sei noch die durch
den Wegfall der Mahlzeit bedingte Verlegung des ganzen Gottesdienstes vom Sonntagabend auf den Morgen gewesen[64].

In der Forschung durchgesetzt hat sich jedoch weithin[65] die
von Kliefoth angegriffene Position Th. Harnacks[66], zumindest was

---

[59] Urspr. Gottesdienstordnung I, 223.
[60] A. a. O., I, 232ff., bes. S. 250; Sonntagsmette bei Plinius: I, 278.
[61] „Nach der Zurückziehung vom Tempel aber war der Gottesdienst der Judenchristen kein anderer als der der Heidenchristen ..." - Urspr. Gottesdienstordnung I, 231.
[62] A. a. O., I, 294.
[63] A. a. O., I, 402.
[64] A. a. O., I, 280.
[65] Wie Kliefoth: G. BICKELL, Messe und Pascha, Mainz 1872 (katholisch);
C.W. DUGMORE, The Influence of the Synagogue upon the Divine Office, London
1944 (²1964; anglikanisch); zu beiden Werken s. auch Fußn. 92.
[66] TH. HARNACK Der christliche Gemeindegottesdienst im apostolischen und

die Grundzüge der frühen Entwicklung des Gottesdienstes angeht. Allerdings ist in jüngerer Zeit wieder behauptet worden, die Quellen stützten die Annahme von ursprünglich getrennter Wort- und Mahlfeier nicht, wiesen vielmehr auf einen einzigen Gemeindegottesdienst hin, von dem nur die Missionsversammlungen zu unterscheiden seien. O. Cullmann hat dies mit Vehemenz vorgetragen[67], ohne aber neue Argumente für seine These anzuführen[68]; und einige der neueren Überblicksdarstellungen sind ihm darin gefolgt[69].

Wie sieht nun demgegenüber die Position Th. Harnacks aus? Harnack, ein Zeitgenosse Kliefoths und ebenfalls ein strenger Lutheraner, setzt ganz anders ein als jener, nämlich von vornherein mit einer historischen Betrachtungsweise. So beschränkt er sich in seiner Darstellung auf die ersten drei Jahrhunderte (unter Miteinbeziehung der Apostolischen Konstitutionen)[70] und schaltet vor die Arbeit über den eigentlichen Gottesdienst eine Abhandlung über Arkandisziplin und Katechumenat[71]. Schon hier wird deutlich, wie er sich die Entwicklung in den Grundzügen vorstellt[72]: nachdem anfangs sowohl bei den Juden- als auch bei den Heidenchristen[73] ein öffentlicher Morgengottesdienst von der auf die Gemeinde begrenzten „privaten" Mahlfeier am Abend getrennt war, mußten die Christen aufgrund des staatlichen Hetärienverbotes die Abendmahlsfeier unter Aufgabe der Agape-Mahle auf den Morgen verlegen. Damit wurde der ganze Gottesdienst zur geschlossenen Veranstaltung, Ungläubige und selbst

---

altkatholischen Zeitalter, Erlangen 1854. (Zuvor schon: DERS., Der christliche Gemeine-Gottesdienst im apostolischen Zeitalter, in: *Das zweite Jubelfest der Kaiserlichen Universität Dorpat*, Dorpat 1853; diese Arbeit ist in überarbeiteter Form zu einem Teil des weitergehenden Werkes von 1854 geworden.

[67] Urchristentum und Gottesdienst, Zürich 1950 (AThANT 3).

[68] A. a. O., 29ff.; neu ist höchstens die Behauptung, das Zungenreden passe nicht in einen nüchternen Wortgottesdienst (zu 1Kor 14; a. a. O., 31).

[69] R. STÄHLIN, Die Geschichte des christlichen Gottesdienstes von der Urkirche bis zur Gegenwart, in: *Leiturgia* I, Kassel 1954, 1-81 (bes. S. 13); L. GOPPELT, Die apostolische und nachapostolische Zeit, Göttingen, ²1966 (KIG 1A), 144, dort aber im Kleingedruckten relativiert; ferner G. DELLING, Der Gottesdienst im Neuen Testament, Göttingen 1952, 133: Delling stimmt Cullmann zu, sieht aber außerdem Wochengottesdienste ohne Eucharistie schon in frühester Zeit (vgl. Kliefoths „Lehrversammlungen"); unentschieden: W. NAGEL, Geschichte des christlichen Gottesdienstes, Berlin 1962, 113 (²1970, 16f.); F. LANG, Die Briefe an die Korinther, Göttingen 1986 (NTD 7¹⁶), 207.

[70] „... halten auch wir dafür, daß die sechs ersten Bücher dieses Werks, wenn auch nicht frei von späteren Interpolationen, uns das Leben des Altkatholizismus schildern, wie es in der zweiten Hälfte des dritten Jahrhunderts geartet und gestaltet war." - Gemeindegottesdienst, 459.

[71] „Allgemeine Voruntersuchung. Ursprung und Entstehung der Arcan-Disciplin." (S. 1-66).

[72] A. a. O., 24ff.

[73] Vgl. auch a. a. O., 96 und 145.

Katechumenen waren nicht mehr zugelassen[74]. Schon bald aber - noch vor Tertullian nämlich - gab es eine neue Veränderung: jetzt konnten die Katechumenen dem homiletischen Teil des Gottesdienstes beiwohnen[75]. Dadurch war nicht nur eine Zweiteilung des Gottesdienstes gegeben, sondern zugleich auch die Möglichkeit, im Zusammenhang mit der Arkandisziplin die Sakramentsfeier als mystischen Kult zu begreifen, was sich aus zunehmender Vergesetzlichung und aus dem Bedürfnis nahelegte, das Heil zu verobjektivieren[76].

Die ersten christlichen Wortgottesdienste aber leiteten sich nach Harnack ebenfalls nicht aus der Synagoge her, sondern waren vor allem adäquater Ausdruck des urchristlichen Glaubens selbst, welcher assimilierend Elemente des alttestamentlichen Tempelkultes in sich aufnahm, indem er sie dem Buchstaben nach zwar abtat, aber im Geiste „zu seiner realen, besonders in den Bundesstiftungen des Herrn gegebenen Erfüllung" brachte[77]. Das schließt nicht aus, daß von den Judenchristen rein äußerlich auch Elemente des Synagogengottesdienstes übernommen wurden. Wie sich an der Auseinandersetzung mit Vitringa zeigt, kommt es Harnack hier darauf an, die Synagoge nicht als das eine und wahre Vorbild eines rein geistigen Gottesdienstes zu bewerten[78].

Vollends deutlich wird das für ihn an den Heidenchristen, welche zwar auch Wort- und Mahlversammlung getrennt feierten, sich jedoch gar nicht mehr an der Synagoge orientierten[79]. Hier gilt besonders, was Harnack auch schon für den judenchristlichen Bereich zeigen will: der urchristliche Gottesdienst ist als organischer Ausdruck der Freiheit christlichen Geistes im Gegensatz zu gezwungener Gesetzlichkeit zu sehen - aber auch im Gegensatz zu jeglicher Schranken- und Rücksichtslosigkeit in der Ausübung solcher Freiheit[80].

---

[74] Mit dieser auf Justin, apol. I 67, und die Pseudoklementinen gegründeten Behauptung (S. 26ff., unter Verweis auf J.W.F. HÖFLING), die schon von Kliefoth bestritten wurde (Urspüngl. Gottesdienstordnung I, 291f.), hat Harnack sich nicht durchsetzen können. Das hier angezeigte Problem wird allerdings in der Folgezeit kaum beachtet.

[75] A. a. O., 29ff.

[76] A. a. O., 46ff.; 446ff.

[77] A. a. O., 130.

[78] A. a. O., 117ff.

[79] So v. a. in der Zusammenfassung a. a. O., 200.

[80] „... das Princip der evangelischen Selbständigkeit und Freiheit in der Wahrheit und Gemeinsamkeit kommt hier erst zu seiner vollen Anerkennung und Durchführung auch auf dem Cultusgebiet." (a. a. O., 200) - In der gleichen Linie sieht Harnack auch die Ausgestaltung des klerikalen Amtes als ein Abweichen von evangelischer Freiheit und Ordnung. Verobjektivierung des Kultus durch Opfer und Amt sowie seine Mystifizierung und die Aufteilung in Katechumenen- und Gläubigenmesse gehören nach Harnack also zusammen.

In der Folgezeit wurden mit wachsendem religionsgeschichtlichen Interesse nun doch Zuweisungen vorgenommen, wie sie Harnack vermeiden wollte. So behauptete H. Jacoby in direkter Auseinandersetzung mit Kliefoth und Harnack, daß man sich sowohl im juden- wie im heidenchristlichen Bereich nach anfänglich völlig freier Gestaltung gottesdienstlichen Lebens am Vorbild der Synagoge orientierte und erst später mit der Ausbildung von Amt und Opfertheologie auch Elemente des Tempelkultus für den Wortgottesdienst („exoterische Versammlung") übernahm[81]. Und schon H.A. Koestlin konstatierte in seinem Lehrbuch „Geschichte des christlichen Gottesdienstes"[82], daß die öffentlichen Versammlungen der Gemeinde sich „bezüglich der Form dem in den Tempelhallen stattfindenden Synagogen-Gottesdienste" anschlossen[83], während er für die heidenchristlichen Wortgottesdienste den Einfluß der „hellenistischen Cultvereine" zwar nicht ausdrücklich behauptete, aber doch für möglich hielt[84]. Er nahm damit in vorsichtiger Form Forschungen von G. Heinrici auf[85]. Auch für Koestlin aber war der urchristliche Gottesdienst im wesentlichen „die natürliche, nicht absichtlich gemachte, sondern spontan gewordene, Form und Bethätigung des neuen Glaubenslebens"[86].

---

[81] Die constitutiven Factoren des apostolischen Gottesdienstes, *JDTh* 18 (1873) 539-583; ähnlich, jedoch bemüht, noch enger an den Quellen zu bleiben, und zeitlich stärker auf die apostolische Zeit beschränkt: C. WEIZSÄCKER, Die Versammlungen der ältesten Christengemeinden, *JDTh* 21 (1876) 474-530. - Weizsäcker lehnt die Unterscheidung der verschiedenen Versammlungen unter dem Gesichtspunkt der Öffentlichkeit oder Nichtöffentlichkeit ab; dies sei ein modernes, nicht angemessenes Kriterium (a. a. O., 474).

[82] Geschichte des christlichen Gottesdienstes. Ein Handbuch für Vorlesungen und Übungen im Seminar, Freiburg i. Br. 1887.

[83] A. a. O., 10.

[84] A. a. O., 14.

[85] G. HEINRICI, Die Christengemeinde Korinths und die religiösen Genossenschaften der Griechen, *ZWTh* 19 (1876) 465-526; DERS., Zur Geschichte der Anfänge paulinischer Gemeinden, *ZWTh* 20 (1877) 89-130; DERS., Zum genossenschaftlichen Charakter der paulinischen Christengemeinden, *ThStKr* 54 (1881) 505-524. - Zur Relativierung der Aussagen Heinricis gibt Koestlin jedoch auch an: C. WEIZSÄCKER, Die Kirchenverfassung des apostolischen Zeitalters, *JDTh* 18 (1873) 631-674; ferner R. SEYERLEN, Der christliche Cultus im apostolischen Zeitalter, *ZPTh* 3 (1881) 222-240.289-327. Weizsäcker sieht auf juden- wie heidenchristlichem Gebiet die Entwicklung von sich selbst verwaltender Gemeinde über eine Presbyterialverfassung zum Episkopat. Seyerlen betont beiden, Heinrici und Weizsäcker, gegenüber die Eigenständigkeit des christlichen Gottesdienstes. - Zu beachten ist allerdings, daß es in den angesprochenen Arbeiten von Heinrici und Weizsäcker v. a. um die Gemeindeverfassung, weniger um den Gottesdienst geht. Heinrici geht (von der Natur seiner These her?) so gut wie gar nicht auf Lehrvorträge und dergleichen ein; im Vorübergehen sind sie als Ausdruck des Gemeinschaftslebens erwähnt (z. B. in *ZWTh* 19 (1876) 507).

[86] A. a. O., 8-9.

Eine weitere Ausformung der Grundauffassung, daß Wortgottesdienste und Mahlfeiern ursprünglich getrennt voneinander existierten,
muß hier noch erwähnt werden. Es handelt sich um die Th. Harnack
und Th. Kliefoth bereits vorliegende Position R. Rothes, nach der die
Christen mit innerer Notwendigkeit beim Verlust des Tempels in Jerusalem als Kultort ihren eigenen Kultus gestalten mußten. Die Elemente dafür lagen in ihrem bis dahin gepflegten Gottesdienstleben,
das aus Synagogalversammlungen und Mahlfeiern bestand, bereit,
und es entstand der Sonntagsgottesdienst mit Wortteil und Eucharistiefeier[87]. Dieser Position lassen sich, auch wo keine direkte Abhängigkeit vorliegt, alle diejenigen Entwürfe zuordnen, die eine Entstehung der Grundform des späteren christlichen Gottesdienstes beim
Untergang des Tempels oder spätestens bei der Trennung der Christen
vom Judentum annehmen[88], letztlich also auch die von Kliefoth,
der aber in der beschriebenen charakteristischen Weise betont, daß die
Eucharistie wesentlich zum christlichen Gottesdienst gehöre und die
Wortversammlungen im Tempel eigentlich nur akzidentell gewesen
seien.

---

[87] R. ROTHE, Commentatio de primordiis cultus sacri Christianorum, Bonn
1851 (Rede des Dekans der theologischen Fakultät der Universität Bonn zur Feier
des Geburtstages Friedrich Wilhelms III., deshalb Obertitel: „Sacram memoriam regis serenissimi divi Friderici Guilelmi III. augustissimi huius universitatis conditoris
natali eius die ...“). Rothe verweist (p. 15) auf die Position von I.H. BÖH-
MER, XII Dissertationes iuris ecclesiastici antiqui ad Plinium Secundum et Tertullianum, Leipzig 1711, p. 287-293 (zu nennen wären v. a. p. 292s.), nach der durch
das Hetärienverbot Eucharistie und Agape voneinander getrennt wurden (auch J.W.C.
Augusti war nach Rothe dieser Meinung; doch stellt dieser an der angegebenen
Stelle (Denkwürdigkeiten aus der christlichen Archäologie VIII, 80) keineswegs eine
solch allgemeine These auf); die Ansicht Böhmers wird von Rothe aber seiner eigenen Systematik zu- und untergeordnet. - Vgl. zu der Annahme einer zwangsläufigen
Entwicklung auch L. GOPPELT, Die apostolische und nachapostolische Zeit, Göttingen, ²1966 (KIG 1A), S. A146: „Als sich das Sakrament, wie es auf die Dauer nötig
war (1. Kor. 11!), vom Sättigungsmahl schied ...“; auch H. CHIRAT, L'eucharistie
et l'agapè. De leur union à leur disjonction, *MD* 18 (1949) 48-60, p. 58.
[88] P. DREWS, Untersuchungen zur Didache, *ZNW* 5 (1904) 53-79, S. 78f.,
dazu DERS., „Gottesdienst: II. Geschichte des christlichen Gottesdienstes", *RGG*¹,
Bd 2 (1910), Sp. 1569-1581; A.B. MACDONALD, Christian Worship in the Primitive
Church, Edinburgh 1934, p. 61f. (bei der Trennung von der Synagoge richteten die
Christen, wenn die Umstände es zuließen, einen eigenen „synagogalen" Gottesdienst
ein, sonst aber wurde die Wort- mit der Mahlfeier kombiniert); J.M. NIELEN, Ge-
bet und Gottesdienst im Neuen Testament. Eine Studie zur biblischen Liturgie und
Ethik, Freiburg i. Br. 1937, S. 83.220.271ff.; H. CHIRAT, L'assemblée chrétienne à
l'age apostolique, Paris 1949 (LO 10), deutlich auf p. 185ss.; W. D. MAXWELL, An
Outline of Christian Worship, London, ²1965, p. 4f. (sehr ungenau); R.P. MARTIN,
Worship in the Early Church, Grand Rapids 1974 (Nachdruck v. 1964), p. 26f.
(zitiert p. 5 des Buches von Maxwell); vorsichtig abwägend geht auch J.H.
SRAWLEY, The Early History of the Liturgy, Cambridge 1913 (CHLS 1), p. 17f., in
diese Richtung.

Damit sind die bis heute maßgeblichen Grundauffassungen von der frühen Geschichte des christlichen Gottesdienstes in den Grundzügen umrissen. Versuche, neben Mahlfeier und Synagogengottesdienst noch eine weitere Gottesdienstform als Wurzel des christlichen Sonntagsgottesdienstes anzunehmen, nämlich den Gebetsgottesdienst, sind wohl zu Recht wegen des geringen Anhalts an den Quellen in der neueren Forschung ohne Echo geblieben[89]. Als - allerdings nicht unbestrittene - „Normalform" (mit Modifikationen gemäß den Arbeiten von H. Jacoby und C. Weizsäcker[90], d. h. vor allem mit der Behauptung der Abhängigkeit des judenchristlichen Wortgottesdienstes von der Synagoge) treffen wir immer wieder die Anschauung Th. Harnacks an[91].

---

[89] J. MÜLLER-BARDORFF, Wesen und Werden des christlichen Gottesdienstes im apostolischen Zeitalter, habil.-Schrift, Leipzig 1953 (maschinenschr.) - nach Müller-Bardorff gab es ursprünglich christliche Gebetsgottesdienste und die Mahlfeier sowie die Teilnahme am Synagogengottesdienst nebeneinander; mit der Trennung von der Synagoge wurden christliche Lehrgottesdienste eingerichtet (S. 271ff.), die mit dem Gebetsgottesdienst zusammenwuchsen und zu Justins Zeit dann den alten Wortteil der Mahlfeier (das Tischgespräch) ersetzten; von Gebetsgottesdiensten separate Lehrgottesdienste sind bei M.-B. nur durch eine Lesart von Act 19,9 belegt. Paulus gehe 1Kor 14 auf einen Gebetsgottesdienst ein und versuche, ihn in einen stärker belehrenden Gottesdienst umzufunktionieren. - Vgl. auch W. RORDORF, Der Sonntag. Geschichte des Ruhe- und Gottesdiensttages im ältesten Christentum, Zürich 1962 (AThANT 43), S. 257. Vorsichtiger: P.F. BRADSHAW, Daily Prayer in the Early Church. A Study of the Origin and Early Development of the Divine Office, London 1981 (ACC 63).

[90] S. Fußn. 81.

[91] Außer Koestlin und Seyerlen (s. Fußn. 82 u. 85): C. WEIZSÄCKER, Das apostolische Zeitalter, Tübingen 1886, S. 546ff.; G. RIETSCHEL, Lehrbuch der Liturgik, Bd I, Berlin 1900, S. 231-274; 2. neubearb. Aufl. von P. Graff, Bd I, Göttingen 1951, S. 196-233 (fast identisch); R. KNOPF, Das nachapostolische Zeitalter, Tübingen 1905, v. a. S. 222-252; H. ACHELIS, Das Christentum in den ersten drei Jahrhunderten, Leipzig 1912, Bd I, S. (114-130).155-198; Bd II, S. 55-84; J. V. BARTLET, Artikel „Worship (Christian)", *ERE* 12 (1921), 762-776; H. LIETZMANN, Der altchristliche Gottesdienst, (1927), in: DERS., Kleine Schriften III, Berlin 1962 (TU 74), 28-42 (zu knapp); G. KRETSCHMAR, „Gottesdienst V: Geschichte des christlichen Gottesdienstes A. Der Osten 1.", *RGG*[3], Bd 2 (1958), Sp. 1763-1767 (sehr knapp); L. FENDT, Einführung in die Liturgiewissenschaft, Berlin 1958 (STö II,5), S. 11f.; DERS., „Gottesdienst III. Geschichte des christlichen Gottesdienstes", *EKL*[2], Bd 1 (1961), Sp. 1671-1678; C.F.D. MOULE, Worship in the New Testament, London 1961 (ESW 9), speziell p. 61ff. (trotz des an der aktuellen Situation in der anglikanischen Kirche orientierten starken Interesses des Verf. an der Eucharistie ausdrücklich gegen O. Cullmann); J.A. JUNGMANN, Missarum Sollemnia, Bd I, Wien u. a. [5]1962, S. 26ff.; DERS., Liturgie der christlichen Frühzeit bis auf Gregor den Grossen, Freiburg/Schweiz 1967, S. 56f.; F. HAHN, Der urchristliche Gottesdienst, Stuttgart 1970 (SBS 41) (= verbesserte Fassung eines Zeitschriftenartikels gleichen Titels: *JLH* 12 (1967) 1-44).

Für den uns interessierenden Zeitraum gehen in die gleiche Richtung, bieten aber v. a. wegen ihres Interesses an der Eucharistie im Blick auf unsere Thematik sehr wenig: L. DUCHESNE, Origines du culte chrétien. Etude sur la liturgie latine avant Charlemagne, Paris 1908 (p. 48); F.E. WARREN, The Liturgical Ritual of the Ante-Nicene Church, London [2]1912; G. DIX, The Shape of the Liturgy, London

Dabei wurden in der Folgezeit je nach Standpunkt die Einflüsse aus dem jüdischen oder hellenistischen Bereich oder die Eigenständigkeit der Christen auch im Blick auf den Gottesdienst unterschiedlich betont oder zum Thema gemacht. So hat z. B. die konservativere englische Forschung einige Arbeiten über die Zusammenhänge des christlichen Gottesdienstes mit der Synagoge hervorgebracht[92]. Kritischer beschäftigte sich mit diesem Thema die leider nicht gedruckte Doktorarbeit des Leipoldt-Schülers W. Wiefel[93]. In Deutschland hingegen war man ansonsten im Gefolge der religionsgeschichtlichen Schule besonders an hellenistischen Einflüssen v. a. auf die heidenchristliche Gemeinde interessiert[94].

---

[3]1947; C. ANDRESEN, Die Kirchen der alten Christenheit, Stuttgart u. a. 1971 (RM 29,1/2).

Ebenfalls unergiebig: E. WERNER, The Sacred Bridge. The Interdependence of Liturgy and Music in Synagogue and Church during the First Millennium, London / New York 1959.

Für unsere Fragestellung sehr wenig bieten leider auch die materialreichen Bücher von A. HAMMAN, La Prière I. Le Nouveau Testament; La Prière II. Les trois premiers siècles, Tournai 1958 / 1963.

Kenntnis- und materialreich ist außerdem der Artikel von G. KRETSCHMAR, Abendmahlsfeier I. Alte Kirche, *TRE* 1, 229-278, der unsere Thematik aber ebenfalls nur am Rande berührt. Kretschmar ist aufgrund der Quellenlage sehr skeptisch im Blick auf die Möglichkeit einer Geschichtsschreibung über die Anfänge der christlichen Gottesdienste. - Ähnlich skeptisch und im übrigen ohne neues Material: P. BRADSHAW, The Search for the Origins of Christian Worship, London 1992.

[92] W.O.E. OESTERLEY, The Jewish Background of the Christian Liturgy, Oxford 1925; C.W. DUGMORE, The Influence of the Synagogue upon the Divine Office, London 1944 ([2]1964); entsprechend sieht auch J.V. BARTLET, Christan Worship as Reflected in Ancient Liturgies (in: *Christian Worship. Studies in its History and Meaning*, ed. N. Micklem, Oxford 1936, 83-99) ein „large element of continuity with the usages of the Jewish Synagogue" auch in der heidenchristlichen Gemeinde (p. 85). - Eine Besonderheit der deutschen Forschung auf diesem Gebiet ist G. BICKELL, Messe und Pascha, Mainz 1872; hier wird die katholisch-apostolische Einheitsmeßfeier ganz auf jüdische Ursprünge (Synagoge und Passah) zurückgeführt. An Bickell schließt sich weitgehend an: V. THALHOFER / L. EISENHOFER, Handbuch der katholischen Liturgik, Bd II, Freiburg i. Br. 1912, S. 8ff.

[93] „Der Synagogengottesdienst im neutestamentlichen Zeitalter und seine Einwirkung auf den entstehenden christlichen Gottesdienst", Leipzig (maschinenschr.) 1959. Wiefel ist etwa in der Benutzung rabbinischer Belege für die Gottesdienste der neutestamentlichen Zeit wesentlich vorsichtiger als Dugmore oder gar Oesterley (kritisch zu Oesterley und Dugmore schon O.E. RANKIN, The Extent of the Influence of the Synagogue Service upon Christian Worship, *JJS* 1 (1948) 27-32).

[94] W. BAUER, Der Wortgottesdienst der ältesten Christen (s. Fußn. 1); J. LEIPOLDT, Der Gottesdienst der ältesten Kirche - jüdisch? griechisch? christlich?, Leipzig 1937; vorher schon K. VÖLKER, Mysterium und Agape. Die gemeinsamen Mahlzeiten in der Alten Kirche, Gotha 1927 (für Völker gehört die Eucharistie als Kultmahlzeit von Anfang an in den Rahmen des Sonntagsgottesdienstes).

Den „klassischen" Dreischritt vom zunächst stark jüdisch beeinflußten über den hellenistischen zum „christlichen" Gottesdienst hat in einem Vortrag A. DUHM umrissen: Der Gottesdienst im ältesten Christentum, Tübingen 1928 (SGV 133), v. a.

Die neueren Arbeiten variieren vor allem im Umfang, und zwar sowohl im Blick auf das erfaßte Quellenmaterial als auch im Blick auf den zu beschreibenden Zeitraum[95]. Die in jüngerer Zeit erschienenen Werke zur Geschichte des christlichen Gottesdienstes sind dabei sehr knapp gehalten[96] und fallen in der Qualität hinter das Niveau zurück, das in Querschnittsdarstellungen wie C. Weizsäcker, „Das apostolische Zeitalter"[97], oder R. Knopf, „Das nachapostolische Zeitalter"[98], erreicht wurde. Auch die in unserm Jahrhundert neu zugänglich gewordenen Quellen[99], insbesondere die „apostolische" Kirchenordnung des Hippolyt[100], haben an den Grundzügen der Geschichtsschreibung zum christlichen Gottesdienst, zumindest was den Wortgottesdienst und die Katechumenenmesse angeht, nichts wesentlich verändert[101].

S. 13; der spekulative Charakter dieser Arbeit wird durch das weitgehende Fehlen von Belegen noch unterstrichen.

[95] Der Umfang läßt sich in der Regel schon am Titel ablesen; ausführlichere Arbeiten sind die von J.M. NIELEN, Gebet und Gottesdienst im Neuen Testament, Freiburg i. Br. 1937; H. CHIRAT, L'assemblée chrétienne à l'age apostolique, Paris 1949 (LO 10); G. DELLING, Der Gottesdienst im Neuen Testament, Göttingen 1952; W. WIEFEL, Der Synagogengottesdienst im neutestamentlichen Zeitalter und seine Einwirkung auf den entstehenden christlichen Gottesdienst, diss. Leipzig 1959 (maschinenschr.).
Während die Arbeiten von Nielen, Chirat und Delling sich weitgehend nicht nur auf die neutestamentliche Zeit beschränken (zur Frage, ob das sinnvoll ist, s. u. S. 28f.), sondern auch auf das Neue Testament als einzige Quelle, verfolgt Wiefel sein Thema bis hin zu den Apostolischen Konstitutionen. Nielen geht zwar detailliert auf das neutestamentliche Material ein, doch ordnet er nach Gottesdienstelementen und faßt dabei ohne rechte historische Konturen verschiedene Quellen zusammen. Chirat ist da trotz mancher katholisierender Tendenzen in seinem Buch kritischer. Delling untersucht v. a. einzelne Gottesdienstelemente; zu seinem Ansatz die Gottesdienststrukturen betreffend vgl. Fußn. 123. Die Arbeit von Wiefel ist durch ihre Thematik zu sehr auf den Zusammenhang des christlichen Gottesdienstes mit der Synagoge eingegrenzt und behandelt die Quellen zum christlichen Gottesdienst nicht ausführlich genug.

[96] R. STÄHLIN, Die Geschichte des christlichen Gottesdienstes von der Urkirche bis zur Gegenwart, in: *Leiturgia*, Bd I, Kassel 1954, 1-81; W. NAGEL, Geschichte des christlichen Gottesdienstes, Berlin 1962 ([2]1970); ebenfalls sehr knapp: O. CULLMANN, Urchristentum und Gottesdienst, Zürich/Stuttgart 1950 (AThANT 3); am besten noch L. FENDT, Einführung in die Liturgiewissenschaft, Berlin 1958, und F. HAHN, Der urchristliche Gottesdienst, Stuttgart 1970 (SBS 41). - Völlig unzulänglich: F. RENDTORFF, „Gottesdienst: III. Geschichte des christlichen Gottesdienstes", *RGG*[2], Bd 2 (1928), Sp. 1334-1344; R. ASTING, Die Verkündigung des Wortes im Urchristentum, Stuttgart 1939; F. MUL, Van synagoge tot nieuwtestamentische eredienst, Enschede o. J. (1979?). Mangelhaft auch: H.A.J. WEGMAN, Geschichte der Liturgie im Westen und Osten, Regensburg 1979 (vgl. auch die Rezension von A.A. HÄUSSLING, *ALW* 24 (1982) 103-104).

[97] Tübingen 1886, S. 546ff.

[98] Tübingen 1905, v. a. S. 222ff.

[99] Zur Benutzung von „häretischem" Quellenmaterial s. u.

[100] Rekonstruiert in der heute anerkannten Form durch - unabhängig

Neu aufgetaucht ist allerdings seit der Arbeit H. Jacobys über die konstitutiven Faktoren des apostolischen Gottesdienstes[102] die Frage, ob in den jungen heidenchristlichen Gemeinden eine Schriftlesung aus dem Alten Testament überhaupt stattfand. Auch diese Frage ist bis heute ungelöst[103]. Ebenso ist nicht deutlich, ab wann und in welchem Umfang es zu regelmäßigen „Schriftlesungen" aus neutestamentlichen Schriften kam[104].

Mit seinem eingangs erwähnten Vortrage über den Wortgottesdienst der ältesten Christen hat W. Bauer - und darin liegt nun doch ein gewisser Neuansatz - die Möglichkeit überhaupt in Frage gestellt, daß man für die apostolische Zeit ein Gesamtbild des Wortgottes-

---

voneinander - E. SCHWARTZ, Über die pseudoapostolischen Kirchenordnungen, Straßburg 1910 (SWGS 6), und R.H. CONNOLLY, The So-Called Egyptian Church Order and Derived Documents, Cambridge 1916 (TaS VIII,4).

[101] Insgesamt anders sieht die Forschungslage für die Eucharistie aus; sie kann uns nur am Rande interessieren, und wir werden nur von Fall zu Fall Anregungen aus Werken über die Eucharistie und die Agapen aufnehmen.

[102] S. Fußn. 81.

[103] Mit Jacoby: W. BAUER, Der Wortgottesdienst der ältesten Christen, Tübingen 1930 (SGV 148); J. LEIPOLDT, Der Gottesdienst der ältesten Kirche - jüdisch? griechisch? christlich?, Leipzig 1937; G. KUNZE, Die Lesungen, in: *Leiturgia* II., Kassel 1955, 86-180; G. DELLING, Der Gottesdienst im Neuen Testament, Göttingen 1952; W. WIEFEL, Der Synagogengottesdienst im neutestamentlichen Zeitalter und seine Einwirkung auf den entstehenden christlichen Gottesdienst (s. Fußn. 93); unklar: W. NAGEL, Geschichte des christlichen Gottesdienstes, Berlin 1962 (v. a. S. 14); scharf gegen W. Bauer z. B. F. HAHN, Der urchristliche Gottesdienst, Stuttgart 1970 (SBS 41), S. 49f.

[104] Mit sehr frühzeitigem gottesdienstlichem Gebrauch neutestamentlicher Schriften rechnet T. ZAHN in seinen kanongeschichtlichen Arbeiten (Grundriss der Geschichte des Neutestamentlichen Kanons, Leipzig ²1904, S. 41; Geschichte des Neutestamentlichen Kanons, 2 Bde in 4 Teilbden, Erlangen/Leipzig 1888-1892, z. B. I,2, S. 781. 819. 840ff.). Bekannt ist die Gegenposition A. HARNACKS, nach der es erst im Zuge der Auseinandersetzungen mit Markion dazu kam, daß neutestamentliche Bücher in den Rang heiliger Schriften erhoben wurden (z. B. Lehrbuch der Dogmengeschichte, 3 Bde, Tübingen ⁴1909-1910, Bd. I, S. 337ff; Die Entstehung des Neuen Testaments und die wichtigsten Folgen der neuen Schöpfung, Leipzig 1914). Für die Evangelien führt die Arbeit von H. KOESTER, Synoptische Überlieferung bei den Apostolischen Vätern, Berlin 1957 (TU 65), eher in die Harnacksche Richtung. Ähnliches gilt nach A. LINDEMANN, Paulus im ältesten Christentum, Tübingen 1979 (BHTh 58), für die Paulusbriefe. Nach der Untersuchung von M. HENGEL, Die Evangelienüberschriften, Heidelberg 1984 (SHAW.PH 1984/3), sind Evangelien wie Apostelbriefe schon sehr früh (seit der zweiten Hälfte des Ersten Jahrhunderts) im Gottesdienst verlesen worden, wobei Evangelienlesungen an die Stelle der synagogalen Toralesung getreten seien. - In jüngster Zeit verficht D. MONSHOUWER die Hypothese, daß zumindest einige der Evangelien bereits mit der Absicht verfaßt seien, daß man sie in einer lectio continua durch das Jahr hindurch in der Gemeinde vortragen solle. Die Evangelienlesungen hätten dabei ihren Ort im (synagogalen) Sabbatgottesdienst, während die Apostelbriefe zur sonntäglichen eucharistischen Mahlzeit gehörten (Markus en de Torah, diss. Kampen 1987; The Reading of the Scriptures in the Early Church, vom Verf. freundlicherweise überl. Manuskript; erscheint vorauss. 1992 in *Bijdr.*)

dienstes zeichnen könne, da alles noch „flüssig und elastisch"[105] gewesen und daher mit dem Begriff einer Gottesdienstordnung gar nicht zu erfassen sei. Damit wäre die Untersuchung allein auf die einzelnen Gottesdienstelemente gewiesen und strenggenommen sogar die Kategorie Wortgottesdienst problematisch geworden.

2. Zur Aufgabenstellung

Angesichts der dargestellten Forschungslage stellt sich uns nun die Aufgabe, der grundsätzlichen Frage nachzugehen, ob es in der frühen Christenheit selbständige Wortgottesdienste überhaupt gegeben hat und wenn ja, in welcher Form (oder in welchen Formen); im Zusammenhang damit wird auf jeden Fall nach den Ursprüngen und Entwicklungen der Elemente der späteren Katechumenenmesse zu fragen sein; und zusätzlich wird sich auch die Frage nach möglichen religionsgeschichtlichen Vorbildern noch einmal stellen.

Es hat sich gezeigt, daß für die Beantwortung dieser Fragen und bei der Beschreibung der frühchristlichen Gottesdienste die zum Teil recht handfesten Interessen der neuzeitlichen Autoren eine oft allzu entscheidende Rolle spielten[106]; dabei hat sich allerdings das Interesse in jüngerer Zeit zumeist von konkreten gottesdienstlichen Fragen auf die Durchführung des eigenen wissenschaftlichen Ansatzes (v. a. im Blick auf die Religionsgeschichte) auch für die Beschreibung des Gottesdienstes verlagert[107]. Wenn wir hier einen Schritt weiterkommen wollen, so ist zweierlei notwendig: eine methodische Abklärung der eigenen Fragestellung und vor allem eine gründliche Quellenanalyse.

---

[105] A. a. O. S. 63; in vorsichtiger Form und eingeschränkt auf den Bereich „des öffentlichen, heidenchristlichen Gottesdienstes" findet sich dieser Gedanke allerdings schon bei TH. HARNACK, Der christliche Gemeine-Gottesdienst im apostolischen Zeitalter, S. 50; deutlicher noch bei R. ROTHE, Commentatio de primordiis cultus sacri Christianorum (s. Fußn. 87), p. 12.

[106] Im Blick auf den Wortgottesdienst mag man da allerdings eher von einem Desinteresse sprechen.

[107] In den genannten knappen Überblicksdarstellungen zeichnet sich das naturgemäß nicht so deutlich ab; doch wird auch hier die Entscheidung der Frage, ob es anfangs selbständige Wortgottesdienste gab, von dem Interesse beeinflußt sein, das man an der Behauptung der religionsgeschichtlichen Eigenständigkeit des Christentums und an der Herrenmahlsfeier hat. Zu optimistisch ist m. E. hier J.A. JUNGMANN, Liturgie der christlichen Frühzeit bis auf Gregor den Grossen, Freiburg / Schweiz 1967, S. 13: „Wir wollen heute einfach die Liturgie der ersten christlichen Jahrhunderte und auch der folgenden Jahrhunderte kennen." (d. h. wir verwendeten sie nicht mehr apologetisch, wie man das früher tat). - S. aber Fußn. 116!

Eine eingehende Behandlung der Quellen zum Thema Wortgottesdienst ist in der Tat wenigstens seit dem letzten Jahrhundert ein Desiderat; vorhandene Einzeluntersuchungen etwa zum Gebet[108] sind von vornherein thematisch eingeschränkt und machen auch nicht den Versuch, aufgrund eines Neuzuganges zu den Quellen ein Gesamtbild der Gottesdienste zu entwerfen, in die die jeweils behandelten Einzelelemente gehören. Die geforderte Quellenanalyse ist auch insofern nötig, als es heute problematisch erscheint, sich nur auf die „klassischen" Quellen zum frühen Gottesdienst zu beschränken. Vielmehr sind auch die außerkanonischen und „häretischen" Quellen mit heranzuziehen. Denn auch diejenigen Gruppierungen und Entwicklungen, die im Zuge der Abgrenzung der einen katholischen Kirche und durch die Kanonisierung des entsprechenden Schrifttums sich als Seitenlinien oder Abwege herausgestellt haben, können uns evtl. Aufschluß geben über das vorkanonische Stadium auch der Gottesdienste[109]. Das bedeutet, daß wir sowohl die apokryphe Literatur als auch die gnostischen Quellen etwa von Nag Hammadi auf ihre Aussagen zum Gottesdienst hin mit befragen müssen.

3. Zur Methode

Was aber ist unser Interesse am Wortgottesdienst der ältesten Christen? Es kann uns nicht darum gehen, unter Nichtbeachtung einer fast zweitausendjährigen Geschichte einen „idealen" frühchristlichen Gottesdienst zu rekonstruieren[110], um ihn dann gar auch noch wiederzubeleben[111]. Und weder stehen wir in einem Agendenstreit, welcher

---

108 Z. B. die genannten Arbeiten von A. Hamman (s. Fußn. 91). Die Literatur über Gebet, Gesang, Schriftlesung und Predigt wird im einzelnen bei der Quelleninterpretation heranzuziehen sein.

109 Das hat J.H. CHARLESWORTH (auch im Blick auf die jüdischen Quellen) für das Beispiel der neutestamentlichen Hymnen und Gebete programmatisch ausgeführt: A Prolegomenon to a New Study of the Jewish Background of the Hymns and Prayers in the New Testament, *JJS* 33 (1982) 265-285. Zum Thema Gebet bezieht schon A. HAMMAN, La Prière II. Les trois premiers siècles, Tournai 1963, die christlichen Apokryphen mit ein.

110 Dies mag insbesondere dort gelten, wo die Gestalt des Gottesdienstes weitgehend als „menschliche" Tradition bzw. als Adiaphoron gesehen wird, welche nicht vom göttlichen Wort festgelegt ist.

111 Ein nachgerade abschreckendes Beispiel bietet der Bericht von einer Gottesdienstfeier bei A. BITTLINGER, Gemeinde ist anders, Stuttgart 1966 (CwH 79), welcher schließt: „Alles war ganz zwanglos und echt. Ein Stück Urgemeinde war wieder lebendig geworden." (S. 41f.) - Sehr rasch bei der Hand mit weitreichenden Schlußfolgerungen (v. a. aus 1Kor 14) für den heutigen Gottesdienst ist auch E. SCHWEIZER, The Service of Worship. An Exposition of I Corinthians 14, in:

der Rückbesinnung auf die Anfänge bedürfte, noch sind derzeit konfessionelle Interessen ausschlaggebend. So bedeutet die Frage nach dem Wortgottesdienst auch nicht ein Desinteresse an der Mahlfeier[112]. Allerdings aber mag der eine oder andere in ihr ein Korrektiv zu einer Überbewertung der Eucharistie sehen[113]. Schließlich sollte in einer Kirche, die sich als „creatura verbi" versteht[114], das Interesse für die Geschichte der Verkündigung dieses Wortes und deren gottesdienstlichen Ort auch und gerade in der frühesten Zeit[115] größer sein, als es sich von der bisher erschienenen Literatur erschließen läßt[116]. Dabei ist, auch etwa im Blick auf das wegen des Prie-

---

DERS., Neotestamentica. Deutsche und englische Aufsätze 1951-1963, Zürich / Stuttgart 1963, 333-343; DERS., Gottesdienst im Neuen Testament und heute, in: DERS., Beiträge zur Theologie des Neuen Testaments, Zürich / Stuttgart 1970, 263-282.

[112] Solches könnte man mit TH. KLIEFOTH argwöhnen, der die Versuche, den christlichen Gottesdienst auf den Brauch der Synagoge zurückzuführen, als von den Reformierten herkommend denunziert (Ursprüngl. Gottesdienstordnung, Bd. I, 223).

[113] Die Eucharistie wird auch von einigen protestantischen Autoren als Höhepunkt urchristlichen Gottesdienstlebens gesehen, z. B. J.W.F. HÖFLING, Von der Composition der christlichen Gemeinde-Gottesdienste oder von dem zusammengesetzten Akten der Communion (Titel!), Erlangen 1837, S. 18; O. CULLMANN, Urchristentum und Gottesdienst, S. 31: die Mahlfeier ist „Grund und Ziel aller Versammlungen" (bei Cullmann im Druck hervorgehoben); vgl. auch U. KÜHN, Artikel „Abendmahl IV. Das Abendmahlsgespräch in der ökumenischen Theologie der Gegenwart", darunter „5. Grundlinien eines dogmatischen Entwurfs", TRE 1 (1977) 199ff, S. 202: „Das Abendmahl ist demnach der *zentrale Selbstvollzug der Kirche* (K. Rahner) als der Gemeinschaft derer, die mit Christus als ihrem Herrn unterwegs sind und die Christus im Abendmahl immer neu auferbaut und stärkt." (Hervorhebung von Kühn) - Auch liturgische Versuche zur Neugestaltung des Abendmahls stärker im Sinne einer Mahlzeit bergen die Gefahr einer solchen Überbewertung in sich; andererseits muß die dazu in der Regel vollzogene Trennung von ausgeführtem Wortgottesdienst und Mahlfeier nicht von vornherein Gegenstand der Kritik sein.

[114] Vgl. M. LUTHER, De captivitate Babylonica, WA 6, 560,33-561,1: „Ecclesia enim nascitur verbo promissionis per fidem ... Verbum dei enim super Ecclesiam est incomparabiliter ..., (quae) ...tantum ... fieri habet tanquam creatura." - Eine reiche Auswahl von Luther-Stellen zu diesem Themenkomplex findet sich bei A.-E. BUCHRUCKER, Wort, Kirche und Abendmahl bei Luther, Bremen 1972, S. 81-88.

[115] Das bedeutet nicht, daß wir die Zeit des Urchristentums zur Norm erheben wollen; doch ist die Hoffnung legitim, in den Anfängen deutlicher das Wesentliche erkennen zu können als in fortgeschritteneren Entwicklungsstadien.

[116] Auch die jüngere Literatur zum Thema Predigt ist nicht gerade reichlich; vgl. die Auswahlbibliographie bei W. SCHÜTZ, Geschichte der christlichen Predigt, Berlin/New York 1972 (SG 7201), S. 225f. - Interessant ist das in jüngster Zeit gewachsene römisch-katholische Interesse am Wortgottesdienst, wie es sich etwa in folgenden zwei Aufsätzen widerspiegelt: P.-Y. EMERY, Le service de la parole selon I Cor 14, in: La parole dans la liturgie, Paris 1970 (LO 48) 65-80; O. KNOCH, „In der Gemeinde von Antiochia gab es Propheten und Lehrer" (Apg 13,1). Was sagt das Neue Testament über urchristliche Wortgottesdienste und deren Leiter, LJ 32 (1982) 133-150. Man wird vermuten dürfen, daß solches Interesse vom gegenwärtigen

stermangels entstandene aktuelle Interesse der römisch-katholischen Kirche an eigenständigen Wortgottesdiensten, nach dem gottesdienstlichen Stellenwert der Wortverkündigung zu fragen. Es bleibt auch von Belang, ob der christliche Gottesdienst sozusagen inhärent zur Wortverkündigung drängt, oder ob hier durch die Übernahme religionsgeschichtlicher Vorbilder Modelle geschaffen wurden, die heutzutage kaum noch relevant sein müßten.

Wir fragen also nach dem liturgischen Ort der Verkündigung in der Gemeinde und nach ihrer Gestalt mit ihren Wurzeln, sowie nach ihrer jeweiligen Bewertung, soweit das möglich ist. Denn wir müssen dazu bereit sein, die Voraussetzung, die wir mit dieser Frage machen, daß nämlich die Verkündigung das Zentrum des Wortgottesdienstes (oder des Wortteiles des Gottesdienstes) darstellt, gegebenenfalls von den Quellen her korrigieren zu lassen.

Schon deshalb fragen wir nicht einfach nach der Geschichte der Schriftlesung und Predigt, sondern nach dem Wortgottesdienst und danach, ob es einen solchen Gottesdienst für sich überhaupt gegeben hat. Unter dem Stichwort Gottesdienst wird auch deutlicher, daß es keineswegs nur um die Erforschung einer liturgischen Form geht, sondern um Lebenszusammenhänge, um Formen, die die Christen für ihre gottesdienstliche Erbauung (οἰκοδομή)[117] als Teil ihres neuen Lebens fanden. Ja, es mag sogar problematisch erscheinen, überhaupt die Gottesdienste der frühen Christen für sich und damit doch gesondert von ihrem Leben zu betrachten; aber die Quellen rechtfertigen m. E. ein solches Vorgehen durchaus[118].

Sicherlich vermittelt eine Querschnittsdarstellung der apostolischen oder nachapostolischen Zeit[119] ein vollständigeres und damit besseres Bild von der Christenheit der jeweils betrachteten Zeit als die monographische Behandlung eines Einzelbereichs, und es darf auch

---

Priestermangel nicht ganz unabhängig, aber auch von der charismatischen Bewegung beeinflußt ist.

[117] Begriffe wie λατρεία sind bei den frühen Christen gerade nicht Bezeichnung ihres Kultus - es geht in den Versammlungen nicht um einen Dienst, der der Gottheit erwiesen wird. Vgl. z. B. B. REICKE, Some Reflections on Worship in the New Testament, in: *New Testament Essays*, FS T.W. Manson, Manchester 1959, 194-209; H. CONZELMANN, Christus im Gottesdienst der neutestamentlichen Zeit (1962), *PTh* 55 (1966) 355-365; E. SCHWEIZER, Gottesdienst im Neuen Testament und heute (1970), in: DERS., Beiträge zur Theologie des Neuen Testaments, Zürich / Stuttgart 1970, 263-282. - Οἰκοδομή als Ziel der gottesdienstlichen Versammlung v. a. in 1Kor 14.

[118] Z. B. sind 1Kor 11-14 klar als mit gottesdienstlichen Fragen befaßt vom übrigen Brief abgrenzbar; zur Funktion von 1Kor 13 s. u. S. 63.

[119] Vgl. Fußn. 97 u. 98; auch L. GOPPELT, Die apostolische und nachapostolische Zeit, Göttingen, ²1966 (KIG 1A).

beim Herausgreifen eines Themas wie des Wortgottesdienstes das Bild der jeweiligen Zeit nicht außer acht bleiben. Aber es ist doch auch von Vorteil, sich auf eine solche Einzelfrage zu konzentrieren, weil sich damit ein allzu rasches Einpassen des Quellenmaterials in vorgefertigte Perioden und Raster leichter vermeiden läßt. Und umgekehrt kann die Befragung der Quellen zu einem speziellen Bereich auch wieder das Gesamtbild einer Zeit vervollständigen und korrigieren. So ist zum Beispiel auf unserm Gebiet nicht gleich vorauszusetzen, sondern vielmehr zu überprüfen, ob die Aufteilung der frühen christlichen Bewegung in juden- und heidenchristliche Gemeinden mit den auch heute noch üblicherweise dazugehörenden Implikationen sachgerecht ist.[120]

Auch für einen weiteren Aspekt v. a. der neutestamentlichen Forschung stellt eine Untersuchung von Quellen zum Wortgottesdienst möglicherweise ein Korrektiv dar: ich meine die formgeschichtliche Zuweisung „geprägter" Elemente aus der Literatur[121] zum „Kultus". Wenn nämlich beispielsweise sich herausstellen sollte, daß man Gebete bis ins Zweite Jahrhundert hinein im Gottesdienst in der Regel frei sprach, so wäre die Hypothese, es fände sich im Neuen Testament das eine oder andere festformulierte gottesdienstliche Gebet, erheblich geschwächt. Auf der anderen Seite sind wir aufgrund der Quellenlage mit unserer Fragestellung aber auch teilweise wieder auf die Formgeschichte angewiesen, so zum Beispiel, wenn wir die Apokalypse des Johannes als Quelle zum Gottesdienst heranziehen wollen[122].

Doch soll unser Hauptaugenmerk auf den Quellen liegen, die sich mehr oder minder eindeutig auf den Gottesdienst beziehen[123]. Wenn wir uns also zum Beispiel mit Gebeten befassen, dann geht es um deren Verwendung im Wortgottesdienst oder Wortteil des Gottesdienstes; dazu können auch vereinzelt, also ohne eindeutigen gottesdienstlichen

---

[120] Das gilt m. E. nicht nur für die Übernahme hellenistischer Traditionen bereits im Judentum (vgl. z. B. M. HENGEL, Judentum und Hellenismus, Tübingen 1969 (WUNT 10), dort allerdings sehr wenig zum Gottesdienst), sondern auch für jüdische Einflüsse auf die heidenchristlichen Gemeinden. Vgl. u. S. 47f., 73 u. 468ff.

[121] Wieviel „formelhaftes Gut" man im Neuen Testament entdeckt hat, zeigt schon das Druckbild der 26. Auflage des Neuen Testaments von NESTLE-ALAND.

[122] Überhaupt sollen hier nicht die Ergebnisse der formgeschichtlichen Forschung in Bausch und Bogen in Frage gestellt werden; doch scheint mir die Frage, was denn in den frühen christlichen Gottesdiensten passierte, eine gute Möglichkeit zur Kontrolle einiger dieser Ergebnisse abzugeben. - Zu Apk s. u. S. 113ff.

[123] Unhaltbar ist m. E. der Ansatz G. DELLINGs, der die Struktur des Gottesdienstes in der Gliederung neutestamentlicher Briefe wiederfinden will; wie schwierig diese Hypothese zu erhärten ist, zeigt sich schon daran, daß Delling sich die Strukturelemente aus verschiedenen Briefen zusammensuchen muß (Der Gottesdienst im Neuen Testament, S. 55ff.).

Zusammenhang überlieferte Gebete zur Illustration herangezogen werden; aber keinesfalls kann es hier darum gehen, enzyklopädisch sämtliche in den Quellen vorhandenen Gebete oder gar noch dazu alles gebetsähnliche Material zu bearbeiten[124]. Ein Gleiches gilt für die anderen gottesdienstlichen Elemente, wobei die Predigten in gewisser Hinsicht eine Ausnahme bilden, weil sie sich am eindeutigsten in einen gottesdienstlichen Kontext verweisen lassen, auch wenn sie separat überliefert sind. Doch ist hier der Unterschied zwischen mündlicher und Literatur gewordener Predigt im Auge zu behalten[125].

Überhaupt müssen wir bei der Befragung der Quellen ihren jeweiligen Charakter, ihre Aussageabsicht und ihren historischen Kontext beachten. So kann man z. B. den Bericht von einem Verhör aus den Christenverfolgungen ebensowenig als ein liturgisches Formular betrachten wie die Beschreibung christlicher Gottesdienste für Außenstehende[126].

Zur Beantwortung der Frage, ob es Wortgottesdienste als solche gegeben hat, müssen wir unser Augenmerk nicht nur auf die inhaltlichen Beschreibungen der Gottesdienste und deren Elemente richten, sondern auch bestimmte äußere Dinge beachten, die ohnehin auch zu jedem Bild von einem Gottesdienst beitragen. Da ist einmal nach den Teilnehmern der jeweiligen Versammlung zu fragen: waren auch Ungläubige und Katechumenen mit dabei? Läßt sich der Ausschluß aller Nichtgetauften von der Eucharistie bis in die früheste Zeit hinein verfolgen, und wenn ja, wie kann man sich das jeweils praktisch vorstellen? Damit zusammenhängend kann auch der Versammlungsort, sein mehr oder minder privater Charakter, eine Rolle spielen; vor allem aber sind Auskünfte über die jeweilige Versammlungszeit wichtig: gab es zwei getrennte Versammlungen - eine morgens, eine abends - oder nicht?

Von Bedeutung wird auch immer die Frage nach den gemeinsamen Mahlzeiten der Christen, ihrem Charakter und ihrem Verlauf sein -

---

124 Das gilt natürlich nur, soweit sich keine eindeutige Zugehörigkeit zum Gottesdienst nachweisen läßt; so ist z. B. das im 1. Klemensbrief 59-61 überlieferte große Gebet selbstverständlich mit zu berücksichtigen.

125 So z. B. bei der Passahomilie des Melito von Sardes; dazu s. u. S. 258 u. 264.

126 Als Beispiel sei hier die Justininterpretation genannt. TH. HARNACK betont zwar, daß man aus Justins Gottesdienstbeschreibung nicht schließen dürfe, es habe keinen Gemeindegesang gegeben (Der Gemeindegottesdienst im apostolischen und altkatholischen Zeitalter, S. 242), auf der anderen Seite aber baut er auf u. a. eben diese Beschreibung trotz ihres von ihm richtig erkannten Charakters die problematische Behauptung auf, der gesamte Gottesdienst sei zur Zeit Justins nur Christen zugänglich gewesen (a. a. O. S. 26).

unter dem Blickwinkel jedenfalls, ob und wie so etwas wie eine mit
ihnen verbundene Wortfeier denkbar oder belegbar ist.

Für den religionsgeschichtlichen Vergleich ist noch von Interesse,
wer welche Funktionen oder Ämter im Gottesdienst ausübt; evtl. läßt
sich daraus auch einiges über die Wertigkeit und den Charakter der
Wortgottesdienste ableiten[127].

Bei der Bearbeitung der einzelnen Quellen wird sich die Anordnung
dieser Fragen und Gesichtspunkte sinnvollerweise von den größeren
Zusammenhängen über das mehr Äußerliche hin zur inhaltlichen Beschreibung der gottesdienstlichen Strukturen und Elemente richten;
ausschlaggebend sollte dabei aber im einzelnen die Quelle selbst sein,
damit wir nicht einem sinnlosen Schematismus verfallen.

Für welchen Zeitraum sind so die Quellen zu befragen? Auf den
ersten Blick sieht es so aus, als stellte - ausgehend von den Anfängen
der Christenheit - die Gottesdienstbeschreibung des Justin[128] einen
geeigneten terminus ad quem dar, weil hier zum ersten Mal unbestritten der Gottesdienst sowohl aus Wortteil als auch aus Eucharistiefeier
besteht. Doch bleiben damit zwei Umstände außer acht: einmal, daß
man, wie sich noch zeigen wird, dem Justintext nicht mit Sicherheit
entnehmen kann, ob zum Wortteil des Gottesdienstes auch Katechumenen und Nichtgläubige zugelassen waren[129]; zum andern, daß bei
einem solchen rein chronologischen Vorgehen mögliche lokale Unterschiede aus dem Blickfeld zu verschwinden drohen. Man kann Justin
zum Beispiel nicht fraglos als Zeugen für die afrikanischen Gottesdienste seiner Zeit heranziehen[130]. Für die zeitliche Eingrenzung
bedeutet dies ein Heraufgehen bis ins dritte Jahrhundert, wo sich einigermaßen „flächendeckend" Quellen zum Gottesdienst finden[131].

---

[127] Daß z. B. eine fest entwickelte Ämterhierarchie mit Trennung von Klerus
und Laien ein bestimmtes Gottesdienstverständnis impliziert, hat schon Th. Harnack
gesehen; s. o. Fußn. 76 und 80.

[128] Apol. I, 65-67, v. a. I, 67.

[129] S. u. S. 243f.

[130] Daß die Quellen zunächst jeweils nur für ein beschränktes Gebiet Auskunft geben, ist durch einschränkende Bemerkungen in den bisherigen Darstellungen
verschiedentlich schon berücksichtigt worden (z. B. bei W. NAGEL, Geschichte des
christlichen Gottesdienstes, S. 11ff; ohne Belege spricht F. HAHN von einer „im
zweiten Jahrhundert sich herauskristallisierende(n) Form eines Einheitsgottesdienstes"
- Der urchristliche Gottesdienst, S. 85); TH. KLIEFOTH führt bereits die Unterschiede der späteren schriftlich fixierten Liturgien auf „provincielle Verschiedenheiten von altem Datum" zurück (Ursprüngl. Gottesdienstordnung, Bd. II, 21), ohne allerdings selbst bei der Beschreibung der früheren Zeit auf mögliche lokale Unterschiede zu achten (a. a. O., Bd. I). - Um allerdings überhaupt eine mögliche Entwicklung der Gottesdienste im Laufe der Zeit in den Blick zu bekommen, bleiben
wir (unter Berücksichtigung der methodischen Probleme, die sich aus der lokalen
Unterschiedenheit der Quellen ergeben) bei einer chronologischen Anordnung.

Damit ist natürlich nicht gesagt, daß sich am Ende ein völlig disparates Bild von der Entwicklung der Gottesdienste ergeben muß. Vielmehr ist sogar zu hoffen, daß sich im Vergleich auch von räumlich und zeitlich voneinander getrennten Quellen Perspektiven gewinnen lassen, die es ermöglichen, Andeutungen und unklare Äußerungen in einzelnen Texten richtig zu deuten[132].

Allerdings zeigt sich hier ein erhebliches methodisches Problem. Wie nämlich kann man bei der Hinzuziehung späterer Quellen zur Interpretation früherer Texte Anachronismen vermeiden, indem man Dinge in die Quellen hineininterpretiert, die dort noch gar nicht vorhanden waren? Kann man denn wirklich Texte etwa von Tertullian noch zur Erklärung neutestamentlicher Passagen heranziehen? Dies wird z. B. von G. Delling für die Erforschung des Gottesdienstes im Neuen Testament entschieden verneint[133]. Und sicher wird man es nicht zum Prinzip machen dürfen, mit Hilfe von späteren Texten frühere zu erklären. Doch erscheint es mir statthaft, bestimmte Interpretationen gegenüber anderen Möglichkeiten auf diese Weise zu stützen, wenn sie von der Quelle selbst her eine denkbare Deutung darstellen. Das setzt nur voraus, daß keine einschneidenden Brüche in der Entwicklung von der Zeit der früheren zu der der späteren Quelle vorgekommen sind[134]. Und dies legt sich wiederum nahe, wenn überhaupt die Möglichkeit besteht, die beiden Zeugnisse sinnvoll aufeinander zu beziehen. Sicherheit läßt sich hier natürlich nicht erlangen, und der hypothetische Charakter solcher „Rück-Interpretation" muß immer deutlich bleiben[135].

---

131 U. a. für Syrien: Syrische Didaskalie (vorher schon: Didache, Ignatius, Pseudoclementinen (?)); Afrika: Tertullian, Cyprian; Ägypten, Palästina: Clemens Alexandrinus, Origenes; Rom: Justin, Hippolyt (mit Vorbehalt); Gallien: Irenäus (wenig Informationen zum Gottesdienst); Kleinasien und Griechenland: v. a. Apostolische Väter und Neues Testament, auch einige der apokryphen Apostelakten; keine Quellen sind mir für Spanien bekannt.

132 Das darf natürlich in aller Regel nicht dazu führen, daß „fehlende" Stücke in einer Quelle aus anderen Quellen ergänzt werden. - Recht weitreichend ist die These von P. DREWS, Untersuchungen über die sog. clementinische Liturgie im VIII. Buch der apostolischen Konstitutionen, Tübingen 1906 (= DERS., Studien zur Geschichte des Gottesdienstes und des gottesdienstlichen Lebens, II. und III.), daß bis in sehr frühe Zeit hinein sich der Grundtypus der Liturgie von Const. Ap. VIII nachweisen lasse. Das Ergebnis unserer Arbeit mag zur Kontrolle dieser These am Beispiel der von Drews wenig beachteten „Liturgie des Wortes" dienen.

133 Der Gottesdienst im Neuen Testament, S. 133.

134 Das darf jedoch nicht eine Entwicklung vom Einfachen zum Komplizierten (oder umgekehrt) ohne Anhalt an den Quellen voraussetzen.

135 Diese Gedanken gelten analog natürlich auch für räumlich voneinander getrennte Quellen, wenngleich sich das Problem hier nicht mit solcher Schärfe stellt.

Einen einleuchtenden Mittelweg hat in dieser Frage R. Knopf für das nachapostolische Zeitalter beschritten: er spannt einen Bogen von zwei Ecktexten her auf (1Kor 11-14 und Justin, Apol I 67), den er dann mit den verstreuten Nachrichten aus anderen Texten füllt[136]. Dies Vorgehen setzt allerdings die Knopf vorgegebene zeitliche Begrenzung voraus. Sicher aber wird man wie Knopf immer versuchen müssen, von einigermaßen sicherem Boden her sich ins unsichere Gelände vorzutasten.

Man könnte daher erwägen, chronologisch rückwärts[137] vorzugehen, doch erscheint dabei das Risiko der Rückprojektion doch zu groß. Stattdessen wird es sinnvoll sein, die Quellen - chronologisch in etwa der Reihe nach - jeweils für sich und in ihrem eigenen Kontext zu befragen, ohne von vornherein die eine durch die andere zu interpretieren[138]. Wo ohne das Heranziehen zeitlich und räumlich entfernterer Quellen nicht auszukommen ist, muß dieses deutlich kenntlich gemacht werden. Überhaupt sollten Vermutungen und Hypothesen als solche kenntlich bleiben.

Zur Entscheidung der umstrittenen Frage, ob der frühe christliche Wortgottesdienst maßgeblich vom Synagogengottesdienst beeinflußt wurde oder nicht[139], wird auch eine separate kurze Darstellung des Synagogengottesdienstes unverzichtbar sein. Da ich mich dabei im wesentlichen auf ein Forschungsreferat beschränken muß[140] und nicht die Abhängigkeit des christlichen vom jüdischen Gottesdienst schon in der Anordnung präjudizieren möchte, wird das Kapitel über den frühen Synagogengottesdienst sich an den Durchgang durch die Quellen zum christlichen Wortgottesdienst anschließen.

Erst danach will ich, von kürzeren Zwischenresümees abgesehen, abschließend den Versuch machen, aufgrund des erarbeiteten Materials ein Gesamtbild von der Entwicklung des christlichen Wortgottesdienstes zu zeichnen. Dabei kann es nicht um die Wiederholung aller Einzelaussagen aus der Quellenanalyse gehen, sondern nur um das

---

[136] Das nachapostolische Zeitalter, S. 227ff.

[137] Das hat für „Messe und Herrenmahl" H. LIETZMANN gefordert und durchgeführt (Messe und Herrenmahl. Eine Studie zur Geschichte der Liturgie, Berlin ³1955 - AKG 8); seinem methodischen Anliegen hoffe ich unter Umgehung der aus seinem Vorgehen resultierenden Fehlerquellen in der zusammenfassenden Darstellung zum Schluß dieser Arbeit gerecht zu werden.

[138] Dabei behandle ich die überlieferten Corpora wie Neues Testament oder auch die „Apostolischen Väter" der Übersichtlichkeit halber jeweils für sich und verzichte auf eine streng chronologische Ordnung.

[139] S. o. Fußn. 92-94.

[140] Eine ausführliche Darstellung der Geschichte des frühen Synagogengottesdienstes würde schon aufgrund der verwickelten Quellenlage den Rahmen dieser Arbeit sprengen.

Herausarbeiten einiger Entwicklungslinien und damit um die Erhebung eines Rasters, in das sich die Quellenaussagen wie Mosaiksteine einordnen lassen. Durch die Trennung aber von Quellenanalyse und zusammenfassender Synthese bleibt der hypothetische Charakter eines solchen Gesamtbildes deutlich.

II. Die Quellen und ihre Aussagen

1. Neues Testament

a) *Apostelgeschichte des Lukas*

aa) Act 2,42-47

In einem ersten summarischen Bericht (Act 2,42-47) beschreibt Lukas in seiner Apostelgeschichte das Leben der Jerusalemer Urgemeinde[1]. Mit besonderer Betonung, nämlich am Anfang und Ende geht er dabei auf die Gottesdienste ein; die beiden Aussagereihen sind durch das Stichwort προσκαρτεροῦντες (V 42 und 46) miteinander verbunden. In der Mitte stehen Feststellungen über Zeichen und Wunder der Apostel (V 43) und über die Gütergemeinschaft der Christen (V 44f.). Auch hier kommt mit ἦσαν ἐπὶ τὸ αὐτό gottesdienstliche Terminologie vor; das ganze Leben der Urgemeinde stellt sich für Lukas als ein großer Gottesdienst dar.

Wenn man annimmt, daß die Schilderung des Lukas gerade in den summarischen Berichten die Jerusalemer Vergangenheit in verklärtem Lichte sieht, fragt sich, welche verläßlichen historischen Informationen sich in diesen Versen finden. Da das Stichwort κοινωνία (V 42) sonst im Werk des Lukas nicht auftaucht[2], wird es ihm wohl überliefert worden sein. Ebenso dürfte nicht daran zu zweifeln sein, daß die Christen sich im Tempel, und zwar in der Halle Salomos trafen[3]; dies

---

[1] Schon Act 1,13f. ist als summarischer Bericht aufzufassen, liegt aber vor der Gemeindegründung durch Taufen zu Pfingsten. Vgl. auch schon Lk 24,52f.

[2] Man hat aufgrund dieser Beobachtung und wegen der Doppelungen in V 44-47 gegenüber V 42 den summarischen Bericht literarkritisch aufteilen und eine schriftliche Quelle des Lukas rekonstruieren wollen, welche den Vers 42 geliefert habe (anders H. ZIMMERMANN, Die Sammelberichte der Apostelgeschichte, *BZ.NF* 5 (1961) 71-82, S. 75f.: V 42 stamme aus der Feder des Lukas und fasse das übrige zusammen). Dagegen E. HAENCHEN, KEK 3[16], S. 194ff., allerdings mit der Tendenz, die historische Zuverlässigkeit aufgrund der Verfasserschaft des Lk in Frage zu stellen. - Vgl. auch J. ROLOFF, NTD 5, S. 65f.; zur Frage der Zuverlässigkeit s. (gegen Haenchen u. a.) M. HENGEL, Zur urchristlichen Geschichtsschreibung, Stuttgart ²1984 (CwP); C.-J. THORNTON, Der Zeuge des Zeugen. Lukas als Historiker der Paulusreisen, Tübingen 1991 (WUNT 56).

[3] Vgl. Lk 24,52; Act 2,46; 3,1ff.; 5,42 (Tempel); Act 3,11; 5,12 (Halle Salomos). Bis auf Act 3 finden sich alle diese Angaben in summarischen Bemerkungen.

gilt umso mehr, als Lukas den räumlichen Unterschied zwischen dem Männervorhof des Tempels und der Halle Salomos im Kapitel 3 nicht beachtet, also anscheinend so vertraut mit der Tempelgeographie nicht war[4] (zur Abfassungszeit der Apostelgeschichte stand der Tempel auch wohl nicht mehr). Daß man ferner zum Brotbrechen in Privathäusern zusammenkam, ist angesichts der praktischen Seite der Sache wie auch im Blick auf spätere Zeugnisse von den Mahlfeiern der Christen nicht zu bezweifeln[5].

Damit können wir unserm summarischen Bericht entnehmen, daß die Christen der Jerusalemer Urgemeinde sich zu zwei verschiedenen Typen von Gottesdiensten versammelten: zum Brotbrechen im kleineren Kreise in Privathäusern und zu Gesamtversammlungen in der Halle des Salomo. Auch darin dürfte Lukas nicht übertreiben, daß zu ihrer Gemeinschaft die gegenseitige materielle Unterstützung gehörte. Selbst die Nachricht, daß sie „alles" gemeinsam hatten, könnte für die erste Zeit der Naherwartung zutreffend sein, zumal wir später hören, daß die Jerusalemer Gemeinde mit Geld unterstützt werden mußte. Das könnte mit auf die wirtschaftliche Unvernunft der ersten Tage zurückgehen. Freilich liegt dem Lukas an dieser Stelle ein solches Urteil fern; er will zeigen, wie der christliche Glaube und die christliche Liebe sich im ganzen Leben der ersten Gemeinde auswirkten.

Wenden wir uns dem Verse 42 genauer zu. Handelt es sich in der Aufzählung von Apostellehre und Gemeinschaft, Brotbrechen und Gebet um den „Verlauf eines urchristlichen Gottesdienstes"[6], so daß angesichts des Brotbrechens an die Beschreibung einer Feier in der Hausgemeinde zu denken ist und die Tempelgottesdienste gar nicht berührt sind? Dagegen sprechen die Reihenfolge, nach der das Gebet dann erst auf die Eucharistie folgte[7], und der Plural ταῖς προσευχαῖς,

---

[4] Vgl. E. HAENCHEN, KEK 3[16], S. 203; die Vorstellung kann allerdings sein, daß der Geheilte erst mit zum Gebet ging und Petrus und Johannes danach in die Halle Salomos folgte - so interpretiert schon D (mit D der Sache nach: F.F. BRUCE, Commentary on the Book of the Acts, London / Edinburgh 1965 (NLC), p. 87); deutlich wird das bei Lukas allerdings nicht. Zur Lückenhaftigkeit unserer eigenen Kenntnis der Tempelgeographie und dem damit verbundenen Problemen der Deutung der Angaben in Act 3 s. M HENGEL, Der Historiker Lukas und die Geographie Palästinas, *ZDPV* 99 (1983) 147-183, S. 154-157.

[5] Zur Betonung der Einmütigkeit in diesem Zusammenhang vgl. die Probleme, mit denen Ignatius von Antiochien zu tun hatte - dazu s. u. S. 191.

[6] J. JEREMIAS, Die Abendmahlsworte Jesu, Göttingen 4[1967], S. 112; ähnlich, jedoch mit der Kautele, daß über den genauen Verlauf der Feiern nichts auszumachen sei, und mit dem Interesse, durch Act 2,42 eine dreigliedrige Systematik (Gottesdienst, Wortverkündigung, Bruderdienst) abzudecken: H. SCHÜRMANN, Gemeinde als Bruderschaft, in: DERS., Ursprung und Gestalt - Erörterungen und Besinnungen zum Neuen Testament, Düsseldorf 1970 (KBANT 2), 61-73, S. 65.

[7] So auch E. HAENCHEN, KEK 3[16], S. 192.

der neben den übrigen singularischen Gliedern der Kette bei dieser
Deutung keine rechte Erklärung fände. Auch ist es fraglich, ob
κοινωνία als terminus technicus für die gottesdienstliche Kollekte verstanden werden kann; Lukas hat es nach Ausweis der Verse 44-45 jedenfalls nicht getan[8]. Schließlich fehlt für ein Verständnis von
Vers 42 als einer chronologischen Reihe in der Versmitte ein καί[9].

Sinnvoller scheint es daher, das Bleiben an der Lehre der Apostel
und in der Gemeinschaft erst einmal als Einheit innerhalb von Vers
42 für sich zu nehmen. Damit wären dann Lehre und Leben der Christen kurz umrissen[10], und es folgten im zweiten Teil Einzelheiten
über das christliche Gottesdienstleben, welches das Brotbrechen und die
προσευχαί umfaßte. Unter den „Gebeten" ist nach dem sonstigen Zeugnis der Apostelgeschichte am ehesten die Einhaltung von Gebetszeiten
zu verstehen, zu denen man sich im Tempel versammelte[11]. Damit
aber wären auch in Vers 42 die Versammlungen im Tempel und in
den Häusern angesprochen.

Die Predigt der Apostel als gottesdienstliche Tätigkeit ist schon
durch das „Verbleiben in der Lehre der Apostel" mit abgedeckt; die
Frage ist, ob sie eher in die Halle Salomos oder in die Häuser gehört.
Die Antwort ist unter der Erwägung praktischer Gesichtspunkte leicht
gegeben: in der großen, offenen Säulenhalle am Heidenvorhof des
Tempels konnten alle die Apostel hören; damit war auch eine Öffent-
lichkeitswirksamkeit ihrer Predigt gegeben. So ist es ganz korrekt,
wenn Lukas den Petrus im Kapitel 3 in der Halle Salomos predigen
läßt.

Über die Form des Brotbrechens und insbesondere zu der Frage, ob
auch zu dieser Feier ein Verkündigungsteil gehörte, ist damit noch
nicht viel gesagt. In der näheren Beschreibung der häuslichen Feiern in
Vers 46 und 47 werden der Jubel und das Gotteslob bei den Mahlzeiten betont; das paßt in der Tat besser zur Mahlfeier als lange Vorträge, so daß zu vermuten ist, daß die Verkündigung des Wortes wirklich vor allem in die Versammmlungen in der Halle Salomos gehörte.
Daß das Brotbrechen aber mindestens aus der Sicht des Lukas auch
mit Predigten verbunden sein konnte, zeigen die noch zu besprechende

---

[8] Vgl. auch Act 4,32.
[9] Auch dieses Argument bei HAENCHEN, KEK 3[16], S. 192.
[10] Vgl. Justin, Apol I,3,4: βίος καὶ μαθήματα.
[11] V. a. Act 3,1; mit dieser Interpretation erklärt sich auch der Plural; sie
paßt außerdem zu dem προσκαρτερεῖν - s. dazu J. JEREMIAS, Die Abendmahlsworte Jesu, 4. Aufl., S. 111f. Problematisch erscheint dann allerdings Act 1,14, das
Gebet gemeinsam mit den Frauen. Wenn Lukas hier nicht eigene Gemeindeverhältnisse zurückprojiziert hat, ist anzunehmen, daß das Beten der Christen von
Anfang an nicht an den Tempel gebunden war.

Schilderung des Abschiedsgottesdienstes des Paulus in Troas und der Vers Act 5,42: „Sie hörten nicht auf, jeden Tag im Tempel und in den Häusern zu lehren und das Evangelium vom Christus Jesus zu verkündigen."

Die Einleitung zu der Troasepisode legt es auch nahe, daß Lukas unter „Brotbrechen" die Eucharistiefeier (als Mahlfeier) verstand; fraglich ist nur, ob die Jerusalemer Zusammenkünfte in den Häusern einfach gemeinsame Mahlzeiten waren oder ob es sich dabei bereits um eucharistische Mahlfeiern handelte. „Brotbrechen" und μεταλαμβάνειν τροφῆς gehören für Lukas zusammen, wie Act 20, 11 und Act 2,46 zeigen (hier ist trotz grammatischer Gleichordnung der Partizipien nur κλῶντες ἄρτον und nicht προσκαρτεροῦντες ἐν τῷ ἱερῷ sinnvoll auf das Essen zu beziehen). Schon der Begriff deutet ja, wenn auch in merkwürdigem Herausgreifen des Anfangsritus jüdischer Mahlzeiten zur Bezeichnung des Ganzen[12], auf eine Mahlzeit hin - es sei denn, daß der Begriff von vornherein nur den von der Mahlzeit losgelösten eucharistischen Ritus bezeichnete.

Das aber ist nicht wahrscheinlich, weil dann in der Reihe von Act 2,42 die Mahlzeiten überhaupt nicht mitangesprochen wären, welche doch nach dem Zeugnis des Paulus wie auch des Lukas an den genannten Stellen der Apostelgeschichte immer zur Eucharistie dazugehörten. Daß zur Gütergemeinschaft der ersten Christen, wie Lukas sie schildert, gerade auch die gemeinsamen Mahlzeiten gehörten, zeigt Act 6,1ff mit aller Deutlichkeit.

So ist eher daran zu denken, daß das „Brotbrechen" eine Reminiszenz an Jesus als Hausherren beim Essen bedeutete, man also die Mahlgemeinschaft mit ihm fortsetzte. Jedenfalls kann es sich kaum um einfache gemeinsame Mahlzeiten ohne einen besonderen Sinn gehandelt haben, weil man die dann δεῖπνον oder ähnlich genannt hätte. Demgegenüber wird man in der Annahme nicht fehlgehen, daß die Anfänge der späteren Eucharistiefeiern in den gemeinsamen Mahlzeiten der Urgemeinde liegen, bei denen man sich bald auch mehr oder minder regelmäßig Jesu letzten Mahles erinnert und das Herrenmahl gefeiert haben wird[13]. Denn schon bei Paulus ist ja das Herrenmahl ein fester Bestandteil der Überlieferung.

---

[12] Vgl. J. JEREMIAS, Die Abendmahlsworte Jesu, 4. Aufl. S. 113f. Fußn. 4.

[13] Vgl. J. BEHN, κλάω, κλάσις, κλάσμα, *ThWNT* 3, 726-743; J. ROLOFF, NTD 5, S. 66f. - Die Unterscheidung von H. LIETZMANN, Messe und Herrenmahl, Bonn 1926 (AKG 8), zwischen Mahlfeiern des Jerusalemer Typus und der paulinischen Herrenmahlsfeier scheint mir nicht plausibel; vgl. dazu meine Interpretation von 1Kor 11 (S. 55ff.) und der Didache (S. 161ff.). Die Mahlfeiern in den apokryphen Apostelakten (dazu s. u. S. 281ff.) dürften in ihrer Eigenheit auf enkratitische Tendenzen zurückgehen, werden aber letztlich keine andere Wurzel haben als die

Im Sinne unserer Fragestellung können wir also festhalten, daß es nach dem Zeugnis der Apostelgeschichte in den Zeiten der Jerusalemer Anfänge Zusammenkünfte im Tempel gab, bei denen die Apostel predigten, und daneben Mahlfeiern der Christen in den Häusern, die mit der späteren Eucharistiefeier mittelbar oder unmittelbar zusammenhängen.

Wenn es stimmt, daß sich die προσευχαί auf Gebetszeiten beziehen, dann dürfte die Angabe, daß die Christen täglich zusammenkamen (Act 2,46), im Blick auf den Tempelbesuch und die Versammlungen in der Halle Salomos korrekt sein. Daß auch das Brotbrechen täglich gefeiert wurde, ist vom Satzbau des Lukas her nicht zwingend, da wir gesehen hatten, daß entgegen der Grammatik das zweite Partizip in Vers 46 nicht mit dem Hauptverb zusammenzufassen ist, während das erste Partizip, bei dem die Angabe „täglich" steht, inhaltlich vom Hauptverb unabhängig ist. Dennoch ist es gut denkbar, daß Lukas sagen will, es habe täglich Brotbrechen stattgefunden; so redet er ja auch in Act 5,42 noch einmal davon, daß man sich täglich im Tempel und in den Häusern traf. Daß dort nicht mehr vom Brotbrechen die Rede ist, zeigt, daß Lukas diesen Brauch wohl nicht als ideal hinstellen will; zu seiner Zeit wurde, wie die Zeitangabe in Act 20,7 andeutet (s. u.), die Eucharistie offenbar am Sonntag gefeiert.

Eucharistiefeier der Großkirche. So auch - in Aufnahme der Beobachtungen Lietzmanns - G. KRETSCHMAR, Abendmahlsfeier I. Alte Kirche, *TRE* 1, 229-278 (S. 240,19-21: „Diese Differenz ist jedoch nicht Nachwirkung eines doppelten Ursprungs des christlichen Abendmahls, sondern ergibt sich aus den beiden Hauptströmen der urchristlichen Mission."). Zur Auseinandersetzung mit Lietzmann s. u. a. B. REICKE, Diakonie, Festfreude und Zelos in Verbindung mit der altchristlichen Agapenfeier, Uppsala / Wiesbaden 1951 (UUA 1951:5); C.F.D. MOULE, Worship in the New Testament, London 1961 (ESW 9), p. 21-29; E. SCHWEIZER, Das Herrenmahl im Neuen Testament. Ein Forschungsbericht, in: DERS., Neotestamentica. Deutsche und englische Aufsätze 1951-1963, Zürich / Stuttgart 1963, 344-370; vgl. auch das Forschungsreferat bei H.-J. KLAUCK, Herrenmahl und hellenistischer Kult, Münster 1982 (NTA.NF 15), S. 8-28, und Klaucks eigene Ergebnisse ebda., S. 329-332 (s. auch ebda., S. 322f.), auch S. 365-374. - Letztlich dem Ansatze Lietzmanns folgend kommt B. KOLLMANN, Ursprung und Gestalten der frühchristlichen Mahlfeier, Göttingen 1990 (GTA 43), zu folgender Konstruktion: Die frühchristliche Mahlfeier sei ursprünglich die Fortsetzung der Mahlgemeinschaft mit Jesus. Erst in weiteren Stadien sei seine Gegenwart mit den Mahlelementen in Verbindung gebracht worden; dabei habe man die Deuteworte zunächst in der 3. Person sg. formuliert, erst später sie in die 1. Person sg. umgewandelt (!). In einem dritten Stadium schließlich (aber noch vor Paulus ...) habe man mancherorts diese Tradition zu einem letzten Mahl Jesu in Beziehung gesetzt; von dieser Koppelung wisse z. B. das Johannesevangelium nichts. Um die Wende vom Ersten zum Zweiten Jahrhundert habe es neben der paulinischen die johanneische (ohne Bezug zum letzten Mahl Jesu) sowie auch noch die ursprüngliche, weitgehend unsakramentale Mahltradition gegeben. Kollmann sieht voraus, daß seine Konzeption „befremdlich erscheinen" mag (S. 258) ...

Es ist also wahrscheinlich, daß man in der Jerusalemer Urgemeinde tatsächlich täglich in Privathäusern zu gemeinsamen Mahlfeiern zusammenkam[14]; unklar bleibt, ob und wie weit die gemeinsamen Mahlzeiten auch täglich als Eucharistie- oder Herrenmahlfeier begangen wurden. Worauf es dem Lukas hier ankommt, ist die sich in täglicher Zusammenkunft (gleichviel, an welchem Ort) dokumentierende Einmütigkeit und Gemeinsamkeit der Gemeinde - das zeigen auch die anderen summarischen Berichte - und im Blick auf die Mahlfeiern das Gotteslob und der Jubel, welche er so ausdrücklich nennt.

Es bleibt zu klären, ob die Halle Salomos der Ort ganzer Gottesdienste war oder die Christen am Gebet im Tempel teilnahmen, um sich dann nur zur Predigt dort gesondert zu versammeln. Wir müssen das Letztere annehmen, wenn die Ortsangabe von Act 3,2-3 stimmt, daß die Apostel die „schöne Tür" des Tempels passierten, um zum Gebet zu gehen, denn die führte entweder in den ersten der inneren Vorhöfe, den Hof für die Frauen, oder aber von dort in den Männervorhof[15]. Die Teilnahme der Christen am Gebet in den inneren Vorhöfen war möglich, solange es noch keine Heidenchristen gab[16].

Vor oder wohl eher nach dem Gebet trafen sich dann alle, Männer und Frauen, Getaufte und Ungetaufte, Juden und „gottesfürchtige" Heiden in der Halle Salomos. Die damit gegebene Trennung von Gebet und Belehrung durch die Apostel wird man nicht so stark empfunden haben, weil man sich immer noch „im Tempel" befand und ja auch hier Gebete möglich waren. Auch die jüdischen Schriftgelehrten, die im Tempel lehrten (vgl. Lk 2,46)[17], dürften sich mit ihren Hörern im Bereich des äußeren Vorhofs aufgehalten haben. Erst die räumliche Entfernung vom Tempel wird in der Synagoge wie dann auch bei den Christen die Lehr- und Predigttätigkeit enger mit dem Gebet zusammengeführt haben.

---

[14] Dies ist die geläufige Auslegung; z. B. E. HAENCHEN, KEK 3[16], S. 193; G. KRETSCHMAR, Abendmahlsfeier I, *TRE* 1, S. 238; vorsichtiger R. PESCH, EKK V/1, S. 132: „ob an tägliche Eucharistiefeiern gedacht werden soll, bleibt unklar."

[15] J. ROLOFF, NTD 5, S. 69; E. HAENCHEN, KEK 3[16], S. 199; vgl. auch M. HENGEL, Der Historiker Lukas und die Geographie Palästinas, S. 154-157.

[16] In der Ausgrenzung von Heidenchristen, d. h. christlichen „Gottesfürchtigen", mag ein Anstoß für die Tempelkritik der „Hellenisten" gelegen haben; belegen läßt sich dieses Motiv aber nicht.

[17] S. dazu Bill. II, S. 150.

bb) Act 20,7-12

Statt im Tempel befinden wir uns beim Abschiedsgottesdienst des
Paulus von der Gemeinde zu Troas[18] im zweiten Stock vermutlich
eines größeren Mietshauses in einer Privatwohnung[19]. Folgerichtig
lesen wir, daß man sich zum Brotbrechen versammelt hatte; ungewöhnlich ist, daß Paulus vor und nach dem Brotbrechen sehr lange
predigte, wobei sich für uns die Frage stellt, welchen Platz die Predigt
normalerweise hatte.

Zunächst ist zu fragen, ob man unterscheiden kann zwischen vor-
lukanischem Gut und dem, was auf die Vorstellungswelt und schriftstellerische Gestaltung des Lukas zurückgeht. Die sehr weitreichende
These von Lüdemann, daß Lukas eine Lesefrucht aus heidnischer Literatur hier auf Paulus umgemünzt habe, ist abzulehnen[20]. Denn
welcher heidnische Rhetor stiege in den zweiten Stock eines Mietshauses, um dort in einer Privatwohnung stundenlange Reden zu halten? Und ein überfüllter Gerichtssaal als Forum für den Redner wäre
wohl nicht so weit oben in einem Hause zu suchen. Die hohe Lage
im Haus ist aber entscheidend für die Episode mit dem jungen Mann,
der vom Fensterbrett fiel. So wird die Geschichte trotz ihrer „Profani-
tät" ursprünglich mit Paulus zusammenhängen[21].

Wegen der Formulierung in der ersten Person Plural, welche sich
an Vers 6 anschließt, gegenüber dem Folgenden aber einen Bruch bedeute, gehen fast alle Ausleger davon aus, daß mit Vers 7a Lukas das
folgende Stück redigierend einleitet. In bezug auf die Formulierung
dürfte das zutreffen, insbesondere was die Verwendung der Wir-Form
angeht. Doch ohne die Situationsangabe von Vers 7 hängt die Geschichte in der Luft: man wüßte nicht, warum und zu wem Paulus redet[22]. Denn das αὐτοῖς in Vers 7 gehört in jedem Falle zur

---

[18] Act 20,7ff.; zu Act 13,1-3 und der Frage, ob dort von einem Wortgottesdienst berichtet werde, s. u. Fußn. 135 und 148.
[19] Act 20,8: ὑπερῷον. Act 20,9: τρίστεγον – wie amerikanisch: third storey
(= englisch: second storey) hier mit „2. Stock" zu übersetzen, da τρίστεγος „dreige-
schossig" heißt - s. W. BAUER, Wörterbuch zum neuen Testament, 5. Aufl., Sp.
1635, der aber „drittes Stockwerk" übersetzt; vgl. R. PESCH, EKK V/2, S. 191: „im
dritten Stock (= zweiten Obergeschoß)".
[20] G. LÜDEMANN, Das frühe Christentum nach den Traditionen der
Apostelgeschichte. Ein Kommentar, Göttingen 1987, S. 232, im Anschluß an M.
DIBELIUS, Stilkritisches zur Apostelgeschichte, in: DERS., Aufsätze zur Apostelgeschichte, Göttingen 1951 (FRLANT 60), 9-28, S. 22-23.
[21] Vgl. auch J. ROLOFF, NTD 5, S. 297, und, noch weitreichender das
Stück in den „Wir-Bericht" als historisch glaubwürdige Überlieferung einord-
nend, R. PESCH, EKK V/2, S. 188f. u. 193f.; zu den „Wir-Berichten" s. auch M.
HENGEL, Zur urchristlichen Geschichtsschreibung, Stuttgart 1979 (CwP), S. 60, sowie C.-J. THORNTON, Der Zeuge des Zeugen (s. Fußn. 2).

ursprünglichen Erzähleinheit und bedarf der Erläuterung. Es spricht
auch nichts dagegen, die Begründung dafür, warum Paulus so lange
sprach, als ursprünglich anzusehen. Er predigte und lehrte (διαλέγεσθαι)
noch einmal besonders ausführlich, bevor er anderntags aufbrechen
wollte.

Fraglich ist dann nur, ob die Angaben, daß man sich am Sonntag
und zwar zum Brotbrechen versammelte, auf die redigierende oder er-
zählerisch ausformulierende Hand des Lukas zurückgehen. Die Entscheidung wird mit von der Frage abhängen, ob Vers 11 ein integraler
Bestandteil der Erzählung ist oder nicht. Die Interpetation von J. Roloff, daß der Vers den Erzählzusammenhang nicht störe, sondern die
Pointe gerade „in der unbeirrbaren Selbstverständlichkeit (liege), mit
der Paulus ... den Gottesdienst fortsetzt"[23], kann man m. E. durch
zweierlei stützen: zum einen wäre die Formulierung ἤγαγον in Vers 12
merkwürdig, wenn unmittelbar zuvor davon die Rede war, daß Paulus
sich über den jungen Mann warf; zum andern ist kein vom Erzählstrang unabhängiger Grund ersichtlich, warum Lukas gerade hier das
gottesdienstliche Handeln des Paulus hätte einflechten und betonen
sollen, daß er noch weiterpredigte. Die angesichts der schriftstellerischen Fähigkeiten des Lukas allein schon problematische Vermutung,
er hätte den Vers ungeschickt oder unüberlegt eingebaut, entbindet
nicht davon, einen plausiblen Grund für ein solches Vorgehen des Lukas angeben zu müssen.

Könnte der nicht darin liegen, daß Lukas, wie Roloff behauptet,
„Paulus in seiner Funktion als Leiter und Mittelpunkt der christlichen
Gemeinde" zeichnen, ja sein „vollmächtige(s) Wirken ... als Gemein-
deleiter ... veranschaulichen" will[24]? Hätte Lukas aus diesem
Grund den Vers 11 eingefügt, dann hätte er ihn doch wohl an den
Schluß gestellt und damit am wirkungsvollsten zur Geltung gebracht.
So betrifft Roloffs Überlegung ja auch nicht die Aufnahme dieses Ver-
ses, sondern die Aufnahme der ganzen Geschichte in den Reisebericht.

Der Verfasser der Apostelgeschichte hat sich, wie man deutlich am
Lukasevangelium im synoptischen Vergleich ablesen kann, nicht aufs
Sammeln beschränkt, sondern das, was er in sein Werk aufnahm, überarbeitet, so daß auch in unserer Geschichte mit seinen gestaltenden
Eingriffen zu rechnen ist, falls er sie nicht doch einfach selbst erlebt
hat. Wenn es wirklich seine Absicht war, Paulus als Gemeindeleiter zu
zeigen, so könnten die Details, daß es sich bei der Versammlung um

---

22 Das betont auch R. PESCH, EKK V/2, S. 189.
23 J. ROLOFF, NTD 5, S. 297; vgl. auch die Analyse von R. Pesch, EKK
V/2, S. 189.
24 J. ROLOFF, NTD 5, S. 297.

eine Versammlung zum Brotbrechen handelte und daß es Sonntag war, auf ihn zurückgehen. Wenn aber die Situationsangabe ursprünglich ist, daß es um eine Versammlung zum Abschied des Paulus und seiner Begleiter ging, so ist es doch mehr als wahrscheinlich, daß man dabei das eucharistische Brot brach. Da Lukas ohnehin vermerkt, daß Paulus bis zum nächsten Morgen predigte, hätte er das Brotbrechen, wenn es ihm darauf so ankam, ja auch schon früher als erst nach Mitternacht einbauen können, der junge Mann wäre dann eben während der Predigt danach eingeschlafen. So aber können wir annehmen, daß das Brotbrechen ebenfalls ursprünglich in die Geschichte gehörte; hätte Paulus nicht so lange gepredigt, dann hätte das Brotbrechen auch zur normalen Abendstunde stattgefunden. Denn daß eine Eucharistiefeier zum Sonnenaufgang gemeint sei, ist ausgeschlossen, weil Paulus ja nach dem Brotbrechen noch bis zum Morgen predigte[25].

So deutet alles darauf hin, daß Lukas hier einen authentischen Bericht gibt, der sich am besten damit erklären läßt, daß er ihn, so wie er in der Wir-Form schreibt, auch selbst miterlebt hat. Will man bei der Theorie bleiben, daß Lukas hier einen fremden Bericht in sein Werk einfügte, so könnten nur noch die Bezeichnung der ganzen Feier als Brotbrechen und die Notiz, daß es sich um einen Sonntag handelte, auf ihn als Redaktor zurückgehen. Damit ist gesagt, daß spätestens für die Zeit, als Lukas seine Apostelgeschichte schrieb, höchstwahrscheinlich aber schon zur Zeit des Paulus (und damit ja auch bereits zu Lebzeiten des Lukas) die sonntägliche Eucharistiefeier in den paulinischen Gemeinden bezeugt ist[26].

Läßt sich nun aus der Geschichte von Eutyches eine typische Gottesdienstform herausschälen? Bis zu einem gewissen Grade ja. Die christliche Gemeinde versammelt sich am Abend in einer (wohl von Angehörigen der mittleren Schichten bewohnten) größeren

---

[25] Gegen E. DEKKERS, L'église ancienne a-t-elle connu la messe du soir?, in: *Miscellanea Liturgica in honorem L. Cuniberti Mohlberg*, vol I, Rom 1948 (BEL 22) 231-257, p. 234. - Unklar ist, ob in Act 20,7ff jüdische oder hellenistische Zeitrechnung zugrundeliegt, ob also der Tag mit dem Abend oder mit dem Morgen beginnt, es sich bei der „Sonntagnacht" demnach um die Nacht von Samstag auf Sonntag oder von Sonntag auf Montag handelt; vgl. die Diskussion zwischen R. STAATS, Die Sonntagnachtgottesdienste der christlichen Frühzeit, *ZNW* 66 (1975) 242-263, und W. RORDORF, Sonntagnachtgottesdienste der christlichen Frühzeit?, *ZNW* 68 (1977) 138-141. Wenn R. Staats die Differenzierung zwischen Morgen- und Abendgottesdienst vom Tisch fegen und nur die Zeitangabe „in der Nacht, zur Zeit der Dunkelheit" gelten lassen will, verstellt er sich den Zugang zur uns interessierenden Fragestellung nach möglichen Wortgottesdiensten von vornherein.

[26] Es sei denn, man will die Zeitangabe als ursprünglich und sozusagen zufällig ansehen in der Meinung, der Abschiedsgottesdienst hätte auch an jedem anderen Tage stattfinden können. Viel wahrscheinlicher ist jedoch, daß Paulus bewußt bis zum Sonntag blieb, um noch Gottesdienst mit der Gemeinde zu feiern.

Mietwohnung; vor der gemeinsamen Mahlzeit ist Gelegenheit für eine erbauliche Ansprache; die Mahlfeier beginnt mit dem Brechen des Brotes, an das sich das Sättigungsmahl anschließt[27].

Wir haben hier also eine Überlieferung vor uns, nach der Brot- und Becherwort[28] noch die Mahlzeit einrahmten, wenn man nicht entgegen allen sonstigen Quellen annehmen will, die Sättigungsmahlzeit habe sich an Brot- und Becherwort angeschlossen. Das würde zu Lk 22,20 passen (μετὰ τὸ δειπνῆσαι beim Kelch), erschiene allerdings in einer paulinischen Gemeinde problematisch[29]. So könnte man vermuten, daß Lukas mit der ihm eigentümlichen Wendung γεύεσθαι für „essen"[30] hier doch in eine ihm von jemand anders überlieferte Geschichte redaktionell eingreift.

Zweierlei ist aber zu bedenken: erstens ist es keineswegs sicher, daß die Gemeindegründung in Troas auf Paulus zurückgeht, so daß die angegebene Reihenfolge für Troas stimmen könnte. Und zweitens könnte hier tatsächlich die Formulierung auch in einer von Lukas selbst erlebten Geschichte von der aktuellen Praxis der Gemeinde gefärbt sein, in der er zur Zeit der Abfassung der Apostelgeschichte lebte. So ist auch die Bezeichnung der ganzen Feier als „Brotbrechen" nicht weiter als bis zu ihm zurückzuverfolgen. Doch könnte sich gerade mit dem schlichten Begriff eine alte Wendung erhalten haben, so wie ja auch allem Anschein nach die Abfolge Brotwort - Mahlzeit - Becherwort die ältere ist. So viel zu dem, was an normalen Gebräuchen aus der Troasepisode zu erheben ist.

Untypisch ist dagegen an diesem Gottesdienst die Länge der Predigt des Paulus und der damit zusammenhängende Beginn der Mahlfeier erst nach Mitternacht. Auch daß Paulus hinterher noch weiterpredigt, wird auf die Besonderheit der Situation zurückzuführen sein[31].

---

[27] Die Aussage, der Gottesdienst in Troas sei „außergewöhnlich" (so z. B. R. PESCH, EKK V/2, S. 189), setzt voraus, daß der gewöhnliche Ablauf bekannt ist, an dem man den Vorgang in Troas messen kann. Mit Sicherheit außergewöhnlich ist die Abschiedssituation, mit hoher Wahrscheinlichkeit auch die Länge der Predigt, welche zu dem geschilderten Vorfall führt. Weniger sicher läßt sich sagen, ob die Predigt nach der Mahlzeit außergewöhnlich ist; da sie sonst so nicht begegnet und mit der besonderen Situation des Abschieds erklärt werden kann, habe ich sie in der Rekonstruktion als „untypisch" weggelassen.
[28] Der eucharistische Becher wird hier nicht erwähnt, wird aber wegen Lk 22,20 und 1Kor 11,25 im Oberbegriff „Brotbrechen" mitenthalten sein.
[29] Vgl. dazu die Ausführungen über 1Kor 11, S. 55ff., speziell auch Fußn. 72.
[30] Vgl. Lk 14,24; Act 10,10; 23,14.
[31] S. Fußn. 27.

cc) Die Gemeindepredigt in der Apostelgeschichte

Wenden wir uns nun den in der Apostelgeschichte enthaltenen Predigten zu. Sie werden bis auf wenige Ausnahmen von Petrus und Paulus gehalten. Nur eine ist dabei in einen innergemeindlichen Kontext gestellt; alle anderen gehören in verschiedene missionarische oder apologetische Situationen. Die eine Ausnahme ist die Abschiedsrede des Paulus vor den Ältesten der Gemeinde von Ephesus, welche er nach Milet hat kommen lassen (Act 20,17-35). Die Konzeption als Rechenschaftsbericht und Mahnung, auch gegenüber Irrlehren an der Lehre des Paulus zu verbleiben, kann aber weder als repräsentativ für Gemeindepredigten aus der Umgebung des Lukas noch für solche des Paulus selbst angesehen werden[32]. Als Schlüsselwort für die innergemeindliche Tätigkeit des Paulus wird hier allerdings rückblickend gesagt, daß er alle unter Tränen, also auf das eindringlichste, ermahnt habe (νουθετεῖν - V 31); die missionarische Predigt wird dagegen als Bezeugen des Evangeliums von der Gnade Gottes bezeichnet (V 24). Wenn es vorher heißt, daß Paulus öffentlich wie auch in den Häusern verkündigt (ἀναγγέλλειν) und gelehrt (διδάσκειν) habe, „was nützlich ist" (V 20), so sind damit außer- wie innergemeindliches Wirken gekennzeichnet; unter den Begriff des σύμφερον (gemeint ist wohl, was nützlich ist zum Heil des einzelnen wie der Gemeinde) kann beides zusammenfaßt werden. Das eigentliche Amt des Apostels bleibt aber die missionarische Verkündigung, wie die sogleich folgende, viel konkretere Ergänzung zeigt, daß Paulus den Juden und den Griechen die Umkehr zu Gott und den „Glauben an unsern Herrn Jesus" bezeugt habe (V 21).

Die damit gegebene Charakterisierung vom Wirken des Paulus paßt zu den summarischen Angaben und Vorstellungen, die auch sonst in der Apostelgeschichte begegnen. Das innergemeindliche Wirken ist ἐπιστηρίζειν und παρακαλεῖν, auch das διδάσκειν und διαλέγεσθαι (hier wird an Belehrung in Rede und Gegenrede zu denken sein) haben nicht nur in der Mission, sondern genauso in der Gemeinde ihren Sitz[33]. Gegenüber den Neubekehrten wird als konkreter Gegenstand

---

[32] Diese Beobachtung ergibt sich unabhängig von der Frage, ob das Stück als „Abschiedsrede" notwendig sekundär sei und erst einer auf Paulus folgenden Generation angehören könne (so z. B. J. ROLOFF, NTD 5, S. 302; vgl. auch H. CONZELMANN, HNT 7², S. 126-129). Für uns ist hier von Interesse, wie die innergemeindliche Wirksamkeit des Paulus in der Rede charakterisiert wird und ob sich damit ein authentisches Bild ergibt.

[33] Ἐπιστηρίζειν: Act 14,22; 15,32.41; 18,23. - παρακαλεῖν: Act 11,23; 14,22; 15,32; 16,40; 20,1f. (als Ausdruck für die Missionspredigt: Act 2,40; vgl. auch

der Mahnung das Bleiben am Glauben auch angesichts von Bedräng-
nissen genannt, in welche die Christen geraten; gelehrt wird das Wort
Gottes[34], also das Verstehen der biblischen Botschaft im Sinne des
Evangeliums von Jesus Christus. Die missionarische Wirksamkeit ist
als εὐαγγελίζεσθαι gekennzeichnet, als Verkündigung des Gotteswortes
und Predigt vom Reich Gottes, gegenüber den Juden auch als Verkündigung von Jesus als dem Messias. Allgemeiner ist sie Verkündigung
von Jesus als dem Herrn und von seiner Auferstehung[35].

Das Bild von der Gemeindepredigt, welches die Apostelgeschichte
zeichnet, ist also, sieht man einmal von der Sonderform des Missions-
berichtes ab[36], keineswegs ausschließlich, aber doch zu einem guten Teil das der Paränese. Die Stärkung im Glauben, von der Lukas
stereotyp sprechen kann, versteht er offenbar als prophetisch vorbe-
reitende Verkündigung der Anfechtungen, die auf die Christen zukommen[37]. Mit den summarischen Angaben, die wir hier auswerten,
werden aber natürlich nur Schwerpunkte gesetzt; auch Lukas wird
sich unter διδάσκειν und unter stundenlangem Predigen des Paulus eben
nicht nur Paränese vorgestellt haben. Die in vielem paulinisch klingen-
de Ausdrucksweise der Abschiedsrede an die Ältesten von Ephesus,
welche erschließen läßt, daß Lukas hier direkter als sonst für die Reden auf Paulus zurückgehendes Material verwendet hat[38], sollte uns

---

Act 13,15: λόγος παρακλήσεως als Ausdruck für die Synagogenpredigt). - διδάσκειν:
Act 5,42; 11,26 (?); 15,1.(35); 18,11.(25); 20,20; 28,31 (als Ausdruck für die Missionspredigt: Act 4,2.18; 5,21.25.28; 11,26(?); 20,20; 21,21.28; 28,31). - διαλέγεσθαι v. a. in
der Synagoge, dann auch in der synagogalen Versammlung der Christen: Act 17,2.17;
18,4.19; 19,8-9; 20,7.9 (Gemeindepredigt bei der Eucharistiefeier); 24,12.(25).

[34] Act 14,22 (ἐμμέννειν); Act 18,11: Paulus lehrte das Wort Gottes (vgl. Act
18,4; 28,31; ferner Act 6,2). - S. auch Act 19,10: τὸν λόγον τοῦ κυρίου.

[35] Εὐαγγελίζεσθαι: Act 5,42; 8,4.12.25-35.40; 10,36; 11,20; 13,32; 14,7.15.21;
15,35; 16,10; 17,18. - Predigt (λαλεῖν, καταγγέλλειν, διδάσκειν) des Gotteswortes und
dessen Aufnahme bei den Hörern: Act 4,29.31; 6,2 (auch innergemeindlich); 6,7; 8,14;
11,1; 12,24; 13,5.7.46.48; 16,32; 17,13; (18,11). Predigt des λόγος τοῦ κυρίου: Act 8,25
(διαμαρτυρεῖσθαι); 13,44.48.49; 15,35 (εὐαγγελίζεσθαι).36; 16,32; 19,10.20. - Predigt
von Jesus: Act 8,12.35; 9,20; 18,25; vgl. Act 10,36. - Predigt vom Reich (Gottes):
(Act 1,3 - Jesus selbst predigt seinen Jüngern); Act 8,12; 14,22; 19,8; 20,25; 28,23.31.
- Jesus der Messias: (Act 5,42); Act 8,5; 9,22; 17,3; 18,5.28; (24,24); vgl. auch Act
2,36; 3,18.20; 26,23. - Jesus der Herr: Act 11,20; (13,12); (16,31); vgl. auch Act 5,14;
9,42; 11,17.21; 14,23; 16,31; die Bezeichnung κύριος für Gott und für Jesus ist auch
sonst in der Apostelgeschichte sehr häufig. - Predigt der Auferstehung Jesu: Act
4,2.33; 17,18 (Tod und Auferstehung Jesu kommen auch sonst in den ausgeführten
Predigten der Apostelgeschichte vor).

[36] Missionsberichte erwähnt in: Act 14,27; 15,3.12; 21,19; vgl. auch
Act 11,5-17; 12,17.

[37] Act 14,22; 15,32.41; 18,23 - die Interpretation nach Act 14,22: διὰ πολλῶν
θλίψεων δεῖ ἡμᾶς εἰσελθεῖν εἰς τὴν βασιλείαν τοῦ θεοῦ.

[38] Vgl. F.F. BRUCE, The Acts of the Apostles, London [6]1965, p. 377-383,
der es für möglich hält, daß Lukas hier auf stenographische Aufzeichnungen zurückgreift. Die „paulinischen" Wendungen zusammengestellt bei J. ROLOFF, NTD 5,

auch davon abhalten, vorschnell in den erhobenen Aussagen nichts
weiter als nur eine Reflexion der Verhältnisse in späterer Zeit zu sehen. Lukas war ja mit Hilfe seiner Quellen und seines Gedächtnisses
durchaus um eine historische Darstellung bemüht. So sah Paulus sich
selbst vor allem als mit der Mission unter den Völkern beauftragten
Apostel, und ein wichtiger Bestandteil seiner Briefe an die einmal gegründeten Gemeinden ist das νουθετεῖν[39]. Nur wird man für ihn
stärker als für Lukas in Anspruch nehmen dürfen, daß die Mahnungen
auch ausgesprochenermaßen (und nicht nur implizit) in dem verankert
waren, was Christus für uns getan hat.

Was hat man sich genauer unter dem Gegensatz δημοσίᾳ - κατ' οἴ-
κους (Act 20,20) vorzustellen? „In den Häusern" meint wohl weniger
das persönliche Gespräch bei Besuchen als vielmehr die Zusammenkünfte zu den (Mahl-)Feiern in den Häusern, wie sie in Act 2,42-47
(und 5,42) für Jerusalem und in Act 20,7-12 für Troas bezeugt sind.
Demgegenüber wäre die öffentliche Rede die auf dem Marktplatz, aber
wohl auch die in den Synagogen und in den Räumlichkeiten, die den
Christen als „Synagoge" dienten[40].

Lukas stellt ja - sicher nicht ohne historischen Grund - das Vorgehen des Paulus stereotyp so dar, daß er zuerst in die Synagogen ging
und dort predigte. Erst wenn er dort auf Ablehnung stieß, wendete er
sich über den Kreis der Gottesfürchtigen auch den Heiden zu, wobei
dann das Haus eines neugewonnenen Gemeindeglieds in der Regel als
Versammlungsort diente. Die in der Synagoge unterbundene Lehrtätigkeit führte er dann hier weiter, und man wird nicht fehlgehen in der
Annahme, daß dazu nun auch der Synagoge fernstehende Heiden willkommen waren[41]. Zwar macht Lukas keine konkreten Angaben
dazu, wie denn nach der Abwendung von der Synagoge die Heiden im
Regelfall angesprochen wurden. Daß Paulus aber in Ephesus die
„Schule des Tyrannus" mietete[42], wird auch bei bescheidenerer

---

S. 301; daß Lukas als Verfasser für die Rede im Sinne antiker Geschichtsschreibung
verantwortlich sei, betont M. DIBELIUS, Die Reden der Apostelgeschichte und die
antike Geschichtsschreibung, in: DERS., Aufsätze zur Apostelgeschichte, 120-162, S.
133-136 (bes. S. 136) - das ändert jedoch nichts daran, daß er hier wohl auf authentisches Material zurückgreift. Sehr hypothetisch ist dazu die literarkritische
Analyse von R. PESCH, EKK V/2, S. 198-201.
    [39] Zum Apostolat des Paulus vgl. v. a. Gal 1-2 und 2Kor 11-12 (bes. 11,5);
νουθετεῖν im NT außer hier nur bei Paulus: Rö 15,14; 1Kor 4,14; Kol 1,28; 3,16;
1Thes 5,12.14; 2Thes 3,15.
    [40] So auch F.F. BRUCE, The Acts of the Apostles, p. 378.
    [41] Antiochien: Act 9,20ff (Predigt in den Synagogen); Antiochien in Pisidien:
Act 13 (V 46: „so wenden wir uns zu den Heiden"); Ikonion: Act 14,1ff; unklarer Ort
für die Predigt in Lystra: Act 14,8ff, Thessaloniki: Act 17,1ff; Athen: Act 17,16ff
(Synagoge und Markt - dazu s. u.); Korinth: Act 18,1ff; Ephesus: Act 19,8ff.

Unterkunft an anderen Orten zu der Annahme berechtigen, daß Paulus als Lehrer frei zugänglich war und er insofern öffentlich redete, auch wenn er sich nicht zu Missionspredigten auf den Marktplatz stellte.

Daß das sowieso nicht sein normales Vorgehen war, macht Lukas ja deutlich: selbst die Areopagrede kommt nur zustande, weil die neugierigen Athener den Paulus dort hinführen und ihn zum Reden auffordern; daß er vorher auf der Agora mit den Philosophen redete, stellt Lukas sich nicht als Predigt, sondern als philosophisches Streitgespräch vor[43].

Streitgespräche gab es auch sonst, sowohl mit den Juden als auch innerhalb der Gemeinde; sie gehören in das Umfeld der Wortverkündigung. Vielleicht mehr in der Form eines Unterrichtsgespräches hatten sie auch ihren Platz in der gottesdienstlichen Versammlung (Act 20,7-9; vgl. Act 19,9). Echte Streitgespräche dagegen betrafen zuerst einmal die Lehrer und nahmen beispielsweise bezug auf die Predigten in der Synagoge[44]. Im Gemeindegottesdienst dürfte es vor allem durch Einwürfe von noch nicht Bekehrten bei der Predigt zu Disputen gekommen sein, ohne daß dies die Regel gewesen sein wird.

Die von Lukas ausgeführten Missionspredigten der Apostel sind nun noch daraufhin zu befragen, ob in ihnen auch für die Gemeindepredigt typische Elemente enthalten sind. Für die Paränese gilt das sicher nicht; die Missionspredigten sind tatsächlich als Reden zur Überzeugung von Juden und zur Bekehrung von Heiden konzipiert (wobei die Reden an jüdisches Publikum eindeutig überwiegen). So ist Roloff beizupflichten, wenn er sagt, daß Lukas in diesen Predigten „nicht die Predigtpraxis seiner eigenen Zeit abgebildet" hat[45]; das gilt auch deshalb, weil sie ja auch untereinander verschieden sind und keineswegs einen eindeutigen Predigttypus widerspiegeln[46].

---

[42] Act 19,9; vgl. dazu den Kommentar von J. ROLOFF, NTD 5, S. 238f.

[43] Act 17,17-19. Der Übergang zur markt-öffentlichen Predigt erscheint hier allerdings (ähnlich wie in Act 14,8ff) fließend.

[44] Act 6,8-9; 9,22.29; 13,43.(45); 17,17-18; (18,28); 23,1ff (ausgeführt); innergemeindlich: Act 15,2.5-7, dazu ausgeführte Plädoyers: Act 15,7-11.13-21.

[45] J. ROLOFF, NTD 5, S. 49.

[46] Ein Predigtschema läßt sich nur konstruieren, indem man alle in den verschiedenen Predigten vorkommenden Elemente zu einem Typus addiert, von dem dann im Einzelfall Elemente weggelassen sind. - Vgl. auch die Auseinandersetzung von U. WILCKENS, Die Missionsreden der Apostelgeschichte, Neukirchen-Vluyn ³1974 (WMANT 5), S. 13ff; S. 72ff., mit M. Dibelius, der die These eines traditionellen Predigtschemas aufgestellt hatte. Wilckens weist nach, daß die Predigten jeweils gut in den Kontext passen. Daraus wie aus dem Fehlen von Parallelen zu den an Juden gerichteten Missionspredigten in der Apostelgeschichte folgert er, daß Lukas selbst hier einen Predigttypus (den Wilckens von Dibelius her als gegeben annimmt und nicht noch einmal eigens beschreibt) geschaffen habe (deutlich a. a. O., S. 100). Das schließt aber nicht aus, daß Lukas mit Hilfe von Material aus der

Man wird aber bestimmte Arten und Weisen, auf die Schriften zu rekurrieren, auch auf die innergemeindlichen Predigten zur Zeit des Lukas beziehen dürfen. Zu fragen wäre, ob andererseits die Areopagrede zu der Annahme berechtigt, daß man in heidenchristlichen Gemeinden weitgehend ohne die Schriften auskam.

Eine für Lukas typische Möglichkeit der Schriftauslegung besteht in der Predigt „über Jesus aus dem Gesetz des Mose und den Propheten" (Act 28,23). Solche Schriftbeweise, daß Jesus der Christus ist und es alles so geschehen mußte, finden sich ausgeführt in der Predigt des Petrus in der Halle Salomos, Act 3,12-26, in der zweiten Hälfte (hier besonders im Hinblick auf Israel als Kinder der Propheten und des Bundes), und in der programmatischen Predigt des Paulus in der Synagoge von Antiochien in Pisidien (Act 13,16-41), dort ebenfalls die zweite Hälfte der Predigt umfassend.

Beide Predigten demonstrieren in ihrer ersten Hälfte noch eine weitere Möglichkeit der Schriftauslegung: den heilsgeschichtlichen Durchgang durch alttestamentliche Stationen mit dem Ziel, die Zeit Jesu Christi als die Zeit des Heils zu erweisen. Eine Sonderform dieses Typus ist die Bußpredigt des Stephanus (Act 7,1-53). Daß aber eine Predigt über die Christusprophetie in den Schriften auch ohne einen solchen (einleitenden) Durchgang möglich war, zeigt die Episode von Philippus und dem äthiopischen Schatzmeister, wo Philippus „ausgehend von dieser Schriftstelle (dem Zitat von Jes 53,7f.) ihm Jesus als Evangelium verkündigte" (Act 8,35). Genau nach diesem Muster verfährt auch die Pfingstpredigt des Petrus (Act 2,14-36).

Eine sich solchermaßen auf verschiedene Schriftstellen berufende Demonstration der Wahrheit aus den Schriften ist in der Mission gegenüber Juden und Gottesfürchtigen sinnvoll; doch kann man vermuten, daß auch die innergemeindliche Predigt sich in dieser Art auf die Schriften berief. Das hieße zum Beispiel auch, daß ein vor der Predigt verlesenes Schriftwort nicht alleiniger Bezugspunkt der Predigt war, sondern eher ihren thematischen Ausgangspunkt bildete.

Wenn damit etwas über die Predigt zur Zeit der Abfassung der Apostelgeschichte und in der Umgebung des Lukas gesagt ist, so sollte man doch keinen Graben zwischen dieser Zeit und den weniger als zwei Generationen zurückliegenden Anfängen ziehen[47], zumal ja

---

Tradition und aufgrund eigener Kenntnis von Predigten die Reden für den Kontext geschaffen hat. Leider hat sich Wilckens in dem Versuch des Aufweises solcher Traditionszusammenhänge nicht besonders mit der Schriftbenutzung der Acta-Reden befaßt. S. aber E.E. ELLIS, Midrashic Features in the Speeches of Acts, in: DERS., Prophecy and Hermeneutic in Early Christianity, Tübingen 1978 (WUNT 18) 198-208 (mit Verweisen auf weitere Literatur).

des Lukas eigenes Erleben wohl bis in die Zeit der ersten Generation zurückreichte. Die Arbeit an den Schriften wird zwar die Sammlungen von relevanten Testimonien und dergleichen stetig erweitert haben, aber es ist hier doch mit einer Kontinuität von den Anfängen an und nicht mit einem völligen Neueinsatz in der Schriftauslegung zu rechnen. Damit kann natürlich nicht gesagt werden, daß die Apostelgeschichte mit ihrer Art der Schriftauslegung repräsentativ ist für das ganze Christentum des Anfangs, wohl aber, daß sie aus dem Spektrum der Möglichkeiten diejenige repräsentiert, welche sich im Umkreis der an die Synagogen anknüpfenden Mission bewährt hatte.

Im Blick auf die Methode des heilsgeschichtlichen Durchgangs durch die Schriften läßt sich das an der Stephanusrede, Act 7, verifizieren. Da die Rede schlecht in den Kontext eingepaßt und übermäßig lang ist, nimmt man mit gutem Grund an, daß Lukas hier auf eine Rede zurückgreift, die ihm als Rede des Stephanus überliefert war und die auch vermutlich auf den Kreis der „Hellenisten" um Stephanus zurückgeht, selbst wenn darin noch älteres, diasporajüdisches Material verarbeitet sein sollte[48]. Es handelt sich übrigens gerade um den Großteil des geschichtlichen Durchgangs, den man auf das Judentum zurückführen will; es läge dann mit dieser Predigtmethode keine neue „Erfindung" der Christen vor[49]. Als Bußpredigt hatte die Rede des Stephanus zwar nicht ihren Sitz im Gemeindegottesdienst, doch ist ihre Methode der Schriftauslegung nicht auf das Genus der Bußpredigt beschränkt (s. o.).

Angesichts der, freilich von Lukas typisierten, Darstellung der Apostelgeschichte, daß die Mission auch nach dem Beginn der Heidenmission immer bei den Synagogen ansetzte und wenigstens bei den Gottesfürchtigen, wenn nicht bei den Juden selbst auch Erfolge hatte, um dann erst im zweiten Zuge sich auch an die Heiden zu wenden

---

[47] Das wäre in unserem Zusammenhang kritisch zu den Forschungsansätzen zu vermerken, die in Lukas einen mehr oder minder frei schaffenden Schriftsteller sehen wollen. Die These, daß Lukas den Paulus selbst gekannt hat, ist noch nicht erledigt; vgl. M. HENGEL, Zur urchristlichen Geschichtsschreibung, S. 60f., u. jetzt v. a. C.-J. THORNTON, Der Zeuge des Zeugen (s. Fußn. 2). - Nach J. WEHNERT, Die Wir-Passagen der Apostelgeschichte, Göttingen 1989 (GTA 40), handelt es sich bei dem „Wir" um ein Stilmittel des Lukas, bei dem er sich Silas als Sprecher vorstelle; doch gehe seine Darstellung womöglich auf den mündlichen Bericht eines Paulusbegleiters zurück. Gegen Wehnert s. C.-J. THORNTON, a. a. O., S. 117-119.

[48] Vgl. dazu U. WILCKENS, Die Missionsreden der Apostelgeschichte, 3. Aufl., S. 208-224; J. ROLOFF, NTD 5, S. 117ff.; R. PESCH, EKK V/1, S. 214ff (mit Literaturverzeichnis).

[49] Der Unterschied liegt (auch im Vergleich zwischen der Stephanusrede und den anderen Acta-Reden - s. dazu U. WILCKENS, Die Missionsreden der Apostelgeschichte, 3. Aufl., S. 221) in der jeweiligen theologischen Stoßrichtung.

(wobei zu bedenken ist, daß die vollgültige Aufnahme von Gottesfürchtigen in die Gemeinde ohne Beschneidung aus judenchristlicher
Sicht praktisch auch schon Heidenmission genannt werden muß), fragt
es sich, ob es überhaupt eine nennenswerte Zahl von Gemeinden gegeben haben wird, welche rein heidenchristlich waren, so daß dort die
Schriften zunächst keine rechte Aussagekraft gehabt hätten. Man bedenke zum Beispiel, daß die angeblich heidenchristliche Gemeinde in
Korinth den Nachrichten des Lukas zufolge niemand geringeren als
einen früheren Synagogenvorsteher zu ihren Gliedern zählte[50]. Und
noch hundert Jahre später muten die Apologeten ihrem heidnischen
Publikum zu, daß man nach der Wahrheit in den barbarischen Schriften der jüdischen Propheten suchen müsse. Es scheint mir zumindest
zweifelhaft, daß von den in der Anfangszeit möglicherweise wirklich
hier und da existierenden ausschließlich heidenchristlichen Gemeinden
nicht auch Ähnliches verlangt worden sein soll: zwar keine Observanz
des alttestamentlichen Gesetzes, wohl aber das Suchen und Finden von
Christuszeugnis und Vorhersage des nun Erfüllten in den Schriften,
welche ja auf Griechisch bereitlagen[51]. Auch der grundlegende
Glaube an den einen Gott mußte aufgrund der jüdischen heiligen
Schriften vermittelt werden, wollte man nicht in einem rein philosophischen Monotheismus steckenbleiben. Von solcher Beschäftigung mit
den Schriften in der Gemeinde wäre allerdings die an die Heiden ge-
richtete reine Missionspredigt zu unterscheiden, die wie die Areopagrede zunächst auch ohne die Schriften auskommen konnte[52].

Herrenworte tauchen in der Apostelgeschichte fast gar nicht auf;
in einer der wenigen ausführlicher geschilderten innergemeindlichen
Diskussionen wird aber ein Herrenwort als deutende und bestätigende
Instanz und Autorität angeführt (Act 11,16), ähnlich auch in der Abschiedsrede des Paulus (Act 20,35)[53]. Damit ist hier die Sachlage
ähnlich wie in den Paulusbriefen, wo auch nur gelegentlich mit Herrenworten argumentiert wird, diese aber durchaus eine entscheidende
Autorität haben[54]. Von dem Verfasser des Lukasevangeliums sollte
man dabei eigentlich einen reichlichen Gebrauch von Herrenworten
auch in den Predigten der Apostelgeschichte erwarten.

---

[50] Act 18,8; s. dazu auch S. 73.
[51] Vgl. dazu z. B. auch, wie das Johannesevangelium bei den kleinasiatischen Gemeinden Kenntnisse des Alten Testaments voraussetzt (s. M. HENGEL,
Die Schriftauslegung des 4. Evangeliums auf dem Hintergrund der urchristlichen
Exegese, *JBTh* 4 (1989) 249-288).
[52] Vgl. auch Act 14,15-17. - Zu diesem Predigttypus s. U. WILCKENS, Die
Missionsreden der Apostelgeschichte, 3. Aufl., S. 81-91.
[53] Ob auch Act 14,22 ein Herrenwort zitiert, ist nicht erkennbar; vgl. dazu
R. PESCH, EKK V/2, S. 64.

Offenbar stellten sie aber aus seiner Sicht keinen möglichen An-
knüpfungspunkt für die Mission dar. Außerdem hat es im Erfahrungs-
bereich des Lukas wohl keine Gemeinde gegeben, die sich in ihren
Gottesdiensten ausschließlich oder überwiegend auf Herrenworte berief
- sonst wäre das in der Apostelgeschichte doch wohl deutlicher zum
Ausdruck gekommen.

Diese Vermutung kann man verifizieren am Beispiel der geistge-
wirkten Rede. Sie bedeutet dem Lukas für den Gemeindealltag offenbar recht wenig, ist aber nichtsdestoweniger in der Apostelgeschichte
an vielen Stellen vorhanden. Sie hat dabei als Glossolalie vorwiegend
die Funktion eines Indikators für die Geistmitteilung[55], während
die Prophetie als unmittelbare Rede des Geistes durch den Propheten
oder als Visionsbericht für Lukas vor allem ein erzählerisches Mittel
ist, um zu verdeutlichen, daß entscheidende Schritte in der Geschichte
der Ausbreitung des Gotteswortes vom Geist, also von Gott selbst
ausgingen[56].

Daß die geistgewirkte Rede in den Gemeinden darüber hinaus viru-
lenter und alltäglicher war, als Lukas es darstellt, kann man nicht nur
aus dem Material erschließen, das er selbst verwendet[57], sondern

---

[54] S. v. a. 1Kor 7,10.12.25.

[55] Act 2,4 (in den folgenden Versen zusätzlich dazu das Wunder der Ver-
ständigung); 10,44-46; 19,6 (hier parallel dazu auch προφητεύειν). Zum Phänomen
der Glossolalie s. u. zu 1Kor 14.

[56] Act 11,27f.; 13,1f.; 16,6ff; 21,10f.

[57] Markant sind Act 4,31: „sie wurden alle vom heiligen Geist erfüllt und
redeten das Wort Gottes ungehemmt" (von hier aus erscheint auch das Pfingster-
ereignis nicht mehr so einmalig); Act 13,1: Propheten und Lehrer (zu ihnen wird auch
der Apostel Paulus, hier Saulus, gezählt) sind die entscheidenden Gemeindegrößen
(vgl. auch Act 15,32); Act 21,9: von den Töchtern des Philippus wird erwähnt, daß
sie weissagten (προφητεύειν), ohne daß das für den Fortgang der Geschichte (wie
gleich danach bei Agabus) relevant wäre; vgl. auch das Joel-Zitat in der Pfingstpredigt: Act 2,17-21. Die Verkündigung ist nach diesen Stellen durch die Gabe des heiligen Geistes Aufgabe aller und nicht nur von Aposteln und Lehrern; daneben sind
aber auch Propheten hervorgehoben, die die Geistesgabe in besonderem Maße besitzen. Die Erwähnung von Ältesten (Act 11,30; 14,23; 15,2.4.6.22f.; 16,4; 20,17; 21,18)
muß demgegenüber allerdings kein anachronistischer Eintrag des Lukas sein - nur
werden sie noch nicht immer und überall die entscheidende Autorität in den Gemeinden gewesen sein. - Vgl. dazu E.E. ELLIS, The Role of the Christian Prophets
in Acts, p. 129-144; ferner O. KNOCH, „In der Gemeinde von Antiochia gab es
Propheten und Lehrer" (Apg 13,1). Was sagt das Neue Testament über urchristliche
Wortgottesdienste und deren Leiter, *LJ* 32 (1982) 133-150, S. 133-136. Gegen Knoch
ist zu bemerken, daß aus den Angaben von Act 13,1-3 nicht erschlossen werden
kann, es habe sich beim λειτουργεῖν in Act 13,2 um einen charismatischen Wortgottesdienst gehandelt, noch viel weniger, daß dabei nur eine Gemeindegruppe und
nicht die ganze Gemeinde zugegen gewesen sei. Das νηστεύειν weist hier vielmehr
auf einen Prozeß von mehreren Zusammenkünften hin, über deren Charakter aber
eben nur das gesagt werden kann, daß es sich um gottesdienstliche Versammlungen
(λειτουργεῖν) der Propheten und Lehrer, wohl mit der Gemeinde, gehandelt hat, bei

auch aus einigen Äußerungen des Paulus, auf die wir im Folgenden zu sprechen kommen.

Insgesamt erfahren wir aus der Apostelgeschichte des Lukas enttäuschend wenig über die frühchristlichen Gottesdienste. Gestützt auf sie allein als Quelle wäre es fraglich, ob es außerhalb des Bannkreises der Synagoge noch so etwas wie einen christlichen Wortgottesdienst gegeben hat. Immerhin deuten das Vorgehen des Paulus bei der Mission und besonders seine Lehrtätigkeit in Ephesus in einer eigenen, christlichen „Synagoge" darauf hin.

Auch was die Predigt im Gemeindegottesdienst angeht, erlaubt uns das Werk des Lukas nur bedingte Einsichten in die frühe Predigtpraxis. Lukas hatte kein Interesse daran, dem Theophilus und seinen anderen Lesern etwas zu schildern, was sie aus ihren Gemeinden ja sowieso kannten.

Aufgrund der in der Apostelgeschichte enthaltenen Missionsansprachen an ein heidnisches Publikum dürfen wir jedenfalls nicht schließen, daß in eher „heidenchristlichen" Gemeinden die geistgewirkte Rede an die Stelle der Predigt als Schriftauslegung trat. Vielmehr haben nach Lukas die Apostel getrieben vom Geist die Schriften auf Christus hin ausgelegt, so wie es etwa der Almosenpfleger und Apostel Philippus[58] dem äthiopischen Schatzmeister gegenüber tat (Act 8,35).

b) Erster Korintherbrief 11 und 14

aa) Die Kapitel 11 und 14 innerhalb des Briefes

Die Auslegung der Paulusbriefe ist im Blick darauf, daß es sich bei ihnen um unbestreitbar zeitgenössische Quellen handelt, eindeutiger und einfacher als die der Apostelgeschichte des Lukas. Problematisch wird sie durch das Fragen nach Glossen und nach Redaktionen, welche möglicherweise mehrere Briefe zu einem Schreiben zusammengestellt haben könnten. Wir müssen deshalb mit einigen Worten zur Einheitlichkeit des Ersten Korintherbriefes beginnen.

Obwohl die Briefteilungshypothesen verschiedener Autoren, von J.

---

denen der Geist sprach; in einem besonderen Gottesdienst wurden dann Paulus und Barnabas unter Gebet und Handauflegung ausgesandt. - Vgl. R. PESCH, EKK V/2, S. 17f.

[58] Philippus nimmt andere Aufgaben wahr als die ihm in Act 6,1-7 zugewiesenen: er zieht als charismatischer Wanderprediger umher und ist so im weiteren Sinne als Apostel anzusprechen.

Weiß bis zu W. Schenk[59], einander schon dadurch diskreditieren, daß sie sich widersprechen, möchte ich ein paar Bemerkungen dazu machen, warum der Erste Korintherbrief als Einheit anzusehen ist. Der Brief geht auf Probleme und Fragen der Korinther ein, welche dem Paulus auf verschiedenen Wegen bekannt geworden waren, nämlich durch die Leute der Chloe (1Kor 1,11), durch einen Brief der Korinther (deutlich in 1Kor 7,1) und durch die in 1Kor 16,17 namentlich erwähnten drei Männer aus Korinth. Damit ist eine gewisse Disparatheit des Briefes schon vorprogrammiert: es geht eben um verschiedene Einzelprobleme. Weitere Unebenheiten können dadurch entstanden sein, daß Paulus den Brief möglicherweise in Etappen diktierte; der Hinweis auf die „eigene Hand" des Paulus in 1Kor 16,21 zeigt, daß Paulus das Briefkorpus nicht selbst geschrieben hat[60].

Echte Widersprüche gibt es im Brief nicht. Denn die αἱρέσεις von Kapitel 11,19 sind wohl kaum mit den σχίσματα des Briefanfangs zu identifizieren, sondern betreffen genau das hier angesprochene Problem beim Abendmahl[61]; und die Aussage, daß es Spaltungen geben müsse, hält Paulus auch im 11. Kapitel nicht davon ab, gegen sie vorzugehen. Hier paßt der Satz aber besser als am Briefanfang, weil im Streit um die Mahlfeier δόκιμοι und ἀνάξιοι deutlich voneinander zu trennen sind[62]. Auch zwischen 1Kor 4,19 und 16,3ff besteht kein

---

[59] Zu nennen wären J. WEISS, Der erste Korintherbrief, KEK 5[9], S. XXXIX-XLIII; W. SCHMITHALS, Die Gnosis in Korinth, Göttingen [3]1969 (FRLANT 66), S. 81-117; W. SCHENK, Der 1. Korintherbrief als Briefsammlung, ZNW 60 (1969) 219-243; DERS., Korintherbriefe, TRE 19, 620-640 (mit Übersicht über die Argumente und Literatur); W. SCHMITHALS, Die Korintherbriefe als Briefsammlung, ZNW 64 (1973) 263-288; vgl. auch die Darstellungen bei H. CONZELMANN, KEK 5[12], S. 15-17; E. FASCHER, ThHK 7,1, S. 15ff und 42ff; W.G. KÜMMEL, Einleitung, 21. Aufl., S. 238-242. - Conzelmann, Fascher und Kümmel entscheiden sich für die Einheitlichkeit des Briefes. - Vgl. auch N. HYLDAHL, Die Frage nach der literarischen Einheit des Zweiten Korintherbriefes, ZNW 64 (1973) 289-306.

[60] Die Meinung von O. ROLLER, Das Formular der paulinischen Briefe, Stuttgart 1933 (BWANT 58), S. 190, daß der Vermerk in 1Kor 16,21 erkläre, warum es keinen Handschriftwechsel zwischen Brief und Unterschrift gebe, stellt die Dinge auf den Kopf. Vgl. dagegen H. Conzelmann, KEK 5[12], S. 370 (mit Fußn. 27).

[61] Zu traditionsgeschichtlichen Zusammenhängen von 1Kor 11,19 vgl. H. PAULSEN, Schisma und Häresie. Untersuchungen zu 1Kor 11,18.19, ZThK 79 (1982), 180-211. Paulsen droht aber den einfachen Textzusammenhang aus den Augen zu verlieren; Paulus will doch begründen, warum er Nachrichten von Streit und Spaltungen in Korinth nicht kategorisch als Lüge zurückweist (halten sich doch die Korinther an seine Anweisungen - 1Kor 11,2) - darum die Begründung, daß αἱρέσεις sein müssen, damit die „Rechtschaffenen" in der Gemeinde offenbar werden. Das ist natürlich keine Einbetonierung der Gegensätze, sondern eine implizite, ans Ironische grenzende Zurechtweisung derer, die sich falsch verhalten (warum Paulsen, a. a. O., S. 192f., jeden Gedanken an Ironie als unwahrscheinlich abtut, ist nicht einsichtig).

[62] Hätte Paulus den Satz „Es muß ja Spaltungen geben" in 1Kor 1 angeführt, hätte er entweder sich selbst die Möglichkeit der Argumentation für die Einheit

Widerspruch: das ταχέως der ersten Stelle wird am Briefende durch die
Angabe der genauen Reisepläne spezifiziert und qualifiziert; nichts hätte im ersten Zusammenhang mehr gestört als solche genaueren Ausführungen[63].

Ebensowenig ist die Selbstbezeichnung des Paulus als „geringster
Apostel" in 1Kor 15,9 mit der Betonung seines Apostolats im 9. Kapitel unvereinbar: wenn einmal klar ist, daß Paulus ohne Abstriche
Apostel ist, dann kann die Bescheidenheitsaussage von 1Kor 15,9 ruhig
folgen, zumal sie einen Grund angibt, der allen bekannt ist. Rhetorisch
geschickt hat Paulus das Problem, daß er einst die Gemeinde verfolgte,
im ersten Zusammenhang erst einmal übergangen, und auch in 1Kor
15,10 betont er sogleich nochmals, daß er dennoch Apostel sei[64].

Schließlich vertritt Paulus auch nicht in 1Kor 8 und 10 unterschiedliche Ansichten zum Götzenopferfleisch. Denn in beiden Fällen
argumentiert er dafür, daß Christen nicht an heidnischen Opfermahl-
zeiten teilnehmen sollen; und auch in 1Kor 10,19f. bleibt er bei dem
Grundsatz, daß die Götzen in den Tempeln nichtig sind und das Op-
ferfleisch als solches harmlos ist. Doch hat er im ersten Argumentati-
onskreis noch zugestanden, daß deshalb ein „Starker" am Opfermahl
teilnehmen könnte, wenn es nicht die „Schwachen" gäbe, so zeigt er
nun als weiteres Argument gegen die Teilnahme auf, daß die Heiden
eigentlich nicht den Göttern, sondern den Dämonen opfern und daß
wer mit ihnen an der Opfermahlzeit teilnimmt, in diese Gemeinschaft
tritt und somit trotz der Nichtigkeit der Götzen ein Essen im heidnischen Tempel auch für die Starken gefährlich ist[65].

Abgesehen davon, daß die angeblichen Widersprüche entfallen, ist
bei den Teilungshypothesen auch weder ein Redaktionsprinzip für die
vorliegende Endfassung plausibel zu machen, noch wird der historische
Ablauf eines Briefwechsels mit all den Einzelbriefen ohne weitere

---

entzogen, oder er hätte klare Schuldzuweisungen vornehmen und eine der Gruppierungen als richtig anerkennen müssen wie in 1Kor 11. Sein Ziel war es aber, alle
zur Einheit zurückzuführen, ohne einer Gruppierung die Vorherrschaft zuzugestehen.
- Vgl. auch E. Fascher, ThHK 7,1, S. 42f.

[63] Vgl. W.G. KÜMMEL, Einleitung, 21. Aufl., S. 240.

[64] Vgl. C. WOLFF, ThHK 7,2, S. 170; H. CONZELMANN, KEK 5[12], S. 316.

[65] Vgl. H. v. SODEN, Sakrament und Ethik bei Paulus. Zur Frage der literarischen und theologischen Einheitlichkeit von 1Kor 8-10, in: DERS., Urchristentum
und Geschichte, Bd I, Tübingen 1951, 239-275 (zuerst 1931); gegenüber diesem Aufsatz bedeuten die Ausführungen von G. BORNKAMM, Herrenmahl und Kirche bei
Paulus, in: DERS., Studien zu Antike und Urchristentum (Ges. Aufs.. Bd 2), München 1959 (BEvTh 28) 138-176, zum „Sakramentalismus" der Korinther m. E. einen
Rückschritt (ähnlich wie Bornkamm: E. KÄSEMANN, Anliegen und Eigenart der
paulinischen Abendmahlslehre, in: DERS., Exegetische Versuche und Besinnungen, Bd
I, Göttingen 1960, 11-34).

Hypothesenkonstruktionen einsichtig, noch entstehen durch die Teilung wirklich in sich geschlossene Briefe ohne Unebenheiten[66]. Auch vom handschriftlichen Befund her deutet nichts auf eine Sammelredaktion hin, so daß für die Teilungshypothesen die zusätzliche Schwierigkeit entsteht, die Redaktion sehr früh ansetzen zu müssen[67].

Wenn der Brief also eine Einheit ist, so lassen sich aus seinem Aufbau Schlüsse ziehen, und das ist für unsere Fragestellung von Interesse. Es geht nämlich darum, ob Paulus in den Kapiteln 11 und 14 ein und dieselbe Gottesdienstart vor Augen hat oder ob er an verschiedene Versammlungen der Christen denkt. Festhalten können wir bereits, daß die beiden Kapitel zueinander in direkte Beziehung gesetzt werden können und nicht in unterschiedliche historische Situationen gehören.

Es ist nun zu beobachten, daß Paulus in den Versen 11,2 bis 14,40 auf Fragen zum Gottesdienst eingeht, nachdem er vorher (5,1-11,1) Fragen der Lebensführung behandelt hat[68]. Die Behandlung des Problems vom Götzenopferfleisch (8,1-11,1) bietet einen thematischen Übergang zum Herrenmahl an; wenn Paulus vorher noch zum Schleiertragen der Frauen im Gottesdienst Stellung nimmt, so folgt er damit wohl dem Fragebrief der Korinther, auf den er ab Kapitel 7,1 antwortet. Mit einem Eingehen auf diesen Brief würde sich auch der sonst etwas zusammenhangslos dastehende Vers 11,2 erklären: die Korinther hatten offenbar beteuert, daß sie sich in allem dessen erinnerten, was

---

[66] Vgl. W.G. KÜMMEL, Einleitung, 21. Aufl., S. 241. - Daß die hypothetisch erschlossenen Briefe keine in sich festgefügten Einheiten sind, zeigt sich schon an der Variabilität der Hypothesen; vgl. den schematischen Überblick bei H. CONZELMANN, KEK 5[12], S. 16-17 (mit Fußn. 26a).

[67] Eine Redaktion bei der Edition wäre freilich denkbar.

[68] H. CONZELMANN, KEK 5[12], S. 220ff, C. WOLFF, ThHK 7,2, S. 65ff, und F. LANG, NTD 7[16], S. 5, fassen ebenfalls 1Kor 11-14 zusammen; F.F. BRUCE, 1 and 2 Corinthians, London 1971 (NCeB), p. 26, und C.K. BARRETT, A Commentary on the First Epistle to the Corinthians, London 1971 (BNTC), p. 29, trennen stärker zwischen 1Kor 11 und 1Kor 12-14, doch muß ihnen gegenüber behauptet werden, daß 1Kor 12-14 die Geistesgaben im Gottesdienst im Blick hat. - Ganz anders A. SCHLATTER, Paulus der Bote Jesu. Eine Deutung seiner Briefe an die Korinther, Stuttgart 2[1956], S. 7 und S. 168, der 1Kor 5-11 zu einer Einheit „Die Grenzen der christlichen Freiheit" zusammenfaßt. Man muß sich von Schlatter fragen lassen, ob eine Trennung von nichtgottesdienstlichen und gottesdienstlichen Fragen wirklich der Gliederungsabsicht des Paulus entspricht. Die Stellung von 1Kor 11,2-16 spricht m. E. gegen Schlatter. Diese Passage ist überdies durch ἐπαινῶ (11,2) - οὐκ ἐπαινῶ (11,17) wie mit einer Klammer deutlich an das Folgende gebunden. Allerdings ist sprachlich keine scharfe Trennung gegenüber dem Vorhergehenden zu sehen - zwar kann 1Kor 11,1 ähnlich wie 1Kor 4,16 als abschließende Formulierung verstanden werden, aber der Vers leitet doch auch gut über zum Halten der παραδόσεις.

Paulus ihnen überliefert hatte, aber sie hätten dennoch die Frage, wie man es mit dem Schleiertragen halten solle, wenn eine Frau bete oder prophetisch rede[69].

Nachdem Paulus dies exkursartig behandelt hat, kommt er nun, indem er auch in der Formulierung wieder dort anknüpft, wo er von den Erörterungen über das Götzenopferessen weitergegangen war zum Thema Gottesdienst, auf das zu sprechen, was ihm in diesem Zusammenhang „auf den Nägeln brennt": die in Korinth eingerissenen Mißstände bei der Mahlfeier, von denen er gehört hat. Danach geht er wieder deutlich auf Anfragen der Korinther ein (1Kor 12,1: περὶ δέ ... wie in 7,1; 8,1.4; 16,1.12) und behandelt die Geistesgaben im Gottesdienst. Gehörten also die Frage nach dem Schleiertragen und nach den Geistesgaben ursprünglich enger zusammen, so schiebt Paulus ein anderes gottesdienstliches Thema dazwischen, das aber von den Erläuterungen um das Götzenopferessen her auch nicht unvermittelt auftaucht. Dadurch schließlich, daß er zunächst die Problematik um die Geistesgaben grundsätzlich angeht, kommt er nach Kapitel 11 erst wieder in Kapitel 14 konkret auf den Gottesdienst zu sprechen.

Das bedeutet: die Erörterungen zur Mahlfeier und zu den Geistesgaben gehören nicht ursprünglich in verschiedene Briefe, wobei dann jeweils ein und dieselbe Art von Gottesdienst im Blick hätte sein können. Ihre Anordnung im Brief aber ist noch kein Beleg dafür, daß Paulus zwei verschiedene Arten von Versammlungen vor Augen hat[70]. Vielmehr behandelt er in den Kapiteln 11 bis 14 verschiedene gottesdienstliche Probleme der Gemeinde in Korinth und greift dazu auf verschiedene Informationsquellen zurück[71].

---

[69] Die Argumentation richtet sich gegen die Hypothese, bei 1Kor 11,2-16 handele es sich um eine Interpolation; so W.D. WALKER, 1 Corinthians 11:2-16 and Paul's View Regarding Women, *JBL* 94 (1975) 94-110; vgl. gegen Walker auch J. MURPHY-O'CONNOR, The Non-Pauline Charakter of 1 Corinthians 11:2-16?, *JBL* 95 (1976) 615-621.

[70] Daß εὐχαριστία in 1Kor 14,16 sich auf das Gebet bei der Mahlfeier beziehe, ist also von hierher noch nicht auszuschließen.

[71] 1Kor 11,18 bezieht sich mit ἀκούω wohl auf mündliche Information, die durch οὐκ ἐπαινῶ in 1Kor 11,17 in Gegensatz zu der in 1Kor 11,2 zitierten (vermutlich schriftlichen) Beteuerung der Korinther gestellt wird. - Das πρῶτον in 1Kor 11,18 scheint schon auf die Problematik um die Geistesgaben vorzublicken, ohne daß es durch ein δεύτερον wieder aufgenommen würde - vgl. F. LANG, NTD 7[16], S. 148; anders H. LIETZMANN, HNT 9[5], S. 55, der in V 18f. einen Rückbezug auf den Briefanfang sieht und in V 20ff die Erörterung des zweiten Punktes, eingeleitet durch οὖν statt „zweitens". Das wäre allerdings ein merkwürdiger Gebrauch des οὖν. Wahrscheinlicher bleibt, daß Paulus über der Länge der Ausführungen das „zweitens" vergißt und mit den σχίσματα die (sozial bedingte) Aufspaltung der Gemeinde beim Herrenmahl meint - vgl. C. WOLFF, ThHK 7,2, S. 78-80.

Auch im einzelnen spielt, wie wir vor allem im Blick auf Kapitel 14 noch sehen werden, der Gottesdienstverlauf für ihn keine Rolle. Wir sind daher darauf angewiesen, aus den Einzelangaben, die Paulus macht, ein Bild vom Gottesdienst in Korinth zusammenzusetzen und aufgrund von damit zusammenhängenden Überlegungen zu entscheiden, ob es dort einen gesonderten Wortgottesdienst neben den Mahlfeiern gab oder nicht.

bb) Die Form der Mahlfeier in Korinth

Wenn, wie wir gesehen haben, 1Kor 11,2-16 und die dann folgende Auseinandersetzung mit dem Problem der korinthischen Mahlfeier nicht unmittelbar zusammengehören, ist es legitim, mit der Frage einzusetzen, wie denn die Mahlfeiern in Korinth ausgesehen haben.

Als erstes ist festzuhalten, daß die Mahlzeit als solche von Paulus nicht kritisiert wird, der Mißstand in Korinth also nicht darin lag, daß einige der Korinther statt der Herrenmahlsfeier, welche nur Brot und Wein umfaßt hätte, ein Gelage veranstalteten. Paulus fordert vielmehr dazu auf, mit dem Essen auf die später kommenden ärmeren Gemeindeglieder zu warten. Die Bemerkung, daß wer Hunger habe, schon vorher zu Hause essen könne, räumt (in fast ironischer Weise) den möglichen Einwand der Wohlhabenden aus, sie hätten schon zu essen begonnen, weil sie Hunger hatten. Es liegt hier also keine generelle Aufforderung vor, Mahlzeit und Eucharistiefeier voneinander zu trennen[72].

---

[72] Gegen E. DEKKERS, L'église ancienne a-t-elle connu la messe du soir?, in: *Miscellanea Liturgica in honorem L.C. Mohlberg*, vol I, Rom 1948, 231-257, p. 235ss.; nicht ganz klar: H. CONZELMANN, KEK 5[12], S. 238; zur sozialen Problematik vgl. v. a. G. THEISSEN, Soziale Integration und sakramentales Handeln, in: DERS., Studien zur Soziologie des Urchristentums, Tübingen 1979 (WUNT 19) 290-317 (zuerst 1974). - Neuerdings hat O. HOFIUS, Herrenmahl und Herrenmahlsparadosis, in: DERS., Paulusstudien, Tübingen 1989 (WUNT 51) 203-243, eine dezidiert andere Sicht der Dinge vorgetragen: ἐκδέχεσθαι bedeute in 1Kor 11,33 „gastlich aufnehmen" und nicht „warten"; man habe in Korinth deshalb auch nicht Brot- und Becherwort erst nach der Mahlzeit gesprochen, sondern die Abfolge sei gewesen: Brotwort - Sättigungsmahl - Becherwort. Der Mißstand habe darin bestanden, daß jeder sein eigenes (mitgebrachtes) Essen verzehrte und so die einen darbten, während die anderen mehr als genug hatten. Die Deutung von Hofius erscheint sprachlich und sachlich möglich, im Blick auf das ἕκαστος in V 21 sogar besser, macht allerdings die Hinweise des Paulus, man könne doch zu Hause essen (V 22 und 34), fast unverständlich. Sollte die Auffassung von Hofius zutreffen, entfiele das Argument, es habe vor der Herrenmahlfeier noch keine liturgische Handlung geben können, da noch nicht alle versammelt waren.

Brot- und Becherwort werden sich, als sakramentaler Kern des
Herrenmahls, bereits an die Mahlzeit angeschlossen und nicht sie eingerahmt haben. Denn daß man auch mit dem Brotwort nicht auf die
Ärmeren gewartet hätte, ist doch zu unwahrscheinlich[73]. Wenn das
so gewesen wäre, wäre Paulus sicher darauf gesondert eingegangen.
Diejenigen, die vorweg aßen, werden sich vielmehr gesagt haben:
Hauptsache, man ist beim Herrenmahl dabei[74]. Paulus aber sagt ihnen hier, daß sie gerade durch dieses Verhalten das Herrenmahl verlieren.

Zu fragen ist, ob die von Paulus so betonte Verkündigung des Todes des Herrn beim oder mit dem Herrenmahl im Widerspruch zum
Charakter des Sättigungsmahles steht, ferner, ob damit möglicherweise
ein Wortverkündigungsteil angesprochen ist, den die Korinther etwa
vernachlässigt hätten. Die indikativische Formulierung: „sooft ihr ...
dies Brot eßt und diesen Becher trinkt, verkündigt ihr den Tod des
Herrn, bis er kommt", zeigt, daß Paulus hier nicht an einen besonderen Verkündigungsakt denkt, zu welchem er aufrufen müßte[75].
Die Verkündigung des Todes Jesu geschieht durch das Essen und
Trinken, durch die Teilnahme und Teilhabe an der Mahlzeit[76];

---

[73] Vgl. die Angabe der Korinther, daß sie sich in allem an die Überlieferung
des Paulus hielten (1Kor 11,2). - Allerdings überliefert Paulus in den Abendmahls-
worten das μετὰ τὸ δειπνῆσαι (1Kor 11,25). Der Fortfall dieser Worte in der Überlieferung bei Markus und Matthäus dürfte eine spätere liturgische Angleichung an eine
liturgische Praxis bedeuten, wie sie in Korinth bereits geherrscht haben muß. Anders
R. PESCH, Das Abendmahl und Jesu Todesverständnis, Freiburg u. a. 1978 (QD 80),
S. 62f. (vgl. S. 43f.): es gehe in „epischer Verkürzung" um den „Becher nach dem
Essen", den Becher, der zum Dankgebet beim Passamahl herumgereicht wurde (s.
dagegen allerdings O. HOFIUS, Herrenmahl und Herrenmahlsparadosis, S. 208ff.),
und nicht um eine Reihenfolge in der Mahlfeierliturgie; sollte letzteres doch der Fall
sein, genüge es, das δειπνῆσαι auf den Genuß des gesegneten Brotes zu beziehen.
Ähnlich meint G. THEISSEN, Soziale Integration und sakramentales Handeln,
S. 297ff, daß die reicheren Korinther vor dem Beginn des eigentlichen Herrenmahls,
das aus Brotwort, Mahlzeit (= Brotgenuß) und Becherritus bestand, ein Privatmahl
vorweg feierten. Dagegen spricht aber die Bezeichnung κυριακὸν δεῖπνον für das
Ganze (1Kor 11,20; vgl. Fußn. 87).

[74] Diese Haltung als „Sakramentalismus" zu brandmarken führt allerdings in
eine andere Richtung als die Kritik des Paulus, nämlich etwa dahin, daß an die
Stelle des sakramentalistischen Denkens ein mehr geistiges Verstehen zu treten habe. Diese Kategorien sind dem Paulus fremd. Ihm kommt es darauf an, daß nicht
das Verhalten der Korinther das ihnen im Herrenmahl gegebene Heil mit Füßen tritt
und zunichte macht, ja in Gericht verwandelt (1Kor 11,27-29). - Vgl. o. Fußn. 65;
außerdem F. LANG, NTD 7[16], S. 149f.

[75] Indikativ wegen des γάρ und der damit gegebenen Argumentationsstruktur - vgl. C. WOLFF, ThHK 7,2, S. 91.

[76] Daß damit kein vom Wort losgelöstes Verkündigen durch Taten gemeint
ist, versteht sich schon von dem Worte καταγγέλλειν her - vgl. dazu C WOLFF,
ThHK 7,2, S. 91, der aber hier zu sehr eine Alternative zwischen Wort und Tat
formuliert.

wenn darüber hinaus etwas mitgemeint ist, so gehört es unlösbar zum Herrenmahl dazu. Das betrifft unmittelbar die Worte der Abendmahlsüberlieferung, wie Paulus sie zitiert, und zwar sowohl durch die in ihnen enthaltene historische Ortsangabe als auch durch die theologischen Aussagen „mein Leib für euch" und „der neue Bund in meinem Blut". Aber auch Lieder zur Mahlzeit können zum Beispiel mit gemeint sein[77].

Die Verkündigung des Todes des Herrn, die im Herrenmahl geschieht, ist für Paulus das zentrale Argument gegen den Mißstand in Korinth[78]. Der Gemeinde, die nach eigener Aussage alle Überlieferungen des Paulus beachtet, hält er hier die Überlieferung zum Herrenmahl entgegen, die sie natürlich auch von ihm kennt und einzuhalten meint, und leitet daraus unmittelbar ein Kriterium ab, das zur Verurteilung des Verhaltens der Korinther führt.

Der Tod des Herrn ist aber für die, die von seiner Auferstehung wissen („bis daß er kommt"; vgl. auch 1Kor 15!), kein Anlaß zur Trauer, so daß Paulus hier etwa die fröhliche Mahlfeier kritisiert hätte; sondern er ist das zentrale Heilsgeschehen, das die Gemeinde zu einem Leib zusammenfügt[79] und eigentlich dazu führen muß, daß man den Bruder in der Gemeinde nicht beschämt und die Gemeinde des Herrn nicht verachtet. Denn dies ist, um es noch einmal zu sagen, dasjenige Verhalten, welches Paulus tadelt, und nicht die Mahlzeit als solche: daß einige es sich wohl sein lassen, während andere Mangel leiden; daß sie die Mahlzeit vorweg zu sich nehmen und damit aus dem Herrenmahl ihr eigenes Mahl machen[80], da die Ärmeren, die erst später am Abend kommen können, nichts mehr abbekommen.

Die Feier des Herrenmahls findet also als Mahlfeier am Abend, nach Beendigung des Arbeitstages statt, einer gemeinsamen Mahlzeit folgen Brot- und Becherwort und der Genuß von Brot und Wein als Leib und Blut des Herrn. Dadurch findet die Verkündigung des Todes des Herrn statt; die Mahlfeier wird „zu seinem Gedächtnis" gehalten, ohne daß deswegen Trauerstimmung herrscht - das Gegenteil dürfte der Fall gewesen sein, so daß eben die reicheren Korinther nur allzu leicht in die Feier eines der in ihrer Umwelt üblichen religiös verbrämten Gelage „abgerutscht" sind[81].

---

[77] Vgl. C. WOLFF, ThHK 7,2, S. 92.

[78] Der Mißstand erscheint ihm offenbar so gewichtig, daß er hier fundamental argumentiert und es nicht etwa bei einem Aufruf zur ἀγάπη beläßt, was ja auch möglich gewesen wäre. Zugleich bietet es sich natürlich an, mit der Abendmahlsüberlieferung selbst zu argumentieren.

[79] Vgl. 1Kor 10,16f.

[80] 1Kor 11,20f.

Zur Frage nach der Wortverkündigung bei der Mahlfeier ist nun ein Blick auf das Briefende ratsam. Stimmt es nämlich, daß sich hier der Beginn der Herrenmahlsliturgie findet[82], dann schloß sich diese an das Vorlesen des Briefes an. Damit wäre der Brief selbst ein Stück Wortverkündigung bei der Mahlfeier. In der Tat lassen das Zusammentreffen von Heiligem Kuß (1Kor 16,20), Abwehr von Ungläubigen (1Kor 16,22a) und der Formel μαρανα3ά (1Kor 16,22b) angesichts von Did 10,6 und der Stellung des heiligen Kusses in der aus späterer Zeit überlieferten Liturgie, wo er zwischen Gemeindegebet und Eucharistie gehört[83], kaum einen anderen Schluß zu, als daß Paulus hier Herrenmahlsliturgie anführt. Allerdings bleibt einzuwenden, daß er seine eigenen Grüße und Segenswünsche miteinflicht, also formal deutlich erkennbar einen Briefschluß schreibt und nicht einfach nahtlos in die Liturgie überleitet. Außerdem finden sich diese liturgischen Stücke, wenn es denn welche sind, im Neuen Testament so nur am Schluß dieses einen Paulusbriefes, wo doch die Liturgie nach unserer Hypothese eigentlich immer mit dem Briefschluß einsetzen müßte[84].

Die beste Erklärung ist wohl die von C. Wolff, daß Paulus „mit der Anlehnung an liturgische Elemente der Herrenmahlsfeier ... die Bedeutung seiner Ausführungen für eine ihrem Inhalt angemessene Feier unterstreichen" will[85]. Der Apostel zitiert also mit Grund gerade am Ende dieses Briefes Herrenmahlsliturgie und verweist damit deutlicher als sonst auf die nachfolgende Feier.

Die sonst am Briefschluß geläufige Aufforderung zum heiligen Kuß[86], der den Auftakt zur Herrenmahlsfeier bildet, wäre dann hier

---

[81] Die ἀγαλλίασις von Act 2,46 liegt also hier gar nicht so fern, wie H. LIETZMANN, Messe und Herrenmahl, Bonn 1926 (AKG 8), S. 249ff., es glauben machen will.

[82] So z. B. G. BORNKAMM, Das Anathema in der urchristlichen Abendmahlsliturgie, in: DERS., Das Ende des Gesetzes (Ges. Aufs. Bd I), München [5]1966 (BEvTh 16) 123-132; anders, aber auch das Maranatha in den Kontext der Herrenmahlsliturgie setzend (als „fencing the table" - p. 235): C.F.D. MOULE, A Reconsideration of the Context of Maranatha, in: DERS., Essays in New Testament Interpretation, Cambridge u. a. 1982, 222-226 (zuerst 1959/60); mit traditionsgeschichtlichen Ergänzungen und Überlegungen zur „flexibility" der Formel (welche ursprünglich wohl im perfect propheticum stehe) die Gedanken Moules weiterführend: M. BLACK, The Maranatha Invocation and Jude 14,15 (1Enoch 1:9), in: *Christ and Spirit in the New Testament*, FS C.F.D. Moule, Cambridge 1973, 189-196.

[83] S. dazu G. STÄHLIN, φιλέω κτλ, ThWNT 9, 113-144, S. 138 und 140ff.

[84] Das betont C.F.D. MOULE, A Reconsideration of the context of Maranatha, p. 222f.

[85] C. WOLFF, ThHK 7,2, S. 227.

[86] 1Thes 5,26; 2Kor 13,12; Röm 16,16; 1Petr 5,14; vgl. auch das ἔρχου κύριε Ἰησοῦ in Apc 22,20. - K. THRAEDE, Ursprünge und Formen des „Heiligen Kusses" im frühen Christentum, *JAC* 11/12 (1968/69) 124-180, S. 125ff., wendet gegen die „liturgische" Deutung der Briefenden ein, daß der Kuß hier immer im Rahmen der

vorausgreifend aufgrund des besonderen Anliegens von 1Kor 11 um einige Sätze erweitert.

Nach dem, was wir bislang über die Form der Mahlfeier aufgrund von 1Kor 11 gesagt haben, fände also die Verlesung des Briefes zwischen der Sättigungsmahlzeit und dem sich daran anschließenden sakramentalen Teil mit Brot- und Becherwort statt. Die Gemeinde der Getauften als Hörerkreis kann dann auch einmal als „unverständig" getadelt werde (Gal 3,1), ohne daß sie damit gegenüber Außenstehenden bloßgestellt wäre. Der Brief vertritt den Apostel, der an dieser Stelle wohl auch sonst eine persönlichere, hin und wieder mahnende Ansprache an die Gemeinde richtete (vgl. Act 20,7-12), eine Aufgabe, die nach der Abreise des Apostels sicher ein διδάσκαλος oder anders vom Geist zur Rede an die Gemeinde Begabter, zum Beispiel ein προφήτης übernahm. Möglich ist aber auch, daß nur gelegentlich und aus gegebenem Anlaß an dieser Stelle der Mahlfeier eine ausführlichere Rede eingeflochten oder eben ein Brief verlesen wurde.

cc) Erster Korintherbrief 14

Es erscheint jedoch ausgeschlossen, daß zwischen Mahlzeit und den eucharistischen Teil über solch eine Rede hinaus noch eine längere Gottesdiensthandlung eingeschoben wurde: Paulus nennt die ganze Feier χυριαχὸν δεῖπνον, die Mahlzeit und das Verhalten der Gemeinde dabei können nicht losgelöst vom Ganzen gesehen werden[87]. Für die in

---

Grüße auftauche und damit der korrekte Sitz im Leben angegeben sei, der mit der Liturgie nichts zu tun habe. Es sei ein Zirkelschluß, den Kuß wegen der Briefverlesung vor dem Abendmahl liturgisch zu deuten und daraus zu folgern, daß die Abendmahlsfeier auf die Briefverlesung gefolgt sei. Thraede übersieht aber: 1. daß die Argumentation vom Zusammentreffen mehrerer möglicherweise liturgischer Elemente am Briefschluß von 1Kor ausgeht, wie sie in dieser Kombination wieder bei den Mahlfeiergebeten in der Didache auftauchen (erst ab S. 136 beschäftigt sich Thraede mit Did 10,6, das er im Zuge seiner Argumentation jedoch nicht als Einleitung zum sakramentalen Teil des Herrenmahls gelten läßt - vgl. dazu S. 165ff.); 2. daß der Kuß immer in der Aufforderung zum gegenseitigen Gruß auftaucht (und nicht etwa in der Form: grüßt die anderen von mir mit dem heiligen Kuß); 3. daß auch der Briefschluß Phil 4,21-23 in Vers 21 auf den heiligen Kuß gedeutet werden kann; 4. daß der heilige Kuß auch in späteren Liturgien direkt vor dem Beginn der Eucharistiefeier auftritt. Überdies scheint Thraede den Gruß am Briefschluß und die damit ausgedrückte Gemeinschaft der Christen untereinander unterzubewerten; nur deshalb kann er den von ihm hier richtig gesehenen Gruß-Kuß so scharf vom liturgischen Kuß trennen. Freilich muß man sich zu Recht von Thraede in Erinnerung rufen lassen, daß wir uns mit der Deutung des Kusses am Briefende als Bestandteil der Herrenmahlsfeier auf dem Gebiet der Hypothese befinden.

[87] Das συνέρχεσται ἐπὶ τὸ αὐτό (1Kor 11,20) bezeichnet die gottesdienstliche Versammlung (vgl. S.245 Fußn. 40), die hier eben das χυριαχὸν δεῖπνον sein

1Kor 11,2-16 und vor allem in 1Kor 14 behandelten gottesdienstlichen
Aktivitäten wäre daher eigentlich nur nach Beendigung der Mahlfeier
Raum[88]: Lied und Gebet würden hier auch hinpassen[89]; proble-
matischer wären dagegen an dieser Stelle die Lehre und die propheti-
sche Rede, welche aber, wie wir gesehen hatten, schon im Verlauf der
Mahlfeier ihren Platz gehabt haben könnten.

Dennoch kann die Feier, die Paulus in Kapitel 14 vor Augen hat,
schwerlich die Mahlfeier sein. Nach den Ausführungen von 1Kor 10 ist
es nämlich nicht denkbar, daß ἄπιστοι und ἰδιῶται (1Kor 14,22ff) Zugang
zur Mahlfeier hatten[90]. Denn den Ungetauften Gemeinschaft an
Blut und Leib (σῶμα) Christi zu geben (1Kor 10,16), wäre eine Vorweg-
nahme dessen, was in der Taufe geschieht (vgl. 1Kor 12,13)[91], und
auch die Teilnahme am vorangehenden gemeinsamen Mahl war sicher
den Getauften vorbehalten; schließlich umfaßte das κυριακὸν δεῖπνον
auch die Mahlzeit (vgl. auch 1Kor 5,11 sowie 16,22). Das Erscheinen
von Ungläubigen bei der Feier wäre auch nicht damit zu erklären, daß
sie vor Beginn der Mahlfeier zugelassen waren, da die Feier offensichtlich mit der Mahlzeit begann. Umgekehrt aber wäre nichts
wahrscheinlicher als die Anwesenheit von Ungläubigen bei einer Wortgottesdienstfeier mit missionarischer Ausrichtung. Möglicherweise ist
auch 1Kor 14,16 so zu verstehen, daß den Nichtgetauften bei diesen
Zusammenkünften eigene Plätze zugewiesen waren[92].

Zur Stützung dieser zentralen Argumentation können nun auch
weitere Beobachtungen herangezogen werden. Es sind dies vor allem
argumenta e silentio: die Herrenmahlsfeier wird in 1Kor 14, trotz der
Fülle von Beispielen, die Paulus bringt, nicht erwähnt[93]. Und schon

---

soll, was Paulus den Korinthern aber aufgrund ihres Verhaltens abstreitet. Es geht
nicht nur um die Feststellung, daß es sich bei der vorweggenommenen Mahlzeit
noch nicht um das Herrenmahl handelt, sondern darum, daß hier das Herrenmahl
überhaupt verfehlt wird (gegen G. THEISSEN, Soziale Integration und sakramentales
Handeln, S. 297ff.).

[88] Zu Beginn der Mahlfeier, wie sie in Korinth gehandhabt wurde, waren ja
noch gar nicht alle Gemeindeglieder da, und Paulus kritisiert nicht, daß die einen
schon ohne die anderen Gottesdienst feiern, sondern nur daß sie bereits essen und
trinken.

[89] Vgl. die späteren Agapefeiern (speziell die Beschreibung bei Tertullian,
apol 39).

[90] Das wird nicht genügend beachtet von C. WOLFF, ThHK 7,2, S. 137;
auch O. CULLMANN, Urchristentum und Gottesdienst, Zürich / Stuttgart [4]1962
(AThANT 3), S. 30, sieht nicht, daß das Argument des Paulus fast wertlos wäre,
handelte es sich beim Hereinkommen der Ungläubigen um einen seltenen Zufall. -
Zu 1Kor 14,21ff. s. auch u.

[91] Mit W. ELERT, Abendmahl und Kirchengemeinschaft in der alten Kirche
hauptsächlich des Ostens, Berlin 1954, S. 66f.

[92] Vgl. zu den verschiedenen Möglichkeit der Auslegung von ὁ ἀναπληρῶν
τὸν τόπον τοῦ ἰδιώτου H. CONZELMANN, KEK 5[12], S. 290f.

in der vorausgehenden Grundsatzerörterung über die Geistesgaben, Kapitel 12, benutzt Paulus das Bild von der Kirche als σῶμα, ohne noch einmal auf das Herrenmahl einzugehen, was sich doch angeboten hätte, ginge es ihm hier gerade um die Geistesgaben bei der Herrenmahlsfeier. Ebenso hätte es sich nahegelegt, die Vorwürfe von 1Kor 11,17ff und 1Kor 14 etwa wie folgt zueinander in Verbindung zu setzen, wären beide Mißstände bei derselben Feier aufgetreten: „nicht nur seid ihr Korinther rücksichtslos den Armen gegenüber, sondern auch gegenüber denjenigen, die noch nicht so weit fortgeschritten sind im Glauben und etwas von dem verstehen sollten, was im Gottesdienst geschieht." Schließlich mag auch noch angeführt werden, daß die Propheten bei der Feier, die Paulus in 1Kor 14 meint, sitzen (1Kor 14,30) und nicht (zu Tische) liegen; doch wird wohl nicht in jeder Gemeinde ein Saal vorhanden gewesen sein, in dem man zum Mahle liegen konnte.

Bei alledem habe ich vorausgesetzt, daß es in 1Kor 14 um eine einheitliche Feier geht und nicht um das Auftreten von Geistesgaben bei verschiedenen Gelegenheiten. Um das bestätigen zu können, müssen wir den Argumentationsgang des Paulus nachvollziehen. Offenbar war in Korinth folgendes Problem aufgetreten: einige der Gemeindeglieder hatten die Gabe, in Zungen zu reden, oder auch die Gabe der Prophetie, und fingen an, diese Gaben als notwendiges Zeichen für den Geistbesitz zu werten, so daß dadurch mit allen anderen, die solche Gaben nicht hatten, aus ihrer Sicht etwas nicht in Ordnung war. Die genannten Äußerungen des Geistes wurden anscheinend besonders wegen ihrer ekstatischen Form geschätzt und gefördert, so daß in den Gottesdiensten teilweise chaotische Zustände herrschten[94].

Paulus greift eine diesbezügliche Frage der Korinther auf (1Kor 12,1) und stellt erst einmal grundsätzlich fest, daß die Ekstase kein untrügliches Zeichen des Geistbesitzes ist, da auch dämonische Besessenheit sich so äußern kann. Vielmehr ist das Bekenntnis zu Jesus als dem Herrn das entscheidende Kriterium (1Kor 12,1-3)[95]. Dies aber

---

[93] Daß εὐχαριστία für „Gebet" in 1Kor 14,16 noch keinen spezifischen Bezug zur Mahlfeier hat, ergibt sich von selbst, wenn man unter ἰδιώτης hier einen Nichtgetauften versteht. Sollte nur ein des Zungenredens Unkundiger gemeint sein, so stünde doch der sonstige paulinische Sprachgebrauch gegen eine solche Interpretation von εὐχαριστία (vgl. 1Thes 3,9; 2Kor 4,15; 9,11; Phil 4,6; Kol 2,7; 4,2; auch Eph 5,4; 1Tim 2,1; 4,3f.); s. auch H. CONZELMANN, KEK 5¹², S. 290, DERS., *ThWNT* 9, 397-405.

[94] Das besagt noch nicht, daß die Wortgottesdienste in ihrer Struktur grundsätzlich ganz frei waren, wie immer wieder aufgrund von 1Kor 14 behauptet wird - so z. B. in jüngerer Zeit O. KNOCH, „In der Gemeinde von Antiochia gab es Propheten und Lehrer" (Apg 13,1), *LJ* 32 (1982) 133-150, S. 139.

ist, so wird implizit deutlich, allen Christen gegeben, ebenso wie die später von Paulus gepriesene ἀγάπη. Nun folgt eine Auseinandersetzung damit, daß es in der Gemeinde bei verschiedenen Gemeindegliedern verschiedene Gaben gibt (1Kor 12,4-30). Dabei betont Paulus zunächst, daß es an Gottes eigener souveräner Entscheidung liegt, wem welche Gabe verliehen ist (1Kor 12,4-11); in einem zweiten Schritt macht er am Bild von der Gemeinde als σῶμα deutlich, daß die verschiedensten Gaben einander ergänzen und deshalb nicht einfach in eine Rangordnung gebracht werden dürfen, die zur Mißachtung mancher Gaben führt (1Kor 12,12-30). Die von ihm als Beispiele genannten Geistesgaben gehen (wohl mit Absicht) auch über den gottesdienstlichen Bereich hinaus; die in Korinth so hochgeschätzte Glossolalie steht dabei

---

[95] Zur Auslegung von 1Kor 12 s. H. CONZELMANN, KEK 5[12], S. 250f.; vgl. auch H. v. CAMPENHAUSEN, Kirchliches Amt und geistliche Vollmacht in den ersten drei Jahrhunderten, Tübingen [2]1963 (BHTh 14), S. 201 Fußn. 1. - Gegen W. BAUER, Der Wortgottesdienst der ältesten Christen, Tübingen 1930 (SGV 148), S. 48ff, und W. FOERSTER, Herr ist Jesus. Herkunft und Bedeutung des urchristlichen Kyrios-Bekenntnisses, Gütersloh 1924 (NTF 2,1), ist an der LXX als Hintergrund für den Kyrios-Titel festzuhalten. - Zu 1Kor 12,1-3 gibt es eine umfangreiche Diskussion, die besonders zur Erklärung des ἀνάθεμα Ἰησοῦς unterschiedliche Lösungen vorschlägt. Paulus kommt es darauf an zu zeigen, daß alle Christen den Geist haben. Er befähigt sie zum Bekenntnis ihres Glaubens. Die Ekstase schließt die Möglichkeit des Unglaubens nicht aus, der in krassem Gegensatz formuliert: ἀνάθεμα Ἰησοῦς. Ob diese Formulierung ad hoc von Paulus gebildet ist (H. CONZELMANN, KEK 5[12], S. 250; C. WOLFF, ThHK 7,2, S. 101) oder den Ruf in der Synagoge erscholl (A. SCHLATTER, Paulus der Bote Jesu, S. 335ff; K. MALY, 1Kor 12,1-3, eine Regel zur Unterscheidung der Geister?, *BZ.NF*10 (1966) 82-95), ja die Christen sogar in der Synagoge zu ihm gezwungen werden sollten (J.D.M. DERRETT, Cursing Jesus (1 Cor 12.3): The Jews as Religious „Persecutors", *NTS* 21 (1974/75) 545-554; F.F. BRUCE, 1 and 2 Corinthians (NCeB), p. 117f.), oder ob (damals schon) heidnische Gerichte ein Abschwören mit diesen Worten von den Christen verlangten (O. CULLMANN, nach C. WOLFF, ThHK 7,2, S. 99f.; F.F. BRUCE, l.c.) - historisch wird sich das kaum entscheiden lassen, ist auch für unsere Fragestellung von untergeordneter Bedeutung. - Wichtiger ist die Frage, ob das ἀνάθεμα Ἰησοῦς im christlichen Gottesdienst erscholl - vielleicht daß jemand in Ekstase so rief und Paulus hier eine Regel zur Unterscheidung der Geister an die Hand gibt (so J. WEISS, KEK 5[9], S. 295f.) oder daß Christen die Botschaft vom Kreuz so ausdrückten (vgl. Gal 3,13), Paulus sie aber davor warnen will, die Auferstehung zu leugnen (W.C. VAN UNNIK, Jesus: Anathema or Kyrios (1 Cor 12:3), in: *Christ and Spirit in the New Testament*, FS C.F.D. Moule, Cambridge 1973, 113-126), oder daß Gnostiker den fleischlichen Jesus verwünschten, um sich zum geistigen Christus zu bekennen (W. SCHMITHALS, Die Gnosis in Korinth, S. 117ff.; N. BROX, ΑΝΑΘΕΜΑ ΙΗΣΟΥΣ (1KOR 12,3), *BZ.NF* 12 (1968) 103-11). Alle diese Möglichkeiten (die der Gnosis erscheint überdies anachronistisch) lassen die Argumentationsstruktur, den Gesamtzusammenhang bei Paulus außer acht; vgl. auch die Stellungnahme von H. CONZELMANN, KEK 5[12], S. 250. - Die Meinung schließlich, es sei ein ursprünglicher Text zu konjizieren, in dem das Anathema gar nicht vorkomme (W.F. ALBRIGHT / C.S. MANN, Two Texts in 1 Corinthians, *NTS* 16 (1969/70), 271-276), hat weder einen Anhalt an der Textüberlieferung, noch läßt sich die von Albright und Mann hier vermutete Formel sonst irgendwo nachweisen.

jeweils auffällig weit hinten[96]. Da Paulus nun nicht verleugnen kann, daß die Verschiedenheit der Gaben auch dazu auffordert, sie wertend miteinander zu vergleichen, gibt er in einem dritten Teil an, welche Geistesgaben die vielseitigsten und erstrebenswertesten sind (1Kor 12,31-13,3); mit dem „Hohenlied der Liebe" zeigt er klar eine neben Glaube und Hoffnung ebenfalls unvergängliche Gabe, nämlich die Liebe (ἀγάπη) als den besten Weg an[97].

Jetzt erst kommt Paulus explizit auf das Problem der Korinther zu sprechen, indem er nun, nachdem klargestellt ist, daß alle den Geist besitzen und die Liebe wichtiger ist als alles andere, die Prophetie als gegenüber der Glossolalie vorzuziehende Gabe empfiehlt.

Auf die kritische Gegenüberstellung dieser beiden Gaben in 1Kor 14,1-25 folgen dann praktische Anweisungen zum Gebrauch der Gaben im Gottesdienst (1Kor 14,26-33) und am Ende eine abschließende Mahnung (1Kor 14,36-40), in der noch einmal die entscheidenden Stichworte auftauchen: πνευματικός, προφητεύειν und λαλεῖν γλώσσαις.

Daß Paulus von Prophetie und Zungenrede im Angesicht der versammelten Gemeinde spricht, wird bereits in 1Kor 14,1-5 deutlich; denn die ἄνθρωποι in Vers 2 und 3 sind natürlich die in der ἐκκλησία (V 4 und 5) versammelten Menschen. Paulus führt hier grundlegend als Kriterium die οἰκοδομή[98] für die Gemeinde ein: prophetisches Reden

---

[96] 1Kor 12,8-10.28-30; vgl. auch 1Kor 14,26.

[97] 1Kor 13 ist exkursartig eingefügt, jedoch paßt das Kapitel so gut in den Kontext – die Geistesgaben werden gegenüber der allumfassenden Liebe relativiert –, daß man es nicht literarkritisch ausklammern sollte – gegen H. CONZELMANN, KEK 5[12], S. 264 und 284; besser: C.K. BARRETT, A Commentary on the First Epistle to the Corinthians (BNTC); p. 297; ausführlich wird das Kapitel erörtert von O. WISCHMEYER, Der höchste Weg, Gütersloh 1981 (StNT 13), die ebenfalls zu dem Ergebnis kommt, daß es unlösbar in den Ersten Korintherbrief gehört (S. 27ff). – Die Liebe ist insofern kein χάρισμα, als sie nicht Einzelnen besonders zugeteilt ist; dennoch stellt Paulus sie mit den Gaben so eng zusammen, daß klar wird: auch sie ist eine Gabe des Geistes (gegen G. BORNKAMM, Der köstlichere Weg. 1 Kor 13, in: DERS., Das Ende des Gesetzes (Ges. Aufs. Bd I), München [3]1961, 93-112, S. 109).

[98] Vgl. dazu G. DAUTZENBERG, Urchristliche Prophetie. Ihre Erforschung, ihre Voraussetzungen im Judentum und ihre Struktur im ersten Korintherbrief, Stuttgart u. a. 1975 (BWANT 104), S. 213. „Die Metapher vom ‚Bauen' ist in 1 Kor 14 schon so blaß, daß Paulus formulieren kann: ‚damit die Gemeinde Erbauung empfange' (V 6)." (gemeint ist V 5); dagegen P. VIELHAUER, Oikodome. Das Bild vom Bau in der christlichen Literatur vom Neuen Testament bis Clemens Alexandrinus, diss. 1939, in: DERS., Oikodome. Aufsätze zum Neuen Testament, Bd 2, ed. G. Klein, München 1979, 1-168, S. 108: „οἰκοδομεῖν ... ist kein individualistischer, sondern ein Gemeinschaftsbegriff; mit ihm ist nie das ‚erbauende' Individuum, sondern immer die Gemeinschaft visiert ... Und zwar handelt es sich nicht um eine profane menschliche Gemeinschaft ... die von Menschen konstituiert wird, sondern um die Gemeinschaft ‚in Christus', ‚im Geist', die durch die Agape konstituiert und normiert wird, um die Kirche. Das logische Subjekt ist immer Gott, das logische Objekt immer die Gemeinde ...".

erbaut die Gemeinde, Zungenreden nur denjenigen, der in Zungen redet. Das wird in einem zweiten Durchgang (1Kor 14,6-13) mit dem
Hinweis auf die Verständlichkeit erläutert; dabei kann Paulus dann die
Bedingung aufzeigen, unter der auch das Zungenreden die Gemeinde
erbaut: es muß übersetzt werden, so daß alle etwas davon haben. Paulus redet in diesem Abschnitt die Korinther direkt an; dabei zeigt sich
in V 12, daß er weiterhin die Gemeindeversammlung im Blick hat.

Zur Vertiefung dessen, was er über den Nutzen der verständlichen
Rede gesagt hat, betont Paulus nun noch einmal, daß bei der Glossolalie der Verstand ausgeschaltet ist (1Kor 14,14-20). Dabei sei der Verstand im Gottesdienst wichtig, damit man allen den Glauben verständlich machen könne und damit der ganze Mensch an der Anbetung
Gottes beteiligt sei. Mit leichter Ironie kann Paulus zum Schluß dieses
Abschnittes die Korinther mahnen, sie sollten im Verstand zu- und
nicht abnehmen.

Die Glossolalie wird in den Versen 14-20 vor allem als Gebet und
Lobpreis, auch als Gesang angesprochen; daß es Paulus dabei nach wie
vor um ihre Funktion im Gemeindegottesdienst geht, zeigt nicht nur
der zum Abschluß führende Satz: „Also, ich möchte in der Gemeinde
lieber fünf Worte mit dem Verstand reden als zehntausend in Zungen"
(V 19), sondern schon der Hinweis darauf, daß der, der dem Zungenredner gegenüber in der Rolle des ἰδιώτης steht, das in Zungen gesprochene Gebet nicht versteht und deshalb das Amen nicht mitsprechen
kann[99].

Abschließend (1Kor 14,21-25)[100] bekräftigt Paulus das bisher Gesagte mit einem Schriftzitat, welches er auf die Situation in Korinth
hin auslegt[101]; anschaulich erläutert er das dann mit zwei

---

[99] Das sind entweder alle, die nicht die Gabe des Übersetzens haben (der
Zungenredner versteht sich selber nicht! - 1Kor 14,13), oder alle, die sich nicht mit
dem Beter durch die Taufe so geeint wissen, daß sie zu dem, was er sagt, ihr
Amen notfalls auch sprechen können, ohne ihn zu verstehen. - Vgl. Fußn. 92
und 93.

[100] Ich gliedere 1Kor 14,1-25 also anders als das Druckbild im NT Graece
von NESTLE / ALAND, 26. Aufl., und richte mich damit auch gegen J. WEISS,
KEK 5⁹, S. 321ff; G. DAUTZENBERG, Urchristliche Prophetie, S. 226f.; C.
WOLFF, ThHK 7,2, S. 130; F. LANG, NTD 7¹⁶, S. 190ff. Nach meiner Darstellung
ergibt sich aber (entgegen der Behauptung von H. CONZELMANN, KEK 5¹²,
S. 284, in 1Kor 14 finde sich nur eine lockere Gedankenführung - ähnlich J.
WEISS, KEK 5⁹, S. 321) ein klarer Gedankengang; ich weise besonders darauf
hin, daß V 13 (διό!) und V 20 jeweils das Vorhergehende zusammenfassen.

[101] Jes 28,11f. (in Auswahl); das Zungenreden wird als ein Handeln Gottes
verstanden, mit dem er die Ungläubigen verstockt. Schwierig erscheint, warum dann
die Prophetie ein Zeichen für die Gläubigen und nicht für die Ungläubigen sein soll
(1Kor 14,22b). Wenn σημεῖον hier als „Zeichen, an dem man erkennt" übersetzt
wird, löst sich das Problem: die Zungenrede ist nicht ein Zeichen, an dem man die

Beispielen: „Wenn nun die ganze Gemeinde zusammenkommt und alle in Zungen reden, es kommen aber noch nicht Getaufte oder Ungläubige dazu, werden sie nicht sagen: ihr seid verrückt? Wenn aber alle prophetisch reden, und es kommt ein Ungläubiger oder noch nicht Getaufter dazu, dann wird er von allen ins Gericht genommen" und seiner Sünden überführt sich zu Gott bekennen. Die Beispiele sind hypothetisch und verengen jeweils die gottesdienstliche Situation (συνέλθη ἡ ἐκκλησία ὅλη ἐπὶ τὸ αὐτό - 14,23) auf das Zungenreden oder die prophetische Rede; auch daß die anderen jeweils dazukommen (εἰσελθεῖν - ebda.), ist wohl mehr um der Plastizität des Beispiels willen gesagt, als daß man annehmen sollte, es habe in Korinth nur Versammlungen der Gläubigen gegeben, in die dann und wann Ungläubige zufällig einmal „hereinplatzten"; damit, daß Ungläubige in den Gottesdienst kommen, wird ja hier durchaus gerechnet. Der Kontrast zwischen einer aufgewühlten, in Zungen redenden Gemeinde und demjenigen, der dem verständnislos gegenübersteht, läßt sich wohl am besten beschreiben, wenn man sagt, daß alles schon in vollem Gange ist und dann jemand dazukommt, der nicht daran teilhaben kann. Daß Paulus so reden kann, mag immerhin andeuten, daß die Gottesdienste in Korinth nicht nach der Uhr oder erst dann begannen, wenn wirklich alle versammelt waren. Frühmorgens[102] wird man sich auf den Weg zur Versammlung gemacht haben und nach und nach eingetroffen sein.

Im zweiten größeren Abschnitt seiner Ausführungen zu Zungenreden und Prophetie gibt Paulus nun Anweisungen zum konkreten Vorgehen und Verhalten im Gottesdienst (1Kor 14,26-40). Zunächst nimmt er den Grundsatz der οἰκοδομή noch einmal auf; dann sagt er, wie man mit dem Zungenreden umgehen solle und wie mit der Prophetie. Hier scheint es noch das besondere Problem gegeben zu haben, daß mehrere Propheten gleichzeitig sprachen, wenn sie der Geist trieb; seine Anordnung, daß die Propheten nacheinander sprechen sollen, begründet Paulus damit, daß Gott nicht ein Gott der Unruhe, sondern des Friedens ist und daß man in allen anderen Gemeinden auch nicht anders vorgehe[103]. Das letzte ist ähnlich wie 1Kor 11,16 ein Hinweis darauf,

---

Gläubigen erkennt, sondern die Ungläubigen, weil sie nicht verstehen und deshalb ihre Verachtung der Christen zum Ausdruck bringen. Die Prophetie ist ein Zeichen, an dem man die Gläubigen erkennt (und nicht die Ungläubigen). Zu dieser Erkenntnis können auch die Ungläubigen kommen, wenn sie der Prophetie „ausgesetzt" sind. - Vgl. C. WOLFF, ThHK 7,2, S. 135f.; F. LANG, NTD 7[16], S. 195f.; auch J.P.M. SWEET, A Sign for Unbelievers: Paul's Attitude to Glossolalia, *NTS* 13 (1966/67) 240-257.

102 Die Zeitangabe ist freilich an den Text herangetragen; daß die Wortversammlungen nicht abends zur Essenszeit stattfanden, sondern morgens vor Arbeitsbeginn, ist aber nach unserer Analyse von 1Kor 11 wahrscheinlich.

daß Paulus wenigstens in seinen eigenen Missionsgemeinden gleichartige Gebräuche einführte; vermutlich wird er sich dabei aber auch an Antiochien und Jerusalem orientiert haben.

Ich gehe davon aus, daß das nun folgende Redeverbot für die Frauen eine nachträglich in den Text gerutschte Glosse ist[104]; auf die Rolle der Frau im Gottesdienst wird aber noch einzugehen sein.

Zum Schluß schärft Paulus ein, daß er in der Autorität des Herrn schreibt[105], und zieht noch einmal das Fazit, daß die Korinther mehr nach der Prophetie als nach dem Zungenreden streben sollten und daß alles ordentlich zuzugehen habe.

Paulus schreibt also in 1Kor 14 zum Thema Zungenreden und Prophetie und nicht einfach zum Thema Gottesdienst; aber er diskutiert das Auftreten dieser Gaben und den Umgang mit ihnen nur im Blick auf den Gottesdienst. Die „Szenerie" wechselt dabei nicht; Paulus hat immer die gottesdienstlichen Zusammenkünfte der Gemeinde vor Augen, bei welchen diese Geistesgaben vorkamen und zu Problemen führten. Daß es sich dabei um den Wortgottesdienst handeln muß, haben wir oben gezeigt. Da auch die Frage nach dem Schleiertragen der Frauen im Zusammenhang mit der Prophetie gestellt ist, wird es sich

---

[103] Das setzt die Ausscheidung von V 34 und 35 als nicht ursprünglich hierhergehörend voraus. Zu übersetzen wären V 33 und 36 dann so: „Gott ist nämlich nicht ein Gott der Unruhe, sondern des Friedens, Friedens, wie er in allen Kirchen der Heiligen (herrscht). Oder ist von euch das Wort Gottes ausgegangen oder zu euch allein gekommen?" - vgl. dazu J. WEISS, KEK 5[9], S. 342; C.K. BARRETT, A Commentary on the First Epistle to the Corinthians (BNTC), p. 330ff. (sehr vorsichtig); ausführlich: G. FITZER, Das Weib schweige in der Gemeinde. Über den unpaulinischen Charakter der mulier-taceat-Verse in 1 Kor 14, München 1963 (TEH.NF 110); vgl. auch G. DAUTZENBERG, Urchristliche Prophetie, S. 260ff. - V 33b noch zur Interpolation zu rechnen, wie z. B. H. CONZELMANN, KEK 5[12], S. 298f., das tut, ist vom textkritischen Befund her nicht zu rechtfertigen. - Auch bei Beibehaltung der Verse (so z. B. H.-D. WENDLAND, NTD 7[12], S. 131f.) wäre zu überlegen, ob nicht V 33b in der angegebenen Weise noch zu V 33a gehört, um so die Doppelung von ἐκκλησίαι in V 33b und V 34 zu mildern. Die Verse 34-35 wären dann ein Exkurs anläßlich des Stichworts σιγᾶν (V 28 u. 30) gegen das „Dazwischenreden" der Frauen im Gottesdienst (vgl. C. WOLFF, ThHK 7,2, S. 142). Wegen V 33a und V 35b kann die Lösung von W.A. GRUDEM, The Gift of Prophecy in 1 Corinthians, Washington 1982,p. 239ff., nicht in Frage kommen, daß hier nur das Reden gemeint sei, mit dem Frauen einen Propheten unterbrechen. - S. auch den Überblick über die Diskussion zur Stelle bei F. LANG, NTD 7[16], S. 200.

[104] Das läßt sich nicht mit letzter Sicherheit beweisen. Entscheidend bleiben m. E. der textkritische Befund und die Tatsache, daß die Verse den Gedankengang völlig durchbrechen, der hinterher wiederaufgenommen wird.

[105] Paulus zitiert keine ἐντολή des Herrn; deshalb müssen die Verse 37f. so verstanden werden, daß Paulus prophetische Autorität für sich in Anspruch nimmt, die von den Propheten anerkannt werden muß; im Hintergrund wird auch die Autorität seines Apostelamtes stehen. Vgl. H. CONZELMANN, KEK 5[12], S. 299f.; anders: G. DELLING, Wort Gottes und Verkündigung im Neuen Testament, Stuttgart 1971 (SBS 53), S. 76.

hier ebenfalls um eine in den Wortgottesdienst gehörende Problematik handeln. Das gilt um so mehr, als die Problemkreise Schleiertragen und Geistesgaben im Fragebrief der Korinther, wie wir bereits sahen, anscheinend zusammengehörten und auch inhaltlich miteinander verwandt sind, wie noch zu zeigen sein wird.

dd) Die Elemente des Wortgottesdienstes nach 1Kor 14

Es dürfte nach alledem deutlich geworden sein, daß in erster Linie das Zungenreden das Problem ist, um das es in 1Kor 14 geht; auch die prophetische Rede war aber anscheinend von den Korinthern in der Weise enthusiastisch aufgefaßt worden, daß wohl öfter im Gottesdienst mehrere Propheten durcheinander redeten.

Vor allem an dem Punkt, wo Paulus dazu übergeht, praktische Regelungen zu treffen, führt er nun auch weitere Elemente des Gottesdienstes an, in dem Prophetie und Zungenreden ihren Platz haben. Es ist die Frage, ob damit alle möglichen Gottesdienstelemente erfaßt sind und womöglich sogar mit der Reihenfolge ein Gottesdienstverlauf vor Augen gestellt wird.

In der Reihe ψαλμός, διδαχή, ἀποκάλυψις, γλῶσσα, ἑρμενεία fehlt das Gebet, wenn man einmal davon absieht, daß auch das Zungenreden eine Form des Gebets sein kann, wie 1Kor 14,14ff zeigt[106]. Dem Gebet in Zungen würde Paulus aber im Zuge seiner Argumentation unbedingt auch die normale προσευχή an die Seite stellen, wollte er hier einen vollständigen Gottesdienst beschreiben. Hingegen wird die Geistesgabe des prophetischen Redens erwähnt, welche Paulus ja im Gegensatz zur Zungenrede gerade empfohlen hat, und zwar als ἀποκάλυψις, also sozusagen in ihrer latenten Form[107]; wie sich die Offenbarung in prophetischer Rede äußern soll, das will Paulus ja hier neben dem Problem des Zungenredens ebenfalls regeln. Die Erwähnung der ἑρμενεία nimmt schon auf, was der Apostel vorher gesagt hat: daß das Zungenreden im Gottesdienst übersetzt werden müsse.

Wir haben es hier also mit einer Beispielreihe zu tun, die offensichtlich nicht vollständig ist und von Paulus für den hier gegebenen Kontext gestaltet wurde[108]. Man kann demnach weder folgern, daß

---

[106] Wohl vor allem εὐλογεῖν bzw. εὐχαριστία - 1Kor 14,16. Streng genommen ist daraus nicht sicher abzuleiten, daß solches Beten auch in normaler Sprache im Gottesdienst vorkam, doch hat W. BAUER, Der Wortgottesdienst, S. 21, sicher Recht, daß es solches Beten gab (vgl. 1Kor 11,4f.; 1Kor 14,15 - dazu Fußn. 125).

[107] Dazu s. u. S. 69f.

es in Korinth keine gottesdienstliche Schriftlesung gab[109], noch, daß
auf Lied und Predigt Prophetie und Zungenreden (mit Übersetzung)
folgen sollten[110]. Mit der Erwähnung von ψαλμός und διδαχή will
Paulus nur noch einmal darauf hinweisen, daß es auch andere Geistesgaben gibt als Prophetie und Zungenreden. Das wird auch in dem ἕκαστος deutlich: jeder hat etwas zum Gottesdienst beizusteuern nach
seinem Charisma[111]. Um so wichtiger dann auch, daß alles ordentlich zugeht, damit der Geist in allen seinen Gaben „zum Zuge
kommt".

Der ψαλμός als etwas, das ein Gemeindeglied im Gottesdienst „hat",
wird schwerlich ein alttestamentlicher Psalm sein[112]. Es ist ein Gesang, den der eine den anderen mitteilen wird, also zu Hause durch
den Geist geschaffen und dann mitgebracht hat oder unter unmittelbarer Inspiration des Geistes hervorbringt. Der ψαλμός als Geistesgabe
ist demnach ein neues geistliches Lied; seine Bezeichnung mit dem
Wort aus den Schriften deutet aber darauf hin, daß die Christen auch
die alttestamentlichen Psalmen zu ihrem Liedgut zählten[113]. Auch
sie waren ja vom Geist hervorgebracht; daß Paulus sie hier nicht in
erster Linie im Blick hat, hängt mit seiner Argumentation zusammen,
welche ihn Beispiele aktuellen Geistwirkens auswählen läßt.

So ist auch die διδαχή eine Funktion des Geistes, auch wenn sie
wohl weniger der unmittelbaren Inspiration entspringt, als vielmehr
Traditionen vermittelt; Paulus unterscheidet die Lehrer deutlich von

---

[108] Vgl. C. WOLFF, ThHK 7,2, s. 138; H. CONZELMANN, KEK 5[12], s. 297
- gegen Conzelmann ist zu bemerken, daß die Reihenfolge nicht ganz beliebig ist:
Paulus wird bewußt das Zungenreden und dessen Auslegung an den Schluß und die
Prophetie direkt daneben gestellt haben.

[109] Gegen W. BAUER, Der Wortgottesdienst, S. 39ff; J. LEIPOLDT, Der
Gottesdienst der ältesten Kirche - jüdisch? griechisch? christlich?, Leipzig 1937,
S. 30f.; G. DELLING, Der Gottesdienst im Neuen Testament, Göttingen 1952,
S. 89ff (anders DERS., Wort Gottes und Verkündigung im Neuen Testament,
S. 13ff); W. WIEFEL, Der Synagogengottesdienst im neutestamentlichen Zeitalter
und seine Einwirkung auf den entstehenden christlichen Gottesdienst, diss. (ma-
schinenschr.), Leipzig 1959, S. 134ff.

[110] So in Ansätzen bei A. SCHLATTER, Paulus der Bote Jesu, S. 383.

[111] Vgl. H. CONZELMANN, KEK 5[12], S. 296.

[112] Mit W. BAUER, der Wortgottesdienst, S. 21; im Folgenden (bes.
Fußn. 113) jedoch kritisch zu Bauer.

[113] A. SCHLATTER, Paulus der Bote Jesu, S. 383, meint, daß die „Psalmen"
der Christen sich der Form nach an die alttestamentlichen Psalmen anlehnten; vgl.
zu ψαλμός noch G. DELLING, ThWNT 8, 492-509, bes. S. 502; M. HENGEL,
Hymnus und Christologie, in: *Wort in der Zeit*, FS K.H. Rengstorf, Leiden 1980,
12-23; DERS., Das Christuslied im frühesten Gottesdienst, in: *Weisheit Gottes -
Weisheit der Welt*, FS J. Ratzinger, Bd 1, St. Ottilien 1987, 357-404 (dort auch
Überlegungen und Material zur gottesdienstlichen Verwendung alttestamentlicher
Psalmen in der frühen Christenheit); unklar: F. LANG, NTD 7[16], S. 194.

den Propheten[114]. In ihrem Lehren dürfte übrigens auch Schriftauslegung enthalten gewesen sein; so wird zu einer διδαχή, die ein Gemeindeglied mitbrachte und vortrug oder zur Diskussion stellte, unter
Umständen auch eine Schriftlesung gehört haben, wenn die Schriften
dazu nicht aus dem Gedächtnis zitiert wurden. Entscheidend für die
christliche διδαχή wird dabei aber gewesen sein, wie Christus das Leben der Christen verändert und bestimmt[115].

Die Prophetie, welche aus einer ἀποκάλυψις hervorgeht, wird von
Paulus als verständliche Rede zur Auferbauung der Gemeinde charakterisiert[116]. Das Beispiel, daß das Herz eines Ungläubigen von Propheten durchschaut und ihm seine Sünden auf den Kopf zugesagt
werden, so daß er sich bekehrt (1Kor 14,24-25), wird also nur einen
kleinen Ausschnitt dessen wiedergeben, was der Geist durch Propheten
in der Gemeinde bewirken und sagen kann. Παράκλησις und παραμυθία
(1Kor 14,3) scheinen eher der normale Inhalt von prophetischem Reden
zu sein; Trost und Zuspruch für die Gemeinde in der Endzeit, aber
auch Ermahnung zum christlichen Leben, in prophetischer Weise auf
aktuelle Probleme der Gemeinde oder auch einzelner ihrer Glieder bezogen (vgl. 1Kor 7,40), werden damit gemeint sein[117]. Auch μυστήρια

---

[114] Vgl. außer 1Kor 14,26: 1Kor 14,6; 1Kor 12,28f.; Rö 12,7; zum διδάσκαλος s.
K.H. RENGSTORF, *ThWNT* 2, 138-168; H. GREEVEN, Propheten, Lehrer, Vorsteher
bei Paulus, *ZNW* 44 (1952/53) 1-43, S. 16-31; A.F. ZIMMERMANN, Die urchristlichen Lehrer, Tübingen ²1988 (WUNT II,12), S. 92ff – Zimmermann scheidet allerdings den Titel διδάσκαλος streng von der Geistesgabe des Lehrens und kommt so
zu dem Ergebnis, daß „Lehrer" für die paulinischen Gemeinden eigentlich untypisch
seien.

[115] Zur ethisch-paränetischen Stoßrichtung der διδαχή vgl. Rö 2,21; 16,17; 1Kor
4,7. Daß dazu jedoch auch immer grundlegend das Evangelium gehört, zeigt die Paränese des Paulus. Zum Inhalt des Lehrens vgl. G. DELLING, Wort Gottes und
Verkündigung im Neuen Testament, S. 106ff; auch O. KNOCH, „In der Gemeinde
von Antiochien gab es Propheten und Lehrer", S. 139; F. LANG, NTD 7[16], S. 198. –
Zur Lehre als Schriftauslegung vgl. Mt 4,23; 9,35; Lk 4,20.

[116] Daß Prophetie und ἀποκάλυψις aufeinander zu beziehen sind, ergibt sich
aus dem Kontext und der Wortbedeutung. – Ἀποκάλυψις und ἀποκαλύπτω sind bei
Paulus oft auf Christi Erscheinen am Ende der Zeit wie überhaupt auf die Endzeit
bezogen (Rö 2,5; 8,16f.; 1Kor 3,13; 2Thes 1,7; 2,6; zur Lebensführung im Blick auf
die Endzeit: Phil 3,12-16). Aber auch die Geheimnisse Gottes werden „offenbart",
und damit dürfte mehr gemeint sein als nur die Endzeit: Gottes ganzer Heilswillen
mit den Menschen (Rö 1,17f.; 16,25; 1Kor 2,10; Gal 1,16; 3,23), auch die Art und
Weise, wie das in den Schriften kundgetan wird. So kann Paulus einmal seine gesamte theologische Erkenntnis unter dem Stichwort ἀποκάλυψις zusammenfassen
(2Kor 12,7). Letztlich führt die Offenbarung der μυστήρια θεοῦ doch immer zur Erkenntnis Christi, zur Weisheit vom Kreuz und von der Auferstehung.

[117] Παράκλησις und παραμυθία in 1Kor 14,3 als Hendiadyoin: s. H.
CONZELMANN, KEK 5[12], S. 322; unklar ist, warum G. DAUTZENBERG, Urchristliche Prophetie, S. 231f., die Bedeutung „Trost" hier ausschalten will. – Der aktuelle
Bezug bedeutet doch nicht, daß praktisch jede aktuelle Predigt Prophetie ist, so wie
es nach der Auslegung von E. SCHWEIZER, The Service of Worship. An Exposition

und γνῶσις, wohl vor allem Erkenntnisse über Gottes Weisheit und die himmlische Welt[118], können der Inhalt von Prophetie sein. Die Erklärung von Geheimnissen durch den prophetischen Geist könnte sich auch auf Geheimnisse der Schriftauslegung beziehen; doch wird sich eine letztgültige Füllung des Begriffs, wie Paulus ihn versteht, aufgrund der wenigen Angaben, die er macht, kaum geben lassen.

Obwohl die Prophetie klar auf Inspiration des Geistes beruht, ist sie doch für Paulus kein unkontrollierbar ekstatisches Phänomen[119]; Mißverständnissen dieser Art bei den Korinthern wehrt er, indem er sie dazu anhält, die Propheten nacheinander sprechen zu lassen (1Kor 14,30-32)[120], und indem er die Frauen dazu auffordert, auch beim prophetischen Reden ihren Kopf bedeckt zu lassen, also sich nicht wie Mänaden mit fliegenden Haaren als vom Geist Besessene zu geben (1Kor 11,2-16)[121].

---

of 1 Corinthians 14, in: DERS., Neotestamentica, Zürich 1963, 333-343, S. 340, erscheinen will; Schweizer läßt außer acht, daß es sich hier um eine besondere Geistbegabung handelt, die auch von Ungelehrten, z. B. Frauen, wahrgenommen werden kann.

[118] 1Kor 13,2 (konsekutives καὶ εἰδῶ); γνῶσις auch als Geistesgabe neben der Prophetie: 1Kor 12,8-10; 1Kor 13,8; 1Kor 14,6. Zur γνῶσις der Christen s. v. a. 1Kor 1 u. 2; vgl. auch Rö 11,33. Zu μυστήριον vgl. G. BORNKAMM, ThWNT 4, 809-834, S. 825-831.

[119] Auch das mantische Element, die Vorausschau der Zukunft, tritt zurück: die Prophetie soll ja die Gemeinde aufbauen und Christus verkündigen; zur eschatologischen Ausrichtung vgl. aber Fußn. 116. Das scharfe Urteil von H. CONZELMANN, Prophetie sei „nicht Vorhersage von Künftigem" (KEK 5[12], S. 295), kann m. E. so nicht aufrechterhalten werden (auch gegen E. SCHWEIZER, Gottesdienst im Neuen Testament und Kirchenbau heute, in: DERS., Beiträge zur Theologie des Neuen Testaments, Zürich 1970, 249-261, S. 252) - vgl. nur Act 11,28; 21,20f. - An Literatur zum Thema Prophetie ist hier zu nennen: E. FASCHER, ΠΡΟΦΗΤΗΣ. Eine sprach- und religionsgeschichtliche Untersuchung, Gießen 1927; H. KRÄMER / R. RENDTORFF / R. MEYER / G. FRIEDRICH, προφήτης κτλ, ThWNT 6, 781-863; N.I.J. ENGELSEN, Glossolalia and Other Forms of Inspired Speech According to I Corinthians 12-14, diss. Yale 1970 (Mikrofilm 1971); G. DAUTZENBERG, Urchristliche Prophetie. Ihre Erforschung, ihre Voraussetzungen im Judentum und ihre Struktur im Ersten Korintherbrief, Stuttgart u. a. 1975 (BWANT 104); U.B. MÜLLER, Prophetie und Predigt im Neuen Testament, Gütersloh 1975 (StNT 10); E.E. ELLIS, Prophecy and Hermeneutic in Early Christianity, Tübingen 1978 (WUNT 18); W.A. GRUDEM, The Gift of Prophecy in 1 Corinthians, Washington 1982; D.E. AUNE, Prophecy in Early Christianity and in the Ancient Mediterranean World, Grand Rapids 1983.

[120] Also gerade nicht „spontan" (gegen F. LANG, NTD 7[16], S. 203), wenngleich Paulus auch damit rechnet, daß den Propheten Offenbarungen unmittelbar in der Gemeindeversammlung zuteil werden können: 1Kor 14,30 (dazu aber 1Kor 14,26).

[121] Solche Ordnung gilt es „um der Engel willen" zu halten (1Kor 11,10), die wohl als Hüter der Ordnung beim Gottesdienst präsent gedacht sind - s. dazu Bill. III, S. 437ff., und J.A. FITZMYER, A Feature of Qumrân Angelology and the Angels of 1 Cor. XI.10, NTS 4 (1957/58) 48-58. - Daß im Rahmen dieser Ordnung die Kopfbedeckung der Frau als ἐξουσία (1Kor 11,10) ein Zeichen ihrer gottesdienstlichen Vollmacht und Gleichberechtigung ist (M.D. HOOKER, Authority on her

Überdies bleibt die Prophetie dem theologischen Urteil der Gemeinde unterworfen. Auch deshalb legt Paulus Wert darauf, anfangs zu klären, daß alle den Geist besitzen; in schwierigen Fällen mag darüber hinaus die Gabe einiger Gemeindeglieder zur Unterscheidung der Geister zum Urteil der Gemeinde beigetragen haben[122].

Das Zungenreden, λαλεῖν γλώσσῃ, ist im Gegensatz zur Prophetie auch aus der Sicht des Paulus ekstatisch, wenngleich ebenfalls nicht einfach unwiderstehlich: daß alle durcheinander in Zungen reden müßten, läßt der Gott des Friedens, der die Erbauung seiner Gemeinde will, nicht zu (1Kor 14,27ff). Paulus sagt aber, daß der Verstand des Zungenredners ausgeschaltet ist (1Kor 14,14); das wird sogar so weit gehen, daß der Zungenredner selbst nicht weiß, was er sagt, denn

---

Head: An Examination of I. Cor. XI.10, *NTS* 10 (1963/64) 410–416), scheint noch die einleuchtendste aller bisher vorgebrachten Erklärungen für diesen Begriff. Denn als Schutz gegen böse Engel (= Dämonen) würde die „Macht auf dem Haupte" vom Manne ebenso benötigt wie von der Frau – es sei denn, man wolle nur Gen 6 (LXX) als Hintergrund gelten lassen. Dort steht aber nicht ἄγγελοι. Ebenso wäre kommentarloses ἄγγελοι als Bezeichnung für die Dämonen äußerst ungewöhnlich. Nach Hooker soll dagegen die Frau als δόξα des Mannes den Kopf bedeckt halten, damit nicht der Mann geehrt werde, sondern durch ihr Gebet und prophetisches Reden Gott selbst. Die Kopfbedeckung würde also die „Umgehung" des Mannes als κεφαλή der Frau bedeuten und könne als solche ἐξουσία heißen. Dazu paßt die Aussage von V 11f., die Mann und Frau vor Gott gleichstellt. – Mit Hooker auch der sehr vorsichtige C.K. BARRETT, A Commentary on the First Epistle to the Corinthians (BNTC), p. 253ff. Ähnlich E. LERLE, Eine Macht auf dem Haupte?, Uelzen o. J. (nach 1955), der aufgrund kulturgeschichtlicher Untersuchungen den Schleier als Zeichen der Würde deutet und in ihm eine Kompensation für die δόξα des Mannes sieht. – Nach *Bill.* III, S. 435f., ist ἐξουσία = רשׁות, das Zeichen der Unterwerfung unter den Mann. Diese Gleichsetzung ist aber ohne sonstigen Beleg und wäre für die Griechen nicht verständlich.

[122] Die Frage, ob 1Kor 14,29 den anderen Gemeindegliedern oder den anderen Propheten die Beurteilung der Prophetie überträgt, läßt sich nicht endgültig entscheiden (vgl. C. WOLFF, ThHK 7,2, S. 139). Nach Rö 12,6 ist aber die ἀναλογία τῆς πίστεως Maß für die Prophetie, so daß wohl anzunehmen ist, es habe die ganze Gemeinde die Vollmacht, die Propheten zu beurteilen. Das gilt um so mehr, als die Prophetie ja verständlich ist; deswegen ist auch die Deutung der διάκρισις πνευμάτων als Interpretation prophetischer Rede nicht haltbar – mit W.A. GRUDEM, A Response to Gerhard Dautzenberg on 1 Cor. 12.10, *BZ.NF* 22 (1978) 253–270, gegen G. DAUTZENBERG, Zum religionsgeschichtlichen Hintergrund der διάκρισις πνευμάτων (1Kor 12,10), *BZ.NF*, 15 (1971) 93–104. Das διακρίνειν wird sich gemäß Rö 12,6 auf die Prophetie und nicht auf den Propheten als Person beziehen (gegen C. WOLFF, ThHK 7,2, S. 105). Es steht der Prophetie gegenüber und ist nicht mit ihr identisch (gegen H. CONZELMANN, KEK 5[12], S. 255, der 1Kor 14,24f. als Beispiel für die Unterscheidung der Geister anführt). 1Kor 12,8-10 ist mit H. CONZELMANN, KEK 5[12], S. 254, so zu gliedern, daß Prophetie, Unterscheidung der Geister, Zungenreden und Übersetzung des Zungenredens zusammengehören. Diese Vierergruppe zerfällt inhaltlich in zwei Teile, die den Gaben entsprechen, um die sich die Erörterung dreht: Prophetie und Zungenreden; die διάκρισις ist also analog zu 1Kor 14,29 primär der Prophetie zuzuordnen.

sonst brauchte er keinen Übersetzer, sondern könnte selbst erklären, was er gesagt hat[123].

Die Möglichkeit der Übersetzung zeigt, daß Zungenreden nicht einfach unartikuliertes und sinnloses Lallen zum Ausdruck von Gefühlen ist, sondern daß auch beim λαλεῖν γλώσσαις sinnvolle Aussagen geäußert werden. Durch das Nebeneinanderstellen von Zungenreden und Prophetie will Paulus aber wohl nicht sagen, daß das Zungenreden einfach eine in eine Engelssprache[124] übersetzte Prophetie ist. Vielmehr stellt er neben das ekstatische Reden im Geiste diejenige Geistesgabe, welche den Geist am unmittelbarsten sichtbar werden läßt, ohne daß der Verstand des Menschen ausgeschaltet wird. Dem Inhalt nach scheint aber das Zungenreden anders als die Prophetie eher dem Lobgebet und dem Hymnus verwandt[125]; deswegen wohl auch erbaut das Zungenreden denjenigen, der es ausübt, selbst wenn er seine eigenen Äußerungen sprachlich nicht fassen kann (1Kor 14,4).

ee) Zur Gestalt des Wortgottesdienstes in Korinth

Wir finden also für den Wortgottesdienst in Korinth folgende Elemente genannt: das Lied, das Gebet (oder den Gesang) in Zungen (nach Weisung des Paulus mit Übersetzung), das prophetische Reden und das Lehren. Darüber hinaus ist davon auszugehen, daß auch das Beten in verständlicher Sprache ein Teil dieses Gottesdienstes ist (vgl. 1Kor 11,4f.). Dies umfaßt sicher auch das Bitt- und nicht nur das Lobgebet. Wenn zur διδαχή auch das Vorlesen aus den Schriften gehört und überdies aus dem Fehlen einer Erwähnung von Schriftlesungen in 1Kor 14 nicht gefolgert werden kann, daß es dort keine Schriftlesung gab[126], so haben wir hier einen Gottesdienst vor uns, der alle

---

[123] Im religionsgeschichtlichen Umfeld gehörten Prophetie und Zungenreden zusammen; Paulus war wohl der erste, der beides scharf voneinander trennte – so N.I.J. ENGELSEN, Glossolalia and Other Forms of Inspired Speech; vgl. auch E. FASCHER, ΠΡΟΦΗΤΗΣ, S. 185. Durch den Vergleich christlicher Prophetie mit antiken Orakeln vernachlässigt D.E. AUNE, Prophecy in Early Christianity, die Frage nach der Glossolalie. Zum Begriff Zungenreden, den Paulus vermutlich aus Jes 28,11 übernahm, s. O. BETZ, Zungenrede und süßer Wein. Zur eschatologischen Exegese von Jesaja 28 in Qumran und im Neuen Testament, in: *Bibel und Qumran*, FS H. Bardtke, hrsg. S. Wagner, Berlin 1968, 20-36.
[124] Vgl. 1Kor 13,1, dazu H. LIETZMANN, / W.G. KÜMMEL, HNT 9⁵, S. 65.
[125] 1Kor 14,14-17; Vers 15 empfiehlt jeweils beides, Singen (ψάλλειν) und Beten (προσεύχεσθαι) in Zungen (τῷ πνεύματι) und in verständlicher Sprache (τῷ νοΐ), doch zeigt der Kontext die Nachteile des Gebets und Gesangs in Zungen angesichts der Gemeinde auf. - Vgl. H. CONZELMANN, KEK 5¹², S. 289f.
[126] Vielleicht läßt Paulus sie weg, weil sie nicht unmittelbar Wirkung des Geistes ist.

wesentlichen Elemente des späteren Wortteils des christlichen Gottesdienstes umfaßt, aber durch Prophetie und Zungenreden sowie durch
die charismatische Ämterausübung ungleich stärker vom unmittelbaren
Wirken des Geistes geprägt ist.

Die Streitfrage, ob denn in einer heidenchristlichen Gemeinde wie
Korinth wirklich aus den Schriften vorgelesen wurde, kann man aber
nicht anhand von 1Kor 14 entscheiden; hier müssen andere Argumente
miteinbezogen werden. Zum einen noch einmal dasjenige, daß die Gemeinde von Korinth keineswegs eine rein heidenchristliche Gemeinde
war, sondern auch ehemalige Juden und mit den Schriften vertraute
gottesfürchtige „Heiden" zu ihren Gliedern zählte[127]. Wenn Paulus in
1Kor 1 als Beispiel anführen kann, es bezeichneten sich Gemeindeglieder als zu Kephas gehörig, so zeigt dies zumindest, daß die Korinther
Kontakt zu eher judenchristlichen Traditionen hatten, wenn nicht sogar von Kephas bekehrte Christen unter ihnen waren[128]. Einem
nicht unmaßgeblichen Teil der Gemeinde war also der Rückbezug auf
die jüdischen heiligen Schriften von Anfang an geläufig.

Zum andern ist deutlich, daß Paulus sich auch im Ersten Korintherbrief auf die Schriften und auf jüdische Tradition bezieht und sie
als bekannte Größen voraussetzt[129]. Daneben zieht er auch Herrenworte als Autorität heran, aber das geschieht ungleich seltener und offenbar nur dort, wo ein Herrenwort eine gegebene Frage direkt anspricht und löst, ohne ausgelegt werden zu müssen. Auch auf Überlieferung über den Herrn kann er zurückgreifen, und zwar an zentralen
Stellen und nicht nur en passant[130]. Um so bemerkenswerter ist,
daß er in der Regel alttestamentliche Worte als Autorität anführt. Die
damit vorausgesetzte Vertrautheit mit den Schriften kann eigentlich
nur durch einigermaßen regelmäßige Schriftlesungen erworben werden.
Dagegen ließe sich einwenden, daß Paulus hier die Schriften als theologische Grundlage heranzieht so wie etwa ein Jurist in seiner

---

[127] S. o. S. 48; vgl. auch G. THEISSEN, Soziale Schichtung in der korinthischen Gemeinde, in: DERS., Studien zur Soziologie des Urchristentums, Tübingen
³1989 (WUNT 19) 231-271 (ältere Aufl.: 232-272), S. 235 u. 256, auch 263ff.

[128] Auf die umfangreiche Diskussion zu den Parteien in der Korinthischen
Gemeinde kann ich hier nicht weiter eingehen. Selbst wenn, was ich für sehr unwahrscheinlich halte, die Namensnennung für die Angabe der Zugehörigkeiten rein
hypothetisch wäre, wäre doch von Paulus vorausgesetzt, daß Kephas den Korinthern
bekannt war (vgl. auch 1Kor 9,5).

[129] 1Kor 1,31; 2,9; (2,16); 3,19f.; 6,16; 7,18f.; 9,9; (9,13); 10,1ff („unsere Väter"!;
der Gegensatz in 10,11 setzt einen ständigen Umgang mit den Schriften voraus);
(11,10); 14,21; 15,25ff; (15,32); 15,45.54f.

[130] Herrenworte deutlich in 1Kor 7,10ff.; Herrenüberlieferung in 1Kor 11,23-25
und 1Kor 15,3ff; vgl. zur Jesus-Überlieferung bei Paulus: G. DELLING, Wort Gottes
und Verkündigung im Neuen Testament, S. 75ff.

Argumentation das bürgerliche Gesetzbuch als Rechtsgrundlage zitieren
würde, ohne daß deswegen auch nur ein Bruchteil seines Publikums
dessen Inhalt genauer kennen müßte[131]. Es ist jedoch zu bedenken,
daß Paulus selbst die Gemeinde in Korinth gegründet und bei der Bedeutung, die er dem Alten Testament zumaß, sicher darauf geachtet
hatte, daß die Gemeinde mit den Schriften vertraut wurde.

Daß eine Gemeinde nur aus den Schriften vorlesen konnte, die sie
auch besaß, ist selbstverständlich[132]. In Korinth gab es aber wohlhabende Gemeindeglieder, die dafür sorgen konnten, daß die Schriften
komplett zur Hand waren[133]. In anderen, ärmeren Gemeinden wird
man vielleicht erst einmal nur etwa das Jesajabuch und den Psalter
besessen haben, dazu möglicherweise Sammlungen von einschlägigen
Schriftstellen.

Wenn also nicht eindeutig bewiesen werden kann, daß zu den
Wortgottesdiensten in Korinth auch regelmäßige Schriftlesungen gehörten, so ist dies doch mehr als wahrscheinlich[134].

Daß der Gottesdienst nicht nur von einem einzelnen oder sehr
wenigen Amtsträgern gestaltet wurde, ist bereits deutlich geworden.
Das ἕκαστος in 1Kor 14,26 zeigt, daß im Prinzip jeder etwas beisteuern
konnte[135]. Daß dennoch bestimmte Personen durch ihre Gaben
herausragten, insbesondere Propheten und Lehrer, zeigt die Stelle 1Kor
12,28[136]. Eine der Ursachen für die Probleme in Korinth war anscheinend, daß viele die Gabe der Prophetie besaßen oder zu besitzen
vorgaben. In anderen Gemeinden, wo etwa nur ein „Prophet" wirkte,
löste sich die Ordnungsfrage sicher weitgehend von selbst. Auch die
Gabe der κυβερνήσεις (1Kor 12,28) könnte im Gottesdienst bestimmte
Personen zu Funktionsträgern ähnlich den Synagogenvorstehern

---

[131] So etwa argumentiert W. BAUER, Der Wortgottesdienst der ältesten
Christen, S. 43.
[132] W. BAUER, Der Wortgottesdienst der ältesten Christen, S. 42f., weist
darauf hin, wie teuer eine Bibelhandschrift in damaliger Zeit war, und folgert daraus, daß den frühen christlichen Gemeinden regelmäßige Schriftlesungen schon deshalb nicht möglich waren.
[133] Vgl. G. THEISSEN, Soziale Schichtung in der korinthischen Gemeinde,
S. 234ff.
[134] So z. B. auch F. HAHN, Der urchristliche Gottesdienst, S. 61.
[135] Ebenso läßt sich aus diesem Begriff wie aus der Allgemeinheit der Darstellung (1Kor 14,26: συνέρχεσθαι) folgern, daß es sich um die Versammlung der
ganzen Gemeinde und nicht etwa nur einer Gruppe innerhalb der Gemeinde handelt.
Auch daß Act 13,2 eine solche Gruppenversammlung beschrieben sei, erscheint völlig
aus der Luft gegriffen - gegen O. KNOCH, „In der Gemeinde von Antiochia gab es
Propheten und Lehrer", S. 135 u. 150.
[136] Vgl. O. KNOCH, „In der Gemeinde von Antiochia gab es Propheten und
Lehrer", S. 133-141.

gemacht haben: sie wären dann für den ordentlichen Ablauf der Feier verantwortlich gewesen.

Denn daß in charismatischer „Freiheit"[137], vielmehr also in ekstatischem Getriebensein alles drunter und drüber ging oder zu gehen drohte, das kritisiert Paulus ja hier, und dagegen gibt er seine Ordnungsregeln, ohne daß er damit den Geist in seinen Äußerungen dämpfen will (vgl. 1Thes 5,19). Freilich löst er das Problem nicht, indem er alles in die Hände einer Autoritätsperson legt und den Korinthern Gehorsam empfiehlt, sondern er geht argumentativ vor; offenbar kann er auch keinesfalls eine hierarchische Struktur voraussetzen, und es ist nicht sein Ziel, eine solche aufzubauen[138]. Alles aber soll in guter Ordnung geschehen: daß zwischen dem Wirken des Geistes und solcher Ordnung kein Widerspruch besteht, ist auf dem Hintergrund hellenistischer Inspirationsvorstellung nur schwer verständlich (man wird die Zustände in Korinth als sprechendes Beispiel dafür nehmen dürfen), ist für Paulus aber klar.

Es wäre m. E. sogar vorstellbar, daß die von Paulus angestrebte Ordnung gar nicht so weit von der synagogalen Gottesdienstordnung entfernt war[139]; doch läßt uns der Text von 1Kor 14 mit Angaben zum Gottesdienstverlauf wie gesagt im Stich[140]. Das einmal erwähnte responsorische Amen zum Gebet stammt zwar aus der Synagoge, jedoch kann es, einmal bei den Christen eingebürgert, in den verschiedensten Gottesdiensten seinen Platz gefunden haben[141].

Ein Unterschied zu den meisten Synagogen dürfte sicher sein, daß auch Frauen prophetisch redeten und öffentlich in der Gemeinde beteten[142]. Paulus sucht zwar verschiedene Argumente, um sie dazu zu

---

[137] Daß im Korinthischen Wortgottesdienst noch alles im Flusse sei und charismatische Freiheit geherrscht habe, ist spätestens seit W. BAUER, Der Wortgottesdienst der ältesten Christen, S. 63, immer wieder behauptet worden (vgl. z. B. auch M. HENGEL, Hymnus und Christologie, S. 18; ferner O. KNOCH, „In der Gemeinde von Antiochia gab es Propheten und Lehrer", S. 139: „Demnach (gemeint ist 1Kor 14,26 - d. Verf.) gibt es für diese Art von spontanem Wort- und Gebetsgottesdienst keine feste Ordnung.").

[138] Die Gabe der κυβερνήσεις begründete also keine fraglos anerkannte Leitungsautorität. Vgl. H. GREEVEN, Propheten, Lehrer, Vorsteher bei Paulus, *ZNW* 44 (1952/53) 1-43, S. 31ff. - Schon die Tatsache, daß Paulus gefragt wird, könnte auf das Fehlen einer innergemeindlichen Autorität hindeuten (O. KNOCH, „In der Gemeinde von Antiochia gab es Propheten und Lehrer", S. 139).

[139] Anders F. HAHN, Der urchristliche Gottesdienst, S. 46 und 69, der aber m. E. ein zu „starres" Bild vom Synagogengottesdienst hat.

[140] Das von O. KNOCH, „In der Gemeinde von Antiochia gab es Propheten und Lehrer", S. 149, für die Wortgottesdienste dargestellte „lockere Ablaufschema" ist ein reines Phantasieprodukt.

[141] Ähnlich W. BAUER, Der Wortgottesdienst der ältesten Christen, S. 20.

[142] Daß 1Kor 11,2ff. vom Auftreten der Frau im Gemeindegottesdienst handelt, ergibt sich schon aus der Gliederung des Briefes (s. o.), aber auch aus dem

bewegen, sich zu verschleiern; doch das προφητεύειν und προσεύχεσθαι verwehrt er ihnen nicht. Das darin zum Ausdruck kommende neue Leben der Christen, ihre christliche Freiheit, wird sich auch auf die Gestalt des Gottesdienstes ausgewirkt haben, und zwar nicht unbedingt nur durch Ausübung charismatischer Fähigkeiten, sondern zum Beispiel auch darin, daß die Schriften der Juden nicht mehr als alleinige Autorität herangezogen und ausgelegt wurden.

Doch ist umgekehrt der Wortgottesdienst in Korinth seiner Wurzel nach am ehesten als das Lehren des Apostels in der Synagoge der Christen nach der Trennung von der Synagoge der Juden zu verstehen[143]. Der jüdische Gottesdienst wird also übernommen, allerdings durch die christliche Botschaft von innen durchdrungen. Dabei dürfte die Trennung nicht nur räumlich, sondern auch zeitlich, nämlich in der Ablehnung des Sabbats sichtbar geworden sein; die Empfehlung des Paulus, am ersten Wochentag Geld für die Kollekte zurückzulegen (1Kor 16,2), deutet auf die Feier des Herrentages hin[144]. Paulus kennt und fördert aber auch die Haltung unter den Christen, daß das Einhalten bestimmter Tage (zum Fasten oder für gottesdienstliche Feiern?) irrelevant ist[145].

Wenn es, wie wir annehmen, wenigstens einigermaßen regelmäßig eine Schriftlesung im Gottesdienst der Korinther gegeben hat, so sind bis auf das Glaubensbekenntnis (in der Synagoge das Sch^ema) auch alle wesentlichen Elemente des Synagogengottesdienstes in ihnen enthalten. Und mit dem Bekenntnisruf κύριος Ἰησοῦς (1Kor 12,3) hat es im Gottesdienst der Christen auch eine Entsprechung zum Sch^ema gegeben[146]. Allerdings läßt sich ein Glaubensbekenntnis als fester Bestandteil des christlichen Gottesdienstes dann erst wieder sehr spät nachweisen[147]. So zeigt sich nochmals, daß wir in der Frage nach dem Gottesdienstverlauf beim Wortgottesdienst der Korinther über Vermutungen nicht hinauskommen[148].

---

sonstigen Gebrauch des προφητεύειν bei Paulus (1Kor 14). 1Kor 14,34f. (dazu s. Fußn. 103) und 1Tim 2,11-15 untersagen solches Auftreten der Frauen wieder, möglicherweise aufgrund von Erfahrungen, wie es sie in Korinth mit den unverschleiert auftretenden ekstatischen Prophetinnen gegeben hat. - Vgl. F. HAHN, Der urchristliche Gottesdienst, S. 62-64.

[143] Im Blick auf die judenchristlichen Gemeinden behauptet derartiges schon W. BAUER, Der Wortgottesdienst der ältesten Christen, S. 9f.

[144] So einhellig die Ausleger. s. z. B. H. CONZELMANN, KEK 5^12, S. 365.

[145] Rö 14,5f.; Gal 4,8ff; Kol 2,16.

[146] Vgl. W. BAUER, Der Wortgottesdienst der ältesten Christen, S. 59-62.

[147] Vgl. J.N.D. KELLY, Altchristliche Glaubensbekenntnisse. Geschichte und Theologie, Göttingen 1972 (Übers. d. 3. Aufl., London 1972), S. 343ff; DERS., Apostolisches Glaubensbekenntnis, *LThK* 1, 760-762; A.M. RITTER, Glaubensbekenntnis(se) V. Alte Kirche, *TRE* 13, 399-412.

Entscheidend ist, daß solch ein Gottesdienst stattfand und daß die Wortgottesdienste der Korinther immer noch am besten als christliche „Synagogengottesdienste" verstanden werden können. Die Unmittelbarkeit der Geistesäußerungen drohte die Ordnung zu zerstören, vertrug sich aber, richtig verstanden, nach Ansicht des Paulus durchaus mit einem geordneten Gottesdienstverlauf. Paulus betont die Bandbreite der Geistesäußerungen, und so wird man sich auch die „Predigten" im Wortgottesdienst der Korinther nicht eingeengt auf eine feste Form oder als Privileg nur einiger ganz weniger Amtsträger vorstellen dürfen. Höchstwahrscheinlich aber war alle Verkündigung auf die eine oder andere Weise auf die Schriften bezogen, lebte doch der Glaube auch der ersten Heidenchristen zu einem entscheidenden Teil von und mit der Septuaginta.

c) Weitere Nachrichten in den Paulusbriefen

Zur Ergänzung unseres Bildes vom Gottesdienstleben in den paulinischen Gemeinden soll hier noch im Vorübergehen auf einige Stellen aus den Paulusbriefen eingegangen werden, bevor wir uns noch einmal intensiver dem Kolosserbrief (3,16-17) zuwenden.

Einige abschließende Mahnungen im Ersten Thessalonicherbrief (1Thes 5,16-22) passen zweifelsfrei gut in einen gottesdienstlichen Kontext. Freilich greifen die Aufforderungen: „seid allezeit fröhlich, betet ohne Unterlaß" (V 16-17) über einzelne Gottesdienste hinaus in das tägliche Leben. Aber die Ermahnung, den Geist nicht zu dämpfen und prophetische Reden nicht zu verachten (V 19-20) zeigt doch, daß hier vom Gottesdienst her gedacht wird. So haben Freude, Gebet und Dankgebet (εὐχαριστεῖν) ihren Ort zuallererst im Gottesdienst. Die für die Mahlfeiern bei Lukas bezeugte ἀγαλλίασις (Act 2,46) kommt einem in den Sinn, und προσεύχεσθαι (V 17) erscheint dann wie eine Ergänzung, die speziell durch den Wortgottesdienst hervorgerufen sein mag. Es folgt zwar sogleich das εὐχαριστεῖν (V 18), aber gerade die Aufforderung, „in allem" (ἐν παντί) zu danken, zeigt, daß das Wort hier noch nicht als „eucharistischer" Terminus festgelegt ist.

Wie dem auch sei, die Mahnung an die Gemeinde, prophetische Rede nicht zu verachten (V 20), wird in erster Linie den Gottesdienst (und wir dürfen ergänzen: den Wortgottesdienst) betreffen, und von

---

148 Vollends hypothetisch wird die Darstellung, wenn man in Act 13,1-3 einen Wortgottesdienst finden und daraus auch noch Folgerungen ziehen will, die bis in die Gegenwart hineinreichen - gegen O. KNOCH, „In der Gemeinde von Antiochia gab es Propheten und Lehrer".

hier aus gesehen kann es auch in der Aufforderung von V 19, den
Geist nicht zu dämpfen, nur sinnvoll darum gehen, den Äußerungen
des Geistes durch die von ihm „begabten" Gemeindeglieder im Gottesdienst Raum zu geben[149]. Offensichtlich war in Thessaloniki (einer
genauso viel oder genauso wenig hellenistischen und „heidenchristlichen" Gemeinde wie Korinth) das Problem genau andersherum gelagert
als in Korinth: man neigte dazu, die freien Äußerungen des Geistes im
Gottesdienst geringzuschätzen und nur anerkannte Autoritäten (die
Schriften? Gemeindeälteste? Lehrer?) zu Wort kommen zu lassen[150].

Das Korinthische Mißverständnis mag dann auch durch solche
Mahnungen des Paulus, wie er sie hier den Thessalonichern gegenüber
noch äußerte, entstanden sein. Analog soll die Prüfung der Geistesäußerungen (V 21) in Thessaloniki noch nicht dazu dienen, dem Über-
schwang zu wehren, sondern zu erkennen, daß es wirklich Gutes
(καλόν) zu hören und zu behalten (κατέχειν) gibt, wo der Geist im Gottesdienst redet.

Ob auch die letzte Mahnung dieser Reihe: „von jeder Gestalt des
Bösen haltet euch fern" (V 22) gottesdienstlichen Bezug hat?
Sicherlich ist das δοκιμάζειν im Gottesdienst (V 21) hier miteingeschlossen[151], doch wird sich der Satz wie der Anfang der Reihe auf
das ganze Leben der Christen überhaupt beziehen.

Der Römerbrief des Paulus blickt auf die Erfahrungen in Korinth
schon zurück; so zeichnet Paulus hier die Gaben des Geistes wie
selbstverständlich in das Bild von der Gemeinde als Leib ein (Röm
12,3-8). Das Zungenreden erwähnt er hier (wohlweislich?) gar nicht, an
erster Stelle aber durchaus noch das prophetische Reden (V 6). Hierzu
folgt jedoch sogleich die theologisch abgeklärte Einschränkung, daß
der Prophet nur gemäß dem Glauben (κατὰ τὴν ἀναλογίαν τῆς πίστεως) reden solle: an die Stelle der Mahnung zur Kontrolle durch die Gemeinde

---

[149] T. HOLTZ, EKK 13, S. 259, will (unter Berufung auf 1Kor 12,1-3) die
Äußerungen des Geistes als Umschreibung für das Leben der christlichen Gemeinde
überhaupt verstehen. Die Prophetie (V 20) wird dann nur zu einem möglichen Beispiel für das Wirken des Geistes. Holtz vermutet aber selbst gerade bei der Prophetie konkrete Probleme in Thessaloniki (S. 260). - Präziser als der Kommentar
von Holtz geht W.C. VAN UNNIK, „Den Geist löscht nicht aus", NT 10 (1968)
255-269, mit dem Text um: der Schwerpunkt liegt auf den „charismatischen" Äußerungen des Geistes.
[150] Nach W.C. VAN UNNIK, „Den Geist löscht nicht aus", ist der Gegensatz
zum Wirken des Geistes nur eine Scheu vor Enthusiasmus. Die Frage bliebe dann,
was denn an die Stelle des Enthusiasmus treten könnte.
[151] T. HOLTZ, EKK 13, S. 262, bezieht den Vers ausschließlich auf zu ver-
werfende, „böse" Prophetie; E. BEST, A Commentary on the First and Second
Epistles to the Thessalonians (BNTC), p. 241, auf alle „charismata"; vgl. E. DOB-
SCHÜTZ, KEK 10[7], S. 225.

ist hier ein inhaltliches Kriterium getreten, nach dem schon die Propheten selbst (vor aller Kontrolle durch die Gemeinde) sich richten sollen[152].

Neben die Prophetie stellt Paulus hier im Römerbrief das Dienen (διακονία - V 7), Lehren (διδασκαλία - V 7) und Ermahnen (παράκλησις - V 8). Er geht damit durch διακονία über den engeren gottesdienstlichen Rahmen hinaus. Bei der Verkündigung hat er nach wie vor verschiedene Typen und Tätigkeiten im Blick. Mit παράκλησις mag hier praktische Wegweisung zum christlichen Leben gemeint sein[153]; sie kann, muß aber nicht ihren Ort im Gottesdienst haben. So betreffen auch die weiteren Geistesgaben das Frömmigkeitsleben (Unterstützung der Gemeinde und Almosengeben, dazwischen recht wahllos die Gabe des Vorstehers - προϊστάμενος, V 8), wobei Paulus auch an den Gottesdienst denkt. Der προϊστάμενος nämlich wird möglicherweise die Verteilung der Gaben zu überwachen, jedenfalls aber den Gottesdienst zu leiten haben (der Begriff προεστώς taucht so bei Justin wieder auf - dazu s. u.) und damit für den christlichen Kontext nichts anderes sein als der ἀρχισυνάγωγός in der Synagoge.

Daß der Gottesdienst der Christen durch den Messias und Herrn Jesus Christus gegenüber den synagogalen Gottesdiensten ein eigenes Gepräge hatte, wird für die paulinischen Gemeinden unter anderem am Abba-Ruf beim Gebet deutlich (Abba = Väterchen, Papa). Er ist im Galater- und Römerbrief überliefert (Gal 4,6; Röm 8,15). Bemerkenswert ist, daß Paulus ihn auch bei der nicht von ihm gegründeten Gemeinde in Rom voraussetzt. In aller Kürze brachte er das neue Gottesverhältnis der Christen zum Ausdruck. Von den aramäischsprechenden judenchristlichen Gemeinden überliefert, wurde das Wort als Fremdwort auch in den hellenistischen Gemeinden aufgenommen und band damit die christlichen Gemeinden in ihrem Gottesdienst zusammen. Das hat sicherlich seinen Grund darin, daß diese Gottesanrede auf Jesus selbst zurückgeht[154]. Zugleich zeigt sich aber, daß mit dem Schritt zu den griechischsprechenden „Heiden" keineswegs ein völliger Traditionsbruch einherging, zumal dieser Schritt ja über das Diasporajudentum vermittelt wurde. Als ähnliches Beispiel läßt sich auch der bereits behandelte Maranatha-Ruf anführen, welcher nicht einmal die Autorität des Herrn als Urheber hinter sich hat.

---

152 Nach E. KÄSEMANN, HNT 8a³, S. 329, ist es „schlechterdings unsinnig", zu verstehen, der Prophet habe sich nach seinem eigenen Glauben zu richten. Das gilt jedoch nur, wenn hier an eine völlige Subjektivierung zu denken wäre; man kann sich selbst aber auch an objektiven Maßstäben prüfen. Damit ist natürlich eine Überprüfung durch die Gemeinde nicht ausgeschlossen.
153 Vgl. U. WILCKENS, EKK VI/3, S. 15.

Auch die Eulogien zum Eingang der Briefe des Paulus zeigen, wie überlieferte Gebetssprache, in diesem Fall von der Synagoge, transportiert und übernommen wurde[155]. Das wird sich nicht auf den Juden Paulus beschränkt haben, da ja Männer wie er aus der ersten Generation entweder direkt oder durch ihre Schüler prägend auf die christlichen Gemeinden im ganzen römischen Reich einwirkten. Auch die Fürbitte, zu welcher Paulus die Gemeinden gelegentlich aufruft[156], hat alttestamentliche Wurzeln; charakteristisch ist aber, daß sie dort vor allem zu den Aufgaben der Propheten gehörte (vgl. dagegen Jer 29,7), hier jedoch wie selbstverständlich der ganzen Gemeinde aufgetragen wird[157].

Für Paulus läßt sich auch klar feststellen, daß die Predigt über alttestamentliche Schriften nicht nur eine Verlegenheitslösung oder sozusagen noch ein „alter Zopf", sondern theologisch durchdacht war und aus innerer Notwendigkeit entsprang. Verwiesen sei nur auf die grundsätzlichen Gedanken in Rö 15,4: „Was zuvor geschrieben ist, ist uns zur Lehre geschrieben ...", und in 1Kor 10,11 über die Funktion alttestamentlichen Geschehens als Vorbild, τύπος, für das Ende der Zeiten[158].

Natürlich ist damit keine Uniformität der frühchristlichen Gottesdienste postuliert. In den paulinischen Gemeinden etwa gab es eben so unterschiedliche Einstellungen zu den Geistesgaben wie die in Thessaloniki und in Korinth. Immerhin aber zieht Paulus im Ersten Korintherbrief zweimal das Argument heran, die Korinther sollten sich mit ihren gottesdienstlichen Gepflogenheiten nicht von den anderen Gemeinden absondern (1Kor 11,6; 14,33). Ebenso mahnt er verschiedentlich zur Einigkeit innerhalb der Gemeinde[159]; an einer Stelle auch ausdrücklich zur Einheit im Gotteslob (Röm 15,6). Sie ist das Ziel der

---

154 Mk 14,36; vgl. J. JEREMIAS, Abba, in: DERS., Abba. Studien zur neutestamentlichen Theologie und Zeitgeschichte, Göttingen 1966, 15-67.

155 S. z. B. zu Röm 1,8 den Kommentar von O. MICHEL, KEK 4[12], S. 45: „Stil und Ausdrucksweise stammen aus der jüdischen Gebetssprache". - Vgl. 1Kor 1,4; Eph 1,16; Phil 1,3; Kol 1,3; 1Thes 1,2; 2Thes 1,3; Phm 4 - jeweils εὐχαριστεῖν; 2Kor 1,3; Eph 1,3; 1Petr 1,3 - εὐλογητός. Beide Begriffe kommen auch sonst in den Briefen im doxologischen Sinn vor (Hebräisch: בָּרוּךְ).

156 Röm 15,30; 2Kor 1,11; 7,7; 1Thes 5,25; 2Thes 3,1; Phil 1,19; Kol 4,3; Phlm 22.

157 Vgl. zum Fürbittgebet im Alten Testament: H.J. BOECKER, Gebet 1. u. 2., BHH 1, 518-522, Sp. 520f.

158 S. dazu L. GOPPELT, Typos. Die typologische Deutung des Alten Testaments im Neuen, Darmstadt 1990 (Nachdr. d. Ausgabe Gütersloh 1939 - BFCT 2/43), S. 5, und DERS., Apokalyptik und Typologie bei Paulus, *ThLZ* 89 (1964) 321-344, abgedruckt als Anhang des eben gen. Buches, 257-299, S. 278ff. (= Teil III).

159 1Kor 1,10ff; 1Kor 12,13; Röm 12,16; Kol 3,15; vgl. auch Eph 4,3-6.

Einigkeit in der Gemeinde: wie aus einem Mund sollen die römischen Christen „Gott, den Vater unseres Herrn Jesus Christus verherrlichen".

Es ist wohl kein Zufall, daß Paulus solche Einigkeit im Gotteslob gerade der Gemeinde in Rom empfahl. Denn hier mußte sich aus räumlichen Gründen schon früh die Gemeinde über verschiedene Häuser verteilen; und das bedeutete eine besondere Gefahr der Uneinigkeit, indem sich die verschiedenen Gruppen unter womöglich konkurrierenden Führungspersönlichkeiten auseinanderentwickelten. Aus der vermutlich viel kleineren Gemeinde in Korinth kannte Paulus solche Probleme ja zur Genüge.

Einige Hausgemeinden werden im Römerbrief erwähnt; und auch in anderen Paulusbriefen kommen sie vor (Phlm 2; 1Kor 16,19; Kol 4,15)[160]. Daß die Einigkeit im Gotteslob etwa bei den römischen Christen ihren Ausdruck gerade im Wortgottesdienst fand, zu dem man sich in Hausgemeinde-übergreifenden Gruppen versammeln konnte, ist wahrscheinlich. Belegen läßt sich das allerdings nicht.

Gerade die Situation der Hausgemeinde macht auch eine Notiz verständlich, die sich im 1. Thessalonicherbrief findet: hier fordert Paulus die Briefempfänger auf, den Brief „vor allen Brüdern lesen zu lassen" (1Thes 5,27). Welche Konstellation steht hinter dieser Aufforderung? Es könnte etwa ein gemeindeleitendes Gremium den Brief vor der Gesamtgemeinde zurückhalten, weil er zu lang oder zu schwierig zu verstehen sei, oder weil es keine rechte Gelegenheit gebe, den Brief vorzulesen. Dann aber wäre nicht klar, warum Paulus betont, der Brief solle allen vorgelesen werden. So wird es eher darum gehen, daß der Brief wirklich in den einzelnen Hausgemeinden verlesen werden sollte[161]. Das paßt zu den Beobachtungen, welche wir im Blick auf die Aufforderung zum Heiligen Kuß an den Briefenden gemacht haben: bei der Mahlfeier, in kleinerem Rahmen also, schien der geeignete Ort für das Vorlesen von Apostelbriefen zu sein. Sie trugen als Gelegenheitsschreiben zunächst noch nicht den Charakter einer förmlichen Predigt, die im Wortgottesdienst vorzutragen richtig gewesen wäre.

Wir können also festhalten, daß die in den Paulusbriefen verstreuten Notizen zum Gottesdienst sich insgesamt zu einem einheitlichen Bild von den Gottesdiensten fügen. Dabei hat sich jedoch gezeigt, daß die Geistesgaben im Gottesdienst ganz unterschiedlich betont werden konnten.

---

[160] Vgl. dazu H.-J. KLAUCK, Hausgemeinde und Hauskirche im frühen Christentum, Stuttgart 1981 (SBS 103).
[161] Anders T. HOLTZ, EKK 13, S. 274: es gehe nur darum, daß die Briefempfänger den Brief der ganzen Gemeinde im Wortlaut vorlasen.

d) Kolosserbrief 3,16-17

Mit den besprochenen Stellen aus der Apostelgeschichte des Lukas und aus den Paulusbriefen, namentlich dem Ersten Korintherbrief, sind die direkten Auskünfte des Neuen Testaments über den Wortgottesdienst der Christen fast erschöpft. Mit einiger Sicherheit lassen sich aber Kol 3,16 und die Parallele Eph 5,(17)18-20 auf den Gemeindegottesdienst beziehen. M. E. geht der Kolosserbrief auf Paulus als Absender zurück, wurde aber von einem seiner Schüler (wohl dem Timotheus) verfaßt[162]. Zu fragen wäre also, ob Kol 3,16-17 das hier gewonnene Bild vom Wortgottesdienst in den paulinischen Gemeinden ergänzt oder bestätigt.

In Kol 3,16 heißt es: „Das Wort des Christus wohne in euch reichlich, indem ihr in aller Weisheit euch gegenseitig lehrt und ermahnt, dazu Psalmen, Hymnen, geistgewirkte Oden dankbar in euren Herzen singt"[163]. Διδάσκειν, νουθετεῖν und ᾄδειν zusammen gehören, zumal mit den im Plural angesprochenen Gliedern der Gemeinde von Kolossae als Subjekt, am ehesten in den gemeinsamen Gottesdienst[164], obwohl natürlich nicht auszuschließen ist, daß hier auch an Besuche der Christen untereinander gedacht ist. Immerhin stehen im Kontext Mahnungen zum alltäglichen Leben der Christen.

Unsere Stelle ist dabei ein Art Drehpunkt. Zuvor war aufgrund des bereits früher im Brief angelegten Motivs des neuen Lebens der Christen nach der Taufe vom Ablegen der Sünde und Anziehen christlicher

---

[162] Vgl. E SCHWEIZER, EKK Kolosser, S. 20-27; W. KÜMMEL, Einleitung, 21. Aufl., S. 298-306. 578f.

[163] J. GNILKA, HThK 10/1, S. 193, nimmt noch die alte Interpunktion (vgl. NT Graece, 25. Aufl., Apparat). Belehrung und Zurechtweisung durch Psalmen und Lieder ergibt aber wenig Sinn. Die Struktur ist mit der Interpunktion im NT Graece (25. u. 26. Aufl.) richtig erfaßt:

ἐν πάσῃ σοφίᾳ   - διδάσκοντες καὶ νουθετοῦντες -   ἑαυτούς,
ψαλμοῖς ὕμνοις ᾠδαῖς
          πνευματικαῖς ἐν χάριτι - ᾄδοντες ἐν ταῖς καρδίαις ὑμῶν -   τῷ θεῷ.

- Wie Gnilka: F.F. BRUCE, NLC Colossians, p. 279; O. SÖHNGEN, Theologische Grundlagen der Kirchenmusik, Leiturgia IV, Kassel 1961, 1-267, S. 4; dagegen schon M. DIBELIUS, HNT 12, S. 44; anders P. EWALD, KNT 10, S. 427, der aus inhaltlichen Gründen ψαλμοῖς bis πνευματικαῖς als selbständiges Glied auf ἐνοικείτω bezieht. - Neuerlich verficht auch M. HENGEL, Das Christuslied im frühen Gottesdienst, in: Weisheit Gottes - Weisheit der Welt, FS J. Ratzinger, St. Ottilien 1987, Bd I, 357-404, S. 389f., die hier bestrittene Interpunktion und weist auf den lehrhaften Charakter der christlichen Lieder und auf Eph 5,19 (dazu s. u. S. 90f.) hin. Διδάσκειν und νουθετεῖν (vgl. auch Kol 1,28!) im Bezug auf die Lieder bliebe aber ein doch sehr außergewöhnlicher Ausdruck. Daß für die Interpretation beim λόγος τοῦ Χριστοῦ einzusetzen ist (Hengel, a. a. O., S. 390), bleibt unbenommen.

[164] Vgl. z. B. E. LOHSE, KEK 9/2, S. 216: „Der Verkündigung und Auslegung des Wortes antwortet die Gemeinde in dem von ihr angestimmten Gesang."

Tugenden die Rede gewesen; hernach folgt die nach sozialen Gruppen geordnete Haustafel. Dabei bildet V 17 einen Höhepunkt und Abschluß, und mit der Anrede an die Frauen in V 18 ist ein Neueinsatz gegeben. Zugleich entfaltet die Haustafel aber den Grundsatz von V 17: „Alles was ihr tut mit Wort oder Tat, das tut alles im Namen des Herrn Jesus"[165].

Der uns vor allem interessierende Vers 16 würde hier nun wie ein Fremdkörper wirken, wäre er nicht eingerahmt durch die sich aus der Beschreibung des neuen Lebens ergebende Aufforderung zum Danken jeweils am Ende von Vers 15 und Vers 17. Εὐχαριστεῖν ist das Stichwort, unter dem Vers 16 verstanden werden muß; dabei fehlt aber jede Anspielung auf das Herrenmahl als Eucharistie, so daß wir hier beim ursprünglichen Sinn des Wortes bleiben müssen. Daß das „Wort des Christus" nun aber als Lehre und Ermahnung entfaltet wird, zwingt sogleich zur Einschränkung: die Aufzählung in Vers 16 ist nicht einfach eine Umschreibung des εὐχαριστεῖν, sondern holt offenbar weiter aus[166].

Man wird sagen müssen, daß das Motiv des Dankens den Verfasser auf das Thema Gottesdienst gebracht hat, zu dem auch das gehört, was der Briefschreiber selbst getan hat, bevor er zum Dank aufforderte: die Entfaltung des Wortes in Lehre und Ermahnung. Erst wenn so der Grund gelegt ist, ergibt sich als eine Folge der Dank, oder gottesdienstlich gewendet, eben das Lied. Im Wesentlichen sind hier also zwei Gottesdienstelemente beschrieben (und nicht fünf oder sechs): die Wortverkündigung und das Lied, das hier an die Stelle des Dankgebetes tritt.

Grammatisch gesehen wird das Innewohnen des Wortes sowohl durch Lehren und Ermahnen als auch durch das Singen entfaltet. Das dürfte auch so gemeint sein[167], wobei die erste Funktion des

---

[165] Kol 2 entfaltet im spezifischen Gegenüber zu Irrlehren, was die Taufe bedeutet; ab Kol 3,1 wird das allgemein paränetisch ausgeweitet; die Aufteilung in „lehrhaften" und „paränetischen" Teil ist also nicht so strikt und konsequent, wie das nach der Darstellung etwa von H. CONZELMANN, NTD 8, S. 178, erscheinen mag. Zum Zusammenhang mit der Taufe vgl. auch O. MERK, Handeln aus Glauben, Marburg 1968 (MThSt 5), S. 213, der allerdings V 16 zu sehr vom Vorhergehenden abtrennt.

[166] Das wäre kritisch zu bemerken zu A. LINDEMANN, ZBK.NT 10, S. 62: „So gibt also V. 16 den Inhalt von V. 15 b an ..."; ebenso E. LOHSE, KEK 9/2, S. 216: „Rechte Danksagung, zu der V. 15 b anhält, geschieht im Hören und Bedenken des Wortes und in den von der Gemeinde zur Ehre Gottes gesungenen Liedern." Besser M. DIBELIUS, HNT 12, S. 44: „Die Erwähnung des Dankens führt weiter auf andere Betätigungen der Gemeinde."

[167] Vgl. E. SCHWEIZER, EKK Kolosser, S. 156f.: „Subjekt solchen Gottesdienstes ist nicht eigentlich die Gemeinde ..., sondern das Wort Christi selbst." Weiteres zu ὁ λόγος τοῦ Χριστοῦ s. u.

Wortes im διδάσκειν und νουθετεῖν der Gemeindeglieder untereinander besteht. Damit wird ihnen die Aufgabe zugesprochen, mit der in Kol 1,28 zunächst das Wirken des Apostels selber bezeichnet worden war. Dort wird die Christusverkündigung durch den Apostel an die Heiden mit eben diesen Begriffen beschrieben, sogar ebenfalls mit dem Zusatz ἐν πάσῃ σοφίᾳ[168]. Ziel ist dabei, die Hörer zu in Christus vollendeten Menschen zu machen[169]. Die Vollendung zeigt sich entsprechend dem διδάσκειν im Glauben (vgl. Kol 2,7) und entsprechend dem νουθε-τεῖν im Leben der Christen. Dem διδάσκειν lassen sich auch die Er-kenntnis, dem νουθετεῖν die Liebe (ἀγάπη) zuordnen, wobei die Erkennt-nis als σύνεσις oder ἐπίγνωσις des „Mysteriums Gottes" christozentrisch gefaßt ist, die Liebe hingegen gemäß der Paränese des Briefes primär auf den Menschen bezogen[170]. Auch die Liebe der Christen und ihre Lebensführung ist aber nichts anderes als ein περιπατεῖν ἐν Χριστῷ (Kol 2,6); διδάσκειν und νουθετεῖν gehören also nicht nur in stereotyper Wen-dung zusammen[171], sondern nach dem Ausweis des Briefes, in wel-chem die Paränese fest christologisch und soteriologisch verankert ist, auch ihrem Wesen nach.

Gemäß der Zielangabe der „Vollendung" gibt es keinen prinzipiel-len, sondern höchstens einen graduellen Unterschied zwischen der Mis-sionspredigt des Apostels und der Gemeindepredigt, wie eben die identische Begrifflichkeit für beides es belegt. Die Betonung von σοφία, γνῶσις, σύνεσις und dergleichen, auch das häufigere Auftreten von μυστήριον ist wohl auf die besondere Situation der Kolosser zurückzu-führen[172]. Im Brief werden zwar gerade die dort anscheinend grassierenden φιλοσοφίαι abgelehnt und die „Erkenntnis" allein christolo-gisch gefüllt; um so wichtiger aber, daß die Ablehnung falscher Speku-lationen dieser „Philosophie" ebenbürtige, „hochgeistige" Predigten ent-gegenstellen kann!

Wie ist nun das Lehren und Ermahnen als Entfaltung des Wortes des Christus zu verstehen? Ist an eine Predigt über Herrenworte ge-dacht[173]? Der Vergleich mit der schon herangezogenen Stelle Kol 1,28 zeigt, daß ὁ λόγος τοῦ Χριστοῦ hier in erster Linie als „das Wort von

---

[168] Vgl. dazu E. LOHSE, KEK 9/2, S. 216.
[169] Kol 1,28b: ἵνα παραστήσωμεν πάντα ἄνθρωπον τέλειον ἐν Χριστῷ.
[170] Vgl. auch Kol 1,4: πίστις - ἀγάπη.
[171] So E. SCHWEIZER, EKK Kolosser, S. 157: „Doppelausdruck".
[172] Σοφία: Kol 1,9.28; 2,3.13; 3,16; 4,5. γνῶσις: Kol 2,3. σύνεσις: Kol 1,9; 2,2. μυστήριον: Kol 1,26.27; 2,2; 4,3. In Verbindung mit πᾶς: Kol 1,9 (vgl. auch Kol 1,11); 1,28; 2,2; 3,16; vgl. Kol 4,12. Zur Situation der Gemeinde vgl. E. LOHSE, KEK 9/2, S. 28f.; W.G. KÜMMEL, Einleitung, 21. Aufl., S. 297-298; vgl. auch ebda. S. 301ff.
[173] Dagegen zu Recht J. GNILKA, HThK 10/1, S. 199.

Christus" zu verstehen sein wird, als die Botschaft, welche in Kol 1,27 gefaßt werden kann als „Christus bei euch (den Heiden), die Hoffnung der Herrlichkeit"[174]. Dies Wort soll in der Gemeinde[175] wohnen, also ständig gegenwärtig sein; durch die Metapher wird das Wort so personalisiert, daß es ähnlich wie in Kol 1,27 fast gegen Christus austauschbar wird. Auf diese Weise kann die Gegenwart des Wortes in διδάσκειν, νουθετεῖν und ᾄδειν konkret werden.

Es ist auffällig, daß im Kolosserbrief das Alte Testament nicht zitiert wird. Inhalt der Überlieferung, an welche die Adressaten erinnert werden, ist der Christus Jesus, der Herr (Kol 2,6). Den Glauben an ihn wurden sie gelehrt (Kol 2,7), auf ihn sind alle inhaltlichen Aussagen des ersten Briefteiles konzentriert. Wenn Kol 1,15ff wirklich das Zitat eines Christushymnus ist - und dafür spricht vieles[176] - dann hätten wir hier ein explizites Stück der Christusüberlieferung vor uns, in welchem Lehre und Singen und damit auch das εὐχαριστεῖν ineinanderfallen.

Neben die „Lehre" tritt die Paränese, welche in der Haustafel Kol 3,18-4,1 und vorher in Laster- und Tugendkatalog ebenfalls wohl in der Überlieferung der christlichen Gemeinde wurzelt[177]. Daß auch dieses vom Verfasser als Christusüberlieferung verstanden wird, zeigt sich einerseits darin, daß die Paränese als Tauferinnerung entfaltet wird (Taufe explizit in Kol 2,12)[178], andererseits bei der Haustafel auch in der direkten Begründung der Ermahnungen daraus, daß Jesus der κύριος ist[179].

Die Auseinandersetzung mit den „Schriften" ist in der Gesetzeskritik gegenüber den judaisierenden Christen nur angedeutet[180], ebenso

---

[174] Vgl. auch Kol 1,5: die himmlische Hoffnung, ἥν προηχούσατε ἐν τῷ λόγῳ τῆς ἀληθείας τοῦ εὐαγγελίου ... V 6: ἠκούσατε ... V 7: ἐμάθετε.

[175] Ἐν ὑμῖν ist wohl kaum auf den einzelnen zu beziehen; vgl. Kol 1,16: dabei euch (εἰς ὑμᾶς) gegenwärtige Wort, welches wie im ganzen Kosmos, so auch bei euch (ἐν ὑμῖν) Frucht bringt. Dagegen in Kol 3,15 ausdrücklich die εἰρήνη ... ἐν ταῖς καρδίαις!

[176] Vgl. die ausführliche Diskussion bei E. SCHWEIZER, EKK Kolosser, S. 44ff; ferner E. LOHSE, KEK 9/2, S. 66ff.

[177] Zur Haustafel vgl. L. GOPPELT, Jesus und die „Haustafel"-Tradition, in: *Orientierung an Jesus*, FS J. Schmid, hrsg. von P. Hoffmann u. a., Freiburg u. a. 1973, 93-106; außerdem E. SCHWEIZER, EKK Kolosser, S. 159-164 - dort auf S. 161 allerdings (mit guten Gründen) gegen die „Vorstellung von einem verbreiteten urchristlichen Katechismus, der solche Haustafeln enthalten hätte ..." - Zu den Katalogen vgl. S. WIBBING, Die Tugend- und Lasterkataloge im Neuen Testament und ihre Traditionsgeschichte unter besonderer Berücksichtigung der Qumran-Texte, Berlin 1959 (BZNW 25), und E. LOHSE, KEK 9/2, S. 199ff.

[178] Vgl. Fußn. 165.

[179] Das gilt für die Haustafeln überhaupt und ist keine Besonderheit des Kolosserbriefes.

[180] Kol 2,16ff.

wie im Gedanken von Christus als dem Schöpfungsmittler[181] und in der Bezeichnung (ὁ) χριστὸς Ἰησοῦς sowie dem fast durchgehenden Gebrauch des Artikels vor χριστός[182].

Nach alledem wird das in Kol 3,16 empfohlene διδάσκειν und νουθετεῖν wohl nur zu einem geringen Teil Schriftauslegung mitumfassen. Sicher folgern kann man das aber auf der Basis des Kolosserbriefes nicht, wie ein Blick in den ihm verwandten Epheserbrief zeigt. Dort wird zwar das Alte Testament gelegentlich zitiert, aber man würde darum doch nicht erwarten, daß die zehn Gebote zum festen Lehrbestand der Gemeinde gehören. Genau das aber ergibt sich aus einer Bemerkung zur Haustafel, nämlich Eph 6,2f., wo wie selbstverständlich auf die zehn Gebote rekurriert wird[183]. Ohne diese Notiz wäre die Haustafel auch vollständig gewesen, und man hätte nie vermutet, daß die zehn Gebote als solche so ohne weiteres vorausgesetzt werden konnten. Dennoch: διδάσκειν ist im Kolosserbrief die Entfaltung der Christusbotschaft und nicht primär Schriftauslegung. Daß zu der Lehrtätigkeit auch die Auslegung der Schriften auf Christus hin gehört haben kann, ist damit aber keineswegs ausgeschlossen.

Der Einfluß des Alten Testaments zeigt sich zum Beispiel auch an den Worten, welche in Kol 3,16 zur Bezeichnung von Liedern verwendet werden. Für ψαλμός in der Bedeutung „Lied" ist die Herkunft aus der Septuaginta eindeutig; auch ὕμνος ist in der LXX geläufig[184]; und schließlich findet sich ᾠδή dort ebenfalls für religiöse Lieder[185]. Andere griechische Worte für „Lied" kommen hingegen in der Septuaginta wie im ganzen neuen Testament nicht oder so gut wie nicht vor[186].

Der Zusatz πνευματικός qualifiziert zudem das am ehesten in nichtgeistlichem Sinne verstehbare Wort ᾠδή, so daß hier kein Zweifel besteht, daß es bei allen drei Begriffen um christliche Lieder geht. Zu ihnen werden, wie die ganze Begrifflichkeit, speziell aber auch die Benutzung des Wortes ψαλμός zeigt, auch die alttestamentlichen Psalmen gehört haben. Das gilt umso mehr, als gerade sie schon früh verbreitet waren und als „Wort von Christus" verstanden wurden.

---

[181] Kol 1,15ff.
[182] Kol 1,1.4.7.24; 2,6.11.17; 3,1.3.4.13.15.16; 4,3.12.
[183] Vgl. auch Röm 13,9.
[184] Vgl. G. DELLING, ὕμνος κτλ, ThWNT 8, 492-506, S. 496-500.
[185] Vgl. H. SCHLIER, ᾄδω, ᾠδή, ThWNT 1, 163-165; s. außerdem den in Fußn. 184 genannten Artikel von G. DELLING.
[186] Einzig das relativ neutrale ᾆσμα ist in der LXX einige Male anzutreffen. παιάν: 2Makk 15,25. - Vgl. U. KLEIN, Musik, KP 3, 1485-1496; K. ZIEGLER, Hymnos, KP 2, 1268-1271.

Daß andererseits nicht nur die Psalmen, sondern auch neu gedich-
tete christliche Lieder von den Kolossern gesungen werden sollten,
zeigt schon die Ausdrucksvielfalt unserer kleinen Reihe[187]; außerdem
kann man πνευματικός auch als „geistgewirkt" verstehen, selbst wenn
dies nicht der primäre Sinn an dieser Stelle ist[188]; und schließlich
wird in Kol 1,15-20 ein hymnisches Stück zitiert, das man sich durchaus als „neues Lied" der Christen gesungen vorstellen kann.

Daß das Singen der Christen in Kol 3,16 vor allem als Ausdruck
des Dankes zu verstehen ist, bezeugt neben dem Kontext auch der
Zusatz ἐν χάριτι. Hier wird wohl kaum von Gnade, sondern dem Tenor der ganzen Passage gemäß und sprachlich passend und leicht
übersetzbar vom Dank beim Singen die Rede sein, und zwar vom
Dank an Gott, der zum Schluß noch als Adressat ausdrücklich genannt
wird[189].

Das ᾄδοντες wird schließlich noch qualifiziert durch den Zusatz ἐν
ταῖς καρδίαις ὑμῶν. Man hat dies ähnlich wie eine Wendung aus den
Psalmen (ἐξομολογήσομαί σοι ἐν ὅλῃ καρδίᾳ μου) mit „von Herzen", „aus
ganzem Herzen" übersetzen wollen[190]. Doch ist dies gerade nicht
die stereotype Wendung aus den Psalmen, und auch der Sprachgebrauch im Kolosserbrief wie im ganzen paulinischen Schrifttum
spricht gegen eine solche Übersetzung[191]. Ἐν ταῖς καρδίαις ὑμῶν heißt
wie in Kol 3,15: „in euren Herzen"; damit fragt sich, ob hier an ein in-
neres Singen gedacht und dadurch der ganze Text gar nicht direkt auf
den Gottesdienst zu beziehen ist[192]. Ein stummes Singen wird dem
Autor freilich kaum vorstellbar sein; das Singen im Herzen drängt zum
Singen mit dem Munde[193].

---

[187] Darauf, daß man die drei Begriffe nicht deutlich voneinander unterscheiden kann, ist wiederholt hingewiesen worden; vgl. E. LOHSE, KEK 9/2,
S. 217; M. HENGEL, Das Christuslied im frühesten Gottesdienst, S. 391.

[188] Vgl. E. SCHWEIZER, EKK Kolosser, S. 157.

[189] Gut bezeugt (𝔓 46!) ist auch die Lesart ἐν τῇ χάριτι, der ich aber vom
Kontext her, obwohl „lectio difficilior", nicht den Vorzug gebe. Mit dieser Lesart
müßte man in der Tat χάρις als „Gnade" übersetzen, und es wäre damit noch ein-
mal ein Hinweis auf den Grund zum Singen gegeben – so z. B. E. LOHSE,
KEK 9/2, S. 217f.; M. HENGEL, Das Christuslied im frühesten Gottesdienst,
S. 391.

[190] G. DELLING, *ThWNT* 8, 501.

[191] Vgl. z. B. Rö 2,15; 5,5; 10,6; 1Kor 4,5; Gal. 4,6; die Reihe läßt sich beliebig erweitern. Die καρδία ist das Innere des Menschen, was ihn bewegt.

[192] So E. LOHMEYER, KEK 9/2, S. 151; weitere Hinweise zum inneren,
stummen Lied bei J. QUASTEN, Musik und Gesang in den Kulturen der heidnischen
Antike und christlichen Frühzeit, Münster ²1973 (LQF 25), S. 73-77.

[193] So M. HENGEL, Das Christuslied im frühesten Gottesdienst, S. 391f.; vgl.
auch E. LOHSE, KEK 9/2, S. 217; E. SCHWEIZER, EKK Kolosser, S. 157; insbesondere der Vergleich mit Kol 3,15, wo der Frieden im Herzen nicht ohne Auswirkungen im σῶμα der Gemeinde bleiben kann, ist hier wichtig.

Mir scheint, daß der Autor in der Tat mit seinen Mahnungen hier wie im Kontext mehr an das alltägliche Leben der Christen denkt. Dabei sind aber die gottesdienstlichen Bezüge deutlich; man könnte ausführen: so wie im Gottesdienst, so lehrt und ermahnt auch sonst einander, und singt weiter in euren Herzen (und, wo möglich, mit dem Munde) wie ihrs im Gottesdienst tut. Erst dann wird die Mahnung sinnvoll: bei gottesdienstlichen Zusammenkünften dürften Lehre, Mahnung und Gesang so selbstverständlich gewesen sein, daß es dazu keiner besonderen Ermunterung bedurfte, sondern höchstens zu häufigem und zahlreichem Zusammenkommen, so wie die Mahnung bei den Apostolischen Vätern begegnet[194].

Es ist nun die Frage, ob die Christen tatsächlich auch im Gottesdienst sich gegenseitig lehrten und ermahnten oder ob das ἑαυτούς nur auf den hier primär angesprochenen Alltag zu beziehen ist, im Gottesdienst aber Lehre und Ermahnung die Sache von Amtsträgern war. Wir hatten bereits gesagt, daß „Lehren und Ermahnen in aller Weisheit" auch die Aufgabe des Apostels selbst war; wenn er zugegen war, wird er dabei wohl auch eine führende Rolle im Gottesdienst übernommen haben. Da aber die Christen aneinander im Alltag diese Rolle des Apostels ohne Einschränkung wahrnehmen können, wird auch an ähnliches im Gottesdienst zu denken sein, wobei sicherlich nicht wahllos alle das Wort ergriffen haben, sondern die dazu besonders Begabten, die etwa die Gabe der διδαχή oder der προφητεία hatten. Außer dem Apostel tauchen im Brief nur noch Mitarbeiter des Apostels auf, die auch, relativ unspezifisch, als διάκονος oder διάκονος τοῦ Χριστοῦ bezeichnet werden können[195]. Amtsträger werden sonst nicht genannt; der Schluß e silentio, daß sie noch keine wichtige Rolle spielten, paßt zu unseren Beobachtungen am Text von Kol 3,16[196].

Es ergäbe sich damit, bei aller Vorsicht in der Auslegung, ein ähnliches Bild vom Gottesdienst, wie wir es in 1Kor 14 bekommen, wobei aber hier die unmittelbare Geistwirkung nicht besonders betont wird. Zu den Verhältnissen in paulinischer Zeit paßt auch die Erwähnung einer Hausgemeinde am Briefende[197].

---

[194] Did 16,2; 2Clem 17,3; IgnEph 13,1; IgnPol 4,2. – Gottesdienst und Alltag sind, wie die ganze Passage Kol 3,15-17 zeigt, eng miteinander verzahnt. – Vgl. auch J. ERNST, RNT Kolosser, S. 229: „... die Mahnung für das Verhalten im Alltag orientiert sich an der Mitte des ganzen Gemeindelebens."
[195] Kol 1,7; 4,7.
[196] Die Frage zu Kol 3,16: „Übergeht der Verfasser des Kolosserbriefes sie (sc. die Ämter) hier vielleicht absichtlich?" (A. LINDEMANN, ZBK.NT 10, S. 62) erübrigt sich damit.

So ist es nicht unwahrscheinlich, daß sich Kol 3,15-16 auf einen Wortgottesdienst als Vorbild bezieht[198]. Doch erlaubt der Text von seinem Charakter her - es wird kein Gottesdienst beschrieben, und es dienen keineswegs alle möglichen Gottesdienstelemente als Vorbild für die Ermahnung - keine auch nur annähernd sicheren Schlüsse auf die Gottesdienststruktur.

e) Epheserbrief 5,18-19

Die eben behandelte Stelle des Kolosserbriefes taucht im Epheserbrief fast wörtlich noch einmal auf[199]. Das ist bei der engen Verwandtschaft dieser beiden Briefe nicht verwunderlich; aufschlußreich könnten bei einem Vergleich die Unterschiede sein.

Die Mahnung schließt hier wie im Kolosserbrief einen ersten Durchgang der Paränese ab, die im wesentlichen als Tauferinnerung gefaßt ist[200]; hier wie dort folgt auf sie die Haustafel. Im einzelnen ist das Stück jedoch anders in den Kontext eingefügt: ging es im Kolosserbrief um den Dank und die abschließende Mahnung, alles im Namen Jesu zu tun, so ist hier im Anschluß an das Bild von Finsternis und Licht der Schlüsselbegriff die Weisheit, von der der Verfasser übergeht zum Geist, um schließlich alles in den Dank als Äußerung des Geistes einmünden zu lassen. Die Haustafel ist durch partizipiellen Anschluß auf das engste damit verknüpft: auch einander untertan zu sein ist eine Wirkung des Geistes[201].

---

[197] Kol 4,15. Der in Kol 4,16 folgende Vermerk, der Brief solle auch in Laodizea und ein Laodizeerbrief in Kolossae verlesen werden, deutet in die beginnende nachapostolische Zeit.

[198] Eine Mahlfeier wird nicht vor Augen gestellt. Immerhin wird aber in Kol 3,15 die Gemeinde als σῶμα bezeichnet, von εἰρήνη und vom εὐχάριστος sein ist die Rede. Doch wären dies nur sehr vage Anklänge, auf die man keine gewichtigen Schlußfolgerungen bauen kann; vgl. zu εὐχάριστος / εὐχαριστεῖν Kol 1,3 (Danksagung in Verbindung mit der Fürbitte); Kol 1,12; 2,7; 3,17; 4,2 (wieder im Zusammenhang mit fortdauerndem Gebet).

[199] Eph 5,18-19 steht parallel zu Kol 3,16; in den Vergleich miteinzubeziehen sind die Verse Eph 5,15-17 und 20. - Zu den Einleitungsfragen s. Fußn. 206.

[200] Die Taufe wird nur summarisch in Eph 4,5 genannt, doch beziehen sich Eph 1,13 (Versiegelung), Eph 2,6 (Auferweckung mit Christus), Eph 2,13 (die Heiden sind jetzt in Christus, eine Beschneidung - Eph 2,12 - ist nicht mehr erforderlich), Eph 4,30 (Versiegelung) und Eph 5,8 (vormals Finsternis, jetzt Licht) auf die Taufe als grundlegendes Faktum. Sie ist nicht explizit das Thema, doch ist sie als Wendepunkt in dem Schema „früher - heute" immer mitgedacht.

[201] Licht und Finsternis: Eph 5,8-14; περιπατεῖν ὡς σοφοί: Eph 5,15-17; dazu parallel πληροῦσθε ἐν πνεύματι (Eph 5,18) als regierendes Verb von Eph 5,18-21(24). Zum Zusammenhang von Weisheit und Geist an dieser Stelle vgl. H. SCHLIER, Der Brief an die Epheser, Düsseldorf, [4]1963, S. 245.

Steht im Kolosserbrief eher das Wort von Jesus Christus im Vordergrund, so ist es hier der Geist, der das Singen hervorbringt. Was im Kolosserbrief mit διδάσκειν und νουθετεῖν recht breit ausgeführt ist, scheint hier auf den ersten Blick zu fehlen; doch kann man die Aussage von Eph 5,17 dazu parallel setzen: die Briefempfänger sollen den Willen des Herrn verstehen.

Anders als im Kolosserbrief folgt hierauf gleich eine konkrete Mahnung, nämlich daß man sich nicht mit Wein berauschen soll. Hieraus ergibt sich als Gegensatz die nächste grundsätzliche Aufforderung: die Briefempfänger sollen voll des Heiligen Geistes sein. Dieser Gegensatz steht parallel zu dem Vorhergehenden, wo dem Verstehen des Willens des Herrn das ἄφρων Sein entgegengestellt wird. Offenbar wird also hier gegen ähnliche hellenistische Auffassungen von Inspiration und „Begeisterung", welche ans Bacchanalische grenzen, vorgegangen wie im Ersten Korintherbrief[202].

So wird das Singen geistlicher Lieder als Äußerung des Geistes hier auch im Kontrast zu heidnischer Musik zu verstehen sein. Anders als im Kolosserbrief wird dies nun breit ausgeführt, indem hier zwar fast dieselben Worte benutzt werden wie dort, durch die Konstruktion des Satzes aber hier λαλῶντες, ᾄδοντες und εὐχαριστοῦντες parallel stehen und das Singen immer anders und im Ausdruck sich steigernd umschreiben. Adressat ist hier nicht Gott selbst, sondern der κύριος Jesus Christus; damit ist auch sprachlich vollzogen, was im Hymnus Kol 1,14ff faktisch gegeben ist[203]. Was schließlich im Kolosserbrief als Lebensregel gefaßt ist - alles im Namen Jesu zu tun -, ist hier ganz in den Dank hineingenommen: die Christen sollen Gott im Namen Jesu für alles danken (Eph 5,20).

Es zeigt sich beim Vergleich also eine starke Parallelität in Aufbau und Wortlaut und zugleich eine erstaunlich hohe Selbständigkeit und Eigenständigkeit der beiden Fassungen gegeneinander.

Einzig die merkwürdige Wendung λαλοῦντες ἑαυτοῖς ψαλμοῖς κτλ mag darauf hindeuten, daß es sich beim Epheserbrief um eine sekundäre,

---

[202] Unklar ist, ob es sich dabei um einen konkreten Mißstand in der oder den Empfängergemeinde(n) handelt, oder ob das Gegenüber hier nur theoretisch ist. Die Vorstellung vom Rausch könnte durch das ἄφρων als Konkretisierung hervorgerufen sein - umgekehrt könnte das ἄφρων schon auf das konkrete Problem hinsteuern. Klar ist der „schroffe(n) Gegensatz zur rauschhaften Zügellosigkeit mancher heidnischen Kulte" (M. HENGEL, Das Christuslied im frühesten Gottesdienst, S. 392), wie er in der Mahnung des Verfassers intendiert ist. - Vgl. auch R. SCHNACKENBURG, EKK 10, S. 241f., der in dem Vergleich Trunkenheit - Geisterfülltheit allerdings nur einen Topos ohne konkreten Hintergrund sehen will.

[203] Vgl. M. HENGEL, Das Christuslied im frühesten Gottesdienst, S. 392 und die darauf folgenden Erörterungen zu neutestamentlichen Christusliedern.

den Kolosserbrief verarbeitende Schrift handelt[204]. Sie könnte nämlich darauf zurückzuführen sein, daß der Verfasser Kol 3,16 so verstanden hat, daß ψαλμοῖς usw. auf διδάσκοντες und νουθετοῦντες zu beziehen ist, so daß nach πνευματικαῖς ein Komma zu denken wäre. Das wäre von der Wortstellung her möglich, wenngleich der Satzbau insgesamt dagegen spricht, weil die adverbielle Bestimmung zu den Partizipien anders als in der Epheserstelle jeweils vorangestellt ist[205]. Eine gegenseitige Belehrung und Ermahnung durch Psalmen und Lieder hätte dem Verfasser des Epheserbriefes aber nicht besonders eingeleuchtet, so daß ihm aufgrund dieses Mißverstehens in seiner Formulierung διδάσκειν und νουθετεῖν zu λαλεῖν verblassen mußte[206].

Wie immer es um die Richtigkeit dieser Vermutung stehen mag, wir müssen im Blick auf unsere Fragestellung festhalten, daß im Epheserbrief der Gottesdienst nicht in gleicher Weise wie im Kolosserbrief als Hintergrund für die Mahnung zu greifen ist. Sie beschränkt sich hier auf die Aufforderung zum Singen und erwähnt das Lehren nicht. Allerdings rückt im Epheserbrief das Singen noch näher an das (Dank-)Gebet; das dritte Partizip εὐχαριστοῦντες geht nachgerade in das Beten über, wenn den Adressaten nahegelegt wird, immer und für alles zu danken. Lied und Gebet gehören aber offensichtlich in den Rahmen der Mahlfeier; anders ergibt die Alternative „sich mit Wein betrinken - voll des heiligen Geistes sein" hier kaum einen Sinn[207].

---

[204] Ob Eph 5,20 auf einem Mißverständnis von Kol 3,17 beruhe (vgl. M. DIBELIUS, HNT 12, S. 92), erscheint mir denn doch zweifelhaft; wenn, dann wird hier mit den Gedanken der Kolosser-Stelle in freier Verwendung etwas Neues geschaffen.

[205] Vgl. Fußn. 163.

[206] Die beobachtete Selbständigkeit der Gedanken an unserer Epheserbriefstelle reicht schon aus, dagegen zu argumentieren, der Verfasser habe aus dem Kolosserbrief mehr oder minder einfach abgeschrieben. Es kommt eigentlich nur eine Benutzung aus dem Gedächtnis oder das Schreiben eines eigenen Briefes in Frage, für das der Kolosserbrief als Muster je und dann eingesehen wurde. Für eine Spätdatierung gibt es m. E. keine hinreichenden Gründe (s. dazu u. zu den Ämtern). Die Position von H. SCHLIER, Der Brief an die Epheser, S. 22-28, Paulus habe den Brief selbst geschrieben, muß aber aus stilistischen und theologischen Gründen im Sinne einer Sekretärshypothese abgewandelt werden, falls der Brief noch zu Lebzeiten des Paulus verfaßt ist. Auf jeden Fall ist er später als der Kolosserbrief anzusetzen, wohl auch mit einem anderen Verfasser, dem eine Kopie des Kolosserbriefes oder Stichworte zu diesem Brief vorgelegen hätten. - Vgl. zum Problem W.G. KÜMMEL, Einleitung, 21. Aufl., S. 310-323; R. SCHNACKENBURG, EKK 10, S. 20-34; P. VIELHAUER, Geschichte der urchristlichen Literatur, Berlin / New York 1975, S. 207-212 (allesamt Vertreter der Auffassung, daß Eph pseudonym verfaßt sei).

[207] Das bedeutet nicht, daß es in den Empfängergemeinden keine Probleme mit dem Alkohol bei der Mahlfeier gegeben haben muß; doch muß der Weinrausch eine echte Alternative zum Geistesrausch sein, wenn die Aussage nicht abgeschmackt wirken soll. Diese Alternative mag im Dionysoskult vor Augen gestanden

Damit erklärt sich auch das Zurücktreten der Verkündigung an dieser Stelle.

Durch das λαλεῖν ist klar, daß der Verfasser des Epheserbriefes nicht nur zu einem inneren, sondern zum tatsächlichen Singen auffordert, entsprechend geht es hier um ein Singen von Herzen - τῇ καρδίᾳ - und nicht im Herzen[208]. Solches Singen stünde dem Gesang derjenigen gegenüber, die vom Wein trunken sind. Doch zeigt das Wort πάντοτε in Eph 5,20, daß die Mahnung, obwohl hier konkreter auf einen Gottesdienst bezogen als im Kolosserbrief, doch auch über das Gottesdienstleben hinaus sich auf den Alltag erstreckt[209].

Über die Wortverkündigung bei den Empfängern des Epheserbriefes läßt sich einiges aus dem erheben, was wir aus ihm zu den Gemeindeämtern erfahren. Zunächst sei noch einmal darauf aufmerksam gemacht, daß Eph 5,19ff Singen und Beten der Christen auf das Wirken des Heiligen Geistes zurückgehen. Und durch die Gegenüberstellung zu Trunkenheit durch Wein wird das „Vollsein mit Geist" auch als ekstatisches Phänomen vorgestellt. Doch das bricht sich an der nachfolgenden Beschreibung des Singens: mit „Psalmen" zu „reden" und Gott immer für alles zu danken ist wohl kaum als ekstatischer Rausch denkbar. Die Vorstellung vom Wirken des Geistes ist damit derjenigen, die Paulus in 1Kor 14 vertritt, sehr ähnlich. Sie verträgt sich ohne weiteres mit dem Gedanken von Ordnung und Ämtern in der Gemeinde.

Welche Ämter also kommen im Epheserbrief vor? Die Kirche, so heißt es in Eph 2,20, ist gebaut auf das Fundament der Apostel und Propheten (vgl. Eph 3,5), wobei Christus Jesus der Eckstein ist.

---

haben, doch wird sie ja auch als eine den Christen offene Möglichkeit dargestellt - und die Mahlfeier bot eben diese (hier abgelehnte) Möglichkeit. Daß sie real war, zeigt das μεθύει in 1Kor 11,21. - Vgl. H. SCHLIER, Der Brief an die Epheser, S. 246, dessen Argumentation ich folge; M. HENGEL, Das Christuslied im frühesten Gottesdienst, S. 392; R. SCHNACKENBURG, EKK 10, S. 241 f., der meint, es genüge, hier eine „Opposition gegen ein in Essen und Trinken ausschweifendes Leben anzunehmen", wie sie auch sonst bei Paulus zu beobachten sei; der Vergleich zwischen Weinrausch und Geistbegabung sei überdies in der Tradition schon vorgegeben - Schnackenburg selbst sucht aber eben doch nach einem realen Hintergrund, wie ihn die Anwendung des traditionellen Bildes hier erfordert. - Trotz des Bezuges auf die Mahlfeier muß das εὐχαριστεῖν in Eph 5,20 durchaus noch keinen spezifischen Klang haben (gegen H. SCHLIER, a. a. O., S. 248; vgl. dazu R. SCHNACKENBURG, EKK 10, S. 244).

[208] Vgl. o. S. 87; außerdem R. SCHNACKENBURG, EKK 10, S. 243. H. SCHLIER, Der Brief an die Epheser, S. 247f., spricht von inneren und äußeren Lobgesängen (S. 248), nachdem er zuvor sich bemühte, τῇ καρδίᾳ zu erklären, ohne beides auseinanderzudividieren.

[209] Es ist bezeichnend für die allzu sehr an der Eucharistie interessierte Auslegung von H. SCHLIER, Der Brief an die Epheser, S. 248-250, daß er auf dies πάντοτε gar nicht eingeht; zu sehr am Kultischen interessiert auch J. GNILKA, HThK 10/2, S. 272; richtig dagegen J. ERNST, RNT Epheser, S. 380.

Apostel und Propheten - der Reihenfolge halber und wegen der gleich zu besprechenden Stelle Eph 4,11 sicher neutestamentliche Propheten - sind also eine Art Vorläufer; als solche haben sie für den Gemeindealltag keine unmittelbare Funktion[210]. Andererseits gehören sie nicht einfach in die Vergangenheit, wie die Ämterreihe in Eph 4,11 zeigt. Dort sind im Anschluß an Apostel und Propheten noch Evangelisten sowie Hirten und Lehrer aufgezählt. Ihrer aller Aufgabe ist die Einübung der „Heiligen" in einen Dienst, nämlich den Aufbau des Körpers des Christus. Der Funktion nach werden dabei die „Evangelisten" den Aposteln und Propheten zuzuordnen sein[211], so daß für den Gemeindealltag (wenn also kein durchreisender Wanderprediger da war) als wichtige Amtsträger die Hirten und Lehrer übrigbleiben. Da διδάσκαλος nicht wie die anderen Begriffe vorher durch δέ abgesetzt ist, wird man davon auszugehen haben, daß es sich beim Hirten und Lehrer um ein und dasselbe Amt handelt[212]. Das Amt des Lehrers hat damit eine gemeindeleitende Funktion bekommen (oder umgekehrt); zugleich besteht dem Kontext nach die wichtigste Aufgabe des Hirten und Lehrers eben im Lehren, insbesondere im Abwehren von Irrlehre[213].

So wird das „Lehren" ein wichtiger Teil der Gemeindegottesdienste gewesen sein, wird ihm doch schließlich hier eine entscheidende Funktion beim Aufbau der Kirche zugesprochen. Daß man andererseits die Gottesdienste nicht verengt als „Lehrveranstaltung" sehen darf, zeigt die besprochene ausführliche Aufforderung zum Singen und Danken in Eph 5,18ff, welche als Äußerungen des Geistes verstanden werden. Auch der „liturgische" Einschlag in der Sprache des Epheserbriefes weist in diese Richtung, insbesondere die bekenntnishafte Formulierung in Eph 4,5f. und das Hymnus- oder Taufliturgiefragment in Eph 5,14, aber auch die Eulogie am Briefanfang[214]. Daß Lied und Gebet nur Bestandteil der Mahlfeiern und nicht auch von Wortversammlungen - wenn wir sie denn hier getrennt voneinander

---

[210] Dies ist eines der zentralen Argumente für die Annahme, der Epheserbrief sei pseudepigraphisch verfaßt (vgl. Fußn. 206). Eph 4,11 (dazu s. u.) wird dabei m. E. zu wenig beachtet.

[211] Vgl. E. HAUPT, KEK 8-9, Göttingen 1902, S. 144; R. SCHNACKENBURG, EKK 10, S. 184.

[212] Gegen H. CONZELMANN, NTD Epheser, S. 109, u. H. SCHLIER, Der Brief an die Epheser, S. 197f.; unentschieden: R. SCHNACKENBURG, EKK 10, S. 184; vgl. die ausführliche Diskussion der Stelle bei E. HAUPT, KEK 8-9, S. 142-146.

[213] Vgl. die Betonung der Einheit (Eph 4,3 und 4,13) gegenüber dem Hin- und Herschwanken zwischen verschiedenen Lehren (Eph 4,14) und die Absetzung der πλάνη (Eph 4,14) gegen die Wahrheit (Eph 4,15); s. auch Eph 5,6.

[214] Vgl. dazu F. HAHN, Der urchristliche Gottesdienst, S. 68f.

vermuten dürfen - gewesen sein sollten, ist schon angesichts des πάντοτε von Eph 5,20 unwahrscheinlich.

Die herausragende Rolle des Lehrers läßt darauf schließen, daß man sich zu regelmäßigen Gemeindegottesdiensten unter seiner Leitung traf; doch äußerte sich der Geist keineswegs durch ihn allein[215]. Im übrigen läßt die Formulierung in Eph 4,11 es auch zu, daran zu denken, daß mehrere Lehrer in einer Gemeinde wirkten. Nur legt die Bezeichnung „Hirte" - gerade auch mit ihrem alttestamentlichen Hintergrund - eine Konzentration in eine Hand nahe.

Wenn der Brief an das Ende der apostolischen Zeit gehört, so ist die starke Betonung des Geistes und seines Wirkens in der Gemeinde in Eph 5,18ff bemerkenswert. Wie wir gesehen haben, geht das aber durchaus konform mit einer beginnenden Konzentration der Ämterfunktionen auf das eine Amt.

Anders als im Kolosserbrief wird im Epheserbrief das Alte Testament an einigen Stellen zitiert[216]; und wie bereits geschildert, war man auch mit den zehn Geboten als Lehrtradition vertraut[217]. Daß dies kein Einzelfall ist, zeigen die Evangelien mit ihrer - auf Jesus zurückgehenden - Bezugnahme auf die Gebote.

Der Rekurs auf die Schriften bedeutet aber nicht, daß die Predigt der „Hirten und Lehrer" in erster Linie Schriftauslegung war. Vielmehr treten im Epheserbrief zwei andere Elemente in den Vordergrund: Zum einen die Botschaft des Evangeliums von Jesus Christus, insbesondere auch für die Heiden, wie sie den Aposteln und Propheten offenbart ist[218] - dem hellenistischen Denken der Heiden zuliebe werden auch im Epheserbrief Anleihen an die Mysteriensprache gemacht -, zum anderen die Ermahnung, das παρακαλεῖν im christlichen Leben[219].

In der Predigt kommt dabei der Christus selbst zu Wort (Eph 4,21). Hier dürfte weniger an Herrenworte gedacht sein - sie kommen im Epheserbrief nicht vor - als mehr daran, daß der Herr durch seine Boten redet (vgl. Eph 4,17)[220]. Und er redet nicht nur, sondern durch

---

[215] Eph 5,19: λαλοῦντες ἑαυτοῖς.
[216] Eph (1,22); 4,8; (4,25-26); 5,14 (?); (5,31); (6,2-3) - Eph 4,8 zitiert regelrecht ein Psalmwort, das im Folgenden schulmäßig ausgelegt wird.
[217] S. o. S. 86.
[218] Vgl. Eph 3,3-7.
[219] Vgl. Eph 4,1; 4,20-24; der Brief gliedert sich klar in einen lehrhaften und einen paränetischen Teil (ab Eph 4,1 Paränese).
[220] Die Formulierungen von Eph 4,20f., so schwierig sie genau zu erfassen sind (vgl. nur die Kommentare von H. SCHLIER, Der Brief an die Epheser, S. 216f., und R. SCHNACKENBURG, EKK 10, S. 202f.), sollen jedenfalls eine enge Beziehung zwischen den Glaubenden und Christus ausdrücken, die durch das

den auf die Predigt folgenden Glauben wohnt er auch in den Herzen der Christen (Eph 3,17). Die damit verbundene Erkenntnis der Liebe Christi, welche alle Erkenntnis übersteigt[221] (auch γνῶσις als Ziel wird wie schon in Korinth ein Erbe hellenistischen Denkens sein), führt beim Einzelnen zum neuen Wandel des neuen Menschen, wie er in der ausführlichen Paränese des Briefes den Christen nahegelegt wird.

Wir bekommen damit durch den Epheserbrief ein Bild von den Gottesdiensten der Christen, das den Angaben des Kolosserbriefes wie auch denen des Ersten Korintherbriefes nahesteht. Die beginnende Konzentration auf das Amt des Hirten und Lehrers verträgt sich noch mit der Vorstellung, daß Lied und Gebet im Gottesdienst durch das Wirken des Geistes in den Christen hervorgebracht werden.

f) Pastoralbriefe

Mit den Pastoralbriefen bleiben wir im Bereich der paulinischen Gemeinden, stoßen aber in eine spätere Zeit vor. Sollten sie nicht pseudonym verfaßt sein, so hätten wir in der Spätzeit des Paulus in den Gemeinden seines Kreises mit einer sehr rapiden Entwicklung zu rechnen. Von der Verfasserfrage abgesehen empfiehlt sich ansonsten eine Datierung der Briefe um die Wende vom Ersten zum Zweiten Jahrhundert[222].

aa) Erster Timotheusbrief

Das Vorlesen aus den (alttestamentlichen) Schriften und die Predigt sind nach 1Tim 4,13 wesentliche Aufgaben des Gemeindeleiters Timotheus, welche er anstelle des Apostels erfüllt[223]. Wohl nicht zuletzt

---

Verkündigungswort entsteht: ἐμάθετε τὸν Χριστόν, εἴ γε αὐτὸν ἠκούσατε καὶ ἐν αὐτῷ ἐδιδάχθητε ... Vgl. z. St. auch J. GNILKA, HThK 10/2, S. 226ff.

[221] Eph 3,19.

[222] Zu den Einleitungsfragen vgl. J. JEREMIAS, NTD 9, S. 4-10; W.G. KÜMMEL, Einleitung, 21. Aufl., S. 326-341; H. von CAMPENHAUSEN, Polykarp von Smyrna und die Pastoralbriefe, in: DERS., Aus der Frühzeit des Christentums, Tübingen 1963, 197-252; N. BROX, RNT 7/2, S. 1-97, zur hier angeschnittenen Frage S.43: „ ,bedeutend früher' als die Ignatiusbriefe".

[223] Ἕως ἔρχομαι πρόσεχε τῇ ἀναγνώσει, τῇ παρακλήσει, τῇ διδασκαλίᾳ. - Die Zusammenstellung macht klar, daß es sich bei ἀνάγνωσις um gottesdienstliches Vorlesen handelt. Wegen 2Tim 3,15 (πᾶσα γραφή ...), und des ganzen Kontextes in 1Tim wegen wird hier in erster Linie an das Vorlesen alttestamentlicher Schriften zu denken sein. Möglich wäre, daß auch λόγοι τοῦ κυρίου (1Tim 6,3) zur Verlesung

durch den innergemeindlichen Kampf gegen die Schriftgelehrsamkeit der „fälschlich so genannte Gnosis" hat hier die Schriftauslegung so großes Gewicht, daß das Vorlesen eigens und damit überhaupt zum ersten Mal ausdrücklich im Neuen Testament erwähnt wird[224].

Die Predigt ist sowohl Mahnung (παράκλησις) als auch Belehrung (διδασκαλία)[225], wobei die Lehre durch die notwendig gewordene Behauptung gegen falsche Lehren auch sonst im Brief als vordringliche Aufgabe des Timotheus dargestellt wird[226]. Folgerichtig ist auch in der allgemeinen Schilderung eines guten ἐπίσκοπος eins seiner Charakteristika die Befähigung zur Lehre (1Tim 3,1: διδακτικός). Sie steht allerdings nicht an oberster Stelle; ein guter Lebenswandel ist dem Lehren vorgeordnet. Es ist auch nicht nur ein einzelner, der in der Gemeinde lehrt, sondern mehrere, nämlich einige von den πρεσβύτεροι bemühen sich wie Timotheus um Wort und Lehre (1Tim 5,17). Gerade diese Tätigkeit wird aber wieder als besonders der Ehre wert hervorgehoben, was sich auch in der materiellen Unterstützung dieser Ältesten ausdrückt[227].

Dem Timotheus ist bei alledem anscheinend eine Kontrollfunktion zugedacht[228]; da aber unter den Ämtern, für welche 1Tim 3

---

kamen. Zu der Frage, welche Schriften vorgelesen wurden, reichen die Antworten der Kommentare von „natürlich das Alte Testament" (J. JEREMIAS, NTD 9[11] S. 34) bis hin zu: Apostelbriefe, Evangelientexte, Jesusworte und Altes Testament (O. KNOCH, NEB 14, S. 35). Das Alte Testament nehmen an: B. WEISS, KEK 11[7] S. 178; A. SCHLATTER, Die Kirche der Griechen im Urteil des Paulus, Stuttgart ²1958, S. 129. - V. HASLER, ZBK.NT 12, S. 38, weist darauf hin, daß 1Thes 5,27; Kol 4,16; Apc 1,3 die Verlesung von Apostelschriften erwähnt wird; doch gehören diese Lesungen in den Rahmen der Mahlfeier (s. S.58f.), und die Briefe werden wohl kaum als γραφή aufgefaßt und ständig verlesen worden sein (Grenzfall: Johannesapokalypse). - Schriftlesung und Predigt lassen an den Wortgottesdienst denken; doch wird hier kein ganzer Gottesdienst beschrieben, so daß die Beobachtung, die Eucharistie werde hier nicht erwähnt (C. K. BARRETT, The Pastoral Epistles, Oxford 1963 (NCB.NT), p. 71), nicht viel besagt.

[224] Daß Schriftlesung und Predigt im Dienst der Ketzerbekämpfung stehen, ist so nicht direkt gesagt, ergibt sich aber aus 1Tim 4,7. Ψευδώνυμος γνῶσις in 1Tim 6,20.

[225] Wegen des gottesdienstlichen Zusammenhanges und des sonstigen Wortgebrauchs in 1Tim (vgl. Fußn. 226) ist bei διδασκαλία nicht an einen gesonderten Unterricht, gar an Katechumenenunterricht zu denken - gegen J. JEREMIAS, NTD 9, S. 34; vgl. dagegen schon B. WEISS, KEK 11[7], S. 178.

[226] 1Tim 6,20 und 1Tim 1,3f. geben am Briefende wie -anfang an, daß es hier um die Bekämpfung von Irrlehren geht; vgl. 1Tim 1,6ff; 1,19f.; 4,1 ff; 6,3ff. Gute διδασκαλία in 1Tim 1,10; 4,6.13-16; (5,17); 6,1.3; schlechte Lehre 1Tim 4,1.

[227] 1Tim 5,17 (im Vergleich mit 1Tim 5,3): die Ehrung der Witwen bedeutet ihre Erhebung in den Witwenstand und damit die Berechtigung, auf Gemeindekosten zu leben. „Doppelte" τιμή bei den Presbytern wird auch den doppelten Anteil in der Unterstützung durch die Gemeinde bedeuten, jedenfalls so weit ein Ältester deren bedürftig war. - Vgl. dazu J. JEREMIAS, NTD 9, S. 41.

[228] 1Tim 5,19ff.

Qualifikationen angibt, das des Presbyters nicht genannt ist, sondern nur Bischof und Diakon, muß man womöglich von der Identität von Bischof und Presbyter, jedenfalls aber davon ausgehen, daß es keine Ämterhierarchie gab, welche die Presbyter dem Bischof nachordnete. Allenfalls wäre der Bischof wie ein Primus inter pares unter den Presbytern in besonderer Weise für die Gemeindeverwaltung und -leitung zuständig gewesen[229]. Anders als etwa bei den Korinthern liegt hier aber der Ton auf der Funktion des Amtes, so daß sich auch die Gottesdienstleitung oder zumindest die Verkündigung (1Tim 4,13) in der Hand eines festen Amtsträgers befindet. Entweder als Bischof also oder durch sein besonderes, in der Gemeinde anerkanntes Charisma[230] soll Timotheus dafür sorgen, daß die Irrlehrer in der Gemeinde zurückgewiesen werden.

Die „gesunde" Lehre ist die Lehre von der Gnade des Herrn wie auch die, daß der Gerechte dem Gesetz nicht unterliegt, sondern die Ungerechten. Außerdem, daß für die Christen die allumfassende Lebensregel der Liebe gilt[231]. In alledem weiß sich der Verfasser solchermaßen einig mit dem Herrn selbst, daß er seine Lehre auch als die „gesunden Worte des Herrn" (1Tim 6,3) bezeichnen kann. Alle Spekulationen um die Bedeutung einzelner Schriftaussagen müssen sich daran messen lassen und sind unter Umständen als leeres Geschwätz abzulehnen[232].

Auf diese Weise ist der Verfasser in der Lage, die „Irrlehrer" mit ihrer Askese und ihrer zur Untermauerung ihrer „Gnosis" ausgebreiteten Schriftauslegung zu kritisieren. Alle Auslegung geschieht für ihn und in der von ihm anempfohlenen Predigt vom (wenn auch recht

---

[229] Vgl. die Diskussion bei M. DIBELIUS / H. CONZELMANN, HNT 13[3], S. 46f.; H. von CAMPENHAUSEN, Kirchliches Amt und geistliche Vollmacht in den ersten drei Jahrhunderten, Tübingen [2]1963 (BHTh 14bis) rechnet einerseits (S. 117) mit einem monarchischen Bischofsamt, andererseits (S. 118) muß er sagen, daß „die Grenze zwischen der bischöflichen und der allgemeinen Ältestenvollmacht und -funktion ... noch nicht scharf gezogen ist", wenn man von den Funktionen des Briefadressaten absieht.

[230] 1Tim 4,14; die Begabung steht in engem Zusammenhang mit der gottesdienstlichen Tätigkeit des Vorlesens und Predigens (1Tim 4,13); Timotheus hat sie durch Handauflegung der Ältesten empfangen, wohl nachdem er διὰ προφητείας dazu ausgesondert war (1Tim 4,14; vgl. 1Tim 1,18), so daß hier an ein Amt zu denken ist - vgl. M. DIBELIUS / H. CONZELMANN, HNT 13, S. 56f., und N. BROX, RNT 7/2, S. 180-182. Unklar bleibt, um welches Amt es sich im Falle von Timotheus genau handelt.

[231] 1Tim 1,3-20. V 5: ἀγάπη. V 9: das Gesetz ist nicht den Gerechten, sondern den Ungerechten gegeben. V 14: χάρις.

[232] 1Tim 1,4.6-7 (ἐξετράπησαν εἰς ματαιολογίαν θέλοντες εἶναι νομοδιδάσκαλοι). Zu den Irrlehrern vgl. M. DIBELIUS / H. CONZELMANN, HNT 13, S. 14-15 u. S. 52-54 sowie S. 70.

formelhaft gefaßten) Evangelium her (1Tim 1,11). Es ist daher nur konsequent, wenn sich im Ersten Timotheusbrief gar nicht viele Rück-
bezüge auf die Schriften finden, sondern die „gesunde Lehre" auch in
ihrer Auswirkung auf das tägliche Leben und das Gemeindeleben direkt dargestellt wird. Die Ausführungen gegen die Habsucht, welche
sich zum Briefende in 1Tim 6,6-10 finden, zeigen dabei, wie wohl auch
in einer Predigt durch Stichwortverknüpfung Material verwendet und
eingeflochten werden konnte, das bereits in der christlichen Tradition
vorgeprägt und gesammelt war. 1Tim 6,11 jedenfalls greift mit ταῦτα
doch wohl auf 1Tim 6,3-5 zurück, so daß die Verse 6-10 exkursartig
eingeschoben sind[233].

Timotheus jedoch soll festhalten am Vorlesen; nur so, durch solide
Kenntnisse in der Schrift und die richtige Auslegung dazu kann man
den Irrlehrern entgegentreten.

Der Konflikt fand innerhalb der Gemeinde statt. Möglicherweise
haben auch die Gegner, wenn sie z. B. den Rang von Ältesten inne-
hatten, gepredigt und so mit ihrer Schriftauslegung Anhänger gefunden. Jedenfalls aber sind sie als Lehrer aufgetreten und haben für ihren
Unterricht Geld genommen, wenn es sich bei 1Tim 6,5 nicht um eine
Unterstellung handelt[234]. So werden sie vor allem die finanziell besser gestellten und an weiterer „Bildung" interessierten Gemeindeglieder
um sich gesammelt haben. Die „Erkenntnis", die sie zu vermitteln hatten, entsprach offensichtlich dem Bedürfnis der Gebildeten nach intel-
lektueller Ansprache; in ihrem Unterricht wird man geistreich und
tiefschürfend diskutiert haben - und doch, so war der Briefschreiber
überzeugt, am Heil vorbei.

Der solcherart von geistiger Verführung und Spaltung bedrohten
Gemeinde schreibt nun der Verfasser nicht zufällig ausführliche Anweisungen zum Gemeindeleben, damit durch diese Gemeindeordnung
dem Wirken der „fälschlich so genannten Gnosis" auch praktisch etwas entgegengesetzt werden kann und es kein Vakuum gibt, in das
sie mit ihrer Gesetzesauslegung vorzustoßen vermag. Wenn nach
christlicher Tradition etwa ein Bischof oder ein Diakon nur eine Frau

---

[233] Vgl. B. WEISS, KEK 11[7], S. 223.

[234] Die εὐσέβεια zum πορισμός zu machen ist Teil eines Lasterkatalogs; doch
daß es hier konkrete Anhaltspunkte im Verhalten der Gegner gab, zeigt die Entfaltung gerade dieses Motivs in den folgenden Versen. - Vgl. J. JEREMIAS, NTD 9,
S. 45; abwegig dagegen die Interpretation von G. HOLTZ, ThHK 13, S. 136, der
aufgrund von 1Tim 3,16 (dort auch ohne konkreteren Anhalt im Text, nur durch
Mißdeutung von μυστήριον) εὐσέβεια auf die Mahlfeier beziehen will. - Vgl. hingegen
die einschränkenden Bemerkungen bei B. WEISS, KEK 11[7], S. 217: πορισμός müsse
nicht unbedingt auf Bezahlung für Unterricht bezogen werden. Doch bleibt dies m.
E. das Naheliegendste; die Alternativen, die Weiss bietet, sind nicht überzeugend.

haben soll, so ist das ehrbar und gut; wozu bedarf es dann noch der Forderung nach Ehelosigkeit[235]?

Leider finden sich auch in diesem Brief keine Anweisungen zum Verlauf des Gottesdienstes. Der Beginn des paränetischen Teils (1Tim 2,1ff) könnte aber am Verlauf eines Wortgottesdienstes orientiert sein. Hier folgen Mahnungen zum Lehren und Lernen auf eine Aufforderung zum Beten[236]. Dabei geht es, mit pleonastischer Bezeichnung für das Gebet gewichtig eingeleitet, um das Fürbittengebet für alle Menschen, auch für die Obrigkeit, welches seinen Platz, wenn nicht ausschließlich, so doch sicher auch im Gottesdienst hat. Auch das Aufheben heiliger Hände zum Gebet (1Tim 2,8), das hier zum ersten Mal im Neuen Testament auftaucht, gemahnt an den Gottesdienst, zumal diese Heiligkeit hier vor allem auf die Einigkeit und Einmütigkeit der Gemeinde bezogen wird[237]. Allem Anschein nach sprengt das ἐν παντὶ τόπῳ den gottesdienstlichen Rahmen: die Mahnung erstreckt sich auf das ganze Leben[238]; es sei denn, daß hier gemeint ist: an jedem Ort, also in jeder Gemeinde. Sicherlich aber handeln die nächsten Verse mit ihren Forderungen zum Betragen der Frau nicht einfach vom Gottesdienst. Durch die Anweisung, daß die Frau schweigend lernen und nicht lehren solle (1Tim 2,11f.)[239], wird aber wieder zum gottesdienstlichen Leben zurückgelenkt. - Ob freilich die Reihenfolge προσευχή - διδάσκειν nicht doch einfach dadurch bestimmt ist, daß dem Verfasser das Gebet besonders am Herzen liegt, muß dahingestellt bleiben.

Neben den Frauen im allgemeinen werden noch einmal besonders die Witwen, gemäß den vorgetragenen Auswahlkriterien deutlich ein besonderer Stand in der Gemeinde, in ihre Schranken verwiesen, indem der Verfasser ihnen das Beten als eigentliche Aufgabe zuteilt und sie davon abhalten will, „durch die Häuser zu laufen"[240]. Dies gilt also

---

[235] Vgl. 1Tim 3,2.12 mit 1Tim 4,3.

[236] 1Tim 2,1ff. - Zu der Reihenfolge Gebet - Verkündigung vgl. den Abschnitt über den frühen Synagogengottesdienst, S.454. - Daß es hier um einen eucharistischen Gottesdienst gehe, ist die vorgefaßte Meinung von G. HOLTZ, ThHK 13, S. 52ff, die sich am Text nicht erhärten läßt. Ebenso J. JEREMIAS, NTD 9, S. 19: „... denn alle Versammlungen der ältesten Gemeinden waren Mahlfeiern ...".

[237] Vgl. Röm 15,6; zu χωρὶς ὀργῆς καὶ διαλογισμοῦ s. B. WEISS, KEK 11[7], S. 117.

[238] M. DIBELIUS / H. CONZELMANN, HNT 13, S. 37, sind der Meinung, daß der Ausdruck aus geprägten Formulierungen mitübernommen sei; doch konstatieren sie selbst vorher (S. 36), daß mit den Anweisungen zum Verhalten der Frau der „kultische" Rahmen verlassen wird.

[239] Vgl. dazu o. S. 75f.; ferner Tit 2,5. - Durch das ὡσαύτως (1 Tim 2,9) wird die allgemeine Regel für das Verhalten der Frau auch auf das προσεύχεσθαι bezogen.

[240] 1Tim 5,9ff.; 4,4; 5,13.

wohl formloseren Zusammenkünften, bei denen es mitunter zu Klatsch und Tratsch und möglicherweise „unbefugtem" Lehren durch die Witwen kommen konnte[241], und nicht so sehr den Gemeindegottesdiensten, obwohl auch sie in Privathäusern stattgefunden haben werden. Das „Haus Gottes" bedeutet jedenfalls, so wird erläutert, die Gemeinde (1Tim 3,15).

Ein hymnisches Stück ist in 1Tim 3,16 erhalten, und man wird sich vorstellen dürfen, daß die Christen der kleinasiatischen Gemeinden (auch) Lieder nach der Art dieses Stückes in ihren Gottesdiensten sangen[242].

Schließlich erscheint gegen Ende des Briefes (1Tim 6,15f.), fast schon wie ein feierlicher Briefschluß, ein doxologischer Lobpreis Gottes, welcher eng verwandt ist mit jüdischer Gebetssprache und sicher genauso auch im gottesdienstlichen Gebet der Christen zu hören war.

Mehr läßt sich m. E. zum Gottesdienst in Ephesus oder Kleinasien aufgrund des Ersten Timotheusbriefes nicht sagen. Die geschilderten Zustände in der Gemeinde erinnern an diejenigen, mit denen Ignatius von Antiochien es zu tun hat, nur daß hier noch nicht die Autorität des Bischofsamtes als Lösung verfochten wird, vielmehr die „gesunde Lehre" selbst sich durchsetzen soll. Freilich ist auch das schon an die mit besonderer Vollmacht ausgestattete Person des Timotheus gebunden, so daß der Schritt zu Ignatius nicht mehr weit ist.

bb) Zweiter Timotheusbrief

Aus dem Zweiten Timotheusbrief lassen sich die am Ersten Timotheusbrief gemachten Beobachtungen ergänzen, aber kaum wesentlich erweitern. Noch stärker als dort wird hier die Wichtigkeit der Schriften deutlich: „Jede (alttestamentliche) Schrift[243] ist von Gott

---

[241] 1Tim 5,13b: λαλοῦσαι τὰ μὴ δέοντα muß sich nicht nur auf den vorher schon erwähnten Klatsch und Tratsch beziehen; vgl. die Anweisungen der syrischen Didaskalie über die Witwen (dazu s. S. 358f.). Fragwürdig scheint mir die Beziehung des Ausdrucks auf Zauberei - das wäre wohl deutlicher gesagt (G. HOLTZ, ThHK 13, S. 120; J. JEREMIAS, NTD 9, S. 39). Zur Grammatik des Verses s. M. DIBELIUS / H. CONZELMANN, HNT 13, S. 60.
[242] 1Tim 3,16; zu ὁμολογούμενος vgl. W. BAUER, Wörterbuch zum Neuen Testament, 5. Aufl., Sp. 1126f.: es geht hier nicht ums Bekennen. Vgl. zu diesem Stück M. HENGEL, Das Christuslied im frühesten Gottesdienst, in: *Weisheit Gottes - Weisheit der Welt*, FS J. Ratzinger, St. Ottilien 1987, Bd 1, 357-404, S. 399-401 (mit Verweisen auf R. DEICHGRÄBER, Gotteshymnus und Christushymnus in der frühen Christenheit, Göttingen 1967 (StUNT 5), S. 133ff., u. a.).
[243] Kommentarloses πᾶσα γραφή muß sich in dieser Zeit auf alttestamentliche Schriften beziehen; wenn man καί hier mit „auch" übersetzen will - so z. B.

inspiriert und nützlich zur Lehre, zur Prüfung, zur Zurechtweisung, zur Erziehung in Gerechtigkeit, damit der Mensch Gottes vollkommen sei, zu jedem guten Werk gerüstet" (2Tim 3,16). Nicht nur die göttliche Autorität der Schriften wird betont, sondern auch ihr Nutzen; sie sind also in der Gemeinde anzuwenden und das heißt sicher auch: in der Predigt auszulegen. Daß die Lehre als erster Zweck der Schriften angegeben wird, entspricht dem, was wir in 1Tim festgestellt haben. Sie wird in 2Tim zugleich auch deutlich als Überlieferung gefaßt: Timotheus soll das, was er vom Apostel Paulus gehört hat, weitergeben an zum Lehren geschickte Männer[244], und er selbst soll bei dem bleiben, was er gelernt hat, wie er ja auch von Kind auf die heiligen Schriften kennt (2Tim 3,14-15). Hier wird möglicherweise auf die jüdische Erziehung des Timotheus angespielt[245]. Jedenfalls könnte der in 2Tim 3,16 aufgestellte Satz über die Schriften genauso gut in einer jüdischen Schrift stehen, nur daß mit „Lehre" hier eben die christliche Lehre gemeint ist.

Noch mehr als in 1Tim ist diese Lehre in 2Tim auf die Schriftauslegung bezogen. Sie erklärt die Schriften so, daß in ihnen nichts anderes erkannt wird als die „Rettung durch den Glauben an Christus Jesus"[246]. Auch die Ermahnung ist Ermahnung aus den Schriften. Sie hat kein geringeres Ziel, als den „Menschen Gottes" zu allem guten Werk geschickt zu machen, und gehört so zur „Verkündigung des Wortes"[247]. Dennoch wird diese Verkündigung wohl nicht auf Schriftauslegung reduziert gewesen sein, sondern in Lehre und Ermahnung auch von christlichem (und jüdischem?) Traditionsgut Gebrauch gemacht haben, wie es als Paränese etwa im Ersten Timotheusbrief erscheint. Der Verfasser des Zweiten Timotheusbriefes ist jedenfalls in der Lage gewesen, das Evangelium in seinem Brief auch ohne ausdrückliche Bezugnahme auf die Schriften zu formulieren[248].

M. Dibelius / H. Conzelmann, HNT 13, S. 88), wäre wohl doch ein ἐστίν hinter ὠφέλιμος zu erwarten; πᾶσα γραφή statt ἡ γραφή (dies müßte nach B. Weiss, KEK 11[7], S. 305, hier stehen, wenn θεόπνευστος nicht Attribut sein sollte) deutet daraufhin, daß noch keine klar umrissene Vorstellung von einem verbindlichen alttestamentlichen Kanon vorliegt. Aber auch die Übersetzung „jede gottgewirkte Schrift ist auch nützlich" usw. änderte nichts daran, daß die Schriften hier von großer Wichtigkeit sind.
[244] 2Tim 2,2; vgl. 2Tim 1,12 u. 14, dazu auch 1Tim 6,20.
[245] Die Kenntnis der Schriften läßt sich durch die gottesdienstliche Lesung (in der Synagoge, bei den Christen?) erklären, aber auch durch den Unterricht in den jüdischen Elementarschulen- zum Schulunterricht s. M. Hengel, Judentum und Hellenismus, Tübingen 1969 (WUNT 10), 143ff, bes. 150-152; Unterricht zu Hause (so z. B. J. Jeremias, NTD 9, S. 61f.) wäre auf das Gedächtnis des Unterrichtenden angewiesen.
[246] 2Tim 3,15.
[247] 2Tim 3,16f.

Die Ermahnung, die übrigens auch ihrerseits als Teil der Lehre bezeichnet werden kann, erscheint hier aufgeschlüsselt in Prüfung, Zurechtweisung und Erziehung in Gerechtigkeit[249]; sie ist also auch auf Buße ausgerichtet und nicht nur auf praktische Anweisungen zur Lebensführung. Unklar bleibt dabei, ob mit dem Prüfen und Zurechtweisen vor allem die noch ungetauften Hörer im Blick sind oder auch alle Christen[250]. Da aber 1Tim 5,20 die gemeindeöffentliche Zurechtweisung sündiger Ältester empfohlen wird, können hier durchaus auch die getauften Christen mit gemeint sein. Der Schluß, daß bei der Gemeindepredigt auch ungetaufte Hörer dabei waren, ist deshalb nicht zwingend, wenngleich er naheliegt.

Von den nimmermüde nach „Erkenntnis" strebenden Irrlehrern hingegen soll Timotheus sich nach 2Tim 3,5 trennen[251]. Sie werden als endzeitliche Feinde gebrandmarkt. Auch hier gelten sie wieder als geldgierig; daneben wird ihnen aber auch vorgeworfen, daß sie nicht nur als philosophische Lehrer ihre Ansichten verbreiten und alle mit ihren ζητήσεις verunsichern, sondern auch bei Besuchen in Häusern es vor allem auf die leichter zu beeinflussenden Frauen abgesehen haben[252]. Vermutlich handelte es sich dabei um wohlhabendere Frauen, die es sich leisten konnten, einen Lehrer auch einmal in ihr Haus zu bitten. Die „orthodoxe" Lehre beginnt sich in polemischer Abgrenzung gegen solche Methoden nun vollends auf den Gemeindegottesdienst zu konzentrieren.

Auch im Zweiten Timotheusbrief ist für das Gebet des Einzelnen wie der Gemeinde charakteristisch, daß es aus reinem Herzen kommt: das neue Leben der Christen nach der Taufe ist auch durch solches Beten zum Herrn gekennzeichnet (2Tim 2,22)[253]. Ob daraus schon gefolgert werden darf, daß man alle noch nicht Getauften vom

[248] Nur 2Tim 2,19 könnte als Zitat (ταύτην ...) gemeint sein; vgl. dazu M. DIBELIUS / H. CONZELMANN, HNT 13, S. 84.
[249] 2Tim 3,16: ἐλεγμός, ἐπανόρθωσις, παιδεία ἡ ἐν δικαιοσύνῃ. Erziehung hat natürlich mit Schlägen zu tun - vgl. nur Hebr 12,6f. -, so daß der Begriff fast synonym mit ἐπανόρθωσις ist; ἐπανόρθωσις ist aber korrigierend nach rückwärts gewandt, παιδεία mit dem Antrieb und Ziel der δικαιοσύνη nach vorne.
[250] Vgl. die Überlegung von G. HOLTZ, ThHK 13, S. 189, ob Erziehung in Gerechtigkeit „Tauferziehung" meint.
[251] Vgl. 2Tim 2,16. Daß der Lasterkatalog in 2Tim 3,2-5 sich auf die konkreten Gegner bezieht und sie abqualifizieren soll, zeigt 2Tim 3,6ff.
[252] Ζήτησις in 2Tim 2,23; der Vorwurf, es auf die Frauen abgesehen zu haben, ist außerhalb des Lasterkatalogs als spezifischer Fall vorgestellt (2Tim 3,6f.), dürfte also einen konkreten Hintergrund haben (zu dieser Missionsmethode vgl. noch Origenes c. Cels. III, 49 und 55); s. außerdem zur Stelle M. DIBELIUS / H. CONZELMANN, HNT 13, S. 87 („Emanzipationstendenzen").
[253] Ἐπικαλεῖν τὸν κύριον könnte sich auf akklamatorisches, bekennendes Beten zu Jesus Christus als Herrn beziehen; vgl. 1Kor 12,3; 1,2; Röm 10,12.

gemeinsamen Gebet ausschloß, erscheint zweifelhaft. Vielmehr geht es auch hier vor allem um die Einmütigkeit der Gemeinde; denn Timotheus wird ermahnt, gemeinsam mit den anderen, die reinen Herzens zum Herrn beten, der Gerechtigkeit nachzujagen, unnützem Schulgezänk in der Gemeinde dagegen zu wehren[254]. Die Doxologie in 2Tim 4,18, eine eingliedrige Doxologie auf den Herrn, wird zur Gebetssprache gehören, wenngleich sie hier nicht eigentlich ein Gebet abschließt.

Für die im Zweiten Timotheusbrief zitierten hymnischen Stücke (wenigstens 2Tim 2,11-13 ist deutlich ein Zitat) läßt sich nicht sicher nachweisen, daß es sich hier wirklich um Liedgut handelt. 2Tim 1,9-10 ist formal sehr locker gefaßt, dem Inhalt mit seinem Gotteslob nach aber eher als „hymnisch" anzusprechen als das in der Form strengere paränetische Stück 2Tim 2,11b-13[255].

Für unsere Frage nach dem Gottesdienst müssen wir uns mit diesen eher spärlichen Beobachtungen begnügen.

cc) Titusbrief

Auch der Titusbrief wendet sich scharf gegen Irrlehrer, ganz besonders gegen judaisierende[256]. Hier wird dem Titus das ἐλέγχειν, also die Prüfung und Zurechtweisung der Christen in der Gemeinde im Blick darauf anempfohlen, daß sie solcher falschen Lehre anhängen könnten (Tit 1,13f.). Er selbst soll die „gesunde Lehre" darbieten (Tit 2,1). In der Haustafel wird interessanterweise über die alten Frauen, welche als besondere Gruppe neben den πρεσβύτεροι angesprochen werden, gesagt, sie sollten καλοδιδάσκαλοι sein, um die jungen Frauen über die richtige Lebensweise zu belehren[257]. In solcher Ausgrenzung auf das spezifisch Weibliche kommt also auch ihnen die Teilhabe am Lehren zu[258], das hier im übrigen als Aufgabe des Titus erscheint (Tit 2,7).

---

[254] 2Tim 2,22f.

[255] Vgl. z. B. G. HOLTZ, ThHK 13, S. 157ff und 167ff; J. JEREMIAS, NTD 9, S. 50 und 55; M. DIBELIUS / H. CONZELMANN, HNT 13, S. 73 („in hymnischem Stil gehaltenes Zitat"); R. DEICHGRÄBER, Gotteshymnus und Christushymnus, S. 21f. Fußn. 3.

[256] Tit 1,10.14; 3,9; vgl. M. DIBELIUS / H. CONZELMANN, HNT 13, S. 101; J. JEREMIAS, NTD 9, S 70f.

[257] Tit 2,3; vgl. dazu G. HOLTZ, ThHK 13, S. 218f.

[258] Dies Lehren ist allerdings wohl auf den privaten Bereich beschränkt und in diesem Sinne (nicht vom Inhalt her, da Mahnungen zur Lebensführung zur kirchlichen Lehre gehören) keine „Beteiligung am kirchlichen Lehramt" (G. HOLTZ, ThHK 13, S. 219, trennt die beiden Bereiche zu kategorisch).

Noch deutlicher als in den Timotheusbriefen wird betont, daß der Lehrer, der die „gesunde Lehre" weitergibt, auch in seiner Lebensführung vorbildlich sein soll (Tit 2,7-8). Denn gerade das, daß ihr Leben nicht mit ihrem Bekenntnis übereinstimmt, wird den Irrlehrern (allerdings ohne eine Konkretisierung) vorgeworfen (Tit 1,16), die im übrigen auch hier wieder als gewinnsüchtig dargestellt werden, also wohl als Lehrer gegen Geld unterrichteten. Die Brandmarkung der Gegner in den Pastoralbriefen hat etwas Klischeehaftes an sich; doch dürfte es zutreffen, daß die gegnerischen Lehrer Geld genommen haben, so wie ja auch nach Meinung des Verfasser der Lehrer der gesunden Lehre „seines Lohnes wert" ist (1Tim 5,18). Nur wird in dessen Falle die Gemeindekasse zuständig gewesen sein[259] und nicht wie bei den anderen die Hörer selbst. Wer als Lehrer bezahlt wird, darüber soll die Gemeinde befinden und nicht der, der lehrt. Die Zentralisierung des Lehramtes in der Gemeinde kann aber auf diesem materiellen Wege nicht greifen, solange Gemeindeglieder bereit sind, ihren Lehrer direkt zu bezahlen. Deshalb wird der pauschale Vorwurf der Geldgier zur wirksamen Waffe gegen die Irrlehrer[260].

Es wird also nicht zuletzt mit dem Problem aufkommender massiver Lehrstreitigkeiten zusammenhängen, daß wir in den Pastoralbriefen einer beginnenden Konzentration auf das (Bischofs-)Amt begegnen. Auch das strikte Lehrverbot für die Frauen wird auf die mit diesen Streitigkeiten einhergehenden Sorgen vor heidnischer Überfremdung zurückgehen. Zugleich scheint es, daß man sich in den paulinischen Gemeinden bewußt der jüdischen Wurzeln und Schriftgelehrsamkeit entsann, um den Verfechtern der „sogenannten Gnosis" Paroli bieten zu können. Dabei bildete die christliche Schriftgelehrsamkeit mit ihrer „gesunden" Lehre eine eigene (paulinische) Tradition heraus.

Das Gottesdienstleben wird in den Pastoralbriefen vor allem in Schriftlesung und Predigt, aber auch in Gebet und (mit Einschränkungen) im Hymnus greifbar. Damit prägen die wesentlichen Elemente des Wortgottesdienstes die Versammlungen der in diesen Briefen angesprochenen Gemeinden.

---

[259] S. o. Fußn. 227.
[260] Vgl. den Hinweis auf Euseb, h. e. V,18,2 bei W. BAUER, Rechtgläubigkeit und Ketzerei im ältesten Christentum, Tübingen ²1964 (BHTh 10bis), S.128.

g) *Erster Petrusbrief*

Vom Ersten Petrusbrief ist hier eigentlich nur im Blick auf die Hypothesen zu handeln, daß sich in ihm der Ablauf eines (Tauf-) Gottesdienstes widerspiegele oder daß es sich zumindest bei einem Teil von ihm um eine Taufansprache handele[261]. Für die damit zusammenhängenden Einleitungsfragen verweise ich auf die Kommentare von L. Goppelt und N. Brox[262]. Der Brief ist wohl früher anzusetzen als die Pastoralbriefe, etwa in die Zeit zwischen 65 und 80 (dazu s. u.); ich behandele ihn erst an dieser Stelle, um die Zeugnisse über die paulinischen Gemeinden nicht auseinanderzureißen.

Neben der Feststellung, daß die genannten Hypothesen sich in der Forschung nicht haben durchsetzen können, kann Folgendes hervorgehoben werden: Am Anfang, 1Petr 1,3, stünde wohl besser „der euch wiedergeboren hat" statt „der uns wiedergeboren hat", handelte es sich um eine Taufansprache[263]; hingegen ist die erste konkretere Bezugnahme auf die Adressaten in 1Petr 1,6 gegeben, wo es heißt, daß die Empfänger jetzt (ἄρτι) für ein wenig betrübt sind, also das Leiden der Christen im Blick ist. Daß der Brief auf die eben stattgefundene Taufe der Empfänger sich beziehe, läßt sich auch nur behaupten, wenn man das νῦν in 1Petr 3,21 in diesem Sinne versteht[264]. Doch zeigt ein Blick auf den Gebrauch dieses Wortes im Brief, daß mit νῦν immer die gegenwärtige Heilszeit im Gegensatz zur Vergangenheit bezeichnet wird; diese Vergangenheit umfaßt nicht nur das ehemals heidnische Leben der Christen, sondern auch die Weissagungen der alttestamentlichen Propheten[265].

---

[261] Taufgottesdienst: H. Preisker in H. Windisch / H. Preisker, Die katholischen Briefe, Tübingen 1951 (HNT 15³), S. 156-162; Taufgottesdienst in Verbindung mit Passafeier: F.L. Cross, I. Peter. A Paschal Liturgy, London 1954 (2. Aufl. 1957); 1Petr 1,3-4,11 eine Taufansprache: R. Perdelwitz, Die Mysterienreligion und das Problem des I. Petrusbriefes. Ein literarischer und religionsgeschichtlicher Versuch, Gießen 1911 (RVV XI/3), S. 18-28; 1Petr eine Taufansprache nach Verlesung von Ps 34: W. Bornemann, Der erste Petrusbrief - eine Taufrede des Silvanus?, *ZNW* 19 (1919/20) 143-165. - Zur kritischen Rezeption dieser Thesen vgl. L. Goppelt, KEK 12/1, S. 38ff.; N. Brox, EKK 21², S. 19-24.

[262] L. Goppelt, Der Erste Petrusbrief, Göttingen 1978 (KEK 12/1⁸), S. 27-74; N. Brox, Der erste Petrusbrief, Zürich u. a. ²1986 (EKK 21).

[263] Ὑμᾶς ist zwar textkritisch belegt, aber es kommt in so wenigen späten Handschriften vor, daß ἡμᾶς durch das erdrückende Übergewicht der Textzeugen als ursprünglich angesehen werden muß.

[264] In 1Petr 2,2, ὡς ἀρτιγέννητα βρέφη, einen Hinweis auf die eben stattgefundene Taufe entdecken zu wollen (R. Perdelwitz, Die Mysterienreligion, S. 25), verkennt den allgemeinen Charakter dieses Bildes; vgl. dazu L. Goppelt, KEK 12/1, S. 134-137.

[265] 1Petr 1,10-12: Propheten weissagten - Verkündigung des Evangeliums jetzt; 1Petr 2,10: die Adressaten früher (ποτε) nicht Volk Gottes und ohne Gottes Erbarmen,

Die Abschnitte des Briefes nach liturgischen Blöcken aufzugliedern und so auf Teile der Taufhandlung zu beziehen, erscheint völlig gekünstelt und schon deshalb problematisch, weil bereits 1Petr 1,3 auf die Taufe der Adressaten zurückblickt[266]. Dagegen ist Goppelt zuzustimmen, daß im Brief unter Aufnahme christlicher Lehrtradition versucht wird, die Frage des Leidens der Christen unter der Verfolgung durch die ihnen feindliche Welt des Römischen Reiches zu bewältigen[267]. Er wird auch Recht damit haben, daß es sich beim Ersten Petrusbrief von vornherein um einen Brief handelt, sind doch schon im Briefrahmen Bezüge zu dieser Leidensproblematik vorhanden[268].

Wenn der Briefschreiber als Zweck seines Briefes das παρακαλεῖν und das Bezeugen der Gnade Gottes angibt, in der die Empfänger des Briefes stehen sollen[269], so steht er damit sicher auch in der Predigttradition seiner Gemeinde(n), wenigstens aber seines Lehrers Petrus. Für sie dürfte auch die intensive Bezugnahme auf die Schriften (des Alten Testaments) charakteristisch sein, wie sie im Brief gegeben ist. Immer wieder werden sie bestätigend herangezogen, um die Geschehnisse der Gegenwart als Erfüllung ihrer Weissagungen zu deuten[270]. Zu diesem Gebrauch des Alten Testaments paßt auch die geistliche Ausdeutung des Tempels und des Tempelkults: die christliche Gemeinde ist der Tempel und bringt in allen ihren Gliedern Gott geistliche Opfer dar (wohl Lieder[271] und Gebete, darüber hinaus

---

aber jetzt; ähnlich 1Petr 2,25. 1Petr, 3,20f. vergleicht Typos und Antitypos von Sintflut und Taufwasser – βάπτισμα νῦν σῴζει ist generalisierende Aussage.

[266] Vgl. N. BROX., EKK 21, S. 61; H. VON SODEN, HC 3, S. 111.

[267] L. GOPPELT, KEK 12/1, S. 40-42; vgl. auch N. BROX, EKK 21, S. 22 und S. 37, dort auch (S. 36f.) die Beobachtung, daß die Thematik des Briefes nicht in straffer Gedanken- und Unterthemaabfolge entfaltet wird; ferner B. REICKE, The Epistles of James, Peter, and Jude, Garden City (N.Y.) 1964 (AncB), p. 73.

[268] Der Brief wäre als Rundschreiben konzipiert und deswegen allgemein gehalten. – L. GOPPELT, KEK 12/1, S. 44-45; vgl. schon R. KNOPF, KEK 12[7], S. 19; gegen die Annahme literarkritischer Teilungen oder Abtrennung des Briefrahmens auch N. BROX, EKK 21, S. 35-38.

[269] 1Petr 5,12. Beide Elemente – Ermahnung und Bezeugung der Gnade – sind im Brief reichlich enthalten; wenn man den AcI nur auf μαρτυρεῖν bezieht, entfällt die Schwierigkeit, daß der ganze Brief nur unter dem Stichwort Gnade zusammengefaßt sein sollte, die A. HARNACK, Die Chronologie der altchristlichen Litteratur, Bd I, Leipzig 1897, S. 459, sieht.

[270] Daß der Erste Petrusbrief predigend den Psalm 34 auslege, wie W. BORNEMANN, Der erste Petrusbrief – eine Taufrede des Silvanus?, behauptet, wird sich wohl nicht halten lassen. Viele der Anklänge, die Bornemann in 1Petr an Ps 34 findet, sind hergesucht (S. 149f.), und die Zitate von Ps 34 (1Petr 2,3 und 3,10-12) sind formal nicht von den anderen alttestamentlichen Zitaten im Brief verschieden. Sie sind nicht als Zitate gekennzeichnet und werden auch nicht erkennbar „ausgelegt", sondern die Worte sind, weil sie dem Verfasser geläufig waren wie andere Bibelworte auch, wo sie passen, eingeflochten.

aber auch das ganze christliche Leben als Verkündigung der Wohltaten Gottes - 1Petr 2,9).

Die Wortverkündigung an die Gemeinde ist λογικὸν γάλα, worthafte Milch, die dem Wachstum im Glauben dient und als geistliche Nahrung der Gemeinde unentbehrlich ist[272]. Sie ist wie der soziale Dienst als Geistesgabe innerhalb der Gemeinde beheimatet und noch nicht auf die Presbyter konzentriert[273] (auch bei den geistlichen Opfern wird bezeichnenderweise keinerlei hierarchische Abstufung erwähnt: alle sind Priester[274]). Die Presbyter haben hier eher gemeindeleitende Funktion und werden deshalb als Hirten, nicht aber als Hirten und Lehrer angesprochen. Allerdings stehen sie als solche schon an der Stelle Christi, welcher der eigentliche „Hirte und Bischof" der Gemeinde ist[275]. Dieser Stand der Dinge bei den Ämtern ist einer der Gründe, warum man den Brief nicht zu spät datieren sollte[276]. - Man wird - mit aller Vorsicht - vermuten dürfen, daß in den ihm zugehörigen Gemeinden im Blick auf den Gottesdienst und speziell den Wortgottesdienst ähnliche Verhältnisse herrschten wie in den frühen paulinischen Gemeinden.

---

271 Zum Liedgut im 1. Petrusbrief vgl. R. BULTMANN, Bekenntnis- und Liedfragmente im ersten Petrusbrief (1947), in: DERS., Exegetica. Aufsätze zur Erforschung des Neuen Testaments, hrsg. von E. Dinkler, Tübingen 1967, 285-297; R. DEICHGRÄBER, Gotteshymnus und Christushymnus in der frühen Christenheit, Göttingen 1967 (StUNT 5), S. 77f. (1Petr 1,3-5 ad hoc formuliert, aber typisch) und S. 140-143; L. GOPPELT, KEK 12/1, S. 204-212; K. WENGST, Christologische Formeln und Lieder des Urchristentums, Gütersloh 1972 (StNT 7), S. 83-85 und S. 161-164.

272 1Petr 2,2; zu dem Begriff von σωτηρία an dieser Stelle vgl. 1Petr 1,5; zu den Säuglingen und der Milch vgl. Fußn. 264; zu λογικὸν γάλα s. R. KNOPF, KEK 12, S. 86, aber auch L. GOPPELT, KEK 12/1, S. 135 - mit der Übersetzung „worthaft" versuche ich dem schillernden Begriff gerecht zu werden.

273 1Petr 4,10-11: gegenseitiger Dienst in der Gemeinde mit dem χάρισμα, das ein jeder empfangen hat; Ausführung davon: εἴ τις λαλεῖ, ὡς λόγια θεοῦ. Dadurch, daß dem λαλεῖν das διακονεῖν zur Seite gestellt wird, ist vollends klar, daß es hier um Reden in der Gemeinde geht. - Vgl. z. St. R. KNOPF, KEK 12, S. 174-177; L. GOPPELT, KEK 12/1, S. 286f.

274 1Petr 2,5.

275 1Petr 5,1-4; vgl. dazu R. KNOPF, KEK 12, S. 189f., und H. von CAMPENHAUSEN, Kirchliches Amt und geistliche Vollmacht in den ersten drei Jahrhunderten, Tübingen ²1963 (BHTh 14), S. 89f. - „Hirten und Lehrer" in Eph 4,11 (s. S. 93).

276 Mit L. GOPPELT, KEK 12/1, S. 60-65; vgl. auch N. BROX, EKK 21, S. 38-41, dort wichtig der Hinweis, daß Babylon (1 Petr 5,13) für Rom im jüdischen Schrifttum erst nach 70 n. Chr. gebräuchlich wurde (S. 41) - doch kann das apokalyptische Bild sich den Christen schon durch Neros Christenpogrom aufgedrängt haben.

h) Hebräerbrief

Der Hebräerbrief wurde (um das Jahr 80?) wohl als theologischer Traktat[277] mit der Absicht geschrieben, daß man ihn in den Gemeinden (Roms?)[278] anstelle einer Predigt vorlas. Wir treffen in ihm eine ausgeprägte Wort- und Schrifttheologie an, welche auch ihren gottesdienstlichen Ort hat. Der allerdings tritt nicht sehr deutlich zutage. Die regelmäßige gottesdienstliche Versammlung (ἐπισυναγογή) der Christen wird, wohl unter äußerem Druck, wenngleich der nicht so schlimm erscheint wie eine frühere Verfolgung, an deren Bewältigung der Verfasser hier beschwörend erinnert[279], von einigen verlassen (Hebr 10,25). Statt in Apostasie zu verfallen, sollen die Christen sich angesichts der Gefahren vielmehr gegenseitig ermahnen zu Liebe und guten Werken; diese Ermahnung hat also offenbar in der Versammlung ihren Platz[280]. Alles kommt darauf an, am Gottesdienst teilzunehmen und auf diese Weise sich zu Christus zu bekennen (Hebr 10,23) sowie auf die Ermahnung und Ermunterung dort zu hören (Hebr 10,24). Trotz des „gegenseitig" in Vers 24 sind es aber tatsächlich wohl nur noch die ἡγούμενοι, die Führer der Gemeinde, welche in den Versammlungen das „Wort Gottes" sagen (Hebr 13,7); die bereits im Martyrium bewährten Gemeindeleiter soll die Gemeinde sich zum Vorbild nehmen[281] und den gegenwärtigen Leitern, welche auch das Hirtenamt an ihr wahrnehmen, gehorchen (Hebr 13,17).

---

[277] „Theologischer Traktat" klingt noch zu theoretisch; der Begriff wäre etwa so zu verstehen wie „tractatus" bei Cyprian (s. S. 441), d. h. die Gemeinde als Adressat bleibt immer im Blick. Den Hebräerbrief als „homiletischen Entwurf" zu bezeichnen (A. STROBEL, NTD 9, S. 80), ließe ihn zu sehr als ein unfertiges Gelegenheitsprodukt erscheinen. „Vortrag" (l. c.) scheint da schon eine geeignetere Kategorie zu sein; es handelt sich also um eine über das Normalmaß hinaus durchgestaltete und schriftlich fixierte Predigt, die nur bedingt als Spiegel der in ihrem Umkreis üblichen Predigtpraxis gelten kann. - Daß Ps 110 sich leitmotivisch durch den Brief ziehe und sich daraus evtl. noch ein genauerer gottesdienstlicher Sitz im Leben erschließen lasse (A. STROBEL, NTD 9, S. 80f.), leuchtet angesichts des vielfältigen Schriftgebrauchs des Hebräerbriefs nicht ein.

[278] S. Fußn. 279 u. 282.

[279] Hebr 10,32-39; ob es sich dabei um die Verfolgung der Christen in Rom unter Nero handelt, ist umstritten: vgl. O. MICHEL, KEK 13, S. 356 (Todesnot und Todesgefahr nicht ausgeschlossen, Neronische Verfolgung könnte im Blick sein); H. WINDISCH, HNT 14², S. 97 (blutige Martyrien nicht erwähnt, deshalb nicht Rom); außerdem W.G. KÜMMEL, Einleitung, 21. Aufl., S. 351-354. Wegen Hebr 13,24 hat der Brief jedenfalls etwas mit Italien zu tun (vgl. auch Fußn. 282).

[280] Μὴ ἐγκαταλείποντες ... ἀλλὰ παρακαλοῦντες (Hebr 10,25) - es könnte auch die Mahnung zum Bleiben am Glauben und in der Versammlung gemeint sein, doch hätte der Verfasser das wohl deutlicher ausgedrückt; am ehesten wird man den Inhalt des παρακαλεῖν im Hauptsatz Hebr 10,24 finden. Vgl. dazu Hebr 3,12f., wo ebenfalls Abfall vom Glauben und Ermahnung gegen die Sünde als Gegensätze nebeneinander stehen.

Da am Schluß des Briefes den Adressaten aufgetragen wird, alle ihre ἡγούμενοι zu grüßen, wird wohl an voneinander getrennte Teilversammlungen der demnach recht großen Ortsgemeinde unter je einem ἡγούμενος zu denken sein[282]. Damit ist aber noch nichts über die Art der gottesdienstlichen Feier in der Teilgemeinde gesagt.

Der „λόγος παρακλήσεως" der Gemeindeleiter wird noch mehr umfaßt haben als die Ermahnung zu Liebe und guten Werken; schließlich kann der ganze Hebräerbrief sich als solches (ermunterndes) Mahnwort bezeichnen[283]. In erster Linie ist dabei an die Bewahrung des rettenden Wortes zu denken, das der Gemeinde vom Herrn her durch die, welche ihn gehört haben, also durch die Apostel übermittelt ist (Hebr 2,1ff).

So sind die Grundwahrheiten des christlichen Glaubens hier auch schon in einen Lehrkanon gefaßt, den mit einem anderen Schreiben in Erinnerung zu halten und einzuschärfen der Verfasser sich vornimmt[284]. Und so, wie es hier schriftlich geschieht, werden die Gemeindeleiter auch in der mündlichen Predigt auf die Grundwahrheiten rekurriert und sie auch immer wieder erläutert haben: die Abkehr von den toten Werken und den Glauben sowie die Lehre von den Taufen, der Handauflegung, der Auferstehung von den Toten und vom ewigen Gericht[285]. Die Gemeindepredigt wird damit zur Wiederholung und

---

[281] Hebr 13,7; die ἔκβασις ἀναστροφῆς der Gemeindeleiter muß nicht das Martyrium meinen (vgl. H. WINDISCH, HNT 14[2], S. 117; O. MICHEL, KEK 13, S. 490; H. BRAUN, HNT 14, S. 458), doch da das Ende hier als Konsequenz ihres Lebens im Glauben betrachtet und das Vorbild der Leiter nachgeahmt werden soll, ist dieser Bezug wahrscheinlich.

[282] Hebr 13,24; vgl. H. BRAUN, HNT 14, S. 484f. Die geschilderten Verhältnisse würden zu Rom als Adressaten passen. - Zu den ἡγούμενοι vgl. noch E. GRÄSSER, Die Gemeindevorsteher im Hebräerbrief, in: *Vom Amt des Laien in Kirche und Theologie*, FS G. Krause, hrsg. von H. Schröer und G. Müller, Berlin / New York 1982, 67-84. Gräßer sieht in dem Begriff eine bewußt unkultische, der Worttheologie korrespondierende Ausrichtung (S. 79ff).

[283] Hebr 13,22.

[284] Hebr 6,1-2. - F. HAHN, Der urchristliche Gottesdienst, Stuttgart 1970 (SBS 41), S. 70, behauptet, Hebr 5,11-6,3 sei ein zweifelsfreies Zeugnis für den Katechumenenunterricht; doch daß νήπιοι und τέλειοι hier eindeutig mit Ungetauften und Getauften zu parallelisieren sei, vermag ich nicht zu sehen; vgl. H. BRAUN, HNT 14, S. 155: „Allein auf Grund der Taufe sind die Hörer noch keine τέλειοι ...". Dennoch wird Hebr 6,1-2 wohl am ehesten den Lehrinhalt eines Unterrichts vor der Taufe angeben (s. Fußn. 285).

[285] Hebr 6,2; auffällig ist, daß die Eucharistie (oder das Herrenmahl) in dieser Reihe nicht auftaucht; denkbar wäre, daß die Lehre darüber schon einen Schritt auf dem Weg zur Vollkommenheit darstellt und nicht zu den Anfangsgründen gehört (darin könnte man Ansätze zu einer Arkandisziplin sehen - vgl. J. JEREMIAS, Die Abendmahlsworte Jesu, Göttingen [4]1967, S. 127 -, ohne daß damit jedoch eine feste Arkandisziplin zum Schutze des Herrenmahls gegeben sein muß); daß der Brief diesen Komplex gar nicht zu den zentralen Lehrstücken des christlichen Glaubens

Vertiefung des Taufunterrichts, auf den man diesen Lehrkanon wohl beziehen darf[286].

Der Hebräerbrief erhebt nun den Anspruch, mehr und Schwierigeres als solche Elementaranfänge des göttlichen Wortes zu lehren, ein Anspruch, den ebenfalls die normale Gemeindepredigt gehabt haben wird, kommt es doch darauf an, nach der Taufe im Verstehen des „Wortes der Gerechtigkeit" zur Vollkommenheit fortzuschreiten[287].

Das, was der Hebräerbrief als „vollkommen" vorträgt, ist die Lehre von Christus als dem Hohepriester nach der Art Melchisedeks. Solche und ähnliche Lehren wie zum Beispiel die Erörterung über Christus und die Engel am Anfang des Briefes aufzunehmen, wurde aber den Adressaten anscheinend erschwert, weil sie mit dem elementaren Problem des Abfalls vom christlichen Glauben zu kämpfen hatten. Hier gilt dann, was im vierten Kapitel über die richtende Macht des Wortes Gottes gesagt wird[288], sicher auch im Blick auf die Gemeindepredigt: es deckt Ungehorsam auf und ist ein Richter der Absichten und Gedanken des Herzens. So gehört auch die Mahnung zum Bleiben am Glauben und zur christlichen Lebensführung zusammen mit der Verkündigung des Gerichts in die Predigt an die Getauften hinein.

Die Argumentation des Hebräerbriefes lebt von der Schriftauslegung. In den Schriften reden Gott, Christus (bei Worten in der Ich-Form, die sich auf ihn beziehen lassen) und der Geist[289]. Die Auslegung kann ein Schriftwort vergegenwärtigen und so auf die Hörer beziehen[290]; sie kann im christologischen Beweis ein Schriftwort direkt auf den Herrn anwenden und darin Auskunft über ihn suchen[291]; sie kann die Verheißungen in den Schriften als erfüllt oder noch zu erfüllen darstellen[292]; sie kann in ihnen positive wie

---

rechnet (so H. BRAUN, HNT 14, S. 162 u. 462-465), erscheint mir wenig wahrscheinlich - vgl. dazu Fußn. 300.

[286] Vgl. H. BRAUN HNT 14, S. 159; O. MICHEL, KEK 13, S. 238; H. WINDISCH, HNT 14², S. 49. Der Unterricht ist nicht speziell an ehemalige Juden gerichtet, sondern legt allgemein die Grundlagen für den christlichen Glauben - vgl. O. MICHEL, KEK 13, S. 238-240; auch H. BRAUN, HNT 14, S. 160.

[287] Hebr 6,1: ἐπὶ τὴν τελειότητα φερώμετα. - λόγος δικαιοσύνης in Hebr 5,13; vgl. dazu H. BRAUN, HNT 14, S. 153f.

[288] Hebr 4,12.

[289] Gott: Hebr 1,1.5-13; 4,3f.; 4,7 (ἐν Δαυίδ); 5,5f.; 6,14; 7,21; 8,5.8-12; 10,30; (11,16); 12,5f.25a. - Christus: (Hebr 1,2: ὁ θεὸς ἐλάλησεν ἐν υἱῷ); 2,11ff; 10,5ff; 12,25b.26 (1?). - Heiliger Geist: Hebr 3,7; 10,15 (χύριος in 10,16 im Zitat); unklar Hebr 13,5f. (in 13,6 im Zitat χύριος); vgl. auch Hebr 2,2: das Wort, das durch die Engel geredet ist; 9,20 u. 12,21: Mose sprach. Vgl. F. SCHRÖGER, Der Verfasser des Hebräerbriefes als Schriftausleger, Regensburg 1968 (BU 4), S. 252f. - Zum Ganzen s. H. BRAUN, HNT 14, S. 20-21, u. O. MICHEL, KEK 13, S. 151-158.

[290] Hebr 3,7ff.

[291] Hebr 1,8ff; 2,6ff.

negative Vorbilder für die Christen finden[293]; sie kann aber auch kritisch den alten Tempelkult als in Christus aufgehoben darstellen und ihn somit als für die Christen nicht mehr relevant abtun[294].

Immer wieder zieht der Verfasser ermahnende Schlußfolgerungen aus seinen Auslegungen; charakteristisch ist dafür das οὖν[295]. Das bedeutet, daß die Bewegung vom Text zum Hörer geht; die Schriftworte reden und müssen ausgelegt werden, sie sind nicht einfach Belegstellen zur Untermauerung des sonst Gesagten. Doch auch diese Art, die Schriften zu benutzen, ist präsent: offensichtlich gebraucht der Verfasser von ihm selbst gesammelte oder von der Tradition vorgegebene Testimonien- und Beispielsreihen aus den Schriften, um bestimmte Gedanken zu belegen und zu verdeutlichen[296]. So wird sich auch die Predigt im (schon wegen der Tempelkritik offenbar hellenistisch-) judenchristlichen Umkreis des Verfassers dieser manngifaltigen Formen der Schriftauslegung bedient haben[297]. Dabei ist es gemäß der eben beschriebenen Eigenart dieser Auslegung möglich, daß eine Predigt sich als Auslegung einer vorher vorgetragenen Schriftstelle verstand; und dennoch wird es auch Predigten gegeben haben, die ein Thema erörterten oder an eine Schriftlesung nur lose anknüpften, um dann reihenweise andere Schriftworte zum Thema zu zitieren und anzuwenden.

Neben dem Problem des Abfalls vom Glauben und mit diesem zur positiven Beschreibung des christlichen Heilsweges verknüpft zieht sich die Auseinandersetzung mit dem alttestamentlichen Kultus

---

[292] Hebr 10,15ff (erfüllt); Hebr 6,9ff (noch zu erfüllen) - als eine bewußte Anwendung des Schemas Weissagung und Erfüllung kann man diese Stellen freilich nicht bezeichnen - vgl. E. GRÄSSER, Der Hebräerbrief 1938 - 1963, *ThR* 30 (1964) 138-236, S. 207; differenzierter H. KOESTER, Die Auslegung der Abraham-Verheißung in Hebräer 6, in: *Studien zur Theologie der alttestamentlichen Überlieferungen*, FS G. von Rad, hrsg. von R. Rendtorff und K. Koch, Neukirchen 1961, 95-109, bes. S. 105ff; s. außerdem F. SCHRÖGER, Der Verfasser des Hebräerbriefes als Schriftausleger, S. 255 u. passim.

[293] Hebr 11 (positiv); Hebr 6,9ff (negativ).

[294] Hebr 7,11-10,18.

[295] Hebr 4,1.11.(14).16; 10,35; 12,1 (τοιγαροῦν); 13,15-vgl. dazu W. NAUCK, Das οὖν-paräneticum, *ZNW* 49 (1958) 134-135; L. WILLS, The Form of the Sermon in Hellenistic Judaism and Early Christianity, *HThR* 77 (1984) 277-299 - Wills will für einen Predigttypus, den er λόγος παρακλήεως nennt, ein dreiteiliges „pattern" feststellen, das aus Beispiel, Schlußfolgerung und Ermahnung besteht. Seine Beispiele können so wenig überzeugen wie die Unterscheidung von Schlußfolgerung und Ermahnung (conclusion - exhortation). Man sollte eine gelegentlich zu beobachtende rhetorische Figur, die sich noch dazu beim Rückgriff auf „die Schriften" anbietet, nicht zum Predigttypus hochstilisieren.

[296] Hebr 1 u. 2; Hebr 11.

[297] Zur Frage der Adressaten s. O. MICHEL, KEK 13, S. 41-56, aber auch W.G. KÜMMEL, Einleitung, 21. Aufl., S. 351-354. - Vgl. auch Fußn. 279.

praktisch durch den ganzen Hebräerbrief. Zentral ist dabei die Rolle von Christus als dem Hohenpriester; durch sein Opfer ist der Tempelkult mit seinen Opfern ein für allemal abgetan[298]. Es ist auffällig, daß der alte Kultus hier nicht als Typus des neuen verstanden wird; vielmehr wird nach seiner Funktion gefragt und geklärt, wie durch Jesu Dienst diese Funktion übernommen und zum erstenmal vollkommen erfüllt ist[299]. Und da, wo tatsächlich alter und neuer Altar mit einer Anspielung auf das Herrenmahl zueinander in Beziehung gesetzt werden, geht es lediglich um die Feststellung, daß die Christen auch einen Altar haben, von dem die Juden nicht essen dürfen. Der Gedanke wird auch gleich in die Richtung weitergeführt, daß die Christen ihren Platz draußen vor dem Tor haben, abseits von den anderen Menschen, bei der Schmach des Kreuzes Jesu (Hebr 13,10-14)[300]. Demnach ist hier an eine Steigerung vom Altar des alten Bundes zu dem noch viel größeren (oder ähnlich) des neuen überhaupt nicht zu denken. Auch an dieser Stelle also keine Parallelisierung von altem und neuem Dienst oder alten und neuen Priestern; das Opfer, so steht es für den Verfasser des Hebräerbriefes fest, ist am Kreuz geschehen und hat darum keinen Platz mehr im Gottesdienst der Christen[301].

Wenn das Essen der Christen von ihrem Altar nicht nur übertragen gemeint ist, sondern sich wirklich auf das Herrenmahl bezieht, so ist mit dieser Ausdeutung der christlichen Mahlfeier als Opfermahl allerdings der Weg zur späteren Opfertheologie schon ein Stück weit beschritten[302]. Im unmittelbaren Kontext hingegen ist noch ganz klar, daß das einzige Opfer der Christen angesichts des einmaligen Opfers Jesu nur noch das Lob, die αἴνεσις sein kann (Hebr 13,15).

---

[298] Das berühmte ἐφάπαξ in Hebr 7,27; 9,12; 10,10.
[299] Vgl. Hebr 7,11.19.27; 8,5; 9,12.14.23.26-28; 10,1 usw.
[300] Hebr 13,10-14. Die Auslegung der Stelle ist umstritten. Für einleuchtend halte ich die Erklärung von H. STRATHMANN, NTD 9, S. 151: „So wenig die Priester von dem Opfer (sic!) des Versöhnungstages essen durften, die draußen verbrannt wurden, so wenig hat die jüdische Kultusgemeinde Anteil an Jesus." Für das Verständnis, daß hier gegen das kultische Essen der Christen Stellung genommen (H. BRAUN, HNT 14, S. 464ff) oder vorausgesetzt wird, daß die Christen von ihrem Altar nicht essen (H. WINDISCH, HNT 14, S. 118f.), muß jeweils angenommen werden, daß οἱ τῇ σκηνῇ λατρεύοντες sich (auch) auf die Christen bezieht. Das aber ist unwahrscheinlich, und da das γάρ in V 11, das den Anstoß zu dieser Auslegung gab, sich auch mit der Erklärung Strathmanns verstehen läßt, ist diese vorzuziehen. Vgl. auch O. MICHEL, KEK 13, S. 498-503.
[301] F. SCHRÖGER, Der Gottesdienst der Hebräerbriefgemeinde, MThZ 19 (1968) 161-181 geht (als römisch-katholischer Forscher!) sogar so weit zu bezweifeln, daß es in der Hebräerbriefgemeinde überhaupt eine Eucharistie gab (entscheidend ist dabei, daß er - S. 171 - der Auslegung WINDISCHs von Hebr 13,10f. folgt). Es bliebe dann ein reiner Wortgottesdienst übrig.
[302] Das wäre vergleichbar etwa zu 1Kor 10,14ff.

Dies Lob wird als Frucht der Lippen bezeichnet, welche den Namen Gottes bekennen (ὁμολογεῖν), sich also zum gemeinsamen Gottesdienst halten[303]. Der Bezug zum Gottesdienst ist zwar gegeben, jedoch eine Eingrenzung auf die später so genannte Eucharistie nicht zu erkennen. Jedes Gotteslob aus Christenmund ist ein Lobopfer. So kann auch die Gemeinde als πανήγυρις, also als Festversammlung bezeichnet werden (Hebr 12,22). Die Versammlung der Christen wird dabei in eins gesehen mit der himmlischen Gemeinde; irdischer und himmlischer Gottesdienst fallen zusammen[304]. Das geschieht nicht in der Bindung an einen irdischen Ort; vielmehr ist die Gemeinde selbst das Haus Gottes, also nicht mehr ein steinernes Gebäude wie der Tempel, sondern die ἐκκλησία der ἀδελφοί[305].

Es dürfte deutlich geworden sein, daß der Hebräerbrief nur indirekt Auskunft über die Gottesdienste in den Gemeinden seines Umfeldes gibt; es bleibt dabei festzuhalten, daß Wort und Schriften in den Versammlungen der Gemeinde eine wichtige Rolle spielen und die Eucharistie noch nicht Zentrum des Kultes ist. Wohl aber ist das Lob Gottes als Dankopfer der Gemeinde ein wesentlicher Teil jedes Gottesdienstes, also auch der Herrenmahlsfeier. Ob sie vom Wortgottesdienst getrennt oder mit ihm zusammen stattfand, läßt sich dem Hebräerbrief nicht entnehmen.

Entscheidend bleibt für diesen Brief, daß die Teilnahme am Gottesdienst die zentrale Rolle im Leben der Christen spielt - und das nicht zuletzt eben wegen der aufbauenden Wirkung von Verkündigung und Gotteslob, ohne die der christliche Glaube nicht existieren kann.

i) Offenbarung des Johannes

Die Offenbarung des Johannes, in den kleinasiatischen Raum gehörig und in ihrer Entstehung wohl um das Jahr 80-90 anzusetzen[306],

---

[303] Hinzutreten und Bekennen sind in Hebr 10,22f und Hebr 4,14-16 praktisch synonym. Das heißt aber noch nicht, daß hier das Bekenntnis als Bestandteil des normalen Gottesdienstes nachzuweisen ist - gegen F. SCHRÖGER, Der Gottesdienst der Hebräerbriefgemeinde, S. 178.

[304] Vgl. Hebr 9,24. Das gilt auch, wenn πανήγυρις die Myriaden der Engel meinen sollte (so O. MICHEL, KEK 13, S. 463). Das αἷμα ῥαντισμοῦ in 12,24 auf die Eucharistie zu beziehen, würde das Bild verfehlen (vgl. F. SCHRÖGER, Der Gottesdienst der Hebräerbriefgemeinde, S. 168f.); sonst ist im Kontext an das (himmlische) Gotteslob gedacht und die Eucharistie nicht angedeutet.

[305] Hebr 3,1-6.

[306] S. dazu W. BOUSSET, Die Offenbarung Johannis (KEK 16[6]), S. 135; R.H. CHARLES, A Critical and Exegetical Commentary on the Revelation of St. John, Edinburgh 1950 (repr. 1920 - ICC), vol I, p. XCI-XCVII; W.-G. KÜMMEL,

ist nicht nur mit ihren Visionen vom himmlischen Gottesdienst für die Geschichte des christlichen Gottesdienstes von Interesse, sondern auch als Zeugnis christlicher Prophetie. Der Prophet Johannes - er nennt sich nicht Seher - schreibt dieses Buch auf als Wort der Prophetie (Apc 1,3), welche die ἀποκάλυψις wiedergeben, die Gott durch Jesus Christus seinen Knechten (δούλοις) über die Geschehnisse der Endzeit gegeben hat (Apc 1,1)[307]. Obwohl wir das Buch nach thematischen wie formalen Gesichtspunkten der Apokalyptik zuordnen[308], handelt es sich seinem Selbstverständnis nach um schriftlich niedergelegte Prophetie, die sich freilich angesichts der bedrängten Lage der Christen vor allem mit der Endzeit befaßt. Doch gibt es auch Stücke mit fast ausschließlichem Gegenwartsbezug; man denke nur an die sieben Sendschreiben.

Wie die Mehrzahl „Knechte" in Apc 1,1 schon andeutet, steht Johannes als Prophet nicht allein da, sondern hat Mitknechte und Brüder, die Propheten (Apc 19,10; 22,9); sie geben der Gemeinde durch den Geist der Prophetie Zeugnis von Jesus (Apc 19,10). Der Titel „Bruder" ist ihnen aber nicht vorbehalten, sondern erstreckt sich wie sonst auch auf die ganze Gemeinde, allerdings eingeschränkt auf diejenigen, welche die Worte der hier aufgeschriebenen Prophetie befolgen (Apc 22,9)[309].

Einleitung, 21. Aufl., S. 412-417; A. STROBEL, Apokalypse des Johannes, *TRE* 3, 174-189, S. 186-187.

[307] Vgl. Apc 22,7-10.18f. - Dazu E. LOHSE, NTD 11, S. 5: „er ist ein urchristlicher Prophet gewesen, der in den Gemeinden Kleinasiens in großer Vollmacht gepredigt und verkündigt hat" (Lohse spricht allerdings sonst vom „Seher Johannes"); H. KRAFT, HNT 16a, S. 9. Kraft bezweifelt, daß man den Inhalt des ganzen Buches als Prophetie bezeichnen könnte - damit trägt er formgeschichtliche Kriterien an das Buch heran, die dem Johannes nicht geläufig sind. Ähnlich nimmt auch U.B. MÜLLER, Prophetie und Predigt im Neuen Testament, Gütersloh 1975 (StNT 10), S. 47ff, vor allem die Sendschreiben als Beispiel für Prophetie, ohne zu klären, welchen Charakter die formgeschichtlich nicht so griffigen Partien des Buches haben. Die „Botenformel": „Dies sagt der ..." wird nach dem Selbstverständnis der Johannesapokalypse so wenig als ausschließliches Kriterium der Prophetie gelten dürfen wie die formale Besonderheit, daß Gott oder der Herr bzw. der Geist selbst redet (z. B. Apc 14,13). In der Johannesoffenbarung wie im Hirten des Hermas kann auch der Bericht von visionären Erlebnissen als Prophetie gelten. Richtig W. BOUSSET, Die Offenbarung Johannis (KEK 16[6]), 15: „Ihrer Form nach gibt sich die Apokalypse nicht als Buchweisheit, sondern als gegenwärtige Offenbarung. Auch pulsiert in ihr ungebrochenes prophetisches Bewußtsein ..." (vgl. auch ebda, S. 138ff.). S. auch W.-G. KÜMMEL, Einleitung, 21. Aufl., 417: „ein judenchristlicher Prophet". - Zur Problematik des formgeschichtlichen Verfahrens im Zusammenhang mit der Prophetie vgl. G. DAUTZENBERG, Urchristliche Prophetie, Stuttgart u. a. 1975 (BWANT 104), S. 302.

[308] Vgl. nur W.G. KÜMMEL, Einleitung, 21. Aufl., 398ff; zur neuesten Diskussion auch E. LOHSE, Wie christlich ist die Offenbarung des Johannes?, *NTS* 34 (1988) 321-338.

Das Buch ist, wie schon die Seligpreisung von Vorleser und Zuhörern am Anfang zeigt (Apc 1,3), zum Vorlesen im Gottesdienst der Gemeinde gedacht[310]. Auch am Schluß werden noch einmal die Hörer des Buches angesprochen (Apc 22,18); der hier verlangte Schutz des Buchinhaltes gegen Veränderungen ruft noch einmal in Erinnerung, daß es sich bei dem Buch um nichts Geringeres als aufgeschriebene Prophetie handelt, und erhebt es praktisch in den Rang heiliger Schriften[311]. Auch die an konkrete Gemeinden gerichteten sieben Sendschreiben innerhalb des Offenbarungsbuches deuten auf dessen Bestimmung für die gottesdienstliche Lesung hin. Daß dabei wohl noch mehr als die sieben genannten Gemeinden im Blick stehen, ergibt sich aus der Siebenzahl (die Gemeinden stehen für die ganze Kirche)[312] und auch aus der Nennung von „den Gemeinden" als Adressaten in Apc 22,16.

Wenn der Ruf „Komm Herr Jesus" am Ende des Buches eine Übersetzung des Maranatha ist, so wird dem Verfasser vorgeschwebt haben, daß im Anschluß an die Verlesung eine Herrenmahlsfeier stattfand[313]. Das Buch wäre demnach nicht (oder nicht in erster Linie) zum Vorlesen in einem reinen Wortgottesdienst gedacht. Die Frage, ob der Verfasser neben der Herrenmahlsfeier auch einen solchen Wortgottesdienst kennt, bleibt damit allerdings unbeantwortet.

Wenn sich feststellen ließe, daß in dem Buch auch nichtgetaufte Adressaten angesprochen werden, dann wäre wohl an einen Gottesdienst zu denken, der Wort- und Sakramentsteil in sich vereint, wobei die Ungetauften vor dem Herrenmahl entlassen worden wären.

---

[309] S. auch Apc 1,9; 6,11 (die Märtyrer als ἀδελφοί); 12,10; in Apc 22,9 könnte ἀδελφός auch nur auf die Propheten bezogen werden.

[310] H. KRAFT, HNT 16a, S. 16, folgert das Gleiche auch aus der Sprache des Buches; zu den „Sendschreiben" vgl. in diesem Zusammenhang U.B. MÜLLER, Prophetie und Predigt, S. 47f.

[311] Vgl. E. Lohse, NTD 11, S. 106, zu Apc 22,18-19; daß die „Sicherungsformel" dem prophetischen Selbstverständnis widerspreche und deshalb sekundär sein müsse (denn prophetische Offenbarung sei grundsätzlich unabgeschlossen), ist ein nicht weiter begründbares Postulat von H. KRAFT, HNT 16a, S. 282. Präziser die Argumentation bei R.H. CHARLES, A Critical and Exegetical Commentary on the Revelation of St. John, vol II, 222ss, daß 22,18.19 interpoliert sei – doch sind die von Charles, p. 223, bemerkten statistischen Abweichungen nicht gravierend, und die Sorge vor Verfälschungen verträgt sich auch mit der Naherwartung des Endes, wenn denn eine Publikation des Buches beabsichtigt ist. Vgl. W. BOUSSET, KEK 16[6], 460: „Der Apok. kanonisiert hier seine eigne Schrift mit der üblichen Formel. Welche eigentümliche Sicherheit prophetischen Bewußtseins kommt hier zum Ausdruck!"

[312] Vgl. E. LOHMEYER, HNT 16[2], S. 40-43, bes. 42·

[313] So G. BORNKAMM, Das Anathema in der urchristlichen Abendmahlsliturgie, in: DERS., Das Ende des Gesetzes, München 1958 (BEvTh 16), 123-132, S. 126f.; vgl. auch E. LOHSE, NTD 11, S. 106; H. KRAFT, HNT 16a, S. 281.

Nun sieht die Einladung zum Wasser des Lebens in Apc 22,17 ja
aus wie eine Aufforderung zur Taufe. Und auch die Beschreibung des
Schicksals der Ungläubigen beim Gericht (ἄπιστος in Apc 21,8) könnte
als Warnung an zuhörende Heiden verstanden werden. Doch ist das
Wasser des Lebens oder das lebendige Wasser, ohne daß eine innere
Verbindung zur Taufe geleugnet werden soll, in der übrigen Offenbarung ein Element des Himmels zur Beschreibung der ewigen Selig-
keit nach dem Gericht. So wird auch in Apc 22,17 das Trinken vom
Wasser des Lebens eher auf das Aufnehmen der lebensspendenden
Worte in der Offenbarung als auf die Taufe zu beziehen sein, zumal
hier ja nicht vom Abgewaschenwerden die Rede ist[314]. Und das Gericht wird in seiner Bedrohlichkeit zwar auch als gerechte Strafe für
diejenigen, welche die Christen bedrängen, gesehen, doch droht es vor
allem denen, die vom Glauben abfallen[315]. Es fehlt der direkte Ruf
an die Ungläubigen, sich zu bekehren, so wie er an Gläubige ergeht,
die sich verfehlt haben; ja, es findet sich gelegentlich sogar die Aussage, daß die Heiden verstockt sind und sich auch durch göttliche Straf-
gerichte nicht zur Umkehr bewegen lassen[316].

So wird in der Offenbarung des Johannes die Gemeinde der Getauften angeredet; es geht um ihre Lage und ihr geistliches Leben.
Von daher kann man vermuten, daß der Verfasser eine Gemeindeversammlung ohne die Anwesenheit Ungetaufter als Adressaten vor
Augen hat.

Dieser Argumentationsgang ist allerdings nicht so beweiskräftig,
daß man nun mit auch nur einiger Sicherheit behaupten könnte, der
Prophet Johannes habe auch Wortgottesdienste ohne Sakrament gekannt, bei denen Ungetaufte dabeisein durften. Wir müssen uns auf die
Aussage beschränken, daß das Gegenteil aus seinem Buch nicht zu erheben ist[317], und nach weiteren Hinweisen zum Gottesdienst in der
Johannesoffenbarung fragen.

---

[314] Vgl. Apc 7,17; 21,6; 22,1.

[315] Es überwiegt die Gerichtsandrohung gegen die Heiden und Götzendiener,
die aber vor allem als die Verfolger der Christen gesehen werden (vgl. z. B. Apc
19,2; deswegen auch der Name „Babylon" in Apc 14ff); Gericht gegen Abtrünnige:
Apc 14,9-11; 19,20; 21,8 (hier an erster Stelle, sie werden dann mit Ungläubigen und
Frevlern in einen Topf geworfen); gegen den Lügenpropheten, der die Christen ver-
führt: Apc 16,13; 19,20; (20,10); vgl. Apc 2,2.

[316] Bußruf an Christen: Apc 2,5.16.21f.; 3,3.19; Feststellung der Verstockung
bei den Heiden: Apc 9,20f.; 16,9.11; vgl. auch Apc 22,11.

[317] Oder soll man Apc 22,15 als liturgischen Ruf zur Entfernung Ungläubiger
aus der Gottesdienstversammlung verstehen? (vgl. E. LOHSE, Wie christlich ist die
Offenbarung des Johannes?, S. 327). Nach Apc 22,12 muß man sich hier doch eher
das Gericht vorstellen (vgl. E. LOHMEYER, HNT 16², S. 180). Wenn ἔξω einen Zustand angibt, gilt umso mehr, daß Ungläubige bei der Gemeindeversammlung, für die

Wenn im Anschluß an die Verlesung der Offenbarung das Herrenmahl gefeiert wurde, wäre noch zu fragen, was ihr vorausging. Einen Hinweis auf eine vorangegangene Schriftlesung gibt es nicht; für ein prophetisches Wort erscheint ein solcher Bezug auch nicht notwendig. Die Schriften werden überhaupt nirgends ausdrücklich zitiert, so sehr die Sprache besonders der hymnischen Stücke vom Alten Testament durchdrungen ist und oft sogar wörtlich Stücke daraus übernimmt[318].

Daß das Buch selbst die Struktur des Gottesdienstes bis zur Mahlfeier widerspiegele, ist eine Vermutung ohne Anhalt; die Abfolge von Bildern und Worten ist trotz des Vorkommens von Liedern und anderen Elementen des Kultus thematisch bestimmt und läßt sich nicht sinnvoll mit irgendeiner Gottesdienstform in Deckung bringen[319].

Wohl aber lassen einzelne Elemente des Buches Rückschlüsse auf den irdischen Gottesdienst zu, wie ihn der Prophet Johannes kennt. Daß die Propheten einen Stand in der Gemeinde bildeten, hatten wir schon gesehen. Sie werden im Gottesdienst geredet haben. Bemerkenswert ist, daß im vierten Sendschreiben eine Prophetin attackiert wird, die in der Gemeinde in Thyatira auftrat und lehrte (Apc 2,20f.). Der Angriff richtet sich aber nicht so sehr gegen die Tatsache, daß sie als Prophetin wirkte, als vielmehr gegen den Inhalt ihrer Lehre. Die Formulierung läßt auch die Deutung zu, daß schon der Anspruch, Prophetin zu sein, der Kritik unterliegt, doch explizit wird der Vorwurf erst im Blick auf das πλανᾶσθαι, welches hier ganz wie die Lehre der Nikolaiten in Pergamon als Verführung abqualifiziert wird (s. Apc 2,14f.)[320]. Daß diese Lehre Unzucht und Götzenopferfleischessen

---

das Buch bestimmt ist, nicht dabei sind; s. auch R.H. CHARLES, A Critical and Exegetical Commentary on the Revelation of St. John, vol II, 177s.

[318] Zur Sprache der Apokalypse s. W. BOUSSET, KEK 16[6], S. 159ff, und H. KRAFT, HNT 16a, S. 15-17; umfangreiches Material auch bei R.H. CHARLES, A Critical and Exegetical Commentary on the Revelation of St. John, vol I, p. CXVIIss., bes. p. CXLIIss., außerdem p. LXVss.; ferner E. LOHSE, Die alttestamentliche Sprache des Sehers Johannes. Textkritische Bemerkungen zur Apokalypse, *ZNW* 52 (1961) 122-126; vgl. ferner E. LOHSE, Wie christlich ist die Offenbarung des Johannes?, S. 332.

[319] S. LÄUCHLI, Eine Gottesdienststruktur in der Johannesoffenbarung, *ThZ* 16 (1960) 359-378; M.H. SHEPHERD, The Paschal Liturgy and the Apocalypse, London 1960 (ESW 6), p. 77ff, bes. p. 83. - Dagegen v. a. K.-P. JÖRNS, Das hymnische Evangelium. Untersuchungen zu Aufbau, Funktion und Herkunft der hymnischen Stücke in der Johannesoffenbarung, Gütersloh 1971 (StNT 5), bes. S. 180ff; auch K.M. FISCHER, Die Christlichkeit der Offenbarung Johannes, *ThLZ* 106 (1981) 165-172, Sp. 168; ferner G. DELLING, Zum gottesdienstlichen Stil der Johannes-Apokalypse, in: DERS., Studien zum Neuen Testament und zum hellenistischen Judentum, Göttingen 1970, 425-450.

[320] Vgl. H. KRAFT, HNT 16a, S. 69-74.

beinhaltete, muß nicht nur metaphorisch gemeint sein, sondern kann konkrete Anhaltspunkte gehabt haben[321]. Die Nähe zu den Verhältnissen in Korinth, mit denen Paulus es zu tun hatte, fällt auf: auch dort traten Prophetinnen auf, auch dort waren Unzucht und Götzenopferfleischessen ein Problem.

Außer dem Prophetenamt taucht in der Johannesapokalypse nur noch das Apostelamt auf; auch hier ist einmal von falschen Aposteln die Rede, ohne daß allerdings Näheres über sie erkennbar wird (Apc 2,2). Die Formulierung: „Freue dich ..., Himmel und ihr Heiligen und ihr Apostel und ihr Propheten ..." (Apc 18,20) scheint die ganze Gemeinde mitumfassen zu sollen, so daß neben den Aposteln und Propheten kein wichtiges Amt mehr anzunehmen ist[322]. Die vierundzwanzig πρεσβύτεροι im Himmel (Apc 4,4.10) scheinen also auf Erden keine Entsprechung zu haben, es sei denn, daß hier unterschiedliches Traditionsgut zusammengeflossen ist[323]. Es bleibt auffällig, daß Bischöfe und Diakone nirgends vorkommen: ein weiterer Fingerzeig auf Gemeindeverhältnisse, die denen im paulinischen Korinth ähnlich sind.

Die Johannesoffenbarung enthält den einzigen neutestamentlichen Beleg für das Wort „Herrentag" (κυριακὴ ἡμέρα)[324]; man kann davon ausgehen, daß dies für Johannes der Gottesdiensttag ist, auch wenn es hier zunächst nur um den Zeitpunkt der Offenbarung an Johannes geht[325]. Welch anderer Tag wäre geeigneter für eine Offenbarung, die doch schließlich im Gottesdienst kundgemacht werden soll und die Visionen vom himmlischen Gottesdienst enthält?

Ein wesentliches Merkmal des himmlischen Gottesdienstes sind die „neuen Lieder", welche für das Lamm Christus gesungen werden. Obwohl diese Lieder thematisch genau in den Verlauf des Buches eingepaßt sind, also vermutlich nicht, jedenfalls nicht unverändert, als Traditionsgut übernommen wurden, so wird man doch nicht fehlgehen in

---

[321] S. E. LOHSE, NTD 11, S. 25f, und v. a. R.H. CHARLES, A Critical and Exegetical Commentary on the Revelation of St. John, vol I, 69s.

[322] Οἱ ἅγιοι als Bezeichnung für Christen und christliche Gemeinde in Apc 5,8; 8,3.4; 11,18; 13,7.10; 14,12; 16,6; 17,6; 18,20.24; 19,8; 20,9; 22,21. „Propheten und Heilige" zur Bezeichnung der Gemeinde: Apc 11,18; 16,6; 18,24. - Apc 21,14 kennt die „zwölf Apostel"; das kann, muß aber nicht bedeuten, daß der Verfasser keine weiteren Apostel kennt, so daß eigentlich nur die Propheten als maßgebliche Instanz in den Gemeinden seiner Zeit übrigblieben.

[323] Vgl. H. KRAFT, HNT 16a, S. 96f.; E. LOHSE, NTD 11, S. 34f. (dazu auch schon E. LOHMEYER, HNT 16[2], S. 46); R.H. CHARLES, A Critical and Exegetical Commentary on the Revelation of St. John, vol I, 128-133.

[324] Möglicherweise handelt es sich um eine Weiterbildung von κυριακὸν δεῖπνον.

[325] Apc 1,10; vgl. E. LOHMEYER, HNT 16[2], S. 15; W. RORDORF, Der Sonntag, Zürich 1962 (AThANT 43), S. 203-212.

der Annahme, daß in den kleinasiatischen Gemeinden Lieder genau solcher Art von den Christen gesungen wurden[326].

Für eine genaue Analyse des Liedguts in der Johannesapokalypse ist hier nicht der Raum. Bemerkt sei aber, daß die Lieder und hymnischen Stücke nicht im griechischen Metrum verfaßt sind, daß ihre Sprache oft ans Alte Testament anklingt und auch, wie schon bemerkt, Stücke daraus wörtlich verwendet und daß es sich in der Regel um Loblieder handelt, die δόξα und εὐχαριστία darbringen sollen[327]. Adressat ist teils Gott, teils Christus; gelegentlich werden auch Gott und sein Christus zusammen genannt[328].

Ob das Vorkommen des Sanctus in Apc 4,8 einen Rückschluß auf den Gemeindegottesdienst zuläßt, scheint mir eher zweifelhaft. Denn das Stück gehört seinem Ursprung nach in den Himmel, und sein Platz in der Johannesoffenbarung stellt den Bezug zu Jes 6,3 deutlich her: das, was der Prophet als erstes sieht und hört, ist der Thron Gottes und dieser Gesang dazu[329]. Stünde das Stück schon im Zusammenhang mit der Herrenmahlsliturgie, würde man es viel später, am Ende des Buches, und mit Bezügen vielleicht auf das himmlische Mahl (vgl. Apc 19,9) erwarten.

Gelegentlich kommt in der Apokalypse das responsorische Amen vor[330]. Daneben taucht es auch als bekräftigende Wendung und als Beschluß von Doxologien auf, ohne daß es sich erkennbar um eine Antwort handelt[331], und einmal findet sich beides unmittelbar nebeneinander, so daß das responsorische Amen eine Doxologie einleitet, welche wiederum mit Amen schließt (Apc 7,12). Als weiterer Gebetsruf findet sich auch das Halleluja[332]. Von beidem, Halleluja und

---

[326] Der Ausdruck ῷδὴ καινή findet sich in Apc 5,9 und 14,3. Zu der These, „daß die hymnischen Stücke der Apc sowohl in ihrer jetzigen Gestalt als auch in ihrer Stellung im Aufbau der Apc vom Verfasser der Apokalynse selbst stammen", s. K.-P. JÖRNS, Das hymnische Evangelium. Untersuchungen zu Aufbau, Funktion und Herkunft der hymnischen Stücke in der Johannesoffenbarung, Gütersloh 1971 (StNT 5 - Zitat auf S. 178).

[327] Charakteristisch für den Sprachgebrauch der Apokalypse ist δόξα. Die Worte εὐχαριστία und εὐχαριστεῖν kommen nur in Apc 4,9; 7,12; 11,17 vor, wobei εὐχαριστία mit δόξα und τιμή zusammensteht (Apc 4,9; 7,12) - vgl. auch K.-P. JÖRNS, Das hymnische Evangelium, S. 72.

[328] Apc 12,10f.; 19,6f.

[329] Vgl. den Kommentar von H. KRAFT, HNT 16a, S. 100 (Kraft nimmt hier Beobachtungen von E. LOHSE, Die alttestamentliche Sprache des Sehers Johannes, S. 123f., auf); s. ferner R.H. CHARLES, A Critical and Exegetical Commentary on the Revelation of St. John, vol I, 126s. - Zum Trishagion s. auch S. 150.

[330] Apc 5,14; 7,12; 19,4; zum Amen in Apc s. auch R.H. CHARLES, A Critical and Exegetical Commentary on the Revelation of St. John, vol I, 151s.

[331] Apc 1,7; 22,20.21, zum Beschluß von Doxologien Apc 1,6; 7,12.

Amen[333], ist anzunehmen, daß es seinen Platz auch im Gemeindegottesdienst hatte.

Die Gebete der Heiligen sind das Lobopfer der Christen; sie erscheinen im himmlischen Gottesdienst als das Räucherwerk auf dem
Altar des himmlischen Tempels[334]. Daß dem himmlischen wohl
kaum ein irdischer Tempel korrespondiert, zeigt das Bild vom himmlischen Jerusalem, in dem ausdrücklich der Tempel wegen des Opfers
Christi fehlt (Apc 21,22). Außerdem sind alle Heiligen durch Christus
zu Priestern und Königen geworden, so daß niemand mehr für sie an
einem Altar als Priester fungieren müßte[335]. Auch der Märtyrertod
der Christen scheint als Lobopfer verstanden zu sein; warum sonst
sollten die Seelen der Märtyrer sich unter dem himmlischen Altar befinden (Apc 6,9)[336]? Gegen die Annahme, es habe bereits zur Zeit
der Johannesoffenbarung in den Kirchen der Christen Märtyrergräber
im Altarraum gegeben, spricht der archäologische Befund[337]. Für
den himmlischen Altar gibt es also im Gottesdienst der Christen ebensowenig eine Entsprechung wie für den himmlischen Tempel; das irdische Abbild von beiden ist durch das Opfer des Lammes überflüssig
geworden.

Gegen eine Deutung aus der Gesamtschau der Johannesapokalypse,
wie ich sie hier vornehme, sollte man nicht ins Feld führen, daß Johannes möglicherweise Bilder und Traditionen aus dem Judentum verwendet hat, die nur je für sich etwas aussagten, für die Gesamtdar-
stellung des Johannes aber unbedeutend seien[338]. Er hat doch diese

---

[332] Apc 19,1.3.4.6 (in 19,3 „Amen Halleluja"). - Das Halleluja ist noch kein
Hallelpsalm - gegen M.H. SHEPHERD, The Paschal Liturgy and the Apocalypse,
p. 78.

[333] Vgl. 1Kor 14,16!

[334] Apc 5,8; 8,3.

[335] Apc 1,6; 5,10.

[336] Unter dem Altar und nicht darauf, weil ihr Tod dem Sühnetod Christi
nicht gleichzusetzen ist? - Anders H. KRAFT, HNT 16a, S. 119, der der Meinung
ist, daß die Seelen dort sind, wohin das Blut geflossen ist, als die Märtyrer als
Nachfolger Christi auf dem Altar geopfert wurden (mit W. BOUSSET, KEK 16[6], S.
269f.). - Vgl. die Diskussion in: B. KÖTTING, Der frühchristliche Reliquienkult und
die Bestattung im Kirchengebäude, Köln / Opladen 1965 (VAFLNW.G 123), S. 55ff;
dagegen bietet bereits R.H. CHARLES, A Critical and Exegetical Commentary on
the Revelation of St. John, vol I, 172-174, eine ausführliche Sammlung von Parallelen aus dem jüdischen Bereich. S. ferner F. LOHMEYER, HNT 16[2], S. 204, Beil. 4.

[337] B. KÖTTING, Der frühchristliche Reliquienkult und die Bestattung im
Kirchengebäude, bes. S. 10-12 (Märtyrergräber bis zur Konstantinischen Wende immer vor der Stadt) u. S. 17: „Bis zur Mitte des 4. Jahrhunderts waren Gemeindekir-
chen und die Kulträume, in denen man die Märtyrer verehrte, noch voneinander getrennt...".

[338] Die Darstellung von E. LOHSE, NTD 11, S. 42, mag zu der Schlußfolgerung verleiten, daß der himmlische Tempel und Altar von Johannes kritiklos als

Elemente nicht unkritisch übernommen: zwar kann er die Kontinuität zum Alten Testament und zum Judentum zum Beispiel dadurch zum Ausdruck bringen, daß er die Christen als die wahren Juden bezeichnet, aber ihnen stehen nun die Juden in der „Synagoge des Satans" gegenüber[339]; und bei aller Kontinuität ist doch das Neue eindeutig, das in dem „Lamm" geschehen ist und das die Ältesten im Himmel neue Lieder singen läßt.

So wenig aber diese neuen Lieder einfach aus dem christlichen Gottesdienst entliehen sind, so wenig kann man auch sonst zwischen dem himmlischen und dem irdischen Gottesdienst einfach Parallelen ziehen[340]; erst aus kritischen Einzelbeobachtungen ergeben sich Hinweise auf die irdischen Gottesdienste, die Johannes kennt. Es hat sich gezeigt, daß man diese Hinweise recht gut in ein Bild vom Gottesdienst einzeichnen kann, wie wir es aus den Äußerungen des Paulus für die Gemeinde in Korinth erhoben haben, wobei hier in der Apokalypse allerdings noch stärkeres Gewicht auf der gottesdienstlichen Schriftlesung zu liegen scheint.

j) Bemerkungen zu den Evangelien

Die erste sichere Nachricht, daß Evangelien[341] im Gottesdienst vorgelesen wurden, stammt von Justinus Martyr[342]. Andererseits nimmt schon der Apostel Paulus in seinen Briefen auf geprägte Jesusüberlieferung als Autorität bezug, ohne daß allerdings Herrenworte eine so prominente Rolle spielen wie die alttestamentlichen Schriften[343]. Überlieferung von und über Jesus Christus gehört dennoch für ihn ins Zentrum des christlichen Glaubens, wie man am deutlichsten aus 1Kor

---

Requisiten übernommen wurden und eine Reflexion über das Verhältnis der Christen zu Tempel und Altar auf Erden gar nicht vorliege.

[339] Apc 2,9; 3,9.

[340] Hier sei noch einmal auf K.-P. JÖRNS, Das hymnische Evangelium, S. 180f., verwiesen. Jörns setzt sich aufgrund seiner Arbeit kritisch mit den Thesen auseinander, daß der himmlische Gottesdienst Rückschlüsse auf den irdischen zulasse.

[341] Mehr als ein paar Stichworte kann und soll der Abschnitt zu den Evangelien nicht umfassen, da man im Zusammenhang mit unserem Thema hier über Hypothesen nicht weit hinauskommt. - Vgl. zur Sache noch F. HAHN, Der urchristliche Gottesdienst, Stuttgart 1970 (SBS 41), S. 17-46 u. S. 75ff; V. STOLLE, Apostelbriefe und Evangelien als Zeugnisse für den urchristlichen Gottesdienst, *LuThK* 12 (1988) 50-65, S. 55ff.

[342] Apol I,67,3; s. dazu S. 246ff.

[343] Deutlich in 1 Kor 7,10-12.25; 9,14; 11,23ff; wohl eher ein prophetisches Wort als Überlieferung: 1 Thes 4,15 (vgl. E. von DOBSCHÜTZ, KEK 10[7], S. 194; dagegen M. DIBELIUS, HNT 11, S. 25).

11,23ff und 1Kor 15,1-7 entnehmen kann[344]. Die Rezitation von Jesusüberlieferung als mündlicher Tradition der christlichen Lehrer wird
so auch einen Platz in der Missions- und Gemeindepredigt gehabt haben, allerdings in den Gemeinden und Bereichen, aus denen die Evangelien stammen, wohl mehr als in den paulinischen Gemeinden[345].
Zusammenhängende Erzählkomplexe wie die Passionsgeschichte dagegen werden zunächst wohl kaum im Sonntagsgottesdienst vorgetragen
worden sein[346].

Die Abfassung der Evangelien wie schon der Spruchsammlung Q,
die sicherlich einen Grund in dem Bestreben hat, die Überlieferung angesichts des Wegsterbens der ersten Generation zuverlässig festzuhalten[347] (bei Lukas zeigt sich im Prolog auch ein publizistisches, also
missionarisches Interesse - zum Johannesevangelium s. u.), eröffnet
dann die Möglichkeit, im Gottesdienst Jesusüberlieferung auch vorzulesen. Ja, es sieht so aus, als sei bereits das Markusevangelium zum Vorlesen im Gottesdienst verfaßt worden[348]. Auf jeden
Fall wird es, wie M. Hengel in seinen Überlegungen zu den Evangelienüberschriften[349] gezeigt hat, bereits um das Jahr 100 wie die

---

[344] Daß Paulus nur die Überlieferung von 1Kor 15,3b-7 gekannt hätte, ist
durch die in Fußn. 343 genannten Stellen widerlegt. Man sollte daher nicht diese
Überlieferung als „regula fidei" gegen die synoptische Überlieferung ausspielen (gegen W. SCHMITHALS, Evangelien, *TRE* 10, 570-626, S. 583), wenngleich dieses
Stück anders als die synoptischen Traditionen zusammenfassenden Charakter hat.

[345] Als Zeuge für diese Praxis läßt sich Papias mit seiner Überlieferung anführen, daß Markus sein Evangelium aufgrund von Predigt- und Lehrvorträgen
(διδασκαλίαι) des Petrus aufgeschrieben habe - Papias Fragm. II,15 (Bihlmeyer, 3.
Aufl., p. 136,1-9). Daß die synoptische Tradition und ihr vergleichbares Material außerhalb der Evangelien nur relativ wenig auftreten, ist noch kein Beweis dafür, daß
die Evangelien nicht auf mündliche Überlieferung zurückgehen, sondern nur, daß diese Traditionen nicht überall gepflegt und weitergegeben wurden (gegen W.
SCHMITHALS, Evangelien, S. 582f. u. S.601ff).

[346] Jedenfalls nicht im regulären Sonntagsgottesdienst; möglich wäre die Rezitation zur christlichen Passafeier. - Anders F. HAHN, Der urchristliche Gottesdienst, S. 76, unter Berufung auf W. MARXSEN, Der Evangelist Markus, Göttingen
²1959, der aber bezeichnenderweise auf die Passionsgeschichte nicht weiter eingeht.
Vgl. J. GNILKA, EKK 2/1, S. 17-24.

[347] Das schließt natürlich keineswegs eine theologisch reflektierte Gestaltung
durch die Evangelisten aus; vgl. dazu M. HENGEL, Probleme des Markusevangeliums, in: *Das Evangelium und die Evangelien*, hrsg. von P. Stuhlmacher, Tübingen
1983 (WUNT 28), 221-265. Die These von W.H. KELBER, The Oral and the Written Gospel, Philadelphia 1983, daß das Markusevangelium einen schriftlichen Gegen-
schlag zur mündlichen Logientradition darstelle, vermag die Frage nicht zu beantworten, woher Markus seine Informationen hat.

[348] S. dazu die sprachlichen Beobachtungen, speziell zu Kola und Rhythmik,
von G. LÜDERITZ, Rhetorik, Poetik, Kompositionstechnik im Markusevangelium, in:
Markus-Philologie, hrsg. von H. Canzik, Tübingen 1984 (WUNT 33) 165-203, bes.
S. 168-176.

[349] M. HENGEL, Die Evangelienüberschriften, Heidelberg 1984 (SHAW.PH
1984/3). - Erheblich weiter geht D. MONSHOUWER, Markus en de Torah, Kampen

anderen Evangelien auch in dieser Weise verwendet worden sein. Doch hat es wohl einige Zeit gedauert, bis diese Bücher ganz in den Rang heiliger Schriften gerückt sind, und so ist es kaum bloß Zufall, daß wir erst durch Justin vom regelmäßigen gottesdienstlichen Gebrauch der Evangelien hören[350].

Der Evangelist Markus kann die Predigt Jesu als „das Evangelium Gottes" bezeichnen und programmatisch mit den Worten zusammenfassen: „Die Zeit ist erfüllt, und das Reich Gottes ist nahe herbeigekommen; kehrt um und glaubt an das Evangelium" (Mk 1,14-15). Für seine christlichen Leser bzw. Hörer kann der Evangelist die Predigt Jesu auch kurz als „das Wort" bezeichnen (Mk 2,2).

Zugleich ist die von ihm aufgeschriebene Jesustradition „das Evangelium von Jesus Christus"[351], also wesentlicher Predigtinhalt, denn die Predigt Jesu wird, wie Mk 6,12 zeigt[352], von seinen Boten übernommen und weitergeführt, und das umfaßt nun auch Predigt über ihn. Markus rechnet damit, daß die Geschichten, die er aufschreibt, mit der Verkündigung des Evangeliums in aller Welt vorgetragen werden (Mk 14,9)[353]; dies κηρύσσειν wird auch das Vorlesen im Gottesdienst mitumfassen - zumal in einem auch Ungetauften zugänglichen Wortgottesdienst.

Die Sprachlosigkeit der Frauen zu Ostern wird am Ende des Evangeliums geschichtstreu festgehalten, und wenn nicht der eigentliche Schluß des Markusevangeliums verlorengegangen ist, so will der Evangelist mit diesem Schluß wohl etwas von der Unaussprechlichkeit des Wunders der Auferstehung Jesu darstellen[354]. Daß aber Passion und Ostern erzählt und aufgeschrieben werden können, zeigt, daß diese anfängliche Sprachlosigkeit längst überwunden ist.

Nach Matthäus ist es eine wichtige Aufgabe der Apostel, als Lehrer in der Gemeinde der Getauften die Lehre Jesu zu vermitteln und auf diese Weise lebensgestaltend zu wirken[355]. Der Unterschied zur

---

1987, mit seiner These, daß das Markusevangelium von vornherein geschrieben wurde, um die Tora-Lesungen des Synagogengottesdienstes in einem einjährigen Zyklus zu ersetzen.

[350] Vgl. H. VON CAMPENHAUSEN, Die Entstehung der christlichen Bibel, Tübingen 1968 (BHTh 39), S. 123ff.

[351] Mk 1,1. - „Vers 1 ist ... Zusammenfassung des gesamten markinischen Werks, nicht Überschrift des Buches, sondern Benennung seines Inhalts." (J. GNILKA, EKK 2/1, S. 42f.).

[352] Vgl. auch Mk 3,14.

[353] Vgl. Mk 13,10; ähnlich im Nachtrag Mk 16,15.20.

[354] Vgl. W. MARXSEN, Der Evangelist Markus, S. 142; J. GNILKA, EKK 2/2, S. 345 (dort bes. Fußn. 41); aus dem Schluß eine „Distanz zum nachösterlichen Gottesdienst" abzulesen (V. STOLLE, Apostelbriefe und Evangelien als Zeugnisse für den urchristlichen Gottesdienst, S. 58), halte ich nicht für einsichtig.

jüdischen Synagoge ist dabei dem Evangelisten sehr bewußt; er nimmt nicht nur das synoptische Wort von der Christenverfolgung auch durch die Synagoge mit auf (Mt 10,17parr); sondern auch die Scheltrede gegen die Pharisäer ist bei ihm am ausführlichsten gefaßt (Mt 23,1ff). Und prägnant faßt er am Schluß der Bergpredigt (mit einem Wort aus dem Mk) zusammen, daß Jesus mit Vollmacht lehrte und nicht wie die jüdischen Schriftgelehrten (Mt 7,29 / Mk 1,22). So bringen auch christliche „Schriftgelehrte" aus dem Schatz ihrer Gelehrsamkeit nicht nur Altes, sondern ebenso Neues hervor (Mt 13,52).

Ganz im Sinne dieses „Neuen" wird der Versammlung im Namen Jesu, selbst wenn es sich nur um einen sehr kleinen Kreis (weit weniger als die in der Synagoge erforderlichen 10 Männer!) handelt, die Gegenwart des Herrn zugesagt[356]. Dies mag auf die Überlieferung zu beziehen sein: wo Herrenworte zitiert werden, spricht der Herr selbst; aber auch seine Gegenwart im Geiste ist wohl angesprochen, wie sie sich etwa im prophetischen Wort (christliche Propheten sind dem Matthäus ganz geläufig[357]) und in Glaubensstärke bemerkbar macht; schließlich dürfte auch daran zu denken sein, daß der Herr mit seinem Schutz und Segen zugegen ist[358]. Auf die Gegenwart Jesu in der Mahlfeier wird hier nicht erkennbar bezug genommen, doch wird auch sie dem Evangelisten in diese Verheißung miteingeschlossen sein.

Wenn Lukas sein Evangelium zur Vergewisserung der Leser über die Tradition schreibt, die sie bereits gelernt haben[359], so ist damit schon angegeben, daß ihm die mündliche Überlieferung von Jesustradition im Unterricht der Christen geläufig ist und er auch die Benutzung seines schriftlichen Evangeliums für den Unterricht bezweckt[360]. Daß damit diese Tradition auch nicht aus den

355 Mt 28,20. διδάσκοντες ist dem μαθητεύσατε in V 19 unter-, dem βαπτίζοντες nebengeordnet; daß dies Lehren aber wohl nicht ohne Grund erst nach dem Taufen genannt wird und auf jeden Fall die Gemeindepredigt mitumfaßt, zeigt die sich anschließende Verheißung der Gegenwart des Herrn in Verbindung mit Mt 18,20. - Über den Lehrer Matthäus und sein ethisches Interesse s. M. HENGEL, Zur matthäischen Bergpredigt und ihrem jüdischen Hintergrund, *ThR* 52 (1987) 327-400, bes. S. 341ff.
356 Mt 28,20 und Mt 18,20.
357 Vgl. Mt 7,15f.22; 10,20.41; 24,11.24; s. auch Mt 21,26.46.
358 J. SCHNIEWIND, NTD 2⁴, S. 282, bezieht das Wort auf die Weltherrschaft Christi und verfehlt damit m. E. das μεθ' ὑμῶν. E. LOHMEYER, Das Evangelium des Matthäus (KEK Sonderband, hrsg. von W. Schmauch), S. 422, zieht diesen Gedanken deutlicher in Richtung auf Schutz und Segen für die Gemeinde aus. Vgl. auch J. SCHNIEWIND, NTD 2, S. 201; J. GNILKA HThK 1,2, S. 136.140.502. 504.509f.
359 Lk 1,4.
360 Daß Lukas sein Doppelwerk der kerygmatischen Tradition, welche bis dahin allein im Unterricht vorgekommen sei, neu hinzufüge, ergibt sich als Postulat

gottesdienstlichen Predigten wegzudenken ist, die Lukas kennt, ist evident, zumal möglicherweise gar nicht so scharf zwischen Unterricht und Predigt zu trennen ist (vgl. Lk 20,1: Jesus lehrte - διδάσκειν - im Tempel und verkündigte das Evangelium - εὐαγγελίζεσθαι)[361]. Dennoch setzt sich in den Predigten der Apostelgeschichte des Lukas eher die Linie fort, die in Lk 24,25-27, ja schon zu Anfang des Evangeliums in Lk 4,16-21 von Jesus angefangen wird: die Auslegung der Schriften auf das in Jesus gekommene Heil hin.

Bemerkenswert sind die in das lukanische Sondergut der Kindheitsgeschichten integrierten Lieder[362]. Man vermutet mit guten Gründen den eigentlichen Sitz im Leben für diese Lieder im christlichen Gottesdienst, denn sie sind als in sich geschlossene Einheiten dem Kontext nur lose angegliedert[363]. Wenn Lukas sie gerade in den Anfang seines Evangeliums mitaufgenommen hat, so wird er damit auch eine bessere Integration der Evangeliums-Lesung in den Gottesdienst bezweckt haben[364]. Form und Inhalt dieser christlichen „Psalmen" aber verweisen umittelbar in die Septuaginta und in die Synagoge[365]: der christliche Gottesdienst, in dem das „Evangelium nach Lukas" (als heilige Schrift?) vorgelesen wird, hat sich nicht radikal von seinen jüdischen Wurzeln entfernt.

---

aus dem Ansatz von W. SCHMITHALS, Evangelien (S. 612), aber nicht aus dem Text; der Verweis des Lukas auf Vorgänger besagt das Gegenteil.

[361] Mit εὐαγγελίζεσθαι - einem für Lk typischen Wort - ist die Verkündigung der frohen Botschaft gemeint; Lk macht keinen Unterschied, ob es sich dabei um missionarische Verkündigung handelt (z. B. Lk 4,43; Act 8,25) oder um die Predigt in der Gemeinde (z. B. Act 5,42), wenngleich das Wort überwiegend den missionarischen Sinn hat.

[362] Lk 1,46-55; 67-79; (2,14); 2,29-32. - Vgl. F. BOVON, Das Evangelium nach Lukas (EKK III/1), S. 78ff; 94ff; 127ff (112ff); 134ff (jeweils mit Literaturlisten); J.A. FITZMYER, The Gospel According to Luke I-IX, Garden City (N.Y.) 1981 (AB 28), p. 356-390; 397; 410-412; 418-428; I.H. MARSHALL, The Gospel of Luke, Exeter 1978 (NIGTC), p. 77-79; 82-87; 90-95; 111-112; H. GUNKEL, Die Lieder in der Kindheitsgeschichte bei Lukas, in: *Festgabe von Fachgenossen und Freunden A. von Harnack zum siebzigsten Geburtstag dargebracht*, Tübingen 1921, 43-60.

[363] S. dazu D. JONES, The Background and Character of the Lukan Psalms, *JTHS.NS* 19, 19-50; F. GRYGLEWICZ, Die Herkunft der Hymnen des Kindheitsevangeliums des Lucas, *NTS* 21, 265-273.

[364] Das gilt auch, wenn der Verfasser des Evangeliums Lk 1-2 „schon als Komposition in griechischer Übersetzung vorgefunden" hat (H. SCHÜRMANN, Aufbau, Eigenart und Geschichtswert der Vorgeschichte Lk 1-2, in: DERS., *Traditionsgeschichtliche Untersuchungen zu den synoptischen Evangelien*, Düsseldorf 1968, 198-208, S. 206).

[365] S. H. GUNKEL, Die Lieder in der Kindheitsgeschichte; I.H. MARSHALL, The Gospel of Luke, 78s., 87; 112; 119.

Als Ziel des Johannesevangeliums[366] gibt der Evangelist an, er
habe geschrieben, „damit ihr glaubt, daß Jesus der Christus ist, der
Sohn Gottes, und damit ihr im Glauben das Leben habt in seinem Namen"[367]. Er redet also einen Leser- oder eher Hörerkreis an und hat
dabei entweder die Absicht, zu missionieren, oder aber, bereits vorhandenen Glauben zu stärken, womöglich auch beides. Er stellt sich
am Anfang in den Kreis der Jünger Jesu, die dessen Herrlichkeit sahen[368], und gibt als solcher Zeuge theologisch verarbeitete Überlieferung weiter, wurden doch ihm wie den anderen im Nachhinein vom
Geist über Vieles im Wirken Jesu die Augen geöffnet und auf prophetische Weise Erkenntnis vermittelt[369]. Die Verkündigung zielt dabei
darauf, auch den Hörern die Herrlichkeit des Gottessohnes zu offenbaren, sie im Glauben zu Mitzeugen zu machen[370]; sie geschieht,
„auf daß ihr auch mit uns Gemeinschaft habet" (wenn es erlaubt ist,
dies Wort aus 1Joh 1,3 hier einzutragen). Die theologische Reflexion
vermag den Logoshymnus[371] an den Anfang des Evangeliums zu
stellen und auch predigtartige Stücke über die Liebe Gottes und
das Heil, das durch die Sendung seines Sohnes geschieht, zu verarbei-
ten[372]. Solch bewußtes Arbeiten an der Tradition setzt sich fort,
wie der Nachtrag zum Evangelium mit den abschließenden Notizen der
Schüler (in der 1. Pers. pl.: Joh 21,24, sg.: Joh 21,25) zeigt[373].

---

[366] Das Kapitel „Johannesevangelium und urchristlicher Gottesdienst" in O.
CULLMANN, Urchristentum und Gottesdienst, Zürich / Stuttgart ⁴1962 (AThANT
3), S. 38-112, fragt fast ausschließlich nach Taufe und Abendmahl und kann insofern
hier weitgehend unberücksichtigt bleiben.
[367] Joh 20,31.
[368] Joh 1,14. Zur Offenbarung der δόξα Jesu vor seinen Jungern vgl. Joh 2,11;
17,24; auch 13,31f. - Zu der hier in der Interpretation vorauszusetzen (weitgehenden)
Einheitlichkeit bzw. Kohärenz des Johannesevangeliums vgl. H. THYEN, Johannesevangelium, *TRE* 17, 200-225, bes. S. 210ff; C.K. BARRETT, The Gospel according
to St John. An Introduction with Commentary and Notes on the Greek Text, London ²1978, p. 3-26. - Zu dem „wir" in Joh 1,14 s. W. BAUER, HNT 6³, S. 24, und
C.K. BARRETT, The Gospel according to St John, p. 143.
[369] Joh 12,16; 13,7; 14,26 (vgl. Joh 16,13); vgl. dazu R. SCHNACKENBURG,
HThK IV,4, S. 39ff; M. HENGEL, Die Schriftauslegung des 4. Evangeliums auf dem
Hintergrund der urchristlichen Exegese, *JBTh* 4 (1989) 249-288, S. 271-275.
[370] Vgl. z. B. Joh 7,17f.; 11,4.40; 17,20(ff); auch die Antwort Jesu auf die
Frage (Joh 14,22), ob er sich nur den Jüngern offenbaren wolle.
[371] Vgl. dazu R. SCHNACKENBURG, HThK IV,1, S. 200-207.
[372] Joh 3,16ff; vgl. R. SCHNACKENBURG, HThK IV,1, S. 375f., der das Ni-
kodemusgespräch (m. E. inhaltlich auch für das nachfolgende Stück nicht sinnvoll)
schon mit Joh 3,12 enden läßt. In Joh 3,31-36 mit Schnackenburg den Anfang für
Joh 3,13-21 sehen zu wollen, ist sehr hypothetisch; der sich ergebende Text liest
sich auch nicht besser als die Stücke je für sich.
[373] Joh 21; Schlußnotiz Joh 21,24-25. Zu dem Nachtrag vgl. H. THYEN,
TRE 17, S. 210f. und S. 200; Thyen möchte mit guten Gründen eher von einem Epi-
log als von einem Nachtrag sprechen; vgl. aber R. Bultmann, KEK 2²⁰, S. 542f.,

Deutlicher noch als bei den anderen Evangelien läßt sich nach alledem als Zweckbestimmung des Johannesevangeliums von vornherein der Vortrag in der Gemeinde erkennen, zumal direkt vor dem Schluß „damit ihr glaubt" geschildert wird, wie der Jünger Thomas (und nicht irgendein Heide) vom Zweifel zum Glauben an den Auferstandenen kommt. Als jemand, der nicht sieht, aber dennoch auf das Zeugnis der Jünger hin im Glauben fest sein sollte, wird er eine Woche lang (zwischen zwei Sonntagen!)[374] zum Prototyp für alle Christen ab der zweiten Generation. Daß der Vortrag des Evangeliums und damit der Ruf zum Glauben auch an noch nicht getaufte Hörer gerichtet sein kann, bleibt damit natürlich unbenommen.

Die Formulierung der Abendmahlsüberlieferung in den Evangelien weist Spuren davon auf, daß die Abendmahlsworte liturgisch verwendet wurden. Das gilt insbesondere für die Verlegung von Brot- und Becherwort an das Ende der Mahlzeit, wie sie bei Markus (und - wohl in seinem Gefolge - bei Matthäus) zutage tritt[375]. In ähnlicher Weise haben (wohl meist geringfügige) Umformulierungen und „Übersetzungen" auch andere überlieferte Worte Jesu für die Gemeinde aktuell gedeutet, wie die form- und auch die redaktionsgeschichtliche Forschung gezeigt haben[376].

Für die Redaktionsgeschichte gilt außerdem, daß durch Zusammenstellung verschiedener Überlieferungen Sinnzusammenhänge hergestellt wurden, wobei das leitende Interesse allerdings wohl nicht nur die Orientierung auf die aktuelle Gemeindesituation hin war[377]. Die

---

und C.K. BARRETT, The Gospel according to St John, p. 576f. - Da keine Vorform des Evangeliums bekannt ist, könnte es sich um Notizen der Herausgeber handeln.

[374] Daß Jesus zweimal am Tag nach dem Sabbat (Joh 20,19.26) erscheint, wird von Johannes sicherlich nicht zufällig, sondern mit Blick auf den christlichen Sonntag erwähnt. Joh 20,19 meint den Ostertag (τῇ ἡμέρᾳ ἐκείνῃ ist Rückbezug auf Joh 20,1). Vgl. R. SCHNACKENBURG, HThK IV,3, S. 394.

[375] S. dazu J. JEREMIAS, Die Abendmahlsworte Jesu, Göttingen ⁴1967, S. 105-108; S. 158-165; die Feier der Eucharistie im Anschluß an die Mahlzeit (s. dazu S. 55f. u. 466f.) kann sinnvollerweise den Wegfall der Wendung μετὰ τὸ δειπνῆσαι nach sich ziehen (bei Mk und Mt).

[376] Noch deutlicher würde das bei der Annahme, daß es sich bei vielen Stücken der Evangelienüberlieferung um „Gemeindebildung" handele. Zur Problematik der Hypothese, daß durch Propheten in der Gemeinde neue „Herrenworte" verkündet wurden, die dann in die Evangelienüberlieferung gerieten, vgl. G. DAUTZENBERG, Urchristliche Prophetie, Stuttgart u. a. 1975 (BWANT 104), S. 27f. Mit Hypothesen dieser Art sollte man vorsichtiger sein als gemeinhin üblich. - Vgl. auch H. SCHÜRMANN, Die vorösterlichen Anfänge der Logientradition, in: DERS., Traditionsgeschichte Untersuchungen zu den synoptischen Evangelien, Düsseldorf 1968 (KBANT), 39-65; G. DELLING, Geprägte Jesus-Tradition im Urchristentum, in: DERS. Studien zum Neuen Testament und zum hellenistischen Judentum, hrsg. von F. Hahn u. a., 160-175; R. RIESNER, Jesus als Lehrer. Eine Untersuchung zum Ursprung der Evangelien-Überlieferung, Tübingen 1981 (WUNT II,7).

„Gemeinderegel" Mt 18 kann als Paradebeispiel für diese Orientierung gelten. Dagegen ist beispielsweise die Stellung der Überlieferung vom Sabbatkonflikt (Mk 2,23-3,6 parr) in den synoptischen Evangelien signifikant für den Aufriß des jeweiligen Evangeliums: bei Markus programmatisch am Anfang zur Kennzeichnung des Konflikts, der schließlich zur Passion führte[378]; bei Matthäus an der Schaltstelle zwischen der Überlieferung von der Wirksamkeit Jesu und der Überlieferung, die auf die Passion hinsteuert[379]; und bei Lukas (am wenigsten deutlich) als ein Stück Überlieferung über die Jünger und zu ihrer Stellung als Nachfolger Jesu im Frömmigkeitsleben ihrer (zunächst jüdischen) Umwelt[380]. Bei Lukas ist also die Passage ihrer Funktion nach am einfachsten auch auf die nachösterliche Gemeinde zu beziehen; der bei Matthäus und Markus am Ende stehende Beschluß, Jesus zu töten, wird bei Lukas dementsprechend nicht mehr so klar formuliert[381].

Die Auslegung von Worten Jesu für die kirchliche Paränese wird für das Gleichnis vom viererlei Acker ebenfalls bei Lukas am deutlichsten[382]. Er beschränkt sich nämlich auf die Ausdeutung des Samens und der vier verschiedenen Böden und wiederholt nicht noch einmal (wie Markus und Matthäus) die „eschatologische Spitze"[383] des Gleichnisses. Die Mahnung an die Gleichnishörer, sie sollen sich zum Wort so verhalten wie der gute Boden zum Samen, ist eigentlich ein Nebenprodukt des Gleichnisses, sie trifft (nicht nur bei Lukas) in

---

[377] Die Evangelien sind keine Gelegenheitsschriften; zur theologischen Arbeit der Evangelisten vgl. z. B. die in Fußn. 347 und 355 genannten Arbeiten von M. HENGEL, für Lk z. B. W. GRUNDMANN, ThHK 3, S. 26-33; außerdem H. CONZELMANN, Die Mitte der Zeit. Studien zur Theologie des Lukas, Tübingen 1954 (BHTh 17).
[378] Vgl. den Aufriß bei E. SCHWEIZER, NTD 1[14], S. 214.
[379] Mt 12,1-14; zur Gliederung vgl. U. LUZ, EKK 1/1, S. 18 u. S. 24-27.
[380] Lk 6,1-11; der Absatz ist in der Gesamtgliederung des Evangeliums nicht weiter hervorgehoben (vgl. z. B. E. KLOSTERMANN, HNT 5[2], „Inhaltsübersicht"; K.H. RENGSTORF, NTD 3[16], S. 12). - Lk folgt in der Reihenfolge der Perikopen dem Mk, doch da der Todesbeschluß nicht deutlich ausgesprochen wird, treten die genannten Gesichtspunkte (Berufung der Jünger und ihre Stellung zu Fasten und Sabbat) stärker hervor.
[381] Lk 6,11: sie berieten sich, τί ἂν ποιήσαιεν τῷ Ἰησοῦ.
[382] Die Gleichnisse eignen sich als Beispiel, weil sie jeweils in sich geschlossen sind, auf eine Deutung abzielen und gedeutet werden müssen. Bei diesem Gleichnis (Mt 13,3-8; Mk 4,3-8; Lk 8,5-8a) ist von zusätzlichem Interesse, daß eine Deutung mitüberliefert wird (Mt 13,18-23; Mk 4,13-20; Lk 8,11-15) - dazu s. Fußn. 384. - Eine stark systematisierende Auslegung des Lk-Textes als Muster für die Wortverkündigung überhaupt bietet H. SCHÜRMANN, Lukanische Reflexionen über die Wortverkündigung in Lk 8,4-21, in: DERS., Ursprung und Gestalt. Erörterungen und Besinnungen zum Neuen Testament, Düsseldorf 1970 (KBANT 2) 29-41.
[383] J. JEREMIAS, Die Gleichnisse Jesu, Göttingen [9]1977, S 77.

der allegorischen Ausdeutung des Gleichnisses nicht ins Zentrum. Ihre Hervorhebung bei Lukas aber zeigt: die kirchliche Verkündigung macht sich in der Gestaltung der Überlieferung bemerkbar[384]. Allerdings muß hier auch daran gedacht werden, daß Lukas nicht nur für die Gemeinde, sondern auch für ein gebildetes Leserpublikum schrieb und sein eigenes theologisches Denken miteinbrachte; zwischen diesem und einer „Gemeindetheologie" zu trennen wird ein sehr hypothetisches Unternehmen bleiben.

Schließlich ist noch darauf hinzuweisen, daß Jesu eigenes Verhalten zum Kult, seine Stellung zu Tempel, Synagoge, Gesetz, Sabbat, Fasten und Gebet, auch sein Verhalten als Lehrer und als Tischherr oder als Teilnehmer bei den Mahlfeiern, wie es in den Evangelien überliefert ist, in der Kirche weitergewirkt haben kann und auch gewirkt haben wird[385], wenngleich zum Beispiel die Stellung zum Gesetz in den unterschiedlichen Gruppen der Christen zunächst verschieden war[386].

Für unsere Frage nach dem Wortgottesdienst sind dabei die relativ häufigen Notizen von Interesse, daß Jesus in den Synagogen gelehrt habe[387]; der Sabbatkonflikt macht zugleich paradigmatisch deutlich, daß sein Verhältnis zur Synagoge nicht ohne Spannungen war. Ähnliches gilt für sein Lehren und Auftreten im Tempel, dessen Opferkult er doch wohl, wie die Zeichenhandlung der Tempelreinigung zeigt, kritisch gegenüberstand[388]. Im Johannesevangelium ist theologisch

---

[384] Das gilt um so mehr, wenn es sich bei der ganzen Deutung um eine nachösterliche Tradition handelt (so J. JEREMIAS, Die Gleichnisse Jesu, S. 77 und S. 39ff; H.-J. KLAUCK, Allegorie und Allegorese in synoptischen Gleichnistexten, Münster 1978 (NTA.NF 13), S. 200ff). Es ist allerdings ein unbewiesenes Postulat, daß Jesus seine Gleichnisse nur mit einem einzigen Skopus erzählt haben könne. Eine Auslegung der Einzelzüge der Geschichte bietet sich hier anders als in anderen Gleichnissen so an, daß nichts dagegen spricht, daß Jesus selbst solche Anleitungen zu fast spielerischem Umgang mit der Geschichte gegeben hat. Letztlich ist das Gleichnis auch unter dem eschatologischen Skopus allein ohne eine implizite Allegorie nach Art von Mk 4,13-20 parr gar nicht zu verstehen. Das Gleichnis von der von selbst wachsenden Saat (Mk 4,26-29) zeigt auch, daß Jesus keineswegs die Verkündigung nur durch das Bild vom Einbringen der Ernte dargestellt hat (gegen J. JEREMIAS, a. a. O., S. 77). Sprachlich ist Mk 4,13-20 vormarkinisch (J. JEREMIAS, a. a. O., S. 75ff), weist aber in der vorliegenden Gestalt griechische Eigentümlichkeiten auf (H.-J. KLAUCK, a. a. O., S. 200). Eine Kontinuität zwischen dem Gleichnis Jesu und der Deutung behauptet m. E. zu Recht H. WEDER, Die Gleichnisse Jesu als Metaphern, Göttingen ²1980 (FRLANT 120), S. 108ff. - Zur „Allegorie" vgl. auch H.-J. KLAUCK, a. a. O., S. 358.
[385] Vgl. zu „Jesu Stellung zum Gottesdienst" das entsprechende Kapitel bei F. HAHN, Der urchristliche Gottesdienst, Stuttgart 1970 (SBS 41), S. 17-31.
[386] In der Überlieferung am deutlichsten an dem Konflikt faßbar, der zum Apostelkonzil führt (Act 15). Im übrigen braucht nur an das Stichwort „Judenchristentum" erinnert zu werden.
[387] S. dazu W. SCHRAGE, συναγωγή κτλ, *ThWNT* 7, 798-850, S. 830f.

die Konsequenz gezogen: die Anbetung muß „im Geist und in der Wahrheit" stattfinden, jeglicher irdischer Tempel ist irrelevant geworden[389].

Wenn die ersten Christen sich neben ihren Mahlfeiern zunächst noch zum Tempel und zur Synagoge hielten, bis es zum Konflikt kam und sie ihre eigenen Wortversammlungen halten mußten, dann konnten sie dies ambivalente Verhältnis zu Tempel, Synagoge und Judentum schon im Leben Jesu, wie es ihnen in der Evangelientradition überliefert wurde, wiederentdecken. Man kann vermuten, daß auch gelegentliche Diskussionen mit jüdischen Pharisäern zu ihrem Gemeindealltag gehörten; auf jeden Fall ist das Nebeneinander von Juden und Christen sowie der beginnende Konflikt zwischen beiden der Evangelienüberlieferung noch abzuspüren[390].

Daß die Gebetspraxis Jesu in den christlichen Gemeinden weiterwirkte, läßt sich am deutlichsten an dem der Synagoge fremden Abba-Ruf (Mk 14,36)[391] und dem Vaterunser ablesen. Die unterschiedliche Überlieferung des Vaterunser zeigt dabei, daß es ihm nicht auf den Wortlaut, sondern auf den Glauben und die innere Haltung beim Gebet ankam. Die Aufforderung, im Kämmerlein zu beten (Mt 7,6), ist für den Gemeindegottesdienst nicht relevant, wohl aber die Anleitung, sich kurz zu fassen und nicht viele leere Worte zu machen (Mt 7,7). Bei alledem zeigen die Evangelienberichte vom Beten Jesu wie der Wortlaut der Vaterunser-Überlieferungen, daß sein Beten wie das seiner ersten Nachfolger natürlich in die Gebetssprache des Alten Testaments und des Judentums eingebettet war.

Zusammenfassend ist zu den Evangelien zu bemerken, daß ihre Verlesung schon früh, wenn nicht seit ihrer Verfassung, an die Stelle mündlichen Zitierens von Jesustradition im Gottesdienst trat. Mehr und mehr werden sie dabei in den Rang heiliger Schriften gerückt sein. Direkte Hinweise auf den christlichen Gottesdienst finden sich in ihnen ansonsten wenig, wenn man einmal von den Liedern im lukanischen Sondergut und einigen Auskünften zum Beten der Christen absieht. Es zeigt sich in ihnen ein ambivalentes Verhältnis zum jüdischen Gottesdienst, welches schon im Verhalten Jesu angelegt war. So wird man aufgrund der Evangelien für den christlichen

---

[388] Vgl. zu Jesu Stellung zum Tempel die kurze Darstellung bei F. HAHN, Der urchristliche Gottesdienst, S. 24-30.

[389] Joh 4,23f.; zum Johannesevangelium s. auch V. STOLLE, Apostelbriefe und Evangelien als Zeugnisse für den urchristlichen Gottesdienst, S. 60-62.

[390] Vgl. z. B. Mk 2,23-26 (und die gesamte synoptische Überlieferung zu den Sabbatkonflikten); 13,9; Mt 10,17; 23,34; Lk 12,11; 21,12; Joh 8,33ff.

[391] S. dazu J. JEREMIAS, Abba, in: DERS., *Abba. Studien zur neutestamentlichen Theologie und Zeitgeschichte*, Göttingen 1966, 15-67.

Wortgottesdienst vermuten dürfen, daß er im Synagogengottesdienst verwurzelt war, nicht ohne aufgrund der Botschaft des Evangeliums auch kritische Distanz zu diesen seinen Wurzeln zu zeigen.

k) Zusammenfassung

Aufgrund der eher spärlichen Auskünfte, die das Neue Testament zu den Gottesdiensten der Christen gibt, können wir festhalten, daß die in Jerusalem entstandene Zweiteilung der christlichen Versammlungen sich zunächst offenbar durchgehalten hat: neben den Mahlfeiern in den Hausgemeinden besuchten die Christen den Tempel und die Wortgottesdienste der Synagogen, wobei es im Tempel bereits eigene christliche Wortversammlungen gab. Außerhalb Jerusalems führte die Trennung von den Synagogen in der Regel zur Gründung eigener, christlicher „Synagogen" (wobei sich allerdings im Unterschied zur jüdischen Gemeinde die Begrifflichkeit ἐκκλησία durchsetzte).

Entscheidender Unterschied zur Synagoge wird in jedem Fall der Glaube an den Messias Jesus Christus als gekreuzigten und auferstandenen Gottessohn gewesen sein, kurz gefaßt der Glaube an Jesus als κύριος. Damit einher ging ein neues Gottesverhältnis, welches im Abba-Ruf greifbar wird und in mannigfaltigen charismatisch-enthusiastischen Geistesäußerungen den Gottesdienst prägte.

So wurden auch die Predigten in der ersten Zeit nicht von festen Amtsträgern, sondern von charismatisch begabten Gemeindegliedern gehalten. Es entsprach allerdings synagogalem Brauch, daß die Predigt nicht Sache eines Amtsträgers war, sondern von verschiedenen Leuten gehalten werden konnte. Auch der endzeitliche Enthusiasmus der Christen mußte, wie das Eingreifen des Paulus in Korinth zeigt, nicht zu „synagogaler" Ordnung im Widerspruch stehen. So wird sich ebenfalls die Wahl von gemeindeleitenden Ältesten und einem „Vorsteher" für die Gemeinde an der Synagoge orientiert haben. Doch zeigte sich der Unterschied zur Synagoge schon früh auch äußerlich in der Gottesdienstfeier am Herrentag anstelle des Sabbats.

Die Auslegung der heiligen Schriften wurde im christlichen Wortgottesdienst zum Erweis des Evangeliums und unterschied sich damit grundlegend von der synagogalen Gesetzesinterpretation. Regelmäßige Schriftlesungen sind erst in den Pastoralbriefen eindeutig belegt, müssen aber auch in der frühen Zeit stattgefunden haben, da immer wieder eine Bekanntschaft mit der Septuaginta vorausgesetzt wird. Auch in den „heidenchristlichen" Gemeinden ist dabei durch den hohen

Anteil an ehemaligen „Gottesfürchtigen" mit weitgehend jüdischem Hintergrund der Gemeindeglieder zu rechnen.

Allem Anschein nach knüpften die Predigten der neutestamentlichen Zeit in der Regel nur lose an einen vorher verlesenen Text an. Am ehesten werden noch die Predigten eines charismatischen Lehrers Textauslegung betrieben haben. Neben die in den Predigten immer wieder herangezogene Autorität der heiligen Schriften traten auch Herrenworte und Jesusüberlieferungen, die allerdings erst allmählich nach ihrer schriftlichen Fixierung in den Evangelien auch die Funktion heiliger Schriften einnahmen.

Außerhalb der Wortgottesdienste gab es auch bei den Mahlfeiern in den Häusern Predigten. Sie waren anders als die Reden in den Wortversammlungen nicht missionarisch ausgerichtet, sondern auf den kleinen Kreis der Getauften in der Hausgemeinde zugeschnitten. An die Stelle der Predigt konnte die Verlesung von Apostelbriefen oder, wie die Offenbarung des Johannes belegt, auch schriftlich festgehaltener prophetischer Worte treten. Auch die gegenseitige geistliche Erbauung beim Tischgespräch dürfte zu dem Spektrum der Möglichkeiten für die Verkündigung gehören.

Schon bei Paulus läßt sich erkennen, daß die Entwicklung inhaltlicher Kriterien zur Beurteilung charismatischer Prediger nötig wurde, und in den Pastoralbriefen zeigt sich vollends die Bewegung zu festen Amtsträgern in den Gemeinden, die auch die Predigtaufgabe übernahmen. Zur Abwehr häretischer, meist durch philosophische Bildung glänzender Lehrer, die offensichtlich in den Hausgemeinden ihre Basis hatten und durch deren Wirken die Gemeinden zu zersplittern drohten, besann man sich nun wieder stärker auf die heiligen Schriften. Die sich ausbildende christliche Schriftgelehrsamkeit, von der etwa der Hebräerbrief zeugt, ist somit auch Beleg für das ansteigende Bildungsniveau in den christlichen Gemeinden. Der Ruf zur Einheit wird zugleich ein Ruf zum Gottesdienst und das heißt nicht zuletzt zum Wortgottesdienst der ganzen Gemeinde.

Die im Neuen Testament sich abzeichnenden Entwicklungen waren im Ersten Jahrhundert jedoch noch keineswegs abgeschlossen, wie die Betrachtung der weiteren Quellen zeigen wird.

2. Plinius der Jüngere, ep. X,96

Die früheste und darüber hinaus mit ziemlicher Genauigkeit datier-
bare Beschreibung der christlichen Gottesdienste von seiten eines
Nichtchristen liegt uns im Brief des jüngeren Plinius[1] an den Kaiser Trajan aus dem Jahre 111 (oder 112) vor, mit welchem Plinius den
Kaiser zum Vorgehen in Christenprozessen um Rat fragt[2].
Die mit diesem Brief verknüpfte Diskussion um die Rechtslage in
den frühen Christenverfolgungen[3] können wir hier weitgehend außer acht lassen und uns direkt dem Abschnitt des Briefes zuwenden,
in welchem Plinius auf den christlichen Kult eingeht. Leider herrscht
in der modernen Liturgiewissenschaft keinesfalls Einigkeit über das
Verständnis dieser Passage: fast jedes Wort bedarf der Interpretation.

---

[1] Meine Überlegungen zu den liturgischen Angaben des Pliniusbriefs habe
ich auch separat veröffentlicht: Pliny (ep. 10,96) and Christian Liturgy - A
Reconsideration, StPatr 20 (Löwen 1989) 389-395.

[2] C. Plinius Caecilius Secundus, ep. X,96; die Textüberlieferung bietet in
den Passagen, die uns interessieren, keine besonderen Probleme - vgl. die Ausgaben
von M. SCHUSTER, C. Plini Caecili Secundi Epistularum Libri Novem. Epistularum
ad Traianum Liber. Panegyricus, Leipzig ²1952 (Teubner), und R.A.B. MYNORS,
C. Plini Caecili Secundi Epistularum Libri Decem, Oxford 1963. - Zur Datierung s.
A.N. SHERWIN-WHITE, The Letters of Pliny. A Historical and Social Commentary,
Oxford 1966, p. 80-82; 529-533; 691; 693-694. Sherwin-White datiert auf das Jahr
111; oft findet man auch das Jahr 112 angegeben (z. B. H. LIETZMANN, Die liturgischen Angaben des Plinius, in: DERS., Kleine Schriften III, Berlin 1962 (zuerst ver-
öffentl. 1916), 48-53, S. 48; L.C. MOHLBERG, Carmen Christo quasi deo (Plinius,
Epist. lib. X,96) RivAC 14 (1937) 93-123, p. 94) oder die Jahre 111-113.

[3] Einige neuere Beiträge zur Frage: L. VIDMAN, Etude sur la correspondance de Pline le Jeune avec Trajan, Prag 1960, p. 90ff. (mit Darstellung der älteren Diskussion); A.N. SHERWIN-WHITE, The Letters of Pliny, p. 772-787 (Appendix V; ebenfalls mit Forschungsüberblick); R. FREUDENBERGER, Das Verhalten der
römischen Behörden gegen die Christen im 2. Jahrhundert, München 1967
(MBPF 52); T.D. BARNES, Legislation against the Christians, JRS 58 (1968) 32-50;
J. MOLTHAGEN, Der römische Staat und die Christen im zweiten und dritten Jahr-
hundert, Göttingen 1970 (Hyp. 28); J. SPEIGL, Der römische Staat und die Christen,
Amsterdam 1970; A. WLOSOK, Rom und die Christen, Stuttgart 1970; K. BRING-
MANN, Christentum und römischer Staat im ersten und zweiten Jahrhundert n. Chr.,
GWU 29 (1978) 1-18 (vgl. dazu schon A. RONCONI, Tacito, Plinio e i Cristiani, in:
FS U.E. Paoli, Florenz 1956, 615-628); L. F. JANSSEN, „Superstitio" and the Perse-
cution of the Christians, VigChr 33 (1979) 131-159; P. KERESZTES, The Imperial
Roman Government and the Christian Church, I. From Nero to the Severi, in:
ANRW II,23.1 (1979) 247-315 (Bibliographie; vgl. auch im selben Band S. 666-705);
U. SCHILLINGER-HÄFELE, Plinius, ep. 10,96 und 97: Eine Frage und ihre

Plinius will darstellen, daß die Christen sich keiner *flagitia* schuldig gemacht haben, wie das Gerücht ihnen immer wieder nachsagte und wie sie etwa im Bacchanalienskandal nach der Darstellung des Livius vorgekommen waren[4]. Damit war eine wichtige Voraussetzung für die Gewährung der *venia*, also von Straferlaß für diejenigen gegeben, welche dem Christentum abschworen; für solche *venia* das Einverständnis des Kaisers zu erlangen dürfte wohl als das Hauptziel des Briefes angesehen werden[5]. Der Antrieb, sich genauer mit den *flagitia cohaerentia nomini (Christiano)* zu befassen, ergab sich für Plinius aus dem Fall, daß eine Reihe von Angeklagten zwar bekannte, Christ gewesen zu sein, jedoch dem Christentum wieder den Rücken gekehrt hatte[6]. Sie fielen damit aus dem Schema „Christ -

---

Beantwortung, *Chiron* 9 (1979) 383-392; R. FREUDENBERGER, Artikel „Christenverfolgungen 1. Römisches Reich", *TRE* 8 (1981) 23-29 (Bibliographie).

[4] R. GRANT, Pliny and the Christians, *HThR* 41 (1948) 273-274, ist der Meinung, daß Plinius in seiner Darstellung so sehr von Livius beeinflußt ist, daß seine Worte die Angaben der Christen nicht immer korrekt wiedergeben müssen. Dagegen schon R. HANSLIK, Forschungsbericht: Plinius der Jüngere, *AAW* 8 (1955) 1-18, Sp. 16: die Anklänge sind nicht so schlagend, daß eine Verfälschung der Darstellung zu erwarten wäre (vgl. auch A. N. SHERWIN-WHITE, The Letters of Pliny, p. 692). Dennoch dürfte Plinius den Liviusbericht kennen, und der Fall der Christen ist für ihn gerade wegen der umlaufenden Gerüchte sicher nicht ohne Assoziationen an den Bacchanalienskandal. Das hebt besonders hervor: F. FOURRIER, La lettre de Pline à Trajan sur les Chrétiens (X,79) (sic!), *RThAM* 31 (1964) 161-174.

[5] So z. B. U. SCHILLINGER-HÄFELE, Plinius, ep. 10, 96 und 97: Eine Frage und ihre Beantwortung, S. 384 (mit Hinweisen auf ältere Literatur); P. KERESZTES, The Imperial Roman Government and the Christian Church, I., p. 273ff. Daraus folgt aber nicht, wie Keresztes glauben machen will, daß eine Gesetzgebung gegen die Christen vorliegen mußte, sondern nur, daß Plinius die Zugehörigkeit zum nomen Christianum im Prinzip für strafwürdig hielt (vgl. T. D. BARNES, Legislation against the Christians, *JRS* 58 (1968) 32-50, p. 36). Daß es insgesamt das Ziel des Plinius ist, das Christentum zu beseitigen (so besonders K. BRINGMANN, Christentum und römischer Staat im ersten und zweiten Jahrhundert n. Chr., S. 5-6), steht dem nicht entgegen.

[6] Es ergibt sich daraus die Frage, warum diese Leute nicht den viel einfacheren Weg gewählt haben, von vornherein ihr Christsein zu leugnen. Eine Möglichkeit wäre, daß sie erklären wollten, wie es zur Anzeige gegen sie kommen konnte. Um dies mit der vorangestellten Aussage „esse (und nicht fuisse - Anm. d. Vf.) se Christianos dixerunt et mox negauerunt" vereinbaren zu können, schlägt H. KARPP, Bezeugt Plinius ein kirchliches Bußwesen? (Zu Plinius, Ep. ad Traianum 96,6), *RMP N.F.* 105 (1902) 270-275, die Konjektur vor, durch ein eingefügtes „alii" die Apostaten in zwei Gruppen zu teilen: die, welche erst bekannten und dann abfielen - und die, welche schon lange vom Christentum abgefallen waren. Mit der Konjektur würde aber dem zweiten Satz der Subjektsakkusativ fehlen, so daß R. HANSLIK, Forschungsbericht: Plinius der Jüngere (2. Bericht), *AAW* 17 (1964) 1-16, Sp. 10-11, den Vorschlag Karpps mit Recht aus sprachlichen Gründen ablehnt. Eine andere Lösung des Problems bietet R. FREUDENBERGER, Das Verhalten der römischen Behörden gegen die Christen im 2. Jahrhundert, S. 156: aus dem „mox" sei kein zeitliches Nacheinander abzuleiten; die Frage im Verhör habe gelautet: „Christianus es?", und die Antwort: „fui, sed desii"; und „eine objektivierende Wiedergabe

Nichtchrist" heraus, nach dem Plinius bisher vorgegangen war, und es mußte nun abgeklärt werden, wie schwerer Vergehen sie sich in der Vergangenheit schuldig gemacht hatten.

Das Ergebnis der Befragung wohl vor allem dieser Apostaten war für Plinius eindeutig und führte ihn, vielleicht zu seiner eigenen Überraschung (war er doch bisher äußerst hart gegen die Christen vorgegangen)[7] zur Befürwortung der *venia*: es gab bei den Christen keine *flagitia*, die zu ahnden gewesen wären[8]. Um aber sicher zu gehen, daß ihm nichts verschwiegen worden war, ließ er noch einmal zwei christliche Sklavinnen[9] unter der Folter befragen - doch fand er auch hier nichts weiter als eine *superstitio prava et immodica*[10].

---

dieses Verhörs mußte sich notwendigerweise mit Umschreibungen behelfen." Diese Erklärung scheint mir weniger mit Hypothesen belastet als die von K. MÜLLER, Kleine Beiträge zur alten Kirchengeschichte, I. Zum Pliniusbrief, *ZNW* 23 (1924) 214-215, daß die Gruppe der Apostaten aus Büßern bestehe, welche bei vorhergehenden Verfolgungen schwach geworden und deshalb aus der Kirche ausgeschlossen worden seien. Vor Plinius hätten sie erst bekennen wollen, seien dann aber erneut nicht standhaft gewesen. R. HANSLIK, a. a. O., und L. VIDMAN, Etude, p. 90, halten für eine denkbare Lösung, ohne aber ganz davon überzeugt zu sein. - Wer immer genau die Apostaten gewesen sein mögen: hatten sie einmal dem Christentum abgeschworen, so werden sie bereitwillig über alles im Christentum Auskunft gegeben und herausgestellt haben, daß die Christen keine flagitia begehen. Und diese Haltung, mit der sie Auskunft gegeben haben, ist es, die uns hier interessiert.

[7] Ep. X,96,3: „Confitentes iterum ac tertio interrogaui supplicium minatus: perseuerantes duci iussi."

[8] Plinius stellt die Strafwürdigkeit des Christseins nicht eigentlich in Frage, denn es geht nur um die venia für Apostaten. Eventuell anklingende grundsätzlichere Zweifel (ep. X,96,1: „nescio quid et quatenus aut puniri soleat aut quaeri") werden aber jedenfalls von Trajan überhört: „puniendi sunt" (ep. X,97,2); vgl. U. SCHILLINGER-HÄFELE, Plinius ep. 10, 96 und 97: Eine Frage und ihre Beantwortung, S. 390.

[9] „... ex duabus ancillis, quae ministrae dicebantur, quid esset ueri, et per tormenta quaerere" (ep. X,96,8) - daß Plinius christliche Diakoninnen (= ministrae) aufgrund ihres Titels irrtümlich für Sklavinnen hielt, ist nach seiner eigenen Ausführlichkeit und sprachlichen Differenzierung an dieser Stelle nicht anzunehmen (gegen A.N. SHERWIN-WHITE, The Letters of Pliny, p. 708). Plinius konnte nach geltender Rechtslage nur Sklaven foltern lassen (A.H.M. JONES, The Criminal Courts of the Roman Republic and Principate, Oxford 1972, p. 115; Ausnahme sind Fälle von „maiestas", aber hier liegt keiner vor - zur Debatte darum s. Fußn. 3) und hatte mit den „ministrae" Gewährsleute sozusagen aus dem inneren Zirkel der Christen getroffen. - Über die Gemeindestruktur, Ämter und dergleichen macht Plinius weiter keine Angaben außer der, daß unter den Angeklagten auch „Römische Bürger" waren.

[10] „Superstitio" ist im Blick auf die Frage nach flagitia harmlos; ansonsten ist sie, wie L.F. JANSSEN, „Superstitio" and the Persecution of the Christians, feststellt, durchaus verdächtig und, wenn man sich nicht von ihr abkehrt, in Verbindung mit Gottlosigkeit, Odium humani generis und dergleichen strafwürdig (vgl. auch z. B. L. VIDMAN, Etude, p. 95f.).

Was aber waren die Aktivitäten der Christen, die Plinius Schuld zu nennen jetzt zögert (er erwägt, stattdessen von „Verirrung" zu sprechen)[11], was fand Plinius heraus?

Daß sie sich an einem bestimmten Tag zweimal versammelten, einmal des morgens früh zu einer religiösen Zeremonie und dann noch einmal später, wohl gegen Abend, zu einer gemeinsamen Mahlzeit. Die Mahlzeit hatte jedoch nicht orgiastischen Charakter, und es gab keine finsteren Ausschweifungen dabei, wie man den Christen nachsagte, sondern sie war harmlos; überdies hatten die Christen infolge des Hetärienverbotes durch Plinius diese gemeinsamen Mahlzeiten aufgegeben[12].

Allgemein nimmt man an, daß der *status dies* auf den Sonntag zu beziehen ist, so daß die zuerst beschriebene Feier eine Form des Sonntagsgottesdienstes wäre. Dem steht die Auffassung von H. Lietzmann entgegen, der aus den Angaben des Plinius über diese Feier entnimmt, es sei hier im Verhör der Taufgottesdienst beschrieben worden, welcher zwar auch sonntags, aber nicht jeden Sonntag stattgefunden habe - hier habe vielleicht Plinius die Christen mißverstanden und gedacht, es finde allwöchentlich eine solche Feier statt[13].

---

[11] „... hanc fuisse summam uel culpae suae uel erroris" (ep. X,96,7) - das strafmildernde Konzept des „error" (vgl. T. MAYER-MALY, Der rechtsgeschichtliche Gehalt der Christenbriefe von Plinius und Trajan, *SDHI* 22 (1956) 311-328, S. 321f. - Mayer-Maly will darüber hinaus sogar culpa als „Unbesonnenheit" übersetzen und setzt sie gegen dolus malus ab; vielleicht wäre „Verschulden" hier ein besserer Terminus, doch das müssen Rechtshistoriker entscheiden) ist natürlich sinnvollerweise nur für die anzuwenden, die sich vom Christentum abgewendet haben.

[12] Zu überlegen wäre, ob nicht nur die Befragten „behaupten, seit Erscheinen des Edikts nicht mehr teilgenommen zu haben" (W. WEBER, ... nec nostri saeculi est. Bemerkungen zum Briefwechsel des Plinius und Trajan über die Christen, in: *FS K. Müller,* Tübingen 1922, 24-45, S. 38 Fußn. 3; vgl. ferner G. RIETSCHEL / P. GRAFF, Lehrbuch der Liturgik, Bd. I, Göttingen 1951, S. 209), so daß ihnen auch kein Verstoß gegen das Hetärienverbot zur Last gelegt werden kann. Der Satz müßte sich dann auf eine Gruppe von Leuten beziehen, die praktisch aufgrund des Hetärienverbotes aus Furcht vor Pressionen abgefallen wären. Dem widerspricht die Allgemeinheit der Formulierung: Plinius will über die Bräuche der Christen informieren (quod essent soliti ... morem sibi ... fuisse); und wenn die Sklavinnen unter der Folter das Fortexistieren der Mahlzeiten zugegeben hätten, hätte Plinius diesen klaren Rechtsverstoß der Christen in seinem Schreiben nicht verschweigen dürfen. Stattdessen aber bestätigten die christlichen Sklavinnen die Aussagen der anderen: die Christen haben sich dem Hetärienverbot gefügt und ihre gemeinsamen Mahlzeiten (jedenfalls zur Zeit und in Bithynien) aufgegeben (so auch A.N. SHERWIN-WHITE, The Letters of Pliny, p. 707; vgl. ferner A. KURFESS, Plinius d. J. über die Bithynischen Christen, *Mn.* III/7 (1939) 237-239, gegen S.L. Mohler; außerdem L. VIDMAN, Etude, p. 104, gegen R. Hanslik).

[13] H. LIETZMANN, Die liturgischen Angaben des Plinius (s. Fußn. 2). Dieser kurze und klare Aufsatz enthält ganz wesentliche Anstöße für alle weitere Forschung zu seinem Thema.

In jüngerer Zeit hat aber F. Fourrier gänzlich in Frage gestellt, daß es sich beim *status dies* um die Angabe eines Wochentages handele: *stato die* bezeichne in aller Regel einen Jahrestag und müsse sich daher hier auf den Ostertermin für die Taufe beziehen. Hätten die Christen von mehreren Taufterminen im Jahr gesprochen, hätte Plinius statt des Singulars den Plural *statis diebus* referieren müssen[14]. Und in der Tat kann man sich fragen, warum Plinius nicht einfach den angegebenen Wochentag benennt, wenn er vom Sonntag sprechen wollte.

Auf der anderen Seite kann man wohl weder annehmen, daß die Christen Bithyniens nur Ostern zusammenkamen, noch daß Plinius sich mit der Beschreibung eines nur gelegentlich stattfindenden christlichen Initiationsritus allein zufriedengegeben hätte, zumal er die Beschreibung der Feier mit der allgemeinen Wendung einleitet „*quod soliti essent*" und sie nicht besonders als Initiationsfeier kennzeichnet[15].

Plinius wird vielmehr gefragt haben, wann und wie oft die Christen zusammenkamen und was sie da machten. Dabei hat er sicher kein liturgisches Interesse entwickelt, sondern vor allem nach möglichen *flagitia* gefahndet und vielleicht bei den Punkten eingehakt, die ihm verdächtig erschienen.

Daß er nun den Termin für die Zusammenkünfte der Christen nicht genauer angibt, mag zwei Gründe haben: zum einen könnte ihm der Wochentag in seiner Anfrage an den Kaiser so nebensächlich erschienen sein, daß er mehr als die Feststellung, daß die Christen sich an bestimmten Tagen treffen, nicht für nötig hielt. Durch den Singular *stato die* wäre sowohl deutlich gemacht, daß die Mahlzeit am selben Tage stattfand, als auch, daß man sich zu beiden Feiern nur einmal pro Woche traf[16].

---

[14] F. FOURRIER, La lettre de Pline à Trajan sur les chrétiens, p. 169-170. Bei Überprüfung der von PFLUGBEIL, Artikel „Dies" im Thesaurus Linguae Latinae 5.1, 1021 -1061, Sp. 1036 angegebenen Stellen für stato (oder stata) die ergibt sich als Grundbedeutung „an einem feststehenden Tag", wobei es in den meisten Belegen tatsächlich um Jahrestage geht. Der Begriff wird allerdings durch den jeweiligen Kontext festgelegt; er ist nicht einfach immer mit „Jahrestag" zu übersetzen.

[15] Plinius könnte das sacramentum der Christen durchaus als einen Schwur zur Initiation verstanden haben, wäre aber dann offensichtlich davon ausgegangen, daß dieser Schwur regelmäßig erneuert wurde (dazu s. u. S. 144f.). Bei der „peinlichen Gewissenhaftigkeit" des Plinius (H.-P. BÜTTLER, Die geistige Welt des jüngeren Plinius, Heidelberg 1970, S. 135f.) kann man aber jedenfalls annehmen, daß er die regelmäßigen Feiern der Christen, auf die seine Formulierungen hindeuten, nicht einfach überging, sondern daß er sie in erster Linie darstellen wollte.

[16] Gegen FOURRIER wäre rückzufragen, wie Plinius sich denn anders hätte ausdrücken sollen, wenn er nur allgemein feststellen wollte, daß die Christen sich an einem Tag pro Woche zweimal trafen. - Erwägenswert ist auch die Meinung von

Daneben ist aber auch die andere Möglichkeit nicht unwahrscheinlich, daß Plinius über die Tage für die christlichen Gottesdienste unterschiedliche Angaben erhielt: die einen haben den Sonntag angegeben, andere, vielleicht jene, die schon vor längerer Zeit vom Christentum abgefallen waren, den Sabbat[17]; noch jemand anders mag versucht haben, Ostern zu erklären und vielleicht auch die Stationsfastentage[18]. Für die Frage nach Straftatbeständen sind die Termine aber nicht relevant, solange sich nicht dahinter Feiern mit besonderen *flagitia* verbergen - und so bleibt die nüchterne Feststellung: die Christen treffen sich *stato die*, was wir also für den Regelfall durchaus auf den Sonntag beziehen können, für die Zeit vor der Jahrhundertwende vielleicht auch auf den Sabbat[19].

Welchen Charakter hat nun die Feier am frühen Morgen? Plinius gibt zwei Elemente an, von denen das erste im Sinne seiner Fragestellung relativ unbedeutend ist; „*carmen* ... *Christo quasi deu dicere secum invicem*" umschreibt, was immer sich dahinter verbergen mag, eine religiöse Zeremonie, aus der man den Anhängern des Christus unter den Bedingungen religiöser Toleranz, wie sie im Römerreich herrschten, kaum einen Vorwurf machen konnte[20]. Interessanter wird es da schon beim „*se* ... *sacramento* ... *obstringere*" - und hier entschärft Plinius effektvoll alle möglichen Vorwürfe, wie sie etwa analog zum Bacchanalienskandal gemacht werden konnten, daß finstere Eide und gemeinsame Schuld an einem rituellen Mord die Christen zusammenhielten: „*non in scelus aliqod*" ist die Antiklimax zu all solchen Gerüchten und zu den Erwartungen des Untersuchungsrichters, der *flagitia* aufdecken will, und eine abschließende Aufzählung von Vergehen, die die Christen zu meiden schwören[21], unterstreicht diesen Effekt.

W. RORDORF, Der Sonntag. Geschichte des Ruhe- und Gottesdiensttags im ältesten Christentum, Zürich 1962 (AThANT 43), S. 251 Fußn. 5, daß dem Plinius noch gar keine Siebentagewoche geläufig war.

[17] Die Feier des Sonntags hat sich bei den Christen schon sehr früh eingebürgert; doch es gibt Hinweise darauf, daß wenigstens einige (judenchristliche) Gruppen zunächst noch den Sabbat begingen, s. zu Did 14,1 (S. 168 Fußn. 94 kein sicherer Beleg); vgl. ferner W. RORDORF, Sabbat und Sonntag in der Alten Kirche, Zürich 1972 (TC 2).

[18] Tertullian kennt sie als feste Sitte (s. S. 406 Fußn. 91); s. ferner Did 8,1. - Zu Ostern vgl. z. B. Euseb, h. e. V,23,1. (Auf die verschiedenen Wochentage des quartadezimanischen Osterfestes macht in diesem Zusammenhang bereits aufmerksam: F.J. DÖLGER, Sol Salutis, ²1925, S. 110).

[19] Die abendliche Feier fiele in diesem Fall nach jüdischer Zeitrechnung bereits auf den Sonntag.

[20] Selbst wenn man das carmen als Zauberspruch im Rahmen der superstitio verstehen will (dagegen jedoch s. u.), so dürfte das allein noch nicht zu einer Verurteilung ausreichen; was die Römer an den Christen störte, war ihre Gesinnung. -

Man muß sich daher fragen, ob nicht das „*carmen dicere*" auch schon in bewußten Kontrast zu einem möglichen Vorwurf gesetzt ist. Am ehesten erscheint mir der Gegensatz zu orgiastischen Ausschweifungen beabsichtigt - das „*secum invicem*" vermittelt dabei den Eindruck von etwas Geordnetem, und das „*carmen dicere*" würde sich so am besten auf einen getragenen Gesang deuten lassen[22]. Für Plinius kann dabei durchaus die Vorstellung einer Beschwörung und von Magie mit dazugehören - schließlich sind die Christen Anhänger einer *superstitio* -, doch steht sie sicher nicht im Vordergrund, denn sprachlich wird kein Zweck solcher Beschwörung angegeben, hingegen mit dem Dativ *Christo quasi deo* ein Adressat, und das ist für *carmen* im Sinne von Lied belegbar, während *carmen* als Zauberspruch anscheinend in sich so wirksam ist, daß man keinen Adressaten dazu angibt[23]. Das *dicere secum invicem* schließt eigentlich auch die

---

Zur Freiheit der religiösen Versammlungen s. A. N. SHERWIN-WHITE, The Letters of Pliny, p. 779.

[21] In bezug auf das Wort sacramentum könnte R. GRANT, Pliny and the Christians, Recht damit haben, daß Plinius in seiner Darstellung von Livius beeinflußt wurde; doch muß der zugrundeliegende Sachverhalt in den Aussagen der Angeklagten zumindest eine Art Festlegung darauf sein, keine Verbrechen begehen zu wollen, auch wenn es sich nicht um einen förmlichen Eid handelt. - Zum Zusammenhang zwischen sacramentum und coniuratio vgl. R. FREUDENBERGER, Das Verhalten der römischen Behörden gegen die Christen im 2. Jahrhundert, S. 166.

[22] Zur Bedeutung von carmen als Lied oder Gesang s. R.P. MARTIN, The Bithynian Christians' Carmen Christo, *StPatr* 8 (= TU 93, Berlin 1966) 259-265, und F.J. Dölger, Sol Salutis. Gebet und Gesang im christlichen Altertum, Münster 1920 (LF 4-5), S. 83 und 90; in der zweiten Auflage von Sol Salutis (1925), S. 116-117, ist Dölger aber (in Reaktion auf eine Rezension von O. Casel) im Blick auf die Bedeutung „Hymnus" für carmen wesentlich zurückhaltender (vgl. jedoch ebenda, S. 124; auf S. 117 findet sich das öfter zitierte Argument, warum Plinius nicht hymnus statt carmen gesagt hat, hätte er ein Lied gemeint - mit 1 Beleg, in dem „eius dei hymnum Graeco et Latino carmine" canere vorkommt; man beachte, daß carmen hier der geläufige Begriff für Lied ist!).

[23] Vgl. Thesaurus Linguae Latinae 3, 463-468 (im Rahmen des Artikels „1. carmen", S. 463-474, von HEY); eine prägnante Zweckangabe für Zaubersprüche (der Zweck ist in der Regel allgemeiner dem Kontext zu entnehmen) bei Plinius d. Ä., Hist. nat. 28,29: „carmina ... contra grandines"; unserem Text am nächsten käme für die Bedeutung Zauberspruch: Valerius Flaccus 3,408: „carmina turbatos volvit placentia manes" und (wesentlich später) Claudianus, 10,11 p. 420: „qui carminibus cogit deos". Im Regelfall wirkt der Zauberspruch an sich und der Gedanke der Anrufung eines Gottes dazu tritt in den Hintergrund. Dagegen für die Bedeutung Lied: Horaz, ep. 2,1,138: „carmine di superi placantur, carmine manes"; Tacitus, Germ. 2: „celebrant carminibus antiquis ... Tuistonem"; Livius 27,37,13: „carmen in Iunonem reginam canentes"; Granius Licinianus, p. 13,10: „carmen in deos ... compositum"; Vulgata, ex 5,1: „cecinit Moyses carmen hoc domino" (alle Zitate nach dem *Thesaurus*). - Plinius versteht carmen dicere offensichtlich nicht als flagitium; dementsprechend wird seine Frage auch nicht speziell auf „mala carmina" ausgerichtet gewesen sein, denn die Antwort, daß das carmen sich an Christus richte, hätte für ihn ja auf eine solche Frage eher bestätigenden Charakter (gegen H. LIETZMANN, carmen = Taufsymbol, in: DERS., Kleine Schriften III, 54-55 (zuerst 1916), und F.J.

Möglichkeit des korrekten Vorbringens einer Formel durch einen Magier aus: alle sind ja beteiligt[24].

Wir haben es also mit einem Gesang oder Sprechgesang, der von den Christen im Wechsel, vielleicht wie zwischen Tragöde und Chor, vorgebracht wird, zu tun, und dann mit einer eidlichen Verpflichtung zu einem Leben ohne *flagitia*.

Ist damit aber irgendein christlicher Gottesdienst beschrieben? Die Schwierigkeiten einer Zuordnung zeigen sich in der Bandbreite der vorgeschlagenen Interpretationen.

Ist das *carmen* ein antiphonischer Wechselgesang christlicher Lieder[25] oder alttestamentlicher Psalmen[26]? Ist es ein litaneiartiges Gebet[27], eventuell das allgemeine Fürbittengebet? Handelt es sich um das verchristlichte Sch^{e}ma mit einer Reihe von Benediktionen[28]? Oder ist es das Taufbekenntnis[29]? Oder vielleicht das eucharistische Gebet[30]? - Und verbirgt sich hinter dem

---

DÖLGER, Sol Salutis, [2]1925, S. 111-115, sowie L.C. MOHLBERG, Carmen Christo quasi deo, p. 110ff.). - Der Vorwurf der „superstitio" wird bei dem carmen der Christen wohl eher mit dem „Christo quasi deo" zusammenhängen: „die Christen verehren einen Menschen, sie verehren einen begrabenen Menschen und was das Tollste schien, einen gekreuzigten Menschen." (F.J. DÖLGER, Sol Salutis, 1920, S. 83).

[24] F. FOURRIER, La lettre de Pline à Trajan sur les chrétiens, p. 166f., hebt den Unterschied zwischen dem dicere secum invicem und dem wortwörtlichen Nachsprechen einer vom Priester vorgesagten Formel hervor.

[25] F.J. DÖLGER hält dies für die naheliegendste Übersetzung, ohne andere Möglichkeiten auszuschließen (Sol Salutis, 1920, S. 83 und 90 - vgl. dazu Fußn. 22). - Ähnlich und mit dem Hinweis darauf, daß jede Füllung des „carmen" mit Beispielen spekulativ ist, R. P. MARTIN, The Bithynian Christians' Carmen Christo. - Mit „Hymnen" aus dem Neuen Testament als Beispielen: C.C. COULTER, Further Notes on the Ritual of the Bithynian Christians, *CP* 35 (1940) 60-63.

[26] So besonders C.J. KRAEMER, Pliny and the Early Church Service: Fresh Light from an Old Source, *CP* 29 (1934) 293-300, p. 297, der den Psalm als pars pro toto für den um die Opferidee gruppierten ersten Teil des jüdischen Morgengottesdienstes nimmt. A. CABANISS, The Harrowing of Hell, Psalm 24, and Pliny the Younger: A Note, *VigChr* 7 (1953) 65-74, geht sogar so weit, diesen Psalm mit Ps 24 zu identifizieren (zu hypothetisch).

[27] So v. a. L.C. MOHLBERG, Carmen Christo quasi deo, unter Aufnahme einiger Gedanken DÖLGERs (Sol Salutis, [2]1925, S. 135f.). Wie Mohlberg: R.F. CLAVELLE, Problems contained in Pliny's Letter on the Christians: A Critical Analysis, diss. Univ. of Illinois, Ann Arbor 1971, p. 144f. Clavelle schlägt aber auch als eigene alternative Interpretation vor, das carmen sei der Gesang von Psalmen zwischen den Lesungen (p. 145).

[28] S.L. MOHLER, The Bithynian Christians Again, *CP* 30 (1935) 167-169.

[29] H. LIETZMANN, Die liturgischen Angaben des Plinius; DERS., carmen = Taufsymbol; Lietzmann folgen: A. KURFESS, Plinius und der urchristliche Gottesdienst, *ZNW* 35 (1936) 295-298; DERS., Plinius d. J. über die Bithynischen Christen (Ep X 96,7), *Mn.* III/7 (1939) 237-239; und R. HANSLIK, Forschungsbericht: Plinius der Jüngere, *AAW* 8 (1955) 1-18; *AAW* 17 (1964) 1-16 (2. Bericht); schließlich F. FOURRIER, La lettre de Pline à Trajan sur les chrétiens (ohne Nennung Lietzmanns).

sacramentum die Taufe (evtl. mit abrenuntiatio diaboli)[31] oder das Sündenbekenntnis vor der Eucharistie[32]? Oder ist damit die gottesdienstliche Rezitation des Dekalogs gemeint[33]? Könnte es schließlich sogar sein, daß *sacramentum* hier schon dem späteren christlichen Sprachgebrauch verwandt ist und die Eucharistie bezeichnet[34]? Eine Lösung kann m. E. nur unter Berücksichtigung des Kontextes und der möglichen Fragestellungen des Plinius versucht werden, und ohne daß man die einzelnen Elemente völlig voneinander isoliert.

Zunächst wäre zu fragen, ob Plinius der Meinung ist, mit den Angaben von *carmen* und *sacramentum* einen vollständigen Gottesdiesnt beschrieben zu haben. Die Frage muß bejaht werden, weil Plinius fortfährt: danach seien sie wieder auseinandergegangen, um später zu einer Mahlzeit wieder zusammenzukommen[35]. Bei der Kürze der

---

[30] J.A. JUNGMANN, Missarum Sollemnia, Bd. I, Wien 1948, S. 24f., im Anschluß an Gedanken Dölgers (F.J. DÖLGER, Sol Salutis, 1920, S. 86ff.); T. MAYER-MALY, Der rechtsgeschichtliche Gehalt der „Christenbriefe" von Plinius und Trajan, S. 322f., referiert Dölger (s. Fußn. 25) und Jungmann nebeneinander, auch den von Jungmann an anderer Stelle geäußerten Gedanken, das carmen könnte der Introitusgesang sein. - Vgl. auch Fußn. 34 über C. PERA.
[31] Das ist die Ansicht von H. LIETZMANN und den Wissenschaftlern, die ihm folgen (s. Fußn. 29). F. FOURRIER versucht, das sacramentum noch genauer festzumachen, nämlich als Zustimmung zur Taufansprache, wobei er Parallelen zum jüdischen Sch[e]ma zieht (La lettre de Pline à Trajan sur les chrétiens, p. 169). - Ohne Klärung des gottesdienstlichen Zusammenhangs (Sonntags- oder Taufgottesdienst?) nimmt A. D. Nock für sacramentum die Bedeutung „Eid" an und weist auf Parallelen bei der Initiation zu bestimmten heidnischen Kulten hin: A.D. NOCK, The Christian Sacramentum in Pliny and a Pagan Counterpart, *ClR* 38 (1924) 58-59. - W. RORDORF, Der Sonntag, S. 249ff, deutet mit Lietzmann das sacramentum auf die Taufe, nimmt aber an, daß das carmen für einen (ursprünglich täglichen) Gebetsgottesdienst stehe, zu dem sich dann Sonntags die Taufe gesellt habe, wenn Taufbewerber vorhanden waren (S. 257).
[32] So zuerst L.C. MOHLBERG, Carmen Christo quasi deo, p. 108, angeregt durch F.J. DÖLGER, Sol Salutis, [2]1925, S. 108. Ihm folgen J.A. JUNGMANN, Missarum Sollemnia, Bd. I S. 25; T. MAYER-MALY, Der rechtsgeschichtliche Gehalt der „Christenbriefe" von Plinius und Trajan, S. 323; vorsichtig abwägend auch L. VIDMAN, Etude, p. 106; ferner R. CLAVELLE, Problems Contained in Pliny's Letter on the Christians, p. 144f.
[33] C.J. KRAEMER, Pliny and the Early Church Service; S.L. MOHLER, The Bithynian Christians Again; C.C. COULTER, Further Notes on the Ritual of the Bithynian Christians, *CP* 35 (1940) 60-63; mit Einschränkungen auch E. WEISMANN, Der Predigtgottesdienst und die verwandten Formen, in: *Leiturgia* III, Kassel 1956, 1-97, S. 14: „Oder wäre nicht auch eine gemeinsame Einübung des Dekalogs als Bekenntnis der jungen Christenheit denkbar ...?"
[34] So z. B. C. PERA, Eucharistia Fidelium, *Salesianum* 3 (1941) 81-117; 4 (1942) 145-172; 5 (1943) 1-46, in: 4 (1942), p. 151 (mit E.B. Allo), der v. a. im Blick auf das carmen, aber unter Einbeziehung auch des sacramentum den Morgengottesdienst als Eucharistiegottesdienst versteht. - Daß „sacramentum" die Eucharistie bezeichnen könnte, wird von A. N. SHERWIN-WHITE, The Letters of Pliny, p. 706, ernsthaft erwogen. Einige Hinweise zur älteren Literatur in dieser Sache bei C.J. KRAEMER, Pliny and the Early Church Service, p. 293-294.

Darstellung ist Vollständigkeit natürlich nur nach den Hauptgesichtspunkten gegeben, und das sind nicht diejenigen christlicher Theologie, sondern die des Untersuchungsrichters, der nach verbrecherischen Taten forscht. Alle theologischen und liturgischen Feinheiten dürften für Plinius wohl unter dem Stichwort *superstitio* ausreichend erfaßt sein.

Damit ergäbe die Deutung von *sacramentum* auf die Taufe eigentlich nur einen Sinn, wenn hier insgesamt dem Plinius ein Taufgottesdienst geschildert wurde[36]. Gegen die Deutung von *carmen* als Taufbekenntnis spricht allerdings neben den Überlegungen vom Kontext her, welche die Bedeutung Lied, Gesang (evtl. noch Gebet)[37] näherlegen, auch das Argument, daß das Taufbekenntnis eigentlich nicht *Christo quasi deo* gilt[38]. *Carmen* als liedartiges liturgisches Stück könnte allerdings dennoch ein Teil des Taufgottesdienstes sein. Ob Plinius aber so gänzlich über das Untertauchen unter Wasser geschwiegen hätte? Im übrigen hat er ja, wie schon festgestellt, offensichtlich nicht die Absicht, den Initiationsritus der Christen darzustellen, sondern ihre regelmäßigen Versammlungen[39].

Auch die Auffassung, es handele sich beim *carmen* um Hymnen- oder Psalmengesang oder auch um ein dem Sch[e]ma vergleichbares Bekenntnis und beim *sacramentum* um die Rezitation des Dekalogs[40], führt zu dem Problem, daß damit nur ein halber Gottesdienst beschrieben wäre - es fehlte jeglicher Hinweis auf die zum Synagogengottesdienst konstitutiv dazugehörende Schriftlesung aus Thora und Propheten sowie deren Auslegung. Die aber dürften in einem christlichen

---

[35] „Quibus peractis morem sibi discedendi fuisse rursusque coeundi ad capiendum cibum..." (ep X,96,7) - die Formulierung läßt keinen Zweifel daran, daß Plinius einen Hergang beschreiben will. Der Lösungsvorschlag von O. Casel, daß seque sacramento obstringere dem Sinne nach nicht mehr von dem Vordersatz „quod essent soliti ..." abzuhängen braucht (O. CASEL, Rezension zu F.J. Dölger, Sol Salutis, 1920, in: *ThRv* 20 (1921) 182-185, Sp. 183) läßt die Stringenz des Kontextes bei Plinius außer acht.

[36] Das ist auch die Lietzmannsche Position, nur daß man eben dann hier mit den Mißverständnissen des Plinius einsetzen muß: er habe gedacht, es sei jeden Sonntag Taufe; außerdem habe er angenommen, die ganze Gemeinde (und nicht nur die Täuflinge) spreche den Taufeid (R. HANSLIK, Forschungsbericht: Plinius der Jüngere 1933-1942, *JKAW* 282 (1943) 38-77, S. 68); ohne die Annahme eines Irrtums des Plinius greift die Kritik von F.J. DÖLGER, Sol Salutis, 1920, S. 83, der aber eben genau diese Annahme bei Lietzmann übersieht und sacramentum in dessen Deutung als sonntäglich gesprochenes Bekenntnis versteht.

[37] Im Gegensatz zur Beschwörungsformel - dazu s. o.

[38] Es sei denn, man wolle ein uns unbekanntes Taufbekenntnis zur Taufe auf den Namen Jesu postulieren.

[39] S. o. S. 137.

[40] C.C. COULTER (Hymnen); C.J. KRAEMER (Psalmen); S.L. MOHLER (Sch[e]ma) - alle drei sehen im sacramentum die Rezitation des Dekalogs (s. o. Fußn. 33)

Gottesdienst, der sich im ersten Teil dermaßen eng an jüdisches Formular angelehnt hätte, nicht fehlen, und Plinius hätte es wohl auch nicht unterlassen, in irgendeiner Form auf sie einzugehen. Die Rezitation des Dekalogs im frühchristlichen Gottesdienst ist überdies nirgends belegt, und auch für den Synagogengottesdienst ist sie nicht gesichert[41].

Daß *sacramentum* hier die Eucharistie bezeichnen könnte, scheitert nach fast einhelliger Meinung der heutigen Forschung an sprachlichen Gründen. Wenn Plinius tatsächlich in Bithynien lateinisch sprechende Christen befragt hätte, welche in ihrer griechischsprachigen Umwelt dennoch für die Eucharistie das wort „sacramentum" gebraucht hätten[42], so hätte Plinius sie gründlich mißverstanden - denn die Eucharistie war sicherlich nicht zu beschreiben als ein Akt der Verpflichtung, sich schwerer Vergehen zu enthalten[43].

Die Deutung des *sacramentum* auf das Sündenbekenntnis vor der Eucharistie[44] stellt uns sowohl vor die Frage, wo denn dann die Beschreibung der Eucharistie bleibt, als auch vor die andere Frage, wie es mit Schriftlesung und Predigt steht. Außerdem ist eine ἐξομολόγησις in allererster Linie eine *confessio*[45] und nicht ein Versprechen, die begangenen Sünden zu meiden. Ob schließlich vor jeder Eucharistiefeier im Gottesdienst ein allgemeines Sündenbekenntnis als Bekenntnis der genannten *scelera* stattfand, scheint mir sehr zweifelhaft; eher wird es wohl bei Bedarf Bußverfahren gegeben haben[46] und ansonsten als Teil des Gebets eine allgemeine Bitte um Sündenvergebung.

Nach alledem erscheint es mir nicht möglich, zu einer sinnvollen Deutung der Angaben des Plinius zu kommen, ohne die Annahme miteinzubeziehen, er habe zum Teil stark verkürzend dargestellt und sei auch Opfer von Mißverständnissen geworden[47]. Um aber bei

---

41 Zum Dekalog in der Synagoge s. S. 455.

42 Etwa im Sinne von μυστήριον - A.N. SHERWIN-WHITE weist darauf hin, daß der spätere christliche Wortgebrauch wohl aus einem „popular and non-legal" Sprachbereich kommt (The Letters of Pliny, p 706).

43 Dieses Argument von H. LIETZMANN (Die liturgischen Angaben des Plinius) bleibt m. E. immer noch schlagend (gegen A.N. SHERWIN-WHITE u. a. - s. o. Fußn. 34).

44 L.C. MOHLBERG (s. o. Fußn. 32) sieht dazu im carmen das allgemeine Fürbittengebet.

45 Vgl. Tertullian, paen 9,2.

46 In der von MOHLBERG (s. o. Fußn. 32) angeführten Stelle Did 14,1 heißt es προσεξομολογησάμενοι τὰ παραπτώματα ὑμῶν, ὅπως καθαρὰ ἡ θυσία ὑμῶν ᾖ. Das Bekenntnis soll zur Reinheit von Sünden führen, und demnach ist auch eine explizite Vergebung nötig. Ein allgemeines Sündenbekenntnis mit allgemeinem Gnadenzuspruch ist aber in den ersten Jahrhunderten nirgends belegt und würde nach den theologischen Vorstellungen der Zeit um die Wende vom Ersten zum Zweiten Jahrhundert wohl auch kaum den erwünschten Effekt einer κάθαρσις haben.

der Interpretation nicht in Willkür zu verfallen, müssen Verkürzung und Mißverständnis als so gering wie möglich angenommen werden[48]. Und ich glaube, es gibt eine solche Möglichkeit, die dennoch
zu einer sinnvollen Deutung des Ganzen führt.

Nimmt man nämlich an, die Christen oder ehemaligen Christen
hätten einen Morgengottesdienst mit Liedern, Gebeten und Predigt (zu
der auch eine Schriftlesung gehört haben mag, die aber für Plinius als
solche uninteressant war) geschildert[49], so hätten sie auf die Befragung nach möglichen Vergehen hin sicher betont, daß in den Predigten gerade zu einem Leben ohne Verbrechen aufgefordert und gemahnt wurde. Und, so haben sie dann wohl bekräftigt, die Christen
nehmen sogar eine eidliche Verpflichtung auf sich (nämlich bei der
Taufe), jede Art von Verbrechen zu meiden. Inhaltlich könnten sie das
mit Geboten des Dekalogs gefüllt haben, wie er ihnen, möglicherweise
als Teil einer Zweiwegelehre, wohl aus dem Taufunterricht vertraut
war[50]. Die verhörten Personen hätten also zur Bekräftigung dessen,
was sie über die Predigt sagten, auf das Taufversprechen und den
Taufunterricht verwiesen, ohne daß sie aber im Verhör diese Sache

---

[47] Jede Deutung, die ohne das Element des Mißverständnisses auskommt,
impliziert auf Seiten des Plinius extreme Verkürzungen in der Darstellung, ohne daß
bisher Rechenschaft darüber gegeben worden ist, wie es dazu hätte kommen können.
   [48] Vgl. A.N. SHERWIN-WHITE, The Letters of Pliny, p. 708. – Unter der
Überschrift „Mißverständnis" kann man natürlich aus dem Pliniusbrief fast alles
herausholen, und nicht umsonst ist H. Lietzmann hier kritisiert worden (L. VIDMAN,
Etude, p. 101). Es muß dem Leser überlassen bleiben, ob er die hier vorgetragene
Variante vom Mißverständnis des Plinius plausibel findet.
   [49] H. LIETZMANN, Die liturgischen Angaben des Plinius, S. 34 (= Kl.
Schriften III, S. 48), verwirft den Gedanken an eine Predigt mit dem Argument:
„paßt auf eine Predigt in irgendeinem Sinne der römische Begriff des sacramentum?" Dieses Problem muß gelöst werden, wenn die hier vorgeschlagene Interpretation stimmen soll. – F. FOURRIER, La lettre de Pline à Trajan sur les
chrétiens, p. 169, nimmt an, daß die Erwähnung des Dekalogs in der Taufansprache
stattfindet und das sacramentum die Zustimmung (assentiment) zu den darin vorgetragenen Grundsätzen bedeutet. W. NAGEL, Geschichte des christlichen Gottesdienstes, Berlin, [2]1970, S. 31, stellt den Bezug auf die Predigt als eine mögliche Interpretation vor, ohne aber dann in diesem Zusammenhang das „sacramentum" zu
klären. Schon R. Knopf hat (in Aufnhme älterer Überlegungen) den Satz „se sacramento obstringere" etc. auf die Predigt bezogen (R. KNOPF, Das nachapostolische
Zeitalter, Tübingen 1905, S. 236f.).
   [50] Zur Frage, inwieweit die Reihe „ne furta, ne latrocinia, ne adulteria com-
mitterent, ne fidem fallerent, ne depositum adpellati abnegarent" (ep X,96,7) die
Zehn Gebote wiedergibt, s. bes. C.C. COULTER, Further Notes on the Ritual of
the Bithynian Christians; an die Einbettung in den Unterricht denkt auch F. FOU-
RIER, La lettre de Pline à Trajan sur les chrétiens, p. 169 (die Taufansprache wiederholt die Katechese). Jedenfalls liegen die Zehn Gebote, wenn überhaupt, hier interpretiert (also wohl christlich interpretiert, evtl. aber auch noch einmal durch Plinius in seiner Wiedergabe) vor – s. den Schluß: ne depositum adpellati abnegarent
(dazu C. C. COULTER a. a. O.). – Vgl. auch W. RORDORF, Der Sonntag, S. 252
und S. 254.

ausführlich erläutern mußten[51] - sie wären vielmehr geführt durch den Untersuchungsrichter im Wesentlichen beim Thema der normalen Versammlungen der Christen geblieben.

Das Mißverständnis des Plinius läge dann, wie schon H. Lietzmann annahm, darin, daß er glaubte, eine eidliche Verpflichtung fände in jedem Morgengottesdienst der Christen statt[52]. Allerdings, und das wäre gegen Lietzmann festzuhalten, war der beschriebene Gottesdienst gerade nicht der Taufgottesdienst[53]. Die Verkürzung läge darin, daß Plinius mit dem Inhalt des Eides auch den Inhalt der Predigt (samt Schriftlesung) wiedergibt, ohne Eid und Predigt auseinanderzuhalten. In der Tat wäre ja der Inhalt beider im Hinblick auf das, was Plinius interessierte, genau gleich, und für den Zweck seines Schreibens faßt der Hinweis auf das *sacramentum* der Christen alles Nötige pointiert zusammen: bei den Christen gibt es keine *flagitia*.

Ein weitere, aber der Sache nach meines Erachtens unproblematische Verkürzung in der Darstellung wird sein, daß Plinius alle Lieder, „Liturgie" und Gebete unter dem Stichwort *carmen Christo quasi deo* zusammenfaßte[54]; sie interessierten ihn nicht im einzelnen, konnten bestenfalls als Illustration der *superstitio* dienen.

Eine genauere Identifzierung des *carmen Christo quasi deo* ist daher von vornherein problematisch. Der Begriff ist in seinem Kontext am ehesten mit „Christushymnus" zu übersetzen[55], aber es können allerlei andere Gottesdienstteile mitgemeint sein. Das *secum invicem* kann sich vom responsorischen Amen[56] über Rufe wie Halleluja

---

[51] Sie hätten sich also in der Darstellung auf das beschränkt, was ihre Unschuld am besten belegt.

[52] Daß man nach römischem Denken nicht streng zwischen Initiations- und Mysterienfeier zu unterscheiden brauchte, daß also der Irrtum des Plinius nicht so schwerwiegend ist, wie es etwa L. VIDMAN, Etude, p. 101, gegen Lietzmann geltend macht, zeigt die Darstellung des Bacchanalienskandals durch Livius (besonders deutlich: ab urbe condita 39,13,9: „pro tribus in anno diebus quinos singulis mensibus dies initiorum fecisse").

[53] Damit wären die Probleme um den status dies wie auch um den Begriff sacramentum gelöst.

[54] Der Singular weist allerdings daraufhin, daß es sich hier nicht um beliebig viele liturgische Stücke, also einen liturgisch sehr ausgefeilten Gottesdienst handeln kann. Er könnte durch Aussagen wie: „Im Gottesdienst verehren wir Christus." - „Wie denn?" - „Zum Beispiel mit einem Lied.", zustandegekommen sein.

[55] Mit R.P. MARTIN, The Bithynian Christians' Carmen Christo; vgl. auch o. Fußn. 25.

[56] S. schon 1Kor 14,16; vgl. auch Justin, Apol. I,67,5; ferner Act Joh 94 (auf diese Stelle verweist F.J. DÖLGER, Sol Salutis, 1920, S. 95). Daß „dicere secum invicem" solche kurzen Responsorien ausschließt, erscheint mir nicht zwingend, auch wenn es in erster Linie ein abwechselndes Sprechen oder Singen bezeichnet (gegen C.J. KRAEMER, Pliny and the Early Church Service, p. 297). - O. CASEL, Rezension zu F.J. Dölger, Sol Salutis, 1920, Sp. 184, ist sogar unter Berufung auf

beim Psalmengesang[57] oder Kyrie eleison beim Gebet[58] bis hin zum regelrechten Wechselgesang erstrecken[59] - einer genauen Festlegung muß m. E. schon vom Text her, aber auch mangels ausreichender Parallelquellen ein non liquet entgegengesetzt werden.

Damit bleibt noch die Frage nach der Eucharistie offen, und außerdem die Erklärung der zweiten Zusammenkunft am *status dies.* Das eine läßt sich nicht ohne das andere lösen.

Man ist sich allgemein einig darin, daß die normale und unschuldige Mahlzeit der Christen mit der Agapefeier im weiteren Sinne zu identifzieren ist. Fraglich ist, ob die Eucharistie hier oder im Morgengottesdienst ihren Platz hat.

Nach unserer ganzen bisherigen Analyse wird die Eucharistie im Zusammenhang mit dem Morgengottesdienst nicht erwähnt. So wäre es am einfachsten, davon auszugehen, daß sie im Rahmen der abendlichen Mahlfeier ihren Platz hatte, wenn wir nicht durch Plinius erführen, daß die Christen seit dem Erlaß gegen die Hetärien genau von diesen Mahlfeiern abgelassen hatten[60]. Hätten sie damit aber auch die Eucharistie aufgegeben? Das ist äußerst unwahrscheinlich.

Dennoch erscheint es mir richtig, in der Morgenfeier einen Wortgottesdienst ohne Eucharistiefeier zu sehen[61]. Zwar hält das

---

einen altphilologischen Aufsatz (T. THIELEMANN, Der Ersatz des Reciprocum im Lateinischen, *Archiv für Lateinische Lexikographie* 7 (1890) 343ff.) der Meinung, daß „invicem ... der spätlateinische Ersatz für inter se (sei) und ... durch secum pleonastisch verstärkt" werde, secum invicem also einfach nur durch „zusammen", „alle miteinander" übersetzt werden müsse. Die Annahme einer „pleonastischen Verstärkung" macht diese einfache Lösung allerdings verdächtig. Vgl. auch die Stellungnahme von F.J. DÖLGER, Sol Salutis,[2]1925, S. 128 Fußn. 2.

[57] S. Tertullian, or 27 (wohl vom Gebet in kleineren Gruppen, s. S. 426 Fußn. 198); Hippolyt, TradAp 25 (Botte): Halleluja-Psalmen bei der Agapefeier; vgl. ferner F.J. DÖLGER, Sol Salutis, 1920, S. 95.

[58] So F.J. DÖLGER, Sol Salutis, 1920, S. 97f.; im Wortlaut ist dieser Ruf für den Gottesdienst nicht so früh belegt; vgl. aber Mt 17,15; 20,30f. S. auch W. LOCKTON, Liturgical Notes, *JThS* 16 (1915) 548-552, I. Kyrie Eleison (p. 548-550).

[59] Haupteinwand gegen die Möglichkeit eines Wechselgesanges ist das Fehlen von Belegen und eine Nachricht aus späterer Zeit, daß der Wechselgesang als Neuerung in Antiochien Aufsehen erregte (H. LIETZMANN, Die liturgischen Angaben des Plinius, ebenso O. CASEL, Rezension zu F.J. Dölger, Sol Salutis, 1920). Doch zwischen Plinius und dem Vierten Jahrhundert liegt so viel Zeit, daß nichts dagegen spricht, daß die Christen in Bithynien Wechselgesänge sangen und diese Sitte dennoch im Antiochien des Vierten Jahrhunderts unbekannt war. Das gilt umso mehr, als mit der Mitte des dritten Jahrhunderts in der Kirche die Verdrängung neueren Liedguts zugunsten biblischer Gesänge ihrem Höhepunkt zustrebte - vgl. J. KROLL, Die christliche Hymnodik bis zu Klemens von Alexandria, Königsberg 1921, u. M. HENGEL, Das Christuslied im frühesten Gottesdienst, in: *Weisheit Gottes - Weisheit der Welt,* FS J. Ratzinger, St. Ottilien 1987, Bd 1, 357-404. Vgl. im übrigen Fußn. 25. - S. ferner die Erwähnung eines religiösen Wechselgesanges bei den Therapeuten: Philo, vit cont 84.

[60] S. o. Fußn. 12.

Argument, es ziele ja der Vorwurf thyestischer Mahlzeiten auf die abendlichen Mahlfeiern und müsse sich seinem Inhalt nach auf die Eucharistie beziehen[62], nicht ganz stand, weil die Eucharistiefeier ja bereits vom Abend auf den Morgen verlagert gewesen sein konnte, das Gerücht sich aber noch auf die Abendmahlzeit bezog. Aber es paßt doch die Hypothese am besten zum Text, daß die Apostaten den Gottesdienst der Christen so schilderten, wie sie ihn kennengelernt hatten, nämlich als morgendlichen Wortgottesdienst und abendliche Mahlfeier mit Eucharistie[63]. Nur diejenigen, die erst kurz vor dem Verhör abgefallen waren, können (außer den möglicherweise befragten Christen) verläßlich die Information geliefert haben, daß die Christen keine abendlichen Mahlzeiten mehr feierten.

Daß aber daraufhin die Eucharistiefeier in den Morgengottesdienst verlegt wurde, ist dem Plinius entweder entgangen - er hatte ja bereits sein Bild von der Morgenfeier der Christen -, oder er hat das eucharistische Gebet einfach mit unter das *carmen dicere* subsumiert. Die Eucharistie mag ihm noch einmal im Verhör der Sklavinnen unter der Folter als Teil der *superstitio* untergekommen sein, doch nachdem er sich einmal von der Harmlosigkeit der Sache überzeugt hatte[64],

---

[61] Das alte Argument, eine Beschreibung der Eucharistiefeier fehle, weil die Befragten die Arkandisziplin eingehalten hätten (wie ein Relikt noch vorhanden bei T. MAYER-MALY, Der rechtsgeschichtliche Gehalt der „Christenbriefe" von Plinius und Trajan, S. 323; ebenso C. PERA, Eucharistia Fidelium, *Salesianum* 3 (1941) 81-117; 4 (1942) 145-172; 5 (1943) 1-46, in 4 (1942), p. 152, der zustimmend P. Allo, Saint Paul, Première Epître aux Corinthiens, Paris 1934, p. 292, zitiert), kann man allerdings dafür nicht in Anspruch nehmen, denn weder die Apostaten noch die Sklavinnen unter der Folter hätten sich dermaßen strikt an eine solche Disziplin gehalten.

[62] A.N. SHERWIN-WHITE, The Letters of Pliny, p. 707.

[63] Ähnlich A.N. SHERWIN-WHITE, The Letters of Pliny, p. 708; vgl. auch E. WEISMANN, Der Predigtgottesdienst und die verwandten Formen, S. 14f. Beide nehmen allerdings an, daß im Wortgottesdienst ein Akt moralischer Verpflichtung stattfand. J.A. JUNGMANN, L.C. MOHLBERG und T. MAYER-MALY (s. Fußn. 27 u. 30) sehen es dagegen als sicher an, daß der Morgengottesdienst eine Eucharistiefeier beinhaltete; das impliziert auch F.J. DÖLGER, Sol Salutis, 1920, S. 86ff. Ihnen folgt auch L. VIDMAN, Etude, p. 105f., unter anderem aber aufgrund einer m. E. fehlerhaften Interpretation von IgnSmyrn 8, die ihn veranlaßt, dort eine Trennung von Eucharistie und Agape anzunehmen. Auf die Schwierigkeit, daß die Eucharistie von Plinius im Zusammenhang mit der Morgenfeier nicht erwähnt wird, sei dagegen noch einmal hingewiesen. - Gar keine Entscheidung trifft in dieser Frage R. STAATS, Die Sonntagnachtgottesdienste der christlichen Frühzeit, *ZNW* 66 (1975) 242-263, S. 248ff; er will die ihm nicht genehmen Aussagen und Beobachtungen zum Pliniusbrief als „ungelöste Rätsel" (S. 250) stehen lassen und greift allein das heraus, daß es „in der Nacht zum Sonntag" bei den Christen in Bithynien einen Gottesdienst gegeben habe (S. 251).

[64] Dies schon und vor allem im Zusammenhang mit ihrer Beschreibung im Rahmen der abendlichen Feier. Daß die Harmlosigkeit der christlichen Mahlfeier

dürfte es schwerlich sein Anliegen gewesen sein, dem Kaiser eine mehr oder minder komplizierte Abhandlung über diesen christlichen Brauch zu schreiben. In gebotener Kürze hatte er vielmehr das juristische Problem darzulegen.

Eine weitere Möglichkeit zur Erklärung der Angaben des Plinius im Blick auf die Eucharistiefeier wäre schließlich auch die, daß die bithynischen Christen den Schritt von der abendlichen zur regelmäßigen morgendlichen, stärker liturgischen Eucharistiefeier als festen Bestandteil des Sonntagmorgengottesdienstes noch gar nicht bezeugen konnten, sondern nur angaben, wie es früher war, und daß es jetzt die abendlichen Mahlfeiern nicht mehr gebe[65]. Schließlich werden sie ja in allem, was sie sagten, ihre Unschuld beteuert haben.

Der Bericht des Plinius über die Christen ist unter strafrechtlichen Gesichtspunkten verfaßt, und so werden alle Versuche, ihn im Blick auf die Gottesdienste der Christen zu interpretieren, auf Vermutungen angewiesen bleiben. Die beste Erklärung bleibt m. E., daß dem römischen Statthalter von zwei sonntäglichen Feiern berichtet wurde: einem Wortgottesdienst und einer abendlichen Mahlfeier[66].

---

noch nicht bedeutet, daß man das Bekenntnis zum Christentum nicht bestrafen müßte, habe ich schon gesagt (s. Fußn. 5).

[65] Das Hetärienverbot scheint zur Zeit von ep X,33f. schon bestanden zu haben, kann aber nicht sehr viel älter sein, da dieser Brief ziemlich an den Anfang der Regierungszeit des Plinius in Bithynien fällt. Nach der Darstellung von A.N. Sherwin-White liegt zwischen diesen Briefen und ep. X,96f. etwa ein Jahr (A.N. SHERWIN-WHITE, The Letters of Pliny, p. 529-533; 606; 691). Ein Jahr ist für die feste Einbürgerung einer liturgischen Neuregelung keine lange Zeit, zumal wenn man vielleicht hoffte, bald wieder die alte Praxis aufnehmen zu können.

[66] Vgl. zum Ganzen die These von F. HAHN, Der urchristliche Gottesdienst, Stuttgart 1970 (SBS 41), S. 83, über den Pliniusbrief: „... am Morgen kommt die Gemeinde zu Gebet, Lobpreis und Verkündigung zusammen, während sie am Abend miteinander das Herrenmahl feiert" - so richtig mir diese These insgesamt scheint, so wenig war sie bisher belegt worden, auch von Hahn selbst nicht.

3. Apostolische Väter

a) *Erster Clemensbrief*

Gegen Ende des Ersten Jahrhunderts erging nach einer Spaltung in der Gemeinde von Korinth ein Schreiben aus Rom an die Korinthischen Mitchristen, das sie zur Einheit aufrufen sollte. Der christliche Gemeindegottesdienst kommt in diesem Schreiben, dem sogenannten Ersten Clemensbrief[1] an einer Stelle[2] direkt zur Sprache, wo es heißt, daß die Christen nach dem Vorbild der Engel im Himmel Gottes Willen tun und wie sie zusammenkommen und wie aus einem Munde zu Gott rufen sollen, er möge sie an seinen Verheißungen teilhaben lassen[3]. Nicht nur das gemeinsame Gebet, das an dieser Stelle durch ὡς ἐξ ἑνὸς στόματος βοήσωμεν veranschaulicht wird, sondern auch der Ausdruck ἐπὶ τὸ αὐτὸ συναχθέντες für das Zusammenkommen zum Gebet zeigen, daß es hier um einen Gemeindegottesdienst

---

[1] Ich benutze folgende Ausgaben: Die Apostolischen Väter, Neubearbeitung der Funkschen Ausgabe von K. BIHLMEYER, mit einem Nachtrag von W. SCHNEEMELCHER, Tübingen ³1970 (SAKDQS II,1,1); Schriften des Urchristentums I. Die Apostolischen Väter, hrsg. u. übers. von J.A. FISCHER, Darmstadt ⁸1981. - Zu datieren ist der Brief wohl ans Ende des Ersten Jahrhunderts; vgl. R. KNOPF, Die Apostolischen Väter I: Die Lehre der zwölf Apostel. Die zwei Clemensbriefe, Tübingen 1920 (HNT.E 1), S. 44; K. BIHLMEYER, a. a. O., S. XXVf.; J.A. FISCHER, a. a. O., S. 19f.; s. auch Fußn. 37.

[2] In Kap 20 und 33 des Briefes vermag ich keine Anhaltspunkte zu erkennen, die den Schluß wahrscheinlich machen, hier sei „Liturgie" verwendet worden. Übereinstimmungen mit späteren Gebeten zum Lob des Schöpfers gehen auf die Benutzung einschlägiger LXX-Stellen zurück. Die Synopse bei P. DREWS, Untersuchungen über die sogen. clementinische Liturgie im VIII. Buch der apostolischen Konstitutionen I. Die clementinische Liturgie in Rom, Tübingen 1906 (= DERS., Studien zur Geschichte des Gottesdienstes und des gottesdienstlichen Lebens II. und III.), S. 14ff, vermag nicht zu überzeugen. Mit Drews: R. KNOPF, die Apostolischen Väter I, S. 76 (aber schon dort die Einschränkung: „ein Stück altrömische Liturgie, wenn auch natürlich in freier Benutzung"). Zur grundsätzlichen Kritik an Drews s. W.C. VAN UNNIK, 1 Clement 34 and the „Sanctus", *VigChr* 5 (1951) 204-248, p. 211. - Allenfalls in 1Clem 36,2 ist möglicherweise ein Stück von einem Christushymnus überliefert (so zuletzt O. KNOCH, Eigenart und Bedeutung der Eschatologie im theologischen Aufriß des ersten Clemensbriefes, Bonn 1964 (Theophaneia 17), S. 57), doch könnte es sich hier auch um hymnisierende Prosa handeln (das wird von J.A. FISCHER, Die apostolischen Väter, S. 71 Fußn. 208, erwogen), da die einzelnen Glieder dieser Reihe von recht ungeschlachter Länge sind und keine streng parallele Durchgestaltung aufweisen.

[3] 1Clem 34,5-7.

geht[4]. Das gilt um so mehr, als die himmlische Liturgie der Engel mit dem Trishagion aus Jes 6,3 (in Verbindung mit Dan 7,10) zum Vergleich herangezogen wird[5].

Wird damit auch der gottesdienstliche Gebrauch des Trishagion impliziert[6]? Auszuschließen ist das nicht, aber das Gebet der Gemeinde wird hier als Bittgebet[7] dargestellt, so daß der Vergleichspunkt mit den Engeln nicht so sehr im Text ihrer Liturgie als in ihrer ὁμόνοια beim Gebet zu Gott zu suchen ist[8]. Die Eintracht und Einstimmigkeit liegen dem Verfasser des Briefes aufgrund der Zwistigkeiten in Korinth, gegen die er angeht, besonders am Herzen[9].

Die Verheißungen, um die hier gebeten wird, sind unaussprechlich und für Menschen noch gar nicht erfaßbar; nur Gott kennt ihre Schönheit: es geht also um die Teilhabe an Gütern der zukünftigen Welt[10]. Eine Vorstellung von ihnen kann man sich aber machen,

---

[4] 1Clem 34,7; vgl. Fußn. 110. W.C. VAN UNNIK, 1 Clement 34 and the „Sanctus", p. 229-231, bemüht sich nachzuweisen, daß der Ausdruck nicht terminus technicus für den eucharistischen Gottesdienst ist, muß aber dennoch am Ende zugeben, daß Clemens hier von einem „gathering of the Church" spricht (p. 231).

[5] Das dreimal Heilig wird in einem Mischzitat aus Dan 7,10 und Jes 6,3 eingeführt, dessen Form aber von der späteren Verwendung des Zitates im Kontext der Liturgie abweicht; s. dazu W.C. VAN UNNIK, 1 Clement 34 and the „Sanctus", p. 226.

[6] Ausführlich und mit Verweisen auf frühere Literatur wird diese Frage von W.C. VAN UNNIK, 1 Clement 34 and the „Sanctus", diskutiert. van Unnik kommt zu dem Schluß, daß das Sanctus zur Zeit des Clemens noch nicht im Gottesdienst vorkam; ein entscheidendes Argument ist das Fehlen des Sanctus in der Apostolischen Kirchenordnung des Hippolyt. Wenn das Sanctus dennoch im Gottesdienst, den Clemens kannte, einen Platz hatte - und ich halte das für nicht ausgeschlossen -, dann anscheinend noch nicht an so zentraler Stelle, daß es von da ab unverzichtbar wurde.

[7] 1Clem 34,7: ...βοήσωμεν πρὸς αὐτὸν ἐκτενῶς εἰς τὸ μετόχους ἡμᾶς γενέσθαι τῶν μεγάλων καὶ ἐνδόξων ἐπαγγελιῶν αὐτοῦ. Zu ἐκτενῶς vgl. W.C. VAN UNNIK, 1 Clement 34 and the „Sanctus", p. 236-237, der m. E. zu Recht übersetzt: „with great fervour" (p. 237; gegen R. KNOPF, Die Apostolischen Väter I, S. 102f.).

[8] Das ist vom Text her eigentlich evident; in Abwehr anderer Interpretationen braucht W. C. VAN UNNIK, 1 Clement 34 and the „Sanctus", eine umständliche und penible Abhandlung, um zu diesem Ergebnis zu kommen (auf p. 228) und es zu untermauern.

[9] Zu ὁμόνοια als „Schlüsselwort" des 1Clem vgl. auch W.C. VAN UNNIK, 1 Clement 34 and the „Sanctus", p. 228f. - Zum jüdischen Hintergrund des Motives gottesdienstlicher Eintracht s. M. HENGEL, Das Christuslied im frühesten Gottesdienst, in: *Weisheit Gottes - Weisheit der Welt*, FS J. Ratzinger, 2 Bde, St. Ottilien 1987, Bd 1, S. 384 Fußn. 97.

[10] Der Verfasser macht das deutlich durch ein Schriftzitat unbekannter Herkunft in 1Clem 34,8 (vgl. 1Kor 2,9 - s. dazu K. BERGER, Zur Diskussion über die Herkunft von 1 Kor II.9, *NTS* 24 (1978) 270-283) und durch die darauf folgenden Ausführungen, besonders 1Clem 35,3. Zum Ganzen vgl. W.C. VAN UNNIK, 1 Clement 34 and the „Sanctus", p. 238-242; dort besonders der Nachweis, daß das Schriftzitat Auskunft über das ewige Leben gibt, hingegen nicht ursprünglich in den Bereich der Liturgie gehört.

wenn man von den für die Christen schon begreifbaren Gaben Gottes auf ihre Größe schließt; Clemens zählt auf: Leben in Unsterblichkeit, Leuchten in Gerechtigkeit, Wahrheit in Freiheit, Glauben in Zuversicht, Enthaltsamkeit in Heiligung[11]. Diese Gaben betreffen überwiegend das gegenwärtige Leben und seine Heiligung, wobei durch das vorangestellte „Leben in Unsterblichkeit" aber auch ein eschatologischer Horizont eröffnet wird, wie er in den bald folgenden Ausführungen über Jesus Christus als den Weg zur Gottesschau in ähnlich „hellenistischer" Weise zutage tritt[12].

Mit der insgesamt stärker auf die Gegenwart zielenden Aufzählung der vorstellbaren Gaben Gottes ist Clemens wieder bei seinem eigentlichen Interesse: die Gemeinde in Korinth soll nach dem Willen Gottes leben. Nur wer darin ausharrt, wird am Ende auch die Verheißungen Gottes empfangen[13]. Der Zusammenhang zwischen den Gaben Gottes und seinen Verheißungen ist damit so eng, daß man mit Fug und Recht die Bitte um die genannten Gaben in der Bitte um Teilhabe an den Verheißungen Gottes enthalten sehen kann[14].

Den eschatologischen Horizont der Mahnungen des Clemens zeigen schon die Kapitel 23-27 in aller Deutlichkeit, auch hier übrigens mit der Betonung auf den Verheißungen Gottes und nicht so sehr auf seinem Gericht[15]. Der existentielle Bezug zu diesen Gedanken wird hier ebenfalls durch eine Aufforderung zum Gebet verstärkt, welche allerdings erst nach einer Überleitung erfolgt, in der Gottes Macht und Allgegenwart nun doch als richtende Instanz für das Tun der Christen herausgestellt werden: „Wohin also sollte jemand entkommen oder wohin entlaufen vor dem, der alles umfaßt? Laßt uns darum zu ihm gehen mit geheiligter Seele und heilige Hände zu ihm erheben und ihn, unsern gütigen und barmherzigen Vater, lieben, welcher uns für sich zum Anteil seiner Wahl gemacht hat"[16] (1Clem 28,4-29,1). Wenn

---

[11] 1Clem 35,2.
[12] 1Clem 36,1-2 - vgl. R. KNOPF, Die Apostolischen Väter I, S. 104 u. 107; außerdem O. KNOCH, Eigenart und Bedeutung der Eschatologie im theologischen Aufriß des ersten Clemensbriefes, S. 60f., der aber nicht sieht, daß die hier beschriebene Gottesschau einen vorläufigen Charakter hat (ἀτενίζειν, ἐνοπτρίζειν, ἀναθάλλειν, γεύσασθαι) und insofern doch auch auf eine endzeitliche Zukunft hinweist.
[13] Vgl. 1Clem 34,8 mit 1Clem 35,4.
[14] Ob sich in der Aufzählung der Gaben in 1Clem 35,2 Gebetssprache niederschlägt, läßt sich wohl kaum entscheiden; möglich wäre es (vgl. R. KNOPF, Die Apostolischen Väter I, S. 104).
[15] 1Clem 23,2: δωρεαὶ αὐτοῦ, 1Clem 24,1: ἡ μέλλουσα ἀνάστασις, 1Clem 26,1: ἀνάστασις τῶν ὁσίως αὐτῷ δουλευσάντων ..., 1Clem 27,1: ἐλπίς und ἐπαγγελίαι.
[16] Ποῖ οὖν τις ἀπέλθῃ ἢ ποῦ ἀποδράσῃ ἀπὸ τοῦ τὰ πάντα ἐμπεριέχοντος; Προσέλθωμεν οὖν αὐτῷ ἐν ὁσιότητι ψυχῆς, ἁγνὰς καὶ ἀμιάντους χεῖρας αἴροντες πρὸς αὐτόν, ἀγαπῶντες τὸν ἐπιεικῆ καὶ εὔσπλαγχνον πατέρα ἡμῶν, ὃς ἐκλογῆς

wir auch dies auf ein Gemeindegebet beziehen dürfen - und die Aufforderung προσέλθωμεν αὐτῷ legt das nahe -, so träten damit die Aspekte von Anbetung und Dankgebet zum Gemeindegebet hinzu. Daß man
nur heilige und unbefleckte Hände zu Gott erheben soll, entspricht
dem paränetischen Grundanliegen des Briefes, der im Blick auf die
Vorgänge in Korinth des öfteren auch zum Gebet um Sündenvergebung (einmal auch stellvertretend für die Sünder) auffordert[17]. Aber
die Vorstellung, daß die auserwählte Schar in Heiligkeit zu Gott betet,
dürfte doch auch tiefer verwurzelt sein und eng mit der (noch zu besprechenden) Opfervorstellung des Clemensbriefes zusammenhängen.
Auch die spätere Entwicklung, daß Katechumenen nicht zum gemeinsamen Gebet zugelassen wurden[18], paßt zu diesem Vorstel-
lungskomplex. Über Katechumenat und Taufe aber erfahren wir durch
den Ersten Clemensbrief leider nichts.

Wie verhält sich nun das in 1Clem 59,2-61,3 überlieferte Gebet[19]
zu dem, was wir bisher über das Gemeindegebet bei Clemens heraus-
gefunden haben? Durch seinen Inhalt und die Formulierungen im
Ich-Stil erweist sich dieses Stück ebenfalls als Gemeindegebet; es ver-
einigt Lob, Anbetung und Bittgebet in sich, wobei die Bitten sowohl
das eigene Wohl und Heil als auch allgemeiner - in der Weise von
Fürbitten - Hilfe, Heil und Frieden für alle betreffen[20].

Im Vergleich mit diesen Bitten erscheint die Aufzählung der Gaben
Gottes in 1Clem 35,2 theologisch überhöht; hier wird viel konkreter
als dort um Rettung in Bedrängnis und Hilfe für die Gefangenen,
Hungernden und Kranken gebetet, so wie etwa auch die Fürbitten für
die Obrigkeit zum Schluß des Gebetes breiten Raum einnehmen.

μέρος ἡμᾶς ἐποίησεν ἑαυτῷ. - Die Beschreibung von Gottes Macht und Allgegenwart
ab 1Clem 27,3. - W.C. VAN UNNIK, 1 Clement 34 and the „Sanctus", faßt 1Clem
19-34, speziell 28-34 zu einer Einheit zusammen (p. 218ff.; dazu noch 1Clem 35
und 36: p. 242) und betont auf diese Weise den seiner Ansicht nach sehr hohen
Stellenwert der Eschatologie in dieser Passage. M. E. ist aber das Argument mit
dem künftigen Gericht nur eines unter anderen, und mit 1Clem 29 tritt es wieder in
den Hintergrund: das Hauptanliegen des Briefes bleibt es, das gegenwärtige Handeln
der Korinther mit allen möglichen Argumenten in Richtung auf Einheit zu beeinflussen. - Vgl. zur Frage der Eschatologie auch O. KNOCH, Eigenart und Bedeutung
der Eschatologie im theologischen Aufriß des ersten Clemensbriefes, besonders S.
221ff. und S. 454ff.
   [17] 1Clem   2,3;   9,1;   48,1;   52,1(-4);   56,1 (Fürbitte für Sünder); vgl. auch
1Clem 60,1-2.
   [18] S. u. S. 357, 367ff., 408f., 445ff.
   [19] Die erste Bitte des Gebets ist durch den Übergang vom Kontext her noch
an Gott in der 3. Person gerichtet; erst in 59,3 wird zum Du übergegangen. Dennoch beginnt das Gebet schon in 59,2 und nicht erst in 59,3 (gegen R. KNOPF, Die
Apostolischen Väter I, S. 137).
   [20] Für eine Übersicht vgl. die Inhaltsangabe von R. KNOPF, Die Apostolischen Väter I, S. 138.

Immerhin steht aber an erster Stelle die Bitte um die Erhaltung der
Zahl der Auserwählten und um die Erkenntnis Gottes mit den Augen
des Herzens[21], und damit sind Anklänge an die eher geistlichen
Gaben und die endzeitliche Verheißung des anderen Textes gegeben.
Des weiteren findet sich auch ein Abschnitt mit der Bitte um Vergebung der Sünden und darum, daß Gott die Schritte der Betenden richtig machen möge, daß sie in Heiligkeit wandeln[22]. So können die
unabhängig von 1Clem 59,2-61,3 gemachten Beobachtungen zum Gemeindegebet durchaus auf ein Gebet wie dieses bezogen werden, ohne
daß sich aber genaue Übereinstimmungen in Einzelheiten finden.

Die einfachste Erklärung dafür dürfte sein, daß die Formulierungen
des Briefes über das Gebet jeweils mitgeprägt sind von der paränetischen Absicht des Schreibers[23] und daß das am Briefende mitge-
teilte Gebet kein so festes Formular war, daß es die Ausführungen
über das Gebet immer schon bis in die Formulierungen hinein hätte
beeinflussen müssen.

Bei allem Gotteslob übrigens, das in diesem Gebet enthalten ist,
fehlt hier doch weitgehend das Moment des Dankes, des Lobes für
das, was Gott zur Rettung und Hilfe für die Christen getan hat. Das
dürfte seinen Platz vor allem im eucharistischen Gebet gehabt haben,
während dies Gebet nicht eigentlich zur Eucharistiefeier gehörte[24].

Wie soll man es sich nun konkret vorstellen, daß die Gemeinde ein
Gebet wie 1Clem 59,2-61,3 „wie aus einem Munde" spricht[25]? Wohl

---

[21] 1Clem 59,2 und 3; zur Zahl der Auserwählten vgl. im Anschluß an 1 Clem
35,2 die Stelle 1Clem 35,4: ἡμεῖς οὖν ἀγωνιζώμεθα εὑρεθῆναι ἐν τῷ ἀριθμῷ τῶν
ὑπομενόντων (zu ὑπομένειν s. das Zitat in 1Clem 34,8); zu ὀφθαλμοὶ τῆς καρδίας
vgl. 1Clem 36,2 (s. dazu auch S. 150f.). Direkte Parallelen zu den Formulierungen
von 35,2 finden sich in 1 Clem 59,2-61,3 aber nicht.
[22] 1Clem 60,1-2.
[23] Der Zusammenhang mit der Zielsetzung des Schreibens ist schlagend bei
den Aufforderungen zum Gebet um Sündenvergebung (s. o. Fußn. 17) bis dahin, daß
die Aufforderung zu stellvertretendem Gebet um Vergebung sich an die Empfehlung
für die Übeltäter anschließt, auszuwandern. Bei der Aufforderung zum Gebet in
1Clem 29,1 dürfte nicht umsonst der Ton auf der Heiligkeit der Beter liegen, und
für 1Clem 34,7 hatten wir gesehen, daß die ὁμόνοια von entscheidender Bedeutung
ist. Etwas weniger strikt in den Kontext eingebunden ist die Aufzählung der Gaben
in 1Clem 35,2 (vgl. dazu Fußn. 14).
[24] Gegen G. BLOND, Clément de Rome, in: *L'eucharistie des premiers
chrétiens*, ed. R. Johanny, Paris 1976 (Le point théologique 17) 29-51, der das Gebet
aufgrund von Anklängen an spätere eucharistische Gebete fraglos als eucharistisches
Gebet einstuft. Wesentlich vorsichtiger ist das Forschungsreferat von R. PADBERG,
Gottesdienst und Kirchenordnung im (ersten) Klemensbrief, *ALW* 9/2 (1966)
367-374, S. 367-368.
[25] Es dürfte nach allem bisher Gesagten legitim sein, das ὡς ἐκ ἑνὸς στόματος βοήσωμεν aus 1Clem 34,7 auch auf das Gemeindegebet am Ende des Briefes zu
beziehen.

kaum so, daß Clemens uns hier ein festgeprägtes Traditionsstück mitteilt, das die ganze Gemeinde auswendig gesprochen hätte. Zwar gibt es Anklänge an bestimmte Wendungen dieses Gebetes in späteren Liturgien[26], und ein grammatisch nicht ganz korrekter Übergang am Anfang des Gebets läßt darauf schließen, daß „in überlieferten Text eingelenkt und nicht frei entworfen wird"[27]. Auch erinnern einige Formulierungen im Gebet an das jüdische Achtzehnbittengebet, und vieles ist der Septuaginta entlehnt[28]. Aber dennoch fällt die Sprache des Gebetes nicht sonderlich aus dem Rahmen des Gesamtbriefes, so daß mit R. Knopf zu vermuten ist, daß dem Briefschreiber die Worte so in die Feder kamen, wie er es gewohnt war, nach der Predigt im Gottesdienst vor der versammelten Gemeinde zu beten[29]. Es ist also daran zu denken, daß das Gebet von einem Vorbeter gesprochen wurde. Die Bemerkung, die Gemeinde bete „wie aus einem Munde" wird denn auch noch qualifiziert durch den Zusatz τῇ συνειδήσει: die Einheit drückt sich in der inneren Haltung aus, und solche Gleichgesinntheit macht das vom Vorbeter gesprochene Gebet zum Anliegen aller, so daß es wie aus einem Munde von allen vor Gott kommt[30]. Die Zustimmung zum Gebet durch alle wird sich wohl auch im Amen im Anschluß an die Schlußdoxologie ausgedrückt haben, wie es mit dem Gemeindegebet in 1Clem 61,3 überliefert ist.

---

[26] S. dazu E. VON DER GOLTZ, Das Gebet in der ältesten Christenheit, Leipzig 1901, S. 192-207, und den Kommentar von R. KNOPF, Die Apostolischen Väter I, S. 136ff; Knopf greift in vielem zurück auf P. DREWS, Untersuchungen über die sogen. clementinische Liturgie, S. 40-47. Die angeführten Parallelen sind keineswegs immer schlagend.

[27] R. KNOPF, Die Apostolischen Väter I, S. 133 - man sollte vor ἐλπίζειν in 1Clem 59,3 ein εἰς τό oder etwas Ähnliches erwarten.

[28] Einzelnachweis bei R. KNOPF, Die Apostolischen Väter I, S. 139ff.; vgl. auch die übersichtliche Darstellung bei E. VON DER GOLTZ, Das Gebet in der ältesten Christenheit, Leipzig 1901, S. 198ff.

[29] R. KNOPF, Die Apostolischen Väter I, S. 137. Für sprachliche Übereinstimmungen mit den Formulierungen des Briefes s. z. B. Fußn. 21, vor allem aber die Zusammenstellung bei J.B. LIGHTFOOT, The Apostolic Fathers, Part I,1: S. Clement of Rome, Hildesheim / New York 1973 (Nachdruck der 2. Aufl., London 1890), p. 364-365. Die Titulierung von Jesus als παῖς θεοῦ (1Clem 59,2.3.4) ist allerdings archaisch und hebt sich als Gebetssprache vom sonstigen Sprachgebrauch des Clemens ab (so schon R. KNOPF, a. a. O., S. 137).

[30] Mit dieser Interpretation weiche ich von der üblichen Interpunktion ab, die τῇ συνειδήσει zu συναχθέντες zieht. Zur Diskussion anderer Möglichkeiten s. W.C. VAN UNNIK, 1 Clement 34 and the „Sanctus", p. 231ff., der die Übersetzung vorschlägt: „therefore in concord are we, too, brought together by the compliance with the will of God ..." (p. 234). Die hierfür vorausgesetzte Bedeutung von συνείδησις (= compliance with the will of God) scheint mir allerdings etwas zu speziell zu sein. Wie auch immer, wenn man τῇ συνειδήσει zum Vorhergehenden zieht, muß das ὡς in dem Ausdruck „wie aus einem Munde" das Gewicht der Interpretation tragen, daß hier alle innerlich das mitbeten, was der Vorbeter sagt.

Möglicherweise haben auch alle am Gebetsgestus der erhobenen Hände teilgenommen[31].

Der Vorbeter dürfte einer der Ältesten gewesen sein[32]. Ihr Dienst in der Gemeinde wird nämlich als Opferdienst beschrieben; man darf sie nicht absetzen, wenn sie doch untadelig und heilig die Gaben dargebracht haben[33], und schon gar nicht, wenn man begreift, daß sie analog zum alttestamentlichen Tempeldienst ihre von Gott angewiesene Stelle im Gefüge der Gemeinde haben[34]. Das Opfer der christlichen Gemeinde aber ist in erster Linie das Gebet; das zeigt das zweimalige Zitieren von Psalm 50 über das Gotteslob als Opfer in aller Deutlichkeit[35]. Mit dem Lobgebet unlöslich verbunden ist aber auch ein entsprechender Lebenswandel zur Ehre Gottes, so wie ihn der Tadel des Sünders im Zitat von Psalm 50 und indirekt auch das andere zweimal zitierte Psalmwort vom geängstigten Geist und demütigen Herzen als Opfer für Gott fordern[36].

So erscheint es mir gut möglich, daß als Frucht eines solchen Lebenswandels auch die Kollekte und das eucharistische Brot unter den Begriff des Opfers fallen. Daß der Opferbegriff sich auch schon auf die Eucharistie zu konzentrieren beginnt, mag man aus der Ausdeutung von 1Clem 41 erschließen, wo darauf hingewiesen wird, daß nach der Schrift nur an einem Orte unter dem einen Hohenpriester geopfert werde[37]. Der Verfasser des Briefes überläßt es den Empfängern,

---

[31] Vgl. 1Clem 2,3 und 29,1.

[32] Die πρεσβύτεροι stehen im 1Clem den νέοι, gegenüber (1Clem 1,3; 3,3; 21,6), sind aber auch zusammenfassender Begriff für den Klerus (1Clem 47,6; 54,2; 57,1; auch 44,5). An einzelnen Ämtern werden nur ἐπίσκοποι καὶ διάκονοι aufgeführt (1Clem 42,4.5), deren Hauptcharakteristika die ἐπισκοπή (1Clem 44,1.4) und die λειτουργία (1 Clem 44,2.3.6; auch 40,2; allgemeiner: 41,1), speziell der Opferdienst (dazu s. u.) sind. - Vgl. A. v. HARNACK, Einführung in die Alte Kirchengeschichte. Das Schreiben der römischen Kirche an die korinthische aus der Zeit Domitians (I. Clemensbrief), Leipzig 1929, S. 89, und F. GERKE, Die Stellung des Ersten Clemensbriefes innerhalb der Entwicklung der altkirchlichen Gemeindeverfassung und des Kirchenrechts, Leipzig 1931 (TU 47,1), S. 31-43.

[33] 1Clem 44,4.

[34] 1Clem 40-41, speziell 41,1. S. dazu H. VON CAMPENHAUSEN, Kirchliches Amt und geistliche Vollmacht in den ersten drei Jahrhunderten, Tübingen ²1963 (BHTh 14), bes. S. 91-103, bes. S. 92 u. 99f.

[35] 1Clem 35,12; 52,3; vgl. auch 1Clem 18,15-16. - Dieses Motiv findet sich bereits stark ausgeprägt im (wohl ebenfalls nach Rom gehörigen) Hebräerbrief.

[36] Tadel des Sünders: 1Clem 35,7-11; Ps 51,19: 1Clem 18,17 und 52,4. Die zitierten Stellen stehen also jeweils eng beieinander; in 1Clem 52,4 wird das Zitat von Ps 51,19 durch den Kontext auf das Bußgebet bezogen (1Clem 52,1u.2: ἐξομολογεῖσθαι). - Vgl. auch die zusammenfassende Interpretation von J.B. LIGHTFOOT, The Apostolic Fathers. Part I,1, p. 391: „Then all human life, as truly conceived, and as interpreted by the Church of Christ, is a great eucharistic service."

[37] Das Praesens in 1Clem 41 dient zur Vergegenwärtigung der alttestamentlichen Regelungen wie schon in 1Clem 40,4 und 15. Man kann daraus nicht eine

daraus die Folgerungen für ihre eigene Situation zu ziehen; am ehgn dürfte damit wohl die Feier der Eucharistie in der vereinten Gemeinde unter dem einen Bischof gemeint sein, wie auch Ignatius von Antiochien sie befürwortet[38]. Wenn Clemens andererseits sagt, daß Jesus Christus als Hoherpriester die Gaben der Christen vor Gott bringt, so scheint dadurch eine Deutung der „konsekrierten" eucharistischen Gaben als Opfer noch ausgeschlossen[39].

Bislang hat es nun so ausgesehen, als stünde im gottesdienstlichen Leben der römischen Gemeinde im späten Ersten Jahrhundert[40] ganz das Gebet (unter Einbeziehung auch des eucharistischen Gebetes) im Vordergrund. Doch ist der Erste Clemensbrief selbst auch ein beredtes Zeugnis für ein starkes Interesse an der Schrift und an der Wortverkündigung.

Da ist zum Beispiel die stereotype Wendung, daß die Korinther Einblick in die heiligen Schriften hätten, und die seien nichts geringeres als die Worte Gottes, welche durch den heiligen Geist gesprochen seien[41]. Solche Vertrautheit mit den Schriften kann man in einer Gemeinde, in welcher bei weitem nicht alle des Lesens kundig sind, wohl nur voraussetzen, wenn sie regelmäßig im Gottesdienst

---

Abfassung des Briefs vor 70 n. Chr. erschließen – das widerspräche nicht nur anderen Anhaltspunkten zur Datierung (vgl. Fußn. 1), sondern würde auch zu der problematischen Aussage führen, daß die jüdischen Priester zu Lebzeiten des Schreibers ohne Sünde sind (1Clem 40,4).

[38] Der Leitgedanke in 1Clem 40 und 41 ist die Ordnung; sie drückt sich im alttestamentlichen Tempeldienst, der hier zum Vorbild genommen wird, in den richtigen Zeiten und im richtigen Ort aus und darin, daß jeder seine ihm zugewiesene Stelle hat. In letzterem Gedanken liegt die Spitze im Blick auf die Situation in Korinth, aber die Gedanken von richtiger Zeit und richtigem Ort dürften nicht nur Beiwerk sein, sondern wollen der Abspaltung von Gruppen mit eigenen Gottesdiensten entgegenwirken (vgl. A. v. HARNACK, Einführung in die Alte Kirchengeschichte, S. 92). Der Bezug zur Eucharistie ergibt sich vor allem durch die Parallele bei Ignatius; wer ihn direkt hier im Text finden will, setzt schon voraus, daß die Eucharistie als Opfer verstanden wird (so z. B. F. GERKE, Die Stellung des Ersten Clemensbriefes, S. 41ff., und (allerdings sehr vorsichtig) R. PADBERG, Gottesdienst und Kirchenordnung im (ersten) Klemensbrief).

[39] 1Clem 36,1; vgl. 64; 61,3.

[40] Strenggenommen läßt der Brief nur Rückschlüsse auf Rom zu; doch läßt sich nirgends die Spur eines Bewußtseins erkennen, daß die Verhältnisse in Korinth grundsätzlich anders seien als in Rom.

[41] 1Clem 45,2: ἐγκεχύφατε εἰς τὰς ἱερὰς γραφάς, τὰς ἀληθεῖς, τὰς διὰ τοῦ πνεύματος ἁγίου. 1Clem 53,1: ἐπίστασθε γὰρ καὶ καλῶς ἐπίστασθε τὰς ἱερὰς γραφάς, ἀγαπητοί, καὶ ἐγκεχύφατε εἰς τὰ λόγια τοῦ θεοῦ. 1Clem 62,3: ᾔδειμεν γράφειν ἡμᾶς ἀνδράσιν πιστοῖς καὶ ἐλλογιμωτάτοις καὶ ἐγκεχυφόσιν εἰς τὰ λόγια τῆς παιδείας τοῦ θεοῦ. Vgl. auch 1Clem 40,1: ἐγκεχυφότες εἰς τὰ βάθη τῆς θείας γνώσεως (folgt das Beispiel des alttestamentlichen Tempeldienstes); zur Autorität der Schrift ferner 1Clem 8,1: „Die (alttestamentlichen) Diener der Gnade Gottes haben durch den heiligen Geist von der Buße geredet ...", und überhaupt den häufigen Rekurs auf die Schrift.

behandelt werden. Wir haben hier also ein relativ direktes Zeugnis für die Verlesung alttestamentlicher Schriften im Korinth des Ersten Jahrhunderts nach Christus vor uns[42]. Dies wird noch verstärkt durch die Bemerkung, daß die Briefempfänger „das Geschriebene tun" sollen[43], ferner durch die vielen alttestamentlichen Beispiele, die der Brief selbst bringt.

Die Art und Weise, wie der Briefschreiber solche Beispielsreihen aus dem Alten Testament nutzt, seine eigene Überzeugung, selbst auch durch den heiligen Geist zu schreiben[44], sowie das Zeugnis des Bischofs Dionysius von Korinth aus dem Zweiten Jahrhundert, daß man dort seit alters den Brief des Clemens im Sonntagsgottesdienst verlese[45], weisen darauf hin, daß der Clemensbrief selbst auch zum Vorlesen im Gottesdienst gedacht war; er wird wohl an die Stelle der Predigt getreten sein[46], wobei man ihn möglicherweie an mehreren Sonntagen nacheinander in Abschnitten verlas, vielleicht in jeweils durch eine (Schluß-) Doxologie gekennzeichneten Stücken[47].

Die Schriften des Alten Testaments müssen in den Gemeinden nicht komplett vorgelegen haben; für seine predigtartigen Paränesen wird der Verfasser des Clemensbriefes, dem offenbar eine gut ausgestattete Septuaginta-Bibliothek zur Verfügung stand[48] wohl auch auf ihm vorliegende Materialsammlungen aus Schriftzitaten zurückgegriffen haben[49]. Das zeigen zum einen die Mischzitate wie

---

[42] Das ist besonders interessant, weil es aufgrund des Schweigens von 1Kor 14 über eine Schriftlesung umstritten ist, ob man zur Zeit des Paulus im korinthischen Gottesdienst überhaupt aus dem Alten Testament vorlas (s. S. 72ff.). Indirekt ist das Zeugnis, weil es aus Rom stammt und weil nicht ausdrücklich gesagt wird, daß die Schriftkenntnis der Korinther aus dem Gottesdienst stammt. Daß die Schrift auch außerhalb der Gottesdienste zusammen mit Lehrern gelesen wurde, bleibt natürlich denkbar; doch setzt der Brief mit seinen oft nicht sehr breit ausgeführten Beispielsketten aus dem Alten Testament bei der ganzen angeredeten Gemeinde Bibelkenntnisse voraus.

[43] 1Clem 13,1; das „Geschriebene" ist hier unmittelbar ein alttestamentliches Mischzitat; gleich danach wird aber auch auf Herrenworte verwiesen.

[44] 1Clem 63,2.

[45] Bei Euseb, h. e. IV,23,9-11.

[46] Vgl. zur Stilisierung des Briefs als Predigt auch die Hinweise bei P. VIELHAUER, Geschichte der urchristlichen Literatur, Berlin / New York ²1978, S. 534f.

[47] Am Schluß des Briefes häufen sich die Doxologien schon allein wegen des Gebets in 1Clem 59,2-61,3. Vorher aber treten sie ab 1Clem 20,12 in einer gewissen Regelmäßigkeit auf und markieren zwar nicht in schlagender Weise die Sinnabschnitte des Briefes, aber doch Abschnitte, die zum Vorlesen voneinander zu trennen praktikabel ist. Doxologien finden sich: 1Clem 20,12; 32,4; 38,4; 43,6; 45,7; 50,7; 58,2; 61,3; 64; 65,2. Sie schließen alle mit einem Amen. Für ein rein assoziatives Einflechten doxologieähnlicher Formulierungen vgl. aber 1Clem 45,7 am Ende.

[48] Vgl. den Apparat der Ausgabe Funk / Bihlmeyer / Schneemelcher.

1Clem 56,3-5[50], zum andern etwa die Beispielsreihe, welche sich um den Begriff der Gastfreundschaft gruppiert (1Clem 10-12). Denn hier mag dem Briefschreiber zwar auch an der Gastfreundschaft als einer wichtigen christlichen Tugend gelegen gewesen sein, aber man hat doch den Eindruck, daß er im Zusammenhang mit ὑπακοή eigentlich etwas über Abraham schreiben wollte und dann die Reihe über φιλοξενία bei Abraham angefügt vorfand[51]. Etwas gewaltsam wirkt die Rückkehr in 13,1 zum eigentlichen Thema: die Aufforderung zu ταπεινοφροσύνη als Folge aus dem vorher Gesagten[52]. In der Regel gelingt es dem Schreiber aber besser, aus seinen Beispielen die paränetische Nutzanwendung (meist mit οὖν angeschlossen)[53] zu ziehen.

---

[49] Vgl. dazu P. DREWS, Untersuchungen über die sog. clementinische Liturgie, S. 23-32 (unter Rückgriff auf W. WREDE, Untersuchungen zum Ersten Klemensbriefe, Göttingen 1891, S. 70ff.); daß die Beispielsreihen in der Liturgie zu Hause sein sollen (Drews S. 32), scheint allerdings sehr gewollt; Wrede ist demgegenüber mit seinem Verweis auf den Umkreis der christlichen Lehrvorträge (= Predigten) Recht zu geben (Wrede S. 73).

[50] Ps 118,18 und Spr 3,12; ein weiteres Mischzitat war uns 1Clem 13,1 begegnet (s. Fußn. 43); noch mehr Stellen sammelte W. WREDE, Untersuchungen zum Ersten Klemensbriefe, S. 65f., der allerdings noch den Schluß zog, die Mischzitate kämen durch Zitation aus dem Gedächtnis zustande.

[51] Zu φιλοξενία als christlicher Tugend vgl. 1Clem 1,2. - 1Clem 9,1 ruft zu Gehorsam gegen Gott auf und faßt das Vorhergehende noch einmal dadurch zusammen, daß der Gehorsam als Ablassen von ζῆλος beschrieben wird (ζῆλος war Schlüsselwort von 1Clem 4-6, daran angeschlossen noch 1Clem 7-8 über μετάνοια). Es folgen Beispiele über ὑπακοή bzw. πίστις: Henoch (1Clem 9,3), Noah (1Clem 9,4), Abraham (1Clem 10,1-2). Bei Abraham wird dann der Lohn für seinen Gehorsam hervorgehoben, was zum Zitat der Verheißungen an ihn führt (1Clem 10,3-6). Daran schließt sich die Erwähnung der Belohnung des Abraham durch einen Sohn an, eingeleitet durch διὰ πίστιν καὶ φιλοξενίαν, und damit ist sowohl das Stichwort als auch das Muster für die nachfolgenden Beispiele gegeben. Die Verheißungen sind als Schriftzitate aneinandergereiht (1Clem 10,2: λέγει γὰρ αὐτῷ ... 10,4: καὶ πάλιν ... εἶπεν αὐτῷ ὁ θεός ... 10,6: καὶ πάλιν λέγει ...) und betreffen alle die große Nachkommenschaft des Abraham; das konkrete Beispiel der Belohnung durch einen Sohn wollte der Verfasser noch hinzufügen, und er fand es eben in der Reihe über φιλοξενία.

[52] Der Gedanke der Demut nimmt die Aufforderung, vom Streit abzulassen und Buße zu tun, wieder auf, ebenso die Aufforderung zum Gehorsam, und stellt in den nachfolgenden Kapiteln den Leitgedanken dar.

[53] Auch in 13,1 findet sich dieses für den Ersten Clemensbrief charakteristische οὖν. L. WILLS, The Form of the Sermon in Hellenistic Judaism and Early Christianity, HThR 77 (1984) 277-299, will das οὖν aus der zeitgenössischen Predigtpraxis erklären, kommt aber in Schwierigkeiten, das angebliche Muster von „exempla, conclusion, exhortation" immer zu identifizieren (p. 283-285). Wenn man sich darauf beschränkt zu sagen, daß man in frühchristlicher Zeit in der Predigt den Zuhörern gerne mehrere biblische Vorbilder für bestimmte Verhaltensweisen vor Augen stellte, ist der von ihm beobachtete Sachverhalt m. E. zur Genüge beschrieben. Daß andererseits das οὖν als Überleitung zur Paränese nicht immer nur an Beispiele anzuknüpfen braucht, zeigen die Fälle, die W. Nauck aus dem Neuen Testament anführt: W. NAUCK, Das οὖν-paräneticum, ZNW 49 (1958) 134-135.

Charakteristisch für den predigtartigen Stil sind im übrigen die regelmäßigen Anreden an die Adressaten mit ἀγαπητοί oder ἀδελφοί und die häufigen Aufforderungen in der Wir-Form: laßt uns demütig sein, Nachahmer werden, uns anschließen an, betrachten, zu Gott treten usw.[54]. Auch die Einführung von Schriftbelegen ohne genaue Stellenangabe (λέγει γάρ που o. ä.) paßt gut zur Predigt[55].

Ziel des Ganzen ist, natürlich nicht zuletzt durch den konkreten Anlaß des Briefes, die Ermahnung, das νουθετεῖν (1Clem 7,1; 56,2)[56], zu deren Adressaten der Schreiber sich und seine Gemeinde ausdrücklich mit hinzuzählt; das um Begriffe wie μετάνοια, φιλοξενία oder ζῆλος gruppierte Material dürfte, wie gesagt, auch schon bereit gelegen haben, so daß man in solcher Art der Mahnung wohl eine feste Predigttradition sehen kann.

Interessant ist dabei, daß der Verfasser sich nicht auf Beispiele aus den heiligen Schriften oder auf Mahnungen aus den Herrenworten beschränkt, welche bereits wie die alttestamentlichen Schriften höchste Autorität haben[57]. Nein, auch die Schöpfung kann man als Beispiel heranziehen (in unserem Falle zur Verdeutlichung von Gottes ordnender Macht)[58] und darüber hinaus auch das Vorbild von in christlicher Zeit oder in der Gegenwart lebenden Personen[59]. Selbst die Heiden schließlich können als positives Beispiel angeführt werden: die Übeltäter sollen nach ihrem Vorbild zur Erhaltung des Friedens auswandern[60]. Demnach ist die Predigt im Ersten Clemensbrief

---

[54] Ἀγαπητοί: 1Clem 1,1; 7,1; 12,8; 16,17; 21,1; 24,1.2; 33,1.5; 36,1; 43,6; 47,6; 50,1.5; 53,1; 56,2.16. ἀδελφοί: 1Clem 1,1; 4,7; 13,1; 14,1; 33,1; 37,1; 38,3; 41,1.2.4; 43,4.6; 45,1.6; 46,1; 52,1; 62,1 (gelegentlich ἀδελφοὶ ἀγαπητοί, auch ἄνδρες ἀδελφοί). Die Gemeinde wird manchmal auch mit ἐκλεκτοί bezeichnet, aber nicht so angeredet (s. H. KRAFT, Clavis Patrum Apostolorum, Darmstadt 1963, p. 143). Die genannten Aufforderungen der Reihe nach z. B. in: 1Clem 13,1; 17,1; 15,1; 19,3; 29,1 (häufig: κολληθῶμεν und ἴδωμεν).

[55] 1Clem 15,2; 21,1; 26,2; 28,2; 34,6; 42,5; 46,3 u. ö.

[56] 1Clem 7,1 markiert einen ersten Abschnitt nach den Beispielen über ζῆλος. Vor diesen Beispielen war nur der Konflikt in Korinth als Briefthema angegeben (1,1) und in einer Art Captatio Benevolentiae mit dem Ruf der Korinther kontrastiert worden (1,2-2,8), um dann noch einmal ausführlicher auf das ζῆλος bei den Korinthern einzugehen (3,1-4). 1Clem 56,2 kommentiert noch einmal den konkreten Rat zur Auswanderung, welcher wohl als sachlicher Höhepunkt des Briefes angesprochen werden kann. Es folgen etwas gütlichere Mahnungen zur Umkehr und Unterordnung; jedenfalls aber wird man nicht fehlgehen, den ganzen Brief als νουθέτησις zu verstehen.

[57] 1Clem 2,1; 13,1; 46,7f.; vgl. auch 1Clem 44,1; 49,1. In 1Clem 16 wird außerdem Jesus Christus selbst als Beispiel für Demut dargestellt (vgl. auch 1Clem 33,7). Jesus Christus spricht aber auch durch das Alte Testament: s. z. B. 1Clem 22.

[58] 1Clem 20; vgl. zum Verständnis dieses Kapitels auch W.C. VAN UNNIK, Is 1 Clement 20 Purely Stoic?, VigChr 4 (1950) 181-189.

[59] 1Clem 5,1-6,2; 55,2; vgl. auch 1Clem 42,3-4; 44,1-2; 47,1-4.

keineswegs auf eine Schriftauslegung im engeren Sinne beschränkt, wenngleich es für die richtige Lebensführung, wie sie der Brief nahelegen will, entscheidend bleibt, daß man Einblick in die Schriften hat und die Worte Christi im Herzen trägt und danach tut[61].

Unter der Voraussetzung also, daß sich im Ersten Clemensbrief die Predigtpraxis seiner Umgebung niederschlägt, ja daß er selbst an die Stelle eine Predigt treten konnte, erfahren wir aus ihm einiges über deren mögliche Form und Inhalt. Dabei könnte es aber zu den Besonderheiten dieses Briefes gegenüber anderen Predigten gehören, daß sich in ihm kein Bezug zu einer vorausgehenden Lesung erkennen läßt. Die Bezüge zu den heiligen Schriften sind hier ganz in das Schreiben inkorporiert und erfordern keine vorhergehende Schriftlesung. So gibt uns der Brief über konkrete Gottesdienstformen praktisch keine Auskunft, wenn man einmal von den oben gesammelten Informationen zum Gemeindegebet absieht.

Zu fragen wäre allerdings noch, welche Funktion das Gebet in 1Clem 59,2-6,3 bekommt, wenn der Brief an die Stelle einer Predigt tritt. Die Sache wäre recht einfach, wenn das Schreiben nach dem Gebet aufhörte, doch folgt noch ein ausgedehnter Briefschluß mit neuerlichen Mahnungen und Zusammenfassungen des vorher Gesagten. Auch der Gebetsanfang sieht nicht so aus, als solle dies Gebet als Gemeindegebet im Anschluß an den eben verlesenen Text gesprochen werden. Denn der Übergang ist fließend; durch die Wendung „wir aber ... wollen beten ..., daß er ... bewahren möge" befindet man sich unversehens im Gebet, das erst ein Stückchen weiter zur Anrede Gottes in der zweiten Person übergeht[62]. Mit der Verlesung des

---

[60] 1Clem 55,1; vgl. auch 1Clem 25: der Vogel Phönix als Beispiel für Auferstehung, und 1Clem 37,1-4: das römische Heer als Vorbild für die Ordnung in der Gemeinde.
[61] S. Fußn. 41; ferner 1Clem 2,1, die Aufforderung zu richtigem Tun und Leben als Folge der Erkenntnis der Schrift und ihrer Beispiele begegnet auf Schritt und Tritt; stellvertretend für alle anderen Fälle sei hier nur genannt: 1Clem 9,1 (Aufforderung zur Buße und zum Vermeiden von ζῆλος. Vgl. dazu 1Clem 8,1: „Die Diener der Gnade Gottes haben durch den Heiligen Geist über die Buße geredet."). Auch die Passagen „natürlicher Theologie" über die Auferstehung in 1Clem 24-25 dienen nur als Hilfe, den nun folgenden Schriftworten Glauben zu schenken (s. 1Clem 26,1!); alles gipfelt wieder in der mahnenden Folgerung, man solle von bösen Taten ablassen und beten (1Clem 28,1; 29,1).
[62] 1Clem 59,2. Der Übergang erfolgt mit dem Beginn von 1Clem 59,3 (s. dazu o. Fußn. 19 u. 27). R. KNOPF, Die Apostolischen Väter I, S. 138, erklärt das Auftreten des Gebetes an dieser Stelle als Analogie zur Gottesdienstpraxis: „Jetzt muß das Ganze einen klingenden, reichen, auch zum Herzen gehenden Abschluß erhalten. Da kommen dem Clemens, der von den Sonntagsfeiern seiner Gemeinde her gewohnt ist, das Gebet an die Ansprache, die Predigt, zu schließen, der schon 56,1 und 59,2 im Geiste beim Fürbittegebet ist, die Sätze der Liturgie ... in den Sinn und in ihren breiten, vertrauten Gang läßt er den Strom seiner Rede ausfließen."

Briefes in der Gemeinde wäre also dies Gebet in die Predigt selbst eingeschlossen und bekäme die Funktion eines rhetorischen Höhepunktes zum Abschluß des Briefhauptteiles. Oder man nimmt an, daß der Brief abschnittsweise in der Art verlesen wurde, daß der Gebetstext auch herausgenommen und selbständig verwendet werden konnte. Dabei bliebe jedoch die Frage, ob in Korinth überhaupt ein Bedarf für ein aus Rom kommendes Gebetsformular bestand[63]. Keine dieser beiden Möglichkeiten ließe aber eine Schlußfolgerung vom Text des Ersten Clemensbriefes auf die Gottesdienststruktur zu.

Der erste Eindruck jedoch, daß der Gottesdienst vom Gebet und vielleicht noch von der Eucharistie dominiert war, wird sich dahin korrigieren lassen, daß das gepredigte Wort im Zusammenhang mit der paränetischen Ausdeutung der heiligen Schriften (v. a. der Septuaginta) auch im Gottesdienst der Gemeinden von Rom und Korinth zur Zeit des Ersten Clemensbriefes eine gewichtige Rolle spielte.

b) Didache

Die vermutlich aus Syrien stammende und in die Zeit um die Wende des Ersten zum Zweiten Jahrhundert zu datierende Didache oder Lehre der Apostel[64] gibt in recht umfassender Weise Anordnungen für das Leben einer christlichen Gemeinde. Doch wird dabei an keiner Stelle ein ganzer Gottesdienst in seinem Verlauf beschrieben. So sind wir im Blick auf den Wortgottesdienst auf Einzelbeobachtungen und Schlußfolgerungen angewiesen; auf den ersten Blick erscheint es sogar fraglich, ob es in den Gemeinden der Didache überhaupt so etwas wie einen Wortgottesdienst gegeben hat. In der Anweisung für die Zusammenkünfte am Sonntag nämlich hören wir nur etwas von Sündenbekenntnis, Brotbrechen, Eucharistie und Opfer[65]. Nun wäre

[63] Vgl. R. KNOPF, Die Apostolischen Väter I, S. 137f.
[64] Ich benutze die Ausgabe von K. WENGST, Didache (Apostellehre), Barnabasbrief, Zweiter Klemensbrief, Schrift an Diognet, Darmstadt 1984 (Schriften des Urchristentums II). - Zum Titel der Schrift s. W. RORDORF / A. TUILIER, La doctrine des douze apôtres (Didachè), Paris 1978 (SC 248), p. 13-17; außerdem K. Wengst, Didache, S. 15 Fußn. 50. - Zur Herkunft s. W. RORDORF / A. TUILIER, Doctrine, p. 61 u. 97-99; K. WENGST, Didache, S. 61-62; nicht so überzeugend: J.-P. AUDET, La Didachè. Instructions des apôtres, Paris 1958, p. 206-210. - Zur Datierung s. K. WENGST, Didache, S. 62f.; ferner J. BETZ, Die Eucharistie in der Didache, *ALW* 11 (1969) 10-39, S. 10f.; extreme Frühdatierung bei J.-P. AUDET, Didachè, p. 187ff.; gemäßigter, mit der Annahme einer Entstehung in zwei Stufen: Rordorf in W. RORDORF / A. TUILIER, Doctrine, p. 91-97; im Wesentlichen wie Rordorf / Tuilier: K. NIEDERWIMMER, Die Didache, Göttingen 1989 (KEK.E 1), S. 78-82, dazu auch S. 11-15.

es ja in der Tat denkbar, daß die Gemeinden, für welche die Didache geschrieben wurde, nur eucharistische Gottesdienste kannten, und so erscheint es ratsam, die „Eucharistie" in der Didache zunächst etwas genauer zu betrachten.

Da stellt sich als erstes die Frage, ob die in Did 9-10 beschriebene Eucharistie mit der Sonntagsfeier von Did 14 identisch ist, oder ob hier einerseits eine Agapefeier (evtl. mit sich anschließendem Herren- mahl), andererseits eine bereits als Opfer verstandene Herrenmahlsfeier im Blick sind[66]. Wäre letzteres der Fall, erklärte sich relativ leicht, warum die Absätze 9-10 und 14 nicht zusammenstehen und warum nur in 14 das Stichwort θυσία auftaucht. Doch dagegen spricht erst einmal einfach die Wortwahl[67] und dann das Fehlen jeglichen Wortlautes für ein eucharistisches Gebet außerhalb von Did 9-10. Man würde es sich wohl zu leicht machen, wollte man an dieser Stelle mit einer Arkandisziplin argumentieren[68], zumal der Wortlaut des Vaterunsers mitgeteilt wird[69]; auch gibt der Abschnitt 14 ja keines- wegs Einzelheiten zum Gottesdienst wieder, um dann nur, wenn es um die eigentliche Eucharistiefeier geht, auszublenden. So dürften Did 9-10 und Did 14 auf die gleiche Art der Eucharistiefeier zu bezie- hen sein. Wie erklärt sich dann aber die Trennung dieser Abschnitte voneinander?

---

[65] Did 14.

[66] Die angegebene Alternative benennt nur die Endpunkte eines Spektrums von Interpretationsversuchen. Als Beispiele seien hier genannt: 1. *Agapefeier einerseits, Gemeindeeucharistie am Sonntag andererseits*: R. KNOPF, Die Lehre der zwölf Apostel, Die zwei Clemensbriefe, Tübingen 1920 (HNT.E 1), S. 24: Did 9-10 „eine Feier im engeren Kreise, bei der noch ein wirkliches Mahl (10,1) stattfin- det", und Did 14 „die allgemeine Gemeindefeier am Sonntag ohne Mahl, die Messe" (mit P. Drews). - 2. *Agapefeier mit nachfolgendem Herrenmahl einerseits, Eu- charistie am Sonntag andererseits*: J. JEREMIAS, Die Abendmahlsworte Jesu, Göt- tingen [4]1967, S. 111: Did 9-10 „eine Agape mit anschließender Abendmahlsfeier", Did 14 „sonntägliche Abendmahlsfeier" (S. 128). - J. BETZ, Eucharistie, S. 11: Did 14 „einwandfrei ... das sakramentale Herrenmahl am Herrentag", Did 9-10 „die Ver- bindung eines sättigenden Brudermahles (9,1 - 10,5) mit dem sakramentalen Abend- mahl (10,6)" (S. 12), wobei nach Betz die Agapegebete ursprünglich Eucharistiegebe- te waren (S. 16 u. passim) und Did 9-10 von Did 14 traditionsgeschichtlich zu tren- nen ist (S. 11). - 3. *Agapefeier mit nachfolgendem Herrenmahl und Sonntagsfeier sind identisch*: W. RORDORF, La Didachè, in: *L'eucharistie des premiers chrétiens*, ed. R. Johanny, Paris 1976, 7-28, p. 22: Did 14 „apporte quelques précisi- ons" zu Did 9-10 und ist von späterer Hand zusammen mit Did 15 an Did 1-13 an- gefügt (vgl. DERS. in: W. RORDORF / A. TUILIER, Doctrine, p. 49 u. 63), jedoch noch zu Zeiten, als Agape und Eucharistie zusammen gefeiert wurden (Didachè, p. 23f.). Ähnlich K. NIEDERWIMMER, KEK.E 1, 173ff u. 234ff. Für Niederwimmer ist das Thema von Did 14 „Beichte und Versöhnung"; aus diesem Grunde werde hier noch einmal von der Eucharistie geredet. Did 9-10 enthalte im übrigen Material aus der Tradition, Did 14 stamme vom Redaktor. - J.-P. AUDET, Didachè, p. 415: Aga- pe („fraction du pain") und Herrenmahlfeier („eucharistie majeure") finden in ge- trennten Räumen statt, dazwischen ein „rituel de ‚passage' "; Did 14 ist Teil von

Daß die Didache als Gemeindeordnung von ihrem Verfasser nicht in einem Stück entworfen und geschrieben, sondern zumindest streckenweise kompiliert wurde, ist wenigstens im Blick auf die Aufnahme der Zweiwegelehre am Anfang deutlich[70]. Sie wird an das Folgende durch die Bemerkung ταῦτα πάντα προειπόντες angekoppelt: vor der Taufe soll man all dieses lehren. Eine ganz ähnliche Verknüpfung, welche die Zweiwegelehre und die Abschnitte 7-10 zu einem Ganzen zusammenschließt, taucht am Anfang von Abschnitt 11 auf: „denjenigen nun, der kommt und euch all das eben Gesagte (πάντα τὰ προειρημένα) lehrt, den nehmt auf" usw. Damit legt sich die Vermutung nahe, daß den Abschnitten 7-10 ebenso wie 1-6 ein traditioneller Block zugrundeliegt.

„D 2", einer späteren Hinzufügung des Didachisten zu Did 1-11,2 (p. 112-114). - 4. *Did 9,1-10,6 beschreibt eine einzige Feier, die mit der von Did 14 identisch ist bzw. von ihr abgelöst wird*: H. LIETZMANN, Messe und Herrenmahl, Berlin, 3. Aufl. 1955 (AKG 8), S. 232; die Feier ist „eine Agape ..., welche durch Eucharistiefeier eingeleitet wird" (S. 233), wobei 10,6 vor 10,1-5 gehört (S. 236). Wegen dieser Umstellung wird Lietzmann zu Recht kritisiert, z. B. von J. JEREMIAS, Abendmahlsworte, S. 127 Fußn. 7. - G. KRETSCHMAR vertritt im Artikel „Abendmahlsfeier I", *TRE* 1, 229-278, die These, daß Did 9-10 „das christliche Abendmahl" mit der „Eucharistie im Mahl, nicht nach ihm" beschreibe, wobei „Agape und Eucharistie ... noch nicht getrennt" sind; Did 14 gehöre allerdings einer anderen Traditionsschicht an (S. 232). - K. WENGST, Didache, S. 43-57, schließlich ist der Meinung, daß Did 9,1-10,6 die „Eucharistie" der Didache vollständig beschreibt; Did 10,6 schließt das Gebet nach Tisch; Did 14 hat dieselbe Feier im Blick, jedoch mit einer anderen Aussagerichtung. - Für eine schematische Darstellung der verschiedenen Positionen bis 1969 mit Listen von Autoren s. J. BETZ, Eucharistie, S. 10-15.

[67] Did 9,1 περὶ δὲ τῆς εὐχαριστίας, οὕτως εὐχαριστήσατε. 2. πρῶτον περὶ τοῦ ποτηρίου· εὐχαριστοῦμέν σοι κτλ. 3. περὶ δὲ τοῦ ἄρτου· εὐχαριστοῦμέν σοι κτλ. Did 14,1 ... χλάσατε ἄρτον καὶ εὐχαριστήσατε ... - Daß „Brotbrechen" schon als terminus technicus für das Herrenmahl, „Eucharistie" jedoch für eine Agapemahlzeit mit weniger sakramentalem Charakter stehen sollte, würde das normale Sprachempfinden auf den Kopf stellen. So sieht W. RORDORF im „Brotbrechen" von Did 14 m. E. zu Recht einen Hinweis auf das Sättigungsmahl (W. RORDORF / A. TUILIER, Doctrine, p. 66 n. 1).

[68] So vor allem J. JEREMIAS, Die Abendmahlsworte Jesu, Göttingen [4]1967, S. 126ff.

[69] Did 8,2; das Argument findet sich auch bei K. WENGST, Didache, S. 45f. Fußn. 155. Das Vaterunser als Text, der erst im Taufunterricht mitgeteilt wird: Tertullian, or. I,1: nouis discipulis (?); 11,1: qui in eum crediderint, dedit eis potestatem, ut filii Dei uocentur; XXIX,3: Sub armis orationis signum nostri imperatoris custodiamus; eindeutig: Cyprian, dom. or. 9; Const. Ap. VII,45,1; Cyrill v. Jerusalem, 5. Mystagogische Katechese, 11-18 (REISCHL / RUPP, Bd. II, 387-393); vgl. F.J. DÖLGER, Das erste Gebet der Täuflinge in der Gemeinschaft der Brüder. Ein Beitrag zu Tertullian, De baptismo 20, in: DERS., Antike und Christentum II, Münster 1930, 142-155.

[70] Daß die Zweiwegelehre ein Stück aus der (jüdischen) Tradition ist, ist heutzutage ein Allgemeinplatz; vgl. Barn 18,1b-20,2; s. dazu W. RORDORF / A. TUILIER, Doctrine, p. 22-34; zum Ganzen vgl. K. WENGST, Didache, S. 20-22; K. NIEDERWIMMER, KEK.E 1, 62-69.

Sachlich finden sich in diesen Abschnitten Anordnungen zur Taufe und die Mitteilung von Gebetstexten (mit Kurzanweisungen zum Gebrauch), welche in späterer Zeit nachweislich der Arkandisziplin unterlagen, also nur den Täuflingen zugänglich gemacht wurden[71]. So verwundert es auch nicht, daß die Weisung miteingeflochten ist, es sollten nur Getaufte an der Eucharistie teilnehmen[72]. Zwei weitere kurze Stücke sind noch in den Abschnitt über Taufe und Gebetsformulare einbezogen, die sich jeweils in engem sachlichem Zusammenhang an das Vorhergehende anschließen: es geht einmal um die Fastentage der Christen (im Anschluß an die Ausführungen zum Fasten vor der Taufe)[73] und dann darum, daß Propheten die Eucharistiegebete ganz frei sprechen dürfen[74].

Die Zusammenstellung der Gebetswortlaute dürfte also ursprünglich ebenso wie die Zweiwegelehre in den Kontext des Taufunterrichts gehören[75] und ist hier sinnvoll in eine Gemeindeordnung hineingearbeitet[76].

Es wäre denkbar, daß auch der nun folgende Block der Didache mit Anweisungen über die Aufnahme von Aposteln und Propheten ein Lehrstück des Taufunterrichts war; doch findet sich an seinem Ende kein Hinweis darauf, daß es sich hier um eine „Lehre" der Christen handelt. So ist es wahrscheinlicher, daß der Verfasser der Didache nun durch Stichwortanknüpfung zu einem aktuellen Themenkomplex übergeht, der ihm am Herzen liegt[77].

---

[71] Damit soll für den Raum der Didache keine strikte Arkandisziplin gefolgert sein, wohl aber die Lokalisierung der Texte im Taufunterricht. - Zum Vaterunser s. Fußn. 69; zu den eucharistischen Gebeten s. die Apostolische Tradition des Hippolyt von Rom, Nr. 20f. (Botte); das Gebet über dem Salböl ist nicht sicher als Bestandteil der Didache nachweisbar (vgl. K. Wengst, Didache, S. 57-59), scheint aber in jedem Fall eng mit der Eucharistie zusammenzugehören (ebda., mit Verweis auf Const. eccl. aeg. I (XXXI)23 und Euchol. Serap. 17).

[72] Did 9,5.

[73] Did 8,1; es ergibt sich hierdurch die für eine Gemeindeordnung sehr brauchbare Themenzusammenstellung: Taufe, Fasten, Beten, Eucharistie, ohne daß aber damit das gottesdienstliche Leben der Gemeinde erschöpfend behandelt wäre, wie die nachfolgenden Kapitel zeigen.

[74] Did 10,7; die äußerlich am besten bezeugte Variante ὅσα θέλουσιν (gegenüber ὡς θ. in der koptischen Übersetzung) deutet darauf hin, daß der Wortlaut der Gebete nicht bis ins einzelne vorgeschrieben war, also auch von Nichtpropheten wohl kaum sklavisch befolgt werden mußte; den Propheten hingegen stand es frei, Eucharistiegebete zu sprechen, die wesentlich über das Maß des mitgeteilten Wortlautes hinausgingen. Vgl. Justin, ὅση δύναμις αὐτῷ (dazu s. S. 254 Fußn. 77).

[75] Damit wäre das Christentum der Didache auch besser vor dem Vorwurf geschützt, eine reine Gesetzesreligion zu sein.

[76] Vgl. im Blick auf Did 9-10 auch J.-P. Audet, Didachè, p. 375.

[77] Mit K. Wengist, Didache, S. 23, der darauf hinweist, daß in den Abschnitten 11-13 keine traditionellen Stücke wie in Did 1-10 nachweisbar sind, gegen K. Niederwimmer, Zur Entwicklungsgeschichte des Wanderradikalismus im

Wenn diese Analyse stimmt, dann kommt der Gottesdienst als solcher erst im Rahmen der sich anschließenden Ausführungen zum Gemeindeleben[78] in den Blick, während sich in den Abschnitten 9-10 nur Gebetstexte mit einigen „Regieanweisungen" zur Eucharistie finden[79].

Aus der Zusammenstellung in Did 9-10 ergibt sich mit Sicherheit, daß die Eucharistie als Sättigungsmahl gehalten wurde: die mitgeteilten Gebete entsprechen den Vor- und Nach-Tisch-Gebeten einer jüdischen Mahlzeit[80], und die Anweisung μετὰ δὲ τὸ ἐμπλησθῆναι οὕτως εὐχαριστήσατε vor Did 10,2ff paßt genau dazu. Die Abendmahlsworte Jesu waren für die Eucharistie der Didache anscheinend nicht konstitutiv[81]; daß jedoch hier nicht eine beliebige Mahlzeit mit christlichen (oder verchristlichten) Tischgebeten gemeint ist, zeigen die Verwendung des Begriffs Eucharistie (statt δεῖπνον o. ä.), die Zulassungsbeschränkung und der Abschnitt 14 der Didache, auf den noch einzugehen sein wird.

Schwierigkeiten für die Rekonstruktion der Form der Eucharistiefeier bereitet der Abschnitt 10,6. Er bildet entweder den Abschluß des Gebetes nach der Mahlfeier oder aber einen Teil der eigentlichen sakramentalen Handlung im Anschluß an die Mahlfeier. Als Abschluß der Eucharistiefeier wäre die Passage ein Gebetsruf, die Bitte um das baldige Kommen des Herrn, gewissermaßen ein eschatologischer

---

Traditionsbereich der Didache, *WSt* 90 (1977) 145-167. Das heißt nicht, daß nicht viele Einzelheiten aus diesen Kapiteln sich in ein historisches Umfeld einbetten lassen und erhellende Vergleiche zum Neuen Testament und anderen Schriften gezogen werden können (in diesem Sinn ist auch die Untersuchung Niederwimmers von Did 1-13 interessant, wenngleich zu hypothetisch); vgl. W. RORDORF / A TUILIER Doctrine p. 51 -63, und bei K. WENGST, Didache S. 37f, den Hinweis auf Lukian, Mort. Peregr. 10-16. - Neuerdings ist NIEDERWIMMER doch der Meinung, daß Did 11-16 im Wesentlichen auf den Didachisten zurückgehen: KEK.E 1, 70.

[78] Did 14-15(16,3); vgl. die Gliederung von K. WENGST, Didache, S. 15f.; zu Did 16,2f. s.u.

[79] Anders z. B. Rordorf in W. RORDORF / A. TUILIER, Doctrine, p. 49 u. 63-73, der literarkritisch Did 14f. gegenüber Did 9-10 als das spätere Stück ansieht; vgl. auch Fußn. 66.

[80] M. DIBELIUS, Die Mahlgebete der Didache, *ZNW* 37 (1938) 32-41 (= DERS., Botschaft und Geschichte, Gesammelte Aufsätze II, Tübingen 1956, 117-127). Gegen die Einwände von A. VÖÖBUS, Liturgical Traditions in the Didache, Stockholm 1968, s. K. WENGST, Didache, S. 53 Fußn. 177; dazu jetzt auch K. NIEDERWIMMER, KEK.E 1, 181ff.

[81] Sonst hätten sie in unserem Kontext auftauchen müssen. Allenfalls könnte man vermuten, daß hier eine frühe Form von Arkandisziplin das Aufschreiben der Worte verhindert hätte; die Quellen im Umfeld (Evangelien!) geben jedoch wenig Anlaß zu dieser Annahme. Vgl. K. WENGST, Didache, S. 45f., mit Verweisen auf die übrige Literatur; ferner G. KRETSCHMAR, Die Bedeutung der Liturgiegeschichte für die Frage nach der Kontinuität des Judenchristentums in nachapostolischer Zeit, in: *Aspects du judéo-christianisme*, Paris 1965, 113-136, p. 128f.

Ausblick[82]. Allerdings wäre in diesem Zusammenhang mindestens das ἔρχεσθω schwer verständlich: wohin soll der, der „heilig" ist, kommen oder gehen[83]? In die Gemeinde[84]? Wohl kaum, da die Gemeinde der Adressat ist. In das Reich Gottes? Dann wäre die Ankunft des Herrn hier sozusagen gegenwärtig gedacht, die beiden εἰ-Sätze ein „Zitat" aus seinem Munde. Doch dazu würde das μαραναθά am Ende nicht gut passen, wie immer man es auch verstehen will[85].

Auch formal sprechen eine Reihe von Beobachtungen gegen die Deutung, daß Did 10,6 Abschluß des nacheucharistischen Gebets sei. Durchgehend nämlich wird in den Gebeten Gott in der zweiten Person angeredet[86], nur in 10,6 nicht. Durchgehend wird in einfachen Aussagesätzen (oder Imperativen) mit angeschlossenen Infinitiven oder Relativsätzen gesprochen, in längeren Passagen aneinandergereiht durch καί; auch hier fallen die unverbundenen Konditionalsätze von 10,6 heraus. Durchgehend schließlich werden die Gebete oder ihre Abschnitte mit einer Doxologie ohne responsorisches Amen (das man wohl nicht eigens aufschrieb) abgeschlossen - hier, wo zum Abschluß der Feier eine besonders ausführliche Doxologie stehen sollte, fehlt sie ganz; stattdessen findet sich das in der Didache singuläre Amen[87].

So sprechen inhaltliche und formale Gründe[88] dafür, in Did 10,6 nicht einen weiteren Abschnitt des Gebets nach Tisch zu sehen,

---

[82] So interpretiert A. HARNACK, Die Lehre der zwölf Apostel, Leipzig 1884 (TU 2,1), S. 34-36; auf Harnack verweist K. WENGST, Didache, S. 47 Fußn. 159.

[83] J.-P. AUDET, Didachè, p. 413, legt m. E. zu viel Gewicht auf die Vokabel ἔρχεσθαι, wenn er darauf hinweist, daß für die geläufigen Deutungen eigentlich προσέρχεσθαι stehen müßte. Auf diese Weise kann er seine eigenwillige Deutung vom Raumwechsel vor der „eucharistie majeure" rechtfertigen (vgl. o. Fußn. 66).

[84] A. HARNACK, Lehre, S. 36.

[85] „Herr, komm" als eschatologischer Gebetsruf oder als eine Art Schwurformel zur Bekräftigung des vorher Gesagten, dies möglicherweise auch in der Bedeutung: der Herr ist da. Wegen des Gebetsrufes am Anfang (Es komme die Gnade und es vergehe diese Welt) legt sich m. E. die erste Deutung näher (so auch J.-P. AUDET, Didachè, p. 423), doch auch für die Deutung als „Drohwort" gibt es gute Argumente - vgl. K.G. KUHN, Artikel μαραναθά, ThWNT 4, 470-475. „Herr, komm" würde nicht zu dem passen, daß der Herr gerade gesprochen hat; „der Herr ist da" müßte bei dieser (nicht auf eine nachfolgende Sakramentsfeier bezogenen) Deutung sinnvollerweise vor den εἰ-Sätzen stehen.

[86] Das gilt selbst für Did 9,4, συναχθήτω σου ἡ ἐκκλησία: durch das Personalpronomen ist Gott als angeredetes Du auch bei der passivischen Formulierung mitgedacht.

[87] „Amen" gehört in die Gebetssprache und ist etwa bei Justin auch als Schluß des Eucharistiegebetes bezeugt (Apol I,67,5), doch fällt es hier eben aus dem sonst gegebenen Rahmen, zumal keine Doxologie vorausgeht. - Zu den formalen Beobachtungen an Did 10,6 vgl. auch K. NIEDERWIMMER, KEK.E 1, 201.

[88] K. WENGST greift wohl wegen solcher Argumente zu der Notlösung, daß er sagt, hier habe „das ehemals liturgische Stück 10,6 ... seinen Platz am Schluß des Nachtischgebetes gefunden" (Didache, S. 47). Eine solche Verwendung eines liturgischen Stückes wäre fast nur bei rein literarischer Vermittlung und völligem

sondern einen liturgischen Text, der sich unmittelbar an das letzte eucharistische Gebet anschließt. Diese Deutung der Passage als Teil der auf das Sättigungsmahl folgenden eigentlichen sakramentalen Handlung, gesprochen womöglich in verteilten Rollen zwischen „Liturg" und Gemeinde, ist hinlänglich bekannt[89]. Sie bringt allerdings zwei Probleme mit sich, nämlich daß das eucharistische Gebet nach der Mahlzeit nun nicht mehr rückwärts, sondern auch und vor allem nach vorn gerichtet wäre - das läßt sich insbesondere nur schwer mit dem Aorist ἐχαρίσω in Did 10,3 vereinen - und daß der Text nach 10,6 in dieser Deutung plötzlich abzubrechen scheint[90].

Wenn man sich jedoch vor Augen hält, daß es hier nicht darum geht, eine Eucharistiefeier zu beschreiben, sondern Gebetstexte mitzuteilen, so wäre eher zu fragen, warum der Abschnitt Did 10,6 überhaupt mitaufgenommen ist. Offenbar deshalb, weil es sich hier um einen geprägten Wortlaut handelt, der sich direkt an das eucharistische Gebet anschließt; die Passage hat ja mit Ausnahme der beiden Konditionalsätze durchaus auch Gebetscharakter - nur daß es sich hier eher um eine Reihe von traditionell geprägten Gebetsrufen als um ein ausgeführtes Gebet wie in den Abschnitten davor handelt.

Der Aorist ἐχαρίσω (Did 10,3) ließe sich am ehesten wohl so erklären, daß das Gebet Did 10,2-5 in der Tat ursprünglich den Abschluß der eucharistischen Mahlzeit bildete und der Wortlaut von Did 10,6 erst sekundär hinzugekommen ist, als man dazu überging, den sakramentalen Teil von der Mahlzeit deutlicher zu trennen[91]. Diesem

Unverständnis für den eigentlichen Charakter des Stückes denkbar. Beides ist unwahrscheinlich.

[89] Ausgehend v. a. von H. LIETZMANN, Messe und Herrenmahl, Bonn 1926 (AKG 8); s. auch K. WENGST, Didache, S. 46.

[90] J. JEREMIAS, Abendmahlsworte, S. 128; vgl. dagegen K. WENGST, Didache, S. 47, der zu Recht hervorhebt, daß durch Did 10,7 das Vorhergehende formal abgeschlossen ist.

[91] Das bedeutet nicht, daß man nun eine „profane" Sättigungsmahlzeit vom Sakrament unterschied, auch nicht, daß das Sakrament erst zu einer solchen Mahlzeit hinzugekommen ist. Auch die Mahlzeit ist εὐχαριστία (vgl. K. WENGST, Didache, S. 44-46), doch werden am Ende nach dem längeren eucharistischen Gebet nun noch einmal besonders das gesegnete Brot und der gesegnete Kelch herumgegangen sein (gegen WENGST, l. c., auch in Auseinandersetzung mit J. BETZ, Eucharistie, S. 16, der in den Gebeten von Did 9-10,5 ursprüngliche Eucharistiegebete sieht, die nun zu Agapegebeten abgewertet wurden). - Völlig anders deutet A. VÖÖBUS, Liturgical Traditions in the Didache, Stockholm 1968, p.70ff, die Stelle Did 10,6: er hält das Stück für eine vom Kompilator eingestreute allgemeine Vermahnung an den Leser im Zusammenhang mit der Eucharistie, ohne daß diese Mahnung einen liturgischen Ort hätte. Dagegen sprechen der Gebetsstil von Did 10,6a und das Amen am Ende; gegen Vööbus ist auch daran festzuhalten, daß das Maranatha in die Liturgie gehört. Did 10,6 bietet eben gerade nicht wie Did 8,3, das Vööbus zum Vergleich heranzieht, einfach nur eine knappe Anweisung. Folgerichtig

deutlicher werdenden Empfinden für das Sakramentale ist auch die
am Ende der Mahlzeit ja fast schon verspätet scheinende Mahnung
zuzuschreiben, daß von den Teilnehmern der Mahlfeier - allesamt getaufte Christen - nur wer „heilig" ist herzukommen solle, allen andern
aber Buße befohlen wird.

Die Aufnahme von stärker sakramentaler Tradition in die Mahlfeier dürfte auch der Grund dafür sein, daß in Did 14 der Opferbegriff
auftaucht. Damit soll nicht gesagt sein, daß hier die eucharistischen
Elemente als Opfer angesehen werden, und auch der Bezug zu Jesu
Opfertod ist im Text nicht gegeben; wohl aber werden die Gebete
und evtl. auch die ganze Handlung der Eucharistie als Opfer verstanden[92]. Damit hängt die Forderung nach Heiligkeit der Teilnehmen-
den unmittelbar zusammen, und man kann Did 14 wie eine Kommentierung der beiden Bedingungssätze in Did 10,6 lesen. Ist das aber die
einzige Funktion dieses Abschnittes? Zwar liegt sein Hauptgewicht in
dem Gedankenkreis um Reinheit von Sünden für das Opfer[93]; doch
zeigt sich an der Position des Abschnittes im Kontext sowie gleich
an seinem Anfang, daß es hier erst einmal um die Feier des Sonntags
im Rahmen von Vorschriften für das Gemeindeleben geht.

Wir erfahren daraus, daß man am Herrentag[94] sich versammeln
soll zum Brotbrechen mit eucharistischem Lobgebet und daß dazu ein

---

findet Vööbus in der „Anweisung" Did 10,6 dann doch auch wieder liturgische Anklänge (p. 103ff).

[92] Vgl. K. WENGST, Didache, S. 53-57; anders als Wengst meine ich, daß
der Opferbegriff hier nicht völlig unsakramental das Gebet und evtl. die feiernde
Gemeinde bezeichnet und damit sozusagen zufällig an dieser Stelle auftaucht. Es
müssen Opfermahlzeitvorstellungen hier mit hereinspielen und damit auch der Gedanke an Jesu Opfertod, auch wenn die theologische Reflexion im Umkreis des Didachisten vielleicht vor allem das Gebet als das wahre Opfer bezeichnen würde. -
Vgl. K. NIEDERWIMMER, KEK.E 1, 237, der für denkbar hält, „daß die hier zutage
tretende Tradition das heilige Mahl in allgemeinster Weise mit dem Opfergedanken
verbindet, ohne noch Einzelbestimmungen darüber zu treffen, was nun dabei genau-
erhin als Opfer zu fassen sei."

[93] Did 14,1b-3 hat praktisch nur dies zum Thema. - A. VÖÖBUS, Liturgical
Traditions in the Didache, p. 78, hält daher dies Stück auch nicht für eine Doppelung zu Did 9-10, wo seiner Ansicht nach dieselbe Eucharistiefeier beschrieben wird
wie in Did 14; ebenso K. NIEDERWIMMER, KEK.E 1 (s. o Fußn. 66). Das Stück
hätte aber auch dann den Charakter eines Nachtrags - eines Nachtrags, der m. E.
in dieselbe Entwicklung der Eucharistiefeier gehört, die zur Einfügung von Did 10,6
führte (s. o.).

[94] Κυριακὴ κυρίου bezeichnet ohne Zweifel den Sonntag (vgl. W. ROR-
DORF / A. TUILIER, Doctrine, p. 64f.); die merkwürdige Doppelung könnte durch
die Abkürzung einer ausführlicheren Form zustandegekommen sein, die den Begriff
κυριακή noch durch ἡ ἀναστάσιμος τοῦ κυρίου ἡμέρα o. ä. zu erklären für notwendig
hielt - vgl. die Überlieferung in ConstAp, abgedruckt im Apparat bei K. WENGST,
Didache, S. 86. Eine andere Erklärung bietet Rordorf, der den „pleonastischen" Ausdruck als indirekte Polemik gegen die Feier des Sabbats ansieht: W. RORDORF /
A. TUILIER, Doctrine, p. 65. Das erwägt auch schon R. KNOPF, Lehre, S. 36. Zu

Sündenbekenntnis erforderlich ist. Die Festschreibung der sonntäglichen Zusammenkunft zum eucharistischen Mahl schließt natürlich solche Mahlzeiten an anderen Tagen nicht aus, doch beschreibt sie auf jeden Fall die sich im Laufe der Zeit immer fester einbürgernde Sitte der Sonntagsfeier. Die Formulierung κλάσατε ἄρτον καὶ εὐχαριστήσατε deutet in ihrer Zweigliedrigkeit in dieselbe Richtung wie unsere Beobachtungen zu Did 9-10: auf die eucharistische Mahlzeit folgt der eigentliche sakramentale Akt[95]. Das besondere Interesse des Verfassers schließlich liegt wie gesagt bei der Versöhnung und beim Sündenbekenntnis als Vorbedingung für das eucharistische Opfer.

Damit sind die Bemerkungen des Verfassers der Didache zum Sonntag abgeschlossen; ein Wortgottesdienst wird nicht erwähnt. Wenngleich man hieraus nicht auf ein völliges Fehlen von Wortgottesdienst, Predigt und dergleichen schließen kann (dazu ist der Abschnitt Did 14 nicht ausführlich genug), so ist doch das Augenmerk des Verfassers offenbar vor allem auf die Feier der Eucharistie gerichtet. Daß es überhaupt so etwas wie christliche Unterweisung auch nach der Taufe gab, läßt sich fast nur aus der Erwähnung von Aposteln, Propheten und Lehrern sowie Bischöfen und Diakonen erschließen, soweit sie an deren Stelle treten[96]. Einzig die anscheinend traditionelle Mahnung zu häufiger Versammlung, welche die Schlußapokalypse der Didache einleitet[97], kann man noch mit einiger Wahrscheinlichkeit auf „Versammlungen des Wortes" beziehen.

---

fragen wäre allerdings, warum dann hier nicht ebenso deutlich gesprochen wird wie in Did 8,1 zu den Fastentagen. - Nach K. NIEDERWIMMER, KEK.E 1, S. 235 Fußn. 6, ist der Ausdruck evtl. christliche Analogiebildung zu τὰ σάββατα κυρίου.

[95] Mit J.-P. AUDET, Didachè, p. 461 (allerdings ohne seine Trennung in zwei völlig verschiedene, auch räumlich separate Akte zu übernehmen), gegen K. WENGST, Didache, S. 44. - K. NIEDERWIMMER, KEK.E 1, 236, bevorzugt die Deutung als Hendiadyoin.

[96] Apostel: Did 11,3-6; Propheten: Did 11,3.7-11; 13,1-7; Lehrer: Did 13,2; 15,1; Bischöfe und Diakone: Did 15,1-2. Propheten und Lehrer werden zusammen genannt. Bischöfe und Diakone λειτουργοῦσιν καὶ αὐτοὶ τὴν λειτουργίαν τῶν προφητῶν καὶ διδασκάλων (Did 15,1). Es geht also um die Übernahme des religiösen Dienstes (λειτουργία) der Propheten und Lehrer. Das dürfte (gemäß dem Aufgabenbereich von Propheten und Lehrern) viel allgemeiner zu verstehen sein als nur auf den Dienst beim eucharistischen Opfer bezogen. Der Passus muß also auch Verkündigungsaufgaben mit betreffen - gegen Rordorf in W. RORDORF / A. TUILIER, Doctrine p. 64 u. 72-73, der hier λειτουργία = liturgie setzt, wohingegen Tuilier auf p. 193 besser mit „l'office" übersetzt. Rordorf verweist mit einem gewissen Recht auf 1Clem 44 (a. a. O., p. 64), doch ist dort der Sprachgebrauch schon weit spezifischer als in der Didache.

[97] Did 16,1-3. Wegen der engen Parallele in Barn 4,9-10, die jedoch ihre eigene Ausgestaltung hat, ist davon auszugehen, daß die Mahnung, angesichts der kommenden Endzeit sich häufig zu versammeln, ein Stück aus der mündlichen Tradition ist. Vgl. J-P. AUDET, Didachè, p. 161-163; W. RORDORF / A. TUILIER,

Aufgabe der Apostel scheint insbesondere die Mission gewesen zu sein[98], während Propheten und Lehrer sicher auch die getauften Christen anredeten. Der Lehrer dürfte dabei eher als Vermittler der Tradition anzusehen sein, während der Prophet direkt im Geiste redete[99]. In den Gemeinden der Didache waren charismatische Lehrer anscheinend nicht sehr häufig[100], und auch die im Text der Didache mehr hervortretenden Propheten, ob wandernd oder ansässig, waren nicht in jeder Gemeinde zu finden, so daß Bischöfe und Diakone neben ihren Verwaltungsaufgaben zunehmend (und nicht unangefochten) auch die Lehrfunktionen und wohl auch das liturgische Amt des Vorsitzes bei der Mahlfeier übernahmen[101].

Wie weit nun die Belehrung der getauften Christen in einem festen Rahmen mit Schriftlesung, Predigt und Gebet stattfand, läßt sich schwer sagen. Es mag gut und gerne sein, daß hier die Gepflogenheiten ebenso flexibel waren wie die Zuständigkeiten von Amtsinhabern für die Lehre[102]. Die Überlieferung einer Schlußdoxologie zum Vaterunser (Did 8,2), das dreimal täglich (also als Privatgebet) zu sprechen empfohlen wird (Did 8,3), zeigt allerdings wie die Mitteilung von Gebetswortlauten überhaupt, daß das gottesdienstliche Leben in sich allmählich festigenden Strukturen verlief.

Doctrine, p. 82 n. 2; K. Wengst, Didache, S. 21; K. Niederwimmer, KEK.E 1, S. 258.

[98] Did 11,1 ist wohl auch auf die Apostel zu beziehen, sie waren in der Lehre tätig. Deshalb ist es auch möglich, falsche Apostel als ψευδοπροφῆται zu bezeichnen (Did 11,6, vgl. W. Rordorf / A. Tuilier, Doctrine, p. 52). Die Bestimmungen, daß sie sich in der Gemeinde nicht niederlassen sollen, können am besten damit erklärt werden, daß sie Mission in Gegenden treiben sollten, wo es noch keine Gemeinden gab (s. W. Rordorf / A. Tuilier, Doctrine, p. 51, u. K. Wengst, Didache, S. 39).

[99] Vgl. Did 10,7 und Did 11,7-12.

[100] Sie finden im Vergleich mit Aposteln und Propheten kaum Erwähnung (s. Fußn. 96); vgl. K. Wengst, Didache, S. 41.

[101] S. Fußn. 96. - Zur Wanderschaft: Did 13,1; Gemeinden ohne Propheten: Did 13,4; Bischöfe und Diakone an ihrer Stelle: Did 15,1; Bischöfe und Diakone sind wie Propheten und Lehrer in Ehren zu halten, sollen nicht verachtet werden: Did 15,2. Daß sie das Amt des Vorsitzes bei der Mahlfeier übernahmen, setzt voraus, daß es solch einen Vorsitz gab, was aufgrund der Analogie zu jüdischen Mahlzeiten höchst wahrscheinlich ist. Dafür, daß sie diese Funktion ausübten, spricht die Abfolge von Did 14 und 15 (vgl. J.-P. Audet, Didachè, p. 195 u. 464; R. Knopf, Lehre, S. 37; W. Rordorf / A. Tuilier, Doctrine, p. 41 n. 2; p. 63-64 u. 72ff.; K. Wengst, Didache, S. 42f.).

[102] Apostel, Propheten, Lehrer, Bischöfe und Diakone nehmen ja Lehraufgaben wahr (allerdings sind die Diakone evtl. nur im Gefolge der Bischöfe genannt, ohne daß sie wirklich auch lehrten; jedenfalls hören wir sonst nichts von einer solchen Lehrtätigkeit, höchstens einmal, daß die Diakone die Gemeindeglieder bei Besuchen zum rechten Lebenswandel mahnten). Für die drei ersten Gruppen gibt es wohl besondere Zuständigkeiten (vgl. J.-P. Audet, Didachè, p. 441), aber die Aufgabenbereiche überschneiden sich doch.

Da in der Didache im Zusammenhang mit der Eucharistie keine Elemente des Wortgottesdienstes auftauchen und die Eucharistiefeier noch eine Sättigungsmahlzeit mitumfaßt, ist es wahrscheinlich, daß die Belehrung durch die Propheten und Lehrer und damit die Wortversammlung getrennt von der Eucharistiefeier stattfand.

Solche Wortversammlungen könnten nun auch in der Mahnung von Did 16,2 mit gemeint sein, man solle sich, um nicht vom Tage des Gerichts überrascht zu werden, häufig versammeln. Das ergibt einen guten Sinn, wenn hier neben den sonntäglichen Mahlfeiern eben auch andere Zusammenkünfte im Blick sind[103]. Auch die Zielangabe ζητοῦντες τὰ ἀνήκοντα ταῖς ψυχαῖς ὑμῶν paßt gut zur Beschäftigung mit dem Wort, zumal als Kontrast hierzu sogleich das Treiben der Lügenpropheten in der Endzeit angeführt wird. Ζητεῖν wird wohl eher allgemein im Sinne eines „Trachten nach" als speziell im Sinne einer gemeinsamen Diskussion zu verstehen sein[104]; zu übersetzen wäre also etwa: kümmert euch um das, was die Seelen betrifft. Eine Did 16,2 eng verwandte Stelle findet sich in Barn 4,9f., wo ebenfalls unter dem Verweis auf die Endzeit zum Gottesdienstbesuch gemahnt wird[105]. Hier ist das Ziel der Zusammenkünfte anders formuliert: συνζητεῖτε περὶ τοῦ κοινῇ συμφέροντος, doch deutet auch diese Formulierung in erster Linie auf die Mahnung und Erbauung durch das Wort, wie der unmittelbare Kontext zeigt, wenn es begründend (γάρ) weiter heißt, daß die Schrift die aus sich selbst Verständigen (συνετός) und vor sich selbst Wissenden (ἐπιστήμενος) verwirft[106]. Im Blick auf den einzelnen ist der hier angesprochene Nutzen dann vor allem die Rettung der Seele, wie eine andere Stelle des Barnabasbriefes mit Anklängen an unsere Didachestelle zeigt: man soll im Gedanken an das Gericht die Heiligen täglich aufsuchen und ihnen mit Wort oder Tat beistehen, mit Worten nämlich εἰς τὸ παρακαλέσαι καὶ ... εἰς τὸ σῶσαι ψυχὴν τῷ λόγῳ (Barn 19,10)[107].

---

[103] Mit J.-P. AUDET, Didachè, p. 469-471; gegen K. WENGST, Didache, S. 89 Fußn. 127, der einwendet, daß πυκνῶς mit „häufig" zu übersetzen mit Did 14 kollidiere. Da im direkten Kontext der Ton auf der Zeit liegt, ergibt „häufig" hier auf jeden Fall den besseren Sinn. Weitere Hinweise zur Stelle bei K. NIEDERWIMMER, KEK.E 1, 258. - In den Angaben von Did 16 die spezielle Form einer Vigil zu erkennen, würde allerdings m. E. eine Überinterpretation bedeuten (gegen J.-P. AUDET, l. c., und G. KRETSCHMAR, Bedeutung der Liturgiegeschichte, p. 130, welcher Audet (vorsichtig) zustimmt).
[104] Gegen K. WENGST, Didache, S. 36 u. 89, der hier das relativ farblose ζητεῖν aufgrund eines vorausgesetzten „Gemeindeprinzips" überinterpretiert.
[105] S. Fußn. 97.
[106] Barn 4,11.
[107] Diese Stelle ist wie die Parallele in Did 4,2 (s. u.) Bestandteil der Zweiwegelehre, also ebenfalls traditionell geprägt (vgl. Fußn. 97).

Die zuletzt angeführte Stelle ist allerdings wohl eher auf private
Besuche als auf gottesdienstliche Versammlungen zu beziehen; sie findet sich in teilweise wörtlich gleicher Formulierung, jedoch mit umge-
kehrter Stoßrichtung auch in der Didache (4,2): hier soll der Besuchende durch die Worte der Heiligen auferbaut werden. Auffällig ist,
daß an dreien der vier angeführten Stellen die Mahnung zur häufigen
Zusammenkunft im Horizont der Erwartung des Gerichts steht[108].
Wenn man hinzunimmt, daß sich an der vierten Stelle im unmittelbaren Kontext die Aufforderung findet, man solle desjenigen, der das
Wort Gottes verkündigt, Tag und Nacht gedenken und ihn wie den
Herrn ehren[109], so rücken Versammlungen um das Wort, Privatbesu-
che und christliche Unterweisung eng zusammen. Das deutet auf
einen eher informellen Charakter der Wortversammlungen mit fließen-
den Grenzen zwischen Gesprächen im kleineren Kreis und regelrechten Gemeindegottesdiensten hin; so würde sich auch erkären, daß der
Verfasser der Didache im Blick auf den Sonntag diese Art der Zusammenkunft nicht eigens erwähnt.

Auch die Formulierung συναχθήσεσθε[110], versammelt euch, ist offen für ein solches Verständnis; es heißt hier eben nicht: geht zu den
(sowieso stattfindenden, weil offiziell eingerichteten) Versammlungen.
Dennoch ist die Mahnung in Did 16,2 vor allem auf eine Versammlung
der ganzen Gemeinde gerichtet: alle sollen ja gerettet werden, und offenbar liegt in der Gemeinsamkeit der Christen auch ein gewisser
Schutz gegen das Wirken der „Lügenpropheten und Verderber", die
wohl eher in Konventikeln ihr Gefolge sammelten[111].

Damit stellt sich die Frage nach dem, was der Gehalt der Wortversammlungen in den Gemeinden der Didache war, denn es muß ja
Unterschiede gegeben haben zwischen dem, was Lügenpropheten von
sich gaben, und dem, was etwa die „wahren" Propheten lehrten. Von
Interesse ist für uns natürlich auch, ob es in solchen Versammlungen
regelmäßig Schriftlesungen gegeben hat. Doch werden sich diese Fragen nur unbefriedigend oder gar nicht beantworten lassen. Denn statt
inhaltlicher Kriterien zur Beurteilung eines Propheten gibt die Didache
nur den Ratschlag an die Hand, Propheten nach ihrer Lebensweise
und nach ihren Forderungen betreffs Gastfreundschaft und Geld zu

---

[108] Did 16,2; Barn 4,9f.; Barn 19,10.
[109] Did 4,1-2.
[110] Vgl. die schon spezifischere Formulierung in Barn 4,10, wo ἔρχεσθαι ἐπὶ
τὸ αὐτό steht, geradezu ein terminus technicus für die Versammlungen der Christen
(vgl. 1 Kor 11,20; 14,23; Justin, Apol I,67,3; weitere Stellen: s. S. 245 Fußn. 40).
[111] Did 16,3. Noch deutlicher ist Barn 4,10f., wo es heißt, daß die Gemeinsamkeit davor bewahrt, dem Bösen zuzufallen.

beurteilen[112]. So werden Scharlatane identifizierbar gemacht; doch ein Prophet, der sich richtig verhält, ist in seiner Rede nicht kritisierbar: aus ihm und durch ihn spricht der Geist[113]. Für wandernde Apostel gelten ähnliche Beurteilungskriterien wie für Propheten[114]; die Lehrer allerdings sollen daran gemessen werden, ob sie die in der Didache am Anfang festgeschriebene Tradition überliefern oder nicht[115]. Das dürfte nun aber als Rahmenbedingung auch auf die Apostel und Propheten zu beziehen sein[116].

Wenn man demnach die Zweiwegelehre sich zum Muster nimmt, so werden Fragen der christlichen Lebensführung ein zentraler Gegenstand der Wortversammlungen gewesen sein[117]; doch auch die Rettung durch die Taufe auf den Namen des Herrn sowie die Gemeinschaft durch ihn und mit ihm in der Eucharistiefeier könnten Themen gewesen sein[118], ebenso mit einiger Sicherheit die Erwartung der zukünftigen Dinge[119]. Und auch wenn es eher so aussieht, als hätte es in den Gemeinden der Didache keine feste Institution des Wortgottesdienstes gegeben, so ist es doch möglich, ja wahrscheinlich, daß alle diese Themen nicht nur im Rahmen der Überlieferung mündlicher Tradition behandelt wurden, sondern auch mit Hilfe und aufgrund „des Evangeliums"[120], sowie aufgrund „der Schrift"[121]. Es ist durchaus

---

[112] Did 11,7-12.

[113] Did 11,7. Es muß allerdings durch die Prüfung der Lebensweise gewährleistet sein, daß es der richtige Geist ist, „in" dem der Prophet spricht. Auch Lügenpropheten können nämlich „im Geist reden" (λαλεῖν ἐν πνεύματι - Did 11,8), also inspirierte Reden mit Vollmacht von sich geben.

[114] Did 11,4-6; falsche Apostel werden ebenfalls als ψευδοπροφῆται bezeichnet (s. o. Fußn. 98).

[115] Did 11,1.

[116] Die Formulierung in Did 11,1 ist allgemein gehalten und benennt die lehrende Person nicht weiter. Da der Abschnitt über die Aufnahme von Aposteln und Propheten sich unmittelbar anschließt, ist Did 11,1 auch auf sie zu beziehen; vgl. W. RORDORF / A. TUILIER, Doctrine, p. 53; Rordorf geht jedoch am Text von Did 11,7 vorbei, wenn er interpretiert: „Cet auteur interdit simplement d' interrompre un prophète inspiré ..." (p. 53 n. 3). Trotz des Verbots der Kritik an prophetischer Rede in Did 11,7 wird doch auch in der Formulierung προφήτης διδάσκων τὴν ἀλήθειαν (Did 1,10) ein übergeordnetes Kriterium der wahren Lehre vorausgesetzt: Der Prophet muß in einem Grundkonsens mit der Gemeinde stehen (s. Did 11,1!); die Überprüfung im einzelnen jedoch orientiert sich an seiner Lebensweise.

[117] Vgl. auch Barn 4,11 im Anschluß an Barn 4,9-10: Gottesfurcht, Befolgen seiner Gebote, Freude an seinen Rechtssetzungen sind Ziele der Versammlungen.

[118] Did 11,1 in Bezug auf Did 7-10.

[119] Did 16 liest sich wie ein Stück Verkündigung; die Mahnung, sich angesichts der Endzeit zu versammeln, dürfte auch direkte Auswirkungen auf den vorgestellten Inhalt der Versammlungen haben.

[120] In der Didache wohl das Matthäusevangelium - K. WENGST, Didache, S. 24-30; vgl. dagegen aber W. RORDORF / A. TUILIER, Doctrine, p. 83-91.

denkbar, daß in einer Gemeinde, die zur Eucharistiefeier in enger Anlehnung an jüdische Formulare betete, zur Wortunterweisung auch
nach Art der Synagoge Schriftworte unterlegt wurden, vielleicht auch
als Neuerung Worte aus dem aufgeschriebenen Evangelium. Zumindest
wenn ein Lehrer sprach, dürfte es sich auch um Auslegung gehandelt
haben - die Prophetie ist wohl auch ohne Schriftlesung ausgekommen.
Doch belegen läßt sich das anhand des mageren Befundes der Didache
nicht.

Nur so viel kann gesagt werden: neben den sonntäglichen
Mahlfeiern hat es in den Gemeinden der Didache mehr oder minder
häufige[122] Versammlungen zur Verkündigung des Wortes durch cha-
rismatische oder gewählte Amtsträger gegeben, die gestützt auf die
Autorität des Herrn, welcher durch das Evangelium und durch die
Schrift redet, aber auch unmittelbar durch den Geist[123], die Gemein-
de in der christlichen Lebensführung und in Dingen des christlichen
Glaubens unterrichteten.

c) Barnabasbrief

Im Barnabasbrief[124] gibt es außer der bereits im Zusammenhang
mit der Didache erwähnten Mahnung zu häufigem Gottesdienstbesuch,
Barn 4,10[125], nur wenige Hinweise auf das gottesdienstliche Leben
der Christen.

Selbst wenn es sich bei dieser Mahnung um ein Stück aus der
Tradition handelt[126], so zeugt doch ihre Aufnahme in den Brief

---

[121] Das Alte Testament oder Teile davon werden in der Didache vorausgesetzt und als „Herrenworte" zitiert - zu Did 14,3 vgl. K. WENGST, Didache,
S. 31-33, u. K. NIEDERWIMMER, KEK.E 1, 239f.
[122] Z. B. gab es sicherlich „außerordentliche" Gottesdienste bei der Ankunft
eines Wanderapostels.
[123] Did 8,2; 14,3; 11,7; vgl. auch Did 4,1. Daß durch jeden wahren Propheten,
der im Geist redet, der Herr spricht, ist zwar nirgends ausgesprochen, aber m. E.
eine legitime Folgerung.
[124] Der Barnabasbrief ist mit einiger Wahrscheinlichkeit um das Jahr 131 zu
datieren (so schon H. WINDISCH, Der Barnabasbrief, Tübingen 1920 (HNT.E 3), S.
388-390; sehr deutlich auch H. STEGEMANN, Rezension zu P. PRIGENT, Les
testimonia dans le christianisme primitif ..., ZKG 73 (1962) 142-153, S. 149f. - gegen Prigent); zur Diskussion s. K. WENGST, Einleitung zum Barnabasbrief, in:
Schriften des Urchristentums II: Didache (Apostellehre), Barnabasbrief, Zweiter Klemensbrief, Schrift an Diognet, hrsg. u. übers. v. K. WENGST, Darmstadt 1984, S.
114f. Ich lege auch den Text dieser Ausgabe zugrunde. - Zum Entstehungsort vgl.
K. WENGST, Artikel „Barnabasbrief", TRE 5, 238-241, S. 239: „Die Lokalisierung
muß vorerst offen bleiben."
[125] S. S. 171.

davon, daß das angesprochene Problem den Adressaten vertraut war: im Alltag der größer werdenden Gemeinde kam es wohl öfter vor, daß nicht alle Christen beim Gottesdienst zugegen waren. Möglicherweise sonderten sich auch kleinere Gruppen mit eigenen Lehrern ab. Die Gemeindezusammenkünfte sollten nach der Formulierung des Barnabasbriefes der Untersuchung dessen dienen, was allen nützt[127]; dabei geht aus dem Zusammenhang hervor, daß mit diesem „Nutzen" bei denen, die fernbleiben, um ihr Kommen geworben werden soll, „denn die Schrift sagt: wehe denen, die vor sich selbst verständig und in ihren eigenen Augen gelehrt sind" (Barn 4,11). Man soll sich also nicht auf sich selbst oder den kleinen Kreis „gelehrter" Freunde verlassen und meinen, die Versammlungen seien nur für die Belehrung der anderen nötig[128].

Der Nutzen für alle liegt also offensichtlich in der Belehrung; und da συνέρχεσθαι ἐπὶ τὸ αὐτό ein für die Bezeichnung des christlichen Gottesdienstes typischer Ausdruck ist, dürfte es sich hier um die Belehrung durch die Predigt handeln[129]; wegen des συνζητεῖν (Barn 4,10) ist dabei aber auch an gegenseitige Erbauung im (Lehr-) Gespräch zu denken.

Es scheint mir nicht zu weit hergeholt, wenn man als einen der Gründe für das Wegbleiben mancher Christen vom Gottesdienst auch den Inhalt der Predigt selbst oder die dahinterstehende Theologie sieht. Denn entscheidend ist, so erfahren wir durch den Barnabasbrief, daß man das Wort hört, um dadurch zum Glauben zu kommen und getauft zu werden[130]; danach jedoch ist eigentlich nur noch die eigene Lebensweise von Bedeutung[131]. Wozu also dann noch die Predigt hören?

Natürlich um Wegweisung zu bekommen, würde Barnabas antworten, so wie sich in seinem Schreiben viele Ermahnungen zur richtigen

---

[126] Dafür spricht die enge Parallele in Did 16,2 - vgl. Fußn. 97; s. ferner P. Prigent in: Epître de Barnabé, ed. R.A. KRAFT, transl. et comm. P. PRIGENT, Paris 1971 (SC 172), p. 102f. n. 1; außerdem, allerdings in bezug auf die Zweiwegelehre, H. WINDISCH, Barnabasbrief, S. 404-406 (dazu auch den Forschungsüberblick von P. PRIGENT, a. a. O., p. 15-20).

[127] „Συνζητεῖτε περὶ τοῦ κοινῇ συμφέροντος" - Barn 4,10.

[128] Vgl. auch schon vorher, Barn 4,10: „μὴ κατ᾽ ἑαυτοὺς ἐνδύνοντες μονάζετε ὡς ἤδη δεδικαιωμένοι" - dazu H. WINDISCH, Barnabasbrief, S. 324.

[129] Vgl. Fußn. 110.

[130] Barn 11,1; vgl. Barn 16,10 und 9,3. - Dieser Aspekt wird m. E. von K. Wengst unterbewertet, wenn er in seiner Einleitung abschließend von der Gesetzlichkeit des Barnabasbriefes spricht - K. WENGST, Didache, S.136.

[131] Diese Abfolge findet sich zusammengefaßt in einem Satz in Barn 8,3: die Apostel „verkündigen uns als Evangelium (εὐαγγελιζόμενοι ἡμῖν) die Vergebung der Sünden und die Heiligung des Herzens"; vgl. sonst z. B. Barn 4,1; 4,9; 6,11; 19,1.

Lebensführung finden und schließlich der ganze letzte Teil der Entfaltung der Zweiwegelehre gewidmet ist[132]. Als συμβουλία - Vortrag mit praktischen Handlungsanweisungen[133] - soll sie den Adressaten nahegebracht werden (Barn 21,2). Dem gelangweilten Predigthörer aber, der Mahnungen wie die Zweiwegelehre wohl schon vom Unterricht vor der Taufe her kannte[134], gälte eben die Warnung, daß er sich trotz Sündenvergebung und Taufe nicht überheben solle und glauben, er sei schon gerecht und somit am Ende und Ziel seiner Wege angelangt[135]. Nein, auch in den Mahnungen des Predigers spricht der Herr selbst, und es gilt, sie zu hören und danach zu leben - sonst könnte es zum Beispiel sein, daß man einem falschen Verständnis biblischer Gebote zum Opfer fällt[136].

So ist denn auch ein weiteres Ziel des Barnabasbriefes neben der Mahnung zur richtigen Lebensweise die Vermittlung von „γνῶσις" über das Christentum. Zwar ist diese Erkenntnis hier nicht als der eigentliche Weg zum Heil geschildert, aber sie dient doch der Vertiefung und Stärkung des Glaubens, welcher so gewappnet wird für alle Anfechtung und Auseinandersetzung mit falschen Meinungen und gelenkt zu richtigem Tun[137].

---

[132] Zum inneren Zusammenhang von Kap 1-17 mit der Zweiwegelehre vgl. K. WENGST, Didache, S. 135; zur literarischen Tradition dieses Stückes ebda., S. 20-22.

[133] S. dazu Fußn. 351.

[134] Dazu, daß die Zweiwegelehre Gegenstand des Anfängerunterrichts, also eine Art Katechismus war, vgl. die Zusammenfassung Barn 21,1: καλὸν οὖν ἐστιν μαθόντα τὰ δικαιώματα τοῦ κυρίου, ὅσα γέγραπται, ἐν τούτοις περιπατεῖν. Ferner A. SEEBERG, Der Katechismus der Urchristenheit, Leipzig 1903, S. 25ff.; E. LOHSE, Artikel „Katechismus, I. Katechismus im Urchristentum", *RGG³* Bd. 3, Sp. 1179.

[135] Barn 4,10: „μὴ κατ᾽ ἑαυτοὺς ἐνδύνοντες μονάζετε ὡς ἤδη δεδικαιωμένοι" ... vgl. Barn 6,17-19: die Christen sind noch nicht vollkommen; der Weg dahin ist der Glaube an die Verheißungen und die Wirkung des lebendigmachenden Wortes. Ferner Barn 9,3: Gott hat die Ohren der Christen beschnitten, damit sie das Wort hören (wie der Kontext zeigt, natürlich so hören, wie Barnabas es erklärt) und glauben. Schließlich Barn 21,1-6.

[136] Barn 16,10: ὁ γὰρ ποθῶν σωθῆναι βλέπει οὐκ εἰς τὸν ἄνθρωπον, ἀλλ᾽ εἰς τὸν ἐν αὐτῷ κατοικοῦντα καὶ λαλοῦντα ... Diese Stelle bezieht sich zwar auf die Missions- und Bekehrungspredigt, aber die Vorstellung, daß der Herr (16,8: θεός. 16,10: κύριος) im verkündigenden Menschen wohnt und durch ihn spricht, ist sicher auch auf die Predigt über Gottes Weisungen und Gebote zu beziehen. - Das richtige Verständnis biblischer Gebote zu vermitteln und sie gegen „jüdische" Mißverständnisse abzugrenzen, ist ein Grundanliegen des Barnabasbriefes.

[137] Barn 1,5 (Vermittlung von τελεία γνῶσις als Zweck des ganzen Schreibens); Barn 5,4 (γνῶσις über den Weg der Gerechtigkeit); Barn 18,1 (die Zweiwegelehre als ἄλλη γνῶσις); γνῶσις als Schlüssel und Ergebnis der Auslegung einzelner Bibelstellen: Barn 6,9; 9,8; 10,10; 13,7; γνῶσις neben anderen Tugenden: Barn 2,3 (σοφία, σύνεσις, ἐπιστήμη, γνῶσις - sie können aber nur bestehen auf der Grundlage des Glaubens mit φόβος, ὑπομονή, μακροθυμία und ἐγκράτεια); Barn 21,5 (γνῶσις τῶν δικαιωμάτων αὐτοῦ - im Anschluß die Aufforderung: γίνεσθε θεοδίδακτοι). Im

Solche Belehrung über das richtige Verstehen der heiligen Schriften und damit des eigenen Glaubens wäre in den Augen des Verfassers sicher auch ein adäquater und „nützlicher" Predigtgegenstand[138]. Wenn man weiterhin den Barnabasbrief zum Muster nimmt, so kann man annehmen, daß die Predigten als Lehrvorträge etwa eines „διδάσκαλος"[139] wohl thematisch orientiert waren, wobei der Vortragende je nach Begabung und Gedächtnis viele verschiedene Schriftstellen zur Erläuterung heranzog[140]. Dafür dürften Testimoniensammlungen oder ähnliche Zusammenstellungen von Schriftstellen[141] ein besonderes Hilfsmittel gewesen sein, ohne daß damit der Besitz aller wesentlichen Schriften der Septuaginta oder wenigstens einer Teilsammlung der heiligen Schriften für eine Gemeinde von vornherein ausgeschlossen wäre[142]. Schließlich kann man Testimoniensammlung,

---

übrigen ist die Verwendung von Vokabeln wie μανθάνεσθαι, ζητεῖν, συνιέναι, αἰσθάνεσθαι (im Sinne von „verstehen") und νοεῖν im Brief keine Seltenheit; oft werden sie im Imperativ benutzt. - K. WENGST, Tradition und Theologie des Barnabasbriefes, Berlin / New York 1972 (AKG 42), S. 97, urteilt m. E. in dem Bestreben, Barnabas Gesetzlichkeit nachzuweisen, zu einseitig, wenn er als die „wichtigste Aufgabe" der Gnosis beschreibt, „den Willen Gottes als Lebensnorm herauszustellen", und demgegenüber die breitere Funktion der Gnosis als richtige Schrifterkenntnis vernachlässigt. - Das Heil wird durch den Glauben, die Sündenvergebung und die richtige Lebensweise vermittelt. Hier unterscheidet sich Barnabas von jeglicher Form christlicher Gnosis, auch der eines Clemens von Alexandrien, welcher für den Gnostiker ja immerhin einen Ehrenplatz im Himmel reserviert weiß.

[138] Der Begriff ζητεῖν taucht öfter im Barnabasbrief auf, nicht nur Barn 4,10 (dort συνζητεῖν): Barn 2,9; 11,1; 14,1; 16,6; ἐχζητεῖν: Barn 2,1; (2,5); 4,1; 10,4; 21,6; 21,8.

[139] Daß Barnabas selbst ein „Lehrer" war, ist aufgrund der Betonung in Barn 1,8 und 4,9, daß er nicht wie ein Lehrer sprechen wolle (eine Art captatio benevolentiae), wahrscheinlich; vgl. dazu K. WENGST, Didache, S. 119 (mit R. Knopf u. a.), ferner S. 121f. (zum Anredecharakter der im Barnabasbrief aufgenommenen Tradition). Gegen Wengst (und Bousset, vgl. K. WENGST, Tradition, S. 55-56) ist zu bemerken, daß ein Lehrer noch keinen „Schulbetrieb" ausmacht; was er selbst gelernt hat, mag von diesem oder jenem Lehrer stammen und muß keineswegs in einer „Schule" mit mehreren Lehrern erworben sein (vgl. auch die Kritik von K. Beyschlag an Wengst: K. BEYSCHLAG, Rezension zu K. WENGST, Tradition und Theologie des Barnabasbriefes, *ZKG* 85 (1974) 95-97). - Wem es im einzelnen zu predigen oblag, darüber gibt Barnabas keine Auskunft, wenn man einmal davon absieht, daß es Aufgabe der Apostel war, das Evangelium zu verkündigen (Barn 5,8; 8,3 - das Apostelamt ist anders als in der Didache auf den Kreis der Zwölf beschränkt). Ämter wie Bischof, Presbyter, Diakon tauchen überhaupt nicht auf.

[140] Als Beispiel kann man gleich den ersten größeren Block des Barnabasbriefes anführen, die Ausführungen über das richtige Opfern und Fasten, Barn 2-3.

[141] Zur begrifflichen Differenzierung vgl. H. STEGEMANN, Rezension zu P. PRIGENT, Les testimonia ..., *ZKG* 73 (1962) 142-153; dazu, daß nicht ein einzelnes, einheitliches Testimonienbuch im Umlauf war: R.A. KRAFT, Barnabas' Isaiah Text and the „Testimony Book" Hypothesis, *JBL* 79 (1960) 336-350.

[142] Argumente für die Benutzung von Testimoniensammlungen im Barnabasbrief bei K. WENGST, Didache, S. 123-129 (vgl. auch P. PRIGENT, Les testimonia dans le christianisme primitif: l'épître de Barnabé I-XVI et ses sources, Paris 1961,

heilige Schriften und Gedächtnis auch nebeneinander und ohne besondere Gegenkontrollen benutzen, so daß die in den Predigten oder auch
in den schriftlichen Traktaten auftretenden Bibelzitate ganz unterschiedlichen Charakter haben können[143].

Über die gottesdienstlichen Schriftlesungen lassen sich daraus allerd-
dings praktisch keine Folgerungen ziehen, außer daß sie nicht den
einzigen Hintergrund und Inhalt der Predigt abgegeben, wohl aber zum
Beispiel deren Thema vorgegeben haben können. Aus dem Schweigen
des Barnabasbriefes über die Schriftlesung läßt sich aber auch nicht ihr
Fehlen ableiten; schließlich kommt - wie in den meisten christlichen
Schriften vor Justin - das ganze Thema Gottesdienst als solches im
Brief praktisch kaum vor.

Der Verfasser des Barnabasbriefes kennt den Sonntag und seine
Feier als Freudentag und Tag der Auferstehung des Herrn[144], und
so darf man annehmen, daß die Versammlungen, zu deren Besuch er
mahnt, jedenfalls auch am Sonntag stattfanden. Wenn Barnabas daneben das Traditionsstück vom täglichen Besuch bei den Heiligen aufnimmt[145], so ist anzunehmen, daß neben solchen Besuchen das
συνέρχεσθαι ἐπὶ τὸ αὐτό als eine besondere Zusammenkunft stand, die
demnach nicht täglich stattfand. Das gilt um so mehr, wenn man bedenkt, daß bei diesen Besuchen das Wort und das Zureden zur Erret-
tung der Seele im Mittelpunkt stehen sollten[146]. Merkwürdig mutet

---

p. 16-28, und die Rezension dazu von H. STEGEMANN - s. Fußn. 124). Wengst
bemüht sich auch nachzuweisen, daß es in der „Schule" (dazu s. o. Fußn. 139) des
Barnabas nur von Gen, Dtn, Jes und Ps mehr oder minder ausführliche Abschriften
gegeben habe; seiner Argumentation wäre aber entgegenzuhalten, daß ungenaue Zitate auch bei starker Orientierung an der Schrift als Autorität noch nicht das Fehlen einer Bibelhandschrift des entsprechenden Buches belegen.

[143] Damit soll nicht behauptet werden, daß dem Verfasser des Barnabasbriefes alle Schriften der Septuaginta zur Verfügung gestanden haben; wohl aber dürfte
den Gemeinden schon früh an der Sammlung möglichst vieler der heiligen Schriften
gelegen sein, ohne daß man deswegen gleich alle Bücher gleichmäßig intensiv benutzte und gleichmäßig gut kannte. Dementsprechend sind Folgerungen aus dem Zi-
tatenbestand etwa des Barnabasbriefes mit mehr Unwägbarkeiten belastet, als es etwa K. WENGST, Didache, S. 123-129, wahrhaben will. Immerhin sieht Wengst auch
die Problematik, daß der Barnabasbrief keine sehr breite Textgrundlage bildet (vgl.
K. Wengst, Didache, S. 129 Fußn. 135), und spricht zu Recht davon, daß „eine
Mehrzahl von Überlieferungsformen vorauszusetzen" sei (S. 129).

[144] Barn 15,9; die Herleitung des Sonntags aus einem Schriftbeweis und nicht
primär aus diesen Motiven dürfte am Gegenüber orientiert sein (dazu s. u.) und muß
keineswegs dem primären Interesse des Briefverfassers entsprechen (gegen K.
WENGST, Didache, S. 132).

[145] Barn 19,10; vgl. dazu S. 171f.

[146] Der Text von Barn 19,10 gibt als Alternative zum Wirken durch das Wort
die Arbeit mit den Händen an, welche ebenfalls den Heiligen zugute kommen soll;
so jedenfalls muß man den Text verstehen, wenn man die Alternative ἤ - ἤ auf die
Besuche bei den Heiligen bezieht. Möglich wäre noch, nach ἁγίων einen Punkt zu

an, daß der Besuchende hier durch seine Worte die Seelen der Heiligen retten soll. Zu erwägen wäre, ob die Fassung der Didache ursprünglicher ist, nach der man umgekehrt von den Heiligen lernen soll[147]. Womöglich ging es dem Barnabas darum, denjenigen Christen nachzugehen, die es wegen der Verfolgungen nicht mehr wagten, zum gemeinsamen Gottesdienst zu kommen. Daneben wird das Privatgespräch auch missionarischen Zwecken gedient haben, während das συνέρχεσθαι ἐπὶ τὸ αὐτό wohl eher eine Zusammenkunft für die Gemeinde der ἀδελφοί darstellte[148].

Der Zweck dieser Zusammenkünfte war neben der Wortverkündigung auch das Gebet, wie man der Mahnung entnehmen kann, man solle, bevor man zur προσευχή gehe, seine Sünden bekennen[149]. Die Parallelfassung in der Didache spricht ausdrücklich vom Sündenbekenntnis in der Gemeinde, was aber sich auch schon vom Worte ἐξομολογεῖσθαι her nahelegt, während das Gebet dort stärker individuell gefaßt wird, wenn es heißt: „du sollst nicht mit schlechtem Gewissen zu deinem Gebet kommen"[150]. Doch auch hier ist durch προσέρχεσθαι und eben gerade durch die Erwähnung der ἐκκλησία im

---

setzen und mit ἤ einen neuen Gedanken beginnen zu lassen (Hauptverb ἐργάσῃ); dagegen spricht allerdings das „πορευόμενος" in der ersen Alternative, das doch wohl am ehesten mit dem ἐκζητεῖν am Anfang zu identifizieren ist. – Das Schwergewicht liegt trotz alledem beim Wort (διὰ λόγου κοπιῶν καὶ πορευόμενος εἰς τὸ παρακαλέσαι καὶ μελετῶν εἰς τὸ σῶσαι ψυχὴν τῷ λόγῳ), während die Arbeit der Hände sich wie eine angehängte Ausweichmöglichkeit für die nicht Wortgewandten ausnimmt (anders P. Prigent in: R.A. KRAFT / P. PRIGENT, Epître de Barnabé, p. 208f. n. 1, der die beiden Alternativen auf Amtsträger und Laien aufteilen will). Diese Kombination stammt wohl erst von Barnabas, wohingegen in der Didache 4,6 das Wort von der Arbeit der Hände allein steht und einen besseren Sinn ergibt, somit wohl die ursprüngliche Tradition repräsentiert: „Wenn du Besitz hast durch deine Hände, gib davon als Lösegeld für deine Sünden" (gegen K. WENGST, Tradition, S. 66, der die Barnabas-Fassung für die Rekonstruktion der ursprünglichen Zweiwegelehre benutzt).

[147] Did 4,2. – Eine andere Lösung schlägt (nach Auskunft des kritischen Apparates aber nicht mit voller Überzeugung) R.A. KRAFT vor: τὰ παραπτώματα τῶν ἁγίων habe ursprünglich gar nicht im Barnabasbrief gestanden (textkritisch ist das möglich, allerdings müßte man dann die Hinzufügung dieser Worte in den Handschriften erklären, wo sie vorkommen): R.A. KRAFT / P. PRIGENT, Epître de Barnabé, p. 206. – Möglich bleibt, daß der Barnabastext an dieser Stelle verderbt ist.

[148] Das Anliegen, eine Seele durch das Wort zu retten, indem man zu den Menschen geht, um mit ihnen zu reden, bleibt auch bestehen, wenn man das πορεύεσθαι nicht auf die Besuche bei den Heiligen bezieht (vgl. Fußn. 146) Zur Mission im Privatgespräch vgl. ferner Barn 11,8. – Die mit „Söhne und Töchter" angeredeten Adressaten des Briefes sind nach dem ganzen Inhalt des Briefes Christen; im Verlauf des Traktats ist die Anrede ἀδελφοί (Barn 2,10; 3,6; 4,14; 5,5; 6,10.15.16), dann τέκνα (Barn 7,1: τέκνα εὐφροσύνης. Barn 9,3; 9,7: τέκνα ἀγάπης. Barn 15,4; 21,9: ἀγάπης τέκνα).

[149] Barn 19,2 (Zweiwegelehre); möglicherweise war προσευχή auch Name für den ganzen Gottesdienst – vgl. dazu den Abschnitt über den Synagogengottesdienst.

[150] Did 4,13.

Kontext hinreichend deutlich die Gemeinde als Ort des Gebets markiert[151]. Auffällig ist, daß für die Teilnahme am Gemeindegebet die Reinheit von Sünden gefordert wird; das stimmt mit der späteren Praxis des Ausschlusses der Katechumenen vom Gebet überein. Wenn Barnabas verschiedentlich sagt, er wolle seinen Lesern „alles" mitteilen, was er zu lehren habe[152], so mag man sich wundern, daß in seinem Schreiben die Eucharistie nicht vorkommt. Allerdings sind die Worte des Verfassers in diesen Passagen so ernst wohl nicht zu nehmen: kündigt er doch anfangs an, er wolle nur weniges vorbringen[153], und auch an den vollmundigeren Stellen schränkt er ein, er wolle das schreiben, was einfach zu verstehen sei[154]. Immerhin, zu den großen Themen des Barnabasbriefes gehört die Eucharistie sicher nicht[155]; in der Erwähnung der προσευχή mag sie mitangedeutet sein, vielleicht auch in der allgemeinen Aufforderung zu Lob und Dank an den Herrn, Barn 7,1[156]. Schließlich könnte noch die ἀγαθοῦ μνεία (Barn 21,7) als Totengedächtnisfeier (mit Eucharistie?) verstanden werden; sie wäre durch ἐπιθυμία und ἀγρυπνία gekennzeichnet, also ein nächtliches Mahl, für das dann Barnabas Mäßigung und die richtige Einstellung fordert, damit etwas Gutes dabei herauskomme - zum Beispiel, so könnte man sich denken, auch die Einladung Bedürftiger. Doch kann man diese Stelle auch ganz anders verstehen[157].

Daß Soteriologie, Taufe, Gesetz und Eschatologie zu den theologischen Themen des Barnabasbriefes gehören[158], nicht aber die

---

[151] Der Zusammenhang mit dem Gemeindegottesdienst ist in Barn 19,12 noch deutlicher, wenn man anders interpunktiert als üblich: εἰρηνεύσεις δὲ μαχομένους. συναγαγὼν (oder συνάγων - Cod Vat gr 859) ἐξομολογήσῃ κτλ. Vgl. Did 4,3! In Did 4,13 stünde ἐν ἐκκλησίᾳ dann auch genau an der Stelle von συνάγων.

[152] Barn 4,9; 17,1; vgl. auch Barn 9,9.

[153] Barn 1,8; vgl. auch Barn 1,5: μέρος τι μεταδοῦναι ἀφ' οὗ ἔλαβον, und Barn 21,9: γράψαι ἀφ' ὧν ἠδυνήθην.

[154] Barn 17,1; in Barn 4,9 ist zuerst von πολλά die Rede, erst dann davon, nichts auslassen zu wollen; vgl. auch Barn 6,5 (ἁπλούστερον ... ἵνα συνιῆτε).

[155] Vgl. auch Barn 11,11, wo in der Ausdeutung von „ὃς ἂν φάγῃ ἀπὸ τούτων, ζήσεται εἰς τὸν αἰῶνα" auch nicht die kleinste Andeutung der Eucharistie vorkommt.

[156] Der Grund zu Lob und Dank („εὐχαριστοῦντες ὀφείλομεν αἰνεῖν") wird hier allerdings angegeben: der Herr hat (in den Schriften) alles vorhergesagt, damit wir es wissen. So ergibt der Kontext keinen spezifischen Bezug zur Eucharistie, und εὐχαριστεῖν als Begriff muß diesen ja auch nicht beinhalten.

[157] Der Anfang des Satzes wäre nach diesem Verständnis als „bescheidenes" Wortspiel zu verstehen: εἰ δὲ τίς ἐστιν ἀγαθοῦ μνεία, μνημονεύετέ μου - die Identifizierung von Barnabas und dem ἀγαθός würde durch das folgende μελετῶντες ταῦτα wieder zurückgenommen. - Völlig anders übersetzt K. WENGST, Didache, S. 193: „Wenn es ein Gedenken an das Gute gibt, gedenkt meiner, indem ihr euch in diese Dinge einübt, damit mein Bestreben wie meine Sorge zu etwas Gutem führen ..." (Bestreben und Sorge im griechischen Text allerdings ohne Personalpronomen).

[158] Passion, Auferstehung, Glauben zur Rettung: Barn 5,1-8,6, auch Barn 16 (über den Tempel); Taufe: Barn 11-12; Gesetzesverständnis: Barn 10 und ständig

Eucharistie (wie übrigens auch nicht die Kirche und ihre Ämter), mag seinen Grund in der Entstehung der Traditionen haben, in deren Bereich Barnabas gehört und die er verarbeitet: die Diskussionen mit Juden und auch Judenchristen um das richtige Verständnis der Bibel, welche m. E. hier im Hintergrund stehen, hatten vor allem diese Themenkomplexe zum Inhalt[159]. So kann im Umkreis des Verfassers des Barnabasbriefes die Eucharistie durchaus regelmäßig gefeiert worden sein[160]; doch das geistliche Klima, in welchem der Begriff vom neuen Gesetz Christi entstehen konnte[161], wird dem Wort in den Versammlungen der Christen sicher einen breiten Raum eingeräumt haben.

d) Ignatius von Antiochien

In seinem vor über einem Jahrhundert erschienenen Buch „Ignatius von Antiochien" hat T. Zahn einige Seiten der Darstellung von Gemeindeleben und Gottesdienst nach den Briefen des Ignatius gewidmet[162]. Seine Hauptthese darin ist, daß Ignatius neben dem

---

passim, auch Barn 15 (Sabbat); Endzeit: Barn 4,1-6a.9b-14; Barn 21,1-6. Diese recht grobe Zuordnung von Themen mag man im einzelnen kritisieren, aber eine zu genaue Inhaltsangabe des Briefes (vgl. z. B. K. WENGST, Didache, S. 108-110; schon weitaus übersichtlicher: H. WINDISCH, Barnabasbrief, S. 21) verstellt m. E. den Blick für die wesentlichen Anliegen des Verfassers.

[159] Die Argumentation geht immer um das richtige Verständnis von Schriftstellen in ihrem Wert als Prophetie auf Christus und die Christen oder als Weisung zum richtigen Leben. Das Judentum nur noch als „dunkle Folie" sehen zu wollen, von dem sich das für Barnabas Christliche abhebt, würde eine solche Fixierung der Argumentation auf das richtige Schriftverständnis m. E. nicht hinreichend erklären (gegen K. WENGST, Didache, S. 112 - zur „dunklen Folie" vgl. auch H. STEGEMANN, Rezension zu P. Prigent, Les testimonia, S. 149; anders H. WINDISCH, Barnabasbrief, S. 316). Die „grobe(n) Mißverständnisse jüdischer Riten" in Barn 7,4 und 8, 1 können in der Zeit nach der Zerstörung des Tempels durchaus eine Frucht der Polemik sein und brauchen nicht auf schlichter Unkenntnis zu beruhen (gegen K. WENGST, Didache, S. 119). Auf der anderen Seite sei zugestanden, daß der Barnabasbrief keine akute Sorge gegenüber die Christen abwerbenden jüdischen Bemühungen zeigt: die Juden sind das Gegenüber, an dem die im Barnabasbrief repräsentierte Tradition gewachsen ist, ohne aber noch eine aktuelle Gefahr für die Adressaten des Schreibens darzustellen (vgl. H. WINDISCH, Barnabasbrief, S. 322-323).

[160] Über die Form der Feier läßt sich nichts aussagen.

[161] Barn 2,6.

[162] T. ZAHN, Ignatius von Antiochien, Gotha 1873, S. 332-355 (Kapitel „Das Gemeindeleben und der Gottesdienst"). - Der Aufsatz von R. PADBERG, Vom gottesdienstlichen Leben in den Briefen des Ignatius von Antiochien, ThGl 53 (1963) 337-347, ist vor allem an der Eucharistie und an der „Repräsentanz" Jesu Christi und des Heilsgeschehens im Gottesdienst interessiert und deshalb für unser Thema von geringer Bedeutung. - Der Tod des Ignatius und damit seine kurz zuvor geschriebenen Briefe sind in das zweite Jahrzehnt des Zweiten Jahrhunderts zu

allgemeinen „Gebetsgottesdienst" der Gemeinde, welcher ohne die Eucharistie stattfand, die Feier von eucharistischen Mahlzeiten in kleineren Gruppen bezeuge, welche in den Rahmen der Gesamtgemeinde und unter die Leitung des Bischofs zu versetzen sein Ziel war. Aus dem Pliniusbrief entnimmt Zahn dazu, daß der Gebetsgottesdienst morgens stattfand, die Eucharistie als Mahlfeier dagegen abends[163].

Mit der Überprüfung von Zahns These dürfte bereits ein wesentlicher Teil dessen gewonnen sein, was aus den Briefen des Ignatius zum Wortgottesdienst zu erfahren ist.

Zentrales Argument von Zahn ist, daß Ignatius die Eucharistie auch als Agape bezeichnen kann, und dies zeige eindeutig, daß es sich hier um die Mahlzeit handele, aus der sich die spätere Agapefeier entwickelt habe, nachdem die Eucharistie von ihr getrennt wurde. Als Belege führt Zahn IgnSmyrn 7,1 und 8,2 sowie IgnRöm 7,3 an[164].

Von diesen drei Stellen ist IgnSmyrn 8,2 der einzige einigermaßen sichere Beleg dafür, daß Ignatius die Eucharistie gelegentlich auch Agape nennt. Unter dem Obersatz, daß niemand etwas ohne den Bischof tun solle, was die Gemeinde betrifft, wird zunächst gesagt, daß diejenige Eucharistiefeier als unanfechtbar gelten soll, die vom Bischof selbst gehalten wird oder von jemand, dem er es gestattet hat[165]. Dann empfiehlt Ignatius wieder allgemeiner, daß die Gemeinde da sein soll, wo der Bischof ist, und legitimiert diese Empfehlung, indem er die Gegenwart des Bischofs in der Ortsgemeinde zu derjenigen von

---

datieren (s. z. B. W. R. SCHOEDEL, Ignatius von Antiochien, *TRE* 16/1, 40–45, S. 40). – Ich benutze die Ausgabe von J.A. FISCHER, Die Apostolischen Väter, Darmstadt, ⁸1981 (Schriften des Urchristentums 1), S. 109–225.

[163] T. ZAHN, Ignatius, S. 341–354 (Plinius auf S. 351); vorher geht Zahn zum Gottesdienst (ab S. 338) auf die Bildsprache des Ignatius, vor allem das Bild vom Tempel und Altar ein, hinterher (S. 354–355) auf die Frage der gottesdienstlichen Zeiten. Im Blick auf eine Verbindung zwischen Opferdenken und Eucharistie sollte man für Ignatius m. E. wenigstens so zurückhaltend urteilen wie Zahn.

[164] T. ZAHN, Ignatius, S. 347ff.: „Der entscheidende Beweis für das Vorhandensein besonderer Abendmahlsgottesdienste liegt aber darin, dass Ignatius die Abendmahlsfeier ἀγάπη nennt, dass also zur Zeit der Abfassung dieser Briefe die Trennung des Abendmahls von den Agapen und die Verlegung derselben (sic!) in den öffentlichen Gottesdienst noch nicht stattgefunden hat." (S. 347) Die Terminologie ist wie das Modell von der Entwicklung der Gottesdienste von T. Harnack übernommen, auf den Zahn auf S. 350f. auch verweist.

[165] IgnSmyrn 8,1. Ob das etwa ein Presbyter wäre oder gar ein Diakon, läßt sich kaum sagen. IgnTral 2,3 scheint ein Versuch zu sein, die Diakone geistlich aufzuwerten, eventuell auch als Ermahnung an die Diakone selbst, ihr Amt richtig aufzufassen (vgl. W. R. SCHOEDEL, Ignatius of Antioch. A Commentary on the Letters of Ignatius of Antioch, Philadelphia 1985 (Hermeneia), p. 141). Demnach scheinen sie aber doch wohl kaum den Vorsitz bei der Mahlzeit geführt zu haben, auch wenn ihr Dienst an anderer Stelle mit dem Dienst Christi parallelisiert wird (vgl. dazu C.P. HAMMOND BAMMEL, Ignatian Problems, *JThS. NS* 33 (1982) 62–97, p. 93).

Christus Jesus in der Gesamtkirche parallel setzt. Jetzt zieht er daraus wieder eine konkretere Folgerung, diesmal in negativer Form: es ist nicht möglich, daß die zentralen Gemeindeveranstaltungen ohne den Bischof stattfinden: οὐκ ἐξόν ἐστιν χωρὶς ἐπισκόπου οὔτε βαπτίζειν οὔτε ἀγάπην ποιεῖν[166]. Obwohl die Eucharistie im selben Kontext schon einmal genannt wurde, ist hier doch anzunehmen, daß Ignatius nicht einfach Taufe und Agape dazuergänzt; dem Aufbau des Arguments nach muß neben der Taufe noch einmal die Gemeindefeier stehen, die Ignatius für besonders wichtig hält, und das ist die Eucharistie. Hätte sie für ihn neben der Agape existiert, so hätte er sie hier nochmals mit nennen müssen. Den Wechsel im Ausdruck kann man am einfachsten als variatio erklären; Zahn will darüber hinaus einen Sinn darin sehen, daß die Frage nach der sakramentalen Geltung unter dem Stichwort εὐχαριστία beantwortet werde, während ἀγάπη eher den konkreten Vollzug der Feier meine[167].

Weniger sicher ist ἀγάπη in IgnSmyrn 7,1 mit der Eucharistiefeier zu identifizieren. Hier wird den „Heterodoxen"[168] vorgeworfen, daß sie von der Eucharistiefeier und vom Gebet fernbleiben, weil sie leugnen, daß das Fleisch Jesu Christi für uns gelitten habe und auferweckt worden sei. Das wird ihnen von Ignatius als ein Streiten wider Gott ausgelegt, welches den Tod nach sich ziehe. Statt sich so zu verhalten, sagt Ignatius dann, sollten sie lieber ἀγαπᾶν, damit sie auch auferstehen. Das kann einfach als Gegensatz zum Streiten verstanden

---

[166] Ign Smyrn 8,2. W. BAUER, Die Apostolischen Väter II. Die Briefe des Ignatius von Antiochien und der Polykarpbrief, Tübingen 1920 (HNT.E 2), merkt auf S. 271 mit Verweisen auf andere Stellen lediglich an: „ἀγάπη = Liebesmahl". Dagegen wenden sich J.A. FISCHER, Die Apostolischen Väter, S. 211 Fußn. 51; H. Paulsen in: W. BAUER / H. PAULSEN, Die Apostolischen Väter II. Die Briefe des Ignatius von Antiochia und der Poykarpbrief, Tübingen ²1985 (HNT.E 2), S. 97 („... dürfte (sic!) für Ign und seine Gemeinden ἀγάπη und Eucharistie miteinander verbunden gewesen sein", mit W.-D. HAUSCHILD, Agapen, TRE 1, 748-753); ebenso W.R. SCHOEDEL, Ignatius of Antioch, p. 244.

[167] T. ZAHN, Ignatius, S. 348; anders W.R. SCHOEDEL, Ignatius of Antioch, p. 244: „Ignatius probably chose to speak of the love-feast rather than the eucharist ... because he wanted his regulation to cover events that he himself could not regard as true eucharists (as defined in 7.1) and that others may have been tempted to regard as harmless communal meals."

[168] IgnSmyrn 6,2: „καταμάθετε δὲ τοὺς ἑτεροδοξοῦντας εἰς τὴν χάριν Ἰησοῦ Χριστοῦ τὴν εἰς ἡμᾶς ἐλθοῦσαν" (vgl. IgnMagn 8,1). Von ihnen ist auch noch in IgnSmyrn 7,1 die Rede. Ihr Doketismus führt nach Ignatius dazu, daß sie sich vom Gemeindeleben mit der Versorgung der Armen und den Gottesdiensten fernhalten. Zur Frage, ob Ignatius mehrere Gruppen von Gegnern bekämpft oder nur eine, vgl. H. PAULSEN, Die Apostolischen Väter II., S. 64f., und W.R. SCHOEDEL, Ignatius von Antiochien, TRE 16/1, S. 42f. Die Beantwortung dieser Frage ist für unsere Thematik nur insoweit von Bedeutung, als festzuhalten ist, daß die Ausdifferenzierung von Rechtgläubigkeit und Häresie noch nicht eindeutig institutionell vollzogen ist (dazu s. u.).

werden[169]; doch ist einmal die Möglichkeit gegeben, daß ἀγάπη auch
die Eucharistiefeier bezeichnen kann, so erschöpft sich die Bedeutung
von ἀγαπᾶν hier natürlich nicht darin, versöhnlich zu sein, sondern
meint konkret das Resultat dieser Versöhnlichkeit mit: die Teilnahme
an der als Agape vorgestellten Eucharistie[170].

Auch IgnRöm 7,3 ist ohne die Vorgabe, daß Agape ein Wort für
die Eucharistiefeier sein kann, nicht sicher in diesem Sinne zu verstehen; aber mit diesem Hintergrund ergibt die nicht ganz leicht verständliche Stelle einen besonders guten Sinn. Ignatius gibt hier seiner
Martyriumssehnsucht und seiner Weltverachtung Ausdruck, indem er
zunächst sagt, daß in ihm kein Feuer wohne, welches Materie verzehrt, sondern nur das lebendige, d. h. geisthafte Wasser (der Taufe),
welches ihn zum Vater rufe[171]. Dann sagt er das Gleiche noch einmal, nun im Blick auf vergängliche Nahrung, deren er entsage, und die
unvergängliche Eucharistie, nach der ihm verlange. Hier drückt er sich
so aus: „Das Brot Gottes will ich, das ist das Fleisch Jesu Christi, der
aus dem Geschlechte Davids ist, und den Trank will ich, sein Blut, das
ist unvergängliche ἀγάπη." Auf den ersten Blick sehen die beiden ὅ
ἐστιν-Sätze ganz parallel aus; doch müßte ja eigentlich stehen: „das ist
sein Blut", um die Parallele zum Vorhergehenden komplett zu machen.
Dennoch ist die Struktur so ähnlich, daß man wohl kaum den zweiten
ὅ ἐστιν-Satz auf das Ganze beziehen und übersetzen kann: das, Brot
und Trank, ist eine unvergängliche Agape[172]. Wird aber dann das
eucharistische Blut Christi als seine Liebe interpretiert?

Für Ignatius ist das am Kreuz vergossene Blut Christi Ausdruck
seiner Liebe, wie IgnSmyrn 1,1 beweist. Aber auch hier formuliert Ignatius so, daß man ihn gut im sakramentalen Sinne verstehen kann:

---

[169] Ign Smyrn 7,1: „... συζητοῦντες ἀποθνήσκουσιν. συνέφερεν δὲ αὐτοῖς
ἀγαπᾶν, ἵνα καὶ ἀναστῶσιν." Der Gegensatz ist also rhetorisch durchgestaltet.

[170] IgnSmyrn 8,2 zeigt, daß hier die Eucharistie unter der Leitung des Bischofs gemeint sein muß, da die „Heterodoxen" anscheinend doch ihre eigenen
Mahlfeiern hatten (vgl. W.R. SCHOEDEL, Ignatius of Antioch, p. 242). - ἀγαπᾶν
ist als Beriff für „Agapefeiern" sonst nicht nachweisbar und hier deshalb weniger als
terminus technicus denn als eine sehr deutliche Anspielung zu verstehen. Der Gegensatz gilt auch zu dem in IgnSmyrn 6,2 gemachten Vorwurf, daß die Doketen
nicht an den Liebeswerken der Gemeinde teilnehmen. - Vgl. W. R. SCHOEDEL,
Ignatius of Antioch, p. 241; ähnlich auch J.A. FISCHER, Die Apostolischen Väter,
S. 211 Fußn. 46; W. BAUER, Die Apostolischen Väter II., S. 270: H. PAULSEN, Die
Apostolischen Väter II., S. 96.

[171] IgnRöm 7,2.

[172] Gegen T. ZAHN, Ignatius, S. 350 (vgl. auch schon S. 349); W. BAUER,
Die Apostolischen Väter II., S. 252. Als Möglichkeit läßt die Interpretation Bauers
und Zahns J.A. FISCHER, Die Apostolischen Väter, S. 191 Fußn. 52, bestehen. Den
Bezug auf die Eucharistie als Agape lehnen für diese Stelle ab: H. PAULSEN, Die
Apostolischen Väter II., S. 77; W.R. SCHOEDEL, Ignatius of Antioch, p. 186.

ihr seid „gefestigt in der Liebe im Blut Christi". Der Begriff ἀγάπη
hängt für Ignatius eng mit dem Blut Christi zusammen - warum also
nicht mit dem Genuß des Blutes in der Eucharistie[173]? Man wird in
diesem Sinne das Wort ἀγάπη in IgnRöm 7,3 bewußt in doppelter Bedeutung verwendet sehen dürfen; die Qualifizierung als unvergänglich
stellt dabei den Kontrast zu vergänglicher Nahrung her, so daß die Bedeutung „Agape" nicht einfach wegfällt, sondern wahrscheinlich bleibt.
Dadurch nun, daß Ignatius im Blut Christi in besonderer Weise dessen
Liebe ausgedrückt sieht, kann er in der Erklärung zum Blut sagen: das
ist unvergängliche Liebe; und damit steht zugleich dieses eucharistische Blut als pars pro toto für die ganze Agape- bzw. Eucharistiefeier.

Ignatius setzt also den Begriff ἀγάπη fast spielerisch ein, um etwas
über den Charakter der Eucharistiefeier zu sagen. So wird man auch
einige andere Stellen, wo Ignatius das Wort verwendet, mit auf die
Eucharistie beziehen dürfen[174]. Sie ist ihm besonders wichtig, ebenso aber auch die Liebe[175], so daß gerade ihm die terminologische
Einheit gelegen kommen muß, wenngleich offenbar εὐχαριστία bereits
das fester eingebürgerte Wort ist[176].

---

[173] Im Zusammenhang mit dieser Stelle wie auch mit IgnRöm 7,3 wird immer
wieder auf IgnTral 8,1 verwiesen, wo es heißt: „... erneuert euch selbst im Glauben, das ist das Fleisch des Herrn, und in der Liebe, das ist das Blut Jesu Christi."
Auch wenn diese Stelle nicht einfach auf die Eucharistie gedeutet werden kann, so
ist doch hier wie an den anderen genannten Stellen ein Bezug zur Eucharistie auch
nicht wegzudenken - Vgl. W.R. SCHOEDEL, Ignatius of Antioch, p. 149-150.
[174] IgnEph 4,1; IgnRöm 2,2; IgnMagn 14,1; IgnTral 8,1; IgnMagn 7,1 (dazu
s. u.); IgnSmyrn 1,1 und 6,2. An allen diesen Stellen ist mit ἀγάπη sicher nicht primär die Eucharistie gemeint (am deutlichsten ist der Bezug in IgnSmyrn 1,1 -
s. o.), jedoch die Anspielung auf sie mehr oder minder deutlich oder wenigstens
möglich. Das gilt selbst für IgnSmyrn 6,2, wo im Anschluß gleich das Sich-Küm-
mern um die sozial Schwachen, also Werke tätiger Nächstenliebe genannt werden:
ein Teil der Fürsorge wird sich in ihrer Versorgung mit gutem Essen bei der Agape
ausgedrückt haben (vgl. dazu Hippolyt, tradAp Nr. 30 (Botte), dagegen aber auch
Nr. 24 (Botte); s. ferner W.R. SCHOEDEL, Ignatius of Antioch, p. 241).
[175] Vgl. J. COLSON, Agapè chez Saint-Ignace d'Antioche, StPatr 3 (= TU 78,
Berlin 1961) 341-353, S. 344: „Foi et Charité sont pour Ignace, les deux pôles
inséparables de la vie chrétienne, ‚le commencement et la fin de la vie ...' " (Zitat aus IgnEph 14,1). Colson trägt die Stellen zusammen, an denen Ignatius von der
Liebe redet und geht den verschiedenen Bedeutungsebenen nach.
[176] An allen Stellen, wo bei Ignatius das Wort vorkommt, meint es eindeutig
die Eucharistie: IgnEph 13,1; IgnPhil 4,1; IgnSmyrn 7,1; 8,1. (Zu den Varianten in der
genauen Bedeutung s. W.R. SCHOEDEL, Ignatius of Antioch, p. 240 n. 7; ausführlicher: R. JOHANNY, Ignace d'Antioche, in: *L'eucharistie des premiers Chrétiens*, ed.
R. Johanny, Paris 1976 (Le Point Théologique 17) 53-74, p. 56-66). T. Zahn weist
daraufhin, daß durch die Nebeneinanderordnung von εὐχαριστία und προσευχή
(IgnSmyrn 7,1) oder δόξα θεοῦ (IgnEph 13,1) ein Bewußtsein für die ursprüngliche
Bedeutung des Wortes erkennbar bleibt (T. ZAHN, Ignatius, S. 341). In diese Richtung weist auch die Benutzung des Verbes εὐχαριστέω in IgnEph 21,1; IgnPhil 6,3;
IgnSmyrn 10,1.

Daß die von Igniatus als Agape bezeichnete Eucharistiefeier auch wirklich eine Mahlfeier ist, läßt sich aus seinen Schriften nicht belegen, sondern ist nur aufgrund der späteren Verwendung des Begriffes und von Stellen wie 1Kor 11 anzunehmen[177].

Wie steht es zur Kontrolle nun mit dem Zeugnis des Ignatius für einen separaten Wortgottesdienst? Zahn führt hier IgnSmyrn 7,1 an: die Häretiker halten sich von εὐχαριστία und προσευχή fern, und versteht προσευχή als Bezeichnung für den Wortgottesdienst. Allerdings gibt Ignatius sogleich als Grund für das Verhalten der Häretiker an, daß sie nicht bekennen, die Eucharistie sei das Fleisch unseres Heilands Jesus Christus, welches für unsere Sünden gelitten und das der Vater auferweckt habe[178]. Das betrifft nur die Eucharistie, so daß προσευχή hier als pleonastischer Zusatz zu verstehen wäre. Etwas weiter im Text aber empfiehlt Ignatius, mit den Heterodoxen nicht zu sprechen, sondern vielmehr auf die Propheten zu hören und auf das Evangelium, welche Leiden und Auferstehen des Fleisches Jesu verkündigen[179]. Damit könnte nun doch auf die Wortgottesdienste angespielt sein, mit deren „orthodoxer" Verkündigung die ἑτεροδοξοῦντες wohl wenig anzufangen wußten. So wäre es denkbar, daß Ignatius ihr Fernbleiben von allen Gottesdiensten der Gemeinde brandmarkt und dafür nur den eklatantesten, die Eucharistie betreffenden Grund angibt. Dann wäre Zahn Recht zu geben und προσευχή bezeichnete hier den Wortgottesdienst, was an einen jüdischen Gebrauch angelehnt sein könnte[180]. Sicher ist das allerdings nicht.

Ob damit auch IgnMagn 14 auf den Gottesdienst anspielt? Ignatius sagt dort: „Gedenket meiner in euren Gebeten (προσευχαῖς) ..., ich

---

[177] Zum Verhältnis von Mahlzeit und Eucharistie in 1Kor 11 s. S. 55f.

[178] IgnSmyrn 7,1: εὐχαριστίας καὶ προσευχῆς ἀπέχονται, διὰ τὸ μὴ ὁμολογεῖν τὴν εὐχαριστίαν σάρκα εἶναι τοῦ σωτῆρος ἡμῶν κτλ.

[179] Die Propheten sind die alttestamentlichen Propheten, neben denen Ignatius den νόμος Μωϋσέως kennt (IgnSmyrn 5,1). Das Evangelium ist bei Ignatius eher die mündliche Botschaft als bereits das schriftlich fixierte Evangelium (in deutlichem Kontrast gegen die in „Archiven" gesammelte Schrift als das mündliche Evangelium: IgnPhil 8,2 - vgl. dazu W. R. SCHOEDEL, Ignatius of Antioch, p. 207f.). Dezidiert ist das Forschungsergebnis Koesters: „Ign. weist nie darauf hin, daß ihm ein schriftliches Evangelium bekannt gewesen sei." (H. KOESTER, Synoptische Überlieferung bei den Apostolischen Vätern, Berlin 1957 (TU 65), S. 60; S. 60-61 fassen S. 24-59 zusammen). Vorsichtiger W.R. SCHOEDEL, Ignatius von Antiochien, *TRE* 16/1, S. 42: „Vielleicht lag ihm Matthäus in einer schriftlichen Form vor ..., aber auch das ist unklar ..." - Wenn es Schriftlesungen gab (dazu s. u.), werden sie also in jedem Fall aus den alttestamentlichen Schriften genommen sein. Seine eigenen Briefe mag Ignatius für die Verlesung bei einer Mahlfeier gedacht haben, vielleicht aber auch im Sinne einer (zusätzlichen?) Predigt beim Wortgottesdienst.

[180] M. HENGEL, Proseuche und Synagoge, in: *Tradition und Glaube*, FS K.G. Kuhn, Göttingen 1971, 157-184; dazu s. u. S. 451f.

bedarf nämlich eures in Gott vereinten Gebets und der (geeinten) Liebe (προσευχῆς καὶ ἀγάπης), damit die Gemeinde in Syrien gewürdigt wird, durch eure Gemeinde mit Tau beträufelt zu werden"[181].

Es wird freilich nirgends eindeutig das Wort προσευχή zur Bezeichnung eines Gottesdienstes verwendet. Wenn Ignatius zu häufigerem Gottesdienstbesuch mahnt, spricht er von ἔρχεσθαι ἐπὶ τὸ αὐτό (Ign Eph 5,2; hier wird allerdings als Zweck der Zusammenkunft die προσευχή angegeben!)[182], von συνέρχεσθαι εἰς εὐχαριστίαν θεοῦ καὶ εἰς δόξαν (IgnEph 13,1; gleich darauf dann γίνεσθαι ἐπὶ τὸ αὐτό) oder von συναγωγαί (IgnPol 4,2), wobei mit letzterem natürlich die verschiedenen Gottesdienste insgesamt gemeint sein können[183]. In IgnTral 12,2 wiederum muß προσευχή keine Gottesdienstbezeichnung sein, wenn Ignatius dazu mahnt, die Trallianer sollten in Eintracht und in der gemeinsamen προσευχή bleiben.

Am ehesten ist προσευχή noch in IgnMagn 7,1 die Bezeichnung für einen Gottesdienst. Nach der Ermahnung, nichts ohne Bischöfe und Presbyter zu tun und nicht zu versuchen, allein und für sich (ἰδίᾳ) klug und richtig (εὔλογος) zu erscheinen, setzt Ignatius dem entgegen: ἀλλ' ἐπὶ τὸ αὐτὸ μία προσευχή, so daß man übertragen könnte: „sondern kommt vielmehr alle zusammen zur Belehrung in e i n e m Gottesdienst" - wenn nicht sofort daneben stünde: μία δέησις.

Offensichtlich denkt Ignatius also bei προσευχή in erster Linie an das Gebet; dennoch kann der Gottesdienst gemeint sein, da im Folgenden auch die ἀγάπη erwähnt wird: εἰς νοῦς (das könnte προσευχή und δέησις noch einmal zusammenfassen), μία ἐλπὶς ἐν ἀγάπῃ, ἐν τῇ χαρᾷ τῇ ἀμώμῳ (ein Charakteristikum der Agapefeiern!), ὅ ἐστιν Ἰησοῦς Χριστός

---

[181] Προσευχὴ ἡνομένη wird in jedem Fall gemeinsames, gottesdienstliches Gebet meinen; da ist der Schritt nicht weit, eben auch an die Gottesdienste mit zu denken.

[182] So muß es verwundern, daß T. ZAHN, Ignatius, S. 344f., die Stelle nur als Beispiel für eine Mahnung zum nichteucharistischen Gottesdienst anführt, ohne auf den Begriff προσευχή näher einzugehen. Ignatius stellt die Kraft des Gebets von ein oder zwei Christen derjenigen des Gebets der ganzen Gemeinde gegenüber; er denkt also in erster Linie an das Gebet.

[183] Es ist eine alte Streitfrage, ob Ignatius möchte, daß mehr Personen zum Gottesdienst kommen und die einzelnen so oft wie möglich gehen oder daß mehr gottesdienstliche Versammlungen stattfinden sollen. V. a. IgnPol 4,2: πυκνότερον συναγωγαὶ γινέσθωσαν scheint mehr in die zweite Richtung zu deuten (vgl. T. ZAHN, Ignatius, S. 345 Fußn. 1). Doch scheint mir die Vorstellung des Ignatius in sich unscharf zu sein; er denkt sich die geeinte Gemeinde als Bollwerk gegen die Mächte des Satan (IgnEph 13,1) und will möglichst oft viele zusammen sehen, ohne daß er aber deswegen vorzuhaben scheint, konkret in den „Terminplan" der Gemeinden einzugreifen (anders H. PAULSEN, Die Apostolischen Väter II, S. 38; W.R. SCHOEDEL, Ignatius of Antioch, p. 74). Vielleicht ist die Lösung, daß Ignatius mehr Zusammenkünfte der Gesamtgemeinde an die Stelle der bislang ebenso häufigen Teilversammlungen setzen möchte.

(wohl nicht nur auf ἐλπίς bezogen wegen des ὅ, sondern eher auf das Ganze, also auch ἀγάπη und χαρά). Der weitere Kontext nimmt gottesdienstliche Sprache auf: „Kommt alle zusammen wie in den einen Tempel Gottes ... “ (IgnMagn 7,2), so daß die Deutung von προσευχή und ἀγάπη auf den Gottesdienst nicht abwegig erscheint.. Doch bliebe dann der Sprachgebrauch durch die Kombination mit δέησις und χαρά immer noch ambivalent.

So kann die Bezeichnung προσευχή für den Wortgottesdienst bei Ignatius zwar plausibel gemacht werden, aber keinesfalls ist sie als terminus technicus die einzig mögliche Bezeichnung, und der Vorbehalt muß bestehen bleiben, daß das Wort doch in allen Fällen einfach nur das Gebet meinen könnte[184].

Ein weiteres Argument von Zahn lautet wie folgt: Ignatius fordert immer wieder zur Einheit der Eucharistiefeier unter dem Bischof auf, nicht jedoch zur Einheit in den übrigen Gottesdienstteilen. Das liege daran, daß die Wortgottesdienste sowieso von der ganzen Gemeinde gefeiert worden seien, während es für die Eucharistie üblich gewesen sei, sich in kleineren Gruppen in den Häusern zu treffen. Ignatius hüte sich auch davor, diese Praxis in Bausch und Bogen zu verurteilen; denn hier gehe es nicht um Sonderfeiern der Häretiker, welche er scharf attackiere, sondern eben um bisher anerkannte Feiern innerhalb der Gemeinde. Wo hingegen Ignatius zum Gottesdienstbesuch überhaupt mahne, betreffe dies nicht die fehlende Einheit, sondern das Wegbleiben mancher Gläubigen von den Gemeindeversammlungen[185].

Außer einer Fehlinterpretation von IgnMagn 7[186] setzt Zahn bei dieser Argumentation voraus, daß die Wortgottesdienste immer im Rahmen der Gesamtgemeinde stattfanden und daß εὐχαριστία nicht gut einen gesamten Gottesdienst mit Wortteil bezeichnen könne. Da es aber darauf ankommt, mit dem Argument diese Voraussetzungen eigentlich erst noch zu belegen, vor allem die erste der beiden, kann man es nur zur Stützung der bisherigen Argumentation heranziehen, nicht aber als eigenständigen Grund. Überdies wollen sich auch andere Texte als IgnMagn 7 nicht so ganz der Schematik dieses Arguments fügen.

---

[184] Προσευχή ist auf jeden Fall des Ignatius bevorzugtes Wort für das Gebet, und man wird wohl an keiner Stelle für einen rein technischen Gebrauch nur im Sinne von (Gebets-) Gottesdienst plädieren können.

[185] T. ZAHN, Ignatius, S. 342-346.

[186] Zahn versteht (auf S. 346) IgnMagn 7,1 ἀλλ’ ἐπὶ τὸ αὐτὸ μία προσευχή κτλ als indikativische Feststellung, mit welcher an die Gemeinsamkeit in den Gebetsgottesdiensten erinnert werde; darauf folge erst in 7,2 die Aufforderung zu gemeinsamen Eucharistiefeiern (πάντες ὡς εἰς ἕνα ναὸν συντρέχετε θεοῦ). Das ist wegen des zitierten ἀλλά, das sich an eine Reihe von verneinten Imperativen

In IgnEph 16 nämlich werden die Häretiker mit ihrer schlechten Lehre als οἰκοφθόροι bezeichnet[187]. Ihnen wird also vorgeworfen, daß sie in den Häusern der Rechtgläubigen ihre Lehre verbreiten, und es ist anzunehmen daß sie dies bei gottesdienstlichen Zusammenkünften tun[188]. Das mag nun etwa im Tischgespräch bei der Eucharistiefeier geschehen und nicht bei Wortfeiern, doch setzt das eben schon wieder voraus, daß Wortgottesdienst und Eucharistie getrennt waren und der Wortgottesdienst im Rahmen der Gesamtgemeinde stattfand. Doch scheint es tatsächlich auch Leute gegeben zu haben, die „alles ohne den Bischof tun" (IgnMagn 4); das kritisiert Ignatius zwar, aber es sieht doch so aus, als sei es keineswegs selbstverständlich, daß wenigstens die Wortgottesdienste immer im Rahmen der Gesamtgemeinde gefeiert wurden. Ja, wenn eine Gemeinde einen gar nicht zur Rede begabten Bischof hatte, so mochte Ignatius das als heilsame σιγή zwar hochstilisieren[189], aber es scheinen doch einige Gemeindeglieder

---

anschließt, grammatisch nicht möglich und erscheint auch vom Sinn her willkürlich und gequält.

[187] IgnEph 16,1: μὴ πλανᾶσθε, ἀδελφοί μου· οἱ οἰκοφθόροι βασιλείαν θεοῦ οὐ κληρονομήσουσιν. Schon das μὴ πλανᾶσθε könnte auf die Tätigkeit der „Häuserverderber" als ein πλανᾶν weisen; jedenfalls aber wird in IgnEph 16,2 ganz deutlich gemacht, daß es nicht, wie im zitierten Wort nach der Ansicht des Ignatius ursprünglich gemeint, physische Gewalt ist, die die Häuser zerstört, sondern κακὴ διδασκαλία.

[188] Wer sich von einem Irrlehrer beeinflussen läßt, wird als ἀκούων αὐτοῦ bezeichnet, was man als „sein Hörer" übersetzen kann (IgnEph 16,2). Wenn das Wirken solcher Lehrer die Beeinflussung ganzer Häuser bedeutet, ist das am ehesten durch Hausgottesdienste vorstellbar - so warnt auch IgnPhild 2,1 vor der gemeindespaltenden Wirkung der κακοδιδασκαλία, was wohl nicht nur auf eine Spaltung in den Ansichten deutet, da als Gegensatz die Einheit unter dem einen Bischof dargestellt wird. Auch wenn manche „Häuserverderber" etwa aufgrund christlicher Gastfreundschaft in die Häuser kamen und nicht einfach innergemeindliche führende Persönlichkeiten waren, so werden sie als Wanderlehrer (vgl. IgnEph 9,1!) dennoch bald gottesdienstliche Zusammenkünfte abgehalten haben.

[189] IgnEph 6,1; 15,1f. und IgnPhild 1,1 verraten allesamt durch ihre komparativische Struktur, daß Ignatius gegen Vorwürfe verteidigt. Die Grundstruktur seines Argumentes ist: in Gott gegründetes Schweigen ist allemal besser als leeres Geschwätz. Daß Ignatius aber auch tatsächlich theologisch etwas mit dem „Schweigen" anfangen kann, zeigen IgnEph 19,1 und IgnMagn 8,2: bei Gott ist Schweigen und Stille. „Vielleicht liegt schon eine Beeinflussung durch die Hesychia- und Sigé-Vorstellung der Gnosis vor." (J.A. FISCHER, Die Apostolischen Väter, S. 157 Fußn. 86). H. CHADWICK, The Silence of Bishops in Ignatius, *HThR* 43 (1950) 169-172, interpretiert alle Stellen über das Schweigen der Bischöfe im Sinne des theologischen Konzepts, daß bei Gott dem Vater das Schweigen ist und der Bischof Gott auf Erden repräsentiert. Dabei übersieht er die Komparative, welche z. B. W. BAUER, Die Apostolischen Väter II., S. 206, mit Recht vermuten lassen, „daß dem Bischof von Ephesus die Rednergabe versagt war". Chadwick muß denn auch die bei Ignatius festgestellte Stringenz selbst zur Beschreibung der Predigt eines Bischofs durchbrechen und theoretisieren: „And if he should preach, his sermon might perhaps be considered as a ‚Logos proceeding from silence'." (A. a. O., p. 172 - der λόγος ἀπὸ σιγῆς προελθών (IgnMagn 8,2) ist eine Bezeichnung für Christus; wenn der

Versammlungen mit anderen Rednern als dem Bischof (oder dem vom Bischof bestellten) vorgezogen zu haben. Nicht umsonst taucht die Warnung vor den οἰχοφϑόροι gerade in einem solchen Zusammenhang auf[190]. Auch die Aufforderung an die Gemeinde in Philadelphia, ungeteilten Herzens zusammenzukommen, folgt auf eine vorhergehende Kritik an judaisierenden Lehrern, so daß die Einheit, welche Ignatius sich wünscht, die Lehre betrifft und sich keineswegs nur in einer gemeinsamen Eucharistiefeier dokumentieren soll[191].

Zahns Trennung zwischen mehreren innergemeindlichen Feiern einerseits und den Feiern der Häretiker andererseits erscheint von daher verfehlt[192]. Vielmehr ist es das Anliegen des Ignatius, die innere

---

Bischof selbst spricht und diese Stelle darauf bezogen wird, brechen die Analogien zusammen). - Richtiger vertritt dagegen P. MEINHOLD, Schweigende Bischöfe. Die Gegensätze in den kleinasiatischen Gemeinden nach den Ignatianen, in: *Glaube und Geschichte*, FS Josef Lortz, Bd. II, Baden-Baden 1958, 467-490, S. 489, die Ansicht, daß Ignatius zur Rechtfertigung des Schweigens der Bischöfe seine Theorie vom Bischof als Abbild Gottes entwickelt habe. Meinhold ist im übrigen der Meinung, daß das an den Bischöfen kritisierte Schweigen ein Fehlen pneumatischer Begabung und der Fähigkeit zu freien pneumatischen Gebeten meint. Das ist eine sehr einleuchtende Interpretation, solange man sie nicht einseitig auf die Gabe pneumatischen Gebets verengt und zum alleinigen Schlüssel für das Verstehen der Ignatianen macht. Meinhold scheint mir die Fronten zwischen Bischöfen und Pneumatikern deutlicher zu sehen als Ignatius selbst. - W.R. SCHOEDEL, Ignatius of Antioch, p. 56, meint, daß das Schweigen mehr die direkte Auseinandersetzung mit anders Lehrenden betraf: „he seems to have lacked the ability in debate to turn back false teaching". Das eine schließt das andere nicht aus. - Der Aufsatz von W. BIEDER, Zur Deutung des kirchlichen Schweigens bei Ignatius von Antiochien, *ThZ* 12 (1956) 28-43, ist durch die genannte Literatur überholt. - Ganz anders argumentiert L.F. PIZZOLATO, Silentio del vescovo e parola degli eretici in Ignazio d'Antiochia, *Aevum* 44 (1970) 205-218. Er verweist auf IgnEph 3,1-2, IgnTral 3,3 und IgnRöm 4,3, um zu zeigen, daß das Schweigen nicht als eine typische Tätigkeit des Bischofs gilt, sondern vielmehr das Verkündigen, das ja auch Aufgabe der Apostel war. Daraus schließt er, daß das Schweigen der Bischöfe ein spezifisches sein muß, und kommt dann aufgrund von IgnEph 6,2 zu dem Ergebnis, daß es hier um ein Schweigen gegenüber Jesus Christus geht. Im Klartext: während die häretischen Gegner ohne Hemmungen der Tradition der Herrenworte etwas hinzufügen, beschränken sich die Bischöfe nach dieser Interpretation der Ignatianischen Aussagen darauf, die echte Tradition allein gelten zu lassen. Das Ausgangsargument Pizzolatos zeigt m. E. gegenüber Chadwick gut, daß Ignatius sich in der Tat die Bischöfe nicht grundsätzlich schweigend vorstellt, sondern daß die Parallelisierung zu dem schweigenden Gott eine Hilfskonstruktion für ein anderes Argument ist. Die besondere Ausdeutung Pizzolatos überlastet dann aber die (zudem textkritisch nicht ganz sichere) Stelle IgnEph 6,2. Zu meiner Interpretation dieser Stelle s. u. Fußn. 197.

[190] IgnEph 16,1 im Anschluß an IgnEph 15, wo betont wird, daß es nur einen Lehrer gibt, Jesus Christus, und daß der „schweigende" Bischof ihm darin ähnlich sei, daß er tut, was er sagt.

[191] IgnPhild 6,2 im Anschluß an IgnPhild 6,1.

[192] T. ZAHN, Ignatius, S. 344f. Fußn. 2 (mit Verweis auf S. 244f.), führt noch IgnPhild 10 als Beleg dafür an, daß der Proseuche-Gottesdienst von der ganzen Gemeinde gefeiert wurde. Zahn trägt damit ein, daß die ἐπὶ τὸ αὐτὸ γενόμενοι (IgnPhild 10,1) sich nicht extra für die Ankunft der Gesandten versammelt haben

und äußere Einheit der Gemeinden durch die gottesdienstliche Bindung an den Bischof zu fördern und auf diese Weise dem Wirken von häretischen Lehrern innerhalb der Gemeinde einen Riegel vorzuschieben. Die besondere Betonung der Eucharistie hängt dabei mit zweierlei zusammen: einmal damit, daß die Eucharistie in der Frömmigkeit des Ignatius besonders wichtig ist, und zum anderen damit, daß wenigstens ein Teil der „Heterodoxen" gerade an dieser Stelle mit der Kritik ansetzte[193].

Nach alledem haben wir hier also eine Situation vor uns, in der die Gemeinden durch die Praxis der Mahlfeiern in den Häusern wie auch durch andere gottesdienstliche Zusammenkünfte von Teilgemeinden zu zersplittern drohten. Auch die Feier des Sonntags war anscheinend nicht unangefochten, und die judaisierenden Christen werden sich zu ihrem Haupt-Gottesdienst am Sabbat getroffen haben; das scheint mir jedenfalls im σαββατίζειν (IgnMagn 9,1) durch die Gegenüberstellung zu κυριακή mit enthalten[194]. Daß ferner in den Gemeinden zum Beispiel die Prophetie noch lebendig und damit auch ein Potential an Personen vorhanden war, die an die Spitze einer Hausgemeinde treten konnten, zeigt Ignatius selbst: in dem Brief an die Philadelphier (7,1) ruft er in Erinnerung, wie er dort mitten in ihrer Versammlung ausrief, daß sie sich in Einheit an den Klerus halten sollten, und betont, daß er vorher nichts von Spaltungen dort wußte, vielmehr der Geist aus ihm sprach. Ἐκραύγασα μεταξὺ ὤν muß bedeuten, daß Ignatius nicht als Prediger sprach, sondern mitten aus der Gemeinde heraus, wohl plötzlich getrieben vom Geist, laut (dazwischen-) rufend[195]. Auch die

---

würden, von denen Ignatius spricht, und v. a., daß die genannte Versammlung gerade nicht die Eucharistie mitumfaßte, was er ja eigentlich erst noch belegen will. - Zur Frage nach der gemeindlichen Stellung der „Häresien" und des Bischofs vgl. die Darstellung von W. BAUER, Rechtgläubigkeit und Ketzerei im ältesten Christentum, Tübingen, [2]1964, S. 65-80. Ob die Stellung der Bischöfe so schwach war, wie Bauer meint, erscheint mir fraglich (vgl. dazu auch die Kritik von F.W. NORRIS, Ignatius, Poycarp, and 1 Clement: Walter Bauer Reconsidered, *VigChr* 30 (1976) 23-44); der entscheidende Impuls, der von Bauer ausging, bleibt aber, daß man sich die Gemeinden nicht als festen um den Bischof gescharten Block vorstellen darf, welcher die Häresien bereits eindeutig ausgegrenzt hat.

[193] Aufschlußreich sind IgnSmyrn 1 und 7 sowie IgnEph 20. Vgl. auch z. B. IgnTral 10 (gegen Doketen) mit IgnTral 6, wo mit χριστιανὴ τροφή wohl auch auf die Eucharistie angespielt ist.

[194] Dagegen ist W.R. SCHOEDEL, Ignatius of Antioch, p. 123, der Meinung, daß die Gegenüberstellung von Sabbat und Sonntag möglicherweise nur eine dem Ignatius für seine Argumentation gelegene Ausdrucksweise zur Abqualifizierung der „judaisierenden" Gegner sei, ohne daß die Frage der Sabbatbeobachtung den konkreten Hintergrund abgegeben habe. Das ἑρμηνεύειν der Judaisierer aber (IgnPhild 6,1) wird doch wohl in deren eigenen Versammlungen stattgefunden haben (dazu s. o.), für die der Sabbat ein sehr geeigneter Tag wäre; es besteht demnach kein Grund, in der Interpretation von IgnMagn 9,1 so skeptisch zu sein wie Schoedel.

Behauptung, daß Ignatius den Trallianern von den Dingen im Himmel schreiben könnte, sie's aber doch nicht würden fassen können, weist in die Richtung der Prophetie[196].

Aber nicht nur im unmittelbaren prophetischen Wort redet Gott selbst, sondern auch durch die rechtgläubige Predigt überhaupt. So kann man jedenfalls IgnEph 6,2 verstehen, wo die Epheser gelobt werden, daß bei ihnen keine Häresie ihr Dasein friste, sondern sie im Gottesdienst niemand anders reden hörten als Jesus selbst. Auch wenn hier ursprünglich gestanden haben sollte, daß die Epheser niemand anders hörten als den, der über Jesus Christus spreche[197], so wird doch im selben Brief und auch an anderen Stellen Jesus als der eine Lehrer bezeichnet, auf den man hören solle[198]. Dabei dürfte es wohl nicht nur um die Rezitation von Herrenworten, sondern um deren Auslegung als Tradition seiner χριστομαθία (IgnPhld 8,2)[199] gehen.

In der Predigt wird also die richtige Lehre vom Heil verkündigt; daß dazu auch die Paränese gehört, zeigt z. B. die Formulierung des Ignatius, er wolle durch seinen Epheserbrief dazu ermahnen, mit dem Sinne Gottes konform zu gehen (παρακαλεῖν ὑμᾶς, ὅπως συντρέχετε τῇ γνώμῃ τοῦ θεοῦ - IgnEph 3,2)[200]. Ebenso kann er den Bischof Polykarp brieflich zu heilsamer Predigt an seine Gemeinde auffordern: παρακαλῶ σε ... πάντας παρακαλεῖν, ἵνα σώζωνται[201]. Und zum Beginn

---

[195] Vgl. F.J. DÖLGER, ΘΕΟΥ ΦΩΝΗ. Die „Gottes-Stimme" bei Ignatius von Antiochien, Kelsos und Origenes, in: DERS., Antike und Christentum, Bd. 5, Münster 1936, 218-223. Es wird nicht ganz deutlich, ob Dölger der Meinung ist, Ignatius habe, einer Inspiration folgend, bei einer Predigt etwas Wichtiges gesagt und dazu die Stimme erhoben, oder es handele sich um einen echten „Zwischenruf" (S. 219). S. ferner W.R. SCHOEDEL, Ignatius of Antioch, p.205.

[196] IgnTral 5; vgl. 2Kor 12,1-7.

[197] Für den griechisch überlieferten Text mit εἴπερ entscheiden sich J.A. FISCHER, Die Apostolischen Väter, S. 147, und H. PAULSEN, Die Apostolischen Väter II., S. 33. Vorsichtiger: W. BAUER, Die Apostolischen Väter II., S. 206. Gegen diese Variante s. W.R. SCHOEDEL, Ignatius of Antioch, p. 58 n. 2: „The reading of G, πλέον εἴπερ, is grammatically impossible". - Den lateinischen Text, der auf ἤπερ rückschließen läßt, befürwortet L. PIZZOLATO, Silenzio del vescovo, p. 211-213 (zur Gesamtthese Pizzolatos s. o. Fußn. 189). Dem Sprachgebrauch des Ignatius am nächsten kommt die Konjektur ἢ περί - vgl. IgnTral 9,1; IgnPhild 6,1. Für sie plädiert neuerdings W.R. SCHOEDEL, l.c.

[198] IgnEph 15,1; IgnMagn 9,1f.

[199] Vgl. dazu Fußn. 209.

[200] Vgl. IgnPhld 8,2: παρακαλῶ δὲ ὑμᾶς μηδὲν κατ' ἐριθείαν πράσσειν, ἀλλὰ κατὰ χριστομαθίαν. Auf den Punkt gebracht ist die Wichtigkeit des Handelns und nicht nur der Lehre in Eph 15,1: καλὸν τὸ διδάσκειν ἐὰν ὁ λέγων ποιῇ (vgl. auch IgnEph 14,2). Andererseits gibt Ignatius außer der verschiedentlich vorgebrachten Aufforderung zur Einheit und Einigkeit insgesamt sehr wenig konkrete Ratschläge zur Lebensführung; vgl. dazu H. PAULSEN, Studien zur Theologie des Ignatius von Antiochien, Göttingen 1978 (FKDG 29), S. 78-93.

[201] IgnPol 1,2. Nach H.J. SIEBEN, Die Ignatianen als Briefe. Einige formkritische Bemerkungen, *VigChr* 32 (1978) 1-18, S. 8ff., ist παρακαλεῖν das Wort,

einer Art Haustafel empfiehlt er ihm, gegen die schlimmen Künste und Praktiken zu predigen (ὁμιλίαν ποιεῖν)[202]. Daß die Ermahnung aber nicht nur auf den Bereich der Lebensführung beschränkt ist, zeigt der Epheserbrief ganz deutlich; in ihm schreibt Ignatius nämlich auch von der göttlichen οἰκονομία, den „Mysterien" der Jungfrauengeburt und des Todes Jesu Christi, von der Erkenntnis Gottes und dergleichen mehr[203]. Er will damit offensichtlich der vorher von ihm erwähnten schlechten (doketischen) Lehre die gute Lehre entgegensetzen[204], wobei er sich nicht scheut, Ausdrücke aus der Mysteriensprache[205] und aus dem gnostischen Sprachbereich zur Charakterisierung der christlichen Botschaft aufzunehmen[206]. Solche Ausführungen kann man sich gut als Inhalt einer Predigt vorstellen, zumal sie ja zum Vorlesen in der Gemeinde gedacht waren.

Trotz alledem kann man sich des Eindrucks nicht erwehren, daß für Ignatius die Eucharistie das eigentliche gottesdienstliche Zentrum ist. Hier gibt es das φάρμακον ἀθανασίας[207]. Dazu paßt, daß er möglicherweise den Wortgottesdienst als προσευχή bezeichnet (s. o.) und daß er selbst herzlich wenig Schriftworte anführt[208] und sich auch

---

welches die Briefcorpora der Ignatianen am umfassendsten charakterisiert (mit weiteren Belegen). Auf S. 15f. ordnet er dann die Wendung als typisch für diplomatische Korrespondenz ein und zitiert auf S. 16 C.J. Bjerkelund: „Es handelt sich um einen würdigen und urbanen Ausdruck der Aufforderung, dem alles Befehlende und Untertänige fernliegt." Gerade IgnPol 1,2 zeigt aber, daß παρακαλεῖν bei alledem doch in die urchristliche Predigtsprache gehört.

[202] IgnPol 5,1. Daß ὁμιλίαν ποιεῖν hier noch nicht spezifischer Begriff für die christliche Predigt ist, beweisen die sogleich folgenden Aufforderungen: „προσλάλει" und „παράγγελε" (IgnPol 5,1).

[203] IgnEph 17-20 (17,2 θεοῦ γνῶσις. 19,1 μυστήρια. 20,1 οἰκονομία); vgl. Fußn. 204.

[204] IgnEph 16,2: κακὴ διδασκαλία. IgnEph 17,1: ἡ διδασκαλία τοῦ ἄρχοντος τοῦ αἰῶνος τούτου. Direkt dem gegenübergestellt ist die θεοῦ γνῶσις, ὅ ἐστιν Ἰησοῦς Χριστός (IgnEph 17,2). In IgnEph 20,1 kündigt Ignatius eine zweite Abhandlung zur Fortsetzung derjenigen über die οἰκονομία εἰς τὸν καινὸν ἄνθρωπον Ἰησοῦν Χριστόν an; dieser Anfang der Darlegung ist offensichtlich das Vorausgegangene, dem Inhalt nach etwa ab IgnEph 17.

[205] IgnEph 19,1: μυστήρια (vgl. IgnEph 12,2; IgnTral 2,2); IgnEph 19,3: Sieg über die bösen Mächte.

[206] IgnEph 17,2: γνῶσις. ἀγνοεῖν. 19,1: ἡσυχία θεοῦ. 19,2: αἴωνες. φῶς. ταραχή. 19,3: ἄγνοια. Eine entwickelte Gnosis als Gegenüber läßt sich bei Ignatius noch nicht nachweisen. Zu seiner Affinität zu gnostisierendem Denken vgl. H. SCHLIER, Religionsgeschichtliche Untersuchungen zu den Ignatiusbriefen, Gießen 1929 (BZNW 8), und H.-W. BARTSCH, Gnostisches Gut und Gemeindetradition bei Ignatius von Antiochien, Gütersloh 1940 (BFChTh.M 44), 133ff. Dazu die relativierenden Bemerkungen bei W.R. SCHOEDEL, Ignatius of Antioch, p. 16 und 87-94; speziell zu σιγή bzw. ἡσυχία H. PAULSEN, Studien zur Theologie des Ignatius von Antiochien, S. 110-118.

[207] IgnEph 20,2.

[208] Bewußte Berufung auf die Schrift, soweit ich sehe, nur in IgnEph 5,3; IgnMagn 12,1; evtl. noch in IgnEph 16,1; IgnTral 8,2 (vgl. auch die allgemeinen

gegen eine allzu strenge Schriftgläubigkeit verwahrt zugunsten der evangelischen Tradition, welche hier noch nicht in bestimmten Schriften kodifiziert ist[209], obwohl Ignatius wenigstens einen Teil der neutestamentlichen Schriften kennt[210]. Das muß aber keineswegs bedeuten, daß es in den Gottesdiensten Antiochiens keine alttestamentlichen Schriftlesungen gab; Ignatius wollte ja gerade verhindern, daß falsche Lehrer unter Berufung auf diese Schriften ihren „Judaismus" verfochten[211].

Ein paar Informationen zum Wortgottesdienst lassen sich noch zusammentragen. Über die gottesdienstlichen Zeiten erfahren wir von Ignatius außer der Erwähnung von Sabbat und Sonntag nichts. Für ihn war es schon - wenn auch nicht unangefochtene - christliche Sitte, den Sonntag als Tag der Auferstehung des Herrn zu feiern[212]. Man wird die Mahlfeier am Abend vermuten dürfen, so daß der frühe Morgen als geeignete Zeit für die Wortgottesdienste übrig bliebe. Auch wer predigte, läßt sich nicht sicher sagen; es sieht so aus, als erwartete man vom Bischof, daß er gut predigen könne (vgl. 1Tim 3,2 und 2Tim 2,24), aber offenbar hatte er noch kein Lehr- oder Predigtmonopol[213]. Zum Beispiel zogen noch Wanderprediger umher, die aber

---

Feststellungen in IgnPhld 5,2; 9; IgnMagn 8,2; IgnSmyrn 5,1). Wie wenig aber auch die Sprache des Ignatius vom Schriftstudium geprägt ist, zeigt schon ein Blick auf das Druckbild in der Ausgabe von Fischer, welche alles, was möglicherweise Bibelzitat ist, durch Sperrdruck hervorhebt. Vgl. auch W. R. SCHOEDEL, Ignatius of Antioch, p. 123: „... biblical texts (about which Ignatius himself apparently knew little)...", und p. 9.

[209] IgnPhild 8,2. Ignatius schildert eine Diskussionsszene, in der ihm vorgehalten wurde: „Wenn ich es nicht in den ‚Archiven' finde, glaube ichs auch im Evangelium nicht", und wo er nach einem fruchtlosen wie auch sogleich in Frage gestellten allgemeinen Verweis auf die Schrift zu der Aussage flüchten mußte: ἐμοὶ δὲ ἀρχεῖά ἐστιν Ἰησοῦς Χριστός. Zu den „Archiven" als Bezeichnung für die Schrift vgl. H. PAULSEN, Die Apostolischen Väter II., S. 85f., und W.R. SCHOEDEL, Ignatius of Antioch, p. 17 und v. a. p. 207f. Dort auch eine Diskussion der Übersetzungsmöglichkeiten für „ἐν τῷ εὐαγγελίῳ οὐ πιστεύω". Die von E. BAMMEL vorgeschlagene Emendation ἐν τῷ εὐαγγελίῳ als Glosse zu streichen, erscheint mir nicht nötig (bei C.P. HAMMOND BAMMEL, Ignatian Problems, p. 74).

[210] Vgl. J. FISCHER, Die Apostolischen Väter, S. 122f.; im Blick auf die Evangelien sehr kritisch: H. KOESTER, Synoptische Überlieferung bei den Apostolischen Vätern, Berlin 1957 (TU 65), 24-61; zu den Paulusbriefen s. A. LINDEMANN, Paulus im ältesten Christentum, Tübingen 1979 (BHTh 58), 199-221.

[211] So dürfte das ἑρμηνεύειν in IgnPhld 6,1 (vgl. Fußn. 209, zu Kap 8,2 desselben Briefes) zu verstehen sein: „Ἐὰν δέ τις Ἰουδαϊσμὸν ἑρμηνεύῃ ὑμῖν, μὴ ἀκούετε αὐτοῦ." (so auch H. PAULSEN, Die Apostolischen Väter II., S. 83; sprachliche Hinweise zu ἑρμηνεύειν noch bei W.R. SCHOEDEL, Ignatius of Antioch, p. 202). Ignatius beeilt sich, als oberstes Kriterium hinzuzufügen, daß es auf das περὶ Ἰησοῦ Χριστοῦ λαλεῖν ankomme.

[212] IgnMagn 9,1.

[213] Darauf weist des Ignatius ganzes Bemühen hin, ihm dieses zu verschaffen (vgl. o. S. 189f.).

bereits im Geruch der Heterodoxie standen[214]. Daß das Amt des Lehrers nicht erwähnt, wohl aber Jesus als der eine Lehrer bezeichnet wird, mag mit einer Zurückdrängung der freien Lehrer zugunsten des Gemeindeklerus zusammenhängen[215].

Das von Ignatius so oft empfohlene und erbetene Fürbittengebet (in der Regel προσευχή) wird seinen Platz auch im Wortgottesdienst gehabt haben. Die Fürbitte galt allen Menschen[216], so zum Beispiel auch den Häretikern[217], aber auch speziellen Gemeinden oder Einzelpersonen wie Ignatius, die ihrer bedurften[218]. Konkret ging es dabei zum Beispiel um Gottes Stärkung für Ignatius[219] oder um die Rettung der Christen vor Verfolgung und Bedrängung[220]. Meist aber bat er formelhaft um ein „Gedenken" in der Fürbitte, das konkret zu füllen den Adressaten überlassen blieb[221].

An zwei Stellen gebraucht Ignatius das Bild von der Musik und vom Chor, um damit die von ihm gewünschte Einheit der Gemeinde zu illustrieren; die unvoreingenommene Weise, mit der er das tut, läßt vermuten, daß er dies Bild nicht nur aus dem Bereich der allgemeinen Bildung im Sinne kosmischer Harmonie, sondern auch wenigstens zum Teil aus dem christlichen Bereich entnimmt[222]. Darauf deutet auch die Ausdrucksweise ἐν τῇ ὁμονοίᾳ ὑμῶν καὶ συμφώνῳ ἀγάπῃ Ἰησοῦς Χριστὸς ᾅδεται (IgnEph 4,1) hin. Man könnte fast übersetzen: auch durch eure

---

[214] IgnEph 9,1; auch schon IgnEph 7,1 (vgl. dazu W.R. SCHOEDEL, Ignatius of Antioch, p. 59, über τὸ ὄνομα περιφέρειν).

[215] IgnEph 15,1; IgnMagn 9,1f. Es scheint so, als seien für Ignatius alle Lehrer, welche nicht der Bischof selbst oder von ihm approbiert sind, Irrlehrer.

[216] IgnEph 10,1; die auch zu den Heiden gehörende Obrigkeit wird von Ignatius nicht speziell erwähnt.

[217] IgnSmyrn 4,1. Ansonsten will Ignatius zu ihnen, anders als zu den Heiden, möglichst eine Kontaktsperre verhängen (ebda).

[218] Regelmäßig am Briefschluß. Ignatius bittet um das Gebet für ihn selbst und für die Kirche in Syrien oder bezieht sich, nach Eintreten des Friedens in Antiochien, auf das Gebet zurück (IgnEph 20,1; IgnMagn 14; IgnTral 12,3; 13,1; IgnRöm 9,1; IgnPhild 10,1; IgnSmyrn 11,1; IgnPol 7,1).

[219] IgnMagn 14 (ἵνα θεοῦ ἐπιτύχω – natürlich durchs Martyrium); IgnTral 12,3; IgnSmyrn 11,1.

[220] IgnEph 10,2: τὰς βλασφημίας αὐτῶν ὑμεῖς τὰς προσευχάς. Der für Antiochien erbetene Frieden scheint wohl vor allem Streitigkeiten in der Gemeinde selbst zu betreffen, da er in IgnSmyrn 11,3 als Wiedererlangung von τὸ ἴδιον μέγεθος und τὸ ἴδιον σωματεῖον beschrieben wird. Doch könnte sich das auch auf eine Verfolgung der Gemeinde beziehen, die ihr eine vollständige Versammlung unmöglich machte. Für die Deutung auf innergemeindlichen Frieden: C. ANDRESEN, Die Kirchen der alten Christenheit, Stuttgart u. a. 1971 (RM 29,1/2), S. 44f.; W.R. SCHOEDEL, Ignatius of Antioch, p. 212f. Für die Beziehung auf Verfolgung von außen: H. PAULSEN, Die Apostolischen Väter II., S. 87 (aber: ebda S. 98).

[221] Μνημονεύειν (IgnEph 21,1; IgnMagn 14,1; IgnTral 13,1; IgnRöm 9,1).

[222] IgnRöm 2,2 und IgnEph 4. Vgl. den Kommentar von W. R. SCHOEDEL, Ignatius of Antioch, p. 51-53.

Eintracht und einstimmige Liebe (und nicht nur durch eure - einstimmig vorgetragenen - Lieder) soll Jesus Christus besungen werden[223]. Gleich darauf gilt das Lied der Eintracht durch Jesus Christus auch dem Vater[224]: Gotteshymnus und Christushymnus werden in Antiochien beide ihren Platz im Gottesdienst gehabt haben. Welchen Platz aber genau, läßt sich aus diesen bildhaften Worten nicht erschließen.

Was schließlich auf den ersten Blick so aussieht wie eine Anspielung auf Katechumenen- oder Taufunterricht, nämlich IgnRöm 3,1, kann besser noch ganz anders verstanden werden. Ignatius fordert hier die Römer auf, auch ihm gegenüber das als feststehend zu beweisen, was sie anderen belehrend einschärfen (μαθητεύοντες ἐντέλλεσθε). Dem Kontext nach geht es dabei um die Mahnung zur Martyriumsbereitschaft. Das Verb μαθητεύειν wird man aufgrund des Sprachgebrauchs von Ignatius nicht auf die Belehrung zur Bekehrung einschränken dürfen[225], und die Passage ergibt als spezifische Aufforderung an die Römer am besten einen Sinn, wenn man sie als Erinnerung an Belehrungen versteht, wie sie etwa im Ersten Clemensbrief von Rom aus ergangen waren[226].

Nach der bereits erwähnten Empfehlung an Polykarp, in der Predigt über die schlimmen Künste aufzuklären, ist es auch nicht unwahrscheinlich, daß auch Ungetaufte schon bei der Gemeindepredigt dabeisein konnten, ein besonderer Unterricht also für sie nicht unbedingt erforderlich war[227]. Dazu paßt, was H. v. Campenhausen über die bekenntnishaften Formulierungen bei Ignatius herausgearbeitet hat: sie sind keineswegs so feststehendes Traditionsgut, daß man ihre Verwendung im Unterricht und bei der Taufe wahrscheinlich machen kann[228]. Auch ein festes Bekenntnis im Wortgottesdienst ist deshalb

---

[223] W. Bauer, Die Apostolischen Väter II., S. 204: „Das Ἰησοῦς Χριστὸς ᾄδεται beweist auch in unwirklicher Fassung die kirchliche Sitte des Lobgesangs auf Jesus Christus ...".
[224] IgnEph 4,2: ᾄδετε ἐν φωνῇ μιᾷ διὰ Ἰησοῦ Χριστοῦ τῷ πατρί. Vgl. IgnRöm 2,2: ἵνα ἐν ἀγάπῃ χορὸς γενόμενοι ᾄσητε τῷ πατρὶ ἐν Χριστῷ Ἰησοῦ ...
[225] Das geht vor allem aus seiner Verwendung des Substantives μαθητής hervor; Jünger-Sein ist das Ziel der Christen, also nicht einfach mit der Taufe schon erreicht (besonders deutlich: IgnEph 1,2; IgnTral 5,2; IgnRöm 5,3). Μαθητεύειν bedeutet in IgnEph 10,1 die Bekehrung der Heiden (durch die Taten der Christen), in IgnRöm 5,1 wird Ignatius belehrt; in IgnEph 3,1 steht μαθητεύεσθαι für Jünger sein oder Jünger werden.
[226] Vgl. W. BAUER, Die Apostolischen Väter II., S. 246; H. PAULSEN, Die Apostolischen Väter II., S. 72; W.R. SCHOEDEL, Ignatius of Antioch, p. 172. Statt eines literarischen Bezuges könnte auch einfach gemeint sein, daß die römische Gemeinde durch ihr Vorbild in Verfolgung zum Martyrium auffordert.
[227] IgnPol 5,1. Vgl. dazu dieselbe Thematik bei Hippolyt von Rom, tradAp Nr. 16 (Botte), dort als Ausschlußkriterium für Taufkandidaten.

nicht anzunehmen, wohl aber eine ganze Reihe von formelhaften Wendungen, die ihren Platz im Gottesdienst - vielleicht als Bekenntnisruf, vielleicht als hymnische Formulierung der Predigtsprache - gehabt haben werden. Von dem traditionellen Gut, das Ignatius übernimmt (nicht ohne es selbst mit zu gestalten), ließe sich einzig IgnEph 19,2-3 mit einiger Wahrscheinlichkeit als ein festgefügtes gottesdienstliches Stück ansprechen, nämlich als Hymnus auf Christus. Doch ist seine Form nicht so deutlich durchgestaltet, daß es sich nicht auch als Prosa begreifen ließe[229].

Nach alledem können wir also nicht ganz so zuversichtlich wie T. Zahn, aber dennoch mit recht großer Wahrscheinlichkeit festhalten, daß Ignatius Wortgottesdienste kannte, welche getrennt von der eucharistischen Mahlfeier stattfanden, als deren Elemente neben der Predigt sich mit Sicherheit das Gebet, mit guten Gründen auch das Lied und die Schriftlesung vermuten lassen[230]. Die Frömmigkeit des Ignatius war, gefördert durch die Notwendigkeit, den Doketismus abzuwehren, auf die Eucharistie konzentriert, lebte aber ganz wesentlich auch von dem zur Ermahnung und zur Verdeutlichung des Heils und der richtigen Lehre gepredigten „Evangelium".

e) Polykarp von Smyrna

Der Brief des Polykarp von Smyrna an die christliche Gemeinde in Philippi[231] steht zeitlich und sachlich in engem Zusammenhang mit

---

[228] H. von CAMPENHAUSEN, Das Bekenntnis im Urchristentum, *ZNW* 63 (1972) 210-253, bes. S. 241-253. Vgl. auch W.R. SCHOEDEL, Ignatius of Antioch, p. 8f.
[229] IgnEph 7,2 ist strenger geformt, gehört aber wohl in die Reihe der Bekenntnisaussagen; vgl. H. von CAMPENHAUSEN, Das Bekenntnis im Urchristentum, S. 248 Fußn. 208. Für die Betrachtung von IgnEph 7,2 und IgnEph 19,2-3 als Christushymnen argumentiert v. a. R. DEICHGRÄBER, Gotteshymnus und Christushymnus in der frühen Christenheit, Göttingen 1967 (St.NT 5), S. 155-160. Zu IgnEph 19,2-3 vgl. dagegen die Interpretation von W.R. SCHOEDEL, Ignatius of Antioch, p. 87-94.
[230] Gebet v. a., wenn man προσευχή als Gottesdienstbezeichnung versteht, aber auch durch die Aufforderungen an die Gemeinden zur προσευχή, bes. IgnEph 5,2-3. - Zum Lied s. o. - Am schwächsten belegt ist die Schriftlesung (dazu s. o.).
[231] Ich benutze die Ausgabe: Die Apostolischen Väter, ed. K. BIHLMEYER / F. X. FUNK, mit einem Nachtrag von W. SCHNEEMELCHER, Tübingen ³1970, und gehe von der Einheitlichkeit des Briefes aus. Eine literarkritische Trennung hätte für die Beobachtungen zu unserem Thema eine Spätdatierung zur Folge und ließe die Bitte der Philipper um einen Brief des Polykarp in nicht so engem Zusammenhang mit der Bitte um die Sammlung der Ignatiusbriefe erscheinen (dazu s. u.); sonst ergäben sich aber keine besonderen Auswirkungen. Zur Frage der Einheitlichkeit vgl. den Kommentar von H. PAULSEN, Die Apostolischen Väter II., Die Briefe des

den Briefen des Ignatius, und was sich ihm zum Gottesdienst entnehmen läßt, ist wie eine Ergänzung zu den Angaben des Ignatius zu lesen[232]. Der Brief ist am besten wohl als eine Art schriftlicher Predigt zu verstehen. Denn Polykarp sagt, daß er mit dem Schreiben einer Aufforderung der Philipper nachkommt[233], die also wohl eine

---

Ignatius von Antiochia und der Brief des Polykarp von Smyrna, 2. Aufl. der Auslegung von W. BAUER, Tübingen 1985 (HNT.E 2), S. 112 und passim; die Erklärung von W. BAUER, Die Apostolischen Väter II. Die Briefe des Ignatius von Antiochia und der Brief des Polykarp von Smyrna, Tübingen 1920 (HNT.E 2), S. 293 und 298, daß Polykarp der Meinung gewesen sei, Ignatius sei bereits des Märtyrertodes gestorben, ohne aber sichere Nachrichten davon zu haben, halte ich für überzeugend, auch das stützende Argument, daß für „qui cum eo sunt" ursprünglich οἱ σὺν αὐτῷ gestanden habe (gegen J.A. FISCHER, Die Apostolischen Väter, Darmstadt [8]1981, S. 233ff.). Daß PolPhil 7 antimarkionitisch sei, kann nicht nur ich nicht erkennen (dazu s. Fußn. 262). Dies nach P. MEINHOLD, Polykarpos 1) P. von Smyrna, der Polykarpbrief, Polycarpiana, *PRE* 21/2, 1662-1693, Sp. 1684, wichtigste Argument für eine Spätdatierung des „zweiten" Polykarpbriefes steht - auch nach Meinholds Ausführungen über angebliche antimarkionitische Züge im ganzen Brief (Sp. 1684-1687) auf wackligen Füßen. An keiner Stelle lassen sich für eine antimarkionitische Polemik charakteristische Gegenüberstellungen wie Gerechtigkeit und Güte, Gesetz und Liebe, Heilige Schriften und bereinigte Schrift erkennen - auch ggn. P.N. HARRISON, Polycarp's Two Epistles to the Philippians, Cambridge 1936, p. 172-206, dessen These Meinhold ausbauen will. Harrison führt daneben vor allem die Diskrepanz zwischen PolPhil 9 und 13 an. Sein drittes Hauptargument ist, daß Polykarp neutestamentliche Schriften benutzte, die erst erheblich später als zur Zeit des Martyriums des Ignatius vorgelegen haben könnten (p. 285 ff). Gegen eine Abhängigkeit von den Pastoralbriefen s. jedoch H. von CAMPENHAUSEN, Polykarp von Smyrna und die Pastoralbriefe, in: DERS., Aus der Frühzeit des Christentums, Tübingen 1963, 197-252, S. 224ff. Schwerer scheint an diesem Argument zu wiegen, daß Polykarp in seinem Brief schriftliche Evangelien benutze, die erst spät in Gebrauch gekommen seien (N.P. HARRISON, Polycarp's Two Epistles, p. 285-288, und v. a. H. KOESTER, Synoptische Überlieferung bei den Apostolischen Vätern, Berlin 1957 (TU 65), S. 112-123). Doch ist die Textbasis für diese Beobachtungen äußerst schmal, und es spricht m. E. außerdem nichts dagegen, daß Polykarp auch schon um das Jahr 110 herum schriftliche Evangelien kannte. So ist der Skepsis gegenüber der literarkritischen Trennung des Polykarpbriefes in zwei Teile, wie sie bei T. CAMELOT, Ignace d'Antioche, Polcarpe de Smyrne, Lettres. Martyre de Polycarpe, Paris 1958 (SC 10), p. 194-195, zum Ausdruck kommt, zuzustimmen, zumal PolPhil 1,1 auf die Aufnahme des Ignatius in Philippi zurückblickt wie auf etwas gerade erst Geschehenes (das beobachtet auch H. von CAMPENHAUSEN, Polykarp von Smyrna und die Pastoralbriefe, S. 239 Fußn. 181).

[232] Aus PolPhil 13 und der gesamten Überlieferung geht hervor, daß der Polykarp, der den Brief schreibt, der Bischof Polykarp von Smyrna ist; dazu paßt die Absenderangabe in der Adresse: Π. καὶ οἱ σὺν αὐτῷ πρεσβύτεροι. PolPhil 13 ist eine Weile nach der Weiterreise des Ignatius zum Martyrium nach Rom geschrieben, m. E. demnach auch der Rest des Briefes (s. Fußn. 231). Bei Ignatius waren keine Unterschiede zwischen den angesprochenen Gemeinden deutlich geworden, was ihre Struktur und ihren Gottesdienst angeht. Daß man nicht von völliger Uniformität sprechen kann, zeigt das Fehlen des Bischofstitels im Polykarpbrief (dazu s. u.); dennoch setze ich voraus, daß die Gottesdienststruktur bei Polykarp im wesentlichen die gleiche ist wie bei Ignatius.

[233] PolPhil 3,1. Nach der Ansicht von A. LINDEMANN, Paulus im ältesten Christentum, Tübingen 1979 (BHTh 58), S. 88, hätten die Philipper ihm sogar die

seiner „Reden vor dem Volke"[234] aufgeschrieben haben wollten, wahrscheinlich zu einem Thema, das sie besonders bewegte. Denn Polykarp geht nicht nur am Ende seines Briefes auf den Fall des Presbyters Valens in Philippi ein, welcher wegen seiner Habgier abgesetzt und vielleicht auch aus der Kirche gewiesen wurde[235], sondern macht auch vorher schon die Verurteilung der Habgier zu einem Zentrum seiner Mahnungen[236]. Daneben bekommt auch die Aufforderung Gewicht, nicht zu viel zu zürnen, was sich im konkreten Fall am Ende als die Bitte niederschlägt, mit Valens milder zu verfahren, sollte er sich bußfertig zeigen[237].

Ist damit der ganze Brief nicht doch nur ein Gelegenheitsschreiben? Die Allgemeinheit und Breite, mit welcher Polykarp den Hauptteil seines Briefes als „λόγος περὶ δικαιοσύνης" verfaßt, spricht m. E. eher dafür, daß er eine Predigt niederschreibt und dabei auch auf

---

δικαιοσύνη als Thema vorgegeben; bei der Allgemeinheit, mit welcher Polykarp diesen Begriff sachlich füllt (dazu s. u. - Lindemann, l. c., bemerkt zu Recht, daß hier mehr die moralische Gerechtigkeit als die paulinische Rechtfertigungslehre im Vordergrund steht, und sagt auf S. 229: „Das Stichwort δικαιοσύνη ist ... offenbar nichts anderes als eine Kurzbezeichnung für den christlichen Glauben insgesamt ..."), scheint mir das jedoch eher unwahrscheinlich; wenn die Philipper wirklich nach einem λόγος περὶ δικαιοσύνης gefragt haben, so wäre das fast synonym mit der Bitte um eine Predigt.

[234] Daß Polykarp solche Reden hielt, also predigte, bezeugt Irenäus bei Euseb, h. e. V,20,6; er ist auch direkter Zeuge dafür, daß Polykarp als Lehrautorität galt.

[235] PolPhil 11; zur Interpretation vgl. P. STEINMETZ, Polykarp von Smyrna über die Gerechtigkeit, *Hermes* 100 (1972) 63-75, S. 65-67, und H. PAULSEN, Die Apostolischen Väter II., S. 123. Mit W. BAUER, Die Apostolischen Väter II., S. 294, und H. Paulsen, a. a. O., ist das „qui presbyter factus est aliquando apud vos" so zu verstehen, daß Valens bereits abgesetzt ist. Das Präsens „ignoret" wird sich darauf beziehen, daß Valens sich bislang noch nicht bußfertig gezeigt hat (gegen P. STEINMETZ, Gerechtigkeit, S. 65 Fußn. 2); schon deswegen wird die Sache den Philippern noch wichtig gewesen sein.

[236] Vgl. den Lasterkatalog PolPhil 2,2: ἀδικία, πλεονεξία, φιλαργυρία, καταλαλία, ψευδομαρτυρία (zu καταλαλία und ψευδομαρτυρία s. Fußn. 237) und den Neueinsatz von PolPhil 4,1: Ἀρχὴ δὲ πάντων χαλεπῶν φιλαργυρία, sowie den erneuten Lasterkatalog PolPhil 4,3: διαβολή, καταλαλία, ψευδομαρτυρία, φιλαργυρία καὶ πᾶν κακόν. Auch bei den Mahnungen an die Diakone (PolPhil 5,1) und an die Presbyter (PolPhil 6, 1) ist die Warnung vor φιλαργυρία dabei.

[237] In PolPhil 2,2f. steht das thematisch neben der Verurteilung der Geldgier: keine üble Nachrede zu treiben und Böses nicht mit Bösem zu vergelten - das könnte durchaus die Haltung der Gemeinde gegenüber Valens treffen. Die Mahnung, den Bußfertigen aufzunehmen, findet sich PolPhil 11,4-12,1; vgl. dazu noch PolPhil 4,3; 5,1; 6,1f. Gegen P. STEINMETZ, Gerechtigkeit, der deswegen annimmt, der ganze Brief sei wegen des Falles Valens geschrieben, bleibt festzuhalten, daß Polykarp sich auch gegen Häresie (PolPhil 6,3-7,2; vgl. auch 2,1) und Unkeuschheit (PolPhil 5,3) wendet sowie zu Martyriumsbereitschaft (PolPhil 8,2-9,2 - „ὑπομονή"), Unterordnung untereinander (PolPhil 10,2) und z. B. auch zum Almosengeben mahnt (PolPhil 10,2). Das Schreiben ist also breiter angelegt und steuert nicht nur auf das Kapitel 11 zu.

die konkrete Problematik in Philippi eingeht. Offensichtlich ist ja auch der Fall des Valens schon abgeschlossen, und Polykarp greift keineswegs als Schiedsrichter in ein schwebendes Verfahren ein[238].

Die Bitte der Philipper an Polykarp, ihnen eine Kopie seiner Sammlung von Ignatiusbriefen zukommen zu lassen[239], läßt es auch wahrscheinlich werden, daß die Philipper ebenso von Polykarp eine schriftliche Predigt haben wollten, aus aktuellem Anlaß eine Predigt gegen die Habgier. Aber auch wenn sie ihn nur um seine Meinung zur Sache gebeten hatten, werden sie nicht unglücklich gewesen sein, eine recht allgemeine Epistel[240] von einer so anerkannten Autorität wie Polykarp zu bekommen. Denn offenbar fing man an, die „Gemeindearchive" durchzusehen und Briefsammlungen herzustellen, um diese Briefe dann auch zum Vorlesen zu nutzen. So empfiehlt Poykarp den Philippern denn auch das gründliche Studium der Paulusbriefe, die sie besitzen[241].

Er geht auch davon aus, daß sein Brief in der Gemeinde vorgelesen wird; das wird schon in der Adresse und dann in den wiederholten Anreden an die ἀδελφοί deutlich[242].

Was er „über die Gerechtigkeit" zu sagen hat, ist ähnlich wie in den Paulusbriefen im Anschluß an grundlegende Worte über das in

---

[238] Zum Fall Valens s. Fußn. 235. Zu ergänzen ist, daß Polykarp keine konkrete Anweisung darüber gibt, wie mit Valens zu verfahren sei. Die Situation ist offenbar so, daß er nur noch zu mildem „revocare" der Sünder mahnen kann, wenn sie bußfertig sind (PolPhil 11,4). - PolPhil 3,1: ταῦτα ... γράφω ὑμῖν περὶ τῆς δικαιοσύνης, vgl. 9,1: παρακαλῶ οὖν πάντας ὑμᾶς πειθαρχεῖν τῷ λόγῳ τῆς δικαιοσύνης (hier auf die Martyriumsbereitschaft bezogen, doch zeigt 3,1, daß nach Meinung des Polykarp alle seine Mahnungen λόγοι (περὶ) δικαιοσύνης sind).

[239] PolPhil 13,2. Zur literarkritischen Frage s. Fußn. 231.

[240] Vgl. Fußn. 237. Daß das Ganze dennoch ein (aktueller) Brief ist, zeigen Kap. 13 mit der Zusage Polykarps, Post nach Syrien weiterzuleiten, mit dem Hinweis auf die beigelegten Ignatiusbriefe sowie der Bitte um Nachrichten über Ignatius, und der Briefanfang und Briefschluß sowie das Eingehen auf konkrete Gegebenheiten in Philippi in PolPhil 1. 3. 11. Vgl. auch die Analyse von H. VON CAMPENHAUSEN, Polykarp von Smyrna und die Pastoralbriefe, S. 226f. Er berücksichtigt allerdings PolPhil 3,1 nicht besonders und sieht in den praktischen Erörterungen am Schluß den einzigen Anlaß des Schreibens.

[241] PolPhil 3,2. Es ist unklar, ob mit ἐπιστολαί mehrere Briefe des Paulus an die Philipper gemeint sind oder der eine bekannte (vgl. auch PolPhil 11,3, eine ebenfalls sehr undeutliche Stelle - zu beiden Stellen s. H. PAULSEN, Die Apostolischen Väter II., S. 116 u. 124; zu PolPhil 11,3 auch A. LINDEMANN, Paulus im ältesten Christentum, S. 90). Ich vermute, daß der Plural hier durch das εἰς ἃς ἐὰν ἐγκύπτητε mitbestimmt ist und daß Polykarp bei diesem Nachsatz an die Paulusbriefe überhaupt denkt (ähnlich A. LINDEMANN, Paulus im ältesten Christentum, S. 88f. - allerdings nicht ganz stimmig mit ebda, S. 221: es wird nicht deutlich, ob Lindemann meint, Polykarp habe den Philipperbrief des Paulus gekannt oder nicht).

[242] Schon PolPhil 1 redet klar die ganze Gemeinde an; ebenso auch PolPhil 3. ἀδελφοί: PolPhil 3,1. Vgl. auch z. B. PolPhil 11,1: Valens, „qui presbyter factus est aliquando apud *vos* ..." (Hervorhbg. von mir).

Christus geschehene Heil eine Reihe von Mahnungen, nur daß diese
bei Paulus nicht unter den Oberbegriff der δικαιοσύνη subsumiert werden[243]. Daß er sich nicht anmaßen will, wie Paulus „genau und zuverlässig das Wort von der Wahrheit zu lehren", ist dabei wohl nicht
nur eine rhetorische Floskel, sondern besagt doch wohl auch, daß er
nicht in so tiefer theologischer Reflexion schreiben kann, sondern
mehr praktische Anweisungen zum Leben geben will[244]. Aus solchen Anweisungen jedenfalls besteht sein Brief ganz überwiegend.

Dem Brief läßt sich leider nicht entnehmen, bei welcher Gelegenheit er vorgelesen werden sollte, ob etwa bei der Mahlfeier oder im
Wortgottesdienst als Predigt[245]; nur daß die ganze Gemeinde als
Hörerschaft angeredet wird, ist deutlich[246], so daß Polykarp wohl
nicht in erster Linie daran gedacht hat, daß sein Brief durch einen
Lehrer für den Unterricht genutzt werden sollte. Dadurch, daß Polykarp die verschiedenen Gruppen innerhalb der Gemeinde (Männer,
Frauen, Witwen, Diakone, junge Leute und Jungfrauen, Presbyter) mit
spezifischen Mahnungen bedenkt, bekommt der Brief Züge einer Gemeindeordnung, welche über den Charakter einer Gelegenheitspredigt
hinausgehen[247]: um so leichter wird man ihn des öfteren haben verlesen können. Da sich keine Hinweise auf die Eucharistie finden, auch
keine Aufforderung zum Heiligen Kuß am Ende, ist es wohl am

---

[243] In dem Ausdruck der Freude über das Verhalten und den Glauben der
Philipper am Anfang ist eine kurze Beschreibung des Heilshandelns durch Jesus
Christus und Gott, der ihn auferweckte, eingebaut (PolPhil 1,2). Angeschlossen wird
in PolPhil 2,1 zum Beginn der Mahnungen mit διό, zunächst aber noch mit der Aufforderung zum richtigen Glauben, so daß noch einmal Gottes Tun zur Sprache
kommt, diesmal mit einer eschatologischen Ausrichtung auf die Auferweckung der
Gläubigen, die Gottes Willen tun. Damit ist dann das Stichwort gegeben, um endgültig zu den Mahnungen überzugehen. Noch einmal lenkt Polykarp zu Inkarnation,
Kreuzigung und Auferstehung zurück in PolPhil 7, wo er gegen Irrlehrer vorgeht, und
geht von dort gleich dazu über, daß das Leiden Christi in Geduld (ὑπομονή) vorbild-
haft sei für die von Verfolgung gefährdeten Christen (PolPhil 8). - Zum „Paulinismus" des Polykarpbriefes s. H. VON CAMPENHAUSEN, Polykarp von Smyrna und
die Pastoralbriefe, S. 240ff. Etwas korrigierend und noch differenzierter: A. LINDE-
MANN, Paulus im ältesten Christentum, S. 87-91, und v. a. S. 221-232.

[244] PolPhil 3. Der genaue Vergleichspunkt liegt darin, daß Polykarp an die
Philipper anders als Paulus nicht von sich aus, sondern auf Verlangen der Empfänger
schreibt. Doch wird der Vergleich dahin ausgeweitet, daß sich niemand mit Paulus
an Weisheit messen könne. Damit hat Polykarp erreicht, daß sein Brief nicht am
apostolischen Ideal des Paulus gemessen, sehr wohl aber damit assoziiert wird. Vgl.
A. LINDEMANN, Paulus im ältesten Christentum, S. 231f. (und auch S. 88).

[245] Die Trennung von Mahlfeier und Wortgottesdienst nehme ich aufgrund der
Ignatianen an (s.o.; vgl. außerdem Fußn. 232).

[246] Vgl. Fußn. 242; daß das Schreiben nicht etwa nur an den Klerus gerichtet
war, zeigen die Adresse und PolPhil 4,1f. (die Aufforderung, erst sich selbst, dann
die Frauen zu belehren).

[247] PolPhil 4-6. Vgl. zum Charakter des Schreibens H. VON CAMPEN-
HAUSEN, Polykarp von Smyrna und die Pastoralbriefe, S. 229.

wahrscheinlichsten, daß der Brief an die Stelle der Predigt im Wortgottesdienst trat oder zusätzlich dazu verlesen wurde[248].

Auffällig ist hier wie bei Ignatius, daß das Alte Testament ganz in den Hintergrund tritt und Polykarp sich fast ausschließlich im Rahmen neutestamentlicher Tradition bewegt - auf Herrenworte verweist, auf katechismusartige Haustafeln zurückgreift und dergleichen mehr[249]. Allerdings traut Polykarp den Philippern zu, daß sie in den „Schriften" genau bewandert sind[250], so daß deren gottesdienstlicher Gebrauch wahrscheinlich ist. Die Floskel, daß Polykarp selbst nicht so viel von den Schriften verstehe, schließt das auch für seine eigene Gemeinde nicht aus - Schriftkenntnis wird ja hier nicht als auffällige Besonderheit der Philipper gepriesen[251].

Die sparsame Verwendung des Alten Testaments im Polykarpbrief deutet nur darauf hin, daß eine alttestamentliche Legitimation für das

---

[248] Das scheint überhaupt der sinnvollste Ort für die Verlesung der Episteln zu sein, die man doch wohl zum Vorlesen und nicht aus antiquarischem Interesse sammelte.

[249] Vgl. H. VON CAMPENHAUSEN, Polykarp von Smyrna und die Pastoralbriefe, S. 220: „Der Brief ertrinkt fast in erbaulichen Anklängen und Zitaten aus dem kanonischen und außerkanonischen Schrifttum."; ferner H. KOESTER, Synoptische Überlieferung, S. 112f.; außerdem den Apparat in der Ausgabe von K. BIHLMEYER / F.X. FUNK, S. 114-120, sowie denjenigen bei P.N. HARRISON, Polycarp's Two Epistles to the Philippians, p. 327-335; und die Angaben im Kommentar von H. PAULSEN, Die Apostolischen Väter II., S. 114ff.; schließlich besonders die Stelle PolPhil 7,2: ἐπὶ τὸν ἐξ ἀρχῆς ἡμῖν παραδοθέντα λόγον ἐπιστρέψωμεν, die wohl kaum auf das Alte Testament, vielmehr auf die christliche Überlieferung zu beziehen ist.

[250] PolPhil 12,1; das folgende Schriftzitat findet sich zwar im Epheserbrief, aber der dürfte wohl kaum von Polykarp als sacrae literae zitiert worden sein; er wird den zweiten Teil des Zitats (der erste ist ein Psalmwort) ebenfalls für alttestamentlich gehalten haben (mit H. KOESTER, Synoptische Überlieferung, S. 113; anders H. PAULSEN, Die Apostolischen Väter II., S. 125, der sacrae literae allgemeiner verstehen will; noch pointierter will C.M. NIELSEN, Polycarp, Paul and the Scriptures, AThR 47 (1965) 199-216, dem Polykarpbrief entnehmen, daß das Alte Testament für Polykarp praktisch irrelevant sei, während er ein ihm vorliegendes Corpus Paulinum als „heilige Schriften" bezeichnete. Doch sind die „heiligen Schriften" zur Zeit des Polykarp wohl kaum etwas anderes als das (evtl. um apokryphes Material erweiterte) Alte Testament. Gegen Nielsen vgl. meine weiteren Ausführungen und Fußn. 254). Mehr eine Notlösung scheint mir die Erklärung der Stelle zu sein, daß die Rede von den sacrae literae überhaupt erst durch den lateinischen Übersetzer (und dann mit Bezug auf die Epheserstelle) in den Text gebracht worden sei (das hält A. LINDEMANN, Paulus im ältesten Christentum, S. 227f. für möglich - mit A. Harnack).

[251] Eine andere Erklärung für das Sätzchen „mihi autem non est concessum" in PolPhil 12,1 bietet W. BAUER, Die Apostolischen Väter II., S. 296: Polykarp meine, es stehe ihm nicht zu, die Philipper zu mahnen, und verweise deshalb auf die Schriften. Das räumt zwar das Problem aus dem Weg, daß Polykarp angeblich die Schriften nicht kenne, läßt aber grammatisch die Frage offen, wo denn dann das zu non est concessum gehörige Verb geblieben sein soll - Polykarp hätte sich in diesem Falle allzu knapp ausgedrückt.

Mahnen, den Worten der Gerechtigkeit zu gehorchen[252], nicht als unbedingt nötig empfunden wurde. Das Wort der Gerechtigkeit ist die christliche Überlieferung, wie Polykarp sie darstellt; ihr zu folgen ist Erfüllung des Willens Gottes und Nachahmung Christi[253] - und nicht mehr die Befolgung des alttestamentlichen Gesetzes. Das Alte Testament besteht - wie für Ignatius auch - für Polykarp offensichtlich vor allem aus Prophetenworten, die das Kommen des Herrn vorhersagen[254]. Wenn sich darüber hinaus Anweisungen zur Lebensführung darin finden, welche sich ins Christentum integrieren lassen, werden sie mit übernommen[255].

Was sich bei Ignatius zum Gebet nicht ausdrücklich gesagt fand, ist bei Polykarp deutlich ausgeführt: die Christen sollen für die Obrigkeit und die Verfolger beten, außerdem natürlich auch für alle Christen[256]. In PolPhil 7,2 findet sich darüber hinaus eine Anspielung auf das Vaterunser[257], ohne daß wir aber etwas über seinen Gebrauch im Gottesdienst erfahren.

Obwohl Polykarp nach Auskunft der übrigen Überlieferung als Bischof schreibt[258], erwähnt er das Bischofsamt, auch sein eigenes, nicht; für ihn gehört der Bischof wohl noch in die Reihen der Presbyter[259]. Das Anliegen des monarchischen Episkopats, wie es Ignatius

---

[252] Vgl. PolPhil 9,1 und Fußn. 238.

[253] Die Nachahmung in PolPhil 8,2 bezieht sich auf die Geduld Christi im Leiden und hat nicht den Rang eines ganzen Programms für die Lebensführung. Das Motiv wird aber auch in der Ermahnung der Diakone PolPhil 5, 2 verwendet. Daß es in alledem darum geht, den Willen Gottes zu tun, zeigt PolPhil 2,2. Gegen das alttestamentliche Gesetz wird nicht polemisiert – es kommt einfach nicht vor.

[254] PolPhil 6,3: οἱ προφῆται οἱ προκηρύξαντες τὴν ἔλευσιν τοῦ κυρίου ἡμῶν. Es ist bezeichnend, daß sie als Autorität erst nach dem Herrn und den Aposteln genannt werden. Die Erwähnung der Propheten als Autorität aber paßt nicht zu der These von C.M. NIELSEN, Polycarp, Paul and the Scriptures, der denn auf diese Stelle des Polykarpbriefes auch gar nicht erst eingeht.

[255] PolPhil 12,1 (dazu s. o.).

[256] PolPhil 12,3.

[257] „... αἰτούμενοι τὸν ... θεὸν μὴ εἰσενεγκεῖν ἡμᾶς εἰς πειρασμόν ...". Im Kontext werden Gebet und Fasten zusammen genannt, was eher auf den Bereich der Privatfrömmigkeit hinweist.

[258] Kronzeuge ist Ignatius mit seinem Brief an Polykarp (auch IgnMagn 15); vgl. ferner MartPol 16,2 (dazu s. aber unten S. 276 Fußn. 21); außerdem Irenäus, adv haer III,3,4; vgl. auch Irenäus bei Euseb, h. e. V,24,15-16.

[259] Vgl. in der Adresse: Πολύκαρπος καὶ οἱ σὺν αὐτῷ πρεσβύτεροι ... Gegen die Meinung von W. BAUER, Rechtgläubigkeit und Ketzerei im ältesten Christentum, Tübingen ²1964 (BHTh 10), S. 274, Polykarp nenne hier die auf seiner Seite befindlichen Presbyter, ist zu sagen, daß ein Konflikt in der Gemeinde Polykarps hier an keiner Stelle durchscheint, so daß diese Interpretation nur aus Bauers These von der Gesamtsituation der kleinasiatischen Gemeinden sich erklärt. - Zum Ganzen s. den Kommentar von H. PAULSEN, Die Apostolischen Väter II., S. 113f.; daß Polykarp der Gemeinde in Philippi gegenüber nicht von ihrem Bischof spricht, sondern nur von ihren Presbytern, ist m. E. (mit H. VON CAMPENHAUSEN, Polykarp von

vertritt, teilt er so nicht, sondern übernimmt von ihm nur die allgemeine Aufforderung an die Gemeinde, sich den Amtsträgern unterzuordnen[260]. In seiner Gemeinde dürften es in der Regel die Presbyter gewesen sein, die predigten[261]; ein Hinweis auf andere Lehrer oder auf Propheten findet sich nicht. Nur in der Ablehnung leeren Geschwätzes am Briefanfang und dann in der Polemik gegen die „Lügenbrüder", welche mit ihren doketischen Ansichten die nicht im Glauben gefestigten Menschen irreführen, zeigt sich etwas von der Situation, wie wir sie bei Ignatius vorgefunden hatten, daß einige Lehrer in den Gemeinden Häresie verkündigten[262].

So ist es das Anliegen Polykarps, mit seinem „Wort von der Gerechtigkeit" die richtige Lehre zu vertreten, welche sich auf dem Fundament des richtigen Christusbekenntnisses[263] vor allem in Mahnungen zur christlichen Lebensführung manifestiert.

Smyrna und die Pastoralbriefe, S. 233f., und gegen Paulsen, a. a. O., S. 113) in ähnlichem Lichte zu sehen wie die Briefadresse und besagt nicht, daß es in Philippi keinen Bischof gab, obwohl diese Möglichkeit offengelassen werden muß (vgl. J.A. FISCHER, Die Apostolischen Väter, S. 241).

[260] PolPhil 5,3 (hier vor allem durch den Kontrast: junge Leute - Presbyter bestimmt). Vgl. PolPhil 10,2 (wohl aus 1 Petr 5,5), eine viel allgemeinere Mahnung, die noch nicht spezifisch die Unterordnung der Laien unter den Klerus im Blick hat.

[261] Aus den Ermahnungen für die Diakone in PolPhil 5,1-2 geht hervor, daß ihre Aufgabe ist, zu dienen (was immer dann im einzelnen darunter fällt). Auch die Presbyter werden gemahnt, Kranke zu besuchen und sich um Witwen und Waisen und die Armen zu kümmern (PolPhil 6,1a); der andere Komplex von Mahnungen an dieser Stelle gilt ihrer Funktion im Ältestenrat für die Bußdisziplin (PolPhil 6,1b-2). Doch deutet PolPhil 11,2 darauf hin, daß es inzwischen auch Aufgabe der Presbyter ist zu predigen: „Qui autem non potest se in his gubernare, quomodo alii pronuntiat hoc?" Pronuntiare könnte auch die Urteilsverkündigung meinen, doch ist mit „hoc" so etwas wie „Abstinete vos ab omni malo" gemeint (PolPhil 11,1), so daß „predigen" hier die bessere Übersetzung ist. In diesem Lichte läßt sich dann auch PolPhil 6,1: „ἐπιστρέφοντες τὰ ἀναπεπλανημένα" gut auf die Predigt beziehen (vgl. H. VON CAMPENHAUSEN, Polykarp von Smyrna und die Pastoralbriefe, S. 235 Fußn. 154).

[262] PolPhil 2,1 (ἀπολιπόντες τὴν κενὴν ματαιολογίαν καὶ τὴν τῶν πολλῶν πλάνην) und Phil 6,3-7,2 (vgl. zu 2,1 bes. 7,2: ἀπολιπόντες τὴν ματαιότητα τῶν πολλῶν καὶ τὰς ψευδοδιδασκαλίας). Daß in 7,1 der Inhalt der Irrlehre einen Doketismus beschreibt und nicht die Lehre Markions (weder werden zwei Götter erwähnt noch die Verwerfung des Alten Testaments), stellt z. B. H. PAULSEN, Die Apostolischen Väter II., S. 120, fest (gegen P.N. HARRISON, Polycarp's Two Epistles, p. 172ff.); vgl. auch A. LINDEMANN, Paulus im ältesten Christentum, S. 230f.

[263] Schon den grundlegenden Äußerungen am Briefanfang (vgl. o. Fußn. 243) geht die Warnung vor der ματαιολογία und dem Irrtum der οἱ πολλοί voraus. Die πολλοί dürften aus der Philosophie entlehnt sein und nicht unbedingt die Größenverhältnisse zwischen Rechtgläubigkeit und Ketzerei charakterisieren; möglicherweise umfassen sie die Heiden mit; immerhin können die ψευδαδελφοί nicht ganz wenige gewesen sein. Gegen die Annahme, daß die πολλοί die Heiden mit meinen, spricht PolPhil 7,2 - es sei denn, daß damit zum Ausdruck kommen soll, Polykarp erachte die Häretiker wie Heiden (das ist die Meinung von T. CAMELOT, Ignace d'Antiochie, Polycarpe de Smyrne, Lettres, p. 204 n. 2, nach seinem Urteil verhält es sich sogar „sans doute" so).

f) *Hirte des Hermas*

Der sogenannte Hirte des Hermas ist für unsere Thematik vor allem deswegen interessant, weil er einige Aufschlüsse gibt über die Prophetie in der römischen Gemeinde zu vormontanistischer Zeit, also in der ersten Hälfte, ja noch im ersten Drittel des Zweiten Jahrhunderts[264].

In HMand XI wird erörtert, wie man falsche Propheten von den wahren unterscheiden kann[265], und dabei kommt die Sprache auch

---

[264] Zur Datierung vgl. R. STAATS, Hermas, *TRE* 15, 100-108, S. 103f. (Staats setzt den Beginn der Arbeit des Hermas an seinem Buch um 130 an und läßt es aufgrund der Angaben des Kanon Muratori in der Amtszeit des Pius von Rom (ca. 142-155) fertiggestellt sein), und M. DIBELIUS, Die Apostolischen Väter IV. Der Hirt des Hermas, Tübingen 1923 (HNT.E 4), S. 421-423, der noch entschiedener aus inneren Gründen in „das dritte, allenfalls das vierte Jahrzehnt des zweiten Jahrhunderts" datiert (S. 422). - Mit Dibelius und Staats gehe ich davon aus, daß das Buch von einem Autor stammt, aber von ihm sukzessive und nicht nach einem vorher angelegten Plan geschrieben wurde (vgl. auch H. WEINEL, Absatz „XX. Der Hirt des Hermas", *HNTA*, Tübingen 1904, 290-323, S. 292f.). Daß Hermas selbst zwischen seinen Visionen längere Zeitabstände ansetzen kann, zeigt HVis II,1,1. Vgl. zum Aufbau des Buches und zur literarkritischen Frage auch R. JOLY, Hermas, Le Pasteur, Paris ²1968 (SC 53bis), p. 11-16 u. p. 411, sowie DERS., Hermas et le Pasteur, *VigChr* 21 (1967) 201-218, gegen S. GIET, Hermas et les Pasteurs, Paris 1963, der eine literarkritische Hypothese vertritt. Ein anderer literarkritischer Versuch aus jüngerer Zeit: W. COLEBORNE, The Shepherd of Hermas. A Case for Multiple Authorship and Some Implications, *StPatr* 10 (= TU 107, Berlin 1970) 65-70, der vor allem sprachstatistische Beobachtungen hervorhebt. Sie reichen aber kaum aus, verschiedene Autoren anzunehmen, wenn stattdessen vermutet werden kann, daß hier ein Autor über Jahre hinweg wirksam war (vgl. auch gegen Colborne: J. REILING, Hermas and Christian Prophecy. A Study of the Eleventh Mandate, Leiden 1973 (NT.S 37), p. 23-24). Das gilt um so mehr, wenn Dibelius Recht hat damit, daß Hermas von verschiedenen Traditionen beeinflußt ist und sich Verschiedenheiten in verschiedenen Teilen des Buches auch dadurch erklären (M. DIBELIUS a. a. O., S. 420f. und passim). - In der Linie der traditionsgeschichtlichen Forschung kommt E. PETERSON, Kritische Analyse der fünften Vision des Hermas, in: DERS., Frühkirche, Judentum und Gnosis, Rom u. a. 1959, 271-284, zu wesentlich „kritischeren" Ergebnissen: es handle sich beim Hirten des Hermas um Schulerzeugnisse (S. 283), für welche eher palästinische Herkunft als die Herkunft aus Rom anzunehmen sei (S. 282f.). Petersons Gründe für die Annahme einer Schule im Hintergrund erscheinen mir nicht gerade schlagend, und er verkennt m. E. die Bedeutung der μετάνοια im Hermasbuch und kann die Einordnung nach Palästina nur durch eine völlig isolierte Betrachtung von HVis V rechtfertigen, mit der er die „Askese innerhalb des Judenchristentums" zum eigentlichen Thema des Hermas macht (S. 282). - Zu den Einleitungsfragen s. jetzt auch N. BROX, Der Hirt des Hermas, Göttingen 1991 (KEK.E 7), 13ff, bes. 22-33. - Ich benutze die Ausgabe: Die Apostolischen Väter I. Der Hirt des Hermas, hrsg. von M. WHITTAKER, Berlin 1956 (GCS 48).

[265] Das Kapitel gehört zum zweiten Teil des gesamten Buches und geht somit mit einiger Sicherheit auf Hermas zurück, auch wenn anzunehmen ist, daß Vis I-II als ursprünglich selbständige Einheit früher entstanden sind (vgl. M. DIBELIUS, Die Apostolischen Väter IV., S. 420f.; R. STAATS, Hermas, S. 101f.). Als Gegenstand eines der zwölf „Gebote" zählt die falsche Prophetie zu den bösen Lüsten (Mand XII,1,1) oder wenigstens zu deren Auswirkungen, welche im Gegensatz

auf das Auftreten von Propheten im Gottesdienst. Denn die falschen Propheten erkennt man nach Hermas nicht nur an ihrer Lebensweise und daran, daß sie sich befragen lassen wie ein Orakel und Geld für ihre Dienste nehmen, sondern auch daran, daß sie sich in eine ordentliche Gemeindeversammlung meist gar nicht erst hineintrauen, weil dort ihre Kraft versagt, sondern ihre Aktivitäten von vornherein auf kleinere Gruppen von Christen beschränken, die sie „im Winkel" um sich sammeln[266].

Die Versammlungen, denen diese Propheten fernbleiben, sind gottesdienstlich: es handelt sich um eine συναγωγὴ ἀνδρῶν δικαίων, welche den Glauben an den göttlichen Geist oder, wie Hermas auch sagen kann, den Geist der Gottheit haben[267]. In ihrer Mitte werden die wahren Propheten nach einer ἔντευξις zu Gott vom Geist erfüllt und sprechen so εἰς τὸ πλῆθος, wie es der Herr will[268]. Das Gebet steht wohl in unmittelbarem Zusammenhang mit der Prophetie, da es beidemal, wo Hermas davon spricht, das „Startsignal" für die Propheten bildet; es wird sich demnach dabei um die Bitte um den heiligen Geist handeln[269].

---

zu positiven Geboten im zweiten Teil der Mandata abgehandelt werden (vgl. die Inhaltsübersicht bei M. DIBELIUS, a. a. O., S. 415). Aufgrund der Diffusität der verschiedenen Mandata ist eine separate Betrachtung des Kapitels legitim. Zur Struktur von HMand XI s. J. REILING, Hermas and Christian Prophecy, p. 28-30.

[266] HMand XI,7-16; HMand XI,13 kontrastiert direkt die Gemeindeversammlung mit dem Prophezeien κατὰ γωνίαν. Zur Einzelinterpretation sei auf J. REILING, Hermas and Christian Prophecy, p. 47ff., verwiesen.

[267] HMand XI,9: συναγωγὴ ἀνδρῶν δικαίων τῶν ἐχόντων πίστιν θείου πνεύματος. HMand XI,14: συναγωγὴ πλήρη ἀνδρῶν δικαίων ἐχόντων πνεῦμα θεότητος. Die beiden Stellen sind parallel konstruiert und beschreiben, was passiert, wenn ein wahrer Prophet in die Gemeindeversammlung kommt, und was, wenn ein falscher Prophet sich doch einmal in eine solche Versammlung hineintraut. - Vgl. zu HMand XI,9 den Kommentar bei M. DIBELIUS, Die Apostolischen Väter IV, S. 541: „Die ‚Versammlung gerechter Männer' kann darum nicht gut als Teilversammlung verstanden werden, weil gegen alles Treiben κατὰ γωνίαν ja gerade polemisiert wird; gemeint ist vielmehr die regelmäßige gottesdienstliche Versammlung der Christen ...". Dibelius führt im Folgenden eine Reihe von frühchristlichen Belegen für συναγωγή als Bezeichnung des christlichen Gottesdienstes auf; s. ferner N. BROX, KEK.E 7, S. 256f.

[268] HMand XI,9. Die falschen Propheten verstummen dagegen in derselben Situation (HMand XI,14), während sie sonst viel reden (HMand XI,12).

[269] Die Formulierung lautet in HMand XI,9: ὅταν ... ἔλθῃ ὁ ἄνθρωπος ... εἰς συναγωγὴν ... καὶ ἔντευξις γένηται ..., τότε ... λαλεῖ ..., in HMand XI,14: ὅταν ἔλθῃ (sc. der falsche Prophet) εἰς συναγωγὴν ... καὶ ἔντευξις ... γένηται, κενοῦται ὁ ἄνθρωπος ἐκεῖνος. Für die Aussageabsicht wäre die Erwähnung der ἔντευξις unnötig, wenn damit nur der Beginn des Gottesdienstes markiert werden sollte; durch die Einreihung dieser Aussage durch καί in das Schema ὅταν - τότε scheint vielmehr im Rahmen der gottesdienstlichen Versammlung durch das Gebet der Punkt markiert, an dem die Prophetie beginnt. Vgl. HVis II,2,1; III,1,2; 10,6-7; 13,4; IV,1,3-4; allerdings auch HVis I,1,3f.; V,1; HSim V,1,1, wo jeweils ein unspezifisches Beten den Zeitpunkt kennzeichnet, zu dem sich eine Offenbarung einstellt.

Die Charakterisierung der Versammlung als συναγωγὴ ἀνδρῶν δικαίων erinnert nicht nur wegen des Begriffs συναγωγή an die synagogalen Versammlungen, sondern auch weil hier die Männer ausschlaggebend sind. Ja, der Gegensatz zwischen den Winkelversammlungen der falschen Propheten und der Versammlung einer offensichtlich größeren Anzahl für ihren christlichen Glauben bekannter Männer gemahnt an die synagogale Bestimmung des Minjan, nach dem für einen Gottesdienst mindestens zehn kultfähige Männer anwesend sein müssen[270].

Die Anrufung Gottes um den Geist, damit durch ihn der Herr selbst redet, braucht nicht das einzige Gebet zu sein, das in der Versammlung stattfindet, die Hermas vor Augen hat. Sie ist aber das einzige, was ihn außer der Prophetie selbst in unserem Kontext an dieser Versammlung interessiert. Ἔντευξις heißt bei ihm sonst vor allem das Bittgebet, aber auch das Gebet überhaupt. Das Wort taucht in der Regel da auf, wo beschrieben werden soll, wessen Gebet erhört wird und wessen nicht[271]. Dazu gehört auch die merkwürdige Stelle HMand X,3,2-3, wo es heißt, daß das Gebet eines betrübten Mannes keine Kraft hat, aufzusteigen auf den Altar Gottes. Hier ist wohl weniger an einen konkreten Altar in der christlichen Gemeinde gedacht als an einen himmlischen Altar im Angesicht Gottes (welcher das christliche Gegenstück zum jüdischen Altar im Tempel wäre), auf den die Gebete der Christen kommen, wenn sie nicht mit Traurigkeit vermischt sind[272]. Es ist der Heilige Geist selbst, der sich in den Christen nicht mit der Traurigkeit verträgt und der das „unbeschwerte" Gebet bei ihnen bewirkt[273].

---

[270] Mischna Aboth III,7. Man darf den Vergleich nicht pressen, da solche Mindestzahlen ja Versammlungen von Teilen der Gemeinde (statt der ganzen Gemeinde) nicht ausschließen. - Der Ausdruck συναγωγὴ ἀνδρῶν δικαίων ist sonst nicht bekannt (J. REILING, Hermas and Christian Prophecy, p. 123).

[271] Das Gebet der vom Jähzorn befleckten Geduld ist vor Gott nicht wohlgefällig (HMand V,1,6); das Gebet des Betrübten kommt ebenfalls nicht vor Gott (HMand X,3,2-3; ἔντευξις steht hier stellvertretend für das direkt davor genannte ἐντυγχάνειν καὶ ἐξομολογεῖσθαι, bitten und loben, wird also nicht nur im engen Sinne das Bittgebet meinen - zu ἐξομολογεῖσθαι an dieser Stelle s. M. DIBELIUS, Die Apostolischen Väter IV., S. 535); das Gebet des Armen hat Kraft, das des Reichen nicht, so daß der Reiche besser Almosen gibt, damit der Arme für ihn betet (HSim II,5-7); wer schließlich seinen Herrn im Herzen hat, der bittet Gott darum, daß er ihn verstehen möge, während der, der zum Gebet zu schwach und träge ist, gar nicht erst bitten mag. So soll Hermas, der doch eine solche Gebetskraft (τοιαύτην ἔντευξιν) empfangen hat, um Verstehen bitten (HSim V,4,3-4). Ἔντευξις / ἐντυγχάνειν ist allerdings nicht das einzige Wort, das Hermas für das Beten kennt; vgl. HVis II,1,3 (προσευχή). HVis I,1,3; I,1,4; I,1,9; II,1,2; III,1,6; V,1; HSim IX,11,7 (προσεύχεσθαι). HSim V,2,10; V,3,7 (εὔχεσθαι). HMand IX,4 u. ö. (αἰτεῖν). HVis IV,1,4; HSim II,6; V,1,1; VII,5; IX,14,3 (εὐχαριστεῖν).

[272] Vgl. M. DIBELIUS, Die Apostolischen Väter IV., S. 535: „Der Himmel ist als Tempel vorgestellt ...", ferner S. 591 zu HSim VIII,2,5.

So ist es auch der Glaube an den heiligen Geist, ja die Teilhabe an ihm (ἔχειν πνεῦμα θεότητος), welcher die Gemeindeversammlung qualifiziert, in der der Geist über die Propheten kommt[274]; dabei wird durch geisterfülltes Gebet der Geist selbst herbeigerufen. Die Vorstellung des Hermas ist ähnlich wie die der Montanisten, daß der Geist den Propheten überfällt und ganz ausfüllt, so daß er gar nicht anders kann als zu sprechen[275]. Solch unwillkürliches Prophezeien stellt Hermas der Tätigkeit der falschen Propheten gegenüber, die wie heidnische Seher und Orakel auf Verlangen über die Zukunft Auskunft geben[276].

Ist der Inhalt der wahren Prophetie ebenfalls eine Aussage über die Zukunft einzelner Christen, nur daß diese Weissagung im Gegensatz zu den Worten der falschen Propheten immer richtig ist, während jene nur zur Täuschung der Zweifler auch ab und zu mal einen „Treffer" verbuchen können[277]? Wenn Hermas sagt, daß der Heilige Geist

---

[273] HMand X,3,2-3; schon vorher ist es jeweils der Geist, der im Glaubenden wohnt, welcher durch Jähzorn, Zweifel und dann auch durch Traurigkeit bedrängt wird; in X,3,3 heißt es dann explizit: ἡ λύπη μεμιγμένη μετὰ τοῦ ἁγίου πνεύματος τὴν αὐτὴν ἔντευξιν οὐκ ἔχει. Vgl. auch HSim II,7: ἔντευξις ..., ἣν ἔλαβεν παρὰ τοῦ κυρίου (parallel dazu hat allerdings der Reiche seinen Reichtum vom Herrn) und HSim V,4,3-4: Hermas hat als Christ den Herrn im Herzen und vom Engel sein Gebet. S. ferner M. DIBELIUS, Die Apostolischen Väter IV., S. 535, zu HMand X,3,2: „Zugrunde liegt die Anschauung, daß es eigentlich der Geist ist, der betet; sehr bezeichnend dafür ist der letzte Satz von 3,3 ...".

[274] HMand XI,9 und v. a. XI,14; vgl. dazu Fußn. 267 u. 269. Der Geist ist es auch, der die falschen Propheten ihrer Macht beraubt, so daß sie in der Gemeinde nicht sprechen können und entlarvt werden; vgl. J. REILING, Hermas and Christian Prophecy, p. 72. S. ferner ebda, p. 32ff und p. 134f., wo Reiling HMand XI ganz im Sinne des Kontrastes zwischen „den Geist haben" als Synonym für den Glauben und „Leere" als Synonym für Zweifel und Unglauben und den damit verbundenen diabolischen Geist interpretiert. Ähnlich K. HÖRMANN, Das „Reden im Geiste" nach der Didache und dem Pastor Hermae, *MyTh* 3 (1957) 135-161, S. 151: „Der Mensch wird entweder vom Heiligen Geist bewohnt, der ihn zum Tugendleben erhiert bzw. aus Rücksicht auf den der Mensch die Tugenden üben muß, oder vom bösen Geist, der in ihm sein böses Wirken entfaltet ... Je nachdem, welcher von diesen Gegenspielern in einem Menschen wirkt, der sich als Prophet ausgibt, muß man auch zwischen wahren und falschen Propheten unterscheiden, wie dies in dem ... Mandatum XI geschieht ...".

[275] „... dann erfüllt der Engel des prophetischen Geistes, der auf ihm ruht, diesen Menschen, und gefüllt mit dem heiligen Geist redet jener Mensch in die Menge hinein, wie es der Herr will." (HMand XI,9); vgl. dazu HMand XI,8: „auch spricht der Heilige Geist nicht, wenn ein Mensch ihn sprechen lassen will, sondern dann spricht er, wenn Gott ihn sprechen lassen will." - Zur montanistischen Anschauung s. S. 388, Fußn. 5. - J. REILING, Hermas and Christian Prophecy, p. 120-121, weist allerdings zu Recht darauf hin, daß die Prophetie nach Hermas trotz der eher hellenistischen Vorstellung von der Erfüllung durch den Geist (p. 111ff.) wohl kaum äußerlich ekstatische Formen hatte - das blieb aus der Sicht des Hermas den Pseudopropheten vorbehalten.

[276] HMand XI,2-6.8.

[277] HMand XI,3. Bei den ῥήματα ἀληθῆ dürfte es darum und weniger um die „wahre Lehre" gehen - Abweichen von der richtigen Lehre wird den falschen

durch den wahren Propheten redet, was der Herr will, so scheint das mehr und anderes zu sein als ein christliches Orakel[278]. Dafür spricht auch des Hermas eigenes Auftreten als Prophet, auf das wir noch zu sprechen kommen werden.

Ein charakteristischer Zug der falschen Propheten ist nach Hermas, daß sie gerne den Vorsitz führen, die πρωτοκαθεδρία[279] innehaben. Sie ist nach den übrigen Angaben des Hermas eigentlich den Presbytern vorbehalten[280]. Auch die erste Schilderung der falschen Propheten, wie sie auf dem Stuhl sitzen und um sie herum eine Schar von Christen auf einer Bank, und die Aussage, daß sie gern viel reden, zeigt ihren Geltungsdrang, hier indem sie sich wie Lehrer gebärden[281]. Beides, die Funktion des Leiters und des Lehrers, dürfte wohl in den von den falschen Propheten selbst veranstalteten Versammlungen in eins fallen.

Die wahren Propheten dagegen sprechen, getrieben von dem Engel des Geistes, der auf ihnen ruht, aus der Gemeinde heraus in die versammelte Gemeinde hinein. Die Vorstellung von der Vermittlung des Geistes durch einen Engel zeigt, daß die Qualifizierung zum Propheten auf dieser geistig-personalen Ebene gedacht und für die Gemeinde nicht so äußerlich erkennbar ist, daß man den Propheten etwa von vornherein den Vorsitz gäbe[282].

Propheten ja nicht explizit vorgeworfen. (Etwas zu pointiert weist J. REILING, Hermas and Christian Prophecy, p. 65, in diese Richtung: „What the false prophet tells his listeners has nothing to do with teaching, because their questions do not refer to doctrine or knowledge, but to their personal future." Diese Auffassung führt ihn aber zur richtigen Interpretation unserer Stelle auf p. 69f.)

[278] HMand XI,9; auch sonst betont Hermas in diesem Kapitel, daß der wahre Prophet aus der Kraft des Heiligen Geistes redet, ohne das aber inhaltlich zu füllen. Doch dürfte der Kontrast zum Orakel sich auch auf den Inhalt der Prophetie erstrecken, ohne daß damit Weissagungen über die Zukunft als Inhalt der wahren Prophetie ausgeschlossen wären. - Zu dem Problem, den Inhalt der wahren Prophetie nach Hermas zu bestimmen, vgl. N. BROX, KEK.E 7, 259f.

[279] HMand XI,12.

[280] S. Fußn. 300.

[281] HMand XI,1: συμψέλλιον - κάθεδρα. HMand XI,12: πολύλαλος. Der Vorwurf, vielrednerisch zu sein, ist gekoppelt mit dem des Geltungsdranges, aber auch mit dem der irdischen Schwelgerei, ist also für sich genommen nicht sehr spezifisch. J. REILING, Hermas and Christian Prophecy, p. 30f., interpretiert den Anfang von HMand XI richtig als „school scene", nur um dem dann jede Bedeutung abzusprechen - es handle sich nur um eine Szene, mit der die Personen eingeführt werden sollen (p. 31). Warum, so muß man doch fragen, aber gerade diese Szene? Es überrascht denn auch nicht, daß Reiling bei der ausführlicheren Interpretation von HMand XI,12 auf p. 93ff. das πολύλαλος praktisch unterschlägt.

[282] Die Propheten haben bei Hermas kein erkennbares Gemeinde-Amt; in den Ämterreihen (dazu s. u.) kommen sie nicht vor. Die Gabe der Prophetie ist aber, wie das Bild vom Engel verdeutlicht, bestimmten Personen vorbehalten. H. REILING, Hermas and Christian Prophecy, p. 104-111, sieht in dem Engel den latenten Geistbesitz verkörpert und zieht eine Parallele zu dem Dämon des Gnostikers

Daß die Pseudopropheten gern als Lehrer auf der χάθεδρα sitzen, läßt vermuten, daß das Amt des Lehrers bei Hermas noch eine wichtige Rolle spielt. Und so nennt Hermas die Lehrer auch einmal in einer Ämterreihe, und zwar an recht hoher Position: es ist da nämlich von Aposteln, Bischöfen, Lehrern (sie stehen also dort, wo man sonst die Presbyter erwartet) und Diakonen die Rede[283]. Ein andermal spricht Hermas von den Aposteln und Lehrern (der ersten Zeit?) allein, welche verkündigten und das Wort des Herrn fromm und heilig lehrten; sie werden als geisterfüllt und mit ihrem Lebenswandel wie Prototypen der Gerechtigkeit für den Klerus dargestellt[284]. Im Kontext werden dann auch noch andere Gruppen der Gemeinde beschrieben; hier ist wichtig, daß die Lehrer wegen ihrer Verkündigungsaufgabe mit den Aposteln zusammen genannt und noch vor den Bischöfen aufgeführt werden[285].

An einer anderen Stelle schließlich ist ebenfalls von den verstorbenen Lehrern zusammen mit den Aposteln die Rede, welche nicht nur zu Lebzeiten die Verkündigung von dem Sohne Gottes verbreiteten, sondern auch noch nach dem Tode den bereits Entschlafenen predigten und sie tauften, damit auch sie das Heil erlangen könnten[286].

Markos (Irenäus, adv. haer. I,13). Der Ton muß hier m. E. vom Kontext der Stelle her auf der Vorstellung vom latenten, also verborgenen Geistbesitz liegen. Nur insofern stimmt der Satz von Reiling auf p. 125 uneingeschränkt: „The church consists of potential prophets." - Vgl. N. BROX, KEK.E 7, 258f.

[283] HVis III,5,1.

[284] HSim IX,25,1-2; eine Konkretion ihrer Gerechtigkeit wird genannt: daß sie nichts veruntreuten (vgl. die Warnung vor der Geldgier der Pseudopropheten; s. ferner zu νοσφισάμενοι: M. DIBELIUS, Die Apostolischen Väter IV., S. 632). Zu der Qualifizierung ihres Lehrens als σεμνῶς καὶ ἁγνῶς vgl. HVis III,8,7: die Werke der Tugenden sind ἁγνὰ καὶ σεμνὰ καὶ θεῖα, ferner HVis III,5,1: (die soeben genannte Ämterreihe) ἐπισκοπήσαντες καὶ διδάξαντες καὶ διακονήσαντες ἁγνῶς καὶ σεμνῶς ... - Nach N. BROX, KEK.E 7, 450, ist unklar, ob die Lehrer womöglich z. T. noch leben.

[285] HSim IX,26: (schlechte) Diakone zusammen mit Abtrünnigen; HSim IX,27: (gute) Bischöfe und gastfreie Christen. Eine konsequente Reihung der verschiedenen Berge in der Vision, von denen die genannten Gruppen kommen, läßt sich allerdings nicht erkennen.

[286] HSim IX,16,5 (vgl. dazu auch HSim IX,15,4). Die Stelle berechtigt jedoch m. E. nicht zu der Annahme, das Lehreramt gehöre für Hermas bereits der Vergangenheit an (so M. DIBELIUS, Die Apostolischen Väter IV, S. 634, der allerdings vorsichtshalber ein Fragezeichen setzt); eher ist die Meinung wohl die, daß die großen Lehrer die Lehrer der alten Zeit sind, eben die, welche noch mit den Aposteln zusammen wirkten. Allgemein gilt: „That the teachers belong to the past seems to be wrong inasmuch as Hermas writes that he personally has heard from some teachers about baptism and metanoia." (L. PERNVEDEN, The Concept of the Church in the Shepherd of Hermas, Lund 1966 (STL 27), p. 147). - N. BROX, KEK.E 7, 433, meint zu unserer Stelle: „ ‚Lehrer' ist hier der Sache nach eine Apposition zu ‚Apostel' ..., offensichtlich nicht eine zweite Personengruppe neben den Aposteln".

Da die Aufgabe der Bischöfe aus der Sicht des Hermas allem Anschein nach noch vor allem sozialer Natur ist[287], liegt die Verkündigungsaufgabe in den Gemeinden, wenn man einmal von den Propheten absieht, bei den Lehrern. Die hohe Stellung des Bischofs in der genannten Ämterreihe wäre dann ein Zeugnis für den beginnenden Einfluß des Episkopats, aber auch für den hohen Stellenwert, den die „Diakonie" für Hermas hat, dem auch in der Verkündigung die Mahnung zu einem gerechten Leben von größter Wichtigkeit ist[288].

Ein besonderes Merkmal der gerechten Lehrer ist, daß sie keinen Gewinn beiseite bringen[289], sondern entweder, so muß man schließen, unentgeltlich lehren oder von der Gemeinde nur mit dem Nötigsten versorgt werden. Damit wird ein ähnliches Kriterium für das Erkennen falscher Lehrer gegeben wie für das Erkennen falscher Propheten. Und so werden an anderer Stelle auch „Heuchler und Lehrer der Schlechtigkeit" vorgestellt, deren Hauptvergehen die Gewinnsucht ist. Ihre Lehre werde zwar davon zum Schlechten beeinflußt, daß sie sich danach richten, was ihre Hörerschaft gerne hören will (auch dies übrigens ein Vorwurf gegen die falschen Propheten), aber dennoch seien sie keine Lästerer des Herrn und vom Glauben Abgefallene, so daß ihnen der Weg zur Buße offenstehe[290]. Hier mag es sich also um

---

[287] HSim IX,27,2: Gastfreiheit, Versorgung von Witwen und Waisen, heiliger Wandel sind Charakteristika der guten Bischöfe. Die Aussage, daß solche vor Gott wohlgefällig sind, ἐὰν ἐπιμείνωσιν ἕως τέλους λειτουργοῦντες τῷ κυρίῳ, ist präzise darauf zu beziehen und nicht wegen λειτουργεῖν auf den Gottesdienst, von dem hier ja gar nicht die Rede war (gegen M. DIBELIUS, Die Apostolischen Väter IV., S. 634, der allerdings selbst in bezug auf das λειτουργεῖν sehr unsicher ist).

[288] Eine gottesdienstliche Funktion der Bischöfe ist damit nicht auszuschließen, doch ist sie nach HSim IX,27 noch nicht das Proprium dieses Amtes, so muß noch einmal korrigierend zu M. DIBELIUS, Die Apostolischen Väter IV., S. 634, bemerkt werden, daß er in seinem Exkurs über die Gemeindeverfassung nach dem „Hirten" m. E. die Stelle HVis III,5,1 überbelastet. Vgl. auch L. PERNVEDEN, The Concept of the Church in the Shepherd of Hermas, p.146; N. BROX, KEK.E 7, 533-541 (Exkurs: „Die kirchliche Verfassung").

[289] HSim IX,25,2; vgl. dazu Fußn. 284. Das Verb νοσφίζειν, das ja eigentlich voraussetzt, daß Geld durch die Hände der Apostel und Lehrer geht, von dem sie dann etwas für sich beiseite bringen, mag ein Indiz für ein allmähliches Ineinandergehen von Lehreramt und Bischofsamt sein (s. Fußn. 288).

[290] HSim IX,19,2-3 (in 19,1 werden die Apostaten und Lästerer des Herrn als todverfallen vorgestellt); vgl. HSim VIII,6,5, wo „Heuchlern", die „andere Lehre" einführten, wie den Lehrern der Schlechtigkeit in HSim IX,19,2-3 die Möglichkeit der Buße offensteht. Hier wird gesagt, daß den Anderslehrenden vor allem die Sünder zufallen, welche von ihnen von der Buße abgehalten werden: offenbar durch „nichtige" Vergebung, also aus der Sicht des Hermas durch ein Reden nach dem Munde der Büßer. Daß mit der Stelle nicht umgekehrt Rigoristen gemeint sein können, die den Sündern, welche ihnen Glauben schenken, die Buße verwehren, zeigt der Vergleich mit HMand IV,3,1-2, wo den Rigoristen kein Vorwurf gemacht wird (vgl. auch M. DIBELIUS, Die Apostolischen Väter IV, S. 596f.), und auch der Wortlaut: das ἐχστρέφειν bezieht sich nicht ausschließlich auf die Sünder, sondern

(gnostisierende?) Lehrer mit einer aus der Sicht des Hermas zu frei-
heitlichen Haltung handeln, die nach dem Vorbild hellenistischer Lehrer
sich für ihren Unterricht bezahlen ließen, aber noch nicht strikt als
Irrlehrer ausgegrenzt wurden, sondern durchaus noch zur Gemeinde gehörten[291].

Neben ihnen scheint es noch andere gegeben zu haben, die sich als
wahre Gnostiker aufspielten; ihren Anspruch, alles zu erkennen und
Lehrer sein zu wollen, lehnt Hermas ab, weil sie unbelehrbar seien und
aufgeblasen und doch gar nichts wüßten[292]. Weitaus weniger scharf
ist die Abgrenzung gegen rigoristische Lehrer; ihnen stimmt Hermas
im Grundsatz zu, daß es nämlich Vergebung der Sünden nur durch die
Taufe gebe, um dann nur korrigierend seine Bußlehre als Ausnahmeregelung einzuführen[293].

Hermas trägt seine Bußlehre aber nun nicht einfach wie ein Lehrer als eine bestimmte Lehrmeinung vor. Sein Vorgehen fällt vielmehr
aus dem Rahmen des bisher über die Lehrer wie auch die Propheten Festgestellten heraus. Was er vorzubringen hat, hat Anspruch
auf göttliche Autorität wie die Worte der wahren Propheten, ohne
daß der Geist aber direkt durch ihn spricht. Er schreibt seine Visionen
auf[294], um die schriftlich festgehaltene Offenbarung dann im

---

nur schwerpunktmäßig (μάλιστα), und auch das πείθειν wäre eigentlich fehl am
Platze, um die Auswirkungen der rigoristischen Lehre auf die Sünder zu beschreiben.

[291] Sie „haben den Namen", sind also noch als getaufte Christen anerkannt,
„sind aber leer von Glauben, und es ist keine Frucht der Wahrheit in ihnen" (HSim
IX,19,2).

[292] HSim IX,22,1-2; vgl. M. DIBELIUS, Die Apostolischen Väter IV., S. 630,
der die Stelle auf Gnostiker bezieht, aber zu Recht darauf aufmerksam macht, daß
gegen ihre Lehre nicht inhaltlich polemisiert wird, so daß ihr Glaube für Hermas
noch nicht erkennbar substantiell von seinem eigenen und dem der Kirche abwich.
Immerhin haben sie sich zu Aussagen verstiegen, die Hermas als ἀφροσύνη abtut,
und ihr Verhalten ist ohne eine Unterwerfung unter anerkannte Autoritäten unerträg-
lich (HSim IX,22,3). - Nach N. BROX, KEK.E 7, 447f., ist HSim IX,22 zu allgemein, um die Gegner als Gnostiker identifizieren zu können.

[293] HMand IV,3,1ff; die vorgetragene Mahnung scheint in ihrer Schärfe nicht
von den anerkannten Lehrern geteilt worden zu sein, denn es sind nur τινες
διδάσκαλοι, von denen Hermas sie hörte, aber ihre Anerkennung durch Hermas im
Grundsatz ist deutlich, so wie er seinen Bußruf immer nur als die Eröffnung einer
Ausnahme, welche auf den Kreis der schon vor längerem Getauften eingegrenzt sein
soll, welche in Sünde fielen, und nicht als Einführung einer Neuregelung gesehen
wissen will - vgl. dazu M. DIBELIUS, Die Apostolischen Väter IV., S. 508ff, und
v. a. N. BROX, KEK.E 7, 476-485 (Exkurs: „Die Buße").

[294] Das Schreiben wird in den redaktionellen Passagen reflektiert: HVis V,5-6;
HSim IX,1,1; HSim IX,33,1; HSim X,1,1. In den ersten Teil des Buches, HVis 1-4,
ist es stärker integriert, da Hermas dort in seinen Visionen ein Schriftstück zum
Abschreiben bekommt: HVis I,2,2; 3,3; 4,1-2; HVis II,1,3-4; 2,1; 4,2-3; (HVis IV,3,6).
Doch ist das nur so lange möglich, wie durch das Geschriebene den Hörern etwas
direkt gesagt werden soll; mit der Einführung von Bildern, die dann erklärt werden,

Auftrag des Geistes vorzutragen und zu verbreiten[295]. Ob er selber sich damit als Prophet oder als Lehrer betrachtet, ist nicht auszumachen, doch weist das visionäre Element in Richtung der Prophetie[296].

Daß sein Buch, oder mindestens Teile davon, zum Verlesen in den Gemeinden gedacht war, wird wenigstens an einer Stelle deutlich[297].

also ab HVis III, tritt dieser Aspekt zurück, aber es liegt nun natürlich nahe, daß Hermas auch das, was er gesehen und gehört hat, aufschreibt.

[295] Zur Verbreitung s. HVis II,4,3; dazu, daß Hermas seine Offenbarungen vortragen soll: HVis II,1,3; 2,4; (2,6); 4,3; III,3,1-2; 4,3; 8,11; IV,2,5; 3,6; (V,6-7); (HMand IV,3,3.7; V,2,8; IX,12; X,3,4); HMand XII,3,2-3; HSim V,5,1; (VI,1,4); VIII,6,3-4; 7,5; 8,2; 10,1.3; 11,1-2; (IX,14,3; 29,3; 31,3.4; 33,1); X,2,3-4; 4,1-2.4. Der Geist spricht zu Hermas durch die Vermittlung von Engelwesen; daß es aber der Geist Gottes ist, der dahintersteht, zeigt z. B. HSim IX,1,1.

[296] Vgl. M. DIBELIUS, Die Apostolischen Väter IV., S. 635, über Hermas als Propheten; ferner J. REILING, Hermas and Christian Prophecy, p. 100 (das Nachfragen des Hermas bei seinen Offenbarungen ist eigentlich illegitim, so wie christliche Propheten nicht auf Befragen antworten), und p. 163ff (Hermas unterscheidet sich wesentlich von den Propheten, will aber doch als Sprachrohr des Geistes funktionieren). Außerdem die Meinung von E. PETERSON, Beiträge zur Interpretation der Visionen im „Pastor Hermae", in: DERS., Frühkirche, Judentum und Gnosis, Rom u. a. 1959, 254-270. S. 269: „Bei dem ‚Pastor Hermae' ... wird der Lehrer zum Propheten erhoben durch die prophetische Funktion der lehrenden Kirche bzw. durch die Belehrung der Engel." - Zu kraß will N. BROX, KEK.E 7, 19ff, das Aufschreiben von Visionen durch Hermas vom „aktuellen" Prophetentum unterschieden wissen. - Der formgeschichtliche Ansatz von D.E. AUNE, Prophecy in Early Christianity and the Ancient Mediterranean World, Grand Rapids 1983, führt zu der Annahme, ein Grundbestand an mündlicher Prophetie sei hier literarisch ausgearbeitet worden (p. 310); das mag Hinweis auf einen längeren und komplizierten Entstehungsprozeß sein, berücksichtigt aber nicht das Selbstbewußtsein des Autors.

[297] HVis II,4,3. Entgegen M. DIBELIUS, Die Apostolischen Väter IV, S. 453, ist μετὰ τῶν πρεσβυτέρων nicht zu übersetzen: „vor den Presbytern", sondern „mit den Presbytern"; dabei geht es entweder um ein Vorlesen durch verschiedene Personen an den verschiedenen Versammlungsorten der Christen in Rom oder einfach nur um die Zustimmung der Presbyter. Daß auch sie selbst von Hermas ermahnt werden sollen, sagt HVis II,2,6, doch ist das μετά in II,4,3 etwas anderes. Nach M. DIBELIUS, a. a. O., S. 453, bedeutet der Satz ὅταν οὖν ἀποτελέσω τὰ ῥήματα πάντα, διὰ σοῦ γνωρισθήσεται τοῖς ἐκλεκτοῖς πᾶσιν (HVis II,4,2), daß Hermas nur das ganze Buch nach seiner Fertigstellung veröffentlicht habe. Dagegen sprechen aber die Schilderungen von Reaktionen auf die bereits geschehene Bußpredigt durch Hermas in HVis III,12,2-3 und HSim VIII,6-10. Daß diese Bußpredigt, die dem Hermas ja immer wieder aufgetragen wird (s. Fußn. 295), mit der Verkündigung seiner Visionen identisch ist, belegt z. B. HSim X,4,4, wo in direkter Anrede an die Hörer mit dem Bild des Turmes auf den Inhalt von HSim IX und X bezuggenommen wird (vgl. auch HVis V,6-7; HMand XII,3,2; HSim V,5,1; VIII,6,3; X,4,1). Im übrigen zeigen die Stellen, wo der Engel in direkte Rede an die Hörer übergeht oder die Weisungen an Hermas durch Zusätze für alle verbindlich macht (s. die in Fußn. 295 in Klammern gesetzten Stellen), daß Hermas sich ein Hörerpublikum für das vorstellt, was er aufschreibt. So ist auch oft von den ἀκούοντες die Rede, was sich allerdings auch auf eine frei vorgetragene Bußpredigt beziehen könnte und als solches nicht das Vorlesen belegt. Dibelius mag nach alledem Recht damit haben, daß Hermas erst das ganze Buch schriftlich publizierte und vorher nur selbst seine Visionen vortrug (vgl. auch R. JOLY, Hermas, p. 411 zu p. 15). Doch will Hermas nie

Wenn Hermas selbst zugegen sein kann, also etwa in seiner eigenen, der römischen Gemeinde, soll er auch selbst das verkündigen, was er gesehen hat[298]. So ist die schriftliche Form, wenn das Buch verschickt wird, auch Ersatz für die persönliche Gegenwart des Hermas. Aber vor allem dient sie ihm als Gedächtnisstütze und verleiht der Botschaft Authentizität; so soll Hermas sein Buch auch in seiner eigenen Gemeinde den Presbytern übergeben, ihnen also den genauen Wortlaut seiner Offenbarungen vorlegen, von dem überzeugt sie dann seine Predigt an die Gemeinde unterstützen sollen[299].

Die πρεσβύτεροι werden auch als προϊστάμενοι und προηγούμενοι bezeichnet, einmal ist auch von den πρωτοκαθεδρίται die Rede[300]. Sie sind also ein gemeindeleitendes Gremium; da sie bei den Aufzählungen der Ämter nicht vorkommen, dürfte es sich dabei um Inhaber verschiedener Ämter handeln, unter welchen sich dann auch Gemeindeälteste, also πρεσβύτεροι im eigentlichen Sinn, befunden haben werden, ohne daß dieses Amt so fest umrissen war, daß sie sonst Erwähnung finden. Außer ihnen dürften dem Gremium der πρεσβύτεροι also etwa der Bischof (die Bischöfe?), die Lehrer und vielleicht auch die Diakone angehört haben[301].

---

selbst gehört werden, sondern immer nur Vermittler für die Worte des Geistes sein (vgl. J. REILING, Hermas and Christian Prophecy, p. 166ff.), so daß er auch diese Vorträge abgelesen haben mag, um nichts zu verfälschen.

[298] Ob das in jedem Fall bedeutet, daß Hermas vorliest, was er aufgeschrieben hat, oder ob er seine Visionen auch in freier Predigt wiedergab, läßt sich nicht sicher entscheiden (s. Fußn. 297). Aufgrund der Besonderheit seiner Botschaft ist es gut möglich, daß er sich in jedem Fall auf die schriftliche Offenbarung zurückgezogen hat.

[299] HVis II,1,3 zeigt, daß Hermas das Schreiben als Gedächtnisstütze braucht; zur Übergabe an die Presbyter vgl. HVis II,4,2, wo vorausgesetzt wird, daß Hermas seine aufgeschriebene Offenbarung den Presbytern übergibt; das wird wohl nicht nur daran gelegen haben, daß es ein Teil des Anliegens von HVis II ist, die Presbyter bzw. die προηγούμενοι der Gemeinde zu ermahnen (HVis II,2,6), sondern wird zum normalen Vorgehen mit außerhalb der Gemeindeversammlung empfangenen Offenbarungen gehören. Ziel war ja von Anfang an die Verkündigung an die ganze Gemeinde (HVis II,1,3). So wird dann im Anschluß an HVis II,4, 2 nicht mehr ausdrücklich festgestellt, daß Hermas seine Schrift den Presbytern übergeben, sondern nur daß er sie allen Christen bekanntmachen soll und das dann zusammen mit den Presbytern tut (HVis II,4,2-3).

[300] Προϊστάμενοι (adjektivisch!): HVis II,4,3; προηγούμενοι: HVis II,2,6 (ihre Identität mit den πρεσβύτεροι προϊστάμενοι habe ich bereits vorausgesetzt; dem dürfte wohl kaum widersprochen werden); HVis III,9,7 (οἱ προηγούμενοι τῆς ἐκκλησίας καὶ οἱ πρωτοκαθεδρίται - sie werden an dieser Stelle vor Streit und Spaltungen gewarnt, was durchaus mit einer strukturellen Inhomogenität zu tun haben könnte. M. DIBELIUS, Die Apostolischen Väter IV., S. 635, vermutet, daß es sich bei der πρωτοκαθεδρία um den Vorsitz im Gottesdienst handelt und daß (Dibelius verweist auf HSim VIII,7,4) eben dieser Vorsitz umstritten war.); πρεσβύτεροι: HVis II,4,2u.3; HVis III,1,8 (aus dieser Stelle - vgl. dazu M. Dibelius, a. a. O., S. 456f. - wird deutlich, daß Hermas sich nicht zu den Presbytern rechnet).

Wir bekommen demnach vom gottesdienstlichen Leben durch Hermas folgendes Bild: neben den Gemeindeversammlungen zum Gottesdienst gibt es auch Treffen kleinerer Gruppen um einen Lehrer oder Propheten, die sich zur Gemeinde zählen und noch keineswegs von seiten der Gemeinde deutlich ausgegrenzt sind. In den Versammlungen kommt es zu Äußerungen ekstatischer Prophetie, für welche wahrscheinlich um den Geist gebetet wird. Der prophetischen Predigt dürfte also ein fester Platz im Gottesdienst zugewiesen sein, ohne daß sie allerdings deswegen genau lenkbar würde: wenn der Geist einen Propheten überfällt, spricht der Herr durch ihn, nicht nur was, sondern wohl auch wann er will[302].

Neben solcher spontanen Prophetie gab es offenbar auch die Möglichkeit, außerhalb der Versammlungen empfangene Offenbarungen aufzuschreiben, um sie dann, nachdem sie dem gemeindeleitenden Gremium zu Prüfung vorgelegt waren[303], der Gemeinde vorzutragen. Daneben wird die Unterweisung im christlichen Glauben durch die Lehrer einen festen Bestandteil der Gemeindeversammlungen gebildet haben. Ob dazu auch Lesungen aus den Schriften, also aus dem Alten Testament gehörten, läßt sich aufgrund des „Hirten des Hermas" weder bejahen noch verneinen; Hermas zitiert nur die apokryphe Schrift Eldad und Modad[304], zeigt aber durchaus Kenntnis wenigstens von Teilen des übrigen alttestamentlichen Schrifttums[305].

---

[301] Vgl. M. DIBELIUS, Die Apostolischen Väter IV., S. 634f. Es ist auffällig, daß alle oben in Fußn. 300 genannten Belege in den ersten Teil des Hirten des Hermas, Vis I-IV, gehören. Daß die Presbyter später nicht mehr genannt werden, mag damit zusammenhängen, daß sie bereits hier gemahnt worden sind; andererseits sind die Mahnungen in den „Geboten und Gleichnissen" spezifischer und richten sich eben an die, welche aktiv in der Gemeinde in Erscheinung treten. Zur Frage, ob die Diakone zum Gremium der Presbyter gehören, ist zu bedenken, daß sie in HSim IX,26,1-2 im selben Kontext genannt werden wie Apostel und Lehrer (HSim IX,25,1-2) und Bischöfe (HSim IX,27,1-2), ohne daß daraus allerdings sichere Schlußfolgerungen gezogen werden können (vgl. o. Fußn. 285).

[302] Das wird nicht eigens gesagt, ergibt sich aber aus dem übrigen über die wahren Propheten Gesagten mit innerer Notwendigkeit, wobei allerdings das Gebet um den Geist schon eine steuernde Funktion gehabt haben dürfte.

[303] Hermas sagt das nicht in dieser Schärfe, aber es scheint doch hinter seinem in HVis II,4,2-3 geschilderten Verhalten so etwas zu stehen - ohne daß man daraus gleich einen Konflikt zwischen Amt und Geist konstruieren sollte - vgl. v. a. R. KNOPF, Das nachapostolische Zeitalter, Tübingen 1905, S. 184-186; auch M. DIBELIUS, Die Apostolischen Väter IV, S. 454; J. REILING, Hermas and Christian Prophecy, p. 153 (Reiling will Amt und Prophetentum ganz auseinanderhalten und sieht m. E. das Verhältnis von Prophetie und Klerus bei Hermas etwas zu harmonisch).

[304] HVis II,3,4.

[305] Vgl. den Apparat bei M. WHITTAKER, Die Apostolischen Väter I.; R. STAATS, Hermas, S. 102; R. JOLY, Hermas, Le Pasteur, Paris ²1968 (SC 53bis), p. 46-47; 414-415. N. BROX, KEK.E 7, 43-49. - Staats erklärt das Fehlen von

Aufgrund der Äußerungen des Hermas in HVis III über Personen, die zwar das Wort gehört haben, aber noch nicht getauft sind, kann man annehmen, daß auch Ungetaufte zum Hören der Predigt zugelassen waren[306]. Sie scheinen dann vor der Taufe noch einen besonderen Taufunterricht bekommen zu haben, in dem ihnen die moralische Verpflichtung, welche in der Taufe liegt, noch einmal eindrücklich nahegebracht wurde. So scheint mir jedenfalls die in HVis III,7,3 beschriebene Abfolge: das Wort hören - die Taufe begehren - dann, „wenn die Heiligkeit der Wahrheit ihnen bewußt wird", wieder umkehren und nach den schlechten Lüsten wandeln (es werden vor der Taufe wieder Abgefallene beschrieben) am besten erklärt[307].

Neben den verschiedenen Formen der Verkündigung dürfte auch das Gebet in den Gemeindeversammlungen eine große Bedeutung gehabt haben. Das läßt sich nicht nur aus der Erwähnung des Gebets vor der Prophetie erschließen, sondern auch aus dem Ideal der Privatfrömmigkeit, welches dem Hermas für die Familie vorschwebt: neben ständigen Ermahnungen durch den Hausvater steht dort möglichst häufiges und langanhaltendes Gebet[308].

Zum Beten wird auch das Singen gehört haben, wenngleich Hermas den Gemeindegesang nicht erwähnt und auch ein in „hymnischer" Sprache gehaltener Ausspruch der alten Frau in einer der Visionen des Hermas, HVis I,3,3 nicht gerade als Hymnus bezeichnet werden kann[309].

Zitaten aus dem „prophetischen Anspruch der ältesten christlichen Apokalyptik" (l. c.), während L. PERNVEDEN, The Concept of the Church in the Shepherd of Hermas, p. 278, es darauf zurückführt, daß Hermas von mündlicher Tradition abhänge. Der Erklärungsversuch von Staats erscheint plausibler, da mündliche Tradition das Zitieren und den Rückbezug auf die Schriften nicht ausschließt.

306 HVis III,7,3 und, jedenfalls diese Personen mitbetreffend, HVis III,7,6 (μετέλαβον τοῦ ῥήματος τοῦ δικαίου). Zu den Schwierigkeiten, genau festzumachen, welche der vorher angesprochenen Gruppen in HVis III,7,5f. gemeint ist, vgl. M. DIBELIUS, Die Apostolischen Väter IV., S. 470-471. Dibelius bemerkt dort zu Recht, daß mit HVis III,7, 3 nicht einfach nur ein Taufaufschub gemeint ist - dagegen spricht das Verfallen in „böse Lüste"; auch ist vom Durchhalten der Taufabsicht mit keinem Wort die Rede (so auch N. BROX, KEK.E 7, 137f.). - Vgl. zum „Hören" vor der Taufe auch HSim IX,17,4. - Daß die Mandata des Hermas eine Anschauung von der Katechumenenunterweisung geben, erschließt R. KNOPF, Das nachapostolische Zeitalter, S. 277, nur aus deren Inhalt. Vgl. dazu Fußn. 314.

307 Die Behauptung von M. Dibelius, Die Apostolischen Väter IV., S. 470, τὸν λόγον ἀκούειν sei Ausdruck der Missionssprache, erscheint mir zu schlecht belegt (Dibelius gibt Mk 4,18 an) und auch noch zu vage: es ist damit noch nichts über die gottesdienstlichen Zusammenhänge ausgesagt. - Dibelius überträgt a. a. O., S. 470 ἡ ἁγνότης τῆς ἀληθείας m. E. richtig: „die Keuschheit, die zur Wahrheit gehört".

308 Mahnung durch den Hausvater: HVis I,3, 2; zum Gebet: HSim IX,11,7; HSim II,5; vgl. auch HMand IX.

Hermas kennt außerdem auch das Stationsfasten, das ihm jedoch nicht so wichtig ist[310]. Mit den Gebeten, die auf den Altar vor Gott gelangen, könnte die Eucharistie angedeutet sein; ansonsten erfahren wir von ihr durch Hermas nichts, aber das muß nicht viel besagen, da er sich über die Gottesdienste nicht weiter äußert[311].

Der Inhalt der Botschaft des Hermas ist vor allem durch seinen Ruf zur Buße und die damit zusammenhängende Entfaltung der Bilder vom Gericht geprägt[312]. Durch die Möglichkeit zur Buße will Hermas seine Verkündigung aber vor allem als frohmachend verstanden wissen[313]. Das Leben der Christen soll sich bei alledem nach den Geboten des Herrn richten[314], der sie aber auch selbst zum Halten der Gebote befähigt oder ihnen zumindest dabei behilflich ist[315]. An

---

[309] Gegen M. DIBELIUS, Die Apostolischen Väter IV., S. 440-441 (vorsichtiger: M. JOLY, Hermas, p. 85 n. 4; richtig: H. WEINEL, Hirt des Hermas, HNTA, S. 295: „Beachte den liturgischen Klang des Stückes ...“). Dem hymnischen Stil zuwider läuft der Wenn-Satz am Schluß, welcher auch nicht mehr Gott betrifft, sondern das Verhalten der Christen. Genau auf diesen Satz kommt es aber im Kontext an, der Rest ist vom Aussagegehalt für die Botschaft des Hermas her gesehen fast nur eine Art feierlicher Vorspann. Die Sprache bleibt aber durch das Adjektiv in dem Ausdruck ἐν μεγάλῃ πίστει am Ende immer noch gehoben. Für einen Hymnus erschiene mir überdies die Durchgestaltung des ganzen Stückes sehr mangelhaft; die Passage wäre eher als hymnische Prosa anzusprechen, deren Sprache Anleihen in der Liedsprache macht. Somit bliebe das Stück ein indirekter Beleg für Lieder in der Gemeinde des Hermas.

[310] HSim V,1 wird statt des Stationsfastens ein gerechtes Leben gefordert. Dennoch gehört für Hermas das Fasten zur Frömmigkeit dazu: HVis II,2, 1; III,1,2; 10,6f.; HSim V,3,7-9.

[311] HMand X,3,2-3, dazu s. o. - Hermas benutzt das Wort εὐχαριστέω im Sinn von Gott loben: HVis IV,1,4; HSim II,6; V,1,1; VII,5; IX,14,3.

[312] Ob man so weit gehen sollte wie P. VIELHAUER, Absatz „XVI. Apokalyptik des Urchristentums 1. Einleitung“ in *NtApo* II, Tübingen ³1964, 428-454, S. 448f., dem Buch zwar die Form der Apokalypse, nicht aber einen apokalyptischen Inhalt zuzusprechen (so auch N. BROX, KEK.E 7, 38), erscheint mir fraglich; die Paränese überwiegt, doch rufen die Bilder, z. B. vom Verwerfen der Steine beim Turmbau, durchaus das endzeitliche Gericht vor Augen; richtig ist dabei die Beobachtung, daß das Interesse nicht so sehr auf dem Kosmischen (oder auch dem Historischen) als vielmehr auf dem Schicksal des Einzelnen liegt (S.451).

[313] Z. B. HVis III,12,2-3; IV,1,3; HMand X,3,1; XII,4,2-3; HSim V,1,1; VI,1,1; IX,9,7-10,1; X,4. Kehrseite ist aber natürlich immer die Warnung an die Unbußfertigen vor Gericht und Verdammnis.

[314] Der Ausdruck ἐντολὰς (τοῦ θεοῦ oder τοῦ κυρίου) φυλάσσειν begegnet auf Schritt und Tritt. Charakteristisch z. B. HMand IV,24. Ermahnungen zur Lebensführung stellen den größten Anteil am gesamten Textmaterial. Vgl. R. JOLY, Hermas, p. 42-45; M. DIBELIUS, Die Apostolischen Väter IV., S. 423f.; R. STAATS, Hermas, S. 105; ferner L. PERNVEDEN, The Concept of the Church in the Shepherd of Hermas, p. 127f., dessen Versuch, den Ruf zur Buße als Wiederholung der elementaren Unterweisung für die Katechumenen zu begreifen, bedenkenswert ist. Man muß allerdings dabei im Auge behalten, daß der größte Teil der Unterweisung vor der Taufe wohl kaum etwas anderes war als eben die Teilnahme an der Gemeindepredigt (so auch Pernveden selbst, a. a. O, p. 136).

einer Stelle kann sogar der Sohn Gottes selbst als das Gesetz bezeichnet werden. Er wird den Völkern verkündigt, damit sie sich bekehren und auf seinen Namen taufen lassen, um dann in einem christlichen Leben zu wandeln[316]. Konkret wird dieser Wandel zum Beispiel durch Tugendkataloge beschrieben[317].

In solchen Bahnen dürfte sich auch eine normale Gemeindepredigt in der Umgebung des Hermas, also in Rom, bewegt haben; und damit paßt er in das Bild, welches wir auch sonst von den Apostolischen Vätern gewinnen. Die Beliebtheit der Schrift beweist, daß mit dieser schlichten paränetisch-ethischen Ausrichtung der Verkündigung weit verbreitete Erwartungen in der Großkirche angesprochen wurden.

Bemerkenswert bleiben das Lehramt und die ausgeprägte Rolle der Prophetie im Gottesdienst, welche bei Hermas sichtbar werden; der monarchische Episkopat hingegen tritt hier noch nicht hervor. Wenige Jahrzehnte danach findet sich bei Justin von dem Wirken der

---

[315] Einerseits gilt: die Gebote können befolgt werden, wenn man nur will (HMand XII,3,5), und wer lediglich glaubt, aber statt Werken der Gerechtigkeit τὰ ἔργα τῆς ἀνομίας bewirkt, muß erst Buße tun und dann alle Tugend der Gerechtigkeit beweisen, um bei Gott wohnen zu können (HSim VIII,10,3-4). Andererseits soll Hermas um Gerechtigkeit beten (HVis III,1,6), und derjenige kann die Gebote befolgen, der den Herrn im Herzen hat (HMand XII,4,3) und bei dem der Engel des Herrn ist und den Teufel bekämpft (HMand XII,6,4). Der Engel seinerseits aber hilft Hermas und allen, die sind wie er, weil sie eine solche προθυμία τῆς ἀγαθοποιήσεως haben (HSim V,3,4). So kann im selben Kontext das Heilshandeln des Sohnes Gottes so beschrieben werden, daß er sein Volk von Sünden reinigt und ihm dann durch das Gesetz vom Vater den Weg des Lebens zeigt oder, wie es an anderer Stelle etwas weniger gesetzlich klingend heißt, das Gesetz in die Herzen gibt (HSim VIII,3,3) - freilich wird hier sofort hinzugefügt, daß noch überprüft werden muß, ob die Gläubigen das Gesetz auch wirklich gehalten haben. Es ist dann auch wieder der Herr selbst, der durch das Bußangebot den Geist der Sünder erneuert und ihnen so neue Hoffnung auf ewiges Leben gibt (HSim IX,14,3; vgl. auch Fußn. 313); aber das bedeutet natürlich immer noch, daß die Sünder das Bußangebot auch wahrnehmen und Buße tun müssen. Vgl. L. PERNVEDEN, The Concept of the Church in the Shepherd of Hermas, p. 300ff. Pernveden macht allerdings aus Hermas einen systematisch kohärenten Theologen paulinischer Prägung, der er sicher nicht ist (nicht umsonst konnte H. Weinel, wenn auch seinerseits zu schematisch, urteilen, Hermas sei „auf dem Gebiete der Werklehre der erste ‚Katholik' " - H. WEINEL, Absatz „XXVI. Der Hirt des Hermas", in *HNTA*, Tübingen ²1924, 327-384, S. 329).
[316] HSim VIII,3,2; zur Taufe und der daraus folgenden Verpflichtung vgl. HVis III,7, 3. - Über konkrete Formen und Inhalte der Predigt sagt die Stelle nichts weiter aus - der Interpretationsversuch von L. PERNVEDEN, The Concept of the Church in the Shepherd of Hermas, p. 113ff., mit der Frage, ob Jesu Lehre oder sein Handeln oder beides verkündigt wurden, erscheint müßig; aussagekräftig ist allein, daß Jesus mit dem Gesetz identifiziert wird.
[317] HVis III,8; HMand VIII,9; HSim IX,15,2 (vgl. M. DIBELIUS, Die Apostolischen Väter IV., S. 472f.). Zu den konkreten Forderungen des Hermas vgl. im übrigen die in Fußn. 314 angegebene Sekundärliteratur; als Beispiel sei hier die Unterstützung von Witwen, Waisen und Armen genannt (HSim V,3,7).

Propheten kaum noch eine Spur, und wie selbstverständlich leitet der προεστώς den Gottesdienst und predigt[318].

g) *Zweiter Clemensbrief*

Der sogenannte Zweite Clemensbrief ist eine uns zusammen mit dem Ersten Clemensbrief überlieferte Predigt vermutlich aus der Zeit um die Mitte des Zweiten Jahrhunderts[319]. Ihr Herkunftsort ist umstritten[320]; ich halte Rom für gut denkbar (dazu s. u.). An einigen Stellen dieser Schrift wird deutlich, daß sie zum Vorlesen in der Gemeinde gedacht war[321]; fraglich ist, ob vorausgesetzt wird, daß eine bestimmte Schriftlesung vorausging oder ob 2Clem 19,1 als Beginn eines Nachwortes auf das Vorlesen von 2Clem 1-18 anstatt auf eine Schriftlesung verweist[322].

---

[318] Predigt: Justin, Apol I,67,4; in der Gottesdienstbeschreibung des Justin haben die Propheten keinen Platz (Apol I,65-67). Allerdings erwähnt er, daß es noch Prophetie unter den Christen gibt: Dial 82,1 (vgl. auch Iren. adv haer III,11,9); diese Notiz tritt jedoch gegenüber der gleich folgenden Erörterung über falsche Lehrer zurück, so daß man kaum den Eindruck hat, als stünde die Prophetie (Justin redet unbestimmt von προφητικὰ χαρίσματα) ihm lebendig und gegenwärtig vor Augen.

[319] Ich benutze die Ausgabe von K. BIHLMEYER, Die Apostolischen Väter, Neubearbeitung der Funkschen Ausgabe, mit einem Nachtrag von W. Schneemelcher, Tübingen ³1970 (SQS II,1,1), S. 71ff. Gegen die Ausgabe von K. Wengst s. R. WARNS, Untersuchungen zum 2. Clemens-Brief, Marburg 1989, S. 11-14. - Der Zweite Clemensbrief folgt in drei Handschriften auf den Ersten Clemensbrief, welcher darüber hinaus auch allein überliefert ist; vgl. dazu K. WENGST, Didache (Apostellehre). Barnabasbrief. Zweiter Klemensbrief. Schrift an Diognet, Darmstadt 1984 (Schriften des Urchristentums II), S. 207, und C. STEGEMANN, Herkunft und Entstehung des sogenannten Zweiten Klemensbriefes, diss. Bonn 1974, S. 31-67. - Zur Charakterisierung als Predigt vgl. insbes. K.P. DONFRIED, The Setting of Second Clement in Early Christianity, Leiden 1974 (NT.S 38), p. 19-48, der anfangs ausführlich die ältere These (v. a. A. Harnack) diskutiert, es handele sich um einen Brief (vgl. dazu schon J.B. LIGHTFOOT, The Apostolic Fathers, Part 1,2, S. Clement of Rome, Hildesheim / New York 1973 (Nachdr. London 1890), p. 194-197, und R. KNOPF, Die Anagnose zum zweiten Clemensbriefe, ZNW 3 (1902) 206-279, S. 278f. Fußn. 2), und dann die Bezeichnung als Homilie ablehnt und zu dem Ergebnis kommt, es handele sich um ein „hortatory address" (p. 35). Gegen seine weiterreichende These vom „threefold pattern" in solch einer Mahnrede mit Recht: K. WENGST, Didache, S. 215. R. WARNS, Untersuchungen, S. 65ff., sieht im 2. Clemensbrief eine Predigt in Form einer συμβουλία (2Clem 15,1); dazu s. u. - Für die Datierung vgl. J.B. LIGHTFOOT, The Apostolic Fathers 1,2, p. 201-204; R. KNOPF, Die Apostolischen Väter I, Die Lehre der Zwölf Apostel. Die zwei Clemensbriefe, Tübingen 1920 (HNT.E 1), S. 152; für eine nicht zu späte Datierung ist ausschlaggebend das Zitieren außerkanonischer Herrenworte und Evangelien, vgl. K. WENGST, Didache, S. 224-227; s. aber auch: C. STEGEMANN, Herkunft und Entstehung, S. 120f. und neuerlich R. WARNS, a. a. O., S. 90f.

[320] Vgl. die Übersicht bei R. WARNS, Untersuchungen, S. 91ff. Warns selbst favorisiert Ägypten, weil er in 2Clem 3,2 eine rein ägyptische Tradition identifizieren zu können glaubt.

Darüber hinaus wäre zu fragen, warum gerade diese Predigt schriftlich überliefert ist. Sprach sie in eine bestimmte Situation hinein, in der sie so wichtig wurde, daß man sie fixierte und überlieferte? Nach der sehr genauen Analyse von R. Warns[323] ist die Stoßrichtung der Predigt antivalentinianisch; doch muß Warns konstatieren, daß der „antivalentinianische Skopus des Ganzen durchweg mehr vorausgesetzt als hervorgekehrt" ist[324]. Handelt es sich daher vielleicht um ein rhetorisches Meisterstück, das man sozusagen als Muster aufbewahrte? Oder wurde sie einfach durch das Ansehen des Verfassers zum Bestandteil einer Sammlung heiliger Schriften[325]?

Eine Schlüsselstelle für das Verständnis des Zweiten Clemensbriefes ist der Satz 2Clem 19,1: „Daher, Brüder und Schwestern, lese ich euch nach dem (Wort des) Gott(es) der Wahrheit eine Ermahnung (ἔντευξιν) vor, damit ihr euch selbst rettet und mich, der bei euch vorliest." Wenn man den Zweiten Clemensbrief als literarische Einheit nimmt, muß sich die Wendung μετὰ τὸν θεόν auf eine Schriftlesung vor der Verlesung der Predigt beziehen; τὰ γεγράμμενα wären die heiligen Schriften und speziell der verlesene Abschnitt, und die ihm folgende Predigt wäre als ἔντευξις gekennzeichnet, was gemäß dem

---

[321] 2Clem 17,3 und 19,1 (dazu s. u.), auch 15,1.

[322] Die These, es sei eine bestimmte Schriftlesung vorausgegangen, vertritt R. KNOPF, Die Anangnose zum zweiten Clemensbriefe, ZNW 3 (1902) 206-279; die andere These dagegen W. SCHÜSSLER, Ist der zweite Klemensbrief ein einheitliches Ganzes?, ZKG 28 (1907) 1-13; zu der noch anderen Ansicht von D. VÖLTER s. Fußn. 334 u. 335. - Wie Schüssler: R. WARNS, Untersuchungen, S. 144ff.; Warns nimmt allerdings mit guten Argumenten zu 2Clem 1-18 noch 20,5 dazu. Trotzdem sieht er in 2Clem 19,1: μετὰ τὸν θεόν κτλ. einen Rückbezug auf eine Schriftlesung (S. 150f.); an anderer Stelle seines Buches gibt er jedoch zu bedenken, daß für eine Predigt in Form einer συμβουλία gar keine vorhergehende Schriftlesung vonnöten sei (S. 66f.).

[323] Untersuchungen zum 2. Clemens-Brief, diss. Marburg 1985; verlegt Marburg 1989 (erhältl. beim Verf.).

[324] Untersuchungen, S. 163.

[325] C. STEGEMANN, Herkunft und Entstehung, befaßt sich ausführlicher mit diesem Fragenkomplex und vermag ihn nur dadurch zu lösen, daß sie die Hinweise darauf, es handele sich um eine Predigt, wegdiskutiert und den 2. Clem als Nachtrag zum 1. Clem versteht. Gegen die Ansicht, es habe hier jemand seine eigene Predigt erst aufgeschrieben und dann vorgelesen, vgl. schon W. SCHÜSSLER, Ist der zweite Klemensbrief ein einheitliches Ganzes?, S. 1-3. M. E. ist Donfrieds Hinweis auf das Vorkommen geschriebener Reden in der Antike (er verweist auf Plato und Aristoteles: K.P. DONFRIED, The Setting of Second Clement, p. 36) kein ausreichendes Gegenargument, da der Zweite Clemensbrief als schriftlich verfaßte und vom Autor verlesene christliche Predigt völlig allein dastünde. Donfrieds eigene Hypothese, es habe sich um das Produkt eines Autorenkollektivs gehandelt, das dann von einem vorgelesen wurde, ist da ein besseres Argument (K.P. Donfried, a. a. O., p. 1-15); gegen diese Hypothese s. jedoch u. - Möglich wäre, daß hier eine ursprünglich frei gehaltene Predigt mitstenographiert wurde; vgl. dazu R. WARNS, a. a. O., S. 159ff, und u. S. 229.

Charakter des Zweiten Clemensbriefes als „Mahnrede" zu übersetzen wäre[326].

Welches könnte der verlesene Schriftabschnitt sein, zu dem der Zweite Clemensbrief die Predigt bildete? Nach R. Knopf handelte es sich um Jes 54-66, wobei Knopf als sicher nur festhalten will, daß Jes 54,1 einen Bestandteil der Lesung bildete. Denn dieser Vers wird am Anfang der Predigt unvermittelt eingebracht und ausführlich ausgelegt[327]. Jes 53 gehörte nach Knopf nicht zur Lesung, weil jede Anspielung darauf im Zweiten Clemensbrief fehlt[328]. Man fragt sich dann aber, wo denn die Anklänge an den Rest von Jes 54 sind. Knopf führt 2Clem 17,7 als Beispiel an und stellt die Stelle neben Jes 54,17, was jedoch nicht besonders überzeugend ist[329], und sagt, daß der Verfasser Jes 54,15 auf die Bekehrung der Heiden bezieht[330]. Genau das sollte man auch erwarten, und so ist es um so verwunderlicher, daß das Wort von den προσήλυτοι im Zweiten Clemensbrief auch nicht einmal in Anklängen auftaucht[331]! Wenn man nun noch bedenkt, daß eins der wichtigsten Argumente von Knopf die Häufigkeit und Genauigkeit der Jesaja-Zitate im Zweiten Clemensbrief ist[332], daß aber Ähnliches sich auch über andere urchristliche Schriften sagen läßt und man daraus zunächst nur auf die Beliebtheit und Verbreitung des Jesajabuches schließen kann[333], erscheint die Knopfsche Hypothese doch zu gewagt. Es bliebe aber in jedem Fall als Ergebnis, daß die Verbindung zwischen Schriftlesung und Predigt nur äußerst lose war.

---

[326] So R. KNOPF, Die Anagnose zum zweiten Clemensbriefe, S. 266-267; ähnlich K. P. DONFRIED, The Setting of Second Clement, p. 15, der allerdings gemäß seiner Gesamthypothese den Ausdruck μετὰ τὸν θεόν auf die vorherige Verlesung des 1. Clemensbriefes bezieht.

[327] R. KNOPF, Die Anagnose zum Zweiten Clemensbriefe, bes. S. 271 f. K. WENGST, Didache, S. 216f., ist der Meinung, daß Knopfs Argumentation zu Jes 54,1 bisher nicht genügend beachtet wurde. Vgl. dagegen aber W. SCHÜSSLER, Ist der zweite Klemensbrief ein einheitliches Ganzes?, S. 10-11.

[328] R. KNOPF, Die Anagnose zum zweiten Clemensbriefe, S. 271.

[329] R. Knopf, Die Anagnose zum zweiten Clemensbriefe, S. 274: „Weiter lässt sich neben einanderstellen II Clem 17,1 ... λέγοντες ὅτι ἔσται ἐλπὶς τῷ δεδουλευκότι θεῷ ἐξ ὅλης καρδίας und Jes 54,17 ἔστιν κληρονομία τοῖς θεραπεύουσιν θεόν ...".

[330] R. KNOPF, Die Anagnose zum zweiten Clemensbriefe, S. 275.

[331] Jes 54,15 LXX: ἰδοὺ προσήλυτοι προσελεύσονται σοι δι' ἐμοῦ καὶ ἐπὶ σὲ καταφεύξονται.

[332] R. KNOPF, Die Anagnose zum zweiten Clemensbriefe, S. 270. Knopf betont, daß gerade die in Jes 54-66 enthaltenen Zitate mit der LXX übereinstimmen, die anderen Jesaja-Zitate nicht. Doch sind m. E. weder Zahl noch Länge der Zitate groß genug, um hierauf Knopfs Hypothese schlagend gründen zu können.

[333] Vgl. K. WENGST, Didache, S. 217f. und 126f., ferner C. STEGEMANN, Herkunft und Entstehung, S. 23.

Angesichts dessen lohnt es sich, noch einmal die These zu überprüfen, daß 2Clem 19-20 sekundär sei und auf diese Weise gar keine
dem Zweiten Clemensbrief voraufgehende Schriftlesung angenommen
zu werden brauche[334]. Μετὰ τὸν θεόν τῆς ἀληθείας würde sich dann
ebenso wie τὰ γεγράμμενα auf die vorhergehende Schrift, also 2Clem
1-18 beziehen, für die demnach göttliche Urheberschaft in Anspruch
genommen wäre, ohne daß sie aber deswegen schon als γραφή rangier-
te[335]. Das sich anschließende Stück wäre dann die ἔντευξις, eindring-
liche Bitte, sich an die Ermahnungen der verlesenen Predigt zu halten.
2Clem 19-20 wäre bei diesem Verständnis von jemandem verfaßt, der
2Clem 1-18 in der Gemeinde vorzulesen hatte, möglicherweise von
einem Lektor[336].
Auf abweichende Verfasserschaft gegenüber 2Clem 1-18 deuten folgende sprachliche Merkmale:
1. Die Anrede mit „Brüder und Schwestern" (2Clem 19,1; 20,2)
gegenüber der sonstigen häufigen Anrede mit „Brüder".
2. Die Bezeichnung der zu erstrebenden Haltung mit εὐσέβεια
und überhaupt die Benutzung der Wortgruppe εὐσεβ- bzw.

---

[334] Wie W. SCHÜSSLER, Ist der zweite Klemensbrief ein einheitliches Ganzes?, auch C. STEGEMANN, Herkunft und Entstehung, S. 100f., allerdings mit der
von ihrer Gesamthypothese her geforderten Einschränkung, daß ἀναγινώσκω nicht
heiße: „ich lese vor", sondern: „ich teile euch schriftlich mit"; unklar ist auch Ste-
gemanns Erklärung von μετὰ τὸν θεόν κτλ - wenn ich sie richtig verstehe, interpretiert sie, als stünde μετὰ τὰ τὸν θεόν o. ä. Für eine quellenkritische Scheidung von
2Clem 1-18 und 19-20 plädierte schon, allerdings ohne auf die Frage nach der
Schriftlesung bezug zu nehmen, A. DI PAULI, Zum sog. 2. Korintherbrief des Clemens Romanus, *ZNW* 4 (1903) 321-329, S. 325ff. D. VÖLTER schließlich trennt
2Clem 19-20 ebenfalls von 2Clem 1-18, bezieht aber 19,1 dennoch auf eine dem
2Clem vorausgehende Schriftlesung, welche jedoch nie festgelegt gewesen sei, sondern ständig habe wechseln können: D. Völter, Die älteste Predigt aus Rom (Der
sogenannte zweite Clemensbrief), Leiden 1908 (= DERS., Die Apostolischen Väter
neu untersucht II, 1); gegen die Ansicht Völters s. Fußn. 335.
[335] An dieser Stelle weiche ich von W. SCHÜSSLER, Ist der Zweite Klemensbrief ein einheitliches Ganzes?, ab, der meint, der 2. Clem sei von Anfang an
als Heilige Schrift verlesen worden (S. 5ff.). - Vgl. zu dem Anspruch auf göttliche
Autorität 1Clem 63,2: ... ἐὰν ὑπήκοοι γινόμενοι τοῖς ὑφ' ἡμῶν γεγραμμένοις διὰ τοῦ
ἁγίου πνεύματος ... - τὰ γεγραμμένα ist hier eindeutig der 1. Clem; der Ausdruck
bezieht sich auf das, was sozusagen vor Augen ist (in 1Clem 13,1 auch einmal auf
Schriftzitate, welche aber unmittelbar danach angeführt werden) und ist nicht einfach identisch mit ἡ γραφή oder αἱ γραφαί (so auch C. STEGEMANN, Herkunft
und Entstehung, S. 101; vgl. ferner K.P. DONFRIED, The Setting of Second Clement, p. 15). Das spricht auch gegen die Ansicht VÖLTERs (s. Fußn. 334), wenngleich natürlich nicht mit Sicherheit auszuschließen ist, daß τὰ γεγραμμένα sich
auch auf einen Schriftabschnitt beziehen könnte. Zum Anspruch auf göttliche Autorität s. auch u. über 2Clem 17,5.
[336] Ὁ ἀναγινώσκων muß nicht unbedingt jemand im Amt des Lektors sein;
daß aber ein Lektor auch einmal belehrend tätig wird, paßt zu dem Bild, das wir
von der Frühgeschichte dieses Amtes haben (s. S. 377f. Fußn. 44; S. 260 Fußn. 15).

ϑεοσεβ- in 2Clem 19-20[337], wo in 2Clem 1-18 nur Begriffe wie „den Willen Gottes tun", „gerettet werden", „Gerechtigkeit" und dergleichen auftauchen.

3. Die Bezeichnung der Schlechtigkeit als ἀδικία (2Clem 19,1) und das Auftreten von ἄδικος (2Clem 20,1) sind ebenfalls singulär.

4. Die ἐντολαί heißen in 19,3 προστάγματα, sie zu befolgen heißt nicht φυλάσσειν oder ποιεῖν, sondern ὑπακούειν[338].

5. Das Adjektiv ϑεῖος taucht ebenfalls nur hier auf (2Clem 20,4: ϑεία κρίσις. In 1-18 immer nur ἡ κρίσις).

Es ließe sich noch eine Reihe von Wörtern aufführen, die nur in 2Clem 19-20 vorkommen, doch sind sie ausgefallener, so daß ihr Auftauchen jeweils aus der Besonderheit des Kontextes zu erklären wäre[339]. Die genannten sprachlichen Auffälligkeiten hingegen aus dem Charakter der Kapitel 19-20 als Zusammenfassung des Vorhergehenden erklären zu wollen, scheint mir nicht möglich[340].

Es würde auch nicht gut zu einer Zusammenfassung passen, daß in 20,1-4 noch einmal ein neues Thema angeschnitten wird, was sich jedoch leicht als eine aktuelle Hinzufügung in einem Nachtrag erklären läßt. Auch bildet, wie schon Schüssler gezeigt hat, das Kapitel 18 mit seinen Ausführungen darüber, daß man angesichts des kommenden Gerichts der Gerechtigkeit nachjagen soll und daß das auch der Schreiber selbst tun will, einen guten eschatologischen Schluß für das Ganze von 2Clem 1-18, mit welchem durch das Stichwort vom Gericht auch wieder zum Anfang zurückgelenkt wird, wo von Jesus als dem Richter die Rede ist[341].

---

[337] 2Clem 19,1.4; 20,4 (2x).

[338] Vgl. zu ἐντολή H. Kraft, Clavis Patrum Apostolicorum, Darmstadt 1963, S. 156; in 2Clem 1-18 in der Regel ἐντολαὶ τοῦ κυρίου o. ä., in 2Clem 19,3 einfach τὰ προστάγματα. In 2Clem 3,4 und 6,7 findet sich παρακούειν.

[339] Zum Ganzen vgl. A. Di Pauli, Zum sog. 2. Korintherbrief des Clemens Romanus, S. 328; D. Völter, Die älteste Predigt aus Rom, S. 22.23; und v. a. C. Stegemann, Herkunft und Entstehung, S. 69-73, speziell zur Methodik S. 73. Stegemann führt m. E. noch zu viele Beispiele an.

[340] Gegen K.P. Donfried, The Setting of Second Clement, p. 15 n. 3; ähnlich wie Donfried letztenendes auch C. Stegemann, Herkunft und Entstehung, S. 99-104, nur daß bei ihr 2Clem 19-20 als Schluß für 1Clem und 2Clem 1-18 zusammen steht.

[341] W. Schüssler, Ist der Zweite Klemensbrief ein einheitliches Ganzes?, S. 4. - D. Völter, Die älteste Predigt aus Rom, S. 22, verweist noch auf 2Clem 19,2: καὶ μή ... ἀγανακτῶμεν οἱ ἄσοφοι, ὅταν τις ἡμᾶς νουθετῇ ..., das sich aber zur Not auch als rhetorische Figur verstehen ließe, in der der Sprecher sich einerseits durch ἡμᾶς mit den Hörern zusammenschließt, andererseits sich selbst als τις auftreten läßt. Niemand anders als R. Knopf, Die Apostolischen Väter I, S. 181, weist schließlich noch auf unterschiedlichen Gebrauch vom Bild der Frucht in

Die sprachlichen Übereinstimmungen zwischen 2Clem 1-18 und 19-20 wiederum lassen sich m. E. daraus erklären, daß der Autor von 2Clem 19-20 Gedanken von 2Clem 1-18 bewußt oder unbewußt wieder aufnimmt[342]. Auch Schüsslers Frage, warum der Verfasser von 2Clem 1-18 erst in 19,1 hätte sagen sollen, daß das Vorgelesene dazu diene, den Hörern den gerade verlesenen Schriftabschnitt zur Befolgung ans Herz zu legen, ist nicht so leicht von der Hand zu weisen, zumal wenn man bedenkt, daß ἀναγινώσκω im Präsens steht[343].

Alles in allem scheint also die Hypothese, es handele sich bei 2Clem 19-20 um einen Zusatz, gut begründet[344]. Damit löst sich das Problem der Schriftlesung: 2Clem 1-18 wurde als in sich vollständiges Stück übermittelt, zu dem inhaltlich keine vorhergehende Schriftlesung gehörte. Ihm kam göttliche Autorität zu, ohne daß es aber von dem Verfasser von 2Clem 19-20 schon als Heilige Schrift betrachtet wurde[345]. Ist dieser Traktat dann aber noch als Predigt anzusprechen?

Aufgrund der Ausführungen in 2Clem 17,3 ist diese Frage eindeutig

---

2Clem 1,3 und 2Clem 19,3 und 20,3 hin. Dadurch bekommt auch die Singularität von ἀθάνατος in 2Clem 19,3 Signifikanz.

[342] Vgl. schon W. SCHÜSSLER, Ist der zweite Klemensbrief ein einheitliches Ganzes?, S. 6 u. 8; ferner mit dem Versuch, einzelne Parallelen aufzuzeigen, A. DI PAULI, Zum sog. 2. Korintherbrief des Clemens Romanus; eine Liste von Übereinstimmungen auch bei C. STEGEMANN, Herkunft und Entstehung, S. 73f., die allerdings daraus den in Widerspruch zu ihren vorher gemachten Beobachtungen stehenden Schluß zieht, 2Clem 1-18 und 19-20 müßten doch vom selben Autor stammen. Dieser Schluß ist m. E. von ihrer Gesamthypothese diktiert. Am schwierigsten zu erklären scheint mir die von R. KNOPF, Die Apostolischen Väter I, S. 181, notierte subtile Übereinstimmung in der Grammatik von 2Clem 1,2: οἱ ἀκούοντες ... ἁμαρτάνομεν und 2Clem 19,2: ἀγανακτῶμεν οἱ ἄσοφοι, die ein starkes stilistisches Anpassungsvermögen beim Verfasser von 2Clem 19-20 erfordert.

[343] W. SCHÜSSLER, Ist der zweite Korintherbrief ein einheitliches Ganzes?, S. 7 Fußn. 2.

[344] Problematisch bleibt, daß Jes 54,1 ohne Hinweis darauf eingeführt wird, daß es sich um ein Schriftzitat handelt. Der Verfasser setzt evtl. voraus, daß die Hörer dieses Wort gut kennen (das schlägt R. Knopf in seinem Kommentar als Alternative zu der eigentlich von ihm vertretenen These vor - R. KNOPF, Die Apostolischen Väter I, S. 156; daß das Zitat von Jes 54,1 inhaltlich nicht unvermittelt kommt, hebt D. VÖLTER, Die älteste Predigt aus Rom, S. 11, hervor). Gegen die These von Knopf wendet W. SCHÜSSLER, Ist der zweite Korintherbrief ein einheitliches Ganzes?, S. 10f., zu Recht ein, daß nach Knopfs eigener Rechnung das Vorlesen von Jes 54-66 eine Stunde dauert und Jes 54,1 zu Beginn der Predigt dann eine Stunde zurückliegen müßte, also wohl kaum unter Bezug auf die Lesung eine Einführung des Schriftzitates unterbleiben könnte. - Weitere Argumente für die Schüsslersche Hypothese bei R. WARNS, Untersuchungen, S. 144ff.

[345] Nicht einsichtig ist, warum R. WARNS, Untersuchungen, S. 150f., trotz des Präsens ἀναγινώσκω (2Clem 19,1) in der ἔντευξις nicht den Nachtrag, sondern das Corpus des 2Clem sehen will. Deshalb wäre dann μετὰ τὸν θεόν auf eine vorhergehende Schriftlesung zu beziehen; Warns scheint nur das für möglich zu halten und von daher zu seinem Ergebnis zu kommen.

zu bejahen, solange man nicht unter einer Predigt nur die Schriftauslegung eines vorher verlesenen Abschnittes versteht. Denn der Schreiber stellt sich die Predigtsituation vor, wenn er sagt: „Laßt uns nicht nur jetzt den Anschein haben, gläubig und aufnahmebereit zu sein, wo wir von den Presbytern ermahnt werden, sondern auch, wenn wir uns wieder nach Haus begeben haben, wollen wir die Gebote des Herrn im Gedächtnis halten und uns nicht wegziehen lassen durch die weltlichen Lüste. Laßt uns vielmehr noch häufiger zusammenkommen und versuchen, in den Geboten des Herrn fortzuschreiten, damit wir alle dieselbe Haltung haben und so zum Leben versammelt werden."

Die Gegenüberstellung von jetzt und später, von hier und dort macht es ganz klar, daß die Schrift einer versammelten Gemeinde vorgelesen werden sollte. Ihr war die Funktion einer Ermahnung durch die Presbyter, also einer Predigt[346] zugedacht. Dazu paßt auch, daß der Verfasser in 2Clem 15,2 von Redner und Hörer spricht[347] und sich selbst als Urheber der Rede versteht (2Clem 15,1: συμβουλίαν ἐποιησάμην).

Warum aber wurde diese Predigt aufgeschrieben und für die Nachwelt aufbewahrt? Handelt es sich vielleicht um die Rede der in Korinth abgesetzten Presbyter bei ihrer Rehabilitation[348], welche von mehreren verfaßt und aufgeschrieben und dann von einem verlesen wurde? Doch dazu will der Singular nicht passen, mit welchem der Verfasser von sich selbst spricht[349]; außerdem sind der Gehorsam gegenüber den Presbytern und die Einheit der Gemeinde sicher kein wichtiges Thema des Zweiten Clemensbriefes. Daß es in 2Clem 17,3 heißt: „Wir werden von den Presbytern ermahnt", bedeutet wohl, daß im allgemeinen die Presbyter in der Gemeinde predigen (also nicht immer derselbe, sondern irgendeiner aus ihrer Gruppe) und daß auch diese schriftiche Predigt die Autorität der Presbyter hat. So ist dann auch 2Clem 17,5 zu verstehen, wo den Hörern eine Gerichtsszene vor Jesus Christus als Richter vor Augen gemalt wird und die Ungehorsamen rufen: „wehe uns, daß du es warst und wir erkanntens nicht und haben nicht geglaubt und uns nicht von den Presbytern überzeugen lassen, als sie uns von unserer Rettung predigten (ἀναγγέλλειν)!"

---

[346] Daß das νουθετεῖν der Presbyter die Predigt ist, zeigt 2Clem 17,5 im unmittelbaren Anschluß an 2Clem 17,3: ... οὐκ ἐπειθόμεθα τοῖς πρεσβυτέροις τοῖς ἀναγγέλλουσιν ἡμῖν περὶ τῆς σωτηρίας ἡμῶν.
[347] Οἱ ἀκούοντες auch in 2Clem 1,2; der Redner schließt sich durch ein rhetorisches ἡμεῖς mit ihnen zusammen. Dazu, daß hier nicht zwischen Getauften und bloßen „Hörern" unterschieden wird, sondern daß die ἀκούοντες einfach die Predigtzuhörer sind, s. auch Fußn. 356.
[348] Das ist die These von K.P. DONFRIED, The Setting of Second Clement (s. besonders p. 1-15). Gegen Donfried vgl. auch K. WENGST, Didache, S. 213.

Wie schon gesagt, kann man den Brief nach seiner Thematik
in die Situation der Konfrontation mit dem Valentinianismus einordnen[349]. Hier zeichnet sich allerdings nur eine allgemeine Frontstellung ab, ohne daß sich ein akuter Konfliktfall identifzieren ließe.
Mit anderen Worten: die Predigt bleibt sehr allgemein; vielleicht war
sie gerade deshalb gut zur Publikation geeignet.

Wenn man die Selbstbezeichnung als συμβουλία περὶ ἐγκρατείας
(2Clem 15,1) wenigstens auf den größten Teil der Schrift beziehen will,
so ist das nur möglich, indem man ἐγκράτεια in einem sehr breiten
und unspezifischen Sinne versteht[351]. R. Warns versucht das durch
eine historische Einordnung zu spezifizieren: der Zweite Clemensbrief
befinde sich auf dem Weg von einer enkratitischen Haltung zu einer
eher großkirchlich-katholischen[352]. Dem „Enkratismus" steht eine li-
bertinistische Haltung gegenüber, die mit der Begründung, das Fleisch

---

[349] 2Clem 15,1 und 18,2; 2Clem 19,1 wäre nur bedingt heranzuziehen – s. o.

[350] R. WARNS, Untersuchungen, S. 76ff. und durchgehend. – Alle anderen
Versuche einer genauen historischen Einordnung gehen von der Überlieferungsgeschichte aus. Die Versuche von K. P. DONFRIED, The Setting of Second Clement,
und C. STEGEMANN, Herkunft und Entstehung, basierend auf ihrer jeweiligen These den Inhalt des Schreibens einzuordnen, können m. E. nicht überzeugen; vgl. dazu
auch K. WENGST, Didache, S. 208, 212 und 215. – Selbst der Versuch von R.
KNOPF, Die Anagnose zum zweiten Clemensbriefe, S. 278f. Fußn. 2, in 2Clem
2,1ff. und 2Clem 18,2 Bezüge auf eine einzige konkrete, wenn auch uns unbekannte
Gemeinde zu entdecken, ist fragwürdig – vgl. zu 2Clem 2,1ff K. WENGST,
Didache, S. 271 Anm. 20 (recht spekulativ dagegen bei Wengst Anm. 19 auf S. 241:
λαὸς ἡμῶν mit den Ägyptern zu identifizieren ist vom Text her kaum gerechtfertigt;
es dürfte um das Volk der „Griechen", also der Heiden, gegenüber dem der „Juden"
gehen), und zu 2Clem 18,2 ebda., S. 279f. Anm. 199.

[351] Die ganze Schrift als συμβουλία περὶ ἐγκρατείας auffassen zu wollen, wie
K.P. DONFRIED, The Setting of Second Clement, p. 34ff., das tut, scheitert am
Inhalt der ersten und letzten Kapitel von 2Clem 1-18 (das gilt um so mehr, wenn
man mit Donfried 2Clem 19-20 noch mit hinzunimmt). R. WARNS, Untersuchungen,
S. 65ff, weist besonders daraufhin, daß die συμβουλία eine rhetorische Gattung ist,
und versteht deshalb die ganze Schrift als solche συμβουλία. Das löst jedoch nicht
das Problem der Thematik, und auch die Frage bleibt unbeantwortet, warum denn
mitten im Text das Resumee stehen sollte: συμβουλίαν ἐποιησάμην. Sachgemäßer ist
daher die Einteilung, welche C. STEGEMANN, Herkunft und Entstehung, S. 89, vornimmt, daß nämlich in 2Clem 15,1 der Abschnitt 2Clem 5-14 gemeint sei. Jedoch
sollte man m. E. den Abschnitt schon in 2Clem 3,3 beginnen lassen, wie die Ausführungen dazu in 2Clem 4,3 belegen; denn schon dort wird der Sache nach dazu
aufgefordert, das „Fleisch" zu bezähmen. – Ob 2Clem 12,5 völlige sexuelle
Enthaltsamkeit auch in der Ehe empfiehlt, ist angesichts der übrigen Äußerungen
des 2Clem zur Sexualität zweifelhaft (vgl. K. WENGST, Didache, S. 231f.). Selbst
wenn das gemeint sein sollte, wäre dieser „enkratische" Satz als Ideal noch nicht
der Beweis, daß das gesamte Schreiben den Enkratismus zum Anliegen hat – das
wäre dann sehr undeutlich zum Ausdruck gebracht. Zur Verbreitung des Ideals sexueller Enthaltsamkeit vgl. 1Kor 7 und Apc 14,4 (gegen C. STEGEMANN, Herkunft
und Entstehung, S. 127f. Zu dem dort zitierten Verweis von Knopf auf Did 6,2 vgl.
K. WENGST, Didache, S. 96 Anm. 52.).

[352] R. WARNS, Untersuchungen, S. 194.

sei sowieso vergänglich, sich über Vorschriften zur „Reinhaltung des Fleisches" hinwegsetzt[353]. Worum es dabei im einzelnen geht, wird allerdings nicht recht deutlich. Ja, man bekommt den Eindruck, daß hier nicht so sehr ein Kampf mit einem konkreten Gegner ausgetragen wird als daß vielmehr die allgemeinen Forderungen des Schreibens durch die Kontrastierung mit dem imaginären Gegenüber der Irrlehrer bekräftigt werden sollen[354]. Das zeigt sich auch daran, daß der Verfasser ohne Polemik Elemente gnostischer Sprache aufnehmen kann[355].

Ähnlich allgemein ist die häufige Aufforderung zur Umkehr gehalten: welche Sünde eigentlich den Hörern vorgeworfen wird, ist nicht deutlich. Der Ruf zur Umkehr fungiert vielmehr als Topos, mit dem zur Meidung von Sünden und zu einem Leben nach dem Willen Gottes gemahnt wird[356]. Alle konkreteren Forderungen: nicht geldgierig zu

---

[353] 2Clem 9,1.

[354] Die κακοδιδασκαλοῦντες in 2Clem 10,5 haben ihre eigenen Hörer, sind als Gruppe ausgegrenzt und zwar noch als νῦν wirkend ansprechbar (das νῦν δέ bekräftigt aber v. a. den Gegensatz zum Vorhergehenden), jedoch keine akute Gefahr, denn die von ihnen verführten „unschuldigen Seelen" (2Clem 10,5) sind natürlich nicht „wir" (2Clem 11,1). Es wird nie davor gewarnt, Irrlehrern zuzuhören oder nachzulaufen, sondern immer nur davor, Schlechtes zu tun. - Nach R. WARNS, Untersuchungen, ist ein konkreter valentinianischer Gegner zwar vorhanden, jedoch der „antivalentinianische Skopus des Ganzen durchweg mehr vorausgesetzt als hervorgekehrt" (S. 163). Von daher scheint es doch recht gewagt, den 2Clem als „Dokument und Hilfsmittel" des Kampfes gegen die Valentinianer überliefert sehen zu wollen (S. 90).

[355] Vgl. dazu K. WENGST, Didache, S. 226f.; K.P. DONFRIED, The Setting of Second Clement, p. 179; nach R. WARNS, Untersuchungen, handelt es sich hingegen gerade um ironisch-polemische Verwendung gnostischer Sprache (S. 76ff).

[356] Es ist m. E. nicht möglich, Bußruf und Aufforderung zu einem christlichen Leben als Bewahrung des Taufsiegels auseinanderzudividieren, als sei das eine an Ungetaufte, das andere an die Getauften gerichtet (mit K. WENGST, Didache, S 272 Anm. 52, gegen R. KNOPF, Die Apostolischen Väter I., S. 164f.; vgl. auch bei Knopf selber S. 155: „innerhalb der Gemeinde ist er indes des Lebens noch keineswegs sicher, wie die ganze Bußpredigt der Homilie beweist."). Μετανοεῖν steht im 2Clem fast durchgehend in der 1. Pl., nie in der 2. Pl. In 2Clem 8,4 etwa wäre das ὥστε unverständlich, wenn vorher gar nicht die ἀδελφοί angesprochen wären. Umkehr als ἀντιμισθία wird Gott von denen gegeben, die schon etwas von ihm empfangen haben, nämlich sein heilendes und vergebendes Wort (2Clem 9,7-8). In 2Clem 13,2 wird den Hörern der Vorwurf gemacht, es werde der Name verlästert dadurch, „daß wir nicht tun was wir sagen"; hier geht der Ruf μετανοήσωμεν (2Clem 13,1) also eindeutig an die Christen, deren Fehlverhalten als Rückfall in die früheren Sünden (die vor der Taufe) interpretiert wird (2Clem 13,1: ἐξαλείψωμεν ἀφ' ἡμῶν τὰ πρότερα ἁμαρτήματα καὶ μετανοήσαντες ἐκ ψυχῆς σωθῶμεν). Ebenso deutlich ist in 2Clem 17,1, daß es nicht um Ungetaufte, sondern um die Getauften geht, wenn es heißt, daß schon die Ungetauften von den Christen zur Umkehr angehalten werden und daß dann doch um so weniger die schon Getauften verlorengehen dürften. Vgl. auch K.P. DONFRIED, The Setting of Second Clement, p. 129-133. Falsch ist demnach auch der Übersetzungsvorschlag „Bekehrung" oder „Reformation" für μετάνοια (gegen D. POWELL, Artikel „Clemensbrief, Zweiter", *TRE* 8, 121 -123, S. 121).

sein, nicht die Ehe zu brechen, martyriumsbereit zu sein, sich nicht
der Welt anzupassen und dergleichen, sind aufgereiht wie Perlen auf
einer Kette und sehen nicht so aus, als wollten sie in einer bestimmten Problemlage zu Lösungen verhelfen[357]; sie dienen vielmehr als
Beispiele für die allgemeine Mahnung, Sünden zu meiden. Das νουθετεῖν
der Presbyter gewinnt also im Zweiten Clemensbrief in allgemeiner
Weise Gestalt; die Predigt ist hier ganz zur Mahnrede geworden[358].

Ist der Zweite Clemensbrief demnach als Muster für andere Predigten und rhetorisches Meisterstück konserviert worden, da sich keine
konkreten historischen Veranlassungen zu seiner Abfassung finden lassen? Es sieht nicht so aus. Denn obwohl sich durchaus Elemente der
Rhetorik darin befinden[359], macht der Zweite Clemensbrief doch
nicht den Eindruck, daß er aufgrund seines überzeugenden Aufbaus,
seines einprägsamen Gedankenganges, seiner bildkräftigen und mitrei-
ßenden Sprache besonders hochzuschätzen wäre. Vielmehr trägt er hier
doch wohl alle Merkmale der Durchschnittlichkeit. Das gilt auch,
wenn es sich bei dem Zweiten Clemensbrief um eine συμβουλία im
technischen Sinne handelt[360]. Auch theologisch läßt sich nichts
Bahnbrechendes oder beispielhaft klar Ausgeführtes entdecken[361].

So bleibt als möglicher Grund für die Wertschätzung des Zweiten
Clemensbriefes, will man einmal von reinen Zufälligkeiten als Erklärung absehen, daß er von einem besonders geachteten Autor
stammt, der zum Mittel literarischer Fixierung griff, weil seine Predigt
in verschiedenen Gemeinden verbreitet oder wenigstens in einer Gemeinde vorgelesen werden sollte, in der er nicht selbst anwesend sein
konnte. Denn daß das Stück zum Vorlesen gedacht war und nicht
etwa als Literatur für den privaten Gebrauch, hatten wir schon gesehen.

Den Autor jedoch zu identifizieren dürfte nicht möglich sein. Aufgrund der Überlieferung des Zweiten Clemensbriefes könnte man ihn

---

[357] Geldgier neben anderen Sünden in 2Clem 4,3; das Martyrium wird in
2Clem 5,1-5 etwas ausführlicher behandelt, doch dann geht es unvermittelt weiter
mit anderen Mahnungen, die wie die Mahnung zum Martyrium in den Kontrast zwischen der Welt und dem Christsein eingeordnet werden; weitere konkretere Forderungen aufgezählt und diskutiert bei K. WENGST, Didache, S. 230-233.
[358] Mit K. WENGST, Didache, S. 208f. und 214f. Zu der Gliederung von
Wengst auf S. 209 ist zu bemerken, daß immerhin in dem Beginn mit Jesus Christus und dem Ende mit dem Ausblick auf das Gericht ein deutlicher Gestaltungswil-
le zu spüren ist, auch wenn sich daraus nicht mit Donfried eine schematische Dreiteilung ableiten läßt (s. o. Fußn. 350).
[359] Vgl. K.P. DONFRIED, The Setting of Second Clement, p. 37-41.
[360] So R. WARNS, Untersuchungen, S. 65ff; vgl. dazu Fußn. 350.
[361] So auch das Urteil von R. KNOPF, Die Anagnose zum zweiten Clemensbriefe, S. 277: „ein ziemlich mittelmäßiges Schriftstück".

in Rom vermuten; die Herkunft der Schrift aus Rom mag auch ausreichen, ihre Wertschätzung in Korinth zu erklären[362].

Auffällig ist dann aber, daß dem Zweiten Clemensbrief trotz seines Namens alle Merkmale eines Briefes fehlen[363]. Das ließe sich am ehesten dadurch erklären, daß hier eine wirklich gehaltene Predigt schriftlich ausgearbeitet wurde und damit zur Verbreitung bereitlag[364]. Sie konnte dann mit einem Begleitschreiben zusammen verschickt werden. Die Alternative dazu wäre, daß der Zweite Clemensbrief von vornherein als Predigt zum Vorlesen konzipiert wurde und der Absender wegen der Zweckbindung des Schreibens bewußt auf das Briefformular verzichtete[365].

In beiden Fällen wird aber ein Rückschluß auf die Predigtpraxis in der Umgebung des Zweiten Clemensbriefes erlaubt sein: man verwendete zwar die Heiligen Schriften oder was man davon hatte und dafür hielt (zum Beispiel auch apokryphe Herrenworte und zunehmend auch die Evangelien[366]) gern und reichlich, aber die Bindung der Predigt an einen vorher verlesenen Schrifttext war nicht unbedingt erforderlich, wenngleich natürlich nicht ausgeschlossen[367]. Im Zweiten Clemensbrief dienen dabei in aller Regel die Schriftzitate der Begründung bereits gemachter Aussagen; die Bewegung geht also von der Predigt zum Text und nicht vom Text zur Predigt[368]. Man könnte

---

[362] Argumente für die Herkunft aus Rom z. B. bei R. KNOPF, Die Apostolischen Väter I., S. 152, und bei A. DI PAULI, Zum sog. 2. Korintherbrief des Clemens Romanus, S. 324f. Für eine Herkunft aus Korinth ist dagegen K.P. DONFRIED, The Setting of Second Clement, und, allgemeiner, J. B. LIGHTFOOT, The Apostolic Fathers 1,2, p. 197-201; aus Syrien: C. STEGEMANN, Herkunft und Entstehung. Wieder andere schlagen Ägypten vor, so in jüngster Zeit R. WARNS, Untersuchungen, S. 91ff.; vgl. auch die Übersicht bei K. BIHLMEYER / F.X. FUNK, Die apostolischen Väter, Tübingen ³1970, S. XXIX-XXXI, und K. WENGST, Didache, S. 224-227. Mit Gewißheit wird sich wohl der Abfassungsort nicht bestimmen lassen.

[363] Vgl. R. KNOPF, die Anagnose zum zweiten Clemensbriefe, S. 278-279 Fußn. 2, und K.P. DONFRIED, The Setting of Second Clement, p. 19-25.

[364] Das heißt jedoch nicht, daß der Autor selbst seine Predigt der Gemeinde vorlas; er wird sie vielmehr frei gehalten haben - s. o. Fußn. 325.

[365] Mit beiden genannten Möglichkeiten läge eine Anknüpfung an die Tradition der schriftlich verfaßten oratio vor, von der sich die Predigt aber unterscheidet, weil sie noch einmal gehalten werden kann und nicht zur reinen Literatur geworden ist. - R. WARNS, Untersuchungen, S. 159ff, trägt Hinweise darauf zusammen, daß die Predigt nicht von vornherein schriftlich verfaßt wurde.

[366] Vgl. R. WARNS, Untersuchungen, S. 200f.

[367] Es ist ja denkbar, daß gerade diese Predigt sich gegenüber anderen zur Übermittlung gut eignete, weil sie keine bestimmte Schriftlesung voraussetzte. - Zum Schriftgebrauch in 2Clem vgl. K.P. DONFRIED, The Setting of Second Clement, p. 49-97; C. STEGEMANN, Herkunft und Entstehung, S. 119-123; K. WENGST, Didache, S. 217-224. Grundlegend: H. KÖSTER, Synoptische Überlieferung bei den apostolischen Vätern, Berlin 1957 (TU 65), S. 62-111.

vermuten, daß sich in dieser Art Predigt Traditionen der Missionspredigt (μετανοεῖτε!) niederschlugen; aber auch die Einwirkung der frühchristlichen Epistolographie mit ihrer reichhaltigen Paränese auf den Zweiten Clemensbrief ist nicht auszuschließen[369].

Schließlich könnte der hohe Autoritätsanspruch des Zweiten Clemensbriefes auch auf prophetische Predigttradition zurückgehen; denn er wird nicht nur vom Verfasser von 2Clem 19-20 auf göttlichen Ursprung zurückgeführt, sondern schon in 2Clem 17,5, wenn es heißt: „wehe uns, daß du es warst und wir erkanntens nicht und haben nicht geglaubt und uns nicht von den Presbytern überzeugen lassen, als sie uns von unserer Rettung predigten!" Der Ausruf „du warst es" ist in diesem Kontext doch wohl so zu verstehen, daß Jesus Christus selbst durch die Presbyter spricht[370].

Entsprechend solcher Autoriät der Presbyter steht die Zusammenkunft der Gemeinde hier ganz im Zeichen der Predigt[371], die ihrerseits als Mahnrede ganz auf die christliche Lebensgestaltung zielt.

Die Taufe als Anfang des christlichen Lebensweges wird zwar erwähnt; aber es kommt nicht so sehr auf ihren Heilscharakter an als vielmehr darauf, sie durch entsprechenden Lebenswandel reinzuhalten[372]. Daß die Neubekehrten vor ihrer Taufe im Glauben und vor allem in Fragen der christlichen Lebensführung unterwiesen wurden, erfahren wir eher nebenbei aus 2Clem 17,1[373], ohne daß sich aus

---

[368] Das von K.P. DONFRIED, The Setting of Second Clement, p. 96, aufgestellte vierteilige Schema beruht auf der Trennung von „Paraenetic theme" und „Paraenesis proper", die m. E. so nicht durchgehalten werden kann. Vielmehr bemüht sich der Verfasser, jede Aussage, die er macht, aus der Schrift zu begründen; die von Donfried beobachtete Doppelung beruht auf seinem Bestreben, jede Mahnung noch einmal in eine praktische Handlungsanweisung umzusetzen.

[369] Allerdings werden nur neutestamentliche Schriften aus dem Bereich der Synoptiker verwendet und zitiert (vgl. H. KÖSTER, Synoptische Überlieferung, S. 70-105); eine Bekanntschaft mit der neutestamentlichen Briefliteratur ist nicht nachweisbar, was aber v. a. erst einmal zeigt, daß diese Briefe dem Verfasser noch nicht als Heilige Schrift galten. - Vgl. dazu R. WARNS, Untersuchungen, S. 200ff.

[370] Die Alternative wäre, daß etwa gemeint war: du warst der Messias oder der σωτήρ, und wir habens nicht erkannt (so z. B. R. KNOPF, Die Apostolischen Väter I, S. 178). Allerdings sollte man dafür eher ein Präsens erwarten. Vgl. auch das allgemeine Urteil von H. WINDISCH, Das Christentum des zweiten Clemensbriefes, in: *Harnack-Ehrung. Beiträge zur Kirchengeschichte*, Leipzig 1921, S. 119-134: „Das Christentum ist wieder überwiegend eschatologische Religion geworden: von den bereits erlebten Offenbarungen des messianischen Äon ist wenig mehr zu spüren; der Nachdruck fällt vielmehr ganz auf das, was zu hoffen und zu fürchten und zu leisten ist." (S. 131).

[371] Das wird nicht nur in 2Clem 17,5 sondern besonders auch in 2Clem 17,3 deutlich.

[372] 2Clem 6,9: „ἐὰν μὴ τηρήσωμεν τὸ βάπτισμα ἁγνὸν καὶ ἀμίαντον, ποίᾳ πεποιθήσει εἰσελευσόμεθα εἰς τὸ βασίλειον τοῦ θεοῦ;" - 2Clem 7,6 und 8,6: τηρεῖν τὴν σφραγῖδα.

dem Begriff κατηχεῖν weiter Schlüsse über die Form der Unterweisung ziehen lassen.

Auch das wahre Bekenntnis zu Jesus Christus und das richtige Gotteslob sind nichts anderes als ein Leben nach seinen Geboten, so wie das göttliche Heilshandeln am Anfang vor allem deshalb geschildert wird, weil der Hörer zu einem Leben nach dem Willen Gottes als Antwort auf dies Handeln gebracht werden soll[374].

Im übrigen erfahren wir zur Gottesdienstpraxis und zu den Gottesdienststrukturen durch den Zweiten Clemensbrief nichts weiter, außer daß in der Auslegung von Jes 54,1 am Anfang das Rufen auf das Gebet gedeutet und der Schluß gezogen wird, man solle im Gebet nicht wehklagen und viel jammern, sondern sein Anliegen in Schlichtheit, ἁπλῶς, vor Gott bringen (ἀναφέρειν)[375].

---

[373] Zum Verständnis dieser Stelle s. Fußn. 356.

[374] 2Clem 3,4: ἐν τίνι αὐτὸν ὁμολογοῦμεν; ἐν τῷ ποιεῖν ἃ λέγει κτλ. - 2Clem 4,3: ἐν τοῖς ἔργοις αὐτὸν ὁμολογήσωμεν. 2Clem 3,3 ist der Beginn für die Folgerung aus den ganzen vorhergehenden Ausführungen über das Heil. Vgl. dazu 2Clem 1,3: τίνα οὖν ἡμεῖς αὐτῷ δώσομεν ἀντιμισθίαν; κτλ mit 2Clem 3,3: οὗτος οὖν ἐστιν ὁ μισθὸς ἡμῶν, ἐὰν ὁμολογήσωμεν, δι' οὗ ἐσώθημεν. Zum Gotteslob s. 2Clem 1,5: ποῖον οὖν αἶνον δώσομεν αὐτῷ ἢ μισθὸν ἀντιμισθίας ὧν ἐλάβομεν (Interpunktion nach BIHLMEYER / FUNK, 3. Aufl., S. 71), und 2Clem 9,10 und 10,1: δῶμεν οὖν αὐτῷ αἶνον μὴ ἀπὸ στόματος μόνον, ἀλλὰ καὶ ἀπὸ καρδίας ... ὥστε, ἀδελφοί μου, ποιήσωμεν τὸ θέλημα τοῦ πατρὸς τοῦ καλέσαντος ἡμᾶς ... - Zur Einordnung von 2Clem 1,1-3,2 vgl. R. KNOPF, Die Apostolischen Väter I., S. 151 (Knopf zieht die Trennlinie allerdings schon vor 3,1), und K. WENGST, Didache, S. 209 u. S. 212.

[375] 2Clem 2,2; das Gebet wird also als Opfer verstanden, was anscheinend geläufiges Vokabular ist, ohne weiter betont zu werden. Daß ein Zusammenhang zur Eucharistie bestehe, muß eher verneint werden, da die hier abgewehrte Gebetshaltung zum Bittgebet gehört. Εὐχαριστεῖν bezeichnet in 2Clem 18,1 den Dank der Geretteten im Himmel. 2Clem 15,3, die eine von zwei weiteren Stellen, wo das Gebet vorkommt, handelt ebenfalls vom Bitten zu Gott, hier um geistliche Gaben und mit noch weniger konkreten Bezügen zum Gemeindegebet als 2Clem 3,2. 2Clem 16,4 schließlich ordnet sentenzhaft das Gebet dem Fasten unter und beide dem Almosengeben (man beachte wieder den Nachdruck auf dem Tun der Christen) und fügt hinzu, daß das Gebet (προσευχή) aus einem guten Gewissen den Beter aus dem Tode reißt - hier geht es also um die innere Haltung des einzelnen beim Gebet und um die Privatfrömmigkeit. - In 2Clem 8,3 bezeichnet ἐξομολογήσασθαι das Sündenbekenntnis als Ausdruck des μετανοεῖν. Über seinen gottesdienstlichen Ort erfahren wir nichts, nicht einmal, ob es dabei schon um die förmliche Exhomologese vor der ganzen Gemeinde geht. - Ein Wort noch zu 2Clem 1,4-8. K.P. DONFRIED, The Setting of Second Clement, p. 103-107, sieht hierin das Zitat eines „hymnischen Bekenntnisses", also eines Traditionsstückes aus dem Gottesdienst (ähnlich R. DEICHGRÄBER, Gotteshymnus und Christushymnus in der frühen Christenheit, Göttingen 1967 (StUNT 5), S. 85). Donfrieds eigener Versuch, dies „hymnische" Stück in übersichtlicher Form abzudrucken (p. 105), ist m. E. das geeignete Argument gegen diese These. Die Sprache mag in manchen gehobenen Wendungen von Taufliedern geprägt sein; das gesamte Stück aber ist so formlos, daß man seine Einordnung als Hymnus nur als gewaltsam bezeichnen kann - auf diese Schwierigkeit weist schon hin, daß Donfried zu dem recht unpräzisen Terminus „hymnic confession" greifen muß. - Völlig aus der Luft gegriffen schließlich ist Schüsslers Spekulation, daß dem 2. Clemensbrief ein Hymnus voranging (W. SCHÜSSLER, Ist der zweite

Nach R. Warns haben überdies 2Clem 1,3 und 1,5 einen eucharistischen Hintergrund; in der Anspielung auf die Gabe der Eucharistie
werde deutlich, daß der Zweite Clemensbrief keineswegs nur gesetzlich sei[376]. Mir scheint, daß man ἔδωκεν und ἐλάβομεν an diesen Stellen trotz der formalen Anklänge an spätere Eucharistiegebete vom Inhalt her doch auf die Zueignung der Erlösung durch die Taufe beziehen muß. Auf jeden Fall wäre es wohl zu gewagt, aufgrund der Beobachtungen von Warns den Sitz des Zweiten Clemensbriefes im Kontext der Eucharistiefeier zu suchen (die Predigt müßte dann ihren
Platz nach der Eucharistiefeier haben!).

So bleibt es, bei aller Rücksichtnahme auf die Besonderheit, welche
in der schriftlichen Fixierung liegt, die Durchschnittlichkeit des Zweiten Clemensbriefes als einer gänzlich auf νουθεσία konzentrierten Predigt, die ihn für uns zu einem wertvollen Zeugnis für die Geschichte
des christlichen Gottesdienstes in der ersten Hälfte des Zweiten Jahrhunderts macht. Wir werden nicht fehlgehen in der Annahme, daß wir
uns die meisten Predigten christlicher Presbyter in dieser Zeit ähnlich
wie die des Zweiten Clemensbriefes vorzustellen haben. Die Überlieferung dieser Predigt zeigt zugleich an, wie wichtig die Verkündigung
des Wortes in dieser Zeit war.

h) Zusammenfassung

Aufgrund ihrer Verschiedenartigkeit ergeben die Schriften der
„Apostolischen Väter" kein einheitliches Bild zum Gottesdienstleben
ihrer Zeit. Wir können festhalten, daß Ignatius als Zeuge für den
Brauch gelten kann, neben abendlichen Mahlfeiern eigene „Wortversammlungen" zu halten. Zu seiner Zeit, also etwa um das Jahr 110,
wurden in den Städten die verschiedenen Hausgemeinden zum Problem
für die Einheit der Gesamtgemeinde. Ignatius versucht dem durch das
Modell der einen Eucharistiefeier unter dem einen Bischof entgegenzuwirken. Voraussetzung dafür ist die Trennung der Eucharistie vom
Sättigungsmahl. Spuren davon finden sich bereits in den späteren
Schichten der Didache, welche aber zugleich auch noch Zeuge der Eucharistie als Sättigungsmahl ist und außerdem in der Zweiwegelehre
(wie der Barnabasbrief auch) einen Hinweis auf eher informelle Zusammenkünfte mit Wortverkündigung enthält. Vereinzelt finden sich,

---

Klemensbrief ein einheitliches Ganzes?, S. 12-13). Der „abrupte Eingang" des
Schreibens (a. a. O., S. 12) hängt damit zusammen, daß hier kein Briefformular verwendet wurde.
[376] Untersuchungen, S. 175ff.

neben der Zweiwegelehre selbst, im vorliegenden Schrifttum Hinweise auf den Katechumenat wie vor allem darauf, daß auch ungetaufte Hörer zur christlichen Predigt zugelassen waren. Zur Eucharistie hingegen, die zunehmend als Opfer verstanden wurde, durften sie sicher nicht, verstand man doch schon das gemeinsame Gebet als „Aufheben heiliger Hände" zu Gott. Die Nichtzulassung ungetaufter Hörer zur Eucharistie stellte die Gemeinden so lange vor keine größeren Schwierigkeiten, wie Wortgottesdienst und Eucharistiefeier voneinander getrennt begangen wurden.

Wie Ignatius kennt auch der Hirte des Hermas das Problem nicht orthodoxer Lehrer und ihrer Hausgemeinden, welches in Rom noch lange virulent sein sollte. Er versucht der „falschen Lehre" ebenso wie auch „orthodoxeren" Lehrmeinungen, welche nicht mit seiner Anschauung übereinstimmen, mit seiner Verkündigung entgegenzuwirken. Die nichtorthodoxen Lehrer sowie Hermas selbst beanspruchen dabei prophetische Vollmacht, wie überhaupt das Phänomen der Prophetie im Gottesdienst dem Hermas noch geläufig ist[377].

Weitaus stärker als durch prophetische Elemente ist das uns überlieferte Schrifttum aus der ersten Hälfte des Zweiten Jahrhunderts von der Paränese geprägt. Barnabasbrief, Erster Clemensbrief, der Brief des Polykarp wie auch die Schriften des Ignatius sowie schließlich der Zweite Clemensbrief sind dafür beredte Zeugen. An dem letztgenannten „Brief", der doch eigentlich nichts anderes ist als eine schriftlich fixierte Predigt[378] mit einem Nachtrag von einem Lektor, läßt sich besonders deutlich ablesen, wie christliche Predigten schriftlich verbreitet wurden und allmählich selbst in den Rang heiliger Schriften aufrückten. Auch der Hirte des Hermas zeigt Spuren der Publikation in den Gemeinden; ihm ist der Anspruch auf göttliche Autorität schon inhärent - ein Zug, der ihn mit der Offenbarung des Johannes verbindet.

In unterschiedlicher Weise werden zur Paränese die Schriften herangezogen; deutlich ist, daß keine der uns überlieferten Predigten bzw. predigtartigen Schriften der „Apostolischen Väter" sich als Auslegung eines bestimmten Schriftabschnittes versteht. Vielmehr greift man, wenn es sich anbietet, auf die „Schriften" zurück; dabei sind neutestamentliche Texte noch kaum ausdrücklich als „heilige Schrift" präsent, werden aber vielfach verwendet. An einer Stelle wendet sich Ignatius sogar kritisch gegen einen allzu starken Rückbezug auf die

---

[377] Propheten kommen als Wanderpropheten noch in der Didache vor; und auch bei Ignatius findet sich noch Prophetie im Gottesdienst.
[378] Ähnlich auch der Polykarpbrief.

(alttestamentlichen) Schriften: Maß muß der Glaube an Jesus Christus bleiben.

Auf die Schriftlesung als solche finden wir nur wenige direkte Hinweise etwa im Ersten Clemensbrief und im Polykarpbrief. Dennoch können wir mit hoher Sicherheit darauf schließen, daß überall in den christlichen Gemeinden Schriftlesungen zum Gottesdienst gehörten; anders müßte der häufige Bezug auf alttestamentliche Texte in den Predigten den Gemeinden weitgehend unverständlich geblieben sein.

Neben Predigt und Schriftlesung begegnen uns bei den Apostolischen Vätern immer wieder auch das Gebet sowie gelegentlich der Gesang als Gottesdienstelemente, welche sich dem Wortgottesdienst zuordnen lassen, ohne daß allerdings eine solche Zuordnung zwingend oder gar ausschließlich zu machen wäre. Ohne die Schriften des Neuen Testaments und vor allem die späteren Quellen, Justin an erster Stelle, blieben unsere Vorstellungen vom Gottesdienstleben der Christen am Beginn des Zweiten Jahrhunderts wohl recht dunkel.

4. Justinus Martyr

a) Kontext: Justins Apologie

Auch wenn nicht auszuschließen ist, daß Justins Apologie für das Christentum[1], verfaßt um das Jahr 155[2], in Rom bis an allerhöchste Stelle gelangte und auch gelesen wurde, so muß man doch damit rechnen, daß er für einen breiteren Leserkreis schrieb[3]. Er hat eine gebildete heidnische Leserschaft vor Augen, wenngleich er natürlich auch seinen Mitchristen Argumentationsmaterial an die Hand geben will. Programmatisch sagt er am Anfang, daß er über Lehre und Leben der Christen Auskunft geben werde[4], und dazu gehört für ihn auch eine Beschreibung der christlichen Kultpraxis, zumal gerade hier offenbar üble Gerüchte gegen die Christen im Umlauf waren[5]. Diese Beschreibung schließt, wenn nicht eine

---

[1] Ich benutze die Ausgabe von E.J. GOODSPEED, Die ältesten Apologeten. Texte mit kurzen Einleitungen, Göttingen 1914. Die Frage nach dem Zusammenhang von Apol I und Apol II interessiert uns hier nur am Rande. Sollte P. KERESZTES, The „so-called" Second Apology of Justin, *Latomus* 24 (1965) 858-869, mit seiner Annahme Recht haben, daß es sich um zwei selbständige Werke handelt und Apol I nach Kleinasien gehört, beträfe die Gottesdienstbeschreibung in erster Linie dieses Gebiet und nicht Rom (vgl. dazu unten die Überlegungen zum προεστώς). Auch für die genau entgegengesetzte Position, daß es sich ursprünglich um nur ein Werk handelte, gibt es gute Gründe: W. SCHMID, Ein Inversionsphänomen und seine Bedeutung im Text der Apologie des Justin, in: *Forma Futuri*, FS M. Pellegrino, Turin 1975, 253-281. Am weitesten verbreitet ist die Annahme, daß es sich bei Apol II um einen Nachtrag aus aktuellem Anlaß zu Apol I handelt (so schon E.J. GOODSPEED, a. a. O., S. 24-25).

[2] Zur Datierung s. die Hinweise bei O. SKARSAUNE, Justin der Märtyrer, *TRE* 17, 471-478, S. 472.

[3] Schon die Adresse (Apol I,1) geht an Kaiser, Senat und Volk. Zum Problem vgl. C. ANDRESEN, Apologetik II. Frühkirchliche Apologetik, *RGG*[3] Bd. 1, 480-485, Sp. 481, der von der „Fiktion einer Eingabe" spricht; ich halte es nicht für ausgeschlossen, daß Christen wie Justin in dem Bewußtsein, daß ihnen Unrecht geschehe, wirklich versuchten, Eingaben am kaiserlichen Hofe zu machen (vgl. auch den Bericht von einem Einzelfall, wo eine Christin mit Erfolg ein βιβλίδιον beim Kaiser mit der Bitte um Aufschub ihres Gerichtsverfahrens einreichte: Apol II,2,8). - S. jetzt auch W. KINZIG, Der „Sitz im Leben" der Apologien in der Alten Kirche, *ZKG* 100 (1989) 291-317, bes. S. 304.306-310.

[4] Apol I,3,4: ἡμέτερον οὖν ἔργον καὶ βίου καὶ μαθημάτων τὴν ἐπίσκεψιν πᾶσι παρέχειν.

[5] Vgl. Athenagoras, Supplicatio 3,1: die drei Vorwürfe gegen die Christen seien gewesen: Gottlosigkeit, Thyestische Mahlzeiten, Ödipäischer Verkehr; bei

ganze Apologie, so doch einen Hauptteil des apologetischen Werkes Justins ab[6] und steht damit an exponierter, aber doch nicht an der wichtigsten Stelle.

Denn für Justin sind Lehre und ethisches Verhalten der Christen entscheidender als liturgische Fragen; so kommt er auf die christlichen Gottesdienste vergleichsweise nur kurz und eben nicht am Anfang seiner Ausführungen zu sprechen, und daß er auch bei der Beschreibung des Gottesdienstes das Verhalten der Christen zueinander immer wieder hervorhebt, entspricht seinem ethischen Grundinteresse.

Auch grenzt er den kultischen Bereich nicht begrifflich aus, sondern beläßt es bei der Aufteilung in Lehre und Leben, Theorie und Praxis der Christen[7], wobei die Gottesdienste sicher der Praxis, erklärende Passagen dazu aber der Theorie zuzuordnen wären. Immerhin aber ist Justin daran gelegen, die Kultpraxis der Christen gesondert zu beschreiben; damit hat er uns in Apol I,61-67 ein einzigartiges Zeugnis zur Geschichte der christlichen Gottesdienste hinterlassen. Keiner der anderen Apologeten des Zweiten Jahrhunderts hat es für nötig oder für möglich gehalten[8], eine Beschreibung der christlichen Gottesdienste zu geben; erst bei Tertullian findet sich Vergleichbares.

Die Tatsache, daß Justin mit apologetischem Interesse für eine heidnische Leserschaft schreibt, muß bei der Interpretation im Auge behalten werden. So ist grundsätzlich damit zu rechnen, daß Justin spezifisch christliche Begriffe entweder von vornherein übersetzt oder aber erklärt; daß er in seiner Darstellung nur so weit Wert auf Vollständigkeit legt, wie es seinem Ziel (der Entkräftung von Vorwürfen

---

Justin wird zunächst (neben der rechtlichen Frage nach dem nomen Christianum und der Zugehörigkeit zum nomen ipsum als Vorwurf - Apol I,4) nur die Gottlosigkeit genannt (Apol I,6), doch tauchen die anderen Vorwürfe später auch auf (Apol I,26,7: unerlaubter Geschlechtsverkehr und Fressen von Menschenfleisch wird geschickt auf die Häretiker abgeschoben; vgl. auch Apol I,27,5 zum Vorwurf finsterer Machenschaften und Apol I,29,2 noch einmal zu ἡ ἀνέδην μίξις).

[6] Zum Problem der zwei Apologien s. Fußn. 1; das Hadriansreskript (Apol I,58) hat, auch wenn es ursprünglich an den Schluß von Apol I gehört, den Charakter eines Anhangs.

[7] Βίος und μαθήματα (Apol I,3,4) geben nur grob ein Raster für den Aufriß der Apologie ab, indem in den ersten Kapiteln mehr vom βίος, danach mehr von den μαθήματα (etwa ab Apol I,18) die Rede ist; „Leben und Lehre" umfassen im übrigen alles, was Justin über die Christen zu sagen hat, er sagt nicht: Leben, Lehre und Gottesdienst.

[8] Von Arkandisziplin findet sich bei Justin keine Spur; sie könnte aber die anderen Apologeten zu ihrem Schweigen an diesem Punkte bewegt haben, falls sie nicht einfach nur im Rahmen überkommener Apologetik bleiben (vgl. J. GEFFCKEN, Zwei griechische Apologeten, Leipzig und Berlin 1907) und nicht auf den Gedanken kommen, etwas zu den Zusammenkünften der Christen zu sagen.

und Gerüchten) dienlich ist; auch daß er vereinfachend (d. h. also nach unserem Frageinteresse „ungenau") darstellt. Ferner muß die Möglichkeit erwogen werden, daß Justin gemäß seiner apologetischen Zielsetzung Akzente anders setzt als jemand es tun würde, der eine Agende schreibt. Schießlich ist zu bedenken, daß alles, was Justin und seiner heidnischen Umwelt als selbstverständlich erscheint und nicht in irgendeiner Weise Anlaß zu Mißverständnissen oder Verleumdung bietet, gar nicht erwähnt zu sein braucht.

Diese Überlegungen mögen als methodisches Fragezeichen gelten; keinesfalls aber soll damit ein spekulativer Freiraum geschaffen werden, in dem dann durch beliebige Argumenta e silentio alle möglichen Elemente des Gottesdienstes als schon (bzw. noch) zur Zeit Justins vorhanden oder nicht vorhanden behauptet werden können[9].

b) Zur Textstruktur von Apol I,61-67

Wenden wir uns nun dem Text bei Justin zu. Hier interessieren uns die Kapitel Apol I,61 und 65-67. Wie die Weiterführung in 65,1 zeigt, haben wir es dabei mit einem zusammenhängenden Komplex zu tun. Er ist erkennbar gegliedert. Nacheinander werden nämlich zwei Gottesdienste behandelt: der Taufgottesdienst und der Sonntagsgottesdienst. Thematisch sind dabei für Justin die Taufe und die Eucharistie von Interesse, denn hier fügt er der einfachen Beschreibung längere Erläuterungen hinzu (zur Taufe: Apol I,61,4-64,6; zur Eucharistie: Apol I,66). Der Sonntagsgottesdienst wird, so will es fast erscheinen, nur noch der Vollständigkeit halber auch beschrieben: immerhin ist er der Normalfall, Taufgottesdienste sind und bleiben die Ausnahme[10].

In der Darstellung der beiden Gottesdienste läßt sich jeweils ein einfaches und klares Gerüst erkennen: Justin folgt dem Gottesdienstverlauf; sprachlich reiht er simpel die Dinge durch Konjunktionen wie ἔπειτα (bzw. εἶτα) und καί, gelegentlich auch einen gen. abs. aneinander; im ersten Teil ist mindestens ein größerer Einschnitt durch μετά mit Akkusativ gekennzeichnet[11].

---

[9] S. dazu im Forschungsüberblick S. 6.

[10] Vgl. G. KRETSCHMAR, Die Geschichte des Taufgottesdienstes in der Alten Kirche, in: *Leiturgia* Bd. 5, Kassel 1970, 1-348, S. 137ff.

[11] Apol I,65,1 schließt mit μετὰ τὸ οὕτως λοῦσαι an Apol I,61,3 an; zu Apol I,67,1: μετὰ ταῦτα s. u.

Zum Teil längere erklärende und auch polemische Ausführungen unterbrechen die einfache Abfolge der Gottesdiensthandlungen. Wenn man die lediglich beschreibenden Abschnitte einmal zusammenstellt, dann ergibt sich folgender Text: Apol I,61,2-3; 65,1-5; (67,1-2); 67,3-5(6).

An diesem Text fällt vor allem die Doppelung der Beschreibung des Abendmahls auf, welche Justin mit zwei Rückverweisen in Apol I,67,5 kommentiert (ὡς προέφημεν und ὁμοίως), ohne sich jedoch eben einfach auf einen Verweis zu beschränken. Dabei zeigen diese Rückverweise und die Übereinstimmungen in den Formulierungen deutlich, daß Justin nicht zwei verschiedene Typen der Eucharistie beschreibt - die gleiche Sache spielt sich hier wie dort ab, nur eben in verschiedenem Rahmen[12]. Dennoch sollte man daraus schon deshalb nicht den Schluß ziehen, daß Justin hier nach Vorlagen arbeitet, weil der ausgesonderte Text sich stilistisch keineswegs vom Rest der Apologie abhebt. Auch Wiederholungen und eine nicht ganz geradlinige Gedankenführung sind für Justin an sich nichts Besonderes[13].

Man kann auch erklären, warum Justin die Eucharistiefeier zweimal beschreibt. Es geht ihm nämlich darum, alle Verdächtigungen zu entkräften, die Christen hätten bei ihren Zusammenkünften ausschweifende Gelage und gäben sich sogar mit Kindesopfern und Menschenfresserei ab[14]. So kann er sich nicht damit zufriedengeben, in Kapitel 67 auf ein kultisches Mahl „wie oben beschrieben" zu verweisen, sondern er will mit der wiederholten Einzeldarstellung aufs Deutlichste die Harmlosigkeit der Eucharistie erweisen.

Auch scheint sich für Justin mit der Eucharistie das zu verknüpfen, daß die Christen untereinander teilen und sich gegenseitig

[12] Die Unterschiede in den Formulierungen sind geringfügig. Der Artikel τό vor Amen in Apol I,67,5 setzt voraus, daß das Amen aus Apol I,65,3 bekannt ist; ebenso bezieht sich die Formulierung ἡ διάδοσις καὶ ἡ μετάληψις in Apol I,67,5 auf die plastischere Beschreibung mit Verben in Apol I,65,5. Zur Nichterwähnung des heiligen Kusses in Apol I,67 s. u. - Zur Frage der eucharistischen Elemente vgl. A. HARNACK, Brod und Wasser: die eucharistischen Elemente bei Justin, Leipzig 1891 (TU 7,2, S. 115-144). Dies Problem ist für unsere Fragestellung ohne weitere Bedeutung.
[13] Vgl. Apol I,55,1: ὡς προδεδήλωται. Apol I,61,6: ὡς προεγράψαμεν. Apol I,56,1: ὡς προεδηλώσαμεν. Apol I,46,2: προεμηνύσαμεν. Apol I,3,6: ὡς προέφην. Apol I,12,5: ὡς προέφημεν (ebenso Apol I,21,6; 22,2; 32,11; 45,6 usw.), um Beispiele nur aus den Apologien zu nennen. - Zur Gedankenführung Justins vgl. das vernichtende Urteil von J. GEFFCKEN, Zwei griechische Apologeten, S. 97ff., der freilich etwas zu kritisch mit Justin umgeht.
[14] Vgl. Fußn. 5; es scheint Justins Taktik zu sein, die Vorwürfe nicht direkt anzugehen; so sagt er in Apol I,61,10 etwas über die Wiedergeburt und das neue Leben der Christen und spielt mit dem Gedanken, daß sie die Sünden hinter sich lassen, höchstens indirekt auf die Vorwürfe an, als wollte er sagen: nur wer nicht getauft ist, der ist zu Verbrechen fähig, wie ihr sie uns vorwerft.

unterstützen, und dieser Gedanke ist ihm wichtig[15]. Die erneute ausführliche Darstellung in Kapitel 67 gibt ihm gute Gelegenheit, noch einmal darauf einzugehen.

Justin beschreibt also zwei verschiedene Gottesdienstformen, die jedoch beide die gleiche Eucharistiefeier beinhalten. Dabei geht die Übereinstimmung in den Formulierungen so weit, daß wir wohl berechtigt sind, Angaben von der einen Eucharistiefeier auf die andere zu übertragen[16]. Zugleich zeigt sich, daß zwei recht verschiedenartige Gottesdienstblöcke mit der Eucharistie verbunden sein konnten; diese Austauschbarkeit läßt (was sich bei der Taufe sowieso nahelegt) auf eine relative Selbständigkeit dieser Gottesdienstteile schließen. Allerdings weist sonst nichts darauf hin, daß Justin einen Wortgottesdienst ohne Eucharistie gekannt hätte.

In Apol I,67 scheint Justin sehr unvermittelt von der Darstellung des Gottesdienstes zum Almosenwesen überzugehen. Bedeutet das einen Themenwechsel, nachdem die Gottesdienstschilderung mit der Verteilung der eucharistischen Gaben abgeschlossen ist, oder läßt sich Justin hier durch einen ihm am Herzen liegenden Gedanken von der Verfolgung seines eigentlichen Fadens abbringen, den er dann in Apol I,67,7 nur noch einmal mit der Erklärung des Sonntags notdürftig wieder aufnimmt? Sollte das letztere der Fall sein, so sänke der Wert von Justins Darstellung als Quelle über den Verlauf der Gottesdienste seiner Zeit erheblich, und man könnte am Ende nur noch sagen, daß er grob skizzierend einige Elemente des Gottesdienstes wiedergibt, die ihm besonders wichtig sind.

Eine Betrachtung des Anfangs von Kapitel 67 kann uns an dieser Stelle weiterhelfen. Dort ist nämlich schon einmal vom Almosenwesen als Unterstützung der Christen untereinander die Rede. Text und Kontext dieser Stelle aber weisen uns in einen gottesdienstlichen Zusammenhang.

Die feierliche, trinitarisch ausgeführte Form der Danksagung wie auch das kultisch vorbelastete Wort προσφέρειν wären eigentlich fehl am Platze, wenn es hier nur um die Beschreibung von Gabenverteilung und Tischgebet im Alltag ginge[17]. Vor allem aber stellt die

---

[15] Vgl. schon Apol I,13,1: τοῖς δεομένοις προσφέρειν.

[16] Das gilt vor allem für das φίλημα (Apol I,65,2).

[17] Dies dürfte auch der Grund sein, warum C. ANDRESEN, Die Kirchen der alten Christenheit, Stuttgart u. a. 1971 (RM 29,1/2), S. 71 u. 75, annimmt, der Sonntagsgottesdienst werde als Agape gefeiert. Die Eucharistie ist aber in Apol I,65,5 mit der Verteilung der Elemente und der Erwähnung, daß Apophoreta weggebracht werden, bereits abgeschlossen. Darauf weist auch das μετὰ ταῦτα in Apol I,67,1. Daß zusätzlich zur Eucharistie hier nun eine davon getrennte Agapefeier geschildert werde (so J.M. PFÄTTISCH, Justinus' des Philosophen und Märtyrers

Formulierung ἡμεῖς δὲ μετὰ ταῦτα κτλ wie in Apol I,65,1 den Anschluß an die durch erklärende Passagen unterbrochene Gottesdienstbeschreibung wieder her, und der Bezugspunkt des τούτων wäre bei dieser Interpretation problemlos in der gerade erwähnten Überlieferung der Apostel über Jesu letztes Mahl und seinen Tod zu finden[18]. Dann wäre durch ἀναμιμνήσκειν auch der Begriff ἀνάμνησις von Kapitel 66,3 sinnvoll wiederaufgenommen.

Sinngemäß haben wir demnach die Passage von Apol I,67,1 und 2 wie folgt zu übertragen: „Wir aber erinnern uns nach dem Empfang der Eucharistie schließlich jedesmal an das, was uns die Apostel (zu diesem Mahl) überliefert haben; dazu gehört auch, daß die Wohlhabenden den Bedürftigen helfen, und so stehen wir einander immer bei[19]. Und über allem, das wir zur Kollekte geben, preisen wir ...“ usw.

Das λοιπόν weist, wenn man den Text wie vorgeschlagen versteht, darauf hin, daß Justin hier zum letzten Abschnitt seiner Beschreibung des Taufgottesdienstes kommt. Es handelt sich dabei um die Einsammlung einer Kollekte mit anschließendem Dankgebet; durch eine Überleitung, etwa eine Vermahnung zum Dankopfer oder vielleicht auch konkrete Spendenaufrufe[20] im Zusammenhang mit der Eucharistie wird dieser Schlußteil des Gottesdienstes eingeleitet[21].

Mit der Interpretation von Apol I,67,1f. im Sinne einer Kollekte als Dankopfer, das eng mit der Eucharistie zusammenhängt, ergibt sich

---

Apologien, Bd. II, Münster 1912, zu Apol I,67,2), ist unwahrscheinlich, weil von einer Mahlzeit nicht die Rede ist und weil in Apol I,67,6 ebenfalls keine Mahlzeit erwähnt wird, sondern nur die Verteilung von Almosen. - Zu den Formulierungen über das Dankgebet vgl. auch 1Tim 4,4; dort ist allerdings kein klarer gottesdienstlicher Bezug gegeben.

[18] Μετὰ ταῦτα wie τούτων in Apol I,67,1 können sich theroretisch auf verschiedene Dinge beziehen. „Danach“ könnte auch auf die Taufe blicken - so versteht G. KRETSCHMAR, Gottesdienst V. Geschichte des christlichen Gottesdienstes A. Der Osten, *RGG*[3] Bd. 2, 1763-1767, Sp. 1764, m. E. zu Unrecht unsere Stelle. Zu Unrecht, weil diese Deutung dem Gesamtkontext und den Formulierungen von Apol I,67,2 nicht gerecht wird.

[19] Diese Bedeutung für σύνειμι ergibt sich, obwohl sie bei Justin sonst nicht vorkommt, durch das ἀλλήλοις, durch das ἀεί und dadurch, daß dieser Satz nachgestellt ist; es heißt nicht: wir bleiben noch (zum Essen) zusammen, und die Wohlhabenden unterstützen die Armen usw. - gegen P. GLAUE, Die Vorlesung heiliger Schriften im Gottesdienste I. Bis zur Entstehung der altkatholischen Kirche, Berlin 1907, S. 63.

[20] Vgl. auch die Ausführungen des Bischofs Dionys von Korinth bei Euseb, h. e. IV,23,10, über die Spendenfreudigkeit der römischen Gemeinde.

[21] H. ACHELIS, Die ältesten Quellen des orientalischen Kirchenrechtes, I Die Canones Hippolyti, Leipzig 1891 (TU 6,4), S. 206, stellt den Gottesdienst der „Canones Hippolyti“ als aus drei Teilen bestehend dar: Wortteil, Eucharistie, Darbringung und Verteilung der Gaben, und sieht diese Ordnung auch bei Justin gegeben.

nicht nur ein für Justin kohärenter Opferbegriff[22], sondern auch die Lösung unseres Problems bei der Beschreibung des Sonntagsgottesdienstes: der Übergang von 67,5 zu 67,7 ist keineswegs so unvermittelt, wie es uns zuerst erschienen ist, sondern es folgt hier wie schon vorher von selbst, daß Justin zum Schluß des Gottesdienstes auf das Almosenwesen[23] der Christen zu sprechen kommt. Damit erklärt sich auch sehr einfach, wieso Justin sich in 67,7 immer noch beim Sonntag, also im gottesdienstlichen Zusammenhang befindet: er hatte auch in 67,6 durchaus von einem Gegenstand gesprochen, der zum christlichen Gottesdienst gehört.

c) Interpretation von Apol I,67,3-5a

aa) Die Zeit des Gottesdienstes

Mit einfach anreihendem καί setzt Justin seine Aufzählung zur christlichen Kultpraxis in Apol I,67,3 fort und behandelt die sonntägliche Gemeindeversammlung. Wohl für seine heidnischen Leser benennt er den Tag dieses Gottesdienstes anders als in der frühen Christenheit sonst üblich: statt des theologisch gefüllten, für einen Heiden sich aber auf den Kaiser beziehenden Wortes κυριακή (ἡμέρα) spricht er einfach kalendermäßig vom Sonnen-Tag, dem ersten Tag der Woche, als dem Tag für die Versammlung der Christen. Ja, er hält es für nötig, in Apol I,67,7 eine genaue Begründung und Erläuterung für diesen Termin noch nachzuschieben[24]. Dabei wird deutlich, daß die Christen in den Gemeinden, die Justin vor Augen hat, den Sonntag als Tag des Schöpfungsbeginns und Tag der Auferstehung Jesu Christi feierten. Er wird hier nicht als christlicher Sabbat gedeutet; das entspräche auch

---

[22] Vgl. Apol I,13,1-2; Dial 117 (117,1: θυσίαι ἐπὶ τῇ εὐχαριστίᾳ, und zwar εὐχαριστίᾳ τοῦ ἄρτου καὶ τοῦ ποτηρίου ... 117,2: εὐχαὶ καὶ εὐχαριστίαι die einzigen Opfer der Christen usw.) hat aufgrund seiner Frontstellung die Liebesgaben nicht im Blick. Ebenso liegt Justin in Dial 41 an der Typologie von alttestamentlichem Opfer und Eucharistie (Dial 41,3: τοῦτ' ἔστι), er kann deshalb sogar Brot und Kelch als das Opfer bezeichnen, aber der Sinn des Ganzen bleibt das Danksagen (ἵνα ... εὐχαριστῶμεν - Dial 41,1).

[23] Gemeinsame Mahlzeiten, Agapefeiern also, zu denen die ärmeren Gemeindeglieder nichts beizusteuern brauchten, könnten natürlich Bestandteil des Almosenwesens gewesen sein. Vgl. aber Fußn. 17 und die nun folgende Erörterung über die Zeit des Gottesdienstes.

[24] Vermutlich ist sein Hauptmotiv dabei, daß er noch einmal ein paar Gedanken zu Schöpfung und Auferstehung sagen kann; auf den jüdischen Sabbat nimmt er keinen Bezug; und auch der Gedanke, daß die Christen keine Sonnenanbeter sind (vgl. Tertullian, Apologeticum 16,9-11), klingt nicht an.

wohl kaum den sozialen Gegebenheiten: für die meisten Christen war dieser Tag noch ein Arbeitstag wie jeder andere auch[25].

Zu welcher Tageszeit der Sonntagsgottesdienst stattfand, erfahren wir von Justin nicht. Doch legt es sich nahe, den frühen Morgen anzunehmen; denn das würde nicht nur zu dem passen, was wir etwa von Plinius über die christlichen Gottesdienste erfahren, sondern auch zwei Indizien im Justintext sprechen dafür: einmal die eben genannte Sinngebung des christlichen Sonntags als Tag der Auferstehung Jesu Christi (auch daß der Schöpfungsanfang als τὸ σκότος καὶ τὴν ὕλην τρέπειν begriffen wird, weist auf den Morgen hin), und zum anderen die Einschränkung zur Schriftlesung μέχρις ἐγχωρεῖ, die wohl auf eine zeitliche Begrenzung des Gottesdienstes gedeutet werden muß[26]. Solcher Zeitmangel aber wäre einleuchtender, wenn man sich morgens, vor dem Beginn des Arbeitstages traf.

bb) Der Ort des Gottesdienstes

Die nächsten Worte im Text von Apol I,67,3 zeigen, daß Justin den Anspruch erhebt, nicht einfach nur die stadtrömischen Verhältnisse oder die von Ephesus[27] zu beschreiben, sondern allgemeingültig darzustellen, was überall in den Städten und auf dem Land (κατὰ πόλεις ἢ ἀγρούς) die Christen tun. Das legt sich aufgrund seiner Zielsetzung, eine Apologie für alle Christen zu schreiben, nahe; aber daß Justin so formulieren kann, setzt doch zumindest das Bewußtsein voraus, daß die Gottesdienste der Christen sich von Ort zu Ort nicht wesentlich unterscheiden[28].

---

[25] Die Forderung der Sonntagsruhe für die Christen begegnet zuerst bei Tertullian or 23,2, dort aber wohl auf die Gottesdienstzeit beschränkt - s. W. RORDORF, Der Sonntag. Geschichte des Ruhe- und Gottesdiensttages im ältesten Christentum, Zürich 1962 (AThANT 43), S. 155ff.

[26] Apol I,67,3; weiteres zur Lesung s. u.

[27] Das Martyrium des Justin und seiner Genossen weiß von zwei Romaufenthalten des Justin (Rezension A, Abschnitt 3, Musurillo p. 44,8). Vielleicht hing der erste Aufenthalt mit dem Einreichen der Apologie zusammen. Wie auch immer, Justin stammt aus Palästina und kennt Kleinasien, wo er in Ephesus zum christlichen Glauben bekehrt wurde; es ist anzunehmen, daß seine Kenntnisse der dortigen Gegebenheiten hier miteinfließen.

[28] Die Angaben Justins müssen für die Stadt Rom überprüfbar sein - darauf weist C. ANDRESEN, Die Kirchen der alten Christenheit, S. 70 Fußn. 113, hin. Der Bezug auf πόλεις (pl!) und ἀγρούς zeigt, daß Justin einen weiteren Horizont hat als Rom - das stimmt mit seiner Biographie überein (vgl. z. B. E.F. OSBORN, Justin Martyr, Tübingen 1973 (BHTh 47), p. 6ff.). Daß Justin in Apol I,65-67 die stadtrömischen Verhältnisse insbesondere vor Augen gehabt haben sollte (so C. ANDRESEN, a. a. O., S. 75), vermag ich so nicht zu sehen (vgl. Fußn. 27). Auch

Zu überlegen wäre, ob Justin mit κατὰ πόλεις ἢ ἀγρούς meint, daß die Leute von den umliegenden Dörfern in die nächste Stadt gehen, um dort zusammen mit den Städtern den Gottesdienst zu feiern, oder ob er sagen will: die Gemeinden treffen sich in den Städten und auf dem Land. Die Formulierung ist wohl nicht ohne Grund unscharf; die Verhältnisse dürften von Ort zu Ort verschieden gewesen sein. Jedenfalls war nach allem, was wir wissen, zur Zeit Justins noch jede einzelne Gemeinde (oder, etwa in Rom, Teilgemeinde) recht klein, so klein, daß man sich in Privathäusern versammeln konnte[29].

cc) Die gottesdienstliche Gemeinde

Wie setzte sich nun die gottesdienstliche Gemeinde zusammen? Zunächst bemerkt Justin lapidar, daß alle sich versammeln. Hierauf legt er jedoch offensichtlich Wert, wie die nochmalige Betonung von πάντες und ἕκαστος in Apol I,67,5 zeigt, wo Justin bereits zum Wir übergegangen ist. Er will damit wohl sagen, daß er eben den Brauch beschreibt, dem alle Christen folgen - es gibt keine weiteren, geheimen Zusammenkünfte vielleicht kleinerer Gruppen, in denen dann die Greueltaten stattfinden könnten, die man den Christen zur Last legte.

Ob man die sich durchziehende Betonung, daß alle dabei sind, darüber hinaus so deuten kann, daß zu dem Gottesdienst, den Justin beschreibt, Katechumenen oder gar Heiden zugelassen waren, erscheint mir zweifelhaft. Daß an der Eucharistie nur getaufte Gemeindeglieder teilnahmen, ist zwar aufgrund von Apol I,66,1 und von Kapitel 65 eindeutig, und davon, daß sich nach dem ersten Teil des Gottesdienstes alle Nichtgetauften entfernen, findet sich im Text keine Spur. Doch liegt es in Justins Interesse, den Eindruck zu vermeiden, die Christen hätten in Sondersitzungen hinter verschlossenen Türen etwas zu verbergen, und eine vereinfachende Darstellung, die etwa die Katechumenen[30] nicht erwähnt, käme diesem Interesse entgegen. Man

---

der alte Brauch, Apophoreta an die zu schicken, die nicht beim Gottesdienst sein konnten, deutet nicht auf Großstadtverhältnisse, sondern darauf, daß es Kranke und Alte gab, vielleicht auch Sklaven, die es nicht ermöglichen konnten, zum Gottesdienst zu kommen (gegen C. ANDRESEN, a. a. O., S. 75 Fußn. 126).
[29] Vgl. H.-J. KLAUCK, Hausgemeinde und Hauskirche im frühen Christentum, Stuttgart 1981 (SBS 103), S. 69-81; für Rom: P. LAMPE, Die stadtrömischen Christen in den ersten beiden Jahrhunderten, Tübingen 1987 (WUNT II,18), S. 307ff.
[30] Justin schildert in Apol I,61,2 den Katechumenat so: nach einer Phase des Hörens der christlichen Lehrer („... die, die überzeugt sind von dem und auch glauben, daß wahr ist, was von uns gelehrt und gesagt wird"), erfolgt die Meldung zur Taufe (Versprechen, ein christliches Leben zu führen), an die sich eine Zeit des

kann also nicht behaupten, es hätten mit Sicherheit am ganzen Gottesdienst nur getaufte Christen teilgenommen, auch wenn dies der erste Eindruck beim Lesen ist[31].

Die Gemeinde, die Justin beschreibt, ist in sich gegliedert. Die Selbstbezeichnung für alle ist, so erfahren wir aus Apol I,65,1, ἀδελφοί (worunter selbstverständlich auch die Frauen gefaßt sind); aber das hindert nicht, daß Justin dem προεστώς den λαός gegenüberstellen kann; daneben sind noch die διάκονοι erwähnt und der ἀναγινώσκων, wobei sich sprachlich nicht festmachen läßt, ob die Funktion des Vorlesers ein festes Amt war.

Über die Ämter in der Alten Kirche ist viel gehandelt worden[32], und wir wollen uns an dieser Stelle auf einige Bemerkungen beschränken. Den uns überlieferten Werken Justins ist zu den Ämtern in der Kirche seiner Zeit fast nur das zu entnehmen, was wir in den uns interessierenden Kapiteln finden. Daraus darf jedoch, gerade aufgrund des apologetischen Charakters dieser Schriften, nicht gefolgert werden, es habe Bezeichnungen wie ἐπίσκοπος und πρεσβύτερος zur Zeit Justins nicht gegeben; die Erwähnung von διάκονοι wie auch die Gegenüberstellung von προεστώς und λαός läßt doch mit Sicherheit auf ausgeprägte Ämter schließen, auch wenn Justin z. B. die Witwen nur als Empfänger von Almosen erwähnt[33]. Freilich könnte die ungenaue Bezeichnung προεστώς auch darauf hindeuten, daß Inhaber verschiedener Ämter, zum Beispiel auch noch die Lehrer[34] diese Funktion ausüben konnten.

Schon Euseb hebt hervor, daß Justin noch die prophetischen Gaben bei den Christen kenne[35], wobei allerdings Justin gerade nicht vom Amt des Propheten spricht[36]. Auch über das Amt des Lehrers

---

gemeinsamen Fastens und Gebetes um die Sündenvergebung, also den Empfang der Taufe anschließt. Daß hiermit auch eine Art Taufunterricht verbunden ist, zeigt sich in dem Wort διδάσκονται, das freilich hier nur das Gebet zum Inhalt hat.

[31] Gegen T. HARNACK, Der christliche Gemeindegottesdienst im apostolischen und altkatholischen Zeitalter, Erlangen 1854, S. 26, der wenigstens die Probleme sieht.

[32] Verwiesen sei hier auf H. LIETZMANN, Zur altchristlichen Verfassungsgeschichte, in: DERS., Kleine Schriften I, Berlin 1958 (TU 67) 141-185; P. LAMPE, Die stadtrömischen Christen, S. 334ff.

[33] Apol I,67,7 (vgl. Apol I,44,3; 61,7; Dial 27,2).

[34] S. dazu die Interpretation der Martyrien des Ptolemaeus und Lucius und des Justin und seiner Genossen, S. 273 u. 275; vgl. P. LAMPE, Die stadtrömischen Christen, S. 306.

[35] Euseb, h.e. IV,18,8 unter Bezug auf Justin, Dial 82,1.

[36] Die Propheten sind für ihn immer die Propheten in den Schriften, welche Jesus vorausgesagt haben; in Dial 82,1 ist von προφητικὰ χαρίσματα die Rede, und in der sogleich folgenden Parallelisierung christlicher Häretiker mit den

erfahren wir wenig[37]; denn nur am Rande kommt Justin einmal auf einen christlichen Lehrer zu sprechen: Ptolemäus war Lehrer einer Christin, so erfahren wir aus Apol II,2,9. Dabei muß hier offenbleiben, ob dieser Lehrer von der Gemeinde anerkannt als ihr zugehöriger διδάσκαλος oder sozusagen freischaffend tätig war[38].

Es zeigt sich also, daß Justin in seiner Apologie keineswegs eine vollständige „Phänomenologie" des Christentums seiner Zeit abgibt. Wir müssen uns daher also darauf beschränken, die Funktionen der Personen zu beschreiben, die im Gottesdienst agieren, so wie Justin ihn uns schildert. Dabei besteht etwa im Blick auf den προεστώς die Schwierigkeit, daß Justin einen allgemeinverständlichen Terminus statt des unter den Christen gebrauchten Wortes verwendet haben mag. Zum Beispiel könnte er den Begriff πρεσβύτερος schon deswegen gemieden haben, weil er in sich mißverständlich war[39]. Eine solche Funktionsbeschreibung geschieht aber am besten, wenn wir dem Gottesdienstverlauf folgen, wie Justin ihn uns schildert.

dd) Die Bezeichnung des Gottesdienstes

Zur Bezeichnung des Gottesdienstes benutzt Justin einen den Christen schon seit den Zeiten des Paulus geläufigen, aber an sich unspezifischen und unkultischen Terminus: ἐπὶ τὸ αὐτὸ συνέλευσις, Zusammenkommen an e i n e m Ort[40]. Sprachlich ist eine Nähe zum Begriff συναγωγή zu spüren; zugleich betont das ἐπὶ τὸ αὐτό, daß die ganze Gemeinde sich versammelt und nicht etwa nur eine Zusammenkunft von nur wenigen ihrer Glieder gemeint ist[41]. Daß dieser

---

alttestamentlichen Lügenpropheten spricht Justin bezeichnenderweise für seine eigene Zeit nicht ebenfalls von Lügenpropheten, sondern von ψευδοδιδάσκαλοι.

[37] Der διδάσκαλος der Christen ist in den Apologien immer Jesus, der Logos. Im Dialog sind die διδάσκαλοι, wenn ich recht sehe, immer die Lehrer der Juden. Justins eigene Lehrer werden von ihm mit Ausnahme des (anonymen) alten Mannes in Dial 3-8 nicht erwähnt; der Greis wird nicht als Lehrer bezeichnet, vielmehr werden Propheten und Apostel als Lehrer vorgestellt (Dial 7,1-8,1).

[38] Vgl. dazu S. 272 u. 318f.

[39] Vgl. H. LIETZMANN, Zur altchristlichen Verfassungsgeschichte (TU 67), S. 165f.: der Titel πρεσβύτερος war bei den jüdischen Gemeinden Roms anscheinend nicht geläufig.

[40] 1Kor 11,20; 1Kor 14,23 (ἡ ἐκκλησία ὅλη!); Act 2,1 (vgl. Act 1,15); Act 2,44; (Act 4,26; Mt 22,34); 1Clem 34,7; Barn 4,10; (Barn 12,7); IgnEph 5,3; 13,1; IgnMagn 7,1; IgnPhil 6,2; 10,1; vgl. auch Hebr 10,25; 2Clem 17,3; IgnEph 20,2; IgnPol 4,2.

[41] Das kann in großen Städten natürlich auch eine Teilgemeinde in ihrer Gesamtheit betreffen, muß also keine zentrale Versammlung der Ortsgemeinde bedeuten. Von der Versammlung ἐπὶ τὸ αὐτό sind aber bei größeren Gemeinden die

Begriff wie etwa auch das συνάγεσθαι in Apol I,65,1 für Justin noch jüdischen Klang habe, läßt sich freilich nicht belegen. Doch ist der Schluß wohl erlaubt, daß Justin außer συνέλευσις ἐπὶ τὸ αὐτό und allenfalls συνάγεσθαι keinen speziellen Terminus für den christlichen Gottesdienst kennt, den er hier nur den unverständigen heidnischen Lesern gegenüber verschwiege. Schließlich führt er ja den Fachterminus Eucharistie (εὐχαριστία) ein, wobei dieser Begriff seinerseits eindeutig nicht den ganzen Gottesdienst bezeichnet, sondern wirklich nur die eigentliche Eucharistiefeier[42].

ee) Elemente des Gottesdienstes

Lesung

Das erste, was Justin vom Sonntagsgottesdienst erwähnt, ist eine Schriftlesung. Nicht der προεστώς liest vor, sondern jemand anders; ob immer derselbe oder mehrere Personen im Wechsel, läßt sich nicht entscheiden. Die Kirchenordnung des Hippolyt kennt ein festes Lektorenamt[43], das seinem Inhaber vom Bischof unter Überreichung eines Buches verliehen wurde. Der Institutionsritus weist auf einen jüdischen Ursprung dieses Amtes hin[44]. Und da wir uns bei Justin zeitlich näher an diesem Ursprung befinden und er nicht ἀναγνώστης, sondern ἀναγινώσκων sagt, ist es gut denkbar, daß er noch kein festes Lektorenamt kennt, sondern aus dem kleinen Kreis derer, die lesen konnten, verschiedene Personen die Aufgabe übernahmen, aus den Schriften vorzulesen, so wie es auch in der Synagoge üblich war.

Aus welchen Schriften aber wurde gelesen? Justin nennt die „Denkwürdigkeiten der Apostel und die Schriften der Propheten". Die Denkwürdigkeiten der Apostel, so wird in Apol I,66,3 erläutert, sind die Evangelien. Dabei läßt die Formulierung καλεῖται darauf schließen, daß Justin selbst hier seinen heidnischen Lesern eine Erläuterung gibt; er hat das den Christen geläufige εὐαγγέλια (Plural!) durch ἀπομνημονεύματα τῶν ἀποστόλων ersetzt, worunter sich die Heiden mehr vorstellen können. Ein späterer Glossator hätte wohl eher gesagt: ἅ ἐστιν τὰ εὐαγγέλια. Eine Überprüfung aller Stellen, an denen Justin die

---

Mahlfeiern in den Hausgemeinden zu unterscheiden; vgl. auch S. 188ff. zu Ignatius von Antiochien.
[42] Apol I,66,1: καὶ ἡ τροφὴ αὕτη καλεῖται παρ' ἡμῖν εὐχαριστία - vgl. auch Apol I,65,4: hier wird das Amen erklärt.
[43] Hippolyt, tradAp Nr. 11 (Botte).
[44] Zu den Lektoren in der Synagoge s. S. 457f.

ἀπομνημονεύματα erwähnt, ergibt, daß er sich wirklich auf Evangelien-schriften bezieht[45]. Es wurden also Evangelien verlesen oder die „Schriften der Propheten".

Hier muß geklärt werden, ob Propheten des Alten oder des Neuen Bundes gemeint sind. Aufgrund der Reihenfolge und der Beschränkung der ἀπομνημονεύματα auf die Evangelien könnte man nämlich auf den Gedanken kommen, es sei damit an weitere christliche Schriften von Propheten neutestamentlicher Zeit gedacht. Doch läßt sich aufgrund von Justins sonstigem Sprachgebrauch mit Klarheit entscheiden, daß hier die alttestamentlichen Propheten im Blick sind (zu denen auch Mose zählt) und damit praktisch das ganze Alte Testament. Denn ob-wohl Justin die Gabe der Prophetie unter den Christen kennt, sind für ihn die προφῆται doch immer die Propheten, welche Christus voraus-gesagt haben[46]. Das gilt insbesondere für die Apologie, in der Justin sicherlich die προφῆται wie die εὐαγγέλια erläutern würde, könnte er nicht bei den Lesern voraussetzen, daß sie wissen, worum es sich handelt. Die alttestamentlichen Propheten aber hatte er in der Apologie ausführlich bekanntgemacht[47].

Die Vermittler der christlichen Botschaft sind für ihn eigentlich auch immer die Apostel Jesu. So kann er in Apol I,49,5 sagen, daß die Apostel den Heiden τὰ περὶ αὐτοῦ (sc. Jesus) καὶ τὰς προφητείας[48] ver-kündeten. Auch hier findet sich wieder die Reihenfolge: Evangelien - alttestamentliche Prophezeiungen[49]. Für Justin sind diese zwei

---

[45] Vgl. R. HEARD, The ΑΠΟΜΝΗΜΟΝΕΥΜΑΤΑ in Papias, Justin, and Ire-naeus, *NTS* 1 (1954/55) 122-129; A.J. BELLINZONI, The Sayings of Jesus in the Writings of Justin Martyr, Leiden 1967 (NT.S 17); E.F. OSBORN, Justin Martyr, Tübingen 1973 (BHTh47), p. 120-134; G. STRECKER, Eine Evangelienharmonie bei Justin und Pseudoklemens?, *NTS* 24 (1978) 297-316; L. ABRAMOWSKI, Die „Er-innerungen der Apostel" bei Justin, in: *Das Evangelium und die Evangelien*, hrsg. v. P. Stuhlmacher, Tübingen 1983 (WUNT 28) 341-353 - Abramowski belegt, daß Justin den Begriff wohl zunächst in der antignostischen Polemik geprägt hat. - Zur Frage, ob Justin das Johannesevangelium kannte, s. jetzt M. HENGEL, The Johan-nine Question, London / Philadelphia 1989, p. 12ss.

[46] S. Fußn. 36; Mose als Prophet z. B. Apol I,32,1: M. ..., πρῶτος τῶν προφητῶν γενόμενος. Ebenso David: Apol I,35,6; 40,1 u. ö. - Vgl. P. GLAUE, Die Vorlesung heiliger Schriften im Gottesdienste, S. 67f.

[47] Apol I,30ff.; zu der Zusammenstellung von Evangelien und Propheten-schriften vgl. auch Apol I,23,1: Justin will die Wahrheit dessen darstellen, ὁπόσα λέγομεν μαθόντες παρὰ τοῦ Χριστοῦ (Evangelien) καὶ τῶν προσελθόντων αὐτοῦ προφητῶν. - Zur Schriftbenutzung und Auslegung bei Justin vgl. O. SKARSAUNE, The Proof from Prophecy. A Study in Justin Martyr's Proof-Text Tradition, Leiden 1987 (NT.S 56).

[48] Bei den προφητείαι handelt es sich vom Kontext her eindeutig um die Weissagungen auf Jesus hin, da Justin ab Apol I,32 die Weissagungsbeweise behan-delt.

[49] Vgl. dazu auch Dial 119,6: die φωνὴ τοῦ θεοῦ redet zu uns durch die Apostel des Christus und ist verkündigt durch die Propheten. Auch hier ist der

Dinge an der christlichen Botschaft entscheidend: die Nachrichten über Jesus, vor allem also die Evangelien, in denen der Herr selbst spricht[50], und daran anschließend in der Funktion des Weissagungsbeweises (auch hier spricht der λόγος) die Prophezeiungen in den heiligen Schriften[51]. Zwar schildert er seine eigene Bekehrung als Einführung in die Schriften (συγγράμματα) der Propheten (Dial 7,1f. - auch hier wieder eindeutig die Propheten des Alten Testaments), aber das ändert doch nichts daran, daß aus seiner theologischen Sicht die zeitgenössischen Nachrichten vom menschgewordenen Logos sachlich Priorität vor den alten Voraussagen haben[52]. Aus diesem Grund sollte man sich auch davor hüten, aus unserer Stelle mit Sicherheit herauszulesen zu wollen, daß im Gottesdienst erst ein Evangelientext, dann aus dem Alten Testament verlesen wurde. Die Reihenfolge kann auch anders gewesen sein, wenn überhaupt zwei Texte verlesen wurden[53].

Bedeutet nämlich das ἤ an unserer Stelle, daß Justin Gottesdienste kannte, in denen aus dem Alten Testament gar nicht vorgelesen wurde[54]? Möglich wäre diese Interpretation des Justintextes, doch scheint mir, daß man damit den Wortlaut preßt und von Justin mehr Präzision erwartet als sein normaler Stil und etwa auch das recht ungenaue μέχρις ἐγχωρεῖ im unmittelbaren Kontext zulassen. Die Stelle ist wohl besser so zu deuten: „es wird vorgelesen, etwa aus den Evangelien oder aus den Schriften der Propheten". Dann wäre damit letztlich nur die Art der Schriften charakterisiert, die die Christen im Gottesdienst benutzten. So ist zum Beispiel auch anzunehmen, daß gelegentlich aus apostolischen Briefen (sie waren dem Justin bekannt)[55] vorgelesen wurde, wie das nach dem Zeugnis des Dionysius von Korinth zur Zeit des Justin in Korinth geschah[56].

Begriff Propheten vom Kontext her, nämlich schon durch das jüdische Gegenüber, eindeutig.

[50] Vgl. z. B. Apol I,14,4-5.

[51] Nach Apol I,31,1; 32,2; 33,2-5 und weiteren Stellen in der Ersten Apologie redet das göttliche, prophetische πνεῦμα durch die Propheten; daß πνεῦμα und λόγος praktisch identisch sind, zeigt Apol II,10,8: λόγος ... διὰ τῶν προφητῶν προειπὼν τὰ μέλλοντα γίνεσθαι. - Vgl. auch Dial 19,6. Weiteres bei C. ANDRESEN, Justin und der mittlere Platonismus, ZNW 44 (1952/53) 157-195, S. 182 Fußn. 96.

[52] Man kann also zur Reihenfolge von „Evangelien und Propheten" hier mehr sagen als P. GLAUE, Die Vorlesung heiliger Schriften im Gottesdienste, S. 64, der sie „für absichtslos, für zufällig" hält. - Denkbar wäre immerhin auch, daß die Evangelienlesung an die Stelle der Toralesung im Synagogengottesdienst getreten ist.

[53] C. ANDRESEN, Die Kirchen der alten Christenheit, S. 78, spricht ohne Kommentar von „Schriftlesungen aus den Propheten und Evangelien", die zum ersten Teil des Sonntagsgottesdienstes gehört hätten.

[54] So W. BAUER, Der Wortgottesdienst der ältesten Christen, Tübingen 1930 (SGV 148), S. 46.

Festzuhalten bleibt, daß man in den Gottesdiensten, die Justin kannte, in der Regel Abschnitte aus den Evangelien und aus dem Alten Testament vorlas und daß wir über die Reihenfolge der Lesungen nichts Sicheres sagen können, aber auch, daß es möglicherweise nur eine gottesdienstliche Lesung gab.

Noch viel weniger eindeutig ist die in unserm Text folgende Angabe: μέχρις ἐγχωρεῖ, so lange die Zeit reicht. Klar wird aus dieser Bemerkung, daß man die Lesungen nicht nach Kapiteln oder Paraschen limitierte, sondern so viel las, wie die Zeit zuließ. Aber muß das heißen, daß eine lectio continua stattfand[57]? Genausogut wäre es denkbar, daß man aus zusammengestellten Texten, z. b. Testimoniensammlungen, vorlas oder einer Art Bahnlesungsprinzip folgte; schließlich könnte man auch denken, daß je nach Abschnittslänge und der entsprechend verbleibenden Zeit zusätzlich zu einem neutestamentlichen Text auch ein alttestamentlicher verlesen wurde oder umgekehrt.

Predigt

Einen kleinen Hinweis für das Verständnis des μέχρις ἐγχωρεῖ erhalten wir, wenn wir nun im Text weitergehen. Denn auf die Lesung(en) folgt eine Predigt, die das eben Gelesene oder wenigstens Teile davon, so müssen wir das τούτων doch wohl verstehen, auslegt[58]. Ob aber der Vorsteher die ermahnenden und auffordernden Worte aufgrund der Texte je nachdem extemporierte, wie weit man gerade gekommen war? Das scheint doch sehr unwahrscheinlich, und so werden wir damit rechnen müssen, daß schon vor dem Gottesdienst klar war, wieviel

---

[55] S. E.F. OSBORN, Justin Martyr, p. 135-138.
[56] Euseb, h. e. IV,23,11: über den 1. Clemensbrief.
[57] So C. ANDRESEN, Die Kirchen der alten Christenheit, S. 78. Dagegen schon R. KNOPF, Das nachapostolische Zeitalter, Tübingen 1906, S. 236, und P. GLAUE, Die Vorlesung heiliger Schriften im Gottesdienste, S. 69f. Glaue argumentiert (S. 69) auch zu Recht gegen eine Deutung des μέχρις ἐγχωρεῖ als: bis die ganze Gemeinde versammelt ist; das wäre schon sprachlich ein merkwürdiges Verständnis des Ausdrucks.
[58] Apol I,67,4. Daß die Formulierung des Justin impliziere, die Predigt reihe sich nur in lockerem Zusammenhang an die Textverlesung an (so K. WENGST, Schriften des Urchristentums II, Darmstadt 1984, S. 216), ist mir nicht einsichtig (Wengst ist in seiner Darstellung offensichtlich von R. KNOPF, Das nachapostolische Zeitalter, S. 236ff., beeinflußt, der im Rahmen des aus Justin, Apol I,67 erhobenen Gottesdienstes weiteres Quellenmaterial aus der ersten Hälfte des Zweiten Jahrh. einbaut und dann - nicht aufgrund von Justin - zu dem Schluß kommt: „Das Verhältnis des Lehrvortrages zu dem verlesenen Schriftabschnitte muss als ein sehr freies vorgestellt werden." - S.239).

Zeit zur Verfügung stand und welcher Text gelesen werden sollte; das μέχρις ἐγχωρεῖ kann in dieser Hinsicht also nur darauf sich beziehen, daß man sich bei den zu verlesenden Texten aufgrund der begrenzten Zeit von vornherein beschränkte. Ob der Prediger dann wirklich den ganzen verlesenen Text (oder die Texte) auslegte oder etwa nur einen Paragraphen, das zu beurteilen scheint mir aufgrund der Angaben von Justin nicht gut möglich[59].

Es ist nun nicht der Vorleser, der den Text auslegt, sondern der προεστώς. Er tritt hier im Sonntagsgottesdienst, wie Justin ihn beschreibt, zum ersten Mal in Erscheinung, so wie er auch beim Taufgottesdienst erst mit dem Beginn der Eucharistie erwähnt wird. Hier wie dort läßt es sich schwer sagen, ob der προεστώς nicht schon vorher aktiv wird in der Leitung des Gottesdienstes und im Falle des Taufgottesdienstes auch bei der Taufe selbst. Justin erwähnt als seine Aufgaben nur die Predigt, das Gebet bei der Eucharistie und die Verwaltung und Verteilung der Kollekten, ohne daß man diesen Katalog deshalb als vollständig bezeichnen muß. Alle diese Aufgaben lassen sich in späteren Zeiten als die des Bischofs nachweisen, und schon Ignatius will die Eucharistie an die Person des Bischofs gebunden wissen. Für die Verhältnisse des Zweiten Jahrhunderts in einer Großstadt wie Rom ist das in solcher eindeutigen Beschränkung auf den ἐπίσκοπος wohl kaum denkbar; vielmehr gibt es Hinweise, daß auch Lehrer noch die Aufgaben des προεστώς (Singular, kein Gremium!) wahrnahmen[60]. Es ist gut möglich, daß Justin in seiner Beschreibung doch noch mehr die kleinasiatischen als die stadtrömischen Verhältnisse vor Augen hat.

Die Predigt des προεστώς wird von Justin kurz charakterisiert. Sie ist warnende Mahnung und herausfordernde Ermunterung, an die Gemeinde gerichtet, die guten Vorbilder, die sich im Text finden, nachzuahmen[61]. Mit andern Worten: die Predigt ist, wie Justin sie beschreibt, eine reine Paränese, ja, wir würden aufgrund des negativ bzw. positiv drängenden Charakters von νουθεσία (Warnung) und πρόκλησις (Aufforderung) sogar dazu neigen, von Gesetzlichkeit zu sprechen[62]. Wir müssen aber im Auge behalten, daß erstens diese

---

[59] Justin spricht ja nicht von einer διήγησις des Textes oder dergleichen; das schließt aber eine homiletische Textauslegung nicht aus.
[60] S. Fußn. 34.
[61] Apol I,67,4: ὁ προεστὼς διὰ λόγου τὴν νουθεσίαν καὶ πρόκλησιν τῆς τῶν καλῶν τούτων μιμήσεως ποιεῖται.
[62] Vgl. dagegen K.P. DONFRIED, The Setting of Second Clement in Early Christianity, Leiden 1974 (NT.S 38), p. 36: „However, all that we are attempting to suggest is that use of the terms συμβουλία, νουθετέω and ἔντευξις in close relationship with one another reveals a usage quite similar to that of the Greek

Predigt in einen anderen theologischen Kontext als den unsern gehört und zweitens nach allem, was Justin vor allem im Dialog mit Tryphon schreibt, keinesfalls an eine einfache Reproduktion oder lediglich christliche Fassung des alttestamentlichen Gesetzes gedacht werden kann. Vielleicht müssen wir auch das διὰ λόγου so verstehen, daß nicht nur gemeint ist „in einer Rede", sondern daß auch Justins christliche Logoslehre mitschwingt: durch den Logos, im Lichte des Logos legt der Vorsteher so und so aus; dann wäre am besten zu übersetzen: „er mahnt und fordert in einer christlichen Rede dazu, das eben gelesene Gute nachzuahmen".

Justin benutzt das Wort νουθεσία sonst nicht (ebensowenig wie νουθετεῖν), aber aufgrund der Zusammenstellung mit πρόκλησις ist auszuschließen, daß es sich hier etwa um einen Fachterminus für die Predigt handelt. Πρόκλησις kann an einer anderen Stelle, wo Justin das Wort gebraucht[63], mit „Handlungsmaßstab" übersetzt werden, und auf richtiges Handeln geht seine ganze Theologie (wobei in der Apologie dieser Gesichtspunkt natürlich noch besonderes Schwergewicht erhält). Dazu paßt auch die Wendung, daß die Predigt zur μίμησις τῶν καλῶν τούτων auffordert.

Μίμησις ist ein auch und gerade zur Beschreibung eines ethischen Sachverhaltes weitverbreiteter Begriff. Hatte er ursprünglich von Plato her pejorativen Charakter - das Ideal wird von der Wirklichkeit nur abgebildet, das Kunstwerk ist nichts weiter als ein Abbild von diesem Abbild - so verschwindet dieser Aspekt doch im ethischen Bereich zusehends. Zwar kann μίμησις als Nachahmung Gottes mit dem Urbild-Abbild-Problem behaftet sein, doch herrscht im ethischen und auch im christlichen Bereich die einfache Bedeutung „Nachahmung eines Vorbildes", „einem guten Beispiel nacheifern" vor[64].

Justin kann den Ausdruck ganz neutral benutzen; so ahmen die Christen nach, was Gott zugehört, und die Heiden das, was dämonisch ist[65], wobei Justin sieht, daß alle meinen, es sei gut, die Götter nachzuahmen[66]. Doch kann das μιμεῖσθαι für Justin auch eine stark negative Bedeutung haben: die Dämonen machen das Christliche für ihre unlauteren Zwecke nach[67]. Am deutlichsten ist vielleicht die Stelle Apol II,11,7, wo Justin sagt, daß die Schlechtigkeit die

---

rhetorical traditions, and permits us to understand 2 Clement as a hortatory address influenced by Hellenistic rhetoric."

63 Apol I,3,2.
64 Vgl. den Artikel μιμέομαι κτλ von W. MICHAELIS im *ThWNT* 4, 661-678.
65 Apol I,10,1; Apol II,4,2; Apol I,21,4; Apol II,12,6.
66 Apol I,21,4.
67 Apol I,54,4; (55,1); 60,10; 62,2; 64,1; 66,4; Apol II,11,7.

Nachahmung des der Tugend Zugehörenden und wirklich Schönen (τὰ προσόντα τῇ ἀρετῇ καὶ ὄντως ὄντα καλά) zum Deckmantel für ihre Verführungen nimmt.

Objekt der μίμησις ist hier wie in Apol I,67,4 καλά. In Verbindung mit dem Stichwort ἀρετή denkt man unwillkürlich an das καλὸν κ'ἀγαθόν der alten Ethik; und tatsächlich ist an einer Stelle auch τὰ προσόντα αὐτῷ (= θεῷ) ἀγαθά Objekt des μιμεῖσθαι[68]. Gott selbst ist nirgends als das Vorbild genannt, das man nachahmen soll, ebensowenig Jesus; vielmehr geht es immer um die Nachahmung dessen, was in seinen Bereich gehört[69]. Also denkt Justin auch bei der Charakterisierung der Sonntagspredigt nicht etwa an eine imitatio Christi, sondern abstrakter (die καλά sind ja schon eine erhebliche Abstraktion) an eine ethische Nutzanwendung der gelesenen Texte, so daß die oben gegebene Übersetzung „dem im Text gegebenen Vorbild nacheifern" nur mit Einschränkung gelten kann.

Wie ein Kommentar zu unserm Text liest sich nach all diesen Beobachtungen folgende Stelle: „Etwas anderes nämlich ist der (den Philosophen von Christus gegebene) Same einer Sache und dessen Kopie (μίμημα) nach Maßgabe der verliehenen Kraft, und etwas anderes die Sache selbst, an der man nach Maßgabe der von Ihm kommenden Gnade Anteil und Nachahmungsmöglichkeit (μίμησις) hat." (Apol I,13,6) Die Stufung ist deutlich: was, so müßte man ergänzen, die Dämonen nur plump nachäffen (und deren Anhänger tun es ihnen nach), das haben die Philosophen bruchstückhaft erkannt und eifern ihm nach; die Christen aber haben die ganze Wahrheit, sie haben mit dem inkarnierten Gottessohn den göttlichen λόγος (übrigens also nicht Gott selbst) vor Augen. Auch sie sind nur zur Teilhabe und Nachahmung befähigt, sie können sich „die Sache selbst" nicht vollständig aneignen; doch ist Teilhabe am Göttlichen schon die Erlangung des Ziels, und die Dämonen haben keine Macht mehr über die Christen[70].

Die Predigt des προεστώς am Sonntag in der Gemeinde wird von Justin also so beschrieben, daß sie letztlich nichts anderes beinhaltet als seine eigene Theologie; ich glaube, daß mit dieser Analyse die wenigen Worte im Text von Apol I,67,4 nicht überbelastet sind. Dennoch wird die Charakterisierung der Predigt als Mahnung und Ermunterung nicht weit von dem entfernt sein, was man tatsächlich sonntags in den Predigten etwa eines Justin zu hören bekam.

---

[68] Apol I,10,1.
[69] Apol I,10,1; Apol II,4,4; II,13,6.
[70] Zum Sieg über die Dämonen vgl. Apol I,14,1 und Apol II,6,5 (Zählung nach Goodspeed).

Als sicher können wir festhalten, daß die Predigt Textauslegung war bzw. zumindest an den Text anknüpfte und vom „Gemeindevorsteher" gehalten wurde. Auch ist für die meisten Predigten ein Schwergewicht auf der Paränese anzunehmen; darauf weist auch die Charakterisierung der Predigt mit dem von Justin sonst nicht benutzten Wort νουθεσία hin. Damit hätte die Predigt Ähnlichkeit mit Predigten der späteren Zeit, in denen nicht die christlichen „Mysterien", sondern ethische Vermahnung für alle, Christen und Katechumenen, im Mittelpunkt stand. Allerdings sollte man nicht aufgrund unseres Textes behaupten, daß die Ethik zur Zeit Justins das einzige Predigtthema war[71]; auch läßt sich von dem, was Justin über den Predigtinhalt sagt, direkt nichts über die Hörerschaft erschließen.

Gebet

Der Predigt folgt ein gemeinsames Gebet, zu dem alle aufstehen; man hat, das dürfen wir daraus entnehmen, während der Predigt gesessen[72]. Vermutlich saß man - evtl. mit Kissen oder Decken - auf dem Boden[73]. Zwar gab es bei Versammlungen in Privathäusern nicht sehr viel Platz, aber man kann doch schon in einem mittelgroßen Raum an die 50 Personen ohne große Probleme sitzen lassen, entsprechend mehr beispielsweise in einem Atrium[74].

„Dann stehen wir alle zusammen auf und schicken Gebete (zum Himmel empor)" - was sollen wir uns unter diesen Gebeten vorstellen? Es handelt sich, wie der Singular im nächsten Satz nahelegt, um ein Gebet, das aber wohl mehrere Anliegen hat. Aufgrund der Parallele in Apol I,65,1, wo ebenfalls ein gemeinsames Gebet (κοινὰς εὐχὰς ποιεῖν) beschrieben ist, an welches sich die Eucharistiefeier anschließt, sollte man vor allem an ein Bittgebet denken, und zwar ein Gebet für die Gemeinde und Fürbitten für alle anderen Menschen (vgl.

---

[71] Man denke etwa an die Passahomilie des Melito.

[72] Apol I,67,5: ἔπειτα ἀνιστάμεθα κοινῇ πάντες καὶ εὐχὰς πέμπομεν ...

[73] Vgl. R. KNOPF, Das nachapostolische Zeitalter, S. 226: „Die Versammlungsräume müssen für die Zusammenkünfte zum Worte mit Sitzen versehen gewesen sein, für die Feier des gemeinsamen Mahles auch mit Tischen und Bänken." Die archäologischen Überreste der frühesten Kirchen, die freilich erst aus konstantinischer Zeit stammen (Ausnahme: Dura Europos) lassen keine Spuren von festem Kirchgestühl erkennen - vgl. für Dura Europos E. DINKLER, Dura Europos III. Bedeutung für die christliche Kunst, *RGG*³ Bd. 2, 290-292; zum Kirchbau H. LECLERQ, Eglises, *DACL* IV,2 col 2279-2399, der allerdings auf das Problem der Sitzgelegenheiten nicht eingeht; außerdem P. NAUTIN in: Homélies sur Jérémie, I., ed. et transl. P. Nautin, Paris 1976 (SC 232), p. 110.

[74] Vgl. A. HAUCK, Kirchbau, *RE*³ Bd. 10, 774-794, S. 775,62-776,3.

Apol I,65,1), auch für die Obrigkeit, daß sie von kluger Einsicht geleitet werde[75].

Über die Form des Fürbittengebetes läßt sich aufgrund von Justins
Angaben weniger als über seinen Inhalt sagen. Vermutlich wird ein
einzelner, eventuell der προεστώς, ein Gebet gesprochen haben[76], in
das vielleicht die Gemeinde responsorisch einstimmte (man beachte
aber, daß hier nicht das Amen erwähnt ist). Doch es ist auch möglich,
daß mehrere Beter nacheinander etwas vorbrachten; und ob es sich um
Gebete mit mehr oder minder festen Formulierungen wie etwa das im
Ersten Clemensbrief (59,3-61,3) überlieferte oder um ganz freies Gebet
handelte, läßt sich nicht entscheiden[77]. Am wenigsten wahrscheinlich ist, daß alle zusammen einen gemeinsamen Gebetstext sprachen;
und ob etwa auch das Vaterunser gebetet wurde, muß vom Justintext
her völlig offen bleiben.

Zu beachten ist, daß Justin sowohl im Kapitel 65 als auch in 67
genau unterscheidet zwischen dem gemeinsamen Gebet und dem
Eucharistiegebet des προεστώς, das sich die Gemeinde mit dem ausdrücklich erwähnten Amen zueigen macht. Man muß diese Trennung
m. E. so interpretieren, daß der Beginn der Eucharistiefeier für Justin
ein bewußter Neueinsatz ist und daß die Gebete (Fürbittengebet hier -
Eucharistiegebet dort) sich wesentlich voneinander unterscheiden. Es
zeigt sich also hier am Text selbst[78] sowie an dem liturgischen
Vorgang, daß Brot und Wein herbeigebracht werden, was wir oben aufgrund der Gesamtstruktur des Textes schon erschlossen hatten, daß
nämlich die Eucharistie einen gesonderten Teil des Gottesdienstes
darstellt. Er wird auch im Sonntagsgottesdienst mit dem Heiligen Kuß
(vgl. Apol I,65,2) begonnen haben.

Sprachlich ist allerdings der Einschnitt vor der Eucharistie
nicht stärker markiert als zum Beispiel der zwischen Lesung und Predigt[79]. Wir können also das Fürbittengebet der Sache nach noch

---

[75] Das Gebet für die Obrigkeit erwähnt Justin in Apol I,17,3. Es wird hier
seinen Ort haben - vgl. 1Clem 61,1-2 (s. dazu S. 152f.).

[76] Das πέμπομεν (pl.) steht dem nicht entgegen: Justin berichtet generali-
sierend - vgl. Apol I,13,1, αἰνοῦντες über das eucharistische Beten, mit Apol I,67,5:
der προεστώς betet.

[77] Das eucharistische Gebet wurde frei gesprochen: Apol I,65,3 (ἐπὶ πολύ);
Apol I,67,5 (ὅση δύναμις αὐτῷ); Apol I,13,1 (ὅση δύναμις). Daher ist es wahrscheinlich, wenn auch nicht sicher, daß auch die Fürbitten in freiem Gebet vorgetragen
wurden. Die δύναμις des Beters betrifft sicher nicht nur die Länge des Gebets, sondern auch seinen Inhalt (gegen W. NAGEL, Geschichte des christlichen Gottesdienstes, Berlin 1962, S. 28).

[78] Vgl. auch das παύεσθαι in Apol I,67,5.

[79] Apol I,67,4: εἶτα παυσαμένου κτλ. Apol I,67,5: καὶ, ὡς προέφημεν, παυσαμένου ἡμῶν κτλ. - Vgl. Apol I,65,3: ἔπειτα.

zum Wortteil des Gottesdienstes rechnen; aber die Schilderung des Justin weist dem Gebet doch einen eigenen Stellenwert zu, weil es auch im Taufgottesdienst vor der Eucharistie steht und weil sprachlich der deutlichere Einschnitt zwischen der Predigt und dem Gebet liegt[80].

Damit kommen wir zum Ende unserer Interpretation von Apol I,67,3-5a. Wenn wir zurückblicken, so zeigt sich dreierlei. Erstens: Justin teilt uns mit, daß die Christen im Sonntagsgottesdienst nacheinander Schriftlesung, Predigt, Gebet, Eucharistiefeier und Kollekte hatten. Dabei ist es zweitens legitim, Lesung, Predigt und Gebet als Wortteil auszugrenzen, solange man beachtet, daß das Gebet eine gewisse Sonderstellung innehat. Drittens aber lassen Justins Einzelangaben es nur begrenzt zu, daß wir uns ein genaues Bild von diesem Gottesdienst machen.

Dabei ist es für uns, abgesehen einmal vom προεστώς, noch von Vorteil, daß Justin relativ wenig Fachtermini benutzt und relativ viel erklärt. Auch scheint es, trotz der vielleicht zu sehr ins Justinische Denken eingepaßten Vorstellung von Schriftlesung und Predigt, insgesamt nicht so zu sein, daß aus apologetischen Gründen bestimmte Teile des Gottesdienstes über Gebühr betont werden, wenn man einmal von der Doppelung in der Darstellung der Eucharistie absieht. Doch fragt man sich, wie denn die Gottesdienste anfingen, wie sie aufhörten? Und wurde denn gar nicht gesungen? Natürlich ist es nicht Justins Ziel, ein liturgisches Formular mitzuteilen; andererseits müssen wir auch prinzipell mit der Möglichkeit rechnen, daß Justin den Gottesdienst komplett beschreibt.

Lied

Immerhin aber haben wir wenigstens einen Anhalt dafür, daß im Justinischen Gottesdienst doch gesungen wurde. Denn in Apol I,13,1f. spricht Justin davon, daß die Christen, statt Brandopfer zu bringen, ihre Gaben sich selbst und den Armen zugutekommen lassen und zu Gott als Dank mit Worten (anstatt mit materiellen Opfern) feierliche Gebete und Gesänge emporsenden[81]. Justin will also sagen: seht, ihr Heiden, das ist unser prunkvolles Opfer, mit dem wir Gott

---

[80] Möglicherweise wurden die Katechumenen schon vor dem Gebet entlassen wie in den späteren Ordnungen üblich.

[81] Auf diesen Abschnitt weist zu Apol I,67,1 schon C.T. VON OTTO im Corpus Apologetarum Christianorum Saeculi Secundi, I,1, Jena 1876, p. 184 n. 1 und p. 185 n. 3 (zu Apol I,67,3) hin. v. Otto führt auch noch an, daß Justin selbst ein Buch mit dem Titel ψάλτης verfaßt hat (Euseb. h. e. IV,18,5).

gefallen: Gebete (wörtlich: Wort-Prozessionen - πομπὴ διὰ λόγου; vorher ist aber auch eindeutig von εὐχή und εὐχαριστία die Rede) und Lieder (ebenfalls διὰ λόγου im Gegensatz zum materiellen Opfer). Aufgrund der großen inhaltlichen und begrifflichen Nähe zu Apol I,67,1f. nun wird man diesen Text auf gottesdienstliches Handeln in Eucharistie und Kollekte beziehen müssen. Wo sonst sollten die Christen auch διὰ λόγου πομπὰς καὶ ὕμνους an Gott richten[82]?

Warum erwähnt Justin die Hymnen in seiner Gottesdienstbeschreibung dann nicht? Ich neige dazu anzunehmen, daß Justin sie für so selbstverständlich hielt, daß er sie nicht eigens erwähnte; vielleicht sah er sie aber auch im εὐλογεῖν, εὔχεσθαι und εὐχαριστεῖν mit erfaßt.

Es fällt noch auf, daß der Ort des ὕμνος nach dieser Analyse vor allem im eucharistischen Teil des Gottesdienstes zu sein scheint. Auf Lieder im Wortteil des Gottedienstes gibt Justin gar keinen Hinweis. Dadurch ist jedoch, wie inzwischen deutlich sein dürfte, nicht ausgeschlossen, daß auch im ersten Teil des Gottesdienstes gesungen wurde - nur hat Justin uns eben leider nichts davon berichtet.

d) Zusammenfassung

Obwohl Justin nicht jede liturgische Einzelheit wiedergibt und für ein heidnisches Publikum schreibt, so legt er uns doch erstmals eine Beschreibung der christlichen Gottesdienste aus christlicher Hand vor. Damit bekommen wir sicheren Boden unter die Füße. Zugleich begegnet uns hier zum ersten Mal eindeutig ein Sonntagmorgengottesdienst, welcher aus Wortteil und Eucharistiefeier (ohne Sättigungsmahl) besteht.

Auch die Benutzung der Evangelien zur Schriftlesung ist bei Justin erstmals klar belegt, ebenso die sonntägliche Schriftlesung überhaupt. Das ist bemerkenswert, wenn auch aufgrund dessen, was wir den früheren Quellen entnommen hatten, nicht überraschend, da wir bereits regelmäßige Schriftlesungen erschlossen und gesehen hatten, daß die neutestamentlichen Schriften mehr und mehr in den Rang Heiliger Schriften rückten.

---

[82] Für sich genommen könnte Apol I,13,1 sich auch auf eine Agapefeier beziehen; wegen der großen Übereinstimmung in den Formulierungen zu Apol I,67,1f. wird man aber doch annehmen müssen, daß Justin hier die Eucharistie mit Kollekte im Blick hat. - Vgl. z. St. M. HENGEL, Das Christuslied im frühesten Gottesdienst, S. 365 Fußn. 31.

Die relative Selbständigkeit des ersten Gottesdienstteiles berechtigt uns, auch weiterhin vom „Wortgottesdienst" zu sprechen. An synagogalen Brauch erinnert, daß jemand anderes als der Prediger aus den Schriften vorliest; dazu paßt auch der terminus „συνάγεσθαι" zur Bezeichnung des Gottesdienstes.

Man wird zu den Elementen des Wortgottesdienstes bei Justin außer Schriftlesung, Predigt und (mit gewissen Einschränkungen) Gebet auch das Lied rechnen dürfen. Die Predigt ist als an die Schriftlesung anknüpfende paränetische Rede charakterisiert und fällt insofern trotz der dem Justin eigentümlichen Formulierungen in ihrer Charakterisierung nicht aus dem Rahmen der bis dahin bekannten Predigten des Zweiten Jahrhunderts heraus. Deutlicher als bisher ist bei Justin der Rückbezug der Predigt auf die Schriftlesung formuliert.

Gemäß seiner apologetischen Zielsetzung hält Justin sich für die Beschreibung des Sonntagsgottesdienstes besonders bei der Eucharistie und der damit zusammenhängenden Kollekte zur gegenseitigen Versorgung der Gemeindeglieder auf. Aber auch die zu einem guten Leben mahnende Predigt weiß er ins rechte Licht zu stellen; für ihn, der als Lehrer tätig war, gehörte sie mit ihrer Verankerung in den Schriften ebenso wie für seine Gemeinde ganz wesentlich zum christlichen Gottesdienst dazu.

5. Melito von Sardes

Die sogenannte Passahomilie des Melito von Sardes[1], zu datieren wohl an den Anfang der zweiten Hälfte des Zweiten Jahrhunderts[2], vermittelt mit ihrer wie in Verse gefaßten Form beim ersten Lesen nicht den Eindruck, daß es sich hier um eine Predigt handelt; eher ist man geneigt, an ein Lehrgedicht zu denken[3]. Allerdings ist diese Art von durchstilisierter Sprache für die griechische, speziell die sog. asianische Rhetorik des Zweiten Jahrhunderts nicht ungewöhnlich[4], so daß es sich doch um eine Predigt handeln

---

[1] Ich lege den Text der Ausgabe von S.G. Hall zugrunde: Melito of Sardis On Pascha and Fragments, ed. et transl. S.G. HALL, Oxford 1979 (OECT).

[2] Vgl. S.G. HALL, Melito (OECT), p. XVII-XXII; auch O. Perler in: Méliton de Sardes, Sur la pâque et fragments, ed. et transl. O. PERLER, Paris 1966 (SC 123).

[3] F.L. CROSS, Rezension zu „Die Passa-Homilie des Bischofs Melito von Sardes, hrsg. von B. LOHSE, Leiden 1958 (TMUA 24)", JThS.NS 11 (1960) 162-163, fragt auf p. 163, „... whether formgeschichtlich it is a homily at all", und weist auf Ähnlichkeiten zur jüdischen Passa-Haggada hin (dazu s. u.). Lohse druckt in der von Cross besprochenen Ausgabe den Text nicht versweise, sondern als Prosatext ab, wobei er, wenn „eindeutig ein Parallelismus vorliegt oder ... sich hymnische Reihen finden" (S. 5), doch auf einen versweisen Druck zurückgreift. Der Text ist sicherlich nicht konsequent metrisch durchgestaltet; andererseits läßt er sich doch in überzeugender Weise in Kola eingeteilt abdrucken, wie die Ausgaben von Perler und Hall (s. Fußn. 1 u. 2) beweisen. Als Lehrgedicht oder gar Hymnus kann das Stück nur eingestuft werden, wenn man es in der Tradition jüdischer Dichtung stehen sieht (vgl. dazu E.J. WELLESZ, Melito's Homily on the Passion: An Investigation into the Sources of Byzantine Hymnography, JThS 44 (1943) 41-52, der aber konsequent das Stück als Homilie bezeichnet; die Anschauung von Wellesz ist folgende: „In Melito's time the homily, with its lines of varying length, was obviously recited in ecphonetic style, similar to that applied to the reading from the Prophetologium, the Epistles, and the Gospel (sc. in späterer Zeit, wie man korrigierend einfügen müßte - d. Vf.). Some passages of a hymnodic character may have been sung, but even in those passages the use of melodic formulae has certainly been confined to the clauses. This kind of recitation had its origin in the Synagogue and was taken over by the Syro-Palestinian Church." - p. 50-51).

[4] So v. a. A. WIFSTRAND, The Homily of Melito on the Passion, VigChr 2 (1948) 201-223 - Wifstrand muß freilich einräumen, daß die Rhetorik bei Melito übertriebene Formen annimmt; ferner S.G. HALL, Melito (OECT), p. XXIIIf., und O. PERLER, Méliton (SC 123), p. 26-29. Wifstrand wendet sich gegen das Urteil von C. BONNER, The Homily on the Passion by Melito Bishop of Sardis and Some Fragments of the Apocryphal Ezekiel, London 1940 (StD 12), p. 27 (als Abschluß von p. 20-27), daß Melitos Stil maßgeblich vom Hebräischen (auf dem Weg über die Septuaginta) beeinflußt sei. Eine Affinität zum Semitischen stellt er aber selbst auch fest und bemüht sich zu zeigen, daß Melitos Stil seine Wurzeln im

könnte. Man wird nach inhaltlichen Kriterien suchen müssen, um das Stück eindeutiger einem Sitz im Leben zuordnen zu können[5]. Von der Form her läßt sich immerhin sagen, daß die „Passahomilie" wohl nicht nur für ein Lesepublikum, sondern auch zum Vorlesen aufgeschrieben wurde oder aber wenigstens ursprünglich als mündliche Rede konzipiert war. Das belegt nicht nur die ausgefeilte Rhetorik, sondern auch die Anrede an ein Hörerpublikum: ἐὰν ἀκούσητε oder ähnlich, schließlich auch die Redundanz in den einzelnen Aussagen[6].

Daß die „Passahomilie" von der Forschung gleich als Predigt eingestuft wurde, liegt vor allem daran, daß am Anfang zweimal auf einen vorher verlesenen Text aus den Heiligen Schriften bezug genommen wird[7] und das ganze Stück konsequent um dessen Thematik, eben das Passa, herum aufgebaut ist. Gerade diese inhaltliche Konzentration aber sowie die Ausführlichkeit, mit welcher Grundlagen der christlichen Botschaft dargestellt werden, und schließlich auch das weitgehende Fehlen von Ermahnungen ist anders, als wir es sonst aus den für den Gemeindegebrauch bestimmten Schriften aus dem Zweiten Jahrhundert kennen. Wenn die „Passahomilie" eine Predigt ist, dann sicher eine von ganz anderer Art als die sonst überlieferten; doch vorerst muß auch die Möglichkeit, daß es sich um einen Unterrichtsvortrag in Form eines Lehrgedichts handelt, mit in Erwägung gezogen werden.

Die das Stück wie Zäsuren aufteilenden Doxologien[8] gehören allerdings nun doch eher in den liturgischen Bereich, obwohl das kein zwingendes Argument ist: Gotteslob kann auch im Unterricht seinen Platz haben.

---

hellenistischen Judentum und dessen Bemühen habe, griechische Stilformen zu übernehmen. – Zum Einfluß der Bibel auf den Stil Melitos vgl. auch Fußn. 51. – Zum Asianismus s. E. NORDEN, Die antike Kunstprosa, Darmstadt [5]1958, Bd 1, 131ff.

[5] Die Arbeit von A. HANSEN, The Sitz im Leben of the Paschal Homily of Melito of Sardis with Special Reference to the Paschal Festival in Early Christianity, Ann Arbor (Mich) 1969 (diss. Northwestern University 1968, auf Microfilm), leistet hier leider auch nicht mehr, als die bis zur Ausgabe von Perler einschließlich gemachten Beobachtungen der Einleitung zusammenzutragen.

[6] S. Fußn. 4 zur Frage des Einflusses griechischer Rhetorik; Anrede in 2,6; 22,137; 23,143; 34,216; (38,245ff – fast wie „man"); 46,301-302.306; 58,413; 59,415f.; 60,422; (67-69,461ff: „wir").

[7] 1,1-2 und 11,65-67; zur Frage der Schriftlesung s. u.

[8] 10,63-64; 45,299-300; 65,449-450; 105,803. Zur Gliederungsfunktion der Doxologien s. S.G. HALL, Melito (OECT), p. XIIf. – O. PERLER, Méliton (SC 123), p. 42-44, macht zwischen 71 und 72 einen Haupteinschnitt. Dabei übersieht er den grundlegenden Wechsel von der Exegese zur Beschreibung des Werkes Christi in 46 und die formale Einheit zwischen 72 und dem Vorhergehenden, die sich in dem οὗτος am Satzanfang zeigt, dem allerdings kein ἐστίν mit Partizip folgt wie zuvor, sondern eine finite Verbform wie in 66. Das πεφόνευται kontrastiert dem dauernden ἐστίν von Abschnitt 68 an und leitet nun doch auch etwas Neues ein: die Anklage gegen Israel. Daß am Ende von 71 die Doxologie „fehlt", hat seinen Grund

Das Thema selbst aber weist recht deutlich auf den Gottesdienst: die Auslegung des Exodustextes über das Passalamm[9] auf den Opfertod Jesu Christi paßt zur quartadezimanischen Feier der Osternacht, wo sich eine direkte Typologie zum Passa anbietet[10]. Auch daß so ausführlich an Israel gedacht wird, deckt sich mit Nachrichten, die wir sonst von der Osternachtsfeier haben[11]. Schließlich weisen die Notizen über die vorhergehende Verlesung des Exodustextes bei genauerem Hinsehen darauf hin, daß es sich hier um eine Predigt handelt: Melito drückt sich passivisch aus, es hat also doch wohl ein anderer vorgelesen als der Sprecher[12], und das paßt auf jeden Fall zum Gottesdienst, weniger aber zum Unterricht.

Umstritten ist, ob diese gottesdienstliche Lesung wie in der Synagoge zuerst auf Hebräisch erfolgte und dann übersetzt wurde oder nicht. Denn am Anfang heißt es: ἡ μὲν γραφὴ τῆς ἑβραϊκῆς ἐξόδου ἀνέγνωσται καὶ τὰ ῥήματα τοῦ μυστηρίου διασεσάφηται ... [13]. Vier Verständnismöglichkeiten werden diskutiert: es könnte sich um die doppelte Formulierung ein und desselben Sachverhaltes handeln, nämlich daß ein Schriftabschnitt aus dem Buch vom „hebräischen" Exodus verlesen wurde[14]; es könnte gemeint sein, daß vor dem Beginn der Homilie dieser (auf Griechisch) verlesene Schriftabschnitt schon einmal erklärend paraphrasiert worden sei[15]; es wäre vielleicht auch möglich, daß Melito mit der zweiten Zeile auf eine Passionslesung aus

---

sicher auch darin, daß der rhetorische Kontrast unmittelbar an das Vorhergehende anknüpft. Daß der Einschnitt zwischen 71 und 72 nicht so gewichtig ist, wie Perler meint, zeigt auch die thematische Übereinstimmung zwischen 66-71 und 100ff; diese Stücke umklammern den Komplex der Klage gegen Israel wie einen Einschub.

[9] Ex 12,3-32 (vgl. O. Perler, Méliton (SC 123), p. 131).

[10] Über Melito als Quartadezimaner: Euseb, h. e. V,24,2-7 (M. erwähnt in 24,5); dazu S.G. HALL, Melito (OECT), p. XI-XII; ferner O. PERLER, Méliton (SC 123), p. 16-23, und DERS., Ein Hymnus zur Ostervigil von Meliton? (Papyrus Bodmer XII), Freiburg (Schweiz) 1960 (Par. 15), S. 25-32. - Die Passahomilie des Melito beschränkt sich nicht auf die Erklärung des Todes Christi, sondern bezieht auch Inkarnation und Auferstehung mit ein. Aber man ist heute auch nicht mehr der Meinung, daß in der quartadezimanischen Passafeier nur des Todes Jesu gedacht wurde; vgl. B. LOHSE, Das Passafest der Quartadecimaner, Gütersloh 1953 (BFChTh 54), und (Lohses Betonung der Parusieerwartung in der quartadezimanischen Passafeier im Blick auf Melito korrigierend) S.G. HALL, Melito (OECT), p. XXIVf.

[11] Allerdings geht es dort positiver als bei Melito um ein Fasten für Israel und nicht so sehr um eine Anklage gegen Israel; die Stellen zusammengestellt bei B. LOHSE, Das Passafest der Quartadecimaner, S. 62-75.

[12] Passahomilie 1,1 und 11,67.

[13] Passahomilie 1,1-2.

[14] M. TESTUZ, Papyrus Bodmer XIII, Méliton de Sardes. Homélie sur la pâque, Genf 1960, p. 18f.; S.G. HALL, Melito ΠΕΡΙ ΠΑΣΧΑ 1 and 2, in: *Kyriakon*, FS J. Quasten, Bd. 1, Münster 1970, S. 236-248.

[15] C. Bonner, The Homily on the Passion, p. 30-36; O. Perler, Méliton (SC 123), p. 131-133.

dem Evangelium Bezug nimmt, welche auf die Verlesung von Exodus 12 folgte[16]; oder es habe sich um eine hebräische Lesung mit anschließender griechischer Übersetzung gehandelt[17].

Als erstes wäre zu klären, was ἡ γραφὴ τῆς ἑβραϊκῆς ἐξόδου bedeutet. G. Zuntz argumentiert zu Recht, daß mit ἔξοδος das Buch Exodus gemeint sein muß, da in dem Abschnitt, auf den sich die Homilie bezieht, der Auszug des Volkes Israel nicht das Thema ist[18]. Es ist also aus der Schrift (oder der Schriftabschnitt)[19] des „hebräischen Exodus" vorgelesen worden. Vom rein Sprachlichen her ist die Bedeutung wahrscheinlicher, daß mit „hebräischer Exodus" der Auszug des Volkes Israel gemeint, der Buchtitel Exodus also um ein Adjektiv erweitert ist[20]. Denn für die Bedeutung „auf Hebräisch" würde man eher ἑβραϊστί, ἐν τῇ ἑβραϊκῇ oder ἡ γραφὴ ἡ ἑβραϊκή erwarten[21]. Immerhin ist aber diese Bedeutung nicht einfach auszuschließen.

---

[16] So V. WOOD, referiert bei C. BONNER, A Supplementary Note on the Opening of Melito's Homily, *JThS* 44 (1943) 317-319, p. 318.

[17] G. ZUNTZ, On the Opening Sentence of Melito's Paschal Homily, *HThR* 36 (1943) 299-315. (A. WIFSTRAND, The Homily, p. 217, stimmt dem zu.). Vgl. für weitere Literaturhinweise S.G. HALL, Melito (*Kyriakon*), p. 238.

[18] G. ZUNTZ, On the Opening Sentence, p. 300; dies Argument betont noch einmal O. PERLER, Méliton (SC 123), p. 131; vgl. auch S.G. HALL, Melito (*Kyriakon*), p. 239 und 246f. Zuntz führt außerdem (freilich etwas spätere) Stellen an, wo christliche Autoren den Buchtitel ἔξοδος gebrauchen (p. 300-301).

[19] Daß ἡ γραφή Schriftabschnitt bedeute, betont (m. E. ohne durchschlagende Argumente) G. ZUNTZ, On the Opening Sentence, p. 301. Soweit ich sehe, hängt er an dieser Differenzierung nichts.

[20] Vgl. dazu den Buche Exodus im Codex Alexandrinus (LXX): ἔξοδος τῶν υἱῶν ἰσραὴλ ἐξ αἰγύπτου, auch die Überschrift: ἔξοδος αἰγύπτου. Die Wortbedeutung ist also für das mit dem Griechischen vertraute Ohr noch vorhanden, der Titel nicht völlig zur Formel erstarrt, so daß ein solches Adjektiv hinzugefügt werden kann. Zu ἑβραϊκός als Adjektiv vgl. die Passahomilie 94,696; diese Stelle lag Zuntz noch nicht auf Griechisch vor - vgl. auch S.G. HALL, Melito (*Kyriakon*), p. 246; Hall führt hier auch Beispiele für nomina actionis mit einem Adjektiv der Volkszugehörigkeit an (gegen Zuntz). - Der noch wieder andere Vorschlag von C. BONNER, A Supplementary Note on the Opening of Melito's Homily, p. 317f., daß mit „der hebräische Exodus" gemeint sei: das jüdische Buch Exodus (im Gegensatz zu einem christlichen Buch), liefe für unsere Fragestellung auf dasselbe hinaus, macht aber erst dann einen Sinn, wenn im Kontext im Gegensatz dazu ein christliches Buch angesprochen wäre (so referiert Bonner denn auch den entsprechenden Interpretationsvorschlag von V. WOOD; dagegen s. u.).

[21] So schon, letztlich in Einschränkung zu seiner eigenen These, G. ZUNTZ, On the Opening Sentence, p. 302 (ἑβραϊστί, ἑβραϊκὴ γραφή), der nicht sehr durchschlagende Gründe (nämlich nur das Stilempfinden Melitos, so wie er, Zuntz, es sieht) gegen diesen Einwand anführen kann. S.G. HALL, Melito (*Kyriakon*), p. 247, behauptet überdies, daß ein adjektivischer Zusatz zu einem Buchtitel in der Bedeutung „auf Hebräisch" sonst schlechterdings nirgends vorkomme, und führt Beispiele an, wo das Adjektiv gerade nicht die Sprache bezeichnet, sondern eine historische Referenz.

Die Tatsachen des Mysteriums sind die im verlesenen Text vorge-
kommenen Einzelheiten: denn das Mysterium ist für Melito hier das
israelitische Passa, dessen wahre Bedeutung sich erst durch das Christusgeschehen zeigt, dessen Typos es ist[22]. Διασαφεῖν heißt: deutlich
feststellen, klarmachen, verdeutlichen, aber auch deuten[23]. In der
Grundbedeutung von διασαφεῖν hieße die zweite Hälfte des Satzes also
nur, daß durch die Verlesung die Einzelheiten des Passa-Mysteriums
jetzt deutlich vor Augen stehen. Möglich wäre aber auch, daß Melito
sich auf eine erklärende Paraphrase oder ähnliches bezieht. Problematisch, weil sonst praktisch nicht belegt, erscheint hingegen die Bedeutung „übersetzen" für διασαφεῖν[24]. Von hier aus wird die Annahme,
daß ἡ ἑβραϊκὴ ἔξοδος das Buch Exodus auf Hebräisch bedeutet, noch
unwahrscheinlicher.

Für die Frage, ob der Predigt eine deutende Paraphrase des Textes
vorausging, ist zu bedenken, daß der erste Teil der Homilie des Melito
nichts anderes ist als eine Paraphrase und typologische Auslegung von
Exodus 12[25]; nichts deutet darauf hin, daß Melito auf bereits Ge-
sagtes zurückgreift, und sein Vorgehen wäre in seiner Ausführlichkeit

---

[22] Gegen V. WOOD (s. Fußn. 16), und auch anders als O. PERLER, Méliton
(SC 123), p. 132f. - Vgl. Passahomilie 11,65ff. und 34,213-215 sowie 46,301-302; dazu s. u. Dagegen ließe sich Passahomilie 58,405ff anführen, wo vom Mysterium des
Herrn die Rede ist (aber auch schon 33,208) - hier sind es dann die alttestamentlichen Texte (auch sie aber enthalten τὸ μυστήριον - 58,411), die das geheimnisvolle
Christusgeschehen deuten helfen: es besteht also eine Wechselwirkung im Verstehen
zwischen Typos und neutestamentlicher Erfüllung. Doch wird das Mysterium für
Melito eigentlich erst im alttestamentlichen Geschehen anschaulich greifbar
(58,413-59,415ff): hier sind die ῥήματα τοῦ μυστηρίου zu suchen. (Etwas anders S.G.
HALL, Melito (Kyriakon), p. 245f., der aufgrund des Vorkommens von ῥῆμα im Sinne von λόγος in der LXX meint, es müßte sich hier um alttestamentliche Schrift-
worte handeln - das scheint mir nicht so eindeutig; zu Recht verweist Hall aber auf
Passahomilie 11,65 und 68.)
[23] LIDDELL / SCOTT, p. 411 (s. dort auch διασάφησις: Traumdeutung); zur
Bedeutung „deuten" s. G. ZUNTZ, On the Opening Sentence, p. 302f.; dagegen S.G.
HALL, Melito (Kyriakon), p. 240ff., der sich sehr ausführlich mit διασάφησις auseinandersetzt (zu διασάφησις p. 244-245). Hall versucht aber m. E. zu sehr, die
Bedeutung „deuten" in allen Fällen wegzudiskutieren (sogar bei Mt 13,36 - p. 240,
was ihm jedoch nach eigener Auskunft nicht ganz gelingt - p. 244).
[24] Vgl. S.G. HALL, Melito (Kyriakon), p. 240; G. ZUNTZ, On the Opening
Sentence, p. 303ff, muß einen Umweg über das Aramäische machen, um zu dieser
Wortbedeutung zu kommen, wobei das eine griechische Beispiel, das er noch anführen kann (auf p. 303), nämlich der Aristeasbrief 305, auch ohne diesen Umweg
sich recht gut im Sinne von Übersetzung verstehen läßt, jedoch durch Zuntzs Vergleiche mit dem Aramäischen mehr Gewicht bekommen soll; allerdings handelt es
sich hier um das Substantiv διασάφησις, dem bei Aristeas sonst das Verb ἑρμηνεύειν
gegenübersteht (vgl. S.G. HALL, Melito (Kyriakon), p. 244-245), und auf jeden Fall
ist diese eine Stelle mit dem Gewicht der Beweisführung von Zuntz doch wohl
überbelastet.
[25] Dazu s. u.; vgl. auch S.G. HALL, Melito (Kyriakon), p. 239.

eine unerklärliche Doppelung, hätte es vor der Predigt schon eine Deutung des Textes gegeben. Auch die Lösung, daß nach dem Exodustext eine Evangelienlesung ihren Platz hatte, ist zu verwerfen, nicht nur wegen Melitos Gebrauch des Wortes Mysterium (s. o.), sondern auch weil sich keine deutlichen Bezüge auf eine solche Evangelienlesung in der Homilie feststellen lassen. Es ist also der zuletzt von S.G. Hall vertretenen Meinung zuzustimmen, daß die ersten beiden Zeilen der Homilie sich einfach auf die Verlesung des griechischen Textabschnittes beziehen[26].

Selbst wenn man trotz allem annehmen wollte, Melito beziehe sich auf eine deutende Paraphrase oder die Übersetzung des hebräisch verlesenen Textes, wären daraus noch keine weitreichenden Folgerungen zu ziehen, weil es sich hier in Anlehnung an das jüdische Passa[27] um einen besonderen Brauch in der Osternacht handeln könnte und nicht allgemeine christliche Praxis reflektiert sein muß.

Die Zuordnung der Passahomilie zur Osternachtsfeier könnte auch das Problem ihrer Form lösen: für diesen besonderen Anlaß ist eine besonders durchgestaltete Auslegung des zentralen Textes gut zu gebrauchen, auch zum alljährlich wiederholten Vorlesen[28]. Damit zeigt

---

[26] S.G. HALL, Melito (*Kyriakon*; auf diesen Aufsatz verweist DERS., Melito (OECT), p. XXVI und p. 3). Als stützende Argumente seien hier noch genannt: die Einmaligkeit einer Paraphrase oder Übersetzung nach der Lesung im christlichen Gottesdienst, wie sie mit dem Zeugnis der Passahomilie gegeben wäre, spricht nicht für diesen Brauch (HALL, Melito (*Kyriakon*), p. 238); dem μέν in 1,1 entspricht kein δέ in 1,2, sondern wohl das τοίνυν in 2,6, so daß erst hier der Bezug auf das Neue Testament gegeben ist (HALL, a. a. O., p. 247); das Perfekt διασεσάφηται kann am besten mit „ist jetzt klar" o. ä. übersetzt werden, während man für die anderen Deutungen einen Aorist erwarten würde.

[27] Vgl. dazu S.G. HALL, Melito in the Light of the Passover Haggadah, *JThS.NS* 22 (1971) 29-46, bes. p. 34-36.

[28] So etwa dürfte man es sich vorzustellen haben, daß Predigten wie die Passahomilie des Melito allmählich zu einem Stück Liturgie wurden und als Vorläufer späterer Liturgien zur Osternacht angesehen werden können. S. dazu E.J. WELLESZ, Melito's Homily on the Passion. An Investigation into the Sources of Byzantine Hymnography, *JThS* 44 (1943) 41-52; vgl. P.K. CHRISTOS, ΤΟ ΕΡΓΟΝ ΜΕΛΙΤΩΝΟΣ ΠΕΡΙ ΠΑΣΧΑ ΚΑΙ Η ΑΚΟΛΟΥΘΙΑ ΤΟΥ ΠΑΘΟΥΣ, *Kl.* 1 (1969) 65-78: in der hier gebotenen Synopse von Kontakion und Passahomilie wird allerdings deutlich, daß von einem vergleichbaren Textaufbau nicht die Rede sein kann, sondern nur von Ähnlichkeiten in den Formulierungen; man müßte im einzelnen durchprüfen, ob die nicht überwiegend auf biblisches Gut zurückgehen. O. PERLER, Méliton (SC 123), p. 24-29, bleibt dabei (wie übrigens auch und noch eindeutiger Wellesz), von einer „homélie" zu sprechen; sie habe aber ein „genre particulier" (p. 24), nämlich das der Eloge oder der Deklamationen (lateinisch „laudes"; p. 26), welches sich späterhin zu einem eigenen liturgischen Genus, dem praeconium pascale weiterentwickelt habe. Dies praeconium ist also ein spezieller Teil der Osternacht, der aber seinen Ursprung in Predigten der Art wie die Passahomilie des Melito habe. Ob die Passahomilie des Melito möglicherweise in einer Art Sprechgesang vorgetragen wurde, darüber kann man nur spekulieren.

sich aber auch das Problem, welches sich aus dieser Zuordnung ergibt: die Passahomilie kann kaum als Beispiel für eine normale Sonntags-Gemeindepredigt gelten.

Allerdings sind uns mit den sogenannten Neuen Melito-Fragmenten größere Partien einer anderen Homilie erhalten[29], die eine der Passahomilie ähnliche Durchgestaltung der Sprache aufweisen. Diese Homilie hat das Erlösungswerk Christi zum Thema und verdichtet sich, wenn die drei Fragmente zusammengehören, in der Betrachtung über die Bedeutung des Kreuzes[30]. Damit ließe sich dieses Stück am ehesten in die Zeit um Ostern ansetzen oder in die Passafeier selbst, es wäre also der Passahomilie eng verwandt. Jedoch kann man hier nicht wie dort einen Text ausmachen, der zuvor verlesen wurde und jetzt ausgelegt wird (was aber natürlich daran liegen könnte, daß es sich um Fragmente handelt)[31]. Die Spuren davon, daß das Stück für mündlichen Vortrag gedacht war, sind etwas spärlicher, aber doch recht eindeutig[32]. Wenn es sich also hier um Fragmente einer

---

[29] M. VAN ESBROECK, Nouveaux fragments de Méliton de Sardes dans une homélie géorgienne sur la croix, AnBoll 90 (1972) 64-99 (Text u. lat. Übersetzung auf p. 72-89); engl. Übers. bei S.G. HALL, Melito (OECT), p. 86-96 (Einleitung dazu p. XXXIX, verweist im wesentlichen auf van Esbroeck). Die Zuweisung an Melito beruht vor allem auf Übereinstimmungen des Neuen Fragments II mit dem Fragment aus De anima et corpore (Nr. 13 nach der Numerierung von Perler und Hall). van Esbroeck weist a. a. O., p. 96ff., nach, daß die georgische Fassung die ältere sein muß; dazu, daß der Text in seiner jetzigen Fassung wohl kaum insgesamt von Melito stammt, sondern Spuren späterer Bearbeitung zeigt, vgl. die Anmerkungen im Apparat bei S.G. Hall.

[30] Die Zusammengehörigkeit der Stücke ist keineswegs sicher – vgl. die Darstellung von M. VAN ESBROECK, Nouveaux fragments. Insbesondere die Zugehörigkeit des Neuen Fragments III zu den anderen ist nicht gesichert; andererseits ist gerade hier das Kreuz thematisiert, welches auch in der Überschrift von Fragment I auftaucht. Da diese Überschrift wiederum von dem Titel De anima et corpore abweicht, ist es auch denkbar, daß Fragment I und III zusammengehören, aber Fragment II Teil einer anderen Homilie ist; nach dem Zustand des georgischen Kodex ist das nicht auszuschließen (vgl. M. VAN ESBROECK, a. a. O. p. 64-65 und p. 99 n. 1). Andererseits ist ein Teil von Fragment 13 auch unter der Überschrift De anima et corpore et de Passione Domini erhalten (M. VAN ESBROECK, a. a. O., p. 68), und am Ende des Neuen Fragments I wird corporis huius servitus als Thema angegeben (M. VAN ESBROECK, a. a. O., p. 73), so daß man auch für die Zusammengehörigkeit dieser Fragmente argumentieren kann (vgl. M. VAN ESBROECK, a. a. O., p. 92-95). Insgesamt wird sich kaum etwas mit einiger Sicherheit über die Zusammengehörigkeit und die Identität der Fragmente sagen lassen.

[31] Reizvoll wäre es, anzunehmen, daß in einem ersten Teil der Homilie Gen 22, die Opferung Isaaks, ausgelegt wurde; dann gehörten die Fragmente 9-11 (und vielleicht 12 - vgl. aber S.G. HALL, Melito (OECT), p. XXXIII- XXXIV) dazu; doch eröffnet sich hier vollends das Feld der Spekulation (vgl. auch den Hinweis in CPG 1, p. 37 zu B. Pseftogas). Die Auslegung von Gen 3,14 im Neuen Fragment III betrifft wohl nur den auf den Sündenfall folgenden Fluch, auf welchen hier rekurriert wird, und gehört kaum in eine umfassende Auslegung von Gen 3.

Homilie handelt, so zeigt die Ähnlichkeit im Stil, daß die Passahomilie in der Art ihrer Gestaltung offensichtlich nicht einzigartig ist. Das betrifft auch den durchgehend „theologischen" Charakter des Stückes: das Heilsgeschehen wird erläutert, während die Lebensführung der Christen nicht in den Blick kommt[33].

Anscheinend ist dies eine Möglichkeit zu predigen, die sich beispielsweise von der νουθεσία καὶ πρόκλησις τῆς τῶν καλῶν τούτων μιμήσεως des Justin[34] fundamental unterscheidet. Daß allerdings Melito auch dem Inhalt nach immer so wenig paränetisch gepredigt hätte, läßt sich nicht nur nicht belegen, sondern erscheint angesichts der Bedürfnisse einer christlichen Gemeinde doch eher unwahrscheinlich, zumal eben auch die Neuen Fragmente in die besondere Situation des christlichen Passa gehören könnten.

Zu fragen wäre, ob die Besonderheit der Passahomilie vielleicht auch in der Besonderheit des Publikums begründet ist. Könnte es nämlich nicht sein, daß die Predigt nicht nur einfach für alle eine Erklärung des Passa vom Ostergeschehen her gibt, sondern daß Melito mit seinen grundlegenden Ausführungen hier besonders Neulinge im christlichen Glauben, Taufkandidaten für die Taufe in der Osternacht, im Blick hat[35]? Das ist zwar nirgends eindeutig zu erkennen; die Einladung an die Sünder aber, zu kommen und Vergebung der Sünden zu empfangen, welche im dramatischen Höhepunkt der Predigt der Herr selbst ausspricht[36], mag immerhin in diese Richtung deuten.

---

[32] M. VAN ESBROECK, Nouveaux Fragments, p. 73,4 (audite); 73,12ff.; 77,61 (videte); 87,225ff (te adduxit, te ei credere facit, te amat; videmus); 89,4 (dilecti); 89,14 (accipe); 89,32 (offerimus) – *Zeilenzahlen zur Orientierung nach dem georgischen Text*. Außer der direkten Anrede auch wieder viele parallele Sequenzen, rhetorische Fragen, auch die Anrede an Christus (p.83,157ff).

[33] Der Schluß von Fragment I könnte allerdings mit seiner Aufforderung „audiatis et oboediatis sermonibus his auditu" (M. VAN ESBROECK, Nouveaux Fragments, p. 73) ein Hinweis sein, daß ein eher paränetischer Predigtteil verlorengegangen ist. Doch muß man gerade in diesem Fragment zu Anfang der Homilie mit sekundärer Überarbeitung rechnen, welche sich z. B. darin zeigt, daß die Homilie an ihrem jetzigen Fundort für das Fest des heiligen Kreuzes gedacht war (vgl. in Fragment I: et apparitionem crucis – M. VAN ESBROECK, a. a. O., p. 73). Der noch am ehesten paränetische Abschnitt 24 gegen die Häretiker am Ende des Neuen Fragments II (M. VAN ESBROECK, a. a. O., p. 87) ist wohl sekundär (vgl. S.G. HALL, Melito (OECT), p. 95).

[34] Apol I,67,4; dazu s. o. S. 250ff.

[35] Zu der Möglichkeit, daß sich die Taufe an die Homilie anschloß, s. O. PERLER, Ein Hymnus zur Ostervigil von Meliton? (Papyrus Bodmer XII), bes. S. 37-67 (deutlich S. 66) u. S. 87; J. Blank in: Melito von Sardes, Vom Passa. Die älteste christliche Osterpredigt, übers. u. komm. von J. BLANK, Freiburg i. Br. 1963 (Sophia 3), S. 56-57; 74-76; 92-97; weitere Hinweise bei S.G. HALL, Melito (OECT), p. XXVII-XXVIII.

[36] Passahomilie 103,766-780. In den Abschnitten 94ff werden die Heiden als Publikum, ja wie eine Jury gegen Israel aufgerufen; sie sind Teil des dramatischen

Auch die Bezeichnung des Passa als Mysterium, das es zu erläutern gilt, fügt sich gut in den Kontext eines „Initiationsritus"[37]. Aber auch in einer Predigt, die sich besonders an Taufkandidaten wendet, würde man eigentlich mindestens einen größeren Abschnitt über die christliche Lebensführung erwarten[38].

So problematisch es bleibt, die Passahomilie des Melito heranzuziehen, um etwas über den normalen Sonntagsgottesdienst seiner Zeit und Umgebung auszusagen, so bemerkenswert ist es doch, daß Melito in der Homilie eine relativ eng an einen Text gebundene Bibelauslegung betreibt und die Schriften nicht nur als Belegmaterial heranzieht[39]. Es ist anzunehmen, daß auch in seinen normalen Predigten der zuvor verlesene Text Gewicht hatte; insofern ist Melito ein Vorläufer des Origenes mit seinen exegetischen Predigten.

Melitos Methode aber ist typologisch. Dabei stellt er zu Beginn des eher thematisch als exegetisch orientierten zweiten Teils der Passahomilie über die theologische Begründung und Bedeutung des Passa im Heilswerk Christi die aus der Typologie gewonnenen Erkenntnisse zusätzlich in eine Art heilsgeschichtlichen Rahmen[40]. Die typologische Auslegung geschieht durchaus reflektiert, wie die überleitenden Bemerkungen in den Abschnitten 11 sowie 34 und 46 zeigen: zunächst

---

Szenariums, das der Redner vor Augen stellt, so daß man hier keine unmittelbare Anrede an Heiden im Publikum sehen kann (gegen O. PERLER, Méliton (SC 123), p. 193).

[37] Passahomilie 1,2; 2,10; 11,65; 15,89; 16,94; 16,98 (Ägypten als ἀμύητος τοῦ πάσχα !); 31,199; 34,213.216; 46,302; 56,396; (58,410f.); 65,448; Melito spricht aber auch von τὸ τοῦ κυρίου μυστήριον - s. dazu Fußn. 22.

[38] Vgl. auch gegen die Hypothese, es habe sich an die Passahomilie eine Tauffeier angeschlossen, den Einwand von R. CANTALAMESSA, die Homilie enthalte keinen direkten Hinweis auf eine nachfolgende Taufe (referiert bei S.G. HALL, Melito (OECT), p. XXVIII). - Die These von O. PERLER, Ein Hymnus zur Ostervigil von Meliton?, daß in Papyrus Bodmer 12 als Fortsetzung der Passahomilie ein Stück Einleitungsliturgie für die Agapefeier (als Teil der quartadezimanischen Passafeier) erhalten sei, ist bestechend, aber wie Perler selbst einräumt, keineswegs sicher. Insbesondere fehlt das für das „Hymnus"-Fragment von Perler hervorgehobene und auf die Taufe bezogene Motiv von der Hochzeit mit Christus in der Passahomilie, und der Bezug auf eine im selben Gottesdienst stattfindende Taufe ist in der Homilie keineswegs sicher (s. o.). Sieht man einmal von der Tauffrage ab, würde das Stück auch nur belegen, daß man in der quartadezimanischen Passafeier (noch) die Agape (oder - vgl. die Ausführungen zur Didache - eine eucharistische Mahlzeit) hielt und dazu Lobgesänge anstimmte - Folgerungen für die Eucharistiefeier und damit auch für den Wortgottesdienst an normalen Sonntagen in Sardes zur Zeit des Melito lassen sich daraus nicht ziehen, da in der Osternacht alte Formen bewahrt sein könnten, die am Sonntag schon keine Geltung mehr hatten.

[39] Das gilt insbesondere für die typologische Auslegung von Ex 12 im ersten Teil der Homilie; Melito kann natürlich auch eine Reihe von Texten als Zeugen dafür anführen, daß Jesus Christus von den Propheten vorhergesagt wurde (Abschnitte 61-65).

[40] Abschnitte 46-65; zum Aufbau der Homilie s. u.

wird unter der Überschrift τοῦτό ἐστιν τὸ τοῦ πάσχα μυστήριον ab Absatz 11 der Text von Exodus 12 erklärend und plastisch vor Augen malend paraphrasiert[41]; dann folgt in den Absätzen ab 34 unter dem Stichwort ἡ δύναμις τοῦ μυστηρίου die typologische Anwendung auf das Christusgeschehen, die abschließend in 46 noch einmal als „Durchgang durch die wesentlichen Textpunkte und deren typologische Gegenstücke" bezeichnet wird (διήγημα τοῦ τύπου καὶ τῆς ἀνταποδόσεως)[42].

Der zweite Teil der Homilie ist unter die Frage gestellt: τί ἐστιν τὸ πάσχα; - Was ist das Passa[43]? Im heilsgeschichtlichen Aufriß, bezeichnet als κατασκευὴ τοῦ μυστηρίου[44], beschreibt Melito zuerst Schöpfung und Sündenfall, um dann die Sündhaftigkeit der Menschen als Grund für Jesu Passion anzugeben; schließlich weist er in diesem Abschnitt noch daraufhin, daß die Propheten den Opfertod Jesu voraussagten. Vom Paragraphen 66 an wird dann Jesus als das Opferlamm besungen[45], bis der Autor übergeht zu einer Anklage gegen Israel, da Israel den Herrn ermordet habe[46]. Auch hier aber bleibt das Passathema gegenwärtig, vor allem in dem Hinweis auf die Bitterkräuter, welche für Melito die bittere Lage Israels nach seiner Tat symbolisieren[47]. Zum Schluß wird noch einmal das Heilswerk

---

[41] Auf die „Überschrift" in 11,65 folgt der Hinweis καθὼς ἐν τῷ νόμῳ γέγραπται, ὡς μικρῷ πρόσθεν ἀνέγνωσται. Der zugrundeliegende Textabschnitt ist Ex 12,3-32; vgl. O. PERLER, Méliton (SC 123), p. 131.

[42] Passahomilie 34,216 und 46,301. Zu ἀνταπόδοσις s. O. PERLER, Méliton (SC 123), p.158.

[43] Ich gliedere mit S.G. HALL, Melito (OECT), p. XXII-XXIII, basierend v. a. auf seiner Analyse in: DERS., Melito in the Light of the Passover Haggadah (vgl. auch o. Fußn. 8). Die leitmotivähnliche Funktion der Frage τί ἐστιν τὸ πάσχα; wird nicht gleich deutlich, weil sie dem am Übergang vom ersten zum zweiten Teil stehenden Hinweis auf die κατασκευὴ τοῦ μυστηρίου nachgeordnet ist. Doch zeigt sich daran, daß die Frage, welche Melito aus diesem τί ἐστιν entwickelt (nämlich: Wer leidet? und Wer leidet mit?), erst nach dem heilsgeschichtlichen Durchgang beantwortet wird, ihre Bedeutung. Im Abschnitt 66 heißt es dann nämlich: Οὗτος ἀφικόμενος ... ἐπὶ τὴν γῆν διὰ τὸν πάσχοντα ... ἀπεδέξατο τὰ τοῦ πάσχοντος πάθη ... (66,451.454). Vgl. dann nach dem langen Einschub der Klage gegen Israel auch wieder Abschnitt 100 (749f.): κύριος ... παθὼν διὰ τὸν πάσχοντα. Demnach erscheint die Analogie zum Beginn der Passahaggada mit der Frage nach dem Sinn des Passa, welche HALL zieht (Melito in the Light of the Passover Haggadah, p. 38), gerechtfertigt.

[44] Passahomilie 46,302; zu κατασκευή s. O. PERLER, Méliton (SC 123), p. 158.

[45] Was nicht heißen soll, daß es hier ausschließlich um den Tod Jesu und um das durch ihn gewirkte Heil geht; vielmehr wird in den Abschnitten 70-71 der Blick auch auf die Auferstehung gerichtet.

[46] Passahomilie 72-99.

[47] Passahomilie 93 (vgl. S.G. HALL, Melito in the Light of the Passover Haggadah, p. 39, und F.L. CROSS, Rezension zu: Die Passa-Homilie des Bischofs Meliton von Sardes, hrsg. B. Lohse, Leiden 1958, in: *JThS.NS* 11 (1960) 162-163); im übrigen wird überall Israels Tat mit dem kontrastiert, was Jesus getan hat und

Jesu gepriesen. Dabei läßt Melito als Höhepunkt den triumphierenden Jesus selbst sprechen und schließt dann mit einem großen Lob Jesu Christi[48].

S.G. Hall hat basierend auf Vorarbeiten verschiedener Forscher die Hypothese aufgestellt, daß der zweite Teil der Homilie in seiner Struktur der jüdischen Passahaggada entspricht; schon vorher hatte man in manchen Passagen dieses Teiles der Passahomilie Ankänge an die Passahaggada bis hin zu fast wörtlichen Übereinstimungen gefunden[49]. Hall muß zwar einschränken, daß Melito wohl auf christlichen Vorläufern basiert und nicht direkt jüdische Texte als Vorlage hat[50], doch erscheint seine These insgesamt überzeugend, zumal auch die anscheinend nicht so ganz passende lange Anklage gegen Israel mit der Vorstellung eines Rechtsstreites sich zwar nicht unmittelbar zum Passa, aber doch in biblische Tradition fügt[51]; diese Art der Auseinandersetzung mit Israel könnte sich also gerade in Gemeinden entwickelt haben, die dem Judentum und seiner Betonung der Heiligen Schriften besonders nahestanden.

Der erste, exegetische Teil der Homilie entspricht nach Hall den in den jüdischen Synagogen vor dem Passa gehaltenen Predigten; hier sei Exodus 12 ausgelegt worden[52]. Auch das erscheint plausibel, aber

---

wie Israel sich hätte verhalten sollen: der Tod des „Passalamms" der Christen gerät keinen Moment aus dem Blick. Für weitere Anklänge v. a. an Dtn 26,8 und damit an die Passahaggada s. S.G. HALL, a. a. O., p. 40.

[48] Passahomilie 100-105; Jesus spricht in den Abschnitten 101 -103.

[49] S.G. HALL, Melito in the Light of the Passover Haggadah. Hall referiert die Ansätze, welche vor ihm gemacht wurden, die Passahomilie als christliche Passa-Haggada zu begreifen, auf p. 29-31; seine eigene These entwickelt Hall auf den Seiten 36ff.

[50] S.G. HALL, Melito in the Light of the Passover Haggadah, p. 41.

[51] Die Anklage gegen Israel lautet auf φονεύειν (Passahomilie 72,505-506); das ist ein ἀδίκημα (73,529); das (alttestamentliche) Gesetz wird in Abschnitt 74,526f. zitiert, und Israel kommt mit einer Verteidigung in 74,528-529 zu Wort, die sogleich darauf entkräftet wird. In 79ff. wird noch einmal der Hergang der Tat geschildert; und ab Abschnitt 81 wird verdeutlicht, wer das eigentlich ist, der getötet wurde, und was er für Israel getan hat, so daß die ganze Schwere der Tat zum Vorschein kommt. Immer neu wird die Anklage formuliert, bis dann in Abschnitt 94 die Völker sozusagen als Umstehende aufgerufen werden, Israel mit zu verurteilen; der Horizont weitet sich dann noch: der ganze Kosmos ist entsetzt über die Tat (Abschnitt 98-99). In Abschnitt 99 wird dieser Teil der Homilie quasi mit einer Urteilsverkündung über Israel abgeschlossen. - Die Aufforderung an Israel, mit dem Redner zu rechten (δεῦρο καὶ κρίθητι πρὸς ἐμὲ περὶ τῆς ἀχαριστίας σου - 87,634-635), klingt sehr ähnlich wie Mi 6,1ff (κρίθητι πρὸς τὰ ὄρη in V 1; ἀποκρίθητί μοι in V 3); vgl. auch Jer 2,9: διὰ τοῦτο (sc. wegen des Abfalls Israels von Gott) ἔτι κριθήσομαι πρὸς ὑμᾶς, λέγει κύριος ... Gerichtsszenen werden in der prophetischen Gerichtsrede und (wohl davon herrührend) auch in den Psalmen beschworen (vgl. z. B. H. GUNKEL / J. BEGRICH, Einleitung in die Psalmen, Göttingen ²1966, S. 364-366).

[52] S.G. HALL, Melito in the Light of the Passover Haggadah, p. 36-37.

man darf doch daraus nicht den Schluß ziehen, daß auch die Art der
Auslegung etwa bis hin zum Aufbau dieses Teils der Homilie von der
jüdischen Predigt geprägt sei[53]. Vielmehr muß man sich darauf beschränken zu sagen, daß die Aufgabenstellung, nämlich die Auslegung
von Exodus 12, von der Synagoge übernommen worden ist; auch zeigt
die Anfügung eines zweiten Teils, daß für Melito die Predigt über das
Passa mit einem exegetischen Durchgang durch den Text eben noch
nicht erschöpft ist: die beiden Teile der Passahomilie sind komple-
mentär[54].

Erst beide Teile zusammen erklären, warum die Christen ihr
„Passamahl" feiern: zum Gedächtnis an ihre Rettung durch Tod und
Auferstehung Jesu Christi, der in der Passanacht sieghaft das Heil den
Menschen verkündigt. Auffällig ist dabei, wie wenig der Vollzug der
„Passa"-Mahlzeit durch die Christen in den Blick kommt: entweder
spielte die sakramentale Gegenwart des Herrn in der Passafeier von
Melitos Gemeinde kaum eine Rolle, oder sie war Gegenstand von
Ausführungen, die erst während der Mahlzeit ihren Platz hatten. In der
Predigt aber geschieht die Vermittlung des Heils durch das verkündi-
gende und wohl auch auf die Taufe verweisende Wort; sie hat also
nicht die Funktion eines „Hieros Logos" für das „Mysterium" der Eucharistie[55].

So sehr die Passahomilie des Melito ihre Wurzeln in jüdischer
Passa-Tradition haben mag, so sehr ist sie doch Zeugnis einer eigen-
ständig gewordenen christlichen Tradition[56]. Darüberhinaus ist ja,

---

[53] Hall ist hier sehr vorsichtig, meint aber, daß eventuell die lange Schilderung der Plagen Ägyptens aus der Synagoge übernommen ist; doch bietet er selbst
daneben auch die Erklärung, daß Melito damit zeigen will, wie Gott diejenigen
straft, die sein Heilsangebot nicht wahrnehmen (S. G. Hall, Melito in the Light of
the Passover Haggadah, p. 37).

[54] S.G. HALL, Melito in the Light of the Passover Haggadah, p. 37, ist der
Meinung, Passahomilie 1-45 sei ein „brief but satisfying whole"; dem scheint die
georgische Handschriftenüberlieferung Recht zu geben, in der die beiden Stücke
auch getrennt erscheinen (S.G. HALL, a. a. O., p. 41f.). Die Durchführung des Gedankens, daß der Typos als vorläufiges Muster vergeht, während das durch ihn vorab
skizzierte Eigentliche bleibt, scheint mir allerdings als Predigtabschluß unbefriedigend; die Sache ist nicht abgerundet. Deutlich ist nur, daß nach 45 die direkte
typologische Exegese abgeschlossen ist.

[55] Gegen A. HANSEN, The Sitz im Leben of the Paschal Homily of Melito
of Sardis, p. 163f. und p. 177f., der das „Mysterium des Passa" einfach mit der
Feier der Eucharistie gleichsetzt und behauptet: „The nature of this meal, as well
as the entire paschal observance, was strongly influenced by mystery religion cate-
gories and experiences. ‚The mystery of the passover', i. e., Jesus Christ himself,
was not only present at the meal, but was the meal itself." (p. 177f.)

[56] Vgl. S.G. HALL, Melito in the Light of the Passover Haggadah, p. 36
und 39f.; die Deutung des Passalammes auf Jesus Christus allein erfordert schon
eine völlige inhaltliche Umgestaltung; wenn Hall Recht hat, ist auch die Zuordnung

wie schon gesagt, der Einfluß griechischer Rhetorik unverkennbar;
auch die Bezeichnung des Passa als Mysterium ist ohne ein Eingehen
auf das Denken der hellenistischen Umwelt nicht möglich[57]. Es ist
also durchaus der Apologet Melito, der hier predigt. Seine Passahomilie
ist in ihrer ganzen Art, jüdische und hellenistische Einflüsse zu verar-
beiten, ein beredtes Zeugnis für den Aufstieg des Christentums in höhere Bildungsschichten.

Bemerkenswert bleibt bei alledem das Fehlen der Paränese: auch
wenn es nur bei der Osterfeier so gewesen sein sollte, so war Melito
doch in der Lage, alle fromme Ermahnung für das Leben der Christen
hinter das Gotteslob zurückzustellen.

---

der Auslegung von Ex 12 zur Passafeier selbst schon ein eigenständiger christlicher
Schritt. Daß die Passahomilie des Melito Zeuge einer Tradition ist, läßt sich (wenn
auch mit Vorbehalten, weil Melito der früheste Zeuge wäre) daraus erschließen, daß
die pseudohippolytische Passahomilie große Änlichkeiten mit der des Melito aufweist
(s. dazu S.G. HALL, a. a. O., p. 42-43, unter Verweis auf R. Cantalamessa).

[57] Das gilt auch, wenn eine ähnliche Verwendung des Worts Mysterium sich
aus dem hellenistischen Judentum ableiten läßt, da die Mysterienkulte in dieser Zeit
ja durchaus noch gegenwärtig sind.

6. Frühe Märtyrerakten
und apokryphe Apostelakten

Das hier zusammengefaßte Material ist seiner Herkunft nach recht disparat; den Märtyrerakten wie auch den Apostelakten[1] des Zweiten und beginnenden Dritten Jahrhunderts ist aber gemein, daß sie im wesentlichen narrative Texte sind, welche den Leser (oder Hörer) erbauen wollen. Sie haben wie die meisten unserer Quellen kein primäres Interesse am Gottesdienst, sondern vermitteln uns eher en passant Eindrücke vom gottesdienstlichen Leben ihrer Verfasser und möglicherweise auch ihrer Protagonisten - auf diese Problematik ist im Einzelfalle einzugehen.

---

[1] In die Nähe der apokryphen Apostelakten gehört auch die *Epistula Apostolorum* (zweite Hälfte des Zweiten Jahrhunderts, wohl Kleinasien). In antignostischer Front wird hier in Form von Gesprächen Jesu mit seinen Jüngern nach der Auferstehung besonders die Auferstehung betont. So erscheint auch der Gottesdienst eschatologisch ausgerichtet: „Dies offenbarte uns unser Herr und Erlöser und belehrte uns. Wir aber tun es wie er, damit ihr an der Gnade unseres Herrn, unserem Gottesdienste und unseren Lobgesängen teilnehmet, indem ihr an das ewige Leben denket." (epap 6 äth - SCHMIDT/WAJNBERG p. 32,6-33,2). Bemerkenswert ist noch, daß einmal die Predigt der Apostel als προφητεύειν in der Kraft des Heiligen Geistes bezeichnet wird (epap 26 kopt - SCHMIDT/WAJNBERG p. 97,12-13) - eine Identifizierung der Apostel mit neutestamentlichen Propheten in der Rückschau oder ein Zeugnis von der noch vorhandenen Virulenz des Prophetentums? Schließlich sei noch die Passafeier der epap erwähnt: sie ist eine nächtliche Agapefeier bis zum frühen Morgen zum Gedenken des Todes (und der Auferstehung!) Jesu (epap 15 äth / 7f. kopt). Die Agape dürfte dem Anlaß nach die Eucharistie mitumfassen; über die normalen eucharistischen Gebräuche im Umkreis der Epistula Apostolorum erhalten wir dadurch aber keine Auskunft. Ob J. JEREMIAS, Die Abendmahlsworte Jesu, Göttingen ⁴1967, S. 109, recht hat mit der Ausdeutung, daß der äthiopische Text von einer Mahlfeier mit anschließender Eucharistie ausgehe, der koptische von einer Eucharistie mit anschließender Mahlfeier, erscheint mir zweifelhaft, da im Text nur von der Vollendung von Jesu Gedächtnis und der Agape (oder umgekehrt) die Rede ist, das „und" also einen erläuternden Zusatz einleiten kann und nicht zwei aufeinander folgende Teile zu verkoppeln braucht.

a) Märtyrerakten

aa) Martyrium des Ptolemäus und Lucius

Justinus Martyr berichtet in seiner Apologie vom Martyrium des Ptolemäus und Lucius und eines weiteren, ungenannten Christen in Rom unter dem Präfekten Q. Lollius Urbicus in der Mitte des Zweiten Jahrhunderts[2]. Sein Ziel ist es, den Kaiser und die römischen Bürger davon zu überzeugen, daß eine Verurteilung der Christen nur um ihres Christennamens willen ungerecht ist; Lucius wird dabei bis in die Wortwahl hinein zum Verfechter von Justins Thesen, so daß man hier mit einiger Sicherheit die gestaltende Hand des Autors am Werk sehen kann[3]. Justin gibt auch nicht an, woher er seine Informationen hat. Doch wird diejenige Nachricht, welche für uns hier von Interesse ist, historisch korrekt sein, auch wenn Justin nicht Prozeßzeuge gewesen und seine Quelle vielleicht nicht die zuverlässigste sein sollte. Denn die uns interessierende Angabe spielt für die Argumentation des Justin keine Rolle, und er war ja immerhin Zeitgenosse des von ihm berichteten Geschehens[4]. Es geht darum, daß Ptolemäus der Lehrer derjenigen christlichen Frau war, mit der die Geschichte ihren Anfang nimmt, und zwar ihr διδάσκαλος τῶν Χριστιανῶν μαθημάτων[5].

---

[2] Apol II,2 - Text bei E.J. GOODSPEED, Die ältesten Apologeten, Göttingen 1914; der Text ist im Codex Parisinus Graecus 450 nur lückenhaft überliefert, das Stück II,2,2 ab ἐσωφρονίσθη bis II,2,16 ἐλεγχόμενον aus Euseb, h. e. IV,17,2-12 ergänzt; zur Frage des Verhältnisses der beiden Apologien des Justin zueinander s. S. 235 Fußn. 1.

[3] Das Plädoyer des Lucius in Apol II,2,16 liest sich wie eine Kurzfassung von Apol I,4 (in Apol I,4,1 ebenfalls προσωνυμία) und nimmt die Anspielung auf die Kaiserbeinamen Pius = εὐσεβής und φιλόσοφος von Apol I,2,2 und Apol I,3,2 wieder auf, wobei hier noch wie in der Adresse Apol I,1 auch der Senat mitangeführt wird. - Weniger kritisch: J. SPEIGL, Der römische Staat und die Christen, Amsterdam 1970, S. 132f. Zu pauschal: T.D. BARNES, Pre-Decian Acta Martyrum, *JThS.NS* 19 (1968) 509-531, p. 515: „One may ... ask how far Justin has refashioned the story for literary needs." Barnes' Hinweis auf P. KERESZTES, The „So-Called" Second Apology of Justin, *Latomus* 24 (1965) 858-869, ist irreführend, weil Keresztes zwar versucht, Apol II als eigenständiges rhetorisches Stück zu erweisen, aber gerade der „narratio" vom Fall des Ptolemäus und Lucius Zuverlässigkeit attestiert.

[4] Die Nähe Justins zu dem von ihm geschilderten Verfahren sowie die Inkorporation dieser Schilderung in sein apologetisches Werk wie auch die frühe ausführliche Bezeugung des Textes bei Euseb machen das Martyrium des Ptolemäus und Lucius zu einer Quelle ersten Ranges über die Christenverfolgungen, welche m. E. in der einschlägigen Literatur bisher noch zu wenig Beachtung fand.

Ptolemäus dürfte also derjenige gewesen sein, der diese Frau bekehrt hatte; sie stand auch offenbar noch in Kontakt mit ihm, da ihr erzürnter Ehemann ihn ausfindig machen konnte. So wird er als ihr „Lehrer" so etwas wie ihr Gemeinde- oder Konventikeloberhaupt gewesen sein, und das deckt sich mit dem Bild, welches wir von der kleinen, um einen Lehrer gescharten Personalgemeinde aus dem Martyrium des Justin und seiner Genossen gewinnen[6]. Bedeutsam ist dies deshalb, weil die Nachrichten aus dem Martyrium des Justin allein durchaus anfechtbar wären, wie wir noch sehen werden.

Ob die (namentlich nicht genannte) Christin aus dem Martyrium des Ptolemäus und Lucius regelrecht als Schülerin des Lehrers Ptolemäus zu bezeichnen wäre oder eher nur als Mitglied seiner Gemeindegruppe, ist nicht leicht zu entscheiden. Als Frau eines offenbar wohlhabenden und hochgestellten Mannes (er unternahm weite Geschäftsreisen; sie hatte Erfolg mit einer Petition beim kaiserlichen Hof)[7] konnte sie es sich sicher leisten, dem Ptolemäus öfter zuzuhören.

bb) Martyrium des Justin und seiner Genossen

Einige Zeit nach Ptolemäus fand Justin selbst den Märtyrertod. Sein „Martyrium" hat eine kompliziertere Überlieferungsgeschichte. Nachdem man lange Zeit die jetzt als mittlere Rezension bekannte Fassung für authentisch gehalten hatte, ist mit der Kurzrezension eine noch frühere Fassung bekannt geworden, welche aber ihrerseits nicht von der Frage frei ist, ob sie die Originalfassung repräsentiert oder bereits eine Fortentwicklung darstellt[8]. Wiederum ist aber für uns der Nebenaspekt von Bedeutung, daß Justin als Lehrer mit seinen

---

[5] Apol II,2,9. Zur Frage der Identität dieses Ptolemäus mit dem Gnostiker Ptolemäus s. P. LAMPE, Die stadtrömischen Christen in den ersten beiden Jahrhunderten, Tübingen 1987 (WUNT II,18), S. 202f.

[6] Es wäre denkbar, daß die Frau Schülerin des Ptolemäus war, aber getrennt davon zu einer Gemeinde gehörte; doch war Ptolemäus offensichtlich die entscheidende Kontaktperson und nicht irgendein anderer Amtsträger in einer Gemeinde, so daß die Folgerung gerechtfertigt erscheint, daß auch das Gottesdienstleben seiner Schüler sich in seinem Kreise abspielte.

[7] Apol II,2,8; der Rückschluß auf den sozialen Status der Frau (mit ausführlicher Diskussion und weiteren Argumenten) auch bei P. LAMPE, Die stadtrömischen Christen, S. 200-203. Lampe identifiziert die Frau mit der Flora, an die der Brief des Ptolemäus gerichtet ist.

[8] Alle drei Fassungen übersichtlich abgedruckt in: The Acts of the Christian Martyrs, ed. et transl. H. MUSURILLO, Oxford 1972 (OECT), p. 42ff. Neben dessen Einleitung (a. a. O. p. XVIIff.) vgl. zur Frage der historischen Ursprünglichkeit v. a. T. D. BARNES, Pre-Decian Acta Martyrum, p. 515-517 und p. 527-529.

Schülern vor Gericht steht. Auf die Frage, wo die Christen sich versammeln, gibt er nur seine eigene Bleibe an und behauptet, von
keinem anderen Versammlungsort in Rom zu wissen[9].

Diese Bemerkung hat schon bei der Überarbeitung zur dritten uns
vorliegenden Rezension Schwierigkeiten gemacht: dort ist, wie auch
schon in der zweiten Rezension, die vorhergehende Rückfrage des Justin, ob denn der Präfekt glaube, daß die Christen Roms sich an
e i n e m   Ort versammeln könnten, umgewandelt in eine allgemeine
Bemerkung, daß der Gott der Christen nicht an nur einen Ort gebunden sei; und als Treffpunkt der Christen wird nun die Stadt Rom angegeben, mit der Spezifizierung: wo immer man es ermöglichen kann,
sich abends (wie in Verfolgungszeiten wohl üblich) zu treffen[10].

Hinter alledem kann natürlich als historischer Kern einfach
stecken, daß Justin wie jeder vernünftige Christ in seiner Situation
außer seiner eigenen Schule keinen anderen Versammlungsort preisge-
ben wollte und nur zum Schutz der übrigen behauptete, er wisse von
nichts. Doch zeigt das eben besprochene Martyrium des Ptolemäus zusammen mit unserer Stelle, daß eine um einen Lehrer gruppierte Ein-
zelgemeinde in Rom in der Mitte des Zweiten Jahrhunderts eine normale Erscheinung war[11]. Die Überschrift der ältesten Rezension
des Justin-Martyriums redet denn wohl auch mit Recht von der συνοδία
des Justin, während die späteren Fassungen nur Märtyrernamen angeben.

Andererseits wurde schon der Erste Clemensbrief im Namen der
römischen Gemeinde geschrieben, und die Bischofsliste des Irenäus
wird wenigstens insoweit einigermaßen zuverlässig sein[12], als es
für die Gesamtgemeinde Roms sicher schon vor der Mitte des Zweiten Jahrhunderts leitende Persönlichkeiten gab, die wie Clemens in der
Lage waren, die Gemeinden der Stadt nach außen zu vertreten[13].

---

[9] Martyrium Recensio A und B,3. Die Wohnung lag oberhalb des Bades des
Myrtinus (Recensio A. B versucht mit einer anderen Namensangabe, nämlich Bad
des Martinus, Sohn des Timiotinus, das ihm unbekannte Bad zu lokalisieren), war
also wohl eine Mietwohnung. Vgl. P. LAMPE, Die stadtrömischen Christen, S. 221.

[10] Recensio C,2; vgl. S. 400 Fußn. 64 (zu Tertullian, ux 11,4,2).

[11] Vgl. P. LAMPE, Die stadtrömischen Christen, p. 301ff.; möglicherweise
spiegeln die Akten von Carpus, Papylus und Agathonike 6,1 (lateinische Fassung), wo
Carpus und Papylus als Lehrer (doctores) der Agathonike apostrophiert werden, ähn-
liche Verhältnisse wider (zu den Schwierigkeiten der Datierung s. H. MUSURILLO,
The Acts of the Christian Martyrs, p. XVf., und T.D. BARNES, Pre-Decian Acta
Martyrum, p. 514f.).

[12] Iren. adv. haer. III,3,3; zur Diskussion über diese Stelle s. z. B. die Literaturhinweise in den Patrologien.

[13] Hinzuweisen wäre etwa auf Clemens von Rom, den Verfasser des Ersten
Clemensbriefes, der seinen Brief im Namen der römischen (Gesamt-) Gemeinde verfassen konnte. Das bedeutet nicht, daß es vor der Mitte des Zweiten Jahrhunderts

Auch wenn es sich dabei um ein Gremium gehandelt haben sollte, so ist doch das Bewußtsein, welches darin Gestalt gewinnt, nämlich die eine Gemeinde Roms zu sein, alt. Insofern werden Gruppen und Grüppchen wie die um Justin und Ptolemäus sicher nicht in völliger Isolation existiert haben; nur wird man sich den Zusammenhang der Gesamtgemeinde Roms recht locker vorstellen müssen. Die Aussage Justins, er kenne nur die eine Versammlungsstätte, nämlich seine eigenen Räume, wird also eine Schutzbehauptung am Rande der Wahrheit gewesen sein.

Wir können aber zum Gottesdienst darauf schließen, daß die einzelnen Gemeindegruppen ihre Gottesdienste wohl noch weitgehend unter eigener Regie abgehalten haben; die Form dürfte dabei diejenige sein, welche Justin in seiner Apologie beschreibt[14]. Der διδάσκαλος ist damit eine im Gemeindeleben noch sehr prominente Persönlichkeit; wenigstens in einigen Fällen wird der προεστώς des Justinschen Gottesdienstes[15] in Rom ein solcher Lehrer gewesen sein, in anderen vielleicht einer der πρεσβύτεροι. Vermutlich gab es auch Überschneidungen in den Ämtern, also Lehrer, die als „Presbyter" anerkannt waren[16].

Dadurch ist dem Wortteil des Gottesdienstes ein besonderes Gewicht verliehen, wenngleich bei Justin wie schon bei Ignatius eine ausgeprägte Theologie der Eucharistie sichtbar wird und es für ihn gerade die Eucharistie ist, welche den getauften Christen vorbehalten bleibt[17]. Jeder, der will, aber (also auch ein Ungetaufter) kann zu ihm kommen, so erklärt Justin dem Rustikus, und durch seine Lehre an nichts Geringerem als den „Worten der Wahrheit" teilhaben[18].

cc) Martyrium des Polykarp von Smyrna

Für die Geschichte des Wortgottesdienstes ist das Martyrium des Polykarp[19] weniger interessant als für die der Eucharistiefeier; im

---

in Rom bereits monarchische Bischöfe gab (vgl. P. LAMPE, Die stadtrömischen Christen, S. 334ff.).

[14] Apol I,67; dazu s. S. 241ff.

[15] Apol I,67,4 u. 5.

[16] Z. B. wird der Presbyter Florinus auch Lehrer gewesen sein, da er Bücher zur christlichen Lehre veröffentlichte (s. S. 319f.).

[17] Apol I,65f.

[18] Martyrium des Justin und seiner Genossen, Recensio A,3: καὶ εἴ τις ἐβούλετο ἀφικνεῖσθαι παρ' ἐμοί, ἐκοινώνουν αὐτῷ τῶν τῆς ἀληθείας λόγων.

[19] Text (mit knappem Apparat) nach Bihlmeyer in: The Acts of the Christian Martyrs, ed. H. MUSURILLO, p. 2ff. Zur Frage der Datierung s. ebda, p. XIII, und P. MEINHOLD, Artikel „Polykarpos", *PRE* 21,2 (1952) 1662-1693,

Abschnitt 14 des Martyriums bringt nämlich Polykarp sich selbst mit
einem Gebet wie ein eucharistisches Opfer dar, bevor sein Scheiter-
haufen angezündet wird[20]. Es zeigt sich aber im Martyrium des
Polykarp auch noch eine hohe Wertschätzung des διδάσκαλος: Polykarp
ist nicht so sehr Bischof[21] als vielmehr „Lehrer Asiens" (12,2). Das
paßt zu dem Bild des „Presbyters" Polykarp, welches Irenäus (bei Euseb, h. e. V,20,4-8) zeichnet. Irenäus erinnert sich noch, wo Polykarp
saß, wenn er sprach (also sitzend lehrte); er weiß noch, wie Polykarp
von Begegnungen mit Aposteln und Apostelschülern erzählte (also daß
er ein „apostolischer" Lehrer war), und fügt, passend zu seiner eigenen
Frontstellung gegen die Häretiker, hinzu, daß all das, was Polykarp
vorbrachte, im Einklang mit den Schriften stand. Daß dieser in seinen
Predigten häufig auf die Schriften zurückgegriffen hat, ist möglich,
wenngleich durch seinen Brief an die Philipper nicht belegt[22].

Anders als in der Darstellung des Irenäus wird im Martyrium noch
betont, daß Polykarp auch Prophet war; das wird demonstriert an einer
Vision, mit der Polykarp die eigene Todesart voraussah[23]. Nach den
Notizen über seine Person, welche wir sonst haben, scheint er allerdings eher in der Weise prophetisch begabt gewesen zu sein, daß er
mit voller Autorität in konkrete Situationen hinein schlagende Worte
sprechen konnte[24]; die im Martyrium geschilderte Vision erinnert
mehr an die Art von Geistbegabung, wie sie in den apokryphen
Apostelakten vorkommt, wie sie aber auch etwa der Bischof Cyprian
im Dritten Jahrhundert hatte[25].

Sp. 1675-1680; für uns reicht die ungefähre Datierung des Todesjahres an den Anfang der zweiten Hälfte des Zweiten Jahrhunderts. Die erste Fassung des „Martyriums" muß der Briefform wegen bald nach dem Tode des Polykarp entstanden
sein (zur Frage nach Überarbeitungen des Martyriums s. H. VON CAMPENHAUSEN,
Bearbeitungen und Interpolationen des Polykarpmartyriums, in: DERS., Aus der Frühzeit des Christentums, Tübingen 1963, 253-301, dazu das Kurzreferat von Ruhbach
in Ausgewählte Märtyrerakten, hrsg. von R. KNOPF, G. KRÜGER, G. RUHBACH,
Tübingen ⁴1965 (SQS.NF 3), S. 136).

[20] MartPol 14,1b-2; Literatur dazu angegeben in Ausgewählte Märtyrerakten,
hrsg. von R. KNOPF, G. KRÜGER, G. RUHBACH, S. 8 (Lietzmann, Tyrer, Connolly).

[21] Der Titel kommt in der Überschrift des Martyriums nicht vor, sondern nur
einmal, MartPol 16,2, in einer Passage, die H. von Campenhausen als (voreusebiani-
sche) Interpolation ausscheidet (H. VON CAMPENHAUSEN, Bearbeitungen und Interpolationen, S. 273f.); selbst wenn man der Argumentation von Campenhausens
nicht zustimmt, bleibt zu beobachten, daß auch hier der Titel Lehrer an erster
Stelle steht. Zur Frage, ob Polykarp Bischof war, s. auch S. 203f.

[22] S. S. 202f.

[23] Der Titel Prophet kommt nicht vor, wohl aber das Adverb προφητικῶς,
als sich die Vision erfüllt (MartPol 12,3).

[24] Irenäus, adv. haer. III,3,4; Irenäus bei Euseb, h. e. V,20,7.

[25] Cyprian, ep. 11,4.

Als Lehrer scheint Polykarp eine große Überzeugungskraft auch unter Nichtchristen besessen zu haben: er ist ὁ πολλοὺς διδάσκων μὴ θύειν μηδὲ προσκυνεῖν[26]. Es hatten also offenbar auch ungetaufte Hörer Zugang zu seiner Predigt. Sie scheint aber nach der Auskunft des Irenäus nicht nur theoretisch-apologetisch gewesen zu sein, sondern auch narrative Züge gehabt zu haben: Polykarp redete nicht nur über die Lehre der Apostel und des Herrn, sondern erzählte auch vom Umgang mit dem Apostel Johannes und gab wieder, was er über den Herrn und seine Wunder gehört hatte[27].

Vom Text der Irenäus-Notiz her wird nicht ganz deutlich, ob die Reden des Lehrers Polykarp in den Rahmen des Gemeindegottesdienstes gehörten oder nicht. Daß Irenäus sich einerseits erinnert, wo Polykarp saß, wenn er sprach, andererseits erst nach Reminiszenzen über Polykarps Person dessen „Reden vor dem Volke" erwähnt, läßt es wahrscheinlich erscheinen, daß Polykarp sowohl im engeren Kreis lehrte als auch vor der ganzen und auch um nichtgetaufte Hörer erweiterten Gemeinde predigte. Dabei scheint es gerade seine Befähigung zum Lehrer gewesen zu sein, die ihn so zur gemeindeleitenden Figur machte, daß er von Ignatius und auch im Martyrium als Bischof bezeichnet werden konnte[28].

dd) Martyrium der Perpetua und Felicitas

Das „Martyrium der Perpetua und Felicitas" gehört wohl an den Anfang des Dritten Jahrhunderts und stammt aus Nordafrika[29]. Mit den aus Tertullians Schriften[30] zu erhebenden Angaben über den Gottesdienst stimmt überin, daß man Psalmengesang[31], Friedenskuß[32] und Agapefeier kannte[33]; auch der Katechumenat

---

[26] MartPol 12,2.

[27] Irenäus, adv. haer. III,3,4 und v. a. Irenäus bei Euseb, h. e. V,20,6.

[28] IgnPol Adresse und 6,1; MartPol 16,2 (dazu s. Fußn. 21).

[29] Ich benutze den Text in The Acts of the Christian Martyrs, ed. H. MUSURILLO, p. 106-131 (zum Text s. ebda, p. XXVII); zur Datierung s. T.D. BARNES, Tertullian. A Historical and Literary Study, Oxford 1971, p. 263-265.

[30] E. DEKKERS, Tertullian en de geschiedenis of de liturgie, Brüssel/Amsterdam 1947 (Cath VII,2), nutzt das Martyrium der Perpetua und Felicitas als Quelle neben den Schriften Tertullians. Zur Frage, ob Tertullian gar der Verfasser des Martyriums war, s. T.D. BARNES, Tertullian, p. 265; dort auch kritische Bemerkungen zu dem Versuch von P. DE LABRIOLLE, La crise montaniste, Paris 1913, p. 339-353, Tertullian als den Redaktor des Martyriums zu erweisen.

[31] MartPerp 10,12; 18,7.

[32] MartPerp 12,(5)6: der Kuß findet in einer Vision im Himmel statt, so daß über seinen liturgischen Ort nur auszumachen ist, daß er an einen Übergang gehört (man steht zum heiligen Kuß auf, dann gehen die Märtyrer „spielen" –

war offensichtlich fest eingebürgert[34], wobei es so aussieht, als sei hier (wiederum ähnlich wie bei Tertullian)[35] noch keine feste Zeitdauer für ihn angesetzt: die ins Gefängniss geworfenen Katechumenen werden sogleich getauft[36], wohl um für das Martyrium gerüstet zu sein. Der Gedanke von der Bluttaufe erscheint hier demnach noch nicht ausgeprägt, jedenfalls nicht insofern, als sie die Wassertaufe ersetzt.

Die Ämter von Bischof, Presbyter[37] und Diakon werden erwähnt; es gehört zu den Aufgaben der Diakone, die gefangenen Mitchristen zu besuchen und nach Kräften mit allem Nötigen zu versorgen[38], während der in einer Vision auftretende Presbyter als „doctor" apostrophiert wird[39]: zu seinen Aufgaben wird demnach das Predigen, vielleicht auch die Erteilung von Katechumenenunterricht gezählt haben.

Einleitung und Schluß des Martyriums sind montanistisch geprägt; das Beispiel des Glaubens der Märtyrer, alles, was ihnen geschehen ist einschließlich ihrer Visionen, wird schriftlich festgehalten, um zu zeigen, daß der Geist auch noch gegenwärtig wirke. Ja, das „Martyrium" tritt als Schrift in bewußte Konkurrenz zu den „alten" heiligen Schriften, deren festen, kanonisierten Bestand man also offenbar voraussetzt. Die Empfehlung am Ende, daß jeder, der Christus verherrlichen will, den Bericht vom Martyrium der Perpetua lesen solle, weil er nicht weniger als die „alten" Schriften ein Beispiel zur Erbauung der Kirche sei, bezieht sich wegen des Singulars „jeder" zwar auf die private Lektüre, doch steht die Kirche durchaus im Blick, und vielleicht ist

---

ludere). Der Autor – wohl Saturnus selbst, vgl. dazu T. D. BARNES, Tertullian, p. 263 – benutzt den Terminus pacem facere; kurz zuvor (in 12,5) ist von osculari (zwischen den Märtyrern und dem auf dem Thron) die Rede. – MartPerp 21,7: „osculati inuicem, ut martyrium per sollemnia pacis consummarent." Man könnte sagen, daß im Himmel die Eucharistie durch den Kontakt von Angesicht zu Angesicht entfällt, während an der zweiten Stelle das Martyrium an die Stelle der Eucharistie tritt. – Das „Sanctus" (MartPerp 12,2) ist Teil des himmlischen Gottesdienstes wie in der Johannesapokalypse 4,8 und im 1. Clemensbrief 34,6; die Tatsache aber, daß hier das griechische Wort ἅγιος benutzt wird, könnte darauf deuten, daß der Verfasser die Stelle aus liturgischem Gebrauch kennt.
[33] MartPerp 17,1 – die Henkersmahlzeit wird in eine „agapem" umfunktioniert.
[34] MartPerp 2,1: catechumeni.
[35] S. S. 409f.
[36] MartPerp 3,4-5.
[37] MartPerp 13,1ff treten ein Bischof und ein Presbyter auf; trotz der klaren Bezugnahme auf konkrete Personen (sie werden namentlich genannt, auf ihre Verfeindung wird Bezug genommen) ist deutlich, daß sie die höchsten Gemeindeämter verkörpern (MartPerp 13,3).
[38] MartPerp 3,7; 10,1.
[39] MartPerp 13,1: „uidimus ... Aspasium presbyterum doctorem ..."

die Formulierung bewußt ambivalent gehalten in der Weise, daß man „in aedificationem Ecclesiae" auch auf legere und nicht nur auf exempla beziehen kann[40]. So wird ein Text wie der des Martyriums der Perpetua und Felicitas in der montanistischen Kirche ähnlich wie die schriftlich fixierten Sprüche montanistischer Propheten[41] rasch den Rang heiliger Schriften bekommen haben und damit auch zur gottesdienstlichen Verlesung gekommen sein. Ein Gleiches gilt übrigens auch von den „orthodoxen" Märtyrerakten in der Großkirche[42].

ee) Weitere Notizen aus Märtyrerakten

In der Schilderung des *Martyriums der Christen von Vienne und Lyon* im Jahre 177 ist davon die Rede, daß es den Christen untersagt war, in ihre Häuser, in die öffentlichen Bäder und auf die Marktplätze zu gehen, als Steigerung dann, daß sie sich überhaupt nirgends sehen lassen durften[43]. Mit den οἰχίαι sind wohl die Versammlungshäuser der Christen gemeint, denn hätten sie schon in ihren Privathäusern nicht mehr sein dürfen, wäre das andere keine Steigerung mehr gewesen. Die schlichte Bezeichnung οἰχία deckt sich damit, daß aus dieser Zeit noch keine Kirchbauten bekannt sind. Man benutzte für die Gottesdienste Häuser, die über hinreichend große Räumlichkeiten verfügten.

In demselben Schriftstück wird ein Arzt vorgestellt, der für seine Liebe zu Gott und seine παρρησία τοῦ λόγου bekannt war, welche gleich darauf als apostolisches Charisma bezeichnet wird. Dieser Mann, der als Arzt durch ganz Gallien gekommen war[44], hat also offensichtlich gepredigt oder aber wenigtens im Kreise von christlichen Familien über den christlichen Glauben Bekenntnis abgelegt. Es sieht so aus, als

---

[40] MartPerp 21,11; vgl. den Anfang (1,1): „Si uetera fidei exempla et Dei gratiam testificantia et aedificationem hominis operantia propterea in litteris sunt digesta ut lectione eorum quasi repraesentatione rerum et Deus honoretur et homo confortetur, cur non et noua documenta neque utrique causae conuenientia et digerantur?" Aedificatio und confortatio der Menschen, besonders aber die Ehre Gottes wird doch wohl durch lectio als Vorlesen und nicht als stilles Für-sich-Lesen bewirkt.

[41] Vgl. dazu H. PAULSEN, Die Bedeutung des Montanismus für die Herausbildung des Kanons, *VigChr* 32 (1978) 19-52, bes. S. 29ff.

[42] S. H. VON CAMPENHAUSEN, Märtyrerakten, *RGG*[3] 4, 592-593.

[43] Das Martyrium ist überliefert bei Euseb, h. e. V,1,3-63; 2,2-4; 2,5; 2,6-7; (3,1-3). Die Verfolgung, von der berichtet wird, ist auf das Jahr 177/78 zu datieren. - Ich nehme Bezug auf h. e. V,1,5.

[44] Die Angaben zur Person des Arztes Alexander aus Phrygien bei Euseb, h.e. V,1,49.

sei hier noch eine Spur des Wanderpredigertums vorhanden; man wird sich also hüten müssen, anzunehmen, daß sich das ganze gottesdienstliche Leben der Christen bereits in den eigens dafür vorhandenen οἰκίαι unter bischöflicher Leitung abspielte. Von Irenäus erfahren wir übrigens auch, daß weite Teile der gallischen Kirche wegen ihrer „barbarischen" Sprache noch ohne heilige Schriften und nur mit der mündlichen Predigt auskommen mußten[45].

Die Akten der *Scilitanischen Märtyrer* führen uns wieder nach Nordafrika, in das Jahr 180[46]; aber zum Gottesdienst der dortigen Christen geben sie fast keine Auskunft. Einzig bemerkenswert ist, daß Speratus, der Wortführer der verhafteten Christen, in einem Buchbehältnis u. a. ein Corpus Paulinum, „libri et epistulae Pauli uiri iusti" mit sich führt[47]. Ob das bedeutet, daß Speratus als „Lehrer" zusammen mit Schülern sich in diese Schriften vertiefen wollte, als er verhaftet wurde? Oder ob er mit Hilfe zum Beispiel von Röm 13 belegen wollte, daß die Christen dem Staate nicht übelwollen, und das Buch deshalb mitnahm? Möglich ist auch, daß Speratus die Paulusschriften zur gottesdienstlichen Lesung bei sich hatte, als er verhaftet wurde.

Die ausdrückliche Nennung der Paulusschriften zeigt dabei, daß Frage und Antwort zur „capsa" des Speratus schwerlich später eingefügt wurden; denn wer hätte in späterer Zeit Wert darauf gelegt, daß Speratus gerade Paulusschriften hätte bei sich haben sollen[48]?

Wenn also die Erwähnung der Paulusschriften an dieser Stelle zwar keinen schlüssigen Beweis für die gottesdienstliche Lesung dieser Schriften darstellt, so ist doch mit einer solchen Lesung durchaus zu rechnen, wenn erst einmal die Sammlung vorlag und die Briefe in das Ansehen heiliger Schriften gerückt waren, wie es der Kanon Muratori belegt[49].

---

[45] Iren. adv. haer. IV,24,2.

[46] Text in: Ausgewählte Märtyrerakten, hrsg. von R. KNOPF, G. KRÜGER, G. RUHBACH, 4. Aufl., S. 28-29; zur Datierung s. T.D. BARNES, Pre-Decian Acta Martyrum, p. 521f., und natürlich MartScil 1 selbst.

[47] MartScil 12.

[48] Das Corpus Paulinum ist deshalb hier ein Indiz für das hohe Alter der Akten; im Dritten Jahrhundert hätte es sich sicher um eine Sammlung von Apostelschriften (und nicht nur Schriften des Paulus) gehandelt; das ganze Problem der „Traditores" ist dem Text allemal noch fremd. - Vgl. z. St. H. VON CAMPENHAUSEN, Die Entstehung der christlichen Bibel, S. 76 Fußn. 3; S. 210 Fußn. 160; S. 211 Fußn. 166.

[49] Vgl. auch die Hinweise zur Verlesung von Apostelbriefen bei Tertullian, praescr 36, und Euseb, h. e. IV,23,11 (Verlesung des Ersten Clemensbriefes); zur Benutzung der Paulusbriefe s. A. LINDEMANN, Paulus im ältesten Christentum, Tübingen 1979 (BHTh 58), S. 33ff., und S. 114ff.

Das *Martyrium des Apollonius*, welches im uns überlieferten Text vom Tod des „Apostels Apollos" (?) aus Alexandria unter dem Kaiser Commodus in Kleinasien (nach Euseb, h. e. V,21,2 in Rom!) berichtet[50], atmet ganz den Geist der christlichen Apologetik des Zweiten (und Dritten) Jahrhunderts. Apollonius fordert darin den Prokonsul Perennis auf, sich von ihm belehren zu lassen, damit er zur richtigen Gottesverehrung komme, welche im Almosengeben und in Menschenliebe (φιλανθρωπία) bestehe und dem alleinigen Gott und Schöpfer des Alls Gebete als unbeflecktes Opfer darbringe (44). Und schon vorher wird das Fürbittgebet der Christen als ihr einziges und unblutiges Opfer bezeichnet (8); die Fürbitte gilt insbesondere auch der Obrigkeit (8-9). Einmal mehr zeigt sich so die Verbreitung des Gedankens vom Gebet als Opfer der Christen; über die Eucharistie hingegen wird hier keine Andeutung gemacht.

b) Apokryphe Apostelakten [51]

aa) Andreasakten

Der genaue Umfang der Andreasakten ist umstritten; ich beschränke mich auf die Behandlung derjenigen Teile der Überlieferung, welche zweifelsfrei zum Grundbestand der Akten gehören[52]. Sie gehen

---

[50] Text in: The Acts of the Christian Martyrs, ed. H. MUSURILLO, p. 90-105; kritische Analyse bei T.D. BARNES, Legislation against the Christians, *JRS* 58 (1968) 32-50, p. 46-48 (vgl. auch p. 40), in der Barnes vorschlägt, es könne sich um eine „conflation of the record of Apollonius' trial with an apology which he had previously composed and published" handeln (p. 47).

[51] Herrn Prof. Dr. W. RORDORF bin ich zu Dank verpflichtet für die Überlassung des Manuskripts seines Vortrages beim Oxforder Patristikerkongreß 1991: „Terra Incognita - Recent Research on Christian Apocryphal Literature, especially on some Acts of Apostles". Mit seiner Hilfe hoffe ich den aktuellen Stand der Diskussion zu den Apostelakten so weit wie nötig berücksichtigt zu haben. Zur weiteren Orientierung verweise ich auf die Publikation dieses Aufsatzes in *Studia Patristica* und die erschienen Bände von *CChr.SA* sowie die 5. Auflage von *NtApo* II.

[52] Nach D.R. MACDONALD, The Acts of Andrew and Matthias and the Acts of Andrew, *Semeia* 38 (1986) 9-26, und DERS., Response, ibid. 35-39, sind die Akten des Andreas und Matthias Teil der Andreasakten; ebenso A. DE SANTOS OTERO in *NTApo* II[5], 399ff. Dagegen datiert J.-M. PRIEUR, Response, *Semeia* 38 (1986) 27-33; DERS., 1. Andreasakten. Einleitung, *NTApo* II[5], 93-108; DERS., CChr.SA 5,32-35 (vgl. auch ebda, 141-156) nur die Andreasakten früh; die Akten des Andreas und Matthias gehörten nicht ursprünglich dazu. Für eine Spätdatierung der Akten des Andreas und Matthias (*ActApo* II,1, 65-116) spricht neben den Argumenten Prieurs auch die Tatsache, daß zur Gemeindegründung ein Kirchgebäude errichtet wird (30, p. 112,2, u. 32, p. 114,9-10). Im übrigen enthalten diese Akten nicht viel Wissenswertes zu unserer Fragestellung. - Text der Andreasakten in Acta Andreae, ed. et transl. J.-M. PRIEUR, vol 1-2, Turnhout 1989 (CChr.SA 5-6), vol 2, 441-549;

wohl auf die zweite Hälfte des Zweiten Jahrhunderts zurück[53]. Ihr
Herkunftsort läßt sich kaum festmachen; man wird wohl an Ägypten
oder den Osten des Römischen Reichs denken müssen[54]. Sie beschreiben in romanhafter Form die Reisen und das Wirken des
Apostels Andreas; neben popularphilosophisch-asketischen Tendenzen
ist ihr Christentum von starken gnostischen Einflüssen geprägt[55].

Es ist fraglich, ob die gottesdienstlichen Szenen, denen wir im Verlauf der Akten begegnen, etwas vom Gottesdienstleben bestimmer Gemeinden widerspiegeln. Immerhin ergibt sich ein bestimmtes Bild, das
mit dem Frömmigkeitsleben mancher gnostisch-christlicher Gruppen
korrespondieren mag.

Die gottesdienstlichen Versammlungen der Christen finden in den
Akten wesentlich im Geheimen statt; entweder trifft man sich nachts,
zu „gewohnten Stunden"[56], nach Möglichkeit auch in der Sonntagnacht[57] in Privaträumen (in der den Akten eigenen leicht erotischen Manier ist es bisweilen das Schlafzimmer der Maximilla)[58],
oder es kommt zu wunderbar ermöglichten Treffen im Gefängnis[59].
Hier wird echte Praxis im Hintergrund stehen; allerdings dürften die
meisten Besuche bei Christen im Gefängnis wohl durch gute Beziehungen oder Bestechungen ermöglicht worden sein.

An einer Stelle des Andreasmartyriums wird von einem nächtlichen
Gottesdienst im Gefängnis berichtet. Andreas habe die ganze Nacht
gepredigt und mit den „Brüdern" gebetet; Jubel habe die Versammlung
gekennzeichnet, und man habe sich dem Herrn „anvertraut"[60].

---

dazu auch die deutsche Übersetzung von W. SCHNEEMELCHER mit Einleitung von
J.-M. PRIEUR in *NTApo* II[5], 93-137 (zu der benutzten Textausgabe von T. DETO-
RAKIS s. CChr.SA 5,154).

[53] Zu dieser Datierung s. J.-M. PRIEUR, *NTApo* II[5], 107; DERS., CChr.SA
5,413-414.

[54] J.-M. PRIEUR, *NTApo* II[5], 107f.; DERS., CChr.SA 5,414-416 (vermutlich
Alexandria).

[55] Mit J.-M. PRIEUR, *NTApo* II[5], 106, gegen H. LICHTENBERGER,
EKL[3] 1,210. - Vgl. das Nachwort des Autors, nach welchem der Text in zwei Ebe-
nen gelesen werden kann (ein offener, ein verborgener Sinn): CChr.SA 6,549 (65).

[56] CChr.SA 6,487 (37),2 / *NTApo* II[5], 118 (5); vgl. CChr.SA 6,475 (27),3 /
NTApo II[5], 130 [342].

[57] CChr.SA 6,459 (13),3 / *NTApo* II[5], 126 [337].

[58] CChr.SA 6,449 (6),3 / *NTApo* II[5], 124 [335]; CChr.SA 6,459 (13),4 /
NTApo II[5], 126 [337].

[59] CChr.SA 6,467 (19),2-4 / *NTApo* II[5], 128 [340]; CChr.SA 6,485 (34),9 /
NTApo II[5], 117 (2); CChr.SA 6,487 (37) / *NTApo* II[5], 118 (5); CChr.SA 6,499
(46),14 / *NTApo* II[5], 121 (14).

[60] CChr.SA 6,507 (51),2-3 / *NTApo* II[5], 134 [347-348]; vgl. CChr.SA 6,467
(19),2-4 / *NTApo* II[5], 128 [S. 340]; CChr.SA 6,481 (32) / *NTApo* II[5], 131 [344];
zum Jubel (ἀγαλλίασις) auch CChr.SA 6,459 (13),1; 485 (34),6 / *NTApo* II[5], 126

Damit sind die für das Gottesdienstleben in den Andreasakten charakteristischen Elemente genannt: Predigt, Gebet und Jubel; hinter dem Sich-Anvertrauen könnte eine Art Sakrament, möglicherweise die Versiegelung[61] oder deren Bestätigung stehen.

An einer Stelle begegnen wir auch einer Mahlfeier: Maximilla und ihre Magd nehmen „Brot und Oliven" zu sich[62]. Sie tun das mehr oder minder heimlich; die Mahlzeit gehört offensichtlich in den Privathaushalt. Ob es hier um enkratitisch-asketische Bescheidenheit beim Mahl geht oder die Mahlzeit darüber hinaus einen sakramentalen Charakter hat, läßt sich nicht entscheiden.

Prägend für das Frömmigkeitsleben in den Akten ist das Wort. Andreas wird vor allem als Verkündiger dargestellt; er predigt die Gottesfurcht[63]. Mit seiner Predigt muntert er die Mitgefangenen auf[64]; er streut Heilsworte als Samenkörner aus[65] und weist die Menschen zum Logos Gottes[66], damit sie die Fesseln des Körperlichen abwerfen[67]. Seine Hörer[68] werden gepriesen, weil sie auf die Verkündigung hören[69], und sie werden nicht müde, das zu tun: nächtelang predigt der Apostel[70], ja vom Kreuz aus, an dem er gemartert wird, sogar drei Tage lang, und alle hören gebannt zu[71].

---

[337]; 131 [344]; vgl. ferner die im Register von CChr.SA 6,767, unter ἀγαλλιάζω angegebenen Stellen.
[61] Das Siegel wird erwähnt CChr.SA 6,455s. (10),8; (11),2.8.15 / *NTApo* II[5], 125f. [336f.]; das Siegel ein Kreuzeszeichen? – Andreas „siegelt" sich selbst: CChr.SA 6,459 (13),22 / *NTApo* II[5], 126 [338].
[62] CChr.SA 6,475 (27),2 / *NTApo* II[5], 130 [342].
[63] Θεοσέβειαν ἐπαγγέλλεται – CChr.SA 6,473 (25),5-6 / *NTApo* II[5], 129 [342].
[64] Στηρίζειν – CChr.SA 6,477 (28),11 / *NTApo* II[5], 130 [343]. προτρέπειν – CChr.SA 6,479 (30),5 / *NTApo* II[5], 131 [343].
[65] CChr.SA 6,497 (44),9 / *NTApo* II[5], 120 [12].
[66] CChr.SA 6,463 (16),3 / *NTApo* II[5], 127 [338]; CChr.SA 6,457 (12),18 / *NTApo* II[5], 126 [337]; CChr.SA 6,505 (50),21 / *NTApo* II[5], 122 [18]; vgl. CChr.SA 6,505 (50),5 / *NTApo* II[5], 122 [18]. Entgegen *NTApo* II[5], 135 [349] s. CChr.SA 6,515 (54),1.
[67] Vgl. z. B. CChr.SA 6,535 (61) / *NTApo* II[5], 137 [351]; zum gnostisierenden Gedankengut u. a. CChr.SA 6,505 (50) / *NTApo* II[5], 122 [18]; charakteristisch auch, daß das Kreuz dem Andreas zu einem von Licht und Leben erfüllten Kreuz wird – CChr.SA 6,517 (54),9 / *NTApo* II[5], 135 [349]; vgl. auch CChr.SA 5,407-409 (vgl. zum Lichtkreuz E. PETERSON, Das Kreuz und das Gebet nach Osten, in: DERS., Frühkirche, Judentum und Gnosis, Darmstadt 1982 (Nachdr. d. Ausg. Freiburg 1959), 15-35, S. 21ff., der leider auf die theologische Tendenz zu wenig eingeht).
[68] CChr.SA 6,495 (42),7-8 / *NTApo* II[5], 120 [10]; vgl. CChr.SA 6,459 (13),4 / *NTApo* II[5], 126 [337].
[69] CChr.SA 6,489 (38),5 / *NTApo* II[5], 119 [6].
[70] CChr.SA 6,507 (51),1 / *NTApo* II[5], 134 [377].
[71] CChr.SA 6,529 (59),5 / *NTApo* II[5], 136 [350].

Es paßt zu solcher gnostisierenden Wort-Frömmigkeit, daß die Taufe überhaupt nicht vorkommt; auch die Gebete des Apostels dienen eher der Belehrung der Umstehenden als dem Gespräch mit Gott.

So zeichnen die Andreasakten das Bild einer ganz von popularphilosophischen und gnostischen Gedanken geprägten Frömmigkeit. Wenn es denn Gemeinden gegeben hat, die diese Frömmigkeitsformen lebten, so wird ihr Gottesdienst nicht viel mehr als die Verkündigung gnostisch-philosophischen Geheimwissens gewesen sein. Daß dennoch die Gnosis ihre Botschaft lebensvoll und fesselnd darzubringen wußte, zeigt sich am „Jubel" der Hörer, welcher nach dem Zeugnis der Andreasakten das Zusammensein der Christen kennzeichnete.

bb) Johannesakten

In den wohl nach Syrien oder Ägypten gehörenden und vermutlich wie die Andreasakten (und Petrusakten) zwischen 150 und 200 entstandenen Johannesakten[72] wird unter anderem erzählt, daß Johannes in Ephesus einen toten Artemispriester wiederauferweckte[73]. Die Episode wird eingeleitet, indem Johannes weissagt, daß einer der um ihn versammelten Leute ein Verwandter des Priesters sei, der sich neu bekehrt habe und sich die Auferweckung des Priesters wünsche. Diese Weissagung findet statt „nach der Predigt (ὁμιλία) an die Brüder und dem Gebet (εὐχή) und der Eucharistie und nach der Handauflegung auf jeden der Beisammensitzenden (συνεδρεύειν)"[74], also im Anschluß an einen Gottesdienst. Wenn εὐχαριστία mit „Eucharistie" richtig übersetzt ist (und dafür spricht die grammatisch gleichrangige Stellung neben ὁμιλία und εὐχή), so ist damit ein normaler Gottesdienst beschrieben, wie wir ihn aus späterer Zeit kennen. Bemerkenswert ist lediglich die Handauflegung am Ende; dies mag aber ein in den Augen des Verfassers einem Apostel angemessener Segensgestus sein.

---

[72] Text, franz. Übersetzung und ausführlicher Kommentar: Acta Iohannis, ed. et transl. E. JUNOD / J.-D. KAESTLI, vol 1-2, Turnhout 1983 (CChr.SA 1-2); deutsche Übersetzung: *NTApo* II⁵, 155-193, von K. SCHÄFERDIEK; DERS., Einleitung, *NTApo* II⁵, 138-155. Zu der Kontroverse, ob die Kapitel 94-102 ursprünglich zu den Akten gehören (so K. Schäferdiek; dagegen E. Junod / J.-D. Kaestli), s. u. a. K. SCHÄFERDIEK, Herkunft und Interesse der alten Johannesakten, *ZNW* 74 (1983) 247-267; E. JUNOD / J.-D. KAESTLI, Le dossier des ‚Actes de Jean': état de la question et perspectives nouvelles, in: *ANRW* 25.6 (1988) 4293-4362. Ich neige der Auffassung von Junod und Kaestli zu, daß die sich stark von den übrigen Akten abhebenden Kapitel 94-102 sekundär sind.

[73] ActIoh 46-47: CChr.SA 1,227-231.

[74] ActIoh 46,5-8: CChr.SA 1,227; zu συνεδρεύειν vgl. ActThom 37 (*ActAp* II,2, p. 154,19): die Gemeindeversammlung als συνέδριον τοῦ Χριστοῦ.

Die Predigt ist an die „Brüder" gerichtet; die Vorstellung ist also deutlich die eines Gemeindegottesdienstes. Er findet in einem Privathaus statt, dem des offensichtlich inzwischen bekehrten Stadtobersten Andronikus, bei dem Johannes zu Gast ist[75]. Der junge Mann, den die Weissagung betrifft, ist wohl kaum unter die „Brüder" zu rechnen, weil er gerade erst zum Glauben kommt. Seine Gegenwart beim ganzen Gottesdienst mag einfach auf schriftstellerische Gründe zurückgehen: er muß ja als Adressat der prophetischen Worte des Johannes, als der, dessen Herz durchschaut wird, zugegen sein. Man fragt sich überhaupt, warum der Verfasser den Gottesdienst hier erwähnt; anscheinend braucht er einen Anlaß für die Versammlung und einen geeigneten Rahmen für die Weissagung des Johannes. Im übrigen erscheint die summarische Darstellung des Gottesdienstes recht unabhängig vom Kontext.

Die weiteren Angaben zum Gottesdienst in den Johannesakten bestätigen das bereits gewonnene Bild, nach dem der Verfasser die Gottesdienstform kennt, wie sie uns zum ersten Mal deutlich bei Justin und dann weit verbreitet an der Wende vom Zweiten zum Dritten Jahrhundert begegnet. Der letzte Gottesdienst des Johannes wird ausführlich geschildert[76]. Demnach sind am Sonntag (κυριακή) „alle Brüder versammelt" (συλλέγειν), und Johannes beginnt mit einer Predigt; daran schließt er ein Bitt- und Fürbittgebet um Hilfe und Stärkung für die Christen an; danach läßt er sich Brot geben und sagt Dank (εὐχαριστεῖν); nach dem Gebet bricht er das Brot und gibt allen, auch sich selbst, unter Fürbitten um würdigen Empfang der Eucharistie (ἄξιον ἔσεσθαι ... τῆς τοῦ κυρίου χάριτος καὶ τῆς ἁγιωτάτης εὐχαριστίας); und schließlich endet der Gottesdienst mit einem Segensspruch: „Friede sei mit euch, Geliebte"[77].

Gemäß der Bitte, daß die, die das Brot bekommen, der Eucharistie würdig sein sollen, werden an diesem Gottesdienstteil keine Ungetauften teilgenommen haben. So fällt dieser Gottedienst fast nur dadurch aus dem Rahmen, daß keine Schriftlesung erwähnt wird. Die aber könnte deshalb entfallen sein, weil ja der Apostel selbst hier spricht;

---

[75] ActIoh 46,1-2: CChr.SA 1,227.

[76] ActIoh 106-110: CChr.SA 1,293-305.

[77] ActIoh 106,2: CChr.SA 1,293 (κυριακή); ActIoh 106,3: CChr.SA 1,293 (συλλέγειν, Predigtbeginn); ActIoh 108,1: CChr.SA 1,299 (Beginn des εὔχεσθαι); ActIoh 109,1: CChr.SA 1,301 (Beginn der Eucharistie, terminus: ἄρτον κλᾶν - Zeile 2); ActIoh 110,2: CChr.SA 1,305 (ἄξιον ...); ActIoh 110,4-5: CChr.SA 1,305 (εἰρήνη ...). Auch die in CChr.SA 1,317ss abgedruckten Varianten geben den Gottesdienstverlauf so wieder. Der Friedenswunsch gilt nach dem CChr.SA 1,305 abgedruckten Text dem Johannes selbst; die Varianten zu Kap 110 (CChr.SA 1,322. 332 . 340) deuten wohl richtig, daß ein μεϑ' ὑμῶν hinzuzufügen ist.

man kann jedenfalls nicht mit Sicherheit behaupten, es hätte in der Gemeinde des Verfassers keine gottesdienstliche Schriftlesung gegeben. Daneben ist das Fehlen des eucharistischen Kelches zu vermerken. Eine Besonderheit der Johannesakten ist auch die Erwähnung des Schlußsegens am Ende des Gottesdienstes; sie stellen für diesen Brauch einen der frühesten - allerdings textkritisch nicht ganz gesicherten[78] - direkten Belege dar[79].

Neben der Eucharistie kennen die Johannesakten die Agapemahlzeiten, wie die Aufzählung der Elemente christlichen Lebens im Absatz 84 belegt[80]. Ein unbelehrbarer Heide soll keinen Anteil haben am christlichen Leben und fernbleiben von dem Denken, den Leibern, dem Wandel der Christen und von ihrer Auferstehung; wörtlich geht die Aufzählung dann weiter: „von den Fasten, von den Bittgebeten, von dem heiligen Bad, von der Eucharistie, von der Nahrung des Leibes, vom Getränk, von der Kleidung, von der Agape, vom Begräbnis[81], von der Enthaltsamkeit, von der Gerechtigkeit" der Christen soll er fernbleiben. In dieser „Exkommunikationsformel" fehlen Schriftlesung und Predigt als Bestandteile des Gottesdienstes der Christen. Das ist insofern nicht verwunderlich, als ja auch Ungetaufte in der Regel bis nach der Predigt zum Gottesdienst zugelassen waren. Allerdings ist die „Kontaktsperre" hier so umfassend, daß man auch die Verwehrung der Teilnahme an jeglichem Gottesdienst erwarten würde. Daß also diese Elemente hier nicht genannt sind, mag an der Genese des Kerns dieser Passage hänge, liegt aber sicher auch mit daran, daß dem Verfasser Gebet und Eucharistie wichtiger sind als Schriftlesung und Predigt.

So findet denn auch einmal eine Eucharistiefeier ohne vorhergehenden Gottesdienst statt, nämlich in der Grabkammer der eben auferstandenen Drusiana. Doch wird das vor allem mit dem Brauch des Opfers zum Totengedächtnis zusammenhängen, wie er im Kapitel 72 erscheint. Auch hier fehlt übrigens wieder der eucharistische Kelch; es wird nur das Brot erwähnt[82]. Die Proskynese beim Dankgebet für die gelungene Erweckung der Drusiana (80) soll wohl nur die Größe der Tat unterstreichen; als reguläre Gebetshaltung taucht sie sonst nicht auf[83].

---

[78] S. Fußn. 77.

[79] Vgl. noch den Schlußgruß Jesu in der äthiopischen Epistula Apostolorum 51 (SCHMIDT/WAJNBERG, p. 154,16): „Gehet hin in Frieden".

[80] ActIoh 84,10-20: CChr.SA 1,289-291.

[81] CChr.SA 1,291,17: χηδεία wie *ActAp* II,1, p. 192 emend. im Apparat für ἀχηδία. Bonnet setzt zwei Fragezeichen dazu.

[82] ActIoh 85,1-86,3: CChr.SA 1,291-293; ActIoh 72,1-3: CChr.SA 1,267 - am dritten Tag, den Drusiana im Grab ist, geht man frühmorgens zum Grab, ὅπως ἄρτον κλάσωμεν ἐκεῖ.

Eine Notiz in den Johannesakten deutet auf den Katechumenat: Johannes unterweist (χατηχεῖν) einen heidnischen Priester und seine Söhne, welche er von bösen Geistern befreite, über den Vater, den Sohn und den heiligen Geist und tauft sie dann. Aufgrund der Unsicherheiten in der Textüberlieferung an dieser Stelle[84] sowie aus inhaltlichen Gründen - in den übrigen Johannesakten fehlt, wohl aufgrund ihrer spiritualisierenden Theologie[85] die Taufe[86]; auch erscheint die formelhafte Darstellung des Unterrichtsinhaltes zu orthodox - wird man aber Junod und Kaestli Recht geben müssen, die den Satz für einen sekundären Zusatz halten[87].

Nach alledem wirkt der Hymnus Christi in den Abschnitten 94ff, zu dem ein Reigen getanzt wird, wie ein Fremdkörper. Er ist das am eindeutigsten gnostische Stück der Johannesakten; seine Aufnahme in die Akten, sei sie nun bei der Verfassung oder (m. E. wahrscheinlicher) nachträglich geschehen[88], zeigt, daß die Gnostiker Sondertraditionen wie diesen Tanz bei voller Anerkennung der kirchlichen Bräuche pflegen konnten, soweit man im Falle der Johannesakten einmal von der Taufe absieht, gegen die sich aber auch keine Polemik findet[89].

Die in dem Hymnus besungenen Mysterien des Leidens Jesu[90] bestehen wohl in einem Geheimwissen darüber, daß der Logos nicht gelitten habe[91] und wie der Gnostiker dem Leiden dieser Welt entgehen könne[92]; keinesfalls aber bezeichnen sie die Eucharistie.

---

[83] ActIoh 80,5: CChr.SA 1,283.

[84] ActIoh 57,8-9: CChr.SA 1,243. Man vergleiche nur den *ActAp* II,1, p. 179, gegebenen Text!

[85] S. E. JUNOD / J.-D. KAESTLI, CChr.SA 2,680-682.

[86] Ausnahme ist die Aufzählung in Kap 84 (ActIoh 84,15: CChr.SA 1,291 - λουτρὸν ἅγιον), wo die Erwähnung der Taufe eine sekundäre Einfügung sein könnte. Vgl. K. SCHÄFERDIEK, Herkunft und Interesse der alten Johannesakten, S. 264; R.H. MILLER, Liturgical Materials in the Acts of John, *StPatr* 13 (= TU 116, Berlin 1975) 375-381, p. 379: „... it can be tentatively suggested that the community out of which the Acts came did not practice water Baptism, but performed a re-enactment of the convert's death and resurrection".

[87] CChr.SA 1,242, n. 4; ebenso K. SCHAEFERDIEK, NTApo II[5], 177 Fußn. 61.

[88] Vermutlich ist der ganze Block 94-102 sekundär (wenn nicht sogar 87-105, evtl. in zwei Stadien; zu Einordnung von 87-105 s. CChr.SA 1,72-75) - s. o. Fußn. 72.

[89] Das setzt allerdings voraus, daß die gnostische Fassung der Johannesakten nicht auch die Schilderungen der Gottesdienste oder ihrer Elemente einschneidend verändert oder teilweise ausgelassen hatte. - Zur Stellung der alten Kirche zum Tanz vgl. C. ANDRESEN, Altchristliche Kritik am Tanz - ein Ausschnitt aus dem Kampf der Alten Kirche gegen heidnische Sitte, *ZKG* 72 (1961) 217-262. - Zur Diskussion um den Tanz in ActIoh s. ferner A.J. DEWEY, The Hymn in the Acts of John: Dance as Hermeneutic, *Semeia* 38 (1986) 67-80, und J.-D. KAESTLI, Response, *Semeia* 38 (1986) 81-88.

Die zu dem Hymnus gehörende gnostische Rede (97-102) unterscheidet sich deutlich von den anderen Predigten des Johannes in den Akten: hier vermittelt der Logos-Christus gnostisches Geheimwissen über das wahre Kreuz als Ort der Ruhe und über die Leidenslosigkeit der Lichtwelt. Die Abschnitte 103-104, ebenfalls gnostisch geprägt, schließen sich gut daran an[93]: den Hörern wird zugesagt, daß in all ihren Leiden der Herr bei ihnen ist und daß ihre Seelen unzerstörbar bleiben, wenn sie sich ganz an ihn halten. Hier leuchtet etwas von der Attraktivität der Gnosis auf: sie konnte inmitten einer feindlichen Welt durch das Wissen um die Zugehörigkeit zu einer besseren Welt Geborgenheit vermitteln[94].

Gemessen daran sind die Bekehrungsrede des Johannes in den Abschnitten 33-36 und die Gemeindepredigt im letzten Gottesdienst (106-107) moralisierend und flach. In der Missionsrede werden die Heiden als lasterhafte Personen wie in einem personifizierten Lasterkatalog angeredet[95]; es wird ihnen die Fruchtlosigkeit ihres Tuns aufgezeigt und das ewige Gericht angesagt, wenn sie sich nicht bekehren. Die Güte Jesu Christi wird nur am Anfang genannt; sie besteht hier in dem Willen, die Heiden zu bekehren und aus ihrer Verirrung zu befreien[96].

Die Gemeindepredigt ist ebenfalls eine Mahnrede, die allerdings etwas „evangelischer" ausfällt. Hier ist ein wichtiges Motiv, daß der Herr sich freut, wenn die Christen richtig leben, aber betrübt wird, wenn sie sündigen[97]. Auch werden die Christen an alle Gaben und Unterpfänder des Heils erinnert, die sie schon bekommen haben, um dann aber um so mehr gemahnt zu werden, sich entsprechend zu benehmen, damit sie des Heils nicht verlustig gehen. Auch Sündenvergebung wird angesagt, allerdings nur Vergebung für nicht bewußte Sünden unter der Bedingung, hinfort nicht mehr zu sündigen[98].

---

[90] ActIoh 96,1-8: CChr.SA 1,205.

[91] ActIoh 100-101: CChr.SA 1,211-215.

[92] ActIoh 96,1-2 u. 14-16: CChr.SA 1,205-207.

[93] Ursprünglich bildeten sie wohl den Abschluß einer gnostisierenden, stark leibfeindlichen Predigt, deren erster Teil sich in den Kapiteln 88-93 findet - s. dazu E. JUNOD / J.-D. KAESTLI, Le dossier (*ARNW* 25.6), p. 4336s. Die Kapitel 88-93 berichten von der wunderhaften Körperlichkeit oder Unkörperlichkeit des Erlösers. Wohl um des authentischen Gepräges willen sind Reminiszenzen an die neutestamentlichen Evangelien da (Gebet auf dem Berg mit Johannes, Jakobus und Petrus; Einladung zu einem Pharisäer). Schriftauslegung ist das freilich nicht.

[94] Vgl. dazu das EvPh (NHC II,3) 86.

[95] ActIoh 34-36: CChr.SA 1,185-189.

[96] ActIoh 33,8-9: CChr.SA 1,185.

[97] ActIoh 106-107: CChr.SA 1,293-297.

Sowohl die Bekehrungsrede als auch die Gemeindepredigt kommen praktisch ohne biblische Reminiszenzen aus. Insofern wäre zu fragen, ob nicht das Fehlen der Schriftlesung in den Gottesdienstbeschreibungen doch einen realen Hintergrund hat. Wenn diese Reden des Johannes repräsentativ sind für Predigten in der Gemeinde des Verfassers der Akten, so wäre es nicht verwunderlich, wenn die Frömmigkeit sich dort auf die greifbaren Unterpfänder des Heiles, also auch und besonders auf die Eucharistie konzentrierte, während man die Mahnreden im Gottesdienst nur schlecht und recht über sich ergehen ließ.

cc) Petrusakten

Am Anfang der sogenannten Actus Vercellenses, welche wohl in Kleinasien oder Rom und wie die anderen bisher behandelten apokryphen Apostelakten in der zweiten Hälfte des Zweiten Jahrhunderts entstanden sind[99], verläßt der Apostel Paulus Rom auf Geheiß des heiligen Geistes. Vor seinem Aufbruch „reichte man ihm ein Opfer von Brot und Wasser, und als er das Gebet gehalten hatte, gab er einem jeden davon"[100]. Daß damit die Eucharistie gemeint ist, wird im folgenden Satz vollends deutlich, wo von einer Frau die Rede ist, die die Eucharistie (eucharistiam) aus den Händen des Paulus empfangen will, obwohl sie nicht würdig ist[101]. Der Satz „... non ... digna accedes ad altarium dei" zeigt wie die Bezeichnung der eucharistischen Elemente als Opfer, daß die Opfervorstellung hier schon ganz konkret auf die Eucharistie übertragen ist. Die Erwähnung des „altarium" ist aber wohl darauf zurückzuführen, daß hier Mt 5,23 und 1Kor 11,27 miteinander kombiniert im Hintergrund stehen[102]; es braucht noch keinen kirchlichen Einrichtungsgegenstand gegeben zu

---

[98] Erinnerung an die Heilsgaben gleich am Anfang der Predigt; hier könnte noch etwas von der Grundstruktur Indikativ - Imperativ vorhanden sein. - Sündenvergebung am Ende (ActIoh 107,14-15: CChr.SA 1,297).
[99] Text in *ActAp* I,45-103; zu den Einleitungsfragen s. W. SCHNEEMELCHER, Einleitung, *NTApo* II⁵, 243-255; zu Ort und Zeit der Abfassung *ebda*, 255; anders als Schneemelcher: G. POUPON, Les ‚Actes de Pierre' et leur remaniement, *ANRW* II,25,6 (1988) 4363-4383: Kap 1-3, 30 u. 41 seien späterer Zusatz (1. Hälfte des 3. Jahrh.); s. dazu Fußn. 116.
[100] ActPetr 2 (*AAAp* I, p. 46,12-13).
[101] ActPetr 2 (*AAAp* I, p. 46,13-18); vgl. dazu die Thomasakten: ActThom 51.
[102] In den altlateinischen Bibeln scheint allerdings in Mt 5,23 nur ad oder ante altare(m), nicht altarium gestanden zu haben (s. Itala. Das Neue Testament in altlateinischer Überlieferung, hrsg. A. JÜLICHER, W. MATOKOW, K. ALAND, Bd. 1: Matthäusevangelium, Berlin / New York ²1972); doch ist das nicht wesentlich, da das Original der Akten auf Griechisch verfaßt war.

haben, der als Altar bezeichnet wurde. Umgekehrt ist diese Möglichkeit aber auch nicht auszuschließen.

Auffällig ist jedenfalls, daß man von Paulus die Feier der Eucharistie zum Abschied wünscht; seine Predigttätigkeit tritt zunächst, anders als etwa in der Apostelgeschichte des Lukas zum Abschied aus Troas[103], ganz in den Hintergrund. Nur im Anschluß an die wunderbare Bestrafung der Rufina läßt Paulus statt des erbetenen Zuspruchs eine Bußansprache an die übrigen ergehen und betet dann auf Verlangen für die versammelte Gemeinde. Unversehens gerät dem Autor dann auch das Gebet wieder zur Mahnrede, aber er lenkt doch schließlich dazu über, daß Paulus die Gemeinde um Fürbitte bittet, eine Bitte, die auch befolgt wird[104].

Nach der Darstellung des Autors ist also die Eucharistie das Zentrum, der eigentliche Gottesdienst, an das sich Mahnrede und Gebete nur lose angliedern; sie sind auch nicht als selbstverständliche Gottesdienstbestandteile geschildert, sondern entspringen im Erzählvorgang aus der jeweiligen Situation. Es dürfte demnach wohl kaum aus dem Bericht der Actus Vercellenses ein Gottesdienstverlauf mit der Reihenfolge Eucharistie - Predigt - Gebet[105] abzulesen sein, sehr wohl aber, daß bei allem Interesse am ermahnenden Wort, das der Autor in seine Darstellung einfließen läßt, als gottesdienstliche Handlung die Eucharistie in den Vordergrund getreten ist.

Möglicherweise hat man sich die Eucharistie hier noch im Rahmen einer Mahlzeit vorzustellen; so jedenfalls wird die Eucharistiefeier im Anschluß an die Taufe des Kapitäns Theon dargestellt. Nachdem nämlich Petrus zum Herrn gesagt hat: „in tuo nomine eucharistiam tuam communico ei ...“[106], geht nach einem Nebensatz der Text weiter: „aepulantibus autem illis et gaudentibus in dominum, subito uentus ... non cessabit (sic!) ...“[107]. Ob damit die Praxis der Gemeinde widergespiegelt ist, aus deren Umkreis die Actus Vercellenses stammen, oder ob hier nur eine Reminiszenz an ältere Bräuche vorliegt, vielleicht aus irgendwelchen Vorlagen entnommen, läßt sich schwer sagen.

Daß in den Actus Vercellenses die Witwen mit den „uirgines domini“ zusammen erwähnt und angeredet werden[108], deutet auf ein

---

[103] Act 20,7ff.
[104] ActPetr 2 (*AAAp* I, p. 46,25-47,34).
[105] Das wäre noch dazu ein Gottesdienst unter Teilnahme auch Ungetaufter, „neofiti“ (*AAAp* I, p. 46,28).
[106] ActPetr 5 (*AAAp* I, p. 51,8-9).
[107] ActPetr 5 (*AAAp* I, p. 51,10-12); im Apparat auf p. 51: „scil. cessauit“.
[108] ActPetr 22 (*AAAp* I, p. 69,22u.23): im gesamten Kontext ist von den Witwen die Rede; die uirgines domini (Zeile 22) werden aber als inuiolatae uirgines

späteres Stadium der Entwicklung hin, als man Witwen und Jungfrauen zu einem Stand in der Gemeinde zusammenfaßte[109]. Immerhin aber könnte auch die Notiz, daß die Christen im Speisezimmer (triclinium) eines Privathauses aus dem Evangelium lasen, darauf hindeuten, daß der Brauch der eucharistischen Mahlfeier dem Verfasser geläufig war[110]. Dem widerspräche auch nicht, daß es im Kontext gar nicht um den Gottesdienst geht, sondern Petrus die Evangelienlesung zum Anlaß nimmt, etwas zur Verteidigung der Evangelien gegenüber gnostischen Kritikern zu sagen. Gerade die Beiläufigkeit der Situationsschilderung könnte für ihre Authentizität bürgen.

Der Verfasser läßt nämlich auch andererseits den Petrus am Sonntag[111] im Hause des Marcellus zur Gemeinde predigen (adloqui fratribus)[112] und dabei zum Glauben aufrufen (προτρέπειν, gemeint sind damit also ungetaufte Hörer)[113], ohne daß die Eucharistie erwähnt wird. Doch wird das Ganze vor allem um der Episode der reichen Frau willen erzählt, die dem Petrus sehr viel Geld als Spende zu Füßen legt, das er für die Armen in der Gemeinde verwenden will. Eine Spende am Gottesdienstende entspricht nun aber genau dem, was der Gottesdienstschilderung des Justin über die Kollekte zu entnehmen

domini angeredet (Zeile 23), so daß es sich hier wirklich um Jungfrauen handeln muß; vgl. ActPetr 29 (*AAAp* I, p. 79,5u.10).

[109] Noch in der Apostolischen Tradition des Hippolyt sind Witwe und Jungfrau verschiedene Stände, die nicht unmittelbar nacheinander behandelt werden (Botte Nr. 10 und Nr. 12, Nr. 11 betrifft den Lektor).

[110] ActPetr 20 (*AAAp* I, p. 66,29-30); Petrus rollt das Evangelium zusammen (inuolues (sic!) eum - Zeile 30) - auch dies, daß das Evangelium als Rolle und nicht in Kodexform (zusammen mit anderen Schriften) gelesen wird, könnte aus einer älteren Quelle stammen. Der Verfasser kennt im übrigen den Brauch der Schriftauslegung aus den Propheten und den Evangelien (wie Justin): ActPetr 13 (*AAAp* I, p. 61,8-10). So erklärt Petrus auch hier der Gemeinde, was soeben verlesen wurde (*AAAp* I, p. 67,10-11: nunc quod uobis lectum est iam uobis exponam). - Ebenfalls altertümlich: das respondierende Amen in ActPetr 40 (*AAAp* I, p. 99,16).

[111] Die Actus Vercellenses entwickeln neben der gelegentlichen Erwähnung des Sonntags ein auffälliges Interesse für den Sabbat als den Tag, an dem der Wettstreit zwischen Petrus und Simon Magus stattfindet: ActPetr 22 (*AAAp* I, p. 69,26; p. 70,1), und als Tag für Krankenheilungen: ActPetr 31 (*AAAp* I, p. 81,13). Ob hier jüdische oder sehr alte christliche Vorlagen nachwirken? Merkwürdig auch, daß ActPetr 22 (*AAAp* I, p. 70,1) die Wettkämpfer als „zwei Juden" bezeichnet werden.

[112] ActPetr 30 (*AAAp* I, p. 79,16); vgl. auch ActPetr 7 (*AAAp* I, p. 53,18): öffentliche Predigt am Sonntag (prima Sabbatorum; in ActPetr 30 dominica dies / κυριακή. Ebenso ActPetr 29 - *AAAp* I, p. 79,4: dies dominicus).

[113] Martyrium des Petrus in griechischer Überlieferung, Absatz 1 (= ActPetr 30): ὁμιλοῦντος τοῦ Πέτρου τοῖς ἀδελφοῖς, καὶ προτρέποντος εἰς τὴν τοῦ Χριστοῦ πίστιν ... (*AAAp* I, p. 78 unten, Zeile 2-3). Der Verfasser kennt den Katechumenat, denn in ActPetr 2 (*AAAp* I, p. 46,28) werden et credentes in fidem et neofiti angesprochen.

ist[114], so daß man annehmen sollte, der Verfasser habe die Eucharistie hier nur nicht erwähnt, weil sie nichts zum Handlungsablauf beiträgt.

In den Fragmenten des ersten Teiles der Petrusakten kommt auch ein Gottesdienst vor, der im wesentlichen aus Predigt und Eucharistie besteht. Er findet am Sonntag statt; man versammelt sich um Petrus und erbittet zunächst Krankenheilungen von ihm; dann hält Petrus eine Rede zur Erklärung dessen, daß er seine eigene Tochter nicht heilt, und „noch andere Reden", um schließlich unter dem Lob Christi „ihnen allen von dem Brot" zu geben[115].

So bleibt festzuhalten, daß in den Petrusakten das eucharistische Sättigungsmahl bezeugt ist, daß aber dieser Brauch zur Zeit ihrer Abfassung (oder aber zur Zeit der uns vorliegenden Redaktion in den Actus Vercelli[116]) wohl doch nicht mehr aktuell war, sondern durch den Verfasser in archaisierender Manier geschildert wird. Die Feier der Eucharistie hat großes Gewicht, aber gemäß der Charakteristik des Apostelamtes wird ebenso das Predigen als wichtige gottesdienstliche Tätigkeit des Petrus erwähnt. Das eigentliche Interesse des Verfassers jedoch liegt bei den Wundern[117], auch da, wo der Wettstreit mit Simon Magus ausgetragen wird[118], und nicht so sehr bei theologischen Inhalten, die er etwa durch Predigten seiner Protagonisten hätte vermitteln können.

dd) Paulusakten

In den Akten des Paulus und der Thekla - sie sind Teil der Paulusakten, welche nach Auskunft Tertullians ein kleinasiatischer Presbyter gegen Ende des Zweiten Jahrhunderts verfaßte[119] - wird von der

---

[114] S. S. 239ff.

[115] *NTApo* II[5], 258.

[116] Nach der Theorie POUPONs (s. Fußn. 99) wäre die Schilderung des Abschiedsgottesdienstes des Paulus (mit der Eucharistie als Opfer) ebenso wie die Rede des Petrus an die Neophyten (ActPetr 30, vgl. ActPetr 2) sekundärer Einschub aus dem Anfang des 3. Jahrhunderts; die Spuren eines altertümlicheren Gottesdienstes einschließlich der Eucharistie als Sättigungsmahl finden sich tatsächlich in den Kapiteln, welche nach Poupon zum ursprünglichen Bestand der AP gehören.

[117] Eine interessante Interpretation bietet R.F. STOOPS JR., Patronage in the Acts of Peter, *Semeia* 38 (1986) 91-100: es gehe mit apologetischer Absicht darum, zu zeigen, daß Christus für die Seinen sorgen könne; innergemeindlich solle dabei klar gemacht werden, daß nur ihm und keinem menschlichen „Patron" die Ehre gebühre.

[118] ActPetr 25ff.; immerhin hält Petrus in ActPetr 24 eine Rede, die eine Kette von Schriftbeweisen aus Prophetenschriften über die Person Jesu bringt, also ähnlich aufgebaut ist wie manche Missionsreden in der Apostelgeschichte des Lukas.

durchschlagenden Wirkung der Predigt des Paulus berichtet: Thekla lauscht seiner Rede am offenen Fenster des Nachbarhauses drei Tage und Nächte lang, bis ihr Entschluß zu einem enthaltsamen Leben gemäß der Predigt des Paulus feststeht und sie ihre Verlobung auflöst[120]. Bevor Paulus mit seiner Predigt im Hause des Onesiphoros, also einem Privathause, beginnt, heißt es, „war große Freude, als er in das Haus einkehrte, und Niederknien und Brotbrechen und Wort Gottes über die Enthaltsamkeit und die Auferstehung, indem Paulus sprach: Selig sind, die reinen Herzens sind"[121] usw. Es wird also ein Gottesdienst geschildert, der aus Gebet, Eucharistiefeier (als Mahlzeit?) und Predigt besteht. Allerdings ist das Ganze auf die Predigt des Paulus hin komponiert, und daß Thekla hinterher drei Tage und Nächte lang dem Paulus zuhört[122], zeigt, daß es dem Verfasser weniger auf die realistische Schilderung des Hergangs als auf die schriftstellerische Wirkung ankommt. Wenn dennoch hinter der Gottesdienstschilderung ein echter Gottesdienst steckt, wäre am ehesten an eine eucharistische Abendmahlzeit zu denken, die durch Gebet eingeleitet worden wäre und der sich eine erbauliche Ansprache angeschlossen hätte. Das Knien zum Gebet könnte darauf deuten, daß der Verfasser an einen Alltag und nicht an einen Sonntag denkt[123], aber es steht wohl eher in stereotyper Wendung dafür, daß man betet. Allerdings wird das Stehen zum Gebet in der pfingstlichen Freudenzeit an anderer Stelle in den Paulusakten ausdrücklich erwähnt[124].

---

[119] Tertullian, bapt 17,5; zur Rekonstruktion der Akten s. W. SCHNEEMELCHER, Paulusakten, *NTApo* II[5], 193-214; dort (S. 214-243) auch der rekonstruierte Text in deutscher Übersetzung. Schneemelcher setzt sich gegenüber der 3. Aufl. von *NTApo* II (S. 221-241) v. a. mit den Thesen von W. RORDROF, Was wissen wir über Plan und Abischt der Paulusakten?, in: *Oecumenica et Patristica*, FS W. Schneemelcher, Stuttgart u. a. 1989, 71-82, auseinander. Zu der in dieser Kontroverse angesprochenen Frage, ob die Paulusakten aus einem montanistischen Umfeld stammen, s. u. Fußn. 137. - Zu den Ausgaben der Originaltexte s. die weiteren Fußnoten.

[120] ActPT 7-10 (*AAAp* I, p. 240,6-243,5; vgl. C. SCHMIDT, Acta Pauli - Übersetzung, Untersuchungen und koptischer Text, Leipzig ²1905, p. (= Buchseite, nicht Seite der Handschrift; Zeilen nach Handschriftseiten) 30-33) und die folgenden Abschnitte, wo deutlich wird, daß Thekla den Thamyris wirklich nicht heiraten will.

[121] ActPT 5 (*AAAp* I, p. 238,10-12).

[122] ActPT 8 (*AAAp* I, p. 241,11-13; vgl. C. SCHMIDT, Acta Pauli, p. 31).

[123] Zum Stehen beim Gebet am Sonntag (weil der Herrentag ein Freuden- und kein Fasttag ist) vgl. Tertullian, or 23,2; cor 3,4; Justin, Apol I,67; Hippolyt, tradAp 18 (Botte) - s. dazu S 367ff.

[124] ActPaul 7 (*NTApo* Bd. II[5], 228; = Πράξεις Παύλου. Acta Pauli nach dem Papyrus der Hamburger Staats- und Universitätsbibliothek, ed. C. SCHMIDT / W. SCHUBART, Hamburg 1936 (VHSUB.NF 2), p. (= Buchseite, nicht Seite der Handschrift; Zeilen nach Handschriftseiten) 26,30-32).

In der sich entwickelnden Verfolgungssituation entgeht Thekla dem Martyrium, während Paulus mit einer Gruppe Christen sich in eine Grabanlage geflüchtet hat und für sie betet[125]. Als dann alle wieder zusammen sind, ist in der Grabanlage ἀγάπη πολλή mit Jubel (ἀγαλλιώμενοι), und man ißt Brot und Gemüse mit Wasser[126]; diese Mahlfeier wird also eher unter dem Stichwort Agape gehalten, doch kann sie durchaus mit dem „Brotbrechen" identisch sein, zumal sie nicht direkt als ἀγάπη bezeichnet wird[127]. Denn im weiteren Verlauf der Paulusakten, nämlich bei der Schilderung des Aufenthaltes in Ephesus, ist einmal von einer Eucharistie mit Brot und Wasser die Rede, welche sich an eine Taufe anschließt[128], und Brot und Wasser kommen ja auch als wesentliche Bestandteile des Mahles in der Grabanlage vor.

An anderer Stelle wird noch einmal eine Mahlzeit geschildert, die ebenfalls sinnvoll als eucharistische Mahlzeit zu deuten ist: in Korinth fastet die Gemeinde mit Paulus, um dann aber mit ihm zusammen das Fasten zu brechen[129]. Was unmittelbar folgt, ist dem zu lückenhaft überlieferten Text nicht zu entnehmen, doch wird erst im wieder lesbaren Text von dem eigentlichen Beginn der Mahlzeit berichtet[130]. Ihr geht eine Prophezeiung durch eine der Frauen voraus[131]. Dann fängt das Mahl an, indem alle vom Brot nehmen und dann zusammen essen, wobei alttestamentliche Psalmen und christliche Lieder[132] gesungen werden. Auch Paulus, der doch vor dem Martyrium steht, freut sich: die Freude ist auch hier wieder Kennzeichen der Mahlzeit.

Daß man abends ißt, ergibt sich aus dem Folgenden, wo der Bericht mit dem neuen Tag unter der Bemerkung fortfährt: „nachdem sie die ganze Nacht dem Willen Gottes gemäß zugebracht hatten ..."[133]. An die gemeinsame Mahlzeit wird sich demnach wohl eine Vigil mit Gebeten[134] angeschlossen haben. Der Hinweis auf

---

[125] ActPT 23 und 24 (*AAAp* I, p. 251,3-5; p. 252,3-5; vgl. C. SCHMIDT, Acta Pauli, p. 40 (Lacuna) und p. 41,10-14).

[126] ActPT 25 (*AAAp* I, p. 252,25-253,3; vgl. C. SCHMIDT, Acta Pauli, p. 42); vgl. auch die (Agape-) Mahlzeit mit Brot, Öl, Gemüse und Salz in den Thomasakten 29 (dazu s. u.).

[127] Vgl. auch *NTApo* II[5], 242: ebenfalls „Liebe" und Freude ohne Bezug zur Mahlzeit.

[128] ActPaul 7 (*NTApo* II[5], 229; = Acta Pauli Hamburg, p 34,31-36; p. 34,4-36,5); vgl. dazu W. SCHNEEMELCHER, *NTApo* II[5], 214.

[129] ActPaul 9 (*NTApo* II[5], 235; C. SCHMIDT, Acta Pauli, p. 82,7; Acta Pauli Hamburg, p. 48,36-37).

[130] Acta Pauli Hamburg, p. 48 (für die Lücke) und 50,9-12 (Beginn der Mahlzeit „nach dem Brauch des Fastens" (?) - νηστίας in Zeile 11 ist sehr unsicher).

[131] Acta Pauli Hamburg, p. 48,3-50,9.

[132] Ὑπὸ αὐτῶν ψαλμῶν τε Δαουὶδ καὶ ᾠδῶν (Acta Pauli Hamburg, p. 50,11).

[133] Acta Pauli Hamburg, p. 50,12-13.

ment[154], an einer Stelle werden Brot und Becher erwähnt, am Ende aber nur Brot ausgeteilt[155]; an einer anderen Brot und Wasser, wobei aber anfangs von einer Wassermischung (also wohl mit Wein) die Rede ist[156]. Hier ist m. E. davon auszugehen, daß mehrere Überarbeitungen vorliegen[157]. Am Schluß steht die Redaktion mit Brot und Wein (-gemisch); vorher wurde wahrscheinlich der Wasserkelch hinzugesetzt, doch könnte auch die Fassung, in der nur Brot vorkommt, durch Streichung von Passagen über den Kelch entstanden sein.

Jedenfalls aber sieht es nicht so aus, als hätten ursprünglich Schilderungen ganzer Mahlzeiten dagestanden; daß Thomas an einem Abend Brot, Öl, Gemüse und Salz segnet und an die Gemeinde verteilt, wird auf eine Agapefeier ohne Eucharistie zu beziehen sein, da im selben Kontext vorher schon das Brot der Eucharistie gebrochen wurde, vor allem aber an dem darauffolgenden Morgen Thomas mit der Gemeinde die Eucharistie feiert. Bei der abendlichen Mahlzeit wird auch betont hinzugefügt, daß Thomas nicht teilnimmt, sondern in Vorbereitung auf den Sonntag fastet - für die Eucharistie wäre das mehr als merkwürdig[158].

Fast alle der in den Thomasakten geschilderten Eucharistiefeiern folgen auf die Taufe (mit Öl oder Wasser oder beidem) von Heiden, die durch das Wirken und die Predigt des Thomas bekehrt wurden. Das dürfte schon auf die älteste Fassung zurückgehen, weil hier sonst ganz erhebliche Eingriffe in den Text stattgefunden hätten, die dann

---

154 ActThom 27; 29; 49-50 (hier ist aber im Gebet von der Eucharistie des Leibes und Blutes Jesu die Rede); 133 - *AAAp* II,2, p. 143,11-12 (χλάσας ἄρτον); KLIJN, p. 78 („he broke the Eucharist"); *AAAp* II,2, p. 146,17-18 (χλάσας ἄρτον τῆς εὐχαριστίας ἔδωκεν αὐτοῖς); KLIJN, p. 79 („broke the Eucharist, and gave unto all of them"); *AAAp* II,2, p. 166,1.3.18-19; KLIJN, p. 90-91; *AAAp* II,2, p. 240,5-16; aber KLIJN, p. 133! („bread and wine"): der Wein ist offensichtlich sekundär, da die Epiklese nur dem Brot gilt wie in der griechischen Fassung und auch nur Brot ausgeteilt wird. Interessant ist noch, daß in ActThom 49 für die Eucharistie ein Tisch herbeigebracht wird (*AAAp* II,2, p. 165,19; KLIJN, p. 90 - bench (?)).

155 ActThom 158 (*AAAp* II,2, p. 268,1 (ἄρτον καὶ ποτήριον); p. 268,2-3 (σῶμα - αἷμα); p. 269,3 (χλάσας τὴν εὐχαριστίαν) - KLIJN, p. 149: bread and the mingled cup, sonst wie die griechische Version); vgl. dazu Fußn. 154 über die syrische Version von ActThom 133.

156 ActThom 120-121 (*AAAp* II,2, p. 230,14-15: ἄρτον ... καὶ ὕδατος κρᾶσιν. p. 230,19: κρᾶσιν ὕδατος καὶ ἕνα ἄρτον. p. 231,10-11: ἄρτον χλάσας καὶ λαβὼν ποτήριον ὕδατος κοινωνὸν ἐποίησεν αὐτὴν τῷ τοῦ Χριστοῦ σώματι καὶ ποτηρίου τοῦ υἱοῦ τοῦ θεοῦ. - KLIJN, p. 129-130, an der letzten Stelle „broke the Eucharist and (filled) the cup", also ohne Erwähnung von Wasser.

157 Vgl. H.J.W. DRIJVERS, Thomasakten, *NTApo* II[5], 289ff, S. 290.

158 ActThom 29 (*AAAp* II,2, p. 146,2-4; KLIJN, p. 78: and he himself ate, because the Sunday was dawning - vgl. dazu ebda, p. 14 (und auch p. 221): die syrische Fassung eliminiert das Fasten am Sonnabend, weil es sich dabei um „a very well known practice in heretical circles" handelte).

wohl auch ein einheitlicheres Bild bei den Details hinterlassen hätten. Die eine Ausnahme ist eine Eucharistiefeier am Sonntagmorgen zum Abschied des Apostels; vor dem Brotbrechen betet der Apostel und segnet die Anwesenden durch Handauflegung[159]. Ob diese Eucharistiefeier sozusagen den Abschluß der Feier am vorhergehenden Abend bilden soll oder ganz für sich steht, ist unklar. Folgerungen zur Gottesdienststruktur wird man aus dieser Stelle wohl kaum ziehen dürfen. Hingegen treffen wir die Feier der Eucharistie im Anschluß an die Taufe auch sonst immer wieder an; sie ist keine Besonderheit der Thomasakten[160]. Das Fehlen eines normalen Sonntagsgottesdienstes mit Feier der Eucharistie ist da schon verwunderlicher; doch sollte man auch daraus keine Folgerungen ziehen, da der Verfasser nur immer wieder neu die Mission des Apostels schildert und am Leben einer bereits etablierten, normalen Gemeinde kein Interesse hat[161].

Von den Predigten des Thomas sind entsprechend nur drei an getaufte Christen gerichtet, alle anderen wenden sich an die Heiden, um sie zu bekehren. Manchmal kann auch an die Stelle der Missionspredigt ein sehr ausführliches Gebet treten, welches zum Teil in direkte Anrede an die Gemeinde übergeht[162]. Das dürfte wohl an der großen Vorliebe des Verfassers für das Gebet liegen.

Die erste Predigt an bereits Getaufte ist auch die erste Predigt in den Akten überhaupt[163]. Von daher hat sie programmatischen Charakter. Sie betrifft die Enthaltsamkeit, und das paßt zu dem Grundtenor der Thomasakten. An die Verurteilung von Hurerei, Habsucht und Völlerei[164] schließen sich hier, sozusagen als Rekompensation, verheißende Herrenworte für die Enthaltsamen an; danach wird mit dem Endgericht gedroht, und das Ganze schließt mit einer Aufforderung zum Glauben. Damit ist der Rahmen der Gemeindepredigt eigentlich gesprengt; dem entspricht die lockere Anbindung der Rede an einen Bekehrungsbericht mit den Worten: „Der Apostel aber hörte nicht auf zu verkündigen und ihnen zu sagen ..."[165].

---

[159] ActThom 29 (*AAAp* II,2, p. 146,16-20; KLIJN, p. 79).

[160] Z. B. Justin, Apol I,(61)65; Hippolyt, TradAp 21 (Botte); ActPetr 5 (*AAAp* I, p. 51).

[161] In die Richtung eines „normalen" Sonntagsgottesdienstes könnte weisen, daß der Apostel in ActThom 131 ein Triclinium zum *Lehren* zur Verfügung gestellt bekommt (*AAAp* II,2, p. 238,24: τρίκλινον. KLIJN, p. 135: an apartment). Der Raum deutet allerdings auf die Mahlfeier als Sättigungsmahl.

[162] ActThom 47-48; 72; 80; 107; 142; 144; 148.

[163] ActThom 28.

[164] KLIJN, p. 78 „service of demons" ist offensichtlich sekundär, da mit dem weiteren Verlauf der Predigt nicht übereinstimmend.

Bemerkenswert ist die zweite Gemeindepredigt des Apostels[166]; sie ist eine Abschiedsrede an eine zum Gottesdienst versammelte Ortsgemeinde (συναγαγεῖν πάντας εἰς ἕν)[167], in welcher Thomas einen Diakon als seinen Nachfolger zum Predigen einsetzt und mahnende Worte zu einem tugendhaften Leben mit einer Warnung vor der Strafe Gottes sagt. Diese Mahnungen wirken mit ihren Topoi (auf Reichtum und Schönheit ist kein Verlaß) wie ein Substrat aus der großen Bekehrungsrede in den Johannesakten (ActJoh 33-37); und doch haben sie einen anderen Charakter: ihnen wird sehr stark das Positive der Hoffnung auf Jesus Christus gegenübergestellt. Das wiederum paßt zu dem Beginn der Predigt, welcher herausstellt, wie Jesus denen, die beim Glauben an ihn bleiben und auf ihn hoffen, in jeder Lebenslage hilft. Als Beispiel für den Abfall vom Glauben wird dem pauschal das Volk Israel gegenübergestellt. Damit, daß die Zusage des Heils in dieser Predigt im Vordergrund steht, nimmt sie eine Ausnahmestellung ein. Theologisch geht die Predigt dabei aber über ein asketisch-gesetzliches Christentum nicht hinaus; weder orthodoxe noch gnostische Christologie und Soteriologie spielen eine Rolle, auch das Motiv der Liebe zu Christus wird nicht weiter begründet als mit dem Hinweis auf seine Unvergänglichkeit[168].

Die dritte Predigt vor getauften Christen schließlich ist eine Abschiedsrede des Thomas vor seinem Martyrium[169]; sie ist ganz von der Situation bestimmt und besagt im wesentlichen, daß der Apostel zu Jesus Christus gehen werde, daß der Tod Befreiung vom Körper sei und daß auch die anderen bei ihrem Tode auf den Herrn warten sollten.

Summarisch werden darüber hinaus an anderer Stelle die Predigten des Apostels in Anlehnung an Lk 24,27 als Erweis davon bezeichnet, daß der Christus die Erfüllung dessen gebracht hat, was die Propheten ankündigten[170]. Der Schriftgebrauch in den Thomasakten selbst ist aber nicht gerade die Widerspiegelung dieses Wortes, so daß es sich kaum um mehr als die Einflechtung eines erbaulichen Wortes aus dem Lukasevangelium handeln dürfte.

---

[165] ActThom 28 (*AAAp* II,2, p. 143,15-144,1; KLIJN, p. 78, zählt den Satz noch zu ActThom 27).
[166] ActThom 66.
[167] ActThom 65 (*AAAp* II,2, p. 182,11-12; KLIJN, p. 99 assemble).
[168] *AAAp* II,2, p. 184,5-7. Der Gedanke ist hier klarer durchgeführt als in der syrischen Version (KLIJN, p. 100).
[169] ActThom 159-160.
[170] ActThom 59 (*AAAp* II,2, p. 176,5-11; KLIJN, p. 96). Die syrische Fassung scheint erweitert, sie bietet bekenntnisartig mehr über die Funktion Jesu.

Auffällig ist, daß im Anschluß an eine Missionsrede[171] (der schon ein Gebet im Angesicht der Heiden vorausgeht) der Apostel das Vaterunser betet und daran ein sehr langes Gebet zum Beschluß seines Lebens anschließt[172]; darauf folgt noch einmal eine Anrede an die Umstehenden, daß sie an den Gott glauben sollen, den der Apostel predigt. Inhalt der vorangegangenen Predigt war im wesentlichen auch nur die Aufforderung, an Christus zu glauben, wie er mit verschiedenen Prädikaten als Erlöser beschrieben wurde. Hier zeigt sich auf das deutlichste, daß dem Verfasser nicht daran gelegen ist, realistisch gottesdienstliches Leben darzustellen, sondern daß er mit Versatzstücken aus dem Gottesdienst für seine schriftstellerischen und theologischen Zwecke operiert. So scheut er auch nicht davor zurück, an einer Stelle einen Wildesel zur Menge predigen zu lassen, der insbesondere vor (aus der Sicht des Verfassers) moralisch nicht einwandfreien „Lügenaposteln und Propheten der Gesetzlosigkeit" warnt[173].

Die übrigen Reden des Apostels sind meist in den Kontext eingepaßte kurze Worte mit der Aufforderung, vom Unglauben in seinen verschiedenen Gestalten abzulassen und an Christus zu glauben. Eine längere Predigt findet sich noch einmal in den Abschnitten 82 bis 86, die sich nicht wesentlich von der ersten Predigt der Thomasakten unterscheidet. Auch hier wird (nach einer persönlichen Einleitung an die Trägersklaven einer reichen Frau und einigen kritischen Worten zum Reichtum) wieder zuerst und vor allem vor sexueller Verfehlung gewarnt, worauf lasterkatalogartig weitere Ermahnungen folgen[174], denen positiv gegenübergestellt wird, wie die Christen wandeln sollen; zu der zuletzt aufgeführten Tugend der Sanftmut werden dann wieder bekräftigend Herrenworte angefügt. Diese Art Predigt könnte in ihren Strukturen etwas davon reflektieren, was der Verfasser als Predigt kennt (Mahnung negativ und positiv, Herrenworte zur Begründung).

Doch hat sich wohl zur Genüge gezeigt, daß wir uns mit Folgerungen aus den Thomasakten zum Gottesdienstleben in Syrien am

---

[171] ActThom 143.
[172] ActThom 144–148; Vaterunser in ActThom 144 (*AAAp* II,2, p. 250,20–251,1; KLIJN, p. 142; beide Fassungen bieten das Vaterunser ohne Doxologie; zur Textkritik der griechischen Version s. *NTApo* II, 3. Aufl., S. 364 Fußn. 5).
[173] ActThom (78) 79.
[174] *NTApo* II⁵, 336 bietet für Abschnitt 84 einen Mischtext aus griechischer (nach der Handschrift U) und syrischer Version, der im wesentlichen mit dem etwas umfangreicheren syrischen Text identisch ist. Der Lasterkatalog des griechischen Textes U (*AAAp* II,2, p. 199,29–200,20, linke Spalten) ist allein aber auch schon eindrücklich genug. Die Pariser Handschrift P stellt in ActThom 84 und 85 nur einen Laster- einem Tugendkatalog gegenüber, ohne daß die einzelnen Laster und Tugenden kommentiert werden. Ob damit die Urfassung gegeben wird, welche nach der Predigtpraxis von Redaktoren erweitert wurde?

Anfang des Dritten Jahrhunderts auf recht schwankendem Boden befinden[175]. Das liegt am Wesen der Schriftstellerei in diesen Akten selbst, dann auch daran, daß es offenbar Überarbeitungen gegeben hat, die man nicht sauber ermitteln kann, schließlich auch möglicherweise an der Vielgestaltigkeit des Christentums in Syrien zu dieser Zeit[176]. Dazu kommt, daß die Akten stark gnostisch gefärbt sind[177]; das wird nicht nur an den gnostischen Liedern deutlich, die in ihnen enthalten sind[178], sondern ist auf Schritt und Tritt spürbar. In den Predigten wird zum Beispiel immer die Körperlichkeit angeprangert und der geistigen Welt gegenübergestellt. So könnte die besondere Betonung der Ölung als Initiationsritus von hier beeinflußt sein[179], und auch die gewisse Indifferenz des Verfassers gegenüber realistischer Gottesdienstschilderung kann davon herrühren: letztlich kommt ja doch alles auf das Geistige an.

Daß die Predigt des Apostels im gnostischen Kontext Wort des Lebens genannt wird[180], ist denn auch nicht überraschend. Doch ist solche Ausdrucksweise auch allgemeinchristlich, genauso wie die Bemerkung, daß durch den Apostel der Herr selbst spricht[181]. Mit

---

[175] Folgende Beobachtungen zum Gemeindeleben wären noch anzumerken: die Kollekte für die Witwen in ActThom 59 (*AAAp* II,2, p. 176,1-5; KLIJN, p. 96); die Herberge für die Fremden in ActThom 33 (*AAAp* II,2 p. 150,23-24; KLIJN, p. 81); Diakon und Presbyter als Nachfolger des Apostels in ActThom 169 (*AAAp* II,2, p. 284,5.14; KLIJN, p. 154) - der Presbyter sekundär?; die Versammlungen in ActThom 169 und 170 (συνάγεσθαι bzw. συναθροίζεσθαι: *AAAp* II,2, p. 284,4.11; 287,4.12); eine Predigt über die Taufe als Taufunterricht in ActThom 132.

[176] Vgl. A.F.J. KLIJN, The Acts of Thomas, p. 30-33.

[177] Anders H.J.W. DRIJVERS, *NTApo* II[5], 300-303, der die Verfassung der Thomasakten dem Tatian zuordnet und ihre spiritualistischen Züge einem Mittelplatonismus gebildeter Kreise in Syrien zuschreibt. Es ist zuzugeben, daß die Thomasakten kein valentinianisch-gnostisches System entfalten. Problematisch bleibt, Urfassung und Überarbeitung voneinander zu scheiden und danach festzulegen, in welchem Milieu die Akten entstanden und in welchem sie überarbeitet wurden.

[178] Hochzeitslied (ActThom 6-7) und Perlenlied (ActThom 108-113) - beide nicht metrisch. Der Verfasser läßt den Apostel das Hochzeitslied bei einer Mahlzeit singen, das Perlenlied bei einer Andacht im Gefängnis, die eher die Züge eines Wortgottesdienstes trägt. Man wird als ursprünglichen Sitz im Leben für diese Lieder den Gottesdienst annehmen dürfen; das Hochzeitslied gehörte wohl zur sakramentalen Feier des „Brautgemachs". Aufgrund der Länge der Lieder dürfte auch der Zug realistisch sein, daß sie von einem einzelnen vorgetragen wurden. - Zu den Liedern s. A.J.F. Klijn, The Acts of Thomas, pp. 168-179; 273-281; auch *NTApo* II[5], 295-298.

[179] Vgl. H.-G. GAFFRON, Studien zum koptischen Philippusevangelium unter besonderer Berücksichtigung der Sakramente, diss. theol. Bonn 1969, S. 73; s. insbesondere Irenäus, adv. haer. I,21,(3).4; zur Salbung beispielsweise noch EvPh (NHC II,3) 67,28.

[180] ActThom 142 (*AAAp* II,2, p. 248,20; KLIJN, p. 141).

[181] ActThom 140 (*AAAp* II,2, p. 247,1: ὁ ... νεανίσκος πεισθεὶς διὰ τοῦ κυρίου. - KLIJN, p. 140).

seiner Wertschätzung des Wortes stand das gnostisierende Christentum an der Wende vom Zweiten zum Dritten Jahrhundert nicht allein, wohl aber mit dem besonderen Sinn, der seiner Ansicht nach darin verborgen lag.

c) Zusammenfassung

Die Nachrichten aus den alten Märtyrerakten sind von größerem historischem Wert als die verstreuten Notizen in den doch sehr romanhaften Apokryphen Apostelakten. In den ältesten Märtyrerakten begegnet uns der Typus des christlichen Lehrers, der in der Großstadt eine Hausgemeinde um sich gesammelt hat. Dabei zeigt sich bei Polykarp schon der Übergang vom „freien" Lehrer zum Bischof als Lehrer. In Gallien treffen wir außerhalb des griechischen Sprachgebiets noch charismatische Wanderprediger an. Im übrigen fügen sich die Mitteilungen der alten Märtyrerakten in das Bild vom christlichen Gottesdienst ein, welches wir aus den anderen Quellen gewinnen.

Schon recht früh werden die Märtyrerakten selbst im Gottesdienst verlesen und damit in den Rang heiliger Schriften erhoben worden sein. Das gilt für montanistische Kreise, aber auch sonst. In erster Linie wird man aber dabei an die Begehung der Märtyrergedächtnistage zu denken haben, so daß von den Akten keine große Wirkung auf den normalen Gemeindegottesdienst ausging.

Die Deutung der Beobachtungen an den Apokryphen Apostelakten wird dadurch erschwert, daß man mit verschiedenen Überarbeitungen zu rechnen hat. So ergibt sich zum Teil ein Bild vom Gottesdienstleben, welches sich nicht sonderlich von dem der späteren Kirche unterscheidet. Die den Akten eigentümlichen asketischen Tendenzen mögen in manchen Gemeinden ihren Nährboden gehabt haben, die dann tatsächlich wie in den Akten geschildert die Eucharistie ohne Kelch feierten.

Es fällt speziell im Blick auf die Mahlfeier eine recht große Vielfalt der Formen in den Akten auf. Immer wieder begegnen wir dabei eucharistischen Abendmahlzeiten. Hier wird neben dichterischer Freiheit auch der mancherorts noch erhaltene oder wenigstens noch in der Erinnerung präsente alte Brauch des eucharistischen Sättigungsmahls mitsamt dem dazugehörigen „Jubel" im Hintergrund stehen. Oftmals ist dann auch die Verkündigung von der Mahlfeier getrennt. Das liegt jedoch auch daran, daß die Verkündigung in der Regel als Missionspredigt geschildert ist.

Die Predigten der Apokryphen Apostelakten sind, wenn nicht ganz und gar literarisch der jeweiligen Situation angepaßt, im allgemeinen asketisch-gesetzlich und damit von den paränetischen Predigten des Zweiten Jahrhunderts, denen wir bisher begegnet sind, nicht weit entfernt. Ausnahmen bilden einzelne stark von der Gnosis beeinflußte Predigten, welche das Heil für die Gnostiker verkündigen.

Völlig aus dem Rahmen fällt der kultische Tanz in dem gnostischen Einschub zu den Johannesakten. Hier zeigt sich schlaglichtartig, daß wir keineswegs immer mit einheitlichen Gottesdienstformen unter den Christen rechnen können.

Wortverkündigung und Eucharistiefeier sind in den Akten unterschiedlich gewichtet: steht in den Andreasakten ganz die popularphilosophisch-gnostisierende Belehrung im Vordergrund, so legen beispielsweise die Petrusakten großen Wert auf die Mahlfeiern. Für die Geschichte des christlichen Wortgottesdienstes aber sind alle Auskünfte der Apokryphen Apostelakten nur mit größter Vorsicht zu verwerten.

7. Pseudoklementinen

Den apokryphen Apostelakten verwandt ist der wohl aus dem syrischen Raum stammende pseudoklementinische Roman[1]. Die Datierung ist wegen der verschiedenen Überarbeitungen schwierig; heute geht man allgemein von der Entstehung einer Grundschrift um die Mitte des Dritten Jahrhunderts aus, während die von G. Strecker und anderen erschlossene, aber nicht unumstrittene Quellenschrift der Kerygmata Petrou wohl noch ins Zweite Jahrhundert zu datieren ist[2].

Die Pseudoklementinen zeichnen in dem Apostel Petrus das Bild eines umherziehenden Wanderpredigers und Missionars. Wenn man von dem eigentlich romanhaften Handlungsstrang absieht, besteht seine Aufgabe vor allem darin, auf öffentlichen oder halböffentlichen Plätzen vor der Menge zu predigen oder zu diskutieren. Gemäß dieser Funktion gehören die Gedanken, die er äußert, vor allem in den Bereich der Apologetik[3]. Als Wanderprediger sammelt er eine kleine Schar

---

[1] Für meine Untersuchungen lege ich die Homilien und die Rekognitionen zugrunde und ziehe gelegentlich die syrische Fassung mit heran. Zur Bewertung der syrischen Version vgl. Die Pseudoklementinen I. Homilien, hrsg. v. B. REHM, Berlin/Leipzig 1953 (GCS 42), p. XVI-XX. Die Rekognitionen sind in derselben Reihe erschienen: Die Pseudoklementinen II. Rekognitionen in Rufins Übersetzung, hrsg. v. B. REHM, Berlin 1965 (GCS 51). Der syrische Text ist zusammen mit einer griechischen Übersetzung abgedruckt worden: Die syrischen Clementinen mit griechischem Paralleltext, hrsg. v. W. FRANKENBERG, Leipzig 1937 (TU 48,3); zur Übersetzung vgl. ebdt. p. V-VI.

[2] Zur Diskussion s. G. STRECKER, NTApo II[5], 439-447; J. WEHNERT, Literarkritik und Sprachanalyse. Kritische Anmerkungen zum gegenwärtigen Stand der Pseudoklementinen-Forschung, ZNW 74 (1983) 268-301; W. PRATSCHER, Der Herrenbruder Jakobus und die Jakobustradition, Göttingen 1987 (FRLANT 139), S. 122-124.

[3] Das gilt m. E. cum grano salis für alle Schichten des Werkes, schon weil der Grundstock jeweils übernommen wird. Apologetische Motive sind zum Beispiel der Nachweis, daß zur Erlangung sicherer Erkenntnis die Prophetie nötig ist, die Identifizierung der heidnischen Götter mit den Dämonen und natürlich auch die Verteidigung des Monotheismus. Damit ist etwas über den Geist und das Umfeld des Werkes gesagt, noch nichts über die Zuordnung spezifischer Motive im einzelnen. - B. Rehm charakterisiert die Grundschrift als apologetisch: B. REHM, Zur Entstehung der pseudoclementinischen Schriften, ZNW 37 (1938) 77-184, S. 155f.; vgl. auch H. WAITZ, Pseudoklementinische Probleme, ZKG 50 (1931) 186-194, S. 194 (zit. - mit falschen Angaben - bei H.J. SCHOEPS, Theologie und Geschichte des Judenchristentums, Tübingen 1949, S. 43).

engerer Nachfolger um sich, denen er, ebenfalls im Geiste apologetischer Theologie, Lehrer und Vorbild wird. In diesem Kreis, wenn nicht
sogar auf die einzelne Person beschränkt, spielt sich auch das Frömmigkeitsleben ab, zu dem vor allem das (morgendliche) Gebet und
gemeinsame Mahlzeiten zählen. Auch regelmäßige Waschungen
scheinen hierher zu gehören, wenngleich sie im uns vorliegenden Werk
eher als Äußerung einer vernünftigen Lebensweise dargestellt werden
und ins Belieben des einzelnen gestellt sind[4].

Besonders im Zusammenhang mit dem Erzählstrang der Wiederer-
kennungen wird darüber hinaus noch die Wichtigkeit der Taufe betont:
nur durch sie bekommt man Zugang zu den gemeinsamen Mahlzeiten
und zum gemeinsamen Gebet[5]. Die Qualifikation für die Taufe
liegt dabei weniger im Empfang christlicher Unterweisung als vielmehr
im Nachweis christlicher Lebensweise[6]. Nach festem Brauch ist
auch eine Fastenzeit vor der Taufe notwendig[7].

Die Taufe kommt in der Rahmenhandlung außerdem noch im Zusammenhang mit der Gründung von Gemeinden vor; doch reicht es für
die Existenz dieser Gemeinden nicht aus, wenn eine Reihe von Getauften sich zusammenfindet. Vielmehr werden hier noch Amtsträger
benötigt, und erst mit einer festen Ämterstruktur ist die Gemeinde
so konstituiert, daß Petrus weiterziehen kann[8]. Daß in einer

---

[4] Gemäß dem Ansatz Streckers, nach dem Homilien und Rekognitionen
unabhängig voneinander entstanden sind (G. STRECKER, Das Judenchristentum in
den Pseudoklementinen, Berlin, ²1982), gehen die folgenden Abschnitte auf jeden
Fall bis auf die Grundschrift zurück: Hom I,22,3-5 / Rec I,19,3-5 (gemeinsame
Mahlzeit der Getauften); Hom III,29,3-5 / Rec II,19,5-7 (gemeinsames Morgengebet
der Getauften); Hom VIII,2,5/ Rec IV,3,1 (Waschung und Mahlzeit; Hom: σιτίου σὺν
τοῖς προόδοις μεταλαβών / Rec: cibo sumpto); Hom X,1,1-2/ Rec V,1,1-2 (morgendliche Waschung und Gebet in Hom, nur Gebet in Rec); Hom XI,34,1 / Rec VI,15,1
(Mahlzeit σὺν τοῖς φιλτάτοις / cum familiaribus suis); Hom XIV,1,2b / Rec VIII,1,1
(Waschung und Gebet). Darüber hinaus hat vor allem der Homilist diesen Motivkreis
verwendet: Hom II,53,3; III,1 (vgl. dazu Rec V,1,2); Hom VI,26,5; VIII,24,3; IX,23,3;
X,26,2-3; XI,1,1; XII,25,1; XV,11,2; XVI,21,5 (Petrus geht „ohne zu essen" schlafen);
Hom XVII,1,1; XIX,25,5; XX,10,2; 11,1. Bei ihm findet sich auch neben der Feststellung, daß Petrus und seine Anhänger sich morgens und abends waschen, das Motiv,
daß die Waschung freiwillig ist: Hom X,26,2; XI,1,1.
[5] Hom XIII,4,3-5 / Rec VII,29,3-5 und das sich anschließende (wiederholte)
Taufbegehren der Mattidia; vgl. auch Fußn. 4.
[6] Hom XIII,5; 9,3-10,7/ Rec VII,30; 34,3-35,7 (an der zweiten Stelle jeweils auch πίστις bzw. fides als Voraussetzung für die Taufe; der Glaube wird aber
erkennbar am ἄξιόν τι πίστεως ποιεῖν bzw. dignum fide agere - vgl. Hom XIII,10,4/
Rec VII,35,4); s. auch Hom I,16,4/ Rec I,13,4.
[7] Hom XIII,9,3-12,1/ Rec VII,34,3-37,1a(7).
[8] Hom III,60-72/ Rec (= Syr) III,65,5-66,9 (Caesarea); Hom XI,36,2 / Rec
VI,15,4-5 (Tripolis); Hom XX,23,5/ Rec X,65,5 (Laodizea - vom Homilisten?; vgl.
G. STRECKER, Judenchristentum, S. 89: gegen Strecker könnte man einwenden, daß
sich daraus, daß der Schluß nicht im Widerspruch zur Laodizeadisputation steht, die
Urheberschaft des Homilisten nicht sicher ableiten läßt); zu Rec X,68,3 vgl. B.

solchermaßen gegründeten Gemeinde sich dann auch ein geordnetes
Gemeindeleben abspielt, ergibt sich schon aus der Mahnung zum regel-
mäßigen Besuch der Versammlungen, welche bei der Einsetzung des
Bischofs ausgesprochen wird[9].
  Nur bei einer Gemeindegründung taucht auch einmal die
Eucharistie auf[10]. An der einzigen anderen Stelle, wo das Wort Eu-
charistia im Blick auf die christliche Mahlfeier vorkommt (sieht man
einmal von der wohl vom Rekognitionisten stammenden Stelle Rec
I,63,3 ab)[11], handelt es sich um eine Mahlzeit mit Brot und Salz im
Kreise des Petrus und seiner Schüler, welche sich an die Taufe der
Mutter des Clemens anschließt[12]. Hier zeichnen sich drei Stadien
der Handlung ab: die eigentliche Taufe, das gemeinsame Gebet an
einem geschützten Ort und die gemeinsame Mahlzeit. Diese Struktur
ist den uns sonst bekannten Taufgottesdiensten vergleichbar, nur daß
dort am Ende die liturgische Eucharistiefeier steht. Hier kommt zwar
das Wort εὐχαριστία vor, doch ist die Wendung τὸν ἄρτον ἐπ᾽ εὐχαριστίᾳ
κλάσας durch das sofort hinzugefügte καὶ ἐπιθεὶς ἅλας gleich wieder in
die eigentümliche Mahlterminologie und Mahlvorstellung der Rahmenhandlung hineingenommen, so daß man ἐπ᾽ εὐχαριστίᾳ fast übersetzen
möchte: „mit einer Beracha"[13]. Im gleichen Sinne tauchen bei den
Mahlzeiten auch die Begriffe εὐχαριστέω und ἐπευχαριστέω auf[14].

REHM, Entstehung, S. 85; vgl. auch EpClem 2-19. Schematisiert finden sich die
Gemeindegründungen dann in der Ausgestaltung des Reiseberichtes von Caesarea
nach Tripolis durch den Homilisten (vgl. G. STRECKER, Judenchristentum, S. 69):
Hom VII,5,3 (Tyrus); Hom VII,8,3 (Sidon); Hom VII,1 2,2 (Berytos) - die Formulierung des Berichts über die Gemeindegründung in Laodizea ist sehr ähnlich, doch
läßt sich auch daraus nicht sicher erweisen, daß der Bericht erst auf die Homilisten
zurückgeht.
  [9] EpClem 17,2; Hom III,69,2; vgl. ferner EpClem 12,2.
  [10] Hom XI,36,2/ Rec VI,15,4. Die singuläre Formulierung εὐχαριστίαν χλάω
bezeichnet das Brot als Eucharistie, so daß εὐχαριστία hier nicht mehr primär die
Bedeutung: Dank, Segensspruch haben kann, sondern zum terminus technicus geworden ist und eben die „Eucharistie" bedeutet. Die Formulierung mag beeinflußt sein
von Hom XIV,1,4 (dazu s. u.), meint aber gerade nicht dasselbe (gegen G. Strecker,
Judenchristentum, S. 212, Fußn. 2); vgl. auch ActThom 158 (AAAp II,2, p. 269,2).
  [11] Vgl. G. STRECKER, Judenchristentum, S. 43.
  [12] Hom XIV,1 (εὐχαριστία in XIV,1,4) / Rec VII,38,1 stellt verkürzt dar:
„omnibus consequenter mysteriis religionis inbuitur"; vgl. auch die Taufe des Klemens: Hom XI,35,1-2/ Rec VI,15,2-3.
  [13] Die geläufige Übersetzung für Beracha wäre allerdings εὐλογία. Die
Mahlterminologie läßt sich bis zur Grundschrift und evtl. auf die Contestatio 4,3 als
ihren Ursprung zurückverfolgen (so G. STRECKER, Judenchristentum, S. 211); doch
das heißt nicht, daß auch die Mahlvorstellung mit der Zulassungsbeschränkung erst
auf den Grundschriftverfasser zurückgeht - dazu s. u.
  [14] Hom I,22,4/ Rec I,19,4 (gratias agere); Hom X,26,3; Hom XII,25,1; Rec
IX,38,11 (laudes reddere). Auch sonst findet sich εὐχαριστέω des öfteren in den
Pseudoklementinen mit der Bedeutung: Dank sagen, loben (Pseudoklementinenkonkor-
danz II).

Damit hebt sich das Bild des Petrus und seiner Schüler mit ihrer Frömmigkeit deutlich von dem einer Gemeinde mit ihren Ämtern und Gottesdiensten ab. Zu fragen wäre daher, ob beides sich etwa unter dem Hinweis auf die Missionssituation vereinen ließe, oder ob sich hier Spuren zweier verschiedener Gemeinde- und Gottesdienstkonzeptionen finden.

Wenn man G. Strecker in der Annahme folgt, daß der Verfasser der Grundschrift für seine Schilderung von Amtseinsetzungen auf eine besondere ihm vorliegende Quelle zurückgreift[15], so stellt sich unsere Frage noch spezifischer: geht die Darstellung der Frömmigkeit des Petrus in der Rahmenhandlung auf den Grundschriftverfasser zurück (dann wäre sie mit hoher Wahrscheinlichkeit als literarisches Konstrukt von geringem historischen Wert anzusehen)[16], oder steht hier eine andere, ältere Quelle im Hintergrund[17]?

Doch zunächst noch ein Wort zu den Gemeindegründungen. Hier sind die mit stereotypen Formeln dargestellten Einsetzungen von Bischöfen aus der Zahl der Petrus nachfolgenden Presbyter in Tyrus, Sidon, Berytos und evtl. auch in Laodizea mit einiger Sicherheit auf den Homilisten zurückzuführen[18]. Übrig bleiben die ausführlicheren Berichte aus Caesarea, Tripolis und aus der Epistula Clementis, diejenigen Texte also, die Strecker für seine Rekonstruktion der „Ordinationsquelle" nutzt[19].

Am stärksten abgeschliffen in der Darstellung und am wenigsten ausführlich ist die Schilderung der Einsetzung des Maroon in Tripolis[20]. Wenn sie auf den Verfasser der Grundschrift zurückgeht, und dafür spricht die Parallelität der Darstellung in den Homilien und Rekognitionen[21], so bietet sie uns am ehesten einen deutlichen Überblick darüber, wie er sich eine Gemeindegründung vorstellt, da er in der Zusammenfassung nicht mehr unmittelbar von seiner Quelle

---

[15] G. STRECKER, Judenchristentum, S. 97-116.
[16] So z. B. G. STRECKER, Judenchristentum, S. 209ff.
[17] Dazu s. u. S. 314ff.
[18] S. o. Fußn. 9.
[19] G. STRECKER, Judenchristentum, S. 103. Ich folge Strecker in der Annahme einer solchen Quelle, die sich allerdings nicht im Wortlaut rekonstruieren läßt. Doch auch ohne die Hypothese der Ordinationsquelle bleibt die Beobachtung gültig, daß die Pseudoklementinen ein „normales" kirchliches Gemeindeleben einerseits und das Zusammenleben des Kreises um Petrus mit seinen eigenen Formen andererseits kennen.
[20] Hom XI,36,2/ Rec VI,15,4-5.
[21] Zum Ansatz vgl. Fußn. 4. Der einzige gravierende Unterschied in den Formulierungen ist der Satz „atque omnia ecclesiae ministeria disponit" in Rec VI,15,5, zu dem sich keine Parallele in Hom XI,36 findet. Er wird wohl ein „modernisierender" Zusatz des Rekognitionisten sein.

abhängig ist. Das stellt sich so dar: es finden im Anschluß an die Predigten und Heilungstaten des Petrus viele Taufen statt, auf welche unmittelbar eine Eucharistiefeier folgt. Für die neuentstehende Gemeinde installiert Petrus außerdem den Maroon als Bischof, bestimmt zwölf Presbyter und auch Diakone[22] und setzt einen Witwenstand ein. Dann verabschiedet er sich mit einer Mahnrede an die Amtsträger und die Gemeinde, wie sie in den andern beiden ausführlicheren Ordinationsberichten überliefert ist[23].

Im Vergleich mit diesen anderen Stellen fallen drei Dinge sofort auf: die Erwähnung der Eucharistie, die Zwölfzahl der Presbyter und die Einsetzung eines Witwenstandes. Darüber hinaus ist im Vergleich zu der Gemeindegründung von Caesarea auffällig, daß hier anders als dort die Taufen der Amtseinsetzung vorausgehen und daß die Mahnrede am Schluß und nicht vor der eigentlichen Ordination steht.

Weil man nun wegen der Erwähnung der Mahnrede davon ausgehen kann, daß der Grundschriftautor hier in Abkürzung das Ordinationsritual wiedergibt, welches er sonst ausführlicher ausgeschrieben hat[24], deuten die Unterschiede in der Darstellung auf besondere Gedanken und Vorstellungen des Verfassers der Grundschrift hin. Im Blick auf die Gründung des Witwenstandes muß es dabei m. E. unentschieden bleiben, ob sie schon in der Vorlage vorkommt oder als für eine Gemeinde wichtige Einrichtung hier vom Grundschriftautor miteingefügt wurde[25].

Die anderen Unterschiede zeigen jedenfalls, wie sich der Grundschriftautor die Vorgänge vorstellt: zur Taufe gehört auch die nachfolgende gemeinsame Feier der Eucharistie, und wenn erst einmal eine Reihe Getaufter da ist, dann muß die Gemeinde durch die Einsetzung von Ämtern strukturiert und somit vollends zur Gemeinde gemacht werden. Erst an die solchermaßen gegründete Gemeinde kann dann die Mahnrede über die verschiedenen Ämter und Aufgaben ergehen[26]. Die Zwölfzahl der Presbyter konkretisiert die Vorstellung

---

22 Der Rekognitionentext ließe sich auch so verstehen, daß die Zahl der Diakone ebenfalls zwölf war. Doch legt der Homilientext, welcher die Zahl der Diakone unbestimmt läßt, ein diesem analoges Verständnis der Rekognitionen nahe; vgl. auch Rec III,66,5, wo zwölf Presbyter und vier Diakone ordiniert werden.
23 EpClem 4-16; Hom III,66-71 / Rec III,66,5-9.
24 „Eine Mahnrede fehlt in den außerklementinischen Ordinationsritualen." G. Strecker, Judenchristentum, S. 110.
25 Gegen G. STRECKER, Judenchristentum, S. 107. Daß die Witwen im Schiffsgleichnis fehlen, gibt zu denken; daß der Grundschriftautor keine „Gemeindefunktion" der Witwen kennt, spricht nicht dagegen, daß er die Einrichtung eines Witwenstandes für einen wichtigen und althergebrachten Teil einer Gemeindegründung hält.
26 Vgl. G. STRECKER, Judenchristentum, S. 105.

und legt eine Deutung der Ämter von Bischof und Presbytern in Analogie zu Jesus und den Aposteln nahe, was so etwa dem Schiffsgleichnis der „Ordinationsquelle" nicht zu entnehmen ist[27].

Die Schilderung der Vorgänge in Caesarea weist demgegenüber die Unstimmigkeit auf, daß dort ein Bischof für eine eigentlich noch nicht existierende Gemeinde eingesetzt wird und danach nicht etwa dieser Bischof die Taufen vornimmt, sondern allein Petrus[28].

Das hängt einerseits sicher damit zusammen, daß hier das Gewicht auf der Einsetzung des Zachäus liegt und das andere sozusagen nur den Rahmen bildet. Doch zeigt das andererseits m. E. auch eine gewisse Selbständigkeit der Rahmenhandlung: Der Grundschriftverfasser hätte ja die Taufhandlungen vor die Einsetzung des Bischofs verlegen können. Stattdessen ist er dem Schema gefolgt, daß Petrus in eine Stadt kommt, dort Wunderheilungen vollbringt und predigt und auf diese Weise viele bekehrt und schließlich durch Taufen eine Gemeinde gründet. Die nach einer separaten Quelle gestaltete Ordination des Zachäus wirkt demgegenüber wie eine Einfügung[29]. Erst in der zusammenfassenden Kurzdarstellung der Gemeindegründung von Tripolis ist dem Grundschriftautor die Integration voll gelungen.

Von hier aus stellt sich erneut die Frage nach dem Frömmigkeitsleben des Petrus in der Rahmenhandlung, aber auch danach, ob in der „Ordinationsquelle" die Eucharistie vorkam. Am wahrscheinlichsten ist es wohl, daß diese Quelle die Eucharistiefeier nicht eigens erwähnt; hieraus ließe sich ihr Fehlen bei der Beschreibung der Ordination in Caesarea am ehesten erklären, ebenso wie ihre Einfügung im Tripolisbericht nach der Taufe (Tauffeiern dürften dem

---

[27] EpClem 14-15. - Daß die Zwölfzahl der Presbyter im Raum der Pseudoklementinen nichts Ungewöhnliches ist, zeigt Rec III,66,5.

[28] Der Rekognitionist hat das zu korrigieren versucht, indem er dem Zachäus wenigstens die zwei Funktionen zukommen läßt, daß er Anmeldungen für das Taufregister aufnimmt und den Taufunterricht erteilt. Er sagt auch nicht direkt, daß Petrus tauft, behält aber die „Terminplanung" bei, die den Tauftermin von des Petrus Verweildauer abhängig macht. Doch auch hier greift er noch einmal korrigierend ein, indem er als weitere Spezifizierung des Termins den „dies festus" (Ostern - vgl. die syrische Fassung, FRANKENBERG, p. 228f.) angibt, welcher natürlich gerade an das Ende des Aufenthaltes des Petrus fällt. (Rec III,67) Damit entsteht hier ein wesentlich „kirchlicheres" Bild von der Taufe als in Hom III,73, wo nach einem kurzen Fasten (gegenüber längerem Fasten in Rec III,67) und einer Art improvisiertem Taufunterricht (die Täuflinge dürfen Petrus Fragen stellen; wichtiger erscheint hier die tägliche Handauflegung) die Taufen durch Petrus an mehreren Tagen nacheinander vorgenommen werden.

[29] Das Problem ist eher beschrieben als gelöst, wenn G. Strecker aus dem Ablauf der geschilderten Ereignisse folgert, daß nach der Auffassung des Grundschriftautors auch Heiden bei der Ordination zugegen waren - G. STRECKER, Judenchristentum, S. 56.

Grundschriftverfasser vertrauter gewesen sein als Ordinationen) und nicht nach der Ordination[30].

Doch das bedeutet nicht, daß im Umfeld der „Ordinationsquelle" die Eucharistie unwichtig oder gar nicht bekannt war. Vielmehr deutet alles darauf hin, daß die Verhältnisse im wesentlichen so waren, wie wir sie auch aus anderen Quellen kennen. Ein Vergleich mit der syrischen Didaskalie zeigt zum Beispiel, daß hier wie dort die Presbyter einen Gerichtshof für innergemeindliche Streitigkeiten bilden[31]; hier wie dort ist es eine Aufgabe der Diakone, dem Bischof Informationen über die einzelnen Gemeindeglieder zuzutragen, damit er effektiv seines Amtes walten kann[32]; und hier wie dort wird zu häufigem Gottesdienstbesuch gemahnt[33]. Auch ein manchem unrealistisch und übertrieben vorkommender Zug aus der Rahmenhandlung findet übrigens in der syrischen Didaskalie eine Parallele: der Ausschluß der Katechumenen vom gemeinsamen Gebet der Getauften[34].

So wird man für das Gemeindeleben, aus dessen Umfeld die „Ordinationsquelle" stammt, auch eine Feier der Eucharistie wie in den anderen Gemeinden annehmen müssen. Daß die Eucharistiefeier kein integraler Bestandteil der Bischofsordination zu sein scheint, könnte allenfalls darauf hindeuten, daß hier die Verwaltung der Eucharistie noch nicht spezifische Aufgabe nur des Bischofs ist.

Für unsere Frage nach dem Wortgottesdienst ist im Zusammenhang mit dieser Quelle noch das Amt des Katecheten von Bedeutung. Sein Vorkommen ist ein Hauptargument dafür, hier überhaupt eine gesonderte, schriftliche Quelle (also womöglich eine Gemeindeordnung) anzunehmen, weil dieses Amt in der Darstellung der Pseudoklementinen eine unklare Stellung einnimmt und anscheinend schon vom Grundschriftautor mißverstanden und als eine Funktion des Bischofs

---

[30] Auch hier ist der Erklärungsversuch Streckers unbefriedigend, wenn er sagt: „Daß dort die Eucharistie vor der Einsetzung des Bischofs genannt ist, erklärt sich aus der besonderen Situation: die Gemeinde sollte erst durch Taufe und Eucharistie konstituiert sein, bevor ihr Ämter gesetzt wurden." (G. STRECKER, Judenchristentum, S. 108) Daß die Eucharistie eine Gemeinde konstituiert, ist ein den Pseudoklementinen völlig fremder Gedanke.
[31] EpClem 10,1; Hom III,67,3 - SyrDid XI (Fl. 59ff. / Vö. (408) 119ff.); hier besteht der Gerichtshof aus dem Bischof und den Presbytern (Fl. 60,29-30/ Vö. (408) 121,16-17), und auch die Diakone scheinen mitanwesend zu sein (Fl. 61,10-11 / Vö. (408) 122,4-5).
[32] EpClem 12,1; Hom III,67,2 - SyrDid XI (Fl. 59,14-20 / Vö. (408) 120,2-8).
[33] EpClem 17,2; (EpClem 12,2); Hom III,69,2 - SyrDid XIII (Fl. 70,28-33 / Vö. (408) 135,12-15).
[34] Hom III,29,3-5/ Rec III,19,5-7 - SyrDid X (Fl. 54,30-55,22 / Vö. (402) 113,14-114,16); vgl. S. 357; gegen G. STRECKER, Judenchristentum, S. 259.

begriffen wurde[35]. So ist es wahrscheinlich, daß das Bestehen eines Katechetenamtes bis ins Zweite Jahrhundert hinaufweist[36].

Über die Aufgabe des Katecheten kann man leider aufgrund der Pseudoklementinen nicht allzu viel sagen. Aufgrund des Begriffes selber und aufgrund der (leider uns sprachlich nicht mehr ganz deutlichen) Angabe der Funktion im Schiffsgleichnis[37] kann man davon ausgehen, daß er Katechumenen im Auftrage der Kirche zu unterweisen hatte. Da es sich offenbar lohnte, dazu eine besonderes Amt einzurichten, sind unter Katechumenen hier vermutlich nicht nur die Taufanwärter zu verstehen, sondern auch alle diejenigen, die sich vom Christentum angezogen fühlten.

Damit wäre es möglich, daß für den Bereich der „Ordinationsquelle" Katechumenen nicht zum Gemeindegottesdienst zugelassen wurden, auch nicht zu seinem Wortteil, sondern daß sie regelmäßig einer gesonderten Unterweisung durch den Katecheten beiwohnten[38]. Doch bleibt auch die andere Möglichkeit, daß der Unterricht den Wortgottesdienst für die Katechumenen ergänzte und lehrmäßig vertiefte. So etwa dürfte es später in Alexandrien gewesen sein[39].

Sicher ist nur, daß im Bereich der „Ordinationsquelle" nicht nur das Gemeindeleben, sondern auch der Zugang zum Christentum bereits kirchlich organisiert und geregelt war. Insofern steht diese Quelle, wenn sie denn existiert hat, dem kirchlichen Leben des Grundschriftautors offensichtlich recht nahe. Wie erklären sich demgegenüber die eher unkirchlichen Züge des Frömmigkeitslebens im Kreise um Petrus, wie die Vorstellung einer Gemeindegründung vor allem durch Taufen im Anschluß an Wunderheilungen und Missionspredigt?

---

[35] EpClem 13,1-2; in Hom III,71,5 ist die Reihenfolge gegenüber derjenigen von EpClem und dem Schiffsgleichnis in EpClem verschieden; ich halte es nicht für ausgeschlossen, daß der Verfasser den (singulären) Begriff κατηχήτης als Attribut zu πρεσβύτερος aufgefaßt hat, da sowohl Diakone als auch Witwen in der Aufzählung je ein nachgestelltes Attribut mit sich führen. Zum Ganzen vgl. G. STRECKER, Judenchristentum, S. 111f.

[36] Gehalten hat sich dieses Amt (jedoch in besonderer Ausgestaltung) anscheinend in Alexandrien und evtl. in Palästina, falls es nicht durch Origenes von Alexandrien nach Caesarea verpflanzt wurde; vgl. Euseb, h. e. VI,3,3; 8,1; 15; 27.

[37] Ναυστόλογος = naustologus = navis dispositor (LIDDEL & SCOTT) = Zahlmeister (?), Quartiermeister (?); LAMPE: „ship's steward who assigned passengers their places and directed them" (p. 899, dort jedoch nur ConstAp II,57,10 als weiterer Beleg zusammen mit unserer Stelle).

[38] T. HARNACK, Der christliche Gemeindegottesdienst im apostolischen und altkatholischen Zeitalter, Erlangen 1854, S. 28, will das sogar (mit J.W.F. Höfling) für die gesamten Pseudoklementinen geltend machen.

[39] Katechumenenunterricht: Euseb, h. e. VI,15; Katechumenen bei der Predigt: s. den Abschnitt über Origenes, S. 431f.

Denkbar wäre, daß der Verfasser sich eben die besondere Missionssituation vorstellt und sich etwa auch Züge der Apostelgeschichte
zum Vorbild nimmt. Ja, man könnte alles, was in der Rahmenhandlung
von dem Bild geregelten Gemeindelebens abweicht, welches wir aus
der „Ordinationsquelle" gewinnen, aus dem Duktus der Handlung und
überdies aus der Vorstellung des Verfassers zu erklären versuchen, daß
hier nicht irgendwer, sondern der Apostel Petrus selbst agiert. Das beträfe zum Beispiel auch die individuellen Taufen des Clemens und der
Mattidia[40].

Doch bliebe es schwierig zu begründen, warum Petrus aus der
Sicht des Grundschriftverfassers nicht mit seinem Gefolge doch ein
Frömmigkeitsleben beobachtete, das stärker an dem orientiert war, was
der Verfasser als normales Gemeindeleben kannte. Dies gilt umso
mehr, wenn unsere Analyse der Gemeindegründung in Tripolis richtig
ist und sich hier, wo der Grundschriftverfasser nicht nur kompiliert,
sondern selber stärker gestaltet, genau solche Züge des ihm vertrauten
Gemeindelebens einstellen.

So ist es am wahrscheinlichsten, daß der Grundschriftautor mit
dem Muster der Wunderheilungen und Missionspredigten des Petrus
und der darauffolgenden Taufen sowie in der Darstellung des besonderen Frömmigkeitslebens des Petrus und seines Kreises auf ihm vorliegendes Material (ältere Apostelakten?) zurückgreift[41]. Auf diese

---

[40] Beiden geht ja kein geregelter Unterricht voraus; beide sind integrale Bestandteile der Rahmenhandlung der Grundschrift.
[41] Daß eine Rahmenhandlung der Kerygmata Petri zugrundeliegt, ließe sich
dann am ehesten vermuten, doch läßt sich natürlich nicht ausschließen, daß es sich
um eine weitere Quelle handelt. Das legt sich besonders dann nahe, wenn man den
Titel „Kerygmata" sehr eng auslegt und nur auf Lehren bezieht; diese Auffassung
wird gestützt durch Rec III,75 (dies Inhaltsverzeichnis der Kerygmata Petrou ist
aber wahrscheinlich fiktiv - so G. STRECKER, Judenchristentum, S. 58f., mit E.
Schwartz), nicht jedoch durch EpClem 19,2 (griechisch und lateinisch), 20 (lat.,
griech. nur: τῶν Πέτρου ἐπιδημίων χηρυγμάτων ἐπιτομή), Hom I,6,1; Rec I,17,3; Hom
I,20,3, wo es jeweils heißt, daß von den Worten und Taten des Petrus Bericht er-
stattet wird. - Nach H. Waitz gehören sowohl das Material der „Ordinationsquelle"
Streckers als auch die Schilderungen des Petrus im Kreis seiner Jünger zur
Praxeis-Petrou-Quelle (H. WAITZ, Pseudoklementinen, S. 169-250, bes. S. 180-186).
Wenn man Streckers Theorie übernimmt, dann könnte es sich hier allenfalls um
eine Praxeis-Petrou-Quelle handeln, die gegenüber der von Waitz wesentlich redu-
ziert wäre. - Näher an meiner Auffassung von der alten Rahmenhandlung ist O.
Cullmanns Hypothese vom Itinerarium Petri (O. CULLMANN, Le problème littéraire
et historique du roman pseudo-Clémentin, Paris 1930, p. 99-116), der allerdings die
Quelle recht spät datiert, weil er die Theorie von C. Schmidt übernimmt, daß für
Teile der Rahmenhandlung die Actus Vercellenses zugrundeliegen (C. SCHMIDT,
Studien zu den Pseudo-Clementinen, Leipzig 1929 (TU 46,1), S. 1-46); vgl. auch ge-
gen die spezielle Hypothese Cullmanns H. WAITZ, Pseudoklementinische Probleme,
S. 189-192; mit Cullmann H.J. SCHOEPS, Theologie und Geschichte des Judenchri-
stentums, Tübingen 1949, S. 42. - Allen diesen Versuchen ist gemeinsam, daß sie

Weise wäre es auch nicht notwendig, dem Verfasser allzu viel „historische Phantasie" zuzutrauen[42].

Nun könnte man allerdings noch einwenden, daß der Grundschriftverfasser wegen der Arkandisziplin so selten von der Eucharistie spreche und ihretwegen auch zu den eigentümlichen Mahlschilderungen
komme. Dagegen spricht zweierlei: einmal, daß die Erwähnung der
Eucharistie bei den Taufen in Tripolis ja gerade als eine Besonderheit
des Grundschriftautors anzusehen ist. Vor allem aber das, daß die Arkandisziplin in den Pseudoklementinen greifbar vorkommt, sich aber
immer auf Lehren - die Kerygmata des Petrus und an einer Stelle auf
gnostische Geheimlehren des Simon Magus - bezieht[43]. Außerdem
sind die geschilderten Mahlzeiten kaum als eine in der Darstellung um
den Kern der eigentlichen Eucharistie gekürzte Feier anzusehen[44].
Eher sind sie in die Nähe der Agapefeiern zu rücken, aber ohne daß
irgendetwas dafür spricht, daß es daneben auch Eucharistiefeiern gegeben hätte[45]. Von den Agapen unterschieden sie sich allerdings
durch ihre Alltäglichkeit.

Demnach hat es also im Zweiten Jahrhundert (und womöglich bis
ins Dritte Jahrhundert hinein) am Rande des Christentums Gruppen
gegeben, die ein Frömmigkeitsleben praktizierten, welches nach der
Taufe[46] sich vor allem im Gebet, in gemeinsamen Mahlzeiten und

---

den Streit zwischen Petrus und Simon Magus in ihrer „Quelle" finden. Das ist für
die von mir postulierte alte Rahmenhandlung mit dem beschriebenen Bild des Wanderapostels und Lehrers Petrus nicht notwendig.

[42] So z. B. E. SCHWARTZ, Unzeitgemäße Beobachtungen zu den Clementinen, *ZNW* 31 (1932) 151-199, bes. S. 178ff.; aber auch G. Strecker greift auf
dies Deutungsmuster zurück, wenn er im Blick auf die Gemeinschaftsmahle über den
Grundschriftautor sagt: „Sein Bestreben, den Roman interessant zu gestalten, führte
ihn zu Archaismen ..." (G. STRECKER, Judenchristentum, S. 213; vgl. auch ebda.,
S. 257-260).

[43] EpPetr, Cont; Hom XVIII,12 - die Stelle in den Homilien stammt wohl
vom Homilisten (vgl. G. STRECKER, Judenchristentum, S. 62ff.), so daß sich daran
zeigt, wie die Vorstellung von einer Geheim-Lehre durch die Zeiten bestehen bleibt.

[44] Selbst wenn man das annähme, müßte die Schilderung der Mahlzeiten auf
eine sehr frühe Quelle zurückgehen, da dann die Eucharistie noch mit einem Ge-
meinschaftsmahl verbunden wäre.

[45] Um die Nähe zu den Agapefeiern abzustreiten, muß G. STRECKER,
Judenchristentum, S. 212f., zu Argumenta e silentio greifen. Daß christliche Einrichtungen als „hebräisch" bezeichnet werden, kommt in den Pseudoklementinen häufiger
vor, so daß man den Ausdruck, das Dankgebet finde „nach gewohntem hebräischem
Brauch" statt, nicht pressen darf (gegen G. STRECKER a. a. O., S. 213). Daß auch
die Agapefeiern jüdischen Charakter hatten, bleibt dabei unbestritten; nur müssen
die Mahlzeiten des Petrus eben nicht unmittelbar ihr Vorbild im jüdischen Brauch
haben. - Man könnte die Mahlzeiten der Pseudoklementinen auch im Lichte der Eucharistiefeiern verstehen, aus welchen sich diejenigen der Didache entwickelt haben:
vgl. S. 165ff.

[46] Auch wenn die Taufen des Klemens und der Mattidia auf den Grundschriftautor zurückgehen und sich nicht nachweisen läßt, ob er in einer seiner

in gelehrten Diskussionen manifestierte, möglicherweise gehörten auch tägliche rituelle Waschungen dazu. Ob diese Gruppen darüber hinaus die Missionspredigt kannten oder ob uns hier bereits auf dieser frühen Stufe ein literarisches Konstrukt in Anlehnung an Schriften wie die Apostelgeschichte des Lukas entgegentritt, läßt sich schwer entscheiden.

Der damit beschriebenen Frömmigkeit fehlt ein gemeinsamer Gottesdienst im eigentlichen Sinne, zumal auch das Morgengebet uns nicht nur als gemeinsames Gebet geschildert wird[47]. Man schart sich jedoch zusammen um den Lehrer, mit dem eine relativ enge Lebensgemeinschaft besteht, wie es sich besonders an den gemeinsamen Mahlzeiten zeigt.

Ein Vorbild oder eine Parallele zu solchem Schulbetrieb mag man im Rabbinismus suchen, zumal die Mahlzeiten, soweit man sehen kann, wie die Agape nach dem Muster eines jüdischen Mahls verlaufen[48]. Doch ist natürlich auch an apologetische und gnostische Lehrer zu denken, die in ähnlicher Weise Schüler um sich sammelten. Das Fehlen eines Gottesdienstes scheint mir dabei am ehesten in ein gnostisches Umfeld zu weisen.

Damit ergäbe sich für das Frömmigkeitsleben der Rahmenhandlung ein ähnlicher Hintergrund wie für die Kerygmata Petri, so daß man diese, soweit sie überhaupt rekonstruierbar sind, zur Füllung des Rahmens heranziehen könnte[49]. Doch läßt sich ein solcher

---

Vorlagen Muster dafür hatte, ist doch davon auszugehen, daß die Taufe eine Grundvoraussetzung für die Aufnahme in die engste Gemeinschaft um den Lehrer war.

[47] Für die Grundschrift kommt hier vor allem Hom X,1,2 / Rec V,1,2 in Betracht; vgl. außerdem Hom XVII,1,1 (u. 6,2), von hier aus auch Hom III,1.

[48] S. Fußn. 45.

[49] Vgl. dazu G. STRECKER, Judenchristentum, S. 137ff., und DERS., Die Kerygmata Petri, in: *NTApo* 2, 3. Aufl. 1964, S. 63-80. - Wenn man zu den Kerygmata auch die Epistula Petri ad Iacobum mit der „Contestatio" rechnet (vgl. G. STRECKER, Judenchristentum, S. 137-145), scheint sich hier allerdings ein Widerspruch aufzutun, wenn wir vom Bischof Jakobus hören, von den Presbytern und von einer geregelten Ausbildungszeit für Lehrer. Doch ist für eine Frömmigkeit, wie sie für Petrus und seinen Kreis beschrieben wird, im Zweiten Jahrhundert eine Kenntnis zumindest beginnender Gemeindestrukturen sicher vorauszusetzen (und daß die Jerusalemer Gemeinde einen Bischof und Älteste hatte, wußte man), nur daß hier eben nicht das Interesse des Verfassers der Quelle lag. Ein Interesse an der Lehrerausbildung hingegen läge sogar nahe; ob die sechsjährige Lehrzeit wie auch die Zahl der siebzig Ältesten dabei ein Phantasieprodukt ist (so G. STRECKER, l. c.) oder historisch ernstzunehmen (so C. SCHMIDT, Studien, S. 316-324), ist schwer zu entscheiden. Die sechs Jahre könnten sich durch eine Verdoppelung der anderweitig (allerdings erst für das Ende des Zweiten Jahrhunderts - Hippolyt von Rom, Clemens von Alexandrien, s. S. 378f. u. 346) belegten dreijährigen Katechumenenzeit ergeben. Das Gremium der 70 ist sonst für das Christentum nicht belegbar (die 70 in Lk 10 haben eine ganz andere Funktion), so daß mindestens in diesem Punkte wohl Strecker Recht zu geben ist.

Zusammenhang nicht belegen, und es mag auch anderes Material sein, welches den Inhalt der Lehrgespräche und Predigten des Petrus bildete[50].

Jedenfalls aber findet sich keine Spur davon, daß diese Predigten auch nur teilweise einen gottesdienstlichen Rahmen gehabt hätten[51]. So ist das Wort in der hier geschilderten Frömmigkeit in den Bereich des gnostisierenden Schulbetriebs einerseits und in das damit zusammenhängende alltägliche Zusammenleben andererseits aufgegangen: einen Wortgottesdienst hat es hier (anders als in dem Gemeindeleben aus dem Bereich der „Ordinationsquelle" und im Umfeld des Grundschriftautors) ebensowenig gegeben wie einen eucharistischen.

---

[50] Gemessen an dem Frömmigkeitsleben dürfte man dann aber diese Quelle nicht ohne weiteres als „katholisch" charakterisieren. Dies spricht als weiterer Punkt gegen eine Identifizierung mit der Praxeis-Petrou-Quelle von Waitz (s. H. WAITZ, Pseudoklementinen, S. 201); vgl. Fußn. 41.

[51] Der an manchen Stellen auftauchende Gruß am Predigtanfang wäre noch am ehesten so zu deuten: Hom III,30,2 / Rec II,20,1 (εἰρήνη εἴη πᾶσιν ὑμῖν), vgl. Rec III,13,1; 33,1; (51,1); (IV,3,3); IV,7,1; V,1,3; VI,2,1; ferner Rec I,65,5: cum pace populum dimisit. Der Gruß an sich impliziert noch keine gottesdienstliche Situation, die ja auch im vorliegenden Kontext nicht gegeben ist. Überdies läßt er sich in den Pseudoklementinen nicht bis hinter die Grundschrift zurückverfolgen. - M. W. gibt es aus den ersten zwei Jahrhunderten n. Chr. auch keine Belege für den Friedensgruß als Predigtanfang.

8. Zum Gottesdienst gnostischer Gruppen

Daß es die Gnosis als einheitliche Erscheinung nicht gegeben hat, ist bekannt; dennoch hat es sich als sinnvoll erwiesen, auf Grundgemeinsamkeiten bei den christlich-gnostischen „Häretikern" zu reflektieren. Für uns ist von Interesse, wie sich verschiedene gnostische Gruppen zum christlichen Gemeindegottesdienst, insbesondere zu seiner Wortverkündigung verhalten haben. Zu fragen wäre, ob Gnostiker mit ihrem Interesse an der Erkenntnis nicht auch besonderes Gewicht auf den Wortgottesdienst legten; außerdem, ob die Gnosis zu eigenen Gottesdienstformen geführt hat; und schließlich, ob mögliche Sonderformen bei den gnostischen Gottesdiensten Rückschlüsse auf den kirchlichen Gottesdienst zulassen.

Das damit beschrittene Gebiet ist aufgrund der Verschiedenheit der gnostischen Gruppen und wegen der Quellenlage, auch und gerade nach dem Fund von Nag Hammadi, so komplex, daß ich mich hier weitgehend auf die Arbeiten anderer Forscher verlassen muß und darauf fußend eine Skizze vorlegen möchte[1].

Irenäus von Lyon schreibt über die Valentinianer, daß sie an die „Menge" Predigten richteten, die von denen der Nichthäretiker praktisch nicht zu unterscheiden seien (simulantes nostrum tractatum); ihre Taktik sei dabei, Vertrauen zu erwecken (non contradicentes auditores suos fecerint) und gleichzeitig den Hörern Fragen nach höherer Erkenntnis nahezubringen, welche sie dann im kleinen Kreis (separatim) beantworteten. Hier werde dann die eigentliche Lehre vom Pleroma den Hörern unterbreitet[2].

---

[1] An erster Stelle ist hier zu nennen: K. KOSCHORKE, Die Polemik der Gnostiker gegen das kirchliche Christentum, Leiden 1978 (NHS 12); ferner: R.M. GRANT, Gnostic and Christian Worship, in: DERS., After the New Testament, Philadelphia 1967, p. 173-182; H.-G. GAFFRON, Studien zum koptischen Philippusevangelium unter besonderer Berücksichtigung der Sakramente, diss. theol. Bonn 1969, dort bes. Teil II: Gnosis und Kultus (S. 71-99); K. KOSCHORKE, Eine neugefundene gnostische Gemeindeordnung. Zum Thema Geist und Amt im frühen Christentum, ZThK 76 (1979) 30-60. - Das Werk von H. KRAFT, Gnostisches Gemeinschaftsleben, diss. theol. Heidelberg 1950, war mir nicht zugänglich. - Für die Texte aus Nag Hammadi lege ich, wenn nicht anders vermerkt, die englische Übersetzung der folgenden Ausgabe zugrunde: The Nag Hammadi Library in English, ed. J.M. Robinson, Leiden 1977 (²1984). Abkürzungen für die einzelnen Traktate nach K. KOSCHORKE, Polemik, S. XIII-XIV.

Die zuerst angeredete Versammlung besteht, wie Irenäus ausdrücklich vermerkt, auch nach Ansicht der Valentinianer selbst aus Gnostikern und Kirchenchristen; es handelt sich also dabei nicht um eine eigentlich gnostische Veranstaltung, sondern so sehr um eine „normal-kirchliche", daß die Valentinianer sich beschweren können, sie verstünden gar nicht, warum die anderen ihnen die Gemeinschaft aufkündigten[3].

Zieht man verstreute Nachrichten über die gnostischen Lehrer Valentin, Ptolemäus und Florinus mit heran, ergibt sich daraus (zunächst für Rom) folgendes Bild: die gnostischen Lehrer haben entweder als διδάσχαλοι oder auch als πρεσβύτεροι in ihren kirchlichen (Teil-)Gemeinden gepredigt wie andere auch; daneben aber sammelten sie, vermutlich nach Art eines Lehrers in seiner Schule, einen kleinen Kreis Auserwählter um sich, denen sie das, was hinter und über der Kirchenlehre nach ihrer Sicht als eigentliche Erkenntnis stand, mitteilten[4].

Anders als Markion, der wohl durch seine konsequente Verwerfung der heiligen Schriften des Alten Testaments eine klare Handhabe zur Trennung bot, wurden die valentinianischen Lehrer erst zur Zeit des Irenäus von den übrigen kirchlichen Lehrern eindeutig als Häretiker ausgegrenzt. Daß damit kirchenpolitisch noch nicht endgültig feststand, welche Seite sich gegenüber der anderen durchsetzen würde, zeigt zum Beispiel Tertullians Schilderung von öffentlichen Diskussionen mit „Häretikern", wo das Ende in der Weise offenblieb, daß man als Zuhörer nicht wußte, „quam haeresin iudicet"[5].

Als der römische Presbyter Florinus wegen seiner Lehre seines Amtes enthoben wurde[6], dürfte das wohl zu einem Rückzug auf

---

[2] Irenäus, adv. haer. III,15,2 (vgl. ferner die bei K. KOSCHORKE, Polemik, S. 175ff. zitierten Stellen).

[3] „Hi enim ad multitudinem propter eos qui sunt ab Ecclesia, quos communes et ecclesiasticos ipsi dicunt, inferunt sermones ...; qui etiam queruntur de nobis quod, cum similia nobiscum sentiant, sine causa abstineamus nos a communicatione eorum ..." (Iren. adv. haer. III,15,2). Wenn man Irenäus beim Wort nimmt, dann sind es bereits von der Kirche ausgestoßene Gnostiker, die hier „kirchlichen" Gottesdienst halten; doch sind die Dinge zu seiner Zeit noch im Fluß, die Abgrenzung ist eben noch nicht überall geschehen, wie etwa der Fall Florinus zeigt (dazu s. u.).

[4] Vgl. H. LANGERBECK, Zur Auseinandersetzung von Theologie und Gemeindeglauben in der römischen Gemeinde in den Jahren 135-165, in: DERS., Aufsätze zur Gnosis, Göttingen 1967 (AAWG.PH 69) 167-179; P. LAMPE, Die stadtrömischen Christen in den ersten beiden Jahrhunderten, Tübingen 1987 (WUNT II,18), S. 200-203 und 219-268; K. KOSCHORKE, Polemik, S. 228ff. Zu Ptolemäus s. auch die Abschnitte dieser Arbeit über das Martyrium des Ptolemäus und Lucius und das Martyrium des Justin (zur Frage der Identität des Ptolemäus s. bes. P. LAMPE, a. a. O., S. 202f.).

[5] Tertullian, praescr 18,2; vgl. K. KOSCHORKE, Polemik, S. 228ff.

den engeren Kreis seiner Schule und in die Publizistik geführt haben.
Doch mögen andernorts gerade die Kritiker an der Gnosis sich aus
der Gemeinde zurückgezogen haben, weil die gnostische Partei ein
Übergewicht hatte[7].

Von daher ergibt sich als grundsätzliche Möglichkeit, daß gnostische Gruppen in christlichen Gemeinden das Wort führten und auch
mit diesen Gemeinden deren normale Gottesdienste feierten, um zusätzlich dazu im inneren Kreis sich dem Unterricht in der eigentlichen
Gnosis zu widmen[8]. Die Teilnahme an der Gemeindepredigt bildete dabei in der Sicht solcher Gnostiker eine Vorstufe zum Unterricht
in der wahren Gnosis; als solche war sie daher unverzichtbar[9].
Wenn überdies ein Gnostiker predigte, so ergab sich damit ein Ansatz-
punkt zur Mission für die „wahre Erkenntnis"[10]. Daß auch die
Teilnahme an den kirchlichen Sakramenten Gnostikern wie den
Valentinianern möglich war, belegt am ausführlichsten K. Koschorke
in seinem Buch über die Kritik der Gnostiker am kirchlichen
Christentum[11].

Die Versammlung im inneren Kreis konnte durchaus auch kultische Formen annehmen; insbesondere gehören hierher das Sakrament
der Apolytrosis und die Feier des „Brautgemaches", was immer das im
einzelnen gewesen sein mag[12]. So hat es in den gnostischen

---

[6] Euseb, h. e. V,15; was unter ἀποπεσών zu verstehen ist, wird angesichts
der Nachricht deutlich, daß Irenäus wegen des Florinus nach Rom geschrieben und
den dortigen Bischof auf dessen häretische Lehre aufmerksam gemacht habe:
Irenäus, fragm. syr. 28 (HARVEY, vol. II, Cambridge 1857, p. 457).

[7] Belege bei K. KOSCHORKE, Gemeindeordnung, S. 48-51, v. a. S. 50
Fußn. 95 (z. T. als Verweise auf weitere Sekundärliteratur, welche die Quellen
nennt und bearbeitet).

[8] Vgl. K. KOSCHORKE, Polemik, S. 67f. (mit Hinweisen auf Quellen und
Sekundärliteratur zu Gnostikern mit in der Gemeinde führenden Positionen); bei W.
BAUER, Rechtgläubigkeit und Ketzerei im ältesten Christentum, Tübingen ²1964
(BHTh 10), S. 77ff und S. 174ff allerdings v. a. argumenta e silentio.

[9] Vgl. K. KOSCHORKE, Polemik, S. 224 u. 227f.

[10] K. KOSCHORKE, Polemik, S. 221 -224.

[11] K. KOSCHORKE, Polemik, S. 142 ff. und passim.

[12] Iren. adv. haer. I,13,3ff.; I,21 (vgl. Hippolyt ref. VI,41); EvPh (NHC II,3)
67ff, vgl. dazu H.-G. GAFFRON, Studien zum koptischen Philippusevangelium,
S. 71ff; auf S. 71 auch die einschränkende Bemerkung: „Gnostische Schriften berichten häufig von Taufe, Salbung und Brautgemach; aber im allgemeinen sind damit
himmlische Realitäten gemeint, denen nur in wenigen Fällen irdische ‚Abbilder' entsprechen." Das wäre auch kritisch zu R. M. Grants Einordnung von Theodot als
„liturgical innovator" zu bemerken (R. M. GRANT, Gnostic and Christian Worship,
p. 175), da bei ihm zwar Taufe und Salbung, nicht aber das Brautgemach auch ir-
disch-konkret verstanden werden (Clem. Alex., Exc. ex Theod. 63ff). Vgl. dazu
auch ExpVal (NHC XI,2) 40ff. - Das „Brautgemach" als liturgisch gestalteter Akt
dürfte hingegen der Sitz im Leben für das Hochzeitslied in den Thomasakten sein
(ActThom 7). - In der koptischen Epistula Apostolorum 35 (SCHMIDT / WAJN-
BERG, p. 139,9 - vgl. p. 139,12) wird das (himmlische) Brautgemach der klugen

Gruppen, die sich nicht von der Kirche trennten, Schulversammlungen, möglicherweise aber auch einen regelrechten Gottesdienst neben dem Gottesdienst gegeben, oder aus der Sicht solcher Gnostiker eher einen Gottesdienst der Erwählten über dem der Kirchenchristen.

Außer dem geschilderten Verhalten gab es nun aber auch den Weg, sich von vornherein abzuspalten; die Gottesdienstformen bewegen sich dabei in einem Spektrum von völliger Ablehnung des Kultus einschließlich des Gebetes bis hin zu stark sakramentaler Frömmigkeit, wie Irenäus sie für den Gnostiker Markus beschreibt[13]. Möglicherweise hat sich auch bei manchen gnostischen oder gnostisierenden Gruppen der Brauch der eucharistischen Mahlzeit länger gehalten als in der Amtskirche[14].

Ein typischer Zug der Wortverkündigung aber ist bei den meisten christlichen Gnostikern, allen voran den Valentinianern, die Schriftauslegung. Gerade hier, so bezeugen es Irenäus und Tertullian, konnten die Gnostiker Erfolge verbuchen; gerade durch ihren ständigen Bezug auf die Schriften vermochten sie selbst kirchliche Würdenträger zu überzeugen[15], wohl nicht zuletzt, weil ihr hermeneutischer Ansatz alle Probleme mit den „anstößigen" Stellen der alttestamentlichen Schriften zu lösen in der Lage war.

Sie scheinen dabei auch Vorreiter in der Benutzung der Evangelien als heiliger Schrift gewesen zu sein. Jedenfalls ist es von einem Gnostiker als erstem überliefert, daß er einen fortlaufenden Kommentar über ein Evangelium schrieb[16]; und der im weiteren Sinne ebenfalls

---

Jungfrauen mit ihrem Herrn wohl ein gnostischer Zusatz (in einer antignostischen Schrift!) sein; denkbar wäre auch, daß der koptische Übersetzer oder seine Quelle das gnostische Motiv orthodox vereinnahmen wollte.

[13] Iren. adv. haer. I,13; vgl. auch L. FENDT, Gnostische Mysterien. Ein Beitrag zur Geschichte des christlichen Gottesdienstes, München 1922. - Zur Ablehnung des Kultus einschließlich des Gebots: Origenes, De oratione 5,1; weiteres Material bei R.M. GRANT, Gnostic and Christian Worship. Da die Erlösung des Gnostikers durch die Erkenntnis erfolgt, müßte eigentlich eine ganz und gar individualistische Haltung und die Ablehnung des Gottesdienstes für die Gnostiker typisch sein. Dies betont W.C. VAN UNNIK, Die Gedanken der Gnostiker über die Kirche, in: *Vom Christus zur Kirche*, hrsg. v. J. Giblet, Wien u. a. 1966, 223-238, bes. S. 235; dazu anhand des Quellenmaterials relativierend H.-J. GAFFRON, Studien zum koptischen Philippusevangelium, S. 76ff, ferner K. KOSCHORKE, Polemik, S. 175ff, und v. a. DERS., Gemeindeordnung.

[14] Vgl. dazu die Mahlfeiern in den Pseudoklementinen (s. S. 308 u. 315) und in den Akten des Paulus und der Thekla sowie (mit Vorbehalten) in den Petrusakten (s. S. 294f.; S. 290f.).

[15] Iren. adv. haer. III,12,12; Tertullian, praescr 3,2.5; vgl. auch ebda 15,2f.; 18,1f.; ein Beispiel für grundsätzliche Überlegungen zum positiven Wert der Schriftauslegung auf Seiten der Gnostiker ist TracTrip (NHC I,5) 113f. (dazu s. u.); s. ferner K. KOSCHORKE, Polemik, S. 178ff und 212ff.

als Gnostiker anzusprechende Markion[17] hat anders als die zeitgenössischen Kirchenchristen auf e i n e m (seinem) geschriebenen
Evangelium insistiert. Auch die Produktion gnostischer „Evangelien"
deutet auf eine besondere Wertschätzung dieser Schriften bei den Gnostikern hin[18]. Dabei mag ein besonderes Legitimationsbedürfnis der
Gnostiker eine Rolle gespielt haben; zugleich war hier aber sicher
auch ein echtes Interesse an (die Erkenntnis vermittelnden) heiligen
Schriften lebendig.

Ein ebenfalls für die Gnosis typischer Zug dürfte der hermeneu-
tische Ansatz sein, daß nur der das vom Geist durch den Gnostiker
gepredigte Wort richtig versteht, der selbst den Geist hat. Auf dem
Wege über das Wort wird Erkenntnis und damit Heil vermittelt; doch
bleibt das Heil denjenigen vorbehalten, die schon das Licht in sich haben[19]. Anders gesagt aber heißt das dennoch auch: das Heil wird
durch das Wort vermittelt. Als unmittelbarer Träger des Geistigen ist
es für die Erkenntnis unabdingbar. Daß das andererseits nicht zu einer
radikalen Ablehnung von Sakramenten führen muß (wohl aber zu
einer strikt nicht-sakramentalen, rein geistigen Ausdeutung der Sakramente)[20], hatten wir schon gesehen.

Der Glaube an die von Gott vorherbestimmte Erwählung der durch
Erkenntnis Geretteten hat die Gnostiker nicht davon abgehalten,
Mission zu treiben und ihre Meinung in öffentlichen Diskussionen
mit kirchlichen Autoritäten zu vertreten[21]. Schließlich kommt auch

---

[16] Es handelt sich um den Valentianer Herakleon, dessen Johanneskommentar
Origenes benutzte; möglicherweise spielt Origenes im Johanneskommentar V,8 (GCS
10, p. 105,4ff) auf weitere Kommentare der Gnostiker an: πολυβίβλους συντάξεις
φερόντων, ἐπαγγελλομένας διήγησιν τῶν τε εὐαγγελικῶν καὶ ἀποστολικῶν
λέξεων ... Zu Herakleon s. C. BAMMEL, Herakleon, TRE 15, 54-57. - Noch vor
Herakleon schrieb der Gnostiker Basilides seine „24 Bücher über das Evangelium"
(Euseb h. e. IV,7,7), von denen allerdings nicht mit Sicherheit gesagt werden kann,
daß es sich um einen Kommentar handelte (vgl. NTApo I⁵, S. 317f.).

[17] Vgl. B. ALAND, Marcion. Versuch einer neuen Interpretation, ZThK 70
(1973), 420-447.

[18] Genannt seien hier das Thomasevangelium und das Philippusevangelium;
verwiesen ferner auf weitere „Evangelien" gnostischer Herkunft, die in NTApo I⁵,
180ff mit aufgeführt werden. Dabei könnte es allerdings sein, „daß hier die ursprüngliche Bedeutung Evangelium = Heilsbotschaft durchschlägt" - jedenfalls da, wo
„Evangelium" genannte Schriften in der Form nicht den kirchlichen Evangelien entsprechen (Zitat: W. SCHNEEMELCHER, Einleitung zu A. Evangelien. Außerbibli-
sches über Jesus, NTApo I⁵, S.68).

[19] Vgl. dazu Iren. adv. haer. I,6,1f.; I,7,5; 2LogSeth (NHC VII,2) 69; das
Gleichnis vom vierfachen Acker in der Naassenerpredigt: Hipp. ref. V,8,28ff. (vgl.
auch Inter (NHC XI,1) 5,14-27); s. ferner K. KOSCHORKE, Gemeindeordnung,
S. 57; DERS., Polemik, S. 212ff.

[20] Vgl. K. KOSCHORKE, Polemik, S. 142ff.

[21] Z. B. Tertullian, praescr 15,2f.; 16,1f.; 18,1f.; res mort 19,6; Iren. adv.
haer. II,17,9; III,2,1; III,15,2 (ad multitudinem ... inferunt sermones); IV,35,4

der wahre Gnostiker nicht unvermittelt zur Erkenntnis. Zu fragen wäre, ob die verschiedentlich bezeugten Diskussionen um die richtige Lehre und Schriftauslegung einen gottesdienstlichen Ort hatten. Die Frage ist zu verneinen, denn die Diskussionen sind immer als Sonderveranstaltungen bezeugt, über die sogar Protokoll geführt wurde[22], und nichts deutet darauf hin, daß sie im Gottesdienst stattfanden. So etwas wie Predigt und Gegenpredigt in einem Gottesdienst hat es, soweit ich sehe, nicht gegeben.

Nach dem Zeugnis Tertullians konnte es in gnostischen Gemeinden Ordnungen geben, die sehr stark von denjenigen der Kirche abwichen und von ihr nur noch als Unordnung empfunden wurden[23]. Es fehlte eine klare Ämterstruktur; ob dabei die Betonung der Gleichberechtigung aller Gnostiker das entscheidende Moment war, so daß Amtsfunktionen etwa rotierend mal von diesem, mal von jenem ausgeübt wurden, oder ob eine die Freiheit des Geistes betonende Charismenlehre hinter dem Verhalten der von Tertullian kritisierten Gnostiker stand, läßt sich seiner Polemik nicht entnehmen.

Daß aber das letztere möglich war, demonstriert K. Koschorke anhand des gnostischen Traktats „Die Interpretation der Gnosis" (NHC XI,1)[24]. Seiner Ansicht nach hat sich hier (vermutlich als Äußerung eines gnostischen Paulinismus) eine charismatische Ämterordnung durchgehalten, wie sie in den Gemeinden des Paulus beheimatet war[25]. Koschorke fügt allerdings hinzu, daß sich das nicht unbedingt als Organisationsform geäußert haben muß, sondern in der angesprochenen Gemeinde, welche sich aus gnostischen und anderen Christen zusammensetzte, die in Konflikt miteinander standen, wohl eher das theologische Muster darstellte, nach welchem die Gnostiker die bestehende Ämterordnung interpretierten[26]. Doch muß man m. E. davon ausgehen, daß der Gegensatz zur kirchlichen Struktur sich nicht immer nur in einer innerlichen Indifferenz ihr gegenüber äußerte, sondern in einigen Gruppen auch äußerlich Gestalt gewann. Nur läßt sich eben leider in dem aus Tertullian angeführten Beispiel

---

(Diskussion mit Haeretikern vorgeschlagen); ferner die bei A. HARNACK, Geschichte der altchristlichen Litteratur I, 182 und 377 (Disputationen des Origenes mit Gnostikern) sowie bei O. BARDENHEWER, Geschichte der altkirchlichen Literatur II, 132f. (ebenf. Origenes) angegebenen Stellen.

[22] Vgl. K. KOSCHORKE, Polemik, S. 231 über Origenes; dort z. T. falsche Seitenangaben aus Harnack und Bardenhewer (die richtigen s. o. Fußn. 21).

[23] Tertullian, praescr 41; 42,10.

[24] K. KOSCHORKE, Eine neugefundene gnostische Gemeindeordnung, *ZThK* 76 (1979) 30-60.

[25] A. a. O., S. 32; 34-41; 45-47; 60.

[26] A. a. O., S.47-51.

nichts Genaues mehr über Motive und Organisationsformen der
angeprangerten gnostischen Gemeinde sagen.

Der „Interpretation der Gnosis" läßt sich auch entnehmen, daß es
gnostische Kreise gab, in denen die Prophetie als Geistesgabe hoch-
geschätzt war, ohne daß aber der Text etwas Genaueres über deren
Äußerung in der Gemeinde sagt; einzig, daß man an ihr „teilnehmen",
sie also verstehen konnte, ist deutlich[27].

Bekannt ist, daß einige Gnostiker eine Vorliebe für Lieder und
Musik hatten; zu nennen wären etwa die (von Tertullian kritisierten)
Psalmen des Valentinus[28], die (jedenfalls teilweise gnostischen)
Oden Salomos[29], der Naassenerpsalm[30], das Lied Jesu in den
Johannesakten[31], ferner Hochzeitslied und Perlenlied in den Thomasakten[32]. Da diese Lieder gnostisches Geheimwissen enthalten,
werden sie wohl bei den Feiern im inneren Kreis gesungen worden
sein; die Psalmen des Valentinus waren aber offensichtlich darüber
hinaus bekannt und vielleicht dementsprechend weniger esoterisch;
erstmalig nahmen sie für christliche Lieder griechisches Metrum auf.

Besondere, in wenigen Fällen für Gnostiker nachweisbare Aus-
drucksformen für die Frömmigkeit wie der Tanz[33] oder das Stehen
mit ausgebreiteten Armen in „Kreuzesform"[34] mögen nachgerade

---

[27] Inter (NHC XI,1) 15,36f.
[28] Tertullian, carn Chr 20,3 (vgl. dazu S. 419 Fußn. 151); Psalmen des Valentinus werden ferner erwähnt im Muratorischen Fragment, Zeilen 81-84, und bei
Origenes (? - vgl. J. ALLENBACH u. a., Biblia Patristica, tom. 3: Origène, Paris
1980, p. 20); Hiobkommentar (zu Hiob 21,12), PG 17, 80A13. Ein Hymnus des Valentin ist überliefert: Hippolyt, ref. VI,37,7; dazu T. WOLBERGS, Griechische religiöse Gedichte der ersten nachchristlichen Jahrhunderte, I. Psalmen und Hymnen der
Gnosis und des frühen Christentums, Meisenheim 1971 (BKP 40), S. 23-36; ferner
die deutsche Übersetzung bei A. KEHL, Gnostische und frühchristliche Psalmen und
Hymnen, JAC 15 (1972) 92-119, S. 93 (auf den folgenden Seiten Ergänzungen zu
Wolbergs Kommentar).
[29] Text und Übersetzung bei M. LATTKE, Die Oden Salomos in ihrer Bedeutung für Neues Testament und Gnosis, Bd. I, Freiburg (Schweiz)/Göttingen 1979
(OBO 25,1); vgl. auch NTApo II³, S. 576ff.
[30] Hippolyt, ref. V,10,2; s. dazu T. WOLBERGS, Griechische religiöse Gedichte der ersten nachchristlichen Jahrhunderte I., S. 37-59; ferner A. KEHL,
Gnostische und frühchristliche Psalmen und Hymnen, S. 95ff.
[31] ActIoh 94-96; vgl. dazu auch die Schrift „Der Donner: Vollkommener
Geist" (NHC VI,2); ferner „Von der Entstehung der Welt" (NHC II,5) 114,8ff. - Zu
dem Hymnus aus den Johannesakten s. auch S. 287.
[32] ActThom 6-7; 108-113 (AAAp II,2, p. 109-110; 219,20-224,20).
[33] ActIoh 94-95. Vgl. dazu S. 287.
[34] OdSal 42,1-2, vgl. dazu NTApo II³, S. 623; diese Deutung und Ausformung des Gebetsgestus findet sich allerdings auch bei Origenes, Hom in Ex III,3
(GCS 29,170,22-25). Eine weitere „liturgische" Handlung findet sich in den Sibyllinen (VII,76-84): anstelle eines Opfers das Fliegenlassen einer Taube, wozu man
Wasser in Feuer gießt, als Symbolhandlung für die Bewegung des Logos und die
Erlösung durch ihn.

dazu beigetragen haben, daß solche Phänomene in kirchlichen Kreisen nicht zu beobachten sind, so wie ja auch die von Christen neugedichteten Lieder angesichts gnostischer Psalmen zeitweise suspekt wurden und es Tendenzen gab, sich ganz auf den Gesang alttestamentlicher Psalmen zurückzuziehen[35].

Trotz der von den Ketzerbekämpfern behaupteten Vorliebe mancher Gnostiker für Schriftauslegung findet sich in den gnostischen Schriften der Bibliothek von Nag Hammadi nicht viel Exegetisches. Neben der Tatsache, daß unterschiedliche gnostische Gruppen die Bibel verschieden intensiv benutzten und die Nag-Hammadi-Codices nicht repräsentativ sein müssen, dürfte ein wichtiger Grund dafür sein, daß man im engen Kreis der Gnostiker, für den die meisten dieser Schriften produziert waren, die reine, unverstellte Gnosis verkündete und dementsprechend auf die erst mühsam zu interpretierenden Schriften der Kirche nicht mehr angewiesen war. Die vielen alt- und vor allem neutestamentlichen Anklänge in einer Schrift wie dem „Evangelium der Wahrheit" werden wohl umgekehrt bei den Valentinianern dazu geführt haben, in der Bibel Anklänge an die im Evangelium der Wahrheit repräsentierte wahre Lehre zu finden[36]. So wird die Bibelinterpretation der Gnostiker vor allem apologetisch-polemisch gewesen sein (mit Ausnahme der Auslegung von gnostischen Evangelien und Apokalypsen, welche die „Wahrheit" deutlicher aussprachen) und ihren Platz in den Gottesdiensten der Kirche sowie in den Streitgesprächen mit kirchlichen Lehrern gehabt haben.

Immerhin findet sich Bibelinterpretation zum Beispiel in der „Exegese von der Seele" (NHC II,6), wo eine Reihe von biblischen Belegen zur Stützung der eigenen Aussagen eingestreut sind; bezeichnenderweise wird hier aber auch Homer benutzt[37]. Ähnlich geht die bei Hippolyt zitierte „Naassenerpredigt" (eher ein Naassener-Traktat) vor[38]. Die „Hypostase der Archonten" (NHC II,4) bezieht sich deutlich auf die ersten drei Kapitel der Genesis, doch wird das biblische Material eher in den gnostischen Mythos aufgesogen als erkennbar interpretiert. Deutlicher am kirchlichen Gegenüber orientiert

---

[35] Vgl. dazu M. HENGEL, Das Christuslied im frühesten Gottesdienst, in: *Weisheit Gottes – Weisheit der Welt*, FS J. Ratzinger, Bd. 1, St. Ottilien 1987, 357–404, bes. S. 366ff.

[36] NHC I,3 und XII,2; kommentierte Übersetzung: The Gospel of Truth. A Valentinian Meditation of the Gospel, transl. et comm. K. GROBEL, London 1960. EvVer 31,35–32,4 setzt z. B. das Gleichnis vom verlorenen Schaf als bekannt voraus, betreibt also Schriftauslegung.

[37] ExAn 136,28–137,11. – Vgl. ferner F. SIEGERT, Drei hellenistisch-jüdische Predigten II, Tübingen 1992 (WUNT 61), S. 55ff.

[38] Hippolyt, ref. V,7,2–9,9.

enthält der „Zweite Traktat des großen Seth" (NHC VII,2) eine Uminterpretation der Kreuzigung im doketischen Sinne, die aber nicht als Schriftauslegung gekennzeichnet ist.

Regelrechte Schriftauslegung findet sich in der zweiten Hälfte des „Zeugnisses der Wahrheit" (NHC IX,3); hier werden aus biblischen Fakten Leitfragen herausgelesen (warum wurde Johannes von einer Frau, Jesus von einer Jungfrau empfangen?) und dann mit Hilfe weiterer Bibelzitate beantwortet; dabei kommt auch Allegorese vor[39]. Das „Zeugnis der Wahrheit" trägt auch am ehesten homiletischen Charakter und könnte als eine Predigt an einen Kreis von Gnostikern verstanden werden[40]. Wie der erste Teil des Traktates zeigt, ist Schriftauslegung hier aber keineswegs durchgehend konstitutiv[41].

Ähnlich predigtartig wie das „Zeugnis der Wahrheit" ist die „Interpretation der Gnosis" (NHC XI,1). Hier wird, wie schon gesagt, eine Gemeinde von Gnostikern und Nichtgnostikern angesprochen. Das Bild von einem Leib mit verschiedenen Gliedern faßt alle zusammen, auch wenn es Abstufungen gibt; insofern haben wir es hier nicht mit einer radikalen Gnosis zu tun[42]. Der Gedankenaufbau ist argumentativ; als Argumentationsgrundlage werden Herrenworte genommen[43], und im weiteren Verlauf erscheinen einige Gedanken, die deutlich an paulinische Schriften erinnern, ohne daß aber „auslegend" mit Zitaten operiert wird[44]. Dennoch kann man das „Zeugnis der Wahrheit" als Bestätigung für unsere These nehmen, daß die Gnostiker in den kirchlichen Kreisen bewußt biblisch-christlich argumentierten. Daß in diesem Fall für die Paränese neutestamentliche Worte die Grundlage bildeten (und nicht alttestamentliche), ergibt sich aus der Thematik.

Man kann vermuten, daß die Schriftauslegung der Gnostiker in den Gemeindepredigten wie in den genannten Beispielen gnostischer Bibelinterpretation thematisch orientiert war; das „willkürliche" Heraussuchen von geeigneten Bibelstellen wird ihnen kirchlicherseits sogar vorgeworfen, ein Vorwurf, der sich allerdings wohl in erster Linie auf die Streitgespräche bezieht[45]. Man war aber auch in der Lage, ganze

---

[39] TestVer (NHC IX,3) 70,24ff, allerdings bezogen auf eine außerbiblische Legende.

[40] Einschränkend dazu merkt K. KOSCHORKE, Polemik, S. 92, an, daß teilweise der Eindruck einer polemischen Schrift entsteht, „die sich an ihre Opponenten wendet". Es scheint sich mir aber eher um ein fiktives Gegenüber nach Art der Diatribe zu handeln.

[41] Einen Inhaltsüberblick gibt K. KOSCHORKE, Polemik, S. 93-97.

[42] Zur Stufung s. K. KOSCHORKE, Gemeindeordnung, S. 40-42.

[43] Inter (NHC XI,1) 9,27ff.

[44] Die Hypothese, daß hier eine Beziehung zu vorangegangener Evangelien- und Apostellesung bestehe, halte ich deshalb für zu gewagt – gegen E.H. PAGELS, Introduction, in: *The Nag Hammadi Library in English*, p. 427.

Bibelbücher gnostisch auszudeuten[46]; nur wird man in der Regel andersherum operiert und die Schriften nach Belegen für die eigene Theologie abgesucht haben. Der Synkretismus vieler Gnostiker ist dann eigentlich nur konsequent, indem auch in anderen Quellen nach Spuren der Wahrheit gesucht wird[47]. Im Blick auf das Alte Testament wird in diesem Sinne in dem „Dreiteiligen Traktat"[48] hermeneutisch reflektiert und behauptet, daß die Propheten den Retter vorhersagten, ohne daß sie allerdings wußten, woher er kommen würde; seine wahre Natur blieb ihnen dadurch verborgen.

Im Blick auf die eingangs gestellten Fragen wäre nun hervorzuheben, daß der christliche Gemeindegottesdienst und insbesondere sein Wortteil für Gnostiker einerseits ein Missionfeld bieten, andererseits aber doch nichts weiter sein konnte als eine Durchgangsstufe auf dem Weg zur vollkommenen Gnosis. Sie wurde im engeren Kreis des gnostischen Lehrers und seiner Schule vermittelt; hierher gehört auch die Feier gnostischer Sakramente und der Gesang gnostischer Lieder, soweit die Gnostiker nicht völlig von der Kirche getrennt waren. Direkte Einflüsse des gnostischen Gottesdienstlebens auf den kirchlichen Gottesdienst lassen sich aufgrund dieser Struktur schwerlich nachweisen. Es mag sein, daß die kirchliche Predigt sich durch die Auseinandersetzung mit der Gnosis auf die Dauer stärker auf die Schriftauslegung besann, wenngleich die Diskussionen über die Schriften wohl nicht in einen gottesdienstlichen Rahmen gehören. Sie zeigen aber auf jeden Fall, daß man sich die heiligen Schriften nicht einfach hat nehmen lassen, nur weil die Gnostiker sie benutzten.

Die Abgrenzung der Kirche gegen die Gnostiker hat aber anscheinend restriktiv auf die Entstehung neuer christlicher Lieder gewirkt. Sie dürfte auch dazu beigetragen haben, daß der kirchliche Gottesdienst auf das Amt und auf relativ wenige, einheitliche Formen konzentriert wurde. In gnostischen Gruppen möglicherweise noch erhaltene ältere Formen wie eucharistisches Sättigungsmahl und charismatische Ämterordnung hatten durch die Brandmarkung der Gnosis als Häresie keine Chance mehr, auf den kirchlichen Gottesdienst des Zweiten und Dritten Jahrhunderts einzuwirken.

---

[45] Iren. adv. haer. I,8,1; 9,4; Tertullian, praescr 39; Clem. Alex. Strom VII,96,2-3.

[46] S. o. Fußn. 16.

[47] Der Apologet Justin befand sich mit seinen Gedanken zum Logos Spermatikos auf einer ähnlichen Linie, vermochte aber durch die Konzentration auf den Logos Christus orthodox zu bleiben. Zu Justins Logoslehre s. die Notiz in O. SKARSAUNES Artikel „Justin der Märtyrer", *TRE* 17, 471-478, S. 473, und die dort auf S. 476ff angeführte Literatur.

[48] TracTrip (NHC I,5) 113f.

9. Clemens von Alexandrien

a) Das literarische Werk des Clemens und der Gottesdienst

Im uns erhaltenen Schrifttum des Clemens von Alexandrien spielt die Kirche eine erstaunlich geringe Rolle. Man hat den Eindruck, als sei sie für ihn vor allem Garant der richtigen Lehrtradition gegenüber den Häretikern[1]; als Versammlung der Gläubigen dagegen kommt die ἐκκλησία nur sehr allgemein in den Blick, und nur an wenigen Stellen wird etwas vom praktischen gottesdienstlichen Leben der Gemeinde greifbar[2].

Wesentlich mehr Interesse als am Gemeindegottesdienst hat Clemens an der privaten Frömmigkeit des christlichen Gnostikers. Denn im Fortschreiten der Gnosis auf dem Weg zur vollen Gotteserkenntnis kommt alles auf das Gottesverhältnis des einzelnen Gnostikers und seine Bewährung im täglichen Leben an[3]. Christliche Gnosis ist zwar für Clemens nicht der einzige Weg zu Gott - hier reicht letztlich auch schon der Glaube[4] -, doch ist sie als höchste Stufe des Christentums das Ziel, dem alle Gläubigen nacheifern sollen, wie denn auch der Gnostiker einen Ehrenplatz im Himmel erhält[5].

---

[1] Z. B. wird die Kirche nirgends in den Stromateis zum Thema gemacht (vgl. den Überblick bei A. MEHAT, Etude sur les „Stromates" de Clément d'Alexandrie, p. 276ff) ; lexikographisch kommt ἐκκλησία häufiger vor, weil der Begriff praktisch auch für die Christen stehen kann (zum Vorkommen von ἐκκλησία als Ortsbezeichnung s. u. S. 345); signifikant für die antihäretische Funktion der Kirche sind z. B. die Stellen, wo vom κανών τῆς ἐκκλησίας die Rede ist (vgl. das Register von O. STÄHLIN, S. 494); vgl. auch Strom VII,92,7: die Häretiker sind Vorsteher διατριβῆς μᾶλλον ἢ ἐκκλησίας - ferner Strom VI,88,5; VII,106,3; VII,107,2ff usw. - Zum Ganzen vgl. W. VÖLKER, Der wahre Gnostiker nach Clemens Alexandrinus, Berlin/Leipzig 1952, S. 153ff, bes. S. 158f.; A. BERNOULLI, Overbecks analytische Arbeit an Klemens, in: *Klemens von Alexandria, Die Teppiche*, dt. nach der Übersetzung von F. Overbeck, Basel 1936 (S. 69-130), S. 130.

[2] Dazu s. u. S. 332ff.

[3] Am deutlichsten wird das in Strom VI und VII; aber auch die in Paid I,1-3 dargelegte Konzeption von Protreptikos, Paidagogos und Didaskalos zielt auf Erkenntnis als höchste Form der Gottesbeziehung.

[4] Z. B. Strom II,53,5: πίστις δὲ ἰσχὺς εἰς σωτηρίαν. Die Diskussionen des Clemens um das Verhältnis von πίστις und γνῶσις machen die These von A. Knauber unhaltbar, daß die „Gnosis" des Clemens nichts anderes sei als das Christentum überhaupt, eingekleidet nur in ein philosophisches Gewand für heidnische Zuhörer (A.

So wichtig ist für den Gnostiker seine Beziehung zu Gott, daß darüber alle irdischen Bezüge verblassen, wenngleich Clemens noch nicht einer radikalen Weltabsonderung das Wort redet. Alles Äußerliche und damit auch ein gemeinsamer Gottesdienst kann in einer völlig auf Erkenntnis zentrierten Gottesbeziehung keine Bedeutung haben. Das bedeutet nicht nur eine Individualisierung, sondern auch eine Verlagerung der eigentlichen Welt nach innen. So kann Clemens sagen, daß der Gnostiker eigentlich der wahre Presbyter ist: seine vor Gott offenbare Gerechtigkeit hebt ihn in diese Würde, nicht (wie bei den normalen Presbytern) das Ansehen bei den Menschen[6]. In ähnlicher Weise kann der Gnostiker auch als Priester Gottes bezeichnet werden[7]. Und so nimmt es nicht wunder, daß wir bei Clemens des öfteren eine rein geistige Ausdeutung der Eucharistie finden, ohne daß sich allerdings daraus schon ein Urteil über ihren Stellenwert im Gottesdienst ableiten ließe[8].

Trotz dieser Tendenz zur Spiritualisierung darf nun bei Clemens das Interesse an einer bestimmten Form praktischer Frömmigkeit nicht übersehen werden: er nimmt nämlich den traditionellen Gedanken auf, daß das ganze Leben des Christen ein Gottesdienst sein soll, und behält auch in dessen Anwendung auf den christlichen Gnostiker durchaus die ethische Komponente bei: der tägliche Gottesdienst besteht nicht nur aus Worten, sondern auch aus Taten[9]. Aber auch ein solcher Gottesdienst ist ja im wesentlichen auf das Individuum beschränkt.

Die Individualisierung des Frömmigkeitslebens ist bei Clemens allerdings nicht vollständig; denn nach seiner Überzeugung ist Gnosis lehr- und lernbar[10]. Das aber setzt die Situation des Unterrichts

---

KNAUBER, Katechetenschule oder Schulkatechumenat?, *ThZ* 60 (1951) 243-266). Vgl. auch Fußnote 113.

[5] Strom VI,114; vgl. Strom VI,106f.

[6] Strom VI,106,2; unklar bleibt hier m. E., ob Clemens so weit gehen würde, auch einen nicht zum Presbyter ordinierten Gnostiker als πρεσβύτης zu bezeichnen. Vgl. A. MEHAT, Etude. p. 57f. - Eine historische Reminiszenz an die Erwählung zum Amt durch den Geist in Quis dives 42,2.

[7] Ἱερεύς - Strom IV,158,1; V,39,4; VII,36,2.

[8] Strom I,46,1: φάγωμεν λογικῶς, καὶ τὰς γραφὰς ἐπιγνόντες πολιτευσώμεθα καθ' ὑπακοήν. Quis dives 3,6; Paid I,42,3; I,43,2; II,32,2; Strom V,66,2(7). Das Urteil von W. Bousset: Clemens „spiritualisiert in der Auffassung des Sakraments bis zur Unverständlichkeit und zum leeren Spiel mit Worten", geht allerdings m. E. zu weit (W. BOUSSET, Jüdisch-christlicher Schulbetrieb in Alexandria und Rom, Göttingen 1915, S. 269).

[9] Vgl. schon Paulus, Rö 12,1ff; bei Clemens Paid III,101 (nicht explizit auf den Gnostiker bezogen); Strom VII passim, deutlich z. B. VII,3; VII,13,2-4; ferner Strom II,145,1 u. ö.

und damit in der Regel auch die Instiution der Schule voraus, wenngleich das Lernen sich darüber hinaus auch im privaten Schriftstudium vollziehen kann[11]. Und in der Schule findet eben in der Form des Lehrens auch Wortverkündigung statt. Dazu gehört sicher auch das Vorlesen aus der Schrift, so daß wir im Unterricht konstitutive Elemente des Wortgottesdienstes wiederfinden[12]. Leider gilt aber auch hier, daß Clemens nur wenige konkrete Angaben macht, so daß wir etwa den Verlauf einer „Unterrichtsstunde" nicht rekonstruieren können.

Auf der anderen Seite wird es durch das Interesse des Clemens am διδάσκειν fast unmöglich, seine Äußerungen zur Verkündigung - von einer Stelle abgesehen, auf die im Folgenden einzugehen sein wird[13] - mit Klarheit dem Gemeindegottesdienst zuzuordnen: immer könnte auch der Schulbetrieb gemeint sein, ja in vielen Fällen legt sich das sogar näher[14].

Immerhin aber wird es erlaubt sein, vom Inhalt des Unterrichts Rückschlüsse auf die Predigt zu ziehen; das dürfte jedenfalls gelten für den Paidagogos. Hier werden ja nicht die Gnostiker, sondern gebildete Katechumenen, also zunächst „einfach Glaubende" vor der Taufe belehrt[15]; und was sie lernen, wird mutatis mutandis in der Gemeindepredigt sicher auch vorkommen, wiederholend, vertiefend und anders entfaltet[16]. Man ginge wohl zu weit, wollte man hieraus

---

[10] Das ist schon durch die Konzeption von Protreptikos, Paidagogos und Didaskalos klar (Paid I,1-3). Besonders deutlich sagt Clemens dies auch in der Auseinandersetzung mit Basilides und Valentinus über die Freiheit, Strom II,10ff.

[11] Z. B. Paid II,96,2; Strom VII,49,4.

[12] Z. B. setzt Strom VI,131,3: ἡ διάπτυξις ἡ γνωστικὴ τῶν γραφῶν ein Lesen der Schrift voraus. Die ἀνάγνωσις in Strom VI,113,3 läßt sich auf den Unterricht beziehen (dazu s. u. S. 341f.), ebenso Strom II,39,2 (auf den Unterricht der Häretiker); vgl. auch Paid I,103,2; Paid III,78,2; ἀνάγνωσις in der wissenschaftlichen Diskussion: Strom VI,91,5.

[13] Paid III,80,4; s. u. S. 332ff.

[14] Z. B. bei der Auseinandersetzung um schriftliche und mündliche Verkündigung am Anfang der Stromateis (Strom I,1-10).

[15] So deutlich am Schluß von Paid III, aber auch z. B. in Paid I,84,3 und Paid I,98,4; weitere Stellen mit Diskussion bei A. KNAUBER, Ein frühchristliches Handbuch katechumenaler Glaubensinitiation: der Paidagogos des Clemens von Alexandrien, MThZ 23 (1972) 311-334, bes. 318ff. - Die These, daß der Paidagogos als Handbuch fungiert habe, muß Knauber selbst S. 328ff relativieren; m. E. beachtet er zu wenig das literarische Schema, dem Clemens mit Protreptikos - Paidagogos - Didaskalos folgt (vgl. Fußn. 18). Auch die These, daß mit der Taufe die Erlangung der Gnosis einsetze, beruht auf diesem idealisierenden Schema; die Aussagen der Stromateis zur Gnosis als Errungenschaft Weniger gegenüber den πολλοί sind realistischer und müssen zur Relativierung des Paidagogos herangezogen werden (gegen KNAUBER, a. a. O., S. 322ff u. DERS., Katechetenschule; vgl. auch W. VÖLKER, Der wahre Gnostiker, S. 369ff., der allerdings m. E. zu sehr im Sinne der Stromateis harmonisiert).

folgern, daß sich die Predigten in ihrer Form weitgehend an der Diatribe orientierten, doch wird man sicher annehmen dürfen, daß sie zu einem guten Teil ethisch ermahnend ausgerichtet waren. Dabei darf man jedoch nicht aus den Augen verlieren, daß die Belehrungen des Paidagogos eingebaut sind in ein Konzept der Umkehr und des Aufstiegs der Seele zu Gott[17]. Mit anderen Worten: Predigt wie Unterricht dienen auch in ihrer ethisch-paränetischen Ausrichtung den Menschen dazu, daß sie das Heil erlangen.

Unklar bleibt allerdings, wie weit die „Predigt" des Paidagogos die in Alexandrien zur Zeit des Clemens tatsächlich gehaltenen Katechesen widerspiegelt. Viele Einzelheiten treffen so sicherlich nur auf den wohlhabenden und gebildeten Leserkreis zu, den Clemens vor Augen hat, und die gesamte Konzeption des Paidagogos ist ja zunächst vor allem einmal literarisch[18]. So fragt es sich, ob in der Katechese nicht doch schon mehr spezifisch christliche Inhalte, etwa über die Erlöserfunktion des Logos, vorkamen, als die Einordnung des Paidagogos in das Schema Protreptikos - Paidagogos - Didaskalos zuläßt. Daß Clemens jedoch dieses Schema verwenden und sich dabei Katechumenen als Adressaten des Paidaogogos vorstellen kann, zeigt, daß der Katechumenenunterricht sicherlich entscheidendes Gewicht auf die Unterweisung in der christlichen Lebensführung legte.

Es gibt noch einen weiteren Zusammenhang, in dem Clemens Aussagen macht, die sich auf den Gottesdienst beziehen lassen, und zwar den der Mysterien. Aus apologetischen Gründen beschreibt er nämlich die christliche Religion gelegentlich als Mysterienkult; allerdings wird auch hier der Verlauf eines christlichen Gottesdienstes etwa aus der Parallelisierung zu einer Mysterienfeier nicht erkennbar, und auch Rückschlüsse auf einzelne Gottesdienstelemente sind an diesen Stellen aufgrund der metaphorischen Redeweise des Clemens kaum zu ziehen[19].

---

[16] Am Ende des Paidagogos wird ausblickend sogar die Kirche als der Wirkungsort des λόγος διδασκαλικός gesehen (Paid III,101,3); doch dürfte das im Vergleich mit Aussagen aus den Stromateis über die „Gnosis" im Verhältnis zum einfachen Glauben eine idealisierende Schau sein: denn die Belehrung durch den λόγος διδασκαλικός führt zur Gnosis und wird nur wenigen, die es fassen können, zuteil. Immerhin könnte hier ein Hinweis auf strenger „theologische" Passagen in den kirchlichen Predigten liegen, die vielleicht nicht jedem verständlich waren. Vgl. u. Fußn. 110.

[17] Vgl. o. Fußn. 3; auch die „erzieherische" ethische Belehrung dient nicht einfach der Regelung des Zusammenlebens, sondern ist auf die Heilung des Menschen von der Sünde gerichtet (Paid I,3). - Zur Umkehr s. z. B. Protr 93,1.

[18] Vgl. z. B. A. MEHAT, Etude, p. 60, auch p. 309ff (ferner DERS., „Clemens von Alexandrien", *TRE* 8, S. 102); H.-I. MARROU, Einleitung zum Paidagogos in: SC 70, p. 66ff.

b) Texte des Clemens zum Gottesdienst

Wir wollen uns nun einigen Textabschnitten zuwenden, in denen
Clemens wenigstens etwas ausführlicher auf den Gemeindegottesdienst
eingeht oder auf ihn anspielt. Bevor wir dann zu einer abschließenden
Wertung kommen, wird das so gewonnene Bild noch durch einige
Notizen zu ergänzen sein, die sich aus beiläufigen Äußerungen des
Clemens ergeben.

aa) Paid III,79,3-82,1

Im Paidagogos beschreibt Clemens an einer Stelle, mit welcher
Haltung man zur Kirche[20] gehen solle und mahnt im Anschluß
daran dazu, sich außerhalb der Kirche nicht anders zu verhalten als
drinnen; schließlich wehrt er sich im gleichen Zusammenhang noch
gegen übertriebene Äußerungen christlicher Liebe in der Gemeinde. Es
handelt sich um die Passage Paid III,79,3-82,1. Ihr können wir einiges
zum Gemeindegottesdienst in Alexandrien entnehmen, auch wenn es
hier nicht das Interesse des Verfassers ist, den Gottesdienst
darzustellen. Vielmehr geht es im Zusammenhang um Regeln für die
Lebensführung und besonders um das äußerliche Auftreten und Betragen[21].
So erfahren wir, daß man anständig gekleidet zur Kirche gehen
soll, die Frauen natürlich verschleiert; und der Kleidung soll auch die
Haltung, das Betragen entsprechen. Da gehört es zum Kirchgang, daß
man einen „ungekünstelten Gang" (ἄπλαστον βάδισμα) pflegt und nur
schweigend grüßt, so daß man innerlich gesammelt mit „heiligem Körper und heiligem Herzen" zum Gottesdienst kommt. Auf den Begriff
gebracht fordert Clemens σεμνότης[22]; diese Frömmigkeit soll
Aussehen und Verhalten (σχήματα καὶ τρόποι) der Christen (Clemens

---

[19] Z. B. Protr 118,4; 119ff; Strom I,13,4; I,15,3; IV,162,3; V,70,7-71,1 (Bezüge
zur Taufe, zum Unterricht und zur Gottesschau des Gnostikers, ohne daß Einzelheiten greifbar werden).
[20] „Ἐκκλησία" bezieht sich wohl mit auf das Gebäude - s. dazu u. S. 345.
[21] Paid III,53-86 befaßt sich mit Schmuck, Kleidung, Haartracht, Schönheits-
pflege, Ernährung, Körperhaltung usw.; auch das Verhalten dem anderen Geschlecht
gegenüber ist angesprochen.
[22] Paid III,79,4: σεμνός. III,79,5: die Frau des Äneas als Beispiel für ὑπερ-
βολὴ σεμνότητος. III,80,1: Die Angesprochenen benehmen sich in der Kirche ἐπὶ τὸ
σεμνότερον, außerhalb legen sie den Schein ihrer σεμνότης ab (III,80,3).

nennt sie hier in Anlehnung an die Mysteriensprache Χριστῷ τελούμενοι)
bestimmen. Dazu gehören auch Bescheidenheit, Zurückhaltung und
Liebenswürdigkeit[23]; und all diese Tugenden sieht Clemens gefährdet durch eine gar zu bereitwillige Assimilation der Christen an die
Welt. Ihre Frömmigkeit wird zur Heuchelei[24], wenn sie sich innerhalb der Kirche anders betragen als draußen, ja das fromme Verhalten
selbst weist sich erkennbar als falsch aus durch den heiligen Kuß: die
Leute, die Clemens im Auge hat, entlarven sich nach seiner Ansicht
durch ihr allzugroßes Interesse an den Küssen, mit denen sie „die Kirchen (τὰς ἐκκλησίας) erschallen lassen"[25].

Auf diese Weise hören wir jedoch nicht nur, daß der heilige Kuß
zur Zeit des Clemens in Alexandria in gottesdienstlichem Gebrauch
war, sondern Clemens kommt auch auf andere Teile des Gottesdienstes zu sprechen, wenn er den Vergleich zwischen dem Verhalten
der Christen „drinnen" und „draußen" zieht. Auch die Begründung am
Anfang, warum denn die Christen mit heiligem Körper und heiligem
Herzen zur Kirche kommen sollen, verrät uns etwas über den Gottesdienst.

Sie sollen nämlich ἐπιτήδειοι προσεύχασθαι τῷ θεῷ sein, sollen also die
geeignete Haltung haben für das Gebet zu Gott. Damit wird in diesem Text an erster Stelle das Gebet als ein Hauptcharakteristikum
des Gottesdienstes benannt. Nun liegt es zwar nahe, wenn sich jemand
in „Heiligkeit" Gott naht, besonders an das Gebet zu denken, doch
hätten hier dem Clemens ebensogut auch der Hymnus (das Singen mit
reinen Lippen) oder die Eucharistie einfallen können. Es mag allerdings sein, daß in der Wahl des προσεύχασθαι sich bereits die Stelle
1Kor 11,5 auswirkt, die Clemens kurz darauf im Zusammenhang mit
der Verschleierung der Frauen anführt[26]. Doch bleibt davon die
Feststellung unberührt, daß Clemens als einen markanten und wesentlichen Teil des Gottesdienstes eben die προσευχή nennen kann[27].

Nach einigen Ausführungen über die Verschleierung der Frau[28]
kommt Clemens nun noch einmal kritisch auf die σεμνότης mancher

[23] Adjektivisch: πραύς, εὐλαβής, ἀγαπητός (Paid III,80,1).
[24] Ἐπίπλαστος ὑπόκρισις (Paid III,80,3).
[25] Paid III,81,2. - Vgl. Tertullian, virg vel 14,5.
[26] Clemens nennt an einer Stelle das Vaterunser „ἡ προσευχή" (Paid I,73,1);
im übrigen benutzt er προσεύχεσθαι selten und bevorzugt andere Wörter wie z. B.
das einfache εὔχεσθαι. Vgl. O. STÄHLIN, Register (GCS 39).
[27] Vgl. dazu auch προσευχή als Bezeichnung für die Synagoge - s. u. S.451;
προσευχή oder εὐχή kann Lob- wie Bittgebet sein; zum Lobgebet s. u. die Diskussion von Strom VI,113,3 (S. 339ff), zum Bittgebet s. z. B. Strom VI,29,3; beides
z. B. in Strom VII,41,6.
[28] Paid III,79,4-5.

Christen zu sprechen. Wie Chamäleons (Clemens nennt hier stattdessen πολύποδας, Polypen) nämlich ändern sie sich mit ihrer Umwelt. Zur Veranschaulichung gibt er uns zwei Beispiele: hatten diese verwerflichen Leute gerade noch die Predigt über Gott angehört, so lauschen sie jetzt mit den Gottlosen zusammen aufreizenden Liebesliedern; sangen sie eben noch Lieder zu Ehren der Unsterblichkeit, so stimmen sie jetzt in den schmählichen Kehrvers ein: „Laßt uns essen und trinken, denn morgen sind wir tot". So zeigt sich, daß ihre Frömmigkeit nur vorgetäuscht und gar nicht echt ist[29].

Wir erfahren also von zwei weiteren wesentlichen Komponenten des Gottesdienstes: an erster Stelle von der Predigt, an zweiter vom Lied. Gerade die Musik, das Lied scheint sich hier zum Vergleich anzubieten, denn der Predigt drinnen wird keine Rede draußen gegenübergestellt, sondern nur das Hören ist der Vergleichspunkt, und sogleich schreitet Clemens fort zum Beispiel mit dem Hymnus, wobei er am Ende dann noch in ironischer Weise die Zustände „draußen" mit einem Bibelwort und unter dem Stichwort ψάλλειν beschreibt.

Daß Clemens dennoch zu Anfang auf die Predigt eingeht, zeigt ihre Wichtigkeit; sie prägt den christlichen Gottesdienst, und so wird auch ihr Inhalt angegeben: sie ist λόγος περὶ τοῦ θεοῦ[30], behandelt also das Höchste und Wichtigste überhaupt.

Dazu wie zu der dementsprechenden andächtigen Haltung (σεβάζεσθαι)[31] stehen natürlich die Gottlosen[32] mit ihrer enthemmten Raserei (ἀλύω) in krassestem Gegensatz. Dieser Gegensatz bestimmt allerdings auch in seiner Knappheit die Charakterisierung der Predigt mit, so daß wir hier über ihren eigentlichen Inhalt nichts weiter erfahren, zumal die Formulierung περὶ θεοῦ wohl auch im Blick auf den Adressatenkreis des Paidagogos in sich noch gar nichts spezifisch Christliches enthält.

Wie die Predigt, so ist auch das christliche Lied hier mit einem zentralen (doch an sich ebenfalls noch gar nicht christlichen) Stichwort gekennzeichnet: in der Kirche besingt man die Unsterblichkeit

---

[29] Paid III,80,3: τὴν ἐπίπλαστον ἀποθέμενοι τῆς σεμνότητος ὑπόκρισιν.

[30] Paid III,80,4.

[31] Σεβασάμενοι ist entweder auf τὸν λόγον zu beziehen oder prädikativ auf ἤκουσαν. Grammatisch legt sich letzteres näher, weil λόγος schon Objekt zu καταλείπω ist, von der Wortstellung her eher die erste Lösung. Doch ist ein λόγος περὶ θεοῦ als Objekt zu σεβάζεσθαι auch vom Sinn her schwer vorstellbar; es müßte dann hier die Bedeutung von Christus als λόγος sehr stark mitschwingen, was jedoch die Formulierung περὶ θεοῦ und der Kontext nicht hergeben. Gemeint ist also σεβασάμενοι ἤκουσαν.

[32] Daß die Heiden hier als ἄθεοι bezeichnet werden, zeugt von einem starken christlichen Selbstbewußtsein - waren es doch bisher die Heiden gewesen, die den Christen vorwarfen, ἄθεοι zu sein.

(ἀθανασία)[33]. Solchem Gesang werden rhythmische und erotisch auf-
reizende Lieder zur Flöte mit Händeklatschen (oder Fingerschnipsen)
und Trunkenheit gegenübergestellt. Zusammenfassend und die Aufzählung sozusagen beliebig weiter ausdehnend kann Clemens schließlich
von „diesem ganzen Schmutz" (πᾶς συρφετός) reden[34]; und daß das
damit angeprangerte wollüstige Treiben mit der Unsterblichkeit nichts
zu tun haben kann, sondern im Gegenteil gerade alles Vergängliche,
Wandelbare und Sterbliche feiert, das ist nicht nur für Clemens und die
Christen, sondern auch für jeden halbwegs gebildeten Menschen seiner
Zeit klar. Zuspitzend und mit einem Pauluszitat bekräftigend fährt
Clemens dann noch fort, daß solche Leute, wie er sie geschildert hat,
eigentlich schon gestorben sind, sich selbst begraben haben[35].

’Αθανασία eignet sich also gut zur Charakterisierung des Gegen-
satzes; zugleich ist hier natürlich auch ein wesentliches Motiv des
christlichen Glaubens angesprochen, nämlich der Glaube an die Auferstehung. Wenn die Christen also „die Unsterblichkeit besingen", so
preisen ihre Lieder alles, was zur göttlichen Sphäre gehört und sich
vom vergänglichen weltlichen Treiben absetzt, aber sie geben zugleich
im Lied auch ihrer Hoffnung auf das ewige Leben Ausdruck[36].
Letzten Endes erfahren wir aber auch über den Inhalt des christlichen
Liedes in unserem Text nur sehr Allgemeines, und es bleibt als wichtigste Feststellung, daß hier überhaupt vom Lied ἐν τῇ ἐκκλησίᾳ die Rede ist.

Darüber hinaus läßt sich zur Form des christlichen Hymnus noch
erschließen, daß er sich von den aufreizenden rhythmischen Liedern
der Heiden offensichtlich abhob; es wäre also am ehesten an eine
Art Psalmodieren zu denken[37]. Auch die in τερέτισμα und αὐλῳδία
angedeutete Verwendung von Musikinstrumenten ist für den
christlichen Gottesdienst so nicht denkbar. Wenn man überhaupt

---

[33] Paid III,80,4.

[34] ... κρουμάτων καὶ τερετισμάτων ἐρωτικῶν αὐλῳδίας τε καὶ κρότου καὶ
μέθης καὶ πάντος ἀναπιμπλάμενοι συρφετοῦ (Paid III,80,4).

[35] Clemens spielt hier auf Mt 8,12par an: „θάπτοντες τοὺς σφέτερους
νεκρούς, τουτέστιν αὐτοὺς εἰς θάνατον κατορύττοντες" (Paid III,81,1).

[36] Ob man bei ἀθανασία auch an das φάρμακον ἀθανασίας und damit an
die Eucharistie denken sollte, scheint mir zweifelhaft. Clemens kennt zwar den Begriff φάρμακον ἀθανασίας, doch bezieht er ihn nicht auf die Eucharistie
(Protr 106,2).

[37] Darauf deutet auch hin, daß Clemens häufig das Wort ψάλλειν für das
Singen der Christen benutzt. Hier ist wohl an eine Übernahme biblisch-hebräischer
Singweise zu denken (vgl. auch M. HENGEL, Christuspsalm). Daß andererseits
ψάλλειν für ihn von ὕμνειν, jedenfalls wenn man es auf das Singen der Christen
bezieht, nicht wesentlich verschieden ist, zeigen Stellen wie Strom VI,113,3 oder
Strom VII,49,4.

Instrumente benutzte, so sicher in ganz anderer, feierlicher und getragener Weise[38].

Ob der Wechselgesang (ᾄδοντες καὶ ἀντᾴδοντες) hier ein Charakteristikum des heidnischen Liedes ist, scheint mir fraglich; denn der Gegensatz besteht an dieser Stelle vor allem zwischen τοῦτο (bezogen auf das Vorhergehende) und ἀθανασία; ob außerdem auch das ἐξυμνεῖν als Gegensatz zum Wechselgesang gedacht ist, oder ob hier schon die Ironie einsetzt, mit der weiter unten das Bibelzitat als Inhalt heidnischen Gesanges auftaucht, also hier an das kirchliche Stilmittel des Wechselgesanges nun mit heidnischem Inhalt gedacht ist, muß vom Text her m. E. offenbleiben.

Trotz aller Kritik an heidnischer Musik ist uns bei Clemens ein Christushymnus in durchaus gängigem hellenistisch-zeitgenössischem Metrum[39] überliefert, der vermutlich sogar von ihm selbst gedichtet wurde[40]. Er bildet den Abschluß des Paidagogos: an der Schwelle zur vollen Kirchenzugehörigkeit stehend sollen die Katechumenen ihn als Loblied für den „Erzieher" singen[41]. Sicherlich wird die musikalische Ausgestaltung nichts mit erotischen Liedern gemein gehabt haben, doch zeigt sich, daß das „Psalmodieren"[42] für Clemens durchaus auch metrisch gefaßt sein konnte[43].

---

[38] Vgl. dazu Paid II,41-43 über das Singen und Musizieren beim Gastmahl; Protr I,5,3: der Mensch als ὄργανον, durch das der λόγος Gottes Lob singt (τῷ θεῷ ... προσᾴδει).

[39] Anapästisches Metrum; vgl. GCS 12, S. LXXVI (Fußn. 2) u. A. DIHLE, Die Anfänge der griechischen akzentuierenden Verskunst, *Hermes* 82 (1954) 182-199 (189f.).

[40] So O. STÄHLIN, GCS 12, S. LXXVI (Fußn. 2) gegen A. HARNACK, Geschichte der altchristlichen Litteratur bis Eusebius, II, Chronologie II, Leipzig 1904, S. 22f ; ferner H.-I. MARROU, SC 70, p. 22 (Fußn. 2). 24; mit detailliertem Nachweis der sprachlichen Übereinstimmungen mit dem Paidagogos: T. WOLBERGS, Griechische religiöse Gedichte der ersten nachchristlichen Jahrhunderte, Bd. I, Meisenheim 1971, S. 86ff.

[41] GCS 12 (O. Stählin), S. 291f. mit Zeilenzählung, auf die in den folgenden Fußnoten Bezug genommen wird (65 Zeilen).

[42] Ψάλλωμεν am Ende des Hymnus, Zeile 64; vgl. Zeile 7 αἰνεῖν, Zeile 8 und 40 ὕμνειν. Zeile 53 αἶνος, Zeile 54 ὕμνος.

[43] Eine nicht so regelmäßige Dichtung ist das Stück Protr 117,4, das allerdings als Merkvers gekennzeichnet ist; daß es auch gesungen wurde, ist möglich, aber nicht zu belegen. Der Text lautet:

λόγος ἀληθείας,
λόγος ἀφθαρσίας,
ὁ ἀναγεννῶν τὸν ἄνθρωπον
εἰς ἀλήθειαν αὐτὸν ἀναφερών,
τὸ κέντρον τῆς σωτηρίας,
ὁ ἐξελαύνων τὴν φθοράν,
ὁ ἐκδιώκων τὸν θάνατον,
ὁ ἐν ἀνθρώποις οἰκοδομήσας νεών,

Der Hymnus preist Christus als Erlöser und Hirten oder Führer auf dem Wege und weist sich gegen Ende als Danklied für die διδαχὴ ζωῆς aus[44]. Als ὕμνος τῷ κυρίῳ[45] wäre er sicherlich besser gekennzeichnet als mit dem Stichwort ἐξυμνεῖν ἀθανασίαν, doch ließe sich im Blick auf den Lobpreis der Erlösung und des Lebens auch eine solche Kategorisierung vertreten. So mag uns dies Lied als Illustration für eine Möglichkeit des Singens in der Gemeinde dienen, auch wenn sich nicht sicher sagen läßt, ob es wirklich im Gemeindegottesdienst gesungen wurde. Immerhin scheint es mir als relativ selbständiges Stück anzusprechen zu sein, obwohl es durchaus in den Kontext paßt; doch würde man erwarten, daß Christus auch als παιδαγωγός und διδάσκαλος angesprochen würde, wäre das Lied direkt für diesen Kontext gedichtet[46]. Die häufige Selbstbezeichnung der Singenden als Kinder und als Menschen, die von Christus auf dem Weg geleitet werden sollen[47], paßt gut zu der Situation der Katechumenen, doch könnten auch längst getaufte Gemeindeglieder dies Lied ohne weiteres mitsingen, etwa bei der Einführung der Neugetauften in die Gemeinde.

Doch zurück zu unserm Text über die heuchlerischen Christen. Denn mit den geschilderten zwei Beispielen von Predigt und Lied

---

ἵνα ἐν ἀνθρώποις ἰδρύσῃ τὸν θεόν.

[44] Zeile 57.

[45] So auch die Überschrift in FM (STÄHLIN, GCS 12, S. 291, Apparat): Ὕμνος τοῦ σωτῆρος Χριστοῦ τοῦ ἁγίου Κλήμεντος - vgl. auch Strom VI,123,3, wo Clemens die Wahrheit der Häresien verneint, „κἂν θεὸν λέγωσιν ἕνα κἂν Χριστὸν ὑμνῶσι ...".

[46] Daß das Lied von Clemens selbst gedichtet wurde, wohl auch im Zusammenhang mit der Arbeit am Paidagogos, schließt nicht aus, daß es zum Singen gedacht war (gegen A. DIHLE, Anfänge, S. 190, und T. WOLBERGS, Griechische religiöse Gedichte I, S. 86; mit G. MAY, Der Christushymnus des Clemens von Alexandrien, in: *Liturgie und Dichtung*, hrsg. v. H. Becker / R. Kaczynski, Bd I, St. Ottilien 1983, 257-273, S. 263f., der vermutet, daß das Lied im Schülerkreis des Clemens gesungen wurde). Inhaltlich problematisch erscheint mir auch die Zuweisung der Verse 42-53 (nach Stählin 52) und 5-10 an den διδάσκαλος (WOLBERGS, a. a. O., S. 85); er hat sicherlich gerade nicht die „Milch" an „Säuglinge" auszuteilen, sondern an schon Fortgeschrittenere (vgl. Paid I,36,4-5), ebenso wie auch der ποιμήν eher auf den παιδαγωγός deuten würde (vgl. z. B. Paid I,84,3). Eine Zuordnung von παιδαγωγός und διδάσκαλος zu bestimmten Passagen des Hymnus scheint mir nicht möglich. Dies gilt umso mehr, als das Stück wohl erst nachträglich (aber möglicherweise vom Verfasser) an den Paidagogos angehängt wurde - vgl. G. MAY, a. a. O., S. 258f. (dort dennoch die Vermutung einer Abfassung im Zusammenhang mit der Arbeit am Paidagogos).

[47] Παῖς Zeile 6. 10. 31; νηπίαχος Zeile 47 (vgl. Zeile 50-52); χριστόγονος Zeile 62; Christus als Hirte: Zeile 4. 19. 29 (ἡγοῦ προβάτων). 30; Christus als Führer: Zeile 10. 29. 30; seine Fußspuren der Weg in den Himmel: Zeile 32-33; Christus metaphorisch als der, der die Menschen aus der Sünde herausholt: Zeile 23-28. - G. MAY, Der Christushymnus des Clemens von Alexandrien, S. 265, behauptet mit Emphase, aber ohne schlagende Belege, daß der Hymnus nur getaufte Christen im Blick habe.

kann Clemens sich in seiner Kritik der „angepaßten" Christen noch nicht begnügen: nach den eigentlich abschließenden Bemerkungen in Paid III,81,1f.[48] setzt er unter dem Stichwort Liebe noch einmal neu ein und betont, daß die heuchlerischen Christen sich am Küssen in der Kirche nur unter dem Vorwand der Liebe (ἀγάπη) ergötzten, ebenso wie sie, so geht es dann weiter, auch auf der Straße zu übertriebenen Begrüßungen neigten[49]. Damit ist dann der Übergang zu weiteren Anweisungen über das Verhalten auf der Straße gegeben[50]. - Durch eine parenthetische Bemerkung gibt Clemens zu erkennen, daß es sich beim Küssen in der Kirche nicht um eine Begrüßungsgeste handelt, sondern daß er wirklich den „heiligen Kuß" als Bestandteil der Liturgie meint: „ ‚heilig‘ nannte ihn nämlich der Apostel"[51]. Statt aufdringlich und laut soll dieser Kuß „mystisch" sein, passend zum Mysterium also und unauffällig, als zurückhaltende Geste mit geschlossenen Lippen die höhere Wahrheit einer wohlgesonnenen Seele schmecken lassend[52].

Es ist naheliegend, in der Bezeichnung des heiligen Kusses als μυστικός eine Beziehung dieses liturgischen Aktes zur Eucharistie angedeutet zu sehen, und das würde auch zu anderen Nachrichten passen, die wir über den heiligen Kuß haben[53]. Doch bezeichnet Clemens nirgends die Eucharistie als die christlichen Mysterien oder als das Mysterium, sondern er stellt vielmehr in der Regel eine Beziehung zwischen der christlichen Lehre und Erkenntnis und den Mysterien der Christen her[54]. So kann über die Zuordnung des heiligen Kusses zur Eucharistie nur von außen und nicht aufgrund des Sprachgebrauchs von Clemens entschieden werden.

---

[48] Pauluszitat in 81,1; Aufforderung in 81,2: „ἀξίως τῆς βασιλείας πολιτευώμεθα θεὸν ἀγαπῶντες καὶ τὸν πλήσιον" als Zusammenfassung.

[49] Paid III,82,2ff.

[50] Paid III,82,5ff.

[51] Paid III,81,3.

[52] Ἔχρην εἶναι μυστικόν, ... , ἀπογευομένης τῆς ψυχῆς τὴν εὔνοιαν διὰ στόματος σώφρονος καὶ μεμυκότος ... (Paid III,81,3).

[53] Zu Röm 16,16; 1Kor 16,20; 2Kor 13,12; 1 Thes 5,26 als Überleitung zum Abendmahl s. S. 58; deutlich die Zuordnung bei Justin, Apol I,65,2, in der Apostolischen Tradition des Hippolyt 4 u. 21 (SC 11bis, p. 49 u. 90; von dorther ist auch tradAp 18, a. a. O., p. 76, zu verstehen) und später in den ConstAp VIII,11,7-9; mehr zum Gebet gehörig (s. aber S. 403f.) bei Tertullian, or 18 (s. auch Hippolyt, tradAp 18). - Vgl. auch G. STÄHLIN, Artikel φιλέω κτλ, ThWNT 9, S. 138. 140-143.

[54] Am ehesten auf die Eucharistie zu beziehen wäre Protr 118,4 (ἀπολαύσεις), doch wird hier in den „Mysterien" das genossen, was kein Ohr hörte und in kein Herz kam (vgl. dazu Paid I,37,1). Protr 120,1 kommt σφραγίζειν vor (Taufe!), jedoch kein Bezug zur Eucharistie. - Strom I,13,4 (mündliche Weitergabe der Lehre); Strom IV,162,3 (ἰδέα); Strom V,57,2 (τὰ τοῦ λόγου μυστήρια); Strom V,70,7-71,1 (Taufe, Lehre, Gottesschau des Gnostikers); Strom VI,142,6 (παραβολαί).

Auffällig ist jedenfalls, daß Clemens an unserer Stelle nicht auch noch die Teilnahme an der Eucharistie und im Gegensatz dazu die Schlemmerei bei Gastmählern anführt. Das liegt m. E. nicht so sehr an einer möglicherweise vorhandenen Arkandisziplin (Clemens äußert sich ja durchaus gelegentlich zur Eucharistie), sondern vielmehr im Wesen der Clementinischen Theologie begründet: sie ist eben eine Theologie der Erkenntnis und damit des lern- und lehrbaren Wortes, in der letztlich die Eucharistie wie ein Fremdkörper wirken muß[55].

Wenn Clemens an unserer Stelle Gebet, Predigt und Hymnus als Bestandteile des Gottesdienstes erwähnt, also Elemente des Wortgottesdienstes, so ist das m. E. kein Zufall; eher äußerlich motiviert und vom Kontext her provoziert erscheint dagegen die Erwähnung des heiligen Kusses. Sie deutet allerdings darauf hin, daß Clemens hier den Wortgottesdienst im Zusammenhang mit der Eucharistiefeier vor Augen hat; doch in seinem Herzen ist er sicherlich als ein Mann des Wortgottesdienstes zu bezeichnen.

bb) Strom VI,113,3

Wir wollen sehen, ob sich diese These auch an weiteren Texten bewähren läßt. In Strom VI,113,3 spricht Clemens in einem Satz von „gerechtem Hören, göttlicher Lesung, wahrer Untersuchung, heiligem Opfer, seligem Gebet, Lob, Gesang, Lobpreis, Psalmodieren"[56], so daß der Eindruck entsteht, hier werde ein ganzer Gottesdienst beschrieben. Im Kontext geht es allerdings um das gute Gewissen der reinen Seele des Gnostikers; sie preist mit all den genannten Tätigkeiten immerfort Gott.

Der Satz beschreibt also den immerwährenden Gottesdienst der Gnostikerseele, wie auch der Nachsatz zu unserer Aufzählung noch einmal betont: „Niemals, zu keinem Zeitpunkt, ist eine solche Seele von Gott getrennt"[57]. Daß es sich hier wirklich um Gnostiker und

---

[55] Interessant ist in diesem Zusammenhang die positive Würdigung der Eucharistie in Paid II,20,1, daß sie Leib und Seele der an ihr im Glauben teilhabenden Menschen heilige. Sie steht innerhalb eines Absatzes über Trinken und Wein und schließt sich an Spekulationen über das Blut Jesu und seinen Zusammenhang mit dem Heil der Menschen an. Hauptziel scheint im Gesamtzusammenhang zu sein, den Genuß von Wein bei der Eucharistie trotz des Lobpreises der Nüchternheit zu rechtfertigen. Theologisch bleibt diese Passage unvermittelt stehen.
[56] Ἡ ψυχή ... ἀεὶ ... εὐχαριστοῦσα ἐπὶ πᾶσι τῷ θεῷ δι' ἀκοῆς δικαίας καὶ ἀναγνώσεως θείας, διὰ ζητήσεως ἀληθοῦς, διὰ προσφορᾶς ἁγίας, δι' εὐχῆς μακαρίας, αἰνοῦσα, ὑμνοῦσα, εὐλογοῦσα, ψάλλουσα ...
[57] Noch Strom VI,113,3.

nicht jeden beliebigen Christen handelt, wird aus dem folgenden Absatz deutlich, wo Clemens, zunächst mit einer Verheißung aus SapSal, auf die Belohnung der Gnostiker eingeht[58]; er schließt dies Zitat an mit der Formulierung εἰκότως οὖν εἴρηται und fügt daran an: „Du siehst, was die Weisheit über die Gnostiker zu sagen hat."

Doch zunächst einmal ist das Stichwort, um das es in unserem Absatz geht[59], die εὐσυνειδησία der Seele. Nach einem einleitenden Euripides-Zitat[60] beschreibt Clemens die εὐσυνειδησία mit mehreren Aussagereihen: sie bewahrt, was heilig ist gegen Gott und gerecht gegen die Menschen; sie hält die Seele rein in ehrfürchtigen Gedanken, heiligen Worten und gerechten Taten; sie führt dazu, daß die Seele der Vergottung nachstrebt (μελετᾷ εἶναι θεός), indem sie (die Seele) Unwissenheit und Bestrebungen gegen die rechte Vernunft (μὴ κατὰ τὸν ὀρθὸν λόγον) für das eigentliche Übel hält und Gott auf die oben beschriebene Weise preist (εὐχαριστεῖν).

Zumindest die beiden ersten Reihen entfalten also jeweils eine Ganzheit; bei der letzten aber (hier hat auch das Subjekt gewechselt, es ist nun die ψυχή) sollte man erwarten, daß dem κακὸν νομίζειν auch ein ἀγαθὸν νομίζειν gegenübergestellt wird, doch erschöpft sich dies in der Erwähnung des ὀρθὸς λόγος, und neben die negative Aussage κακὸν νομίζειν tritt die positive des εὐχαριστεῖν ἐπὶ πᾶσι τῷ θεῷ. Nun könnte ja gerade dies das καλόν oder ἀγαθόν bezeichnen, doch ist offensichtlich die Gesetzmäßigkeit der Reihe durchbrochen, denn es finden sich keine Gegenbegriffe zu ἄγνοια oder ἡ μὴ κατὰ τὸν ὀρθὸν λόγον ἐνέργεια, stattdessen eine lange Aufzählung gottesdienstlicher Begriffe, die sich auch von der dichterischen (Euripides-Zitat) und eher philosophischen Sprache[61] der vorhergehenden Sequenzen abhebt.

Die uns interessierende Reihe übersetzt also in christlich kultische Sprache, was die εὐσυνειδησία in der Seele bewirkt, und kann als solche für sich betrachtet werden; ob sie in sich vollständig wiederum das Leben des Gnostikers als Ganzheit beschreibt, muß sich aus ihr selbst oder dem unmittelbar Folgenden ergeben. Und der Nachsatz mit seiner verstärkten Wiederaufnahme des ἀεί aus dem Vorhergehenden führt uns in der Tat zu dem Schluß, daß hier das ganze Leben des von εὐσυνειδησία erfüllten Gnostikers beschrieben wird.

---

[58] SapSal 3,9.

[59] Strom VI,113,1-4; im größeren Zusammenhang behandelt Clemens das Verhältnis von πίστις und γνῶσις zueinander, vor allem auch im Blick auf die Frage nach ewigem Heil und Belohnung: Strom VI,105-114.

[60] Euripides, Frag. inc. 918,1.3-5; Clemens interpretiert die Aussage, daß nichts dem schaden kann, der καλὰ πράσσων ist, als Äußerung einer Seele mit gutem Gewissen (εὐσυνείδητος).

[61] Markant ist der ὀρθὸς λόγος.

Stimmt die Reihe selbst damit überein? Am liebsten möchte man hier eine andere Sequenz einsetzen, wie sie in Strom VII,13,2 vorkommt: dort ist der Gottesdienst (θεραπεία) des Gnostikers als „Liturgie", Lehre und Wohltätigkeit durch (gute) Werke beschrieben; all dies besonders unter dem Gesichtspunkt der Rettung und des Wohltuns für andere Menschen[62]. Damit wären die Bereiche Gottesdienst (im engeren Sinne[63]), Unterricht und Diakonie erfaßt. In Strom VI,113,3 jedoch geht es Clemens offensichtlich vor allem um eine Füllung des εὐχαριστεῖν im Sinne der λειτουργία. Interessanterweise aber sind nicht alle genannten Tätigkeiten im eigentlichen Sinne unter das Stichwort Gotteslob zu subsumieren[64]; offenbar hat hier das im Hintergrund stehende gottesdienstliche Leben so viel Gewicht, daß auch nicht zum Lob gehörige Elemente wie Hören, Lesen und (predigtartiger) Diskurs (ζήτησις) mit aufgezählt werden.

Grammatisch sind die fünf ersten Elemente von den vier letzten zu trennen, wobei die ersten beiden noch einmal für sich zusammengehören (kein διά vor ἀνάγνωσις); es wäre theoretisch möglich, die letzten vier Partizipien dem εὐχαριστοῦσα gleichzuordnen, doch liegt es sowohl von der Ästhetik des Satzbaus als auch vom Sinn her näher, αἰνοῦσα, ὑμνοῦσα, εὐλογοῦσα, ψάλλουσα als Entfaltung des δι' εὐχῆς zu verstehen.

Damit bleiben zunächst einmal die vier Elemente Schriftlesung (mit dem Zuhören als besonders aufgeführter Tätigkeit), Schriftauslegung, Opfer und Gebet als Hauptgliederungspunkte.

Allerdings könnte man auch die ersten beiden Punkte auf den Schulbetrieb beziehen und dementsprechend ζήτησις ἀληθής als ernsthafte Erforschung durch Diskussion verstehen; wenn man dann noch προσφορά auf Almosen bezöge und εὐχή auf das Privatgebet, wäre der bisher angenommene gottesdienstliche Zusammenhang gar nicht gegeben, ja man könnte hier sogar eine Dreiteilung in Lehre, Wohltätigkeit und „Liturgie" wie in der o. g. anderen Reihe wiederfinden. Doch

---

[62] Der Gnostiker soll sein: ἐξομοιούμενος „εἰς δύναμιν τῷ κυρίῳ διὰ πάσης εἰς τὸν θεὸν θεραπείας, ἥτις εἰς τὴν τῶν ἀνθρώπων διατείνει σωτηρίαν κατὰ κηδεμονίαν τῆς εἰς ὑμᾶς εὐεργεσίας κατά τε αὖ τὴν λειτουργίαν κατά τε τὴν διδασκαλίαν κατά τε τὴν δι' ἔργων εὐποιίαν". Durch αὖ wird ein nochmaliges Einsetzen gekennzeichnet, wie auch das dreimalige τε und die parallele Konstruktion (im Gegensatz zum ersten κατά, wo εὐεργεσία als Genitiv zu κηδεμονία konstruiert ist) λειτουργία, διδασκαλία und εὐποιία zusammengehörig erscheinen lassen. In dieser Kombination muß λειτουργία so etwas wie gottesdienstliche Verehrung bedeuten (gegen O. STÄHLIN, Strom VII dt., BKV² 20, S. 20 „dienen").

[63] Im Gegensatz zu der Beschreibung des Christenlebens als Gottesdienst; sicher sind aber auch das private Gebet und Schriftstudium und dergleichen unter λειτουργία mitgefaßt. - Vgl. auch Fußn. 62.

[64] Ἀκοή, ἀνάγνωσις, ζήτησις - also gerade die an erster Stelle genannten und am ehesten in Richtung Wortgottesdienst weisenden Tätigkeiten!

sprechen gegen diese Ausdeutung: die tatsächliche Vierteilung der
Reihe, welche durch die Auffächerung in Hören und Lesen überdies
der Schriftlesung gegenüber der ζήτησις einen für den Schulbetrieb
übertrieben großen Raum einräumt; die Hinzufügung von ἅγιος zu
προσφορά, welche sich leichter verstehen läßt, wenn man προσφορά zunächst auf die Eucharistie bezieht; und die Aufschlüsselung von εὐχή
in Lob, Lied, Lobpreis und Psalmodie, welche doch eher an gemein-
schaftlichen Gottesdienst als an Privatfrömmigkeit denken lassen[65].
Immerhin, die Grenzen sind fließend, da das Ganze ja ein immer-
währendes Gotteslob beschreiben soll, also nicht auf eine Gottesdienst-
veranstaltung begrenzt sein kann.

Auch der Begriff ζήτησις ἀληθής ist ja so allgemein gehalten, daß
man zögert, ihn ohne weiteres auf die Predigt anzuwenden; die Schul-
diskussion als Hintergrund liegt hier näher. Dennoch ist davon auszugehen, daß insgesamt hinter unserer Reihe gottesdienstliches Leben
steht[66]; es fragt sich sogar, ob die Abfolge möglicherweise einen
normalen Gottesdienst widerspiegelt. Der bestünde dann aus Lesung,
Predigt, Eucharistie, Gebet - eine ganz ungewöhnliche Reihenfolge, es
sei denn, man verstünde unter εὐχή das eucharistische Gebet, das von
dem Vorgang der προσφορά getrennt gesehen wird[67]. Dann wären
vor allem die Hauptelemente Schriftlesung mit Predigt und Eucharistiefeier angesprochen. Die Entfaltung der εὐχή in αἰνεῖν, ὑμνεῖν, εὐλογεῖν und ψάλλειν beschriebe so den Reichtum der eucharistischen Gebete und Lieder (wenn man ὑμνεῖν noch auf feierliche Gebete beziehen
kann, so weist doch das ψάλλειν auf in sich geschlossene gesungene
Liedstücke oder Psalmen hin[68]), so daß sich hier ein wesentlich
anderes Bild vom Gottesdienst ergäbe, als wir es im Paidagogos bekommen haben. Das ist als Möglichkeit nicht auszuschließen, zumal es
sich ja hier stärker als in der besprochenen Passage des „Erziehers"
anbietet, den Gottesdienst samt Eucharistie (man bedenke, daß das

---

65 Vgl. aber Strom VII,49,4: ψαλμοὶ δὲ καὶ ὕμνοι παρὰ τὴν ἑστίασιν ..., auf
die tägliche Mahlzeit bezogen (dazu s. u. S. 343f.). Für sich genommen also wäre
dies letzte Argument nicht durchschlagend.

66 Das legt, wie gesagt, die Häufung gottesdienstlicher Begriffe nahe - im
Auge zu behalten ist nur, daß es hier nicht das Ziel des Verfassers ist, einen Got-
tesdienst zu beschreiben. - Vgl. auch W. VÖLKER, Der wahre Gnostiker, S. 547
Fußn. 2.

67 Vgl. Strom I,96,1, wo Clemens die Häretiker kritisiert, weil sie entgegen
dem kirchlichen Brauch Brot und Wasser bei der προσφορά benutzen; sonst kommt
προσφορά nicht im Zusammenhang mit der Eucharistie vor.

68 Ψάλλειν ist in dieser Reihe wie auch sonst bei Clemens als christlicher
Spezialterminus für Singen aufzufassen; vgl. o. zu Paid III,80,4 (S. 334ff) und zum
Christushymnus (S. 336f., bes. Fußn. 42); ferner Strom VI,89,4 und im übrigen das
Register von O. STÄHLIN, GCS 39, S. 818.

ganze unter dem Vorzeichen εὐχαριστεῖν steht) phänomenologisch zu beschreiben.

Das Problem ist nur, daß Clemens letztlich ja jeden Augenblick des täglichen Lebens für den Gnostiker beschreiben will; wenn unsere Hypothese richtig ist und er dafür als Muster den Gemeindegottesdienst nimmt, so erfahren doch die einzelnen Gottesdienstelemente bei dieser Anwendung eine Umdeutung, bei der am Ende die Eucharistie völlig auf das Gebet reduziert ist und damit praktisch wieder verschwindet.

cc) Strom VII,49

Aufschlußreich ist hierzu ein anderer Abschnitt aus den Stromateis, nämlich Strom VII,49. Hier wird - nach einigen allgemeineren Aussagen über das Gutsein der Gnostikerseele als Voraussetzung für ein ungestörtes Gottesverhältnis - wieder das ganze Leben als ein Gottesdienst beschrieben oder als ein „heiliges Fest" (πανήγυρις ἁγία), wie es da heißt[69]. Darauf folgt, diesmal nicht unter dem Stichwort εὐχαριστεῖν, sondern als θυσία beschrieben eine ganze Reihe von gottesdienstlichen Aktivitäten, die aber eindeutig dem Bereich der Privatfrömmigkeit zuzuordnen sind. „Seine Opfer sind Gebete und Lob und das Einschärfen der Schriften vor der Mahlzeit, Psalmen und Lieder bei Tisch, vor dem Schlafen, aber auch nachts wieder Gebete"[70].

Wir finden also mit Schriftlesung, Liedern und Gebeten Elemente des Wortgottesdienstes als Äußerungen privater Frömmigkeit über den Tag verteilt; dies ist das „Opfer" des Gnostikers. Dementsprechend wird man auch die προσφορά aus Strom VI,113 in der Anwendung auf den täglichen Gottesdienst als Gebet oder dergleichen verstehen müssen. Clemens sagt im Fortgang unseres Textes hier allerdings auch deutlich, daß sich die θυσία nicht im liturgischen Handeln erschöpft, sondern auch das Unterrichten und das Almosengeben mitumfaßt[71]; so mag doch auch etwas von diesen Gedanken in der προσφορά im anderen Text mitschwingen. Aber hier wie dort liegt ihm vor allem an der direkten Gottesbeziehung, die sich eben in Schriftlesung und Gebet sowie Lied verwirklicht und, wie Clemens in Strom VII,49,4 noch sagt, durch den ständigen Kontakt mit Gott bis zur Gottesschau (θεωρία) verdichtet.

---

[69] Strom VII,49,3.
[70] „αὐτίκα θυσίαι μὲν αὐτῷ εὐχαί τε καὶ αἶνοι καὶ αἱ πρὸ τῆς ἑστιάσεως ἐντεύξεις τῶν γραφῶν, ψαλμοὶ δὲ καὶ ὕμνοι παρὰ τὴν ἑστίασιν πρό τε τῆς κοίτης, ἀλλὰ καὶ νύκτωρ εὐχαὶ πάλιν." (Strom VII,49,4) - Θυσία als Gebet auch in Strom VII,32,4 u. ö., vgl. O. STÄHLIN, Register, GCS 39, S. 480.

So bestätigt sich also trotz der Anspielungen in Strom VI,113 auf
die Eucharistie, daß die Feier der Eucharistie letztlich für Clemens
nicht so wesentlich zu sein scheint; zumindest hat er sie theologisch
so verarbeitet, daß sie durch Schriftstudium und Gebet ersetzbar wird:
in der Beschäftigung mit dem Wort liegt der eigentliche Weg des
Gnostikers.

Am Anfang von Strom VII,49 findet sich noch eine interessante
Notiz darüber, daß der Gnostiker nur mit geeigneten Leuten zusammen betet, um nicht für die Sünden anderer mit verantwortlich zu
zeichnen (συνεπιγράφεσθαι). Offensichtlich ist hier an ein gemeinsames
Gebet um die Vergebung von Sünden gedacht, dem ein fast sünden-
freier Gnostiker eben nicht einfach genauso beipflichten kann wie ein
normaler Glaubender oder gar ein noch ungetaufter Katechumene. Es
dürfte sich hier in der Zuspitzung auf den Gnostiker um ähnliche Gedanken handeln, wie wir sie wohl als Hintergrund für eine Gebetspraxis vermuten können, die sich in den Apostolischen Konstitutionen,
Buch 8, findet: dort werden der Reihe nach Nichtchristen, Katechumenen und Büßer unter Fürbitten aus dem Gottesdienst entlassen, bis
nur noch die Gemeinde der getauften „πιστοί" zum gemeinsamen Gebet
(mit nunmehr wirklich gemeinsamen Anliegen) zurückbleibt[72].

Der Gnostiker soll also nach der Ansicht von Clemens auch an
diesem Gemeindegebet nicht uneingeschränkt teilnehmen, sondern nur
da mitbeten, „wo es geziemend ist, daß er auch mittut"[73], also
überall, wo nicht Sünden betroffen sind, die er selbst nicht begeht. Wie
das allerdings praktisch ausgesehen haben mag, ist schwer vorstellbar;
eine auch sonst naheliegende Konsequenz mögen Gnostikerkonventikel
gewesen sein, die, womöglich im Rahmen einer Schule, einen besonderen Gottesdienst über den Gemeindegottesdienst hinaus pflegten.
Daß „Gnostiker" wie Clemens dem Gemeindegottesdienst ganz
fernbleiben sollten, ist aber weder hier noch an anderer Stelle gesagt;
vielmehr sollen sie ja, so weit es ziemt, auch mit den gewöhnlich
Glaubenden[74] beten. Wo es nicht „ziemte", mögen sie sich innerlich
distanziert oder einmal ein Amen[75] nicht mitgesprochen haben.

---

71 Strom VII,49,5.
72 Es werden nacheinander entlassen: ἀκροώμενοι und ἄπιστοι (ConstAp
VIII,6,2), κατηχούμενοι (VIII,6,14), ἐνεργούμενοι (VIII,7,9), φωτιζόμενοι (VIII,8,6), οἱ
ἐν μετανοίᾳ (VIII,9,11). An alle außer der ersten Gruppe ergeht vor ihrer Entlassung
der Imperativ: εὔξασθε, gefolgt von der Aufforderung: πάντες ὑπὲρ τῶν κτλ παρα-
καλέσωμεν oder δεηθῶμεν, während das Gebet der πιστοί gleich mit der Gebetsauf-
forderung in der 1. Pers. pl. beginnt.
73 Strom VII,49,3.
74 Σὺν „τοῖς κοινότερον πεπιστευκόσι" – Strom VII,49,3.

c) Einzelne Äußerungen des Clemens zum Gottesdienst

Es bleibt uns nun noch die Aufgabe, das Bild vom Gottesdienst, das wir bisher durch Clemens bekommen haben, mit Hilfe von verstreuten Einzelangaben zu ergänzen.

Der Gottesdienstort dürfte in der Regel ein für diesen Zweck bestimmtes besonderes Gebäude gewesen sein, da Clemens des öfteren ἐκκλησία zur Bezeichnung nicht der Gemeinde, sondern des Kirchgebäudes verwendet. Ein solches Verständnis wird z. B. durch die Unterscheidung von ἔνδον und ἔξωθεν in Paid III,80,4 gefordert; besonders deutlich ist Strom VII,29,4: οὐ γὰρ νῦν τὸν τόπον, ἀλλὰ τὸ ἄθροισμα τῶν ἐκλεκτῶν ἐκκλησίαν καλῶ (ich nenne hier nicht den Ort, sondern die Versammlung der Auserwählten „Kirche")[76]. Damit ist noch nicht gesagt, daß diese Kirchgebäude als Kirchen errichtet wurden, aber die Gemeindesituation muß doch so gewesen sein, daß man sich besondere Kirchräume leisten konnte und womöglich auch größere Säle brauchte.

Zu dem Bild einer größeren Gemeinde würde auch passen, daß Clemens „heuchlerische" Christen kennt, die sich an ihre Umwelt anpassen und es mit dem Christsein nicht so ernst nehmen[77], und an einer Stelle dazu mahnt, man solle interessierte Außenseiter mit Vorsicht behandeln, da es sein könne, sie kämen nur wie neugierige Touristen oder aber, weil die Versorgung der Armen bei den Christen gut sei[78]. Auch der Umstand, daß Clemens sich an gebildete und wohlhabende Leserschichten wendet, weist auf größere Gemeinden hin, ebenso wie auch seine Deutung des Herrenwortes Mt 18,20 zeigt, daß eine Gemeindeversammlung von nur zwei oder drei oder überhaupt sehr wenigen Mitgliedern außerhalb seines Vorstellungshorizontes liegt[79].

---

[75] Clemens überliefert uns zwar kein responsorisches Amen, sondern nur ein bekräftigendes Amen am Ende von Schlußdoxologien, doch wird man annehmen können, daß auch und gerade die Gebete mit solchen Doxologien aufhörten, so daß sich hier das Amen als stereotyper Gebetsschluß eingebürgert hat. - Paid I,11,2; I,27,3; I,74,1; III,101,2; Quis dives 42,20 (sehr ausführlich, Ende des Buches).

[76] Vgl. das Register von O. STÄHLIN, GCS 39, S. 371, ἐκκλησία 1.; falsch ist hier die Angabe II,62,2, denn dort geht es gerade um die Bezeichnung der Versammlung (συναγωγή) der Häretiker.

[77] Paid III,80f.; s. o. S. 332ff.

[78] Strom I,6,3; von solchem Schmarotzertum zeugen allerdings auch schon die Didache (11,4ff) und Lukian (mortPereg 11ff); doch empfahl es sich zu der Zeit noch, als Prophet aufzutreten (und nicht einfach als Bedürftiger), um versorgt zu werden.

Im Kirchraum selber gab es eine πρωτοκαθεδρία für den oder die Presbyter[80], und auch die Gemeinde saß oder stand geordnet, zumindest getrennt nach den Geschlechtern. Das geht aus der Polemik des Clemens gegen das Theater und seine Unordnung (ἀταξία und ἀκοσμία) hervor, wo „Männer und Frauen durcheinander zusammenkommen, um einander anzuschauen"[81].

Über die Gottesdienstzeiten erfahren wir von Clemens nichts; allerdings kennt er die üblichen Fasten-[82] und Gebetszeiten[83] und auch den Sonntag als Herrentag mit der Sinngebung, daß dies der Tag der Auferstehung des Herrn ist[84].

Ebenfalls läßt sich nichts darüber ausmachen, ob alle Gemeindegottesdienste immer auch die Eucharistiefeier enthielten; nur daß es Gemeindegottesdienste gab und daß die Eucharistie gefeiert wurde, läßt sich zweifelsfrei feststellen[85]. Daneben spricht Clemens auch von christlichen Gastmählern, die er zwar selbst nicht mit dem Namen Agape belegen will und teilweise wegen ihrer Üppigkeit kritisiert; aber gerade seine Ablehnung des Begriffs Agape für diese Mahlzeiten zeigt, daß er benutzt wurde[86].

Auch Taufe[87], Buße (Exhomologese)[88] und Katechumenen-unterricht werden von Clemens erwähnt; für den Unterricht gibt er eine Dauer von drei Jahren an, wir haben es hier also mit einer festen Institution zu tun[89]. Dieser Unterricht fand, so läßt sich einer Stelle des Paidagogos entnehmen, im Kirchgebäude statt[90].

---

[79] Strom III,68ff; vgl. dagegen Strom I,49,1: dem Gnostiker reicht schon ein einziger Hörer zum Lehren aus.

[80] Strom VI,106,2.

[81] Paid III,76,4.

[82] Strom VII,75,2.

[83] Strom VII,40,3; schon in Paid II,79,2 dagegen die Anweisung, nachts zum Gebet oft aufzustehen.

[84] Strom VII,76,4.

[85] Zum Gottesdienst v. a. Paid III,79ff (s. o. S. 332ff.); zur Eucharistie Paid II,20,1; Strom I,5,1; I,46,1; IV,161,3; (Exc. ex Th. 13,4).

[86] Paid II,4f., vgl. auch Strom III,10,1; zur grundsätzlich positiven Einstellung des Clemens zu Gastmählern s. z. B. Paid II,43; Strom VI,89,4.

[87] Vgl. schon die bei O. STÄHLIN, Register, GCS 39, S. 293 angeführten Stellen; über die Stellung der Taufe im Denken des Clemens vgl. z. B. W. VÖL-KER, Der wahre Gnostiker, S. 147ff.

[88] Strom II,59,3; vgl. auch Strom II,69,2: ἐπανορθοῦσθαι βουλόμενος ἡμᾶς, ferner Quis dives 40ff. - Uns geht es hier um das Vorhandensein der Institution, nicht um die Bußtheologie des Clemens, die widersprüchlich scheint - vgl. A. MEHAT, *TRE* 8, S. 109.

[89] Strom II,96,1f.; vgl. auch die Bezeichnung „Eingeschriebene" (ἀπογε-γραμμένοι) für Christen, die Bezug nimmt auf die Einschreibung der Katechumenen zur Taufe: Paid I,98,4; Quis dives 33,5; Protr 108,4 (ἑαυτὸν ἀναγράφειν). Offenbar ist aber die dreijährige Unterrichtszeit (noch) nicht verbindlich für die Erlangung der

Von den kirchlichen Ämtern erwähnt Clemens mit eindeutig gottesdienstlicher Funktion nur den πρεσβύτερος. Einmal spricht er en passant davon, daß der Presbyter segnend die Hand auflege, ohne anzugeben, bei welcher Gelegenheit das geschieht[91]; die eigentliche Aufgabe des Presbyters aber ist es zu predigen oder, wie Clemens sich ausdrückt, den Dienst zur Besserung der Seele zu leisten; dem wird die dem leiblichen Wohl dienende Funktion der Diakonen gegenübergestellt[92]. Daß der „Dienst zur Besserung der Seele" wirklich die Predigt meint, ist allerdings nicht völlig sicher zu erschließen; er kann jede Art der Lehre und Belehrung sein, so daß für Clemens eben auch der wahre Gnostiker, der „tut und lehrt, was des Herrn ist", der wahre Presbyter ist[93]. Doch ist es im Blick auf die normalen Presbyter am wahrscheinlichsten, daß sie vor allem durch die Predigt die Menschen „besserten", zumal wenn man annimmt, daß es zur Zeit des Clemens in Alexandria neben dem Presbyteros auch das Amt des kirchlichen Katecheten und Lehrers gab[94].

Taufe: Paid I,30,1 - οὐ γὰρ ἂν ἔχοις εἰπεῖν τὸν χρόνον. - Vgl. A. MEHAT, Etude, p. 301ss.

[90] Paid III,98,1: διδασκαλεῖον (Konj. E. Schwartz aus εἰς καλόν) δὲ ἡ ἐκκλησία ἥδε καὶ ὁ νυμφίος ὁ μόνος διδάσκαλος. Der Ausdruck ἡ ἐκκλησία ἥδε muß sich auf das Gebäude beziehen, wenn man nicht annimmt, der Paidagogos solle vor der ganzen Gemeinde sprechen. Der Gedanke an die Gemeinde schwingt aber in ἐκκλησία so stark mit, daß Christus sogleich ohne Kommentar als ὁ νυμφίος bezeichnet werden kann. Nicht überzeugend ist m. E. die Lösung von H.-I. MARROU, SC 158, p. 184 (Anm. 2), daß ἡ ἐκκλησία ἥδε sich auf die Kirche als Ganzes beziehe.

[91] Paid III,63,1: gegen das Tragen falscher Haare: τίνι γὰρ ὁ πρεσβύτερος ἐπιθήσει χεῖρας; τίνα δὲ εὐλογήσει; οὐ τὴν γυναῖκα τὴν κεκοσμένην, ἀλλὰ τὰς ἀλλοτρίας τρίχας καὶ δι' αὐτῶν ἄλλην κεφαλήν. - Handauflegung beim Katechumenenunterricht oder bei der Taufe? Bei Clemens sonst nur belegt die Handauflegung unter Gebet zur Krankenheilung: Quis dives 34,3.

[92] Ἡ βελτιωτικὴ / ἡ ὑπηρετικὴ θεραπεία - Strom VII,3,3; das Ganze wird parallelisiert zu den Diensten der Heilkunst am Körper und der Philosophie an der Seele (Strom VII,3,2); auch der Gnostiker beteiligt sich am Dienste der Besserung „ἀνθρώποις ... τὴν βελτιωτικὴν ἐνδεικνύμενος θεωρίαν" (Strom VII,3,4).

[93] Strom VI,106,2; vgl. auch Strom VII,3,4.

[94] Das ist bei Clemens nicht direkt bezeugt; in Strom I,11 spricht er nur von seinen eigenen Lehrern in verschiedenen Teilen der Welt; den Katechumenenunterricht (s. Fußn. 15 und 89) könnten auch Presbyter gehalten haben; doch ist es wahrscheinlich, daß Clemens selbst als Lehrer für Katechumenen und Fortgeschrittene tätig war (im Auftrag der Gemeinde? wohl eher als unabhängiger Lehrer, aber im Bewußtsein und ohne Bestreitung seiner Zugehörigkeit zur Gemeinde) - vgl. die Lehraufgabe des Gnostikers (s. o. S. 341 und Fußn. 79 u. 92), ferner Euseb, h. e. V,10,1 (Schule des Pantainos); des weiteren die Diskussion des Problems bei A. MEHAT, Etude, p. 62ss. - Daß Presbyter auch als „Seelsorger" die Menschen besserten, wird (wohl nicht auf sie beschränkt) wahrscheinlich im Blick auf die Begleitung und Überwachung der Katechumenen vor der Taufe gelten (vgl. Quis dives 42,4: nach der Taufe läßt die Kontrolle nach); die Gnostiker wie Clemens versuchten, solche Patenschaftsverhältnisse auf die Zeit nach der Taufe auszudehnen,

Vielleicht liegt es auch an seiner besonderen Wertschätzung des Wortes, daß Clemens an einer Stelle in der Aufzählung kirchlicher Ämter die Presbyter zuerst nennt, dann Bischöfe und Diakone, danach die Witwen[95], während er an anderer Stelle die normale Ordnung Bischöfe, Presbyter, Diakone wiedergibt und in ihrer Stufung sogar als Abbild der himmlischen Ordnung der Engel charakterisiert[96].

Zwar hat Clemens nicht die zum Gottesdienst versammelte Gemeinde der ἀδελφοί[97] im Blick, wenn er einmal die irdische ἐκκλησία als das Abbild der himmlischen bezeichnet[98]; doch liegt eine Anwendung dieses Gedankens auf den Gottesdienst natürlich nahe. Über den himmlischen Gottesdienst erfahren wir allerdings von Clemens nicht viel. Sicher wird im Himmel gesungen[99], und auch Aussagen, daß Freude in der Kirche herrscht, könnte man im Lichte der Gemeinschaft mit dem himmlischen Gottesdienst sehen[100].

Erwähnt sei noch, daß Clemens nicht nur in Strom VI,113,3 auf die ἀνάγνωσις der heiligen Schriften zu sprechen kommt[101]; da er im Paid III,89,1 τὰς ἀναγνώσεις τῶν βιβλίων als hinreichende Anleitung für ein christliches Leben anführt, wird hier an festgelegte Lesungen zu denken sein, die ihren Platz am ehesten im Gottesdienst haben könnten. Dazu gehören auch, wie Clemens in Quis dives 4,3 bezeugt, Lesungen aus den Evangelien[102]. Allgemein wird man ansonsten neben dem

---

weil für sie mit der Taufe der Weg zur Erkenntnis ja noch lange nicht abgeschlossen war (vgl. Fußn. 113f.).

[95] Paid III,97,2. Clemens bezieht sich auf Angaben der „heiligen Bücher" zu den Ämtern (wohl vor allem die Pastoralbriefe); deshalb vermutlich die Trennung von Presbytern einerseits, Bischöfen und Diakonen andererseits.

[96] Strom VI,107,2. - In Quis dives 42 wechseln die Bezeichnungen Bischof und Presbyter für ein und dieselbe Person; allerdings gibt Clemens hier einen λόγον παραδεδόμενον wieder (42,1), so daß diese Eigenart auf seine Quelle zurückgehen kann. Die hierarchische Stufung scheint ihm aber noch kein so festes Muster, daß er sich genötigt sähe, hier korrigierend einzugreifen.

[97] Strom II,41,2; II,134,2; VII,77,1; VII,85,5 - hier werden auch προσήλυται zu den ἀδελφοί gerechnet; m. E. sind damit noch nicht getaufte Gläubige gemeint.

[98] Strom IV,66,1; hier geht es darum, daß Gottes Wille geschieht wie im Himmel so auf Erden.

[99] Quis dives 42,16; Protr 120,2; Strom IV,167,3 (Pindar-Zitat); vgl. auch die Aufnahme des Gedankens von der Weltenharmonie am Anfang des Protreptikos. Dagegen spricht Strom VII,56,4f. von einem Aufhören aller λειτουργία zugunsten der immerwährenden θεωρία. Hier wirkt sich ein ganz anderer, philosophischer Vorstellungsbereich aus - vgl. Ecl proph 56,7.

[100] Paid I,22,1.3; Strom VII,101,3; Ecl proph 35,1; vgl. auch Strom VII,49,4, wo sich der Gnostiker durch Lesung, Lied und Gebet in den „göttlichen Chor" zur Gottesschau einreiht.

[101] Paid III,89,1; Strom III,39,2; VI,91,5; VI,131,3; Ecl proph 28,1 als Beispiele für nicht privates Lesen der heiligen Schriften.

[102] Vgl. auch eine Notiz bei Euseb, h. e. II,15,2, daß Clemens über die Bestätigung des Markusevangeliums durch Petrus zur Verlesung in den Kirchen schreibe (Buch VI der Hypotyposen).

privaten Lesen sowohl den Unterricht als auch den Gottesdienst als Ort für die Schriftlesung annehmen können.

Wie eng allerdings die gottesdienstliche Predigt an der Schriftlesung orientiert war, ja ob hier überhaupt immer ein innerer Zusammenhang bestehen mußte, ist nicht ganz klar. Nimmt man den Paidagogos des Clemens zum Muster[103], so wäre eher an thematisch orientierte Predigten zu denken, die sich vielleicht an ein in der Schriftlesung angesprochenes Thema anschlossen.

Andererseits geht die Abhandlung „Quis dives salvetur" Stück für Stück an dem neutestamentlichen Text vom reichen Jüngling (Mk 10,17-31) entlang und legt ihn unter Hinzuziehen vieler anderer neutestamentlicher Stellen aus[104]. Wenn Quis dives als Rede vor einer Gemeinde konzipiert war, hätten wir damit ein frühes Beispiel für die Predigt als Textauslegung vor uns, ohne daß damit schon wie bei Origenes eine Vorherrschaft dieser Predigtmethode gegeben sein muß. Auffällig ist hier, daß der Text innerhalb der Abhandlung zitiert wird (und nicht vorher), bei mündlichem Vortrag also die Textverlesung einen Teil der Rede darstellt. Das hängt sicher auch damit zusammen, daß die Auslegung von Mk 10,17-31 nur etwa die erste Hälfte von Quis dives ausmacht und Clemens hernach eher themenorientiert vorgeht.

Zum Gebet bleibt noch zu ergänzen, daß Clemens die Gebetsrichtung nach Osten kennt; sie wird weniger auf das Privatgebet als vor allem auf das Gemeindegebet zu beziehen sein[105]. Ob das Vaterunser auch in der Kirche oder nur zu Hause gebetet wurde, läßt sich den Stellen, wo es erwähnt wird, nicht entnehmen[106]. An mehreren Stellen findet sich eine relativ stereotype Schlußdoxologie, die sicher auch ihren Platz im Gemeindegebet hat. Die Grundform ist: ᾧ ἡ δόξα εἰς τοὺς αἰῶνας, ἀμήν[107]. Sehr breit ausgeführt und in trinitarischer Form findet sie sich als Schluß von Quis dives salvetur.

---

[103] Dazu s. o. S. 330f.

[104] Diese Beobachtung verdanke ich Herrn Prof. Dr. E. Mühlenberg. – Der ganze Text wird zitiert Quis dives 4,4-10; 6,1-3 behandelt Mk 10,17 „ἐπηρώτα", 6,3-4 das ἀγαθέ aus Mk 10,17 usw.; deutlich zitiert Quis dives 10,1 Mk 10,21 (in der Textfassung, die Clemens vorher gegeben hat), um es dann auszulegen; s. ferner ebenso 10,3 (GCS 17,166,4); 10,4 (GCS 17,166,7); 11,1 (GCS 17,166,24); (13,3 geht auf die Schätze im Himmel ein); 16,1 (GCS 17,169,33-34); 20,4 (GCS 17,173,2); 21,1 (GCS 17,173,14-15); 21,5 (GCS 17,174,1); 22,1 (GCS 17,174,11-13;) 25,1 (GCS 17,175,28-30); 25,8 (GCS 17,176,26); 26,1 (GCS 17,176,27). Ab 27,3 orientiert sich die Abhandlung dann nicht mehr an Mk 10, sondern ganz grob am Doppelgebot der Liebe, wobei viele verschiedene neutestamentliche Worte herangezogen werden, und schließlich wird das Ganze abgerundet mit einer Legende vom Apostel Johannes.

[105] Strom VII,43,6; eine möglichst vom Erdboden abgehobene Weise zu knien schildert Clemens in Strom VII,40,1 als „gnostische" Praxis.

d) Abschließende Überlegungen zum Wortgottesdienst bei Clemens

Wir bekommen durch Clemens also ein Bild von der christlichen Frömmigkeit und den Gottesdiensten seiner Zeit, das in Einzelheiten gegenüber anderen Quellen keine Besonderheiten erkennen läßt. Anders als etwa bei Justin läßt sich direkt belegen, daß im Gottesdienst Lieder gesungen wurden, wenngleich Clemens häufiger auf das Singen bei Mahlzeiten und im christlichen Alltag eingeht[108]. Wenn unsere Interpretation von Strom VI,113,3 richtig ist, so entsteht der Eindruck, daß besonders der eucharistische Teil des Gottesdienstes musikalisch reich ausgestaltet war. Doch sieht Clemens das ψάλλειν als einen Bestandteil jeglichen Gottesdienstes an, wie sich nicht nur in Paid III,80,4 zeigt, sondern auch da, wo er auf das private gottesdienstliche Leben zu sprechen kommt: Singen und Beten gehören zusammen.

Daß Clemens einen Gemeindegottesdienst ohne Feier der Eucharistie, also einen Wortgottesdienst im eigentlichen Sinne gekannt hätte, läßt sich trotz seiner Konzentration auf das Wort nicht belegen. Möglicherweise hielten die Katechumenen ebenso wie auch die fortgeschritteneren Mitglieder einer Schule jeweils gemeinsame Andachten, die als eine Form des Wortgottesdienstes zu werten wären. Aber mit dieser Hypothese befinden wir uns auf recht schwankendem Boden.

Feststellen läßt sich, daß der Wortteil des Gemeindegottesdienstes Schriftlesung, Predigt, Lied und Gebet umfaßte, wobei für das Gebet vor der Entlassung der Nichtgetauften und Büßer Einschränkungen gelten könnten. Daß in Alexandrien zur Zeit des Clemens die Katechumenen am Wortteil des Gottesdienstes teilnehmen konnten, ist sehr wahrscheinlich, wenn auch nicht sicher belegbar[109]; es weist nichts darauf hin, daß man hier von den sonst in der Christenheit üblichen Gepflogenheiten abwich[110] oder daß später die Zulassung dieser Leute zur Predigt eine Neuerung gewesen sei.

---

[106] Paid I,73,1; Strom IV,66,1; VII,81,1; Ecl proph 19,1.

[107] Vgl. Paid I,27,3 mit I,74,1; weitere Stellen s. Fußn. 75.

[108] Paid II,43,3-44,1; (Paid III,101,2 αἰνεῖν); Strom VI,89,4; VII,49,4.

[109] Der Hinweis auf τὰς ἀναγνώσεις in Paid III,89,1 spricht für eine Teilnahme der Katechumenen am Wortgottesdienst, wenn er sich wirklich auf gottesdienstliche Lesungen bezieht (vgl. o. S. 348f.). Ebenso deutet die Warnung vor Leuten, die einfach aus Neugierde oder als Schmarotzer kommen, um „an den göttlichen Worten teilzuhaben" (τῶν θείων μεταλαμβάνοντες λόγων - Strom I,6,3) in diese Richtung. Auch hier aber könnte der Unterricht gemeint sein. Vgl. ferner Strom II,38,1: überflüssig wäre für „Determinsten" ὁ διάκονος ... καὶ τὸ κήρυγμα καὶ τὸ

Der Wortteil des Gottesdienstes hat in den Augen des Clemens sicher nicht nur präliminarischen Charakter im Blick auf die Eucharistie als das Eigentliche gehabt. Im Gegenteil: das Wort ist entscheidend. Denn das Heil wird im Glauben erlangt, und der wird hervorgerufen durch den Logos selbst, welcher mit Hilfe von Menschen zu Menschen spricht[111]. Der Glaube aber soll fortschreiten zur Erkenntnis, und auch das geschieht durch das Wort, indem es belehrt durch Schriftstudium, Unterricht und Predigt. Darüber hinaus braucht der Gnostiker allerdings auch die Einzelunterweisung und „Seelsorge" von jemand, der bereits weiter fortgeschritten ist als er selber[112]. Glaube wie Gnosis sind dabei nicht nur theoretische Akte, sondern sie wollen gelebt werden; während sich der Glaubende nach den Anweisungen des Paidagogos richtet, gehören beim Gnostiker nicht nur gute Werke, Gebet, Lob und Schriftstudium, sondern auch die Weitergabe von Erkenntnis zur richtigen Lebensführung, die auf diese Weise schließlich in der vollendeten Liebe ihren Ausdruck findet[113]. Das Heil, beim Gnostiker

---

βάπτισμα – das κήρυγμα wird hier vor der Taufe aufgeführt.

[110] Allerdings fordert Clemens gegen Ende des Paidagogos dazu auf, zur Mutter Kirche zu laufen, und fährt fort: κἂν ἀκροαταὶ τοῦ λόγου γενώμεθα, τὴν μακαρίαν δοξάζωμεν οἰκονομίαν usw. (Paid III,99,1); vgl. aber dazu Paid III,101,3, wo der Übergang in die Kirche als Beginn der Wirksamkeit des λόγος διδασκαλικός gekennzeichnet wird: mit ἀκροατής dürfte demnach der Hörer des λόγος gemeint sein, und nach der Konzeption des Clemens sollen die Getauften ja in der „Lehre" fortschreiten. Die Vorstellung wird hier sein, daß die Getauften die Predigt, besonders deren lehrhaft-theologische Stücke nun mit neuen Ohren hören (vgl. Paid I,30,1: nach der Taufe εὐθέως ἀκούομεν μαθηταὶ οἱ ἀμαθεῖς), und nicht, daß die Predigt nur aus solchen Stücken bestand und für die Katechumenen vor ihrer Taufe kein Zugang dazu möglich war. – Vgl. o. Fußn. 16.
[111] Ecl proph 23,1: Ὥσπερ διὰ τοῦ σώματος ὁ σωτὴρ ἐλάλει καὶ ἰᾶτο, οὕτως καὶ πρότερον μὲν διὰ τῶν προφητῶν, νῦν δὲ διὰ τῶν ἀποστόλων καὶ τῶν διδασκάλων ... 23,3: καὶ πάντοτε ἄνθρωπος ὁ φιλάνθρωπος ἐνδύεται θεὸς εἰς τὴν ἀνθρώπων σωτηρίαν, πρότερον μὲν τοὺς προφήτας, νῦν δὲ τὴν ἐκκλησίαν. Vgl. Ecl proph 16,1; Protr 8,4 αὐτός σοι λαλήσει ὁ κύριος. Protr 112,1 u. ö. – Zur Erlangung des Heils durch das Wort s. auch z. B. Quis dives 6,2; Protr 10,2-3; 80,2; 99,4; Paid III,87,2; Strom II,12,1; II,25,3; IV,134,1 (Taten und Schriften der Apostel). – Dem gesprochenen Wort wird mehr Glauben geschenkt als dem geschriebenen: Strom I,13,2; weitere Stellen bei H. VON CAMPENHAUSEN, Kirchliches Amt und geistliche Vollmacht in den ersten drei Jahrhunderten, Tübingen ²1963 (BHTh 14), S. 225 Fußn. 6).
[112] Quis dives 41f.; es dürfte nicht ohne Bedeutung sein, daß gerade der Reiche aufgefordert wird, sich einen Lehrer und Beaufsichtiger zu suchen. – Zum Weitergeben der Gnosis vgl. auch H. VON CAMPENHAUSEN, Kirchliches Amt und geistliche Vollmacht, S. 219.
[113] Paid III,3,3; Strom IV,53,1; 55,1; 113,4; VII,46,3-4; 55,7; 57,4; 84,2. Die Liebe ist die irdische Vollendung des Gnostikers, als Liebe zu Gott auch schon ein Stück des Heils, zu dem die Erkenntnis führt; sie ist aber nicht das Ziel des Gnostikers schlechthin (gegen H. VON CAMPENHAUSEN, Kirchliches Amt und geistliche Vollmacht, S. 218f.), denn das ist die Gottesschau.

speziell das Ziel der Vergottung oder der Gottesschau[114], wird also
gegründet auf das Wort erreicht; die Eucharistie tritt hier nicht als besonderer Weg zu Gott, sondern, wenn überhaupt, nur als Sinnbild der
Verinnerlichung des Wortes in Erscheinung.

Der λόγος περὶ θεοῦ ist also die entscheidende Grundlage für das
Heil des Menschen; so steht er nicht nur in besonderen Schulstunden
elitärer Gnostikerkreise im Mittelpunkt, sondern auch im Gemeindegottesdienst, wo er vom Presbyter verkündigt und gelehrt wird. Es
wird kein Zufall sein, wenn wir dabei in Quis dives einer Redeform
begegnen, die sich, jedenfalls streckenweise, auslegend an einem vorge-
gebenen Bibeltext orientiert: auf diese Weise wird praktisch umgesetzt,
daß das Gotteswort allein maßgeblich ist für das Heil.

Ob diese Sichtweise allerdings von allen Christen in der Gemeinde
des Clemens geteilt wurde, ist fraglich[115]. Wie mögen zum Beispiel
diejenigen die Eucharistie bewertet haben, die den „Gnostikern" in ihrer Gemeinde kritisch gegenüberstanden und die Beschäftigung mit der
Philosophie ablehnten[116]? Sie könnten sich voll und ganz den Gedanken zu eigen gemacht haben, welcher sich bei Clemens nur wie
ein Versatzstück findet, daß nämlich die Eucharistie (und nur sie, so
wäre zu ergänzen) Leib und Seele heiligt[117], und darauf ihre Hoffnung und ihr Frömmigkeitsleben ausgerichtet haben.

Doch wie stark die sakramentale Frömmigkeit auch immer gewesen sein mag - sie hatte mit Sicherheit die Verkündigung des Wortes
als Vermittlung des Heils nicht verdrängt oder unwichtig gemacht,
sonst hätte Clemens sich auch an dieser Stelle bemüßigt gefühlt, seine
eigene Position zu verteidigen und die gegnerische anzugreifen[118].
Mag Clemens als „Gnostiker" auch zu einem kleinen und elitären Zirkel gehört haben - er hat doch in seiner Wertschätzung der Verkündigung sicher nicht alleingestanden.

---

[114] Beide Motive tauchen auf, häufiger das der Gottesschau. Für θεωρία z. B.
Strom VII,49,4; für die Vergottung Strom VI,113,3.
[115] Eine reiche Ausgestaltung der Eucharistie (s. o. S. 342) spräche z. B. dagegen.
[116] Clemens geht deutlich auf sie ein in Strom VI,80ff (bes. 80,5 und 89,1)
und verteidigt seine Art, mit den Wissenschaften und der Philosophie umzugehen.
Zur Spannung zwischen Gnostikern und den πολλοί vgl. auch Ecl proph 35,1. Zum
Ganzen: J. LEBRETON, Le désaccord de la foi populaire et de la théologie savante
dans l'Eglise chrétienne du IIIe siècle, *RHE* 19 (1923) 481-506 und *RHE* 20 (1924)
5-37, bes. 19 (1923) 491-501.
[117] Paid II,20,1; dazu s. o. Fußn. 55.
[118] So wie er es in Sachen Philosophie und griechische Bildung tut -
s. Fußn. 116.

10. Syrische Didaskalie

In einer der deutschen Übersetzung der sogenannten syrischen Didaskalie[1] beigefügten Abhandlung hat H. Achelis ein anschauliches Bild vom Leben einer christlichen Gemeinde des Dritten Jahrhunderts in Syrien entworfen[2]. Auch den Verlauf des Sonntagsgottesdienstes hat er aus den verstreuten Angaben dieser Gemeindeordnung rekonstruiert[3]. Danach fand dieser Gottesdienst frühmorgens statt und

---

[1] Die syrische Didaskalia, übersetzt und erklärt von H. Achelis u. J. Flemming, Leipzig 1904 (Die ältesten Quellen des orientalischen Kirchenrechts. II. = TU 25,2). Vollständiger Titel der Schrift: „Katholische Didaskalie der zwölf Apostel und heiligen Schüler unseres Erlösers" (bei Epiphanius: Διατάξεις τῶν ἀποστόλων). Die griechische Originalfassung ist bis auf wenige Fragmente nicht mehr erhalten. - Ich benutze im folgenden weitgehend die Übersetzung von Flemming, welcher sich im Gegensatz zu A. Vööbus bemüht, spätere Zusätze zum Text auszuscheiden und einen lesbaren Text zu rekonstruieren. Zur Kontrolle ziehe ich jedoch die handschriftlich breiter fundierte Ausgabe von A. Vööbus heran: The Didascalia Apostolorum in Syriac, ed. & transl. A. Vööbus, 4 Bde, Löwen 1979 (CSCO 401/402/407/408), gelegentlich auch die lateinische Version in der Ausgabe von E. Tidner, Didascaliae Apostolorum, Canonum Ecclesiasticorum, Traditionis Apostolicae Versiones Latinae, Berlin 1963 (TU 75), und die Ausgabe von F.X. Funk, Didascalia et Constitutiones Apostolorum I, Paderborn 1905, der neben den Apostolischen Konstitutionen die lateinische Form der Didaskalie bietet, so weit das möglich ist, und im übrigen eine lateinische Überstzung der syrischen Version (vgl. die Prolegomena der Funkschen Ausgabe, S. X). - Die Seiten- und Zeilenangaben beziehen sich hinter dem Kürzel „Fl." auf die Übersetzung von Flemming, hinter dem Kürzel „Vö. (Bandnr. von CSCO)" auf die Ausgabe von Vööbus.
[2] A. a. O., Abhandlung II, S. 266-317. - Die Didaskalie gehört m. E. in die erste Hälfte, wenn nicht an den Anfang des Dritten Jahrhunderts; vgl. H. Achelis, a. a. O, Abhandlung IV, S. 354-387, der die Argumente für eine Frühdatierung nur durch die Konstruktion zu entkräften weiß, daß die Didaskalie für eine abseits, am Rande der Welt gelegene und hinter der Zeit gebliebene Gemeinde geschrieben sei - wobei er selbst davon ausgeht, daß diese Gemeinde etwa 1000 Seelen stark war! Für eine Frühdatierung v. a. P. Galtier, La date de la Didascalie des Apôtres, RHE 42 (1947) 315-351; vgl. auch Ataner/Stuiber, 8. Aufl., S. 84. K. Gamber, Die frühchristliche Hauskirche nach Didascalia Apostolorum II, 57,1-58,6, StPatr 10 (1970 = TU 107) 337-344, spricht sich sogar für das Zweite Jahrhundert aus.
[3] A. a. O., S. 284-288. Neben dem Sonntagsgottesdienst kommen die Feier der Osternacht (dazu s. S. 361f.) und Gottesdienste in den Coemeterien vor. Letztere haben wohl im wesentlichen die gleiche Form wie das Sonntagsgottesdienste gehabt, wenngleich sie nur mit den Stichworten Schriftlesung, Gebet, Eucharistie umschrieben werden (die Predigt wird nicht erwähnt); zwischen den Eucharistien in den Coemeterien und in den Versammlungen wird an der entsprechenden Stelle im Text kein Unterschied gemacht: Fl. 143,4-13 / Vö. (408) 243,17-244,4. - Ob es

begann mit einer Verlesung der heiligen Schriften, an die sich eine
Predigt des Bischofs anschloß. Diese Predigt dürfe man sich „kaum als
eine kunstmäßige Rede vorstellen", sie habe sich „auf eine praktische
Auslegung des Textes" beschränkt[4] und zu christlichem Wandel
und fleißigem Kirchenbesuch ermahnt sowie vor Sünden gewarnt und
Sünder öffentlich zur Rechenschaft gezogen. Nach der Predigt wurden
Katechumenen und Büßer, die in einem Vorraum zugegen sein konnten, entlassen, und es schloß sich „an das ‚Hören des Wortes' ... das
‚Gebet' an, das die Eucharistie einleitete[5]." Auf die Eucharistie
folgte dann noch eine Kollekte. Aus Angaben zur Feier der Osternacht
und aus einer Passage, in der auch der Lobgesang vorkommt, ergänzt
Achelis das Bild des ersten Gottesdienstteiles, indem er zu Lesung und
Predigt noch Gebet und Bitten sowie Lobgesänge hinzufügt[6]. Insgesamt decke sich dieser Gottesdienstverlauf mit den Angaben Justins
in Apol I,65-67, so daß sich „wieder einmal zeigt, wie gleichmäßig die
Entwicklung der kirchlichen Institutionen sich vollzogen hat"[7]. So
weit Achelis.

Wenn wir uns an dieser Stelle intensiver mit den Angaben der Didaskalie zum Wortgottesdienst befassen wollen, geschieht das weniger,
um das Bild, welches Achelis entwirft, zu ergänzen - eine Reihe von
Einzelheiten, die er beobachtet, habe ich nicht referiert -, als vielmehr
unter der besonderen Frage nach dem Stellenwert des ersten Gottesdienstteiles und der Predigt und außerdem zu einigen Punkten in
kritischer Auseinandersetzung mit Achelis.

Der Vergleich mit Justin hat sicher seine Berechtigung, was die
Grobstruktur des Gottesdienstes betrifft, und auch viele Einzelheiten,
die wir über das gottesdienstliche Leben erfahren, weichen nicht von
dem „normalen" Bild ab, wenngleich beispielsweise für den Vergleich
mit Justin dessen Auskünfte oft zu knapp sind. Zu denken wäre da
etwa an die freudige Feier des Sonntags als Tag der Auferstehung des
Herrn, an dem nicht gefastet wird und an dem man zum Gebet steht
und nicht kniet[8]; die Sitzordnung nach Geschlechtern mit der

---

auch Wochengottesdienste gab, läßt sich nicht ermitteln; ein Hinweis darauf könnte
die Bemerkung sein, daß die Christen an jedem Tag fleißig arbeiten sollen, wenn
sie nicht in der Kirche sind (Fl. 73,35-37 / Vö. (408) 139,14-15).

[4] A. a. O., S. 284-288.

[5] A. a. O., S. 287.

[6] A. a. O., S. 288; die Lobgesänge sollen wie auch Segenswünsche und
Worte der heiligen Schriften von den Gläubigen allezeit im Munde geführt werden
(Fl. 105,11-12 / Vö. (408) 188,8-9 [psalms = ܟܡܘܪ̈ܐ, Vö. (407) 205,13]).

[7] A. a. O., S. 288.

[8] Über das Knien beim Privatgebet bzw. beim Gebet an Wochentagen gibt
uns allerdings die Didaskalie keine Auskunft. - Der Sonntag als Tag der Auferstehung ohne Fasten: Fl. 107,12-14 / Vö. (498) 191,7-8; Festfreude am Sonntag:

Ausrichtung nach Osten[9]; die Protokathedria des Bischofs vorn mit den Presbytern zu seinen Seiten[10]; die Anrede der Gemeindeglieder als Brüder[11]; die Feier von Agapemahlen[12]; die Fastentage[13], die Kenntnis des Vaterunsers[14] und dergleichen mehr. Dennoch sollte der Vergleich uns nicht den Blick für die Eigenarten der Didaskalie verstellen. So ist zum Beispiel die Kollekte nach der Eucharistie in der Didaskalie offenbar eine Sonderkollekte für die Bewirtung von Gästen der Gemeinde[15], während die eigentlichen Gaben schon zu Anfang des Gottesdienstes nach vorne gebracht wurden[16]. Allgemein wird man auch annehmen dürfen, daß sich

---

Fl. 103,28-30; 114,15 / Vö. (408) 184,10-12; 202,6; vgl. auch die Freude am Ostertag: Fl. 112,24-26 / Vö. (408) 199,28-200,1, ferner Fl. 67,29-31 / Vö. (408) 129,12-14; das Stehen beim Gebet: Fl. 66,21-22; 68,19; 78,36 (= adstat interpellare, TIDNER, TU 75, p. 55,18-19) / Vö. (408) 127,27; 131,4; 148,10 (Stehen in einigen Handschriften synonym für Stehen, um zu beten).

[9] Fl. 68,15-23 / Vö. (408) 131,1-8; die Ausrichtung nach Osten wird als Gebetsrichtung charakterisiert; hieraus die Ostung eines als Kirche errichteten Gebäudes schließen zu wollen (H. ACHELIS, a. a. O., S. 284), geht m. E. zu weit. Auch das Vorhandensein besonderer Sitze für den Bischof und die Presbyter an der Ostseite des Raumes (s. Fußn. 10) berechtigt nicht zu dem Schluß auf einen Kirchbau in Form einer Basilika (vgl. Vö. (408) 130 Fußn. 7). – So weit ich sehe, gibt es auch keine Stelle in der Didaskalie, an der mit „Kirche" eindeutig das Kirchgebäude gemeint ist. Wo im Kapitel 12 von der Einrichtung des Gebäudes die Rede ist, wird nicht von der „Kirche", sondern vom „Haus" gesprochen: Fl. 68,13.15.17 / Vö. (408) 130,11; 131,1.3. – Zum Ganzen vgl. K. GAMBER, Die frühchristliche Hauskirche; Gamber hält den Absatz über die Ostung aufgrund des Vergleiches mit dem ConstAp für einen Zusatz der syrischen Übersetzung. – Auch die Erwähnung eines Kirchgebäudes („Heiligtum") in Edessa für das Jahr 201 im Chronicon Edessenum (s. L. HALLIER, Untersuchungen über die Edessenische Chronik, Leipzig 1893 (TU 9,1), S. 86) besagt nicht, daß dies Gebäude schon als Kirche gebaut war (vgl. L. HALLIER, a. a. O., S. 93). – E. PETERSON, Das Kreuz und das Gebet nach Osten, in: DERS., Frühkirche, Judentum und Gnosis, Rom u. a. 1959, 15-35, erschließt aus einigen Stellen in den apokryphen Apostelakten, daß schon früh die Christen das in späteren syrischen Quellen erwähnte Holzkreuz an der Ostwand des Kirchgebäudes zum Zeichen für die Wiederkunft des Herrn aufgehängt hatten. So erkläre sich auch die bei Tertullian, apol 16, bekämpfte Polemik der Heiden, die Christen verehrten das Kreuz. Petersons Belegmaterial für die frühe Zeit ist spärlich, wenn auch seine These einleuchtet.

[10] Fl. 68,17-18; 69,26-28 / Vö. (408) 131,2-3; 133,3-4.

[11] Z. B. in dem predigtartigen Kapitel 26: Fl. 128,24; 135,36; 137,5 / Vö. (408) 223,5; 233,12; 235,5.

[12] Fl. 46,4-11 / Vö. (402) 101,1-7.

[13] Fl. 107,9-12 / Vö. (402) 191,7-9; zur vorösterlichen Fastenzeit und deren Besonderheiten s. H. ACHELIS, a. a. O. (Abhandlung IV), S. 374ff.

[14] Fl. 34,12-14 / Vö. (402) 80,3-5 - hier ist das Vaterunser als das Gebet charakterisiert, das die Christen zu jeder Zeit sprechen sollen; ferner Fl. 67,7-8 / Vö. (408) 128,20-21.

[15] Fl. 52,6-10 / Vö. (402) 110,1-4, gegen H. ACHELIS, a. a. O., S. 287f., und H. LECLERCQ, Artikel „Didascalie", DACL 4,800-812: „la collecte" (Sp. 810).

[16] Das ist zu erschließen aus der Aufgabe des einen der Diakonen, während des Gottesdienstes bei den Opfergaben für die Eucharistie zu stehen, während der

Besonderheiten der jeweiligen Theologie und Gemeindesituation allerorten niederschlagen; so wirkt sich zum Beispiel in der Didaskalie das stark entwickelte Bußwesen in Sitzordnung, Predigt, Entlassung der Büßer[17] und Fürbitte für die Sünder aus[18]. Ein anderes spezielles Anliegen der Didaskalie ist beispielsweise die Fürbitte für Israel[19].

So ist es denn auch die Anordnung der Didaskalie zum Bußwesen, daß Sünder zwar von der Kirche auszuschließen, aber als Büßer zum Hören des Wortes zuzulassen seien[20], welche uns überhaupt Auskunft gibt über die Struktur des Gottesdienstes (der von der Didaskalie gelegentlich als συναγωγή bezeichnet wird[21]) mit der Abfolge Schriftlesung und Predigt, Gebet, Eucharistie[22]. Mit der Zulassung zum Hören des Wortes werden die Büßer einer anderen Gruppe von

---

andere bis zur Eucharistie als Türhüter fungiert: Fl. 68,23-27 / Vö. (408) 131,9-12; so auch H. ACHELIS, a. a. O., S. 287!

[17] Vgl. dazu die folgenden Abschnitte.

[18] Fl. 25,26-27 / Vö. (402) 64,17-18; Fl. 112,20-21 / Vö. (408) 199,24-25.

[19] Fl. 108,6-110,13 / Vö. (408) 192,12-196,15; zum Gebet gehört hier auch das Fasten. Dazu vgl. schon Fl. 107,25-34 / Vö. (408) 191,22-192,4. - Nach E. SCHWARTZ, Christliche und jüdische Ostertafeln, Berlin 1905, S. 107, ist die Fürbitte für die Sünder aus derjenigen für Israel hervorgegangen.

[20] Fl. 54,23-31 / Vö. (402) 113,8-15; vgl. Fl. 25,35-36 / VÖÖBUS übersetzt an dieser Stelle jedoch statt „löse ihn, daß er hineingehen darf": „dismiss him that he may go" (Vö. (402) 65,2-3) - sprachlich und sachlich ist beides möglich, wobei der Übersetzung von FLEMMING die Version der ConstAp II,16 nahesteht: „οὕτως αὐτὸν ἀπόλυσον, εἴπας" κτλ (F.X. FUNK, Didascalia I, p. 61,21). Evtl. ist dies sogar der ursprüngliche Wortlaut, der im Syrischen dann mit einem „verdeutlichenden" Zusatz versehen wurde. So bleibt als klarer Beleg dennoch nur die zuerst angeführte Passage. - Dazu, daß es sich hier um antinovatianische Zusätze handele (so A. HARNACK, Die Quellen der sogenannten apostolischen Kirchenordnung, Leipzig 1886 (TU 2,5), S. 76 Fußn. 50, und E. SCHWARTZ, Bußstufen und Katechumenatsklassen, Straßburg 1911, S. 16ff mit Verweis auf DERS., Christliche und jüdische Ostertafeln, S. 105, wo jedoch neben die Behauptung antinovatianischer Bearbeitung und eine Polemik gegen Achelis nur der Versuch tritt, mehrere Schichten in dem Abschnitt über das vorösterliche Fasten nachzuweisen - S. 105ff), schon H. ACHELIS, a. a. O., (Abhandlung I), S. 257ff.

[21] Nachweislich Fl. 77,32 / Vö. (408) 146,12, vgl. H. ACHELIS, a. a. O., (Abhandlung IV) S. 362f.; s. ferner z. B. Fl. 143,9 / Vö. (408) 244,1, wo die Versio Latina „in collectis vestris" bietet, während ConstAp VI,30,2 ἐν τε ταῖς ἐκκλησίαις ὑμῶν glättet (F.X. FUNK, Didascalia I, p. 381,12). Im übrigen gibt es immer noch keinen feststehenden Begriff für den christlichen Gottesdienst; öfter ist einfach vom Zusammenkommen oder sich Versammeln (συνέρχεσθαι o. ä.) die Rede, so z. B. in Kap 13 (Fl. 70ff / Vö. (408) 135ff).

[22] H. LECLERQ läßt im Artikel „Didascalie", DACL 4, 800-812, zu Unrecht in seiner Schilderung des Gottesdienstverlaufes das Gebet weg (Sp. 810); vgl. auch u. S. 362f. Umgekehrt nimmt F. NAU, Artikel "Didascalie des apôtres", DThC 4,734-748, ohne weiteren Beleg einen sehr reichen Gebetsteil an, in dem er auch den Psalmengesang ansiedelt: „... la prière qui comprend sans doute la récitation de formules liturgiques et le chant du psaume ...; vient alors l'eucharistie ..." (Sp. 743).

Menschen gleichgestellt: denjenigen Heiden, die „den Willen haben und bekennen, sich zu bekehren und sagen: Wir glauben" und deshalb in die Gemeinde aufgenommen wurden, „damit sie das Wort hören", also den audientes oder ἀκροώμενοι[23]. Denn auch mit ihnen verkehrt die Gemeinde nicht[24], und das bedeutet für den Gottesdienst, daß ihnen die Teilnahme am Gemeindegebet untersagt ist. Vor dem Gebet müssen audientes und Büßer hinausgehen[25]. Das schließt natürlich auch eine Teilnahme an der Eucharistie aus, doch manifestiert sich für den Verfasser der Didaskalie offensichtlich die Einheit der Gemeinde vor allem erst einmal im Gebet[26].

H. Achelis hat überdies aus dem Fehlen von, wie er sich ausdrückt, „Katechumenen und Büßern" in der Beschreibung der Sitzordnung der Gemeinde geschlossen, daß diese ihren Platz in einem Vorraum hatten[27]. Das Empfinden muß aber dabei doch gewesen sein, daß „Hörer"[28] und Büßer am Gottesdienst teilnahmen, denn man ließ sie ja „herein"[29], und sie müssen auch für alle wahrnehmbar die Kirche verlassen haben, denn das, so die Didaskalie, sollte den anderen als Warnung und Mahnung dienen[30]. Anscheinend gab es auch

---

[23] Fl. 54,23-25 / Vö. (402) 113,8-10. Zur Begrifflichkeit s. Fußn. 28.

[24] Fl. 54,26 / Vö. (402) 113,12.

[25] Fl. 54,30-55,7 / Vö. (402) 113,14-114,2.

[26] Die Eucharistie wird in dem ganzen Abschnitt nicht einmal erwähnt; die Zulassung zum Gebet (Fl. 54,30s.35; 55,15s. / Vö. (402) 113,14s.; 114,9s.) hingegen wird mit der Teilnahme an der Gemeindeversammlung (Fl. 54,32s. / Vö. (402) 113,16) bzw. der Aufnahme in die Gemeinschaft der Kirche identifiziert (Fl. 55,18-19 / Vö. (402) 114,13). Bei VÖÖBUS steht beide Male „communicate with the church" - im Original könnte κοινωνεῖν gestanden haben (so ConstAp II,39,5 - F.X. FUNK, Didascalia I, p. 127,25); man beachte aber die Formulierung: „μὴ κοινωνεί- τωσαν δὲ ἐν τῇ προσευχῇ" (ConstAp II,39,6 - FUNK I, p. 129,3-4): κοινωνεῖν, communicare, to communicate ist nicht von vornherein auf die Eucharistie zu beziehen!

[27] Kap 12, Fl. 68-70 / Vö. (408) 129-134; H. ACHELIS, a. a. O., S. 285f.

[28] So übersetzt F.X. FUNK, Didascalia I, p. 246,3 („audientes") die einzige Stelle richtig, wo Achelis „Katechumenen" erwähnt findet (H. ACHELIS, a. a. O., S. 290; die Stelle ist: Fl. 96,4 / Vö. (408) 173,5 - auch VÖÖBUS übersetzt „hearers", erläutert aber in einer Anmerkung, dies bedeute „catechumens"). Der Ausdruck Katechumenen ist natürlich korrekt, solange er nicht die Einordnung in ein Schema Hörer - Katechumenen - Taufanwärter oder die Teilnahme an einem besonderen Katechumenenunterricht impliziert. Die Funktion des Unterrichts hatte offenbar die Predigt; außerdem scheint es nach der Taufe eine kurze Unterweisung gegeben zu haben (Fl. 85,24 / Vö. (408) 157,7). Davon, daß Heiden auch ohne die Erklärung ihres Willens zum Glauben zum Hören zugelassen wurden und es so noch eine Vorstufe zum „Katechumenat" gegeben habe, findet sich in der Didaskalie keine Spur (so richtig E. SCHWARTZ, Bußstufen und Katechumenatsklassen, Straßburg 1911, S. 24, vgl. ebda S. 48. 50f. - den Formulierungen von Schwartz ist allerdings nicht zu entnehmen, ob er nicht doch das Vorhandensein einer solchen Vorstufe impliziert, die nur begrifflich nicht eigens ausgewiesen ist).

[29] Fl. 25,35; 54,29 / Vö. (402) 65,2-3 (vgl. hierzu jedoch o. Fußn. 20); 113,13.

[30] Fl. 54,35-55,3 / Vö. (402) 113,18-22.

Bestrebungen, die Büßer nicht nur endgültig aus der vollen Gemeinschaft auszuschließen, sondern sie auch ganz vom Gottesdienst fernzu-
halten, doch das, so die Didaskalie, würde sie jeglicher Hoffnung be-
rauben[31]. Schriftlesung und Predigt werden also als Mittel zur Belehrung und Besserung der audientes wie der Sünder verstanden; denn
„infolge vielfacher Belehrung und vieles Hörens kommt es oft vor, daß
jemand sich schämt und Gutes tut und vom Bösen abläßt"[32]. Der
grundsätzliche Wille dazu wird allerdings bei beiden Gruppen schon
vorausgesetzt, er ist Bedingung für die Zulassung zum Hören des
Wortes[33]. Demnach ist die Predigt auch nicht als Missionspredigt
im eigentlichen Sinne des Wortes anzusehen. Die „Mission" als erste
Heranführung an das Christentum dürfte außerhalb der Gottesdienste
stattgefunden haben.

Nun ist ja die Buße eines der wesentlichen Interessen der Didaskalie, und da nimmt es nicht wunder, daß auch die Predigt in ihren
Dienst gestellt wird. So soll sie nicht nur darüber belehren, was zu tun
ist, sondern auch Gottes künftigen Lohn und Strafe für Gerechte und
Sünder vor Augen malen[34]. Ob das allerdings die Predigt schon
ausreichend beschreibt? Dann wäre sie als Ermahnung zur rechten Lebensführung und allenfalls noch als Bekehrungsrede für die audientes
(mit eben der Einschränkung, daß es sich hier nicht um grundlegende
Missionspredigt handelt) kaum mehr als ein Vorspann zu der eigentlichen Feier im Rahmen der engeren Gemeinde. Doch gewinnt man
trotz des Interesses der Didaskalie an der Buße insgesamt von der
Predigt ein ganz anderes Bild.

Denn zu den bereits genannten Themen der Belehrung von Sündern
über die rechte Weise zu leben und des letzten Gerichtes mit Schilderung von Lohn und Strafe gesellen sich zum Beispiel Dinge, über
welche die Witwen (wenn sie bei Besuchen in den Häusern gefragt werden) nicht lehren sollen, sondern nur die Presbyter und der
Bischof[35]: Die Zerstörung der Idole, der Monotheismus, Qual (oder

---

[31] Fl. 54,29-30: „damit sie nicht gänzlich zu Grunde gehen" / Vö. (402)
113,14.

[32] Fl. 18,1-3 / Vö. (402) 50,13-14; vgl. Fl. 128,3-7, über die Ermahnung von
Häretikern: einige werden durch „viele Zurechtweisung und durch das Wort der ermahnenden Belehrung geheilt ..." (Fl. 128,5-6 / Vö. (408) 222,10-11 - „the words
of the teaching of intercession" (?), vgl. dagegen die Versio latina: „et verbo doctrinae et obsecratione ...", TIDNER, p. 77,17-18, sowie CONOLLY, Didascalia:
„and with the word of doctrine ⟨and⟩ exhortation" (p. 214,15-16). Dieser Sinn ist
gegenüber der wortgenauen Übersetzung von VÖÖBUS vorzuziehen, zumal die syrische Wortbedeutung auch „exhortation" (παράχλησις) sein kann).

[33] Vgl. Fußn. 20 u. 23.

[34] Fl. 27,12-19 / Vö. (402) 66,24-67,3; H. ACHELIS zitiert die Passage als
einen zentralen Beleg für den Charakter der Predigt, a. a. O., S. 287.

Strafe) und Ruhe[36], das Reich des Namens Christi und seine Führerschaft (auf dem Weg zu Gott oder als der Messias am Ende der Tage?)[37], die Inkarnation des Herrn und die Erlösung durch sein Leiden - statt all solcher weitergehender Lehren sollen die Witwen bestenfalls in schlichtester Form zum Glauben rufen und über Gerechtigkeit (die christliche Lebensführung?) und den Glauben an Gott (aber ohne Spekulationen über sein Wesen) reden.

Da die Presbyter jedoch offensichtlich in den Gemeinden der Didaskalie kaum eine Funktion haben und die Predigt nicht zu ihren regelmäßigen Aufgaben gehört[38], so wird die hier angesprochene Lehre nicht unbedingt in der Predigt, sondern auch im Gespräch[39] ihren Ort haben. Dennoch finden die hier genannten Punkte sicher auch ihre Behandlung in den Predigten des Bischofs, ebenso wie zum Beispiel auch Fragen der Lehre, die mit den Häretikern strittig sind[40]: die Gültigkeit des Alten Testaments und die Würde des Schöpfergottes[41], die Auferstehung der Toten[42], asketische oder Reinheitsgeboten folgende Vermeidung bestimmter Speisen, Ehe und Ehelosigkeit[43] und schließlich auch die Frage, welche Gebote des Alten Testaments man befolgen solle, ob das Zeremonialgesetz noch Gültigkeit habe[44]. Hierüber zu predigen wird dem Bischof sogar ausdrücklich anempfohlen.

---

[35] Fl. 76,13-77,7 / Vö. (408) 144,5-145,14.
[36] Fl. 76,19 „Qual" / Vö. (408) 144,12 „punishment" - Qual könnte sich auf den Weg zur himmlischen Ruhe durchs Martyrium beziehen; Strafe wäre das Gegenteil zu dieser Ruhe. Beide Möglichkeiten gäben ein Predigtthema ab. Allerdings scheint es sich bei der „Ruhe" um ein syrisches Spezialthema zu handeln, so daß hier mit einer syrischen Interpolation zu rechnen wäre - s. VÖÖBUS, a. a. O., p. 144 n. 8.
[37] Vgl. Fl. 109,25 / Vö. (408) 195,10 (Jesus als der Messias).
[38] Die Presbyter sind „Ordner und Ratgeber der Kirche" (Fl. 46,18 / Vö. (402) 101,114-15); zu ihrem Rang vgl. H. ACHELIS, a. a. O., S. 272f.
[39] Auch die Witwen werden ja ihre Lehren im Gespräch oder im kleineren Kreise verbreitet haben. Der Verfasser der Didaskalie empfiehlt auch den reicheren Gemeindegliedern, die Zeit anders, andere Christen zu besuchen und sich mit ihnen zusammen in die heiligen Schriften zu vertiefen, anstatt heidnische Philosophie und Literatur zum Gesprächsthema zu machen - Fl. 5,13-34 / Vö. (402) 14,14-15,5.
[40] Fl. 128,3-7 / Vö. (408) 222,9-12.
[41] Fl. 121,18-20 / Vö. (408) 213,5-7.
[42] Fl. 121,20; 122,20-21 / Vö. (408) 213,7; 214,17; vgl. auch Kap 20, wo die Auferstehung das Thema ist, allerdings vor allem im Zusammenhang mit dem Martyrium (Fl. 97-103 / Vö. (408) 175-184).
[43] Fl. 121,22-30; 122,21-22 / Vö. (408) 213,9-16; 214,17-19. Die genannten Punkte auch zusammen: Fl. 138,28-35 / Vö. (408) 237,19-238,3.
[44] Dieser Fragenkomplex war im Bezug auf die Speisegebote an den eben genannten Stellen schon angesprochen; dort ist auch von der Beschneidung die Rede (Fl. 121,30-31 / Vö. (408) 213,16-17). - Die zweite Gesetzgebung und ihre richtige Erklärung als Predigtinhalt: Fl. 15,29-35 / Vö. (402) 27,12-18. Zu diesem Thema vgl. auch H. ACHELIS, a. a. O., (Abhandlung IV), S. 357-361 (dem Urteil von

Zu dem Reigen dieser Themen wird man wohl noch einiges andere, was in der Didaskalie angesprochen wird, hinzunehmen können,
zum Beispiel die Ermunterung zum Martyrium[45] oder die Jungfrauengeburt[46]. Sicherlich wird bei alledem ein Schwerpunkt der
Predigt auf Fragen der Lebensführung und der Gebote gelegen haben;
denn das Interesse der Didaskalie hieran kam ja nicht von ungefähr,
und die Forderung, daß gerade hier der Bischof sich gut auskennen
und zum Predigen befähigt sein soll[47], hat wohl ihre Entsprechung
in den Predigten selbst gehabt.

Doch sollte klar geworden sein, daß bei alledem die Predigt sich
keineswegs „auf eine praktische Auslegung des Textes beschränkte",
fast nur die Lebensführung betraf und noch zu fleißigem Kirchenbesuch mahnte[48]. Vielmehr müssen wir davon ausgehen, daß in den
Predigten eine große Bandbreite von Themen und Problemen auch
„spekulativ"-theologischer Art zur Sprache kamen. Daß dafür eine
wichtige Anforderung an den Bischof die ist, ein guter und bibelfester
Lehrer zu sein, ergibt sich fast von selbst[49]. Dazu gehört auch
eine gewisse Gewandtheit in der Darstellung, wenngleich dem
Verfasser der Didaskalie eine heidnische rhetorische Bildung nicht
unabdingbar scheint[50]. So wird man dem Urteil von Achelis zwar
zustimmen, daß man sich die Predigt wohl „kaum als eine kunstmäßige Rede vorstellen" dürfe[51], jedenfalls nicht kunstmäßig im Sinne

---

Achelis, hier sei laienhaft (S. 357) und inkonsequent (S. 359) gedacht worden, stim-
me ich allerdings nicht zu; vgl. auch H. CONNOLLY, Didascalia Apostolorum,
Oxford 1929, p. LXV), ferner H. CONNOLLY, a. a. O. p. LVII-LXIX, und G.
BARDY, Artikel „Didascalie des apôtres", *DSp* 3,863-865.

[45] Fl. 96,3-5 / Vö. (408) 173,4-6; hier ist allerdings wohl an Belehrung
durch vorbildhaftes Handeln gedacht; das Thema Martyrium wird aber in der
Didaskalie z. B. in Kap 19 durchaus auch mit Worten abgehandelt (Fl. 92-97 / Vö.
(408) 167-175).

[46] Fl. 102,11-12 / Vö. (408) 182,15. Zum Ganzen vgl. auch H. ACHELIS, a.
a. O., (Abhandlung IV) S. 380: „Ganze Partien seines Buches nehmen sich so aus,
als wolle er den Bischöfen Proben geben, in welcher Weise sie ihre Predigten einzurichten hätten . . . ".

[47] Z. B. Fl. 15,22-28; 17,18-19 / Vö. (402) 47,6-12; 49,16-17. Die Betonung
dieses ganzen Komplexes hängt natürlich auch eng mit der Bußdisziplin zusammen,
über die der Bischof zu wachen hat.

[48] H. ACHELIS, a. a. O., (Abhandlung II) S. 286.

[49] Fl. 13,15-17; 15,24-37 / Vö. (402) 44,6-8; 47,8-21.

[50] Für den Bischof ist es vor allem wichtig, daß er in den heiligen Schriften
bewandert ist (s. o.); über diese Mindestanforderung hinaus ist jedoch eine gute Bildung durchaus erwünscht (Fl. 13,15-16 / Vö. (402) 44,6-7) - sie würde allerdings
nach dem Willen des Verfassers der Didaskalie bei den Christen materialiter ganz
in den Hintergrund treten müssen, denn sie sollen die gesamte heidnische Literatur
nicht mehr zur Hand nehmen. Stattdessen haben sie die heiligen Schriften mit all
ihrer Reichhaltigkeit (Fl. 5,20-34 / Vö. (402) 14,20-15,5).

[51] A. a. O., (Abhandlung II) S. 286.

der antiken Rhetorik; aber das heißt noch lange nicht, daß sie deswegen primitiv war.

Offensichtlich erstreckte sich die Sonntagspredigt auch über einen nicht ganz kurzen Zeitraum; denn nicht nur geschwätzige und unaufmerksame Witwen schienen Anlaß zu der Sorge zu bieten, daß sie statt zuzuhören im Gottesdienst einschliefen[52], sondern auch andere, war es doch die Aufgabe eines der Diakonen, darüber zu wachen, daß alle ruhig, aber auch wach blieben und ein offenes Ohr hatten „für das Wort des Herrn"[53]. Das ist bei einer langen Rede frühmorgens verständlich, und so darf man hieraus nicht zu weitreichende Folgerungen über die Qualität der Predigt ziehen.

Achelis ist der Meinung, daß „die Verlesung der heiligen Schriften … einen breiten Raum eingenommen" habe[54], was er m. E. aus den Anweisungen für die Feier der Osternacht schließt. Hier sollen ja bis zur dritten Nachtstunde unter Gebet und Flehen die Propheten und das Evangelium verlesen und Psalmen vorgetragen werden[55]. Doch handelt es sich dabei in mehrfacher Hinsicht um einen besonderen Gottesdienst. Denn hier geht alles um das Warten auf die Auferstehungsstunde und damit um das Ende des vorösterlichen Fastens[56]; die Eucharistie nimmt die besondere Gestalt des ersten fröhlichen Mahls nach der ernsten Fastenzeit an[57], und die Schriftlesungen dienen zwar der Erhellung des österlichen Geschehens[58], aber auch einfach der Überbrückung der Wartezeit.

---

[52] Fl. 77,34 / Vö. (408) 146,14.

[53] Fl. 69,15-18 / Vö. (408) 132,9-13. Zur Einschätzung auch der Predigt als „Wort des Herrn" s. u. S. 364ff., außerdem im unmittelbaren Kontext die Wendung: „wenn du das Wort des Herrn verkündigst" - Fl. 70,1-2 / Vö. (408) 133,13-14.

[54] A. a. O., (Abhandlung II) S. 286.

[55] Fl. 111,35-112,3 / Vö. (408) 199,3-7.

[56] Fl. 112,17-23 / Vö. (408) 199,22-27.

[57] Fl. 112,23-27; 114,3-5 7 Vö. (408) 199,28-200,1; 201,19-20. Daß hier eine ganze Mahlzeit gemeint ist, scheint zweifelhaft, so daß evtl. anders zu übersetzen ist, etwa: von nun ab eßt (wieder) usw. - Vgl. H. CONNOLLY, Didascalia Apostolorum, p. 268 (additional note zu p. 190). Auch wenn man Connolly nicht folgt, gilt: Wäre hier eine regelrechte Mahlzeit gemeint, würde das für die Feier der Osternacht räumliche Schwierigkeiten mit sich bringen, geht doch der Verfasser der Didaskalie sowieso davon aus, daß eine Reihe von Gemeindegliedern (mangels Platz) in der Kirche stehen müssen (gegen H. ACHELIS, a. a. O., Abhandlung II, S. 288, der eine „wirkliche Mahlzeit" der ganzen Gemeinde annimmt). Und darauf, daß man in der Osternacht in kleineren Gruppen in Privathäusern feierte, weist sonst nichts hin. Es gäbe dann auch Probleme mit der Eucharistie, wenn man annehmen will, daß auch andere Personen als der Bischof zu ihrem Vollzug befugt waren.

[58] Darauf deutet nicht nur die Situation hin, sondern auch die zweimalige ausdrückliche Erwähnung der Psalmen (Fl. 111,37-112,1; 112,20 / Vö. (408) 199,5; 199,24); einmal folgen sie in der Aufzählung auf Propheten und Evangelium, beim zweiten Mal auf „die Schriften"; so kann man mit einiger Sicherheit annehmen, daß es sich hier um die bekannten „christologischen" Psalmen handelte. Entsprechend

Das Gebet enthält in der Osternacht offenbar besonders die Für-
sprache für die, welche gesündigt haben[59], wobei unklar bleibt, ob
Büßer und audientes an diesem Gottesdienst überhaupt teilgenommen
haben. Es ist auch nicht deutlich, ob es in dieser Nacht eine Predigt
gegeben hat oder ob vielmehr die Lesungen in dieser besonderen
Situation für sich sprachen[60].

Es läßt sich von der Feier der Osternacht her m. E. nicht erschließen, ob auch an den Sonntagen regelmäßig mehrere Schriftlesungen
vorkamen. Auch über den Zusammenhang von Text und Predigt läßt
sich wenig sagen. Nur die Tatsache, daß der Bischof selbst das Vorlesen übernimmt, wenn kein Lektor da ist[61], deutet auf eine
unmittelbare Zusammengehörigkeit von Text und Predigt hin. Dabei
ist es aufgrund der Hinweise auf die Inhalte der Predigt, die wir oben
gefunden haben, wahrscheinlicher, daß die Predigt ihre Thematik aus
dem Text oder den Texten nahm als daß sie dem Verlauf eines
Textes als Homilie folgte.

Gehörten auch Gemeindegebet und Lieder zum „Hören des Wortes"? Aufgrund der Betonung, daß Büßer und „Hörer" vor dem Gebet
die Versammlung zu verlassen hätten, wird man wohl kaum einen ex-
tensiven Gebetsteil am Anfang des Gottesdienstes vermuten dürfen,
auch wenn man annimmt, daß mit „das Gebet" bereits das eucharistische Gebet gemeint ist (was mir eher unwahrscheinlich erscheint).
Denn in der Auslegung des Jesuswortes, daß man sich vor dem Gang
zum Altar versöhnen solle, werden als das Opfer der Christen Gebet
und Eucharistie nebeneinander genannt[62], und an anderer Stelle
werden Gebete, Bitten und Lobpreisungen als das Opfer der Christen
bezeichnet, wobei für Lobpreisungen wohl ursprünglich εὐχαριστίαι
stand[63]. So wird man auch den Ruf des Diakons „Ist vielleicht

---

dürften auch die Lesungen einen inneren Bezug zu Passion und Auferstehung gehabt
haben. Durch die Beziehung der Schriftworte auf Christus ist hier wohl auch Mose
als Prophet mitgemeint, so daß „die Propheten" die Geschichtsbücher mitumfassen
(die ConstAp setzen dann aber doch das Gesetz mit in die Aufzählung - ConstAp
V,19,3, F.X. FUNK, Didascalia I, p. 219,9).

[59] Fl. 112,20-21 / Vö. (408) 199,25; vgl. auch o. Fußn. 19.

[60] Das gälte natürlich umso mehr, wenn man annimmt, daß die Osternacht
in Privathäusern gefeiert wurde - nicht jeder Hausvater oder Gastgeber oder anwe-
sende Presbyter wäre in der Lage zu predigen. - Vgl. Fußn. 57.

[61] Fl. 46,18f. / Vö. (402) 101,16 kombiniert mit Fl. 70,2 / Vö. (408) 133,14.
- Zu beachten ist auch die hohe Stellung des Lektors in der Gemeinde: er bekommt
bei der Agape den gleichen Anteil wie ein Presbyter (Fl. 46,18-20 / Vö. (402)
101,16); die gottesdienstliche Schriftlesung wird also besonders geachtet.

[62] Fl. 65,26-66,20 / Vö. (408) 127,11-26; die längere inhaltliche Ausführung
in der Mitte dieser Passage gilt dem Gebet und nicht der Eucharistie.

[63] Fl. 45,8-9 / Vö. (402) 99,15-16; daß für die Lobpreisungen oder Danksa-
gungen im Original das Wort εὐχαριστία stand, ist aufgrund von ConstAp II,26,2

jemand da, der irgendetwas hat gegen seinen Nächsten?" unmittelbar nach der Entlassung der Büßer und audientes anzusetzen haben[64]. Als Gebete im Gottesdienstteil vor ihrer Entlassung könnte man allenfalls ein Eingangsgebet und Fürbitten für die Büßer annehmen[65]. Die Gebetsformen waren möglicherweise an jüdischen Gebeten orientiert[66], wobei jeweils wohl eine Doxologie mit Amen den Gebetsschluß bildete[67].

Auch der Gesang von alttestamentlichen Psalmen oder christlichen Liedern ist nicht auszuschließen, aber sicher läßt sich dazu nichts sagen. Die Stellen, wo ausdrücklich von Liedern die Rede ist, sind - mit Ausnahme der Feier der Osternacht - eher auf die Privatfrömmigkeit zu beziehen[68].

Schließlich bleibt noch die Frage, an welcher Stelle im Gottesdienst die öffentlichen Bußverfahren anzusetzen sind. Sowohl für den Ausschluß als auch für die Wiederaufnahme scheint sich hier der

---

(F.X. FUNK, Didascalia I, p. 103,15) zu vermuten. Möglicherweise war hier aber mit diesem Wort dennoch die Eucharistie nicht oder erst in zweiter Linie gemeint, da Lob oder Dank eine sinnvolle Ergänzung zu Gebet und Bitten darstellen (gegen H. CONNOLLY, Didascalia, p. LI). - Vgl. ferner Fl. 139,29-34 / Vö. (408) 239,6-10: Gebet, Schriften und Eucharistie werden nebeneinander als gottesdienstliche Gaben des Heiligen Geistes genannt.

[64] „Darum also, ihr Bischöfe, damit eure Opfer und Gebete willkommen seien: wenn ihr in der Kirche steht um zu beten, soll der Diakon mit lauter Stimme rufen ..." - Fl. 66,20-24 / Vö. (408) 127,26-128,2.

[65] Die Fürbitte für die Büßer analog zur Fürbitte für die Sünder, bei der diese allerdings nicht zugegen sind: Fl. 25,25-28 / Vö. (402) 64,15-18; vgl. auch oben, S. 362, zur Osternacht. Die Vermutung, daß es solche Fürbitten im Wortteil gegeben habe, läßt sich stützen durch die in den ConstAp VIII beschriebene Entlassung (s. dazu S. 344 Fußn. 72 u. S. 446). - Auf ein Eingangsgebet gibt es in der Didaskalie keinen Hinweis.

[66] Darauf weist nicht nur die allgemeine Nähe zum Judentum hin (vgl. H. ACHELIS, a. a. O., (Abhandlung IV) S. 362-364, und G. STRECKER, in: W. BAUER, Rechtgläubigkeit und Ketzerei im ältesten Christentum, Tübingen ²1964 (BHTh 10/2), Nachtrag, S. 248-260, bes. S. 252-254), sondern auch der Anfang eines Privatgebetes, welches die Didaskalie beispielhaft formuliert: „Gepriesen sei Gott, der ..." (Fl. 82,7-8 / Vö. (408) 152,1-2), sowie die Tatsache, daß die Didaskalie das Gebet Manasses überliefert (Fl. 36,31-37,36 / Vö. (402) 84,3-87,14).

[67] Doxologien mit stereotypem Amen finden sich Fl. 9,12-16; 89,10-12; 97,23-26 / Vö. (402) 20,25-27; (408) 163,9-11; 175,3-6, jeweils im Anschluß an die Erwähnung der Trinität. Die erste Stelle ist in den Apostolischen Konstitutionen allerdings als zweigliedrige Doxologie ohne Amen überliefert (F.X. FUNK, Didascalia I, p. 21,19-23,1), so daß die Folgerung von VÖÖBUS zu beherzigen ist, daß jede Rezension ihre eigene Form der Doxologie eingefügt habe bzw. haben könnte (Vö. (402) 58*). Das dürfte auch gelten für die große Schlußdoxologie Fl. 145,20-35, bes. Zeilen 33-35 / Vö. (408) 247,14-249,9, bes. 249,7-9.

[68] Zur Osternacht s. o. S. 361f. Bei den übrigen Stellen handelt es sich um einen Absatz, wo die Psalmen Davids dem christlichen Leser als Ersatz für heidnische Hymnen empfohlen werden (Fl. 5,29-30 / Vö. (402) 14,29-15,1), und die schon erwähnte Stelle, wo den Gläubigen geboten wird, statt Flüchen u. a. Lobgesänge im Mund zu führen (Fl. 105,11-12 / Vö. (408) 188,8-9 - s. o. S. 354 Fußn. 6).

Übergang vom Wort- zum Gebetsteil anzubieten; das wird bestätigt durch die Vorschrift, daß Büßer nach Ablauf ihrer Bußfrist wie Neugetaufte in die Gemeinde aufzunehmen sind[69]. Ob allerdings der Ausschluß von Sündern sowie ihre Wiederzulassung als Büßer zum Hören des Wortes in der Regel ein gottesdienstlicher Akt war, ist nicht genau auszumachen, ebenso wie die Frage, an welcher Stelle die öffentliche Schelte hartnäckiger Sünder stattfand, welche keine Buße auf sich genommen hatten und dennoch zur Kirche kamen[70]. Die Predigt mag sich hierzu gelegentlich, aber nicht in jedem Fall angeboten haben[71].

Mehr können wir zum Verlauf des Wortteiles des Gottesdienstes aufgrund der Didaskalie nicht sagen. Sehr deutlich ist aber die Wertschätzung von Schriftlesung und Predigt zu erkennen. Wir hatten ja schon gesehen, daß die Predigt keineswegs nur eine Belehrung der Sünder war, sondern sich mit einer Fülle von Themen beschäftigen konnte. Ob nun als Bußpredigt oder als Erörterung des Heilswerkes Christi, immer diente die Predigt dem Heil der Zuhörer und war als solche ein hervorragender und unverzichtbarer Teil des Gottesdienstes.

So wird immer wieder der Bischof als Lehrer und Prediger des Wortes bezeichnet, auch und gerade in Zusammenhängen, wo ihm daneben noch der Priestertitel zugelegt wird[72]. Er ist der Mund Gottes[73], Vermittler des Wortes[74], und auch in einer Aufführung aller seiner gottesdienstlichen Funktionen als Täufer, Prediger, Verwalter der Buße und der Eucharistie fällt die Beschreibung der Predigertätigkeit am breitesten aus: der Bischof zieht die Christen mit dem Worte wie mit Milch groß und erbaut sie durch die Lehre[75].

---

[69] Fl. 55,16-22 / Vö. (402) 114,10-16; vgl. dazu schon Justin, Apol I,65: an die Taufe schließt sich die Aufnahme in die Gemeinde zum Gebet und zur Eucharistie an.

[70] Fl. 19,11-13 / Vö. (402) 52,10-12, vgl. Fl. 25,22-24 / Vö. (402) 64,14-15.

[71] Gegen H. ACHELIS, a. a. O., (Abhandlung II), S. 286f.

[72] Fl. 40,27-32: „Ihr also seid für euer Volk Priester, Propheten, Anführer, Leiter, Könige und Mittler zwischen Gott und seinen Gläubigen, Empfänger des Wortes und Prediger und Verkündiger desselben, Kenner der Schriften und Aussprüche Gottes und Zeugen seines Willens, solche, welche die Sünden aller tragen und Rechenschaft über jeden geben." / Vö. (402) 92,1-7. Betont sind hier das Amt des Predigers und Bußverwalters; die alttestamentliche Typologie im Kontext betrifft den „Priester" nur in bezug auf seinen Unterhalt. - Fl. 45,14-17 / Vö. (402) 100,5-7, im Rahmen einer typologischen Erläuterung der Ämter: „Levit aber und Hoherpriester ist der Bischof; dieser ist der Diener des Wortes und Mittler, für euch aber der Lehrer und nächst Gott euer Vater, der euch durch das Wasser gezeugt hat."

[73] Fl. 47,15-16 / Vö. (402) 102,23.

[74] Fl. 47,21-22 / Vö. (402) 103,1.

[75] „Ehret aber die Bischöfe, die euch von den Sünden befreit haben, die euch von neuem durch das Wasser gezeugt, die euch mit dem heiligen Geiste erfüllt haben, die euch mit dem Worte wie mit Milch großgezogen, die euch durch

Nur an einer Stelle sieht es so aus, als sei der Vollzug der Eucharistie für den Bischof eine wichtigere Aufgabe als die Predigt des Wortes. Wenn nämlich ein anderer Bischof zu Gast in der Gemeinde ist, soll er sowohl zum Predigen als auch zur Darbringung der Eucharistie aufgefordert werden; doch ein weiser Bischof, so erfahren wir, nimmt nur die Einladung zum Predigen an, überläßt aber die Eucharistie dem Gastgeber und redet allenfalls über dem Becher[76]. Mir scheint jedoch, daß es hier weniger um eine Abstufung in der Wertigkeit verschiedener liturgischer Akte geht als vielmehr um die Wahrnehmung der Rolle des Hausvaters und Vermögensverwalters in der Darbringung und Darreichung der Gaben der Eucharistie.

Natürlich haben die Bischöfe nicht nur gottesdienstliche Aufgaben, doch bleibt das Predigen neben der Einhaltung der Bußzucht ihr wichtigstes Amt[77]. So sind auch die Apostel vor allem als Prediger des göttlichen Wortes charakterisiert[78].

Diejenigen unter den Christen aber, die dem Gottesdienst fernbleiben, achten die „weltlichen Angelegenheiten höher als das Wort Gottes", anstatt zusammenzukommen, „das heilbringende Wort zu hören und göttliche Speise zu genießen, die ewig währt"[79]. Vollends gar wenn jemand statt zur Kirche ins Theater geht, vertauscht er die „lebendigen und Leben spendenden Worte Gottes, die erlösen, vom Feuer befreien und retten können", mit „Vorträge(n), die von toten Menschen und aus dem Geiste Satans stammen"[80].

Die Heiden werden durch das gut und ordnungsgemäß vorgetragene Wort Gottes zum ewigen Leben geführt[81], und die Christen sollen

---

die Lehre erbaut, die euch durch die Zucht gefestigt haben und an der heiligen Eucharistie Gottes haben teilnehmen lassen und euch zu Teilhabern und Miterben der göttlichen Verheißung gemacht haben." (Fl. 48,33-49,3 / V. (402) 104,18-24). Man könnte also sagen, daß der Bischof die Christen durchs Leben geleitet mit (Bekehrungs-) Predigt und Taufe, Unterricht und Predigt, Buße und Eucharistie bis zum Antritt des himmlischen Erbes im Tod.

[76] Fl. 69,28-35 / Vö. (408) 133,4-10; ob mit dem Reden über dem Becher die Eucharistie oder die Agape (so H. CONNOLLY, Didascalia, p. LII f., dagegen VÖÖBUS, Vö (408) 133 Fußn. 33) gemeint ist, sei hier dahingestellt. Vgl. auch K. GAMBER, Die frühchristliche Hauskirche (TU 107,337-344), der aus der Erwähnung eines besonderen Gebetes über dem Kelch schließen will, die Eucharistie habe noch die Form einer Mahlzeit gehabt; dazu s. jedoch Fußn. 57. - Für die Bedeutung „Eucharistie" vgl. Irenäus bei Euseb, h. e. V,24,17: dort wird dem Gastbischof als Ehrenbezeigung die Verwaltung der Eucharistie gewährt.

[77] Daneben könnte noch die Verwaltung der Almosen genannt werden. Sie steht in engem Zusammenhang mit der Eucharistie, doch liegt der Schwerpunkt eben nicht auf dem liturgischen Akt, sondern bei den Gaben und ihrer Verteilung.

[78] Fl. 54,11; 67,1-3 / Vö. (402) 112,21-22; (408) 128,14-16.

[79] Fl. 71,9.13-14 / Vö. (408) 135,23-24.26-136,1.

[80] Fl. 72,30-32.35-36 / Vö. (408) 137,17-19; 138,1-3.

[81] Fl. 76,30-77,1 / Vö. (408) 145,5-7.

schon ihre Kinder im Wort Gottes unterweisen[82], wie auch die
„heiligen und göttlichen Schriften", Segnungen und Lobgesänge immer
im Munde der Christen sein sollen, so daß ihnen ein Fluch gar nicht
über die Lippen kommen kann[83].

Umgekehrt kamen die Häretiker, „das Wort zu verderben"[84] und
vielerlei falsche Lehren zu predigen, von denen ihre Anhänger nur
„durch viele Zurechtweisung und durch das Wort der ermahnenden Belehrung geheilt" werden können, wenn sie reuig zurück in die Kirche
kommen[85].

Immer also sind das Wort und die Predigt des Wortes von entscheidender Bedeutung, wobei der Verfasser der Didaskalie mit dem
Einverständnis auch seiner Gegner über diesen Punkt rechnen kann;
sie würden allenfalls die Macht des Wortes, bei getauften Sündern
Reue zu bewirken, anders einschätzen, doch liegt der Streitpunkt ja
nicht hier, sondern einfach in der Frage, ob Vergebung in diesen Fällen möglich ist.

Neben dem Wort treten in den Ausführungen der Didaskalie Gebet
und Eucharistie deutlich zurück, auch wenn klar bleibt, daß erst sie
zusammen mit Lesung und Predigt einen normalen Gottesdienst ausmachen. Während die Eucharistie aber als Opfergabe Gott dargebracht
wird, an der dann die Gläubigen auch teilnehmen (und auch das Gebet
ist als Bitte und Opfer an Gott gerichtet)[86], heißt es vor allem
vom Wort immer wieder, daß es Heil und Leben vermittelt.

---

[82] Fl. 115,3-4 / Vö. (408) 203,5-6.
[83] Fl. 105,10-12 / Vö. (408) 188,8-10.
[84] Fl. 121,5-6 / Vö. (408) 212,14-15.
[85] Fl. 128,4-6 / Vö. (408) 222,9-11.
[86] S. o. Fußn. 62-64 u. 75; ferner Fl. 52,6-8 / Vö. (402) 110,1-3: „und wenn
du die Eucharistie des Opfers empfangen hast, gib hin, was in deine Hand kommt,
es den Fremden mitzuteilen ..."; Fl. 112,23-24 / Vö. (408) 199,28-29: „Und dann
bringt eure Opfergaben dar: und nun esset und seid guter Dinge ..." (vgl. o.
Fußn. 57) - mehr wird über die Eucharistie in der Osternacht nicht gesagt; der
Gottesdienst in den Coemeterien (ob der auf alle Versammlungen der Christen ver-
allgemeinernde Zusatz - Fl. 143,9-10 / Vö. (408) 244,1-2 - sich auf den ganzen
Gottesdienst oder nur auf die Eucharistie bezieht, läßt sich nicht entscheiden) wird
so beschrieben: die Christen sollen sich „versammeln und in den heiligen Schriften
lesen und ohne Murren ... (ihren) Dienst und ... (ihr) Gebet vor Gott verrichten,
und ... die angenehme Eucharistie darbringen, das Gleichnis des königlichen Leibes
Christi ..." (Fl. 143,5-9 / Vö. (408) 243,18-21; zur Übersetzung „Gleichnis des
königlichen Leibes Christi" vgl. VÖÖBUS, Vö. (402) 60*, und FLEMMING, Fl. 222
ad loc.); Versio latina: „in memoriis congregantes vos et sacrarum scripturarum
facite lectionem et ad deum preces indesiniter offerite" etc. (TIDNER, p. 98,13-16);
das „Gebet (wird) durch den heiligen Geist erhört, und die Eucharistie durch den
heiligen Geist angenommen und geheiligt ..., und die Schriften (sind) Worte des
heiligen Geistes ..." - Fl. 139,32-34 / Vö. (408) 239,9-11.

11. Hippolyt von Rom

a) *Zum Sonntagsgottesdienst in der „Apostolischen Tradition" des Hippolyt*

In der „Apostolischen Tradition" des Hippolyt von Rom, einer Kirchenordnung aus dem beginnenden Dritten Jahrhundert[1], wird ein normaler Sonntagsgottesdienst nicht beschrieben, und so sieht es auf den ersten Blick auch so aus, als gäbe es vom Wortgottesdienst hier kaum eine Spur. Doch ist die Tatsache, daß im Taufgottesdienst kein Wortteil vorkommt[2], kein Indiz für ein Fehlen oder eine Unterbewertung von Schriftlesung und Predigt im normalen Gottesdienst, wie der Vergleich mit Justin sofort zeigen kann[3]. So weist denn auch das Vorkommen eines Vorlesers[4] auf einen Wortgottesdienst hin,

---

[1] Daß die ehemals sogenannte „Ägyptische Kirchenordnung" auf Hippolyt zurückgeht, ist inzwischen allgemein anerkannt. Nach der Vorläuferschaft von H. Achelis, der die Canones Hippolyti als Hippolyts Werk ansah (H. ACHELIS, Die ältesten Quellen des orientalischen Kirchenrechts. I. Die Canones Hippolyti, Leipzig 1891 - TU 6,4), und F.X. Funk, welcher in der fraglichen Schriftengruppe ConstAp VIII für das ursprüngliche Werk hielt (F.X. FUNK, Didascalia et Constitutiones Apostolorum I u. II, Paderborn 1905), haben unabhängig voneinander E. SCHWARTZ, Über die pseudoapostolischen Kirchenordnungen, Straßburg 1910 (SWGS 6), und R.H. CONNOLLY, The So-Called Egyptian Church Order and Derived documents, Cambridge 1916 (TaS VIII,4), die „Ägyptische Kirchenordnung" als die „Apostolische Tradition" des Hippolyt erwiesen. Die Einwände hiergegen von H. Engberding sind großenteils schon von Connolly widerlegt (H. ENGBERDING, Das angebliche Dokument roemischer Liturgie aus dem Beginn des dritten Jahrhunderts, in: *Miscellanea Liturgica in honorem L.C. Mohlberg*, vol I, Rom 1948, p. 47-71) und wurden von B. Botte zurückgewiesen (B. BOTTE, L' authenticité de la Tradition apostolique de saint Hippolyte, *RThAM* 16 (1949) 177-185). Auf eine erste kritische Ausgabe von G. DIX, The Treatise on the Apostolic Tradition of St Hippolytus of Rome, London 1937 (2. verbesserte Auflage London 1968 mit einem Vorwort von H. CHADWICK) folgte die bis heute maßgebliche Ausgabe von B. BOTTE, La Tradition apostolique de saint Hippolyte. Essai de reconstitution, Münster 1963 (LWQF 39), welcher einige Aufsätze Bottes zur „Apostolischen Tradition" vorausgingen, u. a. die grundlegende Abhandlung Les plus anciennes collections canoniques, *OrSyr* 5 (1960) 331-350. BOTTE besorgte auch die Ausgabe in den Sources chrétiennes, deren (lateinischen oder ins Lateinische übersetzten) Text ich benutze (Hippolyte de Rome, La Tradition apostolique, Paris ²1968 - SC 11bis).

[2] Nr. 21 (Botte).

[3] Justin beschreibt nacheinander einen Taufgottesdienst (ohne Schriftlesung und Predigt) und einen Sonntagsgottesdienst (mit Lesung und Predigt) in seiner Apologie I,61-67; vgl. S. 237ff.

und bei genauerem Hinsehen läßt sich die Struktur des Sonntagsgot-
tesdienstes mit Wort- und Eucharistieteil rekonstruieren; eine der
Hauptschwierigkeiten liegt dabei, wie sich sogleich zeigen wird, im
Verstehen des Wortes κατήχησις[5].

An einer Stelle nämlich (Nr. 18 in der Zählung von Botte) ist die
Rede vom Gebet der Gläubigen im Gottesdienst. Da heißt es, daß die
Katechumenen für sich, getrennt von den Gläubigen beten sollen[6],
und das ergibt nur einen Sinn, wenn die Möglichkeit besteht und es
naheliegt, daß sie mit ihnen gemeinsam beten. Wenn also die Katechumenen bei der hier angesprochenen Gelegenheit sich zu anderer Zeit
oder an einem anderen Ort als die Gläubigen versammelt hätten, wäre
die Anweisung überflüssig. Das hieße aber, daß bei der dem Gebet
vorausgehenden Unterweisung[7] auch Gläubige zugegen waren.

Wie hat man sich das vorzustellen? Drei Möglichkeiten erscheinen
mir denkbar: a) daß auch Gläubige am Katechumenenunterricht außerhalb der Gottesdienste teilnahmen, oder b) daß es sich hier um die an
anderer Stelle angesprochenen Morgengottesdienste während der Woche
handelte, welche die Funktion des Unterrichts übernahmen, jedoch
auch für die Gläubigen gedacht waren, oder aber c) daß mit der in
unserem Abschnitt angesprochenen Unterweisung die Sonntagspredigt
gemeint ist.

Ich gehe davon aus, daß Hippolyt mit der „Apostolischen Tradition" weitestgehend römische Traditionen beschreibt[8], wobei man

---

[4] Nr. 11 (Botte) gibt die Anweisung, daß der Vorleser nicht durch Handauflegung, sondern durch die Übergabe eines Buches eingesetzt werden soll. Darin wie
in der Position dieses Abschnittes gegen Ende der Ämterreihe zeigt sich eine relative Geringschätzung des Lektorenamtes, doch sollte man das nicht überbetonen, da
sich hier m. E. der alte synagogale Brauch durchgehalten hat, nach welchem der
Vorsitzende demjenigen, der die Lesung halten soll, das Buch übergibt - das „Amt"
des Lektoren war hier gar nicht festgelegt, sondern wechselte von Mal zu Mal,
ohne daß deshalb das Schriftwort weniger wichtig würde.

[5] Mit diesem Ansatz wie mit vielen Einzelausführungen im Folgenden setze
ich mich kritisch ab von der Darstellung von E. JUNGKLAUS, Die Gemeinde
Hippolyts dargestellt nach seiner Kirchenordnung, Leipzig 1928 (TU 46,2A).

[6] Nr. 18 (Botte): „Quando (ὅταν) doctor cessavit instructionem dare (κατηχεῖσθαι), catechumeni orent seorsum, separati a fidelibus, et mulieres stent orantes
in aliquo loco in ecclesia seorsum, sive mulieres fideles sive mulieres catechumenae. Cum autem desierint orare, non dabunt pacem (εἰρήνη); nondum enim
osculum eorum sanctum est. Fideles vero salutent (ἀσπάζεσθαι) invicem, viri cum
viris ..."

[7] In Nr. 18 und 19 (Botte) wird eine klare Abfolge der gottesdienstlichen
Handlungen deutlich: „Quando ... doctor cessavit instructionem dare ..., catechumeni orent ... Cum doctor post precem imposuit manum super catechumenos, oret
et dimittat eos." (SC 11bis, p. 76).

[8] Mit B. BOTTE, bes. Les plus anciennes collections canoniques. Daß die
„Apostolische Tradition" vor allem im Osten erhalten geblieben ist (man beachte

natürlich mit persönlichen Akzentsetzungen rechnen muß. Man kann auch nicht annehmen, daß alle hier beschriebenen Traditionen normativen Charakter hatten und ohne jegliche Konkurrenz oder Variation galten, zumal Hippolyt ja mit seiner Schrift gerade diesen Traditionen gegenüber anderen Formen Geltung verschaffen will[9]. Dennoch dürfte uns die „Apostolische Tradition" im Ganzen ein einigermaßen getreues Bild von der römischen Kirche um die Wende vom Zweiten zum Dritten Jahrhundert geben: Hippolyt will ja nichts Neues einführen[10].

Was nun die Möglichkeit betrifft, daß Gläubige am Katechumenenunterricht außerhalb der Gemeindeversammlung teilnahmen, so wäre dies im Rahmen einer der Schulen der vielen in Rom von der Kirche recht unabhängig tätigen christlichen Lehrer denkbar[11]. So

---

aber die lateinische Übersetzung im Codex Veronense LV!), liegt wohl überwiegend daran, daß kurz nach Hippolyt im Westen Latein zur maßgeblichen Sprache wurde.

[9] Er schreibt „propter eum qui nuper inventus est per ignorantiam lapsus vel error, et hos qui ignorant" (Nr. 1 (Botte), SC 11bis, p. 40), und mahnt zur Beachtung der durch ihn aufgeschriebenen „apostolischen" Tradition gegenüber der Praxis von Häretikern, welche „secundum libidinem ... suam fecerunt quae voluerunt" (Nr. 43 (Botte), SC 11bis, p. 138). So sehr es Hippolyt aber auf die Wahrung alter Tradition ankommt, so wenig will er etwa die Liturgie bis in den Wortlaut hinein festlegen; am deutlichsten ist das ausgedrückt in Nr. 9 (Botte), Über die Konfessoren: „Nullo modo ... necessarium est ... ut proferat eadem verba quae praediximus, quasi ... studens ... ex memoria ..., gratias agens (εὐχαριστεῖν) deo; sed secundum suam potestatem unusquisque oret." (SC 11bis, p. 64); vgl. auch Nr. 5 (Botte): „non ad sermonem dicat sed simili virtute" (SC 11bis, p. 54), und Nr. 7 (Botte), zum Weihegebet über die Presbyter: „at dicat secundum ea q(uae) praedicta sunt, sicut praediximus super episcopum ..." (es folgt dann doch ein Mustergebet - SC 11bis, p. 56). - Die sich hierin ausdrückende Haltung gegenüber der Festlegung eines liturgischen Wortlautes macht es m. E. fast unmöglich, an der „apostolischen Tradition" ohne das Vorliegen älteren Vergleichsmaterials literarkritische Operationen größeren Ausmaßes durchzuführen. Es ist zwar damit zu rechnen, daß Hippolyt verschiedene Vorlagen benutzte, und so werden sich auch evtl. auftretende Spannungen im Text am leichtesten erklären lassen, aber man muß auch davon ausgehen, daß Hippolyt sich nicht sklavisch an seine Vorlagen gebunden fühlte und nur das übernahm, was er selbst auch der Sache wie dem Ausdruck nach als Wiedergabe der richtigen Tradition guthieß.

[10] Vgl. auch in der Einleitung von G. DIX, The Treatise on the Apostolic Tradition, London [2]1968, p. XXXVII-XLIV.

[11] Vgl. z. B. G. DIX, a. a. O., p. XXVII; allerdings gehen die Zeugnisse über solche „freien" Schulen meist in die Mitte des Zweiten Jahrhunderts zurück; Hippolyts eigenes Bemühen, die von ihm als häretisch angesehene Gemeinde des Callist als διδασκαλεῖον gegenüber der ἐκκλησία abzuqualifizieren (ref IX,12,20: συνεστήσατο διδασκαλεῖον, κατὰ τῆς ἐκκλησίας οὕτως διδάξας ... - PTS 25, p. 354,99-100; vgl. auch IX,12,23 - PTS 25, p. 355,123; und IX,7,3 - PTS 25,342,12), weist auf wachsende Spannungen zwischen den Schulen und der Kirche hin, die letztlich zur kirchlichen Anbindung und Amalgamisierung oder aber zur Abstoßung der Schulen geführt haben müssen - vgl. A. HARNACK, Die Lehre der zwölf Apostel nebst Untersuchungen zur ältesten Geschichte der Kirchenverfassung und

ist es ja ein διδάσκαλος, welcher den Unterricht gibt und auch die Katechumenen unter Handauflegung entläßt, wobei dieser διδάσκαλος sowohl Laie als auch Kleriker sein kann[12], sein Amt also außerhalb
der Reihe der kirchlichen Ämter liegt, wie die „Apostolische Tradition"
sie beschreibt[13]. Das würde zum Unterricht in einer „freien" christlichen Schule passen.

Allerdings gibt es einige Punkte, die gegen diese Interpretation
sprechen. Nicht nur ist es fraglich, ob die Lehrer in der Schule Getaufte und Ungetaufte zugleich unterrichteten[14], zumal es ja für
die Katechumenen ein Fortschreiten zum eigentlichen Taufunterricht
gab, dem bestimmte Lehrgegenstände vorbehalten waren[15], sondern
auch die Teilnahme von Frauen an einem solchen Schulunterricht erscheint mir zweifelhaft[16]. Sie werden aber in unserem Zusammenhang ausdrücklich erwähnt[17]. Ferner ist die Aufnahme in den
Katechumenenstand nicht die Sache des einzelnen Lehrers, sondern
eines kirchlichen Gremiums aus Lehrern, welches vor dem Gottesdienst tagt („bevor alles Volk eintritt")[18], wie überhaupt das gesamte Aufnahmeverfahren in die Gemeinde kirchlich organisiert ist[19].
Problematisch erschiene auch die Erwähnung des heiligen Kusses in
unserem Zusammenhang, der aufgrund von Nr. 4 und 21 (Botte) der
„Apostolischen Tradition" doch wohl eindeutig seinen Platz vor der
Eucharistie hat[20], zumal er im Zusammenhang der morgendlichen

---

des Kirchenrechts, Leipzig 1884 (TU 2,2), S. 131-137; dort auf S. 134 auch Verweise
auf Euseb, h. e. V,13,4; 28.

[12] Nr. 18 und 19 (Botte); der Text ist griechisch nicht erhalten, auch nicht
lateinisch, doch dürfte es in Anbetracht der (wohl durch das Koptische) belegbaren
Begriffe κατηχεῖσθαι und κατηχούμενος im Umfeld (SC 11bis, p. 76) sowie durch
die Qualifizierung in Nr. 19, es könne sich beim Unterrichtenden um einen Kleriker
wie auch um einen Laien handeln, sehr wahrscheinlich sein, daß hier der Begriff
διδάσκαλος zugrundeliegt. – Nr. 19 (Botte): „Cum doctor post precem imposuit
manum super catechumenos, oret et dimittat eos. Sive clericus (ἐκκλησιαστικός) est
qui dat (doctrinam), sive laicus (λαϊκός), faciat sic. ..." (SC 11bis, p. 76).

[13] Nr. 2-14 (Botte).

[14] Gegen G. Dix, The Treatise on the Apostolic Tradition, p. 81.

[15] Nr. 20 (Botte), vgl. u. S. 379ff.

[16] Dem könnte man entgegenhalten, daß nach der Meinung des Clemens von
Alexandrien auch die Frauen philosophieren sollten (Strom IV,62,4), doch scheint mir
dies eine sehr theoretische Erörterung des Clemens zu sein, wie z. B. die Stelle
zeigt, wo er mit ähnlicher Intention den Frauen zubilligt, daß sie in ihrer Seele
tugendhaft sein könnten wie die Männer, aber aufgrund ihrer körperlichen Beschaf-
fenheit im Unterschied zu den Männern schwanger werden und den Haushalt zu
führen haben (Strom IV,60,1). – Daß Frauen unterrichtet wurden, war allenfalls in
den Kreisen der Reichen üblich. Vgl. K. Thraede, Frau, *RAC* 8, 197-269,
Sp. 221ff.

[17] Nr. 18 (Botte).

[18] Nr. 15 (Botte): „prius quam omnis populus intret" (SC 11bis, p. 68).

[19] Nr. 17-21 (Botte).

Wochengottesdienste, auf die gleich noch einzugehen sein wird, nicht vorkommt, obwohl hier das gemeinsame Gebet einen Hauptbestandteil des Gottesdienstes bildet. Eine Eucharistiefeier im Anschluß an den Schulunterricht ist jedoch sonst nirgends angedeutet und erscheint mir für die Zeit des Hippolyt ausgeschlossen[21].

Dies ist auch ein wichtiges Argument gegen die zweite der angedeuteten Lösungen, das sich bestenfalls noch dadurch entkräften ließe, daß man annimmt, es finde an unserer Stelle eben doch der Kuß durch Assoziation mit dem Gebet Erwähnung[22], ohne daß hier noch konkret an die Unterrichtssituation gedacht wäre.

Doch gehen wir der Möglichkeit noch einmal im einzelnen nach, daß der Abschnitt über das Gebet der Katechumenen[23] auf in der Woche stattfindende Morgengottesdienste Bezug nimmt. Über diese Versammlungen erfahren wir aus drei Abschnitten der „Apostolischen Tradition" etwas, wobei eine Textdublette besondere Probleme aufwirft[24]. So möchte ich zunächst einmal die Informationen, die jeder einzelne Textabschnitt gibt, nebeneinanderstellen.

Da heißt es einmal (Nr. 35 - Botte), daß die Gläubigen jeden Morgen früh vor der Arbeit beten sollen; wenn es aber eine Katechese gibt, so soll sie vor dem Gebet gehört werden, denn sie verkündet Gottes Wort. Die Gläubigen sollen überhaupt eifrig zur „ecclesia" gehen, denn dort „blüht der Geist"[25].

---

[20] Nr. 4 beschreibt die Eucharistie des neugeweihten Bischofs; der „Friedenskuß" eröffnet die Zeremonie als Begrüßung für den neuen Bischof (SC 11bis, p. 46). In Nr. 21 folgt der Friedenskuß auf das gemeinsame Gebet der Gemeinde und der Neugetauften; an ihn schließt sich unmittelbar der Beginn der Eucharistiefeier an (SC 11bis, p. 90).

[21] Es mag solche Erscheinungen zur Zeit des Ignatius von Antiochien gegeben haben, der sich ja dafür einsetzte, daß die Eucharistie durch die Bindung an den Bischof eindeutig eine Gemeindefeier wurde. Auch wenn man eine relative Selbständigkeit der „Schulgemeinden" sowohl „häretischer" wie „orthodoxer" Christen gerade in Rom annimmt, so ist doch davon auszugehen, daß diese Gemeinden die Eucharistie als Teil eines Gottesdienstes und nicht einfach im Anschluß an eine Unterrichtsstunde feierten.

[22] Es wäre dann dem Verfasser bzw. Kompilator durch die Erwähnung des Gebetes der Katechumenen das Gebet vor der Eucharistiefeier eingefallen - man müßte zu einer ganzen Reihe von problematischen Hypothesen greifen, um Nr. 18 (Botte) nicht direkt auf das Gebet vor der Eucharistiefeier zu beziehen.

[23] Nr. 18 (Botte).

[24] Nr. 35.39.41 (Botte); der Anfang von Nr. 41 ist fast identisch mit Nr. 35 (s. u.).

[25] Nr. 35 (Botte) - (L): „Fideles vero mox cum expergefacti fuerint et surrexerint, antequam oper⟨a⟩e suae contingant, orent d(eu)m et sic iam ad opus suum properent. Si qua autem per uerbum catecizatio fit, praeponat hoc ut pergat et audiat uerbum d(e)i ad confortationem animae suae. Festinet autem et ad ecclesiam, ubi floret sp(iritu)s." (SC 11bis, p. 118)

An der zweiten Stelle (Nr. 39 - Botte) wird angeordnet, daß die Presbyter und Diakone sich täglich an einem vom Bischof angewiesenen Ort versammeln und alle in der „Ecclesia" Anwesenden lehren sollen; nach dem darauf folgenden Gebet sollen alle an ihre Arbeit gehen[26].

Und schließlich steht in der Dublette zum ersten Text (Nr. 41 - Botte) noch, daß die Gläubigen (hier ausdrücklich als Männer und Frauen genannt) sich vor dem Gebet die Hände waschen sollen. Daß die κατήχησις in der „ecclesia" stattfindet, wird hier nicht eigens gesagt; neben der Katechese wird noch das Wort Gottes, also eine Schriftlesung aufgeführt[27]. Auf den mit Nr. 35 (Botte) parallel laufenden Abschnitt folgt hier nun noch eine längere Ausführung über den Wert der morgendlichen Katechese, in welcher die Gedanken der letzten Zeilen von Nr. 35 breiter entfaltet sind. Ihr läßt sich entnehmen, daß an Tagen, an denen eine Katechese stattfindet, man auch in der Kirche (ecclesia), das heißt, so wird erläutert, an dem Ort, wo gelehrt wird, zusammen betet; an anderen Tagen soll man zu Hause beten und nach Möglichkeit in den heiligen Schriften lesen[28]. Eine

---

(S (AE)): „Fideles autem omnes tempore quo expergefacti sunt, antequam manum mittant ad aliquam rem, orent dominum et hoc modo accedant ad opus suum. Si autem verbum instructionis (κατήχησις) fit, praeponant pergere et audire verbum dei, ut confortent animam (ψυχή) suam. Solliciti sint (σπουδάζειν) autem ire ad ecclesiam, ubi floret spiritus." (SC 11bis, p. 118)

Der letzte Satz im lateinischen Text (L), „Festinet autem ad ecclesiam, ubi floret sp(iritu)s", würde den Gang zur Kirche neben den Gang zur morgendlichen Unterweisung stellen; dies erscheint im Vergleich mit anderen Textüberlieferungen, wo keine Entsprechung zum „et" auftaucht, und mit Nr. 41 wie auch von der Sache her unwahrscheinlich, so daß G. Dıx für den lateinischen Text konjiziert: „Festinet autem et ⟨eat⟩ ad ecclesiam ..." (The Treatise on the Apostolic Tradition, p. 58). Sollte im Original doch einfach δὲ καὶ πρὸς ἐκκλησίαν gestanden haben, so wäre das δὲ καί wohl am ehesten im abgeschwächten Sinne so zu übersetzen, wie ich es im Text vorschlage („überhaupt").

26 Nr. 39 (Botte): „Diaconi autem (δέ) et presbyteri congregentur quotidie in locum quem episcopus praecipiet eis. Et diaconi quidem (μέν) ne negligant (ἀμελεῖν) congregari in tempore omni, nisi infirmitas impediat (κωλύειν) eos. Cum congregati sunt omnes, doceant illos qui sunt in ecclesia, et hoc modo cum oraverint, unusquisque eat ad opera quae competunt ei."

27 Nr. 41 (Botte): „Fidelis autem omnis et (mulier) fidelis (πιστή), cum surrexerint mane e somno, priusquam tangant quodcumque opus, lavent manus suas et orent deum, et hoc modo accedent ad opus suum. Si autem instructio (κατήχησις) fit et verbum dei fit, eligat unusquisque ut pergat ad locum illum, dum aestimat in corde suo quod deus est quem audit in eo qui instruit (κατηχεῖσθαι). ..." (SC 11bis, p. 124). - Die Reihenfolge von Unterweisung und Wort Gottes (die Unterweisung wird zuerst genannt) deutet allerdings darauf hin, daß hier evtl. eine Fehlübersetzung vorliegt und eigentlich das gemeint ist, was die lateinische Version in Nr. 35 bietet: „per verbum catecizatio fit" (SC 11bis, p. 118). Doch auch hier dürfte bei der Betonung des λόγος letztlich daran gedacht sein, daß der Unterweisung eine Schriftlesung zugrundeliegt.

textlich nicht ganz sichere Passage empfiehlt den morgendlichen Gang zur Katechese besonders für die, so wird man konjizieren müssen, die nicht lesen können, und ebenso besonders für den Fall, daß ein (bekannter) Lehrer kommt (um die Katechese zu halten)[29].

Ein Vergleich dieser drei Abschnitte zeigt außer demjenigen, daß in Nr. 39 (Botte) ein anderer Personenkreis als an den übrigen Stellen angesprochen wird[30], keine tiefgreifenden Unterschiede, so daß im Falle der Dublette sich nicht ohne weiteres der eine der beiden Texte als sekundär erweisen läßt. Ja, derjenige dieser beiden Texte, der aufgrund seiner Position im Kontext und aufgrund seiner Länge am ehesten sekundär erscheinen will[31], weist Züge auf, die eher archaisch sind: die Anweisung zum Händewaschen erinnert an jüdische rituelle Waschungen; der Ort, wo die Katechese stattfindet, wird nicht von vornherein als „Ecclesia" bezeichnet; und dem Lehrer wird eine besondere Hochschätzung entgegengebracht. So wird man mit Botte für die Dublettte eine redigierende Tätigkeit des Verfassers selbst annehmen müssen, wobei es aufgrund der zusätzlichen Mahnung zur Privatlektüre heiliger Schriften im längeren Text wahrscheinlich ist, daß es sich hier wirklich um die vom Verfasser intendierte Endfassung handelt[32]. Das bedeutet, daß wir versuchen können, aus den

---

[28] Nr. 41 (Botte): „... Qui enim orat in ecclesia poterit praeterire ... malitiam ... diei. Qui timet putet magnum malum esse si non vadit ad locum ubi instructio (κατήχησις) fit, praesertim ... autem si potest legere vel si doctor venit. Nemo ex vobis tardus sit in ecclesia, locus ubi docetur. Tunc ... dabitur ei qui loquitur ut dicat ea quae utilia sunt unicuique, et audies quae non cogitas, et proficies ... in iis quae spiritus sanctus dabit tibi per eum qui instruit (κατηχεῖσθαι). Hoc modo fides ... tua firmabitur super ea quae audieris. Dicetur autem tibi etiam in illo loco quae oportet ut facias in domo tua. Propterea unusquisque sollicitus sit ... ire ad ecclesiam, locum ubi spiritus sanctus floret. Si dies est in qua non est instructio (κατήχησις), cum unusquisque in domo sua erit, accipiat librum sanctum et legat in eo sufficienter quod videtur ... ei ferre utilitatem. ..." (SC 11bis, p. 124). - Von hier aus geht die „Apostolische Tradition" dann über zu längeren Ausführungen über die Gebetszeiten für das Privatgebet - noch Nr. 41 (Botte).

[29] Die Formulierung „praesertim ... autem si potest legere" ergibt m. E. keinen Sinn, während die verneinte Form gut paßt; so folge ich dieser Konjektur Bottes (SC 11bis, p. 124s. n. 4). Ebenso ergibt die Interpunktion Bottes einen besseren Sinn als die von F.X. Funk (Didascalia II, p. 117,5-6), welcher übersetzt: „... praesertim qui legere scit. Aut doctore veniente nemo vestrum tardet ire ad ecclesiam ...".

[30] Dies dürfte wohl auf ursprünglich verschiedene Bräuche hinweisen, einerseits auf die Morgenandacht für die Gemeinde, andererseits die tägliche Versammlung des Klerus, doch für Hippolyt ist mit beidem offensichtlich dasselbe beschrieben.

[31] Nr. 41 (Botte); vgl. dazu in der Einführung von Bottes erster Ausgabe (La Tradition apostolique ... Essai de reconstitution, Münster 1963) p. XXX. XXXIII.

[32] A. a. O. (s. Fußn. 31), p. XXXIII.

Informationen aller drei Texte ein Bild von den Morgengottesdiensten zusammenzusetzen.

Demnach fand nach Möglichkeit täglich, de facto aber nicht jeden Tag (sonst wäre die Anweisung zur ersatzweisen Privatandacht sinnlos) ein Morgengottesdienst statt, der sich aus Schriftlesung, Unterweisung und Gebet zusammensetzte. Nach den Vorstellungen des Hippolyt sollten an diesem Gottesdienst möglichst alle Gläubigen und unbedingt alle Presbyter und Diakonen teilnehmen, denen nur schwere Krankheit als Entschuldigung für Abwesenheit zugebilligt wird. Das Ganze sollte zumindest insofern unter der Regie des Bischofs stehen, als er die Zusammenkünfte organisiert und den Ort für sie bestimmt.

Daß Regelungen für den Fall vorgesehen sind, daß keine morgendliche Katechese stattfindet, zeigt aber auch, daß das Erscheinen des gesamten Klerus zu einer allmorgendlichen Zusammenkunft eher eine Idealvorstellung ist, wäre doch unter den Presbytern und Diakonen sicher immer jemand gewesen, der eine κατήχησις halten konnte. So wäre es denkbar, daß man sich gelegentlich, evtl. auch regelmäßig an bestimmten Tagen zu Morgengottesdiensten versammelte, möglicherweise an verschiedenen Stellen in Rom[33], wobei hier zum Beispiel die Schulen der Nukleus sein könnten. Jedenfalls weist der Sprachgebrauch der „Apostolischen Tradition" („ecclesia" als Gebäudebezeichnung scheint sich gerade erst einzubürgern[34]) darauf hin, daß man sich wohl in den wenigsten Fällen in eigens für diesen Zweck erworbenen oder gar gebauten Gebäuden versammelte.

Hippolyt verfolgte ausgehend von der Gepflogenheit solcher Morgengottesdienste für seine Gemeinde dann drei Ziele: erstens, daß

---

[33] Aus der Bestimmung „Diaconi autem ... et presbyteri congregentur quotidie in locum quem episcopus praecipiet eis" (Nr. 39 Botte, SC 11bis, p. 122) folgt weder mit Notwendigkeit, daß der gesamte Klerus immer an einem Orte zusammenkam, noch daß es immer dasselbe Haus war, in dem man sich traf; vermutlich mußte man z. B. im Blick auf mögliche Verfolgungen flexibel sein – so ergäbe diese Anordnung auch abgesehen von der Intention, daß nichts außerhalb bischöflicher Weisung stattfinden solle, einen Sinn.

[34] „Ecclesia" als Gebäudebezeichnung zu verstehen legt sich nahe in Nr. 18 (Botte): „mulieres stent orantes in aliquo loco in ecclesia seorsum" (SC 11bis, p. 76), Nr. 21 (Botte): „et postea (sc. nach der Taufhandlung) in ecclesia ingrediantur" (SC 11bis, p. 86) und Nr. 39 (Botte): „doceant illos qui sunt in ecclesia" (SC 11bis, p. 122). Deutlich ist Nr. 41 (Botte): „in ecclesia, locus ubi docetur" (SC 11bis, p. 124), wobei jedoch diese Erläuterung zeigt, daß ἐκκλησία als Gebäudebezeichnung noch nicht selbstverständlich ist. – „locus": Nr. 39 (Botte), SC 11bis, p. 122, Nr. 41 (Botte), SC 11bis, p.1 24. – „domus" findet sich an einer Stelle in der Textfassung des „Testaments unseres Herrn" und ist evtl. ursprünglich: Nr. 15 (Botte), dort nicht erwähnt; vgl. hingegen die Ausgabe von G. DIX, p. 23 und p. 81, der allerdings über die Vollmachten der Lehrer m. E. nicht belegbare Aussagen macht. – Vgl. zu „domus" ferner Hippolyt, Danielkommentar I,20,3: οἶκος τοῦ θεοῦ.

diese Morgengottesdienste häufiger stattfanden und von mehr Gläubigen besucht wurden; zweitens, daß sie für den Klerus eindeutig verbindlich gemacht wurden; und drittens, daß sie stärker als bisher in den Rahmen der Gesamtgemeinde integriert wurden[35].

Wie immer man aber den Verlauf der Dinge im einzelnen rekonstruiert, es läßt sich festhalten, daß es in der Woche zumindest gelegentlich Wortgottesdienste gegeben hat, bei denen die Gläubigen (und wohl auch die Katechumenen, doch werden sie nicht eigens erwähnt) dem Wort Gottes in Schriftlesung und Unterweisung lauschten, um dann nach einem Gebet an ihr Tagewerk zu gehen.

Von der Wortwahl her legt es sich nun also nahe, die κατήχησις im Abschnitt über das Gebet der Katechumenen mit derjenigen bei diesen Morgengottesdiensten zu identifizieren. Zum Wochengottesdienst würde es auch passen, daß ein διδάσκαλος spricht, während man am Sonntag eher eine Ansprache des Bischofs erwarten würde. Doch stimmt bedenklich, daß ausgerechnet die Katechumenen im Zusammenhang mit den Wochengottesdiensten gar nicht erwähnt werden und daß auch vom heiligen Kuß, wie schon bemerkt, hier nicht die Rede ist.

Nun wird man sich aber unter der κατήχησις im Rahmen eines solchen Wochengottesdienstes, wenn sie zuerst einmal allen Gläubigen gilt, kaum etwas anderes als eine Predigt vorzustellen haben. So wird die „Katechese" ja auch in den genannten Abschnitten über den Wochengottesdienst charakterisiert: Sie ist Gottes Wort, und es ist Gott selbst, der durch sie unterweist; in ihr gibt der Heilige Geist den Menschen Einsichten, die sie vorher nicht hatten; vor allem aber dient sie dem Trost der Seele und der Stärkung des Glaubens. Erst in zweiter Linie wird dann auch auf den „praktischen" Nutzen der Predigt aufmerksam gemacht, daß sie Anleitung zum richtigen Handeln im täglichen Leben gibt[36].

Wenn aber κατήχησις geradezu ein terminus technicus für die Predigt ist, legt es sich nahe, die dritte oben vorgeschlagene Lösung für das Verständnis des Abschnitts über das Gebet der Katechumenen[37]

---

[35] So wird man die Anweisung, daß der Bischof den Ort für die Wochengottesdienste bestimmen, und die Betonung, daß der ganze Klerus erscheinen soll, zu verstehen haben (vgl. aber auch Fußn. 33).

[36] Nr. 35 (Botte): „audiat verbum d(e)i ad confortationem animae suae" (SC 11bis, p. 118); Nr. 41 (Botte): „deus est quem audit in eo qui instruit" ... „Tunc ... dabitur ei qui loquitur ut dicat ea quae utilia sunt unicuique, et audies quae non cogitas, et proficies ... in iis quae spiritus sanctus dabit tibi per eum qui instruit. Hoc modo fides ... tua firmabitur super ea quae audieris. Dicetur autem tibi etiam in illo loco quae oportet ut facies in domo tua." (SC 11bis, p. 124).

[37] Nr. 18 (Botte), SC 11bis, p. 76.

ernsthaft zu erwägen. Es wäre dann hier die Rede davon, daß im Gemeindegottesdienst am Sonntag (und vielleicht an bestimmten anderen Tagen, falls man aus der Anordnung, der Bischof solle am Sonntag selbst die Eucharistie austeilen, auf eine häufigere Feier der Eucharistie schließen darf,)[38] die Katechumenen nach der Predigt getrennt von den Gläubigen beten und bereits am heiligen Kuß nicht mehr teilnehmen sollen; sie werden vielmehr vorher unter Handauflegung durch den Prediger entlassen.

Wie wäre die Trennung von Katechumenen und Gläubigen beim Gebet praktisch vorstellbar? Mir scheint am ehesten darin, daß die Katechumenen getrennt für sich stehen sollten (auch darin, daß hier zum Gebet nicht gekniet, sondern gestanden wird, liegt ein Hinweis auf den Sonntagsgottesdienst!), evtl. in einem Vor- oder Nebenraum. Möglicherweise wurden sie auch nach einem eigenen Gebet vor dem eigentlichen Gemeindegebet schon entlassen[39], wenngleich sich dann das Problem der Teilnahme am heiligen Kuß wohl nicht so scharf stellen würde. So wird das Hauptgewicht hier, wie auch die Hinzufügung der Anordnung über die Trennung von Frauen und Männern zeigt, darin liegen, daß in der Raumordnung Unterschiede deutlich gemacht werden, die sich schließlich vollends in der Entlassung der Katechumen manifestieren.

Das bedeutet für das Gebet eine Art Übergangsposition: obwohl hier die volle Gemeinschaft versagt wird, ist doch eine Teilnahme auch der Nichtgetauften noch möglich. Erst mit dem heiligen Kuß und

---

[38] Nr. 22 (Botte) bietet im äthiopischen Text auch noch die Anordnung, daß das eucharistische Brot an den übrigen Tagen gemäß den Anweisungen des Bischofs empfangen werden soll. Daraus geht m. E. jedoch nicht zwingend hervor, daß hier jeweils eine ganze Eucharistiefeier stattfand, da die „Apostolische Tradition" die Sitte der Apophoreta kennt, also der Genuß des eucharistischen Brotes auch ohne eigentliche Eucharistiefeier denkbar ist. (Nr. 28 (Botte) erwähnt den Genuß von Apophoreta zu Beginn des Agape-Mahls - SC 11bis, p. 106; auch Nr. 37 (Botte) läßt sich mit der Mahnung, die Eucharistie nicht an Ungläubige oder an Mäuse und andere Tiere geraten zu lassen, am besten auf Apophoreta beziehen.) - Die Nennung auch des Sabbats als Tag für die bischöfliche Eucharistiefeier im äthiopischen Text von Nr. 22 (Botte) dürfte auf besondere Gepflogenheiten der äthiopischen Kirche zurückgehen und mit Botte (SC 11bis, p. 97 n. 2) als sekundär anzunehmen sein; ebenso G. Dix mit ausführlicher Begründung: The Treatise on the Apostolic Tradition, p. 43 n. 1; vgl. allerdings auch ConstAp VIII,33,2 (F.X. Funk, Didascalia I, p. 538,11-12).

[39] In diese Richtung deutet die lateinische Version von Nr. 21 (Botte) mit der Anordnung, daß die Neugetauften „simul cum omni populo" beten sollen (SC 11bis, p. 90); daß hier die Gemeinsamkeit in der Gleichzeitigkeit liegt, könnte aber schon eine Interpretation des Übersetzers sein. Sicher beschreiben die Apostolischen Konstitutionen, Buch VIII, diesen Brauch, doch sollte man die dort vorausgesetzten Zustände nicht von vornherein auf die „Apostolische Tradition" übertragen (gegen E. Jungklaus, Die Gemeinde Hippolyts, S. 75f.).

der Eucharistie ist eine eindeutige Beschränkung auf die Gemeinde
der Getauften gegeben.

Aber auch aus dieser dritten Interpretationsmöglichkeit ergibt sich
ein Problem: wenn nämlich die κατήχησις die Sonntagspredigt ist, dann
wird sie anscheinend regelmäßig von einem διδάσκαλος und nicht vom
Bischof gehalten, und es kommt auf diese Weise offensichtlich auch
vor, daß hier nicht ein Kleriker, sondern ein Laie spricht. Ist das aber
denkbar?

Es würde zumindest zu der Wertschätzung des Lehrers passen, wie
sie sich in Nr. 41 (Botte) ausdrückt, wenn auch Sonntags ein Lehrer
predigt; auch war es in Rom, wo es sicherlich eine Reihe von Versammlungsorten der Christen gab, gar nicht möglich, daß der Bischof
immer zu allen sprach, so daß auch andere Personen den Vorsitz beim
Gottesdienst übernehmen mußten. Allerdings wäre für die Wende vom
Zweiten zum Dritten Jahrhundert hierfür wohl am ehesten an Presbyter zu denken[40], und es dürfte auch der Regelfall gewesen sein,
daß sie predigten. Nur heißt in der „Apostolischen Tradition" der Prediger noch „διδάσκαλος"[41], so wie die Predigt als „κατήχησις" bezeichnet wird. Hierin wie in der Anordnung, daß auch nicht zum
Klerus gehörige Lehrer das Recht haben, nach ihrer Predigt die Katechumenen unter Handauflegung zu entlassen[42], hat sich m. E. die
schon angesprochene alte Hochschätzung des Lehreramtes gehalten,
die dem Hippolyt offensichtlich am Herzen lag. Dazu paßt die Formulierung, daß die neu aufzunehmenden Katechumenen sich einem
Gremium von Lehrern stellen müssen, wobei nicht einmal der Bischof
erwähnt wird[43]. Daß die Entwicklung aber inzwischen anders
gelaufen war, zeigen die Tatsache, daß in der Reihe der Vorschriften
für Amtseinsetzungen der Lehrer nicht auftaucht (wohl aber der Lektor)[44], und die Anordnung, daß Presbyter und Diakonen bei ihren

---

[40] Vgl. Nr. 39 (Botte) und die Einordnung der Presbyter gleich nach dem Bischof, wie sie in der „Apostolischen Tradition" wiederholt zum Ausdruck kommt; nur
sie und der Bischof werden „in sacerdotio", also zum Priesteramt ordiniert (Nr. 8
(Botte), SC 11bis, p. 58).

[41] Das könnte auch für den Bischof gelten; insbesondere dürfte der Bischof
dem in Nr. 15 (Botte) erwähnten Lehrerkollegium mitangehört haben.

[42] Nr. 19 (Botte). - Ohne Bezug auf die Handauflegung regelt ConstAp
VIII,32,17, daß der Lehrer Laie oder Kleriker sein dürfe (F.X. FUNK, Didascalia I,
p. 538,1-3). Möglicherweise hat Funk im Blick auf die ConstAp mit seiner Erklärung
Recht, daß hier an den Katechumenenunterricht gedacht ist (a. a. O., Fußn. auf p.
538).

[43] Nr. 15 (Botte); der Paralleltext in ConstAp VIII,32,2 (F.X. FUNK,
Didascalia I, p. 534,6-7) ersetzt den Lehrer durch den Bischof bzw. die Presbyter:
„διὰ τῶν διακόνων προσαγέσθωσαν τῷ ἐπισκόπῳ ἢ τοῖς πρεσβυτέροις".

[44] Nr. 11 (Botte). Der Lehrer müßte dem Lektor übergeordnet sein; evtl.
gab es aber auch eine Zeit, wo der Lektor die Aufgaben des Lehrers, also die

morgendlichen Versammlungen während der Woche das Volk lehren sollen[45].

So ist es am wahrscheinlichsten, daß der Abschnitt über das Gebet der Katechumenen den Sonntagsgottesdienst bis zum Beginn der Eucharistiefeier vor Augen hat. In Analogie zu den Wochengottesdiensten und vor allem, weil man sonst wohl kaum einen Lektor brauchte, ist davon auszugehen, daß zu diesem Wortteil des Gottesdienstes vor der Predigt auch eine Schriftlesung gehörte. Er endete mit einem gemeinsamen Gebet von Gläubigen und Katechumenen, bei dem aber deutlich erkennbar keine volle Gemeinschaft zwischen den beiden Gruppen herrschte.

Über den Inhalt dieses Gebets erfahren wir nichts, doch können wir annehmen, daß ein Schwerpunkt bei den Fürbitten lag und daß das Gebet mit einer Doxologie endete, wie wir sie verschiedentlich in den anderen von der „Apostolischen Tradition" überlieferten Gebeten finden[46]. Auf die Entlassung der Katechumenen, welche unter Handauflegung stattfand, folgte die Feier der Eucharistie. Sie begann mit dem heiligen Kuß und folgte dann im wesentlichen der Ordnung, wie wir sie im Taufgottesdienst und bei der Bischofsweihe beschrieben finden. Über den Schluß des Gottesdienstes geht übrigens aus diesen Passagen wenig hervor[47], so wie wir überhaupt im Blick behalten müssen, daß es offensichtlich nicht die Absicht des Verfassers ist, einen kompletten Gottesdienst in allen seinen Einzelheiten zu beschreiben.

Daß die Predigt als κατήχησις bezeichnet werden und der Autor davon ausgehen kann, daß er verstanden wird, besagt natürlich auch etwas über ihren Charakter.

Zunächst einmal ist festzustellen, daß hier und nicht in einem gesonderten Unterricht die Katechumenen für drei Jahre (oder kürzer, je

---

Schriftauslegung mit übernahm - so interpretiert A. Harnack die „Apostolische Kirchenordnung" in ihren Ausführungen über den Lektor, welche er auf eine alte Quelle zurückführt (A. HARNACK, Die Quellen der sogenannten apostolischen Kirchenordnung nebst einer Untersuchung über den Ursprung des Lectorats und der anderen niederen Weihen, Leipzig 1886 (TU 2,5), bes. S. 42. 57ff. 79ff.).

[45] Nr. 39 (Botte); vgl. ferner Fußn. 11.

[46] Z. B. Nr. 3 (Botte), Sc 11bis, p. 46; Nr. 4 (Botte), SC 11bis, p. 52; Nr. 6 (Botte), SC 11bis, p. 54; vgl. SC 11bis, p. 47 n. 2; in der Regel sind die Doxologien bereits trinitarisch ausgeformt, was in Anbetracht der Theologie des Hippolyt und des Vorkommens von „spiritus" z. B. in Nr. 35 und 41 (Botte) durchaus authentisch sein kann.

[47] Nr. 21 (Botte) blickt am Ende über den Taufgottesdienst hinaus auf das Leben der Neugetauften, ohne daß die Gottesdienstbeschreibung erkennbar formal zu Ende geführt ist (SC 11bis, p. 94); der Autor läßt es sich genügen, jeweils die für den beschriebenen Anlaß besonderen Handlungen und Gebetsformulare wiederzugeben.

nach ihren Fortschritten im Glauben) in den christlichen Glauben eingeführt werden[48]. Die kurze Phase des Taufunterrichts ist davon
getrennt; interessanterweise wird die Teilnahme an ihm als „Hören des
Evangeliums" bezeichnet (Nr. 20 Botte). Bedeutet dieser terminus technicus, daß die eigentliche christliche Heilslehre in den Gemeindepredigten gar nicht vorkam? Das kann kaum sein, wenn man sich vor
Augen hält, daß die „Katechesen" in den Wochengottesdiensten als
Gottes Wort die Seelen der Menschen trösten und den Glauben
stärken und daß erst als ein weiterer Punkt die konkrete Handlungsanweisung, wie sich ein Christ in seinem Hause verhalten soll,
als Inhalt der Predigt genannt wird[49]. Aber auch das ist sicher
nicht im Sinne eines Schemas von Gesetz und Evangelium dem
Gesetz zuzuweisen, da der heilige „βίος" der Christen nach damaligem
Verständnis ein ganz wesentlicher Teil ihres Glaubens war, zu dem sie
durch die Taufe befähigt wurden.

Ob dann nicht doch Trost der Seelen und Glaubensstärkung letztlich das Gleiche sind wie ethische Unterweisung? Die Trennung von
beidem in Abschnit 41 (Botte) deutet in eine andere Richtung. Das,
was der heilige Geist hier durch die Unterweisung zur Stärkung des
Glaubens gibt, sind Dinge, die „nützlich" sind und die dem Glaubenden
vorher so nicht klar waren: „Audies quae non cogitas"[50]. Der „Nutzen" dürfte also ganz allgemein ein weiteres Eindringen in den christlichen Glauben und seine Theologie sein. Trost und Stärkung finden
die Christen beispielsweise in der Botschaft von der Auferstehung; sie
wird als wichtiger Glaubensinhalt am Schluß des Abschnittes über die
Taufe genannt. Nun fragt sich allerdings gerade hier, ob nicht der Bezugspunkt der Taufunterricht und nicht die Predigt ist. Die entscheidende Passage lautet: „Dies aber haben wir euch in Kürze überliefert
über die heilige Taufe und das heilige Opfer, da ihr ja schon

---

[48] Vgl. die Formulierung „Catechumeni per tres annos *audiant verbum*"
(Nr. 17 (Botte), SC 11bis, p. 74, Hervorhebung von mir); das Ganze gegen B.
Cappelle, L'introduction du catéchuménat à Rome, *RThAM* 5 (1933) 129-154, welcher eine separate Unterrichtung der Katechumenen annimmt: „Avant l'élection, les
candidates ont des réunions ou on les instruit ..." (p. 144). - Allerdings wird in
den Canones Hippolyti die Passage über das Gebet der Katechumenen auf den täglichen Unterricht bezogen, wobei es jedoch unklar bleibt, was dann die Bemerkung
über die Trennung von den Gläubigen beim Gebet bedeuten soll: „Quando vero
doctor quotidianum pensum docendi terminavit, orent separati a christianis".
(TU 6,4, p. 87, vgl. PO 31,2, p. 375: „Après que le docteur a achevé d'instruire
chaque jour, que (les catéchumènes) prient séparés des chrétiens."). Der gottesdienstliche Zusammenhang erklärt sich aus der Übernahme von der „Apostolischen
Tradition", wobei der Kompilator der Canones erläuternd das Lehren auf einen
täglichen Unterricht (den Taufunterricht?) bezieht.
[49] S. o. S. 375 m. Fußn. 36.
[50] Nr. 41 (Botte), SC 11bis, p. 124 (s. Fußn. 28).

unterrichtet seid über die Auferstehung des Fleisches und das übrige, wie geschrieben steht. Wenn aber (noch) etwas gelernt werden sollte, soll der Bischof es den Neugetauften in der Stille mitteilen. Ungläubige aber sollen es nicht erfahren, bevor sie getauft sind"[51].

Was hier der Arkandisziplin unterliegt, läßt sich nicht im einzelnen ausmachen, auch nicht, wenn man die nachfolgende Anspielung auf den weißen Stein mit dem neuen Namen aus Apc 2,17 zu Rate zieht; erkennbar aber handelt es sich um eventuelle Nachträge zum Taufunterricht, der demnach seinerseits mit nichtöffentlichen christlichen Lehren bekanntmachte[52]. Dazu gehört sicher die Unterweisung über Taufe und Eucharistie, wie dem ersten Satz unserer Passage (Nr. 21 Botte) zu entnehmen ist. Dieser Satz sieht sogar so aus, als sei er einer Unterrichtsmitschrift oder einem Unterrichtskonzept entnommen. „Das Evangelium hören" als terminus technicus dürfte also in erster Linie die Taufe betreffen, daran anschließend auch die Eucharistie, an der ja nur die Getauften teilnehmen konnten. Zu beidem würde auch die Mitteilung eines Musterwortlautes der Liturgie[53] gehören, wenn die Vermutung stimmt, daß der Satz „dies haben wir euch in Kürze überliefert" in die Unterrichtssituation gehört. Der Hinweis, daß die Auferstehung des Fleisches und die übrigen Glaubensinhalte schon bekannt sind, kann sich nun sowohl auf den Taufunterricht als auch auf die Gemeindepredigt beziehen. Da nach allem, was wir wissen, die Lehre von der Auferstehung nicht als Arkanum behandelt wurde[54], ist hier wohl vor allem an die Predigt

---

[51] Nr. 21 (Botte): „... Haec autem tradidimus vobis in brevi de baptismo sancto et oblatione (προσφορά) sancta, quia ... iam instructi estis (χατηχεῖσθαι) de resurrectione carnis ... et de ceteris sicut scriptum est. Si autem aliquid decet memorari, episcopus dicat eis qui acceperunt baptismum in quiete. Ne autem infideles (ἄπιστος) cognoscant nisi acceperint baptismum primum. Hic est calculus ... albus quem Ioannes dixit: nomen novum scriptum est in eo, quod nemo novit nisi qui accipiet calculum ... ." (SC 11bis, p. 94).

[52] Wörtlich müßte man den letzten Satz allerdings so verstehen, daß bestimmte Dinge erst nach der Taufe, also nicht einmal im Taufunterricht mitgeteilt werden können. Streng genommen würde das eine Arkandisziplin nur für bestimmte Gegenstände bedeuten. Doch spricht der Anfang der Passage gegen diese Deutung, so daß den Ungläubigen am Ende wohl die Getauften zusammen mit den φωτιζόμενοι gegenüberzustellen sind. – Der Taufunterricht steht, wie dieser Passage und auch Nr. 20 (Botte) zu entnehmen ist, in der Regie des Bischofs.

[53] Es handelt sich nicht um einen liturgisch im einzelnen festgelegten Wortlaut - s. o. Fußn. 9.

[54] Dem steht allerdings Canon 29 der Canones Hippolyti gegenüber, wo es heißt: „Alle Geheimnisse vom Leben und der Auferstehung und dem Opfer sollen nur die Christen hören, weil sie das Siegel der Taufe empfangen haben und so Teilhaber geworden sind." (Die Kirchenrechtsquellen des Patriarchats Alexandrien, ed. et transl. W. RIEDEL, Leipzig 1900, S. 220). Diese Formulierungen scheinen mir aber auf einem Mißverständnis der „Apostolischen Tradition" zu beruhen, welches aus

zu denken, zumal die Auferstehung an dieser Stelle ja nur als ein Exponent der anderen christlichen Lehren genannt wird[55]. Der Taufunterricht könnte dann noch einmal in systematisierter Form eine Zusammenfassung der wichtigsten Glaubensinhalte geboten haben, um schwerpunktmäßig aber eben die Taufe und ihre Bedeutung sowie den nichtöffentlichen Teil des Gottesdienstes zu behandeln.

Während die Predigt also nicht explizit das Evangelium von der Taufe verkündigt und auch über die Eucharistie weitgehend schweigt, bietet sie dennoch mehr als nur ein Propädeutikum zum Evangelium: die christliche Lehre wird hier durchaus entfaltet, der heilige Geist bewirkt durch sie die Stärkung des Glaubens nicht nur für Katechumenen, sondern auch für die getauften Christen.

b) Predigten des Hippolyt

Eine ungefähre Vorstellung von solcher Predigt mag man sich aufgrund der leider nicht sehr zahlreich überlieferten Predigten des Hippolyt selbst machen.

Der Anfang einer Psalmenhomilie über die (vor der Predigt verlesenen) Psalmen 1 und 2 ist uns in der Katenenliteratur überliefert[56]. Hier geht Hippolyt sehr breit auf zwei grundsätzliche Fragen über den Psalter ein, bevor er zur eigentlichen Textauslegung kommt, nämlich ob David selbst der Verfasser des Psalters sei und ob die Überschriften der Psalmen im eigentlichen Sinne zu ihnen gehören. Seine Bejahung beider Fragen entfaltet er im Gegenüber zu einer von ihm polemisch als häretisch abqualifizierten anderen Meinung[57]. Dabei mutet er seinen Hörern eine gehörige Portion „Theorie" zu; sie haben sich mit den Namen der Psalmisten und mit Anzahlen von Psalmen, mit verschiedenartigen Überschriften und Querlinien zu anderen

---

einer Zeit stammt, als man zwar viel von Arkandisziplin sprach, sie aber aufgrund der volkskirchlichen Verhältnisse gar nicht mehr wahren konnte. Auf diese Weise konnte man vieles als „geheim" bezeichnen, was gar nicht geheim war.

[55] Daß Auferstehung und Eschatologie für Hippolyt besonders wichtige und typische Themen sind, braucht wohl kaum im Einzelnen belegt zu werden. Stellvertretend sei hier genannt: „Über die Auferstehung an die Kaiserin Mammäa", GCS 1,2, S. 249-253 (vgl. dazu P. NAUTIN, Le dossier d'Hippolyte et de Méliton, Paris 1953 (Patr. 1), p. 147).

[56] Zusammengestellt von P. NAUTIN, Le dossier d'Hippolyte et de Méliton, p. 166-183, vgl. p. 100-107. 161-165. Der Hinweis auf die Schriftlesung findet sich in Abschnitt 18, p. 181,18-19.

[57] Abschnitt 1, p. 167, nennt die Häretiker; 1-17 behandeln die beiden Fragen, wobei im Abschnitt 17 wieder in deutlichen Anspielungen die gegnerische Meinung abqualifiziert wird (p. 179f.).

Bibelstellen auseinanderzusetzen, um zu verstehen, was in den
Schriften, zum Teil μυστικῶς, ausgedrückt ist⁵⁸ und jetzt von der
Predigt aufgehellt wird. Kaum einmal werden sie direkt angesprochen;
es gibt höchstens kurze Ausdeutungen einzelner Worte etwa auf die
Kirche⁵⁹, aufs Sündenbekenntnis⁶⁰, auf das Gotteslob durch den
Klerus⁶¹, bis schließlich das Fazit gezogen wird: die Hörer sollen,
anders als die Häretiker, nicht trügerischen Worten, sonden in Gottesfurcht und Glauben der Kraft der heiligen Schriften folgen und sich so
über das Irdische erheben, um schließlich zu Christus zu gelangen, der
als erster aus der Tiefe nach oben, an die Rechte des Vaters erhöht
wurde. Denn wer der Wahrheit folgt, empfängt die Kraft des λόγος und
kann wie dieser sich den irdischen Lüsten versagen und durch die
Liebe (ἀγάπη) mit Leib, Seele und Geist in die Höhe, in den Himmel
kommen⁶². Damit hat Hippolyt einerseits sein Ziel erreicht, zu be-
kräftigen, daß man die Psalmenüberschriften ernstnehmen müsse,
andererseits aber auch Äußerungen von programmatischer Tragweite
über die Schriften und die Predigt des Wortes gemacht.

Dabei sind gnostisierende Tendenzen („der Wahrheit folgen, um
nach oben zu gelangen") doch eingebunden in gelebten Glauben: die Wendung von den Lüsten geht nicht zur γνῶσις, sondern zur
ἀγάπη⁶³. Dennoch ist die Predigt selbst, wie sie vorliegt, zunächst
noch weit davon entfernt, das praktische Leben eines Christen zu beschreiben oder gar zu moralisieren. Und auch in den noch folgenden
Abschnitten über den eigentlichen Predigttext, die Psalmen 1 und 2,
geht es weiter um die angeschnittenen allgemeinen Probleme der
Psalmenexegese: Hippolyt erklärt das Fehlen von Überschriften für
diese Psalmen damit, daß sie von Christus handeln und deshalb eine
Überschrift nicht nötig sei. Danach bricht der überlieferte Text ab.

---

⁵⁸ Der Begriff taucht in Abschnitt 15, p. 179,6, auf; er kommt in den exegetischen Schriften des Hippolyt häufiger vor, um zu sagen, daß Schriftstellen interpretiert werden müssen, bevor man verstehen kann, was der Heilige Geist durch sie
sagt (neben μυστικῶς auch τὰ μυστήρια: Abschnitt 3, p. 167,22; 7, p. 171,16; 14,
p. 177,20f.; 18, p. 181,17; s. ferner z. B. De Antichristo II, GCS 1,2, p. 4,17; III,
GCS 1,2, p. 6,11; XXIX, GCS 1,2, p. 19,19-20; XLVIII, GCS 1,2, p. 30,24.
⁵⁹ Abschnitt 9, p. 173,18-175,5.
⁶⁰ Abschnitt 13, p. 177,10-13.
⁶¹ Abschnitt 14, p. 177,19-21.
⁶² Abschnitt 17, p. 179f. - Daß die δύναμις τοῦ λόγου im letzten Satz so
einzusetzen ist, wie ich interpretiere, ergibt sich aus dem gesamten Abschnitt, der
ja schon am Anfang den Begriff δύναμις einführt: δυνάμει γραφῶν ἀκολουθεῖν
(p. 179,30).
⁶³ Γνῶσις kommt als Begriff nicht vor, wohl aber die Wendung „λόγῳ
ἀληθείας προσέχοντες, εἰς ὕψος ἀνέλθωμεν" (p. 181,11) und weiter oben schon
„πάρεστι δὲ ἀπ' οὐρανοῦ ὁ λόγος, ἐκ τῶν κατωτάτων ἀνεγείρειν σπουδάζων τὸν

Eine Predigt des Hippolyt über David und Goliath ist noch auf uns gekommen, allerdings nur in georgischer Übersetzung aus dem Armenischen, von der ich nur die lateinische Übersetzung benutzen kann, so daß die Entfernung zum griechischen Original nicht zu unterschätzen ist[64]. Erkennbar ist hier jedoch, daß die Predigt dem Text von 1Sam 17,1-18,8 folgt, der während der Predigt abschnittsweise (noch einmal) verlesen oder paraphrasiert wird. Einführend steht wieder eine allgemeinere Einleitung, in der ausgeführt wird, daß nicht nur die Worte der Patriarchen und Propheten, sondern auch ihre Taten prophetisch auf Christus verweisen. Solchermaßen wird dann der Erzähltext ausgelegt, nicht ohne aber daß Hippolyt vorher schon einführend seine These an David verifiziert, wobei er sich vor allem auf Texte aus dem Umfeld von 1Sam 17 stützt und auf diese Weise auch zu dem Text selbst hinleitet[65].

Anschaulich malt dann Hippolyt die Erzählung dem Hörer vor Augen, wobei eingestreute typologische und allegorische Erläuterungen es klarmachen, daß sich hier eigentlich ein Kampf zwischen Satan und Christus abspielt. Dieser Kampf wie auch Einzelheiten z. B. der Ausrüstung Goliaths oder Davids sind jedoch nicht in weite Ferne gerückt, sondern belehren den Zuhörer unmittelbar darüber, wie Christus bzw. sein Gegner ist und was er tut[66]. So soll schließlich die Gemeinde dem Vorbild der Frauen, die einen Lobgesang auf David anstimmten[67], folgen und einen rühmenden Hymnus Gott zum Opfer darbringen[68]. „Wer anders war es nämlich, der ihm entgegenging, als die Gemeinden, die geleitet vom Glauben den Herrn und König bekennen und ihm zehntausende (Gaben) opfern[69]?" Und mit den Menschen zusammen singen zehntausend Engel im Himmel[70]. Die

---

ἄνθρωπον" (p. 181,6-8). Eindeutig nichtgnostisch ist aber auch die Erlösung des Körpers.

[64] De David et Goliath, in: Traités d'Hippolyte sur David et Goliath, sur le Cantique des cantiques et sur l'Antéchrist. Version Géorgienne, trad. par G. GARITTE, Löwen 1965 (CSCO 264), p. 1-22.

[65] Es scheint mir nicht ausgeschlossen, daß auch 1Sam 16 vor der Predigt mit verlesen wurde.

[66] Z. B. über Goliath: „Et quod dicit ‚clipeus aeris in-humeris eius', orbem totius mundi ad eum congregatum et protectum ... dicit, sicut Iohannes dicit quoniam ‚Mundus totus in incessu est'." (Abschn. VII,11, p. 9,7-10); über Davids Waffen: „Quo ... aequentur terrestria haec (arma) caelestibus?" (Abschn. XII,3, p. 15,10); über David: „Et stetit super eum beatus David; evellit gladium eius ipsius et ei abscidit caput, et demonstravit suam victoriam, sicut Christus ut conculcavit caput serpentis et demonstravit suam potentiam super illum." (Abschn. XV,3, p. 19,5-8).

[67] 1Sam 18,6-7.

[68] Abschn. XVI,3-4, p. 21,2-8.

[69] L. c., p. 21,5-7.

Gemeinde wird also in die typologisch und allegorisch vergegenwärtig-
te und vor allem auf Christus bezogene Geschichte mit hineingenommen und zum Lob Gottes geführt.

Auffällig ist, daß hier weder Wort für Wort noch Vers für Vers
exegesiert wird; der Ausleger wählt aus verschieden langen Abschnitten das aus, was ihm am deutlichsten auf Christus und die Gegenwart
zu beziehen ist; zugleich wird der Erzählzusammenhang gewahrt und
durch die Ausführungen am Anfang in seinen Kontext eingeordnet.

Ein ähnliches Vorgehen findet sich auch im Danielkommentar des
Hippolyt[71], welcher sich überhaupt über weite Strecken eher wie
eine Predigt liest[72]. Und auch in eindeutiger „wissenschaftlichen"
Schriften hat Hippolyt immer ein Publikum im Blick, wie die gelegentlich eingestreute Anrede ἀδελφοί (o. ä.) und rhetorische Figuren
wie die Benutzung der 1. Person Plural oder die Ansprache an den
„Helden" des auszulegenden Stückes zeigen[73].

---

[70] Abschn. XVI,4, p. 21,8-9. Es ist also besonders der Gesang, der den
irdischen Gottesdienst mit dem himmlischen verbindet.
[71] Ich halte mit G. BARDY (z. B. im Vorwort der Ausgabe in den Sources
Chrétiennes, SC 14, Paris 1947) und gegen P. NAUTIN (z. B. in: DERS., Le dossier
d'Hippolyte et de Méliton, Paris 1947) Hippolyt für den Autor dieses Werkes, da
m. E. die vom Chronicon differierende Weltzeitberechnung (Nautins Hauptargument)
nicht ausreicht, das stilistisch zu Hippolyt passende Werk ihm abstreitig zu machen.
Vgl. auch M. MARCOVICH, Hippolyt von Rom, *TRE* 15, 381-387, S. 384.
[72] Ich erspare es mir an dieser Stelle, Einzelbeobachtungen aufzulisten. Vgl.
z. B. G. BARDY, Einleitung zu Hippolyte, Commentaire sur Daniel, Paris 1947 (SC
14), p. 17s., und O. BARDENHEWER, Des heiligen Hippolytus von Rom Commentar
zum Buche Daniel, Freiburg/Br. 1877, p. 69s.
[73] Z. B. im Kommentar zum Hohenlied (lateinisch aus dem Georgischen,
CSCO 264, p. 23-53) die Anrede „dilecti": II,31, p. 30,8; III,4, p. 31,3; XIII,3,
p. 36,11; XVI,2, p. 37,24; in VIII,8 wird die Synagoge angeredet: „Paenitentiam-age,
synagoga, ut tu etiam praedices de Christo ..." (p. 34,25-26); in XXV,4 redet der
Autor sich selbst an: „Accipe, cor meum, permiscere spiritui, confirma, perfice, ut
corpori etiam caelesti adiungi possit ..." (p. 46,16-17). – Auch im Fragment Πρὸς
πάσας τὰσ αἱρέσεις (Hippolyte, Contre les hérésies. Fragment, ed. P. NAUTIN, Paris
1949) findet sich öfter die Anrede ἀδελφοί: p. 241,26; 251,1; 255,25; 259,2.23;
p. 261,23 (μαχάριοι ἀδελφοί); dort auch öfter die 1. Person pl., z. B. p. 251,6-11;
255,12-14. Ferner p. 257,19f. z. B. die Einführung eines Gegenarguments: „ἐρεῖ μοί
τις" (vgl. im Danielkommentar, GCS 1,1, p. 88,4; 108,14; 164,110; 224,11; 244,11
u. ö.). – In der als „Buch" bezeichneten exegetischen Abhandlung über die Segnungen Isaaks und Jakobs (die Abhandlung über die Segnungen des Mose beginnt mit
einem Rückverweis auf diese Schrift als erstes Buch – PO 27,1.2, p. 116) gibt es
zwar keine Anrede an die „Brüder", und es werden im wesentlichen lauter Einzeler-
läuterungen aneinandergereiht, denen zuzuhören sehr langweilig wäre, aber auch hier
denkt Hippolyt gelegentlich an Zuhörer als Gegenüber, z. B. PO 27,1.2, p. 56,6-7:
„ἀλλὰ τὰ ἐπιφερόμενα ῥητὰ βλάψει τὰς ἀκοὰς τῶν ἐντυγχανόντων". Häufig benutzt
er hier auch die 1. Pers. pl., manchmal sogar die Anrede in der 2. Pers. sg. (z. B.
a. a. O., p. 72,1.8). Ebenso werden z. B. am Anfang die „Helden" des auszulegenden Stückes angeredet (a. a. O., p. 8,1-4, Fragen an die Brüder Josephs), und auch
der Einwurf „ἀλλ' ἐρεῖ τις" (o. ä.) taucht gelegentlich auf (z. B. a. a. O., p. 70,11;
72,8). Auch hier (ebenso in der Abhandlung über die Segnungen des Mose) geht

Wissenschaft und Predigt liegen also für Hippolyt eng beisammen. So ist er auch im Predigen vor allem Exeget und vertraut darauf, daß das Wort Gottes aus den Schriften zu den Menschen redet. Wo das in geheimnisvoller Weise geschieht, ist es die Aufgabe der Predigt, die „mystische" Redeweise der Schriften zu entschleiern. Ziel ist es, ganz wie in der „Apostolischen Tradition" geschildert, die Zuhörer in ihrem Glauben zu belehren und zu bestärken; Hinweise für die praktische Lebensführung stehen dabei keineswegs im Vordergrund.

Allerdings dürfte das starke exegetische Interesse und Schwergewicht in den Predigten Hippolyts eine Besonderheit dieses Wissenschaftlers und Exegeten sein, welche man in den üblichen Predigten seiner Zeit wohl nicht in diesem Maße gefunden hat. Es ist sicher kein Zufall, daß von Origenes berichtet wird, er habe den Hippolyt predigen hören und sei von einem gewissen Ambrosius zur Nachahmung des Hippolyt als Exegeten angespornt worden[74].

In den angeführten Predigten kam vereinzelt auch der gottesdienstliche Lobgesang zur Sprache[75], so daß wir daraus, daß der Gesang in der „Apostolischen Tradition" nicht besonders erwähnt wird, nicht schließen dürfen, die Gemeinden hätten in Rom zur Zeit des Hippolyt im Gottesdienst nicht gesungen. Wie gesagt ist es ja auch nicht das Ziel der „Apostolischen Tradition", einen normalen Gottesdienst vollständig zu beschreiben; außerdem deutet die Erwähnung, daß man bei den Agapefeiern Psalmen mit respondierendem Halleluja sang[76], m. E. sogar darauf hin, daß man den Psalter auch als gottesdienstliches Gesangbuch benutzte.

Nun wären allerdings die erwähnten Stellen in den Predigten am ehesten auf Gesänge bei der Eucharistiefeier zu beziehen[77], so daß es noch die Frage ist, ob denn schon im Wortteil des Gottesdienstes gesungen wurde. Diese Frage kann uns eine Stelle im

---

Hippolyt zu Anfang einführend auf den erzählerischen Kontext ein, bevor er die eigentlich thematisierten Worte auslegt. Bei der Abhandlung über die Segnungen Isaaks und Jakobs fällt außerdem die „Christozentrik" der Auslegung besonders auf. - Von den nicht nur fragmentarisch erhaltenen exegetischen Schriften Hippolyts weist die Abhandlung über die Segnungen des Mose am wenigsten Stilelemente mündlicher Rede auf. Hier werden wirklich nacheinander in ermüdender Folge alle Verse bzw. Halbverse von Dtn 33 ausführlich in ein biblisches Beziehungsgefüge gestellt und erläutert (PO 27,1.2, p. 116ss).

[74] Hieronymus, vir ill 61, ed. C. RICHARDSON, Leipzig 1896 (TU 14,1a), p. 35,27-36,3.

[75] Psalmenhomilie, Abschn. 14 (Gesang des Klerus), vgl. Fußn. 61. - De David et Goliath, Abschn. XVI,3-4, vgl. Fußn. 68.

[76] Nr. 25 (Botte), SC 11bis, p. 100-102.

[77] Der Gesang der Gemeinde in De David et Goliath wird als Opfer dargebracht; der Gesang des (gestuften) Klerus als „Stufengesang" in der Psalmenhomilie ließe sich auch eher im eucharistischen Teil des Gottesdienstes vorstellen.

Danielkommentar des Hippolyt beantworten, welche einen kleinen Einblick in einen normalen Gottesdienst gewährt.

Es ist da nämlich die Rede von Juden und Heiden, die sich gelegentlich in den Gottesdienst einschleichen und danach einzelnen Christen nachgehen, um sie hinterher mit der Androhung von Verfolgung zum Götzendienst zu zwingen. Wenn sie in das Haus Gottes kommen, heißt es da, beten dort alle und lobsingen Gott: „προσευχομένων ἐκεῖ πάντων καὶ τὸν θεὸν ὑμνούντων"[78]. Gebet und Gesang charakterisieren hier den Gottesdienst der Christen als die auch Außenstehenden sofort als kultisch auffallenden gottesdienstlichen Verrichtungen. Da es nicht anzunehmen ist, daß gänzlich Fremde sich auch zum eucharistischen Gottesdienstteil noch unbemerkt in der Christenversammlung aufhalten konnten, dürfte hier mit τὸν θεὸν ὕμνειν ein Bestandteil des Wortgottesdienstes gemeint sein. Diese Ergänzung zur „Apostolischen Tradition" unterliegt allerdings dem Vorbehalt, daß der Danielkommentar wirklich von Hippolyt verfaßt wurde[79].

Die Stellung des Wortgottesdienstes in der „Apostolischen Tradition" ist ambivalent. Während sich einerseits abzeichnet, daß Taufe und Eucharistie immer mehr als das Wichtigste am christlichen Glauben angesehen werden, weiß Hippolyt dennoch von der Kraft des Wortes zu reden. Und gerade der Versuch, die Wochengottesdienste aufzuwerten, legt Zeugnis von seiner Wertschätzung des Wortes ab, auch wenn er ironischerweise auf längere Sicht der Verdrängung der Predigt aus dem eucharistischen Sonntagsgottesdienst Vorschub geleistet haben mag.

Eine besondere Note ist bei alledem die von den Umständen schon fast überholte besondere Achtung vor dem christlichen Lehrer, die auch noch in der Bezeichnung der Predigt als κατήχησις mitschwingt. Trotz dieser „altmodischen" Bezeichnung scheint aber, wie die Analyse von Abschnitt 18 (Botte) ergeben hat, die Predigt am Sonntag nach der Schriftlesung für den Exegeten Hippolyt durchaus noch aktuell; als „Wort Gottes" hat sie ihren Platz nicht nur in den Wochengottesdiensten.

---

[78] Danielkommentar I,20,3 (GCS 1,1, p. 32,5-10; Zitat Zeile 7-8). Die beschriebene Verhaltensweise paßt als Ganzes nur zu den Heiden; der Verfasser meint aber in bezug auf die Juden offensichtlich, daß auch sie sich einschleichen, um hinterher die Christen der Verfolgung auszuliefern.

[79] S. o. Fußn. 71; zum Ganzen auch die Hinweise bei M. GEERARD, Clavis Patrum Graecorum, vol I, Turnhout 1983, Nr. 1870 (p. 256s.).

12. Tertullian

Von dem nordafrikanischen Rhetor Tertullian, der um die Wende vom Zweiten zum Dritten Jahrhundert als christlicher Lehrer in Karthago wirkte, sind uns umfangreiche Schriften überkommen, aus welchen sich viele Informationen zum Gottesdienstleben der Christen entnehmen lassen[1]. Wenigstens an zwei Stellen schildert er einen christlichen Gottesdienst (De anima 9; Apologie 39), und mit ihnen wollen wir uns zunächst befassen.

a) De anima 9

In der montanistischen Schrift De anima[2] führt Tertullian als Beweis für die Sichtbarkeit und damit Körperhaftigkeit der Seele eine Vision an, welche eine Frau in seiner Gemeinde während eines Gottesdienstes hatte[3]. Wir erfahren dadurch en passant eine ganze Menge über diesen Gottesdienst.

---

[1] Eine umfangreiche, römisch-katholische Darstellung des nach den Schriften Tertullians rekonstruierbaren Gemeindelebens gibt J. KOLBERG, Verfassung, Cultus und Disciplin der christlichen Kirche nach den Schriften Tertullians, Braunsberg 1886, der man trotz ihrer Tendenz, die Institutionen der katholischen Kirche bei Tertullian schon möglichst ausgebildet zu sehen, eine Fülle von Hinweisen und Material entnehmen kann. In den uns interessierenden Partien ist die Arbeit erkennbar abhängig von Th. HARNACKs Buch über den christlichen Gemeindegottesdienst im apostolischen und nachapostolischen Zeitalter; das betrifft z. B. die Trennung des Gottesdienstes in einen homiletischen und den eucharistischen Teil, wobei der letztere einer strengen Arkandisziplin unterliegt (die Arkandisziplin läßt Kolberg allerdings für das eucharistische Mysterium nach altem katholischem Muster schon in biblischen Zeiten anfangen - S. 53ff). - Ebenfalls eine reichhaltige Materialsammlung zu Tertullians Angaben über das christliche Gottesdienstleben bietet E. DEKKERS, Tertullianus en de geschiedenis der liturgie, Brüssel / Amsterdam 1947. Er stellt thematisch geordnet die Texte zusammen und beschränkt sich auf ein Minimum an Interpretation. Anders als ich geht Dekkers von Apol 39 aus und findet im dort angeführten Gebet Kollektengebet und Präfation der katholischen Messe wieder (p. 27), so wie auch er überhaupt dazu neigt, den modernen katholischen Gottesdienst schon bei Tertullian aufzuspüren. - Zur Auseinandersetzung mit Kolberg und Dekkers im einzelnen vgl. die weiteren Fußnoten, wo ich Dekkers der Einfachheit halber zum Teil in Übersetzung zitiere. Als Textgrundlage habe ich in allen Fällen die Ausgabe im Corpus Christianorum gewählt: CChr.SL 1 u. 2.

Zunächst stellt Tertullian die Frau mit ihrer besonderen Geistesgabe allgemein vor: sie gehört zu seiner Gemeinde und lebt noch[4], man könnte sie also zu dem, was Tertullian vorbringt, befragen. Ihre Gabe besteht darin, daß sie immer wieder einmal während der „dominica sollemnia" in Verzückung gerät und durch den Geist Visionen bekommt[5]. Ob „dominica sollemnia" mit „Feier für den Herrn" oder mit „Herrentagsfeier" zu übersetzen ist, ob also hier jeder Gottesdienst oder der Sonntagsgottesdienst gemeint ist, läßt sich aufgrund von Tertullians Sprachgebrauch kaum entscheiden[6]. Obwohl De anima in der Auseinandersetzung mit heidnischen Philosophen stark apologetische Züge aufweist, ist die Schrift doch primär für die Bekämpfung von Lehren christlicher Häretiker geschrieben, so daß Tertullian damit rechnen kann, daß seine Leser christliche Fachausdrücke verstehen. Die in unserm Text folgenden Hinweise auf den Gottesdienst aber legen eine Deutung auf den Sonntag nahe[7].

---

[2] J.H. WASZINK, Q.S.F. Tertulliani De anima, ed. with introduction and commentary, Amsterdam 1947, p. 5*f., datiert die Schrift in die Jahre 211/12 oder, wie er sich am Ende vorsichtiger ausdrückt, „between the years 210 and 213".

[3] an 9,4; Die für uns relevante Textpassage lautet:
„4. Est hodie soror apud nos reuelationum charismata sortita, quas in ecclesia inter dominica sollemnia per ecstasin in spiritu patitur; conuersatur cum angelis, aliquando etiam cum domino, et uidet et audit sacramenta et quorundam corda dinoscit et medicinas desiderantibus sumit. Iamuero prout scripturae leguntur aut psalmi canuntur aut allocutiones proferuntur aut petitiones delegantur, ita inde materiae uisionibus subministrantur. Forte nescio quid de anima disserueramus, cum ea soror in spiritu esset. Post transacta sollemnia dimissa plebe, quo usu solet nobis renuntiare quae uiderit (nam et diligentissime digeruntur, ut etiam probentur), ,inter cetera', inquit, ,ostensa est mihi anima corporaliter' ...".

[4] „Est hodie soror apud nos ...".

[5] Ekstase gehört für Tertullian in seiner montanistischen Zeit zum Prophetentum; nur wenn jemand „außer sich" ist, ist die Wahrheit der empfangenen Botschaft gewährleistet, spricht der Geist ungestört; vgl. z. B. adv Marc IV,22,4-5; s. außerdem J.H. WASZINK, De anima, p. 481-483; P. DE LABRIOLLE, La crise montaniste, Paris 1913, p. 365-370 (auch p. 162-175); K. ADAM, Der Kirchenbegriff Tertullians, Paderborn 1907, S. 138-143. - Die „reuelationes" der Frau können ganz verschiedenen Charakter haben: sie spricht mit Engeln oder dem Herrn, erkennt Geheimnisse, kann durch eine reuelatio ins Herz der Menschen schauen oder bekommt Anweisungen zur Heilung von Kranken; der Oberbegriff „reuelatio" aber weist deutlich daraufhin, daß die Frau als Prophetin anzusprechen ist. Vgl. J.H. WASZINK, De anima, p. 168f.

[6] Vgl. J.H. WASZINK, De anima, p. 167f. Waszink bevorzugt allerdings auch aufgrund des sprachlichen Befundes (hier jedoch v. a. basierend auf Quellen außerhalb von Tertullians Werk) die Deutung auf den Sonntag.

[7] Es werden außer der Eucharistie (dazu s. u.) die wesentlichen Elemente des auch sonst bekannten Sonntagsgottesdienstes genannt. Vgl. J.H. WASZINK, l. c. - Das Ganze gegen F.J. DÖLGER, Das ungefähre Alter des Ite, missa est. Zu dominica sollemnia bei Tertullianus, in: DERS., Antike und Christentum, Bd. 6, Münster 1950, 108-117; gegen Dölger ließe sich noch anführen, daß die von ihm herbeigezogenen späteren Beispiele von „dominicum celebrare" (o. ä.) als Bezeichnung für den Gottesdienst ihren Ursprung allesamt im Sonntag (dominicus dies) haben

Die Prophetin nämlich wird zu ihren Visionen gelegentlich auch durch die Inhalte des Gottesdienstes angeregt, sei es durch Schriftlesung, Psalmengesang, Predigt[8] oder Gebet. Sie alle können das Material liefern, zu welchem die Visionen der Prophetin tiefere Einsichten vermitteln[9]. Damit schließt die Vorstellung der Prophetin; erst jetzt nimmt Tertullian auf den konkreten Vorfall Bezug, der ihm als Beweis dienen soll. Besagte Vision fand offenbar während einer Predigt von Tertullian selbst statt, in der er auf die Seele zu sprechen kam[10]. Nach dem Gottesdienst („post transacta sollemnia") wurde sie dann dem Klerus mitgeteilt und in diesem Kreise erörtert[11].

Offensichtlich gehörten die Gottesdienstelemente, die Tertullian in seiner Einführung nennt, zu der Feier, aus welcher das spezielle Beispiel genommen ist, auch wenn dort nur von einem „disserere" die Rede ist. Sonst ergäbe die Ausführlichkeit, mit der Tertullian vorher die verschiedenen Gottesdienstelemente aufzählt, keinen rechten Sinn; außerdem wird wie bei der allgemeinen Vorstellung der Prophetin auch hier die gottesdienstliche Feier als „sollemnia" bezeichnet. So kann man annehmen, daß Tertullian in der Aufzählung „scripturae leguntur aut psalmi canuntur aut allocutiones proferuntur aut petitiones delegantur" dem Verlauf der Feier folgt[12]. Wir hätten damit einen

können und sich vermutlich vor allem auf die sonntägliche Gottesdienstfeier beziehen. - Dölger bleibt auch die Erklärung schuldig, was denn das durch absolutes dominicus (oder dominicum?! - die Stellen bieten alle den Akkusativ) bezeichnete und dann ausgefallene Substantiv gewesen sein soll.

[8] Zu „allocutio" vgl. J.H. WASZINK, De anima, p. 169f.
[9] „inde materiae uisionibus subministrantur".
[10] „Forte nescio quid de anima disserueramus"; vgl. J.H. WASZINK, De anima, p. 171: „nescio quid" ist wohl als „rhetoric nonchalance" anzusehen; Waszink nimmt mit H. Achelis an, daß Tertullian bei den Montanisten das Amt des Presbyters bekleidete (p. 171, auch p. 169) - dazu s. u. S. 411 Fußn. 115.
[11] Dazu, daß der Klerus übrigbleibt, wenn die „plebs" entlassen wird, s. J.H. WASZINK, De anima, p. 171f.
[12] Mit J. KOLBERG, Verfassung, S. 101 f.; Kolberg zieht als Parallele noch virg vel 17,4 heran: „Quantam autem castigationem merebuntur etiam illae quae inter psalmos uel in quacumque Dei mentione retectae perseuerant, moraturae etiam in oratione ipsa facillime fimbriam aut uillum aut quodlibet filum cerebro superponunt et tutas se opinantur?". Die Stelle ist wirklich wohl am ehesten auf den Gottesdienst zu beziehen, doch scheint mir „ipsa oratio" das eucharistische Gebet anzusprechen, während „inter psalmos uel in quacumque Dei mentione" zwar davor gehört, aber so allgemein und vage formuliert ist, daß sich daraus keine näheren Angaben über den Gottesdienstverlauf ableiten lassen (z. B. geschieht „Dei mentio" auch im Psalm). - Deutlicher, wenn auch nicht eindeutig, scheint mir die genannte Abfolge in spect 25 widergespiegelt (vgl. dazu Fußn. 148). - J.H. WASZINK, De anima, p. 170, verweist auf die Parallelen bei Justin, Apol I,67,3-5 (allerdings ohne Gesang) und ConstAp II,54,1, schließlich auch auf 1Kor 14,26 (dazu vgl. jedoch S. 67f. dieser Arbeit). - Anders P. GLAUE, Die Vorlesung heiliger Schriften bei Tertullian, ZNW 23 (1924) 141-152, S. 147 (ohne Angabe von Gründen), und E. DEKKERS, Geschiedenis, p. 39 („die angegebene Reihenfolge scheint eher fiktiv zu

Gottesdienst vor uns, der aus Schriftlesung, Psalmengesang, Predigt und Bittgebet besteht, wobei es möglich ist und durch den Begriff sollemnia sogar nahegelegt wird, daß die „transactio sollemniorum" auch die Eucharistie mitumfaßt. Auch die dimissio des Kirchenvolkes („dimissa plebe") könnte im Lichte späterer Quellen auf die Entlassung nach der Eucharistie bezogen werden[13]. Man müßte dann allerdings nach einer Erklärung suchen, warum Tertullian hier die Eucharistie nicht neben den anderen Gottesdienstelementen mit aufführt.

Da wäre zum einen daran zu denken, daß die immer gleich ablaufende Eucharistiefeier der Prophetin keinen besonderen Anlaß, kein „Material" für eine Vision bot. Doch erscheint es nicht sehr plausibel, daß Tertullian in seiner Darstellung an diesem Punkte dermaßen differenziert hätte, zumal es nicht einmal gesagt ist, daß das eucharistische Gebet schon nach einem festgelegten Formular gesprochen wurde. Die andere Möglichkeit wäre, daß er hier aus Gründen der Arkandisziplin so schweigsam ist, was die Eucharistie betrifft. Ohne die Hinzuziehung weiterer Texte aber wird es sich letztlich schwer entscheiden lassen, ob Tertullian hier einen reinen Wortgottesdienst oder einen Gottesdienst mit Feier der Eucharistie vor Augen hat[14].

Auch aus einem anderen Grund ist es ratsam, sich bei Tertullian nach weiteren Auskünften zum Gottesdienst umzusehen. Die Schrift De anima stammt nämlich, wie gerade auch unsere Stelle zeigt, aus der Zeit nach seiner Hinwendung zum Montanismus[15], so daß wir mit dem hier beschriebenen Gottesdient nicht unbedingt denjenigen der Großkirche vor Augen haben. Allerdings gibt die Betonung, daß die Vision aufgeschrieben und gründlichst überprüft wurde, einen Hinweis darauf, daß Tertullian sich der Großkirche und allen gegenüber, die an seiner Beweisführung zweifeln könnten, bemüht zu zeigen, daß hier alles mit rechten Dingen zugehe[16]. So ist auch keine

---

sein"), da er sich nach der Reihenfolge von apol 39,2f. richtet und das Gebet als „de gebeden naar het model van onze collecten en prefaties" auffaßt (p. 27); ob er allerdings wirklich meint, daß der Gottesdienst in der Reihenfolge Gebet, Lied, Schriftlesung, Predigt, Segen abläuft, wie das Inhaltsverzeichnis seines Buches es andeutet, wird aus seinen Formulierungen nicht ganz deutlich. Gegen eine solche Reihenfolge spricht m. E. vor allem, daß Katechumenen und Büßer vom Gebet ausgeschlossen, zum Hören des Wortes aber zugelassen waren (dazu s. u.).

[13] So F.J. DÖLGER, Das ungefähre Alter des Ite, missa est.

[14] E. DEKKERS, Geschiedenis, p. 24 und p. 46f., geht davon aus, daß sich an die hier beschriebene „Synaxis" sowohl Agape als auch Eucharistie anschließen konnten, daß also der hier beschriebene Gottesdienst die Eucharistie nicht mit umfaßt.

[15] S. o. Fußn. 5; ferner J.H. WASZINK, De anima, p. 6*; 167–172.

[16] So J.H. WASZINK, De anima, p. 169 (zu „prout scripturae leguntur").

„montanistische" Besonderheit an dem geschilderten Gottesdienst erkennbar; anscheinend wurde die Prophetin gar nicht während des Gottesdienstes in der Gemeinde aktiv, sondern teilte ihre Vision nur hinterher dem Klerus und auf diese Weise indirekt der Gemeinde mit. So jedenfalls stellt Tertullian es dar, und man könnte höchstens in der Bemerkung, daß die Prophetin in ihren „revelationes" auch mit Engeln, gelegentlich sogar mit dem Herrn selbst redete, einen Hinweis darauf sehen, daß vielleicht doch nicht alles ganz geräuschlos abging, sondern eben auch Phänomene wie Zungenreden im Gottesdienst auftauchten[17].

Vor dem Hintergrund solcher Überlegungen ist es aber nun nicht unwahrscheinlich, daß auch in der ausführlichen Aufzählung von Schriftlesung, Gesang, Predigt und Gebet die Absicht mitschwingt, zu demonstrieren, daß bei den Montanisten alles ganz korrekt und normal zugehe[18].

b) Apologeticum 39

Sicher nicht aus seiner montanistischen Zeit stammt Tertullians Darstellung des christlichen Gemeindelebens im Apologeticum, Kapitel 39. Deutlich sagt er, worum es ihm hier geht: der christenfeindlichen Regierung gegenüber nicht nur falsche Anschuldigungen gegen die Christen aus dem Weg zu räumen, sondern auch positiv darzustellen, welches die „negotia" der „Sekte der Christen"[19] sind. Dazu, so bemerkt er ironisch, aber vielleicht auch mit einem Seitenblick auf eine möglicherweise existierende Arkandisziplin[20], sei er sogar bereit, die Wahrheit zu enthüllen.

Im folgenden geht er dann ein auf Gemeindezusammenkünfte (2-4), Organisation und Finanzen (5-6), die Bruderliebe der Christen

---

[17] Zu Glossolalie als Reden in Engelssprachen s. S. 72.

[18] Ich ziehe damit einen Gedanken von J.H. WASZINK etwas weiter aus, der immerhin schon sagt (De anima, p. 169): „Tert. wants to show that in Montanistic services everything is done correctly", das aber nur auf die Überprüfung der Vision bezieht.

[19] „Negotiae Christianae factionis" (apol 39,1); vgl. zu „factio" den Schluß von apol 39: „cum probi, cum boni coeunt, cum pii, cum casti congregantur, non est factio dicenda, sed curia." (39,21), ferner apol 38,1. Der Begriff ist deutlich negativ gefärbt; das deutsche Wort „Sekte" vermag leider das politische Element, das mitschwingt, nicht richtig wiederzugeben; „Partei" wäre als Übersetzung zu farblos, „Geheimbund" ebenfalls sehr vage, „Verschwörergruppe" oder „kriminelle Vereinigung" dagegen wohl zu kräftig. - Vgl. C. BECKER, Tertullians Apologeticum. Werden und Leistung, München 1954, S. 360.

[20] Vgl. C. BECKER, Tertullians Apologeticum, S. 283.

zueinander (7-13) und die Agapemahlzeiten (14-21). Dabei betont er am Anfang besonders, daß die Christen für den Kaiser und das Wohl der Allgemeinheit beten und daß in ihren Versammlungen nur Religion und Moral (also nicht die Politik und schon gar keine Verschwörungen oder Verbrechen) Thema sind und für die Einhaltung des hohen moralischen Standards disziplinarisch gesorgt wird[21].

Dann kommt er auf die schwierigeren Punkte zu sprechen, nämlich die, an denen man tatsächlich Vorwürfe festmachen könnte, daß die Christen nichts anderes als verbotene Hetärien seien oder gar in orgiastischen Ausschweifungen verbrecherischer Art sich zu einem Geheimbund zusammengeschlossen hätten[22]. So muß er betonen, daß die Vorsteher[23] der Christen ehrwürdige Männer sind, die sich nicht in die christliche Gesellschaft erst „einkaufen" mußten, und daß die Finanzen der Gemeinde nur der Unterstützung der Armen dienen und auf freiwillige Weise zusammenkommen. Und erst nach einer langen Erklärung über die Reinheit und Unschuld der christlichen Liebe wagt er sich an das heißeste Eisen heran, die gemeinsamen Mahlzeiten der Christen[24].

Uns interessiert hier besonders das, was Tertullian im ersten Abschnitt über die Christen berichtet[25]. Hier fragt sich als erstes, ob

---

[21] Schlüsselbegriffe sind litterae diuinae, fides, spes, fiducia, disciplina (apol 39,3), censura diuina (apol 39,4); dazu im Einzelnen s. u.

[22] Tertullian kennt den Pliniusbrief (s. apol 2,6f.) und die Rechtslage; außerdem stellt er viele von den Gerüchten, die über die Christen umliefen, in Ad nationes und im Apologeticum selbst dar.

[23] „Praesident probati quique seniores ..." (apol 39, 5) deutet der Wortwahl nach auf Presbyter, aber es ist dem Kontext nach natürlich auch der Bischof mit gemeint und wohl überhaupt der ganze Klerus, den differenziert darzustellen Tertullian nicht für nötig hält. - Anders H. v. CAMPENHAUSEN, Kirchliches Amt und geistliche Vollmacht in den ersten drei Jahrhunderten, Tübingen, [2]1963, S. 250, der das „praesidere" nur auf das Bußverfahren bezieht und deshalb in den „seniores" das „Gemeindegericht" sieht, welches aus Presbytern besteht. v. Campenhausens Deutung ist möglich (auch sie würde übrigens den Bischof mit umfassen), berücksichtigt aber m. E. den Gesamtkontext zu wenig.

[24] Tertullian erklärt in apol 39,16 das „nomen" der Mahlzeit: „id uocatur quod dilectio penes Graecos", es geht also eindeutig um die Agape. Die Überleitung zur Schilderung der Agapemahlzeiten ist sehr geschickt: „Quid ergo mirum, si tanta caritas conuiuitur?" (apol 39,14).

[25] Zur besseren Orientierung hier der lateinische Text von apol 39,1-4:
„1. Edam iam nunc ego ipse negotia Christianae factionis, quo minus mala refutauerim, bona ostendam, si etiam ueritatem reuelauerim.
Corpus sumus de conscientia religionis et disciplinae unitate et spei, foedere. 2. Coimus in coetum et congregationem facimus, ut ad Deum quasi manu facta precationibus ambiamus. Haec uis Deo grata est. Oramus etiam pro imperatoribus, pro ministeriis eorum ac potestatibus, pro statu saeculi, pro rerum quiete, pro mora finis. 3. Coimus ad litterarum diuinarum commemorationem, si quid praesentium temporum qualitas aut praemonere cogit aut recognoscere. Certe fidem sanctis uocibus pascimus, spem erigimus, fiduciam figimus, disciplinam praeceptorum nihilominus

er nur einen oder verschiedene Gottesdienste im Sinn hat. Zwar wäre es grammatisch möglich, daß das zweimalige betonte „coimus" jeweils eine andere Versammlung meint, doch macht schon das „ibidem" im Anschluß es wahrscheinlicher, daß Tertullian nur eine Versammlungsart vor Augen hat und die Anapher eine geschickte Wiederaufnahme bedeutet, die dem heidnischen Leser klarmachen will: all das Harmlose, was hier beschrieben wird, gilt von den so berüchtigten Versammlungen der Christen. Vom Inhalt her legt es sich schließlich vollends nahe, den ganzen Abschnitt 39,2-4 auf einen einzigen Gottesdienst zu beziehen, weil wir hier sonst in ganz singulärer Weise einen reinen Fürbittgottesdienst neben einem Gottesdienst vor uns hätten, der nur aus Predigt, wohl mit vorausgehender Schriftlesung, und Verwaltung der Bußdisziplin bestünde.

Damit ergibt sich allerdings ein Problem, nämlich die Reihenfolge. Schildert Tertullian uns hier einen Gottesdienst, bei dem das Fürbittgebet der Schriftlesung und der Predigt vorausgeht[26]? Auszuschließen ist das vom Text selbst her nicht; allerdings deutet auch nichts darauf hin, daß Tertullian den Ablauf eines Gottesdienstes vorstellen will[27]. Wahrscheinlicher ist, daß er das stärkste Argument an den Anfang stellt, nämlich daß die Christen für den Kaiser und das allgemeine Wohl beten. Schon in apol 30 und 31 hatte er diesen Gedanken in ziemlich breiter Form eingeführt, so daß er nun auch daran anknüpfen kann.

Erst nach der Erwähnung des Gebets also kommt Tertullian auf die Auslegung der „göttlichen Schriften" zu sprechen. Daß die „commemoratio litterarum diuinarum" die Verlesung eines Schriftabschnittes mit umfaßt oder voraussetzt, ist nicht nur vom Begriff her anzunehmen[28], sondern auch vor dem Hintergrund von apol 22,9. Denn dort heißt es, daß die Dämonen für ihre Orakel einfach Gottes Pläne zugrunde legen, von denen sie früher durch die Predigt der

---

inculcationibnus densamus. 4. Ibidem etiam exhortationes, castigationes et censura diuina. Nam iudicatur magno cum pondere, ut apud certos de Dei conspectu, summumque futuri iudicii praeiudicium est, si quis ita deliquerit, ut a communicatione orationis et conuentus et omnis sancti commercii relegetur."

[26] Das ist anscheinend die Auffassung von E. DEKKERS; s. o. Fußn. 12.

[27] Die Verbindungen der Sätze in apol 39,2-4 (coimus in - etiam - coimus ad - certe - ibidem etiam - nam ...) deuten in ihrer Formulierung nicht auf eine zeitliche Abfolge oder ein sachliches Nacheinander hin; hier wird einfach nur aufgezählt.

[28] Vgl. or 1,6, wo „commemoratio disciplinae" neben „sermo Domini" steht und offensichtlich die paränetischen Schriftworte selbst meint; in adv Marc IV,22,13 steht commemorare für das Heranziehen eines Schriftabschnittes als Beleg in der Diskussion: der Abschnitt wird in den darauffolgenden Sätzen stückweise zitiert und kommentiert.

Propheten hörten, heute aber durch die Verlesung der Schriften
(„lectionibus resonantibus") Kenntnis bekommen[29].

Die Erläuterung, die Tertullian an unserer Stelle für die „commemoratio" der göttlichen Schriften gibt, läßt die Schriftauslegung einer
Orakeldeutung denn auch nicht unähnlich sein, wenn er sagt: „(Wir
achten darauf,) ob etwas an der Eigenart der gegenwärtigen Zeit dazu
Anlaß gibt, (im Text) eine Mahnung für die Zukunft zu sehen oder
aber etwas (aus dem Text) darin wiederzuerkennen"[30]. So verständlich dies für die Heiden sein mag, Tertullian merkt doch, daß er mit
dieser apologetischen Beschreibung der Predigt etwas zu kurz greift,
und fährt deshalb fort, daß Glaube, Hoffnung, Zuversicht und eine den
Geboten gemäße Lebensweise jedenfalls bei den Versammlungen
gestärkt werden. Dabei könnte man den Ausdruck „fidem sanctis
uocibus pascimus" vielleicht auch auf den Gemeindegesang beziehen,
doch deutet die gesamte Reihe mehr auf eine Charakterisierung der
Predigt[31].

Mit der Erwähnung der durch Einschärfung der Gebote gestärkten
„disciplina" (apol 39,3) ist der Übergang zur Beschreibung der christlichen Bußdisziplin in apol 39,4 gegeben. Tertullian wird auch die „exhortationes" in diesem Zusammenhang gesehen haben, wie der weitere
Verlauf des Satzes zeigt: „Ibidem exhortationes, castigationes et censura diuina". Dennoch können sie natürlich ihren Platz in der Predigt
gehabt haben[32]; spätestens bei der „censura diuina" aber handelt es
sich um das Bußverfahren, wie der folgende Satz (angeschlossen durch
„nam") mit der Beschreibung der Exkommunikation bestätigt. Interessant für uns ist dabei, daß als erstes der Ausschluß vom gemeinsamen
Gebet genannt wird, erst dann allgemeiner die Zusammenkünfte und
„jeglicher heilige Verkehr". Denn das könnte bedeuten, daß die Büßer
zur Schriftverlesung und Predigt noch zugelassen waren, „conuentus"

---

[29] Daß es Schriftlesungen gibt, zeigen auch die folgenden Stellen: praescr
36,1 (vgl. dazu auch adv Marc IV,5,1); praescr 41,8 („lector"); monog 12,3f.
(haec ... leguntur bezieht sich auf 1Tim 3,2-7, das im Folgenden zugrundeliegt).

[30] „Coimus ad litterarum diuinarum commemorationem, si quid praesentium
temporum qualitas aut praemonere cogit aut recognoscere." (apol 39,3). - Sowohl H.
KELLNER, BKV 24, S. 142, als auch C. BECKER in: Tertullian, Apologeticum, lateinisch und deutsch, hrsg. u. übers. v. C. Becker, München 1952, S. 183, übersetzen
das „si" mit „wenn" - bei beiden ergibt sich aus der Übersetzung kein rechter Sinn.

[31] Nach E. DEKKERS, Geschiedenis, p. 36 n. 3, ist es sogar wahrscheinlich,
daß sanctae voces nicht den Prediger, sondern die Heiligen Schriften meint; Dekkers
führt als Belege Stellen an, wo „Dei voces" oder „prophetarum voces" mit der
Schrift identifiziert werden: apol 31,1; 21,4; res mort 28,1 (vgl. dazu auch res mort
29,1). Hinzufügen könnte man noch spect 29,4. Weitere Belege bei R. BRAUN,
Deus Christianorum, Paris ²1977, p. 462.

[32] E. DEKKERS, Geschiedenis, p. 39, bezieht den ganzen Satz auf die
Predigt.

also hier nur den Gottesdienstteil danach meint, also die Zusammenkünfte der Gemeinde im engsten Sinne, während die „sancta commercia" vielleicht am ehesten auf die Agapen zu beziehen wären. Analog dazu müßten dann auch die Katechumenen als audientes zugelassen, aber schon vom gemeinsamen Gebet ausgeschlossen sein[33]. Wir werden sehen, ob sich diese Vermutung bestätigen läßt.

Vorerst aber stellt sich hier wie schon bei dem Text De anima 9 die Frage, warum in dem beschriebenen Abschnitt die Eucharistie nicht vorkommt.

Zwar haben wir gesehen, daß Tertullian hier schwerlich die Beschreibung eines Gottesdienstverlaufs gibt - auch ob etwa die Bußverfahren sich regelmäßig an die Predigt anschlossen, läßt sich dem Text nicht entnehmen[34], obwohl dieser Platz im Gottesdienst (vor dem gemeinsamen Gebet also) dafür nicht ungeeignet wäre -, aber es ist ja dennoch die erklärte Absicht des Verfassers, Auskunft über die „negotia" der Christen zu geben[35], so daß auch die Eucharistie erwähnt werden müßte. Denkbar sind wieder zwei Lösungsmöglichkeiten: daß die Eucharistie in dem Gottesdienst, den Tertullian hier vor Augen hat, gar nicht gefeiert wurde, oder daß er aufgrund der Arkandisziplin schweigt[36]. Wenn die Eucharistie zu einer anderen Feier gehörte, so bliebe aus der Schilderung von apol 39 nur die gemeinsame Mahlzeit als Ort für sie übrig. Doch dagegen spricht zum einen die ausdrückliche Bezeichnung des christlichen „conuiuium" als Agape[37], zum anderen, daß auch in apol 39,14-21 außer Tischgebeten nichts vorkommt, was irgendwie auf die Eucharistiefeier schließen ließe. Wir müssen also sehen, ob sich bei Tertullian eine Arkandisziplin auch

---

[33] Zur Gleichbehandlung von Katechumenen und Büßern in der Alten Kirche s. E. SCHWARTZ, Bußstufen und Katechumenatsklassen, Straßburg 1911 (SWGS 7); Schwartz hält allerdings die „organisierte" Buße mit Wiederaufnahme der Büßer erst nach Novatian, in der zweiten Hälfte des 3. Jahrhunderts für möglich. Daß Büßer gänzlich vor der Tür saßen, ist wohl ein nur für die rigoristische Gemeinde aus Tertullians späterer Zeit typisches Phänomen: pud 3,5; vgl. dagegen die Kritik an der großkirchlichen Bußpraxis pud 13,7, wo der Büßer zur Exhomologese in die Kirche geführt wird. Auf die Exhomologese folgt in der nicht-montanistischen Kirche eine Bußzeit: paen 9,2 (exomologesis = confessio, „confessione paenitentia nascitur, paenitentia deus mitigatur").

[34] Gegen J. KOLBERG, Verfassung, S. 108.

[35] apol 39,1.

[36] Daß die Eucharistie in apol 2,6 nicht vorkommt, läßt sich hingegen auf die Plinius-Vorlage zurückführen; selbst wenn Tertullian unter „sacramenta" hier auch die Eucharistie verstünde, hätte er keinen Grund, die Sache weiter auszuführen als für das Pliniusreferat nötig.

[37] apol 39,16. - Deutlich ist jedenfalls auch, daß Tertullian die Gerüchte, die bei den Heiden umlaufen, auf die hier beschriebenen „conuiuia" der Christen bezieht.

sonst belegen läßt, und im übrigen versuchen, aufgrund von anderen Stellen in seinen Schriften als den bisher befragten etwas über die Eucharistiefeier in Erfahrung zu bringen.

c) Arkandisziplin

Den Begriff „arcanum" gebraucht Tertullian des öfteren in spezifisch religiösem Sinne, allerdings meist auf die Geheimlehren der Häretiker bezogen[38]. Auch für die heidnischen Götzen gibt es neben den öffentlichen Feiern mit Prunk und Pomp geheime Kulte (gemeint sind wohl die Mysterien), welche als arcana bezeichnet werden[39]. An einer Stelle nennt Tertullian aber auch die christliche Lehre vom Sündenfall den Heiden gegenüber ein Arkanum, das nicht allen zugänglich sei - was ihn jedoch nicht davon abhält, darüber zu schreiben[40]. Das heißt m. E., daß es sich hier um eine Lehre handelt, die den Heiden gewöhnlich nicht zugänglich war, ohne daß sie aber besonders „geschützt" werden müßte. In ähnlicher Weise schließlich kann Tertullian auch die Gottesdienste der Christen in seiner Schrift Ad nationes[41] als „arcana" bezeichnen: die geheimen, nur den Christen vorbehaltenen Zusammenkünfte, über die es so viele Gerüchte gibt, sind den römischen Behörden doch bekannt, weil sie die Zeiten dafür kennen und auf diese Weise schon öfter bei den Gottesdiensten Razzien vorgenommen haben - ohne dabei etwas Schlimmes vorzufinden, wie Tertullian betont[42]. Positiv gewendet nennt er dieses Für-sich-Bleiben der Christen an anderer Stelle den Römern gegenüber ein ruhiges und bescheidenes Verhalten, das dazu führe, daß die Masse der Christen den Römern nicht bedrohlich zusammengerottet gegenübertrete, sondern bestenfalls einzelne Christen bekannt würden[43].

Daß in Tertullians Augen aber die Anwesenheit von Heiden den christlichen Gottesdienst wirklich auch profanieren würde, wird da deutlich, wo er den Häretikern vorwirft, sie machten in ihren

---

[38] praescr 22,3; res mort 19,6; 63,3 („arcana apocryphorum" - gemeint. sind apokryphe Schriften der Häretiker); Scorp 10,1 („arcana illa haereticorum sacramenta" in den verschiedenen Himmeln); adv Val 8,4 („Pleroma illud arcanum"); vgl. auch adv Val 32,5 („sacramentum") und adv Val 1 (occultare usw.).
[39] bapt 2,2: „idolorum sollemnia uel arcana".
[40] pall 3,4-5.
[41] ad nat I,7,19-20.
[42] Das gleiche Argument findet sich in apol 7,4ff., wo - allerdings in recht hypothetischer Weise - eine Parallele zwischen der Geheimhaltung der Mysterienkulte und dem christlichen Gottesdienst gezogen wird.
[43] Scap 2,10.

Gottesdiensten keine Unterscheidung zwischen Katechumenen und Gläubigen, ja selbst Heiden ließen sie zu und würfen auf diese Weise die Perlen vor die Säue[44]. Ob jedoch den Heiden auch der Zugang zu den heiligen Schriften der Christen verwehrt war[45], ist angesichts der apologetischen Bemühungen auch des Tertullian eher zu bezweifeln. Allerdings würde er den Häretikern am liebsten die Bibel vorenthalten; jedenfalls spricht er ihnen jeglichen inneren Anspruch darauf ab, weil sie ja nach seiner Überzeugung den Inhalt verfälschten[46].

Bislang haben wir also gesehen, daß Tertullian die Lehre und den Gottesdienst der Christen gern als Arkanum darstellt, ohne es allerdings mit der Geheimhaltung allzu ernst zu nehmen[47]. Immerhin scheint es aber selbst in der „katholischen" Kirche seiner frühen Zeit nicht üblich gewesen zu sein, daß Ungläubige am Gottesdienst teilnahmen[48]. Wenigstens an zwei Stellen aber wird darüber hinaus

---

[44] praescr 41,2; vgl. auch praescr 43,5: zur Kirche gibt es, anders als bei den Häretikern, nur eine „adlectio explorata" (s. dazu u. S. 423).

[45] So könnte man einen Satz aus der apologetischen Schrift De testimonio animae (1,4) verstehen, wenn man ihn aus seinem Kontext löst: „Tanto abest, ut nostris litteris annuant homines, ad quas nemo uenit nisi iam Christianus." (J. KOLBERG, Verfassung, S. 73, bezieht die Stelle auf die private Bibellektüre und konstruiert daraus dann auch noch einen Unterschied zwischen Katechumenen und getauften Christen.) Vom Kontext her legt sich nahe, so zu übersetzen: „So viel fehlt daran, daß die Menschen unsern Büchern zustimmen, die ja doch niemand liest außer denen, die schon Christen sind"; litterae wären also das apologetische Schrifttum der Christen (mit K. HOLL, Tertullian als Schriftsteller, in: DERS., Gesammelte Aufsätze zur Kirchengeschichte III, Tübingen 1928, 1-12, S. 4). Auch wenn mit „litterae nostrae" hier die heiligen Schriften gemeint sein sollten, bleibt der Duktus der Gleiche: „es liest sie ja doch niemand ...." - in diesem Fall könnte man allerdings die allgemeine Zurückgezogenheit der Christen dafür mitverantwortlich machen.

[46] praescr 15,4; 37,3; 19,2-3.

[47] Vgl. J. LORTZ, Tertullian als Apologet, Bd 1, Münster 1927, S. 193. O. PERLER, Arkandisziplin, *RAC* 1,667-676, Sp. 671-672, verweist noch darauf, daß „Tertullians Texte ... wegen der dem Verfasser eigenen Schreibweise nicht eindeutig" sind, will sie aber doch „eher im bejahenden Sinne auslegen", also für das Vorhandensein einer Arkandisziplin.

[48] Man mag sich darüber streiten, ob dies bereits „Arkandisziplin" genannt werden kann. Meiner Ansicht nach geht aber ein sehr eng gefaßter Begriff von Arkandisziplin, der nur die eidlich verpflichtende Geheimhaltung etwa von Tauftheologie und Eucharistie bedeutet, an den Quellen der Alten Kirche vorbei. (Vgl. D. POWELL, Artikel „Arkandisziplin", *TRE* 4,1-8; Powell legt einen strengen Begriff von Arkandisziplin zugrunde, so daß er folgert: „Eine christliche disciplina, die mit der in den heidnischen Mysterienreligionen geübten vergleichbar wäre, läßt sich für keine Zeit feststellen." - S. 2; dennoch muß er im Folgenden differenzierter darstellen und eine stattliche Reihe von Quellen zur Geheimhaltung von christlichen Lehren und Gebräuchen anführen.) Wichtiger als der Begriff ist letztlich der Sachverhalt: wenn möglich, behielten die Christen, die Tertullian kennt, ihr Christentum für sich und verwehrten gänzlich Außenstehenden den Zugang zu ihren Versammlungen. - Daß Tertullian die Geheimniskrämerei der Valentinianer verspottet (adv

deutlich, daß hinter dieser Praxis und speziell auch hinter der Geheimhaltung der Eucharistie vitale Interessen der Christen standen.

Einmal nämlich mahnt der Montanist Tertullian die Christen zum
Gottesdienstbesuch auch während Verfolgungszeiten und läßt dabei
auch den Einwand nicht gelten, daß doch durch das Zusammenkommen so vieler Menschen die Aufmerksamkeit der Verfolger geweckt
werden müsse[49]. Etwas weiter im Text rät er dann doch, im
Zweifelsfall bei Nacht und eventuell in kleinen Grüppchen zusammenzukommen[50]. Auf jeden Fall aber, so können wir diesen Ausführungen entnehmen, war es gefährlich, wenn Nichtchristen etwas
von den Zusammenkünften der Christen wußten, speziell in Verfolgungszeiten[51].

Daß gerade auch die Eucharistie Anlaß zu Mißverständnissen und
Verfolgung sein konnte, wenn etwas über sie bekannt wurde, zeigt
sich deutlich an der zweiten Stelle, in der Schrift Ad uxorem. Hier
zählt Tertullian im zweiten Buch all die Schwierigkeiten auf, in die
eine christliche Frau geraten kann, wenn sie einen heidnischen Mann
hat[52]. Dazu stellt er auch die Frage, was denn die Frau ihrem Manne über das sagen soll, was sie heimlich vor jeder Mahlzeit
ißt[53]. Offensichtlich handelt es sich hier um Apophoreta, denn, so
fragt Tertullian, „würde der Mann nicht, selbst wenn er wüßte, daß es
nur Brot ist, glauben, daß es sich um das handelt, wovon man redet?
Oder wenn er das (Gerede) nicht kennt, wie soll einer den Sinn der
Sache so einfach verstehen[54]?" Das heißt doch wohl, daß nach der
Vorstellung Tertullians der heidnische Ehemann, wollte man ihm das
eucharistische Brot erklären, doch irgendetwas Verruchtes, vielleicht
eine magische Praktik, dahinter vermuten würde, selbst wenn er die

---

Val 1), ist m. E. gegen diese Beobachtungen kein ausreichendes Gegenargument (gegen E. DEKKERS, Geschiedenis, p. 78ff, der immerhin einräumt, daß Tertullian ein
„arcanum" der Christen kennt, jedoch nicht, so will er begrifflich trennen, eine *disciplina* arcani - Hervorhebung auf p. 80 und 81). Auch daß der Traktat De baptismo
die Taufe schon den Taufbewerbern erklärt, spricht m. E. nicht gegen das Vorhandensein einer Arkandisziplin, auch wenn dies Lehrstück später in den Unterricht
nach der Taufe gehört (gegen E. DEKKERS, a. a. O.).

[49] fug 3,2.
[50] fug 14,1.
[51] Das war so, wenngleich nicht so deutlich, auch schon den Stellen ad nat
I,7,19-20 und apol 7,4ff zu entnehmen. Beide Stellen sind aber auch Zeugnis dafür,
daß es den Heiden mitunter auch gelang, wenigstens einige der Termine für die
christlichen Zusammenkünfte („scitis et dies conuentuum nostrorum" - ad nat I,7,19)
und deren Ort herauszufinden.
[52] ux II,4-6.
[53] ux II,5,3-4 (korrigierte Zählung; in CChr.SL 1,389, als 5,2-3, aber der
Abschnitt davor ist auch schon 5,2).
[54] Ebda.

Gerüchte über Kindermord und dergleichen nicht kannte[55]. Es war also gerade bei der Eucharistie äußerst riskant, den Heiden den christlichen Glauben mitzuteilen[56]. Endlose Erklärungen würden nur um so größeres Mißtrauen hervorrufen[57], so daß man angesichts der immer drohenden Möglichkeit von Verfolgungen besser ganz schwieg und seine „arcana" für sich behielt[58].

d) Eucharistiefeier

So verwundert es nun nicht mehr, daß wir sowohl in De anima 9 als auch in apol 39 die Eucharistie nicht erwähnt finden. Damit ist allerdings noch nicht vollends erwiesen, daß zu den hier beschriebenen Gottesdiensten die Eucharistie auch wirklich dazugehörte.

Ja, wenn man sich die Aufzählung der Gelegenheiten in De cultu feminarum 11 ansieht, zu denen nach Tertullians Meinung eine christliche Frau aus dem Hause geht, dann will es eher so scheinen, als seien Wortgottesdienst und Eucharistiefeier getrennt. Denn hier kommen in Frage: Krankenbesuche in der Gemeinde, das Opfer und die Predigt („aut sacrificium offertur aut dei sermo administratur"), daneben nur mit Einschränkungen Besuche im Rahmen gastfreundschaftlicher Verpflichtungen des Ehemannes[59]. Zwar kennt Tertullian das Theologumenon vom Gebet oder auch von Almosen oder Fasten als Gott wohlgefälligem Opfer, und er verwendet es auch gerne, allerdings vor allem gegenüber Nichtchristen und Häretikern[60]. Auch erwähnt er

---

[55] Vgl. ad nat I,7,23.31 und apol 8 über das in das Blut eines geschlachteten Kindes getauchte Brot. S. dazu ferner F. J. DÖLGER, „Sacramentum infanticidii", in: DERS., Antike und Christentum, Bd. 4, Münster 1934, 188-228.

[56] Das gilt natürlich besonders von einer Auffassung des Sakraments, wie Tertullian sie in res mort 8,3 vertritt: „caro corpore et sanguine Christi uescitur, ut et anima de deo saginetur."

[57] So sagt es Tertullian schon einleitend über die „quotidianae conuersationis insignia" der Christen, zu denen er die Apophoreta rechnet - ux II,5,2.

[58] Der Begriff „arcana" kommt zusammenfassend in ux II,5,4 vor.

[59] cult fem II,11,1-2: „1. Quae autem uobis causa est extructius prodeundi, cum remotae sitis ab his, quae talium indigent? Nam nec templa circumitis nec spectacula postulatis nec festos dies gentium nostis. Propter istos enim conuentus et mutuum uidere ac uideri omnes pompae in publicum proferuntur, aut ut luxuria negotietur aut gloria insolescat.

Vobis autem nulla procedendi causa non tetrica: 2. Aut inbecillis aliquis ex fratribus uisitatur aut sacrificium offertur aut dei sermo administratur. ..."

Daß „sermo" hier allein die Schriftlesung bezeichnet, scheint mir nicht erwiesen (gegen M. TURCAN, in: Tertullien, La toilette des femmes (De cultu feminarum), ed. et transl. M. Turcan, Paris 1971 (SC 173), p. 154); will man sermo streng auf „Gottes Wort" in der Schrift beziehen, dann steht es hier dem Kontext gemäß doch als pars pro toto.

als besondere christliche Einrichtung das jährliche Opfer für die Verstorbenen[61]. Aber in dieser Aufzählung gegenüber einem christlichen Publikum, in der es um die normalen Gelegenheiten geht, bei denen Christen zusammenkommen, dürfte doch mit „sacrificium" wohl die Eucharistie gemeint sein[62]. Auch die Gedächtnisopferfeier für die Verstorbenen wird wohl im wesentlichen eine Eucharistiefeier gewesen sein; allerdings erfahren wir über sie nichts Genaueres von Tertullian.

Mit der Gegenüberstellung von sacrificium offerre und sermonem dei administrare muß aber dennoch nicht eine völlige Trennung von Wortgottesdienst und eucharistischer Feier bezeichnet sein, denn es könnte sich auch um Wortgottesdienste während der Woche im Gegenüber zu Gottesdiensten mit Wortteil und Eucharistiefeier handeln[63].

Eine ähnliche Reihe wie in De cultu feminarum findet sich auch in der Schrift Ad uxorem II,4,2, wo Tertullian fragt, welcher heidnische Ehemann seine Frau wohl so einfach gehen ließe zu Besuchen bei Gemeindegliedern, zu spätabendlichen Zusammenkünften[64] oder

---

[60] apol 30,5; or 28; adv Marc III,22,6; IV,1,8; IV,9,9 („offerre ... orationem scilicet et actionem gratiarum ..."; mit letzterem könnte die Eucharistie gemeint sein); Scap 2,8; vgl. auch res mort 8,4; iei 16,1; virg vel 13,2; pat 16,5.

[61] exh cast 11,2; monog 10,4 (u. 11,2); cor 3,3.

[62] Vgl. praescr 40,4: „panis oblatio"; or 19,1; ux II,8,6 (?); virg vel 9,1 (offerre - sacerdotale officium); exh cast 7,3.

[63] Solche Wortgottesdienste während der Woche sind allerdings sonst bei Tertullian nicht belegbar. Das will aber nicht viel heißen, erfahren wir doch auch nur beinahe zufällig von den Eucharistiefeiern während der Woche (dazu s. u.). - E. DEKKERS, Geschiedenis, p. 66f. u. p. 112, nimmt die Notiz aus ad nat I,7,19: „scitis et dies conuentuum nostrorum" zum Beleg dafür, daß es nicht jeden Tag einen christlichen Gottesdienst gab. M. E. sind der Begriff „dies" und die ganze Stelle durch diese Schlußfolgerung überbelastet. Immerhin: es mag verschiedene Wochengottesdienste gegeben haben, ohne daß damit jeden Tag ein Gottesdienst stattfand. Letzten Endes nimmt anscheinend auch Dekkers so etwas an, wenn er von der „Gebetssynaxis" neben der „eucharistischen Synaxis" redet (z. B. p. 111); auf p. 66f. kommt es ihm vor allem darauf an zu sagen, daß es keine tägliche Meßfeier gab (z. B. gegen J. KOLBERG, Verfassung, S. 119f.). - Zu allgemein bleibt H. ACHELIS, Christentum II, S. 421 (Exkurs 52), wenn er aufgrund von or 19 und im Vergleich mit Cyprian-Stellen die m. E. nicht aufrechtzuerhaltende Schlußfolgerung zieht, es sei wahrscheinlich, daß es im Karthago Tertullians tägliche Eucharistiefeiern gegeben habe. - Vgl. auch Fußn. 84.

[64] Die Einschränkung „si ita oportuerit" dürfte darauf hindeuten, daß hier an nächtliche Zusammenkünfte in Verfolgungszeiten gedacht ist (vgl. fug 14,1 - mit E. DEKKERS, Geschiedenis, p. 113f. und G. ESSER, Convocationes nocturnae bei Tertullian ad uxorem II,4, in: *Der Katholik* 96 (1916) Bd XVII, 388-391; gegen W.P. Le Saint, der übersetzt: „when she is obliged to be present at evening devotions" - Tertullian, Treatises on Marriage and Remarriage, transl. W.P. LE SAINT, Westminster/London 1951 (ACW 13), p. 29). Die „nocturnae conuocationes" haben jedenfalls nicht wie die gleich danach steigernd aufgeführten Osterfeiern die ganze Nacht durch gedauert (mit Dekkers und Esser, ll. cc.).

gar zur Osterfeier über Nacht - oder schließlich auch zu eben jener christlichen Mahlfeier, die die Heiden zum Anlaß ihrer Verleumdungen nehmen[65]. Tertullian setzt die Reihe noch fort mit Besuchen bei Märtyrern im Gefängnis und geht dann über zu weiteren Schwierigkeiten, die sich einer christlichen Frau mit heidnischem Ehemann in den Weg stellen. Gemäß seiner Thematik geht er aber auf morgendliche Zusammenkünfte der Christen hier nicht ein, da sie kein so großes Problem für eine Frau in der beschriebenen Lage darstellen, so daß wir hier über die Möglichkeit der Eucharistiefeier beim Sonntagmorgengottesdienst nichts erfahren.

Daß aber die gemeinsame Mahlzeit der Christen als „dominicum conuiuium" bezeichnet wird, könnte allerdings darauf hindeuten, daß die Eucharistie, das Herrenmahl, doch im Rahmen der abendlichen Agapen gefeiert wurde. Sicher ist das aber keineswegs, so daß wir uns nach weiteren Auskünften über die Eucharistiefeier umsehen müssen.

In einer anderen Aufzählung kommt die Eucharistie ebenfalls getrennt von den göttlichen Schriften vor; hier[66] will Tertullian zeigen, daß die römische Kirche (wie auch die afrikanische) die eine christliche Tradition überkommen hat, auf die sich die Häretiker nicht berufen können. Nach einem kurzen Glaubensbekenntnis, das sich wohl an das Taufsymbol anlehnt, betont er dann, daß in Rom gleichermaßen Gesetz und Propheten, Evangelien und apostolische Briefe als Autorität gelten, von denen die Kirche „im Glauben trinkt"[67]. Diesen Glauben besiegele sie mit Taufwasser, umkleide ihn mit dem Heiligen Geist, weide ihn mit der Eucharistie und ermahne ihn zum Martyrium. Das „sancto spiritu uestit" ließe sich zwar auf Erbauung aufgrund der vom Geist inspirierten Schriften beziehen, doch im Kontext scheint mir die Deutung auf die Geistmitteilung durch Handauflegung nach der Wassertaufe wesentlich näher zu liegen, da ja von den Schriften schon die Rede war.

Es wäre möglich, daß hinter dieser Reihe die Vorstellung einer Art christlichen Biographie steht: von der Unterweisung in den Schriften als Katechumene über die Taufe zur Eucharistie bis hin zur

---

[65] Der Kontext bestätigt, was sich vom Begriff „convivium" her eigentlich schon von selbst versteht: es handelt sich um eine Mahlzeit am Abend, also das Agapemahl.

[66] praescr 36,5.

[67] praescr 36,1-5: „1. ... percurre ecclesias apostolicas ... 2. ... habes Romam unde nobis quoque auctoritas praesto est. 3. Ista ... ecclesia ... 4. uideamus quid didicerit, quid docuerit: ... 5. unum Deum Dominum nouit ... et carnis resurrectionem, legem et prophetas cum euangelicis et apostolicis litteris miscet, inde potat fidem; eam aqua signat, sancto spiritu uestit, eucharistia pascit, martyrium exhortatur et ita aduersus hanc institutionem neminem recipit."

Vollendung im Marytrium; dann wäre als ein Ort für die Eucharistiefeier, wie wir es auch zum Beispiel bei Justin und Hippolyt in Rom
finden[68], der Taufgottesdienst anzunehmen.

In dieselbe Richtung deutet auch die Aufzählung der Amtsfunktionen in virg vel 9,1, welche den Frauen in der Gemeinde verwehrt sind:
„nec docere, nec tinguere, nec offerre", wobei hier aber als Gesichts-
spunkte besonders genannt sind, daß es sich dabei um spezifisch
männliche und darüber hinaus (im „offerre") auch um priesterliche
Aufgaben handelt[69].

Endlich festeren Boden unter den Füßen bekommen wir durch
zwei Stellen, an denen Tertullian Angaben über die Zeiten für die Eucharistiefeier macht, nämlich cor 3,3 und or 18-19.

Im dritten Kapitel des (allerdings schon in die montanistische Zeit
zählenden) Traktates De corona militis[70] setzt sich Tertullian mit
dem Problem auseinander, ob Christen sich auch nach Ordnungen richten müssen, die sich nicht in den Heiligen Schriften finden. Dazu
führt er eine ganze Beispielskette von solchen Traditionen an, welche
von allen befolgt werden. Auch hier geht er wieder von Katechumenenzeit und Taufe aus, für die er den Brauch der Abrenuntiatio Diaboli und anderes benennt, und kommt dann auf die Eucharistiefeier
zu sprechen. Zwei Unterschiede zur biblischen Tradition fallen hier
nämlich ins Auge: einmal, daß Christus die Eucharistie zur Zeit der
Abendmahlzeit eingesetzt habe, während Tertullian und seine Zeit-
genossen sie auch frühmorgens feierten, zum anderen, daß nicht mehr

---

[68] Justin, Apol I,65; Hippolyt, tradAp 21 (Botte).

[69] „nec docere, nec tinguere, nec offerre, nec ullius uirilis muneris, nedum
sacerdotalis officii sortem sibi unidicare". - Die genannten Aufgaben sind also alle
den Männern vorbehalten; das dieser Verallgemeinerung steigernd hinzugefügte sacerdotale officium kann sich außer auf das offerre auch noch auf das tinguere
beziehen: vgl. bapt 17,1: „Dandi (sc. baptismum) quidem summum habet ius summus
sacerdos...", allerdings folgt: „alioquin etiam laicis ius est ...", was jedoch auf
die Nottaufe eingeschränkt wird.

[70] Beginnend mit cor 2,4; die unten angeführte Beispielskette findet sich in
cor 3,2-4, das Beispiel der Eucharistie in 3,3. Der Text von cor 3,2-4 lautet:
„2. Ergo quaeramus, an et traditio nisi scripta non debeat recipi. Plane
negabimus recipiendam, si nulla exempla praeiudicent aliarum obseruationum, quas
sine ullius scripturae instrumento solius traditionis titulo et exinde consuetudinis
patrocinio uindicamus. Denique, ut a baptismate ingrediar, aquam adituri ibidem, sed
et aliquanto prius in ecclesia sub antistitis manu, contestamur nos renuntiare diabolo
et pompae et angelis eius. 3. Dehinc ter mergitamur amplius aliquid respondentes
quam dominus in euangelio determinauit. Inde suscepti lactis et mellis concordiam
praegustamus, exque ea die lauacro quotidiano per totam ebdomadem abstinemus.
Eucharistiae sacramentum, et in tempore uictus et omnibus mandatum a domino,
etiam antelucanis coetibus nec de aliorum manu quam praesidentium sumimus.
Oblationes pro defunctis, pro nataliciis annua die facimus. 4. Die dominico ieiunium
nefas ducimus uel de geniculis adorare. ..."

alle die Eucharistie mit der Hand herumreichten, sondern man sie nur noch von der Hand der Vorsteher in Empfang nehme.

Das „etiam" legt an dieser Stelle die Annahme nahe, daß die Eucharistie auch abends gefeiert wurde; es wäre aber zum Beispiel auch möglich, daß das „sumere"[71] in Bezug auf die abendlichen Agapen nur den Genuß von Apophoreta vorweg meint[72]. Bei den frühmorgendlichen Zusammenkünften handelte es sich aber nicht um eine Mahlzeit, so daß dort das „sumere" die ganze Feier der Eucharistie mit beinhalten muß.

Daß die Feier der Eucharistie am Morgen stattfand, wird nun auch in der recht frühen Schrift De oratione, Kapitel 18, impliziert, wo Tertullian sich mit der Gewohnheit mancher Leute auseinandersetzt, nicht am Friedenskuß teilzunehmen, wenn sie fasten. Sie tun das in Analogie zum vorösterlichen Fasten, wo der Friedenskuß im Gottesdienst wegfällt[73], aber, so lautet Tertullians Argument, wenn sie privat fasten, sollten sie das gemäß Gottes Gebot für sich behalten[74] - und dementsprechend den Friedenskuß nicht verweigern, um sich nicht zu verraten[75]. Der Friedenskuß kann also nicht im Rahmen einer Mahlzeit seinen Platz gehabt haben, weil da das Fasten sowieso auffiele; daß er aber zum Gebet vor der Eucharistiefeier gehörte, geht indirekt aus dem Kontext hervor. Denn, so fragt Tertullian, was wäre das für ein Opfer, von dem man ohne den Frieden weggeht[76]? Mit „sacrificium" könnte allgemein das Gebet gemeint sein, so wie Tertullian vorher den Friedenskuß das „signaculum orationis" nennt[77]. Aber daß das Wort hier doch die Eucharistiefeier meint, zeigt sich im Fortgang, wenn in der Erörterung eines weiteren, aber, wie ausdrücklich bemerkt, ähnlich gelagerten Problems die Teilnahme an den „Gebeten der Opfer" (sacrificiorum orationes) eindeutig mit der Teilnahme an der Eucharistiefeier identifiziert wird[78].

---

[71] Tertullian hat diesen Begriff offensichtlich wegen des zweiten, näher am Verb stehenden Teilsatzes gewählt: „de ... manu ... praesidentium sumimus".

[72] Vgl. Hippolyt von Rom, tradAp 28 (Botte). - E. DEKKERS, Geschiedenis, p. 110, ist der Auffassung, daß das etiam gar nicht additiv zu verstehen ist, sondern im Sinne von „doch, nichtsdestominder".

[73] or 18,7. - Auf Ostern und Pfingsten bei Tertullian gehe ich hier nicht besonders ein; vgl. dazu z. B. E. DEKKERS, Geschiedenis, p. 146ff.

[74] G.F. DIERCKS verweist auf Mt 6,16ff. und Did 8,1 (CChr.SL 1, p. 267).

[75] or 18,6. - K. THRAEDE, Ursprünge und Formen des „Heiligen Kusses" im frühen Christentum, *JAC* 11/12 (1968/69) 124-180, S. 151f., betont, daß der Kuß hier zum Gebet gehöre (weil man ihn zu Hause, wo man sein Fasten sowieso nicht verbergen kann, wie Tertullian einräumt, unterlassen könne). Ihm ist darin Recht zu geben, daß der Friedenskuß nicht ausschließlich zur Liturgie der Eucharistiefeier gehört; Thraede will aber nicht wahrhaben, daß er eben doch auch nach or 18 dort seinen Platz hat.

[76] or 18,5.

Auch die hier erörterte Frage, ob das Stationsfasten durch die Eucharistiefeier gebrochen werde, und die von Tertullian angebotene Lösung setzen voraus, daß die Eucharistie nicht zusammen mit einer Mahlzeit am Abend gefeiert wird. Denn, so schlägt Tertullian vor, man könnte ja an der Eucharistiefeier teilnehmen und am Altar den Leib des Herrn in Empfang nehmen (also ohne das Brot gleich zu verzehren), ihn aber (als Apophoretum) bis zum Ende des Fastens aufbewahren[79].

Dem Kapitel De oratione 19 können wir demnach noch eine weitere wichtige Information entnehmen: daß nämlich die Eucharistie nicht nur Sonntags, sondern auch an Wochentagen gefeiert wurde, wenigstens manchmal, wenn nicht regelmäßig, an den Stationsfastentagen.

e) Die Gottesdienste

Damit können wir aus den verstreuten Angaben Tertullians nun doch ein einigermaßen gesichertes Bild von den Gottesdienstformen gewinnen, die er kennt. Anscheinend gibt es auch keine entscheidenden Unterschiede zwischen den Gottesdiensten der „katholischen" und der montanistischen Kirche, wenn man einmal von der in De anima 9 doch sehr beschränkt erscheinenden Rolle der Prophetie im Gottesdienst absieht. Nur die Feier der Agape und demgegenüber die „Xerophagien" der Montanisten waren offensichtlich umstritten[80].

Demnach hat es also Sonntagsgottesdienste am frühen Morgen mit Schriftlesung, Psalmengesang, Predigt, Bittgebet und Feier der Eucharistie gegeben[81]. Darüber hinaus fanden auch während der Woche

---

[77] or 18,1.

[78] „Similiter et de stationum diebus non putant plerique sacrificiorum orationibus interueniendum, quod statio soluenda sit accepto corpore Domini. Ergo deuotum Deo obsequium eucharistia resoluit an magis Deo obligat?" - or 19,1-2.

[79] or 19,1-4: „1. Similiter et de stationum diebus non putant plerique sacrificiorum orationibus interueniendum, quod statio soluenda sit accepto corpore Domini. 2. Ergo deuotum Deo obsequium eucharistia resoluit an magis Deo obligat? 3. Nonne sollemnior erit statio tua, si et ad aram Dei steteris? 4. Accepto corpore domini et reseruato utrumque saluum est, et participatio sacrificii et exsecutio officii." - P. GLAUE, Die Vorlesung heiliger Schriften bei Tertullian, S. 144f., verfehlt m. E. den Sinn der Stelle und kommt zu der merkwürdigen Schlußfolgerung, es habe um drei Uhr nachmittags eine Eucharistiefeier gegeben; das Gleiche, wenn auch vorsichtiger begründet und mit Verweis auf die Zeit des Ambrosius, bei J. KOLBERG, Verfassung, S. 121f.

[80] Zum Kontrast zwischen Xerophagie und Agape s. z. B. iei 17.

[81] Sonntagsgottesdienst: dominica sollemnia (an 9,4 und fug 14,1 - dazu oben Fußn. 6 u. 7); darüber hinaus erwähnt Tertullian die Feier des Sonntags öfters: ad nat I,13,1; apol 16,11; or 23,2; cor 3,4; 11,3; idol 14,7. - Für den frühen Morgen

zumindest an einigen Tagen morgendliche Eucharistiefeiern statt. Ob zu diesen Feiern auch ein ausgeprägter Wortteil gehörte, läßt sich nicht sagen[82]. Die Alternative „aut sacrificium offertur aut dei sermo administratur"[83] läßt sich im erhobenen Gesamtkontext am ehesten auf Wochengottesdienste beziehen, so daß die eucharistischen Wochengottesdienste im Wechsel mit reinen Wortgottesdiensten stattfanden und vielleicht dementsprechend keinen oder nur einen stark gekürzten Wortteil hatten[84].

Neben diesen Gottesdiensten gab es abendliche Agapen, zu denen wohl der Genuß von Apophoreta, aber nicht eine Eucharistiefeier gehörte. Diese Mahlfeiern mußten wohl aus technischen Gründen auch auf einen kleineren Kreis beschränkt sein und konnten schwerlich die gesamte Gemeinde umfassen; jedenfalls betont Tertullian an einigen Stellen der heidnischen Obrigkeit gegenüber, daß die Christen sehr zahlreich seien, ja fast schon zahlreicher als die Heiden[85]. Selbst wenn man dies für eine Übertreibung hält: die Gemeinde Karthagos muß doch eine beträchtliche Größe besessen haben. Auch wenn man sie in Teilgemeinden unter Presbytern aufteilte, dürfte es kaum möglich gewesen sein, selbst eine solche Teilgemeinde zu einer (noch dazu geheimgehaltenen) Mahlzeit unter einem Dach zusammenzubringen.

---

kommt als Beleg außer cor 3,3 noch apol 2,6 in Frage; hier ist Tertullian aber in seiner Formulierung nicht frei, sondern von der Quelle (Plinius) abhängig, die er referiert. Zwar erwähnt Tertullian in or 23,2 die Sonntagsruhe („differentes etiam negotia"), aber zu seiner Zeit wird sich nicht jeder Christ den Luxus eines solchen freien Tages haben leisten können, Sklaven schon gar nicht. So fällt die Möglichkeit eines Gottesdienstes während der Arbeitszeit am Tage aus.

[82] P. GLAUE, Die Vorlesung heiliger Schriften bei Tertullian, S. 145f., vermutet das – ohne Angabe weiterer Gründe oder gar Belege.

[83] cult fem II,11,2.

[84] E. DEKKERS, Geschiedenis, bezeichnet die Wortgottesdienste einerseits als „aliturgische Synaxis, in der neben Liedern, Gebeten und Unterricht die heilige Schrift vorgelesen und erklärt wird" (p. 36, zur Erklärung von „dei sermo administratur"), andererseits als „Gebetssynaxis", für die er aufgrund von apol 39,18 (einzelne Christen singen nach der Agape etwas vor), und weil er davon ausgeht, daß es keine täglichen Gottesdienste gab (s. dazu Fußn. 63), annimmt, daß sie abends stattfand (p. 112f.). Das Argument aus apol 39,18 ist äußerst schwach (schließlich wird dort nur ein Gebet zur Entlassung erwähnt: „oratio conuiuium dirimit", so daß das „ita saturantur, ut qui meminerit etiam per noctem adorandum Deum sibi esse" auf das Privatgebet bezogen werden muß; entsprechend muß sich Dekkers auf den Liedervortrag bei Lampenlicht als frühe Form der „eucharistia lucernalis" zurückziehen), und da nach ux II,4,2 die nocturnae conuocationes „nur wenn es nötig sein sollte" stattfanden, bleibt als die wahrscheinlichere Tageszeit für den Wortgottesdienst der Morgen wenigstens einzelner Wochentage. - Mit Dekkers ist als wahrscheinlich anzunehmen, daß Tertullian in fug 14,1 mit „colligere" neben den „dominica sollemnia" ebenso wie mit dem Vorschlag, sich nachts in kleinen Grüppchen zu versammeln, eine Wortgottesdienstfeier meint (E. DEKKERS, Geschiedenis, p.111).

[85] apol 1,7; 37,4-5; Scap 2,10; 5,2.

Die Agape ist also bei Tertullian als eine Hausgemeindefeier anzusehen; dem enstpricht die eher lockere Form, daß einzelne Gemeindeglieder nach Tisch zur allgemeinen Erbauung Lieder oder Psalmen
vortrugen - so jedenfalls stellt es Tertullian in Analogie zu den
heidnischen Mahlzeiten dar - und daß keine Ansprache, wohl aber
Tischgespräche frommer Art erwähnt werden[86].

Ob die Agapen zu regelmäßigen Terminen oder eher unregelmäßig
auf Einladung eines Hausherren hin stattfanden, läßt sich aufgrund der
Quellenlage bei Tertullian nicht beurteilen. Jedenfalls kennt aber Tertullian eine recht große Zahl verschiedener gottesdienstlicher Zusammenkünfte der Christen[87] und außerdem noch ein ausgeprägtes
Privatfrömmigkeitsleben mit Gebetszeiten am Tage und auch in der
Nacht[88], zu denen Psalmengesang und evtl. auch Lesen in den
Schriften gehören konnten[89], mit dem Genuß von Apophoreta vor
den Mahlzeiten und dem häufigen Gebrauch des Kreuzzeichens[90],
mit Stationsfastentagen und freiwilligem Fasten darüber hinaus[91],
mit Almosengeben, christlicher Gastfreundschaft und Besuchen bei armen, wohl besonders den kranken, und bei gefangenen Gemeindegliedern[92]. So dürfte Tertullians Wunschvorstellung, daß die Christen
ein eigenes und mit der Welt nicht verflochtenes Sozialleben entwickelten[93], nicht ohne Anhaltspunkte an der Wirklichkeit gewesen
sein, wenngleich er erleben mußte, wie die Kirche der von ihm dann
so genannten „Psychiker" sich immer mehr von seinen Idealen
entfernte.

---

[86] apol 39,18.

[87] Außer Sonntags- und Wochengottesdiensten sowie den Agapen gibt es ja
noch die Tauffeiern (bapt 19,3: „omnis dies domini est" zur Begründung von Tauffeiern an anderen Tagen als Ostern), die Feier der Osternacht (ux II,4,2; mit
Taufen verbunden: bapt 19,1) und die Gedächtnisopfer für die Verstorbenen (wie
auch die Beerdigungen - an 51,6; zu den Gedächtnisopfern s. Fußn. 61) sowie anscheinend auch eine kirchliche Traufeier (ux II,8,6).

[88] or 25; ux II,5,3; weitere Stellen zusammengestellt bei E. DEKKERS,
Geschiedenis, p. 117-126.

[89] ux II,6,1; II,8,8 (psalmi et hymni); (or 28,4: inter psalmos et hymnos ist
auf das Gebet, doch speziell wohl, wie der Fortgang zeigt, auf die Eucharistiefeier
bezogen); exh cast 10,2: „si orationem facit ...; si scripturis incumbit ...; si
psalmum canit ...; si daemonem adiurat ..." - die Reihe bezieht sich wohl kaum
auf den Gottesdienst; das „scripturis incumbere" könnte allerdings auch in einer
christlichen Schule geschehen.

[90] ux II,5,3; or 19,4; zum Kreuzeszeichen weitere Stellen bei E. DEKKERS,
Geschiedenis, p. 89-94.

[91] Z. B. or 18 u. 19; in der Schrift iei geht es um Unterschiede in der
Fastenpraxis zwischen Montanisten und Großkirche.

[92] ux II,4,2; fug 13,1; pat 7,8; vgl. auch pud 22,1.

[93] Vgl. dazu auch die Schriften De idolatria und De spectaculis.

f) Die Gestalt des Wortgottesdienstes

aa) Der Raum

Anders als zu den Agapen traf man sich zum Sonntagsgottesdienst mit der ganzen Gemeinde, anscheinend in einem eigens dafür bestimmten Haus, vielleicht auch in einem dafür ausgesonderten Teilbereich eines größeren Privathauses[94]. Jedenfalls kommen bei Tertullian Wendungen vor, die im „domus dei"[95] und gelegentlich auch hinter dem Begriff „ecclesia" ein eigenes Gottesdienstgebäude vermuten lassen[96]. Dazu paßt auch, daß Tertullian ab und zu vom Altar der Christen im nicht bildlichen Sinne spricht[97], wenngleich er auch behauptet, daß die Christen anders als die Heiden keine Tempel und keine Altäre hätten[98]. So dürfte der Altar der Christen wohl eher ein beweglicher Tisch gewesen sein, auf dem die eucharistischen Gaben abgelegt wurden[99]. Vermutlich gab es für den Klerus besondere Sitze vorne[100], jedoch erwähnt Tertullian keine Protokathedria.

---

[94] Die „ganze Gemeinde" wäre in Karthago wohl die ganze Teilgemeinde mit ihrem Presbyter (s. o.); Zusammenkünfte der ganzen Ortsgemeinde waren aber das Normale und sind auch für Karthago nicht völlig auszuschließen.

[95] V. a. idol 7,1: „christianum ab idolis in ecclesiam uenire, de aduersaria officina in domum dei uenire" (nicht eindeutig dagegen idol 5,1); aber auch ux II,8,3: „quanto diues aliqua est ..., tanto capaciorem domum honoribus suis requirit ... difficile in domo dei diues ...".

[96] praescr 26,6: „in ecclesia libere praedicabant qui in synagogis et in locis publicis non tacebant"; praescr 42,10: die meisten Häretiker „nec ecclesias habent, sine matre, sine sede ... uagantur"; pud 4,5: „libidinum furias ... non modo limine, uerum omni ecclesiae tecto submonemus ..."; paen 7,10: „conlocauit in uestibulo paenitentiam secundam ..."; pud 3,5: Der Büßer „adsistit ... pro foribus eius" (sc. ecclesiae); weitere Stellen, die aber m. E. alle auch auf „ecclesia" als „Gemeinde" deutbar sind, finden sich bei E. DEKKERS, Geschiedenis, p. 105ff.

[97] or 19,3 (ara); or 28,4 (altare); pat 12,3 (altare - aber beeinflußt von Mt 5,23f.; vgl. or 11,1); paen 9,4 (aris dei geniculari). - or 19,3 ist eindeutig auf die Eucharistiefeier bezogen, während es in or 28,4 um die Darbringung von Gebeten „am Altar" geht, was aber im Kontext („inter psalmos et hymnos") am ehesten auf das eucharistische Gebet zu beziehen ist.

[98] spect 13,4 (vgl. idol 11,7 und fug 1,4).

[99] Jedenfalls gibt es auch keine archäologischen Belege für gemauerte Altäre in so früher Zeit. Die „animae martyrum sub altari" (or 5,3) sind auf den himmlischen Altar zu beziehen (Apc 6,9 - vgl. dazu S. 120). Vgl. zum Altar im Himmel auch Epistula Apostolorum 13 äth (= 6 kopt; SCHMIDT / WAJNBERGER p. 48,4 bzw. 49,7); Cyprian, de lapsis 18.

[100] Vgl. exh cast 11,1; der Priester opfert „circumdatus uiduis" - das muß sich auf die Sitzordnung beziehen (mit E. DEKKERS, Geschiedenis, p. 75f., der seinerseits auf F. Probst verweist). Die Sitzordnung deutet auf feste Plätze für die

Der Gebetsrichtung nach Osten[101] mag eine nach Osten ausgerichtete Sitzordnung entsprochen haben, für die man natürlich nicht jeden
beliebigen Raum benutzen konnte, ohne daß damit aber ein spezieller,
mit Ostung für den Gottesdienst errichteter Bau postuliert wäre[102].

bb) Die Gemeinde

Wer nahm nun am Wortteil des Sonntagmorgengottesdienstes teil,
und wie sah er im einzelnen aus? Wir hatten schon gesehen, daß Heiden in der Regel nicht zum Gottesdienst kamen, die christlichen Gottesdienste also nicht öffentlich waren, und außerdem die Vermutung
geäußert, daß Katechumenen (wie die Büßer) bis nach der Predigt zugelassen waren und vor dem gemeinsamen Gebet den Gottesdienst
verlassen mußten. Diese Vermutung läßt sich aufgrund einiger Angaben Tertullians bestätigen. Da ist zum einen der Schluß von De baptismo, wo Tertullian seine Hörer oder Leser auffordert, um Geistesgaben zu bitten, wenn sie „aus jenem heiligsten Bad der neuen Geburt
heraufsteigen und zum ersten Mal die Hände bei der Mutter mit den
Brüdern zum Gebet ausbreiten[103]". Erst nach der Taufe gehören die
Täuflinge als „Brüder" wirklich zur Kirche dazu, erst dann dürfen sie
mit den andern zusammen beten. Denn daß hier nicht nur das erste
gemeinsame Gebet nach der Taufe im Gegenüber zu anderen gemeinsamen Gebeten vor der Taufe gemeint ist, ergibt die Formulierung
„primas manus apud matrem cum fratribus aperitis": die doppelte Hervorhebung „bei der Mutter mit den Brüdern" wäre unnötig, handelte es
sich hier nicht um das erste Gebet mit der Gemeinde überhaupt[104].

Ein weiterer Beleg dafür, daß die Katechumenen nicht zum
Gemeindegebet zugelassen waren, findet sich in De praescriptione
haereticorum 41, wo Tertullian die „Unordnung" in den Gemeinden der
Häretiker kritisiert. Als erstes Beispiel führt er an, daß man bei den
Häretikern gar nicht wissen könne, wer Katechumene, wer getaufter
Gläubiger sei: „pariter adeunt, pariter audiunt, pariter orant"[105], und

---

verschiedenen Gruppen in der Gemeinde (dazu s. auch u. S. 412), und wo anders als
vorne soll der amtierende „sacerdos" sitzen bzw. zum Gebet dann stehen?

[101] S. u. Fußn. 183.

[102] Vgl. E. DEKKERS, Geschiedenis, p. 107, der hier zu Recht sehr vorsichtig
ist und richtig (mit O. Casel) gegen F. J. Dölger argumentiert.

[103] „cum de illo sanctissimo lauacro noui natalis ascenditis et primas manus
apud matrem cum fratribus aperitis, petite de patre, petite ..." - bapt 20,5.

[104] Daß zu diesem Gebet das Vaterunser gehörte, läßt sich aus Anfang und
Schluß von De oratione wahrscheinlich machen - s. S. 163 Fußn. 69.

etwas weiter: selbst den Friedenskuß tauschen sie wahllos mit allen aus[106]. Da die Kritik sich nicht nur auf das gemeinsame Gebet von Gläubigen und Katechumenen erstreckt, müssen in der Kirche Tertullians schon vorher die Unterschiede deutlich gewesen sein, ja der Wortlaut ließe sich sogar so interpretieren, daß Katechumenen überhaupt nicht zum Gottesdienst zugelassen waren. Doch ist es im Rahmen dessen, was sich sonst erheben läßt, das Wahrscheinlichste, daß in Tertullians Gemeinde den Gläubigen und Katechumenen verschiedene Plätze zugewiesen waren[107] und daß die Katechumenen zwar am Hören von Schriftlesung und Predigt, aber eben nicht am Gebet teilnehmen durften.

So nennt Tertullian in einer anderen Schrift die Katechumenen auch „audientes" (im Gegensatz zu den Gläubigen, die er als „intincti" bezeichnet[108]) und redet von den Neulingen, die „gerade angefangen haben, mit göttlichen Reden ihre Ohren zu benetzen"[109]. An dieser Stelle warnt er auch die Katechumenen davor, allzu voreilig nach der Taufe zu verlangen[110]; das setzt voraus, daß es keine festgelegte Zeit für den Katechumenat gab. Und daraus wiederum läßt sich

---

[105] praescr 41,2; gemeint sind wohl v. a. die Marcioniten: vgl. R.F. Refoulé auf p. 147 n. 1 in: Tertullien, Traité de la prescription contre les hérétiques, ed. R.F. REFOULE, transl. P. de LABRIOLLE, Paris 1957 (SC 46).

[106] praescr 41,3; auch E. DEKKERS, Geschiedenis, p. 51, n. 1, versteht die Stelle in diesem Sinne, während H. KELLNER, BKV 24, S. 351, „pax" mit „Kirchenfrieden" übersetzt. Im Blick auf den Fortgang der Passage ist Kellner Recht zu geben; nur wird die wahllos vergebene pax nichts anderes als der Friedenskuß sein. Allerdings sind demnach nicht nur die Katechumenen, sondern auch Andersgläubige (ebenfalls Häretiker) gemeint, welche die pax der Häretiker teilen.

[107] So auch J. KOLBERG, Verfassung, S. 70.

[108] paen 6 u. 7; die einfache Unterscheidung von audientes und intincti entspricht auch dem sonstigen Befund bei Tertullian; ich halte es für abwegig, aus praescr 41,4: „Ante sunt perfecti catechumeni quam edocti" das Vorhandensein von verschiedenen Katechumenenklassen abzuleiten; gemeint ist einfach: die Katechumenen sind bei den Häretikern schon vollendet (wie die Getauften), bevor sie noch ausgelernt haben (gegen T. HARNACK, Der christliche Gemeindegottesdienst im apostolischen und nachapostolischen Zeitalter, Erlangen 1854, S. 30f., und P. DE PUNIET, Catéchuménat, DACL 2,2, 2579-2621, col. 2589; mit J. KOLBERG, Verfassung, S. 65f., E. DEKKERS, Geschiedenis, p. 168 n. 4, und H. KELLNER, BKV 24, S. 351). Dennoch dürfte Tertullian die Aussonderung der Taufbewerber unter den Katechumenen zum Taufunterricht kurz vor der Taufe gekannt haben (s. u.). E. DE BAKKER, Sacramentum, Löwen 1911, p. 126-127, trifft den Sachverhalt richtig, wenngleich er für die Teilnehmer am Taufunterricht den bei Tertullian nicht belegten Begriff „competentes" einführt (de Bakker unterscheidet zwischen perfecti und catechumeni als den Getauften und Katechumenen und bei den Katechumenen zwischen audientes und competentes).

[109] paen 6,1.

[110] paen 6,3: „praesumptio intinctionis"; vgl. bapt 18,4: „pro cuiusque personae condicione a(c) dispositione, etiam aetate cunctatio baptismi utilior est, praecipue tamen circa paruulos."

ableiten, daß es wohl auch keinen regelmäßigen Katechumenenunterricht für alle Katechumenen gab, so daß das „audire" sich wirklich primär auf Schriftlesung und Predigt bezieht[111]. Ein regelrechter Unterricht dürfte erst der Taufunterricht der Taufbewerber kurz vor der
Taufe gewesen sein, auf den sich m. E. ein Hinweis in cor 3,2 findet,
wo Tertullian daran erinnert, daß schon eine kürzere Zeit vor der
Taufe unter der Hand des Vorstehers der Taufbewerber die Abrenuntiatio Diaboli spricht: das kann eigentlich nur die tägliche Handauflegung während des Taufunterrichts sein, wie wir sie etwa bei Hippolyt
von Rom auch finden[112]. Vielleicht kann man auch die Wendung,
daß die Christen ins Buch des Lebens eingetragen sind[113], auf
die Eintragung der Taufbewerber ins Gemeindebuch beziehen.

   Zu fragen wäre noch, welchen „Sitz im Leben" dann Tertullians
katechetische Schriften[114] hatten. Drei Möglichkeiten erscheinen

---

[111] Gegen J. KOLBERG, Verfassung, S. 63ff., der wie selbstverständlich von
einem regelmäßigen Unterricht für die Katechumenen ausgeht. - In der „Apostolischen Tradition" des Hippolyt von Rom findet sich zwar neben der festgelegten Zeit
von drei Jahren für den Katechumenat die Ausnahmeregelung, daß die Taufe bei
entsprechenden „Fortschritten" der Katechumenen schon früher stattfinden kann
(Nr. 17, Botte), aber auch hier gibt es für die Katechumenen außer dem Taufunterricht keinen gesonderten Unterricht (s. das Kapitel über Hippolyt).
[112] tradAp 20 (Botte).
[113] cor 13,1; vgl. auch idol 24,3: accedentes ad fidem (Anmeldung zum
Katechumenat) - ingredientes in fidem (Taufe).
[114] Zu ihnen gehören im weitesten Sinne: spect, or, bapt, pat, paen,
cult fem, ux, exh cast, cor, idol, virg vel (Schriften mit ähnlichen Titeln aus der
Spätzeit sind so polemisch, daß sie wohl kaum in erster Linie als katechetische
Werke gedacht waren). Erkennbar an Katechumenen als Publikum gerichtet ist davon eigentlich nur *De baptismo* (vgl. bapt 20,5), aber auch hier sind, wenigstens in
der schriftlichen und herausgegebenen Fassung, und nur die liegt uns vor, schon
längst Getaufte mit angesprochen (bapt 1,1). Im übrigen geht Tertullian in der
Schrift explizit auf kürzlich geschehene Äußerungen von Häretikern ein - die Schrift
hat also einen konkreten Anlaß auch außerhalb des Katechumenenunterrichts, wenngleich es sich dabei lediglich um einen „Aufhänger" für die Ausbreitung des
Lehrstoffes handeln mag. - Deutlich katechetischen Charakter trägt die Schrift *De
oratione*, die allerdings eher für die gerade Getauften (noui discipuli - or 1,1) als
für den Taufunterricht gedacht zu sein scheint (vgl. dazu die 5. mystagogische Katechese des Cyrill von Jerusalem). - Am besten ließe sich sonst noch die Schrift
De patientia im Katechumenenunterricht plaziert vorstellen; sie hat m. E. einen
ausgesprochen protreptischen Charakter (verfehlt ist dagegen die Einschätzung von
K. HOLL, Tertullian als Schriftsteller, S. 3, der die Captatio benevolentiae zum
eigentlichen Thema erhebt, wenn er sagt, daß Tertullian „in dieser Schrift ... in
erster Linie sich an sich selbst gewendet" habe). - Ähnlich gut paßt die Schrift *De
spectaculis* in den Katechumenenunterricht; die Anrede „qui cum maxime ad Deum
acceditis ... (et) qui iam accessisse uos testificati et confessi estis" (spect 1,1)
scheint aber Katechumenen und Getaufte im Blick zu haben, will man nicht die
zweite Gruppe als „ältere" Katechumenen ansprechen - was wegen des „confessi
estis" schwierig sein dürfte. - In *paen* (6) und *idol* (24,3) werden Katechumenen
mit angesprochen, aber beide Schriften richten sich insgesamt doch an die Christen
(paen 1,1: „et ipsi retro fuimus, caeci sine domini lumine"; idol 6,2: „renuntiauimus

mir, auch nebeneinander, denkbar: daß Tertullian als Lehrer in einer freien Schule tätig war, in der er auch interssierte Katechumenen zu nicht dem Taufunterricht vorbehaltenen Themen mit unterrichtete; daß er beim Taufunterricht durch Vorträge mitwirkte; und daß er gelegentlich auch zu bestimmten Themen Predigten hielt[115].

diabolo"). – Durch die Adresse an Einzelpersonen tragen *ux* und *exh cast* ausgesprochen „schriftlichen" Charakter; sie waren wohl von vornherein nur zur Lektüre bestimmt. – Ähnliches gilt m. E. für den Traktat *De corona militis* (cor 3,2: „tractatus") und für die Schrift *De virginibus velandis* (virg vel 17,5: „haec legentibus"), welche beide auf besondere Problemstellungen eingehen und offenbar auf innergemeindliche Diskussionen Bezug nehmen. – ux, exh cast, cor und virg vel sind jedenfalls an ein christliches Publikum von bereits Getauften gerichtet. – Für die Schrift *De cultu feminarum* schließlich läßt sich nur schwer eine konkrete Unterrichtssituation vorstellen, obwohl sie dem Stoff nach recht gut in einen Katechumenenunterricht passen würde: es sind praktisch nur Frauen angeredet, entweder Katechumeninnen oder aber auch getaufte Frauen. Möglicherweise gab es im Taufunterricht eine weibliche Gruppe – oder aber es ist auch De cultu feminarum nur ein literarisches Produkt zur Ermahnung gebildeter Frauen zu Hause. – Die Anrede „benedicti" nur auf Katechumenen zu beziehen und hieraus ein Kriterium gewinnen zu wollen, ist abwegig, wie allein schon die Schrift Ad martyras zeigt (gegen H. KELLNER, BKV 7, S. XXXVIII). – Eine Untersuchung der hier angesprochenen Problematik am Werk Tertullians liegt, so weit ich sehe, nur in dem wenig beachteten Aufsatz von J.A. KNAAKE, Die Predigten des Tertullian und Cyprian, *ThStKr* 76 (1903) 606-639, vor, der allerdings bei zu vielen Schriften Tertullians ihren „homiletischen Charakter" aufspürt. – T.D. BARNES, Tertullian. A Historical and Literary Study, Oxford 1971, behandelt die Frage passim und ohne genauere Nachweise.

[115] Die möglichen Zuordnungen der verschiedenen Schriften ergeben sich aus den Überlegungen in Fußn. 114. Die genannten Traktate, welche in den Unterricht passen würden, könnten auch als Predigten gehalten worden sein, besonders diejenigen, die sich auch und besonders an bereits Getaufte richten (spect, or, bapt, pat, paen, idol. – Eine andere Auswahl als ich trifft H. ACHELIS, Christentum II, S. 69, der aufgrund ihrer Form spect, cult fem, or und bapt für Predigten hält. Wieder anders T. D. BARNES, Tertullian, p. 117: or, bapt, pat, paen, mit Einschränkungen spect und cult fem II). Daß Tertullian als Lehrer tätig war, läßt sich m. W. nur mit den hier angestellten und ähnlichen Betrachtungen belegen. (Die Aussage, Tertullian habe „sich für den Unterricht der Katechumenen, der Taufanwärter und Neuchristen, zur Verfügung gestellt" (Interpunktion?) – H. v. CAMPENHAUSEN, Tertullian, in: *Gestalten der Kirchengeschichte I*, hrsg. v. M. Greschat, Stuttgart u. a. 1984, 97-120, S. 99 – setzt voraus (m. E. zu Unrecht – s. o.), daß es auch schon vor dem Taufunterricht einen geregelten Katechumenenunterricht gab, es sei denn, v. Campenhausen habe wirklich unter „Katechumenen" die „Taufanwärter und Neuchristen" verstehen wollen.) Vielleicht ist seine Predigttätigkeit in montanistischer Zeit (vgl. an 9,4) auf dieses Amt zurückzuführen – man braucht also nicht mit J.H. WASZINK, De anima, p. 171 (unter Verweis auf H. Achelis), anzunehmen, daß Tertullian bei den Montanisten Presbyter war; das wäre vermutlich auch besser belegbar. Dazu, daß Tertullian nicht Presbyter war, s. H. KOCH, Tertullianisches II, *ThStKr* 103 (1931) 95-114, und, mit Verweisen auf die übrige Literatur, T.D. BARNES, Tertullian, p. 11. Tertullian erwähnt das Amt des „doctor", so weit ich sehe, nur in praescr 3,5 und dort erst nach den Witwen und Jungfrauen (episcopus - diaconus - uidua - uirgo - doctor - etiam martyr; K. ADAM, Der Kirchenbegriff Tertullians, Paderborn 1907, S. 48, macht es sich m. E. zu leicht, wenn er hierin „lediglich … eine willkürliche Aufzählung" sieht) sowie in praescr 14,2, wo der „frater doctor" als mehr oder minder privater Ansprechpartner empfohlen wird, wenn

Mit der letzten Möglichkeit sind wir wieder beim Gottesdienst und der Frage, wie denn die Gemeinde sich zusammensetzte und wer welche Funktionen ausübte. Tertullian kennt eine deutliche Trennung zwischen Klerus und „Gemeindevolk"[116], die sich auch in der Sitzordnung beim Gottesdienst niedergeschlagen haben dürfte. Es nahmen also am Wortteil des Gottesdienstes drei größere voneinander unterscheidbare Gruppen teil: Katechumenen, Gläubige und Klerus. Dazu kommen, ähnlich plaziert wie die Katechumenen, noch die Büßer[117]. Auch die Witwen dürften, anscheinend vorne in der Nähe des Klerus, für sich gesessen haben[118], während die Jungfrauen wohl noch keinen eigenen Platz hatten[119]. Womöglich waren aber überhaupt die Männer von den Frauen getrennt[120]; allerdings läßt sich das, so

---

man in Glaubensdingen „curiosus" ist (vgl. auch praescr 44,5: doctores der Häretiker als deren Lehrautoritäten; ähnlich in adv Prax 1,6 Praxeas als „doctor" - der „magister" ist dagegen immer Lehrautorität oder Schulhaupt; entsprechend sind die magistri der Christen die Apostel und Christus selbst, später auch der Paraklet): ein Hinweis darauf, daß der „Lehrer" nicht mehr regelmäßig seine Funktion innerhalb der Gemeinde ausübte. „Docere" steht sonst neben „tinguere" und „offerre" als Tätigkeit der kirchlichen Ämter (Presbyter, Bischof) und bezeichnet wohl v. a. die Predigt - bapt 17,4; virg vel 9,1; vgl. praescr 41,5 (dort ist „docere" aber wohl eher auf Prophetie bezogen); übertragen auf die Privatfrömmigkeit: ux 11,8,7.

[116] Vgl. dazu J.H. WASZINK, De anima, p. 171 (dort werden genannt: an 9,4; exh cast 7,3; monog 12,2; iei 13,3), ferner praescr 41,8; bapt 17,1f; fug 11,1; monog 11,4; iei 16,3.

[117] Vermutlich hinten, nahe am Eingang; vgl. dazu paen 7,10: „conlocauit in uestibulo paenitentiam secundam quae pulsantibus patefaciat ..." Das patefacere bedeutet, daß Büßer nach der Exhomologese zum Wortteil des Gottesdienstes zugelassen werden: s. o. Fußn. 33.

[118] So schon F. PROBST, Die kirchliche Disciplin in den ersten drei Jahrhunderten, Tübingen 1873, S. 365, unter Verweis auf exh cast 11,2 (zit. bei E. DEKKERS, Geschiedenis, p. 75f.); vgl. dazu auch pud 13,7. Daß die Witwen im weiteren Sinne zum Klerus gezählt wurden, ergibt sich aus praescr 3,5; ux 1,7,4; monog 11,1. Zum Witwenstand bei Tertullian vgl. E. Schulz-Flügel, Kommentar zu virg vel 9,2 (nach Zählung der Autorin 9,5) in: Q.S.F. Tertulliani De Viriginibus Velandis, hrsg., übers. und komm. v. E. SCHULZ-FLÜGEL, Göttingen 1977, S. 248-250. Den Klerus im engeren Sinne bilden Bischöfe, Presbyter und Diakonen; s. Fußn. 124.

[119] Unter Bezug auf die Verschleierung, welche Tertullian den Jungfrauen empfiehlt, sagt er in virg vel 13, 1: „ut apud ethnicos caput uelant, certe in ecclesia uirginitatem suam abscondant ..." (der Gedanke wird in 13,1 f. weiter ausgeführt). Offenbar waren also verschleierte Jungfrauen in der Gemeinde nicht als Jungfrauen zu erkennen, wie auch der in virg vel 14,1 zitierte Einwand gegen Tertullian ergibt: „quomodo ceteras sollicitabimus ad huiusmodi opus?" (vgl. ferner virg vel 2,1 - dazu E. SCHULZ-FLÜGEL, Tertulliani De Virginibus Velandis, p. 213; virg vel 8,4; or 22,9). Daß die Jungfrauen noch keinen festen Platz hatten, zeigt auch das „abschreckende" Beispiel von der Jungfrau, die zu den Witwen gesetzt wurde (und damit in den Witwenstand: „in uiduatu ... collocatam" - virg vel 9,2), sowie die Tatsache, daß Tertullian sie nur einmal im Zusammenhang mit dem Klerus aufzählt (praescr 3,5).

[120] Dagegen führt E. DEKKERS, Geschiedenis, p. 72, die Stelle ux II,4,3 ins Feld: ein heidnischer Ehemann würde es seiner christlichen Frau nicht gestatten, „alicui fratrum ad osculum conuenire". Die Stellung dieses Gedankens im Kontext

weit ich sehe, nicht belegen. Die Verschleierung aller Frauen, auch der Unverheirateten, welche Tertullian propagiert[121], ginge sicher gut zusammen mit einer nach Geschlechtern getrennten Sitzordnung.

Jedenfalls war es den Frauen verwehrt, irgendeine besondere gottesdienstliche Tätigkeit auszuüben; das wird immer wieder einmal, besonders aber an der Stelle deutlich, wo Tertullian die „Unordnung" bei den Häretikern kritisiert[122]. Der einen Ausnahme, die Tertullian später zuläßt, nämlich daß eine Frau prophetisch tätig wird, steht er anfangs ebenfalls sehr skeptisch gegenüber, wie dieselbe Stelle zeigt[123].

Der eigentliche Klerus besteht im wesentlichen aus Bischof, Presbytern und Diakonen, wozu Tertullian gelegentlich noch den Lehrer und den Lektor erwähnt[124]. In Karthago dürfte es, wie gesagt, Teilgemeinden gegeben haben, so daß nicht immer der Bischof den Gottesdienst leitete, sondern auch Presbyter[125]. So scheint sich mir jedenfalls die Formulierung von De corona 3,3 am besten zu erklären, wo Tertullian sagt, daß die Christen die Eucharistie nur aus der Hand der „Vorsitzenden" (praesidentes) empfangen[126]. Auch Tertullians

---

zeigt aber, daß es hier um Äußerungen der Privatfrömmigkeit geht: das osculum, von dem an dieser Stelle die Rede ist, findet beim Besuch oder sonst statt, wenn man sich trifft – schließlich heißt es hier auch nicht, wie man für die gottesdienstliche Situation bei gemischter Sitzordnung annehmen müßte, „fratribus", sondern nur „alicui fratrum"; auch das Wort „conuenire" spricht gegen eine Deutung auf den Gottesdienst, wo man ja schon zusammen ist.

[121] virg vel; auch schon or 21-22.

[122] praescr 41,5; vgl. bapt 17,5; adv Marc V,8,11; virg vel 9,1.

[123] praescr 41,5: „... quae audeant docere, contendere, exorcismos agere, curationes repromittere, fortasse an et tingere" – vgl. dazu an 9,4 über die Visionen der Prophetin: „uidet et audit sacramenta et quorundam corda dinoscit et medicinas desiderantibus sumit".

[124] Episcopus, presbyteri, diaconi: bapt 17,2; fug 11,1; lector: praescr 41,8 (neben episcopus, diaconus, presbyterus und laicus – Reihenfolge nicht erkennbar); daß der „lector" nur hier auftaucht, könnte ein Hinweis darauf sein, daß seine Funktion noch nicht als klerikales Amt verstanden wird – so P. GLAUE, Die Vorlesung heiliger Schriften bei Tertullian, S. 151f., mit A. HARNACK, Die Quellen der sogenannten apostolischen Kirchenordnung nebst einer Untersuchung über den Ursprung des Lectorats und der anderen niederen Weihen, Leipzig 1886 (TU 2,5), S. 64-66; doctor: praescr 3,5 (episcopus, diaconus, uidua, uirgo, doctor, etiam martyr); praescr 14,2; s. dazu o. Fußn. 115. – In der montanistischen Zeit Tertullians werden natürlich noch die Propheten wichtig, wenngleich sie nicht in den beamteten Klerus hineingehören. Auch der „euangelizator" (cor 9,1), wohl mit „Missionsprediger" (oder auch „Evangelienschreiber") zu übersetzen und am ehesten lediglich eine historische Reminiszenz, hat kein Gemeindeamt inne (vgl. K. ADAM, Kirchenbegriff, S. 47f.; zu den Gemeindeämtern allgemein: ebda., S. 56ff.).

[125] Vgl. K. ADAM, Kirchenbegriff, S. 59, über das Priesteramt der Presbyter (oder Priester, wie Adam sich ausdrückt).

[126] Anders als in apol 39,5 (praesident ... seniores) ist ja hier ein christliches Publikum angesprochen; vgl. auch monog 12,3.

allmähliche Hinwendung zum Montanismus und dann der plötzlich auftretende Bruch mit den „Psychikern" ließe sich m. E. am ehesten in
einem System von Teilgemeinden vorstellen, deren eine schließlich sich
gänzlich abspaltet.

Während also ein Bischof oder Presbyter beim Gottesdienst den
Vorsitz führte und neben der eucharistischen Liturgie wohl auch das
Sprechen des allgemeinen Fürbittengebetes übernahm, falls nicht auch
aus der Gemeinde heraus einzelne Bitten vorgetragen wurden (dazu
s. u.), wurde die Schriftlesung vom Lektor ausgeführt; zu klären wäre
also noch, wer die Predigt hielt. Hier ist eine Erörterung besonders interessant, die Tertullian anstellt, um zu klären, wer das Recht zu
taufen habe[127]. Er billigt nämlich allen dieses Recht zu, wenngleich
der oberste Priester, der Bischof, auch das oberste Recht dazu habe. So
wird auch das Recht aller zu taufen gleich wieder eingeschränkt auf
die Nottaufe (und Frauen dürfen sowieso nicht taufen); doch im
Grundsatz bleibt dieses Recht bestehen. Und genau an dem Punkt, wo
dieser Grundsatz festgestellt wird, zieht Tertullian einen Vergleich zum
Wort Gottes: „ut sermo non debet abscondi ab ullo, proinde et baptismum, aeque dei census, ab omnibus exerceri potest"[128]. Auch wenn
sermo hier den Logos Gottes meinen sollte, kann das „non debet
abscondi" letztlich nur auf Verkündigung bezogen sein. Und der Vergleichspunkt zwischen Wort und Taufe scheint hier nicht nur der zu
sein, daß beide für alle notwendig sind, sondern auch, daß beide von
allen weitergegeben werden können[129].

---

[127] bapt 17.

[128] bapt 17,2.

[129] bapt 17,2: „Alioquin etiam laicis ius est: quod enim ex aequo accipitur ex
aequo dari potest - nisi (si) episcopi iam aut presbyteri aut diaconi uocabantur
discentes domini! - id est ut sermo non debet abscondi ab ullo ..."; die Parenthese
muß m. E. ohne das dazu konjizierte si verstanden und übersetzt werden: „als wenn
nicht schon Bischöfe oder Presbyter oder Diakone Schüler des Herrn genannt worden
wären" (ohne das si aber steht der Text in der älteren Ausgabe von J. G. P. Borleffs, der
auch die Ausgabe von bapt in CChr.SL 1 besorgte: Q.S.F. Tertulliani De baptismo,
ed. J.G.P. BORLEFFS, *Mn.NS* 59 (1932) 1-102, p. 41). Auch K. ADAM, Kirchenbegriff, S. 98, versteht die Stelle in diesem Sinne. Genau umgekehrt übersetzt H.
KELLNER, BKV 7, S. 294 die Stelle als Einschränkung: solange man nicht diese
Leute auch als „discentes" (wie die Katechumenen) bezeichnet; Kellners Übersetzung der gesamten Stelle gibt jedoch kaum einen Sinn. Eine eingehende Behandlung
der Stelle gibt H. KOCH, Tertullianisches II, *ThStKr* 103 (1931) 95-114, S. 99-106.
Koch faßt die „discentes" als die Jünger Jesu auf und kommt somit zu dem Ergebnis, der Satz müsse lauten: es sei denn, daß schon die Jünger Bischöfe oder
Priester oder Diakonen genannt worden sind, wobei er impliziert: sie wurden nicht
so genannt, weil es noch keinen Unterschied zwischen Klerus und Laien gab. Auch
nach Kochs Auffassung kommt also als Sinn der Stelle heraus, daß das Wort von
allen, nicht nur vom Klerus verkündigt werden kann. Ebenso wie Koch: Tertullien,
Traité du baptême, ed et transl. R. F. REFOULé / M. DROUZY (transl), Paris 1952

Leider geht Tertullian über die Feststellung des Grundsatzes hier nicht hinaus, so daß wir nicht wissen, ob er es für möglich hält, daß auch ein Laie in der Gemeinde predigt, oder ob er hier ähnlich einschränken würde wie bei der Taufe und die Verkündigung durch Laien etwa im Privatgespräch ansiedelte[130]. Doch scheint mir in dem grundsätzlichen Denken, das hier aufleuchtet, schon die Möglichkeit zur Kleruskritik gegenüber den „Psychikern" in späterer Zeit angelegt zu sein[131].

Vermutlich werden in der „katholischen" Kirche, die Tertullian kannte, dennoch in der Regel die „praesidentes" gepredigt haben, so wie es uns schon bei Justin begegnet[132]. Aber ich halte es für möglich und nicht nur im grundsätzlichen Denken Tertullians angelegt, daß gelegentlich zum Beispiel „doctores" predigten und etwa in dieser Rolle auch Tertullian selbst[133]. Daß er gepredigt hat, ist zumindest aus seiner späteren Zeit in De anima 9 belegt[134].

cc) Die Elemente des Wortgottesdienstes

Wir wollen nun noch einmal fragen, was man aufgrund von Tertullians Schriften über Schriftlesung, Psalmengesang, Predigt und Gemeindegebet im einzelnen sagen kann, wobei deutlich geworden ist, daß zwischen Predigt und Gebet mit der Entlassung der Katechumenen ein Einschnitt gesetzt werden muß und demnach eher eine Dreiteilung in

---

(SC 35), p. 90. - Zum Ganzen vgl. bapt 14, 2: „licuit et tinguere cui licuit et praedicare".

[130] Daß die Predigt im Gottesdienst von der Gemeinde diskutiert wurde (so H. ACHELIS, Das Christentum in den ersten drei Jahrhunderten, Bd II, Leipzig 1912, S. 68), ist von den Quellen her nicht belegbar und für die Zeit des Tertullian m. E. äußerst unwahrscheinlich.

[131] Sie begegnet in den späteren Streitschriften auf Schritt und Tritt. Ein Spitzensatz ist z. B. pud 21,1 7: „Et ideo ecclesia quidem delicta donabit, sed ecclesia spiritus per spiritalem hominem, non ecclesia numerus episcoporum." Allerdings bedeutet das keineswegs einen Verzicht auf kirchliche Ämter bei den Montanisten - vgl. K. ADAM, Kirchenbegriff, S. 157-168; 190-209 (Adams Darstellung ist allerdings stark durch seinen eigenen Katholizismus geprägt). - S. auch H. KOCH, Tertullianisches II, S. 104: „Wie man sieht, hat nicht erst der Montanist das allgemeine Priestertum verkündet, das war vielmehr seine Anschauung von jeher."

[132] Justin, Apol. I,67,4.

[133] Diese Ansicht wird von H. KOCH vertreten, z. B. in: DERS., Tertullianisches II. Koch weist dort auch darauf hin, daß Tertullian niemals die Häretiker deswegen attackiert, weil sie ohne Priesterweihe predigen (die allgemeine Kritik in Praescr 41 müsse sich nicht auf die Wortverkündigung beziehen) - S. 96f.; vgl. auch ebdt., S. 107f. über die „Lehrer".

[134] S. o. Fußn. 115.

Wortteil, Gebetsteil und Eucharistiefeier als eine Zweiteilung in „Katechumenen- und Gläubigenmesse" anzunehmen ist[135]. So werden wir auf das Gebet nur insoweit eingehen, als es das Bild von der gottesdienstlichen Frömmigkeit vervollständigen hilft und damit auch ein Kriterium für die Wertigkeit von Schriftlesung und Predigt an die Hand gibt.

Schriftlesung

Über die Schriftlesung in Tertullians Gemeinden läßt sich nicht sehr viel im einzelnen sagen[136]; man kann jedoch aus einer Reihe von Angaben schließen, daß Schriftlesungen des Alten wie des Neuen Testaments verbreitet waren. So kannte Tertullian offensichtlich auch Lesungen aus den apostolischen Briefen. Denn um zu belegen, daß die Kirche anders als die Häretiker im Besitz der apostolischen Tradition sei, weist Tertullian in praescr 36 darauf hin, daß in den Adressenorten der apostolischen Briefe immer noch aus den Originalen vorgelesen werde[137]. Selbst wenn das übertrieben sein sollte, so ist doch eine Lesung aus den Apostelbriefen vorausgesetzt, und so wird man auch die im Kontext folgende Aufzählung von Gesetz und Propheten, Evangelien und apostolischen Briefen, aus welchen die römische Kirche „den Glauben trinkt"[138], mit auf den gottesdienstlichen Gebrauch beziehen dürfen. Allerdings ist hier bereits wieder wie auch sonst, wenn Tertullian betont, daß man die ganze Bibel des alten und neuen Testaments gelten lassen müsse, der Schwerpunkt der Aussage dogmatisch und gegen die Verkürzung oder Verfälschung der heiligen Schriften in der häretischen Theologie gerichtet. So wird man auch nicht aus der Tatsache allein, daß Tertullian bestimmte heilige Schriften benutzt, auf ihre Verwendung im Gottesdienst schließen dürfen[139].

---

[135] Gegen J. KOLBERG, Verfassung, S. 100ff.

[136] Vgl. P. GLAUE, Die Vorlesung heiliger Schriften bei Tertullian, S. 146: „Was wir sodann den Schriften Tertullians über die Lektionen entnehmen können, ist leider nicht allzu viel."

[137] praescr 36,1-2; in kürzerer Form findet sich der Gedanke auch in adv Marc IV,5,1; vgl. auch den Hinweis auf die Vorlesung von 1Tim 3 in monog 12,3f.

[138] praescr 36,5: ecclesia Romana „unum Deum Dominum nouit (folgt eine kurze Form der regula fidei) ..., legem et prophetas cum euangelicis et apostolicis litteris miscet, inde potat fidem ...".

[139] Das kann man z. B. deutlich sehen an der Henochapokalypse, die Tertullian in cult fem 1,3 verteidigt („a nobis quidem nihil omnino reiciendum est, quod pertineat ad nos" - cult fem I,3,3), wo er aber zugleich mitteilt, daß einige Christen das Buch ablehnen, weil es nicht zum jüdischen Kanon gehört; ja mehr

Die bereits zitierte Aussage aber, daß die Dämonen die Pläne Gottes früher den Predigten der Propheten und heute den kirchlichen Schriftlesungen entnehmen, weist doch darauf hin, daß alttestamentliche Lesungen zum regelmäßigen Gottesdienst gehörten[140]. Und so verwundert es auch nicht, daß Tertullian beispielsweise in seiner Schrift über das Gebet „Aussprüche der Propheten, der Evangelien und der Apostel, Worte des Herrn, Gleichnisse, Beispiele und Gebote"[141] als bekannt voraussetzt, wenn er darauf hinweist, daß so vieles davon im Vaterunser wie in einem Kompendium zusammengefaßt sei. So werden wir zu unserer Liste von im gottesdienstlichen Gebrauch stehenden Schriften sicher auch die Evangelien dazunehmen dürfen.

Die Gebildeten und Wohlhabenden werden auch durch private Lektüre oder durch den Unterricht bei einem christlichen Lehrer eine gewisse Vertrautheit mit biblischen Schriften bekommen haben[142], so daß die „scripturarum interiectiones" beim christlichen Gastmahl[143] auch hierauf zurückgehen könnten. Aber wenn Tertullian sich in seiner Schrift De corona mit dem grundsätzlichen Argument auseinanderzusetzen hat, daß es für alles, was die Christen tun sollen, eine Anweisung in der Schrift geben muß[144], so klingt das doch so, als sei der Umgang mit den Schriften und eine Bekanntschaft mit ihrem Inhalt sehr verbreitet - und das ließe sich letztlich nur auf regelmäßige Schriftlesungen zurückführen[145]. Ob allerdings in jedem Gottesdienst

---

noch: seine Formulierungen bewegen sich so sehr im Konjunktiv, daß man überhaupt bezweifeln sollte, daß das Buch in Tertullians eigener Gemeinde in gottesdienstlichem Gebrauch stand.

[140] apol 22,9; die Prophezeiungen, welche die Dämonen mitbekommen, können natürlich auch neutestamentlichen Schriften entstammen, doch wird hier vor allem an das Alte Testament gedacht sein, ist doch nur von *prophetae contionantes* und nicht etwa auch dem Herrn oder den Aposteln die Rede. Darauf weist schon P. GLAUE, Die Vorlesung heiliger Schriften bei Tertullian, S. 148, hin. Daß das Alte Testament auch im Gottesdienst benutzt wurde, ist nicht nur selbstverständlich, sondern auch im Gegenüber etwa zur markionitischen Kirche geradezu notwendig. Sicher hätte Tertullian auch ein entsprechendes Argument der Markioniten referiert, hätte es in der Kirche keine regelmäßigen alttestamentlichen Lesungen gegeben.

[141] or 9,1.

[142] Vgl. o. Fußn. 89 zu exh cast 10,2.

[143] Tertullian fragt ux II,6,2, wo denn beim heidnischen Gastmahl, dem die christliche Ehefrau eines Heiden beiwohnen müsse, all das Christliche bleibe, das sie sonst kennt: „Quae dei mentio? Quae Christi inuocatio? Ubi fomenta fidei de scripturarum interiectione? Ubi spiritus refrigerium? Ubi diuina benedictio?" Stattdessen sei beim heidnischen Mahl alles fremd, feindlich und der Hölle verfallen. - Für mein Empfinden am Kontext vorbei interpretiert P. GLAUE, Die Vorlesung heiliger Schriften bei Tertullian, S. 147, die „scripturarum interiectio" als Schriftlesung im öffentlichen (sic!) Gottesdienst. Richtig dagegen C. Munier in: Tertullien, A son épouse, ed. et transl. C. MUNIER, Paris 1980 (SC 273), p. 188.

[144] cor 2,4 - 4,7; vgl. auch iei 13.

nur eine Lesung vorkam oder beispielsweise drei - Altes Testament, Evangelium, Epistel - kann man nicht erkennen[146], und ebensowenig, ob man ausgewählte Abschnitte las oder einer lectio continua folgte[147].

Psalmengesang

Auf die Lesung folgte in De anima 9 der Gesang von Psalmen, denen wir uns nun zuwenden wollen. Sind nämlich alttestamentliche Psalmen gemeint oder auch neue christliche Lieder? Jedenfalls waren die Psalmen offensichtlich ihrer Art nach deutlich von heidnischen Gesängen zu unterscheiden: „Niemand schließlich geht ins Theater, ohne vor allem daran zu denken, daß er gesehen werden und selbst sehen will. Jener aber (sc. unser christlicher Held) wird, dieweil der Tragöde mit lauter Stimme deklamiert, die Rufe irgendeines Propheten im Herzen abhandeln und zu weichlichen Flötenklängen bei sich auf Psalmenweisen sinnen, und wenn die Athleten dran sind, wird er sagen, man solle nicht zurückschlagen"[148]. So tragen beim Agapemahl zwar

---

[145] Vgl. dazu auch spect 91,4: „Si scaenicae doctrinae delectant, satis nobis litterarum est, satis uersuum est, satis sententiarum, satis etiam canticorum, satis uocum, nec falsae, sed ueritates, nec stropahe, sed simplicitates." Solcher christlich-biblische Kulturbetrieb dürfte sich nicht nur auf gottesdienstliche Lesungen und Gesänge, sondern auch auf die private Erbauung erstrecken.

[146] Hinzuzufügen wäre noch, daß bei gegebenem Anlaß auch bischöfliche Rundschreiben in der Gemeinde zur Verlesung kamen (pud 1,7-8), ohne daß hierfür ein besonderer gottesdienstlicher Ort erkennbar wird. E. DEKKERS, Geschiedenis, p. 38, will auch die Vorlesung von Märtyrerakten mit hinzunehmen, ohne daß er sich allerdings dafür auf Tertullian berufen kann. Solche Lesung dürfte für den Jahrestag des Todes örtlich besonders angesehener Märtyrer etwa ab der Mitte des 3. Jahrhunderts sicher anzunehmen sein; in der frühen Zeit wird man solche „Akten" wohl bei Gelegenheit, d. h. wenn man sie zugeschickt bekam, vorgelesen haben - aber auch hier gilt, daß sich kein bestimmter gottesdienstlicher Ort dafür festmachen läßt. Vgl. auch S. 278f.

[147] Die bei P. GLAUE, Die Vorlesung heiliger Schriften bei Tertullian, S. 150, in Auseinandersetzung mit T. Kliefoth angestellten Überlegungen zu apol 39,3 belasten m. E. diesen Text viel zu stark; der Hinweis auf die aktuelle Auslegung der Schriften (zum Verständnis der Stelle vgl. o. S. 394) kann m. E. nicht begründen, daß die Schriftabschnitte zu Tagesfragen passend gewählt wurden.

[148] spect 25,3; vgl. für den Kontrast zwischen heidnischem und christlichem Gesang auch ux II,6,1f. Zu „effeminatus" s. M. Turcan, Ktr. zur Stelle, in: Tertullien, Les spectacles (De spectaculis), ed. et trans. M. TURCAN, Paris 1986 (SC 332), p. 288. - J. KOLBERG, Verfassung, S. 104, sieht in dieser Stelle einen Hinweis darauf, daß Psalmen zur gottesdienstlichen Liturgie gehörten. Man könnte in der Tat in der Abfolge Propheten - Psalm - Mahnung aus den Evangelien eine Reminiszenz an den Gottesdienst sehen, welcher auf diese Weise der heidnischen Veranstaltung gegenübergestellt würde (vgl. spect 25,5 ecclesia Dei - diaboli

auch einzelne Christen nach Art der heidnischen Gelage Gesänge vor, aber man erkennt an ihrem Vortrag sogleich, daß sie nicht betrunken sind[149]. Nüchtern und keineswegs aufreizend also sind die christlichen Lieder; und sie können, so erfahren wir an derselben Stelle im Apologeticum, sowohl den „göttlichen Schriften" entnommen sein als auch vom Vortragenden selbst neu gedichtet („de proprio ingenio"). So läßt sich der doppelte Ausdruck „Psalmen und Hymnen", den Tertullian bisweilen benutzt[150], wohl am besten auf diese zwei Arten von Liedern aufteilen.

Damit ist es wahrscheinlich, daß der „Psalmengesang" beim Sonntagsgottesdienst tatsächlich das Singen alttestamentlicher Psalmen bedeutet; so stellt Tertullian auch einmal den Psalmen des Valentinus die „richtigen" Psalmen des David gegenüber[151]. Dennoch ist es nicht auszuschließen, daß „psalmi" auch allgemeiner für christliche Lieder steht, dann aber jedenfalls auch die alttestamentlichen Psalmen mitumfaßt[152].

Lieder scheinen im christlichen Gottesdienst keine so prominente Rolle gespielt zu haben, daß Tertullian es für nötig hält, sie unbedingt zu erwähnen, wenn er den Heiden gegenüber diesen Gottesdienst schildert[153]. Andererseits hatten wir gesehen, daß es ihm hier vor allem darauf ankommt, die positiven Seiten und die Harmlosigkeit des christlichen Gottesdienstes herauszustellen; so ist es bezeichnend, daß er auf Lieder da zu sprechen kommt, wo der Vorwurf orgiastischer Ausschweifungen gemacht werden könnte[154]. Es wird aber auch bei dem Gottesdienst, den Tertullian im Apologeticum vor Augen hat, gesungen worden sein[155]; das zeigt sich schon daran, wie er in dieser

---

ecclesia) - die Reihe wird komplett durch das „Amen" in spect 25,5, zumal wenn man es auf das eucharistische Gebet bezieht (vgl. dazu u. S. 425).

[149] apol 39,18. Das „deo canere" an dieser Stelle auf einen predigthaften Vortrag zu deuten, geht m. E. sowohl am Kontext wie auch am Begriff (die Predigt ist nicht „für Gott") vorbei - gegen T.D. BARNES, Tertullian, p. 117.

[150] ux II,8,8; or 28,4; adv Marc V,18,7.

[151] carn Chr 20,3; vgl. carn Chr 17,1. Zu den Liedern der Häretiker und der Montanisten s. P. DE LABRIOLLE, La crise montaniste, Paris 1913, p. 60-68. - Ein weiterer Beleg dafür, daß die Christen alttestamentliche Psalmen benutzten, ist auch or 27. Zu dieser Stelle s. u. S. 426.

[152] So ist etwa in adv Marc V,18,12 die Bedeutung von psalmus aufgrund des Kontextes offen: Markion soll „Psalmen" seines Gottes vorweisen, die denen des Alten Testamentes konkurrieren können; Tertullian verlangt aber hier auch Prophetie oder Zungenreden als Beweis für die Existenz von Markions Gott, so daß auch neue, geistgewirkte „Psalmen" durchaus mit im Blick sein können.

[153] apol 39,2.4.

[154] apol 39,18, im Zusammenhang mit den Agapemahlen.

[155] Schließlich gehören auch Gebet und Lied eng zusammen; vgl. or 27; adv Marc III,22,6; virg vel 17,4 (hier ist wohl auch an den Gemeindegottesdienst gedacht).

Schrift das „carmen dicere" des Plinius interpretiert: er setzt einfach
„canere" dafür ein[156].

Außerdem sangen, so sieht es aus, die Christen zu jeder Gelegenheit[157], nicht nur im Wortteil des Gottesdienstes und bei den Agapemahlen, sondern auch bei der Eucharistiefeier[158] und privat[159];
und schließlich einmal, so sagt Tertullian an einer Stelle, werden sie
Gott in Ewigkeit „Dank singen"[160]; der Gesang setzt sich also fort
von der Erde bis in den Himmel.

Predigt

Auf den Psalmengesang folgt in De anima 9 der Vortrag einer „allocutio", dem gottesdienstlichen Kontext gemäß also eine Predigt[161].
Tertullian hatte hier „irgendetwas über die Seele" abgehandelt, so daß
anzunehmen ist, daß es sich in diesem Falle eher um eine Ansprache
zu einem Thema („de anima", „de anima et carne", „de resurrectione"
o. ä.) als um eine Homilie handelte, die einem verlesenen Text folgte.

---

[156] apol 2,6: „ad canendum Christo ut deo"; zwar gebraucht Tertullian
„canere" nicht nur in der Bedeutung von „singen" (s. z. B. test an 5,2), doch gibt
in apol 2,6 eine andere Übersetzung als „singen" m. E. keinen Sinn.

[157] spect 29,4: „satis etiam canticorum" dürfte nicht nur literarisch gemeint
sein; vgl. auch E. DEKKERS, Geschiedenis, p. 35.

[158] or 28,3-4: „orationem hostiam Dei propriam et acceptabilem ... de toto
corde deuotam, fide pastam, ueritate curatam, innocentia integram, castitate
mundam, agape coronatam cum pompa operum bonorum inter psalmos et hymnos
deducere ad Dei altare debemus omnia nobis a Deo impetraturam." Das Gebet wird
hier ins ganze christliche Leben eingebettet, wobei für caritas wohl nicht zufällig
agape steht, so daß man das inter psalmos et hymnos ad altare deducere mit Fug
und Recht (auch) auf die Eucharistie beziehen kann (anders J. KOLBERG, Verfassung, S. 103f., der die Stelle nur aufs private Gebet hin deutet).

[159] Deutlich: ux II,6,1; 8,8; auch exh cast 10,2.

[160] monog 10,6 (zu canere s. Fußn. 156); vgl. auch spect 30,1.

[161] Ein feststehender Begriff für Predigt findet sich bei Tertullian nicht. Am
ehesten scheint ihm „praedicatio" geläufig, allerdings vor allem für die Predigt der
Propheten und Apostel in deren Schriften (vgl. z. B. pud 1,5; carn Chr 2,3; pud 10,3;
19,3; bapt 14,2 - ebenso „annuntiare", s. P. DE LABRIOLLE, La crise montaniste,
p. 82); doch sind die Worte praedicatio / praedicare keineswegs auf die Predigt beschränkt (vgl. z. B. apol 41,5; adv Marc V,15,6; 17,1; res 61,1; 63,9; pud 13,6 -
Genaueres zu praedicare / praedicatio bei R. BRAUN, Deus Christianorum, Paris
²1977, p. 430-434). Ähnliches gilt für „sermo", das neben seiner ganz allgemeinen
Bedeutung noch die spezifische des λόγος θεοῦ haben kann. Nach H. KOCH, Tertullianisches II, S. 105 Fußn. 1, steht „sermo" allein sogar niemals für die Predigt;
vgl. dagegen jedoch R. BRAUN, Deus Christianorum, p. 271 n. 2. - Zu „administratio uerbi" s. Fußn. 175, zu „allocutio" Fußn. 8. - Es ist bezeichnend, in welcher
Kürze E. DEKKERS, Geschiedenis, p. 39-40, die Predigt abhandelt: für die Liturgie
der Messe hat sie ja keine größere Bedeutung ... Ähnlich kurz auch J. KOLBERG,
Verfassung, S. 105f.

In dieselbe Richtung weist auch, daß alle Traktate Tertullians, die er auch im Gottesdienst als Predigt gehalten haben könnte[162], zu Themen und nicht zu bestimmten biblischen Texten konzipiert sind; das gilt bei genauerem Hinsehen auch von De oratione, wenngleich hier erst einmal das Vaterunser ausgelegt wird[163].

Auch die übrigen Angaben, die Tertullian zu Predigten macht, lassen sich auf Themen beziehen, wenngleich nicht ausgeschlossen werden kann, daß die Predigten eben diese Themen ausgehend von bestimmten Texten behandelten. Sicher ist, daß die Argumentation sich immer auf biblische Texte (nur eben nicht notwendigerweise auf einen einzigen, den es auszulegen galt) bezogen hat: die heiligen Schriften sind Autorität, und nicht umsonst ist Tertullian in Auseinandersetzungen sowohl über die Kanonizität als auch die richtige Auslegung der „Schriften" verwickelt[164]. Denn auch die Häretiker benutzen ja die heiligen Schriften, doch darüber darf man sich, so Tertullian, nicht verwundern: „Könnten sie denn irgendwoher anders etwas über Dinge des Glaubens sagen als aus den Schriften des Glaubens[165]?"

Daß die Predigt sich mit der aktuellen Auslegung prophetischer Texte befassen konnte, haben wir schon bei der Betrachtung von apol 39 gesehen. Hier fanden sich auch noch weitere Charakteristika der Predigt: sie weidet und stärkt Glauben und Zuversicht, aber sie bestärkt doch auch bei all solch positiver Zusprache durch eindringliches Einprägen der Gebote die „Disziplin", mahnt also zu einer den Geboten Gottes folgenden christlichen Lebensweise[166]. Was könnte man sich unter „fidem pascere" und „fiduciam figere" vorstellen? Ich vermute, daß mit „fidem pascere" vor allem der katechetische Aspekt der Predigt gemeint ist, während „fiduciam figere" mehr den tröstenden Zuspruch zu bedeuten scheint, den die Christen angesichts einer sie bedrängenden Welt benötigten.

Sehr deutlich tauchen diese beiden Aspekte zusammen mit der Paränese zur rechten Lebensführung an anderer Stelle noch einmal auf, wenn nämlich Tertullian in der Schrift De resurrectione mortuorum

---

[162] S. o. Fußn. 114; Kommentare oder Homilien sind uns von Tertullian nicht überliefert.

[163] Die Vaterunser-Auslegung geht von or 2 bis or 9 oder bestenfalls or 10; danach werden verschiedene Fragen zum Gebet abgehandelt, ohne daß der Bezug zum Vaterunser erhalten bleibt.

[164] Das gilt praktisch von allen antihäretischen Schriften Tertullians; darüber hinaus ist er im innerchristlichen Bereich bemüht, das Verhältnis zwischen Schrift und Tradition abzuklären (s. o. Fußn. 144); vgl. ferner z. B. cult fem 1,3 (dazu o. Fußn. 139).

[165] praescr 14,14.

[166] apol 39,3.

den Häretikern gegenüber einräumt, daß es in der Kirche viele gibt, die, in ihrem Glauben unsicher, wie die Häretiker der Belehrung über die Auferstehung des Fleisches bedürfen: „nam et multi rudes et plerique sua fide dubii et simplices plures, quos instrui dirigi muniri oportebit"[167]. Obwohl die hier gestellte Aufgabe von Tertullians Traktat erfüllt werden soll, könnte man „instrui, dirigi, muniri" dennoch als eine klassische Definition der Predigt bei Tertullian verstehen. Daß „muniri" mit „fiducia" eng zu koppeln ist, läßt sich durch den ersten, geradezu definitorischen Satz desselben Traktates bestätigen: „Fiducia Christianorum resurrectio mortuorum"[168].

So wird auch das zuerst genannte Predigtelement, die aktualisierende, Gegenwart deutende Textauslegung vor allem im Dienste des „fiduciam figere" oder „muniri" gestanden haben, und zwar sowohl (und das betont Tertullian besonders den Heiden gegenüber)[169] als Wahrheitsbeweis für die alt- und neutestamentliche Prophetie, als auch im Zusammenhang damit als Aufmunterung, schlimme Zeiten gemäß der biblischen Vorhersage als das Vorspiel zum ersehnten Weltenende und zur Aufnahme in den Himmel zu sehen[170].

Entsprechend überrascht es nicht, daß Tertullian an anderer Stelle, ebenfalls den Heiden gegenüber, neben der Auferstehung das Weltenende als christliches Predigtthema nennt[171]. Aber auch das Vorkommen von Häresien ist vorhergesagt, so daß ihr Auftreten Tertullian (so behauptet er wenigstens trotz all seiner literarischen Tätigkeit gegen die Häretiker) nicht weiter beunruhigt[172].

Im Streit mit den Häretikern geht es um Glaubensinhalte, res fidei, welche, wie wir gesehen haben, von beiden Seiten aus den heiligen Schriften geschöpft wurden[173]. Nur in der Kirche, wo man die „ueritas disciplinae" habe, gebe es aber auch die „ueritas expositionum", also die richtige Auslegung[174]. Die richtige Ordnung in der Kirche wird so zum Wahrheitskriterium auch für ihre Lehre, und es zeigt sich, wie eng fides und disciplina miteinander verzahnt sind. „Fidem pascere" als Aufgabe der Predigt ist also niemals nur „Glaubensinformation", sondern drängt darüber hinaus zur konkreten Lebensführung.

---

[167] res mort 2,11.
[168] res mort 1,1.
[169] apol 20,2-3.
[170] apol 41,5: „Sed et si aliqua nos quoque praestringunt ut uobis cohaerentes, laetamur magis recognitione diuinarum praedicationum; confirmamur, ut scilicet fiduciam et fidem spei nostrae agnoscentes (oder: confirmantium scilicet fiduciam et fidem spei nostrae ...)".
[171] ad nat I,19.
[172] praescr 4,1.

Wenn Tertullian als eine andere Aufgabe der kirchlichen Predigt die Bekehrung der Heiden nennt und den Häretikern vorwirft, daß sie mit ihrer „administratio uerbi"[175] stattdessen die Christen vom Glauben abkehren[176], so ist damit ein weiterer existentieller Aspekt des „instrui" genannt, ohne daß man allerdings Tertullians Worte hier auf die Goldwaage legen darf: das Wortspiel „non ethnicos conuertere, sed nostros euertere" hat in der Polemik sicherlich eine gewisse Eigendynamik, denn Heiden waren ja gar nicht zum Gottesdienst zugelassen, so daß hier höchstens die Bestärkung des Bekehrungswillens neuer Katechumenen gemeint sein kann[177].

Allen aber, Katechumenen und Gläubigen galt das „dirigi". Schließlich wurden die Katechumenen schon bei der Zulassung zum christlichen Gottesdienst, so weiß Tertullian der Unordnung bei den Häretikern gegenüber zu betonen, überprüft[178], und das bezog sich sicher auf die Ernsthaftigkeit ihres Interesses am Christentum, welche wiederum nur an der Lebensführung erwiesen werden konnte[179]. Und es zeigt das Gewicht, welches die „disciplina" in den Predigten hatte, wenn Tertullian den schwer zu verstehenden Pliniusbrief mit seinem

---

[173] praescr 14,14: „Aliunde scilicet loqui possunt de rebus fidei nisi ex litteris fidei?"

[174] praescr 19,3.

[175] „administratio uerbi" dürfte hier die Predigt meinen; in cult fem II,11,2 bezeichnet der Ausdruck wohl als pars pro toto den Wortgottesdienst (s. o. S. 399 u. S. 405).

[176] praescr 42,1.

[177] Vgl. dazu paen 6,1: „... qui cum maxime incipiunt diuinis sermonibus aures rigare quique ut catuli infantiae adhuc recentis necdum perfectis luminibus incerta reptant et dicunt quidem pristinis renuntiare et paenitentiam adsumunt, sed includere eam neglegunt."

[178] praescr 43,5; E. DEKKERS, Geschiedenis, p. 74f., bezieht die „adlectio explorata" zu Unrecht auf die Aufnahme in den Klerus: die Parallelen, die er anführt (p. 75 n. 1), reden alle von „adlectio in ordinem", während hier im Kontext adlectio, communicatio, promotio als zweite von drei Dreiergruppen zusammengehören; dabei bezieht sich dem Sinn nach adlectio explorata auf die Aufnahme in die Gemeinde, communicatio deliberata auf die Einhaltung der Bußdisziplin und promotio emerita auf die Erlangung kirchlicher Ämter. Mit „adlectio explorata" dürften also sowohl die Überprüfung bei der Aufnahme in den Katechumenenstand als auch die bei der Zulassung zum Taufunterricht gemeint sein.

[179] Vgl. die Schrift des Tertullian De idololatria; ferner die Apostolische Tradition des Hippolyt von Rom, Nr. 15 (Botte): dort werden Taufpaten als Zeugen über den Bewerber befragt; zur Überprüfung bei der Zulassung zum Taufunterricht (s. Fußn. 178) vgl. Tertullian, bapt 18,6: Unverheiratete sollen mit der Taufe warten, um sich erst in ihrer Enthaltsamkeit zu bewähren oder aber durch Heirat der Versuchung zu entgehen; ferner Hippolyt, tradAp Nr. 20 (Botte): „cum autem eliguntur qui accepturi sunt baptismum, examinatur vita ... eorum ...". Vgl. auch Tertullian, bapt 10,7: „uera et stabilis fides aqua tinguitur in salutem, simulata autem et infirma igni tinguitur in iudicium." Mit der Möglichkeit eines „simulierten" Glaubens wird also gerechnet.

„se sacramento obstringere" so interpretiert, daß man „ad confoederandam disciplinam", also zur Verpflichtung auf die richtige, den Geboten entsprechende Lebenshaltung zusammengekommen sei[180].

So nimmt es auch nicht wunder, wenn Tertullian in seiner montanistischen Zeit einmal die „disciplina" als das Resultat der Predigt bezeichnet[181]: alles nämlich, was die Kirche vom Himmel bekommen habe, sei ins Wanken gekommen, sowohl ihre „natura" als auch „disciplina" und „censura", wobei die Natur aus dem Taufwasser komme, die Lebensweise aus dem „instrumentum praedicationis" und die Kirchenzucht aus den Urteilssprüchen beider Testamente und der Furcht vor dem angekündigten ewigen Feuer. Auch wenn das „instrumentum praedicationis" hier die heilige Schrift bezeichnet, so muß doch die Schrift gemeint sein als Grundlage für die Unterweisung in der kirchlichen Predigt[182].

Gemeindegebet

Von dem Gebet, das auf die Predigt und die Entlassung der Katechumenen folgt, erfahren wir durch Tertullian, daß man nach Osten gewendet[183] und Sonntags nicht kniend, sondern im Stehen betete, weil der Sonntag ein Freudentag ist, an dem es sich auch nicht ziemt zu fasten[184]. Die Hände waren zum Gebet erhoben und ausgebreitet[185], das Haupt bei den Männern entblößt[186] und das Gesicht nach oben gewendet, jedenfalls wenn man im Stehen betete[187].

Das Gebet war an Gott gerichtet, ebenso aber anscheinend auch an Christus[188]. Es handelte sich im wesentlichen um ein Bitt- und

---

[180] apol 2,6.
[181] pud 1,5.
[182] Zu „instrumentum" vgl. R. BRAUN, Deus Christianorum, p. 463-473. - H. KELLNER übersetzt: „Urkunden des Evangeliums" (BKV 24, S. 378); die Einschränkung auf das Evangelium ist in keiner Weise gerechtfertigt. „Praedicatio" ist hier das in den Schriften „gepredigte" Gotteswort, das der Wahrung der „disciplina" dient - vielleicht ist aber mit „praedicatio" sogar auch die gegenwärtige Verkündigung gemeint (vgl. auch o. Fußn. 161), die als „Mittel" für die „disciplina" fungiert.
[183] ad nat I,13,1; apol 16,10.
[184] or 23,2; cor 3,4; vgl. ad nat I,13,1 und or 16.
[185] idol 7,1; spect 25,5; or 14; bapt 20,5; adv Marc I,23,9; an 51,6; weitere Stellen bei E. DEKKERS, Geschiedenis, p. 82f.
[186] apol 30,4; or 21-22; virg vel (z. B. 17,4).
[187] apol (17,6); 24,5; 30,4; die Augen beim Gebet niedergeschlagen: or 17,1 (ne uultu quidem in audaciam erecto) - vermutlich ist hier das (private) Bittgebet im Knien gemeint. Zum Knien s. z. B. or 23 und Scap 4,6.
[188] Für das Gebet zu Gott dem Vater s. bapt 20,5 und idol 7,1, außerdem das Vaterunser. Dafür, daß Gott Vater und Sohn beim Gebet eng zusammenstehen:

Fürbittgebet[189], aber es ist möglich, daß Lob und Dank auch schon hier und nicht nur im eucharistischen Gebet einen Platz hatten, wo sie natürlich in besonderer Weise hingehören. Bitten für die Regierung, um Frieden und Ruhe im Reich und in der engeren Umgebung scheinen zum regelmäßigen Fürbittenbestand gehört zu haben[190]. Zum Gebet für die Welt gehörte auch die uns nach dem, was wir sonst von Tertullian wissen, eher überraschende Bitte um den Aufschub des Endes; dahinter wird wohl vor allem missionarisches Interesse stehen[191]. Des weiteren werden zum Fürbittgebet auch Bitten für die Verstorbenen, die Schwachen, Kranken und Besessenen, für die Gefangenen, um Vergebung der Sünden, Freiheit von Versuchungen und Verfolgungen, Trost und Heil für alle Gläubigen gehört haben; das alles jedenfalls zählt Tertullian als Gebetsanliegen in or 29,2 auf, und man wird nicht fehlgehen, hierin eine Reminiszenz auch an das Gemeindegebet zu sehen[192].

Tertullian spricht an einer Stelle über eine Doxologie, von der zumindest die Formel εἰς αἰῶνας ἀπ' αἰῶνος auf Griechisch beibehalten war[193]; eine solche Doxologie wird wohl auch das Fürbittgebet abgeschlossen haben[194]. Das „Amen", das Tertullian an gleicher Stelle erwähnt, gehörte möglicherweise nur zum eucharistischen Gebet, formuliert er doch, daß man es „ins Heiligtum vorbringt" („in sanctum protuleris")[195]; interessanterweise kommt das Wort Amen auch in

---

(apol 21,28); adv Marc IV,9,9; or 2,5. Gebet zu Christus: ux II,6,2 (Christi inuocatio).

[189] apol 39,2 (precationes); an 9,4 (petitiones - dazu s. J.H. WASZINK, De anima, p. 170).

[190] apol 30,1.4.7; 31,2-3; 39,2; Scap 1,3.

[191] apol 30,7; 39,2: pro mora finis; E. DEKKERS, Geschiedenis, p. 30f., weist aber auch auf Stellen hin, wo Tertullian von einem genau entgegengesetzten Gebetsanliegen berichtet (or 5,1: Erklärung von „dein Reich komme"; res mort 22,2), und führt die unterschiedliche Darstellung auf das jeweilige Gegenüber, Heiden oder Christen, zurück. Vermutlich wurde um beides gebetet: um das baldige Kommen des Endes, aber auch um noch genug Zeit, möglichst viele zu bekehren.

[192] Mit J. KOLBERG, Verfassung, S. 107, der auf Ähnlichkeiten mit den Gebeten in ConstAp VIII verweist.

[193] spect 25,5.

[194] Weitere Doxologien trägt E. DEKKERS, Geschiedenis, p. 40, zusammen (ux I,1,3; or 29,4; Hermog 2,3, hier jedoch mehr ein Anklang an doxologische Sprache; alle Stellen ohne Amen!); als Beispiel sei der Schluß der Schrift De oratione (or 29,4) zitiert: „Etiam ipse Dominus orauit, cui sit honor et uirtus in saecula saeculorum."

[195] spect 25,5 (vgl. Fußn. 148). Vgl. dagegen aber die Doxologien im Martyrium der Perpetua und Felicitas, welche, lateinisch abgefaßt, doch ganz altertümliches Gepräge tragen; diejenige am Ende der Einleitung erwähnt nur Jesus Christus: „... cum domino Iesu Christo, cui est claritas et honor in saecula saeculorum. Amen.", und die am Schluß formuliert ähnlich, schiebt nur vor den Herrn noch den Geist und den Vater. Die griechischsprachige Doxologie hat sich demnach

der Schrift De oratione nicht vor. Auf das Gemeindegebet folgte der
Friedenskuß, an den sich die Feier der Eucharistie anschloß[196].

Den Heiden gegenüber betont Tertullian, daß die Christen ohne
Vorbeter beteten, weil ihr Gebet aus dem Herzen komme[197]. Bedeutet das, daß alle gemeinsam auswendig ein festes Gebetsformular sprachen? Das würde zu den relativ genauen liturgischen Regeln passen,
die Tertullian zum Gebet mitteilt, jedoch weniger zu der Formulierung
„de pectore oramus". Hiermit könnte eher das Gegenteil gemeint sein,
eine Art freier Gebetsgemeinschaft. Dazu würde sich die Bemerkung
Tertullians fügen, daß manche Christen beim Gebet (gesungene?)
Responsorien wie das Halleluja aus den Psalmen einflechten; doch das
muß sich nicht unbedingt auf den Sonntag und das Gemeindegebet
beziehen; ja, Tertullian drückt sich hier eher so aus, als sei an Gebete
in kleineren Gruppen gedacht[198].

So mag das „sine monitore" einfach bedeuten, daß die Gemeindeglieder den Gebetstext, den der Vorsteher frei formulierend („aus dem
Herzen") sprach, nicht nachbeteten, weil dem christlichen Gott gegenüber kein genaues Gebetsformular erforderlich war, das man mit Hilfe
eines Vorbeters hätte sprechen müssen, sondern nur still mitbeten und
daß sie darüber hinaus das Vaterunser alle gemeinsam sprechen konnten, ohne daß es jemand vorsagen mußte. Jedenfalls gibt es Indizien
dafür, daß man das Vaterunser nicht nur als tägliches Gebet zu den
Gebetszeiten, sondern auch als Gemeindegebet sprach[199].

---

auch in Nordafrika wohl kaum lange gehalten, sobald man Lateinisch als Gottesdienstsprache benutzte.

[196] S.o.S. 403.

[197] apol 30,4: „sine monitore, quia de pectore oramus". - „Der monitor war
Vorsprecher einer heiligen Formel, die dann völlig nachgesprochen wurde.", F.J.
DÖLGER, Vorbeter und Zeremoniar. Zu monitor und praeire, in: DERS., Antike und
Christentum, Bd 2, Münster 1930, 241-251, S. 241.

[198] or 27; die Wendung, die auf die Mitbeter weist, heißt: „qui simul sunt" -
das ist kein Ausdruck für die Gemeinde, sondern wohl bewußt ganz allgemein gehalten; das „qui" könnte fast mit einem konditionalen Nebensinn verstanden werden.

[199] Das Vaterunser war Gegenstand des Taufunterrichts und wurde von den
Täuflingen wohl im Taufgottesdienst zum ersten Mal mit der Gemeinde gebetet
(bapt 20,5; s. o. Fußn. 104). Tertullian bezeichnet es als „legitima oratio" (fug 2,5;
or 10: legitima et ordinaria oratio; iei 15,6: ordinaria oratio) oder kann sagen:
„debitoribus ... dimissuros nos in oratione profitemur" (pud 2,10; vgl. adv Marc
IV,26,3-4; adv Prax 23,4); solche Selbstverständlichkeit des Vaterunsers deutet m.
E. auch auf seinen Gebrauch im Gottesdienst. - Daß das Vaterunser als Privatgebet
mehrmals am Tag von den getauften Christen gesprochen wurde, ergibt sich aus der
Schrift De oratione, wenn es heißt, daß die Christen dreimal am Tag beten sollen,
„exceptis utique legitimis orationibus, quae sine ulla admonitione debentur ingressu
lucis et noctis" (or 25,5). Daß diese „selbstverständlich geschuldeten" Gebete eben
mit dem Adjektiv „legitimus" bezeichnet werden, deutet daraufhin, daß auch das
Vaterunser als „legitima oratio" zu den täglichen Gebeten gehörte. Auch die Erklärung, daß man „auf dem Fundament" des Vaterunsers auch noch spezifische Bitten

Sieht man einmal von Tertullians apologetischem Interesse ab, so scheint für ihn bei alledem aber vor allem das Privatgebet als Ausdruck des gelebten christlichen Glaubens wichtig zu sein; das Gemeindegebet kommt ihm sonst eigentlich nur in den Blick, wenn es darum geht, daß dazu die Katechumenen nicht zugelassen sind.

g) *Zum Stellenwert des Wortgottesdienstes*

Wie steht es angesichts dessen mit Schriftlesung und Predigt, wieviel Gewicht liegt auf ihnen? Wir hatten bereits gesehen, daß die heiligen Schriften für Tertullian von großer Bedeutung sind, und so kann er auch das gepredigte Wort unmittelbar neben die Taufe stellen[200]. Wir hatten auch gesehen, daß Tertullian der Predigt nicht nur unterweisende, sondern auch glaubensstärkende Kraft zuschreibt, und so hat die Predigt aus seiner Sicht im Christenleben sicher keinen geringen Stellenwert. Dabei mag man sich darüber streiten, ob ihm „instrui" und „dirigi" oder „muniri" als Aufgabe der Predigt wichtiger waren; letztlich dürfte für ihn doch wohl die Wahrung der christlichen „disciplina" unter allen drei Aspekten das Wichtigste gewesen sein.

Aufschlußreich ist allerdings, daß an einer Stelle Tertullian die Kritik der Häretiker an der Kirche referiert: ihnen ist alles, was Tertullian als kirchliche „disciplina" preist, „lenocinium", blendende Aufmachung und Schwulst, dem sie ihre „simplicitas" gegenüberstellen[201]. Demgegenüber weiß Tertullian das Konventikelwesen der Gnostiker zu geißeln, indem er ihnen vorwirft, daß einige von ihnen nicht einmal eine eigene Kirche haben[202]. Der hier angesprochene Konflikt deutet m. E. auf eine Gewichtsverschiebung in der Kirche hin zu Riten, Betonung der Liturgie und auch zur Eucharistie, der gegenüber die Gnostiker das einfache Medium des Wortes zur Erlangung der Gnosis betonten. Dementsprechend dürfte die Wahrung der Arkandisziplin in der Kirche auch nicht nur äußere Gründe gehabt haben - etwa den

---

vortragen dürfe (or 10), gibt Anlaß, das Vaterunser auch im Privatgebet zu plazieren - schließlich ist auch gerade dies die Stelle in De oratione, wo eindeutig das Vaterunser als „legitima et ordinaria oratio" bezeichnet wird (gegen E. DEKKERS, Geschiedenis, p. 26).

[200] S. o. S. 414f. zu bapt 17.

[201] praescr 41,3: „Simplicitatem uolunt esse prostrationem disciplinae cuius penes nos curam lenocinium uocant."

[202] praescr 42,10: „Plerique nec ecclesias habent, sine matre, sine sede, orbi fide, extorres quasi sibilati uagantur." - „Ecclesia" wird hier sowohl die Gemeinde als feste Institution bedeuten („mater") als auch das Kirchgebäude selbst („sedes" - vgl. o. Fußn. 96). Die Häretiker sind also aus Tertullians Perspektive in jeder Hinsicht haltlos.

Schutz vor Verfolgung -, sondern auch innere: die Feier der Eucharistie wird zum eigentlichen Arkanum, zum Allerheiligsten, wo der Priester das Opfer darbringt[203]. Es ist ebenso charakteristisch für Tertullian, daß er das, was die Häretiker als „lenocinium" bezeichnen, als Äußerungen kirchlicher „disciplina" verteidigt, wie daß er später schließlich seinerseits zum Kritiker des Pomps und Gepränges der Großkirche wurde[204].

Trotz alledem waren Schriftlesung und Predigt als Institution offensichtlich unumstritten und wurden auch im „großkirchlichen" Gottesdienst gepflegt: nie hat Tertullian den „Psychikern" gegenüber den Vorwurf erhoben, daß sie die Predigt vernachlässigten.

h) Zusammenfassung

Die Schriften des Tertullian sind eine Fundgrube für die Erforschung der christlichen Liturgie Nordafrikas an der Wende vom Zweiten zum Dritten Jahrhundert. Hier begegnet uns der schon seit Justin bekannte Gottesdienst am Sonntagmorgen mit Wortteil und Eucharistiefeier. Im Blick auf den Gottesdienstverlauf und seine Elemente scheint es dabei keinen wesentlichen Unterschied zwischen den Montanisten und der „Großkirche" gegeben zu haben, sondern mehr in Fragen der Prachtentfaltung oder Bescheidenheit beim Gottesdienst.

Gut belegen läßt sich aus Tertullians überliefertem Werk der Brauch regelmäßiger Schriftlesungen, für die das besondere Gemeindeamt der Lektoren eingerichtet war. Man las nunmehr aus der ganzen christlichen Bibel Alten und Neuen Testaments, wie sie in den nordafrikanischen Gemeinden im Gebrauch war. Die Predigten scheinen vor allem thematisch orientiert gewesen zu sein; daß sie sich aus den heiligen Schriften auch des Alten Testaments speisten, war angesichts der gnostischen Gegner geradezu selbstverständlich.

In Nordafrika waren in der Zeit Tertullians Gottesdienste an Wochentagen offenbar schon eingebürgert; dazu gehörten auch Eucharistiefeiern an den „Stationsfastentagen" Mittwoch und Freitag. Zum ersten Mal erscheint bei Tertullian eine ausgeprägte Arkandisziplin, die nicht unerheblich durch die latente Verfolgungssituation geprägt war. In besonderem Maße aber betraf sie die Eucharistie. Es erscheint nur konsequent, daß Katechumenen schon zum Fürbittgebet nach der

---

[203] Vgl. Fußn. 69; ferner: K. ADAM, Kirchenbegriff, S. 96.
[204] Interessanterweise findet sich hier auch eine Stelle, wo er die wahre disciplina mit dem „lenocinium" der Großkirche kontrastiert: pud 6,8.

Predigt nicht mehr zugelassen waren (immerhin aber scheinen sie vom Singen christlicher Hymnen nicht ausgeschlossen worden zu sein); der Friedenskuß oder gar die eigentliche Eucharistiefeier waren ihnen (wie übrigens auch den Büßern) selbstverständlich verwehrt.

Zwar gab es wohl einen besonderen Unterricht für die Taufbewerber, aber einen wesentlichen Platz im christlichen Unterrichtswesen nahm die Predigt ein. Sie belehrte die Predigthörer über alle Fragen der christlichen „disciplina", also der Lebensweise, die unlöslich mit dem Empfang des Heiles in Jesus Christus verknüpft war. Es ist nicht sicher zu klären, ob zu Tertullians Zeiten auch die christlichen Lehrer noch in den Gemeinden predigten, doch sprechen vor allem die als Predigt verfaßten Traktate des Tertullian selbst dafür.

Die Waage neigte sich im Gottesdienstleben dem Arkanum des Sakramentes zu, und die Wortverkündigung drohte zum Vorspann für das „Eigentliche", die Eucharistie zu werden. Doch hatte die „Disziplin", das Leben der Christen, erhebliches Gewicht, und damit auch die in den Predigten dazu gegebenen Anweisungen. Daneben läßt sich die Tendenz nicht verkennen, das ganze Leben der Christen zu „liturgisieren". Neben die Wochengottesdienste traten dazu die Agapemahlzeiten, der Genuß von Apophoreta sowie vielfältige Formen der Privatfrömmigkeit. Es dürfte auch kein Zufall sein, daß uns als Muster für das christliche Gebet ausdrücklich die festgefügte Form des Vaterunser begegnet; interessant ist in diesem Zusammenhang auch die Beibehaltung einer Doxologie in griechischer Sprache.

Der Wortgottesdienst ist damit in ein Netz christlichen Frömmigkeitslebens eingefügt, welches seinen Schwerpunkt bereits in der Eucharistie hat, aber doch auch noch wesentlich von der Wortverkündigung mit bestimmt ist.

13. Ausblicke

a) Origenes

Über den Gottesdienst bei Origenes hat schon A. Harnack Material zusammengestellt[1]. In jüngerer Zeit hat P. Nautin sich mit der Gottesdienststruktur befaßt, die sich aus den (erhaltenen) Werken des Origenes erheben läßt, wobei er besonderes Augenmerk auf die Wochengottesdienste sowie Lesungen und Predigten lenkte[2]. Schließlich veröffentlichte vor kurzem W. Schütz ein ganzes Buch über den christlichen Gottesdienst bei Origenes[3], in dem reichhaltiges Material vor allem zur Theologie des Gottesdienstes verarbeitet ist. Eine Beschreibung der christlichen Gottesdienste gibt Origenes nicht; man bleibt darauf angewiesen, sich ein Bild aus den verstreuten Angaben zusammenzusetzen, die er macht.

Ich möchte es hier nicht unternehmen, ein solches Bild mit allen möglichen Einzelheiten unter Zuhilfenahme der genannten Werke nachzuzeichnen - dafür sei noch einmal auf das Material bei Schütz hingewiesen -, sondern nur ein paar Worte zur Gottesdienststruktur und zur Bedeutung des Wortgottesdienstes bei Origenes sagen.

Bei Origenes lassen sich (für Caesarea) zum ersten Mal regelmäßige, ja tägliche Wochengottesdienste nachweisen, eine Praxis, welche bei Hippolyt von Rom und bei Tertullian noch nicht voll eingebürgert schien. P. Nautin trägt zum täglichen Gottesdienst eine Reihe von Stellen zusammen[4] und erschließt aus einer Angabe in der Schrift gegen Celsus, daß Origenes eine regelmäßige Eucharistiefeier am Sonntag und am Freitag kennt[5]; aus einigen Angaben zur

---

[1] A. V. HARNACK, Der kirchengeschichtliche Ertrag der exegetischen Arbeiten des Origenes, Teil I u. II, Leipzig 1918-1919 (TU 42,3, S. 1-96; TU 42,4), S. 65-88 in TU 42,3, und S. 122-129 (141) in TU 42,4.

[2] Origène, Homélies sur Jérémie, ed. P. NAUTIN, transl. P. HUSSON / P. NAUTIN, tom 1 (Homélies I-XI), Paris 1976 (SC 232), p. 100-112; ferner P. NAUTIN, Origène, Sa vie et son oeuvre, Paris 1977 (CAnt 1), p. 389-401.

[3] W. SCHÜTZ, Der christliche Gottesdienst bei Origenes, Stuttgart 1984 (CThM 8).

[4] Homélies sur Jérémie, tom I, p. 103ss; P. NAUTIN, Origène, p. 391s.

[5] Homélies sur Jérémie, tom I, p. 102 (Origenes c. Cels. VIII,22); auf p. 101ss setzt sich Nautin kritisch mit der Angabe des Sokrates, h. e. V,22

altkirchlichen Fastenpraxis außerhalb der Werke des Origenes, insbesondere aus Tertullian (or 19)[6], entnimmt Nautin außerdem, daß man in der Gemeinde des Origenes auch Mittwochs die Eucharistie feierte, wobei er durch Eintragung von Angaben des Epiphanius von Salamis (ca. 375) und aus der Beschreibung, welche die Aetheria in ihrem Itinerarium von den Gottesdiensten in Jerusalem am Ende des Vierten Jahrhunderts gibt, behauptet, die Eucharistiefeier habe das Stationsfasten am Nachmittag abgeschlossen[7]. Die genannte Erörterung des Tertullian, ob die Eucharistie das Fasten breche, ergibt aber nur einen Sinn, wenn sie während der Fastenstunden gefeiert wird[8].

An den Wochentagen wurde nach einer festen Leseordnung in fortlaufender Lesung das Alte Testament ausgelegt; zusätzliche Evangelienlesungen gab es nach der Ansicht Nautins nur an den Tagen, wo auch die Eucharistie gefeiert wurde, also mittwochs und freitags[9]. Schlüsselpunkt der Argumentation ist hier die Angabe aus Hippolyts Traditio Apostolica, Nr. 20 (Botte), die Taufkandidaten sollten nach der Anmeldung zum Taufunterricht „das Evangelium hören" (audiant evangelium)[10]. Abgesehen davon, daß man diese Stelle keineswegs im Sinne Nautins verstehen muß[11], ist sie als Beleg für die Erhebung der Gottesdienstpraxis bei Origenes durch Nautin überbelastet worden. Mehr noch: klare Aussagen in den erhaltenen Evangelienhomilien des Origens widersprechen der Theorie Nautins. Origenes redet nämlich zu wiederholten Malen in diesen Homilien die Katechumenen ausdrücklich mit an[12], die doch nach Nautin zu dem ganzen Gottesdienst, in

---

(PG 67,636 A2ss), auseinander, es habe in Alexandrien nur Mittwochs und Freitags Wochengottesdienste gegeben.

[6] P. NAUTIN, Origène, p. 392f; Nautin gibt fälschlich immer iei 10 an.

[7] A. a. O., p. 392; Epiphanias von Samalis, De fide 22 (GCS 37, p. 522f.); (Aetheria) Egeria, Itin. XXVII,6: zur neunten Stunde findet an den Stationsfastentagen eine „oblatio" statt; hier ist aber fast die ganze Woche eine Prozession von Kirche zu Kirche mit Gottesdiensten, so daß das Zeugnis des Epiphanias mehr Gewicht hat. – Der Frage, warum denn bei Origenes, c. Cels. VIII,22, der Mittwoch nicht genannt wird, begegnet Nautin mit dem Hinweis, daß sich aus dem Namen dieses Tages im Gegensatz zu παρασκευή keine (wortspielerische) Begründung für die Einhaltung des Tages ableiten lasse und Origenes ihn deshalb nicht erwähne (P. Nautin, Origène, p. 393).

[8] Noch bei Cyprian fand die Eucharistie nur morgens statt – dazu s. u. – Einen Hinweis darauf, daß auch die eucharistischen Gottesdienste morgens abgehalten wurden, gibt die Homilie Nr. 38 des Origenes zu Lukas (GCS 49, p. 216,12ss): „Surgamus ergo diluculo et obsecremus Deum, ut saltem micas, quae de mensa eius cadunt, comedere possimus" (im Folgenden auf das Wort, aber auch auf Fleisch und Blut Christi bezogen – s. dazu allerdings W. SCHÜTZ, Gottesdienst, S. 165).

[9] Homélies sur Jérémie, tom I, p. 107; P. NAUTIN, Origène, p. 391–400.

[10] P. NAUTIN, Origène, p. 396.

[11] S. S. 379ff.

dem die Evangelienlesung und -auslegung stattfand, gar nicht zugelassen waren. Nichts deutet darauf hin, daß Origenes hier etwa eine andere Kategorie Katechumenen als sonst im Blick hätte; auch seine Mahnungen an sie sind an den genannten Stellen denjenigen in den alttestamentlichen Homilien völlig vergleichbar[13].

Demnach muß auch die Unterstützung, die Nautins Theorie durch die Arbeit von K. Torjesen über die Hermeneutik des Origenes erfahren hat[14], anders interpretiert werden. Torjesen hat herausgearbeitet, daß in den Evangelienhomilien Origenes nur noch einen einzigen Schritt, den vom irdischen Jesus zum himmlischen Logos vollzieht, um die Hörer auf dem Weg zur vollkommenen Erkenntnis mitzunehmen; dem stehe eine Stufenfolge bei der Auslegung alttestamentlicher Texte gegenüber, und das passe wiederum dazu, daß die alttestamentlichen Homilien (nach Nautin) auch katechetische Funktion hatten, die neutestamentlichen aber den getauften Gläubigen vorbehalten waren[15].

So richtig die Beobachtungen Torjesens zur Hermeneutik sind, so sehr ist zu beachten, daß Origenes als Prediger immer mit einem gemischten Publikum rechnen mußte; auch bei den Getauften konnte er ja nicht für alle den gleichen Erkenntnisstand voraussetzen[16]. Die Theorie[17] stimmte also mit der Praxis nur so überein, daß jeder die Erkenntnis aus der Predigt mitnehmen konnte, die er zu fassen in der Lage war, nicht aber, daß die Gemeinde nach Erkenntnisstand sortiert zu verschiedenen Predigten zugelassen war.

---

[12] Hom in Lk VII (GCS 49, p. 46,6-8): „Quis vos, o catechumeni, in ecclesiam congregavit? quis stimulus impulit, ut relictis domibus in hunc coetum coeatis?" - Hom in Lk VII (GCS 49, p. 46,13): „obsecro vos catechumeni ..." - Hom in Lk XXI (GCS 49, p. 135,23-24): „Quaecumque igitur ad illos loquitur, et ad vos, o catechumeni et catechumenae, loquitur." - Hom in Lk XXXII (GCS 49, p. 184,17-20): „Quam vellem istum coetum simile habere testimonium, ut omnium oculi, et catechumenorum et fidelium, et mulierum et virorum et infantium, non corporis oculi, sed animae adspicerent Iesum!" - Vgl. auch in Ioh 1,3: „...οὐκ ὀκνήσομεν, χαρακτηριζομένου τοῦ εὐαγγελιστοῦ καὶ ἐν προτρεπτικῷ λόγῳ τῷ εἰς πιστοπεύησιν τῶν περὶ Ἰησοῦ, εὐαγγέλιόν πως εἰπεῖν τὰ ὑπὸ τῶν ἀποστόλων γεγραμμένα." (GCS 10, p. 7,12-14).

[13] Vgl. z. B. Hom in Lk VII (GCS 49, p. 46,13-14): „Obsecro vos, o catechumeni: nolite retractare, nemo vestrum formidet et paveat, sed sequimini praeeuntem Iesum" mit Hom in Ier 18,8 (SC 238, p. 206,28-208,35): „καὶ τῶν ἀκουόντων οὖν ταῦτα, εἴτε κατηχουμένων καταλιπόντων τὸν ἐθνικὸν βίον εἴτε πιστῶν ἤδη προκεχοφότων ἐν τῷ ,τοῖς ἔμπροσθεν ἐπεκτείνεσθαι‘, εἰ ὁ βίος γεγένηται μοχθηρός, οὐδὲν ἄλλο λέγουσιν ἢ καὶ τὸ ,ὀπίσω τῶν ἀποστροφῶν ἡμῶν πορευσόμεθα ...‘ ...Μηδεὶς οὖν ,ὀπίσω τῶν ἀποστροφῶν‘ ἑαυτοῦ πορευέσθω ...".

[14] K.J. TORJESEN, Hermeneutical Procedure and Theological Method in Origen's Exegesis, Berlin/New York 1986 (PTS 28), p. 107; 129.

[15] S. Fußn. 14.

[16] Vgl. nur die in Fußn. 12 aus Hom in Lk XXXII zitierte Stelle! - S. auch W. SCHÜTZ, Gottesdienst, S. 46.

Nautin hat aus verschiedenen Angaben des Origenes gefolgert, daß die Lesung des ganzen Alten Testaments auf einen Zeitraum von drei Jahren verteilt gewesen sein muß[18]. Das mag mit einer Dauer des Katechumenats von drei Jahren zusammenhängen, aber so zwingend, wie Nautin das (wieder mit Hilfe der Apostolischen Tradition des Hippolyt) glauben machen will[19], ist das nicht. Die Mahnung des Origenes an die Katechumenen, sich erst einmal in einer dem Christentum gemäßen Lebensführung zu bewähren, ehe sie die Taufe begehren, spricht eher gegen eine festgelegte Dauer des Katechumenats[20]. Daß allerdings beides nebeneinander existieren konnte, ein Zeitansatz von drei Jahren und eine Taufe je nach Fortschreiten im Glauben, zeigt wiederum die Apostolische Tradition des Hippolyt[21].

Daraus, daß die Evangelienhomilien des Origenes (m. a. W. die uns allein erhaltenen Lukashomilien) alle wesentlich kürzer sind als die meisten alttestamentlichen, erschließt Nautin, daß die Verlesung des Evangeliums zusätzlich zu der des Alten Testaments und der von Apostelbriefen stattfand[22]. Er nimmt an, daß auf jeden verlesenen Text eine kurze Auslegung folgte. Daß es eine Epistellesung gab, folgert Nautin aus der Existenz von Homilien des Origenes zu den Briefen (laut Werkliste, erhalten sind davon leider keine)[23]; daß sie zusätzlich zu den beiden anderen stattgefunden haben soll, aus der späteren Praxis[24].

Nimmt man mit Nautin an, daß es an drei Tagen der Woche eine Evangelienlesung gab[25], und folgt man seinen Berechnungen aufgrund der Textlänge für die Lukashomilien, dann würde sich der Lesezyklus für die Evangelien ebenfalls über drei Jahre erstrecken[26]. Dies ist ein Argument für die Annahme, daß es Evangelienlesungen

---

[17] S. z. B. bei Origenes Hom in Iud V,6 (GCS 30, p. 496,20ff); vgl. auch A. v. HARNACK, Ertrag I, S. 66 Fußn. 1.

[18] Homélies sur Jérémie, tom I, p. 15-21; P. NAUTIN, Origène, p. 395; 403.

[19] P. NAUTIN, Origène, p. 395.

[20] Hom in Lk XXI (GCS 49, p. 128,24-129,12); vgl. auch die Beschreibung des Katechumenats (ohne Zeitangabe, aber doch mit Maßstäben für die Dauer, da die Bußzeit von exkommunizierten Christen länger dauert als der Katechumenat) in Origenes c. Cels. III,51 (GCS 2, p. 247f.).

[21] S. dazu S. 378f.

[22] P. NAUTIN, Origène, p. 395ff; bes. p. 397.

[23] P. NAUTIN, Origène, p. 396; zu den dort genannten Stellen seien noch erwähnt: Fragmente aus den Hebräerbriefhomilien bei Euseb, h. e. VI,25,11-14; ein Fragment aus den Apostelgeschichtshomilien: PG 14, 829-832.

[24] P. Nautin, Origène, p. 395.

[25] Dagegen spricht die Notiz im Vorwort des Hieronymus zu der Übersetzung der Lukashomilien: „dictae in diebus dominicis" (GCS 49, p. 2,13-14), doch hat das natürlich kein besonders großes Gewicht.

[26] P. Nautin, Origène, p. 398-400.

nur in Gottesdiensten mit Eucharistiefeier gab; doch ist das Ganze, wie gezeigt, sehr hypothetisch und keinesfalls gesichert, da Nautins Hauptargument, daß die Katechumenen bei der Evangelienlesung nicht zugegen waren, falsch ist. Das andere wesentliche Argument wäre, daß bei der Dauer der meisten der alttestamentlichen Homilien eine tägliche zusätzliche Evangelienlesung die Wochengottesdienste auf eine unrealistische Länge ausgedehnt hätte; auch finden sich die Verweise auf den täglichen Gottesdienst nur in Homilien zum Alten Testament[27].

Übrigens waren die Wochengottesdienste vielleicht doch noch nicht so fest eingebürgert, wie es scheint. Die Klagen des Origenes nämlich, daß viele sich nicht die Zeit nähmen, das Wort Gottes zu hören[28], müssen auf dem Hintergrund eben der Anforderung gesehen werden, daß man täglich den Gottesdienst besuchen solle. Die Beschwerde, daß manche „kaum an den Festtagen" zum Gottesdienst kämen, läßt durchblicken, daß die Kirche doch wohl vor allem an den Wochentagen schlecht besucht war[29]. Ob mit den Festtagen nur die Sonntage gemeint waren oder gar die anderen Wochentage mit, an denen die Eucharistie gefeiert wurde, ist nicht zu entscheiden; sicher hat Origenes aber damit nicht nur Ostern und Pfingsten im Blick gehabt: da hätte jemand wie er, der doch auf tägliches Hören des Wortes drängte, sich wesentlich drastischer ausgedrückt[30].

Auch die von Origenes gerügte Unaufmerksamkeit der Zuhörer muß nicht nur als Zeugnis für die Verweltlichung der Kirche[31] verstanden werden; denn abgesehen von der relativen Größe der Anforderung, täglich eine längere Predigt anzuhören (sie bildete den längeren Bestandteil eines etwa einstündigen Gottesdienstes[32]), bezeugt Origenes selbst, daß seine Art zu predigen, sein wissenschaftlicher Ansatz und die daraus rührenden exegetischen Predigten, keineswegs bei allen

---

[27] Hom in Gen X,1.3; Hom in IesNav IV,1; Hom in Num XIII,1 (nach P. NAUTIN, Origène, p. 391s. und Homélies sur Jérémie, tom I, p. 103s.).

[28] Beispiele bei A. v. HARNACK, Ertrag I, S. 69f.; W. SCHÜTZ, Gottesdienst, S. 47f.

[29] „Vix raro ad ecclesiam diebus sollemnibus convenitis" - Hom in IesNav 1,7 (GCS 30, p. 295,11-12). Mancher mußte vielleicht auch an normalen Tagen früh zur Arbeit, so daß sich daraus des Origenes Klage erklärte: „Aliqui vestrum ut recitari audierint, quae leguntur, statim discedunt" (Hom in Ex XII,2 - GCS 29, p. 264,1-2).

[30] Vgl. auch Origenes c. Cels. VIII,22 (GCS 3, p. 239,11-13): Sonntag, Freitag, Ostern und Pfingsten werden zusammen genannt.

[31] Stellen bei W. SCHÜTZ, Gottesdienst, S. 48.

[32] Hom in Ex XIII,3 (GCS 29, p. 272,13-15): Origenes beschwert sich, daß er, wo die Leute sowieso kaum eine Stunde zuhören, nicht ins Einzelne gehen kann. Vgl. dazu P. NAUTIN, Origène, p. 294, und W. SCHÜTZ, Gottesdienst, S. 55, über die „überaus hohen Ansprüche des Predigers".

beliebt waren[33]; wer nicht so gebildet war, wird sich dann als treuer Christ zwar in die Kirche begeben haben, konnte aber dem Origenes eben nicht so aufmerksam und kritisch zuhören wie andere, sondern war zum Leidwesen des Predigers nicht bei der Sache.

Hat sich bisher gezeigt, daß vieles zur äußeren Gestalt der Gottesdienste aus dem Werk des Origenes mühsam erschlossen werden muß oder gar nicht erhoben werden kann, so bleiben auch für die weitere Frage nach dem Verlauf der eucharistischen Gottesdienste die Auskünfte eher dünn. In den Wortgottesdiensten während der Woche folgte, wie entsprechende Aufforderungen am Ende einiger Predigten zeigen, auf die Predigt ein Gebet, zu dem alle sich erhoben[34]. Nicht anders ist es nach den Predigten über das Evangelium im eucharistischen Gottesdienst, wie der Schluß der Homilien 12, 36, 38 und 39 zum Lukasevangelium zeigt[35]. Auch in einer Reihe weiterer Lukashomilien bildet die Aufforderung zum Gebet den Schluß[36]. Immer handelt es sich um ein Bittgebet, und die Bitte, zu welcher Origenes auffordert, ist direkt aus der Predigt hergeleitet, etwa nach dem Muster: diese oder jene Gabe ist gut, das zeigt das Bibelwort; also laßt uns um diese Gabe beten.

Ob die Katechumenen bei dem sich anschließenden Bitt- und Fürbittgebet noch zugegen waren oder mit dem Ende der Predigt, vielleicht auch nach ein paar fürbittenden Worten für sie entlassen wurden, läßt sich, soweit ich sehe, nicht feststellen. Wo Origenes sich zum Gebet äußert, scheint es für ihn aber immer um das Beten der Christen zu gehen[37]; und da das Gebet auch als das Opfer der Christen an Gott bezeichnet werden kann, ist es wahrscheinlicher, daß die Katechumenen nicht mehr daran teilnahmen[38]. Auch der Gedanke, daß der betenden Gemeinde die Engelgemeinde im Himmel zur Seite steht, deutet in diese Richtung[39].

---

[33] S. dazu A. v. HARNACK, Ertrag I, S. 8f.

[34] S. Homélies sur Jérémie, tom I, p. 108.

[35] GCS 49, p. 76,16-18; p. 208,11; p. 216,12-14; p. 222,10-11.

[36] Hom in Lk XV (GCS 49, p. 94,25-26); Hom in Lk XVIII (GCS 49, p. 113, 27-28); Hom in Lk XXVI (GCS 49, p. 156,14-15); Hom in Lk XXX (GCS 49, p. 174,23); Hom in Lk XXXVII (GCS 49, p. 212,22); Hom in Lk XXXVIII (GCS 49, p. 216,21-22).

[37] Hom in Num V,1 (GCS 30, p. 26,16-18) nennt die Riten beim Gebet (Knien und Richtung nach Osten) in einem Atemzug mit denen von Eucharistie und Taufe. Weiteres zum Gebet v. a. in Origenes, De oratione (GCS 3); s. ferner A. v. HARNACK, Ertrag I, S. 71f.; Ertrag II, S. 123; und v. a. W. SCHÜTZ, Gottesdienst, S. 136ff.

[38] Vgl. W. SCHÜTZ, Gottesdienst, S. 138 (dagegen ebda, S. 147f.); die Behauptung, grobe Sünder dürften am Gebet nicht teilnehmen - W. SCHÜTZ, Gottesdienst, S. 140 - ist nicht belegt: es geht um den Ausschluß aus der Kirche; vom Gebet ist an den angegebenen Stellen nicht die Rede.

Mit größerer Sicherheit kann man sagen, daß die Katechumenen
am heiligen Kuß nicht mehr teilnahmen und auch bei der sich an ihn
anschließenden Feier der Eucharistie[40] nicht dabeiwaren. Denn zu
wiederholten Malen bezeichnet Origenes die Eucharistie als die Mysterien der Christen und kann dabei davon ausgehen, daß man ihn auch
ohne weitere erläuternde Worte versteht[41]. Und an den Mysterien
(in ihren Rahmen gehört auch der heilige Kuß) können Nichteinge-
weihte wie die Katechumenen natürlich nicht teilnehmen. Es zeigt
sich mit diesem Sprachgebrauch eine Entwicklung in der Kirche, die
schließlich in der Eucharistie die Mysterienfeier der Kirche überhaupt
sieht[42]. Origenes freilich kennt auch noch viele andere Mysteria,
welche dem Einzelnen gemäß seinem Fortschritt in der Erkenntnis zugänglich werden[43]. Analog findet sich der Gedanke von gestuften
Arkana[44]; auch hier liegen Zeichen einer Entwicklung vor, die
dann im Vierten Jahrhundert zur Entfaltung der Theorie von Taufe
und vor allem Eucharistie als Arkana führt. Schon bei Origenes ist die
Arkandisziplin innerhalb der Kirche nicht mehr als Theorie, wie einige
seiner Äußerungen belegen[45]; sie praktisch durchzuhalten wäre
wohl an den Realitäten der angewachsenen großstädtischen Gemeinden
gescheitert.

Der sich abzeichnenden Konzentration der Frömmigkeit auf das
Sakrament (zumal wenn es stimmt, daß nur in eucharistischen Gottesdiensten auch aus den Evangelien gelesen wurde) steht nun die Predigt

---

[39] W. Schütz, Gottesdienst, S. 30f.

[40] Zum heiligen Kuß s. W. Schütz, Gottesdienst, S. 143; P. Nautin
bezieht Hippolyt, tradAp 18 (Botte) fälschlich auf die Wochengottesdienste ohne Eucharistie (Homélies sur Jérémie, tom I, p. 107s. - s. dazu S. 367ff.); als Beleg für
den heiligen Kuß bei Origenes bringt er nur die Stelle aus dem Römerbriefkom-
mentar bei (a. a. O., p. 108s.). - Vermutlich wurde vor der Eucharistiefeier die
Kollekte eingesammelt, wenn die Gaben nicht schon zu Gottesdienstanfang abgegeben wurden: c. Cels. VIII,33 (GCS 3, p. 249,5-9) wird gesagt, daß Brot aus den
Gaben bei der Eucharistie verzehrt wird; weiteres zur Kollekte bei W. Schütz,
Gottesdienst, p. 144-146.

[41] Stellen bei W. Schütz, Gottesdienst, S. 143 (Ct in Cant 1); S. 156
(Hom in Num 4,3; Hom in IesNav 4,1); S. 160 (Hom in Lev 13,6); S. 163 (Hom in
Ez 7,10); (S. 164 - Hom in Lev 9,10); (S. 166 - Ct in Mt ser. 85).

[42] Dazu s. u. S. 445ff.

[43] Z. B. Hom in Iud V,6 (GCS 30, p. 496s.): Den Anfängern soll man noch
nicht die tieferen „sacramenta" beibringen; weiteres bei W. Schütz, Gottesdienst,
S. 99; S. 78 Fußn. 45 u. 49; ferner Hom in Gen X,1 (GCS 29, S. 94,5) u.a.m.

[44] S. dazu A. v. Harnack, Ertrag I, S. 73f.; W. Schütz, Gottesdienst,
S. 156.

[45] Hom in Num V,3 (GCS 30, p. 28,31 -29,2): „pauca aliqua ... aperire
temptabimus". Oft genug redet Origenes in den Homilien von Taufe und Eucharistie,
und auch die Äußerungen zur Arkandisziplin geben schon etwas vom Arkanum preis.
Doch mag es „gnostische" Geheimnisse gegeben haben, die Origenes tatsächlich
nicht öffentlich weitergab.

des Origenes gegenüber, die zwar die Sakramente keinesfalls abwertet, aber mit größter Entschiedenheit zunächst einmal das Wort Gottes und seine Kraft betont. Mit den täglichen Gottesdiensten war für die Theorie des Origenes vom Gotteswort als täglicher Nahrung für den geistigen Menschen[46] ein geeigneter Rahmen vorhanden. Aber auch für die eucharistischen Gottesdienste gilt, daß in seiner Sicht „der Wortgottesdienst nicht die Einleitung der Eucharistiefeier" darstellt, sondern daß vielmehr in beidem, der Verkündigung und der Eucharistie, der Logos gegenwärtig ist und wirkt[47].

Origenes kann auch den ganzen Gottesdienst, ja selbst die Schriftlesung als Opfer verstehen[48]. Doch war er mit dieser Einstellung - gemessen an der weiteren Entwicklung der Kirche - ebenso rückständig wie mit seiner Hochschätzung des Lehreramtes[49].

Da für Origenes die Bibel das inspirierte Gotteswort ist, in dem nichts Überflüssiges vorkommt, sondern alles der Erbauung dient[50], ist für ihn die Schriftlesung ebenso wichtig wie die Predigt, welche die zunächst unverständlichen Stellen der Schriftlesung erklärt[51] (historisch sowie vor allem mit Hilfe der allegorischen Methode) und den Text für den Hörer aufschließt und auf ihn anwendet. Wer sich der Schriftlesung entzieht, dem fehlt wegen Mangel an geistlicher Nahrung bald auch die Kraft, mit seinem Geiste das Fleisch im Zaum zu halten[52]. Schriftlesung und Predigt sind zwar so auch auf die rechte Lebensführung der Christen gerichtet - hierin liegt zum

---

[46] Hom in Gen X,3 (GCS 29, p. 97,8-9): „Christiani omni die carnes agni comedunt, id est carnes verbi cotidie sumunt". - Hom in Lev IX,7 (GCS 29, p. 432,1-6): „Si vero ad ecclesiam frequenter venias, aurem litteris divinis admoveas, explanationem mandatorum coelestium capias, sicut cibis et deliciis caro, ita spiritus verbis divinis convalescet ac sensibus et robustior effectus carnem sibi parere coget ac suis legibus obsequi. Nutrimenta igitur spiritus sunt divina lectio, orationes assiduae, sermo doctrinae." Diese Zusammenstellung nennt Elemente des Wortgottesdienstes, ohne aber nur einen solchen Gottesdienst zu beschreiben (orationes assiduae!); die Reihenfolge wird sich ebenfalls wohl nicht nach dem Gottesdienst richten.
[47] W. SCHÜTZ, Gottesdienst, S. 172.
[48] S. W. SCHÜTZ, Gottesdienst, S. 147ff.
[49] Vgl. A. v. HARNACK, Ertrag I, S. 74; H. v. CAMPENHAUSEN, Kirchliches Amt und geistliche Vollmacht in den ersten drei Jahrhunderten, Tübingen ²1963 (BHTh 14), S. 272ff.
[50] Vgl. K.J. TORJESEN, Hermeneutical Procedure, p. 35ss.; s. z. B. Hom in Ex II,1 (GCS 29, p. 155,10-12): „Sed nos, qui omnia, quae scripta sunt, non pro narrationibus antiquitatum, sed pro disciplina et utilitate nostra scripta didicimus ...'"; Hom in Lev IX,7 (zitiert in Fußn. 46).
[51] S. W. SCHÜTZ, Gottesdienst, S. 73ff.; zur Frage, ob der Lektor bereits Erläuterungen zum Text abgab (Hom in Num XV,1 - GCS 30, p. 128,18: „quae lector explicuit") s. die Diskussion im Kapitel über Melito, S. 260ff.
[52] Hom in Lev IX,7 (s. Fußn. 46); vgl. W. SCHÜTZ, Gottesdienst, S. 73.

Beispiel eine wichtige Funktion der Verkündigung im Blick auf die
Katechumenen[53] -; aber sie umfassen und bewirken weit mehr: den
Aufstieg der Seele zu Gott, ein Fortschreiten im Glauben und Erkennen in Richtung auf die Vollendung[54]. Ich kann hier nicht die
Theologie des Origenes zu entfalten versuchen; entscheidend für uns
ist, daß die Predigten des Origenes einen großen Schritt weg von der
überwiegend paränetisch-ethischen Predigt der Kirche des Zweiten
Jahrhunderts bedeuten und daß Predigen für Origenes aufgrund seines
theologischen Ansatzes immer Schriftauslegung, ja immer die Auslegung eines bestimmten Bibelabschnittes im Durchgang durch den
Text ist.

So wenig Origenes der Erfinder dieser Art zu predigen ist - es hat
sowohl im Judentum als auch vereinzelt im Christentum solche
Predigten gegeben[55], und neben Kontakten zum Judentum in
Caesarea[56] wirkte sicher schon der „genius loci" Alexandriens
prägend auf Origenes -, so sehr hat er doch mit der Erhebung der
Schriftauslegung zum alles beherrschenden Predigtprinzip der Kirche
einen neuen und prägenden Impuls gegeben.

b) Cyprian

Von Cyprian erfahren wir, daß es in Karthago um die Mitte des
Dritten Jahrhunderts „tägliche" Eucharistiefeiern gab, ebenso daß die
Stimme des Lektoren „täglich" gehört werden sollte[57]. Damit sind,

---

[53] S. o. Fußn. 13 u. 17; dazu noch Hom in Ez VII,10 (GCS 33, p. 300,7-25).

[54] „Beatum est igitur, ut festinemus ad ea, quae perfectiora sunt, principia
transeuntes." (Hom in Ez VII,10 - GCS 33, p. 399,21-22). - Verwiesen sei hier auf
die Arbeit von K.J. Torjesen, Hermeneutical Procedure; vgl. auch W. Schütz,
Gottesdienst, S. 172.

[55] Erinnert sei an Clemens von Alexandrien, Quis dives salvetur? (Erster
Teil - s. o. S. 349), einige Predigten des Hippolyt von Rom (s. o. S. 381ff.) und
die Passahomilie des Melito von Sardes (Erster Teil - s. o. S. 262ff.). Für den
jüdischen Raum sei verwiesen auf F. Siegert, Drei hellenistisch-jüdische Predigten
I, Tübingen 1980 (WUNT 20), bes. S. 6f., S. 9-83.

[56] Z. B. hat E.E. Urbach, The Homiletical Interpretation of the Sages and
the Expositions of Origen on Canticles, and the Jewish-Christian Disputation, in:
Studies in Aggadah and Folk-Literature, ed. J. Heinemann/D. Noy, Jerusalem 1971
(ScrHie 22), 247-275, am Beispiel der Hoheliedauslegungen des Origenes zu zeigen
versucht, daß Origenes viele Auslegungen aus der jüdischen Tradition übernommen
oder christlich abgewandelt habe. Die Beispiele Urbachs sind aber leider nicht sehr
überzeugend.

[57] ep 57,3 (CSEL 3,2, p. 652,23): „sacerdotes qui sacrificia Dei cotidie
celebramus"; ep 58,1 (CSEL 3,2, p. 657,2-4): „parare se debeant milites Christi,
considerantes idcirco se cotidie calicem sanguinis Christi bibere ut possint et ipsi
propter christum sanguinem fundere"; dom or 18 (CChr.SL 3A, p. 101, 332f.): „in

selbst wenn man „cottidie" als rhetorische Übertreibung für „häufig"
nach Art etwa des deutschen „ständig" auffassen will[58], regelmäßige Wochengottesdienste bezeugt[59]. Man feierte die Eucharistie,
so kann man einer anderen Stelle entnehmen, ausnahmslos frühmorgens[60]; gemeinsame Abendmahlzeiten der Christen dürften als
Agapen gehalten worden sein, da Cyprian vom Psalmengesang
und vom Darbringen (offerre) eines Weinkelches bei den Mahlzeiten

---

Christo sumus et eucharistiam eius cotidie ad cibum salutis accipimus" (in der Erklärung zur Bitte um das tägliche Brot); ep 39,4 (CSEL 3,2, p. 584,2-3): „uox Dominum confessa in his cottidie quae dominus locutus est audiatur" (ein Konfessor
soll als Lektor eingesetzt werden). – P. GLAUE, Die Vorlesung heiliger Schriften
bei Cyprian, *ZNW* 23 (1924) 201-213, S. 201-202, nimmt aufgrund dieser Stellen an,
daß tatsächlich täglich die Eucharistie gefeiert wurde; ebenso V. SAXER, Vie
liturgique et quotidienne à Carthage vers le milieu du IIIe siècle. Le témoignage de
Saint Cyprien et de ses Contemporains d'Afrique, Vatikanstadt 1969 (SAC 29),
p. 46f. Saxer hat a. a. O., p. 189-263, das Cyprianische Material zur Liturgie des
eucharistischen Gottesdienstes zusammengetragen und in seiner (von Saxer ange-
nommenen) liturgischen Abfolge geordnet (ab p. 218). – Zur Frage der täglichen
Abendmahlsfeier vgl. auch G. KRETSCHMAR, Abendmahlsfeier I. Alte Kirche,
TRE 1, 229-278, S. 238.
[58] ep 57,3 wird das Abendmahl für potentielle Märtyrer zur Stärkung
„cotidie" als Antwort auf Angriffe des Feindes gereicht, die ebenfalls „cotidie"
stattfinden (CSEL 3,2 p. 652,13). Denkbar wäre, daß eine tägliche Eucharistiefeier
tatsächlich eine besondere Maßnahme in Verfolgungszeiten darstellte, doch dagegen
spricht die oben angeführte Stelle aus dom or 18.
[59] Vgl. Novatian (= PsCyprian), De bono pudicitiae 1 (CSEL 3,3 p. 13,4-5):
„dum semper enitor uel maxime cotidianis euangeliorum tractatibus"; etwas weiter
im Text bezeichnet der Autor nochmals als sein „munus" dieses „cotidianum
negotium" (Zeile 10-11), so daß nun an die Stelle der allocutio (Zeile 13) seine
Schrift tritt. Damit ist für Rom eine (fast) „tägliche" Evangelienlesung und -aus-
legung bezeugt, also wiederum zumindest die Existenz von Wochengottesdiensten
mit Schriftauslegung (s. auch noch in De bono pudicitiae 1: Novatian betet in Verbindung mit der Auslegung auch darum, daß der Herr die Schätze seiner Sakramente
für alle öffne: CSEL 3,3, p. 14,5-6).
[60] ep 63,15-16 (CSEL 3,2, p. 713,18-714,20; bes. 713,19-21; 714,7-11.19-20);
dem Ansinnen einiger Gemeindeglieder, die Eucharistie mit Wasser feiern zu wollen,
begegnet Cyprian mit dem theologischen Argument, daß die Christen morgens die
Auferstehung Jesu feiern; praktisch sei eine gemeinsame Eucharistiefeier auch nur
morgens zu verwirklichen; und deshalb sei auch das Argument, man habe ja sowieso
abends den Weinkelch (bei den Agapen, dazu s. u.) nicht stichhaltig. Als Motiv
seiner Gegner nennt Cyprian nur, daß sie nicht schon morgens nach Wein riechen
wollten (evtl. eine Frage der Etikette – s. P. GLAUE, Vorlesung, S. 203 – wohl
aber auch ein Problem in Zeiten der Verfolgung). Dazu, daß sie aber auch möglicherweise eine ältere christliche Sitte vertreten, vgl. A. HARNACK, Brod und
Wasser: die eucharistischen Elemente bei Justin, Leipzig 1891 (TU 7,2, S. 115-144).
– Die Sitte, morgens die Eucharistie zu feiern, ist schon so fest eingebürgert, daß
Cyprian die stringent in seiner eigenen theologischen Argumentation liegende Lösung, man solle die Eucharistie abends feiern, in den Wind schlagen kann (gegen P.
GLAUE, Vorlesung, S. 203, der behauptet, die Sitte, die Eucharistie abends zu fei-
ern, habe bis in die Zeit Cyprians bestanden). – Zur Interpretation von ep 63,16 s.
E. SCHWEITZER, Fragen der Liturgie in Nordafrika zur Zeit Cyprians, *ALW* 12
(1970) 69-84, S. 69-80.

spricht[61]. Anders als zum morgendlichen Gottesdienst konnten aber zu den Agapen (wohl schon aus Platzgründen) nicht alle Gemeindeglieder zusammenkommen[62]. Zu Beginn der Agapen wie zu Beginn jeder Mahlzeit wird man Apophoreta von der Eucharistie gegessen haben; von einem Behälter dafür (arca, in qua Domini sanctum fuit), welcher einer Frau gehörte, ist jedenfalls in De lapsis 26 die Rede[63]. Gerade daß man aber Apophoreta kannte, könnte zur Einschränkung des Verständnisses von „cottidie" Anlaß geben; es fragt sich, ob eine buchstäblich tägliche Opferfeier (sacrificia celebrare - ep 57,3) denn dann noch nötig war. Möglich bleibt die tägliche Eucharistie am Morgen (für die ja nicht nur der Genuß der Elemente, sondern eben auch der Aspekt des Opferns wichtig war) neben dem Genuß der Apophoreta zu den Mahlzeiten.

In Anbetracht von womöglich täglichen Gottesdiensten mit Schriftlesung, also einem Wortteil, und Eucharistie stellt sich die Frage, ob „denn der Sonntagsgottesdienst eben auch nichts anderes als der tägliche Gottesdienst" sei[64]. Die Antwort wird wohl nicht nur in der höheren Gemeindebeteiligung am Sonntagsgottesdienst[65] liegen, sondern auch darin, daß dieser Gottesdienst insgesamt feierlicher gehalten wurde. Es könnte zum Beispiel sein, daß man in den Wochengottesdiensten nicht immer einen Lektor zur Verfügung hatte, und auch, daß die Evangelienlesung dem Sonntag vorbehalten war; Cyprian spricht jedenfalls einmal vom „euangelium legere" als Aufgabe des Lektors (ep 38,2; vgl. ep 39,4) und gleich darauf davon, daß der Lektor am Sonntag vorgelesen habe[66]. Auch der für Caesarea, vielleicht auch Alexandrien in der Zeit des Origenes anzunehmende Brauch, das Evangelium nur an bestimmten Tagen zu lesen (s. o.), spräche für diese Vermutung.

Cyprian hat junge Confessoren, die er eigentlich des Presbyteramtes für würdig hielt (doch dafür waren sie offenbar zu jung), zu Lektoren gemacht[67]. Damit bekommt das Lektoramt eine Art

---

[61] ad Don 16 (CChr.SL 3A, p. 13,329): „Sonet Psalmus conuiuium sobrium". - ep 63,16 (CSEL 3,2, p. 714,8-9): „cum ad cenandum uenimus, mixtum calicem offerimus". - Keinen Bezug zur Agapemahlzeit läßt die Sammlung ad Quir III,3 (CChr.SL 3, p. 89-91) erkennen (gegen P. GLAUE, Vorlesung, S. 207). - Vgl. die ausführliche Diskussion bei E. SCHWEITZER, Fragen der Liturgie, S. 72-76.

[62] ep 63,16 (CSEL 3,2, p. 714,9-10): „cum cenamus, ad conuiuium nostrum plebem conuocare non possumus"; zur Diskussion der Stelle vgl. E. SCHWEITZER, Fragen der Liturgie, S. 79.

[63] CChr.SL 3, p. 235,508-510.

[64] P. GLAUE, Vorlesung, S. 204f.

[65] P. GLAUE, Vorlesung, S. 205.

[66] ep 38,2 (CSEL 3,2, p. 580,25-581,1; p. 581,8-9); vgl. aber ep 39,4 (CSEL 3,2, p. 583f.); zur Diskussion s. auch P. GLAUE, Vorlesung, S. 205f.

Sprungbrettfunktion; allerdings zeigt die Tatsache, daß Cyprian zwei solchen Lektoren bereits Presbyterbezüge und nicht die eines Lektoren zukommen ließ, daß es sich hier wohl weniger um eine typische Karriere als (aus der Sicht Cyprians) um eine Notlösung handelte[68]. Immerhin erschien das Lektoramt dem Cyprian würdig genug als Vorbereitung für das Presbyter - oder, wie man bei Cyprian (mit gewissen Einschränkungen) sagen kann, Priesteramt[69]. Handelt es sich doch um die „göttliche Lesung" (diuina lectio), die vorgetragen wird, durch die der Herr selbst spricht[70]. Die Ämterstruktur ist aber schon so fest, daß Cyprian sich bei der Berufung eines jungen Mannes zum Subdiakon darauf stützen kann, daß der bereits als Lektor der „doctorum audientium", also beim Unterricht für die Katechumenen oder die Taufanwärter tätig war und somit schon „an der Schwelle zum Klerus" stand[71].

Die Predigt ist Aufgabe des Bischofs[72], aber wohl auch der Presbyter, da auch den unter ihnen stehenden Diakonen aufgetragen werden kann, den Bekennern im Gefängnis Trost zu verkündigen[73]; sie wird als „tractatus" bezeichnet und besteht vor allem darin, dem Volk die göttlichen oder evangelischen Gebote (diuina bzw. euangelica praecepta) nahezubringen[74]. Denn nur wer sie befolgt und ein

---

[67] ep 38 und 39.
[68] ep 39,5 (CSEL 3,2, p. 584,25-585,2); für das Presbyteramt waren diese Bekenner offensichtlich zu jung: ep 38,2 (CSEL 3,2, p. 580,20-21); ep 39,5 (CSEL 3,2, p. 585,3-5).
[69] Z. B. ep 40: Gott läßt einen Presbyter als Confessor überleben, um den Klerus von Karthago, der einige Presbyter (als „Lapsi") verloren hatte, mit „gloriosis sacerdotibus" zu schmücken (CSEL 3,2, p. 586,9); vgl. Fußn. 88.
[70] ep 38,2 (CSEL 3,2, p. 580,24); ep 39,4 (CSEL 3,2, p. 584,2ss); zu diuina lectio weitere Stellen bei P. GLAUE, Vorlesung, S. 207.
[71] ep 29. Zu den lectores doctorum audientium (CSEL 3,2, p. 548,7-8) gibt es sonst keine Informationen (vgl. auch V. SAXER, Vie liturgique, p. 78s. n. 26). Es waren Überlegungen im Gange, Saturus und Optatus in den Klerus aufzunehmen; das geschah durch die Ernennung des Saturus zum Lektor (er hatte das Amt schon vorher de facto gelegentlich wahrgenommen) und die des Optatus zum Subdiakon. Der lector doctorum audientium gehört demnach noch nicht zum Klerus (gegen P. GLAUE, Vorlesung, S. 210f.).
[72] ep 55,14 (CSEL 3,2, p. 633,17): episcopo tractante; ep 58,4 (CSEL 3,2, p. 659,15-16): „collectam fraternitatem non uideat nec tractantes episcopos audiat"; daß Cyprian als Bischof predigte, zeigen einige seiner Schriften, die praktisch Predigten sind, z. B. De bono patientiae und De opere et eleemosynis; vgl. dazu ep 54,4 (CSEL 3,2, p. 623,16-17); außerdem ad Fort 1 (CCHR.SL 3, p. 183,12); de mort 1 (CChr.SL 3A, p. 17,11-12).
[73] ep 15,1 (CSEL 3,2, p. 513,13-18); vgl. ep 14,3 (CSEL 3,2, p. 512,10) und ep 16,3 (CSEL 3,2, p. 520,2-4).
[74] „Tractatus": s. Fußn. 72 (vgl. auch Fußn. 59); außerdem: op et el 12 (CCHr.SL 3, p. 63,245-246); (ep 77,1 - CSEL 3,2, p. 834,7.10-11). - Zu den Geboten als Predigtinhalt s. z. B. ep 69,7 (CSEL 3,2, p. 756,8-9): im Vergleich zwischen der Kirche Novatians und der katholischen Kirche wird an erster Stelle das Gesetz

christliches Leben führt, kann das Heil erringen; so bringt Cyprian in der Sammlung Ad Quirinum Schriftbelege dafür bei, daß „es zu wenig sei, getauft zu werden oder die Eucharistie zu empfangen, wenn man nicht durch Taten und das Werk Fortschritte macht"[75]. Die Predigt ist damit in ein theologisches System eingebaut, nach welchem die Getauften gottgefällig leben müssen, um in den Himmel zu kommen. Zu solchem Leben gibt die Predigt als Erklärung der Gebote (praecepta) aus der Schrift Anleitung und Mahnung. Eine wesentliche Kraftquelle zur Einhaltung der christlichen „disciplina" sind Leib und Blut Christi in der Eucharistie. Ihr Genuß befähigt dazu, dem Beispiele Christi insbesondere im Blick auf das Martyrium zu folgen[76]. Für alle, die durch Sünde gegen die „praecepta" Gottes verstoßen, ist ein gut entwickeltes Bußverfahren da, das im Streit um die Wiederaufnahme der „lapsi" nach der Decischen Verfolgung auch auf bis dahin unvergebbare Sünden ausgedehnt und erweitert wird; grundsätzlich gilt für alle Sünden nach der Taufe: „Der Herr muß durch unsere Genugtuung versöhnt werden"[77].

Relativierend zu dieser schematischen Darstellung muß allerdings gesagt werden, daß dem Buch III der Schrift an Quirinus mit seinen Bibelstellen zur christlichen Lebensführung das Buch II über Christologie und Soteriologie vorgeordnet ist. Man wird Cyprian daher kein plattes Moralisieren vorwerfen dürfen, doch entsprechen die von ihm vorliegenden Traktate und Briefe mit ihren Äußerungen im wesentlichen dem eben gegebenen Schema.

So resümiert Cyprian zum Beispiel in dem predigtähnlichen Traktat De dominica oratione, was er über die Gebetshaltung gesagt hat: „Laßt uns, geliebte Brüder, nachdem wir aus der göttlichen Lesung gelernt haben, wie wir ans Gebet gehen müssen, (nun) auch aus der Belehrung durch den Herrn erkennen, was wir beten sollen"[78]. Als

---

genannt, dann das Taufbekenntnis, dann Gott Vater, Sohn und Heiliger Geist. Außerdem dom or 1; dort lauten die ersten Worte: „Euangelica praecepta, fratres dilectissimi, nihil sunt aliud quam magisteria diuina, fundamenta aedificandae spei, firmamenta corroborandae fidei, ... , gubernacula dirigendi itineris, ... quae ... ad caelestia regna perducunt." (CChr.SL 3A, p. 90,1-6) Weiter op et el 5 (CChr.SL 3A, p. 57,81-84): „Remedia propitiando Deo ipsius Dei uerbis data sunt, quid deberent facere peccantes magisteria diuina docuerunt, operationibus iustis Deo satisfieri, misericordiae meritis peccata purgari."

[75] „Parum esse baptizari et eucharistiam accipere, nisi quis factis et opere proficiat" - ad Quir III,26 (CChr.SL 3, p. 121,8-9).

[76] ep 58,1 (CSEL 3,2, p. 657,1-4); ep 57,2 (CSEL 3,2, p. 652,2-3).

[77] „Dominus nostra satisfactione placandus est" - laps 17 (CChr.SL 3, p. 230,345-346).

[78] „Quae nos, fratres dilectissimi, de diuina lectione discentes postquam cognouimus ad orationem qualiter accedere debeamus, cognoscamus docente Domino et quid oremus" - dom or 7 (CChr.SL 3A, p. 93,93-95).

Nächstes wird dann das Vaterunser eingeführt; es geht also darum, wie und was wir beten müssen (debere), überspitzt gesagt um die disciplina des Betens. Die „diuina lectio" ist hier übrigens angesichts des auf die (unmittelbare) Zukunft gerichteten „laßt uns erkennen" (cognoscamus) auch rückblickend auf die im Traktat angeführten Bibelworte, nicht aber auf eine vorhergegangene Lesung zu beziehen.

Signifikant ist auch der Satz, der auf die ganz christologisch-soteriologische Einleitung zu dem Traktat De opere et eleemosynis folgt, welcher möglicherweise ebenfalls in der Gemeinde vorgetragen wurde: „... nachdem der Herr gekommen war und die Wunden geheilt hatte, die Adam getragen hatte, sowie das alte Gift der Schlange kuriert, gab er dem Geheilten ein Gesetz und gebot ihm, daß er nicht mehr sündigen solle, auf daß dem Sünder nicht noch etwas Schlimmeres zustoße"[79]. Als tröstlicher Ausweg für die Schwachheit der dennoch sündigenden Menschen werden sodann die Almosen angepriesen, ein Weg, den Gott eröffnete, um die Flecken der Sünde auch nach der Taufe abzuwaschen[80]. Unmittelbar darauf folgen dann Schriftworte über die Heilsamkeit von Almosen, und der ganze Traktat ist nun um solche Schriftworte herum aufgebaut, wobei der Tenor schon zu Anfang gesetzt wurde und durchgehalten wird.

Cyprian geht dabei auch auf handfeste Einwände ein: ob denn nicht das Vermögen durch zu große Freigebigkeit allzu rasch aufgezehrt werde, und wie man denn für seine Kinder vorsorgen solle[81]. Dem wird gegenübergestellt, daß Gott für den, der recht handelt, schon sorgen werde, und umgekehrt: „Wenn du dich um dein irdisches Erbe mehr bemühst als um das himmlische, willst du deine Söhne lieber dem Teufel anbefehlen als Christus"[82]. Das Ganze kann Cyprian dann auch wieder in Sätzen zusammenfassen wie: „Jene Gebote gab er uns; was seine Knechte tun müssen, brachte er uns bei, wobei er den sich Mühenden Belohnung versprach, Strafe den Unfruchtbaren androhte und so sein Urteil vorwegnahm; wie er urteilen wird, hat er vorausgesagt"[83]. Damit ist die Bahn geebnet für ein langes Zitat aus

---

[79] „... cum Dominus adueniens sanasset illa quae Adam portauerat uulnera et uenena serpentis antiqua curasset, legem dedit sano et praecepit ne ultra iam peccaret, ne quid peccanti grauius eueniret" - op et el 1 (CChr.SL 3A, p. 55,13-16).

[80] „... pietas diuina subueniens iustitiae et ... uiam quandam ... aperiret, ut sordes postmodum quascumque contrahimus eleemosynis abluamus" - op et el 1 (CChr.SL 3A, p. 55,19-22).

[81] op et el 9ff; 16ff.

[82] „Qui studes terreno magis quam caelesti patrimonio, filios tuos diabolo mauis commendare quam Christo" - op et el 19 (CChr.SL 3A, p. 67,389-391).

[83] „Praecepta illa nobis dedit, quid facere seruos eius opporteret instruxit, operantibus praemium pollicitus, supplicium sterilibus comminatus sententiam suam

Mt 25, nämlich die Perikope über das Jüngste Gericht, und das Ganze klingt aus in der Verheißung des ewigen Lebens für alle, die Almosen geben: „an keiner Stelle wird es der Herr unsern Verdiensten zum Lohn mangeln lassen ..."[84].

Angesichts solcher Predigt kann es nicht verwundern, daß trotz der Wertschätzung der „diuina lectio", welche eben mit der Wertschätzung der „disciplina" korrespondiert, die Frömmigkeit sich mehr und mehr auf das Opfer und die Eucharistie konzentrierte, wenn man einmal vom ebenfalls florierenden Märtyrerkult absieht, der aber auch seinerseits mit eucharistischen Opfern gefeiert wurde[85]. So kann Cyprian den Gottesdienst mit folgenden Worten schildern: „Wenn wir mit den Brüdern zusammenkommen und die göttlichen Opfer mit dem Priester Gottes zelebrieren", um dann Anweisungen über die innere Haltung beim gottesdienstlichen Gebet zu geben[86]. Unter „das Gebet" kann er dann auch ohne Erklärung das eucharistische Gebet verstehen[87]. Die Bezeichnung „sacerdos" ist für den Bischof geläufig; die Christen bringen ihre Opfergaben zum Altar und feiern dann am Altar mit dem Priester das Opfer[88]. Ein Tisch oder bereits ein fester Altar dürfte daher wie das erhöhte Lesepult und die Kathedra des Bischofs, der im Kreise der Presbyter vorne sitzt, zur festen Einrichtung der Kirchräume gehört haben[89]. Entsprechend hebt Cyprian in der Polemik gegen die heidnischen Altäre auch nicht hervor, daß Gott keine Opferaltäre haben wolle, sondern daß die falschen Altäre, nämlich die für die Götzen, überall öffentlich zu finden seien, während man diejenigen für Gott (wegen der Verfolgungen) gar nicht oder nur versteckt finde[90].

---

protulit, quid iudicaturus sit ante praedixit" - op et el 23 (CChr.SL 3A, p. 69,456-460).

[84] „Nusquam dominus meritis nostris ad praemium deerit ..." - op et el 26 (CChr.SL 3A, p. 72,555-556); Gott gibt also das, was noch fehlt ...

[85] S. z. B. ep 12,2 (CSEL 3,2, p. 503,19-504,2); ep 39,3 (CSEL 3,2, p. 583,10-12).

[86] „Quando in unum cum fratribus conuenimus (= συνέρχεσθαι ἐπὶ τὸ αὐτό - Anm. d. Verf.) et sacrificia diuina cum Dei sacerdote celebramus" - dom or 4 (CChr.SL 3A, p. 91,52-53).

[87] dom or 31 (CChr.SL 3A, p. 109,566).

[88] Während sacerdos wie ein Wechselbegriff zu episcopus fungiert, werden die Presbyter nur selten als sacerdotes bezeichnet (s. Fußn. 69); wenn sie die Eucharistie verwalten, handeln sie für den Bischof. Vgl. H. V. CAMPENHAUSEN, Kirchliches Amt und geistliche Vollmacht in den ersten drei Jahrhunderten, 2. Aufl., S. 310 Fußn. 2. - Zu den Opfergaben vgl. ep 34,1, wo ein Presbyter und sein Diakon getadelt werden, daß sie die oblationes der Gefallenen darbringen (CSEL 3,2, p. 568,14).

[89] Altar: ep 68,2 (Novatian richtet ein profanum altare in der Kirche auf: CSEL 3,2, p. 745,12); s. auch Fußn. 90. - Klerus sitzt gesondert: ep 39,5

Der panegyrische Anfang eines Briefes von Konfessoren an Cyprian, in dem gesagt wird, Cyprian sei „allen Menschen in Abhandlungen (,tractatus' schließt die theologische Gestaltung von Predigten mit ein[91]) überlegen sowie wortgewandter, weiser im Ratschlag, einfältiger in Geduld (oder in der Weisheit), großzügiger in Werken, heiliger in Enthaltsamkeit, demütiger im Gehorsam und untadeliger in gutem Handeln als alle anderen"[92], mag auf den begabten Rhetor und verantwortungsbewußten Bischof zutreffen; doch das Übergewicht an Kategorien, die den Lebenswandel des Bischofs beschreiben, bestätigt, daß nicht nur wegen des Konflikts um das Verhalten in der Verfolgung die untadelige disciplina ein entscheidendes Kriterum für die Bischofswahl ist. Befähigung zum „tractare" und Bewandertsein in den Schriften sind sicher wünschenswert, aber die primäre Funktion des Bischofs ist die des Hohenpriesters, und um die auszuüben, ist Untadeligkeit erforderlich[93].

Obwohl also der tägliche Gottesdienst auch in Karthago Gelegenheit zu reichlicher Verkündigung bot und obwohl man bei Cyprian eine große Wertschätzung der göttlichen Schriften findet und er sie eifrig benutzte, läßt sich doch bei ihm deutlicher als bei Origenes beobachten, wie sich die Eucharistie als das Heilsinstitut der Kirche immer mehr in den Vordergrund schob. Die Tradition der Predigt als Paränese hat sich hier in der Form durchgehalten, daß nun die Schrift für die Predigt als Gesetzesbuch verstanden wurde; das dürfte neben der Konzentration auf das bischöfliche Amt und der damit zusammenhängenden Opfertheologie nicht unwesentlich zum Anwachsen der Bedeutung der Eucharistie beigetragen haben.

c) Zur weiteren Entwicklung

Ab dem Vierten Jahrhundert fließen die Quellen zur Liturgiegeschichte etwas reichlicher. Überall findet sich weiterhin einheitlich die Grundstruktur des Sonntagsgottesdienstes mit einem Wortteil, der Katechumenenmesse, und einem Gebets- und Eucharistieteil, der Gläubigenmesse[94]. Die Entlassung der Katechumenen mit Gebet und Segen erfolgt im Anschluß an die Predigt.

(CSEL 3,2, p. 585,1-3) ; ep 40 (CSEL 3,2, p. 585,14). - Cathedra des Bischofs: z. B. ep 17,2 (CSEL 3,2, p. 522,5).
[90] ad Dem 12 (CChr.SL 3A, p. 42,241-243).
[91] S. Fußn. 74.
[92] ep 77,1 (CSEL 3,2, p. 834,10-13).
[93] S. ep 67,4-5.

Das in den syrischen Raum gehörende Achte Buch der Apostolischen Konstitutionen[95] - es bietet im Rahmen eines Formulars für die Bischofsweihe eine ausführliche Gottesdienstbeschreibung unter Einschluß von Gebetstexten - gibt ein Beispiel davon, welches Gewicht diese Entlassung bekommen kann: Hier werden nacheinander mit je einem ausführlichen Gebet durch Diakon und Gemeinde sowie unter Segnung durch den Bischof die Katechumenen, die „Energumenen" (getaufte, aber dämonisch besessene Gemeindeglieder), die Taufbewerber und die Büßer entlassen (bei den Büßern entfällt die Handauflegung durch den Bischof), bevor die Gläubigen mit einem Diakon als Vorbeter das allgemeine Fürbittengebet sprechen, auf das der Bischof fürsprechend respondiert; daran schließt sich der Friedenskuß an, und es folgt die Eucharistiefeier[96].

Die gestaffelte Entlassung, bis wirklich keiner mehr im Raum ist, der ungetauft ist oder in Sünden befangen, zeigt an, welch großes Gewicht der zweite Gottesdienstteil bekommen hat. Dem korrespondiert, daß die Lesungen und die Predigt nur eben noch erwähnt werden, auch wenn es immerhin drei Lesungen (alttestamentliche, epistolische und Evangelienlesung) gibt[97]. Die Charakterisierung der sich anschließenden Predigt als λόγος παρακλήσεως[98], also als Ermahnung, paßt in dieses Bild.

---

[94] S. dazu G. RIETSCHEL/P. GRAFF, Lehrbuch der Liturgik, Bd. I, Göttingen ²1951, S. 233ff und S. 255ff; B. ALTANER/A. STUIBER, Patrologie, 8. Aufl., S. 254-258.

[95] F.X. FUNK, Didascalia et Constitutiones Apostolorum I, Paderborn 1905, S. 460ff.

[96] Noch vor der Entlassung der Katechumenen heißt es ohne Gebet: Μήτις τῶν ἀκροωμένων, μήτις τῶν ἄπιστων (ConstAp VIII,6,2 - FUNK, p. 478,3-4). Das Entlassungszeremoniell wie beschrieben dann in ConstAp VIII,6,3-10,2a (FUNK, p. 478,4-488,7); allgemeines Fürbittgebet: ConstAp VIII, 10,2b-22 (Diakon); 11,1-6 (Bischof); Salutatio und Friedenskuß: ConstAp VIII,11,7-9 (Fürbittgebet bis Friedenskuß: FUNK, p. 488,7-494,4); es folgen „Regieanweisungen", dann Beginn der Eucharistie mit Darbringung der Gaben: ConstAp VIII,12,3 (FUNK, p. 494,25). - Wesentlich schlichter scheint die Entlassung bei Serapion von Thmuis zu sein. Im Euchologion folgt auf das Gebet im Anschluß an die Predigt ein Gebet für die Katechumenen; daran schließen sich verschiedene allgemeinere Fürbittgebete an (TU 17,3b, S. 15ff Nr. XXff).

[97] ConstAp VIII,5,11 (Funk, p. 476,22-24): καὶ μετὰ τὴν ἀνάγνωσιν τοῦ Νόμου καὶ τῶν Προφητῶν, τῶν τε Ἐπιστόλων ἡμῶν (pseudonym die Apostel!) καὶ τῶν Πράξεων καὶ τῶν Εὐαγγελίων ἀσπασάσθω ὁ χειροτονηθεὶς τὴν ἐκκλησίαν ... - möglicherweise handelte es sich also sogar um vier Lesungen, von denen zwei alttestamentlich waren, da es nicht heißt: τοῦ τε Νόμου καὶ τῶν Προφητῶν (vgl. auch ConstAp II,57,5-7 - FUNK, p. 161,8-163,2: 2 AT-Lesungen, 1 aus Apostelgeschichte und Episteln, 1 Evangelienlesung).

[98] ConstAp VIII,5,12 (FUNK, p. 476,29); gleich darauf aber auch die Bezeichnung ὁ τῆς διδασκαλίας λόγος (ConstAp VIII,6,1 - Funk, p. 478,1).

Auch eine Nachricht ganz anderer Art bezeugt das große Gewicht, welches die Eucharistie schon seit dem Dritten Jahrundert überall bekommen hat: bei den Gerätschaften, die in der diokletianischen Christenverfolgung aus der Kirche im numidischen Cirta beschlagnahmt wurden, stehen im Protokoll zwei goldene und sechs silberne Kelche, wohl die wertvollsten Stücke des ganzen Inventars, an erster Stelle[99].

Im Blick auf die Ausgestaltung der Katechumenenmesse im einzelnen verläuft die Entwicklung allerdings nicht so einheitlich: der Wortgottesdienst wird mit Psalmengesang und liturgischen Gebetsstücken, auch mit liturgischen Handlungen, unterschiedlich ausgestaltet[100]. Man kann auch nicht sagen, daß es überall einen Niedergang der Predigt gegeben hat. Das zweite Buch der Apostolischen Konstitutionen kennt die Sitte mehrerer Predigten hintereinander; zuletzt predigt der Bischof[101]. In anderen Liturgien allerdings fällt die Predigt ganz fort, wie zum Beispiel in der sogenannten mozarabischen Messe[102]. Auch in dem einflußreichen Doppeltraktat des Pseudodionys von der himmlischen und der irdischen Hierarchie ist bei der Erklärung des Gottesdienstes von einer Predigt nicht die Rede[103].

Bei Pseudodionys finden wir auch voll ausgestaltet, was bei Origenes bereits angebahnt war: die Eucharistie ist identisch mit den christlichen Mysterien, an denen teilzunehmen den Uneingeweihten verwehrt ist; während die Ungläubigen, die das Christentum ablehnen, ganz außen vor bleiben, ist den Katechumenen, Energumenen und Büßern die Teilnahme an der Schriftlesung als erste Stufe der Heiligkeit erlaubt. Von der Schriftlesung an geht es dann stetig aufwärts bis zum Höhepunkt, der Eucharistie[104].

Für die Bezeichnung der Eucharistie als „die Mysterien" lassen sich noch mehr Beispiele anführen. Genannt sei hier Sokrates Scholastikus,

---

[99] Gesta apud Zenophilum, in: S. Optati Milevitani Libri VII, ed. C. Zisera, Prag u. a. 1893 (CSEL 26), 185-197 (= Appendix I), p. 187,4ff.

[100] S. außer den Passagen bei RIETSCHEL/GRAFF (wie in Fußn. 94) auch die knappe und übersichtliche Darstellung bei W. NAGEL, Geschichte des christlichen Gottesdienstes, Berlin ²1970 (SG 1202/1202a), S. 45ff.

[101] ConstAp II,57,9 (FUNK, p. 163,6-8).

[102] S. W. NAGEL, Geschichte des christlichen Gottesdienstes, 2. Aufl., S. 85: „Die Quellen verraten nichts von einer freien Verkündigung; mit ‚praedicare' (predigen) wird das Lesen des Lektors bezeichnet." Die Quellen gehen allerdings in ihrer heutigen Gestalt nicht hinter die Mitte des 7. Jahrhunderts zurück.

[103] PsDionysius Areopagita, eccl hier III,2 (PG 3,425 B13-C3): Ἑξῆς δὲ διὰ τῶν λειτουργῶν ἡ τῶν ἁγιογράφων δέλτων ἀνάγνωσις ἀκολούθως γίνεται· καὶ μετὰ ταύτας ἔξω γίγνονται τῆς ἱερᾶς περιοχῆς οἱ κατηχούμενοι κτλ.

[104] eccl hier III,2-3,1 (PG 3,425B6-428B14) und weiter; vgl. eccl hier III,1 (PG 3,424f., bes. 424D4-425A8), daraus: τὸ δὲ τέλος ἁπάσης καὶ τὸ κεφάλαιον ἡ τῶν θεαρχικῶν μυστηρίων τῷ τελουμένῳ μετάδοσις (425A5-7).

der in seiner Kirchengeschichte an einer Stelle Beispiele dafür anführt, daß es in der Kirche unterschiedliches liturgisches Brauchtum gebe, ohne daß damit deren Einheit gefährdet sei[105]. So halte „die ganze Ökumene" die „Mysterien" am Sabbat außer den Gemeinden von Rom und Alexandrien; und in unmittelbarer Nachbarschaft Alexandriens halte man zwar auch am Sabbat Gottesdienst, nehme aber an den Mysterien nach unchristlichem Brauch teil, nämlich abends, nachdem man vorher schon etwas gegessen habe[106]. Mit τῶν μυστηρίων μεταλαμβάνειν ist hier eindeutig die Eucharistiefeier gemeint. Sokrates weiß dann übrigens auch - neben der Erwähnung der uns so noch nicht begegneten Sabbatgottesdienste - davon zu berichten, daß man in Alexandrien zu seiner Zeit noch Mittwochs und Freitags Wochengottesdienste hielt; entgegen dem, was man den Schriften des Origenes entnehmen kann (und Sokrates beruft sich hier zu Unrecht auf dessen Zeugnis), wurde nun aber an diesen Tagen keine Eucharistie mehr gefeiert: die Wochengottesdienste haben sich offenbar weder in der Form gehalten, wie wir sie bei Origenes beobachten konnten, noch auch weiter verbreitet[107].

Auch Cyrill von Jerusalem nennt die Eucharistie die „Mysterien des Altars"[108], welche nun nicht einmal mehr den Taufbewerbern, sondern erst den Neugetauften erklärt werden. Dasselbe findet sich auch im Westen bei Ambrosius im Liber de mysteriis, wo der Begriff mysterium ebenfalls auf die Eucharistie angewendet wird (wenn auch nicht ausschließlich) und die Neugetauften gerade im Blick auf das „Mysterium" der Eucharistie zu Stillschweigen ermahnt werden[109].

---

[105] Socrates Scholasticus, h. e. 5,22 (PG 67,625ff).

[106] h. e. 5,22 (PG 67,636A2-12): ἐπιτελουσῶν τὰ μυστήρια (636A4-5); Ägypter bei Alexandrien ἐν Σαββάτῳ μὲν ποιοῦνται συνάξεις· οὐχ ὡς ἔθος δὲ Χριστιανοῖς, τῶν μυστηρίων μεταλαμβάνουσι ... (636A8-10; in Zeile 12 noch einmal: τῶν μυστηρίων μεταλαμβάνουσιν). Zur Interpretation vgl. H. BRAKMANN, Zur Geschichte der eucharistischen Nüchternheit in Ägypten, Muséon 84 (1971) 199-211, der betont, daß es um eine abendliche Eucharistiefeier ohne vorheriges Fasten gehe, nicht um eine eucharistische Mahlfeier oder Agape (vgl. h. e. 5,22 - PG 67,636A10-12: Μετὰ γὰρ τὸ εὐωχηθῆναι ... τῶν μυστηρίων μεταλαμβάνουσιν).

[107] Socrates Scholasticus, h. e. 5,22 (PG 67,636A12ff); zu Origenes, Ätheria und Epiphanius von Salamis s. o. S. 430f.

[108] Ausblick in cat. ill. 18,33: S. Patris nostri Cyrilli Hierosolymorum Archiepiscopi Opera quae supersunt omnia, ed. W.C. REISCHL/J. RUPP, 2 Bde, München 1848-1860, Bd 2, p. 336: περὶ τῶν ἐν θυσιαστηρίῳ τῆς καινῆς διαθήκης μυστηρίων ...

[109] De mysteriis 55: „signatum debere apud te mysterium manere ... ne divulgatur, quibus non convenit, ne garrula loquacitate dispergatur in perfidos" (CSEL 73, p. 113,70-73). Vgl. auch Augustin, De catechizandis rudibus: „Sacramentum" wird praktisch nicht erklärt, da die Hörer ungetauft sind.

Schon die Publikation der Katechesen des Cyrill wie auch der ambrosianischen Schrift De mysteriis zeigt aber an, daß die christlichen Mysterien so arkan nicht waren, wie man gerne wollte. Die Volkskirche, welche sicher mit zum Anwachsen der Sakramentsfrömmigkeit beitrug, führte diesen Aspekt der Sakramentstheologie ad absurdum. Auch die konsequente Theorie des Pseudodionys vom Gottesdienst als einer Aufstiegsbewegung bis hin zur Eucharistie, welche die Predigt entweder ignorierte oder eliminierte, kann nicht einfach als das Resultat der kirchlichen Praxis gesehen werden, denn gerade den großen Rednern und Predigern war es immer wieder gegeben, die Kirche mit dem Wort neu zu beleben und zu prägen.

III. Bemerkungen zum frühen Synagogen-
gottesdienst

Mit der Frage, ob der christliche Gottesdienst Wurzeln im Gottesdienst der Synagoge habe, ist immer auch die Frage nach dem
Synagogengottesdienst in den ersten zwei Jahrhunderten nach Christus
gestellt. Sie gliedert sich auf in verschiedene Problemfelder. So ist zu
fragen, ob es einen festgelegten Synagogengottesdienst in dieser Zeit
schon gegeben hat; welche Elemente des späteren Synagogengottesdienstes sich bis in die frühe Zeit zurückverfolgen lassen; was sich
zum Ablauf und wesentlichen Charakter der Synagogengottesdienste
sagen läßt; und welche äußeren Gegebenheiten sich zum Beispiel bei
Gemeindeämtern und Gebäuden beobachten lassen[1].

Meine Skizze stützt sich auf Arbeiten verschiedener Forscher.
Genannt sei das Werk von I. Elbogen über den jüdischen Gottesdienst
in seiner geschichtlichen Entwicklung[2], der vom zeitgenössischen
Gottesdienst ausgehend zurückgefragt und untersucht hat, welche Ele-
mente des Gottesdienstes bis in die früheste Zeit zurückgehen. Die
Darstellung des frühen Synagogengottesdienstes von G.F. Moore[3]
basiert auf Elbogens Arbeit und setzt sich mit ihr kritisch auseinander;
sie ist auch heute noch, rund sechzig Jahre nach dem Erscheinen von
Moores „Judaism" lesenswert und instruktiv. Hilfreich sind auch
die Exkurse über den altjüdischen Synagogengottesdienst, über das
Sch^ema und das Schemone-Esre im Kommentar von Billerbeck[4].
In übersichtlicher Form schließlich hat P. Schäfer in seinem Aufsatz
über den synagogalen Gottesdienst[5] den neueren Forschungsstand

---

[1] Die Frage nach der Entstehung der Synagoge lasse ich außen vor und
begnüge mich mit der Feststellung, daß es zur Zeit Jesu in Palästina die Synagoge
bereits als feste Einrichtung gab; in Ägypten ist sie schon im 3. Jahrhundert vor
Christus durch Inschriften nachweisbar. - Vgl. auch Fußn. 7.

[2] I. Elbogen, Der jüdische Gottesdienst in seiner geschichtlichen Entwicklung, Frankfurt ²1924 (GGJ/SGFWJ).

[3] G.F. Moore, Judaism in the First Centuries of the Christian Era. The
Age of the Tannaim, vol I-II, Cambridge (Mass.) 1927, vol I, p. 281-307; dazu G.F.
Moore, Judaism ... vol III, Cambridge (Mass.) 1930, p. 93-101.

[4] H.L. Strack/P. Billerbeck, Kommentar zum Neuen Testament aus
Talmud und Midrasch, Bd IV,1, München 1928, S. 115-249; vgl. auch P. Billerbeck, Ein Synagogengottesdienst in Jesu Tagen, *ZNW* 55 (1964) 143-161 (Vortrag
aus dem Jahre 1932).

zusammengefaßt und mit Angabe der wesentlichen Quellen ein Bild vom frühen Synagogengottesdienst gezeichnet.

a) Tempel, Synagogen und Sekten

Das Neue Testament gibt Zeugnis von der Existenz von Synagogen in Palästina wie in der Diaspora im Ersten Jahrhundert nach Christus. Wir erfahren wie auch von Philo und Josephus[6], daß man in den Synagogen aus den Schriften vorlas und auslegend predigte; die Prophetenlesung ist in Lk 4,17ff bezeugt, die Lesung aus der Tora Act 15,21, aus Tora und Propheten in Act 13,15. Die Frage, ob man vor der Zerstörung des Tempels in den Synagogen auch zum Gebet zusammenkam, kann für die Diaspora schon wegen der vielfach belegten Bezeichnung προσευχή für die Synagoge bejaht werden[7]. Daher sind auch die Darstellungen von Philo und Josephus vom Synagogengottesdienst ihrer Zeit zu einseitig apologetisch gefärbt: sie waren bemüht, die Synagoge als Philosophenschule darzustellen und legten darum größtes Gewicht auf Schriftlesung und Auslegung[8]. Auch die Schilderung des Philo, daß die Juden mehr oder minder den ganzen Sabbat über der Schrift in der Synagoge zubrachten, dürfte sich wohl eher auf eine Ausnahme beziehen als auf die Regel[9]. Ob

---

[5] P. SCHÄFER, Der synagogale Gottesdienst, in: *Literatur und Religion des Frühjudentums. Eine Einführung*, hrsg. von J. Maier u. J. Schreiner, Würzburg 1973, 391-413. - Vgl. ferner W. SCHRAGE, συναγωγή κτλ, *ThWNT* 7,798-850 (sehr umfassend, aber sehr wenig zum Gottesdienst); C.W. DUGMORE, The Influence of the Synagogue upon the Divine Office, London 1964, p. 11-25; W. WIEFEL, Der Synagogengottesdienst im neutestamentlichen Zeitalter und seine Einwirkung auf den entstehenden christlichen Gottesdienst, diss. (maschinenschr., daher leider nur schwer zugänglich) Leipzig 1959, S. 1-90. Zu den Gebeten s. auch J. HEINEMANN, Prayer in the Talmud, Berlin / New York 1977 (SJ 9), bes. p. 218-250. - Zum frühen Synagogengottesdienst nicht weiterführend: E. WERNER, The Sacred Bridge. The Interdependence of Liturgy and Music in Synagogue and Church during the First Millennium, London/New York 1959.

[6] Philo, De Somniis II § 127; De Vita Mosis II, § 215-216; De Specialibus Legibus II, § 61-62; Legatio ad Gaium, § 156 (προσευχή für Synagoge!); Quod omnis probus liber sit, § 81-82 (über die „Essäer"); De vita contemplativa, § 30-33 (über die Therapeuten); Hypothetica, fragm. (bei Euseb, praep. ev. VIII,7,12-13). - Josephus, contra Apionem II, § 175; Antiquitates Iudaicae, XVI, § 43.

[7] Vgl. M. HENGEL, Proseuche und Synagoge. Jüdische Gemeinde, Gotteshaus und Gottesdienst in der Diaspora und in Palästina, in: *Tradition und Glaube*, FS G. Kuhn, hrsg. von G. Jeremias u. a., Göttingen 1971, 157-184.

[8] Vgl. I. ELBOGEN, Der jüdische Gottesdienst, S. 250; dagegen noch H.H. ROWLEY, Worship in Ancient Israel. Its Forms and Meaning, London 1967, p. 229f.; W. SCHRAGE, *ThWNT* 7,820-821.

[9] Hypothetica: Euseb, praep. ev. VII,13 (in derselben Schrift werden z. B. auch die „Essäer" beschrieben: Euseb, praep. ev. VII,11); denkbar wäre, daß Philo

man in den Synagogen in der Nähe von Jerusalem und in Jerusalem selbst auch schon zu Zeiten, als der Tempel noch stand, betete, läßt sich nicht mit Gewißheit ermitteln. Die Nachricht, daß in der Heimat der Priester und Leviten, welche den (reihum wechselnden) Tempeldienst zu versehen hatten (Maamadot), parallel zu deren Dienste Gottesdienst gefeiert wurde[10], mag einen historischen Kern haben. Mit Sicherheit gehört das Gebet auch in Palästina nach der Zerstörung des Tempels zum Synagogengottesdienst.

Palästina und die Diaspora unterschieden sich auch in der Gottesdienstsprache: die hebräische Schriftlesung mußte in Palästina ins Aramäische übersetzt werden[11]; in der Diaspora scheint man weitgehend auch die Schriftlesung auf Griechisch gehalten zu haben[12]. Auch in der Hellenistensynagoge zu Jerusalem (Act 6,9) wird Griechisch die Gottesdienstsprache gewesen sein[13].

Die überraschenden archäologischen Funde von Bilderschmuck in Synagogen (Dura Europos, Beth Alpha) wie auch die Feststellung, daß keineswegs alle alten Syanagogen nach Jerusalem ausgerichtet waren[14], sind eine eindrückliche Warnung davor, selbst noch in späterer Zeit ein zu einheitliches Bild vom Synagogengottesdienst anzunehmen, so wie es die rabbinische Literatur vermittelt.

In ähnlicher Weise läßt Philos Schilderung der Therapeutengottesdienste aufhorchen. Philo preist die „vita contemplativa" dieser asketisch-monastischen Gruppierung der Juden. Sie kamen am Sabbat zusammen, um sich von ihrem ältesten und erfahrensten Lehrer in den Schriften unterrichten zu lassen[15]; alle sieben Wochen am Sabbatabend aber (am Abend des Sabbattages, nicht am Vorabend - Philo hat

---

etwa für Alexandrien doch auch schon eine Versammlung der Juden am Sabbatnachmittage kannte wie die spätere Synagoge; vgl. den Bericht des Agatharchides von Knidos, nach dem die Juden am Sabbat bis gegen Abend zum Gebet zusammenblieben (zitiert bei M. HENGEL, Proseuche und Synagoge, S. 163; schon I. ELBOGEN, Der jüdische Gottesdienst, S. 244, weist darauf hin).

[10] Vgl. M. HENGEL, Proseuche und Synagoge, S. 177f. u. 180f.; I. ELBOGEN, Der jüdische Gottesdienst, S. 237.

[11] Vgl. G.F. MOORE, Judaism, vol I, p. 302-305; P. SCHÄFER, Der synagogale Gottesdienst, p. 397f.

[12] W. WIEFEL, Der Synagogengottesdienst im neutestamentlichen Zeitalter, S. 35ff., unter Verweis auf bMeg 18a; MMeg 1,8b u. a. „Wahrscheinlich schwankte auch die Beurteilung des Griechischen, je nach dem, ob man sich im harten Abwehrkampf befand oder friedlich mit den Heiden zusammen lebte." (S.35f.).

[13] S. M. HENGEL, Zwischen Jesus und Paulus. Die „Hellenisten", die „Sieben" und Stephanus, *ZThK* 72 (1975) 151-206, S. 157ff.

[14] Vgl. W. SCHRAGE, συναγωγή, S. 814f. (Schrage nimmt allgemein eine Ausrichtung nach Jerusalem an); s. dagegen die Umbauten, die wegen der Ausrichtung nach Jerusalem erforderlich waren: M. AVI-YONAH, Synagogue. Architecture, *EJ* 15,595-600, col. 597f. (The Transitional Type).

[15] Philo, De vita cont, § 30-31.

hier offensichtlich nicht die hebräische Zeitrechnung im Sinn, die den Tag von Abend zu Abend zählt) wird eine gemeinsame Mahlzeit mit Brot, Wasser, Salz und Ysopkräutern gehalten, welcher Gebet, eine Predigt und das Singen selbstverfaßter Hymnen vorausgehen. Daran anschließend wird die Nacht hindurch in einer Art Mysterienfeier gesungen[16]. Anders als in Qumran waren hier Frauen zur Gemeinschaft zugelassen, wenn auch in der „Synagoge" baulich von den Männern durch eine halbhohe Mauer getrennt[17].

In Qumran gestaltete sich der Gottesdienst allein schon wegen der Waschungen wieder anders[18]. Auch von hier sind nichtbiblische Hymnen bekannt[19].

Die Erzählung von den drei Töchtern des Hiob im „Testament Hiobs" schließlich, die (allerdings nur mit Hilfe von Zaubergürteln) in Engelssprachen reden und singen konnten[20], zeigt, daß es auch in jüdischen Kreisen das Phänomen der Glossolalie gab, wenngleich wohl nicht so häufig wie im frühen Christentum.

Trotz des recht bunten Bildes also, das man sich von den jüdischen Gottesdiensten zu machen hat, wird die Zurückverfolgung von Elementen des späteren Synagogengottesdienstes in die Frühzeit berechtigt sein; der Rabbinismus konnte sich nur durchsetzen, weil er in einem breiten Traditionsstrom verankert war.

b) Der Gottesdienst am Sabbatmorgen

Die synagogalen Gottesdienste sind nicht auf den Sabbat beschränkt, doch gibt es Hinweise darauf, daß der Gottesdienst am Sabbatmorgen am frühesten die Schriftlesung enthielt[21]. Auch die neutestamentlichen Darstellungen wissen ja davon zu berichten, daß

---

[16] Philo, De vita cont, § 65-66 (Termin, Gebet); § 75-79 (Predigt); § 80-81 (Hymnen; Brot, Salz, Ysop); § 73-74 (Wasser, Brot, Salz, Ysop); § 83-89 (Mysterienfeier).
[17] Philo, De vita cont, § 32-33 (Trennung in der Synagoge, Mauer); § 69 (Trennung bei der Mysterienfeier, dann symbolische Vereinigung von Chor der Männer und Chor der Frauen).
[18] Vgl. A. DUPONT-SOMMER, Die essenischen Schriften vom Toten Meer, Tübingen 1960, S. 54-58.
[19] Z. B. 1QH.
[20] Test. Iobi 48-50 (PVTG 2, p. 56,16-57,17).
[21] Vgl. Act 15,21; ferner P. SCHÄFER, Der synagogale Gottesdienst, S. 394 (Belege auf S. 392): da eine Toralesung an Festtagen und Sabbatmorgenden einerseits und am Sabbatnachmittag und Wochentagen andererseits erwähnt wird und weil die Lesung an Festtagen als frühester Brauch anzunehmen ist, folgt der zeitliche Vorrang der Sabbatmorgengottesdienste vor denen am Nachmittag. - Vgl. auch C.W. DUGMORE, The Influence, p. 13f.

Jesus am Sabbat in den Synagogen lehrte[22]. Die am Sabbatmorgen gebräuchliche kurze Form des Achtzehngebets (Schemone-Esre, oft auch einfach „das Gebet", Tefilla, genannt) dürfte älter sein als die lange Form mit 18 (bzw. 19) Bitten, was ebenfalls auf eine Priorität des Sabbatgottesdienstes hindeutet[23].

Über die Struktur der frühen Synagogengottesdienste ist wenig Verläßliches auszumachen. Rabbinische Belege geben eine Grundform wieder, nach der auf die beiden Stammgebete (Sch[e]ma mit Gebetsworten, Tefilla) Toralesung und Prophetenlesung folgten[24]; dazu wird man noch die Auslegung fügen dürfen. Diese Grundelemente lassen sich auch am weitesten zurückverfolgen; man kann daher annehmen, daß auch die Grundstruktur zur Zeit des Neuen Testaments die gleiche war[25]. Überlegungen, die in dem Sch[e]ma eine verkürzte Form der Toralesung für jeden Tag sehen, würden allerdings zu einer Reihenfolge führen, nach der sich das Gebet an die Schriftlesung anschlösse[26]. Die beschriebene Grundform wiederum kann man als die Form des täglichen Gebets verstehen, an die Schriftlesung und Auslegung angehängt wurden[27].

Wenn wir also von der Hypothese ausgehen, daß auch in neutestamentlicher Zeit der Verkündigungsteil auf den Gebetsteil des Synagogengottesdienstes folgte, so bleibt doch zu bedenken, daß diese Hypothese nicht sehr gut gesichert ist.

---

[22] (Mt 12,9ff; Mk 3,1-6); Mk 1,21; 6,2; Lk 4,16ff; 6,6; 13,10; vgl. Paulus in Act 13,14ff; 17,2-3; 18,4; außerdem Act 15,21 u. 17,2.

[23] P. SCHÄFER, Der synagogale Gottesdienst, S. 40; vgl. z. B. *Bill.* IV,1, S. 218; C.W. DUGMORE, The Influence, p. 22. - Ein Literaturbericht zum Achtzehngebet findet sich bei A. VON KRIES, Zur Erforschung der Jüdischen Liturgie innerhalb der Wissenschaft des Judentums, diss. phil. München 1976, S. 128-136 (= Anhang A).

[24] *Bill.* IV,1, S. 153f. (mit Belegen und Zitaten); ebenfalls mit Beleg: H.H. ROWLEY, Worship in Ancient Israel, p. 234; I. Elbogen, Der jüdische Gottesdienst, S. 115, und G.F. MOORE, Judaism I, p. 291, geben keine Belege; sonst wird die Frage des Aufbaus der frühen Synagogengottesdienste nicht diskutiert. Mit Vehemenz weist allerdings I.H. DALMAIS, Office synagogal et liturgie chrétienne, *VS* 97 (1957) 23-42, p. 32 auf den Strukturunterschied zwischen christlicher „Synaxis" und Synagogengottesdienst hin - ebenfalls ohne Belege. Ohne Angabe von Gründen behauptet ferner L. BOUYER, Von der jüdischen zur christlichen Liturgie, *IKaZ* 7 (1978) 509-519, S. 512, daß Sch[e]ma und Gebet der Verkündigung folgten.

[25] Über die Mischna (MMeg 4,3a) kommt man aber von den Quellen her mit direkten Belegen nicht hinaus.

[26] C.W. DUGMORE, The Influence, p. 19 (unter Bezugnahme auf L. Blau).

[27] C.W. DUGMORE, The Influence, p. 12f. Diese Möglichkeit der Genese der überlieferten Grundform bleibt auch angesichts dessen bestehen, daß der Brauch, sich am Sabbat zum Gottesdienst zu versammeln, älter ist als der der Wochengottesdienste (vgl. dazu I. Elbogen, Der jüdische Gottesdienst, S.240).

c) Die Grundelemente des Synagogengottesdienstes

Für die Darstellung der Einzelelemente des frühen Synagogengottesdienstes sei nochmals auf die genannte Literatur verwiesen. Im Folgenden möchte ich nur einige Gesichtspunkte hervorheben.

Das Sch[e]ma, schon früh eingerahmt von Benediktionen (berachot), wird, da es sich um Worte der Heiligen Schrift handelt (Dtn 6,4-9; 11,13-21; Nu 15,37-41), schon immer in einem festgelegten Wortlaut auswendig gesprochen worden sein. Ob es schon zur Zeit Jesu überall zum Synagogengottesdienst gehörte, ist umstritten[28]. Mit dem Sch[e]ma zusammen wurde bis in das Zweite Jahrhundert hinein offensichtlich auch noch der Dekalog rezitiert; diese Sitte hat man dann, wo sie geübt wurde, fallen lassen, um Gegnern (wohl den Christen) keine Handhabe zu geben für die Behauptung, wichtig und gültig sei im Gesetz eigentlich nur der Dekalog[29].

Ob die Tefilla bis in den Wortlaut hinein festgelegt war, läßt sich schon schwerer sagen. Offensichtlich war sie nicht so fixiert, daß man nicht auch noch an der Wende vom Ersten zum Zweiten Jahrhundert hätte Dinge hinzufügen können[30]. Aus den verschiedenen Rezensionen, die uns überkommen sind, hat man einen Urtext herzustellen versucht; doch scheint das gerade angesichts des alten Verbots, Gebete schriftlich zu fixieren, problematisch[31]. Wo die Tefilla gemeinsam

---

[28] Vgl. O. HOLTZMANN in: Die Mischna, hrsg. von G. Beer / O. Holtzmann, I. Seder. Zeraim. 1. Traktat. Berakot, hrsg. u. übers. von O. HOLTZMANN, Gießen 1912, S. 1-10; dagegen P. SCHÄFER, Der synagogale Gottesdienst, S. 402f. mit Gründen für das hohe Alter des Sch[e]ma.

[29] Vgl. I. ELBOGEN, Der jüdische Gottesdienst, S. 242; C.W. DUGMORE, The Influence, p. 21; P. SCHÄFER, Der synagogale Gottesdienst, S. 402-403 (mit Verweis auf den Papyrus Nash, den aber auch Elbogen, l. c., schon erwähnt); G. STEMBERGER, Der Dekalog im frühen Judentum, JBTh 4 (1989) 91-103.

[30] Speziell die Birkat Hamminim - vgl. z. B. Bill. IV,1, S. 208; zum Problem des Alters und der Gestalt der Tefilla gibt es hier viel Literatur (s. Fußn. 23); instruktiv erscheint mir die Diskussion des Problems bei W. WIEFEL, Der Synagogengottesdienst, S. 52-67. Daß zunächst nur die Anordnung und der Inhalt der Bitten festgelegt wurde, nicht aber ihr Wortlaut, behauptet (allerdings wohl mehr von einem Entwicklungsgedanken als von konkreten Belegen her) I. ELBOGEN, Der jüdische Gottesdienst, S. 243 (vgl. auch ebda, S. 353f.); auf S. 41 führt Elbogen bMeg 17b an: „Simon der Flachsmann ordnete vor R. Gamliel in Jabne die achtzehn Segenssprüche in ihrer Reihenfolge an. R. Johanan sagte, und wie manche es sagen, wurde es in einer Barajtha gelehrt: Hundertundzwanzig Greise, unter ihnen viele Propheten, ordneten die achtzehn Segenssprüche in ihrer Reihenfolge an." (zit. nach der Übersetzung von L. GOLDSCHMIDT, Bd. 4, S. 74; Elbogen zitiert nur den ersten Satz).

gesprochen wurde, mußte sie allerdings einen jeweils festgelegten Wortlaut haben; doch wurde sie nach dem Zeugnis der Mischna im Gottesdienst von einem Vorbeter (allerdings hier mit festem Wortlaut, da sich der Vorbeter „irren" kann) vorgetragen[32]. Man kann also nicht behaupten, daß das freie Gebet von Anfang an ein Merkmal des christlichen Gottesdienstes war, das ihn von dem der Synagoge unterschied.

Das respondierende „Amen" gehörte zur Gebetssprache der Synagoge[33]; auch die Hallelpsalmen, welche ursprünglich ihren Ort bei den Tempelfesten hatten, wurden anscheinend schon früh in der Synagoge gesungen[34]. Zum Schemone-Esre gibt es keine deutlichen Parallelen in frühen christlichen Gebeten. Ähnlichkeiten in der Gebetssprache können, müssen aber nicht in jedem Fall auf unmittlbare Abhängigkeit des christlichen vom synagogalen Gottesdienst hinweisen; sie ließen sich prinzipiell auch auf die gemeinsame Benutzung des Alten Testaments zurückführen[35]. Allerdings wird die Übernahme jüdischer Gebetssprache durch die ersten Christen der normale Vorgang gewesen sein, zumal es zunächst keine rein heidenchristlichen Gemeinden ohne maßgebliche Kontakte zur Synagoge gab[36]. Ein Beispiel für die Übernahme jüdischer Gebete, die dann christlich redigiert wurden, hat W. Bousset im VII. Buch der Apostolischen Konstitutionen gefunden; hier befinden wir uns allerdings schon im Dritten oder eher Vierten Jahrhundert[37].

Mit der Zerstörung des Tempels legte sich auch die Aufnahme des aaronitischen Segens in den Synagogengottesdienst nahe. Als

---

[31] TBer XIV,4: „Wer Gebete (Berachot) aufschreibt ist wie einer, der die Tora verbrennt." - Vgl. W. WIEFEL, Der Synagogengottesdienst, S. 28 (Stellenangabe dort falsch); vgl. zur Frage der ältesten Fassung auch P. SCHÄFER, Der synagogale Gottesdienst, S. 409.

[32] MBer V,3b und 4b; vgl. *Bill.* IV,1, S. 237 u. S. 138.

[33] H.H. ROWLEY, Worship in Ancient Israel, p. 235; vgl. aber im Blick auf den christlichen Gottesdienst W. BAUER, Der Wortgottesdienst der ältesten Christen, Tübingen 1930 (SGV 148), S. 20: „... da das responsorische Amen schon im Alten Testament vorkommt ..., brauchen wir für sein Verständnis nicht den Umweg über die Synagoge."

[34] I. ELBOGEN, Der jüdische Gottesdienst, S. 249; C.W. DUGMORE, The Influence, p. 14f. Dazu, daß das Hallel ursprünglich seinen Platz im Tempel hatte, vgl. K.E. GRÖZINGER, Musik und Gesang in der frühen jüdischen Literatur, Tübingen 1982 (TSAJ 3), S. 232f., ferner P. SCHÄFER, Der synagogale Gottesdienst, S. 410.

[35] Vgl. die Argumentation von W. BAUER zum Amen (s. Fußn. 33).

[36] Die meisten „Heiden"-Christen waren vorher Gottesfürchtige in der Synagoge - s. o. S. 47f.

[37] W. BOUSSET, Eine jüdische Gebetssammlung im siebenten Buch der apostolischen Konstitutionen (1915), in: DERS., Religionsgeschichtliche Studien, hrsg. von A.F. Verheule, Leiden 1979 (NT.S 50) 231 -286.

regelmäßiger Bestandteil des Synagogengottesdienstes hatte er später seinen Platz vor der letzten Bitte der Tefilla, stellte also, zumal am Sabbat, nicht einen Schlußsegen dar[38].

Die Toralesung folgte in der frühen Zeit noch keiner festen Leseordnung; jedenfalls hat man den Text nicht lückenlos nacheinander vorgelesen[39]. Deutlich ist das auch bei der Haftara (Prophetenlesung), die allerdings wohl von Anfang an so gewählt sein sollte, daß sie zur Toralesung paßte[40]. Nicht klar ist, ob der Prediger oder der Synagogenvorsteher oder derjenige, der die Lesung zu halten hatte, den Text auswählte[41]; in der späteren Ordnung entsteht diese Frage nicht mehr.

Eine der Wurzeln der Predigt als Schriftauslegung[42] könnte die Übersetzung der Lesungen aus dem Hebräischen in das Aramäische sein, wie auch die recht lockere Übertragung in den Targumen es vermuten läßt[43]. Daneben wird aber auch der Charakter der Tora als Gesetz zur Auslegung und Anwendung auf den Alltag der Hörer genötigt haben. Die Zuordnung der Prophetenlesung zur Tora machte ebenfalls eine Auslegung erforderlich.

---

[38] I. ELBOGEN, Der jüdische Gottesdienst, S. 67-72.

[39] G.F. MOORE, Judaism I, p. 298f.; dagegen ist P. SCHÄFER, Der synagogale Gottesdienst, S. 395, der Meinung, „daß der Brauch der lectio continua relativ alt sein muß"; er diskutiert aber nicht die von Moore angeführte Stelle MMeg 4,4, nach der der Vorleser im Pentateuch nicht von Stelle zu Stelle springen darf, also die lectio continua noch nicht fest eingebürgert erscheint.

[40] G.F. MOORE, Judaism, p. 300f.; P. SCHÄFER, Der synagogale Gottesdienst, S. 397, weist hier darauf hin, daß nach MMeg 4,4 es bei den Propheten erlaubt war, von Stelle zu Stelle zu springen.

[41] Nach Lk 4,16ff hat Jesus die Lesung gehalten und ausgelegt; daß er das Buch öffnete und eine Stelle dort „fand", besagt nicht zwingend, daß er auch die Stelle aussuchte; das Buch Jesaja war ihm ja bereits vorgegeben, und das „Finden" könnte sich auf auf eine vorgegebene, zu suchende Stelle beziehen. - Act 13,15 wird Paulus zur Predigt aufgefordert, nachdem die Lesung bereits stattgefunden hat. - MMeg 4,4 (vgl. Fußn. 39 u. 40) läßt vermuten, daß der Vorleser beim Aussuchen der Stellen wenigstens ein Wort mitzureden hatte. - Vgl. auch *Bill.* IV,1, S. 157f.

[42] Früheste Belege s. Fußn. 41; ferner M. HENGEL, Die Evangelienüberschriften, Heidelberg 1984 (SHAW.PH 1984/3), S. 33 Fußn. 75 (zur Theodotosinschrift in Jerusalem); vgl. auch F. SIEGERT, Drei jüdisch-hellenistische Predigten I, Tübingen 1980 (WUNT 20) und die Datierung von PsPhilo, „Über Jona" und „Über Simson" in DERS., Drei jüdisch-hellenistische Predigten II, Tübingen 1992 (WUNT 61), S. 48.

[43] G.F. MOORE, Judaism I, p. 304; vgl. dagegen P. SCHÄFER, Der synagogale Gottesdienst, S. 398f., der davor warnt, allzu rasch Rückschlüsse aus dem Schriftlichen auf die mündlichen Targume zu ziehen. Das Argument Moores würde dadurch allerdings wohl eher verstärkt, da für die mündliche Übersetzung ihrem Charakter nach noch größere Freiheiten anzunehmen sind.

d) Die Gemeinde des Synagogengottesdienstes

Der Gottesdienst konnte in späterer Zeit nur abgehalten werden, wenn mindestens zehn kultfähige Männer zusammenkamen. Es sieht aber nicht so aus, als sei dieser Brauch (Minjan) zu Zeiten der Mischna schon lange eingeführt gewesen[44]. - Die Synagoge war schon früh ein eigens für den Gottesdienst hergerichtetes oder gar gebautes Haus[45]. Die Gemeinde saß (zum Hören, aber auch zum Rezitieren des Sch[e]ma)[46] und stand (zum Gebet)[47] geordnet und (wenn auch nicht immer baulich wie bei den Therapeuten) nach Geschlechtern getrennt[48].

Der Gottesdienst wurde vom Synagogenvorsteher geleitet; er bestimmte, wer als Vorbeter, wer als Vorleser, wer als Übersetzer und wer als Ausleger fungieren sollte[49]. Diese Ämter waren nicht festgelegt und konnten von Mal zu Mal wechseln; erst in späterer Zeit wurde die Stelle des Vorbeters ein festes Amt[50].

Schon im Neuen Testament findet man dagegen das Amt des Synagogendieners erwähnt; zu seinen Aufgaben gehörte es, dem Vorleser die Schriftrolle zu reichen und sie auch wieder zu verwahren[51]. Das gemeindeleitende Gremium, die Presbyter[52], trat im Gottesdienst nicht in Erscheinung. Auch das Amt des Rabbi war gemeindlich nicht festgelegt.

---

[44] *Bill.* IV,1, S. 153 (Verweis auf MMeg 4,3); dagegen *Bill.* I, S. 794 (wichtigster Beleg: MAbot 3,6); weiteres bei W. WIEFEL, Der Synagogengottesdienst, S. 15f; vgl. auch H. HAAG, die biblischen Wurzeln des Minjan, in: *Abraham unser Vater*, FS O. Michel, Leiden / Köln 1963 (AGSU 1963) 235-242.

[45] Vgl. z. B. W. SCHRAGE, *ThWNT* 7,811ff; K. GALLING, Synagoge, *RGG³* 6, 557-559; M. AVI-YONAH, Synagogue. Architecture, *EJ* 15,595-600.

[46] *Bill.* IV,1, S. 206f. (zum Sitzen beim Sch[e]ma). Zum Sitzen bei Lesung und Predigt s. z. B. Philo, De Somniis II, § 127; Quod omnis liber probus sit, § 81. Der Vorleser stand, der Ausleger saß: z. B. Lk 4,16ff.

[47] *Bill.* IV,1, S. 227f.

[48] Vgl. I. ELBOGEN, Der jüdische Gottesdienst, S. 466f.; zur Stellung der Frau in der Synagoge außerdem: A. Oepke, γυνή, *ThWNT* 1,776-790, S. 787; K. HRUBY, Die Synagoge. Geschichtliche Entwicklung einer Institution, Zürich 1971 (SJK 3), S. 50-55.

[49] Vgl. *Bill.* IV,1, S. 145-147; W. SCHRAGE, *ThWNT* 7,843f.

[50] *Bill.* IV,1, S. 149ff.

[51] Z. B. Lk 4,17.20; s. *Bill.* IV,1, S. 147-149; G.F. MOORE, Judaism I, p. 289f.

[52] Vgl. W. SCHRAGE, *ThWNT* 7,843, und H. LIETZMANN, Zur altchristlichen Verfassungsgeschichte (1914), in: DERS., Kleine Schriften I, Berlin 1958 (TU 67) 141-185, S. 158ff.; G. BORNKAMM, πρέσβυς κτλ, *ThWNT* 6,651-683, S. 652-661.

Das mag zum frühen Synagogengottesdienst genügen. Eine Untersuchung jüdischer Predigten würde den Rahmen dieser Arbeit übersteigen[53]. Auf die Zusammenhänge zwischen dem christlichen Wortgottesdienst und dem Gottesdienst der Synagoge wird in der nun folgenden Zusammenfassung weiter einzugehen sein.

---

[53] Ansätze bei *Bill.* IV,1, S. 173-188; H. THYEN, Der Stil der Jüdisch-Hellenistischen Homilie, Göttingen 1955 (FRLANT 65); s. jetzt v. a. F. SIEGERT, Drei jüdisch-hellenistische Predigten II. Kommentar, Tübingen 1992 (WUNT 61).

IV. Zusammenfassung: Zur Geschichte des christlichen Wortgottesdienstes in den ersten drei Jahrhunderten

Nach dem Durchgang durch die Quellen möchte ich abschließend versuchen, einige Linien auszuziehen und ein Bild von der Geschichte des christlichen Wortgottesdienstes in den ersten drei Jahrhunderten zu entwerfen. Wegen der Bruchstückhaftigkeit der Quellen kann dieser Entwurf nur fragmentarisch sein.

1. Zur Struktur der Gottesdienste

Um die Wende vom Zweiten zum Dritten Jahrhundert finden wir als Zentrum des Gemeindelebens einen in seiner Grundstruktur überall einheitlichen Sonntagsgottesdienst vor. Es handelt sich um eine deutlich zweigliedrige Feier mit einem Wortteil und einem eucharistischen Teil. Die Grenzlinie zwischen beiden verläuft vor dem Gemeindegebet, welches als Fürbittengebet der eigentlichen Eucharistiefeier mit ihren Gebeten vorausgeht. Die Grenze ist markiert durch die Entlassung der Katechumenen.

Am deutlichsten wird diese Struktur in den Quellen für den syrischen Raum; nicht nur aus dem (einer späteren Zeit angehörenden) VIII. Buch der Apostolischen Konstitutionen ist sie zu erheben, sondern auch aus der Syrischen Didaskalie. Doch auch für Rom hat sich - schon von Justin her, dann aus der Apostolischen Tradition des Hippolyt - das gleiche Bild ergeben. Daß für Nordafrika die Angaben des Tertullian trotz seines den heidnischen Lesern gegenüber eingehaltenen Schweigens über die Eucharistie mit dem zusammenstimmen, was wir aus den anderen Quellen erfahren, hat sich an einer Reihe von Einzelheiten gezeigt. Origenes ermöglicht, ebenfalls durch Einzelangaben, die Aussage, daß auch in Caesarea, also in Palästina der Sonntagsgottesdienst die nämliche Grundform hatte. Sehr wenig wissen wir für den hier behandelten Zeitraum über Alexandrien zu sagen, da Clemens von Alexandrien kaum „harte Fakten" mitteilt und die liturgischen Angaben des Origenes aus Caesarea nicht einfach auch für Ägypten gelten müssen. Für Gallien schließlich lassen uns die Quellen weitgehend im

Stich, da Irenäus in seinen Schriften keine entsprechenden Angaben macht. Aufgrund der recht engen Beziehungen Galliens zum Osten können wir aber annehmen, daß hier die Verhältnisse ähnlich waren wie in Kleinasien. Dort wird - wohl nicht zuletzt wegen der Bestrebungen des Ignatius von Antiochien - der Gottesdienst gegen die Mitte des Zweiten Jahrhunderts die Form angenommen haben, die Justin als die allgemein gültige beschreibt. Das wird durch die Johannesakten und z. T. auch durch die Petrusakten bestätigt.

In Kleinasien wie im syrischen Raum scheint sich jedoch in heterodoxen Kreisen noch recht lange der Brauch der eucharistischen Mahlfeier als Sättigungsmahl ohne Schriftlesung und Predigt gehalten zu haben[1]. Gemeinsame Mahlzeiten sind allerdings auch aus der Großkirche bezeugt, jedoch nicht als Eucharistie-, sondern als Agapefeiern. Sie sind für Syrien, Rom, Nordafrika und Ägypten eindeutig nachweisbar[2], nicht so deutlich dagegen für Caesarea[3]. Unklar ist die Lage in Kleinasien. Hier ist anhand der Angaben in den apokryphen Apostelakten zum Teil nur schwer zu entscheiden, ob es sich bei den dargestellten Mahlfeiern um Agapen oder die Eucharistie handelt. Jedenfalls ist aber auch für die Agapen eine weite Verbreitung anzunehmen.

Für Rom, Karthago und Caesarea konnten wir außerdem ab dem Beginn des Dritten Jahrhunderts mit zunehmender Tendenz morgendliche Gottesdienstveranstaltungen während der Woche feststellen, von denen sich der Sonntagsgottesdienst jedoch erkennbar als der zentrale Gemeindegottesdienst abhob. Nachmittagsgottesdienste an den Stationsfastentagen hingegen scheinen erst im Vierten Jahrhundert aufgekommen zu sein; solche häufigeren Feiern mitten am Tage waren ja erst durch die staatliche Duldung und Anerkennung der Kirche überhaupt möglich geworden, da man nun an ihnen teilnehmen konnte, ohne eine sofortige Entlarvung als Christ befürchten zu müssen.

Zum Wortteil des Gottesdienstes am Herrentag gehörten Schriftlesung und Predigt[4], vermutlich auch Gesang (Psalmen und

---

[1] Außer den apokryphen Apostelakten sind hier auch die Pseudoklementinen zu beachten.

[2] Syrische Didaskalie, Apostolische Tradition des Hippolyt, Tertullian und Cyprian (Cyprian, ep 63,16), Clemens von Alexandrien; vgl. auch Minucius Felix, Octavius 31,5.

[3] Origenes, c. Cels. 1,1; die Erwähnung der ἀγάπη könnte eine historische Reminiszenz an die Zeit des Celsus sein, wo es noch Agapen gab, denn Origenes setzt für seine Zeit gleich ein πρὸς ἀλλήλους zu ἀγάπη. - Vgl. B. REICKE, Diakonie, Festfreude und Zelos in Verbindung mit der altchristlichen Agapefeier, Uppsala / Wiesbaden 1951 (UUA 1951:5), S. 390f.

[4] Deutlich bei Justin (s. S. 246ff), Melito (S. 258-263). In den Johannesakten wird die Schriftlesung nicht erwähnt (S. 285f.), wohl aber in den Petrusakten

christliche Lieder)[5], eventuell kurze Gebetsvoten[6] sowie (allerdings erst später belegt) das Fürbittgebet für Katechumenen und Büßer[7]. Das allgemeine Fürbittengebet der Gemeinde könnte, da es bei Justin vom eucharistischen Gottesdienst getrennt ist, seiner Genese nach auch zum Wortgottesdienst gerechnet werden[8].

In Zeiten akuter Verfolgungen und Pogrome wird sich das Gemeindeleben zum größten Teil im Schutze der Nacht abgespielt haben, wie man vor allem einigen Angaben des Tertullian entnehmen kann[9]. Die Beobachtungen zum Sonntagsgottesdienst gelten also nur für die (wohl recht ausgedehnten) Zeiten relativer Ruhe und Friedens im Zusammenleben zwischen den Christen und ihrer Umgebung.

Am Wortteil des Sonntagsgottesdienstes konnten neben den getauften Gläubigen auch die Katechumenen teilnehmen. Von einer „kirchenamtlichen" Zulassung der Katechumenen zum Gottesdienst zeugen die Apostolische Tradition des Hippolyt und Tertullian[10]; für die syrische Didaskalie kann man ein Gleiches erschließen, ebenso wie für Clemens von Alexandrien[11]; auch Origenes berichtet in der Schrift gegen Celsus von einem solchen Verfahren[12]. Bei Tertullian begegnet uns zum ersten Mal so etwas wie eine Arkandisziplin[13]; neben der allgemeinen Geheimhaltung der christlichen Versammlungen wegen der Verfolgungsgefahr gilt hier auch schon der Eucharistie ein besonderer Schutz - vermutlich ebenfalls vor allem aufgrund der Gefährdung von außen, die entstehen mußte, wenn Bruchstücke der

---

(S. 291); die übrigen apokryphen Apostelakten haben kein Interesse an der Schilderung eines normalen Gemeindegottesdienstes. Schriftlesung und Predigt erscheinen wieder in der „Apostolischen Tradition" des Hippolyt (S. 367-374) und auch bei Clemens von Alexandrien (S. 348f.), ebenso in der Syrischen Didaskalie (S. 362) und bei Tertullian (S. 387ff.).
[5] S. z. B. 1Kor 14,26 (dazu S. 68); Kol 3,16 (S. 87f.); Plinius, ep. X,96 (S. 139); Justin, Apol I,13,1f. (S. 255f.); Tertullian, an 9,4 (S. 389f.).
[6] 1Kor 12,3: χύριος Ἰησοῦς (s. S. 61f.); zu μαραναθά s. S. 58; in den späteren Quellen sind diese Rufe nicht mehr belegt, aber sie werden ihrer Natur nach kaum irgendwo schriftlich fixiert worden sein; so taucht z. B. mehr am Rande das „Halleluja" bei Tertullian auf (s. S. 426), der uns auch mit einer griechischsprachigen Doxologie überrascht (s. S. 425) und so einmal mehr beweist, daß bei weitem nicht alle liturgischen Bräuche sich auch in den uns zugänglichen Quellen niedergeschlagen haben.
[7] V. a. ConstAp VIII - s. S. 446; vgl. auch zu Hippolyts „Apostolischer Tradition" S. 376 und 378.
[8] S. o. S. 237ff. u. S. 254.
[9] S. S. 396ff.
[10] S. S. 370 und 408ff.
[11] Vgl. S. 357f. u. S. 346.
[12] c. Cels. III,51. - Unklar ist, ob Justin, Apol I,61,2f. den Abschluß des Katechumenats beschreibt oder wirklich nur eine kurze Phase der Taufvorbereitung als Ergebnis missionarischer Bemühungen.
[13] Vgl. S. 396ff.

Herrenmahlsliturgie bekannt und mißverstanden wurden. Eine nur die christlichen „Mysterien" betreffende Arkandisziplin entwickelte sich erst später, und auch das nur in der Theorie und kaum noch einhaltbar, obwohl die Praxis des Katechumenats von dieser Theorie beeinflußt wurde (Unterrichtung über die „Mysterien" offiziell erst nach der Taufe)[14]. Für die Zeit gegen Ende des Zweiten Jahrhunderts aber ist es nicht korrekt, von einem öffentlichen und einem nichtöffentlichen Teil des Gottesdienstes zu sprechen[15]: der ganze Gottesdienst war „nicht öffentlich", nur daß zu seinem ersten Teil die Katechumenen und vielleicht noch, bei weniger strenger Handhabung der Regeln, persönliche bekannte „Sympathisanten" zugelassen waren.

Die Teilnahme an Schriftlesung und Predigt diente der Förderung von Glaube und Erkenntnis durch das Wort; im Mittelpunkt stand dabei die Ermahnung zu einer christlichen Lebensweise als Ausdruck und Bestandteil des Glaubens. Auf diese Weise sollte im Wort das Heil vermittelt werden. Für die Katechumenen aber hatte der Wortgottesdienst insbesondere die Funktion des Unterrichts. Daneben läßt sich ein gesonderter Taufunterricht in der Apostolischen Tradition des Hippolyt, ansatzweise auch schon bei Justin nachweisen. Auch Clemens von Alexandrien scheint einen Taufunterricht zu kennen, ebenso Tertullian. Bei Origenes ist ein zweistufiger Katechumenat belegt[16].

Daß über den Taufunterricht hinaus christliche Lehrer auch schon für Katechumenen mit gehobener Bildung einen gesonderten Unterricht anboten, ist bei Clemens von Alexandrien wahrscheinlich und auch für Tertullian gut denkbar, ebenso offenbar in Rom schon um die Mitte des Zweiten Jahrhunderts üblich gewesen[17]. Spuren eines christlichen Unterrichts vor der Taufe finden sich bereits im Neuen Testament[18], Hinweise auf den Taufunterricht auch im Hirten des Hermas[19]. Auch das „katechetische" Material der Zweiwegelehre könnte in den Unterricht vor der Taufe gehören.

Das Amt des Katecheten hat sicher mit solchem Unterricht zu tun, ist aber nur so rudimentär bezeugt, daß sich keine weiteren

---

[14] S. S. 445ff.

[15] So ein Teil der älteren Forschung - s. o. S. 14ff.

[16] c. Cels. III,51 unterscheidet zwischen Hörern (ἀκροατής), die vor ihrer Zulassung überprüft werden, und denen, die εἰς τὸ κοινόν hineingehen dürfen, aber noch ein eigenes τάγμα, abgesondert von den Getauften, bilden; dies könnte sich auf eine relativ kurze Phase des Taufunterrichts beziehen. Vgl. E. SCHWARTZ, Bußstufen und Katechumenatsklassen (1911), in: DERS., Gesammelte Schriften, Bd. 5, Berlin 1963, 274-362, S. 339ff.

[17] S. S. 272ff.

[18] Am deutlichsten ist Lk 1,4; vgl. allerdings dazu W. BEYER, κατηχέω, ThWNT 3, 638-640, S. 640.

[19] S. S. 216.

Angaben darüber machen lassen (Pseudoklementinen, Cyprian)[20]. Allgemein werden es die Lehrer gewesen sein, die den Unterricht erteilten. Daß sie noch bis in die Zeit des Origenes hinein auch im Gottesdienst predigten, ohne daß sie dazu in den Presbyterstand erhoben sein mußten, ist für Rom, Alexandrien und Karthago wahrscheinlich.

Die Prophetie war zum Ende des Zweiten Jahrhunderts praktisch nur noch im Montanismus lebendig; nach dem Zeugnis des Tertullian konnte sie im Gottesdienst zusätzlich zur Predigt auftreten. In weiten Teilen der Christenheit werden es im übrigen die Bischöfe oder in Großstädten die Presbyter als Leiter ihrer Teilgemeinden gewesen sein, die im Gemeindegottesdienst predigten.

Wie kommt es nun zu dem alles in allem so einheitlichen Bild des Sonntagsgottesdienstes, wie wir es skizziert haben? Die einfachste Lösung wäre eine Rückführung auf einen gemeinsamen Ursprung. Doch stellen sich die Gottesdienste der ersten Christen ganz anders dar.

Hier finden wir in Jerusalem die Mahlfeiern[21] „hin und her in den Häusern", neben denen es Versammlungen im Tempel in der Halle Salomos zur öffentlichen Wortverkündigung gab; außerdem nahmen die Christen an den Gebetszeiten im Tempel teil[22]. Und in Korinth, einer Missionsgemeinde des Paulus, bietet sich ein ähnliches Bild: Wortgottesdienst und Herrenmahlfeier waren zwei voneinander

---

[20] S. S. 312f.; S. 441.

[21] Ich habe nicht, wie H. LIETZMANN, zwischen verschiedenen Typen von Mahlfeiern differenziert (Messe und Herrenmahl. Eine Studie zur Geschichte der Liturgie, Berlin [3]1955 - AKG 8). Eine solche Differenzierung erscheint auch problematisch; vgl. z. B. B. REICKE, Diakonie, Festfreude und Zelos, S. 10ff. Da auch die „paulinische Form" nach Lietzmann zunächst mit dem Gemeindemahl verbunden war (a. a. O., S. 257), ist eine ins einzelne gehende Auseinandersetzung mit ihm hier nicht erforderlich. - Vgl. Fußn. 13 auf S. 35f.

[22] Daraus zu folgern, daß die Wortgottesdienste der Christen sich aus ursprünglichen Gebetsgottesdiensten entwickelten, ist nicht zulässig. Christliche Gebetsgottesdienste begegnen uns nirgends in den Quellen; die Predigt ist integraler Bestandteil des Gottesdienstes. Möglicherweise hat sich von Anfang an die private Einhaltung von Gebetszeiten durchgehalten, doch finden sich dafür nur sehr spärliche Belege. Schon zur Zeit des Paulus bürgerte sich offenbar bei den Christen auch die Einhaltung des Sonntags als Herrentag ein, so daß die täglichen Zusammenkünfte, von denen die Apostelgeschichte für die Jerusalemer Anfänge berichtet, wohl schon bald den wöchentlichen Gemeindegottesdiensten gewichen sind. - Gegen W. RORDORF, Der Sonntag. Geschichte des Ruhe- und Gottesdiensttages im ältesten Christentum, Zürich 1962 (AThANT 43), S. 257; auch P.F. BRADSHAW, Daily Prayer in the Early Church. A Study of the Origin and Early Development of the Divine Office, London 1981 (ACC 63), steht vom Ansatz her in der Gefahr, den Gottesdienst aus den Gebetszeiten zu erklären, kommt aber zu durchaus differenzierten Ergebnissen.

verschiedene gottesdienstliche Versammlungen der Gemeinde, und offenbar hatte auch hier zum Wortgottesdienst jedermann Zutritt. Die Grundstruktur von abendlicher Mahlfeier und morgendlichem Wortgottesdienst ist ferner bei Plinius bezeugt, und sie wird von den Angaben des Ignatius bestätigt. Wir haben gesehen, daß auch die wenigen Auskünfte, die Kolosser- und Epheserbrief, dazu der Erste Timotheusbrief und aus dem nichtpaulinischen Bereich die Johannesapokalypse geben, sich am ehesten in dieses Bild vom Gottesdienstleben einzeichnen lassen. Die eucharistischen Mahlfeiern, wie sie uns in den apokryphen Apostelakten und in den Pseudoklementinen begegnen, lassen sich ebenfalls am besten als Überreste und eigentümliche Fortentwicklungen des alten Brauchs verstehen.

Der Abschiedsgottesdienst des Paulus in Troas scheint sich gegen eine Einordnung in dieses Bild zu sperren. Doch ist hier die Predigt des Paulus untypisch lang, und auch daß er nach dem Essen noch immer weiter redet bis zum frühen Morgen, ist durch die Abschiedssituation bedingt. So haben wir auch hier nichts anderes vor uns als das „Brotbrechen", eine Mahlfeier am Sonntagabend, bei dem nur die Ansprache des Apostels sich zum langen Lehrvortrag auswächst und den Rahmen sprengt[23]. Daß eine Ansprache oder Predigt aber auch zur Mahlfeier gehören konnte, zeigen die Briefe des Paulus, die den Apostel bei solchen Feiern vertreten sollten, und die Johannesapokalypse in gleicher Weise[24].

Ist dann nicht aber doch die abendliche Mahlfeier der eigentliche Kern des christlichen Gottesdienstes, der später nur unter Weglassung des Sättigungsmahles auf den Sonntagmorgen verlegt wurde? Dagegen sprechen die relative Selbständigkeit des Wortteils im Sonntagsgottesdienst, wie sie schon bei Justin zutage tritt, damit zusammenhängend die Möglichkeit der Teilnahme von Ungetauften am ersten Gottesdienstteil und auch die Regelmäßigkeit, mit der in den Gottesdiensten nach unsern Quellen ab der Mitte des Zweiten Jahrhunderts Schriftlesung und Predigt zusammen auftreten, eine Regelmäßigkeit, die bei den eucharistischen Abendmahlzeiten so nicht beobachtet werden kann.

Zwar ist die Eucharistiefeier ihrem Wesen nach nie „Wort-los" zu denken (als wenigstes gehört die eucharistische Eulogie mit den Einsetzungsworten dazu), doch erklärt sich m. E. daraus nur die Möglichkeit ihrer Verkoppelung mit dem Wortgottesdienst, nicht aber dessen Entstehung. Es bleibt am plausibelsten, daß der Gottesdienst am Sonntagmorgen aus Wortgottesdienst und Eucharistiefeier

---

[23] S. S. 38ff.
[24] Vgl. S. 58f., besonders Fußn. 86.

zusammengewachsen ist, zumal die Wortgottesdienste der Anfangszeit
wohl kaum einfach fortgefallen sind, sondern vielmehr ihren Platz am
Sonntagmorgen behaupteten.

Kann man überhaupt davon ausgehen, daß die Gottesdienste an den
Anfängen des Christentums sich überall in morgendlichen Wortgottesdienst und abendliche Mahlfeier gliederten? Aufgrund der Quellenlage
wissen wir ja für weite Teile des römischen Reiches nichts vom beginnenden Christentum. Könnte in Rom beispielsweise die zweistufige
Gottesdienstform, die Justin beschreibt, schon früher eingebürgert
gewesen sein? Das scheint für die Zeit des Ersten Clemensbriefes
möglich[25], doch kommen wir damit immer noch nicht hinter den
Anfang des Zweiten Jahrhunderts zurück. Aber mit Jerusalem, den
paulinischen Gemeinden, Antiochien und Bithynien sind für die früheste Zeit doch entscheidende Gebiete erfaßt, und man wird bis zum
Beweis des Gegenteils annehmen dürfen, daß das Gottesdienstleben in
seinen Grundstrukturen in den anderen Gebieten nicht anders aussah
als hier[26].

Zu erklären bleibt, warum es in den Gemeinden, über die wir aus
der frühen Zeit Informationen haben, zu dem grundlegenden Wandel
kam, der zu dem später überall sich durchsetzenden Sonntagmorgengottesdienst mit Wortteil und Eucharistiefeier führte[27].

Eine Grundvoraussetzung für die Trennung von Sättigungsmahl und
Eucharistie ist die Verlegung des Brotwortes an den Schluß der Mahlzeit, so daß die sakramentale Feier sich von der Mahlzeit abhebt. Das
war wohl schon zur Zeit des Paulus der Fall[28]; wir haben auch gesehen, daß der Text der Didache eine solche Entwicklung widerspiegelt. Die Kritik des Paulus an den Mißständen in Korinth führte aber
offensichtlich nicht zur Umstrukturierung der Gottesdienste zu
der Form, wie Justin sie beschreibt[29]. Auch die Zerstörung des

---

[25] 1Clem 41: nach der Schrift wird nur an einem Orte geopfert – eine
Zentralisierung des Gottesdienstes, wie Ignatius sie fordert, scheint vorausgesetzt;
bei Ignatius aber noch die Trennung von Mahlfeier und Wortgottesdienst!

[26] Gegen die Skepsis von G. KRETSCHMAR, Abendmahlsfeier I. Alte Kirche, *TRE* 1, 223-278, bes. S. 231 u. 240.

[27] Ansätze bei H. LIETZMANN, Messe und Herrenmahl, S. 257f.; DERS.,
Geschichte der Alten Kirche, Bd II, Berlin ²1953, S. 121; W. RORDORF, Der Sonntag, S. 246ff.

[28] S. o. S.55f.; vgl. ferner H. SCHÜRMANN, Die Gestalt der urchristlichen
Eucharistiefeier, in: DERS., Ursprung und Gestalt. Erörterungen und Besinnungen
zum Neuen Testament, Düsseldorf 1970 (KBANT 2) 77-99, S. 85ff.

[29] Gegen L. GOPPELT, Die apostolische und nachapostolische Zeit, Göttingen ²1966 (KIG 1A), S. A146; H. CHIRAT, L'Eucharistie et l'agapè: de leur union à
leur disjonction, *MD* 18 (1949) 48-60, p. 58; H. SCHÜRMANN, Die Gestalt der
urchristlichen Eucharistiefeier, S. 92.

Tempels und die Trennung der Christen von den jüdischen Synagogen dürften nicht den neuen Gottesdiensttypus hervorgebracht haben. Die Einrichtung eigener „Synagogen" (vgl. Jak 2,2!) der Christen erforderte keineswegs die Zusammenlegung der Wort- und Mahlversammlungen, schuf allerdings eine Voraussetzung dafür.

Wichtiger scheint da schon der Einschnitt in das Gemeindeleben durch staatliche Maßnahmen wie das Hetärienverbot Trajans und vor allem die ab dem Ende des Ersten Jahrhunderts immer wieder hier und da auftretenden Verfolgungen. Die Gefahr der Denunziation, wie sie beispielsweise im Pliniusbrief und im Martyrium des Ptolemäus und Lucius anschaulich bezeugt ist, wird dazu geführt haben, daß man nach und nach zu den ursprünglich offenen und auch missionarisch ausgerichteten Wortversammlungen nur noch getaufte Christen und „überprüfte" Katechumenen zuließ. Außerdem wurden regelmäßige Mahlfeiern besonders gefährlich, wenn nicht bei strikter Anwendung des Hetärienverbots durch die römischen Behörden unmöglich, so daß man für die Eucharistie und die Kollekte nach Alternativen suchen mußte. Doch kann, wie das Fortbestehen der Agapen zeigt, auch dies nicht der alleinige Grund für die Veränderung der Gottesdienstformen sein.

Ausschlaggebend war wohl eine andere Entwicklung, wie sie sich bei Ignatius von Antiochien am deutlichsten widerspiegelt. Die Aufsplitterung in kleine Hausgemeinden als Mahlgemeinschaften drohte nämlich die größer werdenden Gemeinden überhaupt zu zersprengen; die Feier der einen Eucharistie unter dem einen Bischof, wie sie vielleicht durch die Verfolgung als morgendliche Feier mancherorts vorübergehend eingeführt war, bot hier ein willkommenes Gegengewicht und eine Möglichkeit, die Einheit der Gemeinde zu pflegen und allzu eigenwillige Lehrer und Propheten zu kontrollieren. Solche Eucharistiefeiern der ganzen Gemeinde waren aber vielerorts aus Raumgründen erst dann möglich, wenn man auf die Sättigungsmahlzeit dabei verzichtete. So ergab sich der neue liturgische Ort der Eucharistiefeier als Zusatz zum Wortgottesdienst von selbst.

Neben dem Motiv der Einheit hat anscheinend noch der theologische Gedanke Gewicht gehabt, daß der Sonntagmorgen zur Feier der Auferstehung des Herrn der geeignete Zeitpunkt für den christlichen Gottesdienst sei (Barnabas, Ignatius, Justin)[30], wie überhaupt die Vorstellung, einen einzigen Gottesdienst zu haben und nicht verschiedenartige Feiern, in sich attraktiv gewesen sein wird.

---

[30] S. 178; S. 194; S. 241; vgl. auch S. 440.

Darüber hinaus wird auch die zunehmende Entwicklung des Opfer-
gedankens im Zusammenhang mit der Eucharistie die eher kultische,
von der Mahlzeit losgelöste Form der Feier begünstigt haben.

In Großstädten wie Rom, wo der monarchische Episkopat sich erst
spät durchsetzte und man wohl nie die ganze römische Gemeinde zu
einer einzigen Versammlung zusammenrufen konnte, sondern immer in
verschiedenen Hausgemeinden Gottesdienste feierte, mögen diese Motive neben einer Angleichung an die sonst allgemein üblich gewordene
Praxis, außerdem aber auch die dort häufiger akute Verfolgungssituation ausschlaggebend gewesen sein. Daß die Einheit der liturgischen
Praxis ein Anliegen der Kirchen des Zweiten Jahrhunderts war, zeigt
der Osterfeststreit in aller Deutlichkeit.

Wo aber liegen die Wurzeln des frühen christlichen Wortgottesdienstes? Die einfachste Erklärung bleibt: in der Synagoge. Dem
scheint freilich die Struktur der späteren christlichen Gottesdienste zu
widersprechen: hier folgen Gebet und dann die Eucharistie auf Schriftlesung und Predigt, während in der Synagoge allem Anschein nach der
Gebetsteil der Verkündigung vorausging. Doch könnte es sein, daß die
schon früh aufkommende Vorstellung, das Gebet als Opfer müsse im
Aufheben reiner Hände zu Gott geschehen[31], das Fürbittgebet erfaßte und dafür sorgte, daß es der Predigt nachgestellt wurde, so daß
man die Katechumenen entlassen und zum Gebet der Getauften unter
sich sein konnte. Über Spekulationen kommt man hier aber nicht hinaus; das gilt umso mehr, als unsere Kenntnisse von der Gestalt der
frühen Synagogengottesdienste nicht nur in der Diaspora, sondern
auch in Palästina keineswegs gesichert sind.

Daß der christliche Wortgottesdienst seine Wurzeln in der Synagoge habe[32], läßt sich hingegen wie folgt begründen: zum einen war
es in der Anfangszeit rechtlich für die Christen das Einfachste und Si-
cherste, als jüdische Sekte ihre eigene „Synagoge" zu gründen, so wie
Lukas es für das Vorgehen des Paulus auch darstellt[33]. Ebenso

---

31 Vgl. 1Tim 2,8 u. 1Clem 29,1. Im Hintergrund steht Ps 141,2.
32 Vgl. dazu die im Abschnitt über den frühen Synagogengottesdienst angeführte Literatur, außerdem H. ACHELIS, Das Christentum in den ersten drei Jahrhunderten, Leipzig 1912, Bd. 1, S. 114ff. („Zusammenhang mit der Synagoge" -
Achelis führt einiges auf, geht aber auf den Wortgottesdienst hier nicht ein); W.
WIEFEL, Frühkatholizismus und synagogales Erbe, in: *Frühkatholizismus im oeku-*
menischen Gespräch, hrsg. von J. Rogge u. G. Schille, Berlin 1983, 52-61.
33 Deutlich etwa für Ephesus, Act 19,9; vgl. auch Lukian, De morte Pere-
grini 11: Peregrinus schlich sich bei den Priestern und Schriftgelehrten (γραμματεύς)
der Christen ein und wurde Prophet, Chefliturg und Versammlungsleiter (ξυναγωγεύς) zugleich. Er trat also als Prophet (!) in der Synagoge der Christen auf und
hatte als solcher eine führende Position inne - so jedenfalls nach der Vorstellung
des Lukian.

konnte der theologische Anspruch der Christen, das wahre Israel zu sein, hier seinen sichtbaren Ausdruck finden. Zum anderen ist ein Wortgottesdienst ohne Priester und Opfer oder Mysterienhandlung außerhalb des Judentums so analogielos[34], daß die Annahme, hier habe das Vorbild der Synagoge auf den christlichen Gottesdienst eingewirkt, sich aufdrängt.

Der entscheidende Unterschied war die Verkündigung von Jesus Christus als Messias und Herrn und die daraus resultierende Ablehnung des Gesetzes als Heilsweg. Sie mußte die Toralesung zugunsten der Prophetenlesung zurückdrängen; eine Lesung aus der Tora konnte nur insoweit noch erhalten bleiben, als man auch in ihr Weissagungen auf Christus hin fand. Die Vollmacht des Geistes, wie sie in der Predigt der christlichen Propheten sichtbar wurde, konnte vielleicht in manchen Fällen sogar die Schriftlesung überflüssig erscheinen lassen. Der Rückbezug auf die Schriften blieb aber immer erhalten; ein von ihnen losgelöstes Christentum hat es vor Markion nicht gegeben[35]. So wird im Regelfall für die christlichen Wortgottesdienste auch in den „griechischen" Gemeinden die Rezitation der Schriften in irgendeiner Form anzunehmen sein[36].

Damit sind die Grundelemente des Synagogengottesdienstes auch im christlichen Wortgottesdienst gegeben: Schriftlesung, Predigt, Gebet und Gesang. Die neue Botschaft der Christen wird dabei mehrere Verschiebungen bewirkt haben: zum Erweis des Evangeliums eine Verschiebung von der Schriftlesung zur Predigt; eine stärkere Betonung des Gesangs; und ein weit größeres Hervortreten der Wirkungen des Geistes als es in den normalen Synagogen der Juden üblich war[37]. Auch der Wortgottesdienst, mit dem sich Paulus in 1Kor 14 auseinandersetzt, kann auf diese Weise noch als „Synagogengottesdienst" der Christen verstanden werden, zumal Paulus ja hier einem Überborden ekstatischer Phänomene entgegenwirkt[38].

---

[34] Vgl. z. B. I. ELBOGEN, Der jüdische Gottesdienst in seiner geschichtlichen Entwicklung, Frankfurt ²1924, S. 1f.

[35] Selbst Markion hat sich, wenn auch negativ, auf sie bezogen. Seine Ablehnung des Alten Testaments aber ist, gekoppelt mit seiner Gotteslehre, auch der größte Konfliktpunkt mit der Kirche gewesen.

[36] Gegen W. BAUER, J. LEIPOLDT und W. WIEFEL (s. o. S. 67f. m. Fußn. 109); vgl. schon P. GLAUE, Die Vorlesung heiliger Schriften im Gottesdienste, I. Bis zur Entstehung der altkatholischen Kirche, Berlin 1907.

[37] Für ein breiteres, nicht auf den Gottesdienst eingegrenztes Bild vom Wirken der christlichen Charismatiker vgl. G. KRETSCHMAR, Das christliche Leben und die Mission in der frühen Kirche, in: *KGMG* 1, München 1974, 94-128.

[38] Vgl. W. WIEFEL, Erwägungen zur soziologischen Hermeneutik urchristlicher Gottesdienstformen, *Kairos.NF* 14 (1972) 36-51, S. 48.

Elemente der jüdischen Gebetssprache wie das respondierende
Amen im christlichen Gottesdienst kann man zwar zur Not auch ohne
einen „Umweg über die Synagoge" erklären[39] (der doch gar kein
Umweg war!), aber sie fügen sich in das Bild vom christlichen
„Synagogengottesdienst" nahtlos ein. Daneben bildeten jedoch auch
genuin christliche Gebetsrufe wie Abba und Maranatha und etwa auch
das Vaterunser den Grundstock für eine eigenständige christliche
Liturgie[40].

Auffällig ist, daß man für den christlichen Wortgottesdienst kein
rechtes Analogon zu dem Sch^{e}ma zu fassen bekommt[41]. Der Ruf
χύριος 'Ιησοῦς könnte hier seinen Platz haben[42], doch hat sich ein
Bekenntnis als Bestandteil des christlichen Gottesdienstes nach Auskunft der Quellen in den ersten Jahrhunderten nicht durchgesetzt. Hier
könnte eine Distanzierung zur Synagoge vorliegen.

In deutliche Distanz zur Synagoge traten die Christen schon sehr
früh auch dadurch, daß sie die Bezeichnung συναγωγή im allgemeinen
nicht übernahmen[43]. In der ἐκκλησία wurde eben keine Gesetzesauslegung betrieben, sondern die neue Botschaft des Evangeliums anhand
der „Schriften" verkündigt[44]. Manifest wurde dieser Bruch in dem
Moment, wo genuin christliche Schriften wie die Evangelien im
Gottesdienst als heilige Schriften in Gebrauch kamen.

In der ganzen von uns betrachteten Periode kam es zu keiner eindeutigen Bezeichnung für den christlichen Gottesdienst, was angesichts
der relativ frühen Einbürgerung von „εὐχαριστία" überrascht. Offenbar
war es gerade der Wortteil des Gottesdienstes, der eine völlige Abgrenzung des Kultischen vom Alltag verhinderte und immer wieder dafür
sorgte, daß die Christen ihr ganzes Leben als „vernünftigen Gottesdienst" (Rö 12,1)[45] begriffen. Neben dem äußeren Grund der

[39] W. BAUER, Der Wortgottesdienst der ältesten Christen, Tübingen 1930
(SGV 148), S. 20.
[40] Vgl. W. WIEFEL, Erwägungen zur soziologischen Hermeneutik urchristlicher Gottesdienstformen, S. 36ff.
[41] Auch der Dekalog scheint keinen festen Platz im frühen christlichen Gottesdienst gehabt zu haben; man kam eben nicht zusammen, um das Gesetz zu rezitieren.
[42] 1Kor 12,3; vgl zur Anrufung des χύριος: H.-J. KRAUS, Gottesdienst im
alten und im neuen Bund, *EvTh* 25 (1965) 171-206, S. 201ff.
[43] Ausnahmen: Jak 2,2; IgnPol 4,2; Hermas Mand 11,9.13.
[44] S. dazu W. SCHRAGE, Ekklesia und Synagoge, *ZThK* 60 (1963)
178-202. - Man beachte allerdings neben den Fällen, wo doch einmal συναγωγή
vorkommt, auch den Begriff προσευχή bei Ignatius (s. S. 186ff.; zu προσευχή als
Bezeichnung der Synagoge s. S. 451).
[45] Vgl. E. KÄSEMANN, Gottesdienst im Alltag der Welt, in: DERS.,
Exegetische Versuche und Besinnungen, Bd. II, Göttingen 1964, 198-204; E.
SCHWEIZER, The Service of Worship. An Exposition of 1 Corinthians 14, in:

Verfolgungssituation mag hier auch eine innere Begründung dafür liegen, warum sich die Hauskirchen so lange gehalten haben und erst im Dritten Jahrhundert, wenn überhaupt noch in vorkonstantinischer Zeit, mit der Errichtung von selbständigen Kirchgebäuden zu rechnen ist[46].

Nicht ganz klar ist, ob man sich auch mit dem Termin des Wortgottesdienstes von Anfang an von der Synagoge distanzierte und ihn am frühen Morgen des Herrentages hielt oder ob dieser Zeitpunkt sich erst durch die Zusammenlegung von Wortgottesdienst und Eucharistie ergab. Anscheinend hat sich aber der Sonntag schon sehr früh durchgesetzt. Zwar ist es nicht ausgeschlossen, die Zeitangaben des Plinius so zu interpretieren, daß die Christen Bithyniens wenigstens anfänglich ihren Wortgottesdienst am Sabbatmorgen hielten und dann am Abend, nach jüdischer Zeitrechnung also am Abend des ersten Tages der Woche, wieder zur Mahlfeier zusammenkamen. Doch spricht das „ante lucem" eher für den Sonntagmorgen, so daß die Mahlfeier dann am Sonntagabend (nach römischer und nicht jüdischer Zeitrechnung) stattgefunden hätte[47].

Differenzen gab es jedenfalls in der Bezeichnung der Ämter. Zwar war der Titel πρεσβύτερος den Synagogen nicht fremd, aber bei den Christen gab es keinen ἀρχισυναγωγός und auch keinen ὑπηρέτης. Umgekehrt erscheint ἐπίσκοπος nicht als jüdischer Amtstitel. Analog ist hingegen das Wirken von Lehrern im Gottesdienst, die kein festes Gemeindeamt haben mußten. Die Gabe der κυβερνήσεις bei Paulus[48] könnte eine ähnliche Funktion meinen wie die des Synagogenvorstehers, und offenbar ähnelte auch das Amt des ἐπίσκοπος in der Frühzeit diesem Synagogenamt. Die Diakone übernahmen, wenigstens in der späteren Zeit (deutlich in der Syrischen Didaskalie)[49] im Gottesdienst Aufgaben, die denen des Synagogenvorstehers vergleichbar sind; ihr Amt hat allerdings wohl mehr bei der Organisation der Mahlfeiern

---

DERS., Neotestamentica. Deutsche und englische Aufsätze 1951-1963, Zürich/Stuttgart 1963, 333-343; ebenso DERS., Gottesdienst im Neuen Testament und heute, in: DERS., Beiträge zur Theologie des Neuen Testaments, Zürich/Stuttgart 1970, 263-282; H.-J. KRAUS, Gottesdienst im alten und im neuen Bund, S. 172-180.

[46] Ähnliches gilt auch für den Altar als Einrichtungsgegenstand christlicher Kirchen, der in vorkonstantinischer Zeit noch ein beweglicher Tisch war und auch erst ab dem Dritten Jahrhundert literarisch greifbar wird.

[47] Gegen R. STAATS, Die Sonntagnachtgottesdienste der christlichen Frühzeit, *ZNW* 66 (1975) 242-263. - Bedenkenswert ist auch das argumentum e silentio, daß bei erst heidenchristlicher Einführung des Sonntags die Judenchristen wohl scharf reagiert hätten: W. RORDORF, Ursprung und Bedeutung der Sonntagsfeier im frühen Christentum, *LJ* 31 (1981) 145-158, S. 152 Fußn. 23.

[48] 1Kor 12,28; s. S. 74f.

[49] Dazu S. 361.

und des Almosenwesens seinen Ursprung. Daß auch das Lektorenamt bei den Christen seine Anfänge in synagogalem Brauch haben wird, hat sich am Initiationsritus für den Lektor in der Apostolischen Tradition des Hippolyt gezeigt[50].

Ein Unterschied zum Synagogenbrauch ist noch, wenigstens in den frühen paulinischen Gemeinden, die Rolle der Frau; sie trat, jedenfalls in der Ausübung charismatischer Begabung, gleichberechtigt neben den Mann[51]. Doch glich sich die Kirche in diesem Punkt vermutlich aufgrund von schlechten Erfahrungen mit Prophetinnen rasch wieder an die Gepflogenheiten der Synagoge an, wie ja auch das der Synagoge fremde Prophetenamt sich in der Kirche nicht sehr lange hat halten können. Es ist allerdings mehr als fraglich, ob dies auf den Einfluß der Synagoge zurückzuführen und nicht vielmehr das Ergebnis einer innerkirchlichen Entwicklung ist.

Die Christen haben also mit ihrem Wortgottesdienst nicht einfach die Synagoge imitiert, sondern in bewußter Abgrenzung[52] und freier Gestaltung als „Gemeinde" (ἐκκλησία) ihre eigenen „Versammlungen" gehalten (συνέρχεσθαι ἐπὶ τὸ αὐτό o. ä.). Trotz dieser Freiheit und der Andersartigkeit der christlichen Wortversammlungen ist es auch für die frühe Zeit (und nicht erst für nachpaulinische judaisierende Gemeinden) sinnvoll, die christlichen Wortversammlungen, auch die der heidenchristlichen Gemeinden, als die „Synagogengottesdienste" der Christen zu begreifen[53].

---

[50] S. S. 368 Fußn. 4.

[51] Vgl. dazu allerdings I. ELBOGENs Meinung, daß in der frühen Synagoge die Frau noch gleichberechtigt neben dem Mann gestanden habe (Der jüdische Gottesdienst in seiner geschichtlichen Entwicklung, S. 466f., S. 170); s. auch A. OEPKE, γυνή, *ThWNT* 1, 776-790, S. 787; ferner die differenzierte Diskussion des Problems bei K. HRUBY, Die Synagoge. Geschichtliche Entwicklung einer Institution, Zürich 1971 (SJK 3), S. 50-55.

[52] Auch der Ersatz der jüdischen Rollen für die Schriftlesung durch den Kodex und die Einführung der abgekürzten „Nomina Sacra" deuten auf diese Ablösung hin - s. dazu M. HENGEL, Die Evangelienüberschriften, Heidelberg 1984 (SHAW.PH 1984/3), S. 41f.

[53] Gegen F. HAHN, Der urchristliche Gottesdienst, Stuttgart 1980 (SBS 41), S. 46; G. SCHILLE, Gottesdienst und Tradition. Über die Entstehungsgeschichte des christlichen Gottesdienstes, *PTh* 58 (1969) 257-268, S. 259; und W. WIEFEL, Erwägungen zur soziologischen Hermeneutik urchristlicher Gottesdienstformen, S. 49ff, der für den heidenchristlichen Raum den pneumatischen Gottesdienst der Hausgemeinde gegen den judenchristlich-synagogalen stellt. Unklar ist, woher Wiefel seine Information beziehen will, daß zwischen beiden ein Formenwechsel und Stilwandel stattgefunden habe (S. 49). Hier stellt er m. E. ein doch noch zu starres Bild vom Synagogengottesdienst gegen ein zu „pneumatisches" vom christlichen nach 1Kor 14, um in seiner sonst sehr differenzierten Darstellung Akzente zu setzen. - Vgl. dagegen die sehr ausgewogene, aber zu knappe Darstellung bei H.-J. KRAUS, Gottesdienst im alten und im neuen Bund, S. 197ff.

2. Gemeindepredigt und Schriftauslegung

Ein direkter Bezug der christlichen Predigt auf eine vorhergehende Schriftlesung ist eigentlich erst bei Justin greifbar[54]. Die Predigt als Auslegung der Schriftlesung finden wir dann bei Melito von Sardes, bei Hippolyt von Rom sowie Clemens von Alexandrien[55] und schließlich bei Origenes. Hier ist die Exegese zum Predigtprinzip erhoben. Von Tertullian und Cyprian sind dagegen nur thematisch orientierte Predigten überliefert; die Sammlung Ad Quirinum des Cyprian stellt eine für diese Art von Schriftauslegung typische Vorarbeit dar. Aus dem erhaltenen predigtartigen Material der Zeit vor Justin scheidet der Zweite Clemensbrief als Beispiel für eine Predigt zur Auslegung einer vorangegangenen Schriftlesung aus. Die Predigten in den Apostelgeschichten sind überwiegend als Missionspredigten konzipiert; in der Art und Weise der Schriftbenutzung unterscheiden sie sich aber nicht von den Gemeindepredigten. Hier werden anhand eines thematischen Aufrisses Schriftstellen oder Reminiszenzen an in den Schriften überliefertes Geschehen zum Beleg und als Beispiel herangezogen.

Ein Hauptcharakteristikum der frühen Predigten, soweit man von dem überlieferten schriftlichen Material auf sie zurückschließen kann, ist die Paränese. Doch kamen auch „theologischere" Themen der Lehre wie zum Beispiel Gedanken zur Christologie oder zur Eschatologie zur Sprache[56]. In allen Fällen griff man mehr oder minder intensiv auf „die Schriften" zurück. Die prophetische Predigt könnte hier eine Ausnahme sein; daß auch sie, wenn sie etwa als ἀποκάλυψις aufgeschrieben in den Gottesdienst mitgebracht wurde (1Kor 14,26), Schriftworte enthalten konnte, zeigen die Johannesapokalypse und der Hirt des Hermas; bei ihm wird auch einmal direkt aus einer (apokryphen) heiligen Schrift zitiert[57].

---

[54] Ansätze leuchten bei Lukas auf: Lk 4,20f; Act 8,35. Bei der letztgenannten Stelle ist aber deutlich, daß der Text doch nicht viel mehr ist als der Ausgangspunkt für eine (Missions-)Predigt. – In 1Tim 4,13 werden Schriftlesung und Predigt zusammen erwähnt, ohne daß damit ein innerer Zusammenhang zwischen beiden gegeben sein muß.

[55] In der Schrift Quis dives salvetur – s. S. 349.

[56] Vgl. dazu auch N.A. DAHL, Formgeschichtliche Beobachtungen zur Christusverkündigung in der Gemeindepredigt, in: *Neutestamentliche Studien für R. Bultmann*, Berlin 1954 (BZNW 21), 3-9, der freilich nach Art der formgeschichtlichen Methode zu sehr darauf aus ist, geprägte Predigt-„Schemata" zu finden.

[57] S. S. 215.

Es ist daher sachgemäß, wenn E. Norden bei dem Versuch, Gattungen der christlichen Predigt zu bestimmen, zunächst einmal vorsichtig von bestimmten typischen Elementen der Predigt spricht, dem prophetischen, paränetischen, exegetischen und panegyrischen Element[58]. Der Großteil der uns erhaltenen frühen Predigten wäre nach seiner Klassifizierung dann dem exegetisch-paränetischen Predigttypus zuzurechnen. Der Hirt des Hermas aber zeigt, daß (in apokalyptischer Ausrichtung) auch die prophetische Predigt überwiegend paränetische Züge annehmen kann[59]; im übrigen ist sie aufgrund der Quellenlage der wohl am schwierigsten zu beschreibende Predigttyp.

Andererseits muß bei den exegetisch-paränetischen Predigten nach der Art der Schriftbenutzung differenziert werden zwischen thematisch orientierter und streng einen Text auslegender Predigt. Die Bandbreite der möglichen Themen sowie die unterschiedliche Qualität der Rhetorik, die sich von simpler Alltagssprache oder biblizistisch geprägter Sprache bis hin zum fast hymnischen Kunstwerk im asianischen Stil bewegen kann[60] - all das erlaubt und erfordert eine weitere Differenzierung der Predigtgattungen, die hier nicht geleistet werden kann und soll, zumal die Quellenbasis nicht so breit ist, daß sich problemlos typische Merkmale herausfiltern ließen, die für eine ganze Klasse von Predigten gälten. Auch bei den streng auslegenden Predigten sind z B. je nach der auszulegenden Textart verschiedene Formen möglich - man denke etwa an die unterschiedliche Behandlung von alt- und neutestamentlichen Texten bei Origenes[61].

Die Frage, warum die Predigt als Auslegung der Schriftlesung trotz der Verwurzelung des christlichen Wortgottesdienstes in der Synagoge uns erst so spät begegnet, läßt sich nur schwer beantworten. Zum einen könnte hier das Überwiegen der missionarischen Predigtpraxis eine Rolle spielen; daneben auch der prophetische Anspruch, Gottes Wort direkt zu verkündigen. Zudem war es nötig, in den Predigten auf die vielfältigen Probleme des täglichen Lebens einzugehen, die sich den noch nicht durch eine geprägte christliche Erziehung gefestigten jungen Christen in den Weg stellten.

---

[58] E. NORDEN, Die antike Kunstprosa, Bd 2, Darmstadt [5]1958, S. 537ff.

[59] Vgl. auch die Sieben Sendschreiben der Johannesapokalypse.

[60] F. SIEGERT, Drei hellenistisch-jüdische Predigten II, Tübingen 1992 (WUNT 61), S. 3ff, versucht eine Gattungsbestimmung der Predigt (primär mündliche gottesdienstliche Rede vor einer Gemeinde - S. 6); er weist darauf hin, daß es sich bei den „Predigten" in der Apostelgeschichte lediglich um Summarien handelt (S. 5), und macht (S. 28f.) darauf aufmerksam, daß nach den Gesichtspunkten antiker Rhetorik viele der christlichen „Predigten" Machwerke waren, die man nicht als öffentliche Rede einstufen konnte.

[61] S. dazu S. 432.

Schließlich mußte auch ein christliches Verständnis der Schriften mit Hilfe von überzeugenden Beweisen und Testimonien erst einmal erarbeitet werden, bevor man sich daran machen konnte, wichtige Züge der christlichen Lehre anhand einer einzelnen ausgewählten oder gar (mit Hilfe der Allegorie) praktisch jeder beliebigen Schriftstelle zu entfalten.

Es kann auch sein, daß uns etwa für Alexandrien nur die Quellen fehlen, um eine stärker exegetisch ausgerichtete Predigttradition wie die des Origenes[62] weiter zurückverfolgen zu können. Doch setzte sich diese Art der Predigt als Schriftauslegung auf jeden Fall erst gegen Ende des Zweiten Jahrhunderts weiter durch. Parallel dazu läßt sich die Einführung von täglichen Gottesdiensten mit Schriftlesung und Schriftauslegung beobachten[63]. Es mag bei dieser Entwicklung eine Rolle gespielt haben, daß man erst nach und nach auch gebildetere Christen in den Gemeinden antraf, die an einer schulmäßigen Kommentierung und Auslegung der Schriften größeres Interesse entwickelten. Das Anwachsen der Bildung zeichnet sich deutlich bei Clemens von Alexandrien ab, aber auch vorher schon bei Melito und den Apologeten und davor etwa bei Clemens von Rom oder im Hebräerbrief.

Man kann jedenfalls nicht sagen, daß am Anfang eben Herrenworte und Evangelien an die Stelle der alten heiligen Schriften traten, auf die man sich dann erst später wieder zurückbesonnen hätte. Hatten die Herrenworte unbezweifelbar Autorität und rückten die Evangelien schon bald nach ihrer Entstehung in den Rang „heiliger" Schriften auf, die im Gottesdienst verlesen wurden, so sind doch ihre Spuren in den uns erhaltenen predigtartigen Quellen keinesfalls mehr, sondern eher weniger anzutreffen als die des Alten Testaments.

So sehr im übrigen die häretische Bestreitung oder Auslegung des alten Testaments zu Reaktionen der Großkirche geführt haben mögen; so wenig kann man doch sagen, daß erst durch sie das Alte Testament wirklich in den Blick der Kirche kam. Die Theologie des Markion ist nur denkbar auf dem Hintergrund einer Lehrpraxis, die das Alte Testament als heilige Schrift nutzte und in dem Schöpfer der Welt den Vater Jesu Christi sah. Allerdings mögen manche judaisierenden Lehrer

---

[62] Es ist allerdings denkbar, daß die uns erhaltenen Predigten des Origenes in dieser Hinsicht stärker vom Judentum in Caesarea beeinflußt sind als von christlichen Traditionen Alexandriens.

[63] Es mag tägliche Versammlungen zum gemeinsamen Gebet schon früher gegeben haben (BRADSHAW). Doch scheinen mir die Gebetszeiten in erster Linie das private Gebet zu regeln. Daß Paulus in Ephesus täglich gelehrt haben soll (Act 19,9), entspringt der Missionssituation, wohl kaum der Gemeindepraxis.

mit ihrer starken Betonung der Schriften zeitweise eine Zurückdrängung der Schriften aus dem großkirchlichen Gottesdienst bewirkt haben. Diesen Eindruck erweckt jedenfalls eine Polemik des
Ignatius[64]. Hier könnte die Gnosis die Kirche erneut zur Beschäftigung mit den Schriften gezwungen haben. Sicher gingen von ihr
auch positive Anstöße aus, Erkenntnis in den Schriften zu suchen, wie
man es bei Clemens von Alexandrien und Origenes beobachten kann.

Wenn wir festgestellt haben, daß die Predigt erst spät sich ausdrücklich auf die Schriftlesung bezog, so heißt das doch nicht, daß es
davor keine Schriftlesung gab. Der früheste eindeutige Beleg für solche Lesung findet sich 1Tim 4,13; danach gibt es klare Aussagen dazu
allerdings erst wieder bei Justin und Melito. Der häufige Rückbezug
auf die heiligen Schriften als bekannte Größe sowohl in neutestamentlichen als auch in Schriften der Apostolischen Väter macht es aber
mehr als wahrscheinlich, daß es die Vorlesung von für den christlichen
Glauben grundlegenden Schriftstellen schon früh und weit verbreitet
gab. Auch eine lockere thematische Anknüpfung der Predigt an einen
verlesenen Text ist ohne weiteres denkbar, wenngleich nicht zu beweisen[65].

Die apostolischen Briefe werden wohl zuerst im engeren Kreis anläßlich der Mahlfeiern verlesen worden sein und zwar vor der Eucharistie, wie die Aufforderung zum heiligen Kuß an vielen Briefenden
zeigt[66]. Traten sie hier an die Stelle der Predigt oder Ansprache
des Apostels[67], so werden sie nach der Zusammenlegung von
Wortgottesdienst und Eucharistie die gleiche Funktion behalten haben.
Auch der Charakter der katholischen und nachapostolischen Briefe
weist sie am ehesten als Predigten aus. Nur allmählich begann man,
Abschriften auch von den alten Briefen zu sammeln und dann wieder
vorzulesen, bis sie gegen Ende des Zweiten Jahrhunderts dann auch zu
heiligen Schriften geworden waren (Kanon Muratori).

---

[64] IgnPhild 8,2; s. dazu S. 194.
[65] Ein Beispiel aus der Mission eines Wanderapostels für diese Art zu
predigen gibt Act 8,35.
[66] S. dazu S. 58f.
[67] Vgl. dazu die formgeschichtlichen Überlegungen von K. BERGER, Apostelbrief und apostolische Rede. Zum Formular frühchristlicher Briefe, *ZNW* 65 (1974)
190-231.

3. Die Predigt im Gottesdienst

Die Bekehrung zu Christus und dem Christentum und die Taufe bedeuteten in der Antike, zumal vor der Konstantinischen Wende, einen gravierenden Einschnitt ins Leben, der vor allem bei ehemaligen Heiden alle Lebensbereiche erfaßte und veränderte. Angesichts dessen hatte sich die Gemeindepredigt mit der ständigen Gefahr des Rückfalls in unchristliche Lebensformen, ja des Abfalls vom Christentum auseinanderzusetzen. Das gilt umso mehr für Zeiten akuter Verfolgung. Es kam darauf an, den Glauben gegen alle Anfechtungen zu stärken und den Christen Ermutigung und Orientierung für ein christliches Leben inmitten einer nichtchristlichen Umwelt zu geben. So hat die Paränese von Anfang an in der Gemeindepredigt einen hohen Rang eingenommen[68].

War aber für Apostel wie Paulus oder auch den Verfasser des Ersten Johannesbriefes noch klar, daß die Christen ganz auf das in Jesus Christus geschehene Heil und auf dessen Zuspruch angewiesen waren, weil niemand von sich behaupten könne, er sei ohne Sünde, so überwog bei den nachfolgenden Generationen mit ihren sich konsolidierenden Gemeinden die Ansicht, daß man das in der Taufe geschenkte Heil in einem christlichen Leben zu bewähren hatte und dazu auch in der Kraft des heiligen Geistes mehr oder minder uneingeschränkt in der Lage sei.

Nur auf diesem Hintergrund konnte es zu den Diskussionen um die Buße kommen, wie sie sich im Hebräerbrief und beim Hirten des Hermas niedergeschlagen haben und wie sie bis hin zur Krise um das Novatianische Schisma immer wieder aufgetreten sind. Für die Gemeindepredigt bedeutete das ein Zurücktreten der Erinnerung und Vergewisserung des Heils zugunsten einer übergewichtig werdenden Paränese, eine Verschiebung vom „Indikativ" zum „Imperativ", die sogar für die Bußpredigten, wie wir sie etwa beim Hirten des Hermas finden, bestimmend wurde. Daß in den Predigten der nachapostolischen Zeit immer wieder auch elementare Glaubenswahrheiten zur Sprache kamen, wird seinen Grund nicht zuletzt darin haben, daß sie nicht nur getaufte Christen, sondern zugleich die Katechumenen, anfangs womöglich auch noch Ungläubige mit ansprachen. Doch war für diese

---

[68] Auf ein besonderes Motiv dieser Paränese macht aufmerksam: W.C. VAN UNNIK, Die Rücksicht auf die Reaktion der Nicht-Christen als Motiv in der altchristlichen Paränese, in: *Judentum - Urchristentum - Kirche*, FS J. Jeremias, Berlin 1960 (BZNW 26) 221-234.

Hörer die Paränese als Unterricht über die christliche Lebensführung sowie als Ermunterung dazu ebenfalls unentbehrlich.

In den Wortgottesdiensten der ersten Generationen hatte die Verkündigung entscheidendes Gewicht. Propheten und Lehrer sagten in vollmächtiger Weise der Gemeinde das Wort; durch sie, dieser Gedanke ist vielfach anzutreffen, sprach der Herr selbst, in ihrem Wort war er gegenwärtig. Hier zeigte sich die eigentliche Macht seines Geistes, und auf dieser Grundlage kämpfte Paulus gegen das Überhandnehmen ekstatischer Phänomene in Korinth und stellte die verschiedenen Formen verständlicher Verkündigung wieder in den Mittelpunkt, da nur sie der οἰκοδομή der Gemeinde dienten.

Neben den verschiedenen Formen der Predigt hatten auch Gebet und Gotteslob im Wortgottesdienst der ältesten Christen ihren Platz, doch war die Verkündigung des Heils in Lehre und Ermahnung sein eigentliches Proprium.

Die Zusammenlegung von Wortgottesdienst und Eucharistie mußte hier zu einer Verschiebung der Gesichtspunkte führen. Stärker als vorher geriet die Predigt in den Schatten der Eucharistie, die durch den Auszug der Katechumenen jetzt deutlicher als die eigentliche Feier der Gemeinde erscheinen mußte. Am Ende der damit eingeleiteten Entwicklung kann, so haben wir gesehen, der Wegfall der Predigt stehen, wenngleich es nicht überall dazu gekommen ist. Jedenfalls aber lief die Predigt in der neuen Gottesdienstform Gefahr, zum Katechumenenunterricht zu verkümmern.

Daß das weithin nicht geschah, wird wohl vor allem auf den neuen Impuls zur Schriftauslegung zurückzuführen sein, der angesichts der häretischen Bedrohung von den geistigen Zentren ausging. Die Predigthörer sollten nun in den „prophetischen" Schriften des Alten und mehr und mehr auch in denen des sich allmählich herausbildenden Neuen Testaments als dem Wort Gottes das Heil zu erfassen suchen, so wie ihre Bischöfe und Prediger sie dazu anleiteten. Wer dem Ausleger auf dem Wege durch die Schriften zur Gotteserkenntnis intellektuell nicht zu folgen vermochte, der konnte sich wenigstens mit der ebenfalls dargebotenen Paränese und dem Zuspruch des Heils begnügen, das ihm im Glauben auch ohne die vollkommene Erkenntnis verheißen wurde, vorausgesetzt, daß sein Lebenswandel dem eines getauften Christen entsprach.

Es braucht kaum betont zu werden, daß dies etwas anderes ist als die Rechtfertigung allein aus Glauben und ohne Werke, welche im Mittelpunkt der paulinischen Theologie steht. Deren Erkenntnis ließ Martin Luther, den wohl größten Paulusausleger der Kirche, in ganz neuem Maße dem Wort Gottes vertrauen. Er ging dabei aufgrund seines Schriftstudiums von der Sündhaftigkeit und Verlorenheit der Menschen aus, die alle, auch die Christen, auf die Verkündigung der Gnade Gottes angewiesen macht. Daher konnte er zum Beispiel in einer Predigt sagen: „... Christus bestehet feste, da er sagt ‚Wie kundt yhr gutts reden, weyll yhr böße seytt?' (Mt 12,34 - Anm. d. Verf.) Alßo auch, wie kund yhr gutts thun, weyll yhr böße seytt? Darumb schleust sichs hie mechtiglich, das ettwas grössers und kostlichers da seyn muß denn alle gutte werck sind, da durch der mensch frum werdt und gutt sey, ehe er guttis wirck. Gleych wie er leyplich muß tzuvor gesundt seyn, ehe ehr arbeytt und gesunde wercke thutt. Dasselb grosse und kostlich ding ist, das edle wortt gottis, das ym Evangelio gottis gnade ynn Christo predigt und anbeutt. Wer das horet und glawbt, der wirtt da durch frum unnd gerecht. Darumb heyst es auch eyn wortt des lebens, eyn wortt der gnad, eyn wortt der vergebung. Wer es aber nicht höret odder nicht glawbt, der kan ßonst ynn keynem weg frum werden"[69]. Der Predigt des Wortes Gottes ist damit in der Reformation ein unüberbietbar wichtiger Platz zugewiesen, freilich ohne daß deswegen von Luther die Sakramente geringgeschätzt würden. Sie treten der Verkündigung zur Seite.

So sind Stellenwert und Gestalt der Verkündigung immer entscheidend geprägt von der Theologie, die in ihr zu Wort kommt; das gilt auch für das διδάσκειν und νουθετεῖν[70] oder παρακαλεῖν in der Alten Kirche und an den Anfängen des Christentums. Damit stoßen wir an die Grenzen dieser Arbeit, die es sich nicht zur Aufgabe gemacht hat, die Inhalte der Verkündigung in den ersten drei Jahrhunderten im einzelnen zu verfolgen, sondern weit „äußerlicher" nach der Geschichte des christlichen Wortgottesdienstes in dieser Zeit zu fragen.

---

[69] Predigt am 9. Sonntag nach Trinitatis 1522, WA 10,III, 283-292, S. 284,19-30.
[70] Vgl. Kol 3,16 (u. 1,28).

LITERATURVERZEICHNIS

I. Quellen

1. Bibel

Septuaginta. Id est Vetus Testamentum graece iuxta LXX interpretes, ed. A. Rahlfs, 2 vol., Stuttgart 1935
Novum Testamentum Graece, ed. K. Aland u. a. („Nestle-Aland"), Stuttgart, 26. Aufl. 1979
Synopsis Quattuor Evangeliorum (locis parallelis evangeliorum apocryphorum et patrum adhibitis), ed. K. Aland, Stuttgart, 10. Aufl. 1978
Itala. Das Neue Testament in altlateinischer Überlieferung, hrsg. A. Jülicher, W. Matzkow, K. Aland, Bd 1: Matthäusevangelium, Berlin / New York, 2. Aufl. 1972
Biblia Sacra iuxta Vulgatam versionem, ed. R. Weber u. a., 2 Bde, Stuttgart 1969
Die *Bibel* oder die ganze heilige Schrift des Alten und Neuen Testaments nach der deutschen Übersetzung *Martin Luthers*, Stuttgart 1967 (1964 / 1956)

2. Frühjüdisches Schrifttum

Aristeae ad Philocratem epistula cum ceteris de origine versionis LXX interpretum testimoniis, ed. P. Wendland, Leipzig 1900 (BSGRT 1065)
Josephus, Jewish Antiquities, Books XV-XVII, ed. et transl. R. Marcus / A. Wikgren, London /Cambridge (Mass.) 1963 (LCL, Josephus in nine volumes, vol. 8)
Josephus, The Life. Against Apion, ed. et transl. H.S.J. Thackeray, London / Cambride (Mass.) 1961 (LCL, Josephus in nine volumes, vol. 1)
Philo in ten volumes (and two supplementary volumes), ed. et transl. F.H. Colson, G.H. Whitaker, R. Marcus, London / Cambridge (Mas.), 1953-1962 (LCL)
F. Siegert, Drei hellenistisch-jüdische Predigten. *Ps.-Philon*, „*Über Jona*", „*Über Simson*" und „*Über die Gottesbezeichnung ‚wohltätig verzehrendes Feuer‘*", I. Übersetzung aus dem Armenischen und sprachliche Erläuterungen, Tübingen 1980 (WUNT 20)
Die *Mischna*. Text, Übersetzung und ausführliche Erklärung, hrsg. von G. Beer / O. Holtzmann, I. Seder. Zeraim. 1. Traktat. Berakot., hrsg. u. übers. von O. Holtzmann, Gießen 1912
— II. Seder: Mo'ed. 10. Traktat: Megilla, hrsg. u. übers. von L. Tetzner, Berlin 1968
— IV. Seder. Neziqin. 9. Traktat. 'Abot, hrsg. u. übers. von K. Marti / G. Beer, Gießen 1927
Der *babylonische Talmud*, übers. von L. Goldschmidt, 12 Bde, Berlin 1929-1936
Testamentum Iobi, ed. S.P. Brock, in: Testamentum Iobi (ed. S.P. Brock). Apocalypsis Baruchi Graece (ed. J.-C. Picard), Leiden 1967 (PVTG 2)
Sibyllinische Weissagungen. Urtext und Übersetzung, ed. A. Kurfess, München 1951

3. Apostolische Väter

Die *Apostolischen Väter*, Neubearbeitung der Funkschen Ausgabe von K. Bihlmeyer, mit einem Nachtrag von W. Schneemelcher, Tübingen, 3. Aufl. 1970 (SQS II,1,1)
Die *Apostolischen Väter*, hrsg. u. übers. von J.A. Fischer, Darmstadt, 8. Aufl. 1981 (SUC I)

Didache (Apostellehre), Barnabasbrief, Zweiter Klemensbrief, Schrift an Diognet,
hrsg. u. übers. von K. Wengst, Darmstadt 1984 (SUC II)

A. Harnack, Die *Lehre der zwölf Apostel* nebst Untersuchungen zur ältesten
Geschichte der Kirchenverfassung und des Kirchenrechts, Leipzig 1884 (TU 2,1.2)

La *doctrine des douze apôtres (Didachè)*, ed. et trans. W. Rordorf / A. Tuilier,
Paris 1978 (SC 248)

Epître de Barnabé, ed. R.A. Kraft, transl. et comm. P. Prigent, Paris 1971 (SC 172)

J.B. Lightfoot, The Apostolic Fathers, Part I,1 und Part I,2: *S. Clement of Rome,*
Hildesheim / New York 1973 (2 Bde, Nachdr. d. 2. Aufl. London 1890)

Ignace d'Antiochie. Polycarpe de Smyrne, Lettres. Martyre de Polycarpe, ed. et
transl. T. Camelot, Paris 1958 (SC 10)

Der *Hirt des Hermas*, ed. M. Whittaker, Berlin 1956 (GCS 48 = Die Apostolischen
Väter I)

Hermas, Le Pasteur, ed. et trans. R. Joly, Paris, 2. Aufl. 1968 (SC 53bis)

Der *Hirt des Hermas*, übers. u. eingel. von H. Weinel, *NTApo*, 2. Aufl. 1924,
327-384

F. SIEGERT, Unbeachtete Papiaszitate bei armenischen Schriftstellern, *NTS* 27
(1981) 605-614

4. Apologeten

Corpus Apologetarum Christianorum Saeculi Secundi, ed. J.C.T. von Otto, vol. 1-9,
Jena 1851-1880

Die *ältesten Apologeten*. Texte mit kurzen Einleitungen, hrsg. von E.J. Goodspeed,
Göttingen 1914

5. Melito von Sardes

The *Homily on the Passion* by Melito Bishop of Sardis with Some Fragments of
the *Apocryphal Ezekiel*, ed. C. Bonner, London / Ann Arbor (Mich.) 1981 (Re-
print der Ausg. London 1940), (StD 12)

Die *Passa-Homilie* des Bischofs Melito von Sardes, hrsg. von B. Lohse, Leiden 1958
(TMUA 24)

Méliton de Sardes, *Sur la pâque et Fragments*, ed. et transl. O. Perler, Paris 1966
(SC 123)

S.G. Hall, Melito ΠΕΡΙ ΠΑΣΧΑ 1 and 2. Text and Interpretation, in: *Kyriakon*, FS
J. Quasten, vol. 1, Münster 1970, 236-248

Melito of Sardis, *On Pascha and Fragments*, ed. et transl. S.G. Hall, Oxford 1979
(OECT)

Papyrus Bodmer XIII, Méliton de Sardes, *Homélie sur la Pâque*. Manuscrit du IIIe
siècle, ed. M. Testuz, Cologny-Genève 1960

Meliton von Sardes, *Vom Passa*. Die älteste christliche Osterpredigt, übers. u.
komm. von J. Blank, Freiburg i. Br. 1963 (Sophia 3)

M. van Esbroeck, *Nouveau fragments de Méliton de Sardes*, AnBoll 90 (1972)
63-99

6. Märtyrerakten

Ausgewählte *Märtyrerakten* ed. R. Knopf, G. Krüger, G. Ruhbach, Tübingen,
4. Aufl. 1965 (SQS.NF 3)

The *Acts of the Christian Martyrs*, ed. et transl. H. Musurillo, Oxford 1972 (OECT)

7. Apokryphe Apostelakten und verwandtes Schrifttum

Acta Apostolorum Apocrypha, ed. R.A. Lipsius. / M. Bonnet, 2 Bde in 3 Teilen,
Leipzig 1891-1903

E. Hennecke / W. Schneemelcher, *Neutestamentliche Apokryphen* in deutscher
Übersetzung, Tübingen, Bd I, 5. Aufl. 1987; Bd II, 3. Aufl. 1964; Bd II, 5. Aufl.,
hrsg. von W. Schneemelcher, Tübingen 1989
Acta Andreae, ed. et transl. J.-M. Prieur, vol. 1-2, Turnhout 1989 (CChr.SA 5-6)
Ex Actis Andreae (Cod Vatic. gr. 808), AAAp II,1, 38-45
Acta Andreae et Matthiae, AAAp II,1, 65-116
W. Schneemelcher / G. Ahn, *Andreasakten* (Übers.), *NTApo* II, 5. Aufl., 108-137
Acta Johannis, ed. et transl. E. Junod / J.-D. Kaestli, vol. 1-2, Turnhout 1983
  (CChr.SA 1-2)
C. Schmidt, *Acta Pauli*. Übersetzung, Untersuchungen und koptischer Text, Leipzig,
  2. Aufl. 1905
Πράξεις Παύλου. *Acta Pauli*, nach dem Papyrus der Hamburger Staats- und Uni-
  versitäts-Bibliothek, ed. C. Schmidt / W. Schubart, Glückstadt / Hamburg 1936
  (VHSUB.NF 2)
The *Acts of Thomas*. Introduction - Text - Commentary, by A. F. J. Klijn, Leiden
  1962 (NT.S 5)
H.A. SANDERS, A Fragment of the Acta Pauli in the Michigan Collection, *HThR* 31
  (1938) 73-90
G.D. KILPATRICK / C.H. ROBERTS, The Acta Pauli: A New Fragment, *JThS* 47
  (1946) 196-199
Gespräche Jesu mit seinen Jüngern nach der Auferstehung. Ein katholisch-aposto-
  lisches Sendschreiben des 2. Jahrhunderts, hrsg. u. übers. von C. Schmidt, Übers.
  des äthiopischen Textes von J. Wajnberg, Leipzig 1919 (TU 43)
Die *Pseudoklementinen I. Homilien*, hrsg. B. Rehm, Berlin / Leipzig 1953
  (GCS 42)
Die *Pseudoklementinen II. Rekognitionen in Rufins Übersetzung*, hrsg. von B.
  Rehm / F. Paschke, Berlin 1965 (GCS 51)
Die *syrischen Clementinen* mit griechischem Paralleltext, hrsg. von W. Frankenberg,
  Leipzig 1937 (TU 48,3)

8. Gnostisches Schrifttum

The *Nag Hammadi Library in English*, ed. J.M. Robinson, Leiden 1977 (2. Aufl.
  1984)
The *Gospel of Truth*. A Valentinian Meditation on the Gospel, transl. et comm. K.
  Grobel, London 1960
K. KOSCHORKE, Der gnostische Traktat „Testimonium Veritatis" aus dem
  Nag-Hammadi-Codex IX. Eine Übersetzung, *ZNW* 69 (1978) 91-117

9. Irenäus von Lyon

Sancti Irenaei Episcopi Lugdunensis *Libros quinque adversus Haereses* ... Frag-
  menta ... Commentatione perpetua ... ed. W.W. Harvey, 2 vol., Cambridge
  1857
Irenée de Lyon, *Contre les hérésies, Livre I*, ed. et transl. A. Rousseau / L. Dou-
  treleau, 2 vol., Paris 1979 (SC 263-264)
Irenée de Lyon, *Contre les heresies, Livre II*, ed. et transl. A. Rousseau / L. Dou-
  treleau, 2 vol., Paris 1982 (SC 293-294)
Irenée de Lyon, *Contre les hérésies, Livre III*, ed. et transl. A. Rousseau / L.
  Doutreleau, 2 vol., Paris 1974 (SC 210-211)
Irenée de Lyon, *Contre les hérésies, Livre IV*, ed. et transl. A. Rousseau, B.
  Hemmerdinger, L. Doutreleau, C. Mercier, 2 vol., Paris 1965 (SC 101)
Irenée de Lyon, *Contre les hérésies, Livre V*, ed. et transl. A. Rousseau, L. Dou-
  treleau, C. Mercier, 2 vol., Paris 1969 (SC 152-153)
Des heiligen Irenäus *ausgewählte Schriften* ins Deutsche übersetzt, übers. von E.
  Klebba u. S. Weber, 2 Bde, Kempten / München 1912 (BKV II, 3-4)

10. Clemens von Alexandrien

Clemens Alexandrinus, I. Band, *Protrepticus und Paedagogus*, hrsg. von O. Stählin, Leipzig, 2. Aufl. 1936 (GCS 12)

Clemens Alexandrinus, II. Band, *Stromata Buch I–VI*, hrsg. von O. Stählin, Leipzig, 2. Aufl. 1939 (GCS 15)

Clemens Alexandrinus, III. Band, *Stromata Buch VI und VIII. Excerpta ex Theodoto. Eclogae Propheticae. Quis dives salvetur. Fragmente*, hrsg. von O. Stählin / L. Früchtel, Berlin, 2. Aufl. 1970 (GCS 17)

Clemens Alexandrinus, IV. Band, *Register*, hrsg. von O. Stählin, Leipzig 1936 (GCS 39)

The *Excerpta ex Theodoto* of Clement of Alexandria, ed. et transl. R. P. Casey, London 1934

Clément d'Alexandrie, Le *Pédagogue*, ed. H.-I. Marrou, transl. M. Harl, C. Mondésert, C. Matray, 3 vol. mit Register, Paris 1960–1970 (SC 70. 108. 158)

Des Clemens von Alexandreia *ausgewählte Schriften* aus dem Griechischen übersetzt, übers. von O. Stählin, 2 Bde, München 1934 (BKV II, 7-8)

Des Clemens von Alexandreia *Teppiche wissenschaftlicher Darlegungen entsprechend der wahren Philosophie (Stromateis)* mit Register, 3 Bde, übers. von O. Stählin, München 1936-1938 (BKV II, 17. 19. 20 = Des Clemens von Alexandreia ausgewählte Schriften aus dem Griechischen übersetzt, Bd III-V)

Titus Flavius Klemens von Alexandria, Die *Teppiche (Stromateis)*, Deutscher Text nach der Übersetzung von F. Overbeck, Basel 1936

11. Hippolyt von Rom

Hippolyte, *Contre les hérésies. Fragment*, Etude et édition critique par P. Nautin, Paris 1949 (ETHDT 2)

Hippolytus, *Refutatio omnium Haeresium*, ed. M. Marcovich, Berlin / New York 1986 (PTS 25)

Des heiligen Hippolytus von Rom *Widerlegung aller Häresien (Philosophumena)*, übers. von K. Preysing, Kempten / München 1922 (BKV II, 40)

Hippolyt's *kleinere exegetische und homiletische Schriften*, ed. H. Achelis, Leipzig 1897 (GCS 1,2 = Hippolytus Werke 1,2)

Hippolyt's *Kommentar zum Buche Daniel und die Fragmente des Kommentars zum Hohenliede*, hrsg. von G.N. Bonwetsch, Leipzig 1897 (GCS 1,1 = Hippolytus Werke 1,1)

Hippolyte, *Commentaire sur Daniel*, ed. et transl. M. Lefèvre, mit einer Einleitung von G. Bardy, Paris 1947 (SC 14)

Traités d'Hippolyte *sur David et Goliath, sur le Cantique des cantiques et sur l'Antéchrist*, Version Géorgienne, trad. (ins Lateinische) G. Garitte, Löwen 1965 (CSCO 264)

Hippolyte de Rome, *Sur les bénédictions d'Isaac, de Jacob et de Moise*, ed. M. Brière, L. Mariès, B.-C. Mercier, Paris 1954 (PO 27,1-2)

12. Tertullian

Q.S.F. Tertulliani *Opera* I u. II, ed. E. Dekkers u. a., Turnhout 1954 (CChr.SL 1-2)

Q.S.F. Tertulliani *De anima*, ed. et comm. J.H. Waszink, Amsterdam 1947

Q.S.F. Tertulliani *De baptismo*, ed. J.G.P. Borleffs, *Mn.NS* 59 (1932) 1-102

Tertullien, *Traité du baptême*, ed. et transl. R.F. Refoulé / M. Drouzy (transl.), Paris 1952 (SC 35)

Tertullien, *La toilette des femmes (De cultu feminarum)*, ed. et transl. M. Turcan, Paris 1971 (SC 173)

Tertullien, *Traité de la prescription contre les hérétiques*, ed. R.F. Refoulé, transl. P. de Labriolle, Paris 1957 (SC 46)

Tertullien, *Les spectacles (De spectaculis)*, ed. et transl. M. Turcan, Paris 1986 (SC 332)

Tertullien, *A son épouse*, ed. et transl. C. Munier, Paris 1980 (SC 273)
Tertullian, *Treatises on Marriage and Remarriage. To his Wife. An Exhortation to Chastity. Monogamy*, transl. and annot. by W.P. Le Saint, Westminster (Mld) / London 1951 (ACW 13)
Q.S. F. Tertulliani *De Virginibus Velandis*, hrsg., übers. u. komm. von E. Schulz-Flügel, Göttingen 1977 (diss. theol.)
Tertullian, *Apologeticum*, lateinisch u. deutsch, hrsg. u. übers. von C. Becker, München 1952
Tertullians *ausgewählte Schriften* ins Deutsche übersetzt, Bd I u. II, Kempten / München 1912-1915 (BKV, 2. Aufl. 7.24)

13. Kirchenordnungen und verwandte Texte

Hans ACHELIS, Die ältesten Quellen des orientalischen Kirchenrechts. I. Die Canones Hippolyti, Leipzig 1891 (TU 6,4)
Les *Canons d'Hippolyte. Edition critique de la version arabe*, intr. et trad. fr. par R.-G. Coquin, Paris 1966 (PO 31,1)
R.H. CONNOLLY, The So-Called Egyptian Church Order and Derived Documents, Cambridge 1916 (TaS VIII,4)
La *Tradition Apostolique de Saint Hippolyte*, Essai de reconstruction par B. Botte, Münster 1963 (LWQF 39)
Hippolyte de Rome, La Tradition apostolique, ed. et transl. B. Botte, Paris, 2. Aufl. 1968 (SC 11bis)
The *Treatise on the Apostolic Tradition of St Hippolytus of Rome*, ed. G. Dix, 2. Aufl., überarb. u. mit einem Vorwort von H. Chadwick, London 1968
Didascalia et Constitutiones Apostolorum, ed. F.X. Funk, vol. I-II, Paderborn 1905
La *Didascalie*, c'est-a-dire L'enseignement catholique des douze apôtres et des saints disciples de notre sauveur, übers. aus dem Syrischen von F. Nau, Paris 1902 (ALCS 1)
Didascaliae Apostolorum, Canonum Ecclesiasticorum, Traditionis Apostolicae Versiones latinae, hrsg. von E. Tidner, Berlin 1963 (TU 75)
Didascalia Apostolorum. The Syriac Version Translated and Accompanied by the Verona Latin Fragments, ed. et transl. H. Connolly, Oxford 1929
The *Didascalia Apostolorum in Syriac*, ed. et transl. A. Vööbus, 4 vol., Löwen 1979 (CSCO 401.402.407.408)
Die ältesten Quellen des orientalischen Kirchenrechts II. Die *syrische Didaskalia*, übers. u. erkl. von H. Achelis u. J. Flemming, Leipzig 1904 (TU 25,2)
Die *kirchenrechtlichen Quellen des Patriarchats Alexandrien*, ed. et transl. W. Riedel, Leipzig 1900
G. WOBBERMIN, Altchristliche liturgische Stücke aus der Kirche Aegyptens nebst einem dogmatischen Brief des Bischofs Serapion von Thmuis, Leipzig 1898 (TU 17,3b)
Monumenta Eucharistica et Liturgica Vetustissima, ed. G. Rauschen, Bonn, 2. Aufl. 1914 (FlorPatr VII)
Monumenta eucharistica et liturgica vetustissima, pars VII. Loci eucharistici et liturgici breviores, ed. J. Quasten, Bonn 1937 (FlorPatr VII)
Das *Muratorische Fragment und die monarchianischen Prologe zu den Evangelien*, hrsg. von H. Lietzmann, Bonn, 2. Aufl. 1908 (KlT 1)
T. WOLBERGS, Griechische religiöse Gedichte der ersten nachchristlichen Jahrhunderte, I: Psalmen und Hymnen der Gnosis und des frühen Christentums, Meisenheim 1971 (BKP 40)
M. LATTKE, Die Oden Salomos in ihrer Bedeutung für Neues Testament und Gnosis, Bd I: Ausführliche Handschriftenbeschreibung, Edition mit deutscher Parallel-Übersetzung, Hermeneutischer Anhang zur gnostischen Interpretation der Oden Salomos in der Pistis Sophia, Freiburg (Schw.) / Göttingen 1979 (OBO 25,1)

14. Origenes

Origenes, *Commentariorum in epistolam B. Pauli ad Romanos Libri X*, transl.
  Rufinus in: Origenis Opera Omnia, tom. 4, Paris 1862 (PG 14), 831-1294
Origenes *Werke* (GCS) - *Bd 1*, hrsg. P. Koetschau, Leipzig 1899 (GCS 2) - *Bd 2*,
  hrsg. P. Koetschau, Leipzig 1899 (GCS 3) - *Bd 4*, hrsg. E. Preuschen, Leipzig
  1903 (GCS 10) - *Bd 6*, hrsg. W.A. Baehrens, Leipzig 1920 (GCS 29) - *Bd 7*,
  hrsg. W.A. Baehrens, Leipzig 1921 (GCS 30) - *Bd 8*, hrsg. W.A. Baehrens,
  Leipzig 1925 (GCS 33) - *Bd 9*, hrsg. M. Rauer, 2. Aufl. Berlin 1959 (GCS 49) -
  Bd 10, hrsg. E. Klostermann, Leipzig 1935 (GCS 40) - *Bd 11*, hrsg. E. Benz,
  Leipzig 1933 (GCS 38)
Origène, *Homélies sur Jérémie*, ed. P. Nautin., transl. P. Husson / P. Nautin, tom
  1 (Homélies I-XI), Paris 1976 (SC 232)
Origène, *Homélies sur Jérémie*, tom II (Homélies XII-XX et Homélies latines), ed.
  P. Nautin, Paris 1977 (SC 238)
Des Origenes ausgewählte Schriften aus dem Griechischen übersetzt, übers.P.
  Koetschau, Bde 1-3, München 1926-1927 (BKV, 2. Aufl., 48.52.53)
Origenes, Die griechisch erhaltenen Jeremiahomilien, übers. u. komm. von E.
  Schadel, Stuttgart 1980 (BGrL 10)

15. Cyprian

S. Thasci Caecili Cypriani *opera omnia*, ed. W. Hartel, Bd 1 -3, Wien 1868-1871
  (CSEL 3,1-3)
Sancti Cypriani Episcopi *Opera, Pars I*, ed. R. Weber / M. Bévenot, Turnhout 1972
  (CChr.SL 3)
Sancti Cypriani Episcopi *Opera, Pars II*, ed. M. Simonetti / C. Moreschini,
  Turnhout 1976 (CChr.SL 3A)
Des heiligen Kirchenvaters Caecilius Cyprianus *sämtliche Schriften* aus dem La-
  teinischen übersetzt, übers. J. Baer, 2 Bde München 1928 (BKV II, 34.60)

16. Weitere Kirchenväterschriften

Minucius Felix, Octavius, hrsg. von B. Kytzler, Leipzig 1982 (BSGRT)
Gesta apud Zenophilum, in: *S. Optati Milevitani Libri VII*, ed C. Zisera, Prag /
  Wien / Leipzig 1893 (CSEL 26), p. 185-197 (= Appendix I)
Eusebius von Caesarea, Die Kirchengeschichte, hrsg. von E. Schwartz; Die lateini-
  sche Übersetzung des Rufinus, hrsg. von T. Mommsen, 3 Bde, Leipzig 1903-1909
  (GCS 9,1-3 = Eusebius Werke, 2. Band)
Eusebius von Caesarea, Die Praeparatio Evangelica, hrsg. von K. Mras, 2 Bde,
  Berlin 1954-1956 (GCS 43,1-2 = Eusebius Werke, Bd 8 u. 9)
Eusebius von Caesarea, Kirchengeschichte, übers. P. Haeuser / H.A. Gärtner,
  München 1967
Epiphanius, III, Panarion haer. 65-80. De fide, hrsg. von K. Holl, 2. Aufl. bearb.
  von J. Dummer, Berlin 1985 (GCS 37bis)
S. patris nostri Cyrilli Hierosolymorum archiepiscopi opera quae supersunt omnia,
  ed. W.C. Reischl / J. Rupp, vol. I-II, München 1848-1860
Des heiligen Cyrillus, Bischofs von Jerusalem, Katechesen, übers. P. Häuser,
  Kempten / München 1922 (BKV II, 41)
Egérie, Journal de voyage (Itinéraire), ed. et transl. P. Maraval, Paris 1982, in: SC
  296,6-319
Die *Pilgerreise der Aetheria (Peregrinatio Aetheriae)*, eingel. u. erkl. von H. Pétré,
  übers. von K. Vretska, Stift Klosterneuburg bei Wien 1958
S. Ambrosii opera, pars septima, ed. O. Faller, Wien 1955 (CSEL 73)
Augustin, De Catechizandis Rudibus, ed. I.B. Bauer, in: Aurelii Augustini Opera,
  Pars XIII,2, Turnhout 1969 (CChr.SL 46), p. 115ff.

Socrates Scholasticus, Historia Ecclesiastica, ed. J.P. Migne (nach der Ausgabe von H. Valesius (1668) und deren Bearbeitung durch W. Reading), Paris 1864 (PG 67,29-842)

L. HALLIER, Untersuchungen über die Edessenische Chronik, Leipzig 1893 (TU9,1)

Ps-Dionysius Areopagita, De ecclesiastica hierarchia, ed. B. Corderius, Paris 1857 (PG 3, 369-584)

Des heiligen Dionysisus Areopagita angebliche Schriften über Hierarchien, übers. J. Stiglmayr, Kempten / München 1911 (BKV II, 2, S. III-XXVI.1-209)

17. Heidnische Schriftsteller

Livy with an English Translation in Fourteen Volumes, vol. XI, transl. by E.T. Sage, London / Cambridge (Mass) 1965 (LCL Livy 11)

C. Plini Secundi, Epistularum Libri Novem. Epistularum ad Traianum Liber. Panegyricus, ed. M. Schuster, Leipzig, 2. Aufl. 1952

C. Plini Caecili Secundi Epistularum Libri Decem, ed. R.A.B. Mynors, Oxford 1963

Luciani opera, ed. M. D. Macleod, vol. III, Oxford 1980

II. Hilfsmittel

J. ALLENBACH u. a., *Biblia Patristica*. Index des citations et allusions bibliques dans la littérature patristica, tom. 3: Origène, Paris 1980

B. ALTANER / A. STUIBER, Patrologie. Leben, Schriften und Lehre der Kirchenväter, Freiburg u. a., 8. Aufl. 1978

O. BARDENHEWER, Geschichte der altkirchlichen Literatur, Bde 1-5, Freiburg i. Br., 1913-1932 (Bde 1-4: 2. Aufl.)

W. BAUER, Griechisch-Deutsches Wörterbuch zu den Schriften des Neuen Testaments und der übrigen urchristlichen Literatur, Berlin / New York, Nachdr. d. 5. Aufl., 1971

C. BROCKELMANN, Lexicon Syriacum, Halle, 2. Aufl. 1928

G. CLAESSON, Index Tertullianus, vol. I-III, Paris 1974-1975

H. CROUZEL, Bibliographie critique d'Origène, Den Haag / Steenbrugge 1971

— Bibliographie critique d'Origène. Supplément 1, Den Haag / Steenbrugge 1982

E. DEKKERS, Clavis Patrum Latinorum, Steenbrugge, 2. Aufl. 1961 (SE 3)

M. GEERARD, Clavis Patrum Graecorum, vol. 1-4, Turnhout 1974-1983 (CChr.SG)

K. E. GEORGES, Ausführliches lateinisch-deutsches Handwörterbuch, 2 Bde, Basel, 11. Aufl. 1962

E.J. GOODSPEED, Index Apologeticus sive Clavis Iustini Martyris Operum Aliorumque Apologeticarum Pristinorum, Leipzig 1912

— Index Patristicus sive Clavis Patrum Apostolorum Operum, Leipzig 1907

Handbuch zu den neutestamentlichen Apokryphen, hrsg. von E. Hennecke, Tübingen 1904

A. HARNACK, Geschichte der altchristlichen Litteratur bis Eusebius, 2 Teile in 3 Bänden, Leipzig 1893-1904

E. HATCH / H.A. REDPATH, A Concordance to the Septuagint and the Other Greek Versions of the Old Testament (Including the Apocryphal Books), 2 vol., Oxford 1897

P. HENEN, Index Verborum quae Tertulliani Apologetico Continentur, Löwen / Paris 1910 (PMB 5)

X. JACQUES / J. VAN OOTEGHEM, Index de Pline le Jeune, Namur o. J., ca. 1964 (BFPLN 38)

H. KOESTER, Einführung in das Neue Testament im Rahmen der Religionsgeschichte und Kulturgeschichte der hellenistischen und römischen Zeit, Berlin/New York 1980

Konkordanz zum Novum Testamentum Graece von Nestle-Aland, 26. Auflage, und zum Greek New Testament, 3rd Edition, hrsg. vom Institut für neutestamentliche Textforschung und vom Rechenzentrum der Universität Münster, Berlin / New York, 3. Aufl. 1987

H. KRAFT, Clavis Patrum Apostolicorum, Darmstadt 1963

W. G. KÜMMEL, Einleitung in das Neue Testament, Heidelberg, 21. Aufl. 1983

G.W.H. LAMPE, A Patristic Greek Lexikon, Oxford 1961

H.G. LIDDELL / R. SCOTT, A Greek-English Lexicon (revised and augmented by H.S. Jones, R. McKenzie u. a.), with a Supplement 1968, Oxford, 9. Aufl. 1940 (repr. 1982)

W.F. MOULTON , A.S. GEDEN, H.K. MOULTON, A Concordance to the Greek Testament, Edinburgh, 5. Aufl. 1978

Neutestamentliche Apokryphen in deutscher Übersetzung, Bd I, 5. Aufl., hrsg. W. Schneemelcher, Tübingen 1987; Bd II, 3. Aufl., hrsg. von E. Hennecke / W. Schneemelcher, Tübingen 1964; Bd II, 5. Aufl., hrsg. von W. Schneemelcher, Tübingen 1989

J. QUASTEN, Patrology, vol. I-III, Utrecht u. a. 1950-1960

S.M. SCHWERTNER, Internationales Abkürzungsverzeichnis für Theologie und Grenzgebiete, 2. Auflage, Berlin / New York 1976

G. STEMBERGER, Geschichte der jüdischen Literatur. Eine Einführung, München 1977

H. L. STRACK / G. STEMBERGER, Einleitung in Talmud und Midrasch, München, 7. Aufl. 1982

G. STRECKER, Konkordanz zu den Pseudoklementinen, Bde I-II, Berlin 1986-1989 (GCS 58-59 = Die Pseudoklementinen III,1 u. III,2)

Thesaurus Linguae Latinae, vol. 1 ff, Leipzig 1900ff

Thesaurus Tosephtae. Concordantiae Verborum quae in sex Tosephthae ordinibus reperiuntur, 6 vol., hrsg. von C.J. Kasowski / M. Kasowski, Jerusalem 1932-1961

P. VIELHAUER, Geschichte der urchristlichen Literatur, Berlin / New York 1975 (2. Aufl. 1978)

III. Jüngere Quellen und Sekundärliteratur bis 1850

G. ALBASPINUS (AUBESPINE), De Veteris Ecclesiae Ritibus, Paris 1624

G. ARNOLD, Die Erste Liebe. Das ist: Wahre Abbildung der Ersten Christen Nach Ihrem Lebendigen Glauben und Heiligen Leben ... als in einer nützlichen Kirchen-Historie Treulich und unpartheyisch entworffen ..., Altona 1722

J.A. ASSEMANI, Codex liturgicus Ecclesiae universalis in XV libros distributus, 13 Bde (sic!), Paris / Leipzig 1902 (Nachdr. der Ausgabe Rom 1749-1766)

J.C.W. AUGUSTI, Denkwürdigkeiten aus der christlichen Archäologie, 12 Bde, Leipzig 1817-1831

C. BARONIUS, Annales Ecclesiastici, vol. I, Rom 1588

J. BINGHAM, The Antiquities of the Christian Church (1708-1722), in: DERS., Works, vol. I u. II, London 1726

— Origines sive Antiquitates Ecclesiasticae, 10 Bde, Halle 1724-1792

A.J. BINTERIM, Die vorzüglichsten Denkwürdigkeiten der Christ-Katholischen Kirche aus den ersten, mittlern und letzten Zeiten, 7 Bde, Mainz 1825-1841

I.H. BOEHMER, XII Dissertationes iuris ecclesiastici antiqui ad Plinium Secundum et Tertullianum, Leipzig 1711

W. BÖHMER, Die christlich-kirchliche Alterthumswissenschaft, Bd 1 u. 2, Breslau 1836-1839

M. BUCER, Opera Omnia, Bd 1,5, hrsg. von R. Stupperich, Gütersloh 1978

J. CALVIN, Institutio Christianae Religionis, Ausgaben der Jahre 1539 (CR 29), 1542 (CR 29) und 1559 (CR 30)

B. CASALIUS, De Profanis et Sacris Veteribus Ritibus, Rom 1645
J.B. CASALIUS, De Veteris Sacris Christianorum Ritibus, Rom 1647
W. CAVE, Primitive Christianity, London, 4. Aufl. 1682
M. CHEMNITZ, Examen Concilii Tridentini, Berlin 1861 (Nachdr. d. 2. Aufl.)
T. COMBER, A Scholastical History of the Primitive and General Use of Liturgies in The Christian Church, London 1690
Die evangelischen Kirchenordnungen des XVI. Jahrhunderts, hrsg. von E. Sehling, Bd 7: Niedersachsen II, 1, Tübingen 1963; Bd 15: Württemberg I (bearb. von G. Franz), Tübingen 1977
M. FLACIUS ILLYRICUS u. a., Ecclesiastica Historia (Magdeburger Zenturien), Bd 1, Basel 1560
E. GIBBON, The History of the Decline and Fall of the Roman Empire, vol. I, London, 2. Aufl. 1776
K. HASE, Kirchengeschichte, 4. Aufl., Leipzig 1841
J. HILDEBRAND, Rituale Eucharistiae Veteris Ecclesiae, Helmstedt 1712
J.W.F. HÖFLING, Von der Composition der christlichen Gemeinde-Gottesdienste oder von den zusammengesetzten Akten der Communion, Erlangen 1837
R. HOSPINIAN, Historia Sacramentaria, Genf, 2. Aufl. 1681
A. KRAZER, De Apostolicis nec non Antiquis Ecclesiae Occidentalibus Liturgiis, Augsburg 1786
D. Martin LUTHERs Werke. Kritische Gesamtausgabe (Weimarer Ausgabe), Bd 10,III, Weimar / Graz 1966 (Nachdr. d. Ausg. 1905)
E. MARTEN, Tractatus de antiqua ecclesiae disciplina in divinis celebrandis officiis, Lyon 1706
J. MARZOHL / J. SCHNELLER, Liturgia Sacra, Bde I-IV, Luzern 1834-1840
J. L. MOSHEIM, Institutiones Historiae Christianae Maiores. Saeculum Primum, Helmstedt 1739
J.L. MOSHEIM, Institutiones Historiae Ecclesiasticae Novi Testamenti, Frankfurt und Leipzig 1726
J. NICOLAI, Selectae quaedam antiquitates ecclesiasticae, Tübingen 1705
I. PORREE (Hrsg., pseudonym), Traité des anciennes ceremonies = ou histoire, Contenant leur Naissance & Accroissement, leur Entrée en l'Eglise, & per quels degrez elles ont passé iusques à la superstition, Charenton 1662 (1. Aufl. Amsterdam 1647 ?)
B. REBELIUS ARGENTORATUS, Antiquitates ecclesiasticae in tribus prioribus seculis evangelicae, s. l. 1669
A.L. RICHTER, Die evangelischen Kirchenordnungen des 16. Jahrhunderts, Bd 1 u. 2, Weimar 1846
J.A. SCHMID, Compendium Historiae Ecclesiasticae, Helmstedt 1701
C. SCHÖNE, Geschichtsforschungen über die kirchlichen Gebräuche und Einrichtungen der Christen, Bde 1-3, Berlin 1819-1822
C. VITRINGA, De Synagoga Vetere libri tres, Franeker 1696
H. ZWINGLI, Action oder bruch des nachtmals, gedächtnuß oder danksagung Christi, wie sy uf ostern zu Zürich angehebt wirt im jar, als man zalt MDXXV, in: DERS., Werke, hrsg. von M. Schuler / J. Schultheis, Bd II,2, Zürich 1832

IV. Sekundärliteratur

L. ABRAMOWSKI, Die „Erinnerungen der Apostel" bei Justin, in: *Das Evangelium und die Evangelien*, hrsg. von. P. Stuhlmacher, Tübingen 1983 (WUNT 28), 341-353
H. ACHELIS, Das Christentum in den ersten drei Jahrhunderten, Bd 1 u. 2, Leipzig 1912
K. ADAM, Der Kirchenbegriff Tertullians, Paderborn 1907 (FChLDG 6,4)
B. ALAND, Marcion. Versuch einer neuen Interpretation, *ZThK* 70 (1973) 420-447

H. Albeken, Der Gottesdienst der alten Kirche, Berlin 1853
W.F. Albright / C.S. Mann, Two Texts in 1 Corinthians, *NTS* 16 (1969/70) 271-276
C. Andresen, Altchristliche Kritik am Tanz - ein Ausschnitt aus dem Kampf der Alten Kirche gegen heidnische Sitte, *ZKG* 72 (1961) 217-262
– Apologetik II. Frühkirchliche Apologetik, *RGG*, 3. Aufl., Bd 1, 480-485
– Justin und der mittlere Platonismus, *ZNW* 44 (1952/53) 157-195
– Die Kirchen der alten Christenheit, Stuttgart u. a. 1971 (RM 29,1/2)
R. Asting, Die Verkündigung des Wortes im Urchristentum, dargestellt an den Begriffen „Wort Gottes", „Evangelium" und „Zeugnis", Stutgart 1939
J.-P. Audet, La Didachè. Instructions des apôtres, Paris 1958 (EtB)
D.E. Aune, Prophecy in Early Christianity and the Ancient Mediterranean World, Grand Rapids 1983
M. Avi-Yonah, Synagogue. Architecture, *EJ* 15, 595-600
E. de Bakker, Sacramentum. Le mot et l'idée représentée par lui dans les oeuvres de Tertullien, Löwen 1911 (RTCHP 30)
C. Bammel, Herakleon, *TRE* 15, 54-57
C.P. Hammond Bammel, Ignatian Problems, *JThS.NS* 33 (1982) 62-97
C. P. Bammel, Justin der Märtyrer, in: *Gestalten der Kirchengeschichte*, hrsg. von M. Greschat, Bd 1, Stuttgart u. a. 1984, 51-68
O. Bardenhewer, Des heiligen Hippolytus von Rom Commentar zum Buche Daniel. Ein literärgeschichtlicher Versuch, Freiburg i. Br. 1877
G. Bardy, Didascalie des apôtres, *DSp* 3, 863-865
– La spiritualité de Clément d'Alexandrie, *VS.S* 39 (1934) 81-104. 129-145
T.D. Barnes, Legislation against the Christians, *JRS* 58 (1968) 32-50
– Pre-Decian Acta Martyrum, *JThS.NS* 19 (1968) 509-531
– Tertullian. A Historical and Literary Study, Oxford 1971
C. K. Barrett, A Commentary on the First Epistle to the Corinthians, London 1971 (BNTC)
– The Gospel according to St John. An Introduction with Commentary and Notes on the Greek Text, London, 2. Aufl. 1978
– The Pastoral Epistles, Oxford 1963 (NCB.NT)
J.V. Bartlet, Christian Worship as Reflected in Ancient Liturgies, in: *Christian Worship. Studies in its History and Meaning*, ed. N. Micklem, Oxford 1936, 83-99
– Worship (Christian), *ERE* 12, 762-776
H.-W. Bartsch, Gnostisches Gut und Gemeindetradition bei Ignatius von Antiochien, Gütersloh 1940 (BFChTh.M 44)
J. Bauer, Einige Bemerkungen über die ältesten Züricher Liturgien, *MGKK* 17 (1912) 116-124. 152-161. 178-187
W. Bauer, Die Apostolischen Väter II. Die Briefe des Ignatius von Antiochia und der Polykarpbrief, Tübingen 1920 (HNT.E 2)
– Das Johannesevangelium, Tübingen, 3. Aufl. 1963 (HNT 6)
– Rechtgläubigkeit und Ketzerei im ältesten Christentum, Tübingen, 2. Aufl. 1964, mit einem Nachtrag von G. Strecker (BHTh 10)
– Der Wortgottesdienst der ältesten Christen, Tübingen 1930 (SGV 148)
A. Baumstark, Liturgie Comparée. Principes et Méthodes pour l'étude historique des liturgies chrétiennes, 3. Aufl., durchgesehen von B. Botte, Chevetogne / Paris 1953
J. Beaujeu, Forschungsbericht: Pline le Jeune - 1955-1960, *Lustrum* 1961 (1962) Bd 6, 272-303
C. Becker, Tertullians Apologeticum. Werden und Leistung, München 1954 .
J. Behm, γλῶσσα, ἑτερόγλωσσος, *ThWNT* 1, 719-726
– χλάω, χλάσις, χλάσμα, *ThWNT* 3, 726-743
A.J. Bellinzoni, The Sayings of Jesus in the Writings of Justin Martyr, Leiden 1967 (NT.S 17)

K. BERGER, Apostelbrief und apostolische Rede. Zum Formular frühchristlicher Briefe, *ZNW* 65 (1974) 190-231

— Gnosis / Gnostizismus I. Vor- und außerchristlich *TRE* 13, 519-535

— Zur Diskussion über die Herkunft von 1 Kor II.9, *NTS* 24 (1978) 270-283

C.A. BERNOULLI, Overbecks analytische Arbeit an Klemens, in: *Titus Flavius Klemens von Alexandria, Die Teppiche (Stromateis)*, Deutscher Text nach der Übersetzung von F. Overbeck, Basel 1936, 69-130

E. BEST, A Commentary on the First and Second Epistles to the Thessalonians, London 1972 (BNTC)

J. BETZ, Die Eucharistie in der Didache, *ALW* 11 (1969) 10-39

O. BETZ, Zungenreden und süßer Wein. Zur eschatologischen Exegese von Jesaja 28 in Qumran und im Neuen Testament, in: *Bibel und Qumran*, FS H. Bardtke, ed. S. Wagner, Berlin 1968, 20-36

K. BEYSCHLAG, Rezension von K. Wengst, Tradition und Theologie des Barnabasbriefes, *ZKG* 85 (1974) 95-97

G. BICKELL, Messe und Pascha, Mainz 1872

W. BIEDER, Zur Deutung des kirchlichen Schweigens bei Ignatius von Antiochien, *ThZ* 12 (1956) 28-43

P. BILLERBECK, Ein Synagogengottesdienst in Jesu Tagen, *ZNW* 55 (1964) 143-161 (Vortrag aus dem Jahre 1932)

A. BITTLINGER, Gemeinde ist anders, Stuttgart 1966 (CwH 79)

M. BLACK, The Maranatha Invocation and Jude 14,15 (1 Enoch 1:9), in: *Christ and Spirit in the New Testament*, FS C.F.D. Moule, Cambridge 1973, 189-196

G. BLOND, Clément de Rome, in: *L'eucharistie des premiers chrétiens*, ed. R. Johanny, Paris 1976 (PoTh 17) 29-51

H.J. BOECKER, Gebet 1. u. 2., *BHH* 1, 518-522

C. BONNER, A Supplementary Note on the Opening of Melito's Homily, *HThR* 36 (1943) 317-319

W. BORNEMANN, Der erste Petrusbrief - eine Taufrede des Silvanus?, *ZNW* 19 (1919/20) 143-165

G. BORNKAMM, Das Anathema in der urchristlichen Abendmahlsliturgie, in: DERS., Das Ende des Gesetzes. Paulusstudien (Ges. Aufs. I), München 1958 (BEvTh 16) 123-132 (5. Aufl. 1966)

— Herrenmahl und Kirche bei Paulus, in: DERS., Studien zu Antike und Urchristentum (Ges. Aufs. II), München 1959 (BEvTh 28) 138-146

— Der köstlichere Weg. 1 Kor 13, in: DERS., Das Ende des Gesetzes, München, 3. Aufl. 1961 (BEvTh 16) 93-112

— μυστήριον, μυέω, *ThWNT* 4, 809-834

— πρέσβυς κτλ, *ThWNT* 6, 651-683

B. BOTTE, L'authenticité de la Tradition apostolique de saint Hippolyte, *RThAM* 16 (1949) 177-185

— Les plus anciennes collections canoniques, *OrSyr* 5 (1960) 331-349

W. BOUSSET, Jüdisch-Christlicher Schulbetrieb in Alexandria und Rom, Göttingen 1915 (FRLANT 23)

— Eine jüdische Gebetssammlung im siebenten Buch der Apostolischen Konstitutionen (1915), in: DERS., Religionsgeschichtliche Studien. Aufsätze zur Religionsgeschichte des Hellenistischen Zeitalters, hrsg. von A.F. Verheule, Leiden 1979 (NT.S 50), 231-286

— Die Offenbarung Johannis, Göttingen, 2. Aufl. 1906 (KEK 16, 6. Aufl. - Neudruck 1966)

L. BOUYER, Von der jüdischen zur christlichen Liturgie, *IKaZ* 7 (1978) 509-519

F. BOVON, Das Evangelium nach Lukas. 1. Teilband Lk 1,1-9,50, Zürich / Neukirchen-Vluyn 1989 (EKK III/1)

P. F. BRADSHAW, Daily Prayer in the Early Church. A Study of the Origin and Early Development of the Divine Office, London 1981 (ACC)

— The Search for the Origins of Christian Worship, London 1992

H. BRAKMANN, Zur Geschichte der eucharistischen Nüchternheit in Ägypten, *Muséon* 84 (1971) 199-211

H. BRAUN, An die Hebräer, Tübingen 1984 (HNT 14, 3. Aufl.)

R. BRAUN, Deus Christianorum. Recherches sur le vocabulaire doctrinal de Tertullien, Paris, 2. Aufl. 1977

K. BRINGMANN, Christentum und römischer Staat im ersten und zweiten Jahrhundert n. Chr., *GWU* 29 (1978) 1-18

N. BROX, Der erste Petrusbrief, Zürich u. a., 2. Aufl. 1986 (EKK 21)
− Der Hirt des Hermas, Göttingen 1991 (KEK.E 7)
− Die Pastoralbriefe, Regensburg 1969 (RNT 7/2, 4. Aufl.)
− ΑΝΑΘΕΜΑ ΙΗΣΟΥΣ (1 Kor 12,3), *BZ.NF* 12 (1968) 103-111

F.F. BRUCE, The Acts of the Apostles, London, 6. Aufl. 1965
− Commentary on the Book of the Acts, London / Edinburgh 1965 (NLC)
− 1 and 2 Corinthians, London 1971 (NCeB)

A.-E. BUCHRUCKER, Wort, Kirche und Abendmahl bei Luther, Bremen 1972

H.-P. BÜTLER, Die geistige Welt des jüngeren Plinius. Studien zur Thematik seiner Briefe, Heidelberg 1970 (BKAW.NF 11/38)

R. BULTMANN, Bekenntnis- und Liedfragmente im ersten Petrusbrief (1947), in: DERS., Exegetica. Aufsätze zur Erforschung des Neuen Testaments, hrsg. von E. Dinkler, Tübingen 1967, 285-297
− Das Evangelium des Johannes, Göttingen, 20. Aufl. 1978 (KEK 2)

A. CABANISS, The Harrowing of Hell, Psalm 24, and Pliny the Younger: A Note, *VigChr* 7 (1953) 65-74

A. CAMERON, The Fate of Pliny's Letters in the Late Empire, *CQ* 59 (1965) 289-298

H. VON CAMPENHAUSEN, Das Alte Testament als Bibel der Kirche, in: DERS., Aus der Frühzeit des Christentums, Tübingen 1963, 152-196
− Bearbeitungen und Interpolationen des Polykarpmartyriums, in: DERS., Aus der Frühzeit des Christentums, Tübingen 1963, 253-301
− Das Bekenntnis im Urchristentum, *ZNW* 63 (1972) 210-253
− Die Entstehung der christlichen Bibel, Tübingen 1968 (BHTh 39)
− Kirchliches Amt und geistliche Vollmacht in den ersten drei Jahrhunderten, Tübingen, 2. Aufl. 1963 (BHTh 14)
− Märtyrerakten, *RGG*, 3. Aufl., Bd 4, 592-593
− Polykarp von Smyrna und die Pastoralbriefe, in: DERS., Aus der Frühzeit des Christentums, Tübingen 1963, 197-252
− Tertullian, in: *Gestalten der Kirchengeschichte I*, hrsg. von M. Greschat, Stuttgart u. a. 1934, 97-120 (= H. VON CAMPENHAUSEN, Lateinische Kirchenväter, Stuttgart 1960, 12-36, jedoch leicht gekürzt und mit aktualisiertem Literaturverzeichnis)

B. CAPELLE, L'introduction du catéchuménat à Rome, *RThAM* 5 (1933) 129-154

W. CAPELLE, Diatribe. A. Nichtchristlich, *RAC* 3, 990-997

O. CASEL, Rezension von F.J. Dölger, Sol Salutis, Münster 1920, *ThRv* 20 (1921) 182-185

H. CHADWICK, The Silence of Bishops in Ignatius, *HThR* 43 (1950) 169-172

R.H. CHARLES, A Critical and Exegetical Commentary on the Revelation of St. John, 2 vol., Edinburgh 1950 (ICC - Nachdruck von 1920)

J.H. CHARLESWORTH, A Prolegomenon to a New Study of the Jewish Background of the Hymns and Prayers in the New Testament, *JJS* 33 (1982) 265-285

H. CHIRAT, L'assemblée chrétienne à l'age apostolique, Paris 1949 (LO 10)
− L'Eucharistie et l'agapè. De leur union à leur disjonction, *MD* 18 (1949) 48-60

P.K. CHRISTOS, ΤΟ ΕΡΓΟΝ ΤΟΥ ΜΕΛΙΤΩΝΟΣ ΠΕΡΙ ΠΑΣΧΑ ΚΑΙ Η ΑΚΟΛΟΥΘΙΑ ΤΟΥ ΠΑΘΟΥΣ (= „Melito's Writing on the Easter and the Passion Service" - p. 77), *Kl.* 1 (1969) 65-78

R.F. CLAVELLE, Problems Contained in Pliny's Letter on the Christians: A Critical Analysis, diss. Univ. of Illinois 1971

W. COLEBORNE, The Shepherd of Hermas. A Case for Multiple Authorship and Some Implications, *StPatr* 10 (= TU 107, Berlin 1970) 65-70

J. COLSON, Agapè chez Saint-Ignace d'Antiochie, *StPatr* 3 (= TU 78, Berlin 1961) 341-353

R. H. CONNOLLY, The So-Called Egyptian Church Order and Derived Documents, Cambridge 1916 (TaS VIII,4)

H. CONZELMANN, Die Apostelgeschichte, Tübingen, 2. Aufl. 1972 (HNT 7)
— Der Brief an die Epheser. Der Brief an die Kolosser, in: J. Becker, H. Conzelmann, G. Friedrich, Die Briefe an die Galater, Epheser, Philipper, Kolosser, Thessalonicher und Philemon, Göttingen 1976 (NTD 8, 14. Aufl.)
— Christus im Gottesdienst der neutestamentlichen Zeit, *PTh* 55 (1966) 355-365
— Der erste Brief an die Korinther, Göttingen 1969 (KEK 5, 11. Aufl.); 2. Aufl. 1981 (KEK 5, 12. Aufl.)
— Die Mitte der Zeit. Studien zur Theologie des Lukas, Tübingen, 4. Aufl. 1962 (BHTh 17)
— εὐχαριστέω, εὐχαριστία, εὐχάριστος, *ThWNT* 9, 397-405

C.C. COULTER, Further Notes on the Ritual of the Bithynian Christians, *CP* 35 (1940) 60-63

C.E.B. CRANFIELD, Divine and Human Action. The Biblical Concept of Worship, *Interp.* 12 (1958) 387-398

F.L. CROSS, I. Peter. A Paschal Liturgy, London, 2. Aufl. 1957
— Rezension von Die Passa-Homilie des Bischofs Meliton von Sardes, hrsg. von B. Lohse, Leiden 1958 (TMUA 24), *JThS.NS* 11 (1960) 162-163

O. CULLMANN, Die literarischen und historischen Probleme des pseudoklementinischen Romans (1930), in: DERS., Vorträge und Aufsätze 1925-1962, ed. K. Fröhlich Tübingen / Zürich 1966, 225-231 (= Anzeige des gleichnamigen französischen Buches des Verfassers)
— Le problème littéraire et historique du roman pseudo-Clémentin, Paris 1930 (EHPhR 23)
— Urchristentum und Gottesdienst, Zürich 1950 (AThANT 3)

N.A. DAHL, Formgeschichtliche Betrachtungen zur Christusverkündigung in der Gemeindepredigt, in: *Neutestamentliche Studien für R. Bultmann*, Berlin 1954 (BZNW 21) 3-9
— The Particularity of the Pauline epistles as a Problem in the Ancient Church, in: *Neotestamentica et Patristica*, FS O. Cullmann, Leiden 1962, 261-271

I.H. DALMAIS, Office synagogal et liturgie chrétienne, *VS* 97 (1957) 23-42

G. DAUTZENBERG, Urchristliche Prophetie. Ihre Erforschung, ihre Voraussetzungen im Judentum und ihre Struktur im ersten Korintherbrief, Stuttgart u.a. 1975 (BWANT 104)
— Zum religionsgeschichtlichen Hintergrund der διάκρισις πνευμάτων (1 Kor 12,10), *BZ.NF* 15 (1971) 93-104

R. DEICHGRÄBER, Gotteshymnus und Christushymnus in der frühen Christenheit. Untersuchungen zu Form, Sprache und Stil der frühen christlichen Hymnen, Göttingen 1967 (StUNT 5)

E. DEKKERS, L'église ancienne a-t-elle connu la messe du soir?, in: *Miscellanea Liturgica in honorem L. C. Mohlberg*, vol. I, Rom 1948 (BEL 22) 231-257
— Tertullianus en de geschiedenis van de Liturgie, Brüssel / Amsterdam 1947 (Cath VI,2)

G. DELLING, Geprägte Jesus-Tradition im Urchristentum, in: DERS., Studien zum Neuen Testament und zum hellenistischen Judentum, hrsg. von F. Hahn u. a., Göttingen 1970, 160-175
— Der Gottesdienst im Neuen Testament, Göttingen 1952
— Wort Gottes und Verkündigung im Neuen Testament, Stuttgart 1971 (SBS 53)
— Zum gottesdienstlichen Stil der Johannes-Apokalypse, in: DERS., Studien zum Neuen Testament und zum hellenistischen Judentum, hrsg. von F. Hahn u. a., Göttingen 1970, 425-450
— ὕμνος κτλ, *ThWNT* 8, 492-506

J.D.M. DERRETT, Cursing Jesus (1 Cor XII.3): The Jews as Religious „Persecutors", *NTS* 21 (1974/75) 545-554

A.-J. DEWEY, The Hymns in the Acts of John: Dance as Hermeneutic, *Semeia* 38 (1986) 67-80

A. DI PAULI, Zum sog. 2. Korintherbrief des Clemens Romanus, *ZNW* 4 (1903)

M. DIBELIUS, An die Thessalonicher. An die Philipper, Tübingen 1937 (HNT 11)
— Die Apostolischen Väter IV. Der Hirt des Hermas, Tübingen 1923 (HNT.E 4)
— Die Mahlgebete der Didache, *ZNW* 37 (1938) 32-41
— Die Reden der Apostelgeschichte und die antike Geschichtsschreibung, in: DERS., Aufsätze zur Apostelgeschichte, hrsg. von H. Greeven, Göttingen 1951 (FRLANT 60), 120-162
— Stilkritisches zur Apostelgeschichte, in: DERS., Aufsätze zur Apostelgeschichte, hrsg. von H. Greeven, Göttingen 1951 (FRLANT 60), 9-28

M. DIBELIUS / H. CONZELMANN, Die Pastoralbriefe, Tübingen 1955 (HNT 13, 3. Aufl) (4. Aufl. 1966)

M. DIBELIUS / H. GREEVEN, An die Kolosser. Epheser. An Philemon, Tübingen, 3. Aufl. 1953 (HNT 12, 3. Aufl.)

A. DIHLE, Die Anfänge der griechischen akzentuierenden Verskunst, Hermes 82 (1954) 182-199

E. DINKLER, Dura-Europos III. Bedeutung für die christliche Kunst, *RGG*, 3. Aufl., Bd 2, 290-292

G. DIX, The Shape of the Liturgy, London, 3. Aufl. 1947

E. VON DOBSCHÜTZ, Die Thessalonicher-Briefe, Göttingen 1974 (KEK 10, 7. Aufl. - Nachdr. der Ausgabe von 1909)

F.J. DÖLGER, Das erste Gebet der Täuflinge in der Gemeinschaft der Brüder. Ein Beitrag zu Tertullian, De baptismo 20., *AuC* 2, 142-155
— „Sacramentum infanticidii". Die Schlachtung eines Kindes und der Genuß seines Fleisches und Blutes als vermeintlicher Einweihungsakt im ältesten Christentum, *AuC* 4, 188-228
— Sol Salutis. Gebet und Gesang im christlichen Altertum, Münster 1920 (LF 4-5) (2., umgearb. u. erw. Aufl. 1925)
— ΘΕΟΥ ΦΩΝΗ. Die „Gottes-Stimme" bei Ignatius von Antiochien, Kelsos und Origenes, *AuC* 5, 218-223
— Das ungefähre Alter des Ite, missa est. Zu dominica sollemnia bei Tertullianus, *AuC* 6, 108-117
— Vorbeter und Zeremoniar. Zu monitor und praeire. Ein Beitrag zu Tertullians Apologeticum XXX,4, *AuC* 2, 241-251

K. P. DONFRIED, The Setting of Second Clement in Early Christianity, Leiden 1974 (NT.S 38)

P. DREWS, Gottesdienst: II. Geschichte des christlichen Gottesdienstes, *RGG*, 1. Aufl., Bd 2, 1569-1581
— Untersuchungen über die sogen. clementinische Liturgie im VIII. Buch der apostolischen Konstitutionen, I. Die clementinische Liturgie in Rom, Tübingen 1906 (= DERS., Studien zur Geschichte des Gottesdienstes und des gottesdienstlichen Lebens II. u. III.)
— Untersuchungen zur Didache, *ZNW* 5 (1904) 53-79

H.J.W. DRIJVERS, Thomasakten (Einl. u. Übers.), *NTApo* II, 5. Aufl., 298-367

L. DUCHESNE, Origines du culte chrétien, Paris 1908

C.W. DUGMORE, The Influence of the Synagogue upon the Divine Office, London, 2. Aufl. 1964 (ACC 45)

A. DUHM, Der Gottesdienst im ältesten Christentum, Tübingen 1928 (SGV 133)

A. DUPONT-SOMMER, Die Essenischen Schriften vom Toten Meer, übers. von W.W. Müller, Tübingen 1960

I. ELBOGEN, Der jüdische Gottesdienst in seiner geschichtlichen Entwicklung, Frankfurt, 2. Aufl. 1924 (SGFWJ / GGJ)

W. ELERT, Abendmahl und Kirchengemeinschaft in der alten Kirche hauptsächlich des Ostens, Berlin 1954

E.E. ELLIS, Midrashic Features in the Speeches of Acts, in: DERS., Prophecy and Hermeneutic in Early Christianity, Tübingen 1978 (WUNT 18), 198-208
– Prophecy and Hermeneutic in Early Christianity, Tübingen 1978 (WUNT 18)
– The Role of the Christian Prophet in Acts, in: DERS., Prophecy and Hermeneutic in Early Christianity, Tübingen 1978 (WUNT 18), 129-144
P.-Y. EMERY, La service de la Parole selon 1 Cor 14, in: *La Parole dans la liturgie*, Paris 1970 (LO 48) 65-80
H. ENGBERDING, Das angebliche Dokument roemischer Liturgie aus dem Beginn des dritten Jahrhunderts, in: *Miscellanea Liturgica in honorem L.C. Mohlberg*, vol. I, Rom 1948 (BEL 22), 47-71
N.I.J. ENGELSEN, Glossolalia and Other Forms of Inspired Speech According to 1 Corinthians 12-14, diss. Yale 1970 (Mikrofilm 1971)
J. ERNST, Die Briefe an die Philipper, an Philemon, an die Kolosser, an die Epheser, Regensburg 1974 (RNT)
M. VAN ESBROECK, Nouveau fragments de Méliton de Sardes, *AnBoll* 90 (1972) 63-99
G. ESSER, Convocationes nocturnae bei Tertullian ad uxorem II,4, *Kath.* 96 (1916) Bd XVII, 388-391
L'eucharistie des premiers chrétiens, ed. R. Johanny, Paris 1976 (PoTh 17)
P. EWALD, Die Briefe des Paulus an die Epheser, Kolosser und Philemon, Leipzig, 2. Aufl. 1910 (KNT 10)
E. FASCHER, Der erste Brief des Paulus an die Korinther, I. Teil, Berlin 1980 (ThHK 7/1)
– ΠΡΟΦΗΤΗΣ: Eine sprach- und religionsgeschichtliche Untersuchung, Gießen 1927
L. FENDT, Einführung in die Liturgiewissenschaft, Berlin 1958 (STö II,5)
– Gnostische Mysterien. Ein Beitrag zur Geschichte des christlichen Gottesdienstes, München 1922
– Gottesdienst III. Geschichte des christlichen Gottesdienstes, *EKL*, 2. Aufl., Bd 1, 1671-1678
K. M. FISCHER, Die Christlichkeit der Offenbarung Johannes, *ThLZ* 106 (1981) 165-172
J.A. FITZMYER, A Feature of Qumrân Angelology and the Angels of 1 Cor. XI.10, *NTS* 4 (1957/58) 48-58
– The Gospel according to Luke I-IX, Garden City (N. Y.) 1981 (AB 28)
W. FOERSTER, Herr ist Jesus. Herkunft und Bedeutung des urchristlichen Kyrios-Bekenntnisses, Gütersloh 1924 (NTF 2,1)
F. FOURRIER, La Lettre de Pline à Trajan sur les Chrétiens (X,97) (sic!), *RThAM* 31 (1964) 161-174
R. FREUDENBERGER, Christenverfolgungen 1. Römisches Reich, *TRE* 8, 23-299
– Das Verhalten der römischen Behörden gegen die Christen im 2. Jahrhundert, München 1967 (MBPF52)
H.-G. GAFFRON, Studien zum koptischen Philippusevangelium unter besonderer Berücksichtigung der Sakramente, diss. theol. Bonn 1969
K. GALLING, Synagoge, *RGG*, 3. Aufl., Bd 6, 557-559
P. GALTIER, La date de la Didascalie des Apôtres, *RHE* 42 (1947) 315-351
K. GAMBER, Die frühchristliche Hauskirche nach Didascalia Apostolorum II, 57,1-58,6, *StPatr* 10 (= TU 107, 1970) 337-344
J. GEFFCKEN, Zwei griechische Apologeten, Leipzig / Berlin 1907 (SWKGR)
F. GERKE, Die Stellung des Ersten Clemensbriefes innerhalb der Entwicklung der altkirchlichen Gemeindeverfassung und des Kirchenrechts, Leipzig 1931 (TU 47,1)
S. GIET, Hermas et les Pasteurs. Les trois auteurs du Pasteur d'Hermas, Paris 1963
P. GLAUE, Die Vorlesung heiliger Schriften bei Cyprian, *ZNW* 23 (1924) 201-213
– Die Vorlesung heiliger Schriften bei Tertullian, *ZNW* 23 (1924) 141-152
– Die Vorlesung heiliger Schriften im Gottesdienste, I. Bis zur Entstehung der altkatholischen Kirche, Berlin 1907
J. GNILKA, Der Epheserbrief, Freiburg u. a. 1971 (HThK 10/2)
– Das Evangelium nach Markus, 2 Bde, Zürich u. a. 1978-1979 (EKK 2/1-2)

- Der Kolosserbrief, Freiburg u. a. 1980 (HThK 10/1)
- Das Matthäusevangelium, 2 Bde, Freiburg u. a. 1986-1988 (HThK 1,1-2)
E. VON DER GOLTZ, Das Gebet in der ältesten Christenheit, Leipzig 1901
L. GOPPELT, Apokalyptik und Typologie bei Paulus, *ThLZ* 89 (1964) 321-344 (= DERS., Typos, Darmstadt 1990, 257-299 - Anhang)
- Die apostolische und nachapostolische Zeit, Göttingen, 2. Aufl. 1966 (KIG 1A)
- Der Erste Petrusbrief (hrsg. von F. Hahn), Göttingen 1978 (KEK 12/1, 8. Aufl.)
- Jesus und die „Haustafel"-Tradition, in: *Orientierung an Jesus.* Zur Theologie der Synoptiker, FS J. Schmid, hrsg. von P. Hoffmann u. a., Freiburg u. a. 1973, 93-106
- Typos. Die typologische Deutung des Alten Testaments im Neuen, Darmstadt 1990 (= Nachdr. der Ausg. Gütersloh 1939 - BFCT 2/43)
E. GRÄSSER, Die Gemeindevorsteher im Hebräerbrief, in: *Vom Amt des Laien in Kirche und Theologie,* FS G. Krause, hrsg. von H. Schröer und G. Müller, Berlin / New York 1982, 67-84
- Der Hebräerbrief 1938-1963, ThR 30 (1964) 138-236
R. M. GRANT, Gnostic and Christian Worship, in: DERS., After the New Testament, Philadelphia 1967, 173-182
- Pliny and the Christians, *HThR* 41 (1948) 273-274
H. GREEVEN, Propheten, Lehrer, Vorsteher bei Paulus, *ZNW* 44 (1952/53) 1-43
H. GREEVEN / J. HERRMANN, εὔχομαι, εὐχή. προσεύχομαι, προσευχή, *ThWNT* 2, 774-808
P. GRELOT, Liturgie I. La liturgie dans l'Ecriture, *DSp* 9, 873-884
K. E. GRÖZINGER, Musik und Gesang in der Theologie der frühen jüdischen Literatur. Talmud - Midrasch - Mystik, Tübingen 1982 (TSAJ 3)
W.A. GRUDEM, The Gift of Prophecy in 1 Corinthians, Washington 1982
- A Response to Gerhard Dautzenberg on 1 Cor 12.10, *BZ.NF* 22 (1978) 253-270
W. GRUNDMANN, Das Evangelium nach Lukas, Berlin, 8. Aufl. 1978 (ThHK 3)
F. GRYGLEWICZ, Die Herkunft der Hymnen des Kindheitsevangeliums des Lucas, *NTS* 21 (1975) 265-273
E. GÜTTGEMANNS, Offene Fragen zur Formgeschichte des Evangeliums, München 1970 (BEvTh 54)
H. GUNKEL, Die Lieder in der Kindheitsgeschichte Jesu bei Lukas, in: *Festgabe ...,* FS A. v. Harnack, Tübingen 1921, 43-60
H. GUNKEL / J. BEGRICH, Einleitung in die Psalmen, Göttingen, 2. Aufl. 1966
H. HAAG, Die biblischen Wurzeln des Minjan, in: *Abraham unser Vater,* FS O. Michel, Hrsg. von O. Betz u. a., Leiden / Köln 1963 (AGSU 5) 235-242
E. HAENCHEN, Die Apostelgeschichte, Göttingen, 7. Aufl. 1977 (KEK 3, 16. Aufl.)
A. A. HÄUSSLING, Rezension von H.A.J. Wegman, Geschichte der Liturgie im Westen und Osten, Regensburg 1979, *ALW* 24 (1982) 103-104
F. HAHN, Gottesdienst III. Neues Testament, *TRE* 14, 28-39
- Der urchristliche Gottesdienst, *JLH* 12 (1967) 1-44
- Der urchristliche Gottesdienst, Stuttgart 1970 (SBS 41)
S.G. HALL, Melito in the Light of the Passover Haggadah, *JThS.NS* 22 (1971) 29-46
T. HALTON, Stylistic Device in Melito, ΠΕΡΙ ΠΑΣΧΑ, in: *Kyriakon,* FS J. Quasten, vol. I, Münster 1970, 249-255
A. HAMMAN, La Prière I. Le Nouveau Testament, Tournai 1958
- La Prière II. Les trois premiers siècles, Tournai 1963
C.P. HAMMOND BAMMEL: s. C.P. Bammel
A. HANSEN, The Sitz im Leben of the Paschal Homily of Melito of Sardis with Special Reference to the Paschal Festival in Early Christianity, Ann Arbor (Mich) 1969 (Mikrofilm, diss. Northwestern Univ. 1968)
R. HANSLIK, Forschungsbericht: Plinius der Jüngere 1933-1942, *JKAW* 282 (1943) 38-77
- Forschungsbericht: Plinius der Jüngere, *AAW* 8 (1955) 1-18
- Forschungsbericht: Plinius der Jüngere (2. Bericht), *AAW* 17 (1964) 1-16

A. HARNACK, Brod und Wasser: Die eucharistischen Elemente bei Justin, Leipzig 1891 (TU 7,2, S. 115-144)
— Die Entstehung des Neuen Testaments und die wichtigsten Folgen der neuen Schöpfung, Leipzig 1914 (=DERS., Beiträge zur Einleitung in das Neue Testament VI)
— Die Quellen der sogenannten apostolischen Kirchenordnung nebst einer Untersuchung über den Ursprung des Lectorats und der anderen niederen Weihen, Leipzig 1886 (TU 2,5)
A. V. HARNACK, Einführung in die Alte Kirchengeschichte. Das Schreiben der römischen Kirche an die korinthische aus der Zeit Domitians (I. Clemensbrief), Leipzig 1929
— Der kirchengeschichtliche Ertrag der exegetischen Arbeiten des Origenes, Teil I u. II, Leipzig 1918-1919 (TU 42,3, S. 1-96; TU 42,4)
— Lehrbuch der Dogmengeschichte, Bde I-III, Tübingen, 5. Aufl. 1932
T. HARNACK, Der christliche Gemeindegottesdienst im apostolischen und altkatholischen Zeitalter, Erlangen 1854
— Der christliche Gemeine-Gottesdienst im apostolischen Zeitalter, in: *Das zweite Jubelfest der Kaiserlichen Universität Dorpat*, Dorpat 1853
P.N. HARRISON, Polycarp's Two Epistles to the Philippians, Cambridge 1936
V. HASLER, Die Briefe an Timotheus und Titus (Pastoralbriefe), Zürich 1978 (ZBK.NT 12)
E. HAUPT, Die Gefangenschaftsbriefe, Göttingen 1902 (KEK 8-9, 8. bzw. 7. Aufl.)
W.-D. HAUSCHILD, Agapen, *TRE* 1, 748-753
— Armenfürsorge II, *TRE* 4, 14-23
R. HEARD, The ΑΠΟΜΝΗΜΟΝΕΥΜΑΤΑ in Papias, Justin, and Irenaeus, *NTS* 1 (1954/55) 122-129
J. HEINEMANN, Prayer in the Talmud, Berlin / New York 1977 (SJ 9)
G. HEINRICI, Die Christengemeinde Korinths und die religiösen Genossenschaften der Griechen, *ZWTh* 19 (1876) 465-526
— Zum genossenschaftlichen Charakter der paulinischen Christengemeinden, *ThStKr* 54 (1881) 505-524
M. HENGEL, Das Christuslied im frühesten Gottesdienst, in: *Weisheit Gottes - Weisheit der Welt*, FS J. Ratzinger, 2 Bde, St Ottilien 1987, Bd 1, 357-404
— Die Evangelienüberschriften, Heidelberg 1984 (SHAW.PH 1984/3)
— Der Historiker Lukas und die Geographie Palästinas, *ZDPV* 99 (1983) 147-183
— Hymnus und Christologie, in: *Wort in der Zeit*, FS K.-H. Rengstorf, Leiden 1980, 1-23
— The Johannine Question, London / Philadelphia 1989
— Judentum und Hellenismus, Tübingen 1969 (WUNT 10)
— Probleme des Markusevangeliums, in: *Das Evangelium und die Evangelien. Vorträge vom Tübinger Symposion 1982*, hrsg. von P. Stuhlmacher, Tübingen 1983 (WUNT 28), 221-265
— Proseuche und Synagoge. Jüdische Gemeinde, Gotteshaus und Gottesdienst in der Diaspora und in Palästina, in: *Tradition und Glaube*, FS K.G. Kuhn, hrsg. von G. Jeremias u. a., Göttingen 1971, 157-184
— Die Schriftauslegung des 4. Evangeliums auf dem Hintergrund der urchristlichen Exegese, *JBTh* 4 (1989) 249-288
— Zur matthäischen Bergpredigt und ihrem jüdischen Hintergrund, *ThR* 52 (1987) 327-400
— Zur urchristlichen Geschichtsschreibung, Stuttgart, 2. Aufl. 1984 (CwP)
— Zwischen Jesus und Paulus. Die „Hellenisten", die „Sieben" und Stephanus, *ZThK* 72 (1975) 151-206
K. HÖRMANN, Das „Reden im Geiste" nach der Didache und dem Pastor Hermae, *MyTh* 3 (1957) 135-161
O. HOFIUS, Herrenmahl und Herrenmahlsparadosis, in: DERS., Paulusstudien, Tübingen 1989 (WUNT 51) 203-243

K. HOLL, Tertullian als Schriftsteller, in: DERS., Gesammelte Aufsätze zur Kirchengeschichte III, Tübingen 1928, 1–12

G. HOLTZ, Die Pastoralbriefe, Berlin 1965 (ThHK 13)

T. HOLTZ, Der erste Brief an die Thessalonicher, Zürich u. a. 1986 (EKK XIII)

H.J. HOLTZMANN, Die Pastoralbriefe, kritisch und exegetisch behandelt, Leipzig 1880

M. D. HOOKER, Authority on her Head: An Examination of 1 Cor. XI.10, *NTS* 10 (1963/64) 410–416

K. HRUBY, Die Synagoge. Geschichtliche Entwicklung einer Institution, Zürich 1971 (SJK 3)

N. HYLDAHL, Die Frage nach der literarischen Einheit des Zweiten Korintherbriefes, *ZNW* 64 (1973) 289–306

H. JACOBY, Die constitutiven Factoren des apostolischen Gottesdienstes, *JDTh* 18 (1873) 539–583

L.F. JANSSEN, „Superstitio" and the Persecution of the Christians, *VigChr* 33 (1979) 131–159

J. JEREMIAS, Abba, in: DERS., Abba. Studien zur neutestamentlichen Theologie und Zeitgeschichte, Göttingen 1966, 15–67

– Die Abendmahlsworte Jesu, Göttingen, 4. Aufl. 1967

– Die Briefe an Timotheus und Titus, Göttingen 1975 (NTD 9, 11. Aufl., 1–77)

– Die Gleichnisse Jesu, Göttingen, 8. Aufl. 1970 (9. Aufl. 1977)

K.-P. JÖRNS, Das hymnische Evangelium. Untersuchungen zu Aufbau, Funktion und Herkunft der hymnischen Stücke in der Johannesoffenbarung, Gütersloh 1971 (StNT 5)

R. JOHANNY, Ignace d'Antioche, in: *L'eucharistie des premiers chrétiens*, ed. R. Johanny, Paris 1976 (PoTh 17), 53–74

R. JOLY, Hermas et le Pasteur, *VigChr* 21 (1967) 201–218

A.H.M. JONES, The Criminal Courts of the Roman Republic and Principate, Oxford 1972

B H. JONES, The Quest for the Origin of the Christian Liturgies, *AThR* 46 (1964) 5–21

D.R. JONES, The Background and Character of the Lukan Psalms, *JThS.NS* 19 (1968) 19–50

E. JUNGKLAUS, Die Gemeinde Hippolyts dargestellt nach seiner Kirchenordnung, Leipzig 1928 (TU 46, 2A)

J.A. JUNGMANN, Liturgie der christlichen Frühzeit bis auf Gregor den Grossen, Freiburg (Schw.) 1967

– Missarum Sollemnia, Bd I, Wien u. a., 5. Aufl. 1962

E. JUNOD / J.-D. KAESTLI, Le dossier des ‚Actes de Jean': état de la question et perspectives nouvelles, *ANRW* II,25.6 (1988) 4293–4362

E. KÄSEMANN, An die Römer, Tübingen, 3. Aufl. 1974 (HNT 8a)

– Anliegen und Eigenart der paulinischen Abendmahlslehre, in: DERS., Exegetische Versuche und Besinnungen, Bd 1, Göttingen 1960, 11–34

– Gottesdienst im Alltag der Welt, in: DERS., Exegetische Versuche und Besinnungen, Bd 2, Göttingen 1964, 198–204

J.-D. KAESTLI, Response (to A.J. Dewey), *Semeia* 38 (1986) 81–88

– *s. auch unter* E. JUNOD

P. KAHLE, Was Melito's Homily on the Passion Originally Written in Syriac?, *JThS* 44 (1943) 52–56

H. KARPP, Bezeugt Plinius ein kirchliches Bußwesen? (Zu Plinius, Ep. ad Traianum 96,6), *RMP.NF* 105 (1962) 270–275

A. KEHL, Gnostische und frühchristliche Psalmen und Hymnen, *JAC* 15 (1972) 92–119

W.H. KELBER, The Oral and the Written Gospel. The Hermeneutics of Speaking and Writing in the Synoptic Tradition, Mark, Paul, and Q, Philadephia 1983

J.N.D. KELLY, Altchristliche Glaubensbekenntnisse. Geschichte und Theologie, Göttingen 1972 (Übers. d. 3. Aufl. London 1972)

– Apostolisches Glaubensbekenntnis, *LThK* 1, 760–762

P. KERESZTES, The Imperial Roman Government and the Christian Church, I. From Nero to the Severi, *ANRW* II,23.1 (1979) 247-315
— The Literary Genre of Justin's First Apology, *VigChr* 19 (1965) 99-110
— The „So-Called" Second Apology of Justin, *Latomus* 24 (1965) 858-869
Das kirchliche Amt im Neuen Testament, hrsg. von K. Kertelge, Darmstadt 1977 (WdF 439)
H.-J. KLAUCK, Allegorie und Allegorese in synoptischen Gleichnistexten, Münster 1978 (NTA.NF 13)
— Hausgemeinde und Hauskirche im frühen Christentum, Stuttgart 1981 (SBS 103)
— Herrenmahl und hellenistischer Kult, Münster 1982 (NTA.NF 15)
U. KLEIN, Musik, *KP* 3, 1485-1496
T. KLIEFOTH, Die ursprüngliche Gottesdienstordnung in der deutschen Kirche lutherischen Bekenntnisses, Bde 1-5, 2. Aufl. Schwerin 1858-1861 (= DERS., Liturgische Abhandlungen, Bde 4-8)
A. F. J. KLIJN, The Apocryphal Correspondence between Paul and the Corinthians, *VigChr* 17 (1963) 2-23
E. KLOSTERMANN, Das Lukasevangelium, Tübingen, 2. Aufl. 1929 (HNT 5)
J.A. KNAAKE, Die Predigten des Tertullian und Cyprian, *ThStKr* 76 (1903) 606-639
A. KNAUBER, Ein frühchristliches Handbuch katechumenaler Glaubensinitiation: der Paidagogos des Clemens von Alexandrien, *MThZ* 23 (1972) 311-334
A. KNAUBER, Katechetenschule oder Schulkatechemunat?, *ThZ* 60 (1951) 243-266
O. KNOCH, Eigenart und Bedeutung der Eschatologie im theologischen Aufriß des ersten Clemersbriefes, Bonn 1964 (Theoph. 17)
— „In der Gemeinde von Antiochia gab es Propheten und Lehrer" (Apg 13, 1). Was sagt das Neue Testament über urchristliche Wortgottesdienste und deren Leiter, *LJ* 32 (1982) 133-150
— 1. und 2. Timotheusbrief. Titusbrief, Würzburg 1988 (NEB 14)
R. KNOPF, Die Anagnose zum zweiten Clemensbriefe, *ZNW* 3 (1902) 266-279
— Die Apostolischen Väter I: Die Lehre der Zwölf Apostel. Die zwei Clemensbriefe, Tübingen 1920 (HNT.E 1)
— Die Briefe Petri und Judä, Göttingen 1912 (KEK 12, 7. Aufl.)
— Das nachpostolische Zeitalter, Tübingen 1905
H. KOCH, Tertullianisches II, *ThStKr* 103 (1931) 95-114
H. KOESTER, Die Auslegung der Abraham-Verheißung in Hebräer 6, in: *Studien zur Theologie der alttestamentlichen Überlieferungen*, FS G. von Rad, hrsg. von R. Rendtorff u. K. Koch, Neukirchen 1961, 95-109
— Synoptische Überlieferung bei den Apostolischen Vätern, Berlin 1957 (TU 65)
H.A. KOESTLIN, Geschichte des christlichen Gottesdienstes, Freiburg i. Br. 1887
B. KÖTTING, Der frühchristliche Reliquienkult und die Bestattung im Kirchgebäude, Köln / Opladen 1965 (VAFLNW.G 123)
J. KOLBERG, Verfassung, Cultus und Disciplin der christlichen Kirche nach den Schriften Tertullians, Braunsberg 1886 (diss. Würzburg)
B. KOLLMANN, Ursprung und Gestalten der frühchristlichen Mahlfeier, Göttingen 1990 (GTA 43)
K. KOSCHORKE, Eine neugefundene gnostische Gemeindeordnung. Zum Thema Geist und Amt im frühen Christentum, *ZThK* 76 (1979) 30-60
— Die Polemik der Gnostiker gegen das kirchliche Christentum, Leiden 1978 (NHS 12)
C. J. KRAEMER, Pliny and the Early Church Service: Fresh Light from an Old Source, *CP* 29 (1934) 293-300
H. KRÄMER, R. RENDTORFF, R. MEYER, G. FRIEDRICH, προφήτης χτλ ThWNT 6, 781-863
H. KRAFT, Die Offenbarung des Johannes, Tübingen 1974 (HNT 16a)
R. A. KRAFT, Barnabas' Isaiah Text and the „Testimony Book" Hypothesis, *JBL* 79 (1960) 336-350
H.-J. KRAUS, Gottesdienst im alten und im neuen Bund, *EvTh* 25 (1965) 171-206

G. KRETSCHMAR, Abendmahlsfeier I. Alte Kirche, *TRE* 1, 229-278
— Die Bedeutung der Liturgiegeschichte für die Frage nach der Kontinuität des Judenchristentums in nachapostolischer Zeit, in: *Aspects du Judéo-Christianisme*, Paris 1965, 113-136
— Bibliographie zu Hippolyt von Rom, *JLH* 1 (1955) 90-95
— Das christliche Leben und die Mission in der frühen Kirche, *KGMG* 1, 1974, 94-128
— Die Geschichte des Taufgottesdienstes in der alten Kirche, in: *Leit.* 5, 1970, 1-348
— Gottesdienst V. Geschichte des christlichen Gottesdienstes A. Der Osten 1., *RGG*, 3. Aufl., Bd 2, 1763-1767
A. VON KRIES, Zur Erforschung der jüdischen Liturgie innerhalb der Wissenschaft des Judentums, diss. phil. München 1976
J. KROLL, Die christliche Hymnodik bis zu Klemens von Alexandreia, Königsberg 1921
U. KÜHN, Abendmahl IV. Das Abendmahlsgespräch in der ökumenischen Theologie der Gegenwart, *TRE* 1, 145-212
K.G. KUHN, μαραναθά, *ThWNT* 4, 470-475
G. KUNZE, Die Lesungen, *Leiturgia* II, Kassel 1955, 86-180
A. KURFESS, Plinius d. J. über die Bithynischen Christen (Ep. X 96,7), *Mn.* III,7 (1939) 237-239
— Plinius und der urchristliche Gottesdienst, *ZNW* 35 (1936) 295-298
P. DE LABRIOLLE, La crise montaniste, Paris 1913
S. LÄUCHLI, Eine Gottesdienststruktur in der Johannesoffenbarung, *ThZ* 16 (1960) 359-378
P. LAMPE, Die stadtrömischen Christen in den ersten beiden Jahrhunderten, Tübingen 1987 (WUNT II,18)
F. LANG, Die Briefe an die Korinther, Göttingen 1986 (NTD 7, 16. Aufl.)
H. LANGERBECK, Zur Auseinanderstzung von Theologie und Gemeindeglauben in der römischen Gemeinde in den Jahren 135-165, in: DERS., Aufsätze zur Gnosis, Göttingen 1967 (AAWG.PH 69) 167-179
E. LANNE, Liturgie II: Liturgie et vie spirituelle dans les Eglises chrétiennes A. Liturgie eucharistique, 1er - 4e siècles, *DSp* 9, 884-899
J. LEBRETON, Le dèsaccord de la foi populaire et de la théologie savante dans l'Eglise chrétienne du IIIe siècle, *RHE* 19 (1923) 481-506 und *RHE* 20 (1924) 5-37
H. LECLERQ, Didascalie, *DACL* 4, 800-812
— Eglises, *DACL* IV,2, 2279-2399
J. LEIPOLDT, Der Gottesdienst der ältesten Kirche - jüdisch? griechisch? christlich?, Leipzig 1937
E. LERLE, Eine Macht auf dem Haupte?, Uelzen o. J. (nach 1955)
H. LICHTENBERGER, Apokryphen. 2. Nt.liche A., *EKL*, 3. Aufl., Bd 1, 207-211
H. LIETZMANN, An die Korinther I/II, Tübingen, 5. Aufl. 1969 (ergänzt von W.G. KÜMMEL) (HNT 9, 5. Aufl.)
— Der altchristliche Gottesdienst (1927), in: DERS., Kleine Schriften III, Berlin 1962 (TU 74), 28-42
— carmen = Taufsymbol, in: DERS., Kleine Schriften III, Berlin 1962 (TU 74), 54-55 (= RMP III,71 (1916) 281-282)
— Geschichte der Alten Kirche, Berlin, Bd 1, 3. Aufl. 1953, Bd 2-4, 2. Aufl. 1953
— Die liturgischen Angaben des Plinius, in: DERS., Kleine Schriften III, Berlin 1962 (TU 74), 48-53 (zuerst 1916)
— Messe und Herrenmahl. Eine Studie zur Geschichte der Liturgie, Berlin, 3. Aufl. 1955 (AKG 8)
— Zur altchristlichen Verfassungsgeschichte (1914), in: DERS., Kleine Schriften I, Berlin 1958 (TU 67), 141-185 (auch in: *Das kirchliche Amt im Neuen Testament*, hrsg. von K. Kertelge, Darmstadt 1977 (WdF 439), 93-143)

A. LINDEMANN, Der Kolosserbrief, Zürich 1983 (ZBK.NT 10)
— Paulus im ältesten Christentum, Tübingen 1979 (BHTh 58)
W. LOCKTON, Liturgical Notes, *JThS* 16 (1915) 548-552
G. LOESCHKE, Jüdisches und Heidnisches im christlichen Kult, Bonn 1910
E. LOHMEYER, Die Briefe an die Philipper, an die Kolosser und an Philemon, Göttingen 1956 (KEK 9, 11. Aufl.)
— (hrsg. von W. SCHMAUCH), Das Evangelium des Matthäus. Nachgelassene Ausarbeitungen und Entwürfe zur Übersetzung und Erklärung, Göttingen 1958 (KEK Sonderband)
— Kultus und Evangelium, Göttingen 1942
— Die Offenbarung des Johannes, Tübingen, 2. Aufl. 1953 (HNT 16, 2. Aufl.)
B. LOHSE, Das Passafest der Quartadezimaner, Gütersloh 1953 (BFChTh.M 54)
E. LOHSE, Die alttestamentliche Sprache des Sehers Johannes. Textkritische Bemerkungen zur Apokalypse, *ZNW* 52 (1961) 122-126
— Die Briefe an die Kolosser und an Philemon, Göttingen, 2. Aufl. 1977 (KEK 9/2, 15. Aufl.)
— Katechismus, I. Katechismus im Urchristentum, *RGG*, 3. Aufl., Bd 3, 1179
— Die Offenbarung des Johannes, Göttingen 1960 (NTD 11, 8. Aufl.)
— Wie christlich ist die Offenbarung des Johannes?, *NTS* 34 (1988) 321-338
J. LORTZ, Tertullian als Apologet, 2 Bde, Münster 1927-1928 (MBTh 9-10)
G. LÜDEMANN, Das frühe Christentum nach den Traditionen der Apostelgeschichte. Ein Kommentar, Göttingen 1987
— Zur Geschichte des ältesten Christentums in Rom. I. Valentin und Marcion II. Ptolemäus und Justin, *ZNW* 70 (1979) 86-114
G. LÜDERITZ, Rhetorik, Poetik, Kompositionstechnik im Markusevangelium, in: *Markus-Philologie*, hrsg. v. H. Canzik, Tübingen 1984 (WUNT 33) 165-203
U. LUZ, Das Evangelium nach Matthäus, 1. Teilband: Mt 1-7, Zürich u. a. 1985 (EKK 1/1)
A. B. MACDONALD, Christian Worship in the Primitive Church, Edinburgh 1934
D.R. MACDONALD, The Acts of Andrew and Matthias and the Acts of Andrew, *Semeia* 38 (1986) 9-26
— Response (to J.-M. Prieur), *Semeia* 38 (1986) 35-39
J. MAIER, Tempel und Tempelkult, in: *Literatur und Religion des Frühjudentums. Eine Einführung*, hrsg. von J. Maier / J. Schreiner, Würzburg 1973, 371-390
K. MALY, 1 Kor 12,1-3, eine Regel zur Unterscheidung der Geister?, *BZ.NF* 10 (1966) 82-95
M. MARCOVICH, Hippolyt von Rom, *TRE* 15, 381-387
I.-H. MARSHALL, The Gospel of Luke, Exeter 1978 (NIGTC)
H.I. MARROU, Diatribe. B. Christlich, *RAC* 3, 997-1009
R.P. MARTIN, The Bithynian Christians' Carmen Christo, *StPatr* 8 (= TU 93, Berlin 1966) 259-265
— Worship in the Early Church, Grand Rapids 1974 (Nachdr. von 1964)
W. MARXSEN, Der Evangelist Markus. Studien zur Redaktionsgeschichte des Evangeliums, Göttingen, 2. Aufl. 1959
W. D. MAXWELL, An Outline of Christian Worship. Its Developments and Forms, London, 2. Aufl. 1965 (1936)
G. MAY, Der Christushymnus des Clemens von Alexandrien, in: *Liturgie und Dichtung*, hrsg. von H. Becker / R. Kaczynski, Bd 1, St. Ottilien 1983, 257-273
T. MAYER-MALY, Der rechtsgeschichtliche Gehalt der „Christenbriefe" von Plinius und Trajan, *SDHI* 22 (1956) 311-328
A. MEHAT, Clemens von Alexandrien, *TRE* 8, 101-113
— Etude sur les „Stromates" de Clément d'Alexandrie, Paris 1966 (PatSor 7)
P. MEINHOLD, Polykarpos 1) P. von Smyrna, der Polykarpbrief, Polycarpiana, *PRE* 21/2, 1662-1693
— Schweigende Bischöfe. Die Gegensätze in den kleinasiatischen Gemeinden nach den Ignatianen, in: *Glaube und Geschichte*, FS J. Lortz II., Baden-Baden 1958, 467-490

O. MERK, Handeln aus Glauben. Die Motivierungen der paulinischen Ethik, Marburg 1968 (MThSt 5)

E. T. MERRILL, Zur frühen Überlieferungsgeschichte des Briefwechsels zwischen Plinius und Trajan, *WSt* 31 (1909) 250-258

W. MICHAELIS, μιμέομαι, μιμητής, συμμιμητής, *ThWNT* 4, 661-678

O. MICHEL, Der Brief an die Hebräer, Göttingen, 7. Aufl. 1975 (KEK 13, 13. Aufl.)
– Der Brief an die Römer, Göttingen, 12. Aufl. 1963 (KEK 4)

F. MILLER, Rezension von A.N. Sherwin-White, The Letters of Pliny (und DERS., Fifty Letters of Pliny), *JRS* 58 (1968) 218-224

R.H. MILLER, Liturgical Materials in the Acts of John, *StPatr* 13 (= TU 116, Berlin 1975) 375-381

L.C. MOHLBERG, Carmen Christo quasi deo (Plinius, Epist. lib. X, 96), *RivAC* 14 (1937) 93-123

S.L. MOHLER, The Bithynian Christians Again, *CP* 30 (1935) 167-169

J. MOLTHAGEN, Der römische Staat und die Christen im zweiten und dritten Jahrhundert, Göttingen 1970 (Hyp. 28)

D. MONSHOUWER, Markus en de Torah, diss. Kampen 1987
– The Reading of the Scriptures in the Early Church, Manuskript (*Bijdr.* 1993?)

G. F. MOORE, Judaism in the First Centuries of the Christian Era. The Age of the Tannaim, vol. I-III, Cambridge (Mass) 1927-1930

C.F.D. MOULE, A Reconsideration of the Context of Maranatha, in: DERS., Essays in New Testament Interpretation, Cambridge u. a. 1982, 222-226
– Worship in the New Testament, London 1961 (ESW 9)

K. MÜLLER, Kleine Beiträge zur Kirchengeschichte, *ZNW* 23 (1924) 214-247

U. B. MÜLLER, Prophetie und Predigt im Neuen Testament. Formgeschichtliche Untersuchungen zur urchristlichen Prophetie, Gütersloh 1975 (StNT 10)

J. MÜLLER-BARDORFF, Wesen und Werden des christlichen Gottesdienstes im apostolischen Zeitalter, Habil.-Schrift Leipzig 1953 (maschinenschr.)

F. MUL, Van synagoge tot nieuwtestamentische eredienst, Enschede o. J. (1979 ?)

J. MURPHY-O'CONNOR, The Non-Pauline Character of 1 Corinthians 11:2-16?, *JBL* 95 (1976) 615-621

W. NAGEL, Geschichte des christlichen Gottesdienstes, Berlin 1962 (SG 1202/1202a) (2. Aufl. 1970)

F. NAU, Constitutions Apostoliques, *DThC* 3, 1520-1537
– Didascalie des apôtres, *DThC* 4, 734-748

W. NAUCK, Das οὖν-paräneticum, *ZNW* 49 (1958) 134-135

P. NAUTIN, Le dossier d'Hippolyte et de Méliton dans les florilèges dogmatiques et chez les historiens modernes, Paris 1953 (Patr. 1)
– Origène, Sa vie et son oeuvre, Paris 1977 (CAnt 1)

A. NIEBERGALL, Die Geschichte der christlichen Predigt, *Leiturgia* II, Kassel 1955, 181-353

K. NIEDERWIMMER, Zur Entwicklungsgeschichte des Wanderradikalismus im Traditionsbereich der Didache, *WSt* 90 (1977) 145-167

J.M. NIELEN, Gebet und Gottesdienst im Neuen Testament, Freiburg i. Br. 1937

C.M. NIELSEN, Polycarp, Paul and the Scriptures, *AThR* 47 (1965) 199-216

A. D. NOCK, The Christian Sacramentum in Pliny and a Pagan Counterpart, *CIR* 38 (1924) 58-59

E. Norden, Agnostos Theos. Untersuchungen zur Formengeschichte religiöser Rede, Leipzig / Berlin 1913
– Die antike Kunstprosa vom VI. Jahrhundert v. Chr. bis in die Zeit der Renaissance, Bd II, Darmstadt, 5. Aufl. 1958 (Nachdr.)

F.W. NORRIS, Ignatius, Polycarp, and 1 Clement: Walter Bauer Reconsidered, *VigChr* 30 (1976) 23-44

A. Oepke, γυνή, *ThWNT* 1, 776-790

W.O.E. OESTERLEY, The Jewish Background of the Christian Liturgy, Oxford 1925

E.F. OSBORN, Justin Martyr, Tübingen 1973 (BHTh 47)

R. PADBERG, Gottesdienst und Kirchenordnung im (ersten) Klemensbrief, *ALW* 9/2 (1966) 367-374

— Vom gottesdienstlichen Leben in den Briefen des Ignatius von Antiochien, *ThGl* 53 (1963) 337-347

H. Paulsen, Apostolische Väter, EKL, 3. Aufl., Bd 1, 231-234

— Die Apostolischen Väter II. Die Briefe des Ignatius von Antiochien und der Brief des Polykarp von Smyrna, 2. neubearb. Aufl. der Auslegung von W. BAUER, Tübingen 1985 (HNT.E 2)

— Die Bedeutung des Montanismus für die Herausbildung des Kanons, *VigChr* 32 (1978) 19-52

— Schisma und Häresie. Untersuchungen zu 1 Kor 11,18.19, *ZThK* 79 (1982) 180-211

— Studien zur Theologie des Ignatius von Antiochien, Göttingen 1978 (FKDG 29)

C. PERA, Eucharistia Fidelium, *Sal.* 3 (1941) 81-117; *Sal.* 4 (1942) 145-1 72; *Sal.* 5 (1943) 1-46

R. PERDELWITZ, Die Mysterienreligion und das Problem des 1. Petrusbriefes, Gießen 1911 (RVV 11/3)

O. PERLER, Arkandisziplin, *RAC* 1, 667-676

— Ein Hymnus zur Ostervigil von Meliton?. (Papyrus Bodmer XII), Freiburg (Schw.) 1960 (Par. 15)

L. PERNVEDEN, The Concept of the Church in the Shepherd of Hermas, Lund 1966 (STL 27)

R. PESCH, Das Abendmahl und Jesu Todesverständnis, Freiburg u. a. 1978 (QD 80)

— Die Apostelgeschichte, 2 Bde, Zürich u. a. 1986 (EKK V/1-2)

E. PETERSON, Beiträge zur Interpretation der Visionen im „Pastor Hermae", in: DERS., Frühkirche und Gnosis, Rom u. a. 1959, 254-270

— Kritische Analyse der fünften Vision des Hermas, in: DERS., Frühkirche, Judentum und Gnosis, Rom u. a. 1959, 271-284

— Das Kreuz und das Gebet nach Osten, in: DERS., Frühkirche, Judentum und Gnosis, Rom u. a. 1959, 15-35

L.F. PIZZOLATO, Silenzio del vescovo e parola degli eretici in Ignazio d'Antiochia, *Aevum* 44 (1970) 205-218

G. POUPON, Les ,Actes de Pierre' et leur remaniement, in: *ANRW* II,25.6, 4363-4383

D. POWELL, Arkandisziplin, *TRE* 4, 1-8

— Clemens von Rom, *TRE* 8, 113-120

— Clemensbrief, Zweiter, *TRE* 8, 121-123

W. PRATSCHER, Der Herrenbruder Jakobus und die Jakobustradition, Göttingen 1987 (FRLANT 139)

J.-M. PRIEUR, Andreasakten. Einleitung, in: *NTApo* II, 5. Aufl., 93-108

— Response (to D.R. MacDonald), *Semeia* 38 (1986) 27-33

P. PRIGENT, Les testimonia dans le christianisme primitif. L'épitre de Barnabé I-XVI et ses sources, Paris 1961

F. PROBST, Liturgie der drei ersten christlichen Jahrhunderte, Tübingen 1870

P. DE PUNIET, Catéchuménat, *DACL* 2,2, 2579-2621

J. QUASTEN, Musik und Gesang in den Kulturen der heidnischen Antike und christlichen Frühzeit, Münster/W, 2. Aufl. 1973 (LQF 25)

O. E. RANKIN, The Extent of the Influence of the Synagogue Service upon Christian Worship, *JJS* 1 (1948) 27-32

B. REHM, Zur Entstehung der pseudoclementinischen Schriften, *ZNW* 37 (1938) 77-184

B. REICKE, Diakonie, Festfreude und Zelos in Verbindung mit der altchristlichen Agapefeier, Uppsala / Wiesbaden 1951 (UUA 1951:5)

— The Epistles of James, Peter, and Jude, Garden City (N.Y.) 1964 (AncB)

— Some Reflections on Worship in the New Testament, in: *New Testament Essays*, FS T.W. Manson, ed. A.J.B. Higgins, Manchester 1959, 194-209

J. REILING, Hermas and Christian Prophecy. A Study of the Eleventh Mandate, Leiden 1973 (NT.S 37)

F. RENDTORFF, Die Geschichte des christlichen Gottesdienstes unter dem Ge-
sichtspunkt der liturgischen Erbfolge, Gießen 1914
— Gottesdienst III. Geschichte des christlichen Gottesdienstes, *RGG*, 2. Aufl., Bd 2,
1334-1344
K.H. Rengstorf, Das Evangelium nach Lukas, Göttingen, 16. Aufl. 1975 (NTD 3)
— διδάσκω, διδάσκαλος κτλ, *ThWNT* 2, 138-168
R. RIESNER, Jesus als Lehrer, Tübingen 1981 (WUNT II,7)
G. RIETSCHEL, Lehrbuch der Liturgik, Bd 1, Berlin 1900
G. RIETSCHEL / P. GRAFF, Lehrbuch der Liturgik, Bd 1, 2. Aufl., Göttingen 1951
A.M. RITTER, Glaubensbekenntnis(se) V. Alte Kirche, *TRE* 13, 399-412
F. RÖMER, Forschungsbericht zu Plinius der Jüngere (3. Bericht), *AAW* 28 (1975)
153-200
O. ROLLER, Das Formular der Paulinischen Briefe, Stuttgart 1933 (BWANT 58)
J. ROLOFF, Die Apostelgeschichte, Göttingen 1981 (NTD, 17. Aufl.)
— Der frühchristliche Gottesdienst als Thema der neutestamentlichen Theologie,
JLH 17 (1972) 92-99
A. RONCONI, Tacito, Plinio e i Cristiani, in: FS U.E. Paoli, Florenz 1956, 615-628
W. RORDORF, Didachè, in: *L'eucharistie des premiers chrétiens*, ed. R. Johanny,
Paris 1976 (PoTh 17) 7-28 (= verbesserte Fassung von DERS., Les prières eu-
charistiques de la Didachè, in: *Eucharisties d'orient et d'occident 1*, Paris 1970
(LO 46), 65-82)
— Sabbat und Sonntag in der Alten Kirche, Zürich 1972 (TC 2)
— Der Sonntag. Geschichte des Ruhe- und Gottesdiensttages im ältesten Christen-
tum, Zürich 1962 (AThANT 43)
— Sonntagnachtgottesdienste der christlichen Frühzeit?, ZNW 68 (1977) 138-141
- Terra Incognita - Recent Research on Christian Apocryphal Literature, especially
on some Acts of Apostles, Manuskript des Vortrages vom Oxforder Patristiker-
Kongreß 1991
— Ursprung und Bedeutung der Sonntagsfeier im frühen Christentum. Der gegenwär-
tige Stand der Forschung, *LJ* 31 (1981) 145-158
— Was wissen wir über Plan und Absicht der Paulusakten?, in: *Oecumenica et Pa-
tristica*, FS W. Schneemelcher, Stuttgart u. a. 1989, 71-82
R. ROTHE, Commentatio de primordiis cultus sacri Christianorum, Bonn 1851 (er-
schienen als Rede „Sacram memoriam regis serenissimi divi Friderici Guilelmi III.
augustissimi huius universitatis conditoris natali eius die ..." des Dekans der ev.
theologischen Fakultät in Bonn)
H.H. ROWLEY, Worship in Ancient Israel. Its Forms and Meaning, London 1967
H.P. RÜGER, Tempel 2. Der Jerusalemer Tempel, *BHH* 3, 1941-1947
A. DE SANTOS-OTERO, XVII. Jüngere Apostelakten, *NTApo* II, 5. Aufl., 381-438
V. SAXER, Vie liturgique et quotidienne à Carthage vers le milieu du IIIe siècle.
Le témoignage de Saint Cyprien et de ses contemporains d'Afrique, Vatikanstadt
1969 (SAC 29)
P. SCHÄFER, Der synagogale Gottesdienst, in: *Literatur und Religion des Frühju-
dentums*, hrsg. von J. Maier / J. Schreiner, Würzburg 1973, 391-413
K. SCHÄFERDIEK, Herkunft und Interesse der alten Johannesakten, *ZNW* 74 (1983)
247-267
— Johannesakten. Einleitung und Übersetzung, *NTApo* II, 5. Aufl., 138-193
H. SCHEIBLE, Die Entstehung der Magdeburger Zenturien, Gütersloh 1966
(SVRG 183)
K.H. SCHELKLE, Die Petrusbriefe. Der Judasbrief, Freiburg u. a., 5. Aufl. 1980
(HThK 13/2)
W. SCHENK, Der 1. Korintherbrief als Briefsammlung, *ZNW* 60 (1969) 219-243
— Korintherbriefe, *TRE* 19, 620-640
G. SCHILLE, Frühchristliche Hymnen, Berlin 1962
— Gottesdienst und Tradition. Über die Entstehungsgeschichte des christlichen Got-
tesdienstes, *PTh* 58 (1969) 257-268

U. SCHILLINGER-HÄFELE, Plinius, ep 10,96 und 97: Eine Frage und ihre Beantwortung, *Chiron* 9 (1979) 383-392

A. SCHLATTER, Die Kirche der Griechen im Urteil des Paulus. Eine Auslegung seiner Briefe an Timotheus und Titus, Stuttgart, 2. Aufl. 1958
— Paulus, der Bote Jesu. Eine Deutung seiner Briefe an die Korinther, Stuttgart, 2. Aufl. 1956

H. SCHLIER, ἄδω, ᾠδή, *ThWNT* 1, 163-165
— Der Brief an die Epheser, Düsseldorf, 4. Aufl. 1963
— Religionsgeschichtliche Untersuchungen zu den Ignatiusbriefen, Gießen 1929 (BZNW 8)

C. SCHMIDT, Die alten Petrusakten im Zusammenhang mit der apokryphen Apostelliteratur nebst einem neuentdeckten Fragment, Leipzig 1903 (TU 24,1)
— Studien zu den Pseudo-Clementinen nebst einem Anhange: Die älteste römische Bischofsliste und die Pseudo-Clementinen, Leipzig 1929 (TU46,1)

W. SCHMITHALS, Evangelien, *TRE* 10, 570-626
— Die Gnosis in Korinth, Göttingen, 3. Aufl. 1969 (FRLANT 66)
— Die Korintherbriefe als Briefsammlung, *ZNW* 64 (1973) 263-288

R. SCHNACKENBURG, Der Brief an die Epheser, Zürich u. a. 1982 (EKK 10)
— Das Johannesevangelium, 4 Bde, Freiburg u. a. 1965ff (Bd 1, 5. Aufl. 1981; Bd 2, 3. Aufl. 1980; Bd 3, 3. Aufl. 1979; Bd 4, 1984) (HThK IV,1-4)

W. SCHNEEMELCHER, Paulusakten. Einleitung, *NTApo* II, 5. Aufl., 193-214

J. SCHNEIDER, Brief, *RAC* 2, 564-585

J. SCHNIEWIND, Das Evangelium nach Matthäus, Göttingen, 4. Aufl. 1950 (NTD 2)

W. R. SCHOEDEL, Ignatius of Antioch. A Commentary on the Letters of Ignatius of Antioch, Philadelphia 1985 (Hermeneia)
— Ignatius von Antiochien, *TRE* 16/1, 40-45

H.J. SCHOEPS, Theologie und Geschichte des Judenchristentums, Tübingen 1949

W. SCHRAGE, Ekklesia und Synagoge, *ZThK* 60 (1963) 178-202
— συναγωγή κτλ, *ThWNT* 7, 798-850

F. SCHRÖGER, Der Gottesdienst der Hebräerbriefgemeinde, *MThZ* 19 (1968) 161-181
— Der Verfasser des Hebräerbriefes als Schriftausleger, Regensburg 1968 (BU 4)

H. SCHÜRMANN, Aufbau, Eigenart und Geschichtswert der Vorgeschichte Lk 1-2, in: DERS., Traditionsgeschichtliche Untersuchungen zu den synoptischen Evangelien, Düsseldorf 1968, 198-208
— Gemeinde als Bruderschaft, in: DERS., Ursprung und Gestalt. Erörterungen und Besinnungen zum Neuen Testament, Düsseldorf 1970 (KBANT 2), 61-73
— Die Gestalt der urchristlichen Eucharistiefeier, in: DERS., Ursprung und Gestalt. Erörterungen und Besinnungen zum Neuen Testament, Düsseldorf 1970 (KBANT 2) 77-99
— Lukanische Reflexionen über die Wortverkündigung in Lk 8,4-21, in: DERS., Ursprung und Gestalt. Erörterungen und Besinnungen zum Neuen Testament, Düsseldorf 1970 (KBANT 2) 29-41
— Die vorösterlichen Anfänge der Logientradition, in: DERS., Traditionsgeschichtliche Untersuchungen zu den synoptischen Evangelien, Düsseldorf 1968 (KBANT 1), 39-65

W. SCHÜSSLER, Ist der zweite Klemensbrief ein einheitliches Ganzes?, ZKG 28 (1907) 1-13

W. SCHÜTZ, Der christliche Gottesdienst bei Origenes, Stuttgart 1984 (CThM 8)
— Geschichte der christlichen Predigt, Berlin / New York 1972 (SG 7201)

F. SCHULZ, Die jüdischen Wurzeln des christlichen Gottesdienstes, *JLH* 28 (1984) 39-54

M. SCHUSTER, Bericht über die Literatur zu den Schriften des jüngeren Plinius (1915-1926), *JKAW* 221 (1929) 1-64
— Bericht über die Literatur zu den Schriften des jüngeren Plinius (1927-1933), *JKAW* 242 (1934) 9-40

E. SCHWARTZ, Bußstufen und Katechumenatsklassen, Straßburg 1911 (SWGS 7)
— Christliche und jüdische Ostertafeln, Berlin 1905 (AGWG.PH.NF 8,6)

– Über die pseudoapostolischen Kirchenordnungen, Straßburg 1910 (SWGS 6)
– Unzeitgemäße Beobachtungen zu den Clementinen, *ZNW* 31 (1932) 151-199
E. SCHWEITZER, Fragen der Liturgie in Nordafrika zur Zeit Cyprians, ALW 12 (1970) 69-84
E. SCHWEIZER, Der Brief an die Kolosser, Zürich u. a. 1976 (EKK)
– Das Evangelium nach Markus, Göttingen, 4. Aufl. 1975 (NTD 1, 14. Aufl.)
– Gottesdienst im Neuen Testament und heute, in: DERS., Beiträge zur Theologie des Neuen Testaments, Zürich / Stuttgart 1970, 263-282
– Gottesdienst im Neuen Testament und Kirchenbau heute, in: DERS., Beiträge zur Theologie des Neuen Testaments, Zürich 1970, 249-261
– Das Herrenmahl im Neuen Testament. Ein Forschungsbericht, in: DERS., Neotestamentica. Deutsche und englische Aufsätze 1951-1963, Zürich / Stuttgart 1963, 344-370
– The Service of Worship. An Exposition of 1 Corinthians 14, in: DERS., Neotestamentica. Deutsche und englische Aufsätze 1951-1963, Zürich / Stuttgart 1963, 333-343
A. SEEBERG, Der Katechismus der Urchristenheit, mit einer Einführung von F. HAHN, München 1966 (TB 26) - unveränderter Nachdr. d. Ausg. Leipzig 1903
R. SEYERLEN, Der christliche Cultus im apostolischen Zeitalter mit besonderer Beziehung auf Heinrici und Holsten, *ZPrTh* 3 (1881) 222-240. 289-327
M.H. SHEPHERD, The Paschal Liturgy and the Apocrypha, London 1960 (ESW 6) (2. Aufl. 1964)
A.N. SHERWIN-WHITE, The Letters of Pliny. A Historical and Social Commentary, Oxford 1966
H.J. SIEBEN, Die Ignatianen als Briefe. Einige formkritische Bemerkungen, *VigChr* 32 (1978) 1-18
F. SIEGERT, Drei hellenistisch-jüdische Predigten. Ps.-Philon, „Über Jona", „Über Jona" (Fragment) und „Über Simson", II. Kommentar, Tübingen 1992 (WUNT 61)
E. K. SIMPSON / F. F. BRUCE, Commentary on the Epistles to the Ephesians and the Colossians, London / Edinburgh 1957 (NLC)
O. SKARSAUNE, Justin der Märtyrer, *TRE* 17, 471-478
– The Proof from Prophecy. A Study in Justin Martyr's Proof-Text Tradition: Text-Type, Provenance, Theological Profile, Leiden 1987 (NT.S 56)
H. VON SODEN, Die Briefe an die Kolosser, Epheser, Philemon. Die Pastoralbriefe. Der Hebräerbrief. Die Briefe des Petrus, Jakobus, Judas., Freiburg i. Br. 1891 (HC 3)
– Sakrament und Ethik bei Paulus. Zur Frage der literarischen und theologischen Einheitlichkeit von 1 Kor. 8-10, in: DERS., Urchristentum und Geschichte, hrsg. von H. von Campenhausen, Tübingen 1951, 239-275 (zuerst 1931)
O. SÖHNGEN, Theologische Grundlagen der Kirchenmusik, *Leit.* IV, 1961, 1-267
J. SPEIGL, Der römische Staat und die Christen, Amsterdam 1970
J.H. SRAWLEY, The Early History of the Liturgy, Cambridge 1913
R. STAATS, Hermas, *TRE* 15, 100-108
– Die Sonntagnachtgottesdienste der christlichen Frühzeit, *ZNW* 66 (1975) 242-263
G. STÄHLIN, Die Apostelgeschichte, Göttingen, 4. Aufl. 1970 (NTD 5, 13. Aufl.)
– φιλέω, καταφιλέω, φίλημα, *ThWNT* 9, 113-144
– χήρα, *ThWNT* 9, 428-454
R. STÄHLIN, Die Geschichte des christlichen Gottesdienstes von der Urkirche bis zur Gegenwart, *Leit.* 1, 1954, 1-81
C. STEGEMANN, Herkunft und Entstehung des sogenannten Zweiten Klemensbriefes, diss. theol. Bonn 1974
H. STEGEMANN, Rezension von P. Prigent, Les testimonia dans le christianisme primitif: l'épitre de Barnabé I-XVI et ses sources, *ZKG* 73 (1962) 142-153
P. STEINMETZ, Polykarp von Smyrna über die Gerechtigkeit, Hermes 100 (1972) 63-75
G. STEMBERGER, Der Dekalog im frühen Judentum, *JBTh* 4 (1989) 91-103

B. STEUART, The Development of Christian Worship. An Outline of Liturgical History, London u. a. 1953

V. STOLLE, Apostelbriefe und Evangelien als Zeugnisse für den urchristlichen Gottesdienst. Zu den neutestamentlichen Grundlagen und Kriterien des christlichen Gottesdienstes, LuThK 12 (1988) 50-65

R.F. STOOPS, JR., Patronage in the Acts of Peter, *Semeia* 38 (1986) 91-100

H. L. STRACK / P. BILLERBECK, Kommentar zum Neuen Testament aus Talmud und Midrasch, Bd 1-4,2, München, 2. Aufl. 1956; Bd 5-6, München 1956-1961

H. STRATHMANN, Der Brief an die Hebräer, in: J. Jeremias / H. Strathmann, Die Briefe an Timotheus und Titus. Der Brief an die Hebräer, Göttingen 1947 (NTD 9, 4. Aufl.), S. 64-154

G. STRECKER, Eine Evangelienharmonie bei Justin und Pseudoklemens?, *NTS* 24 (1978) 297-316

− Das Judenchristentum in den Pseudoklementinen, Berlin, 2. Aufl. 1981 (TU 70)

− Die Kerygmata Petri, in: *NTApo* Bd 2, 3. Aufl., 63-80

− Nachtrag zu W. BAUER, Rechtgläubigkeit und Ketzerei im ältesten Christentum, Tübingen, 2. Aufl. 1964 (BHTh 10), 248-260

− Die Pseudoklementinen. Einleitung, *NTApo* II, 5. Aufl., 439-447

A. STROBEL, Apokalypse des Johannes, *TRE* 3, 174-189

− Der Brief an die Hebräer, Göttingen 1975 (NTD 9, 11. Aufl.)

P. STUHLMACHER, Evangelien 1. Biblisch, *EKL*, 3. Aufl., Bd 1, 1217-1221

J.P.M. SWEET, A Sign for Unbelievers: Paul's Attitude to Glossolalia, *NTS* 13 (1966/67) 240-257

V. THALHOFER / L. EISENHOFER, Handbuch der katholischen Liturgik, Bd 2, Spezielle Liturgik, Freiburg i. Br. 1912

G. THEISSEN, Soziale Integration und sakramentales Handeln, in: DERS., Studien zur Soziologie des Urchristentums, Tübingen 1979 (WUNT 19) 290-317 (= *NT* 24 (1974) 179-205)

− Soziale Schichtung in der korinthischen Gemeinde, in: DERS., Studien zur Soziologie des Urchristentums, Tübingen 1979 (WUNT 19) 232-272

C.-J. THORNTON, Der Zeuge des Zeugen. Lukas als Historiker der Paulusreisen, Tübingen 1991 (WUNT 56)

K. THRAEDE, Frau, *RAC* 8, 197-269

− Ursprünge und Formen des „Heiligen Kusses" im frühen Christentum, *JAC* 11/12 (1968/69) 124-180

H. THYEN, Johannesevangelium, *TRE* 17, 200-225

− Der Stil der Jüdisch-Hellenistischen Homilie, Göttingen 1955 (FRLANT 65)

K.J. TORJESEN, Hermeneutical Procedure and Theological Method in Origen's Exegesis, Berlin / New York 1986 (PTS 28)

W.C. VAN UNNIK, „Den Geist löscht nicht aus" (I Thessalonicher V 19), *NT* 10 (1968) 255-269

− 1 Clement 34 and the „Sanctus", *VigChr* 5 (1951) 204-248

− Die Gedanken der Gnostiker über die Kirche, in: *Vom Christus zur Kirche. Charisma und Amt im Urchristentum*, hrsg. J. Giblet, Wien u. a. 1966, 223-238

− Is 1 Clement 20 Purely Stoic?, *VigChr* 4 (1950) 181-189

− Jesus: Anathema or Kyrios (1 Cor 12:3), in: *Christ and Spirit in the New Testament*, FS C.F.D. Moule, ed. B. Lindars / S. Smalley, Cambridge 1973, 113-126

− Die Rücksicht auf die Reaktion der Nicht-Christen als Motiv in der altchristlichen Paränese, in: *Judentum - Urchristentum - Kirche*, FS J. Jeremias, Berlin 1960 (BZNW 26) 221 -234

E. E. URBACH, The Homiletical Interpretation of the Sages and the Expositions of Origen on Canticles, and the Jewish-Christian Disputation, in: Studies in Aggadah and Folk-Literature, ed. J. Heinemann / D. Noy, Jerusalem 1971 (= ScrHie 22 - 1971) 247-275

L. VENETIANER-UJPEST, Jüdisches im Christentum, Frankfurt/M 1913 (VJR)

L. VIDMAN, Etude sur la correspondance de Pline le Jeune avec Trajan, Prag 1960 (RCAV 70/14)

P. VIELHAUER, Absatz „XVI. Apokalyptik des Urchristentums, Einleitung", in: *NTApo* Bd. 2, 3. Aufl., 428-454

— Oikodome. Das Bild vom Bau in der christlichen Literatur vom Neuen Testament bis Clemens Alexandrinus, diss. 1939, in: DERS., Oikodome. Aufsätze zum Neuen Testament, Bd 2, hrsg. von G. Klein, München 1979, 1-168

K. VÖLKER, Mysterium und Agape. Die gemeinsamen Mahlzeiten in der Alten Kirche, Gotha 1927

W. VÖLKER, Der wahre Gnostiker nach Clemens Alexandrinus, Berlin / Leipzig 1952 (TU 57)

D. VÖLTER, Die älteste Predigt aus Rom (Der sogenannte zweite Clemensbrief), Leiden 1908 (= DERS., Die Apostolischen Väter neu untersucht, II,1)

A. VÖÖBUS, Liturgical Traditions in the Didache, Stockholm 1968 (PETSE 16)

H. WAITZ, Die Pseudoklementinen. Homilien und Rekognitionen. Eine quellenkritische Untersuchung, Leipzig 1904 (TU 25,4)

— Pseudoklementinische Probleme, *ZKG* 50 (1931) 186-194

H. WALDENMAIER, Die Entstehung der evangelischen Gottesdienstordnungen Süddeutschlands im Zeitalter der Reformation, Leipzig 1916 (SVRG 125/6)

W.D. WALKER JR., 1 Corinthians 11:2-16 and Paul's Views Regarding Women, *JBL* 94 (1975) 94-110

R. WARNS, Untersuchungen zum 2. Clemens-Brief, diss. Marburg 1985; verlegt Marburg 1989 (erhältl. beim Verfasser)

F.E. WARREN, The Liturgical Ritual of the Ante-Nicene Church, London, 2. Aufl. 1912

W. WEBER, ... nec nostri saeculi est. Bemerkungen zum Briefwechsel des Plinius und Trajan über die Christen, in: FS K. Müller, Tübingen 1922, 24-45

H. WEDER, Die Gleichnisse Jesu als Metaphern. Traditions- und redaktionsgeschichtliche Analysen und Interpretationen, Göttingen, 2. Aufl. 1980 (FRLANT 120)

H.A.J. WEGMAN, Geschichte der Liturgie im Westen und Osten, Regensburg 1979

J. WEHNERT, Die Wir-Passagen der Apostelgeschichte. Ein lukanisches Stilmittel aus jüdischer Tradition, Göttingen 1989 (GTA 40)

— Literarkritik und Sprachanalyse. Kritische Anmerkungen zum gegenwärtigen Stand der Pseudoklementinen-Forschung, *ZNW* 74 (1983) 268-301

H. WEINEL, Absatz „XX. Hirt des Hermas", in: *HNTA*, Tübingen 1904, 290-323 (2. Aufl. 1924, 327-384)

E. WEISMAN, Der Predigtgottesdienst und die verwandten Formen, *Leit.* 3, 1956, 1-97

B. WEISS, Die Briefe Pauli an Timotheus und Titus, Göttingen, 3. Aufl. 1902 (KEK 11, 7. Aufl.)

J. WEISS, Der erste Korintherbrief, Göttingen 1910 (KEK 5, 9. Aufl.)

C. WEIZSÄCKER, Das apostolische Zeitalter, Tübingen 1886

— Die Kirchenverfassung des apostolischen Zeitalters, *JDTh* 18 (1873) 631-674

— Die Versammlungen der ältesten Christengemeinden, *JDTh* 21 (1876) 474-530

E.J. WELLESZ, Melito's Homily on the Passion. An Investigation into the Sources of Byzantine Hymnography, *JThS* 44 (1943) 41-52

H.-D. WENDLAND, Die Briefe an die Korinther, Göttingen 1968 (NTD 7, 12. Aufl.)

K. WENGST, Barnabasbrief, *TRE* 5, 238-241

— Christologische Formeln und Lieder des Urchristentums, Gütersloh 1972 (StNT 7)

— Tradition und Theologie des Barnabasbriefes, Berlin / New York 1971 (AKG 42)

E. WERNER, The Sacred Bridge. Liturgical Parallels in Synagogue and Early Church, New York 1959 (SchP)

S. WIBBING, Die Tugend- und Lasterkataloge im Neuen Testament, Berlin 1959 (BZNW 25)

W. WIEFEL, Erwägungen zur soziologischen Hermeneutik urchristlicher Gottesdienstformen, *Kairos.NF* 14 (1972) 36-51

— Frühkatholizismus und synagogales Erbe, in: *Frühkatholizismus im ökumenischen Gespräch*, hrsg. von J. Rogge / G. Schille, Berlin 1983, 52-61

— Der Synagogengottesdienst im neutestamentlichen Zeitalter und seine Einwirkung auf den entstehenden christlichen Gottesdienst, diss. theol., Leipzig 1959 (maschinenschr.)

A. WIFSTRAND, The Homily of Melito on the Passion, *VigChr* 2 (1948) 201-223

U. WILCKENS, Der Brief an die Römer, 3. Teilband, Zürich u. a. 1982 (EKK VI/3)

— Die Missionsreden der Apostelgeschichte. Form- und traditionsgeschichtliche Untersuchungen, Neukirchen-Vluyn, 3. Aufl. 1974 (WMANT 5)

L. WILLS, The Form of the Sermon in Hellenistic Judaism and Early Christianity, *HThR* 77 (1984) 277-299

R. M. WILSON, Gnosis / Gnostizismus II. Neues Testament, Judentum, Alte Kirche, *TRE* 13, 535-550

H. WINDISCH, Die Apostolischen Väter III. Der Barnabasbrief, Tübingen 1920 (HNT.E 3)

— Das Christentum des zweiten Clemensbriefes, in: *Harnack-Ehrung. Beiträge zur Kirchengeschichte*, Leipzig 1921, 119-134

— Der Hebräerbrief, Tübingen 1931 (HNT 14, 2. Aufl.)

H. WINDISCH / H. PREISKER, Die Katholischen Briefe, Tübingen 1951 (HNT 15, 3. Aufl.)

O. WISCHMEYER, Der höchste Weg. Das 13. Kapitel des 1. Korintherbriefes, Gütersloh 1981 (StNT 13)

A. F. WLOSOK, Rom und die Christen, Stuttgart 1970 (AltU XIII, Beih. 1)

W. WREDE, Untersuchungen zum Ersten Klemensbriefe, Göttingen 1891

C. WOLFF, Der erste Brief des Paulus an die Korinther, 2. Teil, Berlin 1982 (ThHK VII/2)

T. ZAHN, Geschichte des Neutestamentlichen Kanons, 2 Bde in 4 Teilbden, Erlangen / Leipzig 1888-1892

— Grundriss der Geschichte des Neutestamentlichen Kanons, Leipzig, 2. Aufl. 1904

— Ignatius von Antiochien, Gotha 1873

K. ZIEGLER, Hymnos, *KP* 2, 1268-1271

A. F. ZIMMERMANN, Die urchristlichen Lehrer. Studien zum Tradentenkreis der διδάσκαλοι im frühen Urchristentum, Tübingen, 2. Aufl. 1988 (WUNT II,12)

H. ZIMMERMANN, Die Sammelberichte der Apostelgeschichte, BZ.NF 5 (1961) 71-82

G. ZUNTZ, On the Opening Sentence of Melito's Paschal Homily, *HThR* 36 (1943) 299-315

Hinweise auf den Text erfolgen durch die Seitenzahl, auf Fußnoten durch eine dazugestellte kleine Zahl. Fußnoten, deren Textseite bereits erfaßt ist, werden nicht eigens erwähnt.

1. Stellen

In diesem Register werden alle antiken Autoren oder Schriften erfaßt, denen kein eigenes Kapitel gewidmet ist oder die außerhalb dieser Kapitel vorkommen.

A. Bibel

Genesis
3,14   264[31]
22   264[31]

Exodus
5,1   139[23]
12   262, 266[39], 267ff., 270[56]
12,3-32   260[9], 267[41]
subscr   261[20]

Numeri
15,37-41   455

Deuteronomium
6,4-9   455
11,13-21   455
33   385[73]

1. Samuel
16   383[65]
17,1-18,8   383
18,6-7   383[67]

Sprüche
3,12   158[50]

Psalmen
1   381f
2   381f
24   140[26]
34   106[270]
50   155
51,19   155[36]
110   108[277]
118,18   158[50]
141,2   468[31]

Jesaja
6,3   150
28,11f.   641[01]
28,11   721[23]
53   221
53,7f.   46
54-66   221, 224[344]
54,1   221, 231

(noch Jesaja)
54,15	221, 224[344]
54,17	221

Jeremia
2,9	268[51]
29,7	80

Micha
6,1ff.	268[51]

Daniel
7,10	150

2. Makkabäer
15,25	861[86]

Weisheit Salomos
3,9	340[58]

Matthäus
4,23	691[15]
5,23	289
6,16ff.	403[74]
7,6	130
7,7	130
7,15f.	124[357]
7,22	124[357]
7,29	124
9,35	691[15]
10,17	124, 130[390]
10,20	124[357]
10,41	124[357]
12,1-14	128[379]
12,9ff.	454[22]
12,34	479
13,3-8	128[382]
13,18-23	128[382]
13,52	124
17,15	146[58]
18	128
18,20	124[355.356]
20,30f.	146[58]
21,26	124[357]
21,46	124[357]
22,34	245[40]
23,1ff.	124
23,34	130[390]
24,11	124[357]
24,24	124[357]
25	444

28,19	124[355]
28,20	124[355.356]

Markus
1,1	123[351]
1,14-15	123
1,21	454[22]
1,22	124
2,2	123
2,23-3,6	128
2,23-26	130[390]
3,1-6	454[22]
3,14	123[352]
4,3-8	128[382]
4,13-20	128[382], 129[384]
4,26-29	129[384]
6,2	454[22]
6,12	123
10,17-31	349
13,9	130[390]
13,10	123[353]
14,9	123
14,36	80[154]
16,15	123[353]
16,20	123[353]

Lukas
1,4	463[18]
1,46-55	125[362]
1,67-79	125[362]
2,14	125[362]
2,29-32	125[362]
4,16-21	125
4,16ff.	454[22], 457[41], 458[46]
4,17ff.	451
4,17	458[51]
4,20	691[15], 458[51], 473[54]
4,43	125[361]
6,1-11	128[379]
6,6	454[22]
6,11	128[381]
8,5-8a	128[382]
8,11-15	128[382]
10	316[49]
12,11	130[390]
13,10	454[22]
20,1	125
21,12	130[390]
24,25-27	125
24,27	301
24,52f.	321
24,52	323

Johannes

1,14	126[368]
2,11	126[368]
3,12	126[372]
3,13-21	126[372]
3,31-36	126[372]
4,23f.	130[389]
7,17f.	126[370]
8,33ff.	130[390]
11,4	126[370]
11,40	126[370]
12,16	126[369]
13,7	126[369]
13,31f.	126[368]
14,22	126[370]
14,26	126[369]
16,13	126[369]
17,20ff.	126[370]
17,24	126[368]
20,1	126[374]
20,19	127[374]
20,26	127[374]
20,31	126
21	126[373]
21,24-25	126[373]
21,24	126
21,25	126

Apostelgeschichte

1,15	245[40]
2,1	245[40]
2,44	245[40]
2,46	58[81], 77
4,26	245[40]
5,42	125[361]
6,9	45[2]
8,25	125[361]
8,35	473[54], 476[65]
11,28	70[119]
13,1-3	77[148]
13,2	74[135]
13,14ff.	454[22]
13,15	45[1], 457[41]
15	129[386]
15,21	45[1], 453[21], 454[22]
17,2-3	454[22]
17,2	454[22]
18,4	454[22]
19,9	29[8], 468[33], 475[63]
20,7ff.	290[103]
20,7-12	59
21,20f.	70[119]

Römer

1,8	80[155]
1,17f.	69[116]
2,5	69[116]
2,15	87[191]
2,21	69[115]
5,5	87[191]
8,15	79
8,16f.	69[116]
10,6	87[191]
10,12	102[253]
11,33	70[118]
12,1ff.	32[99]
12,1	470
12,3-8	78f.
12,6	71[122]
12,7	69[114]
12,16	80[159]
13,9	86[183]
14,5f.	76[145]
15,4	80
15,6	80, 99[237]
15,14	44[39]
15,30	80[156]
16,16	58[86], 338[53]
16,17	69[115]
16,25	69[116]

1. Korinther

1,2	102[253]
1,4	80[155]
1,10ff.	80[159]
2,9	150[10]
4,5	87[191]
4,14	44[39]
7	226[351]
7,10-12	121[343]
7,10	49[54]
7,12	49[54]
7,25	49[54], 121[343]
9,14	121[343]
10,11	80
10,14ff.	112[302]
11-14	251[18], 30
11	17[87], 251[17], 35[13], 186
11,6	80
11,20	172[110], 245[40]
11,21	92[207]
11,23ff.	121f.
11,27	289
12,1-3	78[149]
12,3	102[253], 46[26], 470[42]

(noch 1. Korinther)

12,13	80159
12,28	47148
14	618, 1468, 23111, 4955, 88, 92, 469, 47253
14,16	120333
14,23	172110, 24540
14,26	38912, 4625, 473
14,33	80
15,1-7	122
15,3b-7	122344
16,19	81
16,20	33853

2. Korinther

1,3	80155
1,11	80156
4,15	6193
7,7	80156
9,11	6193
11-12	4439
11,5	4439
12,7	69116
13,12	5886, 33853

Galater

1-2	4439
1,16	69116
3,1	59
3,23	69116
4,6	79, 87191
4,8ff.	76145

Epheser

1,3	80155
1,16	80155
4,3-6	80159
4,11	107275
5,4	6193
5,17-20	82
5,19	82163
6,2f.	86

Philipper

1,3	80155
1,19	80156
3,12-16	69116
4,6	6193
4,21-23	5986

Kolosser

1,3	80155
1,14ff.	90
1,28	4439, 47970
2,7	6193
2,16	76145
3,15	80159
3,16	4439, 89199, 91, 4625, 47970
3,17	91204
4,2	6193
4,3	80156
4,15	81
4,16	96223

1. Thessalonicher

1,2	80155
3,9	6193
4,15	121343
5,12	4439
5,14	4439
5,16-22	77f.
5,19	75
5,25	80156
5,26	5886, 33853
5,27	81, 96223

2. Thessalonicher

1,3	80155
1,7	69116
2,6	69116
3,1	80156
3,15	4439

1. Timotheus

2,1	6193
2,8	46831
2,11-15	76142
3	416137
3,2-7	39429
3,2	194
4,3f.	6193
4,4	24017
4,13	47354, 476
5,20	102

2. Timotheus

2,24	194
3,15	95223

Titus

2,5	99239

Philemon
2 $\quad$ 81
4 $\quad$ 80_{155}
22 $\quad$ 80_{156}

Hebräer
10,25 $\quad$ 245_{40}
12,6f. $\quad$ 102_{249}

Jakobus
2,2 $\quad$ 467, 470_{43}

1. Petrus
1,3 $\quad$ 80_{155}
5,5 $\quad$ 204_{260}
5,14 $\quad$ 58_{86}

1. Johannes
1,3 $\quad$ 126

Johannesoffenbarung
1,3 $\quad$ 96_{223}
2,17 $\quad$ 380
4,8 $\quad$ 278_{32}
6,9 $\quad$ 407_{99}
14,4 $\quad$ 226_{351}
22,20 $\quad$ 58_{86}

B. Patristische Literatur

1. Clemens
13,1 $\quad$ 222_{335}
29,1 $\quad$ 468_{31}
34,6 $\quad$ 278_{32}
34,7 $\quad$ 245_{40}
41 $\quad$ 466_{25}
44 $\quad$ 169_{96}
61,1-2 $\quad$ 254_{75}
63,2 $\quad$ 222_{335}

Didache
4,2 $\quad$ 179_{147}
4,3 $\quad$ 180_{151}
4,6 $\quad$ 179_{146}
4,13 $\quad$ 179_{150}, 180_{151}
6,2 $\quad$ 226_{351}
8,1 $\quad$ 138_{18}, 403_{74}
10,6 $\quad$ 58, 59_{86}
11,4ff. $\quad$ 345_{78}
14,1 $\quad$ 138_{17}, 143_{46}
16,2 $\quad$ 88_{194}, 175_{126}

Barnabas
4,9-10 $\quad$ 169_{97}, 171, 172_{108}, 173_{117}
4,10 $\quad$ 245_{40}
4,10f. $\quad$ 172_{111}
4,11 $\quad$ 171_{106}, 173_{117}
12,7 $\quad$ 245_{40}
18,1b-20,2 $\quad$ 163_{70}
19,10 $\quad$ 171, 172_{108}

Ignatius von Antiochien
Eph
5,3 $\quad$ 245_{40}
13,1 $\quad$ 88_{194}, 245_{40}
20,2 $\quad$ 245_{40}
Magn
7,1 $\quad$ 245_{40}
15 $\quad$ 203_{258}
Phild
6,2 $\quad$ 245_{40}
8,2 $\quad$ 476_{64}
10,1 $\quad$ 245_{40}
Pol
Adr $\quad$ 277_{28}
4,2 $\quad$ 88_{194}, 245_{40}, 470_{43}
6,1 $\quad$ 277_{28}
Smyrn
8 $\quad$ 147_{63}

Hirte des Hermas
Mand
11,9 $\quad$ 470_{43}
11,13 $\quad$ 470_{43}

2. Clemens
17,3 $\quad$ 88_{194}, 245_{40}

Papias
Fragm II,15 $\quad$ 122_{345}

Justin
Apol
  I,1 272_3
  I,2,2 272_3
  I,3,2 272_3
  I,3,4 341_0
  I,4 272_3
  I,4,1 272_3
  I,13,1f. 462_5
  I,61-67 367_3
  I,61 300_{160}
  I,61,2f. 462_{12}
  I,65-67 281_{28}, 219_{318}, 354
  I,65f. 275_{17}
  I,65 364_{69}, 402_{68}
  I,65,2 338_{53}
  I,67 281_{28}, 30, 275_{14}, 293_{123}
  I,67,3-5 389_{12}
  I,67,3 121_{342}, 172_{110}
  I,67,4f. 275_{15}
  I,67,4 219_{318}, 265_{34}, 415_{132}
  I,67,5 164_{74}, 166_{87}
Dial
  7,1f. 248
  19,6 248_{51}
  27,2 244_{33}
  41,1 241_{22}
  41,3 241_{22}
  82,1 219_{318}, $244_{35.36}$
  117,1f. 241_{22}
  119,6 247_{49}

Athenagoras
Supplicatio
  3,1 235_5

Irenäus
adv haer
  I,6,1f. 322_{19}
  I,7,5 322_{19}
  I,8,1 327_{45}
  I,9,4 327_{45}
  I,13 321_{13}
  I,13,3ff. 310_{12}
  I,21 310_{12}
  I,21,3 297_{149}, 303_{179}
  I,21,4 303_{179}
  II,17,9 322_{21}
  III,2,1 322_{21}
  III,3,3 274_{12}
  III,3,4 203_{258}, 276_{24}, 277_{27}
  III,11,9 219_{318}

  III,12,12 321_{15}
  III,15,2 $319_{2.3}$, 322_{21}
  IV,24,2 280_{45}
  IV,35,4 322_{21}
fragm syr
  28   320_6

Epistula Apostolorum
äthiopisch
  6   271_1
  13   407_{99}
  15   271_1
  51   286_{79}
koptisch
  6   407_{99}
  7f. 271_1
  26   271_1
  35   320_{12}

Akten der Märtyrer von Scili
  1   280_{46}
  12   280_{47}

Martyrium des Apollonius
  8-9 281
  8   281
  44   281

Martyrium des Carpus, Papylus und der
  Agathonike
  6,1 (lat.) 274_{11}

Martyrium des Justin
  A 3 242_{27}, 275_{18}

Martyrium des Polykarp
  16,2 203_{258}

Akten des Andreas und Matthias
  28   297_{149}
  30   281_{51}
  32   281_{51}

Johannesakten
  94-96 324_{31}
  94-95 324_{33}

Petrusakten
  5   300_{160}

Thomasakten
  6-7 324_{32}

8	297[149]
37	284[74]
51	289[101]
108-113	324[32]

Nag Hammadi
NHC I,3
31,35-32,4	325[36]

NHC I,5
113f.	321[15], 327[48]

NHC II,3
67ff.	320[12]
67	303[179]
86	288[94]

NHC II,5
114,8ff.	324[31]

NHC II,6
136,28-	325[37]
137,11	

NHC VII,2
69	322[19]

NHC IX,3
70,24ff.	326[39]

NHC XI,1
5,14-27	322[19]
9,27ff.	326[43]
15,36f.	324[27]

NHC XI,2
40ff.	320[12]

Sibyllinen
VII,76-84	324[34]

Oden Salomos
42,1-2	324[34]

Clemens von Alexandrien
Exc. ex Theod.
63ff.	320[12]

Strom
VI,60,1	370[16]
VI,62,4	370[16]
VII,96,2-3	327[45]

Syrische Didaskalie
X	321[34]
XI	321[31.32]
XIII	321[33]

Chronik von Edessa
(TU 9,1, 86)	355[9]

Minucius Felix
Octavius
31,5	46[12]

Hippolyt von Rom
tradAp
4	338[53]
10	291[109]
11	246[43], 291[109]
12	291[109]
15	423[179]
16	196[227]
18	293[123], 338[53], 436[40]
20	410[112], 423[179], 431
21	300[160], 338[53], 402[68]
24	185[174]
25	146[57]
28	403[72]
30	185[174]

ref
V,8,28ff.	322[19]
V,7,2-9,9	325[38]
V,10,2	324[30]
VI,37,7	324[28]
VI,41	320[12]
IX,7,3	369[11]
IX,12,20	369[11]
IX,12,23	369[11]

Muratorisches Fragment
81-84	324[28]

Tertullian
an
9,4	46[25]

apol
16	355[9]
16,9-11	241[24]

bapt
17,5	293[119]

carn Chr
20,3	324[28]

cor
3,4	293[123]

iei
10	43[16]

or
18	338[53]
19	431
23,2	242[25], 293[123]
27	146[57]

(noch Tertullian)
paen
  9,2   14345
praescr
  3,2   32115
  3,5   32115
  15,2f.   32115, 32221
  16,1f.   32221
  18,1f.   32115, 32221
  18,2   3195
  36   28049
  39   32745
res mort
  19,6   32221
ux
  11,4,2   27410
virg vel
  14,5   33325

Cyprian
dom or
  9   16369
epistulae
  11,4   27625
  63,16   4612
laps
  18   40799

Novatian
bon pud
  1   43959

Origenes
c. Cels.
  I,1   4613
  III,49   102252
  III,51   46212, 46316
  III,55   102252
hom in Ex
  III,3   32434
in Iob
  21,12   32428
in Ioh
  V,8   32216
or
  5,1   32113

Gesta apud Zenophilum
             44799

Euseb von Caesarea
h. e.
  II,15,2   348102
  IV,7,7   32216
  IV,18,5   25581
  IV,18,8   24435
  IV,23,9-11   15745
  IV,23,10   24020
  IV,23,11   28049
  V,1-3   279f.
  V,1,5   27943
  V,1,49   27944
  V,10,1   34794
  V,13,4   37011
  V,15   3206
  V,18,2   104260
  V,20,4-8   276
  V,20,6   199234, 27727
  V,20,7   27624
  V,21,2   281
  V,23,1   13818
  V,24,2-7   26010
  V,24,15-16   203258
  V,24,17   36576
  V,28   37011
  VI,3,3   31336
  VI,8,1   31336
  VI,15   31336.39
  VI,25,11-14   43323
  VI,27   31336

Apostolische Konstitutionen
  II,16   35620
  II,26,2   36263
  II,39,5   35726
  II,39,6   35726
  II,54,1   38912
  II,57,5-7   44697
  II,57,9   447101
  II,57,10   31337
  V,19,3   36258
  VI,30,2   35621
  VII,45,1   16369
  VIII,5,11   44697
  VIII,5,12   44698
  VIII,6,1   44698
  VIII,6,2   34472, 44696
  VIII,6,3-
  10,2a   44696
  VIII,6,14   34472
  VIII,7,9   34472
  VIII,8,6   34472

VIII,9,11	344[72]
VIII,10,2b-22	446[96]
VIII,11,1-6	446[96]
VIII,11,7-9	338[53], 446[96]
VIII,12,3	446[96]
VIII,32,2	377[43]
VIII,32,17	377[42]
VIII,33,2	376[38]

Canones Hippolyti
29	380[54]

Serapion von Thmuis
Euchologion 446[96]

Epiphanius von Salamis
De fide
22	431[7]

Cyrill von Jerusalem
cat. ill.
18,33	448[108]

5. Mystag. Kat.
11-18	163[69]

Egeria
Itin.
XXVII,6	431[7]

Socrates Scholasticus
h. e.
V,22	430[5], 448[105.106.107]

Ambrosius
myst
55	448[109]

Augustin
cat rud	448[109]

PsDionys
eccl hier
III,1	447[104]
III,2-3,1	447[104]
III,2	447[103]

C. Jüdische Schriften

Testamentum Iobi
48-50	453[20]

Josephus
Ant
XVI,43	451[6]

Ap
II,175	451[6]

Philo von Alexandrien
Hypothetica
fragm	451[6.9]

Leg Gaj
156	451[6]

Omn Prob Lib
81f.	451[6], 458[46]

Som
II,127	451[6], 458[46]

Spec Leg
II,61f.	451[6]

Vit Cont
30-33	451[6]
30-31	452[15]

32-33	453[17]
65-66	453[16]
69	453[17]
73-74	453[16]
75-79	453[16]
80-81	453[16]
83-89	453[16]
84	146[59]

Vit Mos
II § 215f.	451[6]

Mischna
MAb
3,6	458[44]
3,7	207[270]

MBer
5,3b	456[32]
5,4b	456[32]

MMeg
1,8b	452[12]
4,3	458[44]
4,3a	454[25]
4,4	457[39.40.41]

Register

Talmud			Tosefta	
bMeg			TBer	
17b	45530		14,4	45631
18a	45212			

D. Heidnische Schriftsteller

Claudianus
10,11 p. 420   13923

Euripides
fragm. inc.
918,1.3-5   34060

Granius Licianus
p. 13,10   13923

Horaz
ep. 2,1,138   13923

Livius
27,37,13   13923

Lukian
mort Peregr
11ff.   34578
11   46833

Plinius d. Ä.
Hist. nat.
28,29   13923

Plinius d. J.
epistulae
X,96   4625

Tacitus
Germ.
2   13923

Valerius Flaccus
3,408   13923

2. Griechische Wörter

ἀγαλλιάζειν 28360, 294
ἀγαλλίασις 5881, 77
ἀγαπᾶν 15116, 159, 183f., 33848
ἀγάπη 62f., 84, 97231, 179148, 182164, 183f., 185, 187f., 196224, 294, 338, 382, 4613
ἅγιος 118322, 15641, 178146, 179147, 222335, 27832, 285, 28786, 33956, 342f.
ἁγνός 15116, 210284, 230372
ἁγνότης 216307
ᾄδειν 82, 85, 86185, 87, 90, 195, 196224, 336
ἀδελφός 113, 115309, 159, 179, 200, 227356, 231374, 244, 291113, 348, 384
ἀθανασία 193, 335f.
αἰνεῖν 180156, 25476, 33642, 33956, 341f., 350108
αἴνεσις 112
αἶνος 231374, 33642, 34370
αἰτεῖν 203257
ἀκοή 33956, 34164, 38473
ἀκούειν 213297, 224342, 225347, 259, 33431, 351110, 43213
ἀκροατής 351110, 46316
ἀκροώμενος 357, 44696
ἀναγγέλλειν 225
ἀναγινώσκειν 222334, 224, 244, 246, 260, 26741
ἀνάγνωσις 95223, 33012, 33956, 341, 348, 350109, 44697, 447103
ἀνάθεμα 6295
ἀνάξιος 51
ἀναφέρειν 231, 33643
ἄπιστος 60, 116, 38051, 44696
ἀποκάλυψις 67, 69, 114, 473
ἀποστολικός 32216

ἀπόστολος 246, 351111, 3531, 43212
ἄρτος 35, 16367, 169, 24122, 28577, 28622, 299154-156, 308
ἀρχεῖον 194209
ἀρχισυναγωγός 79, 471
βαπτίζειν 124355, 183
βάπτισμα 106265, 230372, 350109
βίβλιον 348
γλῶσσα (s. auch λαλεῖν γλώσσαις) 67
γνῶσις 70, 84, 95, 96224, 15641, 176, 193203f.206, 3284, 34059, 382
γράφειν 176134, 180153, 200238, 220, 222, 26741, 43212
γραφή 95223, 100f.243, 15641, 222, 260f., 3298, 33012, 34370, 38262
δέησις 187f.
δειπνῆσαι 41, 5673, 127375
δεῖπνον 35, 59, 60, 165
διακονεῖν 210284
διακονία 79
διάκονος 88, 15532, 244, 350109
διάκρισις 71122
διαλέγεσθαι 39, 42, 4333
διδασκαλεῖον 36911
διδασκαλία 79, 95223, 96, 189187, 193204, 34162, 44698
διδασκαλικός 33116, 351110
διδάσκαλος 59, 69114, 93, 16996, 177, 245, 272, 275f., 319, 337, 34790, 351111, 370, 375, 377
διδάσκειν 42f., 82, 84f., 86, 90f., 95220, 99, 124355, 125, 192200, 210284, 24430, 277, 296143, 330, 36911, 479

διδαχή 67f., 69, 72, 88, 337
δόκιμος 51
δόξα 119, 185176, 187, 349
δύναμις 16474, 25477, 267, 38262
ἐγκράτεια 176137, 226
εἰρήνη 28577, 3866
ἐκζητεῖν 177138, 179146
ἐκκλησία 64, 65, 66103, 113, 131,
16686, 179, 180151,
214300, 24540, 328,
33220, 333, 335, 345,
34790, 348, 351111,
35621, 36911, 37225,
37434, 44697, 470, 472
ἐκλεκτός 15954, 213297, 345
ἔντευξις 206f., 208273, 220, 222,
224345, 25062, 34370
ἐντολή 66105, 217314, 223
ἐξομολογεῖσθαι (s. auch προσε-)
87, 15536, 179, 180151,
207271, 231375
ἐξομολόγησις 143
ἐξυμνεῖν 336f.
ἐπαγγελία 1507, 15115
ἐπαγγέλλειν 28363, 32216
ἐπὶ τὸ αὐτό 32, 5987, 65, 149, 172110,
178f., 187, 188186, 190192,
245f.
ἐπισκοπεῖν 210284
ἐπίσκοπος 96, 15532, 183, 244, 250,
471
ἐπιστολή 200241, 44697
ἐπισυναγωγή 108
ἑρμενεία 67
ἑρμενεύειν 191194, 194211
ἔρχεσθαι 5886, 95223, 166, 172110,
183168, 187, 206269
ἑτεροδοξεῖν 183168, 186
εὐαγγελίζεσθαι
43, 125, 175131
εὐαγγελικός 32216
εὐαγγέλιον 194209, 246f., 43212,
44697
εὐαγγελιστής 43212

εὐλογεῖν 67106, 80155, 256, 33956,
341f., 34791
εὐλογία 30813
εὐσέβεια 98234, 222
εὐχαριστεῖν 77, 80155, 83, 85, 89198,
90f., 92207, 119327,
16367, 165, 169, 180156,
185176, 207271, 231375,
24122, 256, 285, 308,
33956, 340f., 343
εὐχαριστία 5470, 6193, 67106, 119,
16367, 183, 185f., 187f.,
24122, 246, 256, 284f.,
299154f., 308, 362, 470
εὐχάριστος 89198
εὔχεσθαι 207271, 256, 28577,
33326, 34472
εὐχή 24122, 253, 256, 284,
33327, 33956, 341f.,
34370
ζητεῖν (s. auch ἐκζ- u. συ(ν)ζ-)
171, 177137f.
ζήτησις 102, 33956, 341f.
ἡγούμενος 108f.
ἡσυχία 193206
θεοσέβεια 28363
θεραπεία 341, 34792
θύειν 277
θυσία 14346, 162, 24122, 343
θυσιαστήριον 448108
ἰδιώτης 60, 6193
ἱερός 447103
κάθεδρα 209281, 210
κακοδιδασκαλεῖν
227354
κακοδιδασκαλία
189188
καρδία 82163, 85175, 87, 92,
15321, 221329, 231374
καταγγέλλειν 5676
κατηχεῖν 231, 287, 34472, 3686,
37012, 372, 37328, 38051,
43213, 447103, 46318
κατήχησις 368, 372, 37328, 374f.,
377f., 386

κατηχήτης 31335
κήρυγμα 31441, 350109
κηρύσσειν 123
κοινωνεῖν 35726
κοινωνία 32
κυβέρνησις 74, 75138, 471
κυριακή 118, 16894, 191, 284, 291112
κυριακός 5673, 59f., 118324
κύριος 5886, 76, 85, 90, 95223, 102253, 110289, 16894, 176134.136, 203254, 208273, 211287, 26743, 26851, 285, 297146, 303181, 34162, 351111, 4626, 47042
λαλεῖν γλώσσῃ bzw. γλώσσαις 63, 71f.
λαϊκός 37012
λαός 244
λατρεία 25117
λατρεύειν 112300
λειτουργεῖν 4957, 16996, 211287
λειτουργία 16996, 341, 34899
λειτουργός 447103
λέξις 32216
λόγιον θεοῦ 107273, 15641
λόγος (τῆς) ἀληθείας 27518, 296143, 33643, 38263
λόγος παρακλήσεως 4333, 109, 446
λόγος περὶ δικαιοσύνης 199, 200238
λόγος περὶ (τοῦ) θεοῦ 334, 352
λόγος τοῦ κυρίου 95273
λόγος τοῦ Χριστοῦ 82163, 83167, 84
μαθητεύειν 124355, 196
μανθάνειν 95220, 176134, 24747
μαραναθά 58, 166, 4626
μετανοεῖν 227356, 230, 231375

μετάνοια 15851, 159, 205264, 227356, 34472
μίμησις 25061, 251f., 265
μυστήριον 69, 70118, 84, 98234, 14342, 193203.205, 260, 26222, 26637, 267, 33854, 38258, 447104, 448
μυστικός 33852, 382
ναός 188186
νομοδιδάσκαλος 97232
νουθεσία 232, 250f., 253, 265
νουθετεῖν 44, 82, 84f., 86, 90f., 159, 223341, 225346, 228, 25062, 251, 479
νουθέτησις 15956
ξυναγωγεύς 46833
οἰκία 279
οἰκοδομή 618, 25, 63, 65
οἶκος 44, 37434
οἰκοφθόρος 189f.
ὁμιλεῖν 291113
ὁμιλία 193, 284
ὁμολογεῖν / ὁμολογεῖσθαι 100242, 113, 186178, 231374
ὁμόνοια 150, 15323, 195
ὁσιότης 15116
οὖν 5471, 158
πανήγυρις 113, 343
παραγγέλλειν 193202
παραδιδόναι 202249, 34896
παράδοσις 5368
παρακαλεῖν 42, 94, 106, 108280, 171, 179146, 192, 193201, 200238, 34472, 479
παράκλησις 4333, 69, 79, 95223, 96, 109, 35832
παρασκευή 4317
πίστις 71122, 78, 84170, 15851, 217309, 291113, 3076, 3284, 34059
πλανᾶν 117, 189187

πλάνη   93213, 204262
πλῆθος   206
πνεῦμα   72125, 89201, 15641,
                 173113, 206267, 208,
                 222335, 24851, 295136
πνευματικός   63, 82163, 86f., 91
πολλοί   204263, 277, 33015
πομπή   256
πρεσβύτερος   96, 103, 118, 15532,
                 198232, 203259, 213297,
                 214, 225346, 244f., 275,
                 31335, 319, 347, 471
προεστώς   79, 219, 244f., 246, 250,
                 252, 254f., 275
προηγούμενος   214
προϊστάμενος   79, 214
προχηρύσσειν   203254
προσεξομολογεῖσθαι
                 14346
προσέρχεσθαι   15116, 152, 16683, 179,
                 24747
προσεύχεσθαι   72125, 76f., 99239,
                 207271, 333, 386
προσευχή   33f., 36, 67, 99, 179f.,
                 185176, 186-188, 193, 195,
                 197230, 207271, 231375,
                 333, 451, 47044
προσήλυτος   221, 34897
προσχυνεῖν   277
προσφορά   295, 33956, 341f., 343,
                 38051
προσφέρειν   239
προτρέπειν   28364, 291
προτρεπτικός   43212
προφητεία   97230, 247
προφητεύειν   4955.57, 63, 76, 2711
προφήτης   59, 70119, 72123, 16996,
                 173116, 203254, 247,
                 24851, 351111, 44697
προφητικός   219318, 24436, 27623
πρωτοκαθεδρία
                 209, 214300, 346
πρωτοκαθεδρίτης
                 214

πυχνός   171103, 187183
σαββατίζειν   191
σάββατον   16994, 448106
σεβάζεσθαι   334
σεμνότης   332f., 33429
σιγᾶν   66103
σιγή   189, 193206
σοφία   82163, 84172, 176137
σοφός   89201
σύγγραμμα   248
συλλέγειν   285
συμβουλία   176, 219319, 220322,
                 225f., 228, 25062
συνάγειν / συνάγεσθαι
                 149, 15430, 16686, 172,
                 180151, 246, 257, 301,
                 303175
συναγωγεύς s, ξυναγωγεύς
συνατροίζεσθαι
                 303175
συναγωγή   129387, 187, 206f., 245,
                 34576, 356, 470
σύναξις   448106
συνεδρεύειν   284
συνέδριον   28474
συνέρχεσθαι   5987, 65, 74135, 175,
                 178f., 187, 35621, 472
συ(ν)ζητεῖν   171, 175, 177138, 184169
σφραγίζειν   33854
σφραγίς   230372
σώζω   171, 179146, 192, 227356,
                 231374
σῶμα   61f.
σωτήρ   186178, 230370, 351111
σωτηρία   107272, 225346, 33643,
                 34162, 351111
τελεῖν   333
τέλειος   84169, 109284, 176137
τελειότης   110287
τρίχλινον   300161
τύπος   80, 267
ὕμνειν   33537, 33642, 33745,
                 33956, 341f., 386

ὕμνος	82163, 86, 256, 33642, 337, 34265, 34370		ψάλλειν	72125, 334, 33537, 33642, 33956, 341f., 350
ὑπακοή	3298		ψαλμός	67f., 82163, 86, 90f., 294132, 34265, 34370
ὑπηρέτης	471			
φιλεῖν	5883, 33853		ψευδοδιδασκαλία	204262
φίλημα	23916			
φιλοσοφία	84		ψευδοδιδάσκαλος	24536
φωνή	24749			
φωτιζόμενος	38052		ψευδοπροφήτης	17098, 173114
χαρά	187f.			
χάρισμα	6397, 219318, 24436		ᾠδή	82163, 86, 294132
χόρος	196224			

3. Lateinische Wörter

adlectio — 397[44], 423[178]

adloqui — 291

adorare — 402[70], 405[84]

agape — 278[33], 420[158]

allocutio — 388[3], 389, 420[161]

altar/altare — 289[102], 407[97.99], 420[158], 444[89]

altarium — 289

annuntiare — 420[161]

ara — 404[79], 407[97]

arcanum — 396, 398[48], 399

audientes — 357f., 362f., 409, 441

audire — 371f.[25], 372[27], 373[28], 375[36], 379, 408, 410, 431, 434[29], 439[57], 441[72]

auditor — 318

baptisma/baptismus — 380[51], 402[70], 409[110], 414, 423[179]

baptizari — 442[75]

benedictio — 417[143]

canere — 388[3], 389, 419[149], 420

canticum — 418[145], 420[157]

carmen — 138–142, 145, 147, 420

catechumenus — 278[34], 368[6]f., 370[12], 379[48], 409[108], 432[12]f.

catecizatio — 371[25], 372[27]

censura — 393[25], 394, 424

charisma — 388[3]

cibus — 142[35], 307[4], 437[46], 439[57]

clericus — 370[12]

coena domini — 32, 46

coetus — 402[70]

coire — 392[25], 393[27]

communicare — 290

communicatio — 319[3]

confessio — 143, 395[33]

congregari — 372[26], 374[33], 383[66], 391[19], 432[12]

congregatio — 392[25]

contionari — 417[140]

convenire — 444[86]

conventus — 393[25], 394, 398[51], 399[59], 400[63]

diaconus — 372[26], 374[33], 411[115], 413[124], 414[129]

dimittere — 368[7], 370[12]

discere — 401[67], 414[129], 442[78]

disciplina — 392[21.25], 393[28], 394, 398[48], 422, 424, 427–429, 437[50], 442, 444

docere — 372[26], 373[28], 374[34], 379[48], 401[67], 402, 412[115], 413[123], 442[78]

doctor — 278[39], 368[6]f., 370[12], 373[28]f., 379[48], 411f.[115], 413[124], 415, 441

doctrina — 358[32], 370[12], 418[145]

dominicus — 291[112], 388, 402[70], 404[81], 405[84], 433[25], 442

domus — 374[34], 407, 432[12]

eleemosyna — 443[79]

episcopus — 369[9], 372[26], 374[33], 380[51], 411[115], 413[124], 414[129], 415[131], 441[72], 444[88]

epistula — 280

eucharistia — 57, 289f., 401[67], 402[70], 404[78]f., 405[84], 439[57], 442[75]

euangelium — 402[70], 431, 439[59], 440

exhortatio — 393[25], 394

exomologesis — 395[33]

explanatio — 437[46]

exponere — 291[110]

expositio	422
fidelis	3686, 371f.25, 37227, 43212
gaudere	290
haereticus	39638
hostia	420158
hymnus	13922, 40689, 40797, 420158
ieiunium	40270
infidelis	38051
instructio	3686, 37225.27, 37328
instruere	37328, 37536, 38051, 422f., 427
laicus	617, 37012, 40269, 413124, 414129
lectio	27940, 36686, 394, 43746, 441, 44278, 443f.
lector	413124, 43751, 44171
legere	279, 291110, 37328f., 3883, 389, 39016, 411114, 43429, 440
lenocinium	427f.
lex	40167, 416138, 43746, 44379
liber	280, 37328
litterae	39221.25, 39430, 39745, 40167, 416138, 418145, 43746
magister	412115
manus	3687, 37012, 37225.27, 39225, 408
martyr	411115, 413124
martyrium	27832, 40167
ministerium	30921
ministra	1359
missa	617
monitor	426
mulier	3686, 37434
mysterium	30812, 448109
neofitus	291113
oblatio	38051, 40270, 4317, 44488
offerre	26532, 36686, 399f., 402, 405, 412115, 44061
orare	3686f., 37012, 371f.25, 37226f., 37328, 37434, 37948, 39225, 408, 425194, 426, 44278
oratio	16369, 38912, 39325, 40060, 403, 40479, 40584, 40689, 420158, 426199, 43746, 442
osculari	27832, 3686
osculum	412120
paenitentia	38473, 39533, 40796, 412116, 423177
pax	27832, 3686, 409106
perfectus	409108, 423177, 43854
petere	408104
petitio	3883, 389, 425189
praeceptum	441f., 44383
praedicare	38473, 40796, 415129, 420161
praedicatio	420161, 422170, 424
praesidens	40270, 40371, 413
precatio	39225, 425189
prex	36686, 3687, 37012
presbyter/presbyterus	617. 199235, 27839, 37226, 37433, 413124, 414129
proferre	425
propheta	39431, 416138, 417140
psalmus	3883, 389, 40689, 40797, 419, 420158, 44061
revelatio	3883, 391
sabbata	291112
sacerdos	617, 40269, 408100, 43857, 44169, 444
sacerdotalis	40062, 40269
sacerdotium	37740
sacramentum	13715, 138, 141–143, 14449, 145, 3883, 39536, 39638, 413123, 424, 43643, 448109
sacrificium	399f., 403, 40479, 405, 43857, 440, 44486.88

526

(sacra) scriptura	
	366[86], 388[3], 389, 390[16],
	402[70], 406[89], 417
senior	392[23], 413[126]
sermo	265[33], 319[3], 322[21], 369[9],
	393[28], 399f., 405, 414,
	420[161], 422[177], 437[46]
simplicitas	61[5], 427
sollemnia	278[32], 388–390, 396[39],
	404[81], 405[84]
sollemnis	434[29]
spectaculum	399[59]
statio	404[78f.]

synagoga	384[73], 407[96]
templum	61[7], 399[59]
tractare	441[72], 445
tractatus	411[14], 439[59], 441, 445
verbum	358[32], 369[4], 372[25.27],
	375[36], 379[48], 420[161],
	423, 437[46], 442[74]
vidua	407[100], 411[115], 413[124]
viduatus	412[119]
virginitas	412[119]
virgo	290, 411[115], 413[124]
visio	388[3], 389[9]

4. Personen und Sachen

Die Einträge hinter kursiv gedruckten Wörtern beziehen sich jeweils auf eine Auswahl von Seiten.

Abba
79, 130, 470

Abendmahl (s. auch Eucharistie, Herrenmahl, Mahlfeier)
4, 5, 8[30], 11, 12, 14, 241[13], 54, 439[57]f.

Achtzehnbittengebet
154, 450, 454, 456f.

Älteste s. Presbyter

Agapefeier
7, 10f., 14, 146, 147[63], 162, 167[91], 182-187, 239[17], 241[23], 256[82], 266[38], 271[1], 277, 286, 294f., 299, 315f., 346, 355, 362[61], 365[76], 376[38], 385, 390[14], 392, 395, 401, 403-407, 418-420, 429, 439f., 448[106], 461, 467

Agatharchides von Knidos
452[9]

Alexandria
281, 282[54], 313[36], 331f., 347, 438, 440, 448, 452[9], 460, 464, 475

Allegorie
129, 326, 383f., 437, 475

Almosen
50, 79, 199[237], 207[271], 231[375], 239, 240[17], 241, 244, 281, 341, 343, 365[77], 399, 406, 443f., 472

Altar
112, 120, 182[163], 207, 217, 289, 362, 404, 407, 420[158], 444, 448, 471[46]

Amen
119f., 145, 166, 238[12], 246[42], 254, 295[110], 344, 363, 419[148], 425, 456, 470

Apologetik
235-237, 242, 244f., 247, 251, 257, 270, 281, 292[117], 297, 306f., 316, 325, 331, 387, 394, 396, 397[45], 427, 451

Apophoreta
239[17], 243[28], 376[38], 398, 399[57], 403-406, 429, 440

Apostasie
108, 110f., 116, 134f., 147, 211, 216, 477

Apostel
34, 50, 52, 59, 92ff., 118, 164, 169f., 173, 175[131], 177[139], 203[254], 210, 245[37], 246f., 271[1], 276, 284f., 289, 292, 298, 300, 302f., 306, 311, 314, 365, 412[115], 420[161]

Arkandisziplin
14f., 109[285], 147[61], 162, 164, 236[8], 315, 339, 380, 387[1], 390f., 395-399, 423, 427-429, 436, 448f., 460, 462f.

Asianik
258, 259[4], 474

Bekenntnis
76, 102[253], 113[303], 140, 142, 196f., 204, 231, 301[170], 401, 442[74], 470

Besuch
99f., 102, 172, 178f., 359[39], 399f., 406, 413[121]

Bezahlung des Unterrichts
98, 102, 104, 211f.

Bezahlung von Amtsträgern
96, 104, 441

Bildung
132, 235, 270, 330f., 335, 345,
352, 360, 373, 411[114], 417, 434f.,
463, 475, 478
Bischof
96f., 118, 155[32], 156, 169f., 177[139],
182f., 184[170], 187-191, 194, 198[232],
203, 210f., 214, 215[301], 232, 244,
250, 276-278, 280, 304, 309-312,
316[49], 320[6], 348, 354f., 358-360,
361[57], 362, 364f., 369[9], 371[20]f.,
372, 374-377, 380[51], 392[23],
411f.[115], 412[118], 413f., 441, 444f.,
464, 467, 471, 478
Brautgemach
303[178], 320
Brieflesung (s. auch Epistellesung)
59, 81, 89[197], 132, 157, 160f.,
186[179], 200-202, 248, 326[44], 416,
418, 433, 476
Briefsammlung
51[159], 197[231], 200
Brotbrechen
33f., 36, 38-40, 161, 163[67], 168,
465
Büßer
135[6], 211[290], 344, 350, 354,
356-358, 362-364, 390[10], 395[33],
407[96], 408, 412, 429, 462
Buße
47, 102, 116[316], 134[6], 143, 156[41],
160[61], 168, 199f., 210[286], 211f., 217,
218[315], 227, 290, 346, 356, 358,
360[47], 363f., 365, 392[23], 393f.,
395[33], 423[178], 424, 433[20], 477
Bußstufen
357[28]
Charismatiker
65, 70, 73, 75, 88, 97, 107, 131,
169, 279, 323, 327, 388,
469[37], 472
Chor
195

Christentum, gnostisierend
193[206], 212, 282, 283[67], 284,
298[153], 304, 317, 321, 328ff., 382
Christenverfolgungen
105f., 108, 116, 120, 124, 133-148,
179, 196, 199[237], 201[243], 228,
272-283, 294, 296f., 301, 359[36.42],
360, 374[33], 386, 391, 396, 398,
400[64], 401, 406, 421, 428, 438[57],
439[58.60], 441f., 444f., 461f.,
467f., 477
Christushymnus
85, 145, 149[2], 196f., 336f., 342[68]
Dekalog
86, 94, 141-144, 455, 470[41]
Diakon
118, 155[32], 169f., 177[139], 182[165],
201, 203[253], 204[261], 210, 214,
215[301], 244, 278, 301, 303[175], 310,
312, 347f., 355[16], 361, 371, 374,
377, 412[118], 413, 414[129], 441,
444[88], 471
Diakonin
135[9]
Diskussion s. Streitgespräch
Doxologie
100, 119, 154, 157[47], 166, 170, 259,
345[75], 349, 363, 378, 425, 429,
462[6]
Dura Europos
253[73], 452
Einmütigkeit
33[5], 37, 99, 103, 149f., 153[23], 154,
187f., 189[188], 190, 192[200], 195f.,
467
Ekstase
61, 70, 72, 75, 78, 90, 92, 208,
215, 388[5], 469, 478
Eldad und Modad
215
Episkopat, monarchischer
168[5], 203, 218, 275[13], 468
Epistellesung
211[04], 248, 280

Epistula Apostolorum
271_1

Ermahnen s. Paränese

Eucharistie (s. auch Abendmahl, Herrenmahl, Mahlfeier)
10f., 24, 27, 33, 35-37, 40, 55,
109_{285}, 143, 146-148, 153, 155f.,
161f., 163_{67}, 164f., 167-169, 171,
182-186, 188-191, 193, 232f.,
237-240, 241_{22}, 243, 246. 271_1,
275f., 284-287, 289-292, 294f.,
298-300, 304f., 308, 310-312, 315,
329, 338f., 342, 346, 353_3,
354-357, 370f., 378, 380f., 395,
398, 399-404, 413f., 420, 426-431,
434-440, 444f., 448f., 460-462,
465-467, 470f., 476, 478

Evangelienlesung
21_{104}, 121-123, 125, 127, 130,
246-248, 256, 263, 291, 295f.,
326_{44}, 348, 361, 416-418, 431,
433f., 436, 439_{59}, 440, 470, 475

Exhomologese
143, 231_{375}, 346, 395_{33}, 412_{117}

Exkommunikation
286, 363f., 393_{25}, 394, 433_{20},
435_{38}

Fasten
76, 128_{380}, 129, 164, 169_{94},
177_{140}, 203_{257}, 217, 231_{375},
244_{30}, 260_{11}, 286, 294, 299, 307,
311_{28}, 346, 354f., 356_{19}, 361, 399,
402_{70}, 403, 406, 424, 431, 448_{106}

Frauen im Gottesdienst
34_{11}, 37, 53f., 66, 70, 75f., 99,
201_{246}, 294f., 332f., 346, 372,
374_{34}, 376, 387-391, 412-414, 453,
458, 472

Frauen, lehrend
66, 99f., 103f., 117, 358f., 402, 472

Frauen, lernend
66, 99, 102, 201_{246}, 273, 370,
411_{114}

Freiheit
72_6, 15, 536_8, 75f.

Friedenskuß s. Kuß

Fürbitten
80, 89_{198}, 99, 140, 152, 160_{62}, 195,
203, 253f., 281, 285, 290, 344, 356,
362f., 378, 392f., 414, 425, 428,
435, 460, 462, 468

Gebet
23, 26f., 34, 37, 64, 67, 72, 80,
91, 93, 95, 99, 129f., 144-147,
149-156, 160-162, 164, 166-168, 170,
179f., 186-188, 195, 197, 206-208,
231, 253-257, 283-286, 290, 293,
297f., 300, 315f., 324_{34}, 333, 344,
346_{83}, 347_{91}, 349, 356f., 362f.,
366, 368, 369_9, 371f., 376, 378,
386, 391, 399, 405_{84}, 407_{97}, 408f.,
419_{155}, 424-427, 429, 435,
442-444, 451-454, 456, 460, 469

Gebet aus reinem Herzen
99, 102f., 151f., 333, 468

Gebet, eucharistisches
113, 153, 162, 165, 167f., 217, 254,
289, 342, 362, 389_{12}, 390, 419_{148},
425, 444

Gebet, freies
164, 254, 390, 426, 456

Gebet, Zulassung zum
152, 180, 307, 312, 344, 350, 357,
362, 368, 376, 378, 390_{12}, 394f.,
408f., 427-429, 435, 445

Gebetsgottesdienst
18, 141_{31}, 182, 188_{184}, 400_{63},
405_{84}, 464_{22}, 475_{63}

Gebetsrichtung
283_{67}, 297, 349, 355. 408, 424,
435_{37}, 452

Gebetszeiten
34, 36, 346, 373_{28}, 406, 426, 464,
475_{63}

Gesang s. Hymnus u. Lied

Gespräch (s. auch Besuch)
172, 175, 179, 359, 415

Gläubigenmesse
93[5], 158[0], 445
Glaubensbekenntnis s. Bekenntnis
Glossolalie
49, 61-66, 71f., 78, 391, 419[152],
453
Gnosis
62[95], 95f., 98, 104, 177[137], 189[189],
193, 212, 227, 284, 288, 295, 303,
305, 316, 318-327, 329f., 331[16],
351, 436[45], 476
Gnostiker
62[95], 177[37], 273[5], 287, 291,
297[149], 305, 315, 319-327, 329f.,
332[19], 339-341, 343f., 346[79], 347,
349[105], 351f., 427f.
Gottesdienst, alttestamentlicher
111, 155
Gottesdienst, Häufigkeit
4, 9, 36f., 169, 172, 174, 187[183]
Gottesdienst, himmlischer
113, 118, 120f., 149f., 348, 383,
420, 435
Gottesdienstbesuch (Häufigkeit)
187, 225, 312, 360, 375, 434, 440
Gottesdienstformen, feste
72[3], 15, 170, 369[9], 380[53], 406
Gottesdienstraum
27, 33f., 36, 38, 242f., 274, 279,
281[52], 285, 293, 297f., 346, 361[57],
362[60], 374, 376, 407f.
Gottesdienstverlauf
33, 40f., 67, 75f., 99, 161, 237,
239, 290, 300, 331, 342, 354, 356,
364, 378, 389f., 393, 395, 428,
430, 435, 437[46], 439[57], 445, 450,
454, 460ff., 468
Gottesdienstzeit
40, 57, 65, 136f., 146-148, 182,
194, 241f., 274, 282, 294, 353,
400-404, 405[84], 439f., 451f.[9],
453[21], 462, 471
Gottesfürchtige
37, 44, 46-48, 73, 132, 456[36]

Gottesschau
151, 153, 252, 332[19], 338[54], 343,
348[99].[100], 351
Großstadt
81, 109, 245[41], 250, 345, 407[94],
436, 464, 468
Häretiker
23, 96[226], 97, 102-104, 132, 183,
184[170], 186, 188-192, 195, 199[237],
201[243], 204, 227, 233, 236[5],
265[33], 276, 295, 299[158], 302, 318f.,
323[21], 327f., 330[12], 337[45], 342[67],
345[76], 358[32], 359, 366, 369[9].[11],
371[21], 381f., 388, 396f., 399, 401,
407[96], 408f., 410[114], 412[115], 413,
415[133], 416, 419[151], 421-423, 427f.,
475, 478
Halle Salomos
32-34, 36f.
Halleluja
119, 145, 385, 426, 456, 462[6]
Handauflegung
97[230], 284, 347, 368[4], 370,
376-378, 401, 410
Hausgemeinde
44, 81, 88, 109, 131f., 188f., 191,
232f., 243, 246[41], 285, 304, 406,
467f., 471, 472[53]
Heidenchristen
10, 13-16, 19, 21, 22[105], 26, 37, 44,
46, 48, 73, 77ff., 131, 456, 469
Heiligkeit (s. auch Gebet aus reinem
Herzen)
99, 153, 166, 168, 175[131], 233,
332f., 338, 340, 352, 468
Herrenmahlfeier
5, 12, 35, 37, 56ff., 81, 91[207],
109[285], 112f., 115, 117, 124, 131f.,
162, 163[67], 401, 463f.
Herrentag s. Sonntag
Herrenworte
48f., 73, 84, 95[223], 121, 132, 159,
202, 219[319], 229, 300, 302, 326,
475

Hetärienverbot
14, 136, 146, 148[65], 392, 467
Hirte
93ff., 107f.
Hörer
37, 43[35], 59, 84, 102, 104, 109[284],
110f., 115, 123, 126-128, 158[53], 176,
189[188], 201, 209[277], 211, 212[294],
213[297], 216[306], 223[341], 224-225,
227, 231, 233, 243[30], 253, 259,
271, 283f., 291, 297, 318, 346[79],
351[110], 356-358, 362f., 382, 384[73],
395, 408f., 429, 432, 434, 437,
441, 448[109], 457, 463[16], 477f.
Homilie
219[319], 250[59], 258[3], 262-270, 362,
383, 420, 421[162], 431-435
Hymnus (s. auch Christushymnus)
23[109], 72, 82, 93, 100, 103f., 117,
119, 126, 140[25], 142, 197, 231[375],
256, 258[3], 287, 324[28.31], 333, 335,
339, 383, 406[89], 407[97], 419,
420[158], 429, 453
Irrlehrer s. Häretiker
Jerusalem
13, 17, 32-37, 120, 131, 431, 452,
464, 466
Jubel
34, 37, 77, 282-284, 293f., 304,
348, 354f.[8]
Judenchristen
10, 13-16, 18, 26, 47, 73, 76[143], 79,
111, 129[386], 181, 205[264], 472[53]
Jungfrauen
201, 290f., 321[12], 411[115], 412,
413[124]
Kanon Muratori
205[264], 280, 324[28], 476
Karthago
387, 400[63], 405, 407[94], 413, 438,
441[69], 445, 461, 464
Katechet
312f., 347, 463f.

Katechismus
85[177], 176[134], 202
Katechumenat
13f., 152, 233, 243[30], 277f., 287,
291[113], 433[20], 462[12], 463
Katechumenat, Dauer
278, 316[49], 346, 378f., 409, 410[111],
433
Katechumenen
13, 15, 27, 152, 180, 243, 253,
255[80], 278, 331, 336f., 344, 350,
354, 357, 368, 370f., 375-378,
390[12], 395, 397[45], 401f., 408-412,
414[129], 415, 423f., 427f., 431-436,
438, 441, 445, 460, 462f., 468,
477f.
Katechumenenmesse
33, 9[35], 15[80], 20, 22, 445
Katechumenenunterricht
96, 109[285], 196, 216[306], 217[314],
278, 313, 331, 346, 347[91], [94],
357[28], 369, 377[42], 379, 410,
411[115], 478
Kirchgebäude
332[20], 333, 345f., 355[9], 374, 407,
427[202], (458), 471
Klerus
15[80], 281[27], 155[32], 191, 195,
201[246], 204[260], 210, 215[303], 370,
373[30], 374f., 377, 382, 385[75.77],
389, 391, 392[23], 407, 412f., 414[129],
415, 423[178], 441, 444[89]
Knien
293, 349[105], 354, 376, 402[70],
407[97], 424, 435[37]
Kollekte
76, 155, 240, 250, 256f., 291, 354f.,
436[40], 467
Kommentar
321, 384, 421[162], 475
Kuß
58, 81, 201, 254, 277, 333, 338f.,
368[6], 370f., 375f., 378, 403, 409,
412[120], 426, 429, 436, 476

Kyrie eleison
146

Leben als Gottesdienst
25, 77f., 107, 329, 339f., 341[63], 343, 429

Lehren
68f., 72, 79, 83ff., 88, 93, 96, 99-103, 124[355], 129, 170, 177, 180, 215, 305, 316f., 330, 343, 346[79], 347, 351, 366, 372

Lehrer
45, 59, 68f., 74, 78, 93ff., 122, 129, 132, 169-171, 173f., 177, 189[188], 190-192, 194f., 201, 204, 209-212, 214f., 218, 219[318], 243[30], 244f., 250, 257, 272-278, 280, 304, 307, 315[41], 316, 319, 325, 327, 347, 351[112], 360, 364, 368[7], 369f., 373, 374[34], 375, 377, 386f., 411, 412[115], 413, 415, 417, 429, 437, 441, 452, 464, 467, 471, 475, 478

Lektor
115, 222, 233, 244, 246, 250, 260, 295[109], 362, 367, 377f., 394[29], 413f., 428, 437[51], 438, 440f., 457f., 47

Lied
64, 68, 72, 82f., 86f., 90-93, 95, 100, 106, 107[271], 117-119, 121, 125, 130, 139, 142, 144f., 196f., 216, 234, 255-257, 294, 303[178], 324f., 327, 334-337, 342f., 348, 350, 362f., 385, 391, 394, 405[84], 406, 418[145.148], 419f., 462, 469

Lieder, heidnische
90, 334-336, 363[68], 418[145.148]

Lob
34, 37, 64, 72, 80f., 92[208], 100, 103, 112f., 119f., 149[2], 152f., 155, 168, 180, 231, 259, 266[38], 268, 270, 271[11], 292, 333[27], 336, 339, 341-343, 351, 354, 362, 363[68], 366, 382-386, 420, 425, 478

Lügenpropheten
116[315], 170[98], 171f., 173[113], 205-211, 245[36]

Mahlfeier (als Sättigungsmahl)
15, 17, 35, 41, 55ff., 93, 129f., 136, 146, 147f., 162[66], 164, 167, 171, 174, 182, 186, 191, 194, 197, 201, 232, 246[41], 266[38], 271[1], 283, 290-293, 295, 300[161], 304, 307f., 315f., 321, 327, 361[57], 365[76], 392, 461, 464f., 467, 471

Mahlfeier, thyestisch
147, 399[55]

Mahnung s. Paränese

Maranatha
58, 79, 115, 166, 470

Markion/Markioniten
198[231], 204[262], 319, 322, 417[140], 419[152], 469, 475

Martyrium s. Christenverfolgungen

Messe
3, 6, 199[2]

Metrum
119, 258[3], 303[178], 324, 336

Minjan
124, 207, 458

Mission
13f., 42f., 60, 84, 176[136], 179, 288, 292[118], 300, 302, 304, 309, 313f., 316, 320, 322, 327, 358, 423, 425, 462[12], 467, 473f., 475[63], 476[65]

Montanismus
205, 208, 278f., 293[119], 295, 304, 387, 389[10], 390f., 398, 402, 404, 406[91], 411[115], 413[124], 414, 415[131], 419[151], 424, 428, 464

Musikinstrumente
335f., 418

Mysterium/Mysterien
94, 143, 145[52], 193, 253, 262f., 266f., 269f., 287, 331, 333, 338, 387[1], 396, 397[48], 436, 448f., 453, 463, 469

Nüchternheit
299, 419, 448

Öffentlichkeit/Nichtöffentlichkeit des Gottesdienstes (s. auch Arkandisziplin)
14, 16, 22[105], 34, 44f., 306, 381, 396, 408, 417[143], 432, 463, 465, 467

Opfer
8[30], 12f., 52, 106, 112f., 129, 140[26], 152, 155f., 161f., 168f., 177[140], 231[375], 233, 240f., 255, 267, 276, 281, 286, 289, 292[116], 295, 324[34], 339, 341, 343, 355[16], 362, 363[64], 366, 379, 380[51], 383, 399f., 402f., 405, 407[100], 412[115], 420[158], 428, 431[7], 435, 437, 439f., 444f., 466[25], 468f.

Ordnung
22, 75, 77, 92, 131, 348, 408, 413, 422, 458

Osten s. Gebetsrichtung

Ostern
123, 127[374], 137f., 264, 270, 403[73], 406[87], 434

Osternacht
260, 263, 265, 266[38], 353[3], 354, 361-363, 400[64], 401, 406[87]

Paränese
43, 69[115], 79, 83ff., 88f., 94-96, 101f., 108f., 128, 152f., 158f., 171, 175f., 192f., 201, 204, 211, 217[314], 218, 219[319], 220f., 225, 228, 230, 232f., 250, 257, 265f., 270, 288-290, 301f., 305, 310, 326, 331, 354, 358, 360, 366, 375, 379, 392, 393[25.28], 394, 421f., 429, 431, 437f., 441f., 445, 463, 473f., 477f.

Passa
199[2], 260, 263-269, 271[1]

Plinius d. J.
104[3], 13, 178[7], 133-148, 182, 392[22], 395[36], 420, 423, 467, 471

Predigt als Schriftauslegung
46, 70, 77, 80, 86, 94, 97f., 101, 106, 110f., 125, 132, 161, 221, 225, 229, 233, 249f., 253, 257, 259f., 262, 266, 321, 326, 349, 352, 362, 381, 383f., 421, 433, 438, 439[59], 451, 457, 473-475

Predigt als Unterricht
115[2], 125, 158[49], 196, 217[314], 313, 320, 330, 351[110], 357[28], 358, 368, 375, 378, 386, 421, 424, 427, 429, 432, 463, 477

Predigt als Wort des Herrn
85, 94, 97, 110, 124, 176, 192, 296[143], 303, 351, 361, 364f., 375, 379, 385, 478

Predigtgattungen
45f., 108[277], 159, 193[202], 219[319], 228f., 258[3], 263[28], 474

Predigtlänge
41, 250, 361

Predigtthemen
97, 109f., 123, 173, 253, 260, 358-360, 379, 421f., 473

Presbyter
49[57], 78, 96f., 107, 118, 131, 155, 177[139], 182[165], 187, 199, 201, 203f., 209f., 213[297], 214, 215[301], 225, 230, 232, 244, 275f., 278, 303[175], 309-312, 316[49], 319, 329, 346-348, 352, 355, 358f., 362[60.61], 369[9], 372, 374, 377, 392[23], 405, 407[94], 411f.[115], 412[118], 413f., 440f., 444[88], 458, 464, 471

Priester
112, 120, 140[24], 156[37], 284, 287, 329, 364, 377[40], 402, 407[100], 413[125], 414, 415[131.133], 428, 441, 444f., 468[33], 469

Privatfrömmigkeit
170, 203[257], 216, 231[375], 278, 321[13], 329, 342f., 363, 405[84], 406, 412[115], 413[121], 420, 426[199], 427, 429, 475[63]

534   *Register*

Prophet
4957, 59, 61, 65, 66105, 67, 69f.,
74, 78f., 92f., 114, 115309, 118, 124,
164, 169-172, 174123, 204, 206,
208f., 211-213, 215, 219, 244, 2711,
276, 279, 34578, 36472, 413124,
467, 46833, 469, 478

Prophet, alttestamentlich
105, 186, 203254, 24436, 246-248,
26639, 267, 295, 327, 361, 394,
417, 418, 420161, 451, 454, 457,
469, 478

Prophetie
49, 54, 61, 63, 65f., 69-71, 77ff.,
88, 114f., 132, 174, 181159, 191,
205-208, 209278.282, 213, 215f.,
218, 233, 244, 247, 2711, 284f.,
294f., 324, 3885, 404, 412115,
419152, 422, 464, 472-474

Prophetin
54, 117, 294, 387-391, 413, 472

Psalmen
68, 82, 87, 92, 125, 140, 142, 146,
155, 277, 294, 324f., 342f., 361,
363, 381f., 385, 3883, 389f., 404,
406, 40797, 415, 418-420, 426,
439, 461

Publikation
127373, 213295.297, 233

Qumran
453

regula fidei
78, 122344, 416138

Rhetorik
38, 52, 111295, 122348, 161, 184169,
226351, 228, 23813, 250f.62, 258f.,
26532, 270, 2723, 360f., 384, 387,
38910, 39224, 393, 445, 47460

Rom
29131, 79, 81, 107276, 108, 109282,
149, 15535, 15640, 15742, 196, 205,
213297, 218f., 229, 235, 24020,
24227, 243, 250, 272, 274f., 281,
289, 367f., 37121, 374, 377, 385,

401f., 43959, 448, 460-464, 466,
468

Sabbat
21104, 76, 127374, 129, 131, 138,
16894, 191, 194, 241, 291111, 37638,
448, 451-454, 471

Sanctus s. Trishagion

Schema
140, 14131, 450, 454f., 470

Schemone-Esre s. Achtzehnbittengebet

Schriftbeweis
46, 111, 159, 178144, 24748, 248,
266, 280, 292118, 325, 327, 39328,
422, 442, 473, 475

Schriftgelehrsamkeit
96, 104, 124, 132, 344, 36050, 445,
46833

Schriftlesung
46, 68f., 72-74, 95, 98, 104, 115,
121, 131, 156f., 174, 178, 194, 197,
219-222, 224, 234, 246-249, 255,
259-263, 285f., 289, 339, 348, 350,
356, 358, 361f., 364, 378, 38156,
38365, 389-391, 393f., 39959,
409f., 416-418, 428, 430f., 433,
437, 441-443, 451, 453f., 457, 461,
469, 473-476

Schriftstudium
330, 34163, 344, 351, 35939, 372f.,
406, 417

Schule
177139, 178142, 205264, 209281,
229, 274, 317, 320f., 327, 330,
341f., 344, 34794, 350, 369f.,
37121, 374, 40689, 411

Segen
284-286, 347, 3546, 366, 39012,
445, 456f.

Septuaginta
77, 86, 125, 131, 154, 157, 161, 177,
178143, 26120

Siegel
227356, 283, 298, 33854

Sitzen beim Gottesdienst
209, 253, 284, 354, 356f., 361[57], 407f., 412, 435, 458

Sonntag
13, 21[104], 40, 76, 118, 127, 131, 136-138, 147[63], 148, 162, 168f., 171, 174, 178, 191, 194, 237, 239, 241f., 256, 263, 266[38], 282, 285, 291-293, 299f., 346, 353f., 362, 367f., 376-378, 388, 404, 424, 426, 430, 433[25], 434, 440, 461, 464[22], 467, 471

Sonntagsgottesdienst
40, 122, 136, 148, 157, 160[62], 161f., 168f., 171, 174, 178, 237, 239[17], 241f., 246, 248[53], 250, 254-257, 266, 285, 291f., 300, 353, 367-378, 386, 388, 401, 404, 406[87], 407f., 419, 428, 440, 445, 460, 462, 464, 466

Stationsfasten
138, 217, 404, 406, 428, 431, 461

Stenographie
220[325]

Stichwortverknüpfung
98, 164

Streitgespräch
45, 103, 130, 181, 190[189], 194[209], 316, 319, 322f., 325-327, 330[12], 341f., 415[130]

Sündenbekenntnis
141, 143, 153, 155[36], 162[66], 169, 179, 231[375], 244[30], 265, 344

Synagoge
5, 7[27.28], 8[30.31], 13, 15f., 18f., 20[95], 24[112], 30, 37, 43[33], 44f., 75, 80, 101[245], 121, 124f., 129-131, 142f., 174, 179[149], 246, 248[52], 257, 258[3], 260, 269, 333[27], 407[96], 450-459, 467-472, 474

Synagoge, christlich
17, 44, 50, 76f., 131, 467, 469f., 472

Synagogenvorsteher
48, 74, 79, 131, 457f., 468[33], 471

Tanz
287, 305, 324

Tatian
303[177]

Taufbewerber
196[227], 243[30], 265f., 313, 346[89], 357[28], 409[108], 410, 429, 431, 441, 448

Taufe
85, 89, 105, 141f., 144, 163f., 169, 196, 216, 237, 243[30], 265, 269, 284, 287, 298-300, 303[175], 307f., 310f., 315, 320[12], 346, 347[94], 357[28], 380 386, 397f.[48], 406[87], 414f., 423[179], 427, 436, 463, 477

Taufgottesdienst
105, 136, 142, 145, 237, 239f., 250, 255, 266[38], 298, 300, 308, 310f., 315, 364[69], 367, 378, 402, 406[87]

Taufunterricht
110, 144, 164, 196, 216, 244[30], 303[175], 311[28], 357[28], 370, 379-381, 409[108], 410f., 423[178f.], 426[199], 431, 441, 463

Tempel
13, 16f., 32-34, 36f., 111f., 120, 125, 129-131, 155, 156[38], 182[163], 188, 207, 407, 452, 456, 464, 467

Testimoniensammlung
74, 111, 157f., 177, 475

Theater
346, 365, 418

Tischgespräch
189, 406

Totengedächtnis
180, 286, 400, 402[70], 406[87], 418[146]

Traktat
108, 178, 224, 296, 325f., 411[115], 421, 429, 442f.

Triclinium
291, 300[161]

Trishagion
119, 150

Ungetaufte (s. auch Katechumenen)
27, 60, 102, 115f., 123, 216, 227[356],
233, 238[14], 243, 275, 277, 285f.,
290[105], 291, 350, 370, 376, 448[109],
465

Ungläubige
27, 60, 64[101], 65, 116, 208[274], 302,
376[38], 380, 397, 477

Unterricht (s. auch Katechumenen-U.,
Predigt als U., Tauf-U.)
11, 37, 45, 124, 144[50], 176, 201,
230f., 307, 320, 329f., 332[19], 341,
349, 350[109], 351, 357[28], 365[75],
368, 370f., 373-375, 405[84], 417,
429, 463

Valentinus
319, 324, 330[10], 419

Valentinianer
220, 226, 227[354], 303[177], 318-321,
397[48]

Vaterunser
130, 162, 164[71], 170, 203, 254, 302,
333[26], 349, 355, 408[104], 417, 421,
424[188], 426, 429, 439[58], 443, 470

Versmaß s. Metrum

Vigil
171[103], 294, 295[134]

Vorbeter
154f., 426, 456f., 458

Vorsteher
79, 95, 108f., 131, 214, 219, 244,
250, 275, 377, 392, 402[70], 410,
413-415, 426, 468[33]

Wanderprediger
50[58], 93, 170, 173, 174[122], 189[188],
194, 233[377], 280, 304, 306, 315[41],
476[65]

Wanderpropheten s. Wanderprediger

Waschung
307, 316, 373, 453

Wechselgesang
140, 146, 336

Witwen
96[227], 99f., 201, 211[287], 218[317],
244, 290f., 303[175], 310, 348, 358f.,
361, 407[100], 411[115], 412, 413[124]

Wochengottesdienst
354[3], 371-376, 378f., 386, 400,
404f., 428-430, 434f., 436[40],
437-440, 445, 448, 454[27], 461,
464[22]

Wortgottesdienst
1, 31, 20, 30, 50, 60, 72ff., 81, 89,
104, 113, 130-132, 146-148, 169, 171,
173, 186, 194-197, 232-234, 239,
255-257, 275, 305, 317f., 327, 339,
350f., 354, 367f., 375, 378, 386,
390, 399f., 405, 407, 412[117], 416,
428-430, 435, 445, 460, 462-472,
474, 476, 478f.

Zulassung zum Abendmahl
60, 165, 168, 308

Zulassung zum Gebet s. Gebet, Zulassg.

Zungenreden s. Glossolalie

Zweiwegelehre
144, 163, 171[107], 173, 175[126], 176,
179[149]

Wissenschaftliche Untersuchungen zum Neuen Testament

Alphabetisches Verzeichnis
der ersten und zweiten Reihe

Appold, Mark L.: The Oneness Motif in the Fourth Gospel. 1976. *Band II/1.*
Bachmann, Michael: Sünder oder Übertreter. 1991. *Band 59.*
Bammel, Ernst: Judaica. 1986. *Band 37.*
Bauernfeind, Otto: Kommentar und Studien zur Apostelgeschichte. 1980. *Band 22.*
Bayer, Hans Friedrich: Jesus' Predictions of Vindication and Resurrection. 1986. *Band II/20.*
Betz, Otto: Jesus, der Messias Israels. 1987. *Band 42.*
− Jesus, der Herr der Kirche. 1990. *Band 52.*
Beyschlag, Karlmann: Simon Magnus und die christliche Gnosis. 1974. *Band 16.*
Bittner, Wolfgang J.: Jesu Zeichen im Johannesevangelium. 1987. *Band II/26.*
Bjerkelund, Carl J.: Tauta Egeneto. 1987. *Band 40.*
Blackburn, Barry Lee: 'Theios Anēr' and the Markan Miracle Traditions. 1991. *Band II/40.*
Bockmuehl, Markus N. A.: Revelation and Mystery in Ancient Judaism and Pauline Christianity.
   1990. *Band II/36.*
Böhlig, Alexander: Gnosis und Synkretismus. Teil 1 1989. *Band 47* − Teil 2 1989. *Band 48.*
Böttrich, Christfried: Weltweisheit − Menschheitsethik − Urkult. 1992. *Band II/50.*
Büchli, Jörg: Der Poimandres − ein paganisiertes Evangelium. 1987. *Band II/27.*
Bühner, Jan A.: Der Gesandte und sein Weg im 4. Evangelium. 1977. *Band II/2.*
Burchard, Christoph: Untersuchungen zu Joseph und Aseneth. 1965. *Band 8.*
Cancik, Hubert (Hrsg.): Markus-Philologie. 1984. *Band 33.*
Capes, David B.: Old Testament Yaweh Texts in Paul's Christology. 1992. *Band II/47.*
Caragounis, Chrys C.: The Son of Man. 1986. *Band 38.*
Crump, David: Jesus the Intercessor. 1992. *Band II/49.*
Deines, Roland: Jüdische Steingefäße und pharisäische Frömmigkeit. 1993. *Band II/52.*
Dobbeler, Axel von: Glaube als Teilhabe. 1987. *Band II/22.*
Dunn, James D. G. (Hrsg.): Jews and Christians. 1992. *Band 66.*
Ebertz, Michael N.: Das Charisma des Gekreuzigten. 1987. *Band 45.*
Eckstein, Hans-Joachim: Der Begriff der Syneidesis bei Paulus. 1983. *Band II/10.*
Ego, Beate: Im Himmel wie auf Erden. 1989. *Band II/34.*
Ellis, E. Earle: Prophecy and Hermeneutic in Early Christianity. 1978. *Band 18.*
− The Old Testament in Early Christianity. 1991. *Band 54.*
Feldmeier, Reinhard: Die Krisis des Gottessohnes. 1987. *Band II/21.*
− Die Christen als Fremde. 1992. *Band 64.*
Feldmeier, Reinhard und *Ulrich Heckel* (Hrsg.): Die Heiden. 1994. *Band 70.*
Fossum, Jarl E.: The Name of God and the Angel of the Lord. 1985. *Band 36.*
Garlington, Don B.: The Obedience of Faith. 1991. *Band II/38.*
Garnet, Paul: Salvation and Atonement in the Qumran Scrolls. 1977. *Band II/3.*
Gräßer, Erich: Der Alte Bund im Neuen. 1985. *Band 35.*
Green, Joel B.: The Death of Jesus. 1988. *Band II/33.*
Gundry Volf, Judith M.: Paul and Perseverance. 1990. *Band II/37.*
Hafemann, Scott J.: Suffering and the Spirit. 1986. *Band II/19.*
Heckel, Theo K.: Der Innere Mensch. 1993. *Band II/53.*
Heckel, Ulrich: Kraft in Schwachheit. 1993. *Band II/56.*
   − siehe *Feldmeier.*
   − siehe *Hengel.*
Heiligenthal, Roman: Werke als Zeichen. 1983. *Band II/9.*
Hemer, Colin J.: The Book of Acts in the Setting of Hellenistic History. 1989. *Band 49.*

Hengel, Martin: Judentum und Hellenismus. 1969, ³1988. *Band 10.*
– Die johanneische Frage. 1993. *Band 67.*
Hengel, Martin und *Ulrich Heckel* (Hrsg.): Paulus und das antike Judentum. 1991. *Band 58.*
Hengel, Martin und *Anna Maria Schwemer* (Hrsg.): Königsherrschaft Gottes und himmlischer Kult. 1991. *Band 55.*
– Die Septuaginta. 1994. *Band 72.*
Herrenbrück, Fritz: Jesus und die Zöllner. 1990. *Band II/41.*
Hofius, Otfried: Katapausis. 1970. *Band 11.*
– Der Vorhang vor dem Thron Gottes. 1972. *Band 14.*
– Der Christushymnus Philipper 2,6 – 11. 1976, ²1991. *Band 17.*
– Paulusstudien. 1989. *Band 51.*
Holtz, Traugott: Geschichte und Theologie des Urchristentums. Hrsg. von Eckart Reinmuth und Christian Wolff. 1991. *Band 57.*
Hommel, Hildebrecht: Sebasmata. Band 1. 1983. *Band 31.* – Band 2. 1984. *Band 32.*
Kamlah, Ehrhard: Die Form der katalogischen Paränese im Neuen Testament. 1964. *Band 7.*
Kim, Seyoon: The Origin of Paul's Gospel. 1981, ²1984. *Band II/4.*
– »The › Son of Man‹« as the Son of God. 1983. *Band 30.*
Kleinknecht, Karl Th.: Der leidende Gerechtfertigte. 1984, ²1988. *Band II/13.*
Klinghardt, Matthias: Gesetz und Volk Gottes. 1988. *Band II/32.*
Köhler, Wolf-Dietrich: Rezeption des Matthäusevangeliums in der Zeit vor Irenäus. 1987. *Band II/24.*
Korn, Manfred: Die Geschichte Jesu in veränderter Zeit. 1993. *Band II/51.*
Kuhn, Karl G.: Achtzehngebet und Vaterunser und der Reim. 1950. *Band 1.*
Lampe, Peter: Die stadtrömischen Christen in den ersten beiden Jahrhunderten. 1987, ²1989. *Band II/18.*
Lieu, Samuel N. C.: Manichaeism in the Later Roman Empire and Medieval China. 1992. *Band 63.*
Maier, Gerhard: Mensch und freier Wille. 1971. *Band 12.*
– Die Johannesoffenbarung und die Kirche. 1981. *Band 25.*
Markschies, Christoph: Valentinus Gnosticus? 1992. *Band 65.*
Marshall, Peter: Enmity in Corinth: Social Conventions in Paul's Relations with the Corinthians. 1987. *Band II/23.*
Meade, David G.: Pseudonymity and Canon. 1986. *Band 39.*
Mengel, Berthold: Studien zum Philipperbrief. 1982. *Band II/8.*
Merkel, Helmut: Die Widersprüche zwischen den Evangelien. 1971. *Band 13.*
Merklein, Helmut: Studien zu Jesus und Paulus. 1987. *Band 43.*
Metzler, Karin: Der griechische Begriff des Verzeihens. 1991. *Band II/44.*
Niebuhr, Karl-Wilhelm: Gesetz und Paränese. 1987. *Band II/28.*
– Heidenapostel aus Israel. 1992. *Band 63.*
Nissen, Andreas: Gott und der Nächste im antiken Judentum. 1974. *Band 15.*
Okure, Teresa: The Johannine Approach to Mission. 1988. *Band II/31.*
Philonenko, Marc (Hrsg.): Le Trône de Dieu. 1993. *Band 69.*
Pilhofer, Peter: Presbyteron Kreitton. 1990. *Band II/39.*
Pöhlmann, Wolfgang: Der Verlorene Sohn und das Haus. 1993. *Band 68.*
Probst, Hermann: Paulus und der Brief. 1991. *Band II/45.*
Räisänen, Heikki: Paul and the Law. 1983, ²1987. *Band 29.*
Rehkopf, Friedrich: Die lukanische Sonderquelle. 1959. *Band 5.*
Reinmuth, Eckhardt: siehe *Holtz.*
Reiser, Marius: Syntax und Stil des Markusevangeliums. 1984. *Band II/11.*
Richards, E. Randolph: The Secretary in the Letters of Paul. 1991. *Band II/42.*
Riesner, Rainer: Jesus als Lehrer. 1981, ³1988. *Band II/7.*
– Die Frühzeit des Apostels Paulus. 1994. *Band 71.*
Rissi, Mathias: Die Theologie des Hebräerbriefs. 1987. *Band 41.*
Röhser, Günter: Metaphorik und Personifikation der Sünde. 1987. *Band II/25.*
Rüger, Hans Peter: Die Weisheitsschrift aus der Kairoer Geniza. 1991. *Band 53.*
Salzmann, Jorg Christian: Lehren und Ermahnen. 1994. *Band II/59.*

Wissenschaftliche Untersuchungen zum Neuen Testament

Sänger, Dieter: Antikes Judentum und die Mysterien. 1980. *Band II/5.*
Sandnes, Karl Olav: Paul – One of the Prophets? 1991. *Band II/43.*
Sato, Migaku: Q und Prophetie. 1988. *Band II/29.*
Schimanowski, Gottfried: Weisheit und Messias. 1985. *Band II/17.*
Schlichting, Günter: Ein jüdisches Leben Jesu. 1982. *Band 24.*
Schnabel, Eckhard J.: Law and Wisdom from Ben Sira to Paul. 1985. *Band II/16.*
Schutter, William L.: Hermeneutic and Composition in I Peter. 1989. *Band II/30.*
Schwartz, Daniel R.: Studies in the Jewish Background of Christianity. 1992. *Band 60.*
Schwemer, A. M.: siehe *Hengel.*
Scott, James M.: Adoption as Sons of God. 1992. *Band II/48.*
Siegert, Folker: Drei hellenistisch-jüdische Predigten. Teil 1 1980. *Band 20.* – Teil 2 1992. *Band 61.*
– Nag-Hammadi-Register. 1982. *Band 26.*
– Argumentation bei Paulus. 1985. *Band 34.*
– Philon von Alexandrien. 1988. *Band 46.*
Simon, Marcel: Le christianisme antique et son contexte religieux I/II. 1981. *Band 23.*
Snodgrass, Klyne: The Parable of the Wicked Tenants. 1983. *Band 27.*
Sommer, Urs: Die Passionsgeschichte des Markusevangeliums. 1993. *Band II/58.*
Spangenberg, Volker: Herrlichkeit des Neuen Bundes. 1993. *Band II/55.*
Speyer, Wolfgang: Frühes Christentum im antiken Strahlungsfeld. 1989. *Band 50.*
Stadelmann, Helge: Ben Sira als Schriftgelehrter. 1980. *Band II/6.*
Strobel, August: Die Stunde der Wahrheit. 1980. *Band 21.*
Stuhlmacher, Peter (Hrsg.): Das Evangelium und die Evangelien. 1983. *Band 28.*
Sung, Chong-Hyon: Vergebung der Sünden. 1993. *Band II/57.*
Tajra, Harry W.: The Trial of St. Paul. 1989. *Band II/35.*
Theißen, Gerd: Studien zur Soziologie des Urchristentums. 1979, [3]1989. *Band 19.*
Thornton, Claus-Jürgen: Der Zeuge des Zeugen. 1991. *Band 56.*
Twelftree, Graham: Jesus the Exorcist. 1993. *Band II/54.*
Wedderburn, A. J. M.: Baptism and Resurrection. 1987. *Band 44.*
Wegner, Uwe: Der Hauptmann von Kafarnaum. 1985. *Band II/14.*
Wilson, Walter T.: Love without Pretense. 1991. *Band II/46.*
Wolff, Christian: siehe *Holtz.*
Zimmermann, Alfred E.: Die urchristlichen Lehrer. 1984, [2]1988. *Band II/12.*

Den Gesamtkatalog erhalten Sie gern vom Verlag
J. C. B. Mohr (Paul Siebeck), Postfach 2040, D-72010 Tübingen